Carola Ratjen/Silke Sager/Nadine Schimpf

Abgabenordnung und Finanzgerichtsordnung
Steuern und Finanzen in Ausbildung und Praxis, Band 7
4. Auflage

2019
HDS-Verlag
Weil im Schönbuch

Bibliografische Information der Deutschen Nationalbibliothek
Die Deutsche Nationalbibliothek verzeichnet diese Publikation
in der Deutschen Nationalbibliografie; detaillierte bibliografische Daten
sind im Internet über http://dnb.de abrufbar.

Gedruckt auf säure- und chlorfreiem, alterungsbeständigem Papier

ISBN: 978-3-95554-533-8

Dieses Werk einschließlich aller seiner Teile ist urheberrechtlich geschützt. Jede Verwertung außerhalb der engen Grenzen des Urheberrechtsgesetzes ist ohne Zustimmung des Verlages unzulässig und strafbar. Das gilt insbesondere für Vervielfältigungen, Übersetzungen, Mikroverfilmungen und die Einspeicherung und Verarbeitung in elektronischen Systemen.

© 2019 HDS-Verlag
www.hds-verlag.de
info@hds-verlag.de

Einbandgestaltung: Constantin Burkhardt-Ene
Layout: Peter Marwitz – etherial.de
Druck und Bindung: Mazowieckie Centrum Poligrafii

Printed in Poland
2019

HDS-Verlag Weil im Schönbuch

Die Autoren

Carola Ratjen, Diplom-Finanzwirtin und Assessorin, Dozentin an der Fachhochschule für Verwaltung und Dienstleistung in Altenholz.

Silke Sager ist Juristin und Dozentin an der Fachhochschule für Finanzen in Edenkoben. Sie ist Autorin verschiedener steuerrechtlicher Fachbeiträge.

Nadine Schimpf, Diplom-Finanzwirtin, ist Dozentin für Steuerrecht an der Hessischen Hochschule für Finanzen und Rechtspflege am Studienzentrum Rotenburg an der Fulda.

Vorwort zur 4. Auflage

Das steuerliche Verfahrensrecht, das in der Abgabenordnung und in der Finanzgerichtsordnung geregelt ist, bildet die wesentliche Grundlage der Steuerrechtsausbildung. Fundamentale Kenntnisse in diesem Gebiet sind für die tägliche Arbeitspraxis von Steuerexperten aller Bereiche unerlässlich. Unter welchen Voraussetzungen kann ein Steuerbescheid geändert werden? Welche Grundsätze bestimmen die Arbeit der Finanzämter? In welchen Situationen können Zwangsgelder, Verspätungszuschläge oder Schätzungsbescheide ergehen und wie können diese erfolgreich angefochten werden?

All dies sind elementare Fragen der Steuerrechtspraxis, hier nur beispielhaft genannt, weitere vielfältige Problemstellungen ergeben sich im täglichen Steuerrechtsleben. Die AO bildet das sogenannte Mantelgesetz zu den materiellen Steuerrechtsfächern wie dem Einkommensteuerrecht oder dem Körperschaftsteuerrecht. Darum ist es für jeden, der das Steuerrecht korrekt und erfolgreich anwenden will, unverzichtbar, die Grundsätze des Steuerverfahrensrechts zu kennen und in der Praxis anwenden zu können.

Leider ist in der Steuerrechtsausbildung vielfach zu erkennen, dass Lernende nur schwer Zugang zu der Verfahrensmaterie bekommen und diese als notwendiges Übel und Beiwerk zu anderen Steuerfächern betrachten und sehr mit dem Erobern dieses Faches kämpfen. Diesem Problem soll mit dem vorliegenden Werk begegnet werden. Angereichert mit vielen Übungsbeispielen, Fällen und Übersichten werden die Vorschriften und Probleme der AO anschaulich und verständlich erklärt. Praxistipps erleichtern den Blick auf das Wesentliche.

Durch das Studium dieses Werks wird den Lesern der Grundsatz vermittelt, der für die Verfasserinnen schon seit vielen Jahren die tägliche Arbeit an den Fachhochschulen in Altenholz, Rotenburg an der Fulda und Edenkoben prägt: „AO macht froh"!

Die vorliegende 4. Auflage wurde umfassend aktualisiert.

Käufer des Buchs erhalten auf persönliche Anforderung kostenlos zwei Übungsklausuren mit Lösungen zugesendet (zum Zugang siehe Seite 489).

Altenholz, Edenkoben, Rotenburg a. d. Fulda   **Carola Ratjen/Silke Sager/Nadine Schimpf**

Bearbeiterübersicht

Kapitel A

I. 1.	Ratjen
I. 2.	Schimpf
I. 3.	Ratjen
II. 1.	Ratjen
II. 2.	Sager
II. 3.	Schimpf
III. 1.	Sager
III. 2.	Ratjen
III. 3.	Schimpf
III. 4.	Sager
IV. 1.–6.	Sager
IV. 7.	Ratjen
V.	Schimpf
VI.	Ratjen
VII.	Sager
VIII.	Sager
IX.	Schimpf
X.	Ratjen
XI.	Schimpf

Kapitel B Ratjen

//
Inhaltsverzeichnis

Die Autoren V
Vorwort zur 4. Auflage VII
Bearbeiterübersicht VIII
Abkürzungsverzeichnis XXXI

A. Abgabenordnung 1
I. Einführung, Grundlagen der Abgabenordnung 1
1. Begriffe 1
1.1 Aufbau von Rechtsnormen 1
1.2 Ermessen 2
    1.2.1 Ermessensausübung 2
    1.2.2 Ermessensfehler 3
        1.2.2.1 Ermessensüberschreitung 3
        1.2.2.2 Ermessensunterschreitung oder Ermessensnichtgebrauch 3
        1.2.2.3 Ermessensfehlgebrauch 3
        1.2.2.4 Ermessensreduzierung auf Null 3
1.3 Subsumtionstechnik 3
1.4 Steuern 4
    1.4.1 Geldleistung 4
    1.4.2 Auferlegung durch ein öffentlich-rechtliches Gemeinwesen 5
    1.4.3 Hoheitliche Auferlegung 5
    1.4.4 Keine Gegenleistung 5
    1.4.5 Erzielung von Einnahmen 5
    1.4.6 Einteilung der Steuern 5
1.5 Steuerliche Nebenleistungen 6
1.6 Finanzbehörden, § 6 AO 6
1.7 Amtsträger, § 7 AO 6
1.8 Wohnsitz, § 8 AO, Gewöhnlicher Aufenthalt, § 9 AO 6
1.9 Geschäftsleitung (§ 10 AO), Sitz (§ 11 AO) 6
1.10 Angehörige (§ 15 AO) 7
2. Zuständigkeiten der Finanzbehörden 8
2.1 Sachliche Zuständigkeit (§ 16 AO) 8
2.2 Örtliche Zuständigkeiten (§ 17 AO) 9
    2.2.1 Gesonderte Feststellungen (§ 18 AO) 10
        2.2.1.1 Zuständigkeit des Lagefinanzamtes (§ 18 Abs. 1 Nr. 1 AO) ... 10
        2.2.1.2 Zuständigkeit des Betriebsfinanzamtes (§ 18 Abs. 1 Nr. 2 AO) 11
        2.2.1.3 Zuständigkeit des Tätigkeitsfinanzamtes (§ 18 Abs. 1 Nr. 3 AO) 11
        2.2.1.4 Zuständigkeit des Verwaltungsfinanzamtes (§ 18 Abs. 1 Nr. 4 AO) 12
        2.2.1.5 Sonderfälle (§ 18 Abs. 2 AO) 13
    2.2.2 Steuern vom Einkommen und Vermögen natürlicher Personen (§ 19 AO) ... 13
    2.2.3 Steuern vom Einkommen und Vermögen der Körperschaften, Personenvereinigungen, Vermögensmassen (§ 20 AO) 14
    2.2.4 Steuern vom Einkommen bei Bauleistungen (§ 20a AO) 15
    2.2.5 Umsatzsteuer (§ 21 AO) 15
    2.2.6 Realsteuern (§ 22 AO) 16

	2.2.7	Zuständigkeit auf dem Festlandsockel oder an der ausschließlichen Wirtschaftszone (§ 22a AO)	17
	2.2.8	Einfuhr- und Ausfuhrabgaben und Verbrauchssteuern (§ 23 AO)	17
	2.2.9	Ersatzzuständigkeit (§ 24 AO)	17
	2.2.10	Mehrfache, örtliche Zuständigkeit (§ 25 AO)	18
	2.2.11	Zuständigkeitswechsel (§ 26 AO)	18
	2.2.12	Zuständigkeitsvereinbarung (§ 27 AO)	19
	2.2.13	Zuständigkeitsstreit (§ 28 AO) und Gefahr in Verzug (§ 29 AO)	19
	2.2.14	Unterstützung des örtlich zuständigen Finanzamts auf Anweisung der vorgesetzten Dienstbehörde (§ 29a AO)	20
	2.2.15	Folgen bei Verletzung der sachlichen und örtlichen Zuständigkeit	20

3. Steuergeheimnis ... 20

- 3.1 Verpflichtete Person ... 21
  - 3.1.1 Personen nach § 30 Abs. 3 Nr. 1 AO i.V.m. § 11 Abs. 1 Nr. 4 StGB ... 21
  - 3.1.2 Übrige Personen nach § 30 Abs. 3 AO ... 22
- 3.2 Gegenstand des Steuergeheimnisses ... 22
  - 3.2.1 Personenbezogene Daten eines anderen ... 22
    - 3.2.1.1 Grundsatz ... 22
    - 3.2.1.2 Sonderfälle ... 23
  - 3.2.2 Betriebs- und Geschäftsgeheimnis ... 24
- 3.3 Art des Bekanntwerdens ... 25
  - 3.3.1 § 30 Abs. 2 Nr. 1a AO ... 25
  - 3.3.2 § 30 Abs. 2 Nr. 1b AO ... 26
  - 3.3.3 § 30 Abs. 2 Nr. 1c AO ... 27
- 3.4 Verletzungshandlungen ... 27
  - 3.4.1 Offenbarung ... 27
  - 3.4.2 Verwerten ... 28
- 3.5 Zulässige Offenbarung ... 28
  - 3.5.1 § 30 Abs. 4 Nr. 1 AO ... 28
  - 3.5.2 § 30 Abs. 4 Nr. 2 und Nr. 2 a bis c AO ... 29
  - 3.5.3 § 30 Abs. 4 Nr. 3 AO ... 30
  - 3.5.4 § 30 Abs. 4 Nr. 4 AO ... 30
  - 3.5.5 § 30 Abs. 4 Nr. 5 AO ... 30
    - 3.5.5.1 Schwere Straftaten ... 31
    - 3.5.5.2 Wirtschaftsstraftaten ... 31
    - 3.5.5.3 Richtigstellung von in der Öffentlichkeit verbreiteter unwahrer Tatsachen ... 31
    - 3.5.5.4 Sonstige Fälle von zwingendem öffentlichem Interesse ... 31
  - 3.5.6 Vorsätzlich falsche Angaben ... 31
- 3.6 Ermessen ... 32
- 3.7 Datenabruf ... 32
- 3.8 Folgen bei Verletzung des Steuergeheimnisses ... 33
  - 3.8.1 Strafrechtliche Folgen ... 33
  - 3.8.2 Disziplinarrechtliche Folgen ... 33
  - 3.8.3 Zivilrechtliche Folgen ... 33

II. Steuerschuldrecht 34
1. Steuerpflicht-/Steuerschuldverhältnis 34
- 1.1 Steuerpflichtverhältnis 34
  - 1.1.1 Steuerpflichtiger (§ 33 AO) 34
  - 1.1.2 Pflichtenverhältnis nach §§ 34, 35 AO 34
    - 1.1.2.1 Pflichtenverhältnis nach § 34 AO 34
    - 1.1.2.2 Pflichtverhältnis nach § 35 AO 36
    - 1.1.2.3 Dauer des Pflichtverhältnisses aus §§ 34, 35 AO 37
    - 1.1.2.4 Folgen des Pflichtverhältnisses aus §§ 34, 35 AO 37
  - 1.1.3 Pflichten aus dem Steuerpflichtverhältnis 37
  - 1.1.4 Rechte aus dem Steuerpflichtverhältnis 37
  - 1.1.5 Das Steuerpflichtverhältnis im Überblick 38
- 1.2 Steuerschuldverhältnis 38
  - 1.2.1 Ansprüche aus dem Steuerschuldverhältnis, § 37 AO 39
  - 1.2.2 Begriffe aus dem Steuerschuldrecht 41
    - 1.2.2.1 Steuerschuldner, Steuervergütungsgläubiger 41
    - 1.2.2.2 Steuerentrichtungspflichtiger 42
    - 1.2.2.3 Steuerträger 42
    - 1.2.2.4 Steuergläubiger, Steuervergütungsgläubiger 42
    - 1.2.2.5 Gesamtschuldner 42
    - 1.2.2.6 Gesamtrechtsnachfolge 45
    - 1.2.2.7 Abtretung, Verpfändung, Pfändung 46
  - 1.2.3 Entstehung der Ansprüche aus dem Steuerschuldverhältnis 47
    - 1.2.3.1 Folgen der Steuerentstehung 48
    - 1.2.3.2 Entstehung im Einzelnen 48
  - 1.2.4 Erlöschen der Ansprüche aus dem Steuerschuldverhältnis 49
- 1.3 Zurechnung von Wirtschaftsgütern 49
  - 1.3.1 Wirtschaftliches Eigentum 49
  - 1.3.2 Treuhandverhältnisse 50
  - 1.3.3 Sicherungseigentum 51
  - 1.3.4 Eigenbesitz 51
  - 1.3.5 Gesamthandsgemeinschaft 51
- 1.4 Gesetz- oder sittenwidriges Handeln (§ 40 AO) 52
- 1.5 Unwirksame Rechtsgeschäfte, § 41 AO 53
- 1.6 Missbrauch von rechtlichen Gestaltungsmöglichkeiten, § 42 AO 54
  - 1.6.1 Missbrauch 54
  - 1.6.2 Gestaltungsmöglichkeiten des Rechts 54
  - 1.6.3 Unangemessene rechtliche Gestaltung 54
  - 1.6.4 Zweck der Steuervermeidung 55
  - 1.6.5 Rechtsfolgen 55
  - 1.6.6 Beispiele aus der Rechtsprechung 55

2. Steuerbegünstigte Zwecke 56
- 2.1 Überblick 56
- 2.2 Voraussetzungen für die Steuerbegünstigung 57
  - 2.2.1 Inhaltliche Anforderungen (§§ 52 ff. AO) 58
    - 2.2.1.1 Steuerbegünstigter Zweck 58
    - 2.2.1.2 Selbstlosigkeit, § 55 AO 59
    - 2.2.1.3 Ausschließlichkeit, Unmittelbarkeit, §§ 56, 57 AO ... 59

			2.2.1.4	Ausdrücklich unschädliche Betätigungen, § 58 AO	60
		2.2.2		Verfahren zur Anerkennung (§§ 59 ff. AO)	60
			2.2.2.1	Satzung, § 60 AO	60
			2.2.2.2	Tatsächliche Geschäftsführung, § 63 AO	61
			2.2.2.3	Anerkennungsverfahren beim Finanzamt, § 60a AO	61
	2.3	Verschiedene Bereiche und ihre steuerliche Behandlung im Einzelnen			62
		2.3.1	Überblick		62
		2.3.2	Steuerbegünstigung: Ideeller Bereich und Vermögensverwaltung		63
		2.3.3	Wirtschaftliche Geschäftsbetriebe		63
			2.3.3.1	Begriff des steuerpflichtigen wirtschaftlichen Geschäftsbetriebs	63
			2.3.3.2	Abgrenzung zum steuerbegünstigten Zweckbetrieb	64
		2.3.4	Das Vermögen der steuerbegünstigten Körperschaft und seine Verwendung		65
		2.3.5	Übungsbeispiel		67
3.	**Haftung**				**68**
	3.1	Allgemeines			68
	3.2	Akzessorietät der Haftung			69
	3.3	Gesamtschuldnerschaft			69
	3.4	Haftung der Vertreter (§ 69 AO)			70
		3.4.1	Haftungsschuldner		70
			3.4.1.1	Personen i.S.d. § 34 AO	70
			3.4.1.2	Personen i.S.d. § 35 AO	70
		3.4.2	Pflichtverletzung		71
		3.4.3	Haftungsschaden		72
		3.4.4	Ursächlichkeit/Kausalität		74
		3.4.5	Verschulden		75
		3.4.6	Umfang der Haftung – Grundsatz der anteiligen Tilgung		75
	3.5	Haftung des Vertretenen (§ 70 AO)			77
		3.5.1	Haftender Personenkreis und haftungsbegründende Handlungen		78
		3.5.2	Haftungsbeschränkungen/-ausschluss		79
		3.5.3	Haftungsumfang		79
	3.6	Haftung des Steuerhinterziehers und des Steuerhehlers (§ 71 AO)			80
		3.6.1	Haftender Personenkreis und haftungsbegründende Handlungen		80
		3.6.2	Haftungsumfang		81
	3.7	Haftung bei Verletzung der Pflicht zur Kontenwahrheit (§ 72 AO)			81
		3.7.1	Haftender Personenkreis und haftungsbegründende Handlungen		82
		3.7.2	Haftungsumfang		83
	3.8	Haftung Dritter bei Datenübermittlungen an Finanzbehörden (§ 72a AO)			83
		3.8.1	Haftung des Herstellers		83
		3.8.2	Haftung des Auftragnehmers für Datenübermittlung		83
		3.8.3	Haftung des datenübermittlungspflichtigen Dritten		84
	3.9	Haftung bei Organschaft (§ 73 AO)			84
		3.9.1	Begriff der Organschaft		85
			3.9.1.1	Umsatzsteuerliche Organschaft nach § 2 Abs. 2 Nr. 2 UStG	85
			3.9.1.2	Körperschaftsteuerliche Organschaft nach §§ 14 ff. KStG	85
			3.9.1.3	Gewerbesteuerrechtliche Organschaft nach § 2 Abs. 2 GewStG	85
			3.9.1.4	Steuerschuldner bei Organschaft	86
		3.9.2	Haftungsschuldner		86
		3.9.3	Haftungsumfang		86

3.10	Haftung des Eigentümers von Gegenständen (§ 74 AO)		86
	3.10.1	Voraussetzungen der Haftung	87
	3.10.2	Umfang der Haftung/Haftungsbeschränkungen	89
		3.10.2.1 Sachliche Einschränkung	89
		3.10.2.2 Zeitliche Einschränkung	89
		3.10.2.3 Gegenständliche Einschränkung	89
3.11	Haftung des Betriebsübernehmers (§ 75 AO)		90
	3.11.1	Voraussetzung der Haftung	90
		3.11.1.1 Unternehmen	90
		3.11.1.2 Gesondert geführter Teilbetrieb	90
		3.11.1.3 Lebendes Unternehmen	91
		3.11.1.4 Wesentliche Grundlagen des Unternehmens oder Teilbetriebs	91
		3.11.1.5 Übereignung im Ganzen	91
	3.11.2	Umfang der Haftung/Haftungsbeschränkungen	92
		3.11.2.1 Sachliche Beschränkung	92
		3.11.2.2 Zeitliche Beschränkung	93
		3.11.2.3 Gegenständliche Beschränkung	94
	3.11.3	Haftungsausschluss	94
3.12	Sachhaftung (§ 76 AO)		95
3.13	Duldungspflicht (§ 77 AO)		95
3.14	Haftungstatbestände nach anderen Steuergesetzen		96
	3.14.1	Haftung für Steuerabzugsbeträge	96
	3.14.2	Haftung bei Abtretung, Verpfändung und Pfändung von Forderungen (§ 13c UStG)	96
3.15	Zivilrechtliche Haftungstatbestände		96
	3.15.1	Haftung des Erwerbers bei Firmenfortführung, § 25 HGB	96
	3.15.2	Haftung der Gesellschafter einer Personengesellschaft bzw. einer Kapitalgesellschaft	97
3.16	Haftungsverfahren (§ 191 AO)		97
	3.16.1	Geltendmachung der Haftung	97
	3.16.2	Rechtsnatur des Haftungsbescheids	98
	3.16.3	Ermessensentscheidung	100
	3.16.4	Rechtsbehelfsbelehrung	101
	3.16.5	Festsetzungsfristen/Verjährung	101
		3.16.5.1 Haftung nach Steuergesetzen (§ 191 Abs. 3 AO)	101
		3.16.5.2 Haftung nach anderen Gesetzen (Privatrecht) § 191 Abs. 4 AO	102
3.17	Korrektur von Haftungsbescheiden		102
3.18	Rechtsbehelfe gegen Haftungsbescheide		103

III. Grundsätze des Besteuerungsverfahrens … 105
1. Allgemeine Verfahrensgrundsätze … 105

1.1	Verfahrensbeteiligte		105
	1.1.2	Handlungsfähigkeit	106
		1.1.2.1 Begriff, Bedeutung	106
		1.1.2.2 Voraussetzungen	106
	1.1.3	Bevollmächtigte	107
	1.1.4	Ausschließung und Ablehnung von Amtsträgern und anderen Personen	109
1.2	Besteuerungsgrundsätze		111

	1.2.1	Gleichmäßigkeit der Besteuerung	112
	1.2.2	Gesetzmäßigkeit der Besteuerung	113
	1.2.3	§ 86 AO	113
	1.2.4	Amtssprache	114
	1.2.5	Elektronische Kommunikation	114
	1.2.6	Untersuchungsgrundsatz	115
	1.2.7	Beratungs- und Auskunftspflicht, verbindliche Auskunft	116
	1.2.8	Rechtliches Gehör	118
1.3	Beweiserhebung, Ermittlungsverfahren		119
	1.3.1	Mitwirkungspflichten der Beteiligten, § 90 AO	120
	1.3.2	Beweismittel	121
		1.3.2.1 Grundsätze, § 92 AO	121
		1.3.2.2 Auskunftspflicht der Beteiligten und anderer Personen, § 93 AO	122
		1.3.2.3 Kontenabrufverfahren	124
		1.3.2.4 Mitteilungspflichten nach § 93a AO	126
		1.3.2.5 Datenübermittlung durch Dritte, §§ 93c ff. AO	126
		1.3.2.6 Eidliche Vernehmung, Versicherung an Eides Statt, §§ 94 und 95 AO	126
		1.3.2.7 Hinzuziehung von Sachverständigen, § 96 AO	127
		1.3.2.8 Urkunden, § 97 AO	127
		1.3.2.9 Inaugenscheinnahme, §§ 98 ff.	128
	1.3.3	Auskunftsverweigerungsrechte, §§ 101 ff.	129
		1.3.3.1 Für Angehörige, § 101 AO	129
		1.3.3.2 Für bestimmte Berufsgruppen, § 102 AO	130
		1.3.3.3 In Fällen der Selbstbelastung im Hinblick auf Straftaten, § 103 AO	131
		1.3.3.4 Für öffentliche Stellen/Bei Beeinträchtigung des staatlichen Wohls, § 105 f. AO	132
1.4	Rechts- und Amtshilfe		132
2.	**Fristen und Termine (§§ 108–110 AO)**		**133**
2.1	Definitionen		133
2.2	Fristen im Steuerrecht – Überblick		134
2.3	Berechnung von Fristen		135
	2.3.1	Fristbeginn bei Ereignisfristen	135
	2.3.2	Fristbeginn bei Tagesbeginnfristen	135
	2.3.3	Fristende bei Ereignisfristen	135
		2.3.3.1 Nach Tagen bestimmte Frist	135
		2.3.3.2 Monatsfristen	136
		2.3.3.3 Wochenfristen	136
		2.3.3.4 Fristende am Wochenende und an Feiertagen	136
	2.3.4	Fristende bei Tagesbeginnfristen	137
2.4	Wiedereinsetzung in den vorigen Stand (§ 110 AO)		137
	2.4.1	Gesetzliche, nicht verlängerbare Frist	137
	2.4.2	Nachholung der versäumten Handlung	138
	2.4.3	Wahrung der Wiedereinsetzungsfrist	138
	2.4.4	Glaubhaftmachung	138
	2.4.5	Verschulden	138
		2.4.5.1 Verschulden eines Vertreters	138
		2.4.5.2 Fallgruppen zum Verschulden	139
3.	**Steuerverwaltungsakte**		**141**

3.1	Allgemeines		141
3.2	Begriff des Steuerverwaltungsaktes (§ 118 AO)		142
	3.2.1	Behördliche Maßnahme	142
	3.2.2	Auf dem Gebiet des öffentlichen Rechts (hoheitlich)	142
	3.2.3	Regelung eines Einzelfalls	142
	3.2.4	Unmittelbare Rechtswirkung nach außen	143
3.3	Allgemeinverfügung (§ 118 S. 2 AO)		143
3.4	Arten der Steuerverwaltungsakte		144
	3.4.1	Gesetzlich gebundene und Ermessensverwaltungsakte	144
	3.4.2	Rechtsfeststellende und rechtsgestaltende Verwaltungsakte	145
	3.4.3	Begünstigende/nicht begünstigende Verwaltungsakte	145
	3.4.4	Verwaltungsakte ohne/mit Dauerwirkung	146
	3.4.5	Einseitige/mitwirkungsbedürftige Verwaltungsakte	146
3.5	Bestimmtheit und Form des Steuerverwaltungsaktes (§ 119 AO)		146
	3.5.1	Bestimmtheit (§ 119 Abs. 1 AO)	146
	3.5.2	Form des Verwaltungsaktes (§ 119 Abs. 2 AO)	147
	3.5.3	Anforderungen an einen schriftlichen Verwaltungsakt (§ 119 Abs. 3 AO)	147
3.6	Nebenbestimmungen zum Steuerverwaltungsakt (§ 120 AO)		148
	3.6.1	Befristung	148
	3.6.2	Bedingung	148
	3.6.3	Widerrufsvorbehalt	149
	3.6.4	Auflage	149
3.7	Begründung des Steuerverwaltungsaktes (§ 121 AO)		149
3.8	Bestellung eines Empfangsbevollmächtigten (§ 123 AO)		150
3.9	Wirksamkeit des Verwaltungsaktes (§ 124 AO) und Bekanntgabe (§ 122 AO)		151
	3.9.1	Wirksamkeit des Verwaltungsaktes	151
		3.9.1.1 Willensbildung	152
		3.9.1.2 Willensäußerung	152
		3.9.1.3 Abschließende Zeichnung durch einen handlungsbefugten Amtsträger	152
		3.9.1.4 Zeitpunkt	152
		3.9.1.5 Inhalt	153
		3.9.1.6 Adressat	153
		3.9.1.7 Wirksam bleiben des Verwaltungsaktes (§ 124 Abs. 2 AO)	153
		3.9.1.8 Nichtiger Verwaltungsakt (§ 124 Abs. 3 AO)	153
	3.9.2	Bekanntgabe (§ 124 Abs. 1 AO i.V.m. § 122 AO)	154
		3.9.2.1 Voraussetzung der Bekanntgabe/Begriff der Bekanntgabe	154
	3.9.3	Bekanntgabe beim bestimmten Adressaten oder beim berechtigten Empfänger	156
		3.9.3.1 Inhaltsadressat (§ 122 Abs. 1 Satz 1 Alt. 1 AO)	156
		3.9.3.2 Drittbetroffene	157
		3.9.3.3 Bekanntgabeadressat	157
		3.9.3.4 Empfänger	158
	3.9.4	Mängel der Bekanntgabe	158
	3.9.5	Formen der Bekanntgabe (§ 122 Abs. 2 bis Abs. 5 AO)	158
		3.9.5.1 Bekanntgabe bei Übermittlung durch die Post (§ 122 Abs. 2 AO)	159
		3.9.5.2 Bekanntgabe durch elektronische Übermittlung (§ 122 Abs. 2a AO)	160
		3.9.5.3 Öffentliche Bekanntgabe (§ 122 Abs. 3 und 4 AO)	160

		3.9.5.4	Förmliche Zustellung schriftlicher Verwaltungsakte (§ 122 Abs. 5 AO) ... 160

- 3.9.6 Bekanntgabe und Adressierung in besonderen Fällen ... 162
  - 3.9.6.1 Bekanntgabe an mehrere Beteiligte (§ 122 Abs. 6 AO) ... 162
  - 3.9.6.2 Bekanntgabe an Ehegatten/(eingetragene) Lebenspartner/Ehegatten mit ihren Kindern/(eingetragene) Lebenspartner mit ihren Kindern/ Alleinstehende mit Kindern (§ 122 Abs. 7 AO) ... 162
  - 3.9.6.3 Bekanntgabe an Personengesellschaften ... 163
  - 3.9.6.4 Bekanntgabe an juristische Personen ... 164
  - 3.9.6.5 Bekanntgabe bei Gesamtrechtsnachfolge ... 164
- 3.9.7 Übungsfälle zur Bekanntgabe ... 165
- 3.10 Bekanntgabe von Verwaltungsakten durch Bereitstellung zum Datenabruf (§ 122a AO) ... 165
- 3.11 Nichtigkeit des Verwaltungsaktes (§ 125 AO) ... 165
  - 3.11.1 Generalklausel (§ 125 Abs. 1 AO) ... 166
    - 3.11.1.1 Besonders schwerwiegender Fehler ... 166
    - 3.11.1.2 Offenkundigkeit ... 166
  - 3.11.2 Positivkatalog (§ 125 Abs. 2 AO) ... 166
  - 3.11.3 Negativkatalog (§ 125 Abs. 3 AO) ... 167
  - 3.11.4 Teilnichtigkeit (§ 125 Abs. 4 AO) ... 167
  - 3.11.5 Feststellen der Nichtigkeit (§ 125 Abs. 5 AO) ... 167
- 3.12 Heilung von Verfahrens- und Formfehlern (§ 126 AO) ... 167
  - 3.12.1 Heilung von Verfahrens- und Formfehlern (§ 126 Abs. 1 AO) ... 168
  - 3.12.2 Zeitliche Beschränkung der Heilung (§ 126 Abs. 2 AO) ... 168
  - 3.12.3 Wiedereinsetzung (§ 126 Abs. 3 AO) ... 169
- 3.13 Folgen von Verfahrens- und Formfehlern (§ 127 AO) ... 169
  - 3.13.1 Verletzung von Verfahrensvorschriften ... 169
  - 3.13.2 Verletzung von Formvorschriften ... 169
  - 3.13.3 Verletzung der Vorschriften über die örtliche Zuständigkeit ... 169
  - 3.13.4 Keine andere Entscheidung in der Sache ... 169
  - 3.13.5 Rechtsfolge ... 170
- 3.14 Umdeutung eines fehlerhaften Verwaltungsaktes (§ 128 AO) ... 170

4. Durchführung der Besteuerung ... **170**
- 4.1 Erfassung der Steuerpflichtigen ... 170
  - 4.1.1 Personenstands- und Betriebsaufnahme ... 170
  - 4.1.2 Anzeigepflichten ... 170
  - 4.1.3 Identifikationsmerkmale ... 172
- 4.2 Mitwirkungspflichten ... 172
  - 4.2.1 Buchführungs- und Aufzeichnungspflichten ... 173
    - 4.2.1.1 Buchführungspflichten ... 173
    - 4.2.1.2 Aufzeichnungspflichten ... 174
    - 4.2.1.3 Aufbewahrungspflichten ... 175
    - 4.2.1.4 Digitale Kassensysteme ... 175
  - 4.2.2 Steuererklärungen ... 175
    - 4.2.2.1 Erklärungspflichtige ... 176
    - 4.2.2.2 Anforderungen an die Steuererklärung ... 176
  - 4.2.3 Berichtigungspflicht gem. § 153 AO ... 178
- 4.3 Folgen der Verletzung von Mitwirkungspflichten ... 179
  - 4.3.1 Verspätungszuschlag ... 180

		4.3.1.1	Gesetzliche Regelungen für Steuererklärungen bis einschließlich Veranlagungszeitraum 2017 181

- 4.3.1.2 Gesetzliche Regelungen für Steuererklärungen ab Veranlagungszeitraum 2018 183
- 4.3.2 Verzögerungsgeld 184
  - 4.3.2.1 Überblick 184
  - 4.3.2.2 Verzögerungsgeld wegen Verletzung der Mitwirkungspflichten während einer Betriebsprüfung 185
  - 4.3.2.3 Verzögerungsgeld wegen Verlagerung der elektronischen Buchführung ins Ausland 185
- 4.3.3 Weitere Folgen: Zwangsmittel, Schätzung von Besteuerungsgrundlagen 185
- 4.4 Beweiswürdigung im Besteuerungsverfahren 186
  - 4.4.1 Allgemeine Grundsätze 186
    - 4.4.1.1 Freie Beweiswürdigung, Beweislast, Feststellungslast 186
    - 4.4.1.2 Kontenwahrheit, § 154 AO 186
    - 4.4.1.3 Nachweis der Treuhänderschaft, § 159 AO 187
  - 4.4.2 Benennung von Zahlungsempfängern, § 160 AO 187
    - 4.4.2.1 Bedeutung des § 160 AO 187
    - 4.4.2.2 Voraussetzungen und Entscheidung des Finanzamts 188
    - 4.4.2.3 Rechtsbehelfe 190
  - 4.4.3 Schätzung von Besteuerungsgrundlagen, § 162 AO 190
    - 4.4.3.1 Voraussetzungen und Gegenstand der Schätzung 190
    - 4.4.3.2 Verfahren und Entscheidung 191

IV. Festsetzungs- und Feststellungsverfahren 194
1. Steuerfestsetzungen 194
- 1.1 Steuerbescheide 195
- 1.2 Ähnliche Bescheide, Abgrenzung 200
- 1.3 Absehen von Steuerfestsetzung, abweichende Steuerfestsetzung aus Billigkeitsgründen 201
  - 1.3.1 Absehen von Steuerfestsetzung gem. § 156 AO 201
  - 1.3.2 Abweichende Festsetzung von Steuern aus Billigkeitsgründen gem. § 163 AO ... 202
- 1.4 Drittwirkung von Steuerfestsetzungen 203
2. Steuerfestsetzungen unter Vorbehalt der Nachprüfung 203
- 2.1 Sinn und Zweck, Anwendungsbereich 203
- 2.2 Gesetzlicher und behördlicher Vorbehalt der Nachprüfung 204
- 2.3 Voraussetzungen 205
- 2.4 Verfahrensfragen 205
- 2.5 Wirkung 206
- 2.6 Aufhebung und Wegfall 206
  - 2.6.1 Aufhebung des Vorbehalts der Nachprüfung durch die Behörde 207
  - 2.6.2 Wegfall des Vorbehalts der Nachprüfung gem. § 164 Abs. 4 AO 207
- 2.7 Rechtsmittel im Zusammenhang mit dem Vorbehalt der Nachprüfung 208
3. Vorläufige Steuerfestsetzungen 208
- 3.1 Anwendungsbereich, Abgrenzung 208
- 3.2 Voraussetzungen der einzelnen Anwendungsfälle 209
  - 3.2.1 Vorläufigkeitsvermerk wegen tatsächlicher Ungewissheit, § 165 Abs. 1 Satz 1 AO 209

		3.2.2	Vorläufigkeitsvermerk wegen rechtlicher Ungewissheit, § 165 Abs. 1 Satz 2 AO	209

        3.2.2 Vorläufigkeitsvermerk wegen rechtlicher Ungewissheit, § 165 Abs. 1 Satz 2 AO . 209
            3.2.2.1 Vorläufigkeitsvermerk gemäß § 165 Abs. 1 Satz 2 Nr. 1 AO 209
            3.2.2.2 Vorläufigkeitsvermerk gemäß § 165 Abs. 1 Satz 2 Nr. 2 und Nr. 2a AO. 210
            3.2.2.3 Vorläufigkeitsvermerk gemäß § 165 Abs. 1 Satz 2 Nr. 3 AO 210
            3.2.2.4 Vorläufigkeitsvermerk gemäß § 165 Abs. 1 Satz 2 Nr. 4 AO 211
    3.3 Rechtsfolgen der Vorläufigkeit der Steuerfestsetzung. 211
    3.4 Rechtsbehelfe im Zusammenhang mit dem Vorläufigkeitsvermerk 213
4. Steueranmeldungen **214**
    4.1 Überblick. 214
    4.2 Wirkung. 215
    4.3 Abweichende Festsetzung durch die Finanzbehörde 216
    4.4 Rechtsschutz 217
5. Gesonderte Feststellungen **217**
    5.1 Überblick, Verfahren 217
    5.2 Einheitliche und gesonderte Feststellung von Besteuerungsgrundlagen 219
    5.3 Gesonderte Feststellungen gemäß § 180 Abs. 1 Nr. 2b AO 221
    5.4 Weitere Feststellungsfälle. 221
        5.4.1 Feststellungen aufgrund § 180 Abs. 2 AO 221
        5.4.2 Feststellungen nach § 180 Abs. 5 AO 222
        5.4.3 Feststellungen von Einheitswerten 222
        5.4.4 Feststellungen von Grundbesitzwerten 223
    5.5 Feststellungsbescheide 223
        5.5.1 Wesen, Inhalt, Form und Bekanntgabe 223
        5.5.2 Wirkung. 224
        5.5.3 Ergänzungsbescheide 225
        5.5.4 Rechtsbehelfe 225
6. Steuermessbescheide **225**
    6.1 Anwendungsbereich, Wirkung. 225
    6.2 Weitere Verwaltungsakte im Bereich der Steuermessbeträge: Zerlegungsbescheide, Zuteilungsbescheide. 226
7. Festsetzungs-/Feststellungsverjährung **227**
    7.1 Festsetzungsverjährung (§§ 169 ff. AO) 227
        7.1.1 Dauer der Festsetzungsverjährungsfrist 227
        7.1.2 Beginn der Festsetzungsverjährungsfrist 229
            7.1.2.1 Anlaufhemmung nach § 170 Abs. 2 AO 229
            7.1.2.2 Anlaufhemmung nach § 170 Abs. 3 AO 230
            7.1.2.3 Anlaufhemmung nach § 170 Abs. 4 AO 230
            7.1.2.4 Anlaufhemmung nach § 170 Abs. 5 AO 230
            7.1.2.5 Anlaufhemmung nach § 170 Abs. 6 AO 231
            7.1.2.6 Anlaufhemmung nach § 170 Abs. 7 AO 232
        7.1.3 Ende der Festsetzungsverjährungsfrist 232
            7.1.3.1 Ablaufhemmung nach § 171 Abs. 1 AO 232
            7.1.3.2 Ablaufhemmung nach § 171 Abs. 2 AO 233
            7.1.3.3 Ablaufhemmung nach § 171 Abs. 3 AO 233
            7.1.3.4 Ablaufhemmung nach § 171 Abs. 3a AO 235
            7.1.3.5 Ablaufhemmung nach § 171 Abs. 4 AO 236
            7.1.3.6 Ablaufhemmung nach § 171 Abs. 5 AO 238

		7.1.3.7	Ablaufhemmung nach § 171 Abs. 6 AO 239

- 7.1.3.7 Ablaufhemmung nach § 171 Abs. 6 AO 239
- 7.1.3.8 Ablaufhemmung nach § 171 Abs. 7 AO 239
- 7.1.3.9 Ablaufhemmung nach § 171 Abs. 8 AO 239
- 7.1.3.10 Ablaufhemmung nach § 171 Abs. 9 AO 239
- 7.1.3.11 Ablaufhemmung nach § 171 Abs. 10, 10a AO 239
- 7.1.3.12 Ablaufhemmung nach § 171 Abs. 11 AO 243
- 7.1.3.13 Ablaufhemmung nach § 171 Abs. 12 AO 243
- 7.1.3.14 Ablaufhemmung nach § 171 Abs. 13 AO 243
- 7.1.3.15 Ablaufhemmung nach § 171 Abs. 14 AO 243
- 7.1.3.16 Ablaufhemmung nach § 171 Abs. 15 AO 244
- 7.1.3.17 Sonderregelung gemäß § 174 Abs. 1 S. 2 und Abs. 4 S. 3 AO 244

7.2 Feststellungsverjährung 244
7.3 Rechtsfolgen bei Verletzung der Vorschriften über die Festsetzungs-/Feststellungsfrist ... 246

V. Korrektur von Steuerverwaltungsakten (§§ 129, 130, 131, 172–177 AO) 247

1. Allgemeines 247
   1.1 Rechtmäßigkeit und Rechtswidrigkeit 247
   1.2 Übersicht über die Korrekturvorschriften 248

2. Korrekturvorschrift für alle Steuerverwaltungsakte 248
   2.1 Berichtigung wegen offenbarer Unrichtigkeiten (§ 129 AO) 248
      2.1.1 Offenbare Unrichtigkeit in einem Verwaltungsakt 248
         2.1.1.1 Schreib- und Rechenfehler 249
         2.1.1.2 Ähnliche Unrichtigkeit 249
      2.1.2 Offenbarkeit 251
      2.1.3 Unrichtigkeit beim Erlass eines Verwaltungsaktes 251
         2.1.3.1 Fehler der Finanzbehörde 251
         2.1.3.2 Fehler des Steuerpflichtigen 252
         2.1.3.3 Übernahmefehler 252
         2.1.3.4 Fehler in Steueranmeldungen 253
      2.1.4 Rechtsfolge der Berichtigung 253
         2.1.4.1 Zeitliche Grenzen 253
         2.1.4.2 Umfang der Berichtigung 253
         2.1.4.3 Ermessen 253
         2.1.4.4 Vorlage der zu berichtigenden Urkunde 254
      2.1.5 Rechtsbehelf 254
   2.2 Korrekturvorschrift für sonstige Verwaltungsakte (§§ 130, 131 AO) 254
      2.2.1 Rücknahme eines rechtswidrigen Verwaltungsaktes (§ 130 AO) ... 254
         2.2.1.1 Rücknahme eines rechtswidrig nicht begünstigenden (belastenden) Verwaltungsaktes (§ 130 Abs. 1 AO) 255
         2.2.1.2 Rücknahme eines rechtswidrig begünstigenden Verwaltungsaktes (§ 130 Abs. 2 AO) 255
         2.2.1.3 Rücknahme als Rechtsfolge 257
         2.2.1.4 Rücknahmefrist (§ 130 Abs. 3 AO) 258
         2.2.1.5 Zuständige Behörde für die Rücknahme (§ 130 Abs. 4 AO) 258
      2.2.2 Widerruf eines rechtmäßigen Verwaltungsaktes (§ 131 AO) 258
         2.2.2.1 Widerruf von rechtmäßigen nicht begünstigenden Verwaltungsakten (§ 131 Abs. 1 AO) 258

		2.2.2.2	Widerruf rechtmäßiger begünstigender Verwaltungsakte (§ 131 Abs. 2 AO) 259

2.2.2.2 Widerruf rechtmäßiger begünstigender Verwaltungsakte (§ 131 Abs. 2 AO) 259
2.2.2.3 Widerruf als Rechtsfolge 261
2.2.2.4 Widerrufsfrist (§§ 131 Abs. 2 Satz 2 AO, 130 Abs. 3 AO) 261
2.2.2.5 Zuständige Behörde für den Widerruf (§ 131 Abs. 4 AO) 261

2.3 Korrekturvorschrift für Steuerbescheide und diesen gleichgestellten Bescheiden (§§ 172 bis 177 AO) 261
   2.3.1 Sachlicher Anwendungsbereich des Korrektursystems (§§ 172 bis 177 AO) 261
   2.3.2 Bedeutung der Bestandskraft für die Aufhebung und Änderung 262
   2.3.3 Korrektur 262
   2.3.4 Aufhebung und Änderung von Steuerbescheiden (§ 172 AO) 263
      2.3.4.1 Allgemeines 263
      2.3.4.2 Aufhebung und Änderung von Bescheiden über Verbrauchssteuern (§ 172 Abs. 1 Satz 1 Nr. 1 AO) 263
      2.3.4.3 Aufhebung und Änderung von Bescheiden über andere Steuern (§ 172 Abs. 1 Satz 1 Nr. 2 AO) 264
      2.3.4.4 Anwendbarkeit auf Einspruchsentscheidungen (§ 172 Abs. 1 Sätze 2 und 3 AO) 267
      2.3.4.5 Ausdehnung auf Verwaltungsakte, durch die ein Antrag auf Erlass, Aufhebung oder Änderung eines Steuerbescheids abgelehnt wird (§ 172 Abs. 2 AO) 267
      2.3.4.6 Zurückweisung durch Allgemeinverfügung (§ 172 Abs. 3 AO) 267
      2.3.4.7 Rechtsbehelf 268
   2.3.5 Aufhebung oder Änderung von Steuerbescheiden wegen neuer Tatsachen oder Beweismittel (§ 173 AO) 268
      2.3.5.1 Allgemeines 268
      2.3.5.2 Voraussetzungen für die Aufhebung oder Änderung (Tatbestand Abs. 1) 269
      2.3.5.3 Aufhebung oder Änderung zuungunsten des Steuerpflichtigen (§ 173 Abs. 1 Nr. 1 AO) 273
      2.3.5.4 Aufhebung oder Änderung zugunsten des Steuerpflichtigen (§ 173 Abs. 1 Nr. 2 AO) 274
      2.3.5.5 Änderungssperre (§ 173 Abs. 2 AO) 276
   2.3.6 Schreib- oder Rechenfehler bei Erstellung einer Steuererklärung (§ 173a AO) ... 277
      2.3.6.1 Schreib- oder Rechenfehler 277
      2.3.6.2 Kausalität 277
      2.3.6.3 Rechtsfolge 277
   2.3.7 Widerstreitende Steuerfestsetzungen (§ 174 AO) 278
      2.3.7.1 Allgemeines 278
      2.3.7.2 Bestimmter Sachverhalt 278
      2.3.7.3 Mehrfachberücksichtigung eines bestimmten Sachverhaltes 278
      2.3.7.4 Einmalberücksichtigung 279
      2.3.7.5 Mehrfachberücksichtigung eines bestimmten Sachverhaltes zuungunsten eines oder mehrerer Steuerpflichtiger (§ 174 Abs. 1 AO) 279
      2.3.7.6 Mehrfachberücksichtigung eines bestimmten Sachverhalts zugunsten eines oder mehrerer Steuerpflichtiger (§ 174 Abs. 2 AO) ... 280

		2.3.7.7	Nichtberücksichtigung eines bestimmten Sachverhaltes im Hinblick auf einen anderen Bescheid (§ 174 Abs. 3 AO) 281

2.3.7.7 Nichtberücksichtigung eines bestimmten Sachverhaltes im Hinblick auf einen anderen Bescheid (§ 174 Abs. 3 AO) 281
2.3.7.8 Ausgelöster Widerstreit durch Antrag oder Rechtsbehelf des Steuerpflichtigen (§ 174 Abs. 4 und 5 AO) 282
2.3.8 Aufhebung oder Änderung von Steuerbescheiden aufgrund von Grundlagenbescheiden und bei rückwirkenden Ereignissen (§ 175 AO) 284
  2.3.8.1 Allgemeines 284
  2.3.8.2 § 175 Abs. 1 Nr. 1 AO – Allgemeines 285
  2.3.8.3 § 175 Abs. 1 Nr. 2 AO – Allgemeines 287
2.3.9 Umsetzung von Verständigungsvereinbarungen (§ 175a AO) 291
  2.3.9.1 Tatbestand 291
  2.3.9.2 Rechtsfolge 292
2.3.10 Änderung von Steuerbescheiden bei Datenübermittlung durch Dritte (§ 175b AO) 292
2.3.11 Vertrauensschutz bei der Aufhebung und Änderung von Steuerbescheiden (§ 176 AO) 292
  2.3.11.1 Tatbestand 293
  2.3.11.2 Einschränkung des Vertrauensschutzes (§ 176 Abs. 1 Satz 2 AO) 294
  2.3.11.3 Vertrauen auf Verwaltungsvorschriften (§ 176 Abs. 2 AO) 294
2.3.12 Berichtigung von materiellen Fehlern (§ 177 AO) 295
  2.3.12.1 Materieller Fehler (§ 177 Abs. 3 AO) 295
  2.3.12.2 Umfang der Berichtigung 295

VI. Erhebungsverfahren 299
1. Verwirklichung von Ansprüchen aus dem Steuerschuldverhältnis (§ 218 AO) 299
2. Fälligkeit von Ansprüchen aus dem Steuerschuldverhältnis 300
   2.1 § 220 Abs. 1 AO 300
   2.2 § 220 Abs. 2 AO 301
       2.2.1 Fälligkeit mit Steuerentstehung 301
       2.2.2 Fälligkeit mit Festsetzung 302
       2.2.3 Fälligkeit mit Ablauf der Zahlungsfrist gemäß Leistungsgebot 302
   2.3 Abweichende Fälligkeitsbestimmung 303
3. Stundung 303
   3.1 Anwendungsbereich 303
   3.2 Abgrenzung zur Aussetzung der Vollziehung 303
   3.3 Voraussetzungen der Stundung 303
       3.3.1 Erhebliche Härte 304
           3.3.1.1 Sachliche Stundungsgründe 304
           3.3.1.2 Persönliche Stundungsgründe 304
       3.3.2 Nichtgefährdung des Anspruchs 305
       3.3.3 Sicherheitsleistung 305
   3.4 Ermessensausübung 305
   3.5 Folgen der Stundung 305
   3.6 Zuständigkeit 306
4. Erlöschen der Ansprüche aus dem Steuerschuldverhältnis 306
   4.1 Zahlung (§ 224 AO) 306
       4.1.1 Tag der Zahlung 306
       4.1.2 Hingabe von Kunstgegenständen an Zahlungs statt (§ 224a AO) 307

		4.1.3	Reihenfolge der Tilgung	307

- 4.2 Aufrechnung ... 308
  - 4.2.1 Allgemeines ... 308
  - 4.2.2 Abgrenzung zum Verrechnungsvertrag ... 308
  - 4.2.3 Voraussetzungen für die Aufrechnung ... 309
    - 4.2.3.1 Gleichartigkeit der Forderungen ... 309
    - 4.2.3.2 Bezeichnung der Forderungen ... 309
    - 4.2.3.3 Gegenseitigkeit ... 309
    - 4.2.3.4 Fälligkeit der Gegenforderung ... 311
    - 4.2.3.5 Erfüllbarkeit der Hauptforderung ... 311
  - 4.2.4 Rechtsfolgen der Aufrechnung ... 312
- 4.3 Erlass ... 312
  - 4.3.1 Unbilligkeit ... 313
    - 4.3.1.1 Sachliche Unbilligkeit ... 313
    - 4.3.1.2 Persönliche Unbilligkeit ... 315
  - 4.3.2 Ermessen und Folge des Erlasses ... 316
  - 4.3.3 Zuständigkeit ... 317

5. Zahlungsverjährung (§§ 228–232 AO) ... **317**
- 5.1 Berechnungsschema zur Zahlungsverjährung ... 317
- 5.2 Fristbeginn ... 318
- 5.3 Anlaufhemmung ... 318
- 5.4 Ablaufhemmung ... 320
- 5.5 Unterbrechung ... 320

6. Zinsen ... **321**
- 6.1 Verzinsung von Steuernachforderungen und Steuererstattungen ... 322
  - 6.1.1 Zinsberechnung ... 322
  - 6.1.2 Zinsen bei freiwilligen Zahlungen ... 323
  - 6.1.3 Zinsen bei Erstattungen ... 324
  - 6.1.4 Zinsen bei Aufhebung, Änderung oder Berichtigung der Steuerfestsetzung ... 324
- 6.2 Hinterziehungszinsen ... 325
- 6.3 Prozesszinsen ... 326
- 6.4 Zinsen bei Aussetzung der Vollziehung ... 326

7. Säumniszuschläge (§ 240 AO) ... **327**
- 7.1 Berechnung von Säumniszuschlägen ... 327
- 7.2 Schuldner der Säumniszuschläge ... 329

8. Sicherheitsleistung ... **329**

VII. Vollstreckung ... **330**

1. Allgemeines ... **330**

2. Vollstreckung wegen Geldforderungen ... **330**
- 2.1 Grundlagen und Voraussetzungen der Vollstreckung ... 330
  - 2.1.1 Beteiligte im Vollstreckungsverfahren ... 330
  - 2.1.2 Allgemeine Voraussetzungen der Vollstreckung ... 330
- 2.2 Tätigkeiten der Finanzämter im Vollstreckungsbereich ... 332
- 2.3 Vollstreckung in das bewegliche Vermögen ... 333
  - 2.3.1 Vollstreckung in bewegliche Sachen durch den Vollziehungsbeamten ... 334
  - 2.3.2 Vollstreckung in Forderungen und andere Vermögensrechte ... 336
- 2.4 Vollstreckung in das unbewegliche Vermögen ... 338

		2.4.1	Überblick	338
		2.4.2	Gegenstand der Immobiliarvollstreckung, Abgrenzung	338
		2.4.3	Antrag auf Eintragung einer Zwangssicherungshypothek	339
		2.4.4	Antrag auf Zwangsversteigerung	339
		2.4.5	Antrag auf Zwangsverwaltung	339
	2.5	Vollstreckung in das Gesamtvermögen nach der InsO		339
		2.5.1	Grundzüge	339
		2.5.2	Insolvenzverfahren	340
		2.5.3	Behandlung von Steuerforderungen in der Insolvenz	342
		2.5.4	Verbraucherinsolvenzverfahren	343
		2.5.5	Restschuldbefreiung	343
		2.5.6	Insolvenzanfechtung	344
	2.6	Weitere Maßnahmen im Vollstreckungsbereich		345
		2.6.1	Vermögensauskunft des Vollstreckungsschuldners, eidesstattliche Versicherung	345
		2.6.2	Arrestverfahren	346
		2.6.3	Anregung der Gewerbeuntersagung	347
	2.7	Rechtsbehelfe im Vollstreckungsrecht		347
		2.7.1	Besonderheiten im Einspruchsverfahren gegen Vollstreckungsmaßnahmen	347
		2.7.2	Antrag auf Beschränkung der Vollstreckung (Vollstreckungsaufschub)	347
		2.7.3	Antrag auf Aufteilung einer Gesamtschuld	348
		2.7.4	Rechtsbehelfe Dritter gegen die Vollstreckung	349
	2.8	Prüfungsaufbau: Rechtmäßigkeit einer Vollstreckungsmaßnahme		349
3.	**Vollstreckung wegen anderer Leistungen als Geldforderungen**			**349**
	3.1	Überblick und Bedeutung der Zwangsmittel		349
	3.2	Zwangsgeld		350
		3.2.1	Sinn und Zweck	350
		3.2.2	Voraussetzungen eines Zwangsgelds	350
		3.2.3	Ersatzzwangshaft	352
		3.2.4	Verfahrensablauf im Einzelnen	352
		3.2.5	Rechtsbehelfe/Korrektur	354

VIII. Außergerichtliches Rechtsbehelfsverfahren 355

1.	**Einführung, Abgrenzung**			**356**
	1.1	Allgemeines zum Einspruchsverfahren		356
	1.2	Abgrenzung zu anderen Anträgen und Rechtsbehelfen		356
2.	**Zulässigkeit des Einspruchs**			**358**
	2.1	Statthaftigkeit		359
	2.2	Einspruchsbefugnis		360
		2.2.1	Beschwer (§ 350 AO)	361
		2.2.2	Einspruchsbefugnis bei einheitlichen und gesonderten Feststellungen	362
		2.2.3	Drittbetroffenheit	365
	2.3	Form		365
		2.3.1	Schriftlich oder zur Niederschrift	365
		2.3.2	Weitere Anforderungen	365
	2.4	Frist		366
		2.4.1	Fristwahrung, Wiedereinsetzung	366
		2.4.2	Fristwahrung durch Einlegung bei der richtigen Behörde	367
	2.5	Anfechtungsbeschränkung bei Einspruch gegen Änderungsbescheid		368

	2.6	Sonstige Zulässigkeitsvoraussetzungen		370
		2.6.1	Handlungsfähigkeit	370
		2.6.2	Rechtsschutzbedürfnis	370
	2.7	Einspruchsverzicht		371
	2.8	Rücknahme des Einspruchs		371
3.	**Begründetheit des Einspruchs**			**372**
	3.1	Grundsatz der Vollüberprüfung		372
	3.2	Verböserung		373
	3.3	Anfechtungsbeschränkung bei Einspruch gegen Folgebescheid		373
4.	**Entscheidung über den Einspruch**			**375**
	4.1	Einspruchsentscheidung		375
	4.2	Abhilfe		378
	4.3	Teil-Einspruchsentscheidungen und Allgemeinverfügungen		378
5.	**Weitere Folgen und Entscheidungen im Einspruchsverfahren**			**381**
	5.1	Ablaufhemmung (§ 171 Abs. 3a AO)		381
	5.2	Änderungen im Rechtsbehelfsverfahren		381
	5.3	Hinzuziehung Dritter		382
		5.3.1	Sinn und Zweck, Wirkung der Hinzuziehung	382
		5.3.2	Einfache Hinzuziehung	383
		5.3.3	Notwendige Hinzuziehung	383
		5.3.4	Sonderfall der Hinzuziehung nach § 174 Abs. 5 AO	384
	5.4	Aussetzen/Ruhenlassen des Verfahrens		385
		5.4.1	Aussetzen des Verfahrens, § 363 Abs. 1 AO	385
		5.4.2	Ruhenlassen des Verfahrens, § 363 Abs. 2 AO	385
		5.4.3	Rechtsbehelfe	386
	5.5	Aussetzung/Aufhebung der Vollziehung		387
		5.5.1	Sinn und Zweck	387
		5.5.2	Voraussetzungen der Aussetzung der Vollziehung	388
		5.5.3	Aufhebung der Vollziehung	389
		5.5.4	Aussetzung der Vollziehung im Verhältnis zu Grundlagen- und Folgebescheid	390
		5.5.5	Rechtsmittel gegen die Ablehnung der Aussetzung	390
		5.5.6	Gewährung der Aussetzung der Vollziehung durch das Finanzgericht	390
	5.6	§ 364b AO		390
IX.	**Die Außenprüfung**			**393**
1.	**Allgemeines**			**393**
2.	**Veranlagende Betriebsprüfung**			**394**
3.	**Rechtswirkungen der Außenprüfung**			**395**
	3.1	Aufhebung des Vorbehalts der Nachprüfung		395
	3.2	Ablaufhemmung der Festsetzungsfrist		395
	3.3	Ausschluss der Selbstanzeige		396
	3.4	Verbindliche Zusagen		396
4.	**Zulässigkeit einer Außenprüfung (§ 193 AO)**			**396**
	4.1	Allgemeines		396
	4.2	Tatbestände des § 193 AO		397
		4.2.1	Zulässigkeit nach § 193 Abs. 1 AO bei Gewinneinkünften	397
		4.2.2	Zulässigkeit nach § 193 Abs. 2 AO	398

		4.2.2.1	Steuerabzugsverpflichtete (§ 193 Abs. 2 Nr. 1 i.V.m. § 194 Abs. 1 S. 4 AO) 399

                4.2.2.2   Zulässigkeit nach § 193 Abs. 2 Nr. 2 AO 399
       4.2.3   Zulässigkeit nach § 193 Abs. 2 Nr. 3 AO 400

5. **Sachlicher Umfang einer Außenprüfung (§ 194 AO)** **400**
   5.1   Sachlicher und Persönlicher Umfang 401
   5.2   Zeitlicher Umfang der Außenprüfung 402
       5.2.1   Großbetriebe 403
       5.2.2   M-, K-, und KSt-Betriebe 403
       5.2.3   Strafrechtliche Aspekte 403
   5.3   Kontrollmitteilungen (§ 194 Abs. 3 AO) 403

6. **Zuständigkeit (§ 195 AO)** **405**
7. **Die Prüfungsanordnung und deren Bekanntgabe (§§ 196, 197 AO, 5 BpO)** **406**
   7.1   Allgemeines 406
   7.2   Inhalt der Prüfungsanordnung 407
       7.2.1   Prüfungssubjekt als Inhaltsadressat 407
       7.2.2   Begründung 408
       7.2.3   Rechtsbehelf/Korrektur 409
       7.2.4   Folgen fehlerhafter bzw. fehlender Prüfungsanordnung – Verwertungsverbot ... 409
   7.3   Schriftliche Bekanntgabe der Prüfungsanordnung (§ 197 AO) 410
       7.3.1   Empfänger 411
       7.3.2   Bekanntgabeadressat 411
       7.3.3   Fallgestaltungen der Bekanntgabe bei Prüfungsanordnungen 411
              7.3.3.1   Eheleute/Lebenspartner 411
              7.3.3.2   Juristische Personen und Handelsgesellschaften 412
              7.3.3.3   Personengesellschaften (Gemeinschaften z.B. GbR) ... 412
              7.3.3.4   Gesamtrechts- bzw. Einzelrechtsnachfolge 412
       7.3.4   Verlegung des Prüfungsbeginns 413
       7.3.5   Muster einer Prüfungsanordnung (ab 2014) 413

8. **Durchführung der Prüfung** **416**
   8.1   Ausweispflicht (§ 198 S. 1 AO) 416
   8.2   Beginn der Außenprüfung (§ 198 S. 2 AO) 416
   8.3   Prüfungsgrundsätze (§ 199 AO) 416
       8.3.1   Einzelprüfungsmethoden 417
       8.3.2   Verprobungsmethoden 417
       8.3.3   Weitere Methoden 418
   8.4   Unterrichtung des Steuerpflichtigen (§ 199 Abs. 2 AO) 418

9. **Mitwirkungspflichten des Steuerpflichtigen (§ 200 AO, § 8 BpO)** **419**
   9.1   Allgemeines 419
   9.2   Einzelne Mitwirkungspflichten bzw. -rechte 419
       9.2.1   Erteilung von Auskünften, Vorlage von Büchern, Aufzeichnungen und anderen Unterlagen (§ 200 Abs. 1 S. 2–4 AO) 419
       9.2.2   Unterstützung nach § 147 Abs. 6 AO beim Datenzugriff 419
       9.2.3   Folgen der Verletzung der Mitwirkungspflichten 420
       9.2.4   Verzögerungsgeld 421
       9.2.5   Mitwirkungsverweigerungsrechte 421

10. **Ort der Außenprüfung (§ 200 Abs. 2 AO, § 6 BpO)** **421**
11. **Zeit der Prüfung und Betriebsbesichtigung (§ 200 Abs. 3 AO)** **422**

12. Die Schlussbesprechung (§ 201 AO) 422
    12.1 Tatsächliche Verständigung 424
    12.2 Strafrechtliche Aspekte 425
13. Inhalt und Bekanntgabe des Prüfungsberichts (§ 202 AO) 425
    13.1 Inhalt des Prüfungsberichtes (§ 202 Abs. 1 S. 2 AO) 426
    13.2 Mitteilung (§ 202 Abs. 1 S. 3 AO) 426
    13.3 Übersendung des Prüfungsberichtes und Stellungnahme (§ 202 Abs. 2 AO) 427
14. Abgekürzte Außenprüfung (§ 203 AO) 427
    14.1 Allgemeines 427
    14.2 Durchführung der abgekürzten Außenprüfung 427
    14.3 Unterrichtung des Steuerpflichtigen und Hinweis (§ 203 Abs. 2 AO) 428
    14.4 Rechtsfolgen 428
15. Außenprüfung bei Datenübermittlung durch Dritte (§ 203a AO) 428
16. Umsatzsteuersonderprüfungen 429
17. Umsatzsteuernachschau (§ 27b UStG) 430
18. Verbindliche Zusagen aufgrund einer Außenprüfung (§§ 204 bis 207 AO) 430
    18.1 Allgemeines 430
    18.2 Voraussetzungen der verbindlichen Zusage (§ 204 AO) 431
         18.2.1 Anschluss an die Außenprüfung 431
         18.2.2 Antrag 431
         18.2.3 „Zusage"-Interesse 432
    18.3 Form (§ 205 AO) und Bindungswirkung (§ 206 AO) der verbindlichen Zusage ... 432
    18.4 Außerkrafttreten, Aufhebung und Änderung der verbindlichen Zusage
         (§ 207 AO) 433

X. **Steuerstrafrecht, Steuerordnungswidrigkeitenrecht** 434
1. Rechtsgrundlagen des Steuerstraf- und Steuerordnungswidrigkeitenrechts 434
2. Voraussetzungen der Strafbarkeit 434
3. Objektiver Tatbestand 434
    3.1 Tathandlung 434
        3.1.1 Andere Behörden 434
        3.1.2 Unrichtige Angaben 435
        3.1.3 Unvollständige Angaben 435
        3.1.4 Steuerlich erhebliche Tatsachen 435
    3.2 Unterlassen 436
        3.2.1 In Unkenntnis lassen 436
        3.2.2 Pflichtwidrigkeit 436
    3.3 Taterfolg 437
        3.3.1 Steuerverkürzung 438
        3.3.2 § 370 Abs. 4 S. 3 AO, Kompensationsverbot 438
    3.4 Kausalität 439
    3.5 Steuerhehlerei 439
4. Subjektiver Tatbestand 439
    4.1 Dolus directus 1. Grades, Absicht 440
    4.2 Dolus directus 2. Grades, direkter Vorsatz 440
    4.3 Dolus eventualis, bedingter Vorsatz 440
5. Rechtswidrigkeit 440
6. Schuld 441

7.	Täterschaft, Teilnahme		441
	7.1 Täterschaft		441
	7.2 Teilnahme		442
		7.2.1 Anstiftung	442
		7.2.2 Beihilfe	443
8.	Strafausschließungsgründe		**443**
	8.1 Verjährung		443
	8.2 Selbstanzeige		444
		8.2.1 Anforderungen an die Berichtigungserklärung	444
		8.2.2 Sperrwirkung	445
		8.2.2.1 Ausschlussgrund gem. § 371 Abs. 2 Nr. 1a AO	445
		8.2.2.2 Ausschlussgrund gem. § 371 Abs. 2 Nr. 1b AO	446
		8.2.2.3 Ausschlussgrund gem. § 371 Abs. 2 Nr. 1c–e AO	446
		8.2.2.4 Ausschlussgrund gem. § 371 Abs. 2 Nr. 2 AO	446
		8.2.2.5 Ausschlussgrund gem. § 371 Abs. 2 Nr. 3 AO	447
		8.2.2.6 Ausschlussgrund gem. § 371 Abs. 2 Nr. 4 AO	447
		8.2.2.7 Ausschlussgrund gem. § 371 Abs. 2a AO	447
		8.2.3 § 371 Abs. 3 AO: Nachzahlung der hinterzogenen Steuer	447
9.	Versuchte Steuerhinterziehung		**448**
10.	Ablauf des Steuerstrafverfahrens		**449**
	10.1 Verfahrenseinleitung		449
	10.2 Folgen der Verfahrenseinleitung		449
	10.3 Strafprozessuale Maßnahmen		449
11.	Bestrafung		**450**
12.	Steuerordnungswidrigkeiten		**450**
	12.1 § 378 AO: Leichtfertige Steuerverkürzung		451
	12.2 § 380 AO: Nichteinbehaltung und Abführung von Steuerabzugsbeträgen		451
	12.3 § 26b UStG: Schädigung des Umsatzsteueraufkommens		451
XI.	**Lösungen zu den Fällen**		452
1.	Lösung zu Teil A Kap. I. 2.		452
2.	Lösungen zu Teil A Kap. III. 3.		452
3.	Lösungen zu Teil A Kap. V.		452
4.	Lösungen zu Teil A Kap. II. 3.		454
B.	**Finanzgerichtsordnung/FGO**		**458**
I.	**Grundsätze**		**458**
1.	Stellung der Finanzgerichtsbarkeit im deutschen Gerichtssystem		458
2.	Unterschied zwischen Berufung und Revision		459
3.	Unterschied zwischen Zivilprozess und Finanzgerichtsverfahren		459
4.	Aufbau der FGO		459
II.	**Die Gerichte**		**459**
1.	Finanzgerichte		459
2.	Bundesfinanzhof		460
3.	Großer Senat		460
	3.1 Divergenzanrufung		460
	3.2 Grundsatzanrufung		461

		3.3	Entscheidungen des Großen Senats	461
4.			**Spruchkörper im finanzgerichtlichen Verfahren**	**461**
	4.1		Bundesfinanzhof	461
	4.2		Finanzgerichte	461
		4.2.1	Übertragung auf den Berichterstatter als Einzelrichter	461
		4.2.2	Entscheidung durch mehrere Richter	463

III. Grundsätze des finanzgerichtlichen Verfahrens … 464
1. **Dispositionsmaxime** … 464
2. **Beschleunigungsgrundsatz** … 465
3. **Grundsatz der Mündlichkeit** … 465
4. **Grundsatz des rechtlichen Gehörs** … 465
5. **Grundsatz der Öffentlichkeit** … 465

IV. Verfahrensbeteiligte im finanzgerichtlichen Verfahren … 466
1. **Kläger** … 466
2. **Beklagter** … 466
3. **Beigeladene** … 467
4. **Beitretende Behörde** … 467

V. Klagearten in der FGO … 467
1. **Anfechtungsklage gem. § 40 Abs. 1, 1. Alt. FGO** … 467
2. **Verpflichtungsklage (§ 40 Abs. 1, 2. Alt. FGO)** … 468
3. **Leistungsklage (§ 40 Abs. 1, 3. Alt. FGO)** … 468
4. **Feststellungsklage (§ 41 Abs. 1 FGO)** … 468
5. **Sprungklage (§ 45 FGO)** … 468
6. **Untätigkeitsklage (§ 46 FGO)** … 469

VI. Das Finanzgerichtliche Verfahren … 469
1. **Zulässigkeit der Klage** … 469

	1.1	Finanzrechtsweg	469
	1.2	Zuständigkeit	469
		1.2.1 Sachliche Zuständigkeit	469
		1.2.2 Örtliche Zuständigkeit	470
	1.3	Folge bei falschem Rechtsweg und Unzuständigkeit	470
	1.4	Zulässigkeit der Klageart	470
	1.5	Klagebefugnis	470
		1.5.1 Anfechtungsklage	470
		1.5.2 Verpflichtungsklage	470
		1.5.3 Allgemeine Leistungsklage	470
		1.5.4 Feststellungsklage	471
		1.5.5 Beschränkte Anfechtung von Änderungs- und Folgebescheiden	471
		1.5.6 Klagebefugnis bei gesonderten und einheitlichen Feststellungen	471
		1.5.7 Fristsetzung nach § 79b Abs. 1 S. 1 FGO	471
	1.6	Durchführung des außergerichtlichen Vorverfahrens	471
	1.7	Klagefrist	471
	1.8	Kein Klageverzicht	471
	1.9	Beteiligtenfähigkeit	472

		1.10	Prozessfähigkeit, Postulationsfähigkeit	472
		1.11	Form und Inhalt der Klage	472
		1.12	Fehlen anderweitiger Rechtshängigkeit	472
		1.13	Fehlen der Rechtskraft	472
	2.	Muster einer Klage		472
	3.	Wirkungen der Rechtshängigkeit		473
		3.1	Fixierung des Klagegegenstandes	473
		3.2	Aussetzung der Vollziehung	474
	4.	Verlauf des finanzgerichtlichen Verfahrens		474
		4.1	Vorbereitendes Verfahren	474
		4.2	Die mündliche Verhandlung	475
		4.3	Einstweilige Anordnungen	475
		4.4	Beschlüsse	475
		4.5	Stillstand des Verfahrens	476
			4.5.1 Unterbrechung	476
			4.5.2 Ruhen des Verfahrens	477
			4.5.3 Aussetzung des Verfahrens	477
VII.	Verfahrensbeendigung			477
1.	Klagerücknahme			477
2.	Erledigung der Hauptsache			477
3.	Entscheidungen des Gerichts			479
	3.1	Urteile		479
		3.1.1	Begründete Klage bei Anfechtungsklagen	481
		3.1.2	Begründete Klage bei Verpflichtungsklagen	481
		3.1.3	Begründete Klage bei Ermessensentscheidungen	481
	3.2	Gerichtsbescheide (§ 90a FGO)		481
VIII.	Rechtsmittel			482
1.	Revision			482
	1.1	Grundsätzliche Bedeutung der Rechtssache (§ 115 Abs. 2 Nr. 1 FGO)		482
	1.2	Fortbildung des Rechts (§ 115 Abs. 2 Nr. 2, 1. Alt. FGO)		483
	1.3	Sicherung einer einheitlichen Rechtsprechung (§ 115 Abs. 2 Nr. 2, 2. Alt. FGO)		483
	1.4	Schwerwiegende Rechtsfehler		483
	1.5	Verfahrensrevision (§ 115 Abs. 2 Nr. 3 FGO)		484
	1.6	Einlegung der Revision		484
2.	Beschwerde			485
3.	Erinnerung			485
4.	Anhörungsrüge			485
5.	Nichtzulassungsbeschwerde			485
IX.	Kosten			486
1.	Arten der Kosten			486
2.	Kostenpflicht			487

C. Übungsklausuren 489

Stichwortverzeichnis 491

Abkürzungsverzeichnis

a.a.O.	am angegebenen Ort
Abs.	Absatz
AEAO	Anwendungserlass zur Abgabenordnung
AfA	Absetzung für Abnutzung
AG	Aktiengesellschaft
AktG	Aktiengesetz
Alt.	Alternative
AO	Abgabenordnung
Art.	Artikel
AStG	Außensteuergesetz
Aufl.	Auflage
Bd.	Band
BeamtStG	Beamtenstatusgesetz
BewG	Bewertungsgesetz
BFH	Bundesfinanzhof
BFH/NV	Sammlung der Entscheidungen des Bundesfinanzhofs (Zeitschrift)
BGB	Bürgerliches Gesetzbuch
BGBl	Bundesgesetzblatt
BGH	Bundesgerichtshof
BGHSt	Entscheidungen des Bundesgerichtshofs in Strafsachen (amtliche Sammlung)
BMF	Bundesfinanzministerium
BpO	Betriebsprüfungsordnung
BStBl	Bundessteuerblatt
BT-Drs.	Bundestags-Drucksache
BVerfGE	Entscheidungen des Bundesverfassungsgerichts (Zeitschrift)
BVerfGG	Bundesverfassungsgerichtsgesetz
bzw.	beziehungsweise
d.h.	das heißt
DM	Deutsche Mark
DStR	Deutsches Steuerrecht (Zeitschrift)
EDV	Elektronische Datenverarbeitung
EFG	Entscheidungen der Finanzgerichte (Zeitschrift)
EnergieStG	Energiesteuergesetz
ErbStG	Erbschaftsteuergesetz
EStDV	Einkommensteuerdurchführungsverordnung
EStG	Einkommensteuergesetz
EStH	Einkommensteuerhinweis/e
EStR	Einkommensteuerrichtlinien
EU	Europäische Union
EuGH	Europäischer Gerichtshof
EÜR	Einnahmeüberschussrechnung
evtl.	eventuell

f.	folgend
ff.	fort folgende
FG	Finanzgericht
FGO	Finanzgerichtsordnung
FVG	Finanzverwaltungsgesetz
GbR	Gesellschaft bürgerlichen Rechts
gem.	gemäß
GenG	Genossenschaftsgesetz
GewStG	Gewerbesteuergesetz
GG	Grundgesetz
ggf.	gegebenenfalls
GmbH	Gesellschaft mit beschränkter Haftung
GmbHG	GmbH-Gesetz
GrEStG	Grunderwerbsteuergesetz
GrS	Großer Senat
GrStG	Grundsteuergesetz
GVG	Gerichtsverfassungsgesetz
H	Hinweis
HGB	Handelsgesetzbuch
h.M.	herrschende Meinung
Hs.	Halbsatz
HZD	Hessische Zentrale für Datenverarbeitung
i.d.R.	in der Regel
i.H.v.	in Höhe von
InsO	Insolvenzordnung
i.S.d.	im Sinne des
i.S.v	im Sinne von
i.V.m.	in Verbindung mit
KaffeeStG	Kaffeesteuergesetz
Kap.	Kapitel
KapESt	Kapitalertragsteuer
KBV	Kleinbetragsverordnung
KG	Kommanditgesellschaft
KGaA	Kommanditgesellschaft auf Aktien
KStDV	Körperschaftsteuer-Durchführungsverordnung
KStG	Körperschaftsteuergesetz
KStR	Körperschaftsteuer-Richtlinien
lat.	lateinisch
LSt	Lohnsteuer
lt.	laut
m.a.W.	mit anderen Worten
Mio.	Millionen

m.w.N.		mit weiteren Nachweisen
n.F.		neue Fassung
Nr.		Nummer
n.v.		nicht veröffentlicht
o.ä.		oder ähnliche/s
OFD		Oberfinanzdirektion
o.g.		oben genannte/r
OHG		Offene Handelsgesellschaft
RL		Richtlinie
Rn.		Randnummer
Rz.		Randziffer
S.		Satz/Seite
s.		siehe
s.a.		siehe auch
SGL		Sachgebietsleiter
s.o.		siehe oben
sog.		sogenannt(e)
StAuskV		Steuer-Auskunftsverordnung
StBerG		Steuerberatungsgesetz
StDÜV		Steuerdaten-Übermittlungsverordnung
StGB		Strafgesetzbuch
StPO		Strafprozessordnung
str.		strittig
s.u.		siehe unten
TabStG		Tabaksteuergesetz
Tz.		Textziffer
u.a.		unter anderem
u.E.		unseres Erachtens
USt		Umsatzsteuer
UStAE		Umsatzsteuer-Anwendungserlass
UStG		Umsatzsteuergesetz
UStZustV		Umsatzsteuerzuständigkeitsverordnung
u.U.		unter Umständen
VersStG		Versicherungsteuergesetz
vgl.		vergleiche
VollstrA		Allgemeine Verwaltungsvorschrift über die Durchführung der Vollstreckung
VollzA		Allgemeine Verwaltungsvorschrift für Vollziehungsbeamte der Finanzverwaltung
VStG		Vermögensteuergesetz
VwZG		Verwaltungszustellungsgesetz

z.B.	zum Beispiel
ZK	Zollkodex
ZK-DV	Zollkodex-Durchführungsverordnung
ZPO	Zivilprozessordnung
z.T.	zum Teil
ZVG	Zwangsversteigerungsgesetz

A. Abgabenordnung

I. Einführung, Grundlagen der Abgabenordnung

Die Abgabenordnung hat im Steuerrecht eine **Sonderstellung** und stellt gewissermaßen das „**Grundgesetz**" für die Besteuerung dar. Die Art und Weise, wie besteuert, geändert, erhoben und vollstreckt wird, ist grundsätzlich für alle Steuerarten gleich. Das gilt auch für das Rechtsbehelfsverfahren und das Steuerstrafrecht. Deshalb ist es sinnvoll, Derartiges zusammenzufassen. Diese zentrale Aufgabe hat die Abgabenordnung (Steuern = Abgaben, also die Ordnung der Abgaben) übernommen. Als für alle Steuerarten geltendes Gesetz wird sie auch als „**Mantelgesetz**" bezeichnet.

Die Aufgaben der AO spiegeln sich im **Anwendungsbereich** wieder. Sie ist nach § 1 Abs. 1 AO für alle Steuern anwendbar, die durch Bundesrecht oder Recht der Europäischen Union geregelt sind und die durch Bundes- oder Landesfinanzbehörden verwaltet werden. Darüber hinaus gilt die AO nach § 1 Abs. 2 AO eingeschränkt für Grundsteuer und Gewerbesteuer (Realsteuern, § 3 Abs. 2 AO) sowie kraft entsprechender Verweise auch für andere Gesetze (z.B. die Kommunalabgabengesetze der Länder). Nach § 2 AO gehen allerdings **völkerrechtliche Verträge** (hauptsächlich: Doppelbesteuerungsabkommen) den steuerlichen Normen und damit auch der AO vor.

Weil in der Abgabenordnung das allgemeine und in den Einzelsteuergesetzen das spezielle Steuerrecht geregelt ist, sind verfahrensrechtliche und materiellrechtliche Regelungen getrennt.

Die AO ihrerseits orientiert sich mit ihrer Paragraphenfolge am zeitlichen Ablauf des Verfahrens in den Finanzämtern und trennt die verschiedenen Verfahrensarten voneinander.

Schon zu Beginn des letzten Jahrhunderts hat **Enno Becker** die Notwendigkeit erkannt, für eine einheitliche Besteuerung aller Bürger im Deutschen Reich zu sorgen. Die im Wesentlichen auf ihn zurückzuführende Reichsabgabenordnung trat am 23.12.1919 in Kraft und hatte 57 Jahre Bestand. Erst am 01.01.1977, als immer mehr Einzelsteuergesetze erlassen worden waren, wurde die RAO durch die „AO 1977" abgelöst. Seit dem Jahressteuergesetz 2007 heißt sie nur noch „Abgabenordnung". Im Gegensatz zu den Einzelsteuergesetzen gab es seitdem vergleichsweise wenige Änderungen. 2016 jedoch wurden mit dem Gesetz zur Modernisierung des Besteuerungsverfahrens vom 18.07.2016 (BGBl I 2016, 1679) eine ganze Reihe von Vorschriften geändert und ergänzt, um Regelungen für die fortschreitende Technisierung und Digitalisierung des Besteuerungsverfahrens zu schaffen. Seitdem gab es einige kleinere Änderungen.

1. Begriffe
1.1 Aufbau von Rechtsnormen

Es gibt vier Arten von Rechtsnormen.

Einige Normen enthalten nur **Definitionen** (z.B. § 3 Abs. 1 AO). Die zweite Gruppe **listet** lediglich auf, ohne zu definieren (z.B. § 3 Abs. 4 AO).

Die dritte Art von Rechtsnorm enthält einen **Tatbestand** und eine **Rechtsfolge**. Der Tatbestand gibt den Sachverhalt wieder, der vorliegen muss, damit die Rechtsfolge (die Folge, die das Gesetz vorsieht) eintritt.

> **Beispiel:**
>
> § 29 AO: Tatbestand ist das Vorliegen von Gefahr in Verzug.
> → Rechtsfolge: jede Finanzbehörde ist zuständig, in deren Bezirk der Anlass für die Amtshandlung hervortritt.

Bei der vierten Art von Rechtsnorm gibt es nicht nur eine, sondern **mehrere mögliche Rechtsfolgen**, weil der Finanzbehörde Ermessen eingeräumt wird.

1.2 Ermessen

Dass die Behörde Ermessen hat, ist an Worten wie „kann", „soll" oder „ist regelmäßig" zu erkennen. In diesem Fall hat die Behörde ihr Ermessen nach § 5 AO entsprechend dem Zweck der Ermächtigung auszuüben und die Grenzen des Ermessens einzuhalten.

Achtung! Die Voraussetzungen einer Norm müssen zunächst vorliegen, die Ermessensausübung bezieht sich nur auf die **Rechtsfolge**.

Bevor es zu einer Ermessensbetätigung kommt, wird der Bearbeiter im Finanzamt zwei Schritte vollziehen. Er wird sich überlegen, ob er eine Maßnahme überhaupt will (**Entschließungsermessen**) und wenn ja, wie die Maßnahme im Einzelnen aussehen soll (**Auswahlermessen**).

Während „**kann**" grundsätzlich uneingeschränktes Ermessen eröffnet, kennzeichnet „**soll**" das sog. Regel-Ausnahme-Prinzip. Die vorgesehene Rechtsfolge tritt nur dann nicht ein, wenn ein Ausnahmefall vorliegt.

> **Beispiel:**
>
> Nach § 80 Abs. 5 S. 1 AO soll sich die Behörde an den Bevollmächtigten wenden, wenn für das Verfahren ein solcher bestellt ist.
> Dies bedeutet, dass die Behörde sich nur dann an eine andere Person als den Bevollmächtigten wenden darf, wenn ein Ausnahmefall vorliegt.
> Ein solcher Ausnahmefall wäre z.B. das Auftreten mehrerer Bevollmächtigter für denselben Steuerpflichtigen, die gegensätzlich vortragen. In diesem Fall wäre es ermessensgerecht, den Steuerpflichtigen selbst zu kontaktieren.

1.2.1 Ermessensausübung

Wie in § 5 AO vorgegeben, ist zunächst nach dem **Zweck** der Maßnahme zu fragen.

Sodann ist zu prüfen, ob die Maßnahme **geeignet, erforderlich und zumutbar** (oder auch angemessen oder verhältnismäßig im engeren Sinne) ist.

Eine Maßnahme ist **geeignet**, wenn sie den Zweck zumindest **fördert**, **erforderlich** ist sie nicht, wenn es ein **milderes Mittel** gibt, das den Adressaten der Maßnahme weniger belastet aber das Ziel ebenso erreichen kann; und **zumutbar** ist sie, wenn die beim Adressaten der Maßnahme eintretenden Nachteile in einem angemessenen Verhältnis zu dem bezweckten Vorteil stehen.

> **Beispiel:**
>
> Der Steuerpflichtige T hat seine von ihm selbst erstellte Einkommensteuererklärung für das Kalenderjahr 02 entgegen § 149 Abs. 2 S. 1 AO nach mehreren Aufforderungen erst am 17.12.03 abgegeben. Die festgesetzte Steuer beträgt 2.000 €. Auch in den Vorjahren ging die Erklärung immer erst im Dezember des nächsten Jahres beim Finanzamt ein. T wurde stets schriftlich ermahnt, in Zukunft pünktlich abzugeben. Nunmehr möchte der zuständige Sachbearbeiter einen Verspätungszuschlag festsetzen.

> **Lösung:**
>
> § 152 AO eröffnet bei Abgabe einer Steuererklärung nach dem 31.07. des Folgejahres und Ende Februar des übernächsten Jahres Ermessen. Der Sachbearbeiter wird sich im Zuge seines Entschließungsermessens zunächst fragen, **ob** er überhaupt zu dem Mittel des Verspätungszuschlags greifen möchte.
> **Zweck** ist es zu erreichen, dass T in Zukunft seine Steuererklärungen pünktlich abgibt. Mit der Sanktionierung der verspäteten Abgabe wird die Bereitschaft des T, sich in Zukunft an die Vorgaben des § 149 Abs. 2 S. 1 AO zu halten, sicherlich **gefördert**. Dies gilt insbesondere, weil die Festsetzung eines

Verspätungszuschlags auch impliziert, dass dies in Zukunft wieder veranlasst wird, wenn T wieder zu spät abgibt. Die Maßnahme ist also **geeignet**.

Einziges **milderes Mittel** wäre die Ermahnung in Zukunft pünktlich abzugeben. Dies ist aber bereits mehrfach versucht worden. Das mildere Mittel ist also nicht gleich gut geeignet und damit ist der Verspätungszuschlag dem Grunde nach **erforderlich**.

Bei der Frage der **Zumutbarkeit** sind das Interesse des Staates an zeitgerechter Veranlagung und das Interesse des Steuerpflichtigen, seine Erklärung ohne Zeitdruck zu erstellen, abzuwägen. Dem letztgenannten Interesse ist dadurch Rechnung getragen, dass § 149 Abs. 2 AO dem Steuerpflichtigen 7 Monate Zeit für die Abgabe der Erklärung gibt und in § 109 AO geregelt ist, dass diese Frist verlängerbar ist. Zeitgerechte Veranlagung soll nicht nur deshalb stattfinden, weil der Staat seine Veranlagungsaufgaben chronologisch abarbeiten möchte, sondern auch damit die zeitgerechte Zahlung gewährleistet wird (§ 233a AO löst dies nur unzureichend, s. VI. 6.1). T hat trotz mehrerer sanktionsloser Aufforderungen wieder seine steuerlichen Pflichten verletzt. Wer sich so verhält, dem ist ein Druckmittel, das in die Zukunft wirkt, zumutbar. Dem Grunde nach ist die Festsetzung eines Verspätungszuschlags also ermessensgerecht.

Entgegen der bis zum 31.12.2018 geltenden Fassung des § 152 AO liegt die Höhe des Verspätungszuschlags nach § 152 Abs. 5 AO nunmehr nicht mehr im Ermessen, sodass ein Auswahlermessen hier nicht auszuüben ist.

1.2.2 Ermessensfehler

1.2.2.1 Ermessensüberschreitung

Das Ermessen wird überschritten, wenn der **gesetzliche Rahmen des Ermessens** nicht beachtet wird. Dies wäre z.B. die Festsetzung eines Zwangsgeldes nach § 329 AO in Höhe von 27.000 €.

1.2.2.2 Ermessensunterschreitung oder Ermessensnichtgebrauch

Obwohl der Behörde Ermessen zusteht, übt sie es nicht aus. Dies wäre z.B. der Fall, wenn die Stundungs- und Erlassstelle im Finanzamt beschließt, Stundungsanträge wegen extremer Arbeitsüberlastung eine Zeitlang generell abzulehnen. Dies widerspricht § 222 AO, der Ermessen eröffnet.

1.2.2.3 Ermessensfehlgebrauch

Die Behörde übt zwar ihr Ermessen aus, lässt sich dabei aber von **sachfremden Erwägungen** leiten. So ist es z.B. nach BFH vom 15.10.1998, BStBl II 1999, 333 ermessensfehlerhaft, Ausgaben eines Steuerpflichtigen, für die er entgegen § 160 AO keinen Empfänger benennt, nicht zu berücksichtigen, wenn feststeht, dass der Empfänger im Inland keiner Besteuerung unterliegt, denn Zweck der Vorschrift des § 160 AO ist die Verhinderung von Steuerausfällen. Die Nichtberücksichtigung, obwohl der Zweck der Vorschrift nicht erfüllt sein kann, ist ein Fehlgebrauch des Ermessens, das § 160 AO mit den Worten „sind regelmäßig" eröffnet.

1.2.2.4 Ermessensreduzierung auf Null

Das Ermessen kann soweit eingeschränkt sein, dass es nicht mehr vorhanden ist („Null"). In so einem Fall ist **nur eine Entscheidung sachgerecht**. So wäre z.B. die vorzeitige Anforderung von Steuererklärungen in einer Situation ermessensfehlerhaft, in der aufgrund technischer Probleme eingehende Steuererklärungen nicht bearbeitet werden können und deshalb von der vorgesetzten Behörde angewiesen wurde, von Vorabanforderungen abzusehen.

1.3 Subsumtionstechnik

Immer wenn eine Norm einen Tatbestand enthält, ist bei der **Gesetzesanwendung** zu überprüfen, ob der zu prüfende **Lebenssachverhalt** mit dem **Tatbestand der Norm** übereinstimmt, da nur dann die Rechtsfolge eintritt. Dies nennt man **Subsumtion**. Der Begriff setzt sich aus sub (lat. unter) und sumere (lat. nehmen) zusammen. Ein Lebenssachverhalt wird also unter den Tatbestand des Gesetzes untergeordnet.

An erster Stelle steht die **Ermittlung des Lebenssachverhalts**. Sodann wird geprüft, ob dieser mit dem **Tatbestand**, den das Gesetz umschreibt, übereinstimmt. Oft wird allein aus der Formulierung des Tatbestands nicht erkennbar sein, ob der Lebenssachverhalt darunter passt, weil der Tatbestand einen unbekannten Begriff enthält. Ist dies der Fall, dann ist zunächst der Begriff zu definieren. Wird danach festgestellt, dass Lebenssachverhalt und Tatbestand übereinstimmen, tritt die Rechtsfolge ein.

Beispiel 1:
Steuerpflichtiger K ist an der K und T OHG beteiligt. Für das Jahr 00 ergeht am 07.08.01 ein Bescheid über die gesonderte und einheitliche Feststellung. Der Einkommensteuerbescheid 00 für K geht am 12.10.01 zur Post. Nach einer Außenprüfung bei der OHG wird am 25.03.03 ein geänderter Feststellungsbescheid erlassen.

Lösung:
Es ist nunmehr zu prüfen, ob der dargestellte Lebenssachverhalt mit § 175 Abs. 1 Nr. 1 AO übereinstimmt. Wäre dies der Fall, so wäre der Einkommensteuerbescheid vom 12.10.01 zu ändern.
Dazu ist zunächst zu ermitteln, ob der Bescheid über die gesonderte Feststellung einen Grundlagenbescheid darstellt, dem Bindungswirkung zukommt (s. § 175 Abs. 1 Nr. 1 AO). Insofern ist zu definieren. Bindungswirkung liegt nach § 182 Abs. 1 S. 1 AO vor, wenn die Feststellungen für einen anderen Bescheid von Bedeutung sind. Von Bedeutung sind sie, wenn sie sich auf die Einkunftsermittlung auswirken.
Nunmehr wird der Lebenssachverhalt unter den definierten gesetzlichen Tatbestand gestellt: K hat Einkünfte aus der K und T OHG erzielt. Diese sind nach § 15 Abs. 1 Nr. 2 EStG einkommensteuerpflichtig, wirken sich also auf die Einkunftsermittlung aus. Damit kommt dem geänderten Feststellungsbescheid Bindungswirkung für den Einkommensteuerbescheid des K zu. Da dieser Grundlagenbescheid geändert wurde, ist dementsprechend nach § 175 Abs. 1 Nr. 1 AO der Folgebescheid, die Einkommensteuerfestsetzung des K, ebenfalls zu ändern.

Beispiel 2:
Es ist zu prüfen, ob der Beamte Z dem Steuergeheimnis verpflichtet ist. Nach § 30 Abs. 1 AO haben Amtsträger das Steuergeheimnis zu wahren. Beamte sind nach § 7 Nr. 1 AO Amtsträger.
Klassischer Fehler in der Subsumtion: „Gemäß § 7 Nr. 1 AO ist Z Amtsträger und dem Steuergeheimnis verpflichtet." Es fehlt der Lebenssachverhalt „Beamter". Es ist deshalb mindestens wie folgt zu formulieren: „Gemäß § 7 Nr. 1 AO ist Z als Beamter Amtsträger und damit dem Steuergeheimnis verpflichtet."

1.4 Steuern

Nur wenn die fünf Voraussetzungen des § 3 Abs. 1 AO vorliegen, ist ein an die Staatskasse zu zahlender Betrag eine Steuer.

1.4.1 Geldleistung

Es kann sich um **einmalige** oder **laufende** Geldzahlungen handeln. Andere Leistungen des Bürgers gegenüber dem Staat (z.B. die zurzeit ausgesetzte Wehrpflicht oder die Verpflichtung als Wahlhelfer tätig zu werden) sind keine Steuern.

1.4.2 Auferlegung durch ein öffentlich-rechtliches Gemeinwesen

Dies sind alle Körperschaften, Anstalten und Stiftungen des öffentlichen Rechts. Körperschaften, die Steuern auferlegen, sind die **Gebietskörperschaften**, also Land, Bund, Gemeinde. Körperschaften des öffentlichen Rechts sind außerdem die Personal- und Vereinskörperschaften, z.B. Berufskammern und gemeindliche Zweckverbände. Diese setzen aber keine Steuern fest. Anstalten (z.B. Rundfunkanstalten, öffentliche Sparkassen) und Stiftungen (z.B. Bundesstiftung Umwelt) gehören zwar auch zum öffentlich-rechtlichen Gemeinwesen, sind aber ebenfalls nicht im Bereich der Steuerfestsetzung tätig.

1.4.3 Hoheitliche Auferlegung

Entscheidend ist, dass die Zahlungsverpflichtung **ohne Rücksicht auf den Willen des Betroffenen** entsteht. Freiwillige Zahlungen, wie z.B. Spenden, sind keine Steuern. Auch viel diskutierte und in anderen Ländern sogar realisierte Initiativen Vermögender zur Zahlung einer freiwilligen Vermögensabgabe stellen damit keine Steuern dar.

1.4.4 Keine Gegenleistung

Insofern sind Steuern von **Gebühren** und **Beiträgen** abzugrenzen. Gebühren sind auch Geldleistungen, wer sie entrichtet, nimmt dafür aber besondere Leistungen der öffentlichen Hand in Anspruch (z.B. Gebühr für Ausweisdokumente, Beglaubigungen, Müllabfuhr). Wer einen Beitrag bezahlt, erlangt damit ebenfalls die Möglichkeit eine staatliche Leistung in Anspruch zu nehmen, im Gegensatz zur Gebühr wird aber ein Geldbetrag nicht konkret für eine Leistung bezahlt, sondern nur für die Möglichkeit, das staatliche Angebot zu nutzen (z.B. Ausbau- und Erschließungsbeiträge, Kurtaxe). Steuern steht dagegen keine Gegenleistung gegenüber.

1.4.5 Erzielung von Einnahmen

Hauptzweck von Steuern ist die Deckung des Finanzbedarfs des Staates, **Nebenzweck** kann auch ein anderer sein, z.B. der Umweltschutz bei der Ökosteuer.

Bei Geldstrafen und Geldbußen, die ansonsten alle Voraussetzungen des § 3 Abs. 1 AO erfüllen, ist Zweck zukünftig Straftaten und Ordnungswidrigkeiten zu verhindern. Damit handelt es sich nicht um Steuern.

1.4.6 Einteilung der Steuern

Steuern lassen sich unterschiedlich einteilen.

Zum einen wird danach unterschieden, **welcher Bereich** des Steuerpflichtigen belastet wird, dies kann das Einkommen sein (Einkommensteuer), der Vermögensbestand (Grundsteuer) oder die Art und Weise, wie das Einkommen verwendet wird (Umsatzsteuer).

Einkommensteuer und Umsatzsteuer sind auch gleichzeitig Beispiele für die Abgrenzung von Steuern im Hinblick darauf, ob sie **direkte** oder **indirekte** Steuern und **Personen- oder Sachsteuern** sind. Bei den direkten Steuern wird als Steuerschuldner derjenige belastet, der die Steuer tragen soll (Einkommensteuer), bei indirekten Steuern dagegen wird die Steuer auf einen Dritten als Steuerträger abgewälzt (Umsatzsteuer). Personensteuern berücksichtigen die persönliche Leistungsfähigkeit (Einkommensteuer), Sachsteuern dagegen bemessen die Steuer nach objektiven Merkmalen des Steuergegenstandes, ohne auf persönliche Merkmale des Steuerschuldners Rücksicht zu nehmen (Umsatzsteuer).

Wichtig im Bereich der AO ist die Abgrenzung zwischen **Verbrauchssteuern** und anderen Steuern (insbesondere **Besitz- und Verkehrssteuern**, zu den übrigen s. IV.7.1.1), denn diese haben unterschiedliche Festsetzungsfristen (§ 169 Abs. 2 Nr. 1, 2 AO).

Während Besitzsteuern sich als Steuern auf den Vermögensbestand, also auf das Vermögen beziehen (Grundsteuer), aber auch auf erzieltes Einkommen (Einkommensteuer, Gewerbesteuer), besteuern Verkehrssteuern stattgefundene Rechtsgeschäfte (z.B. Umsatzsteuer).

Verbrauchssteuern dagegen werden erhoben, wenn Einkommen verwendet (verbraucht) wird, sie belegen einen konkreten Verbrauchsgegenstand mit Steuer (z.B. Mineralölsteuer, Kaffeesteuer).

Achtung! Die **Umsatzsteuer** besteuert Rechtsgeschäfte im Allgemeinen und nicht etwa die ganz konkrete Einkommensverwendung für bestimmte Gegenstände und ist deshalb **keine Verbrauchssteuer!**

1.5 Steuerliche Nebenleistungen

§ 3 Abs. 4 AO definiert nicht, was steuerliche Nebenleistungen sind, sondern listet sie lediglich auf. Nach § 1 Abs. 3 AO ist die AO nicht uneingeschränkt anwendbar.

1.6 Finanzbehörden, § 6 AO

Eine Stelle ist nur dann Behörde, wenn sie **Aufgaben der öffentlichen Verwaltung** wahrnimmt (§ 6 Abs. 1 AO).

§ 6 Abs. 2 AO listet alle im Bereich der Bundes- und Landesfinanzverwaltung existierenden Behörden auf und geht dabei auf dem Gebiet der Landesverwaltung von einem dreistufigen Verwaltungsaufbau mit obersten Behörden, Mittelbehörden und örtlichen Behörden aus. Einige Bundesländer haben aber die Mittelbehörden (Oberfinanzdirektionen) gem. § 2a FVG aufgelöst und deren Aufgaben auf andere Behörden übertragen.

Sofern es um die konkrete Verwaltung von Steuern, also die Besteuerung im Einzelfall, geht, sind nach § 17 Abs. 2 S. 1 FVG die Finanzämter (§ 6 Abs. 2 Nr. 5 AO) als örtliche Behörden zuständig.

1.7 Amtsträger, § 7 AO

Der Begriff des Amtsträgers wird in der AO mehrfach verwendet (z.B. §§ 30, 32, 82, 371 Abs. 2 Nr. 1c-e AO).

Nach **§ 7 Nr. 1 AO** ist jeder Beamte und jeder Berufsrichter und ehrenamtliche Richter Amtsträger, unabhängig davon, ob er Aufgaben der Steuerverwaltung wahrnimmt. So unterliegt z.B. der verbeamtete Polizeibeamte, der zur Sicherheit der Steuerfahnder an einer Durchsuchung teilnimmt, als Amtsträger dem Steuergeheimnis.

Unter **§ 7 Nr. 2 AO** fallen z.B. Minister und Notare. Auch bei dieser Gruppe kommt es nicht darauf an, welche Aufgabe sie wahrnimmt. Anders ist es bei dem Personenkreis, der nach **§ 7 Nr. 3 AO** Amtsträger ist. Da es sich hier nicht um Beamte handeln kann, kommen insb. Angestellte bei Behörden (s. § 6 Abs. 1 AO) für die Amtsträgereigenschaft nach § 7 Nr. 3 AO in Betracht. Angestellte sind nur dann Amtsträger, wenn sie **Aufgaben der öffentlichen Verwaltung** wahrnehmen. Damit fallen auf dem Gebiet der Steuerverwaltung all diejenigen heraus, die Hilfstätigkeiten ausüben (z.B. Hausmeister im Finanzamt, Datenerfasserinnen, Poststelle). Nur wer als Angestellter die eigentlichen („ureigensten") Aufgaben des Finanzamtes übernimmt, nämlich die Festsetzung und Erhebung von Steuern (z.B. der angestellte Aussenprüfer oder die angestellte Buchhalterin in der Kasse), ist Amtsträger nach § 7 Nr. 3 AO.

1.8 Wohnsitz, § 8 AO, Gewöhnlicher Aufenthalt, § 9 AO

Wo jemand seinen Wohnsitz oder seinen gewöhnlichen Aufenthalt hat, ist insbesondere für die Frage der **unbeschränkten Einkommensteuerpflicht** des § 1 Abs. 1 S. 1 EStG relevant.

§ 8 AO definiert den **Wohnsitz** als Wohnung, die beibehalten und benutzt werden soll. Dabei kommt es nicht auf eine bestimmte Größe oder Ausstattung der „Wohnung" oder auf die Meldung beim Einwohnermeldeamt an.

Ob jemand einen **gewöhnlichen Aufenthalt** hat, ist für die Frage der unbeschränkten Einkommensteuerpflicht nur dann relevant, wenn nicht schon ein Wohnsitz nach § 8 AO vorliegt. Hinsichtlich der in § 9 AO aufgeworfenen Frage, ob jemand vorübergehend oder nicht vorübergehend verweilt, stellt § 9 AO die Vermutung auf, dass ein Aufenthalt von mehr als 6 Monaten nicht vorübergehend ist.

1.9 Geschäftsleitung (§ 10 AO), Sitz (§ 11 AO)

Wo sich Geschäftsleitung oder Sitz befinden, ist insbesondere relevant für die Frage der unbeschränkten Körperschaftsteuerpflicht nach § 1 Abs. 1 KStG.

Die **Geschäftsleitung** ist dort, wo der Mittelpunkt der geschäftlichen Oberleitung stattfindet. Da die Oberleitung in den meisten Fällen von den vertretungsberechtigten Personen wahrgenommen wird, liegt der Ort der Geschäftsleitung dort, wo sie tätig werden.

Gibt es keine Geschäftsleitung im Inland, so ist zu prüfen, ob ein **Sitz** nach § 11 AO im Geltungsbereich der AO vorliegt. Zwar kann sich der Ort des Sitzes auch aus einem Gesetz ergeben, in der Regel wird er aber im Gesellschaftsvertrag, einer Satzung, einem Stiftungsgeschäft etc. bestimmt sein.

1.10 Angehörige (§ 15 AO)

Nicht nur die AO nimmt z.B. in § 101 Abs. 1 und § 82 Bezug auf die Angehörigeneigenschaft, sondern auch andere Gesetze setzen diesen Begriff voraus (z.B. § 6 Nr. 2 StBerG).

Angehöriger ist nach § 15 AO immer, wer in **gerader Linie** verwandt ist, also die Eltern, Großeltern, Urgroßeltern, Kinder, Enkelkinder, Urenkelkinder der Person, deren Angehörigeneigenschaft zu überprüfen ist (§ 15 Nr. 3 AO). Nach § 15 Nr. 8 AO gehören auch Pflegekinder dazu, und zwar bei Verbundenheit wie Eltern und Kinder nach § 15 Abs. 2 Nr. 3 AO auch dann, wenn keine häusliche Gemeinschaft mehr besteht.

Außerdem ist der Ehepartner/Lebenspartner/Verlobte Angehörige der auf die Angehörigeneigenschaft zu prüfenden Person (§ 15 Nr. 1 und 2 AO). Verwandte in gerader Linie des Ehepartners/Lebenspartners sind ebenfalls Angehörige (§ 15 Nr. 3 AO).

Geschwister der auf die Angehörigeneigenschaft zu prüfenden Person sind immer Angehörige (§ 15 Nr. 4 AO), auch wenn es sich um Halbgeschwister handelt. Kinder der Geschwister, also Neffen und Nichten, sind nach § 15 Nr. 5 AO Angehörige.

Geschwister der Ehegatten/Lebenspartner (Schwager/Schwägerin) fallen unter § 15 Nr. 6 AO, nicht aber die sogenannten Schwippschwager (z.B. der Ehemann der Schwester des Ehegatten der auf die Angehörigeneigenschaft zu prüfenden Person). Auf der anderen Seite sind die Ehegatten/Lebenspartner der Geschwister (ebenfalls Schwager/Schwägerin) Angehörige nach § 15 Nr. 6. AO. Unter § 15 Nr. 7 AO fallen Tanten und Onkel, nicht aber deren Ehegatten/Lebenspartner.

Die Angehörigeneigenschaft, die über eine Ehe/Lebenspartnerschaft begründet wird, bleibt nach § 15 Abs. 2 Nr. 1 AO auch nach Ende der Ehe/Lebenspartnerschaft bestehen (anders bei der Verlobung, § 15 Abs. 2 Nr. 1 AO im Umkehrschluss).

Wird ein Kind adoptiert, so bleibt nach § 15 Abs. 2 Nr. 2 AO gleichwohl das Angehörigenverhältnis zur Ursprungsfamilie bestehen.

Geht es z.B. um die Frage, ob ein Amtsträger in einem Verfahren tätig werden darf (§ 82 Abs. 1 Nr. 2 AO), stellt sich das Bild wie folgt dar. Die grau markierten Personen sind keine Angehörigen des Amtsträgers i.S.v. § 15 AO. Bei deren Verfahren wäre er nicht an der Teilnahme gehindert.

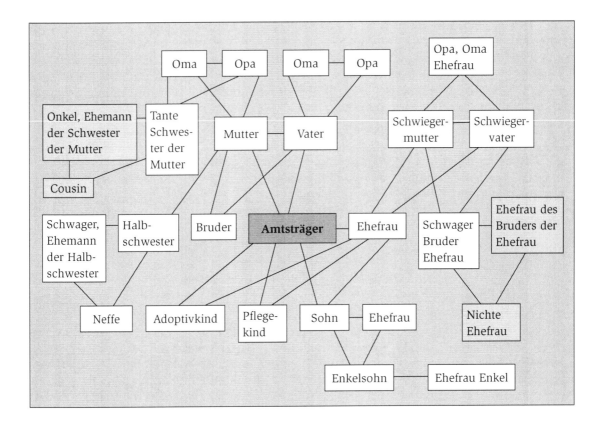

2. Zuständigkeiten der Finanzbehörden

Die **Zuständigkeit** einer Behörde betrifft den ihr zugewiesenen Aufgabenbereich. Für diesen Bereich hat die Behörde das Recht und auch die Pflicht tätig zu werden. Der Aufgabenbereich wird durch das FVG, die AO (§§ 16–29a AO) und diverse Einzelsteuergesetze geregelt. Die umfangreichen Aufgaben können dabei nur erfüllt werden, indem sie auf verschiedene Behörden aufgeteilt werden.

Es wird die **sachliche Zuständigkeit** (§ 16 AO) und die **örtliche Zuständigkeit** (§§ 17–29a AO) unterschieden. Die sachliche Zuständigkeit beinhaltet den Gegenstand und die Art von Aufgaben, die örtliche Zuständigkeit beinhaltet den räumlichen Bereich, für den die Behörde zuständig ist.

2.1 Sachliche Zuständigkeit (§ 16 AO)

Mit der sachlichen Zuständigkeit wird der einer Behörde zugewiesene Tätigkeitsbereich nach Art (= Gegenstand), Inhalt und Umfang abgegrenzt.

Beispiel:
• Die Arbeitsverwaltung hat die Aufgabe der Arbeitsvermittlung.
• Die Polizeibehörde hat die Aufgabe die öffentliche Sicherheit zu gewährleisten.

Die interne Zuständigkeit innerhalb einer Behörde (= **Geschäftsverteilung**) gehört nicht zur sachlichen Zuständigkeit i.S.d. § 16 AO. Dies ist eine interne Maßnahme zur Organisation der Behörde (z.B. des Finanzamtes) und beruht nicht wie die sachliche Zuständigkeit auf einer Rechtsvorschrift, sondern auf einer Verwaltungsanweisung. Mit dieser internen Anweisung werden die verschiedenen Aufgaben bestimmten Bediensteten übertragen. Die internen Anweisungen dürfen jedoch nicht gegen bestehende Rechtsnormen verstoßen.

2. Zuständigkeiten der Finanzbehörden

Die Finanzbehörden sind sachlich für die Verwaltung von Steuern zuständig. Dies ergibt sich aus Art. 108 GG.

Da die Finanzbehörden in Unter-, Mittel- und Oberbehörden aufgeteilt werden, muss die Frage geklärt werden, welche Behörde in der Hierarchie für welchen Aufgabenbereich sachlich zuständig ist.

Die sachliche Zuständigkeit wird daher in die **funktionelle** und die **verbandsmäßige** Zuständigkeit unterteilt.

Die **funktionelle (instanzielle) Zuständigkeit** regelt, welche der verschiedenen Behörden in derselben Sache tätig zu werden hat. So werden den einzelnen Behörden im Verfahren über eine Sache die jeweiligen Aufgaben (Funktionen) zugewiesen. Geregelt ist die funktionelle Zuständigkeit in Art. 108 Abs. 1 und Abs. 2 GG und dem FVG. Danach wird die Verwaltung der Steuern auf Bundes- und Landesfinanzbehörden (§§ 1, 2 FVG) aufgeteilt.

> **Beispiel:**
> Verwaltung der Einkommensteuer, Umsatzsteuer, Körperschaftsteuer durch die Landesfinanzbehörden, Art. 108 Abs. 2 GG. Gemäß § 2 FVG gliedern sich die Landesfinanzbehörden in Landesfinanzministerium, Oberfinanzdirektion und Finanzamt. Funktionell zuständig sind hierbei die Finanzämter (§ 17 Abs. 2 FVG) und nicht die Oberfinanzdirektion oder das Finanzministerium. Diese führen lediglich die Aufsicht in ihrem Bereich (§§ 2 Abs. 1, 3, 8a Abs. 1 FVG).

Die **verbandsmäßige Zuständigkeit** regelt hingegen die Zuständigkeit der Behörde eines steuerberechtigten Verbands. Dies ist in den Fällen von Bedeutung, wenn es um die Steuerberechtigung einer Gebietskörperschaft geht. Dabei geht es um die Frage der Abgrenzung z.B. einer Bundesbehörde zu einer Landesbehörde oder einer Gemeinde zu einer anderen Gemeinde. Die verbandsmäßige Zuständigkeit ist letztlich für das Steuerrecht nur für orts-(gebiets-)gebundene Steuern wie Grundsteuer und Gewerbesteuer relevant.

Für die nicht gebietsgebundenen Steuerarten wie z.B. Einkommensteuer, Körperschaftsteuer, Umsatzsteuer etc. ist die verbandsmäßige Zuständigkeit unbeachtlich (vgl. AEAO zu § 16 Nr. 2 Satz 2).

2.2 Örtliche Zuständigkeiten (§ 17 AO)

Die örtliche Zuständigkeit behandelt die Frage, wie die Aufgaben (Verwaltung von Steuern) auf die für diese sachlich zuständigen Finanzbehörden zu verteilen sind. Die Finanzbehörden sind hierbei hierarchisch gleichgestellt. Die Verteilung der Aufgaben erfolgt nach örtlichen Gesichtspunkten; es wird folglich der räumliche Wirkungsbereich der Behörde bestimmt.

Die örtliche Zuständigkeit ist aber nicht nur für die Frage der Verteilung der Aufgaben auf die Finanzbehörden von Bedeutung, sondern insbesondere auch für die Steuerberechtigung. Bei z.B. Einkommensteuer und Körperschaftsteuer knüpft die Ertragshoheit, also wem das Aufkommen der Steuern zusteht, an die örtliche Zuständigkeit an. D.h., dass nach Art. 107 Abs. 1 GG das Aufkommen der Landessteuern und der Länderanteil der Einkommensteuer und Körperschaftsteuer den einzelnen Ländern insoweit zusteht, als die Steuern von den Finanzbehörden in ihrem Gebiet vereinnahmt werden.

Für die örtliche Zuständigkeit gelten die §§ 18 bis 29 AO. Allerdings gelten diese Vorschriften nur insoweit, als nichts anderes – in Einzelsteuergesetzen – bestimmt ist. Sollten dementsprechend die Einzelsteuergesetze eigene Regelungen zur örtlichen Zuständigkeit enthalten, gehen diese der AO vor.

> **Beispiel:**
> § 152 BewG, § 17 GrEStG, § 35 ErbStG, § 41a Abs. 1 EStG, § 195 AO.

Die örtliche Zuständigkeit richtet sich nach den Verhältnissen, die in dem Zeitpunkt vorgelegen haben, in dem die Finanzbehörde tätig geworden ist. Maßgeblich ist der Zeitpunkt des Verwaltungshandelns; der Veranlagungs-/Feststellungszeitraum oder der Zeitpunkt der Entstehung der Steuer ist unerheblich.

> **Beispiele:**
>
> **Veranlagungsbereich:**
> Zeitpunkt der Durchführung der Festsetzung oder Feststellung, also des Erlasses des Verwaltungsaktes.
>
> **Außenprüfung:**
> Zeitpunkt der Bekanntgabe der Prüfungsanordnung.

Die AO knüpft bei der örtlichen Zuständigkeit an Merkmale wie Ort der Geschäftsleitung/Sitz, Wohnsitz, Ort der Berufsausübung, Belegenheit von Objekten an.

2.2.1 Gesonderte Feststellungen (§ 18 AO)

Besteuerungsgrundlagen sind in der Regel ein unselbständiger Teil des Steuerbescheids, § 157 Abs. 2 AO, soweit die Besteuerungsgrundlagen nicht gesondert festgestellt werden müssen. Dies erfolgt nach den §§ 179 ff. AO und den Einzelsteuergesetzen (s. Kap. IV. 5.).

§ 18 AO gilt insoweit nur für die gesonderten Feststellungen, die § 180 AO regelt. Eigene Zuständigkeitsvorschriften enthalten die Einzelsteuergesetze, wenn sie die gesonderte Feststellung von Besteuerungsgrundlagen vorschreiben.

> **Beispiele:**
>
> §§ 151, 152 BewG, 18 Abs. 2 AStG.

2.2.1.1 Zuständigkeit des Lagefinanzamtes (§ 18 Abs. 1 Nr. 1 AO)

Für die gesonderten Feststellungen nach § 180 AO ist örtlich zuständig:
- bei Betrieben der Land- und Forstwirtschaft, bei Grundstücken, Betriebsgrundstücken und Mineralgewinnungsrechten das Finanzamt, in dessen Bezirk der Betrieb, das Grundstück, das Betriebsgrundstück, das Mineralgewinnungsrecht liegt,
- oder, wenn sich der Betrieb, das Grundstück, das Betriebsgrundstück oder das Mineralgewinnungsrecht auf die Bezirke mehrerer Finanzämter erstreckt, der wertvollste Teil liegt (Lagefinanzamt).

Bei der Feststellung von Einheitswerten (§ 180 Abs. 1 Nr. 1 AO), von Einkünften aus Land- und Forstwirtschaft bei mehreren Beteiligten (§ 180 Abs. 1 Nr. 2a AO) sowie beim Auseinanderfallen der Zuständigkeiten (Wohnsitz und Betriebsort fallen auseinander) (§ 180 Abs. 1 Nr. 2b AO) ist das jeweilige Lagefinanzamt örtlich für die Durchführung der Besteuerung zuständig.

Erfasst wird die gesonderte Feststellung der Einheitswerte bei Betrieben der Land- und Forstwirtschaft (§§ 33, 48a, 51a BewG), bei privaten Grundstücken (§§ 68, 70 BewG) sowie bei Betriebsgrundstücken (§ 99 BewG). Fallen die Betriebe bzw. Grundstücke hierbei in den räumlichen Bereich (Bezirk) mehrerer Finanzämter, so ist das Finanzamt zuständig, in welchem Bezirk sich der wertvollste Teil des Betriebs bzw. des Grundstücks befindet. Der wertvollste Teil richtet sich hierbei nach dem maßgebenden Wert i.S.d. BewG.

Die Feststellung von Einheitswerten hat Bedeutung für die Erbschaftsteuer, die Grunderwerbsteuer und die Grundsteuer.

Die im Gesetz genannten Mineralgewinnungsrechte werden seit dem 01.01.1993 nicht mehr gesondert festgestellt. Die Frage der örtlichen Zuständigkeit richtet sich insoweit nur noch auf Altfälle.

> **Beispiel 1:**
>
> X und Y bewohnen gemeinsam ein Einfamilienhaus in Friedberg.

2. Zuständigkeiten der Finanzbehörden

> **Lösung:**
> Der Einheitswert des Einfamilienhauses von X und Y ist gesondert festzustellen, §§ 179 Abs. 1 und 2, 180 Abs. 1 Nr. 1 AO, 19 Abs. 1 und 3 BewG. Örtlich zuständig ist das Lage-Finanzamt in Friedberg, § 18 Abs. 1 Nr. 1 AO, da in dessen Bezirk das Einfamilienhaus liegt.

> **Beispiel 2:**
> Z betreibt in Kassel einen Kfz-Handel mit Werkstatt in einem eigenen Gebäude.

> **Lösung:**
> Der Einheitswert des Betriebsgrundstückes von Z ist gesondert festzustellen, §§ 179 Abs. 1, 180 Abs. 1 Nr. 1 AO, 19 Abs. 1 BewG. Örtlich zuständig ist das Lage-Finanzamt Kassel, § 18 Abs. 1 Nr. 1 AO, da in dessen Bezirk das Betriebsgrundstück liegt.

2.2.1.2 Zuständigkeit des Betriebsfinanzamtes (§ 18 Abs. 1 Nr. 2 AO)

Für die gesonderten Feststellungen nach § 180 AO ist örtlich zuständig:
- bei gewerblichen Betrieben mit Geschäftsleitung im Geltungsbereich dieses Gesetzes das Finanzamt, in dessen Bezirk sich die Geschäftsleitung befindet,
- bei gewerblichen Betrieben ohne Geschäftsleitung im Geltungsbereich dieses Gesetzes das Finanzamt, in dessen Bezirk eine Betriebsstätte – bei mehreren Betriebsstätten die wirtschaftlich bedeutendste – unterhalten wird (Betriebsfinanzamt).

Diese Vorschrift findet bei gesonderten Feststellungen, die gewerbliche Betriebe betreffen Anwendung. Erfasst werden die Feststellungen von Einkünften aus Gewerbebetrieb bei mehreren Beteiligten (§ 180 Abs. 1 Nr. 2a AO, § 15 EStG), die Fälle bei Einkünften aus Gewerbebetrieb, bei denen Wohnsitz-Finanzamt (s. 2.2.2) und Betriebsfinanzamt auseinanderfallen (§ 180 Abs. 1 Nr. 2b AO) sowie die Feststellungen der Einheitswerte bei gewerblichen Betrieben (§§ 19–21, 95 BewG).

Örtlich zuständig ist das Finanzamt bei Betrieben mit Geschäftsleitung (§ 10 AO), in dessen Bezirk sich die Geschäftsleitung befindet bzw. bei Betrieben ohne Geschäftsleitung in dessen Bezirk eine Betriebsstätte (§ 12 AO) betrieben wird. Bei mehreren Betriebsstätten ist das Finanzamt örtlich zuständig, in dessen Bezirk die wirtschaftlich bedeutendste Betriebsstätte liegt.

> **Beispiel:**
> A ist zu 40 % an einer Kommanditgesellschaft (KG) in Berlin beteiligt. Von Berlin aus werden die maßgebenden Entscheidungen getroffen. Die KG produziert Granulat für die Automobilindustrie.

> **Lösung:**
> Die Einkünfte der Beteiligten an der KG sind gesondert und einheitlich festzustellen, §§ 179 Abs. 1 und 2, 180 Abs. 1 Nr. 2a AO, 15 EStG. Örtlich zuständig ist das Betriebsfinanzamt Berlin, da sich die Geschäftsleitung in dessen Bezirk befindet, § 18 Abs. 1 Nr. 2 AO.

2.2.1.3 Zuständigkeit des Tätigkeitsfinanzamtes (§ 18 Abs. 1 Nr. 3 AO)

Für die gesonderten Feststellungen nach § 180 AO ist örtlich zuständig:
- bei Einkünften aus selbständiger Arbeit das Finanzamt, von dessen Bezirk aus die Tätigkeit vorwiegend ausgeübt wird.

Erfasst werden seit der Änderung durch das Steuerbürokratieabbaugesetz vom 30.12.2008 (BGBl I 2008, 2850) alle Einkünfte aus selbständiger Tätigkeit. Zuvor war lediglich die Tätigkeit als Freiberufler gemäß

§ 18 Abs. 1 Nr. 1 EStG von der Regelung betroffen. Die Änderung ist mit Wirkung vom 01.01.2009 in Kraft getreten. Es ist zu beachten, dass bei Fällen bis zum 31.12.2008 die Regelung auf die freiberufliche Tätigkeit beschränkt wird.

Gesonderte Feststellungen bei der selbständigen Tätigkeit werden bei mehreren Beteiligten bei den Einkünften durchgeführt (§ 180 Abs. 1 Nr. 2a AO) bzw. wenn das Wohnsitzfinanzamt (s. 2.2.2) vom Finanzamt, in dessen Bezirk die selbständige Tätigkeit ausgeübt wird abweicht (§ 180 Abs. 1 Nr. 2b AO).

Örtlich zuständig für die gesonderte Feststellung ist das Finanzamt, von dessen Bezirk aus die Berufstätigkeit zum größten Teil ausgeübt wird. Es ist davon auszugehen, dass das Finanzamt zuständig sein wird, in dessen Bezirk sich die Praxis oder das Büro des Berufstätigen befindet.

Beispiel:

D und E betreiben in Rotenburg a.d. Wümme eine Tierarztpraxis.

Lösung:

Die Einkünfte von D und E sind gesondert und einheitlich festzustellen, §§ 179 Abs. 1 und 2, 180 Abs. 1 Nr. 2a AO, 18 Abs. 1 Nr. 1 EStG. Örtlich zuständig ist Finanzamt, in dessen Bezirk die Tätigkeit ausgeübt wird, hier das Finanzamt Rotenburg a.d. Wümme, § 18 Abs. 1 Nr. 3 AO.

2.2.1.4 Zuständigkeit des Verwaltungsfinanzamtes (§ 18 Abs. 1 Nr. 4 AO)

Für die gesonderten Feststellungen nach § 180 AO ist örtlich zuständig:
- bei einer Beteiligung mehrerer Personen an Einkünften, die keine Einkünfte aus Land- und Forstwirtschaft, aus Gewerbebetrieb oder aus selbständiger Arbeit und die nach § 180 Abs. 1 Satz 1 Nr. 2a AO gesondert festgestellt werden
   a) das Finanzamt, von dessen Bezirk die Verwaltung dieser Einkünfte ausgeht, oder
   b) das Finanzamt, in dessen Bezirk sich der wertvollste Teil des Vermögens, aus dem die gemeinsamen Einkünfte fließen, befindet, wenn die Verwaltung dieser Einkünfte im Geltungsbereich dieses Gesetzes nicht feststellbar ist.
- Entsprechendes gilt bei einer gesonderten Feststellung nach § 180 Abs. 1 Satz 1 Nr. 3 oder § 180 Abs. 2 AO, vgl. § 18 Abs. 1 Nr. 4 Satz 2 AO.

Erfasst wird die gesonderte Feststellung von Einkünften aus Kapitalvermögen (§ 20 EStG), Vermietung und Verpachtung (§ 21 EStG) sowie sonstige Einkünfte (§ 22 EStG) bei mehreren Beteiligten.

Die örtliche Zuständigkeit richtet sich dann nach dem Bezirk, in welchem die Einkünfte verwaltet werden (Verwaltungsfinanzamt). Bei mangelnder Verwaltung ist hilfsweise das Lagefinanzamt örtlich zuständig; also das Finanzamt, in dessen Bezirk das Vermögen, auf welches sich die Einkünfte beziehen, sich befindet (Lagefinanzamt).

Beispiel 1:

X und Y beziehen Zinsgelder aus Festgeldanlagen, die von Y in Freiburg verwaltet werden.

Lösung:

Die Einkünfte aus Kapitalvermögen werden gesondert und einheitlich festgestellt, §§ 179 Abs. 1 und 2, 180 Abs. 1 Nr. 2a AO, 20 EStG. Örtlich zuständig ist das Finanzamt, in dessen Bezirk sich die Verwaltung befindet, hier das Verwaltungsfinanzamt Freiburg, § 18 Abs. 1 Nr. 4 AO.

Beispiel 2:

X und Y vermieten zusätzlich ein Zweifamilienhaus in Buxtehude.

2. Zuständigkeiten der Finanzbehörden

Lösung:

Die Einkünfte aus Vermietung und Verpachtung sind gesondert und einheitlich festzustellen, §§ 179 Abs. 1 und 2, 180 Abs. 1 Nr. 2a AO, 21 EStG. Örtlich zuständig ist das Finanzamt, in dessen Bezirk sich das Vermögen (Grundstück) befindet, hier das Lagefinanzamt Buxtehude, § 18 Abs. 1 Nr. 4 AO.

2.2.1.5 Sonderfälle (§ 18 Abs. 2 AO)

§ 18 Abs. 2 AO beinhaltet eine sogenannte Auffangzuständigkeit, die insbesondere bei Auslandseinkünften (Einkünfte mehrerer Inländer an ausländischen Vermögen) zur Anwendung kommt. Eine örtliche Zuständigkeit nach § 18 Abs. 1 AO ist nicht gegeben. Örtlich zuständig sind in diesen Fällen die jeweils für die Beteiligten zuständigen Finanzämter nach den §§ 19, 20 AO.

Fall:

Die Eheleute M und F werden zusammen zur Einkommensteuer veranlagt. Sie wohnen zusammen in ihrer Eigentumswohnung in Darmstadt. F betreibt in Dieburg einen Elektroartikelladen in angemieteten Räumen. Zusammen mit seinem Freund T bezieht M Einnahmen aus einem Bankguthaben, welches von T in München verwaltet wird.

Welche Finanzämter sind für die durchzuführenden gesonderten Feststellungen nach § 180 AO örtlich zuständig?

2.2.2 Steuern vom Einkommen und Vermögen natürlicher Personen (§ 19 AO)

Die Vorschrift regelt die örtliche Zuständigkeit bei der Besteuerung des Einkommens und des Vermögens von natürlichen Personen. Die örtliche Zuständigkeit bei der Besteuerung von Vermögen ist nur auf Altfälle anwendbar.

Das Finanzamt, in dessen Bezirk sich der Wohnsitz (§ 8 AO) bzw. mangels Wohnsitz der gewöhnliche Aufenthalt (§ 9 AO) einer natürlichen Person befindet, ist örtlich für die Steuern vom Einkommen und Vermögen zuständig (§ 19 Abs. 1 Satz 1 AO).

Hat der Steuerpflichtige einen mehrfachen Wohnsitz, ist der Wohnsitz maßgebend, wo er sich vorwiegend aufhält. Ausschlaggebend bei der Beurteilung ist die körperliche Anwesenheit. Bei verheirateten Steuerpflichtigen oder in Lebenspartnerschaft lebenden Steuerpflichtigen (eingefügt durch Gesetz zur Anpassung steuerlicher Regelungen an die Rechtsprechung des Bundesverfassungsgerichts vom 18.07.2014; anzuwenden ab 24.07.2014), die jeweils nicht dauernd getrennt leben und bei mehrfachem Wohnsitz ist der Wohnsitz maßgebend, wo sich die Familie vorwiegend aufhält (§ 19 Abs. 1 Satz 2 AO).

§ 19 Abs. 1 Sätze 3 und 4 AO regeln die Fälle, in denen weder ein Wohnsitz noch ein gewöhnlicher Aufenthalt gegeben sind.

Die Vorschrift ist anzuwenden auf folgende Personenkreise:
- nach § 1 Abs. 2 EStG/§ 1 Abs. 1 VStG unbeschränkt steuerpflichtige natürliche Personen,
- nach § 1a Abs. 2 EStG Staatsangehörige eines EU-Mitgliedsstaates,
- nach § 1 Abs. 3 EStG natürliche Personen ohne Wohnsitz/gewöhnlichen Aufenthalt mit inländischen Einkünften i.S.d. § 49 EStG.

In diesen Fällen ist das Finanzamt örtlich zuständig, in dessen Bezirk sich die öffentlich zahlende Kasse befindet.

Beispiel:

Der deutsche Botschafter M lebt in Porto. Sein Gehalt bezieht er von der öffentlichen Kasse in Berlin.

Lösung:
Für die Einkommensteuer ist das Finanzamt Berlin örtlich zuständig, § 19 Abs. 1 Satz 3 AO.

Fehlt es an einem Wohnsitz bzw. einem gewöhnlichen Aufenthalt (beschränkte Steuerpflicht) bestimmt sich die örtliche Zuständigkeit nach dem Bezirk, in dem sich das Vermögen des Steuerpflichtigen befindet. Betrifft dies mehrere Bezirke, ist das Finanzamt örtlich zuständig, in dem sich der wertvollste Teil des Vermögens befindet (§ 19 Abs. 2 Satz 1 AO). Fehlt es an einem solchen Vermögen, ist das Finanzamt örtlich zuständig, in dessen Bezirk die Tätigkeit vorwiegend ausgeübt wird (§ 19 Abs. 2 Satz 2 AO).

Beispiel 1:
Der deutsche Bauunternehmer B lebt in Madrid und hat in Frankfurt ein Haus, welches er vermietet.

Lösung:
Zuständig ist das Finanzamt Frankfurt (§ 19 Abs. 2 Satz 1 AO).

Beispiel 2:
Der kroatische Künstler K hat in Stuttgart ein Gastspiel.

Lösung:
Zuständig ist das Finanzamt Stuttgart, § 19 Abs. 2 Satz 2 AO.

§ 19 Abs. 3 AO regelt die Fälle, in denen ein Steuerpflichtiger in einer Stadt (Gemeinde) mit mehreren Finanzämtern einen land- und forstwirtschaftlichen oder gewerblichen Betrieb betreibt bzw. eine freiberufliche Tätigkeit ausübt. Dabei ist das Lage-, Betriebs- oder Tätigkeitsfinanzamt örtlich für die Steuern vom Einkommen und Vermögen zuständig. Hierdurch wird vermieden, dass zwei Finanzämter (Betriebsfinanzamt und Wohnsitzfinanzamt) örtlich zuständig werden.

Beispiel:
Zur Wohnsitzgemeinde des Rechtsanwalts A gehören die Finanzämter 1, 2 und 3. A wohnt im Bezirk des Finanzamtes 1 und betreibt im Bezirk des Finanzamtes 2 eine Kanzlei. Die örtliche Zuständigkeit der einzelnen Finanzämter ist geographisch verteilt.

Lösung:
Örtlich zuständig ist das Tätigkeitsfinanzamt 2, §§ 19 Abs. 3 Satz 1, 18 Abs. 1 Nr. 3 AO. Eine gesonderte Feststellung nach § 180 Abs. 1 Nr. 2b AO unterbleibt.

Bei zusammen zu veranlagenden Ehegatten werden die Einkünfte so behandelt, als würde nur ein Steuerpflichtiger vorliegen (§ 19 Abs. 4 AO), d.h. wenn ein Ehegatte Einkünfte aus z.B. freiberuflicher Tätigkeit bezieht ist das Betriebsfinanzamt für die gesamte Besteuerung örtlich zuständig.

Auf § 19 Abs. 5 und Abs. 6 AO wird hingewiesen.

2.2.3 Steuern vom Einkommen und Vermögen der Körperschaften, Personenvereinigungen, Vermögensmassen (§ 20 AO)

Anknüpfungspunkt für die örtliche Zuständigkeit nach § 20 AO bei der Besteuerung von Körperschaften, Personenvereinigungen, Vermögensmassen ist der Ort der Geschäftsleitung (§ 10 AO) bzw. der Sitz (§ 11 AO).

2. Zuständigkeiten der Finanzbehörden

Bei den nach § 1 KStG unbeschränkt steuerpflichtigen Körperschaften, Personenvereinigungen und Vermögensmassen ist das Finanzamt örtlich zuständig, in dessen Bezirk sich die Geschäftsleitung befindet. Fehlt es an einer solchen, tritt an die Stelle der Geschäftsleitung der Sitz (§ 20 Abs. 1 und 2 AO).

Bei beschränkt steuerpflichtigen Körperschaften, Personenvereinigungen und Vermögensmassen, d.h. weder Geschäftsleitung noch der Sitz befinden sich im Geltungsbereich der AO, richtet sich die örtliche Zuständigkeit nach dem Bezirk des Finanzamtes, in welchem sich der wertvollste Teil des Vermögens befindet bzw. wo die Tätigkeit vorwiegend ausgeübt wird (§ 20 Abs. 3 und 4 AO).

2.2.4 Steuern vom Einkommen bei Bauleistungen (§ 20a AO)

§ 20a AO ist eine Sonderregelung zu den bisherigen örtlichen Zuständigkeiten nach §§ 19, 20 AO für die Besteuerung von Unternehmen, die Bauleistungen i.S.v. § 48 Abs. 1 Satz 3 EStG erbringen. Die Regelung dient der besseren Überwachung im Baugewerbe und sorgt für eine bundesweite Zentralzuständigkeit bei Bauleistungen.

Erbringt eine Person (Leistender) im Inland eine Bauleistung an einen Unternehmer i.S.d. § 2 UStG oder an eine juristische Person des öffentlichen Rechts (Leistungsempfänger), ist der Leistungsempfänger verpflichtet von der Gegenleistung 15 % für Rechnung des Leistenden vorzunehmen, § 48 Abs. 1 Satz 1 EStG. Der Leistungsempfänger haftet für einen nicht oder zu niedrig abgeführten Steuerabzugsbetrag, § 48a Abs. 3 Satz 1 EStG. Bauleistungen i.S.d. § 48 Abs. 1 Satz 3 EStG sind alle Leistungen, die der Herstellung, Instandsetzung, Instandhaltung, Änderung oder Beseitigung von Bauwerken dienen.

Hat der Unternehmer seinen Wohnsitz bzw. das Unternehmen seine Geschäftsleitung/seinen Sitz außerhalb des Geltungsbereichs der AO, so ist das Finanzamt örtlich zuständig, das auch für die Umsatzsteuer nach § 21 Abs. 1 AO zuständig ist (Verweis auf die UStZustV), § 20a Abs. 1 AO. So wird gewährleistet, dass für ausländische Unternehmer derselben Staaten nur ein Finanzamt zentral zuständig ist. Dieses Finanzamt übernimmt die gesamte Besteuerung (Einkommensteuer, Körperschaftsteuer, Umsatzsteuer, Realsteuern) und ist für den Erlass von Haftungsbescheiden nach § 48a Abs. 3 EStG und auch den Steuerabzug vom Arbeitslohn örtlich zuständig.

Beispiel:

Der portugiesische Unternehmer P, der in Porto sein Unternehmen betreibt, baut bei dem deutschen Unternehmer U in München in das Bürogebäude Fenster und Türen ein.

Lösung:

Örtlich zuständig ist das Finanzamt Kassel-Hofgeismar, §§ 20a Abs. 1 AO, 21 Abs. 1 Satz 2 AO, 1 Abs. 1 Nr. 21 UStZustV.

Entsprechend ist gem. § 20a Abs. 2 und 3 AO zentral das Umsatzsteuerfinanzamt zuständig bei:
- grenzüberschreitender Personalüberlassung, wenn die Arbeitnehmer im Baugewerbe eingesetzt sind,
- der Besteuerung im Inland eingesetzter Arbeitnehmer, die bei einem ausländischen Bauunternehmer oder von einem ausländischen Verleihunternehmer beschäftigt sind.

2.2.5 Umsatzsteuer (§ 21 AO)

Für die Umsatzsteuer ist das Finanzamt örtlich zuständig, in dessen Bezirk der Unternehmer sein Unternehmen betreibt, sofern die unternehmerische Tätigkeit im Geltungsbereich der AO ausgeübt wird. „Betreiben" bedeutet ein nach außen hin gerichtetes Verhalten, d.h. der Ort, an dem der Unternehmer seine Leistungen anbietet und die Entgelte entgegennimmt. In der Regel wird der Ort des Betreibens mit dem Ort der Geschäftsleitung identisch sein.

Möglich ist auch das Betreiben des Unternehmens an mehreren Orten. Maßgeblich in diesen Fällen ist der Ort, an dem das Unternehmen vorwiegend betrieben wird/wo der unternehmerische Schwerpunkt belegen ist. Auf die Umsatzhöhe kommt es dabei nicht an.

> **Beispiel:**
>
> Unternehmer U vermietet ein ihm gehörendes Grundstück in Leipzig. U wohnt in Dresden. Von dort schließt er Mietverträge ab, führt Verwaltungsarbeiten aus und erledigt sonstige unternehmerische Tätigkeiten.

> **Lösung:**
>
> Örtlich zuständig ist das Finanzamt in dessen Bezirk die unternehmerische Tätigkeit ausgeführt wird, hier Dresden, § 21 Abs. 1 Satz 1 AO.

Bei Unternehmern mit Wohnsitz, Sitz oder Geschäftsleitung außerhalb des Geltungsbereichs der AO kann das Bundesministerium der Finanzen die Zuständigkeit auf eine zentrale Finanzbehörde innerhalb des Geltungsbereichs übertragen, § 21 Abs. 1 Satz 2 AO.

In diesem Zusammenhang wird auf die Umsatzsteuerzuständigkeitsverordnung (UStZustV) siehe zu § 21 AO hingewiesen.

> **Beispiel:**
>
> Für ein in der Mazedonischen Republik ansässigen Unternehmer ist das Finanzamt Berlin Neukölln zentral zuständig, § 1 Abs. 1 Nr. 16 UStZustV.

§ 1 Abs. 1 Nr. 20 UStZustV ist mit Gesetz vom 18.07.2016 (BGBl I 2016, 1722) geändert worden; insoweit wird auf die Umsatzsteuerzuständigkeitsverordnung hingewiesen.

Für die Umsatzsteuer von Nichtunternehmern ist das Finanzamt örtlich zuständig, das auch für die Steuern vom Einkommen (§§ 19, 20 AO) zuständig ist; in den Fällen des § 180 Abs. 1 Satz 1 Nr. 2a AO ist das Finanzamt für die Umsatzsteuer zuständig, das nach § 18 AO auch für die gesonderte Feststellung zuständig ist, vgl. § 21 Abs. 2 AO.

> **Beispiel:**
>
> § 2a UStG: Fahrzeuglieferer.
> § 14c Abs. 2 UStG: Unberechtigter Steuerausweis.

Die Regelung des § 21 AO ist nicht anzuwenden auf die Einfuhrumsatzsteuer (vgl. hierzu § 23 AO).

2.2.6 Realsteuern (§ 22 AO)

Die Zuständigkeit der Finanzbehörden beschränkt sich bei den Realsteuern i.S.d. § 3 Abs. 2 (Grundsteuer, Gewerbesteuer) aufgrund Art. 108 Abs. 4 Satz 2 GG auf die Festsetzung und die Zerlegung der jeweiligen Steuermessbeträge.

Für die Festsetzung und Zerlegung des Grundsteuermessbetrages ist nach § 22 Abs. 1 Satz 1 AO das Lagefinanzamt (§ 18 Abs. 1 Nr. 1 AO), für die Festsetzung und Zerlegung des Gewerbesteuermessbetrages ist das Betriebsfinanzamt (§ 18 Abs. 1 Nr. 2 AO) örtlich zuständig.

Erbringt ein Unternehmer Bauleistungen i.S.d. § 48 Abs. 1 Satz 3 EStG und hat seinen Wohnsitz oder das Unternehmen seine Geschäftsleitung/seinen Sitz im Ausland, kommt § 22 Abs. 1 Satz 2 AO zur Anwendung. In diesem Fall ist das Finanzamt örtlich zuständig, das auch für die Besteuerung der Umsätze (Umsatzsteuer) nach § 21 AO örtlich zuständig ist.

Ist die Festsetzung, Erhebung und Beitreibung von Realsteuern, die normalerweise den Gemeinden obliegt, einer Finanzbehörde übertragen worden, so ist das Finanzamt örtlich zuständig, zu dessen

Bezirk die hebeberechtigte Gemeinde gehört, § 22 Abs. 2 Satz 1 AO. Satz 2 löst den Fall, wenn hierfür mehrere zuständige Finanzämter infrage kommen.

In Berlin und Hamburg gibt es innerhalb des Landes keine Gemeinden. Die Gemeindesteuern gelten daher nach Art. 106 Abs. 6 Satz 3 GG als Landessteuern. § 22 Abs. 3 AO regelt für diese Fälle die örtliche Zuständigkeit bei der Grund- und der Gewerbesteuer. Zuständig sind jeweils das Lagefinanzamt und das Betriebsfinanzamt.

2.2.7 Zuständigkeit auf dem Festlandsockel oder an der ausschließlichen Wirtschaftszone (§ 22a AO)

Die Vorschrift (durch das Gesetz zur Anpassung des nationalen Steuerrechts an den Beitritt Kroatiens zur Europäischen Union und zur Änderung weiterer steuerlicher Vorschriften vom 25.07.2014 geändert) ergänzt die Zuständigkeit der Finanzbehörden der Länder nach den §§ 18 bis 22 AO oder nach den Steuergesetzen im Bereich der Bundesrepublik Deutschland zustehenden Anteils an dem Festlandsockel und an der ausschließlichen Wirtschaftszone.

Dieses Gebiet ist wirtschaftlich von erheblicher Bedeutung; gehört jedoch staats- und völkerrechtlich nicht zu dem Gebiet der Bundesrepublik Deutschland. Gleichwohl wird es in einigen Steuergesetzen (siehe Erbschaftssteuer, Einkommensteuer, etc.) bereits dem Inland zugerechnet. Insofern vollzieht § 22a AO nun die Ausdehnung des Inlandsbegriffes für das Verfahrensrecht.

Zur Definition der Begriffe „Festlandsockel" und „ausschließlichen Wirtschaftszone" wird auf das Seerechtsübereinkommen der Vereinten Nationen (SRÜ) hingewiesen.

Die Zuständigkeit richtet sich nach dem Äquidistanzprinzip. Die herrschende Meinung ist sich einig, dass damit wohl das völkerrechtliche Äquidistanzprinzip gemeint sei, das in Art. 6 Abs. 2 des Internationalen Übereinkommens über den Festlandsockel vom 29.04.1958 umschrieben wird.

2.2.8 Einfuhr- und Ausfuhrabgaben und Verbrauchssteuern (§ 23 AO)

Geregelt wird mit dieser Vorschrift die örtliche Zuständigkeit der Hauptzollämter. Welche Einfuhr-, Ausfuhrabgaben und Verbrauchssteuern erfasst werden, regelt insoweit der Zollkodex (ZK, Art. 5 Nr. 20 bzw. 21) und die Zollkodex-Durchführungsverordnung (ZK-DV), auf die verwiesen wird.

Anknüpfungspunkt für die örtliche Zuständigkeit des Hauptzollamtes ist:

- nach § 23 Abs. 1 AO die Entstehung der Steuerschuld (Verwirklichung des Tatbestandes, § 38 AO sowie ZK),
- nach § 23 Abs. 2 AO der Ort, an dem das Unternehmen betrieben wird,
- nach § 23 Abs. 3 AO ein Straftatbestand.

2.2.9 Ersatzzuständigkeit (§ 24 AO)

Sollte sich die örtliche Zuständigkeit nicht bereits aus anderen Vorschriften ergeben haben, so greift die Ersatzzuständigkeit nach § 24 AO als sogenannter Auffangtatbestand ein. Es muss also der Fall vorliegen, dass eine örtliche Zuständigkeit nach den übrigen Vorschriften nicht bestimmbar ist.

Zuständig ist dann die Finanzbehörde, in deren Bezirk der Anlass für die Amtshandlung hervortritt.

Beispiel 1:
Vorfeldermittlungen zur Aufdeckung unbekannter Steuerfälle, die keinen direkten Steuerpflichtigen und kein direktes Steuerverhältnis betreffen (§ 208 Abs. 1 Nr. 3 AO).

Lösung:
Örtlich zuständig wird dann i.d.R. die Finanzbehörde, in deren Bezirk Hinweise auf eine Steuerstraftat bekannt werden.

> **Beispiel 2:**
>
> Haftungsbescheide (§§ 191 ff. AO); vgl. AEAO zu § 24 Nr. 1.

> **Lösung:**
>
> Örtlich zuständig wird dann i.d.R. die Finanzbehörde, die für das zugrunde liegende Besteuerungsverfahren zuständig ist.

2.2.10 Mehrfache, örtliche Zuständigkeit (§ 25 AO)

Bei mehrfacher örtlicher Zuständigkeit entscheidet die Behörde, die zuerst mit der Sache befasst war. Abweichend hiervon können sich die Behörden auch auf eine andere zuständige Behörde einigen oder die Aufsichtsbehörde entscheidet, dass eine andere Behörde zuständig ist.

> **Beispiel:**
>
> A betreibt sein Unternehmen in den Bezirken der Finanzämter 1, 2 und 3. Er gibt seine Umsatzsteuererklärung beim Finanzamt 3 ab. Es lässt sich nicht feststellen, von wo aus A sein Unternehmen ganz oder vorwiegend betreibt.

> **Lösung:**
>
> Örtlich zuständig ist das Finanzamt 3, da es zuerst mit der Sache – durch Abgabe der Erklärung – befasst war. Eine abweichende Vereinbarung zwischen den Ämtern ist möglich.

2.2.11 Zuständigkeitswechsel (§ 26 AO)

Verändern sich die Umstände für die Zuständigkeit (§§ 18 ff. AO) und wird dadurch eine andere Behörde örtlich zuständig, dann tritt der Wechsel erst ein, wenn eine der Behörden von der Veränderung Kenntnis erlangt hat.

> **Beispiele:**
>
> Verlegung des Wohnsitzes, der Geschäftsleitung oder des Betriebes.

Auf ein „kennen können" bzw. „kennen müssen" der Behörde kommt es für die Erlangung der Kenntnis nicht an. Es muss vielmehr zweifelsfrei feststehen, dass sich die Umstände für den Zuständigkeitswechsel geändert haben, z.B. durch Anzeige der Verlegung des Betriebssitzes.

Die bisher zuständige Behörde darf nunmehr nicht mehr tätig werden und muss die den Fall betreffenden Akten sofort an die neu zuständige Behörde abgeben.

Ausnahme hiervon ist, dass die bisher zuständige Behörde das Verfahren fortführen kann (Ermessen), wenn dies unter Wahrung der Interessen der Beteiligten der einfachen und zweckmäßigen Durchführung des Verfahrens dient und die nunmehr zuständige Behörde zustimmt, vgl. § 26 Satz 2 AO.

Voraussetzung ist, dass das Verfahren bereits begonnen wurde und der Betroffene Steuerpflichtige gehört worden ist.

> **Beispiel:**
>
> Steuerpflichtige S betreibt in Kassel sein Unternehmen. Das örtlich zuständige Finanzamt Kassel I hat mit wirksamer Prüfungsanordnung die Betriebsprüfung für die Umsatzsteuer des Unternehmens angeordnet. Der Prüfer hat bereits mit der Prüfung begonnen.
> S verlegt während der Prüfung sein Unternehmen nach Leipzig.

2. Zuständigkeiten der Finanzbehörden

> **Lösung:**
>
> Nunmehr zuständig für die Umsatzsteuer ist das Finanzamt Leipzig. Da die Prüfung der Umsatzsteuer bereits vom Finanzamt Kassel I begonnen wurde, kann dieses mit Zustimmung des neu zuständig gewordenen Finanzamtes und unter Anhörung des S weiterhin tätig werden und die Prüfung zu Ende führen.

§ 26 Satz 3 AO verhindert ein Zuständigkeitswechsel, wenn über einen Insolvenzantrag noch nicht entschieden wurde (Nr. 1), ein eröffnetes Insolvenzverfahren noch nicht aufgehoben wurde (Nr. 2) oder sich eine Personengesellschaft/juristische Person in Liquidation (Nr. 3) befindet. Es erscheint in diesen Fällen nicht zweckmäßig, dass sich kurz vor Erlöschen der Steuerpflicht ein neues Finanzamt mit dem Fall befassen muss.

2.2.12 Zuständigkeitsvereinbarung (§ 27 AO)

Stimmt der Betroffene zu, kann in Einvernehmen mit der nach den §§ 18 ff. AO örtlich zuständigen Finanzbehörde eine andere Finanzbehörde die Besteuerung übernehmen. Hierdurch wird die Möglichkeit eröffnet, dass eine an sich unzuständige Behörde die Verwaltungstätigkeit aufnehmen kann.

Eine Ausnahme hiervon ist die Zuständigkeit bei den gesonderten Feststellungen zu § 180 Abs. 1 Nr. 2b AO; hier ist keine Zuständigkeitsvereinbarung nach § 27 AO möglich.

Die Vereinbarung erfordert zunächst das Einvernehmen der zuständigen Finanzbehörde. Eine besondere Form ist hierfür nicht vorgesehen. Da das Einvernehmen jedoch ausdrücklich erfolgen muss, bietet es sich an – für Zwecke der Beweisführung – das Einvernehmen in den Akten schriftlich oder elektronisch darzulegen.

Des Weiteren muss der Betroffene zustimmen. Auch hier ist keine besondere Form vorgeschrieben. Ratsam ist dieselbe Verfahrensweise wie beim Einvernehmen der zuständigen Behörde. Eine der Behörden kann den Betroffenen auffordern, die Zustimmung innerhalb einer angemessenen Frist zu erteilen. Die Zustimmung gilt in diesem Fall automatisch als erteilt, wenn der Betroffene nicht widerspricht, § 27 Sätze 2, 3 AO. Der Betroffene ist auf die Wirkung eines evtl. Schweigens hinzuweisen, § 27 Satz 4 AO; d.h. die Zustimmung gilt bei Schweigen nur als erteilt, wenn der Betroffene vorher darauf hingewiesen worden ist.

2.2.13 Zuständigkeitsstreit (§ 28 AO) und Gefahr in Verzug (§ 29 AO)

§ 28 AO ist ein verwaltungsinternes Verfahren, um Streitigkeiten bei der Zuständigkeit zu vermeiden. Dabei sind folgende Fälle denkbar:
- mehrere Finanzbehörden halten sich für zuständig (positiver Kompetenzstreit),
- mehrere Finanzbehörden halten sich für unzuständig (negativer Kompetenzstreit),
- Zuständigkeit ist aus anderen Gründen zweifelhaft.

Über die örtliche Zuständigkeit entscheidet die gemeinsame fachlich zuständige Aufsichtsbehörde.

> **Beispiel 1:**
>
> Zwei Finanzämter gehören zu demselben Oberfinanzbezirk.

> **Lösung:**
>
> Gemeinsame Aufsichtsbehörde ist die OFD.

> **Beispiel 2:**
>
> Zwei Finanzämter gehören nicht zu demselben Oberfinanzbezirk, aber zu demselben Land

> **Lösung:**
> Gemeinsame Aufsichtsbehörde ist das Landesministerium.

Ist Gefahr in Verzug (§ 29 AO), d.h. unaufschiebbare Maßnahmen müssen unverzüglich durchgeführt werden, aber die zuständige Behörde ist auf die Schnelle nicht zu ermitteln, so ist die Behörde vorübergehend örtlich zuständig, in deren Bezirk der Anlass für die Amtshandlung hervortritt.

Die sonst örtlich zuständige Behörde ist unverzüglich zu unterrichten. Damit endet die vorübergehende Zuständigkeit der anderen Behörde und die tatsächlich zuständige Behörde kann die Ermittlungen fortführen.

2.2.14 Unterstützung des örtlich zuständigen Finanzamts auf Anweisung der vorgesetzten Dienstbehörde (§ 29a AO)

Die oberste Landesfinanzbehörde oder die von ihr beauftragte Landesfinanzbehörde kann danach zur Gewährleistung eines zeitnahen und gleichmäßigen Vollzugs der Steuergesetze anordnen, dass das örtlich zuständige Finanzamt ganz oder teilweise bei der Erfüllung seiner Aufgaben im Besteuerungsverfahren durch ein anderes Finanzamt unterstützt wird.

§ 29a AO bestimmt insofern nicht die Zuständigkeit, sondern schafft die Möglichkeit jederzeit und ohne einen größeren Aufwand, wie z.B. Einschaltung von Personalvertretung o.Ä., beispielsweise Veranlagungsarbeiten rechtswirksam durch ein anderes Finanzamt durchführen zu lassen.

Das unterstützende Finanzamt handelt im Namen des örtlich zuständigen Finanzamts; das Verwaltungshandeln des unterstützenden Finanzamts ist dem örtlich zuständigen Finanzamt zuzurechnen.

Insoweit liegt mit der Vorschrift des § 22a AO kein „echter" Wechsel der Zuständigkeit vor, wie dies bei Anwendung des § 27 AO der Fall ist. Das Finanzamt, das nach den §§ 17 ff. AO örtlich zuständig ist, bleibt dies weiterhin; es wird lediglich von einem anderen Finanzamt entlastet.

2.2.15 Folgen bei Verletzung der sachlichen und örtlichen Zuständigkeit

Die Verletzung der sachlichen Zuständigkeit führt bei einem besonders schweren Verstoß zur Nichtigkeit des Verwaltungsaktes, § 125 Abs. 1 AO.

> **Beispiel:**
> Das Büro des städtischen Schwimmbades erlässt anstelle des Steueramtes den Grundsteuermessbescheid.

In allen anderen Fällen führt der Verstoß zur Rechtswidrigkeit des Verwaltungsaktes, sodass die Möglichkeiten der Rücknahme und der Aufhebung bestehen (§§ 130, 172 AO oder im Rahmen des Einspruchsverfahrens).

Die Verletzung der örtlichen Zuständigkeit führt zur Rechtswidrigkeit, nicht zur Nichtigkeit des Verwaltungsaktes. Es besteht somit die Möglichkeit der Rücknahme bzw. der Aufhebung des Verwaltungsaktes. Eine Aufhebung kann nicht verlangt werden, wenn in der Sache keine andere Entscheidung getroffen werden konnte oder wenn feststeht, dass die Verletzung der Zuständigkeit die Entscheidung in der Sache nicht beeinflusst hat (vgl. BFH vom 19.11.2003, BStBl II 2004, 751).

3. Steuergeheimnis

Die Verpflichtung der mit der Besteuerung betrauten Personen, das Steuergeheimnis zu wahren, korrespondiert mit der Verpflichtung des Steuerpflichtigen, alle für die Besteuerung relevanten Fakten preiszugeben. Viele dieser Daten sind äußerst sensibel und nicht für die Allgemeinheit bestimmt (z.B. Parteienzugehörigkeit, Nichteheliche Kinder, Krankheitskosten, Behinderungen, Höhe des Einkommens, Religionszugehörigkeit, strafbare Handlungen, u.U. sogar das Alter etc.). Nur wenn sichergestellt wird, dass die Informationen zu keinem Zeitpunkt nach außen dringen oder auch innerhalb des Finanzamtes an Personen gelangen, die nichts mit dem Verfahren zu tun haben, kann erwartet werden, dass der Steuerpflichtige alles mitteilt, was wichtig ist. Insofern **dient das Steuergeheimnis der Durchführung einer gleichmäßigen und zutreffenden Besteuerung.**

Die mit der Besteuerung betrauten Personen dürfen grundsätzlich so lange keine Informationen nach außen weitergeben, wie der Steuerpflichtige zur Mitwirkung verpflichtet ist. Ist diese Verpflichtung nicht mehr durchsetzbar (s. § 30 Abs. 4 Nr. 4a AO), dann kann auf der anderen Seite auch die Finanzbehörde Tatsachen an andere Behörden weitergeben.

Neben dem speziellen Steuergeheimnis gibt es auch allgemeine Vorschriften über **Amtsverschwiegenheit**. Beides gilt parallel. § 37 BeamtStG (Beamtenstatusgesetz) verpflichtet speziell Beamte Verschwiegenheit über die bei oder bei Gelegenheit ihrer amtlichen Tätigkeit bekannt gewordenen dienstlichen Angelegenheiten zu bewahren. Dies gilt auch über den Bereich eines Dienstherrn hinaus sowie nach Beendigung des Beamtenverhältnisses.

5 Prüfungspunkte sind stets abzuarbeiten, wenn ermittelt werden soll, ob das Steuergeheimnis verletzt wurde.

3.1 Verpflichtete Person

Nach § 30 Abs. 1 AO haben **Amtsträger** das Steuergeheimnis zu wahren, unabhängig davon, welche Aufgabe sie wahrnehmen.

Beispiel:
An einer Durchsuchung im Bereich des Finanzamtes X nehmen der Beamte Steuerfahnder T, der angestellte Außenprüfer Q, wegen Verdachts des Waffenbesitzes Polizeibeamter P und wegen § 105 Abs. 2 StPO die Gemeindebeamtin B der Stadtverwaltung teil. Alle genannten Personen fragen sich, ob sie die Erkenntnisse aus der Durchsuchung im Familienkreis preisgeben dürfen.

Lösung:
Es ist zunächst zu prüfen, ob die genannten Personen nach § 30 Abs. 1 AO dem Steuergeheimnis verpflichtet sind. Dies wäre der Fall, wenn sie Amtsträger wären. Steuerfahnder T ist als Beamter Amtsträger nach § 7 Nr. 1 AO. Außenprüfer P ist als Angestellter kein Amtsträger nach § 7 Nr. 1 AO. Mit der Außenprüfung ist er aber in einem ureigensten Finanzamtsbereich eingesetzt und ist deshalb Amtsträger nach § 7 Nr. 3 AO. Polizist P ist Beamter und damit Amtsträger nach § 7 Nr. 1 AO. Dies gilt auch für die Gemeindebeamtin B. Bei den beiden Letztgenannten spielt es keine Rolle, dass sie mit den Aufgaben des Finanzamtes unmittelbar nichts zu tun haben. Alle Personen sind als Amtsträger nach § 30 Abs. 1 AO dem Steuergeheimnis verpflichtet.

Im Bereich eines Finanzamtes kommen aber nicht nur Amtsträger mit sensiblen Daten in Berührung, sondern auch Personen, die **Hilfstätigkeiten** ausüben, z.B. Schreibkräfte, Datenerfasser/Innen und Hausmeister. Da sie nicht mit den eigentlichen Finanzamtsaufgaben Steuerfestsetzung und Erhebung betraut sind, sind sie keine Amtsträger nach § 7 Nr. 3 AO. Trotzdem muss dann, wenn diese Personen in das Verfahren einbezogen werden (z.B. der Hausmeister kopiert im Auftrag des Bearbeiters Akten), sichergestellt sein, dass auch sie keine Informationen preisgeben. Sie werden deshalb hinsichtlich des Steuergeheimnisses nach § 30 Abs. 3 AO den Amtsträgern gleichgestellt. Im Einzelnen:

3.1.1 Personen nach § 30 Abs. 3 Nr. 1 AO i.V.m. § 11 Abs. 1 Nr. 4 StGB

Diese sind **bei einer Behörde oder einer sonstigen Stelle** beschäftigt. Die Behörde oder sonstige Stelle selbst muss Aufgaben der öffentlichen Verwaltung wahrnehmen (Finanzbehörde § 6 Abs. 2 AO). Da hier zum Amtsträger nach § 7 Nr. 3 AO abgegrenzt wird, ergibt sich, dass die Person nach § 11 Abs. 1 Nr. 4

StGB gerade nicht die eigentlichen Behördenaufgaben durchführt. Die fragliche Person muss allerdings auf die gewissenhafte Erfüllung ihrer Obliegenheiten aufgrund eines Gesetzes (Verpflichtungsgesetz vom 02.03.1974, s. AEAO Nr. 2.3 zu § 30) verpflichtet worden sein. Diese Verpflichtung wird bei den Finanzbehörden regelmäßig durch den Behördenleiter vorgenommen.

3.1.2 Übrige Personen nach § 30 Abs. 3 AO

Nach § 193 Abs. 2 GVG können **ausländische Berufsrichter**, Staatsanwälte und Anwälte zu Studienzwecken bei Gerichtsverhandlungen und Beratungen anwesend sein. Diese sind hinsichtlich der Verpflichtung nach § 30 Abs. 1 AO den Amtsträgern nach § 30 Abs. 3 Nr. 1a AO gleichgestellt.

Bittet eine Behörde oder ein Gericht einen externen **Sachverständigen** um eine Begutachtung, so ist dieser amtlich hinzugezogen und steht damit nach § 30 Abs. 3 Nr. 2 AO den Amtsträgern gleich. Werden dagegen bei den Finanzämtern verbeamtete oder angestellte Sachverständige tätig, so sind diese Amtsträger nach § 7 Nr. 1 oder Nr. 3 AO.

Die Träger von Ämtern der **Kirchen** und anderen Religionsgemeinschaften, die Körperschaften des öffentlichen Rechts sind, stehen den Amtsträgern nach § 30 Abs. 3 Nr. 3 AO gleich.

Andere Personen sind nicht dem Steuergeheimnis verpflichtet. So verstoßen z.B. Steuerberater und Anwälte, die über die Angelegenheiten ihrer Mandanten sprechen, zwar gegen ihre Dienstpflichten, verletzen aber mangels Verpflichtung nicht das Steuergeheimnis.

3.2 Gegenstand des Steuergeheimnisses

Das „Gesetz zur Änderung des Bundesversorgungsgesetzes …" vom 17.07.2018 hat mit dem Begriff „**Geschützte Daten**" eine Legaldefinition für den Gegenstand des Steuergeheimnisses eingeführt. **Geschützte Daten** sind **personenbezogene Daten eines anderen** und **fremde Betriebs- oder Geschäftsgeheimnisse**.

3.2.1 Personenbezogene Daten eines anderen
3.2.1.1 Grundsatz

Auch der Begriff „Personenbezogene Daten" wurde mit dem „Gesetz zur Änderung des Bundesversorgungsgesetzes …" geschaffen. Vorher waren stattdessen „Verhältnisse eines anderen" geschützt. Laut Gesetzesbegründung BT Drucks. 18/12611 hat sich inhaltlich nichts geändert. Personenbezogene Daten sind nach Seite 81 der Gesetzesbegründung „die gesamten persönlichen, wirtschaftlichen, rechtlichen, öffentlichen und privaten Verhältnisse einer natürlichen Person, Personenvereinigung oder Vermögensmasse. Dazu gehört auch das Verwaltungsverfahren selbst, die Art der Beteiligung am Verwaltungsverfahren und die Maßnahmen, die vom Beteiligten oder der Finanzbehörde getroffen wurden. So unterliegt z.B. auch dem Steuergeheimnis, ob und bei welcher Finanzbehörde ein Beteiligter steuerlich geführt wird, ob eine Außenprüfung oder ein Steuerfahndungsverfahren stattgefunden hat, wer für einen Beteiligten im Verfahren als Bevollmächtigter aufgetreten ist und welche Anträge gestellt worden sind." Ebenso wie Verhältnisse eines anderen kann man also auch „Personenbezogene Daten" zusammenfassend definieren als „alle Merkmale, die eine Person von ihrer Umwelt abheben und zum Individuum machen". Auf die Relevanz dieser Merkmale für die Besteuerung kommt es nicht an. Das Steuergeheimnis erstreckt sich auf alle Informationen, die über eine Person bekannt werden können.

Bei der Frage, ob es sich um personenbezogene Daten eines anderen handelt, ist auf die Handlung abzustellen, die dem Amtsträger vorgeworfen wird. Geht es darum, dass er einen Dritten über Umstände des Steuerpflichtigen informiert hat, so ist zu prüfen, ob aus Sicht dessen, der von den Umständen erfährt, die Person, über die berichtet wird, eine andere ist. Bittet der Steuerpflichtige selbst um Auskünfte aus der Steuerakte, so handelt es sich nicht um personenbezogene Daten eines anderen, sondern um die eigenen Daten des Steuerpflichtigen.

3. Steuergeheimnis

> **Beispiel:**
>
> Bei der Durchsuchung des vorherigen Beispiels werden unter anderem folgende Unterlagen gefunden: Belege über Hartz-IV Zahlungen an den Steuerpflichtigen, Urlaubsbilder aus Ägypten, Belege über nicht gebuchten Einnahmen. Steuerfahnder T informiert die für den Hartz-IV-Bezug zuständige Behörde darüber, dass Einnahmen in erheblicher Höhe vorliegen und erzählt seiner Ehefrau von den Einnahmen und dem Hartz-IV-Bezug sowie der Urlaubsreise des Steuerpflichtigen nach Ägypten. Außerdem berichtet er seinem Cousin, der den durchsuchten Steuerpflichtigen kennt, dass dort eine Durchsuchung stattgefunden hat. Weiteres erfährt der Cousin nicht.

> **Lösung:**
>
> Drei Handlungen des T, nämlich die Information der Hartz-IV-Behörde, der Ehefrau und des Cousins, könnten das Steuergeheimnis verletzt haben.
>
> Beim Bericht gegenüber der Hartz-IV-Behörde geht es um die Einnahmen und die Tatsache, dass Hartz-IV bezogen wurde. Beides macht den Steuerpflichtigen individualisierbar und stellt damit seine personenbezogenen Daten dar, und zwar wirtschaftliche Daten. Ob der Hartz-IV-Behörde der Umstand des Hartz-IV-Bezugs bereits bekannt war, spielt an dieser Stelle noch keine Rolle. Da es um eine Information des T an einen Dritten geht, ist zu prüfen, ob aus Sicht der Hartz-IV-Behörde der Steuerpflichtige ein anderer ist. Dies ist der Fall. T informierte also über personenbezogene Daten eines anderen.
>
> Gegenüber der Ehefrau geht es bei den Einnahmen und dem Hartz-IV-Bezug auch um wirtschaftliche personenbezogene Daten und hinsichtlich der Urlaubsreise um persönliche personenbezogene Daten. Aus Sicht der Ehefrau ist der durchsuchte Steuerpflichtige ein anderer. Auch hier liegen also personenbezogene Daten eines anderen vor.
>
> Fraglich ist, ob die bloße Information, dass eine Durchsuchung stattgefunden hat, personenbezogene Daten eines anderen sind. Die Tatsache, dass eine Durchsuchung stattgefunden hat, macht den Steuerpflichtigen individualisierbar und stellt damit seine personenbezogenen Daten dar (s. AEAO Nr. 1.2 zu § 30). Aus Sicht des Cousins, der von der Durchsuchung und damit vom Strafverfahren erfährt, ist der Steuerpflichtige ebenfalls ein anderer.

Es muss sich um personenbezogene Daten einer **konkreten anderen Person** handeln. Ist die Anonymität gewahrt, so handelt es sich nicht um personenbezogene Daten eines anderen.

> **Beispiel:**
>
> Außenprüfer A, nebenamtlicher Dozent an einer Fachhochschule, der das Fach Bilanzsteuerrecht unterrichtet, erzählt im Unterricht, dass er vor einigen Monaten einen Steuerpflichtigen geprüft hat, der die sonstigen Verbindlichkeiten ausnahmslos auf der Aktiv-Seite gebucht hat.

> **Lösung:**
>
> A hat zwar von personenbezogenen Daten einer Person erzählt. Diese ist aber bei einer so allgemeinen Erzählung nicht individualisierbar. Eine Verletzung des Steuergeheimnisses scheitert also bereits am Merkmal „personenbezogene Daten eines **anderen**".

3.2.1.2 Sonderfälle
3.2.1.2.1 Vertretung

Erhält der gesetzliche Vertreter oder auch ein gewillkürter Vertreter (z.B. ein Steuerberater) Auskunft aus den Steuerakten, so handelt es sich nicht um personenbezogene Daten eines anderen. Im Rahmen der Vertretungsmacht sind nach § 80 AO vielmehr die personenbezogenen Daten der vertretenen Person wie die des Vertreters anzusehen.

3.2.1.2.2 Personengesellschaften, Kapitalgesellschaften

Bei Personengesellschaften sind wegen des **Transparenzprinzips** die personenbezogenen Daten der Gesellschaft gegenüber den Gesellschaftern nicht die eines anderen.

> **Beispiel:**
>
> Amtsprüfer A spricht mit einem Steuerberater über eine Beteiligung seines Mandanten an der TK-OHG. Der Mandant war dort von 00–August 02 beteiligt und dann wegen Unstimmigkeiten mit den anderen Gesellschaftern ausgeschieden. Nachdem die OHG in 03 von Außenprüfer H geprüft worden war, waren für alle Jahre die Gewinne erhöht worden. Damit sind weder der Mandant noch der Steuerberater einverstanden. Um den Streitpunkt zu erledigen, holt der Amtsträger schließlich den Prüfungsbericht für die Zeit vom 01.01.00 bis 31.12.02, aus dem sich die vom Finanzamt vertretene Auffassung zweifelsfrei nachvollziehen lässt und zeigt ihn dem Steuerberater.

> **Lösung:**
>
> Solange der Mandant beteiligt war, waren die personenbezogenen Daten der OHG auch seine Daten und damit auch aus Sicht des Steuerberaters im Rahmen der Bevollmächtigung nicht personenbezogene Daten eines anderen. Dies ist aber nicht mehr der Fall, nachdem der Mandant ausgeschieden ist, also ab August 02. Jetzt sind es personenbezogene Daten eines anderen und das Steuergeheimnis könnte verletzt sein. Der Prüfungsbericht hätte aufgeteilt werden müssen.

Anders ist dies bei Kapitalgesellschaften. Hier sind die Gesellschafter andere als die juristische Person. Auskunft erhalten deshalb grundsätzlich nur die zur Vertretung berechtigten Personen.

3.2.2 Betriebs- und Geschäftsgeheimnis

Auch hier ist zum Schutz des Steuerpflichtigen eine möglichst umfassende Definition zu wählen. Alles, was zum **betrieblichen und geschäftlichen Bereich** des Steuerpflichtigen gehört, stellt Betriebs- oder Geschäftsgeheimnisse dar. Sofern also bei weitergegebenen Informationen ein Betriebs- oder Geschäftsbereich betroffen ist, liegt neben den personenbezogenen Daten eines anderen auch gleichzeitig dieses Tatbestandsmerkmal vor.

Eine eigene Bedeutung hat die Alternative Betriebs- und Geschäftsgeheimnis, wenn anonyme Informationen weitergegeben werden.

> **Beispiel:**
>
> Außenprüfer Q prüft ausschließlich Kfz-Werkstätten. Sein Bekannter T, der in Kürze ebenfalls eine Kfz-Werkstatt eröffnen möchte, bittet ihn um Informationen darüber, wie andere Werkstätten kalkulieren. Q stellt eine Liste mit den Kalkulationsgrundlagen von 20 von ihm geprüften Werkstätten zusammen und übergibt sie dem T. Die Namen der Werkstätten nennt er nicht.

> **Lösung:**
>
> Da die Werkstätten nicht individualisierbar sind sondern anonym bleiben, handelt es sich nicht um personenbezogene Daten eines anderen. Kalkulationsgrundlagen sind aber Informationen aus dem betrieblichen Bereich und damit Betriebsgeheimnisse. § 30 Abs. 2 Nr. 2 AO verzichtet auf das Merkmal „anderer", es sind also auch anonyme Informationen Gegenstand des Steuergeheimnisses.

3.3 Art des Bekanntwerdens

Da das Steuergeheimnis dafür sorgen soll, dass der Steuerpflichtige für die Verfahren bei der Behörde seinen Mitwirkungspflichten genügt, sind nur Informationen geschützt, die **im Rahmen solcher Verfahren** zu der Behörde, bzw. dem Amtsträger oder der gleichgestellten Person gelangen. Nur was dienstlich bekannt wird, ist geschützt, privat erlangte Kenntnisse darf der Amtsträger weitergeben. Die **Aufzählung** in § 30 Abs. 2 Nr. 1 AO ist **abschließend**.

In einem der aufgezählten Verfahren erlangt sind Erkenntnisse, wenn ein irgendwie gearteter Zusammenhang zu einem amtlichen Verfahren besteht, auch wenn die Erkenntnisse nur bei Gelegenheit der Amtshandlung bekannt wurden.

> **Beispiel:**
>
> Bei Hausdurchsuchungen werden in erster Linie Rechnungen gesucht, anhand derer sich eine Steuerhinterziehung nachweisen lässt. Ist der Steuerfahnder erschüttert über den katastrophalen Zustand der durchsuchten Wohnung, so hat dieser unmittelbar mit der Amtshandlung nichts zu tun. Gleichwohl hat der Steuerfahnder seine Erkenntnisse bei Gelegenheit der Amtshandlung gewonnen und diese unterliegen dem Steuergeheimnis.

> **Gegenbeispiel:**
>
> Ein Außenprüfer prüft im Büro eines Steuerberaters. Als er einen lauten Knall hört, schaut er aus dem Fenster und sieht, dass sich dort ein schwerer Verkehrsunfall ereignet hat. Er läuft sofort aus dem Haus und leistet einem schwer verletzten Unfallopfer Erste Hilfe.
> Der Unfall hat überhaupt keinen Zusammenhang mit dem Prüfungsgeschehen. Sofern nicht durch die Erzählung des Außenprüfers ein Zusammenhang zur Prüfung hergestellt werden kann, verstößt die reine Erzählung über das Unfallgeschehen nicht gegen das Steuergeheimnis, weil die Informationen nicht aus einem Verfahren i.S.v. § 30 Abs. 2 Nr. 1 AO stammen.

Unerheblich ist, gegen wen das Verfahren gerichtet ist. So erfährt z.B. ein Lohnsteueraußenprüfer im Rahmen seiner Prüfung auch von personenbezogenen Daten der Arbeitnehmer, auch wenn er in einem Verfahren gegen den Arbeitgeber tätig ist. Die personenbezogenen Daten der Arbeitnehmer entstammen dem Verfahren gegen den Arbeitgeber und sind geschützt.

3.3.1 § 30 Abs. 2 Nr. 1a AO

Verwaltungsverfahren i.S.v. § 30 Abs. 2 Nr. 1a AO ist jede Tätigkeit von Behörden in Steuersachen. Damit sind alle dienstlichen Tätigkeiten der Finanzbehörden erfasst. **Rechnungsprüfungsverfahren** sind Prüfungen der Finanzbehörden durch Landesrechnungshöfe und Geschäftsprüfungen durch übergeordnete Behörden (s. BT-Drs. 13/901, 159). Bei derartigen Prüfungen sehen die Prüfer sich auch konkrete Steuerfälle an. Was sie auf diese Weise erfahren, unterliegt dem Steuergeheimnis.

Gerichtliche Verfahren in Steuersachen sind die Verfahren vor dem Finanzgericht und dem Bundesfinanzhof. Was Amtsträgern (§ 7 Nr. 1 AO Richter) oder gleichgestellten Personen in so einem Verfahren bekannt wird, ist durch das Steuergeheimnis geschützt.

> **Beispiel:**
>
> Auf einer Feier ihrer Freundin lernt Finanzbeamtin F Autohändler A kennen. Ohne zu wissen, was F beruflich macht, erzählt dieser ihr stolz, wie er es seit Jahren schafft, dem Finanzamt nur so viele

> Verkäufe mitzuteilen, dass er vom Rest gut leben kann. F ist empört und schaut am nächsten Arbeitstag sofort in die Steuerakte des A, der zufällig im Bezirk der F geführt wird. In den Akten erfährt sie aber nichts Neues. In ihrer Frühstückspause erzählt sie ihrer Kollegin K von den Machenschaften des A.

> **Lösung:**
>
> Als Beamtin ist F Amtsträgerin nach § 7 Nr. 1 AO und damit nach § 30 Abs. 1 AO dem Steuergeheimnis verpflichtet.
>
> Dass A einige Verkäufe nicht versteuert, macht ihn individualisierbar und stellt damit seine personenbezogenen Daten dar. Da es um Einkünfte geht, handelt es sich um wirtschaftliche personenbezogene Daten. Aus Sicht der Kollegin K ist A ein anderer. K erfährt also von personenbezogenen Daten eines anderen.
>
> F müssten die personenbezogenen Daten des A im Rahmen eines der Verfahren des § 30 Abs. 2 Nr. 1 AO bekannt geworden sein. Zunächst hat F die Informationen auf einer privaten Feier erfahren, also nicht in einem Verfahren nach § 30 Abs. 2 Nr. 1 AO. Sie hat dann aber in die Steuerakten geschaut, dort aber nichts Neues erfahren. Insofern stammen alle weitergegebenen Informationen aus privater Kenntniserlangung und F hat mit ihrer Erzählung das Steuergeheimnis nicht verletzt.

Ebenfalls nicht im Rahmen eines Verfahrens nach § 30 Abs. 2 Nr. 1 AO erlangt sind Informationen, die eine verpflichtete Person sich **heimlich** verschafft.

> **Beispiel:**
>
> Beamtin K hat den sehr attraktiven R kennen gelernt. Um zu erfahren, wie es R wirtschaftlich geht, nutzt sie den Umstand, dass ihre Kollegin, die Beamtin T, für kurze Zeit ihr Zimmer verlässt und die Tür nicht abschließt. Sie schleicht sich heimlich ins Zimmer, zieht die Akte des R und schaut sich seine Einkommensteuerveranlagung des letzten Jahres an. Am Abend erzählt sie ihrer Freundin F, wie hoch das Einkommen des R im letzten Jahr war.

> **Lösung:**
>
> Die als Beamtin und damit Amtsträgerin nach § 7 Nr. 1 AO dem Steuergeheimnis nach § 30 Abs. 1 AO verpflichtete K hat mit der Information über das Einkommen wirtschaftliche personenbezogene Daten des R weitergegeben, der aus Sicht der F ein anderer ist. Obwohl sie die Information an ihrem Arbeitsplatz erlangt hat, entstammt diese nicht einem konkreten Verwaltungsverfahren, sondern ist heimlich beschafft worden. K hat zwar ihre Dienstpflichten nicht aber das Steuergeheimnis verletzt. Ob T das Steuergeheimnis verletzt hat, wird unter 3.4.1 geprüft.

3.3.2 § 30 Abs. 2 Nr. 1b AO

Mitarbeiter der Strafsachenstellen sind nicht in die Besteuerung eingebunden. Sie erfahren dienstliche Angelegenheiten stets im Rahmen von **Strafverfahren** oder Bußgeldverfahren und damit nach § 30 Abs. 2 Nr. 1b AO. Steuerfahndern kommt nach § 208 Abs. 1 AO eine Doppelrolle zu. Sofern sie nach § 208 Abs. 1 Nr. 1 und 2 AO im Strafverfahren tätig werden, werden ihnen dienstliche Informationen nach § 30 Abs. 2 Nr. 1b AO bekannt. Sind Steuerfahnder dagegen nach § 208 Abs. 1 Nr. 3 AO mit der Aufdeckung unbekannter Steuerfälle betraut, so werden ihnen dienstliche Informationen nach § 30 Abs. 2 Nr. 1a AO bekannt.

3.3.3 § 30 Abs. 2 Nr. 1c AO

Diese Alternative gilt für Amtsträger und gleichgestellte Personen außerhalb der Finanzbehörde. Diese erfahren **durch Mitteilung einer Finanzbehörde** (Fall 1, z.B. an die Gemeinde in Sachen Gewerbesteuer), **durch gesetzlich vorgeschriebene Vorlage eines Steuerbescheids** (Fall 2, z.B. bei einem Antrag auf Elterngeld) oder **durch Bescheinigung über die bei der Besteuerung getroffenen Feststellungen** (Fall 3) von Verhältnissen eines anderen. Diese Erkenntnisse sind geschützt.

3.4 Verletzungshandlungen

§ 30 Abs. 2 AO nennt drei relevante Verletzungshandlungen (s. auch 3.7).

3.4.1 Offenbarung

Eine Offenbarung liegt vor, wenn ein anderer etwas erfährt, das er vorher nicht wusste, es muss also einem Dritten **etwas Neues** bekannt werden. Ob dies der Fall ist, ist rein objektiv zu ermitteln. Unerheblich ist, ob der Amtsträger offenbaren wollte. Er muss weder offenbaren wollen noch wissen, dass er offenbart hat.

Offenbart werden kann **durch jedes Verhalten**, nicht nur durch Sprache. Auch Nicken, Kopfschütteln, Augenzwinkern oder Lächeln auf bestimmte Fragen, schlüssige Handlungen wie z.B. Aktenzusendungen oder das Offenlassen einer Tür (Unterlassen des Abschließens), sodass ein anderer Kenntnis nehmen kann, können ein Offenbaren darstellen.

> **Beispiel:**
>
> Im Beispiel oben hatte Finanzbeamtin T ihre Zimmertür offen gelassen, sodass die Kollegin K ins Zimmer gehen und sich Informationen aus der Akte des R beschaffen konnte.

> **Lösung:**
>
> T ist nach §§ 30 Abs. 1 i.V.m. 7 Nr. 1 AO dem Steuergeheimnis verpflichtet. K bekommt Informationen über wirtschaftliche personenbezogene Daten des R, der aus ihrer Sicht ein anderer ist.
> T müsste von den personenbezogenen Daten des R im Rahmen eines der Verfahren des § 30 Abs. 2 Nr. 1 AO erfahren haben. Die Erkenntnisse über die Höhe des Einkommens stammen aus der Einkommensteuerveranlagung. Da jede Tätigkeit von Behörden in Steuersachen unter § 30 Abs. 2 Nr. 1a AO fällt, ist die Einkommensteuerveranlagung des R, aus der die Erkenntnisse stammen, auf jeden Fall Verfahren im Sinne der Vorschrift. T hat die Informationen also dienstlich erlangt.
> Weiterhin müsste T offenbart haben. K hat etwas erfahren, das sie vorher nicht wusste, insofern könnte eine Offenbarung vorliegen. Problematisch könnte aber sein, dass T nicht einmal zur Kenntnis nimmt, dass K die Information erlangt. Dies ist unerheblich, weil weder ein Offenbarungswille noch das Wissen, dass offenbart wird, erforderlich ist. Dass faktisch eine Offenbarung durch Unterlassen vorliegt, reicht aus.

Kannte der Gesprächspartner die Information bereits genau und bestätigt ihn der Amtsträger nur in seinem Wissen, so wird nicht offenbart, denn es handelt sich nicht um eine neue Information.

> **Beispiel:**
>
> Aus der Steuerakte ersieht Sachbearbeiter T, dass eine bekannte Schauspielerin K nicht wie stets behauptet 35 sondern bereits 44 Jahre alt ist. Als er dies am Abend seiner Ehefrau erzählt, berichtet ihm diese, dass sie dieselbe Information gerade eben einer Frauenzeitschrift entnommen hat.

> **Lösung:**
>
> Zwar hat der Amtsträger T (§ 7 Nr. 1 oder Nr. 3 AO) die Information über die persönlichen personenbezogenen Daten der K aus der Veranlagung und damit aus einem Verfahren im Sinne von § 30 Abs. 2 Nr. 1a AO, die Ehefrau hat aber nichts Neues erfahren und T hat deshalb nicht offenbart.
> Eine Offenbarung würde in diesem Fall aber vorliegen, wenn die Frauenzeitschrift das tatsächliche Alter nur gemutmaßt hätte und T diese Vermutung nunmehr bestätigen würde.

3.4.2 Verwerten

Zieht der Amtsträger oder die gleichgestellte Person aus dienstlich gewonnenen Erkenntnissen für sich oder andere einen **Vorteil**, so verwertet er. Erlangte Vorteile werden zumeist wirtschaftliche Vorteile sein, können aber unter Umständen auch andere Vorteile sein, z.B. die Nutzung einer dienstlich erlangten Information in einer Doktorarbeit. Im Gegensatz zur Offenbarung ist Voraussetzung für ein Verwerten nicht, dass die Information einem Dritten bekannt wird. Wird allerdings durch die maßgebliche Handlung sowohl eine Information einem Dritten bekannt als auch ein wirtschaftlicher Vorteil gezogen, so liegen Offenbaren und Verwerten nebeneinander vor.

> **Beispiel:**
>
> Außenprüfer A entnimmt den geprüften Akten des Bäckers B das Rezept für eine Brötchensorte und verkauft dies gegen Zahlung von 500 € an den Konkurrenten K, der mit dem Verkauf der nach dem Rezept gebackenen Brötchen sehr großen Erfolg hat.

> **Lösung:**
>
> A hat dem K eine bei der Außenprüfung bekannt gewordene (§§ 193 ff., 30 Abs. 2 Nr. 1a AO) Rezeptur zukommen lassen, die dieser vorher nicht kannte, er hat also offenbart. Gleichzeitig hat A aber auch verwertet, weil er aus der Weitergabe in Form der gezahlten 500 € einen wirtschaftlichen Vorteil erlangt hat. Ein Verwerten liegt ferner in der Zuwendung des Vorteils des neuen Rezepts an den K.

Liegt ein Verwerten vor, so ist das Steuergeheimnis verletzt. Verwerten ist **niemals zulässig**.

3.5 Zulässige Offenbarung

§ 30 Abs. 4 AO regelt **abschließend**, wann eine Offenbarung zulässig ist.

3.5.1 § 30 Abs. 4 Nr. 1 AO

Das Steuergeheimnis darf nicht dazu führen, dass die Arbeit im Finanzamt behindert wird und die dort tätigen Personen ihrem **Sicherstellungsauftrag** aus § 85 S. 2 AO nicht mehr gerecht werden können. Deshalb regelt § 30 Abs. 4 Nr. 1 AO, dass **dienstliche Kommunikation** zulässig ist.

> **Beispiel 1:**
>
> Sachbearbeiter T stellt seinem Sachgebietsleiter den Sachverhalt des Steuerpflichtigen Q vor, um gemeinsam mit dem Vorgesetzten eine Lösung für die laufende Veranlagung zu entwickeln.

> **Lösung:**
>
> Kennt der Sachgebietsleiter den Fall bisher nicht, so liegt ein Offenbaren vor. Dieses ist zulässig nach § 30 Abs. 4 Nr. 1 i.V.m. Abs. 2 Nr. 1a AO, weil es der Durchführung des Veranlagungsverfahrens dient.

Die Offenbarung dient auch dann einem Verwaltungsverfahren nach § 30 Abs. 2 Nr. 1a oder b AO, wenn ein Amtsprüfer wegen des Sicherstellungsauftrags aus § 85 S. 2 AO aus einer Steuerakte einen auffälligen

Sachverhalt an ein anderes Finanzamt mitteilt, um dort prüfen zu lassen, ob der Sachverhalt ordnungsgemäß besteuert wurde (**Kontrollmitteilung**, s. AEAO Nr. 4.1 zu § 30).

Auch nach § 30 Abs. 4 Nr. 4 und 5 AO gehen Informationen an andere Behörden, dienen dort aber nicht der Durchführung von Verfahren nach § 30 Abs. 2 Nr. 1a und b AO, sondern der Durchführung anderer Verfahren, z.B. allgemeiner Strafverfahren. § 30 Abs. 4 Nr. 1 AO ist hingegen nur anwendbar, wenn mit der Offenbarung Verfahren im Finanzamt incl. Rechnungsprüfung, gerichtliche Verfahren in Steuersachen oder aber Strafverfahren wegen Steuerstraftaten oder entsprechende Ordnungswidrigkeiten unterstützt werden. Die Voraussetzungen für eine Offenbarung, die quasi „im Hause" bleibt, sind geringer als bei § 30 Abs. 4 Nr. 4 und 5 AO.

Beispiel 2:
Sachbearbeiterin F fragt sich bei der Bearbeitung der Einkommensteuererklärung angesichts der extrem schlechten finanziellen Lage des Steuerpflichtigen Y, woher der in den Betrieb eingelegte neue Computer kommt. Als sie Y deshalb anruft, teilt dieser ihr freimütig mit, dass er den Computer vom Hinterhof eines Computer-Händlers gestohlen habe, obwohl er das eigentlich gar nicht nötig gehabt habe, weil er nur ungefähr 60 % seiner Einnahmen beim Finanzamt erklärt habe. F überlegt, ob sie diese Information an die Strafsachenstelle im Haus und die Staatsanwaltschaft weitergeben darf.

Lösung:
Bezüglich der nicht erklärten 40 % Einnahmen würde die Information an die Strafsachenstelle einem Steuerstrafverfahren im Sinne von § 30 Abs. 2 Nr. 1b AO dienen und wäre deshalb nach § 30 Abs. 4 Nr. 1 AO zulässig. Hinsichtlich des Diebstahls allerdings dient die Information einem anderen Strafverfahren, das nicht unter § 30 Abs. 2 Nr. 1b AO fällt. Hier käme allenfalls eine Zulässigkeit der Offenbarung nach § 30 Abs. 4 Nr. 4 oder 5 AO in Betracht. Beide Voraussetzungen liegen aber nicht vor (s. 3.5.4 und 3.5.5).

3.5.2 § 30 Abs. 4 Nr. 2 und Nr. 2 a bis c AO

Eine **durch Gesetz ausdrücklich zugelassene Offenbarung** kann nicht gegen das Steuergeheimnis verstoßen. AEAO Nr. 7 zu § 30 listet einige Vorschriften auf, nach denen eine Offenbarung zugelassen ist. „**Ausdrücklich**" bedeutet, dass das Gesetz Voraussetzungen und Umfang der zugelassenen Offenbarung genau definieren muss.

Auch die AO selbst enthält in §§ 31, 31a, 31b AO Vorschriften, die eine Offenbarung zulassen. So heißt es in § 31a Abs. 1 AO ausdrücklich, dass „die Offenbarung der nach § 30 geschützten Verhältnisse zulässig ist."

Beispiel:
Amtsträgerin T veranlagt den Steuerpflichtigen S, der erstmals seit Jahren wieder Einkünfte aus nichtselbständiger Arbeit in erheblicher Höhe erzielt hat, und befragt ihn telefonisch, bis wann er Hartz IV bezogen hat. Dieser antwortet, er habe der zuständigen Behörde noch gar nicht mitgeteilt, dass er wieder arbeite und Hartz IV werde bis heute bezahlt.

Lösung:
S hat während seiner Berufstätigkeit Leistungen aus öffentlichen Mitteln zu Unrecht bezogen. Insofern dient die Information der Hartz IV-Behörde über den zu lange gezahlten Hartz IV-Bezug der Geltendmachung des Anspruchs auf Rückgewähr dieser Leistung. § 31a Abs. 1 Nr. 2 AO liegt also vor, die Offenbarung des Einkommens zur Prüfung des Hartz IV-Bezugs ist zulässig nach § 30 Abs. 4 Nr. 2 AO.

3.5.3 § 30 Abs. 4 Nr. 3 AO

Der Steuerpflichtige kann auf den Schutz des § 30 AO verzichten. Dies muss allerdings ausdrücklich geschehen, **bevor** die Offenbarung erfolgt.

> **Beispiel:**
>
> Sachbearbeiter offenbart an potentielle Käufer eines Hauses auf deren Bitte die aus einem Mehrfamilienhaus in den letzten Jahren erzielten Mieteinnahmen. Danach ruft er zur Sicherheit den potentiellen Verkäufer an, berichtet ihm davon und fragt, ob er einverstanden ist. Dieser stimmt zu.

> **Lösung:**
>
> Es spielt keine Rolle, dass der Verkäufer letztlich mit der Offenbarung einverstanden war, denn zum Zeitpunkt der Verletzungshandlung lag die Zustimmung noch nicht vor. Der Sachbearbeiter hat das Steuergeheimnis verletzt.

3.5.4 § 30 Abs. 4 Nr. 4 AO

Nach dieser Vorschrift dürfen Informationen offenbart werden, wenn dies einem **allgemeinen Strafverfahren** dient, nicht aber einem Steuerstrafverfahren, denn in so einem Fall wäre die Offenbarung schon nach § 30 Abs. 4 Nr. 1 i.V.m. § 30 Abs. 2 Nr. 1b AO zulässig. Voraussetzung ist, dass die Information aus einem Steuerstrafverfahren oder Steuerordnungswidrigkeitenverfahren (§ 30 Abs. 4 Nr. 4a AO) nach Belehrung über das Recht zu schweigen (s. Kap. X. 10.2) stammt oder aber dass der Steuerpflichtige nicht zur Auskunft verpflichtet war bzw. auf sein Auskunftsverweigerungsrecht verzichtet hat.

Dieser Zulässigkeitsgrund setzt konsequent den Umstand um, dass das Steuergeheimnis notwendig ist, weil der Steuerpflichtige dem Finanzamt gegenüber uneingeschränkt auskunftspflichtig ist. Solange die Auskunftspflicht besteht, bleiben Informationen grundsätzlich im Haus (Ausnahme s. 3.5.5). Muss der Steuerpflichtige aber nicht mehr mitwirken, dann dürfen auch Informationen, die er gleichwohl preisgibt oder die ohne sein Mitwirken erlangt wurden, weitergegeben werden.

> **Beispiel 2 aus 3.5.1:**
>
> Sachbearbeiterin F hatte während der laufenden Veranlagung bei ihrer Anfrage nach der Herkunft des eingelegten Computers vom Steuerpflichtigen erfahren, dass er diesen gestohlen hat.

> **Lösung:**
>
> Würde sie diese Information an die Staatsanwaltschaft übermitteln, ist davon auszugehen, dass die Staatsanwaltschaft etwas Neues erfahren würde, F also offenbaren würde. Denn hätte die Staatsanwaltschaft vom Diebstahl schon Kenntnis, hätte sie mit Sicherheit den Computer im Wege der Rückgewinnungshilfe an den Bestohlenen zurückgegeben.
> Die Offenbarung würde der Durchführung eines Strafverfahrens wegen Diebstahls nach § 242 StGB dienen, also wegen einer Tat, die keine Steuerstraftat ist. Da die Erkenntnisse aber nicht aus einem Steuerstrafverfahren sondern aus der laufenden Veranlagung stammen und auch keine der übrigen Voraussetzungen des § 30 Abs. 4 Nr. 4 AO vorliegen, ist die Offenbarung unzulässig. Obwohl dies aus rechtsstaatlicher Sicht sonderbar anmutet, muss diese Information im Finanzamt bleiben.

3.5.5 § 30 Abs. 4 Nr. 5 AO

Diesen **rechtsstaatlichen Konflikt** löst § 30 Abs. 4 Nr. 5 AO zumindest teilweise. Bei einigen Straftaten und Verhaltensweisen des Steuerpflichtigen besteht danach ein zwingendes öffentliches Interesse für eine Offenbarung, was zur Folge hat, dass das Interesse des auskunftspflichtigen Steuerpflichtigen, dass seine Informationen geheim bleiben, hinter das staatliche Interesse und auch das Opferinteresse, dass

Straftaten verfolgt, geahndet und wieder gut gemacht werden, zurücktritt. Die aufgezählten drei Voraussetzungen werden mit **„namentlich"** eingeleitet. Dies bedeutet, dass die Aufzählung nicht abschließend ist.

3.5.5.1 Schwere Straftaten

Handelt es sich bei den Erkenntnissen aus den in § 30 Abs. 2 Nr. 1a AO genannten Verfahren um **besonders schwere Straftaten**, so dürfen diese nach § 30 Abs. 4 Nr. 5a AO an die Strafverfolgungsbehörden mitgeteilt werden.

> **Beispiel 2 aus 3.5.1:**
>
> Hier ging es um Diebstahl. Dies ist keine Straftat im Sinne von § 30 Abs. 4 Nr. 5a AO, da sie weder gegen Leib und Leben noch gegen den Staat und seine Einrichtungen gerichtet war.
> Hätte der Steuerpflichtige dagegen die Einkünfte aus seiner Tätigkeit als Auftragsmörder steuerlich erklärt (was zugegebenermaßen lebensfremd ist), so läge ein Fall von § 30 Abs. 4 Nr. 5a AO vor und die Information dürfte an die Strafverfolgungsbehörden weitergegeben werden.

3.5.5.2 Wirtschaftsstraftaten

Das GVG listet in § 74c Abs. 1 **Wirtschaftsstraftaten** auf. AEAO Nr. 11.2.32 zu § 30 stellt aber klar, dass Kenntnis über diese Straftaten (z.B. Straftaten nach den Gesetzen über das Bankwesen und lebensmittelrechtliche Straftaten) nicht automatisch zur Offenbarung nach § 30 Abs. 4 Nr. 5b AO befugt, sondern dass vielmehr zusätzlich zu prüfen ist, ob die besonderen Voraussetzungen des § 30 Abs. 4 Nr. 5b AO vorliegen. Die Straftaten müssen nach ihrer Begehungsweise oder wegen des Umfangs des Schadens geeignet sein, die wirtschaftliche Ordnung erheblich zu stören oder das Vertrauen der Allgemeinheit auf die Redlichkeit des geschäftlichen Verkehrs oder die ordnungsgemäße Arbeit der Behörden und der öffentlichen Einrichtungen zu erschüttern. Dies wird z.B. der Fall sein bei institutionellem Subventionsbetrug in erheblichem Umfang oder Großkonkursen mit Betrügereien mit sehr hohen Schäden.

3.5.5.3 Richtigstellung von in der Öffentlichkeit verbreiteter unwahrer Tatsachen

Werden über die Verwaltung unwahre Tatsachen verbreitet, die erhebliche Folgen haben können, so kann die Finanzbehörde dies in der Öffentlichkeit nach § 30 Abs. 4 Nr. 5c AO auch unter Offenbarung von Verhältnissen eines Steuerpflichtigen richtigstellen. So eine Entscheidung trifft allerdings die zuständige Finanzbehörde im Einvernehmen mit dem Bundesministerium der Finanzen nach Anhörung der Steuerpflichtigen.

3.5.5.4 Sonstige Fälle von zwingendem öffentlichem Interesse

Dass auch bei sonstigen ebenso schweren Fällen von zwingendem öffentlichem Interesse die Offenbarung zulässig ist, wird vielerorts als **„Achillesferse des Steuergeheimnisses"** bezeichnet.

AEAO Nr. 11.3 zu § 30 stellt allerdings ausdrücklich klar, dass bei anderen Sachverhalten ein zwingendes öffentliches Interesse nur gegeben ist, wenn der Fall **in seiner Bedeutung einem ausdrücklich genannten Fall vergleichbar** ist. Einige Fälle werden in den folgenden Nummern des AEAO aufgelistet. Unter anderem muss nach AEAO Nr. 11.10 zu § 30 bei Straftaten gegenüber Amtsträgern nicht die in § 30 Abs. 4 Nr. 5a AO genannte Schwere erreicht sein. So ist z.B. eine Offenbarung von Verhältnissen bei Beleidigung eines Amtsträgers zulässig.

3.5.6 Vorsätzlich falsche Angaben

Da das Steuergeheimnis den Steuerpflichtigen solange schützt, wie er auskunftspflichtig ist, gibt es keinen Grund, diesen Schutz aufrechtzuerhalten, wenn er falsche Angaben macht, also **seiner Auskunftsverpflichtung nicht nachkommt**.

AEAO Nr. 12 zu § 30 stellt allerdings klar, dass nach Auffassung der Finanzbehörde ein Straftatbestand verwirklicht sein muss. Bei einer einfachen Lüge ist dies nicht der Fall, wohl aber z.B. bei einer falschen Verdächtigung nach § 164 StGB.

3.6 Ermessen

Ist die Offenbarung zulässig, so bedeutet dies gleichwohl nicht, dass die Behörde automatisch zur Offenbarung verpflichtet ist. Vielmehr hat der zuständige Bearbeiter ein Ermessen, ob er offenbart oder nicht (s. AEAO Nr. 3.7 zu § 30). Dies hat er nach den allgemeinen Regeln des § 5 AO auszuüben (s. 1.2).

3.7 Datenabruf

Auch der unzulässige Datenabruf stellt eine Verletzungshandlung dar.

§ 30 Abs. 2 Nr. 3 AO schützt nur den Abruf aus **automatisierten Dateien**. Alles, was manuell festgehalten wird, unterliegt nur nach § 30 Abs. 2 Nr. 1 und 2 AO dem Steuergeheimnis.

Ebenso wie bei der Verwertung ist beim unbefugten Datenabruf die Weitergabe der Information an Dritte nicht notwendig. Um dem Datenschutz ausreichend gerecht zu werden, ist schon die bloße **Kenntnisnahme** von Daten relevant, die Daten müssen nicht in irgendeiner Weise genutzt oder gar verwertet werden.

Der Abruf von Daten ist nach § 30 Abs. 4 S. 1 AO zulässig, wenn er einem Verfahren im Finanzamt nach § 30 Abs. 2 Nr. 1a oder b AO oder der zulässigen Weitergabe von Daten dient.

Aufgrund der VO-Ermächtigung in § 30 Abs. 6 S. 2–4 AO regelt die Steuerdaten-Abrufverordnung vom 13.10.2005 (BGBl I 2005, 3021), welche technischen und organisatorischen Maßnahmen gegen den unbefugten Datenabruf zu treffen sind. Kommt es bei der Nutzung von De-Mail Diensten von akkreditierten Anbietern zu einer Entschlüsselung von Daten zur Überprüfung auf Schadstoffsoftware, so regelt § 30 Abs. 7 AO, dass das Steuergeheimnis nicht verletzt ist. Dies ist trotz des hohen Schutzgutes des § 30 AO angemessen, weil im Akkreditierungsprozess nach §§ 17 ff. De-Mail Gesetz strenge Sicherheitsanforderungen erfüllt sein müssen.

Beispiel:

Als Steuerinspektorin I ihren neuen Arbeitsplatz in der gewerblichen Veranlagung übernommen hat, stellt sie erfreut fest, dass sie für Fußballspieler F zuständig ist. Sie ist seit Jahren ein Fan von F und ruft sofort die Veranlagung des letzten Jahres auf, um zu sehen, wie viel F verdient hat.

Lösung:

1. I ist Steuerinspektorin, also Amtsträgerin nach § 7 Nr. 1 AO und damit nach § 30 Abs. 1 AO dem Steuergeheimnis verpflichtet.
2. Es müsste sich bei der Veranlagung des letzten Jahres, die I sich ansieht, um geschützte Daten nach der Legaldefinition in § 30 Abs. 2 AO handeln. Nach § 30 Abs. 2 Nr. 1 AO geschützte Daten sind personenbezogene Daten eines anderen, die in einem Verwaltungsverfahren bekannt geworden sind.
I sieht sich das Einkommen des F an. Dies stellt seine wirtschaftlichen personenbezogenen Daten dar. Beim Datenabruf ist keine dritte Person beteiligt. Ob es sich um personenbezogene Daten eines anderen handelt, ist deshalb aus Sicht desjenigen zu prüfen, der abruft. Aus Sicht der I ist F ein anderer.
3. Im Gegensatz zum Offenbaren müssen die personenbezogenen Daten nicht etwa dem Amtsträger selbst in einem Verfahren nach § 30 Abs. 2 Nr. 1a AO bekannt geworden sein, es kommt nur darauf an, dass sie in einem Verwaltungsverfahren ins System gekommen sind. Dass I nicht die Veranlagung bearbeitet hat, spielt keine Rolle. Da die Daten der Veranlagung des Vorjahres und damit einem Verfahren nach § 30 Abs. 2 Nr. 1a AO entstammen, liegt die Voraussetzung „nach § 30 Abs. 2 Nr. 1 AO geschützte Daten" vor.

> 4. Zusätzlich müssen die Daten für eines der in § 30 Abs. 2 Nr. 1 AO genannten Verfahren in einer Datei gespeichert sein. Bei der Veranlagung im Vorjahr sind die Daten für die Erhebung und für die Veranlagungen der Folgejahre gespeichert worden. Beides sind Verfahren im Sinne von § 30 Abs. 2 Nr. 1a AO.
> 5. I hat die Daten abgerufen.
> 6. Es ist fraglich, ob der Abruf zulässig oder unzulässig war. Die Zulässigkeit eines Datenabrufs richtet sich nach § 30 Abs. 6 AO. Nur wenn der Abruf notwendig ist, um ein Verfahren nach § 30 Abs. 2 Nr. 1 AO durchzuführen, ist er zulässig. Dies war hier nicht der Fall. I hat aus Neugier und damit unzulässig abgerufen. Hätte sie später bei der Veranlagung des F die Daten abgerufen, um die neue Veranlagung durchzuführen, wäre dieser Datenabruf zulässig gewesen.

3.8 Folgen bei Verletzung des Steuergeheimnisses

3.8.1 Strafrechtliche Folgen

Die Verletzung des Steuergeheimnisses ist nach § 355 StGB strafbar.

3.8.2 Disziplinarrechtliche Folgen

Die Verletzung des Steuergeheimnisses wird disziplinarrechtlich geahndet.

3.8.3 Zivilrechtliche Folgen

Gelingt es dem betroffenen Steuerpflichtigen, einen entstandenen Schaden nachzuweisen, so muss die Körperschaft, die den Amtsträger beschäftigt hat, diesen Schaden nach § 839 BGB ersetzen. Bei einem vorsätzlichen Verstoß gegen das Steuergeheimnis wird die Behörde den Amtsträger mit dem Schaden belasten.

II. Steuerschuldrecht

1. Steuerpflicht-/Steuerschuldverhältnis

1.1 Steuerpflichtverhältnis

1.1.1 Steuerpflichtiger (§ 33 AO)

Steuerpflichtiger im Sinne von § 33 AO ist, wer in einem **Steuerpflichtverhältnis** einem **Steuerberechtigten** (Bund, Länder, Gemeinden, in der Regel vertreten durch das Finanzamt) gegenübersteht. Das **Steuerpflichtverhältnis** stellt alle steuerlichen Rechte und Pflichten zwischen dem Steuerpflichtigen und dem Steuerberechtigen dar.

Voraussetzung für die Stellung als Steuerpflichtiger ist die **steuerliche Rechtfähigkeit**. Steuerlich rechtsfähig ist, wer in einem Pflichtenverhältnis zur Finanzbehörde stehen kann, wem also in den Steuergesetzen steuerliche Pflichten auferlegt werden. Dies können handlungsfähige und nicht handlungsfähige natürliche Personen, juristische Personen, Personengesellschaften und Gemeinschaften sein.

Positiv geht es bei der Frage nach dem Steuerpflichtigen nach § 33 Abs. 1 AO darum, wer Pflichten zu erfüllen hat. **Negativ** grenzt § 33 Abs. 2 AO insofern ab, als derjenige nicht Steuerpflichtiger ist, der für die dort genannten Aufgaben verantwortlich ist. Dies sind Personen, die **in fremden Steuersachen** Auskunft zu erteilen haben (§ 93 AO), Urkunden vorzulegen (§ 97 AO), ein Sachverständigengutachten zu erstatten (§ 96 AO) oder das Betreten von Grundstücken, Geschäfts- und Betriebsräumen zu gestatten haben (§ 99 AO). AEAO Nr. 2 zu § 33 ergänzt dahingehend, dass diejenigen, die Wertsachen vorzulegen haben (§ 100 AO) oder Steuern aufgrund **vertraglicher Verpflichtung** zu entrichten haben (§ 192 AO), ebenfalls keine Steuerpflichtigen sind.

Achtung! Wer dagegen aufgrund **gesetzlicher Verpflichtung** Steuern zu entrichten hat (z.B. die Lohnsteuer nach § 38 EStG) ist Steuerpflichtiger.

Ebenfalls **nicht Steuerpflichtige** sind **Bevollmächtigte und Beistände** (§ 80 AO). Diese werden in fremden Steuerangelegenheiten tätig.

1.1.2 Pflichtenverhältnis nach §§ 34, 35 AO

Gesetzliche Vertreter und Verfügungsberechtigte werden in fremden Steuersachen tätig und wären damit nach der Negativdefinition des § 33 Abs. 2 AO keine Steuerpflichtigen. Dass diese Personen gleichwohl in einem besonderen Pflichtenverhältnis zur Finanzbehörde stehen, ist Regelungsgegenstand der §§ 34-36 AO.

1.1.2.1 Pflichtenverhältnis nach § 34 AO

Nicht alle in 1.1.1 aufgezählten steuerpflichtigen Rechtssubjekte sind auch steuerlich handlungsfähig.

1.1.2.1.1 Verpflichtete Personen

§ 34 AO regelt, dass in diesem Fall bei **natürlichen Personen** und bei **juristischen Personen** die **gesetzlichen Vertreter** und bei **nicht rechtsfähigen Personenvereinigungen** und **Vermögensmassen** die **Geschäftsführer** die steuerlichen Pflichten wahrzunehmen haben (für Verfahrenshandlungen s. auch die spezielle Vorschrift § 79 AO). Für den Fall, dass **nicht rechtsfähige Personenvereinigungen ohne Geschäftsführer** sind, haben nach § 34 Abs. 2 S. 1 AO alle Mitglieder die Pflichten der Vereinigung zu erfüllen. Die Finanzbehörde kann sich nach § 34 Abs. 2 S. 2 AO im Rahmen einer pflichtgemäßen Ermessensausübung an jeden Einzelnen oder auch an mehrere gleichzeitig wenden, ohne vorher aufzufordern, einen Bevollmächtigten zu bestellen.

Bei **Vermögensmassen** ist nach § 34 Abs. 2 S. 3 AO derjenige verpflichtet, dem das Vermögen zusteht. Der Begriff der Vermögensmasse findet sich in vielen Einzelnormen (z.B. § 1 KStG, § 15 Abs. 4 AStG) und wird verwendet, wenn ein zusammengefasstes Vermögen Besteuerungsgegenstand ist. Da nach § 34 Abs. 2 S. 3 AO die Sätze 1 und 2 anwendbar sind, ist es auch hier der Finanzbehörde im Rahmen ihres Ermessens überlassen, wen sie hinsichtlich der Erfüllung der steuerlichen Pflichten in Anspruch nimmt.

§ 34 Abs. 3 AO nimmt für den Fall einer **Vermögensverwaltung** den Vermögensverwalter anstelle des Eigentümers oder des gesetzlichen Vertreters für die Erfüllung der steuerlichen Pflichten in Anspruch.

Würde sich § 34 Abs. 3 AO auf Fälle der privatrechtlichen Vermögensverwaltung beziehen, bliebe bei Vermögensverwaltungen kein Anwendungsbereich für § 35 AO, denn die Rechtsprechung des Bundesfinanzhofs stellt hinsichtlich der Verpflichtung nach § 35 AO auf die bürgerlich-rechtliche Verfügungsmacht ab (BFH vom 08.12.2010, BFH/NV 2011, 740 Nr. 5). § 34 Abs. 3 AO erfasst deshalb nur die Fälle einer **aufgrund gesetzlicher Vorschrift** oder **behördlicher/gerichtlicher Anordnung** bestehenden Vermögensverwaltung, wie z.B. beim Insolvenzverwalter nach § 80 Abs. 1 InsO. Eine weitere gesetzliche Verpflichtung zur Vermögensverwaltung begründet z.B. § 1626 BGB. Insofern haben die gesetzlichen Vertreter eines Kindes neben der Verpflichtung aus § 34 Abs. 1 AO auch nach § 34 Abs. 3 AO dessen steuerliche Pflichten zu erfüllen.

1.1.2.1.2 Zu erfüllende Pflichten, Art des Pflichtenverhältnisses

Nach AEAO Nr. 1 zu § 34 obliegen der nach § 34 AO verpflichteten Person grundsätzlich alle Pflichten, die von der vertretenen Person zu erfüllen sind (s. dazu 1.1.3). Dieses **unmittelbare Pflichtenverhältnis** gegenüber der Finanzbehörde begründet eine **eigene Pflicht** der gesetzlichen Vertreter, Geschäftsführer und sonst verpflichteten Person **öffentlich-rechtlicher Natur**. Die Personen, die in diesem Pflichtverhältnis stehen, sind wegen **eigener steuerlicher Pflichten** Steuerpflichtige und nicht etwa weil sie ihre Pflichten von der vertretenen Person ableiten (s. BFH vom 27.06.1989, BStBl II 1989, 955 m.w.N.). Das Pflichtenverhältnis kann nicht durch vertragliche Vereinbarung abbedungen werden (BFH vom 13.09.1988, BFH/NV 1989, 139). Überträgt die nach § 34 AO verpflichtete Person Aufgaben aus ihrem Pflichtenkreis auf Mitarbeiter, hat sie durch Überwachung sicherzustellen, dass die steuerlichen Pflichten ordnungsgemäß erfüllt werden (BFH vom 27.11.1990, BStBl II 1991, 284) s. dazu auch 3.4.5.

Sind **mehrere Vertreter** vorhanden, so hat jeder von ihnen die steuerlichen Pflichten zu erfüllen und das Finanzamt kann sich an jeden wenden. Eine erforderliche Zustimmung der anderen Vertreter zur Erfüllung der gesetzlichen Pflichten hat die vom Finanzamt in Anspruch genommene Person selbst einzuholen (s. BFH vom 12.05.1992, BFH/NV 1992, 785).

Das Pflichtenverhältnis nach § 34 AO hat keine unmittelbare **Auswirkung auf das Steuerschuldverhältnis**, denn dies besteht nach § 37 AO zwischen dem Steuergläubiger und dem Steuerpflichtigen. Allerdings haben die verpflichteten Personen nach § 34 Abs. 1 S. 2 AO dafür zu sorgen, dass die Steuern **aus den verwalteten Mitteln** (und nicht etwa aus eigenen Mitteln) entrichtet werden, bzw. wenn die Mittel nicht ausreichen, anteilig zu tilgen (s. dazu 3.4.6). Ein Steuerschuldverhältnis zur verpflichteten Person entsteht aber, wenn diese ihre Pflichten verletzt und deshalb nach § 69 AO im Rahmen der Haftung in Anspruch genommen werden kann (s. dazu 3.4).

1.1.2.1.3 Einzelfälle

Handlungsunfähiges Rechtssubjekt	Verpflichtete Person
Handlungsunfähige natürliche Personen (§ 79 Abs. 1 Nr. 1 und 2 AO)	Gesetzlicher Vertreter nach § 1629 BGB
Beschränkt geschäftsfähige Personen, die nach den Vorschriften des Bürgerlichen Rechts als handlungsfähig anerkannt sind (z.B. § 112 Abs. 1 BGB für den selbständigen Betrieb eines Erwerbsgeschäfts)	Gesetzlicher Vertreter nur für alle Rechtsgeschäfte, die der selbständige Betrieb des Erwerbsgeschäfts nicht mit sich bringt (z.B. die Einkommensteuererklärung, weil diese auch Erklärungen außerhalb des Gewerbebetriebs enthält, die Umsatzsteuererklärung dagegen macht der Minderjährige selbst)

Handlungsunfähiges Rechtssubjekt	Verpflichtete Person
Juristische Personen: 1. GmbH, Unternehmergesellschaft 2. Aktiengesellschaft 3. KGaA 4. Eingetragener Verein 5. Eingetragene Genossenschaft 6. Rechtsfähige Stiftung bürgerlichen Rechts 7. Limited 8. Jur. Person d. öff. Rechts	**Gesetzlicher Vertreter:** 1. Geschäftsführer (§ 35 GmbHG) 2. Vorstand (§ 78 AktG) 3. Komplementär (nicht Vorstand) § 278 Abs. 2 AktG i.V.m. §§ 161 Abs. 2, 125 HGB 4. Vorstand (§ 26 BGB) 5. Vorstand (§ 25 GenG) 6. Vorstand (§ 86 i.V.m. § 26 BGB) 7. Director 8. Berufene Vertreter
Nicht rechtsfähige Personen-Vereinigungen: 1. BGB-Gesellschaft 2. Nichtrechtsfähiger Verein 3. OHG 4. KG 5. Partnerschaftsgesellschaft 6. Erbengemeinschaft	1. Geschäftsführer (§ 714 BGB) 2. Geschäftsführer, wenn Vorschriften der §§ 705 ff. nach § 714 BGB anwendbar, sonst nach den Regeln über eingetragene Vereine (Vorstand) 3. alle Gesellschafter (§ 125 HGB) 4. Komplementär (§ 161 i.V.m. § 125 HGB), nach § 170 HGB nicht der Kommanditist 5. grundsätzlich alle Partner 6. grundsätzlich alle Mitglieder

1.1.2.2 Pflichtverhältnis nach § 35 AO

Sollen jemandem als Verfügungsberechtigtem ebenso wie dem gesetzlichen Vertreter nach § 34 AO im Sinne von **§ 35 AO** steuerliche Pflichten auferlegt werden, so ist entscheidend, ob diese Person nach außen **als Verfügungsberechtigter auftritt** (s. BFH vom 27.11.1990, BStBl II 1991, 284). Da § 35 AO außerdem darauf abstellt, dass die auftretende Person die steuerlichen Pflichten ebenso wie ein gesetzlicher Vertreter nach § 34 AO rechtlich und tatsächlich erfüllen kann, reicht eine ausschließlich tatsächliche Verfügungsmacht, also die Fähigkeit, über einem anderen zuzurechnende Mittel **verfügen zu können,** nicht aus. Das Wort „**rechtlich**" macht deutlich, dass die Fähigkeit hinzukommen muss, die Person, für die der Verfügungsberechtigte auftritt, **bürgerlich-rechtlich bindend zu verpflichten** (BFH vom 08.12.2010, BFH/NV 2011, 740 Nr. 5). Einschränkungen der Verfügungsmacht im Innenverhältnis haben keinen Einfluss auf die Verpflichtung nach § 35 AO (BFH vom 08.12.2010, a.a.O.). Auch wenn § 35 AO auf § 34 AO verweist, zählt zu den **Pflichten** des Verfügungsberechtigten vor allem **die Zahlung der festgesetzten Steuern** (BFH vom 16.03.1995, BStBl II 1995, 859) und weniger die sonstigen Pflichten.

Liegen bereits die Voraussetzungen des § 34 AO vor, so tritt § 35 AO zurück.

Insofern kommen als Personen im Sinne von § 35 AO unter anderem in Betracht:
- Der Prokurist nach §§ 48 ff. HGB, da dieser nach § 49 HGB zu allen Arten von gerichtlichen und außergerichtlichen Geschäften und Rechtshandlungen, die der Betrieb eines Handelsgewerbes mit sich bringt, ermächtigt ist.
- Ein Treuhänder, der einen Betrieb leitet und tatsächlich und rechtlich verfügen kann (s. 1.3.2).

Keine Person i.S.v. § 35 AO ist dagegen der Sicherungsnehmer (s. 1.3.3), dem – wie üblich – keine weitergehenden Rechte eingeräumt werden. Dieser wird zwar mit der Sicherungsübereignung sogar Eigentümer, erwirbt aber tatsächlich nur die Befugnis, das Sicherungsgut zum Zweck seiner eigenen

Befriedigung zu verwerten, was nicht zu einer Verpflichtung nach § 35 AO führt (BFH vom 16.03.1995, BStBl II 1995, 859).

1.1.2.3 Dauer des Pflichtverhältnisses aus §§ 34, 35 AO

Die Verpflichtung aus §§ 34, 35 AO gilt nach § 36 AO **solange wie die Vertretungsmacht oder Verfügungsmacht besteht** und soweit der Verpflichtete sie erfüllen kann. Erlischt die Vertretungsmacht, so hat der aus §§ 34, 35 AO Verpflichtete gleichwohl für die Zeit zuvor, als die Voraussetzungen der §§ 34, 35 AO noch vorlagen, seine Verpflichtungen zu erfüllen.

> **Beispiel:**
> K war vom 01.01.01 bis 30.07.03 Geschäftsführer der K-GmbH. Nach seinem Ausscheiden kann das Finanzamt hinsichtlich eines Geschäftsvorfalls aus dem Jahr 02 nach § 93 i.V.m. § 34 AO noch ein Auskunftsersuchen an ihn richten. Verlangt das Finanzamt aber für den fraglichen Zeitraum Zahlung aus den Mitteln der GmbH nach § 34 Abs. 1 S. 2 AO, so kann K dieser Pflicht nicht mehr entsprechen, weil er die Mittel nicht mehr verwaltet.

1.1.2.4 Folgen des Pflichtverhältnisses aus §§ 34, 35 AO

Dass zwischen der Person nach §§ 34, 35 AO und der Finanzbehörde ein besonderes Pflichtverhältnis besteht, führt unter anderem dazu, dass:
- nach §§ 101 Abs. 1 S. 1 AO, 103 S. 1 AO kein Auskunftsverweigerungsrecht besteht,
- der Haftungstatbestand des § 69 AO erfüllt sein könnte (s. 3.4).

1.1.3 Pflichten aus dem Steuerpflichtverhältnis

Pflichten aus dem Steuerpflichtverhältnis sind unter anderem:
- Erfüllung der Pflichten aus dem Steuerschuldverhältnis §§ 37 ff. AO (Zahlung der angemeldeten und festgesetzten Steuern),
- Mitwirkungspflichten, z.B. §§ 90, 93, 97, 99, 100, 200 AO,
- Buchführungspflichten, § 140 AO,
- Steuererklärungspflichten, §§ 149–151 AO i.V.m. den Einzelsteuergesetzen.

1.1.4 Rechte aus dem Steuerpflichtverhältnis

Rechte des Steuerpflichtigen gegenüber dem Steuerberechtigten aus dem Steuerpflichtverhältnis sind z.B.:
- Recht auf Wahrung des Steuergeheimnisses, § 30 AO,
- Recht auf Anhörung (§ 91 AO),
- Recht auf Stundung oder Erlass von Steuern,
- Recht auf Rechtsschutz (§§ 347 ff. AO, FGO),
- Recht auf Rückzahlung zu viel vorausbezahlter Steuern, z.B. § 36 Abs. 4 Satz 2 EStG,
- Recht auf Zahlung von Steuervergütungen.

1.1.5 Das Steuerpflichtverhältnis im Überblick

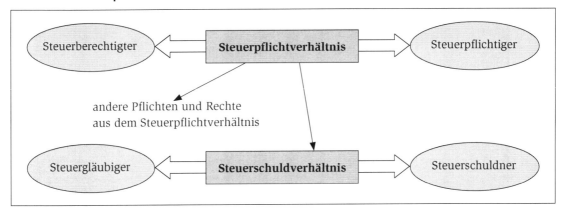

1.2 Steuerschuldverhältnis

Das **Steuerschuldverhältnis** hat Geldleistungen der einen Partei an die andere zum Gegenstand, also z.B. die oben genannte Verpflichtung Steuern zu zahlen oder das Recht auf Zahlung von Steuervergütungen. Auch dies sind steuerliche Rechte und Pflichten, sodass das **Steuerschuldverhältnis Teil des Steuerpflichtverhältnisses** ist.

Daraus ergibt sich, dass **jeder Steuerschuldner Steuerpflichtiger ist, nicht aber jeder Steuerpflichtige Steuerschuldner ist.**

Beispiel:
Durch Kontrollmaterial erfährt die Finanzbehörde, dass T im Januar 01 Einnahmen in Höhe von 2.000 € erzielt hat. Das zuständige Finanzamt fordert T auf, eine Einkommensteuererklärung für 01 abzugeben. Wahrheitsgemäß erklärt T, dass er außer den bekannten 2.000 € keine weiteren Einnahmen hatte. Dementsprechend kommt es nicht zu einer Festsetzung von Einkommensteuer.

Lösung:
T war aufgrund § 149 Abs. 1 S. 2 AO verpflichtet eine Steuererklärung abzugeben und ist damit nach § 33 Abs. 1 AO Steuerpflichtiger. Steuerschuldner ist er aber nicht geworden.

Auch die **nach §§ 34, 35 AO verpflichtete Person** ist begrifflich **nicht Steuerschuldner**. Sie ist aber nach § 34 Abs. 1 S. 2 AO verpflichtet, die Steuern aus den von ihr verwalteten Mitteln zu entrichten (s. 1.1.2.1.2).

§ 37 AO definiert das Steuerschuldverhältnis nicht, sondern listet lediglich die Ansprüche aus dem Steuerschuldverhältnis auf. Eine Definition, die auch auf das steuerliche Schuldverhältnis zutrifft, enthält aber **§ 241 Abs. 1 BGB**. Danach ist ein Schuldverhältnis eine Beziehung zwischen zwei Personen, bei der der Gläubiger vom Schuldner eine Leistung zu fordern berechtigt ist. Übertragen auf das Steuerschuldverhältnis bedeutet dies, dass **der Steuergläubiger vom Steuerschuldner eine der in § 37 AO aufgelisteten Ansprüche verlangen kann.** Der Schuld steht die Leistungsverpflichtung unmittelbar gegenüber. Sowohl Gläubiger als auch Schuldner können jeweils die Finanzbehörde oder der Steuerpflichtige sein.

1. Steuerpflicht-/Steuerschuldverhältnis

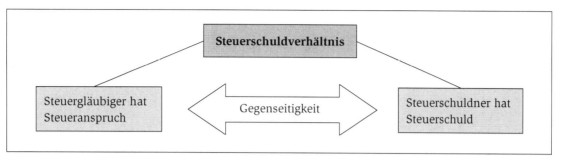

1.2.1 Ansprüche aus dem Steuerschuldverhältnis, § 37 AO

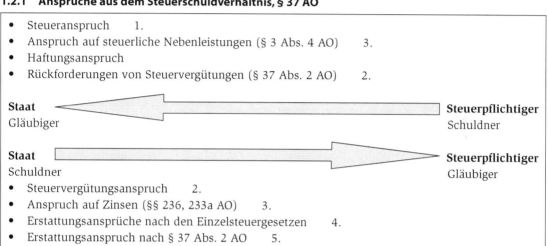

Zu 1.: Dazu siehe I. 1.4.

Zu 2.: Einen **Steuervergütungsanspruch** hat nur der Steuerpflichtige. Es geht hierbei nicht etwa um Rückzahlung eines Betrages, der zu Unrecht gezahlt wurde – dies regelt § 37 Abs. 2 AO –, sondern der Anspruch auf Vergütung ergibt sich aufgrund besonderer Vorschriften der Einzelsteuergesetze, z.B. § 18 Abs. 9 UStG i.V.m. §§ 59 ff. UStDV für die Vorsteuervergütung, wenn nach Saldierung von Umsatzsteuer- und Vorsteuerbeträgen ein Vorsteuerüberschuss verbleibt. Wurde eine **Steuervergütung zu Unrecht gezahlt**, regelt § **37 Abs. 2 AO**, dass dieser Betrag zurückzuzahlen ist und zwar von demjenigen, zu dessen Gunsten erkennbar die Zahlung geleistet wurde, also derjenige, demgegenüber die Finanzbehörde ihre vermeintlich oder nicht bestehende abgabenrechtliche Verpflichtung erfüllen will (s. dazu ausführlich AEAO Nr. 2.1 zu § 37). Ein weiteres Beispiel einer Steuervergütung ist die Vergütung von Steuer für nachweislich versteuerten Strom nach § 10 Stromsteuergesetz.

Zu 3.: Fast alle **steuerlichen Nebenleistungen** des § 3 Abs. 4 AO leistet der Steuerpflichtige an den Staat. Zinsen nach § 233a AO zahlt aber auch der Staat an den Steuerpflichtigen, wenn es nach Ablauf der Frist des § 233a Abs. 2 AO zu einer Erstattung von Steuern an den Steuerpflichtigen kommt. Auch Prozesszinsen nach § 236 AO leistet der Staat an den Steuerpflichtigen.

Zu 4.: § 37 Abs. 1 AO nennt ausdrücklich **Erstattungsansprüche nach den Einzelsteuergesetzen**. Dies sind z.B. der Erstattungsanspruch nach § 36 Abs. 4 S. 2 EStG, wenn bei Abrechnung der Einkommensteuer abzüglich Vorauszahlungen ein Überschuss verbleibt oder der Erstattungsanspruch nach § 20 Abs. 3 GewStG bei einer Steuerschuld, die kleiner als die anzurechnenden Vorauszahlungen ist.

Zu 5.: Ein **Erstattungsanspruch nach § 37 Abs. 2 AO** ist gegeben, wenn eine Steuer, eine Steuervergütung, ein Haftungsbetrag oder eine steuerliche Nebenleistung ohne rechtlichen Grund gezahlt oder zurückgezahlt worden ist. Dies wird als **öffentlich-rechtlicher Erstattungsanspruch** bezeichnet. Eine Zahlung ist ohne rechtlichen Grund geleistet, wenn sie den materiell-rechtlichen Anspruch übersteigt (BFH vom 15.10.1997, BStBl II 1997, 796). Ein solcher Erstattungsanspruch besteht auch, wenn zunächst ein Rechtsgrund für eine Zahlung gegeben war, dieser aber später weggefallen ist.

Beispiel 1:

Als der Steuerpflichtige seinen Einkommensteuerbescheid erhält, übersieht er, dass der Betrag abgebucht wird. Er überweist den geforderten Betrag in Höhe von 400 € am selben Tag, an dem auch die Abbuchung erfolgt.

Lösung:

Der Steueranspruch beträgt 400 €, gezahlt wurden aber 800 €. Im Moment der Überzahlung ist ein Erstattungsanspruch nach § 37 Abs. 2 AO in Höhe von 400 € entstanden.

Beispiel 2:

Die Steuerschuld beträgt 3.600 €. Der Steuerpflichtige überweist wegen eines Zahlendrehers 6.300 €.

Lösung:

Auch hier ist im Moment der Überzahlung in Höhe von 2.700 € ein Erstattungsanspruch nach § 37 Abs. 2 AO entstanden.

Beispiel 3:

Bei der Einkommensteuerveranlagung des R wird auf die festgesetzte Einkommensteuer in Höhe von 1.900 € eine Lohnsteuer in Höhe von 1.600 € angerechnet. R zahlt die Differenz von 300 € sofort. Später stellt sich heraus, dass der Arbeitgeber bei der Eintragung der Lohnsteuer einen Rechenfehler gemacht hat und tatsächlich 1.800 € Lohnsteuer angerechnet werden müssen.

Lösung:

Sobald der Einkommensteuerbescheid entsprechend korrigiert wurde, ist ein Erstattungsanspruch nach § 37 Abs. 2 AO gegeben (s. dazu AEAO Nr. 2 letzter Absatz zu § 37).

Anspruchsberechtigter des öffentlich-rechtlichen Erstattungsanspruchs ist nach § 37 Abs. 2 AO derjenige, auf Rechnung dessen die Zahlung bewirkt worden ist. Dies ist der Steuerschuldner. Es kommt also nicht darauf an, wer den Betrag tatsächlich gezahlt hat. Den Finanzbehörden wird damit nicht zugemutet, im Einzelfall die zivilrechtlichen Beziehungen zwischen dem Steuerschuldner und einem zahlenden Dritten daraufhin zu überprüfen, wer von ihnen im Innenverhältnis auf die zu erstattenden Beträge materiell-rechtlich einen Anspruch hat (BFH vom 25.07.1989, BStBl II 1990, 41 m.w.N.).

Problematisch ist diese Regelung in den Fällen der **Gesamtschuld**. Zahlt ein Gesamtschuldner fälschlicherweise einen zu hohen Betrag, so wirkt diese Zahlung nach § 44 Abs. 2 S. 1 AO auch für den anderen Gesamtschuldner (s. im Einzelnen 1.2.2.5.2). Trotzdem ist an denjenigen Gesamtschuldner zu erstatten, der gezahlt hat, denn im Zweifel zahlt er seine eigene Schuld, die in voller Höhe besteht (BFH vom 25.07.1989, a.a.O.).

> **Beispiel:**
>
> A und B haben gemeinsam die A und B OHG gegründet. Als die Grundsteuer für das Betriebsgrundstück in Höhe von 2.500 € nicht gezahlt wird, werden beide gesamtschuldnerisch nach § 128 HGB in Haftung genommen. A zahlt sofort den Gesamtbetrag. Als sich später herausstellt, dass die Grundsteuer nur 1.900 € beträgt, erwirbt A allein einen Erstattungsanspruch nach § 37 Abs. 2 AO.

Anders ist dies bei Ehegatten. Ein die Gesamtschuld tilgender Ehegatte macht dies, solange die Ehe besteht und die Eheleute nicht dauernd getrennt leben, auf die gemeinsame Steuerschuld und will auch den Ehepartner von seiner Steuerschuld befreien. In diesem Fall sind die Ehegatten je zu ½ erstattungsberechtigt (BFH vom 30.09.2008, BStBl II 2009, 38, BFH vom 20.02.2017, VII R 22/15 NV, vgl. das sehr ausführliche BMF-Schreiben vom 14.01.2015, BStBl I 2015, 83).

> **Beispiel:**
>
> K tilgte allein die fällige Einkommensteuerabschlusszahlung für sich und ihren Ehemann. Der Ehemann befand sich zum Zeitpunkt der Zahlung bereits im Insolvenzverfahren. Als ein geänderter Einkommensteuerbescheid erlassen wurde und sich eine Erstattung in Höhe von 1.000 € ergab, zahlte das Finanzamt diesen Betrag an die Ehegatten je zur Hälfte.

> **Lösung:**
>
> Der BFH stellt im Urteil vom 30.09.2008 a.a.O. allein darauf ab, ob die Voraussetzungen für die Zusammenveranlagung gegeben sind. Dass der Ehegatte im Insolvenzverfahren ist und deshalb eine Überzahlung letztlich dazu führt, dass der zurückzuzahlende Betrag in die Insolvenzmasse fließt, spielt nach Auffassung des BFH keine Rolle, s. BMF-Schreiben vom 14.01.2015, a.a.O., 2.4.

Etwas anderes gilt, wenn die Ehegatten zum Zeitpunkt der Zahlung dauernd getrennt leben. Zahlt in dieser Phase einer allein die Steuerschuld, so ist bei einer Rückzahlung auch nur dieser erstattungsberechtigt, wenn die Trennung dem Finanzamt bekannt war (BFH vom 05.04.1990, BStBl II 1990, 719, s. dazu auch BMF-Schreiben vom 14.01.2015, a.a.O., 2.4, ebenso für die Anrechnung von Vorauszahlungen, FG Niedersachsen vom 12.02.2014, 4 K 261/13, weitere Ausnahme s. 2.2.2). Entscheidend ist nach BMF a.a.O. 2.4.2 die Tilgungsbestimmung.

1.2.2 Begriffe aus dem Steuerschuldrecht
1.2.2.1 Steuerschuldner, Steuervergütungsgläubiger

Steuerschuldner ist, wer verpflichtet ist, eine Steuer selbst zu zahlen. Da es aber auch eine Vielzahl von Fällen gibt, bei denen andere die Steuer für den eigentlich Verpflichteten entrichten (z.B. die Lohnsteuer), ist Steuerschuldner auch derjenige, für den ein anderer die Steuer zu zahlen hat.

Wer eine Steuer schuldet oder ob ein Dritter die Steuer für Rechnung des Steuerschuldners zu entrichten hat, bestimmen nach § 43 AO die Steuergesetze.

Anspruch aus dem Steuerschuldverhältnis	Steuerschuldner	Gesetzesvorschrift
Einkommensteuer	Steuerpflichtiger	§ 36 Abs. 4 S. 1 EStG
Lohnsteuer	**Arbeitnehmer**	§ 38 Abs. 2 S. 1 EStG
Kapitalertragsteuer	**Gläubiger** der Kapitalerträge	§ 44 Abs. 1 EStG
Umsatzsteuer	Unternehmer, Erwerber etc.	§ 13a Abs. 1, § 13b Abs. 5 UStG
Gewerbesteuer	Unternehmer	§ 5 Abs. 1 S. 1 GewStG

Anspruch aus dem Steuerschuldverhältnis	Steuerschuldner	Gesetzesvorschrift
Körperschaftsteuer	Körperschaft	§ 1 KStG
Erbschaftsteuer	Erwerber	§ 20 Abs. 1 ErbStG
Schenkungssteuer	Erwerber und Schenker	§ 20 Abs. 1 ErbStG
Verbrauchssteuern	z.B. Tabaksteuer: Steuerlagerinhaber, Kaffeesteuer: Anmeldepflichtiger, Mineralölsteuer: Anmeldepflichtiger	§ 15 Abs. 4 TabStG § 15 Abs. 2 KaffeeStG § 19b Abs. 2 EnergieStG

1.2.2.2 Steuerentrichtungspflichtiger

Zahlt nicht der eigentliche Steuerschuldner die Steuer, sondern ist an seiner Stelle ein Dritter **gesetzlich verpflichtet** die Steuer zu zahlen, so ist dieser insoweit Steuerpflichtiger (s. 1.1.1), nicht aber Steuerschuldner, sondern Steuerentrichtungspflichtiger.

Beispiele dafür sind:
- der Arbeitgeber hinsichtlich der Lohnsteuer nach § 38 Abs. 3 EStG und der Lohnkirchensteuer nach den Landeskirchensteuergesetzen,
- die auszahlende Stelle für Kapitalertragsteuer, § 44 Abs. 1 S. 3 EStG.

1.2.2.3 Steuerträger

Er hat die Steuer zu tragen, sie wird auf ihn abgewälzt. Steuerschuldner und Steuerträger sind nicht immer identisch. Bei der Umsatzsteuer ist der Unternehmer Steuerschuldner, aber nicht Steuerträger. Das gleiche gilt bei der Versicherungssteuer.

1.2.2.4 Steuergläubiger, Steuervergütungsgläubiger

Steuergläubiger ist derjenige, dem der Steueranspruch zusteht. Wer dies aufseiten des Fiskus ist, ergibt sich aus der in Art. 106, 107 geregelten Ertragshoheit.

Steuervergütungsgläubiger ist, an wen eine Steuervergütung zu zahlen ist. Hinsichtlich der Vorsteuervergütung ist dies nach § 15 UStG der Unternehmer.

1.2.2.5 Gesamtschuldner
1.2.2.5.1 Vorliegen eines Gesamtschuldverhältnisses

§ 44 AO nennt vier Verbindungen von Personen, die diese zu Gesamtschuldnern machen:
1. Personen, die nebeneinander dieselbe Leistung aus dem Steuerschuldverhältnis zu erbringen haben,
2. Personen, von denen eine die Steuer schuldet und eine andere für die Steuer haftet,
3. Personen, die nebeneinander für dieselbe Leistung aus dem Steuerschuldverhältnis haften,
4. Personen, die zusammen zu einer Steuer zu veranlagen sind.

Beispiel 1:
A schenkt seiner Tochter T ein Mietwohngrundstück.

Lösung:
Nach § 20 Abs. 1 ErbStG schulden beide die Schenkungssteuer. Sie sind Gesamtschuldner.

> **Beispiel 2:**
>
> T verkauft ein Grundstück an den K. Nach § 13 Nr. 1 GrEStG schulden beide die Grunderwerbsteuer.

> **Lösung:**
>
> Da in den meisten Fällen der Erwerber vertraglich zur Zahlung der Grunderwerbsteuer verpflichtet ist, wird sich das Finanzamt zunächst an ihn wenden (s. 1.2.2.5.2). Weil T und K Gesamtschuldner sind, wird das Finanzamt aber für den Fall, dass K nicht zahlt, den T zur Zahlung heranziehen. Sollte K den T vertraglich von der Verpflichtung zur Zahlung der Grunderwerbsteuer freigestellt haben, so hat dies lediglich Bedeutung im Verhältnis zwischen T und K.

> **Beispiel 3:**
>
> Die beiden Geschäftsführer A und B der T-GmbH haben grob fahrlässig verursacht, dass die Umsatzsteuerzahlung für die GmbH nicht erfüllt werden konnte.

> **Lösung:**
>
> Die T-GmbH ist nach § 13a Abs. 1 Nr. 1 UStG Steuerschuldnerin, A und B sind nach § 69 AO i.V.m. § 34 AO Haftungsschuldner. Die GmbH und A und B sind als Steuerschuldner und Haftungsschuldner Gesamtschuldner. A und B sind Gesamtschuldner hinsichtlich der Haftungsschuld.

> **Beispiel 4:**
>
> Das Ehepaar R erfüllt die Voraussetzungen der Zusammenveranlagung. In 00 wählen sie die Zusammenveranlagung, in 01 wählen sie die Einzelveranlagung, weil dies steuerlich vorteilhaft ist.

> **Lösung:**
>
> Auch wenn in beiden Jahren die Voraussetzungen für die Zusammenveranlagung vorgelegen haben, werden die Eheleute nur für das Jahr 00 Gesamtschuldner, nicht aber für 01.

1.2.2.5.2 Folgen des Gesamtschuldverhältnisses

Gegen Gesamtschuldner können nach § 155 Abs. 3 AO **zusammengefasste Steuerbescheide** ergehen.

Nach § 44 Abs. 1 S. 2 AO schuldet **jeder Gesamtschuldner die gesamte Leistung**. Das Finanzamt kann sich im Steuerschuldverhältnis im Rahmen seines pflichtgemäßen **Ermessens** an jeden der Gesamtschuldner wenden.

Wichtigste Überlegung bei der Ermessensausübung ist die Frage, ob zwischen den Beteiligten hinsichtlich der Erfüllung der Schuld Vereinbarungen bestehen. So wäre es z.B. ermessensfehlerhaft, hinsichtlich der Grunderwerbsteuer im Beispiel 2 den Verkäufer vorrangig in Anspruch zu nehmen, ohne dass dafür Gründe vorliegen, wenn vertraglich – wie üblich – vereinbart ist, dass der Käufer die Grunderwerbsteuer übernimmt (BFH vom 26.06.1996, VII R 31/93 NV).

Wie auch sonst bei der Ermessensausübung (s. Kap. I. 1.2) ist nach dem Zweck der Maßnahme zu fragen. Dies ist die Erfüllung der Forderung des Finanzamtes. Die Inanspruchnahme eines von mehreren Gesamtschuldnern muss geeignet, also förderlich sein und es darf kein milderes Mittel geben. Aus Sicht des Inanspruchgenommenen ist stets die Inanspruchnahme des anderen milder. Deshalb ist weiterhin zu prüfen, ob das Ziel mit der Inanspruchnahme des anderen ebenso gut erreichbar ist. Letztlich geht es also darum, wie möglichst effektiv die Tilgung der Steuer erreicht werden kann. Im Rahmen der Angemessenheit ist zu prüfen, ob der Inanspruchgenommene gegenüber dem anderen nicht unzumutbar belastet wird. Bestehen entsprechende interne Vereinbarungen ist dies ohne Zweifel nicht der Fall.

Der Verpflichtung mehrerer Personen für eine Schuld steht auf der anderen Seite gegenüber, dass nach § 44 Abs. 2 S. 1 AO die **Erfüllung der Schuld durch einen Gesamtschuldner** oder aber die Aufrechnung auch für die übrigen Schuldner gilt. Diese Regelung ist nur klarstellend und wäre entbehrlich gewesen, weil Ansprüche aus dem Steuerschuldverhältnis mit Zahlung erlöschen. Da die Gesamtschuldner **dieselbe Leistung aus dem Steuerschuldverhältnis** schulden, erlischt mit Zahlung gleichzeitig die Schuld aller Gesamtschuldner. Auch eine Sicherheitsleistung wirkt nach § 44 Abs. 2 S. 2 AO für den Gesamtschuldner, der sie nicht erbracht hat.

Alle anderen Tatsachen wirken nach § 44 Abs. 2 S. 3 AO nur für und gegen den Gesamtschuldner, in dessen Person sie eintreten.

Beispiel 1 (nach BFH vom 13.05.1987, BStBl II 1988, 188):

R schenkt ihren drei Kindern Anteile an ihrer GmbH und verpflichtet sich, die anfallende Schenkungssteuer zu übernehmen. Das Finanzamt übersieht die Regelung hinsichtlich der Schenkungssteuer und setzt gegenüber den drei Kindern bestandskräftig Schenkungssteuer ohne Berücksichtigung der Übernahme der Schenkungssteuer durch R fest. Als der Fehler später auffällt, setzt das Finanzamt der R gegenüber erstmalig den Schenkungssteuerbetrag unter Berücksichtigung der Übernahme der Steuer in der richtigen Höhe fest.

Lösung:

Eine Änderung der bestandskräftigen Schenkungssteuerbescheide gegenüber den drei Kindern nach §§ 172 ff. AO ist nicht möglich. Die Bestandskraft wirkt aber nur gegenüber den drei Kindern, die jeweils mit R Gesamtschuldner sind. R musste nach Auffassung des Bundesfinanzhofs „auch nach Erlass der Bescheide gegenüber ihren Kindern noch damit rechnen, dass sie selbst einen Steuerbescheid erhalten würde, falls die den Beschenkten gegenüber erlassenen Steuerbescheide fehlerhaft waren, eine Änderung zuungunsten der Beschenkten angesichts der Bestandskraft aber nicht mehr möglich war."

Beispiel 2:

A und B leben dauernd getrennt, sind aber noch Gesamtschuldner hinsichtlich der Einkommensteuer 00. Wird der B die Steuer aus persönlichen Gründen erlassen, so hat dies nach § 44 Abs. 2 S. 3 AO keine Wirkung für A, der also die Steuer zu zahlen hat.

1.2.2.5.3 Aufteilung einer Gesamtschuld

Nur wenn eine Gesamtschuld darauf beruht, dass zwei Personen zur Einkommensteuer **zusammenveranlagt** wurden, ist es möglich, die Rechtsfolge der Gesamtschuldnerschaft abzumildern. Voraussetzung ist nach §§ 268-280 AO, dass gegen den Gesamtschuldner, der den vollen Betrag aus der Gesamtschuld nicht bezahlen möchte, nach § 261 Abs. 2 S. 1 AO mindestens ein Leistungsgebot (z.B. im Einkommensteuerbescheid) erfolgt ist oder aber die Vollstreckung eingeleitet wurde und dass dieser nach § 269 AO einen **schriftlichen oder elektronischen Antrag** auf Beschränkung der Vollstreckung auf den Betrag stellt, der sich nach Aufteilung der Steuerschuld ergibt. Der Antrag muss nach § 269 Abs. 2 S. 3 AO alle Angaben enthalten, die zur Aufteilung der Steuer erforderlich sind.

Da die Aufteilung eine Maßnahme im Rahmen der Vollstreckung ist, bezieht sich die Aufteilung nur auf die **rückständige Steuer** und ist nach § 269 Abs. 2 S. 2 AO nicht mehr zulässig, nachdem vollständig getilgt wurde.

Die Gesamtschuld wird nach § 270 AO so aufgeteilt, wie sie bei **Einzelveranlagung** berechnet worden wäre. Ist die Tilgung sichergestellt, **kann** nach § 274 AO auch ein von den Gesamtschuldnern gemeinschaftlich vorgeschlagener Maßstab bei der Aufteilung zugrunde gelegt werden. Dies steht im Ermessen des Finanzamtes.

Nach Berechnung der Steuer, die sich bei getrennter (Einzel-)Veranlagung ergeben würde, erfolgt nach § 270 AO die Aufteilung der rückständigen Steuer nach dem Verhältnis der Beträge, die sich auf diese Weise ergeben haben. Der Aufteilungsbescheid ergeht nach § 279 Abs. 1 S. 1 AO gegenüber den Beteiligten einheitlich.

> **Beispiel:**
>
> Der Ehemann hat ein zu versteuerndes Einkommen in Höhe von 60.000 € erzielt, die Ehefrau in Höhe von 30.000 €. Die im gemeinsamen Steuerbescheid festgesetzte Steuer, für die beide Gesamtschuldner sind, beträgt 20.756 €.

> **Lösung:**
>
> Beantragt die Ehefrau die Aufteilung, entfällt auf den Ehemann bei der nunmehr fiktiv durchzuführenden getrennten (Einzel-)Veranlagung eine Steuer in Höhe von 16.419 € und auf die Ehefrau 5.275 €, insgesamt 21.694 €.
> Der Anteil der Ehefrau an der Gesamtschuld errechnet sich wie folgt:
> Steuer der Ehefrau nach Einzelveranlagung × 100 : Summe der Steuer nach Einzelveranlagung
>
> $$\frac{5.275 € \times 100}{21.694 €} = 24{,}32\,\%$$
>
> Somit kann das Finanzamt nach Erlass des einheitlich ergehenden Aufteilungsbescheids bei der Ehefrau nur noch 24,32 % von 20.756 € = 5.047,86 € (abzüglich Vorauszahlungen/Lohnsteuer) vollstrecken. Unabhängig davon, ob der Ehemann die restliche Steuer tilgen kann, kann dieser Betrag nur noch bei ihm vollstreckt werden (§ 278 AO), nach § 277 AO allerdings bis zur Unanfechtbarkeit der Entscheidung über den Antrag auf Aufteilung nur soweit dies zur Sicherung des Anspruchs erforderlich ist.

1.2.2.6 Gesamtrechtsnachfolge

Die Ansprüche aus dem Steuerschuldverhältnis gehen nicht etwa bei Tod des Steuerschuldners oder bei Übertragung eines ganzen Vermögens vom Steuerschuldner auf eine andere Person unter. Um dies zu vermeiden, regelt § 45 AO, dass bei Gesamtrechtsnachfolge die Forderungen und Schulden aus dem Steuerschuldverhältnis auf den Rechtsnachfolger übergehen.

Gesamtrechtsnachfolge ist der **gesetzlich angeordnete Übergang des Vermögens** (AEAO Nr. 1 zu § 45). Die Gesamtrechtsnachfolge ist gegen die Einzelrechtsnachfolge abzugrenzen. Letztere liegt vor, wenn ein einzelner Gegenstand aus einem Vermögen übertragen wird.

Nr. 1 AEAO zu § 45 listet beispielhaft einige Fälle von Gesamtrechtsnachfolge auf:
- Erbfolge (§ 1922 Abs. 1 BGB),
- Anwachsung des Anteils am Gesellschaftsvermögen bei Ausscheiden eines Gesellschafters,
- Verschmelzung von Gesellschaften (§ 2 UmwG),
- Vermögensübertragung im Wege der Vollübertragung (§ 1 Abs. 1 Nr. 3, §§ 174 Abs. 1, 175, 176, 178, 180 ff. UmwG),
- sinngemäße Anwendung von § 45 Abs. 1 AO bei Aufspaltung (§ 1 Abs. 1 Nr. 2, § 123 Abs. 1 UmwG, AEAO Nr. 2 zu § 45),
- sinngemäße Anwendung von § 45 Abs. 1 AO bei formwechselnder Umwandlung mit Änderung des Steuersubjekts (AEAO Nr. 3 zu § 45).

Gehen Steuerschulden über, bedeutet dies, dass der Gesamtrechtsnachfolger **neuer Steuerschuldner** wird. Dem Wesen der Gesamtrechtsnachfolge entspricht es, dass alle damit zusammenhängenden Umstände ebenfalls übergehen, z.B. eine gewährte Aussetzung der Vollziehung. § 45 Abs. 1 S. 2 AO schließt aber bei der Erbfolge den Übergang von **Zwangsgeldern** aus. Ist bereits ein Steuerbescheid ergangen, so hat diesen der Gesamtrechtsnachfolger nach § 166 AO gegen sich gelten zu lassen. Ist noch kein Steuerbescheid ergangen, so erfolgt nunmehr die Festsetzung gegenüber dem Rechtsnachfolger (s. dazu AEAO 2.12 zu § 122).

1.2.2.7 Abtretung, Verpfändung, Pfändung

§ 46 AO hat die Pfändung, Verpfändung und Abtretung von Steuererstattungsbeträgen, Erstattungen von Haftungsbeträgen, Erstattungen von steuerlichen Nebenleistungen und von Steuervergütungen zum Gegenstand, hat also stets zur Folge, dass das Finanzamt nicht an den Bürger als Gläubiger, sondern an eine dritte Person zahlen muss.

Pfändungen durch die Finanzbehörde regeln die Vorschriften über das Vollstreckungsverfahren (s. §§ 309 ff. AO).

1.2.2.7.1 Abtretung

In der AO ist das Institut der Abtretung nicht geregelt. Es gelten deshalb die Regeln des **§ 398 BGB** über die Forderungsabtretung. Nach § 398 S. 2 BGB bewirkt der Abschluss des Abtretungsvertrages, dass der neue Gläubiger (Zessionar) an die Stelle des bisherigen Gläubigers (Zedent) tritt. Diese bürgerlich-rechtlich wirksame Abtretung reicht für die Wirksamkeit einer Abtretung von Ansprüchen aus dem Steuerschuldverhältnis nach § 46 Abs. 2 AO nicht aus. Es muss die **Anzeige an die zuständige Finanzbehörde** in der nach § 46 Abs. 3 AO vorgeschriebenen Form hinzukommen. Nach § 46 Abs. 2 AO kann eine Abtretung nur wirksam werden, wenn **die Anzeige nach Entstehung** des Anspruchs (s. 1.2.3.2) erfolgt. Das bedeutet im Umkehrschluss, dass der Abtretungsvertrag vor Entstehung geschlossen worden sein kann, lediglich die Anzeige muss nach Entstehung erfolgen.

§ 46 Abs. 3 AO verlangt für die Anzeige die Angabe des Abtretenden, des Abtretungsempfängers, Angabe über Art und Höhe des abgetretenen Anspruchs, den Abtretungsgrund und Unterschriften beider Parteien des Abtretungsvertrages. Die Anzeige muss zwingend auf dem **amtlich vorgeschriebenen Vordruck** Abtretungsanzeige erfolgen.

Eine **inhaltliche Prüfung** der Abtretungsanzeige und des dieser Anzeige zugrunde liegenden Abtretungsvertrags durch die Finanzbehörde **findet nicht statt**. Dies ergibt sich aus § 46 Abs. 5 AO, der klarstellt, dass die Parteien eine angezeigte Abtretung auch dann gegen sich gelten lassen müssen, wenn sie nicht erfolgt oder nicht wirksam oder wegen Verstoßes gegen Abs. 4 nichtig ist.

Ein solcher Verstoß gegen Abs. 4 mit der Rechtsfolge der Nichtigkeit liegt vor, wenn Erstattungs- oder Vergütungsansprüche zum Zweck der Einziehung oder sonstigen Verwertung geschäftsmäßig erworben werden. Dies dürfen nur Bankunternehmen, wenn es sich um **Sicherungsabtretungen** handelt. Eine Liste über die Banken, die derartige Geschäfte betreiben dürfen, findet sich bei der Bundesanstalt für Finanzdienstleistungsaufsicht oder bei der Deutschen Bundesbank (s. AEAO Nr. 2.4 zu § 46). Nach **§ 383 Abs. 1 AO** stellt der Verstoß gegen § 46 Abs. 4 S. 1 AO eine **Ordnungswidrigkeit** dar, die mit einer Geldbuße bis zu 50.000 € geahndet werden kann.

Geschäftsmäßigkeit liegt nach AEAO Nr. 2.1 zu § 46 vor, wenn organisatorische Maßnahmen für den Erwerb von Erstattungsansprüchen getroffen werden. Organisatorische Maßnahmen weisen darauf hin, dass Wiederholungsabsicht besteht. Werden dagegen im Rahmen eines Handelsgeschäfts vereinzelte Abtretungen vorgenommen, reicht dies für die Annahme einer Geschäftsmäßigkeit nicht aus.

Durch die Abtretung wird **nur der Zahlungsanspruch übertragen und nicht etwa sonstige Rechte des Steuerpflichtigen** (BFH vom 27.01.1993, BFH/NV 1993, 350). Das **Steuergeheimnis gilt** nach wie vor und der Steuerbescheid ist nicht dem Abtretungsempfänger bekannt zu geben. Dieser ist auch nicht befugt, einen Antrag auf Einkommensteuerveranlagung nach § 46 Abs. 2 Nr. 8 EStG zu stellen. Er erhält lediglich eine Mitteilung, ob sich aus der Veranlagung eine Vergütung ergeben hat und ob aufgrund der Abtretung an ihn zu leisten ist. Einspruch gegen die Veranlagung kann er dementsprechend nicht einlegen. Ist er mit der Höhe der Abtretung nicht einverstanden, so wird hierüber durch Abrechnungsbescheid nach § 218 Abs. 2 AO entschieden.

1.2.2.7.2 Verpfändung

Bei einer Verpfändung sind nach § 46 Abs. 6 S. 3 AO die für die Abtretung geltenden Vorschriften (§ 46 Abs. 2-5 AO) sinngemäß anzuwenden. Verpfändung ist in §§ 1273 ff. BGB geregelt.

1.2.2.7.3 Pfändung

Ebenso wie das Finanzamt im Rahmen der Vollstreckung Forderungen pfänden kann, kann es nach § 46 Abs. 1 AO auch **als Drittschuldner verpflichtet** sein, einen Anspruch aus dem Steuerschuldverhältnis an einen Gläubiger des Steuerpflichtigen auszuzahlen. Dazu bedarf es nach § 829 ZPO eines Pfändungs- und Überweisungsbeschlusses durch das Vollstreckungsgericht, allerdings darf dieser nach § 46 Abs. 6 S. 1 AO wiederum erst erlassen werden, wenn der Anspruch entstanden ist (s. 1.2.3.2). Vorher ergangene Beschlüsse sind nichtig.

Nach § 829 Abs. 3 ZPO ist die Pfändung mit der Zustellung des Beschlusses an den Drittschuldner als bewirkt anzusehen und damit wirksam. Verlangt der Gläubiger dies, so hat das Finanzamt ebenso wie jeder andere Drittschuldner nach § 840 ZPO innerhalb von zwei Wochen nach Zustellung des Pfändungsbeschlusses eine **Drittschuldnererklärung** abzugeben. Nach § 835 Abs. 1 ZPO ist dem Pfändungsgläubiger die gepfändete Forderung zu überweisen.

1.2.3 Entstehung der Ansprüche aus dem Steuerschuldverhältnis

§ 38 AO verweist für die Entstehung der Ansprüche aus dem Steuerschuldverhältnis auf den Moment, in dem der Tatbestand verwirklicht ist, an den das Gesetz die Leistungspflicht knüpft. Bereits zu diesem Zeitpunkt ist der Steueranspruch in richtiger Höhe **unabhängig von einer Festsetzung** durch die Finanzbehörde oder dem Willen des Steuerpflichtigen oder der Finanzbehörde unabänderlich entstanden, und zwar **kraft Gesetzes**. Die Festsetzung ist lediglich **deklaratorisch** (klarstellend) und nicht etwa **konstitutiv** (rechtsbegründend). Etwas anderes gilt nur, wenn ein höherer Anspruch festgesetzt wird als tatsächlich entstanden ist. Insoweit ist die Festsetzung dann konstitutiv. Die Entstehung des Anspruchs ist von der Fälligkeit und der Erhebung unabhängig.

> **Beispiel:**
>
> Am 23.05.04 gibt der Steuerpflichtige T seine Einkommensteuererklärung für das Jahr 03 ab. Die richtige Steuer beträgt 10.000 €. Der Steuerbescheid geht am 29.08.04 zur Post. Bei der Veranlagung hatte der Sachbearbeiter fälschlicherweise Werbungskosten nicht anerkannt, sodass 11.000 € festgesetzt wurden.

> **Lösung:**
>
> Nach § 36 Abs. 1 EStG ist die Einkommensteuer in richtiger Höhe von 10.000 € mit Ablauf des 31.12.03 entstanden. Insoweit ist die Festsetzung vom 29.08.04 deklaratorisch. In Höhe von 1.000 € ist mit Ablauf des 31.12.03 keine Steuer entstanden, insoweit ist die Festsetzung vom 29.08.04 konstitutiv. 1.000 € Steuer sind zu diesem Zeitpunkt entstanden. Legt der Steuerpflichtige nicht innerhalb der Einspruchsfrist Einspruch gegen die Festsetzung ein, wird diese falsche Steuer bestandskräftig werden.

Konstitutiv ist eine Festsetzung auch, wenn ein Anspruch festgesetzt wird, der im Ermessen des Finanzamtes steht. So entsteht z.B. ein Verspätungszuschlag erst mit Festsetzung.

1.2.3.1 Folgen der Steuerentstehung

Für das Steuerschuldrecht ist vor allem entscheidend, wann die Steuer fällig geworden ist. Daneben ist die Entstehung der Steuer bedeutsam für:
- die Abtretung, die Pfändung und die Verpfändung von Erstattungs- und Vergütungsansprüchen, § 46 Abs. 2 AO (s. 1.2.2.7),
- den regulären Beginn der Festsetzungsverjährungsfrist, § 170 Abs. 1 AO,
- die Aufrechnung, da Voraussetzung für die Aufrechnung die Erfüllbarkeit (= Entstehung) der Schuld des Aufrechnenden ist,
- den Umfang der Haftung des Betriebsübernehmers, der Betriebsübernehmer haftet nach § 75 AO nur für solche Steuerschulden, die seit dem Beginn des letzten, vor der Übereignung liegenden Kalenderjahres entstanden sind,
- die Fälligkeit gem. § 220 Abs. 2 S. 1 AO z.B. bei Säumniszuschlägen und Erstattungsansprüchen nach § 37 Abs. 2 AO (fällig mit Entstehung),
- die abweichende Fälligkeitsbestimmung gem. § 221 AO, die einen Zeitpunkt frühestens nach Entstehung der Steuer bestimmen darf.

1.2.3.2 Entstehung im Einzelnen

Da § 38 AO festlegt, dass Entstehungszeitpunkt der Zeitpunkt der gesetzlichen Tatbestandsverwirklichung ist, ist dies beim **öffentlich-rechtlichen Erstattungsanspruch** nach § 37 Abs. 2 AO der Zeitpunkt, in dem die den materiell-rechtlichen Anspruch übersteigende Leistung erbracht wurde oder der rechtliche Grund für die Leistung entfallen ist (s. AEAO Nr. 1 zu § 38).

Säumniszuschläge entstehen nach § 240 AO kraft Gesetzes mit Zeitablauf. Bedarf es einer Ermessensentscheidung der Behörde, so ist Zeitpunkt der Entstehung der Zeitpunkt der Bekanntgabe (z.B. beim **Verspätungszuschlag** oder beim **Zwangsgeld**).

Hinsichtlich der Ansprüche aus dem Steuerschuldverhältnis, die sich nicht aus der AO ergeben, ist auf die Einzelsteuergesetze zurückzugreifen.

Anspruch aus dem Steuerschuldverhältnis	Entstehungszeitpunkt
Einkommensteuer-Vorauszahlungen	Mit Beginn des Kalendervierteljahres, in dem die Vorauszahlungen zu entrichten sind (01.01., 01.04., 01.07., 01.10), § 37 Abs. 1 S. 2 EStG
Einkommensteuer-Abschlusszahlung	Mit Ablauf des Veranlagungszeitraums gem. § 36 Abs. 1 EStG
Erstattungsanspruch gem. § 36 Abs. 4 EStG	Mit Ablauf des Veranlagungszeitraums § 36 Abs. 1 und 4 EStG
Lohnsteuer	Zeitpunkt des Zuflusses des Arbeitslohns, § 38 Abs. 2 S. 2 EStG
Umsatzsteuer-Voranmeldungen	Sollversteuerung: mit Ablauf des Voranmeldungszeitraums, in dem die Leistungen ausgeführt worden sind, § 13 Abs. 1 Nr. 1a UStG; Istversteuerung: mit Ablauf des Voranmeldungszeitraum, in dem die Entgelte vereinnahmt worden sind, § 13 Abs. 1 Nr. 1b UStG, Besonderheiten bei § 13b UStG
Umsatzsteuer-Abschlusszahlung	Mit Ablauf des entsprechenden Voranmeldungszeitraums, spätestens mit Ablauf des Kalenderjahres

Gewerbesteuer-Vorauszahlungen	Mit Beginn des Kalendervierteljahres, in dem die Vorauszahlungen zu entrichten sind (§ 21 GewStG)
Gewerbesteuerjahresschuld	Mit Ablauf des Erhebungszeitraums, § 18 GewStG
Körperschaftsteuer-Vorauszahlungen	01.01., 01.04., 01.07., 01.10. § 30 Nr. 2 KStG i.V.m. §§ 31 Abs. 1 S. 1 KStG, 37 Abs. 1 S. 2 EStG
Körperschaftsteuer	Grundsätzlich mit Ablauf des Veranlagungszeitraums, § 30 KStG
Erbschaftsteuer	Tod des Erblassers (§ 9 Abs. 1 Nr. 1 ErbStG)
Schenkungssteuer	Zeitpunkt der Ausführung der Zuwendung, § 9 Abs. 1 Nr. 2 ErbStG
Verbrauchssteuern	z.B. Tabaksteuer, Kaffeesteuer, Mineralölsteuer: Überführung in den steuerrechtlich freien Verkehr, § 15 Abs. 1 TabStG, § 15 Abs. 1 KaffeeStG, § 21 EnergieStG

1.2.4 Erlöschen der Ansprüche aus dem Steuerschuldverhältnis

§ 47 AO listet auf, wie Ansprüche aus dem Steuerschuldverhältnis erlöschen. Dass diese Aufzählung nicht abschließend ist, ergibt sich aus dem Wort „insbesondere":

- Zahlung (§§ 224, 224a, 225 AO)   s. Kap. VI. 4.1
- Aufrechnung (§ 226 AO)   s. Kap. VI. 4.2
- Erlass (§ 227 AO)   s. Kap. VI. 4.3
- Festsetzungsverjährung   s. Kap. IV. 7.
- Zahlungsverjährung   s. Kap. VI. 5.
- AEAO zu § 47, Erbfolge bei Zwangsgeldern   s. Kap. 1.2.2.6
- AEAO zu § 47, Verzicht auf Erstattung, § 37 Abs. 2,
- Eintritt der Bedingung bei auflösend bedingten Ansprüchen.

§ 50 Abs. 1 AO nennt für Steuern nach den Verbrauchssteuergesetzen bei Steuervergünstigungen die Bedingung, dass die verbrauchssteuerpflichtigen Waren einer besonderen Zweckbestimmung zugeführt werden (auflösende Bedingung). Tritt diese Bedingung ein oder geht die Ware unter, so erlischt die Steuer ganz oder teilweise, ohne dass vorher die Steuer unbedingt geworden ist.

1.3 Zurechnung von Wirtschaftsgütern

Nach § 39 AO Abs. 1 AO sind Wirtschaftsgüter zwar grundsätzlich dem privatrechtlichen Eigentümer zuzurechnen. Es gilt also das BGB, das Sachen dem Eigentümer, Rechte und Forderungen dem Gläubiger und Verbindlichkeiten dem Schuldner zuordnet. Greift aber eine Ausnahme nach § 39 Abs. 2 AO, so gelten die dort vorgenommenen Zurechnungen vorrangig.

1.3.1 Wirtschaftliches Eigentum

Nach § 39 Abs. 2 Nr. 1 S. 1 AO ist das Wirtschaftsgut anstelle des bürgerlich-rechtlichen Eigentümers demjenigen zuzurechnen, der die **tatsächliche Herrschaft** über ein Wirtschaftsgut in der Weise ausübt, dass er den Eigentümer im Regelfall für die gewöhnliche Nutzungsdauer von der Einwirkung auf das Wirtschaftsgut wirtschaftlich ausschließen kann. Liegt danach ein **wirtschaftliches Eigentum** vor, erfolgt steuerlich keine Zurechnung mehr auf den bürgerlich-rechtlichen Eigentümer (BFH vom 26.04.1968, BStBl II 1968, 770),

Beispiel 1:

Die Großmutter des K fährt schon lange nicht mehr Auto, ihren Führerschein hat sie wegen ihrer schlechten Sehfähigkeit zurückgegeben. Auf Bitten des Enkels kauft sie mit dessen Geld ein gebrauchtes Auto und meldet es auf ihren Namen an. Alle Kosten trägt K, er allein fährt das Auto.

Lösung:

Großmutter ist sachenrechtliche Eigentümerin, der Enkel kann sie auf Dauer von der eigenen Nutzung des Autos ausschließen, weil sie nicht über einen Führerschein verfügt. Damit ist K wirtschaftlicher Eigentümer.

Beispiel 2:

T und K schließen einen Leasing-Vertrag über einen PKW. Die Grundmietzeit beträgt 95 % der AfA-Zeit.

Lösung:

Nach BMF-Schreiben vom 19.04.1971, BStBl I 1971, 264 liegt in diesem außergewöhnlichen Fall das wirtschaftliche Eigentum beim Leasing-Nehmer. Der Leasing-Geber bleibt aber zivilrechtlicher Eigentümer.

Beispiel 3:

K baut auf einem ihr und ihrem Ehemann gehörenden Grundstück eine Lagerhalle für ihren Betrieb. Nach Beendigung der Nutzung hat sie gegen ihren Ehemann einen Anspruch auf Entschädigung gemäß §§ 951, 812 BGB.

Lösung:

K ist wirtschaftliche Eigentümerin des Gebäudes auch insoweit, wie das Grundstück im zivilrechtlichen Eigentum des Ehemannes steht, denn sie hat insgesamt hinsichtlich des Gebäudes eine eigentumsähnliche Position. Sowohl Substanz als auch Ertrag des Gebäudes stehen wegen der zu zahlenden Entschädigung der K zu (BFH vom 14.05.2002, BStBl II 2002, 741).

Beispiel 4:

Aus Angst davor, dass eine wertvolle Immobilie später für Pflegeleistungen verkauft werden muss, übertragen die Eltern das Grundstück frühzeitig an ihre Tochter, behalten sich aber den Nießbrauch vor und regeln notariell, dass die Tochter das Grundstück nicht verkaufen darf. Bei Zuwiderhandlung hat die Tochter den Verkaufserlös an die Eltern auszukehren. Alle Mieteinnahmen fließen weiter auf das Konto der Eltern.

Lösung:

Zwar wird die Tochter zivilrechtliche Eigentümerin, die Eltern schließen sie aber sowohl hinsichtlich der laufenden Nutzung als auch hinsichtlich der Verwertung auf Dauer von der Einwirkung auf das Grundstück aus. Damit liegt das wirtschaftliche Eigentum bei den Eltern.

1.3.2 Treuhandverhältnisse

§ 39 Abs. 2 Nr. 1 S. 2, 1. Alt. AO rechnet bei einem vorliegenden Treuhandverhältnis wirtschaftlich nicht dem **Treuhänder** sondern dem zivilrechtlichen Eigentümer (sog. **Treugeber**) zu. Wesen eines Treuhandverhältnisses ist, dass der Treuhänder zwar so auftritt, als ob ihm Rechte zustehen, tatsächlich wird er aufgrund einer Vereinbarung mit dem Treugeber aber für diesen tätig. Auf Verlagen hat der Treuhänder nach § 159 AO das Treuhandverhältnis nachzuweisen. Sonst erfolgt die Zurechnung beim Treuhänder.

Beispiel:

R verwaltet ein umfangreiches Aktienvermögen. Die Anteile an einer Aktiengesellschaft übergibt er zu treuen Händen an einen Bekannten. Im Treuhandvertrag wird schriftlich festgelegt, wie der Bekannte mit den Anteilen zu verfahren hat und wie er die mit den Anteilen verbundenen Stimmrechte wahrzunehmen hat.

Lösung:

Die Anteile sind weiterhin dem R zuzurechnen, da der Bekannte lediglich Treuhänder ist.

1.3.3 Sicherungseigentum

Beispiel:

Die F-Bank gewährt T ein Darlehen. Dafür überträgt dieser der Bank zur Sicherheit nach §§ 929, 930 BGB das Eigentum an seinem Pkw, was in einem Sicherungsvertrag vereinbart wird.

Lösung:

Die Bank ist Sicherungsnehmerin, T ist Sicherungsgeber. Im Gegensatz zum Pfandrecht ist bei der Sicherungsübereignung eine Verschaffung des unmittelbaren Besitzes nicht erforderlich.

Nach § 39 Abs. 2 Nr. 1 S. 2 2. Alt. AO wird beim Sicherungseigentum im Sinne der nach § 39 AO notwendigen **wirtschaftlichen Betrachtungsweise** das wirtschaftliche Eigentum dem Sicherungsgeber und nicht dem Sicherungsnehmer zugerechnet, denn dieser erhält zwar nach §§ 929, 930 BGB das zivilrechtliche Eigentum am Sicherungsgegenstand, aber nur den mittelbaren Besitz. Erfüllt der Sicherungsgeber seine Verpflichtungen, so muss der Sicherungsnehmer auch das zivilrechtliche Eigentum zurückübertragen.

1.3.4 Eigenbesitz

Ein Eigenbesitzer ist nach § 39 Abs. 2 Nr. 1 S. 2 3. Alt. AO wirtschaftlicher Eigentümer. Nach § 872 BGB ist Eigenbesitzer, wer eine Sache als ihm gehörend besitzt. Dies ist der Fall, wenn ein Dritter eine fremde Sache wie ein Eigentümer **beherrschen will** und deshalb **den tatsächlichen Eigentümer von der Herrschaft über die Sache ausschließt**. Dies kann auch jemand sein, der sich die Sache durch eine strafbare Handlung verschafft hat oder eine gutgläubige weitere Person, an die der Dieb die Sache veräußert. So behält der Bestohlene wegen § 935 BGB stets das Eigentum, wer sich entweder bösgläubig oder gutgläubig wie ein Eigentümer geriert, ist Eigenbesitzer, dem das wirtschaftliche Eigentum zuzurechnen ist.

1.3.5 Gesamthandsgemeinschaft

§ 719 BGB definiert das **Gesamthandsvermögen**. Es liegt danach vor, wenn ein Gesellschafter über seinen Anteil am Gesellschaftsvermögen und an einzelnen dazu gehörenden Gegenständen nicht verfügen und nicht Teilung verlangen kann. Stattdessen können nur **alle berechtigten Personen gemeinsam** verfügen. Eine Gesamthandsgemeinschaft ist also eine Gemeinschaft von Personen, denen **ein Vermögen gemeinschaftlich zusteht**. Jede Person hat einen ideellen Anteil am Gesamthandsvermögen, nicht aber an den einzelnen Gegenständen, die Teil des Vermögens sind. Handelt es sich um Vermögensgegenstände, die der Gesellschafter in die Gesamthandsgemeinschaft eingebracht hat, so verliert er durch die Überführung ins Gesamthandsvermögen die konkrete Verfügungsmacht, erlangt aber als Gesamthänder gleichzeitig das Eigentum an allen Sachen des Gesamthandsvermögens, allerdings mit der oben beschriebenen fehlenden Verfügungsmacht.

Ist für die Besteuerung eine **getrennte Zurechnung** von Wirtschaftsgütern erforderlich, so werden nach § 39 Abs. 2 Nr. 2 AO Wirtschaftsgüter, die zum Gesamthandsvermögen gehören, anteilig zugerechnet. Damit wird klargestellt, dass eine Ermittlung von Anteilen nicht generell durchgeführt wird, sondern nur, wenn diese Aufteilung für die Besteuerung benötigt wird. Geht es z.B. um die Umsatzsteuer einer OHG, so wird keine Aufteilung von Gesamthandsvermögen auf die Gesellschafter vorgenommen, weil die OHG hinsichtlich der Umsatzsteuer selbst Steuersubjekt ist, eine Aufteilung also nicht erforderlich ist.

AEAO Nr. 2 zu § 39 verweist auf die allgemeinen gesetzlichen und vertraglichen Regelungen. Es gibt unter anderem folgende Gesamthandsgemeinschaften:
- Gesellschaft bürgerlichen Rechts (§§ 705 ff. BGB),
- OHG (§ 105 HGB),
- KG (§ 161 HGB),
- Erbengemeinschaft (§§ 2032 ff. BGB),
- Gütergemeinschaft (§ 1419 BGB).

Eine Aufteilung ist immer dann erforderlich, wenn nicht die Gesamthandsgemeinschaft als solche besteuert wird, sondern die einzelnen Gesellschafter, z.B. die Gesellschafter einer OHG hinsichtlich der Einkommensteuer. Da anderenfalls die Besteuerung nicht durchgeführt werden kann, wird lediglich für diesen Zweck zugerechnet.

Die Aufteilung entspricht der **Höhe der Beteiligung**. Insofern wird die Gesamthandsgemeinschaft steuerrechtlich als Bruchteilsgemeinschaft angesehen (BFH vom 18.05.2004, BStBl II 2004, 898).

1.4 Gesetz- oder sittenwidriges Handeln (§ 40 AO)

Dass Verhalten, das **gegen die guten Sitten** verstößt, gleichwohl besteuert werden kann, ist angesichts des rasanten Wechsels der Vorstellungen über gute Sitten in der Bevölkerung unumgänglich. Die Definition des Reichsgerichts in Leipzig von 1901, das guten Sitten als „**Anstandsgefühl aller billig und gerecht Denkenden**" definierte, ist heute noch aktuell, zeigt aber auch auf, wie unklar der Begriff ist. So ein unklarer Begriff kann keinen Einfluss auf die Besteuerung haben. So wurde z.B. Prostitution lange Zeit als sittenwidrig angesehen. Zumindest strafrechtlich ist dies seit BGH vom 31.03.2004, 1 StR 482/03 und gemäß der Rechtsprechung des Europäischen Gerichtshofs vom 20.11.2001, Rs. C-268/99, Slg. 2001 I 8615 nicht mehr der Fall. Für die Besteuerung hat das sich wandelnde Anstandsempfinden nach § 40 AO nie eine Rolle gespielt. Anders ist dies in § 138 BGB, der danach fragt, ob ein Rechtsgeschäft sittenwidrig ist und in diesem Fall die Nichtigkeit des Rechtsgeschäfts normiert.

§ 40 AO vermeidet, jeweils bei der Besteuerung nach dem aktuellen Sittenverständnis der Bevölkerung fragen zu müssen.

Bei **gesetzwidrigem Handeln** wäre die Grenze einfacher zu ziehen. Trotzdem stellt der Gesetzgeber Geschäfte, die gegen ein gesetzliches Gebot oder Verbot verstoßen, den sittenwidrigen Geschäften gleich und besteuert sie ohne Rücksicht auf die strafrechtliche oder sonstige rechtliche Würdigung.

Gesetzwidriges Handeln wird in den seltensten Fällen aufgrund einer Erklärung des Steuerpflichtigen der Besteuerung zugeführt werden, denn der sich steuerlich vollständig erklärende Drogenhändler oder gar Auftragsmörder dürfte in der Praxis nicht vorkommen. Bei der Frage, ob **gesetzwidriges Handeln zur strafrechtlichen Verfolgung an die zuständigen Behörden weitergegeben werden darf**, ist angesichts des Steuergeheimnisses entscheidend, wie die Information zur Finanzbehörde gelangt ist. Ist dies im Rahmen eines Steuerstrafverfahrens passiert, ist die Zulässigkeit der Offenbarung nach § 30 Abs. 4 Nr. 4a AO unproblematisch. Anders ist dies, wenn die Erkenntnisse aus dem laufenden Besteuerungsverfahren stammen. Nur wenn es sich um eine besonders schwere Straftat i.S.v. § 30 Abs. 4 Nr. 5 AO handelt, darf die Information weitergegeben werden.

1. Steuerpflicht-/Steuerschuldverhältnis

Beispiel (s. auch Beispiel aus Kap. I. 3.5.4):

Sachbearbeiterin F hatte während der laufenden Veranlagung bei ihrer Anfrage nach der Herkunft des eingelegten Computers vom Steuerpflichtigen erfahren, dass er diesen gestohlen hat.

Lösung:

Wegen § 40 AO ist die Einlage steuerlich wirksam. Die Weitergabe der Information würde aber gegen § 30 AO verstoßen.

1.5 Unwirksame Rechtsgeschäfte, § 41 AO

Um sicherzustellen, dass alle Rechtsgeschäfte, die von den Beteiligten tatsächlich durchgeführt werden, auch besteuert werden, regelt § 41 AO in Ergänzung zu § 40 AO, dass es auch für die Besteuerung unerheblich ist, wenn ein von den am Rechtsgeschäft Beteiligten **als wirksam behandeltes Rechtsgeschäft tatsächlich von Anfang an unwirksam** ist oder später unwirksam wird.

Beispiel (s. BFH vom 17.02.2004, BStBl II 2004, 651):

Wird ein privatschriftlicher und damit formunwirksamer Kaufvertrag über den Geschäftsanteil an einer GmbH abgeschlossen, so geht das wirtschaftliche Eigentum schon vor der später nachgeholten formwirksamen Abtretung über, wenn dem Erwerber das Gewinnbezugsrechts und das Stimmrecht eingeräumt wird, die getroffenen Vereinbarungen also tatsächlich vollzogen werden.

Vorrangig sind nach § 41 Abs. 1 S. 2 AO aber die **Bestimmungen der Einzelsteuergesetze**. So werden z.B. **Darlehensverträge unter nahen Angehörigen** nach H 4.8 EStH nur dann steuerlich anerkannt, wenn sie einem Fremdvergleich standhalten (s. dazu auch BMF-Schreiben vom 23.12.2010, BStBl I 2011, 37 mit Änderungen vom 29.04.2014, BStBl I 2014, 809).

Wird ein Rechtsgeschäft erst später unwirksam, z.B. weil zivilrechtlich angefochten worden ist, so kommt es ebenso darauf an, ob die Beteiligten sich gegenseitig so stellen, als ob das Geschäft nie stattgefunden hätte. Dann wird dieses Rechtsgeschäft auch steuerlich nicht zugrunde gelegt. Das Wort „solange" in § 41 Abs. 1 S. 1 AO weist aber darauf hin, dass für den Fall, dass die Beteiligten trotz späterer Unwirksamkeit bis zu deren Eintritt die wirtschaftlichen Folgen bestehen lassen, auch steuerlich die entsprechenden Folgen gezogen werden.

Beispiel:

A ficht den Grundstückskaufvertrag mit B wegen arglistiger Täuschung erfolgreich an. Die Parteien einigen sich bei der Rückabwicklung darauf, dass A die erzielten Einkünfte aus dem Grundstück behalten darf.

Lösung:

Der gegen A bereits ergangene Einkommensteuerbescheid, der die erzielten Einkünfte enthält, ist nicht zu ändern, weil A die Mieteinkünfte tatsächlich erhalten hat.

Nach § 41 Abs. 1 AO werden Scheinhandlungen und **Scheingeschäfte** für die Besteuerung nicht berücksichtigt, weil ein Scheingeschäft zwar aus zwei Willenserklärungen besteht, die Beteiligten sich aber einig sind, dass das Erklärte nicht gewollt ist (BFH vom 28.04.1987, BStBl II 1987, 814).

> **Beispiel (nach BFH vom 28.01.1997, BStBl II 1997, 655):**
>
> Schließen Angehörige einen Mietvertrag über eine Wohnung und wird der gezahlte Mietzins jeweils nach Zahlung zurückgezahlt, obwohl dafür keine Gründe (z.B. eine Unterhaltsverpflichtung) vorliegen, so handelt es sich um ein Scheingeschäft.

Während das Scheingeschäft steuerlich unberücksichtigt bleibt, wird ein durch das Scheingeschäft verdecktes Rechtsgeschäft nach § 41 Abs. 2 S. 2 AO für die Besteuerung zugrunde gelegt.

1.6 Missbrauch von rechtlichen Gestaltungsmöglichkeiten, § 42 AO

Mit der Regelung in § 42 AO versucht der Gesetzgeber, jede Form von Steuerumgehung zu verhindern und verweist deshalb in seinem Anwendungsbereich auf alle Einzelsteuergesetze. Angesichts einer nur sehr begrenzten Akzeptanz in der Bevölkerung mit der Zahlung von Steuern den Belangen des Gemeinwohls zu genügen, ist dies eine sehr wichtige Vorschrift.

1.6.1 Missbrauch

Missbrauch liegt vor, wenn mit dem Ziel der Steuervermeidung eine rechtliche Gestaltung gewählt wird, die den wirtschaftlichen Vorgängen unangemessen ist (BFH vom 05.02.1992, BStBl II 1992, 532). § 42 Abs. 1 S. 1 AO stellt ausdrücklich auf Gestaltung des Rechts und nicht auf wirtschaftliche Gestaltung ab. Insofern ist auch nur die Gestaltung des Rechts zu überprüfen und nicht etwa das wirtschaftliche Verhalten der Beteiligten hinsichtlich der Angemessenheit zu beurteilen (BFH vom 16.01.1992, BStBl II 1992, 541).

1.6.2 Gestaltungsmöglichkeiten des Rechts

Nur wenn das Gesetz eine bestimmte rechtliche Gestaltung voraussetzt, können die Voraussetzungen des § 42 AO erfüllt sein. Dies ist der Fall, wenn Tatbestandsmerkmale eines Gesetzes umgangen werden, aber auch, wenn eine Gestaltung gewählt wird, die die Tatbestandsmerkmale einer steuerlich begünstigenden Norm erfüllt (BFH vom 27.07.1999, BStBl II 1999, 769).

1.6.3 Unangemessene rechtliche Gestaltung

Was unangemessen ist, hat die Rechtsprechung in einer Vielzahl von Entscheidungen definiert. Unangemessen ist danach eine Gestaltung, wenn sie allein **der Steuerminderung dienen soll** und durch wirtschaftliche oder sonst beachtliche **außersteuerliche Gründe** nicht zu rechtfertigen ist (BFH vom 27.07.1999, BStBl II 1977, 769). Es kommt darauf an, ob **verständige Parteien** die Gestaltung gewählt hätten (BFH vom 09.11.2006, BStBl II 2007, 344). Da es grundsätzlich legitim ist so zu gestalten, dass Steuern gespart werden, muss die Gestaltung außer der Steuerersparnis **überhaupt keinen vernünftigen wirtschaftlichen Grund** haben (BFH vom 10.08.2011, BStBl II 2012, 118). Insbesondere umständliche, komplizierte, schwerfällige oder gekünstelte Rechtsgestaltungen werden als unangemessen bezeichnet (BFH vom 10.11.1993, BFH/NV 1994, 685). Es können aber auch alltägliche und übliche Geschäfte unangemessen sein.

> **Beispiel (s. BFH vom 27.07.1999, BStBl II 1999, 769):**
>
> Die Kläger erwarben im Dezember 06 fremdfinanziert Bundesobligationen, die im Januar 07 mit einer Zinsgutschrift von 11.725 DM fällig waren. Noch im Dezember 06 zahlten die Kläger Stückzinsen in Höhe von 11.171 DM, die sie als negative Einkünfte aus Kapitalvermögen für 06 geltend machte. Angesichts der für die Fremdfinanzierung gezahlten Beträge ergibt sich aus dem Geschäft nicht etwa ein Überschuss in Höhe der Zinsgutschrift abzüglich Stückzinsen, sondern vielmehr ein Verlust in Höhe von 352 DM.

1. Steuerpflicht-/Steuerschuldverhältnis

> **Lösung:**
>
> Der BFH nahm deshalb Gestaltungsmissbrauch an, weil das Wertpapiergeschäft ausschließlich der Steuerminderung dienen sollte und durch wirtschaftliche oder sonst beachtliche Gründe nicht zu erklären sei.
>
> Die gewählte Gestaltung sei unangemessen, auch wenn es sich um ein alltägliches Geschäft handle. Hier habe bereits im Zeitpunkt des Vertragsabschlusses festgestanden, dass das Geschäft zu einem Verlust führe und sich deshalb ausschließlich im Fall der steuerlichen Anerkennung vorteilhaft auswirken würde. Ein solches Rechtsgeschäft sei unangemessen, weil eine verständige Partei es in Anbetracht des wirtschaftlichen Sachverhalts überhaupt nicht abgeschlossen hätte.

1.6.4 Zweck der Steuervermeidung

Da § 42 AO sich ausdrücklich auf Steuerumgehungen bezieht, ist die Vorschrift **nur zuungunsten** des Steuerpflichtigen anwendbar. Kommt es trotz Gestaltungsmissbrauchs nicht zu einer niedrigeren Steuer oder gar zu einer höheren Steuer, so tritt die Rechtsfolge des § 42 AO nicht ein.

Nach ständiger Rechtsprechung muss die Umgehung Ziel des Steuerpflichtigen gewesen sein, er muss also „**Umgehungsabsicht**" gehabt haben (s. z.B. BFH vom 05.02.1992, BStBl II 1992, 532).

1.6.5 Rechtsfolgen

Liegt ein Fall von § 42 AO vor, so wird im Rahmen einer **Fiktion** nach § 42 Abs. 1 S. 3 AO anstelle der beanstandeten Gestaltung die den wirtschaftlichen Vorgängen angemessene rechtliche Gestaltung für die Besteuerung zugrunde gelegt (BFH vom 13.08.1985, BStBl II 1985, 636), es wird also auf Basis eines Sachverhalts besteuert, der tatsächlich nicht stattgefunden hat.

1.6.6 Beispiele aus der Rechtsprechung

> **Beispiel 1 (s. BFH vom 13.08.1985, BStBl II 1985, 636):**
>
> Der Kläger unterhielt eine geschäftliche Niederlassung in Berlin und meldete bei der dortigen Zulassungsstelle einen Anhänger an. Aufgrund einer Sonderregelung wurde keine Kfz-Steuer erhoben. Der tatsächliche Standort des Anhängers war L.

> **Lösung:**
>
> Der BFH nahm einen Missbrauch einer Gestaltungsmöglichkeit des öffentlichen Rechts an, weil der Antrag auf Zulassung bei der Behörde in L zu stellen gewesen wäre und dies eine ungünstigere steuerliche Wirkung gehabt hätte. Als Folge schuldet der Kläger trotz der Befreiung in Berlin Kraftfahrzeugsteuer für das Halten des in Berlin zugelassenen Kraftfahrzeuganhängers, weil die Zulassung in Berlin in Ermangelung eines dortigen regelmäßigen Standorts des Anhängers missbräuchlich erwirkt worden war und der Steueranspruch so entstanden ist, wie er bei der sachlich gebotenen Erwirkung der Zulassung im Bezirk L entstanden wäre.

> **Beispiel 2 (s. BFH vom 17.01.1991, BStBl II 1991, 607):**
>
> Der Kläger ist Steuerberater. Als er für die Kanzlei eine neue EDV-Anlage benötigt, veranlasst er, dass seine gerade geborene Tochter diese Anlage erwirbt. Er selbst mietet die Anlage von seiner Tochter.

> **Lösung:**
>
> Der BFH hat einen Gestaltungsmissbrauch nach § 42 AO angenommen, weil kein vernünftiger Grund für die Vorschaltung der Tochter erkennbar war und der einfachste und wirtschaftlich überzeugendste Weg gewesen wäre, die EDV-Anlage selbst zu kaufen. Der Kauf durch die Tochter sei unvernünftig

und unpraktikabel. Ein vernünftiger Grund für die Vorschaltung eines nahen Angehörigen in einen Beschaffungsvorgang liegt nach der Rechtsprechung nicht vor, wenn die vorgeschaltete Person keine rechtlich oder wirtschaftlich sinnvolle Funktion erfüllen kann. Dies sei auf jeden Fall dann der Fall, wenn der Steuerpflichtige Ankauf und Miete personell, wirtschaftlich und/oder finanziell organisiert.

Beispiel 3:

Eine Vielzahl von Urteilen, bei denen kein Gestaltungsmissbrauch angenommen wurde, bezieht sich auf Einkünfte aus Vermietung. So liegt nach BFH vom 16.01.1996, BStBl II 1996, 214 grundsätzlich **kein Gestaltungsmissbrauch** vor, wenn geschiedene Ehegatten einen Mietvertrag schließen und die Miete mit dem zu zahlenden Unterhalt verrechnet wird und wenn nach geänderter Rechtsprechung des BFH vom 19.10.1999, BStBl II 2000, 224 zwischen Eltern und ihrem unterhaltsberechtigten Kind ein Mietvertrag geschlossen wird und das Kind die Miete aus dem Unterhalt zahlt. Vermietet ein Ehegatte dem anderen zu **fremdüblichen Bedingungen** eine Wohnung am Beschäftigungsort im Rahmen einer doppelten Haushaltsführung, so liegt laut BFH vom 11.03.2003, BStBl II 2003, 627 ebenfalls kein Gestaltungsmissbrauch vor.

Weiterhin hat der BFH im Urteil vom 19.10.2001, BStBl II 2002, 300 keinen Gestaltungsmissbrauch angenommen, wenn ein Arbeitgeber von seinem Arbeitnehmer, dem kein weiterer Arbeitsplatz in der Betriebsstätte zur Verfügung steht, ein Außendienst Mitarbeiter-Büro im Haus des Arbeitnehmers unter Bedingungen anmietet, die er auch mit fremden Dritten zugrunde gelegt hätte, denn die Anmietung des Raumes erfolgt dann im eigenbetrieblichen Interesse des Arbeitgebers.

Da der BFH auf den fehlenden anderen Arbeitsplatz und den Fremdvergleich abstellt, bedeutet dies, dass bei Fehlen dieser Voraussetzungen Gestaltungsmissbrauch vorliegen müsste.

2. Steuerbegünstigte Zwecke

2.1 Überblick

Körperschaften im Sinne des § 1 KStG können unter bestimmten Voraussetzungen steuerliche Vergünstigungen vor allem dergestalt erhalten, dass:
- sie von der Körperschaft- und der Gewerbesteuer befreit sind,
- für von ihr getätigte Umsätze der ermäßigte Umsatzsteuersatz gilt,
- für Spenden und z.T. für Mitgliedsbeiträge steuerliche Vergünstigungen beim Zahlenden greifen.

In der Praxis sind es vor allem Vereine, die sich um eine Steuerbegünstigung wegen Gemeinnützigkeit nach den §§ 51 ff. AO bemühen. Sie müssen hierfür einen vom Gesetz als förderungswürdig bestimmten Zweck verfolgen, dies im Interesse der Allgemeinheit selbstlos tun (s. 2.2.1) und diese Umstände durch ihre Satzung und die tatsächliche Art und Weise, wie sie ihre Geschäfte führen, nachweisen (s. 2.2.2). Das Gemeinnützigkeitsrecht unterscheidet verschiedene Tätigkeitsbereiche von Körperschaften (s. 2.3). So kann es auch in steuerbegünstigten Körperschaften Bereiche geben, die von der Begünstigung ausgenommen sind, weil eher wirtschaftlich-unternehmerische Tätigkeiten im Vordergrund stehen (s. 2.3.3).

2. Steuerbegünstigte Zwecke

Steuerbegünstigte Körperschaften
Voraussetzungen für die Steuerbegünstigungen
Inhaltlich §§ 51–58 AO: • Verfolgen eines gemeinnützigen (§ 52 AO), mildtätigen (§ 53 AO) oder kirchlichen (§ 54 AO) Zwecks, • Selbstlosigkeit (§ 55 AO), • Ausschließlich o.g. Zwecke werden verfolgt (§ 56 AO), • Die o.g. werden unmittelbar durch die Körperschaft selbst verfolgt (§ 57 AO). **§ 58 AO:** Einzelne an sich nicht die Voraussetzungen der §§ 51 ff. AO erfüllende Betätigungen sind ausdrücklich **unschädlich** für Steuervergünstigung. **Anerkennungsverfahren §§ 59–63 AO:** • Erkennbarkeit/Nachweis der o.g. Voraussetzungen wie Zweckverfolgung etc. unmittelbar aus der ordnungsgemäßen Satzung (§§ 59–61 AO), • Tatsächliche Geschäftsführung entspricht der Satzung (§ 63 AO), • Gesonderte Feststellung der Einhaltung der satzungsmäßigen Voraussetzungen (§ 60a AO).
Verschiedene Geschäftsbereiche von gemeinnützigen Körperschaften
Ideeller Bereich Kernbereich der steuerfreien Betätigung, die den satzungsmäßigen steuerbegünstigten Zwecken dient. **Vermögensverwaltung** Steuerbegünstigter Bereich, Verwaltung von Vermögensgegenständen (vgl. § 64 i.V.m. § 14 AO). **Zweckbetrieb** Wirtschaftlicher Geschäftsbetrieb, der aber gem. §§ 65–68 AO aufgrund der Nähe zu den begünstigten Zwecken unter bestimmten Voraussetzungen auch selbst steuerbegünstigt ist. **Steuerpflichtiger wirtschaftlicher Geschäftsbetrieb** Steuerpflichtiger Bereich nach Maßgabe des § 64 AO.

§ 51 Abs. 2 AO bestimmt, dass in den Fällen, in denen die steuerbegünstigten Zwecke ausschließlich im Ausland verwirklicht werden, zumindest ein Inlandsbezug dergestalt hergestellt wird, dass entweder:
- natürliche Personen mit Wohnsitz oder gewöhnlichem Aufenthalt im Inland gefördert werden oder
- die Tätigkeit der Körperschaft auch zur Verbesserung des Ansehens der Bundesrepublik Deutschland im Ausland beitragen kann.

§ 51 Abs. 3 AO schließt die Steuervergünstigungen generell für extremistische Körperschaften aus. Als (durch vollen Beweis des Gegenteils) widerlegbare Vermutung für eine extremistische Orientierung dient eine entsprechende Einstufung der Körperschaft in den Verfassungsschutzberichten des Bundes oder der Länder.

2.2 Voraussetzungen für die Steuerbegünstigung

Die Voraussetzungen für die Steuerbegünstigung bestehen zum einen darin, dass die Ziele der Körperschaft bestimmten inhaltlichen Anforderungen entsprechen müssen (s. 2.2.1), zum anderen muss dies in tatsächlicher Hinsicht durch Satzung und Geschäftsführung dokumentiert werden (s. 2.2.2).

2.2.1 Inhaltliche Anforderungen (§§ 52 ff. AO)

Die Gewährung einer Steuerbegünstigung für eine Körperschaft i.S.d. KStG kommt dann in Betracht, wenn die Körperschaft ausschließlich und unmittelbar gemeinnützige, mildtätige oder kirchliche Zwecke verfolgt und dies selbstlos tut.

§ 58 AO regelt zudem ausdrücklich, in welchen Fällen Tätigkeiten, die evtl. an sich nicht die tatbestandlichen Voraussetzungen für die Steuervergünstigungen erfüllen würden, grundsätzlich als unschädlich anzusehen sind.

2.2.1.1 Steuerbegünstigter Zweck

Steuerbegünstigungen kann eine Körperschaft nur erlangen, wenn sie gemeinnützige, mildtätige oder kirchliche Zwecke verfolgt.

Gemeinnützige Zwecke i.S.d. § 52 AO verfolgt eine Körperschaft, wenn ihre Tätigkeit darauf gerichtet ist, die Allgemeinheit auf materiellem, geistigem oder sittlichem Gebiet selbstlos zu fördern.

Prüfung gemeinnützige Zwecke	
Voraussetzung § 52 Abs. 1 AO: • Förderung der Allgemeinheit auf materiellem, geistigen oder sittlichen Gebiet.	**Negativabgrenzung**: schädlich ist: • Förderung eines kleinen, abgrenzbaren Kreises von Begünstigten, z.B. Angehörige einer Familie oder Belegschaft eines Unternehmens.
Beispiele vgl. § 52 Abs. 2 AO: Förderung von (vgl. im Einzelnen den Gesetzestext): • Wissenschaft und Forschung, • öffentlichem Gesundheitswesen, • Jugend- und Altenhilfe, • Kunst und Kultur, • Denkmalschutz, • Naturschutz und Landschaftspflege, • Hilfe für Verfolgte, • Tierschutz, • Sport, • …	**Problemkreis:** **Keine Förderung der Allgemeinheit** aufgrund faktischer Begrenzung der Mitgliederzahl durch hohe Mitgliedsbeiträge oder Aufnahmegebühren (vgl. AEAO zu § 52, Nr. 1.1 f.). Förderung der Allgemeinheit hingegen anzunehmen, wenn:
Die Aufzählung im Gesetz ist an sich abschließend, es kann aber gem. § 52 Abs. 2 Satz 2 und 3 AO durch die Finanzbehörde auch ein vergleichbarer Förderungszweck für gemeinnützig erklärt werden.	• die Mitgliedsbeiträge und -umlagen zusammen im Durchschnitt 1.023 € je Mitglied jährlich nicht übersteigen, • die Aufnahmegebühren je Mitglied im Durchschnitt 1.534 € nicht übersteigen, • Investitionsumlagen i.H.v. höchstens 5.113 € innerhalb von 10 Jahren pro Mitglied sind unschädlich. „Spenden", zu denen Mitglieder faktisch verpflichtet sind, sind in die Berechnung einzubeziehen.

Mildtätige Zwecke werden gem. § 53 AO verfolgt, wenn in verschiedener Hinsicht bedürftige Personen selbstlos unterstützt werden.

Prüfung mildtätige Zwecke
Voraussetzung § 53 Abs. 1 AO: Unterstützung von Personen, die: • Nr. 1: infolge ihres körperlichen, geistigen oder seelischen Zustands fremder Hilfe bedürfen oder • Nr. 2: in wirtschaftlicher Hinsicht bedürftig sind. Einzelheiten zur Ermittlung der Bedürftigkeit regelt AEAO zu § 53.

Kirchliche Zwecke verfolgt eine Körperschaft gem. § 54 AO, wenn ihre Tätigkeit darauf gerichtet ist, eine Religionsgemeinschaft, die zwingend Körperschaft des öffentlichen Rechts sein muss, selbstlos zu fördern, z.B. durch die Errichtung von Gotteshäusern, die Abhaltung von Gottesdiensten oder die Erteilung von Religionsunterricht (weitere Beispiele s. § 54 Abs. 2 AO).

Gerade im Bereich der Förderung kirchlicher Zwecke kommt der Einschränkung der Gemeinnützigkeitsregelungen durch § 51 Abs. 3 AO besondere Bedeutung zu (vgl. II. 2.1).

2.2.1.2 Selbstlosigkeit, § 55 AO

Die Körperschaft muss den begünstigten Zweck gem. §§ 52–54 AO **selbstlos** i.S.d. § 55 AO verfolgen. Das tut sie, wenn sie nicht in erster Linie eigenwirtschaftliche wie gewerbliche oder sonstige Erwerbszwecke verfolgt. Frühere Verwaltungsauffassungen, nach denen es schädlich war, wenn eigenwirtschaftliche Zwecke der Körperschaft „das Gepräge geben" (AEAO zu § 55 Nr. 2 a.F.), sind durch verschiedene Entscheidungen des BFH entkräftet worden (u.a. Urteil vom 04.04.2007, BStBl II 2007, 631). Nach heute einheiliger Auffassung dürfen die **steuerpflichtigen Tätigkeiten lediglich nicht zum Haupt- oder Selbstzweck** der Körperschaft werden. Dass dies nicht geschieht, wird insbesondere durch das Erfordernis gewährleistet, dass gem. § 55 Abs. 1 Nr. 1 AO das Vermögen der Körperschaft und die Einnahmen aus wirtschaftlichen Geschäftsbetrieben nur für steuerbegünstigte Satzungszwecke verwendet werden dürfen (s. 2.3.4).

Von Bedeutung sind hier insbesondere die Frage des Ausgleichs entstandener Verluste aus den unterschiedlichen Betätigungsbereichen der Körperschaft sowie die Zweckbindung des Vermögens.

Voraussetzungen für die Selbstlosigkeit i.S.d. § 55 Abs. 1 AO

- Nr. 1: Die Mittel der Körperschaft dürfen nur für satzungsmäßige Zwecke verwendet werden; keine Zuwendungen an Mitglieder, keine Unterstützung politischer Parteien.
- Nr. 2: Mitglieder dürfen bei Ausscheiden nicht mehr als ihren eingezahlten Anteil zurückerhalten.
- Nr. 3: Keine Begünstigung von Personen durch zweckfremde Ausgaben oder durch unverhältnismäßig hohe Vergütungen.
- Nr. 4: Bei Auflösung oder Aufhebung der Körperschaft oder Wegfall ihres begünstigten Zwecks darf das Vermögen auch im Übrigen nur für steuerbegünstigte Zwecke verwendet werden (Grundsatz der Vermögensbindung).
- Nr. 5: Die Mittel der Körperschaft müssen grundsätzlich zeitnah, also spätestens im auf den Zufluss folgenden zwei Kalender- oder Wirtschaftsjahren für die begünstigten Zwecke verwendet werden; es findet hier nach einheiliger Meinung eine globale Betrachtung des Gesamtvermögens der Körperschaft statt, nicht ein Abgleich konkreter Zahlungsein- und -ausgänge.

Zu den Einzelheiten der Mittelverwendung wie Bildung von Rücklagen oder Ausgleich von Verlusten und den Auswirkungen auf die Gemeinnützigkeit s. 2.3.4.

2.2.1.3 Ausschließlichkeit, Unmittelbarkeit, §§ 56, 57 AO

Die Vorschrift des § 56 AO stellt klar, dass eine Körperschaft auch mehrere steuerbegünstigte Zwecke verfolgen darf. Alle tatsächlich verfolgten Ziele müssen aber auch zwingend in der Satzung genannt sein, dann ist das Merkmal der **Ausschließlichkeit** gegeben.

Unmittelbarkeit bedeutet gem. § 57 AO, dass die Körperschaft selbst die genannten Ziele verfolgen muss und nicht durch andere. Das schließt jedoch nach § 57 Abs. 1 Satz 2 AO nicht aus, dass Hilfspersonen eingeschaltet werden, so z.B. wenn eine Suchtberatung einen Psychologen zur Beratung hinzuzieht. § 57 Abs. 2 AO will Dachverbände, die ihre gemeinnützigen Mitgliedskörperschaften fördern, mit von der Steuerbegünstigung erfassen.

2.2.1.4 Ausdrücklich unschädliche Betätigungen, § 58 AO

In § 58 AO hat der Gesetzgeber verschiedene Konstellationen geregelt, in denen jeweils eine für die Steuerbegünstigung **unschädliche Betätigung** vorliegen soll, obwohl nach dem Wortlaut des Gesetzes evtl. eine der geforderten Voraussetzungen nicht gegeben sein könnte.

Ausdrücklich unschädliche Betätigungen der Körperschaft gem. § 58 AO	
Alternative	Entgegen Wortlaut gegeben ist
• Nr. 1: Beschaffung von Mitteln durch eine andere, selbst steuerbegünstigte Körperschaft z.B. durch Förderverein	Unmittelbarkeit
• Nr. 2, 4 und 5: Zurverfügungstellen von Mitteln, Arbeitskräften oder Räumen an eine andere steuerbegünstigte Körperschaft	Unmittelbarkeit
• Nr. 3: Zuwendung der Überschüsse aus Vermögensverwaltung, der Gewinne aus wirtschaftlichen Geschäftsbetrieben sowie 15 % der sonstigen zeitnah zu verwendenden Mittel an eine andere steuerbegünstigte Körperschaft	Unmittelbarkeit
• Nr. 6: Pflege/Unterhalt des Andenkens eines Stifters oder seiner Angehörigen	Ausschließlichkeit
• Nr. 7: Gesellige Zusammenkünfte, soweit von untergeordneter Bedeutung	Ausschließlichkeit, Selbstlosigkeit
• Nr. 8: Förderung des bezahlten Sports neben dem unbezahlten Sport	Selbstlosigkeit
• Nr. 9: Zweckgerichtete Zuschüsse an Wirtschaftsunternehmen durch Stiftungen von Gebietskörperschaften	Unmittelbarkeit
• Nr. 10: Verwendung von Mitteln zum Erwerb von Gesellschaftsrechten zur Erhaltung einer prozentualen Beteiligung an Kapitalgesellschaften	Selbstlosigkeit

2.2.2 Verfahren zur Anerkennung (§§ 59 ff. AO)

Es reicht nicht aus, dass die Körperschaft für sich beabsichtigt, die oben genannten Zwecke zu verfolgen. Sie muss dies vielmehr auf eine bestimmte Art und Weise durch ihre Satzung sowie die tatsächliche Geschäftsführung dokumentieren. Nur wenn bestimmte formelle Verpflichtungen im **Anerkennungsverfahren** gegenüber dem Finanzamt eingehalten werden, kann die Körperschaft die Steuerbegünstigungen erhalten.

2.2.2.1 Satzung, § 60 AO

In der Satzung der Körperschaft muss sich genau widerspiegeln, in welcher Weise die oben genannten gesetzlichen Anforderungen an die Gemeinnützigkeit erfüllt werden (**formelle Satzungsmäßigkeit**). Erforderlich ist eine präzise Wiedergabe der verfolgten Zwecke und auch der vorgesehenen Art und Weise, in dieser diese Zwecke verfolgt werden. Eine Mustersatzung in Anlage 1 zu § 60 AO soll Körperschaften die Formulierung der Satzung erleichtern.

> ☞ **Praxistipp!**
> In der Praxis sind es tatsächlich vor allem Mängel der Satzung, die zur Versagung der Gemeinnützigkeit bei Vereinen oder anderen Körperschaften führen. Dies kann durch eine inhaltliche Orientierung an der Mustersatzung oder durch Nachfrage beim zuständigen Finanzamt vermieden werden.

Im Einzelnen sind folgende Inhalte der Satzung unverzichtbar:

Zwingende Satzungsinhalte, § 60 AO

• Vereinszweck (vgl. §§ 52-54 AO).
• Aktivitäten zur Verwirklichung des Vereinszwecks, zumindest beispielhaft genannte Maßnahmen hierfür.
• Festlegung der selbstlosen Tätigkeit: Keine vorrangige Verfolgung eigenwirtschaftlicher Ziele.
• Mittelverwendung nur für satzungsmäßige Zwecke:
   – Keine Zuwendungen an Mitglieder aus Vereinsmitteln.
   – Keine unverhältnismäßig hohen Vergütungen an andere Personen für satzungsfremde Zwecke ohne Gegenleistung.
   – Vermögensbindung bei Auflösung der Körperschaft oder Wegfall der Steuerbegünstigung: Verwendung des Vermögens der Körperschaft für andere, konkret genannte steuerbegünstigte Zwecke.

Schädliche Satzungsinhalte
Wirtschaftliche Geschäftsbetriebe als Satzungszweck.

2.2.2.2 Tatsächliche Geschäftsführung, § 63 AO

Die **tatsächliche Geschäftsführung** der Körperschaft muss gem. § 63 Abs. 1 AO auf die ausschließliche und unmittelbare Erfüllung der in der Satzung genannten steuerbegünstigten Zwecke gerichtet sein. Der Nachweis hierüber ist insbesondere durch ordnungsgemäße Aufzeichnung der Einnahmen und Ausgaben zu führen, § 63 Abs. 3 AO.

Bei zweckwidriger oder nicht zeitnaher Mittelverwendung (s. 2.3.4) kann das Finanzamt der Körperschaft eine Frist zur Einhaltung der entsprechenden Vorschriften setzen, damit dieser Mangel durch eine geeignete Verwendung behoben werden kann, § 63 Abs. 4 AO. Gelingt dies, bleibt die Körperschaft steuerbegünstigt.

2.2.2.3 Anerkennungsverfahren beim Finanzamt, § 60a AO

Die AO sah bis Anfang 2013 keine konkreten Regelungen vor, nach denen Körperschaften vorab die Anerkennung ihrer Gemeinnützigkeit erreichen konnten. Vielmehr entschied das Finanzamt erst im körperschaftsteuerlichen Veranlagungsverfahren darüber, ob:
- die Körperschaft die Voraussetzungen der Steuerbegünstigung erfüllt: dann erließ es einen Freistellungsbescheid, oder
- die Körperschaft nicht steuerbegünstigt sein kann, dann wurde ggf. ein Körperschaftssteuerbescheid erlassen (es gelten aber die Freibeträge des KStG).

Die Körperschaften waren jedoch in der Regel an einer zeitnäheren Entscheidung über ihre Gemeinnützigkeit interessiert, weshalb die Finanzbehörden bei Vorliegen der gesetzlichen Voraussetzungen auf Antrag **vorläufige Bescheinigungen** erteilten. Mit Wirkung vom 29.03.2013 wurde durch das „Gesetz zur Stärkung des Ehrenamts" ein Verfahren zur gesonderten Feststellung der Einhaltung der satzungsmäßigen Voraussetzungen geschaffen.

Bei Vorliegen der Voraussetzungen erlässt das zuständige Finanzamt einen entsprechenden Feststellungsbescheid, der gem. § 60a Abs. 1 Satz 2 AO für die Besteuerung der Körperschaft sowie des an sie eine Zuwendung erbringenden Steuerpflichtigen bindend ist. Es gelten die Vorschriften der §§ 179 ff. über gesonderte Feststellungen, gem. AEAO zu § 60a, Nr. 1 hat die Feststellung nicht unter dem Vorbehalt der Nachprüfung zu erfolgen.

Die Feststellung erfolgt gem. § 60a Abs. 2 AO entweder auf Antrag der Körperschaft selbst oder von Amts wegen bei der Veranlagung zur Körperschaftsteuer.

Gem. § 63 Abs. 5 AO ist es für die Ausstellung gültiger Zuwendungsbestätigungen i.S.d. § 50 Abs. 1 EStDV i.V.m. § 10b Abs. 1 Satz 2 Nr. 2 EStG („Spendenbescheinigung") Voraussetzung, dass entweder:
- das Datum des Freistellungsbescheides (nach altem Recht) nicht länger als 5 Jahre zurückliegt oder
- die Feststellung der Satzungsmäßigkeit nach dem oben erläuternden Verfahren des § 60a Abs. 1 AO nicht länger als 3 Jahre zurückliegt.

2.3 Verschiedene Bereiche und ihre steuerliche Behandlung im Einzelnen
2.3.1 Überblick
Aus den gesetzlichen Normen zu den steuerbegünstigten Körperschaften ergeben sich für sie im Ergebnis verschiedene **Tätigkeitsbereiche**, die steuerlich z.T. unterschiedlich behandelt werden.

Tätigkeitsbereiche steuerbegünstigter Körperschaften gem. §§ 51 ff. AO				
	Ideeller Bereich	**Vermögensverwaltung** (§ 14 Abs. 1 Satz 3 AO)	**Zweckbetrieb** (§§ 65–68 AO)	**Steuerpflichtiger wirtschaftlicher Geschäftsbetrieb** (§§ 64, 14 AO)
Überblick	Non-Profit-Bereich, in dem die steuerbegünstigten Ziele verfolgt werden	Reine Verwaltung des erworbenen Vermögens, z.B. Zinsen, langfristige Vermietung/Verpachtung von unbeweglichem Vermögen	Wirtschaftlicher Geschäftsbetrieb, der: • unmittelbar den satzungsmäßig begünstigten Zwecken dient • für die Zwecke unentbehrlich ist, • nicht mehr als nötig mit anderen nicht begünstigten Steuerpflichtigen in Wettbewerb tritt	Betätigungen, die auf Erzielung von Einnahmen gerichtet sind, nachhaltig betrieben werden und über Vermögensverwaltung hinausgehen; Zweck: Mittelbeschaffung
Einnahmen	Mitgliedsbeiträge, Spenden, Aufnahmegebühren	Zinsen, Miet-/Pachterträge für langfristige Vermietung/ Verpachtung	Erträge/Verluste aus Zweckbetrieb	Erträge/Verluste aus wirtschaftlichem Geschäftsbetrieb
Ausgaben	Verwaltungskosten bezüglich Mitglieder, Raumkosten, Übungsleiter	Gezahlte Zinsen, Grundstücksaufwendungen, Reparaturen		

2. Steuerbegünstigte Zwecke

	Ideeller Bereich	Vermögens-verwaltung (§ 14 Abs. 1 Satz 3 AO)	Zweckbetrieb (§§ 65–68 AO)	Steuerpflichtiger wirtschaftlicher Geschäftsbetrieb (§§ 64, 14 AO)
Problembereiche	• Verlustausgleich mit anderen Bereichen, • Höhe der Mitgliedsbeiträge, • Mitgliedsbeiträge als Entgelt für die Nutzung von Sportstätten o.ä.?	• Abgrenzung zum wirtschaftlichen Geschäftsbetrieb z.B. im Bereich Werbung/Sponsoring, • Beteiligungen an Kapital-/Personen-gesellschaften	• Abgrenzung zum wirtschaftlichen Geschäftsbetrieb	• Verlustverrechnung, • Überschüsse müssen zwingend in ideellen Bereich fließen
Steuerliche Folgen	Steuerbegünstigter Bereich: u.a. • Befreiung von Körperschaft- und Gewerbesteuer • Spendenabzug bei Einkommensteuer des Spenders			Steuerpflichtiger Bereich Grundsätzlich allgemeine Steuerpflicht (es gelten ggf. Freibeträge) Grundsätzlich voller Umsatzsteuersatz
	Leistungen i.d.R. nicht steuerbar	Umsatzsteuerliche Vergünstigung (§ 12 Abs. 2 Nr. 8a UStG): Steuersatz 7 % für erbrachte Leistungen (soweit steuerbar)		

2.3.2 Steuerbegünstigung: Ideeller Bereich und Vermögensverwaltung

Der Kernbereich der gemeinnützigen (bzw. mildtätigen oder kirchlichen) Tätigkeit ist im **ideellen Bereich** der Körperschaft angesiedelt. Es werden Chorproben oder Trainingsstunden abgehalten, Spenden gesammelt oder Gegenstände an Bedürftige verteilt. Ertragsteuern fallen auf die hier verrichteten Tätigkeiten nicht an, auch kommt es nicht zu umsatzsteuerpflichtigen Umsätzen. Regelmäßig erhält der Verein für erbrachte Leistungen in diesem Bereich kein Entgelt. Allerdings können sich nach neuerer Rechtsprechung des EuGH unter bestimmten Voraussetzungen die Mitgliedsbeiträge als Entgelt für erbrachte Dienstleistungen darstellen, wenn z.B. eine Sportstätte (z.B. ein Tennisplatz) unentgeltlich genutzt werden kann.

Soweit Körperschaften lediglich Zinsen aus Kapitalvermögen oder ähnliche Erträge erhalten oder Einkünfte aus Vermietung und Verpachtung von Vereinseigentum haben, liegt regelmäßig eine in Bezug auf Gewerbe- und Körperschaftsteuer steuerfreie **Vermögensverwaltung** vor (vgl. auch § 14 Satz 3 AO). Gerade bei Vermietungstatbeständen kann es zu steuerpflichtigen Umsätzen kommen, oftmals wird die Körperschaft die Umsatzgrenzen für Kleinunternehmer nach § 19 UStG nicht überschreiten. Es greift grundsätzlich der ermäßigte Steuersatz nach § 12 Abs. 2 Nr. 8 UStG.

2.3.3 Wirtschaftliche Geschäftsbetriebe
2.3.3.1 Begriff des steuerpflichtigen wirtschaftlichen Geschäftsbetriebs

Ein **wirtschaftlicher Geschäftsbetrieb** liegt dann vor, wenn eine Körperschaft zur Erzielung von Einnahmen oder anderer wirtschaftlicher Vorteile tätig ist, diese Tätigkeit nachhaltig betreibt und dabei über eine reine Vermögensverwaltung hinausgeht (§ 14 AO). Wirtschaftliche Geschäftsbetriebe von Körperschaften unterliegen grundsätzlich der Körperschafts- und der Gewerbesteuer, allerdings gilt dies bei steuerbegünstigten Körperschaften erst ab Überschreiten einer Grenze von 35.000 € Einnahmen, § 64 Abs. 3 AO.

Keine Steuerpflicht besteht, wenn es sich lediglich um einen **Zweckbetrieb** gem. § 65 AO handelt, wenn nämlich der Betrieb der unmittelbaren Verwirklichung der begünstigten Ziele dient, hierfür unentbehrlich ist und die Körperschaft damit nicht über die Maßen mit nicht begünstigten Personen in Wettbewerb tritt (s. 2.3.3.2 und 2.3.1).

Körperschaften unterhalten wirtschaftliche Geschäftsbetriebe zur Erzielung von Einnahmen. Entstehen tatsächlich Gewinne, so sind diese zwingend für die begünstigten Bereiche zu verwenden, also vor allem für den ideellen Bereich; die Bildung von Rücklagen ist unter bestimmten Voraussetzungen möglich (s. 2.3.4). Damit ein steuerpflichtiger wirtschaftlicher Geschäftsbetrieb vorliegt, muss es sich um eine nachhaltige Tätigkeit handeln. Dies ist z.B. gegeben, wenn die Tätigkeit in einem gewissen Zeitraum mit Wiederholungsabsicht betrieben wird. Aber auch einmalige Tätigkeiten können, wenn sie einen hohen organisatorischen Aufwand hervorrufen, als nachhaltig anzusehen sein, wenn sie das äußere Erscheinungsbild einer gewerblichen Betätigung aufweisen.

Beispiele für steuerpflichtige wirtschaftliche Geschäftsbetriebe einer Körperschaft sind:
- Altkleidersammlungen,
- Vereinsgaststätten,
- Getränkestände auf Festen,
- Flohmärkte,
- Tanzveranstaltungen,
- Kurzfristige Vermietung von Sportstätten an Nichtmitglieder.

Alle wirtschaftlichen Geschäftsbetriebe der Körperschaft sind gem. § 64 Abs. 2 AO zusammenzufassen, insbesondere gem. § 64 Abs. 3 AO auch für die Ermittlung des Überschreitens der 35.000 €-Grenze.

Bleiben die Einnahmen einschließlich Umsatzsteuer aus allen wirtschaftlichen Geschäftsbetrieben unter der Grenze von 35.000 €, dann fällt keine Körperschaft- oder Gewerbesteuer an. Wird die Grenze hingegen überschritten, ist der gesamte Betrag zu versteuern, es handelt sich also um eine Freigrenze. Umsatzsteuerlich greift aber unabhängig von dieser Grenze grundsätzlich der volle Steuersatz.

2.3.3.2 Abgrenzung zum steuerbegünstigten Zweckbetrieb

Aufgrund der unterschiedlichen Rechtsfolgen ist die Abgrenzung zwischen begünstigtem Zweckbetrieb nach §§ 65 ff. AO und steuerpflichtigem wirtschaftlichen Geschäftsbetrieb für die Körperschaft von großer Bedeutung.

Zweckbetriebe sind insofern steuerlich begünstigt, als die Tätigkeiten von Körperschaft- und Gewerbesteuer befreit sind und für die getätigten Umsätze der ermäßigte Steuersatz von 7 % greift. Voraussetzungen für den Zweckbetrieb sind gem. § 65 AO in Einzelnen:
- der wirtschaftliche Geschäftsbetrieb dient dazu, die steuerbegünstigten satzungsmäßigen Zwecke zu verwirklichen,
- die Zwecke können nur durch einen solchen Geschäftsbetrieb erreicht werden und
- der Geschäftsbetrieb tritt zu anderen nicht begünstigten Betrieben nicht in größerem Umfang in Wettbewerb als unvermeidbar.

Durch das Konstrukt der Zweckbetriebe soll gemeinnützigen Körperschaften die Möglichkeit gegeben werden, ihre begünstigten Zwecke in wirtschaftlicher Hinsicht zu fördern, ohne zu große steuerliche Belastungen aufzubauen, allerdings nur, wenn sie damit keine unnötige Wettbewerbssituation schaffen.

Für einzelne Bereiche konkretisiert der Gesetzgeber die Fälle, in denen vom Vorliegen eines Zweckbetriebs auszugehen ist. Große praktische Bedeutung hat hier vor allem die Abgrenzung im Bereich der **Sportveranstaltungen** nach § 67a AO. Hier kommt es gem. § 67a Abs. 1 AO für das Vorliegen eines Zweckbetriebes zunächst allein darauf an, dass die Einnahmen aus der Veranstaltung 45.000 € nicht übersteigen. Ist dies der Fall, liegt grundsätzlich ein begünstigter Zweckbetrieb vor. Liegen die Einnahmen hingegen über diesem Betrag, ist grundsätzlich ein wirtschaftlicher Geschäftsbetrieb gegeben.

Mit Wirkung vom 01.01.2021 können auch Sportveranstaltungen steuerlich begünstigt sein, die von einem Sportdachverband ausgerichtet werden. Diese gelten gem. § 67a Abs. 4 AO n.F. dann als Zweckbetrieb, wenn an ihr überwiegend Sportler teilnehmen, die keine Lizenzsportler sind.

Allerdings ist es der Körperschaft – hier kommen in erster Linie Sportvereine infrage – gem. § 67a Abs. 2 AO möglich, auf die Anwendung dieser Umsatzgrenze zu verzichten. Tut der Verein das, bindet er sich insoweit für 5 Veranlagungszeiträume. Folge des Verzichts ist, dass sich nun die Frage „Zweckbetrieb oder steuerpflichtiger wirtschaftlicher Geschäftsbetrieb" allein nach § 67a Abs. 3 AO entscheidet. Es liegt dann nur ein Zweckbetrieb vor, wenn kein bezahlter Sportler an der Veranstaltung teilnimmt. Für die Beantwortung der Frage, ob für einen Sportverein die Option Sinn macht, ist zu unterscheiden, ob davon auszugehen ist, dass die Einnahmen seiner Veranstaltungen durchschnittlich über oder unter der 45.000 €-Grenze liegen.

Liegen sie üblicherweise darüber, macht der Verzicht dann Sinn, wenn an den Veranstaltungen keine bezahlten Sportler beteiligt sind und somit durch den Verzicht ein begünstigter Zweckbetrieb vorliegt.

Liegen die Einnahmen üblicherweise unter 45.000 €, strebt der Verein durch die Option gerade das Vorliegen eines wirtschaftlichen Geschäftsbetriebs an, wenn eben bezahlte Sportler an der Veranstaltung teilnehmen. Sinn macht dies, wenn Verluste aus Veranstaltungen mit zu erwartenden Gewinnen aus anderen Veranstaltungen verrechnet werden sollen. Eine weitere Konstellation, in der die Option in solchen Fällen sinnvoll ist, liegt vor, wenn der Verein Gewinne erwartet, die mit auf Dauer schädlichen Verlusten aus anderen wirtschaftlichen Geschäftsbetrieben verrechnet werden sollen.

Zu beachten ist aber, dass die Einordnung als wirtschaftlicher Geschäftsbetrieb auch die Anwendung des vollen Umsatzsteuersatzes zur Folge an.

Für andere Bereiche gibt § 68 AO einen Anhaltspunkt, wann vom Vorliegen eines Zweckbetriebes ausgegangen werden kann.

Beispiele für Zweckbetriebe nach § 68 AO:
- Alten- und Pflegeheime,
- Behindertenwerkstätten,
- Gemeinnützige Lotterien,
- Museen, Theater, kulturelle Veranstaltungen, Konzerte, Kunstausstellungen,
- Volkshochschulen.

2.3.4 Das Vermögen der steuerbegünstigten Körperschaft und seine Verwendung

Grundsätzlich dürfen Mittel der Körperschaft nur für satzungsmäßige Zwecke verwendet werden. Z.B. darf das Vermögen nicht an Mitglieder oder an Dritte verschenkt werden, es sei denn, es werden so unmittelbar begünstigte, wie z.B. mildtätige Zwecke verfolgt. Bei Zahlungen oder Zuwendungen, die Gegenleistungen anderer abgelten sollen, muss ein angemessenes Verhältnis bestehen. Zuwendungen im Rahmen des Üblichen, die in Erfüllung des Satzungszwecks geleistet werden, sind unbedenklich.

Die Mittel des Vereins, so auch die Überschüsse aus einem wirtschaftlichen Geschäftsbetrieb, müssen zeitnah für die begünstigten Zwecke verwendet werden, § 55 Abs. 1 Nr. 5 AO. Eine zeitnahe Verwendung liegt danach dann vor, wenn die Mittel spätestens in den auf den Zufluss folgenden zwei Kalender- oder Wirtschaftsjahren für die satzungsmäßigen steuerbegünstigten Zwecke verwendet werden.

Eine anderweitige wie die übermäßige Verwendungen von Spendengeldern für Spendenwerbung oder unangemessen hohe Verwaltungskosten in der Körperschaft können zu einer Aberkennung der Steuerbegünstigung führen. Bestimmte Zuwendungen wie aufgrund eines anlassbezogenen Spendenaufrufs oder solche, die vom Spender unter Zweckauflagen vergeben worden sind, unterliegen nicht diesen strengen zeitlichen Regelungen.

Unter bestimmten gesetzlichen Voraussetzungen können **Rücklagen** gebildet, § 62 AO. Folgende Möglichkeiten bestehen insoweit:

Unschädliche Rücklagen für steuerbegünstigte Körperschaften
§ 62 Abs. 1 Nr. 1 AO   Ansammlung von Mitteln für ein ganz bestimmtes Vorhaben, z.B.:   • Anschaffungsrücklage für Erweiterung einer Sportanlage, Rücklage für demnächst erforderliche Reparatur an Grundstück der Körperschaft.
§ 62 Abs. 1 Nr. 2 AO   Rücklage für die beabsichtigte Wiederbeschaffung von Wirtschaftsgütern, die zur Verwirklichung der Satzungszwecke erforderlich sind, z.B.   • Rücklage für Wiederbeschaffung Kleintransporter Fußballverein.
§ 62 Abs. 1 Nr. 3 AO   Freie Rücklage ohne konkretes Verwendungsziel: • bis zu einem Drittel der Erträge aus Vermögensverwaltung + 10 % aus sonstigen Erträgen.
§ 62 Abs. 1 Nr. 4 AO   Rücklage zum Erwerb von Gesellschaftsrechten.

Auch im wirtschaftlichen Geschäftsbetrieb selbst kann eine Rücklage gebildet werden, wenn dies bei vernünftiger kaufmännischer Betrachtung wirtschaftlich begründet ist.

Praktische Probleme ergeben sich, wenn in den verschiedenen Bereichen der Körperschaft Verluste entstehen, die ausgeglichen werden sollen. Hier bestehen Beschränkungen: Entstehen in der Summe aus den wirtschaftlichen Geschäftsbetrieben der Körperschaft Verluste, dürfen diese aufgrund § 55 Abs. 1 Nr. 1 Satz 1 AO nicht durch Einnahmen aus den anderen Bereichen ausgeglichen werden, da dies keine satzungsmäßige Verwendung der Mittel darstellen würde. Einzelheiten regelt insoweit AEAO zu § 55, Nr. 3.–8.

Danach gilt:

Umgang mit Verlusten aus wirtschaftlichen Geschäftsbetrieben
Grundsätzlich ist ein **Ausgleich von Verlusten aus wirtschaftlichen Geschäftsbetrieben** (Summe aller Betriebe) mit Mitteln aus begünstigten Bereichen nicht zulässig.   Zunächst sind Ergebnisse **mehrerer** wirtschaftlicher Geschäftsbetriebe miteinander zu **verrechnen**. Es ist unschädlich, einen Ausgleich aus den begünstigten Bereichen vorzunehmen, wenn diesem Bereich in den 6 vorangegangenen Jahren Gewinne aus den wirtschaftlichen Geschäftsbetrieben zugeführt worden waren.   Unschädlich sind **Verluste in wirtschaftlichen Geschäftsbetrieben**, wenn sie nur aus Abschreibungen auf ein gemischt genutztes Wirtschaftsgut entstanden sind und: 1. das Wirtschaftsgut für den ideellen Bereich angeschafft oder hergestellt worden ist und nur zur besseren Auslastung für den wirtschaftlichen Geschäftsbetrieb genutzt worden ist,   2. die Körperschaft für die Leistungen des wirtschaftlichen Geschäftsbetriebs marktübliche Preise verlangt hat und   3. der wirtschaftliche Geschäftsbetrieb keinen eigenständigen Sektor eines Gebäudes bildet (z.B. Gaststätte in einer Sporthalle).

2. Steuerbegünstigte Zwecke

Der **Ausgleich von Verlusten** ist ebenfalls unschädlich, wenn:
- der Verlust auf einer Fehlkalkulation beruht,
- die Körperschaft innerhalb von 12 Monaten nach Ende des Verlustjahres dem ideellen Bereich wieder entsprechende Mittel zuführt und
- die zugeführten Mittel nicht aus Zweckbetrieben, aus der begünstigten Vermögensverwaltung oder anderen gebundenen Zuwendungen stammen; sie müssen also aus dem ideellen Bereich kommen.

Unschädlich ist auch die **Aufnahme von Darlehen für den wirtschaftlichen Geschäftsbetrieb**, selbst wenn das Vermögen des ideellen Bereichs als Sicherheit dient.
Anlaufverluste in wirtschaftlichen Geschäftsbetrieben und ihr Ausgleich aus dem begünstigten Bereich sind grundsätzlich unschädlich, müssen aber i.d.R. innerhalb von **3 Jahren** zurückgeführt werden.

2.3.5 Übungsbeispiel

Abschließendes Übungsbeispiel „Palz Pepper e.V.":

Der Chor „Palz Pepper" e.V. (PP) aus Kaiserslautern will sich durch das Finanzamt als gemeinnützig anerkennen lassen. Der Tätigkeitsbereich umfasst die Abhaltung von Singstunden, die Organisation und Vorbereitung von Chorkonzerten und anderen Auftritten sowie die Weiterbildung im gesanglichen Bereich.
1. Was muss PP tun, um die steuerlichen Begünstigungen zu erreichen?
2. Wie erfolgt die Anerkennung durch das Finanzamt als gemeinnützig und welche steuerlichen Folgen hat sie?
3. Welche Folgen treten ein, wenn in Teilen eines vereinseigenen Gebäudes von PP eine Vereinsgaststätte betrieben wird?
4. Was ist zu tun, wenn der Verein seine Tätigkeit einstellt?

Lösung „Palz Pepper e.V.":

1. PP muss die Anerkennung als gemeinnützig beantragen und hierzu eine Satzung, die den Anforderungen des § 60 AO entspricht, beim Finanzamt einreichen. In der Satzung müssen die gemeinnützigen Zwecke des Vereins genau bezeichnet sein. Als Chor fördert PP Kunst und Kultur i.S.d. § 52 Abs. 2 Nr. 5 AO. Aus der Satzung müssen sich die Selbstlosigkeit und die unmittelbare und ausschließliche Förderung des genannten gemeinnützigen Zwecks ergeben. Die der Satzung entsprechende tatsächliche Geschäftsführung, also vor allem die richtige Verwendung eingenommener Gelder muss dargelegt werden.
2. Liegen alle Voraussetzungen vor, erlässt das Finanzamt einen Bescheid über die gesonderte Feststellung der Einhaltung der satzungsmäßigen Anforderungen gem. § 60a Abs. 1 AO. PP ist nun berechtigt, für Spenden entsprechende Bescheinigungen auszugeben, die dem Spender den Abzug des Spendenbetrags nach § 10b EStG ermöglicht. PP kann außerdem seiner Chorleiterin ein Entgelt zahlen, das für diese, wenn es unter dem Betrag von 2.400 € jährlich liegt, gem. § 3 Nr. 26 EStG steuerfrei ist. Umsatzsteuer fällt bei PP nicht an, da keine entgeltlichen Leistungen an Mitglieder erbracht werden. Von der Körperschafts- und der Gewerbesteuer ist PP befreit.
3. Die Verwaltung des Gebäudes stellt den steuerbegünstigten Teil der Vermögensverwaltung von PP dar. Wird in einem Teil des Gebäudes eine Gaststätte betrieben, so handelt es sich um einen steuerpflichtigen wirtschaftlichen Geschäftsbetrieb i.S.d. § 64 AO. Ein Zweckbetrieb nach § 65 AO

> ist nicht gegeben, da der Betrieb nicht der Förderung der begünstigten Zwecke dient. Gewinne aus der Gaststätte müssen zwingend dem begünstigten Bereich zufließen, Verluste dürfen jedoch grundsätzlich nicht aus dem begünstigten Bereich ausgeglichen werden.
> 4. Bereits in der Satzung musste PP gem. § 55 Abs. 1 Nr. 4 AO bestimmen, dass bei Auflösung des Vereins die verbliebenen Mittel für einen begünstigten Zweck zu verwenden sind. Dies ist soweit erforderlich nun zu konkretisieren, indem genau bestimmt wird, wem verbliebenes Vermögen zufließen soll, z.B. einem anderen gemeinnützigen Verein.

3. Haftung

3.1 Allgemeines

Die Entstehung eines Anspruches aus dem Steuerschuldverhältnis (§ 37 AO) ist alleine an die Verwirklichung des gesetzlichen Tatbestands, an den das Gesetz die Leistungspflicht knüpft, gebunden; nicht jedoch daran, ob ein Steuerschuldner finanziell in der Lage ist, die Ansprüche zu begleichen.

Die Haftungstatbestände schaffen eine weitere Möglichkeit dem Fiskus die Ansprüche zu sichern. Durch die Haftung kommen weitere Personen zur Erfüllung der Steuerschulden in Betracht bei eventueller Leistungsunfähigkeit des Steuerschuldners.

Zivilrechtlich bedeutet „haften" sowohl für eigene als auch für fremde Schulden einstehen zu müssen. Hier unterscheidet sich das Steuerrecht vom Zivilrecht. Denn steuerrechtlich heißt „haften" einstehen für eine **fremde** Schuld. Das heißt, dass Steuerschuldner und Haftungsschuldner nicht identisch sind. Der Haftungsschuldner muss dementsprechend für eine fremde Schuld mit seinem Vermögen einstehen.

> **Beispiel:**
> 1. Haftung nach Zivilrecht:
> 1.1 Haftung nach Gesetz
>   - § 25 HGB, Erwerber eines Handelsgeschäfts bei Firmenfortführung,
>   - § 28 HGB, bei Eintritt in ein Unternehmen,
>   - § 171 HGB, des Kommanditisten etc.
> 1.2 Haftung nach Vertrag
>   - § 765 BGB, Bürgschaft etc.
> 2. Haftung nach Steuerrecht:
> 2.1 Haftung nach der AO
>   - § 69 AO, Vertreter,
>   - § 70 AO, Vertretene,
>   - § 71 AO, Steuerhinterzieher,
>   - § 72 AO, Verletzung Kontenwahrheit,
>   - § 72a AO, Dritter bei Datenübermittlungen an Finanzbehörden,
>   - § 73 AO, Organschaft,
>   - § 74 AO, Eigentümer von Gegenständen,
>   - § 75 AO, Betriebsübernehmer,
>   - § 76 AO, Sachhaftung.
> 2.2 Haftung nach anderen Gesetzen
>   - §§ 10b Abs. 4, 42d, 44 Abs. 5, 48a Abs. 3 EStG,
>   - § 20 ErbStG,
>   - § 13c UStG.

Die einzelnen Haftungstatbestände bestehen nebeneinander und können folglich auch nebeneinander geltend gemacht werden.

Auch im Haftungsverfahren gelten die allgemeinen Grundsätze des Besteuerungsverfahrens. Ist z.B. ein Umsatzsteueranspruch entstanden und auch ein Haftungstatbestand erfüllt (Akzessorietät liegt vor, d.h. Haftungsanspruch ist abhängig von dem Umsatzsteueranspruch), wird dieser durch Haftungsbescheid geltend gemacht (§ 191 AO) und erhoben (§ 219 AO).

3.2 Akzessorietät der Haftung

Eine Haftung kommt nur in Betracht, wenn eine Steuerschuld entstanden ist und im Zeitpunkt des Erlasses des Haftungsbescheides noch besteht; der Haftungsanspruch also abhängig vom Steueranspruch (Hauptanspruch) ist (**Grundsatz der Akzessorietät**).

Der Haftungsanspruch ist durch Zahlung der Schuld (§§ 224, 225 AO), Aufrechnung (§ 226 AO), Erlass (§ 227 AO) erloschen (§ 47 AO).

 Hinweis!
Keine Haftung ohne Anspruch aus dem Steuerschuldverhältnis!

Beispiel:
Der Haftungsbescheid ist vom 20.04.2018; die Steuerschulden wurden am 18.04.2018 gezahlt.

Lösung:
Der Steueranspruch ist durch Zahlung erloschen und bestand bei Erlass des Haftungsbescheides nicht mehr. Der Haftungsbescheid ist nicht rechtmäßig – mangels Akzessorietät.

Daher regelt § 191 Abs. 5 AO in welchen Fällen, mangels Akzessorietät, kein Haftungsbescheid mehr ergehen kann (vgl. auch AEAO zu § 191 AO Nr. 9). Diese sind:
- soweit die Steuer gegen den Steuerschuldner nicht festgesetzt worden ist und wegen Ablauf der Festsetzungsfrist auch nicht mehr festgesetzt werden kann,
- soweit die gegen den Steuerschuldner festgesetzte Steuer verjährt ist oder die Steuer erlassen worden ist.

Diese Regelung gilt nicht, wenn die Haftung darauf beruht, dass der Haftungsschuldner Steuerhinterziehung oder Steuerhehlerei begangen hat.

Eine Durchbrechung dieses Grundsatzes findet sich bei der Sachhaftung nach § 76 AO (s. 3.11), da in solchen Fällen der Haftungsanspruch bereits vor dem Entstehen des Steuer- bzw. Abgabenanspruches entstehen kann.

3.3 Gesamtschuldnerschaft

Gemäß § 44 Abs. 1 AO sind Personen, die nebeneinander dieselbe Leistung aus dem Steuerschuldverhältnis schulden oder für sie haften oder die zusammen zu einer Steuer zu veranlagen sind, Gesamtschuldner, sodass – soweit nichts Anderes bestimmt ist – jeder Gesamtschuldner die Leistung schuldet.

Beispiele:
- Ehegatten, die zusammen zur Einkommensteuer veranlagt werden (§ 26 EStG) sind nach § 44 Abs. 1 S. 1 Alt. 3 AO Gesamtschuldner, d.h. beide schulden nebeneinander nach S. 2 die gesamte Leistung,
- bei einer Schenkung sind sowohl der Erwerber als auch der Schenker (§§ 7, 20 Abs. 1 S. 1 ErbStG) Gesamtschuldner nach § 44 Abs. 1 S. 1 Alt. 1 AO.

Obwohl das Gesetz nicht direkt nach Wortlaut den Steuer- und Haftungsschuldner nebeneinanderstellt, schulden beide die Leistung als (unechte) Gesamtschuldner, vgl. BFH vom 21.07.1983, BStBl II 1983, 763.

3.4 Haftung der Vertreter (§ 69 AO)

Gemäß § 69 S. 1 AO haften die in den §§ 34 und 35 AO bezeichneten Personen, soweit Ansprüche aus dem Steuerschuldverhältnis (§ 37 AO) infolge vorsätzlicher oder grob fahrlässiger Verletzung der ihnen auferlegten Pflichten nicht oder nicht rechtzeitig festgesetzt oder erfüllt oder infolgedessen Steuervergütungen oder Steuererstattungen ohne rechtlichen Grund gezahlt werden.

Bei der Regelung handelt es sich um eine öffentlich-rechtliche Schadensersatzhaftung. Bestimmte Steuerschuldner sind selbst nicht handlungsfähig und übertragen daher die Ausübung von Pflichten auf Dritte. Die nunmehr tätig werdenden Personen sollen für Schäden, die sie dem Fiskus schuldhaft zugefügt haben, haften (einstehen). Dies soll dazu führen, dass die tätig werdenden Personen ihre Aufgaben sorgfältiger erfüllen.

3.4.1 Haftungsschuldner

Die Haftung nach § 69 AO ist begrenzt auf den dort genannten Personenkreis.

3.4.1.1 Personen i.S.d. § 34 AO

Die gesetzlichen Vertreter natürlicher und juristischer Personen sowie von nicht rechtsfähigen Personenvereinigungen haben deren steuerlichen Pflichten zu erfüllen, da sie selbst nicht handlungsfähig sind (vgl. § 79 AO). Sie haben insbesondere dafür zu sorgen, dass die Steuern aus den Mitteln entrichtet werden, die sie verwalten. Ausführlich vgl. 1.1.2.1.1.

Sofern nicht rechtsfähige Personenvereinigungen keinen Geschäftsführer haben, so tritt an deren Stelle jedes Mitglied der Gesellschaft (§ 34 Abs. 2 S. 1 AO). Die Finanzbehörde ist auch berechtigt, mehrere Mitglieder zugleich zur Pflichterfüllung aufzufordern.

Bei nicht rechtsfähigen Vermögensmassen haben diejenigen die Pflichten zu erfüllen, denen das Vermögen zusteht (§ 34 Abs. 2 S. 3 AO).

Vermögensverwalter haben ebenso die Pflichten der gesetzlichen Vertreter gemäß § 34 Abs. 3 AO zu erfüllen, soweit ihre Verwaltungsbefugnis reicht. Eine Stellung als Vermögensverwalter i.S.d. § 34 Abs. 3 AO setzt voraus, dass jemand dazu befugt ist, fremdes Vermögen in eigenem Namen zu verwalten.

Beispiele:

Vermögensverwalter:
- Insolvenzverwalter (§§ 56 ff. InsO),
- Nachlassverwalter (§§ 1975 ff. BGB),
- Testamentsvollstrecker (§ 2197 BGB),
- Zwangsverwalter (§§ 150 ff. ZVG).

3.4.1.2 Personen i.S.d. § 35 AO

Wer als Verfügungsberechtigter im eigenen oder fremden Namen auftritt, hat die Pflichten eines gesetzlichen Vertreters, soweit er sie rechtlich und tatsächlich erfüllen kann.

Tatsächlich verfügungsberechtigt ist derjenige, der wirtschaftlich über Mittel, die einem anderen gehören, verfügen kann (z.B. durch Kontovollmacht).

Die Pflichten rechtlich erfüllen kann derjenige, der im Außenverhältnis rechtswirksam handeln kann. Auf evtl. bestehende Einschränkungen im Innenverhältnis kommt es nicht an. Der Verfügungsberechtigte muss am Rechtsverkehr teilnehmen. Es reicht aus, dass der Verfügungsberechtigte als solcher in einer begrenzten Öffentlichkeit (gegenüber Gesellschaftern und Organen der Gesellschaft, wie z.B. auf Gesellschafterversammlungen und Aufsichtsratssitzungen) auftritt; ein Auftreten gegenüber Finanzbehörden oder in steuerlichen Angelegenheiten ist nicht erforderlich. Er muss jedoch schlüssig erkennen lassen, dass er von seiner Verfügungsmacht Gebrauch machen will.

Es ist im Einzelfall zu prüfen, ob der Verfügungsberechtigte durch die ihm verliehenen Befugnisse in der Lage ist, tatsächlich und rechtlich die Pflichten zu erfüllen.

Steuerberater, die nur im Rahmen ihres gewöhnlichen Auftragsverhältnisses tätig werden, sind keine Verfügungsberechtigten.

Hingegen kommt als Verfügungsberechtigter der faktische Geschäftsführer in Betracht, vgl. BFH-Urteil vom 10.05.1989, BFH/NV 1990, 7. Faktischer Geschäftsführer ist derjenige, der rechtlich und wirtschaftlich in der Lage ist, über Mittel dessen zu verfügen, für den er als Geschäftsführer im Rechts- und Wirtschaftsleben auftritt und er auch tatsächlich über diese Mittel verfügt. Zusätzlich muss dieses Verhalten den Anteilseignern bekannt sein und von diesen geduldet werden.

> **Beispiel:**
>
> Geschäftsführer der A-GmbH sind A und B. Der Gesellschafter C hat zwar keine ausdrückliche Vertretungsmacht, leitet aber den Betrieb, bewirkt Steueranmeldungen, nimmt Schecks entgegen und befriedigt damit Lieferanten und auch das Finanzamt.
>
> **Lösung:**
>
> C ist faktischer Geschäftsführer und damit als Verfügungsberechtigter i.S.v. § 35 AO anzusehen.

Ausführlich vgl. 1.1.2.2.

3.4.2 Pflichtverletzung

Die Personen i.S.d. §§ 34, 35 AO haben insbesondere folgende steuerlichen Pflichten der Vertretenen zu erfüllen:
- Mitwirkungs- und Leistungspflichten im Festsetzungs- und Erhebungsverfahren,
- Aufzeichnungs-, Buchführungs- und Aufbewahrungspflichten,
- Anzeigepflichten (§§ 135, 137-139 AO),
- Steuererklärungspflichten (§§ 149-153 AO),
- Auskunfts- und Vorlagepflichten (z.B. §§ 93, 97 AO),
- Zahlungspflichten; bei diesen ist insbesondere die grundsätzliche Pflicht hervorzuheben, den Fiskus beim Fehlen ausreichender Geldmittel nicht gegenüber anderen Gläubigern zu benachteiligen,
- Pflicht zur Mitwirkung bei der Ermittlung der Tilgungsquote im Umsatzsteuer-Haftungsfall,
- Pflicht zur Einhaltung des Sperrjahres durch den Liquidator vor Verteilung des Vermögens.

Werden die genannten Pflichten nicht erfüllt, ist eine haftungsrelevante Pflichtverletzung gegeben. Diese kann durch eigenes Handeln (z.B. Abgabe einer unzutreffenden Steuererklärung) oder durch Unterlassen (z.B. keine Abgabe der Steuererklärung) bewirkt werden. Es sind alle während des Bestehens der Vertretungs- oder Verfügungsmacht (§ 36 AO) durch die AO oder die Einzelsteuergesetze begründeten Pflichten des Erstschuldners zu beachten.

Die Person i.S.v. §§ 34, 35 AO hat die Pflicht, sich vor der Annahme des jeweiligen Amtes über die steuerlichen Pflichten zu informieren. Sollte sie sich die ordnungsgemäße Ausübung des Amtes nicht zutrauen, so wird erwartet, dass sie das Amt ablehnt bzw. gar nicht annimmt.

Bei mehreren Geschäftsführern einer GmbH hat grundsätzlich jeder der Geschäftsführer, als Vertreter der GmbH gemäß § 35 Abs. 1 GmbHG i.V.m. § 34 Abs. 1 S. 1 AO, deren steuerliche Pflichten mit der Sorgfalt eines ordentlichen Geschäftsmannes zu erfüllen, § 43 Abs. 1 GmbHG (**Grundsatz der Gesamtverantwortung**).

Diese Gesamtverantwortung tritt in den Hintergrund (es verbleibt aber eine Kontroll- und Überwachungspflicht) wenn:

- die Verteilung der Aufgaben unter den Geschäftsführern vorab schriftlich und eindeutig erfolgt,
- der Geschäftsführer, der für die Erfüllung der steuerlichen Pflichten zuständig ist, vertrauenswürdig ist und die Gewähr für eine ordnungsgemäße Geschäftsführung bietet.

Die Gesamtverantwortung lebt jedoch wieder auf, wenn Zahlungsschwierigkeit/Zahlungsunfähigkeit besteht oder erkennbarer Anlass besteht, dass der zuständige Geschäftsführer die steuerlichen Pflichten nicht ordnungsgemäß erfüllt. Vgl. zu diesem Thema BFH vom 26.04.1984, BStBl II 1984, 776 ff. und vom 23.06.1998, BStBl II 1998, 761.

Beispiel:

Geschäftsführer der XY-GmbH sind A und B. Sie entwickeln und fertigen Maschinen für den Straßenbau.
Da A ein abgeschlossenes Maschinenbaustudium hat, kümmert er sich lediglich um den bautechnischen Bereich der GmbH. Dies hat B akzeptiert. Er ist für den gesamten Wirkungsbereich der GmbH nach außen und den finanziellen Bereich zuständig.

Lösung:

Grundsätzlich kennt § 35 Abs. 1 GmbHG keine Einschränkung des gesetzlichen Vertreters. Da der Aufgabenbereich jedoch schriftlich beschränkt werden kann, verbleibt für den Geschäftsführer A eine sogenannte Aufsichtspflicht – die sonstigen Pflichten sind eingeschränkt und werden von B erfüllt. Bei (drohender) Zahlungsunfähigkeit jedoch leben die Pflichten auch für A wieder auf.

3.4.3 Haftungsschaden

Durch die Pflichtverletzung (s. 3.4.2) muss dem Steuergläubiger, also dem Fiskus ein Schaden entstanden sein. Das Gesetz benennt dabei fünf verschiedene Möglichkeiten für das Vorliegen eines solchen Schadens:

a) keine **oder** nicht rechtzeitige Festsetzung,
b) keine **oder** nicht rechtzeitige Erfüllung,
c) Erstattung ohne rechtlichen Grund.

Gehaftet wird dabei für alle Ansprüche aus dem Steuerschuldverhältnis (§ 37 AO). Diese sind:
- der Steueranspruch,
- der Steuervergütungsanspruch,
- der Erstattungsanspruch,
- der Haftungsanspruch,
- der Anspruch auf eine steuerliche Nebenleistung (Verspätungs- und Säumniszuschläge, Zinsen, Zwangsgelder und Kosten).

Zu a): Keine oder nicht rechtzeitige Festsetzung

Keine (= Nichtfestsetzung) Festsetzung liegt vor, wenn Ansprüche aus dem Steuerschuldverhältnis zwar entstanden sind (§ 38 AO), aber überhaupt nicht festgesetzt werden (§ 155 AO), d.h. kein Steuerbescheid ergangen ist oder die Steuern nicht angemeldet wurden.

Beispiel:

Die B-GbR hat (nach § 38 AO entstandene) Vermietungseinkünfte i.H.v. 30.000 €. Eine Festsetzung (§ 155 AO) erfolgt nicht, weil der gesetzliche Vertreter keine Erklärung abgegeben hat.

Eine teilweise Nichtfestsetzung liegt vor, wenn die entstandene Steuer nicht in voller Höhe festgesetzt wurde. Eine nicht rechtzeitige Festsetzung liegt vor, wenn Steuern, die bis zu einem bestimmten Zeitpunkt anzumelden sind, nicht festgesetzt werden.

3. Haftung

Für die Frage der Nichtfestsetzung/teilweisen Nichtfestsetzung/nicht rechtzeitigen Festsetzung bei Anmeldesteuern muss zwischen den Vorauszahlungen und den Anmeldungen für das Kalenderjahr unterschieden werden.

Steueranmeldungen (Vorauszahlungen) sind bis zum 10. des Folgemonats anzumelden.

Beispiel:
USt, § 18 Abs. 1 S. 1 UStG,
LSt, § 41a Abs. 1 S. 1 Nr. 1 EStG,
KapESt, § 44 Abs. 1 S. 5 EStG.

Eine Nichtfestsetzung/teilweise Nichtfestsetzung liegt vor, wenn die Anmeldung bis zum 10. des Folgemonats erfolgt, aber zu niedrig angemeldet wird (Differenzbetrag = Nichtfestsetzung). Wird hingegen ab dem 11. des Folgemonats angemeldet (wegen der Festsetzungsfiktion der §§ 167, 168 S. 1 AO), liegt eine nicht rechtzeitige Festsetzung vor.

Steueranmeldungen für das Kalenderjahr (z.B. Umsatzsteuerjahreserklärung § 18 Abs. 3 S. 1 UStG) sind bis zum 31.05. des Folgejahres abzugeben (§ 149 Abs. 2 S. 1 AO). Eine Nichtfestsetzung/teilweise Nichtfestsetzung liegt vor, wenn die Anmeldung bis zum 31.05. des Folgejahres erfolgt, aber zu niedrig angemeldet wird (Differenzbetrag = Nichtfestsetzung). Wird ab dem 01.06. des Folgejahres angemeldet, liegt eine nicht rechtzeitige Festsetzung vor.

Beispiel:
Die nach § 38 AO entstandene Jahresumsatzsteuer 17 beträgt im Anmeldungszeitraum 10.000 €. Die nach § 38 AO entstandene Steuer für den Anmeldezeitraum Februar 17 beträgt 5.000 €.
a) Rechtzeitige Jahres-Anmeldung (bis 31.05.18) i.H.v. 8.000 €.
b) Anmeldung Februar 17 i.H.v. 4.600 € am 10.03.17.
c) Anmeldung Februar 17 i.H.v. 4.600 € am 30.04.17.
d) Anmeldung Februar 17 i.H.v. 5.000 € am 30.04.17.

Lösung:
a) Nichtfestsetzung i.H.v. 2.000 €.
b) Nichtfestsetzung i.H.v. 400 €.
c) Nicht rechtzeitige Festsetzung i.H.v. 5.000 € am 11.03.17 verwirklicht.
d) Siehe c).

Bei den Veranlagungssteuern (z.B. Einkommensteuer, Körperschaftsteuer, Erbschaftsteuer) gibt es keinen gesetzlich vorgeschriebenen Festsetzungszeitpunkt. Es ist vom Abschluss der Veranlagungsarbeit auszugehen. Im Großen und Ganzen sind diese abgeschlossen, wenn 95 % der Veranlagungen für den Veranlagungszeitraum durchgeführt worden sind; das entsprechende Datum wird jedoch in den einzelnen Ländern unterschiedlich festgelegt.

Eine Nichtfestsetzung/teilweise Nichtfestsetzung liegt in diesen Fällen vor, wenn (schon) ein Steuerbescheid ergangen, die Steuer aber zu niedrig festgesetzt worden ist (Differenzbetrag = Nichtfestsetzung).

Eine nicht rechtzeitige Festsetzung bei den Veranlagungssteuern ist gegeben, wenn nach dem o.g. Zeitpunkt überhaupt (noch) nicht festgesetzt wurde (nicht rechtzeitige Festsetzung i.H.d. entstandenen Steuer).

> **Beispiel:**
>
> Die nach § 38 AO entstandene Körperschaftsteuer 16 beträgt 40.000 €. Die Veranlagungsarbeiten 16 waren am 30.11.18 (Regelung in Hessen: Abschluss 95 % der Veranlagungen i.d.R. der 30.11. des übernächsten Jahres) abgeschlossen.
> a) Die Veranlagung erfolgt gemäß Erklärung i.H.v. 32.000 € im Jahre 2017.
> b) Der Steuerpflichtige gibt keine Erklärung ab und es erfolgt bis zum 30.11.18 keine Festsetzung.
> c) Der Steuerpflichtige gibt keine Erklärung ab und es erfolgt eine Schätzung am 04.04.18 auf 40.000 €.
> d) Der Steuerpflichtige gibt keine Erklärung ab und es erfolgt eine Schätzung am 04.04.18 auf 32.000 €.
> e) Der Steuerpflichtige gibt keine Erklärung ab und es erfolgt eine Schätzung am 12.12.18 auf 40.000 €.

> **Lösung:**
>
> a) Nichtfestsetzung i.H.v. 8.000 €.
> b) Nicht rechtzeitige Festsetzung i.H.v. 40.000 € (alt. Nichtfestsetzung).
> c) Kein Schaden, da rechtzeitige und zutreffende Festsetzung.
> d) Nichtfestsetzung i.H.v. 8.000 €.
> e) Nicht rechtzeitige Festsetzung i.H.v. 40.000 €.

Zu b): Keine oder nicht rechtzeitige Erfüllung

Werden Ansprüche aus dem Steuerschuldverhältnis nicht bzw. nicht zum vereinbarten Fälligkeitstermin gezahlt liegt keine oder die nicht rechtzeitige Erfüllung vor. Voraussetzung ist demnach, dass gegen den Schuldner eine Festsetzung und ein Leistungsgebot erfolgt sind.

Wird vor Eintritt der Fälligkeit des Anspruchs ein Antrag auf Stundung nach § 222 AO gestellt und dem Antrag stattgegeben, entfällt insoweit eine Haftung für den ursprünglichen Fälligkeitstermin. Der Vertreter muss allerdings dafür Sorge tragen, dass der Anspruch zum hinausgeschobenen Fälligkeitstag entrichtet wird.

Zu c): Erstattung ohne rechtlichen Grund

Werden Steuervergütungen und Steuererstattungen (z.B. Vorsteuererstattungen) zu Unrecht gewährt und zahlt der Vertreter diese pflichtwidrig nicht zurück, liegt ein Haftungsschaden vor.

3.4.4 Ursächlichkeit/Kausalität

Aus dem Wortlaut des Gesetzes (infolge) ergibt sich, dass zwischen der Pflichtverletzung und dem Haftungsschaden eine Ursächlichkeit/Kausalität gegeben sein muss. Die Pflichtverletzung ist ursächlich für den herbeigeführten Schaden, wenn der Schaden ohne die Pflichtverletzung nicht eingetreten wäre.

Diese Ursächlichkeit richtet sich nach der sogenannten „**Adäquanztheorie**", d.h. nur solche Pflichtverletzungen können ursächlich angesehen werden, die erfahrungsgemäß geeignet sind, den Erfolg (Schaden) herbeizuführen.

> **Beispiel:**
>
> Der Körperschaftsteuer-Anspruch 16 der X-GmbH ist i.H.v. 50.000 € entstanden. Die Körperschaftsteuer-Erklärung 16 geht am 07.07.18 beim Finanzamt ein, die Veranlagungsarbeiten sind am 30.11.18 (Hessen, s.o.) beendet. Die Veranlagung erfolgt erklärungsgemäß i.H.v. 40.000 € am 10.12.18. (Es ist zu unterstellen, dass die Körperschaftsteuer 16 noch nicht gezahlt wurde und der Geschäftsführer vorsätzlich gehandelt hat).

3. Haftung

> **Lösung:**
>
> Der Geschäftsführer hat die Erklärungspflicht verletzt, da er die Erklärung zu spät abgegeben hat. Abgabe der Erklärung nach § 149 Abs. 2 Satz 1 AO bis 31.05.17 (mit Fristverlängerung bis 31.12.17). Dadurch eintretender Schaden ist die nicht rechtzeitige Festsetzung von 50.000 €. Und er hat die Erklärung nicht wahrheitsgemäß ausgefüllt und damit eine Nichtfestsetzung von 10.000 € als Schaden herbeigeführt. Hätte er die Erklärung fristgerecht und wahrheitsgemäß abgegeben, wäre der Schaden nicht eingetreten. Die jeweilige Pflichtverletzung ist also ursächlich für den Schaden.

3.4.5 Verschulden

Die Haftung setzt ein Verschulden des gesetzlichen Vertreters voraus. Das Verschulden gliedert sich hierbei in Vorsatz und grobe Fahrlässigkeit.

Vorsatz heißt Handeln mit Wissen und Wollen, d.h. der Vertreter kannte seine Pflichten und hat sie absichtlich verletzt. Es reicht aus, wenn der Vertreter die Pflichtverletzung vorausgesehen und billigend in Kauf genommen hat (bedingter Vorsatz – dolus eventualis). Der Nachweis des Vorsatzes wird i.d.R. schwer zu führen sein.

> **Beispiel:**
>
> Der gesetzliche Vertreter einer Genossenschaft hat aufbewahrungspflichtige Buchführungsunterlagen unsicher aufbewahrt und die Möglichkeit des Verlustes hingenommen.

> **Lösung:**
>
> Hier wurde mit Vorsatz gehandelt, da der Vertreter die Aufbewahrungspflicht kannte und den Verlust der Unterlagen billigend in Kauf genommen hat.

Grob fahrlässig handelt derjenige, der die ihm nach seinen Kenntnissen und Fähigkeiten zumutbare Sorgfaltspflicht in ungewöhnlichem Maße und in unentschuldbarer Art und Weise verletzt. Bei leichter Fahrlässigkeit tritt keine Haftung ein.

> **Beispiel:**
>
> Ein Geschäftsführer handelt mindestens grob fahrlässig, wenn fällige Steuern trotz vorhandener Mittel nicht an das Finanzamt abgeführt werden.

Bedient sich der Vertreter einer Hilfsperson, z.B. eines Steuerberaters und verletzt dieser eine der genannten Pflichten, dann muss sich der Vertreter diese Pflichtverletzung nicht zwingend zurechnen lassen, BFH-Urteil vom 30.08.1994, BStBl II 1995, 278. § 278 BGB findet insoweit keine Anwendung; der Vertreter haftet nur bei eigenem Verschulden. Liegen demnach keine Anhaltspunkte für die Überprüfung der Arbeiten des Steuerberaters vor, trifft den Vertreter kein Verschulden.

Delegiert der Vertreter Pflichten auf z.B. eigene Mitarbeiter, muss er eine sorgfältige Auswahl treffen. Der Vertreter handelt hierbei schuldhaft, wenn er die Pflichten auf Mitarbeiter überträgt, die diese aufgrund ihrer Fähigkeiten nicht ordnungsgemäß erfüllen können (Auswahlverschulden). Und er handelt ebenso schuldhaft, wenn er die Mitarbeiter zwar sorgfältig auswählt, diese aber nicht überwacht (Überwachungsverschulden).

3.4.6 Umfang der Haftung – Grundsatz der anteiligen Tilgung

Das pflichtgemäße Handeln muss für den Vertreter zumutbar und möglich sein.

Bei den Erklärungspflichten ist ein solches Handeln grundsätzlich in vollem Umfang zumutbar und möglich.

Schwierigkeiten treten bei den Zahlungspflichten auf. Stehen dem Vertreter – z.B. dem Geschäftsführer einer GmbH – nicht genügend Mittel zur Verfügung, um die Steuerschulden zu begleichen, ist zumindest erforderlich, dass er die Finanzbehörde in gleichem Maße wie andere Gläubiger befriedigt (**Grundsatz der anteiligen Tilgung**); vgl. hierzu BFH vom 26.03.1985, BStBl II 1985, 539.

Dieser Grundsatz ist nach Ansicht von Rechtsprechung und Verwaltung nicht bei der Haftung von nicht abgeführten Steuerabzugsbeträgen (z.B. Lohnsteuer) anzuwenden, vgl. BFH vom 26.07.1988, BStBl II 1988, 859.

Gemäß § 38 Abs. 3 S. 1 EStG hat der Arbeitgeber die Lohnsteuer einzubehalten und an das Finanzamt nach § 41a Abs. 1 EStG abzuführen. Reichen die Mittel nicht aus, um die vollen Löhne auszuzahlen bzw. die vollständige Lohnsteuer abzuführen, so ist der Vertreter verpflichtet, gekürzte Löhne auszuzahlen und die hierauf entfallende Lohnsteuer abzuführen.

Für alle anderen Ansprüche (z.B. Umsatzsteuer, Gewerbesteuer, Körperschaftsteuer etc.) gilt der Grundsatz der anteiligen Tilgung, sodass der Vertreter nur haftet, wenn er die Tilgungsquote unterschreitet.

Für die Berechnung der Haftungssumme bei Anwendung des Grundsatzes der anteiligen Tilgung ist zunächst ein Haftungszeitraum zu bestimmen.

Beginn ist grundsätzlich mit dem Tag der ältesten Fälligkeit der für die Haftung vorgesehenen Ansprüche. Das Ende ist zu dem Zeitpunkt, zu dem der Steuerschuldner zahlungsunfähig geworden ist, z.B. Tag des Antrags auf Insolvenzeröffnung bzw. der Tag der Eröffnung des Insolvenzverfahrens oder aber auch an dem Tag der Niederlegung des Amtes des Geschäftsführers.

Zu beachten ist, dass zum Haftungszeitraum auch der Zeitraum, in dem ein vorläufig schwacher Insolvenzverwalter ohne Anordnung eines allgemeinen Verfügungsverbots bestellt wurde, gehören kann. In diesem Fall verbleibt nämlich die Verwaltungs- und Verfügungsbefugnis beim Haftungsschuldner, vgl. BFH-Beschluss vom 30.12.2004, BFH/NV 2005, 665.

Beispiel Berechnung der Tilgungsquote:

A ist Gesellschafter und Geschäftsführer der ABC-GmbH. Ab Januar 17 war es der GmbH nicht mehr möglich, alle entstandenen und fälligen Verbindlichkeiten vollständig zu begleichen, sodass A nur noch Verbindlichkeiten bestimmter Gläubiger bezahlte. Ende Juni 17 war die GmbH zahlungsunfähig. Das Insolvenzverfahren wurde – mangels Masse – nicht eröffnet. Die GmbH hat folgende Schulden:

Verbindlichkeit	Anfang Januar 17	Zugang bis Juni 17	Zahlungen
Lieferanten	300.000 €	1.000.000 €	894.000 €
Umsatzsteuer	3.000 €	78.000 €	30.000 €
Körperschaftsteuer	0 €	14.000 €	0 €

Die Steuern wurden von A ordnungsgemäß angemeldet bzw. erklärt; jedoch sind sämtliche offenen Steuern fällig. A wollte den Geschäftsbetrieb der GmbH nicht durch weitere Zahlungen an das Finanzamt gefährden.

Lösung:

Die Höhe der Haftung des A hängt von seiner Pflichtverletzung ab. A hatte die Pflicht die, Körperschaftsteuer und die Umsatzsteuer zu zahlen. Diese Pflicht hat er verletzt, weil er die Rückstände nur zum Teil bezahlt hat. Für die Steuerschulden ist die Tilgungsquote zu berechnen.

3. Haftung

Haftungszeitraum Januar bis Juni 17	
1. **Ermittlung der Gesamtverbindlichkeiten**	
Verbindlichkeiten (ohne Steuern) Anfangsbestand	300.000 €
Zugang	1.000.000 €
Summe Verbindlichkeiten (ohne Steuern)	**1.300.000 €**
Steuerschulden Anfangsbestand	3.000 €
Zugang	92.000 €
Summe Steuern	**95.000 €**
Gesamtverbindlichkeiten	**1.395.000 €**
2. **Verwendung der Zahlungsmittel**	
Steuern	30.000 €
Sonstige Verbindlichkeiten	894.000 €
Summe Zahlungen	**924.000 €**
3. **Durchschnittliche Tilgungsquote**	
Summe Zahlungen × 100	
Gesamtverbindlichkeiten	66,24 %
4. **Anwendung der Quote auf die Steuerverbindlichkeiten**	
95.000 € (Umsatzsteuer und Körperschaftsteuer) × 66,24 %	62.928 €
5. abzüglich tatsächlich gezahlter Umsatzsteuer und Körperschaftsteuer	30.000 €
6. **Haftungsbetrag Umsatzsteuer und Körperschaftsteuer**	**32.928 €**

Zur Berechnung der anteiligen Tilgung (Tilgungsquote) bei Steuerrückständen mit Lohnsteuer wird auf das Urteil des BFH vom 27.02.2007, BStBl II 2008, 508 verwiesen.

Fall zu § 69 AO:

Die minderjährige Leonie hat von ihrer vermögenden Patentante im Jahr 05 ein Mietwohngrundstück geschenkt bekommen. Der Notar wies die Eltern von Leonie daraufhin, dass sie wahrscheinlich vom Finanzamt zur Abgabe einer Steuererklärung für ihre Tochter aufgefordert werden. Da jedoch eine Aufforderung vom Finanzamt nicht kam, veranlassten die Eltern nichts Weiteres. Sie legten die Mieteinnahmen bei der Bank an. Mit Eintritt der Volljährigkeit von Leonie im November 09 hat sie sich an der Börse verspekuliert und das gesamte Vermögen, samt Mietwohngrundstück, verloren. Die entstandene Einkommensteuer 05 beträgt 8.000 €.
Das Finanzamt erfährt von dem Sachverhalt erst im Januar 12. Im Mai 12 sollen Haftungsbescheide erlassen werden.

Können die Eltern von Leonie in Haftung genommen werden für die Einkommensteuer 05?

Hinweis! Es ist nicht von einer leichtfertigen Steuerverkürzung auszugehen. Die Veranlagungen für die Einkommensteuer 05 waren Ende Oktober 07 fast abgeschlossen.

3.5 Haftung des Vertretenen (§ 70 AO)

Grundsätzlich sind natürliche und juristische Personen, Personenvereinigungen und Vermögensmassen selbst Steuerschuldner, da sie einen gesetzlichen Tatbestand verwirklichen, der die Steuerpflicht auslöst

> **Beispiel:**
> GmbH veräußert nachhaltig im Rahmen ihres Betriebes Maschinen; Verwirklichung des gesetzlichen Tatbestandes des Gewerbebetriebs, § 15 EStG; Steuerschuldner ist die GmbH.

Die gesetzlichen Vertreter (s. 1.1.2.1.1 und 1.1.2.2) der Personen haben die Pflichten der Vertretenen zu erfüllen und haften bei Pflichtverletzung für einen eventuell entstandenen Schaden (s. 3.4). Ist der Vertretene jedoch kein Steuerschuldner muss er als Haftungsschuldner herangezogen werden. Diese Möglichkeit schafft § 70 Abs. 1 AO.

Hauptanwendungsbereich für die Vorschrift sind die Zölle und Verbrauchsteuern, wie z.B. die Bier-, Branntwein-, Kaffee-, Tabak- und Mineralölsteuern. Nur in diesem Bereich gibt es Fallkonstellationen, in denen der Vertretene nicht zugleich Steuerschuldner ist (z.B. Art. 202 Abs. 3, 203 Abs. 3 ZK).

> **Wichtig zur Wiederholung:**
> Steuerschuldner kann nicht zugleich Haftungsschuldner sein, denn haften heißt „einstehen für eine fremde Schuld"!

Bei anderen Steuerarten (z.B. Einkommensteuer, Körperschaftsteuer, Umsatzsteuer) wird der Vertretene selbst Steuerschuldner – insoweit ist eine Haftung nicht möglich und nötig.

Begeht demnach ein Vertreter i.S.d. §§ 34, 35 AO bei Ausübung seiner Verpflichtung/Obliegenheit eine Steuerhinterziehung oder leichtfertige Steuerverkürzung oder nimmt er an einer Steuerhinterziehung teil und wird hierdurch Steuerschuldner bzw. Haftender, dann haftet der Vertretene für die durch die Tat verkürzten Steuern und die zu Unrecht gewährten Steuervorteile nach § 70 Abs. 1 AO. Der Vertretene muss sich das negative Verhalten des Vertreters in diesen Fällen zurechnen lassen.

> **Beispiel:**
> Die GmbH wird durch ihren Geschäftsführer Y vertreten. Y begeht eine Steuerhinterziehung in seiner Eigenschaft als Vertreter.

> **Lösung:**
> Y haftet nach § 71 AO wegen Steuerhinterziehung (s. 3.6).
> GmbH haftet nach § 70 AO, weil der Y als Geschäftsführer Steuern hinterzogen hat.

3.5.1 Haftender Personenkreis und haftungsbegründende Handlungen

Haftungsschuldner sind die Vertretenen, für die nach den §§ 34, 35 AO gesetzliche Vertreter handeln. Haftungsschuldner können demnach sein:
- natürliche oder juristische Personen,
- nichtrechtsfähige Personenvereinigungen,
- nichtrechtsfähige Vermögensmassen,
- Eigentümer verwalteten Vermögens, § 34 Abs. 3 AO,
- Personen, für die der Verfügungsberechtigte auftritt, § 35 AO.

> **Beispiel:**
> GmbH wird durch gesetzlichen Vertreter, den Geschäftsführer (§ 35 Abs. 1 GmbHG) vertreten.

> **Lösung:**
> Haftungsschuldner nach § 70 Abs. 1 AO ist die GmbH.

Als **Täter** i.S.v. § 70 Abs. 1 AO kommen alle Personen in Betracht, die steuerliche Pflichten nach §§ 34, 35 AO zu erfüllen haben.

Der **Vertreter** muss entweder eine Steuerhinterziehung in Täterschaft oder Teilnahme (§ 370 AO) oder eine leichtfertige Steuerverkürzung (§ 378 AO) begangen haben. Zur ausführlichen Erläuterung der Steuerhinterziehung bzw. leichtfertigen Steuerverkürzung wird auf Kap. X. 3.1 ff. verwiesen.

Anschlussstraftaten, wie z.B. Hehlerei (§ 259 StGB) oder Begünstigung (§ 257 StGB) begründen nicht die Haftung nach § 70 AO. Ebenso nicht der Tatbestand des Betruges (§ 263 StGB).

Als haftungsbegründende Handlungen kommt z.B. die Verletzung von Buchführungs- und Aufzeichnungspflichten, die Verletzung der Pflicht zur Abgabe einer Steuererklärung nach dem Verbrauchssteuergesetz (z.B. § 12 Abs. 2 TabStG, § 8 Abs. 1 BierStG, § 10 MinölStG) oder die Verletzung der Pflicht zur Anmeldung einfuhrabgabepflichtiger Waren (Art. 43, 62 ZK) in Betracht.

Die Tat (steuerliche Verfehlung) muss dabei in unmittelbaren Zusammenhang mit der Ausübung der Obliegenheiten des Vertreters stehen. Zwischen der Tat und den verbundenen Aufgaben des Täters muss also ein kausaler Zusammenhang bestehen, d.h. ohne die Stellung des Täters hätten die Taten nicht begangen werden können, vgl. BFH vom 30.11.1951, BStBl III 1952, 16. Ohne Bedeutung ist, ob der Vertreter dem Vertretenen einen finanziellen Vorteil verschaffen möchte.

Die Feststellungslast, ob eine solche Tat ausgeübt worden ist und der steuerliche Tatbestand erfüllt ist, trägt die für den Erlass des Haftungsbescheids zuständige Finanzbehörde. Sie hat die Ermittlungspflicht; an Entscheidungen des Strafgerichts ist sie nicht gebunden.

3.5.2 Haftungsbeschränkungen/-ausschluss

Gemäß § 70 Abs. 2 AO sind zwei Fallkonstellationen möglich, in denen eine Haftung der Vertretenen nach Abs. 1 nicht in Betracht kommt:
1. Taten gesetzlicher Vertreter natürlicher Personen, wenn die Vertretenen aus der Tat des Vertreters keine Vermögensvorteile erlangt haben (S. 1),
2. Vertretenen haben die Vertreter, die das steuerliche Fehlverhalten begangen haben, sorgfältig ausgesucht und beaufsichtigt (S. 2).

Im ersten Fall ist dem Vertretenen kein finanzieller Vorteil entstanden. Dies kann damit zusammenhängen, dass die Steuer aus anderen Gründen hätte ermäßigt werden müssen oder der Steuervorteil aus anderen Gründen hätte gewährt werden müssen. Die Steuer ist zwar nach § 370 AO hinterzogen worden, aber eine Haftung entfällt nach § 70 Abs. 2 S. 1 AO (vgl. BFH vom 02.05.1991, BFH/NV 1992, 219).

Als gesetzliche Vertreter kommen die Eltern minderjähriger Kinder (§ 1629 BGB), Vormünder (§§ 1773 ff. BGB), Betreuer (§§ 1896 ff. BGB) oder Pfleger (§§ 1909 ff. BGB) in Betracht. Die geschäftsunfähigen oder in ihrer Geschäftsfähigkeit beschränkten Vertretenen sollen nicht für das schuldhafte Verhalten ihrer gesetzlichen Vertreter einstehen müssen, auf deren Auswahl sie keinen Einfluss haben. Die Vorschrift dient somit dem Schutz von Minderjährigen und von Personen, die aufgrund einer Krankheit oder Behinderung an der Wahrnehmung ihrer eigenen Interessen und Geschäfte gehindert sind.

Der zweite Fall beschäftigt sich mit den anderen Haftungsschuldnern als natürliche Personen, für die unter den in Satz 2 genannten Voraussetzungen ebenfalls keine Haftung nach § 70 AO greift. Die Haftung dieser Personen kommt nicht in Betracht, wenn sie eine sorgfältige Auswahl des Vertreters treffen und diesen auch beaufsichtigen.

Bei der Auswahl seines Vertreters muss sich der Vertretene vergewissern, dass der Vertreter nach den persönlichen Kenntnissen und Fähigkeiten in der Lage ist, die Pflichten überhaupt erfüllen zu können (**Sorgfaltsmaßstab**) (vgl. BFH vom 30.08.1994, BStBl II 1995, 278).

3.5.3 Haftungsumfang

Der Vertretene haftet nur für die durch die Tat verkürzten Steuern und die zu Unrecht gewährten Steuervorteile. Das Gesetz enthält nur den Begriff der „Steuern", sodass steuerliche Nebenleistungen i.S.v. § 3 Abs. 4 AO nicht erfasst werden. Folglich bleiben z.B. Zinsen (auch Hinterziehungszinsen), Verspätungs- und Säumniszuschläge sowie Zwangsgelder bei der Haftung nach § 70 AO außer Betracht. Erfasst werden jedoch Steuervorteile in Form von Steuererstattungen und Steuervergütungen.

3.6 Haftung des Steuerhinterziehers und des Steuerhehlers (§ 71 AO)

Ebenso wie § 69 AO hat auch § 71 AO Schadenersatzcharakter, d.h. es soll lediglich der dem Fiskus entstandene Schaden der Steuerhinterziehung oder leichtfertigen Verkürzung ausgeglichen werden (vgl. BFH vom 08.11.1988, BStBl II 1989, 118). Es ist nicht beabsichtigt, dem Staat mehr zukommen zu lassen, als dies ohne die Straftat der Fall gewesen wäre. Es soll das Steueraufkommen gesichert werden, sodass keine zusätzliche Sanktion vorliegt (vgl. BFH vom 13.07.1994, BStBl II 1995. 198).

Wenn der Schaden auch bei steuerehrlichem Verhalten eingetreten wäre (z.B. Anspruch wäre nicht entstanden oder wäre zu erstatten gewesen), greift § 71 AO nicht. Die Feststellungslast trifft diesmal jedoch den Steuerpflichtigen.

Auch anwendbar wie bei § 69 AO ist der „Grundsatz der anteiligen Tilgung", d.h. wenn auch ohne eine Steuerhinterziehung/leichtfertige Verkürzung keine Zahlung hätte stattfinden können, greift § 71 AO mangels Kausalität nicht.

3.6.1 Haftender Personenkreis und haftungsbegründende Handlungen

Haftungsschuldner ist jeder, der eine Steuerhinterziehung oder leichtfertige Verkürzung begeht, ohne selbst Steuerschuldner zu sein, also Einzeltäter, Mittäter oder Nebentäter. Da die Teilnahme durch das Gesetz ausdrücklich miterfasst wird, kommen auch Anstifter (§ 26 StGB) und Gehilfen (§ 27 StGB) in Betracht. Täterschaft erfordert Tatherrschaft und ein eigenes aktives Handeln, das den beabsichtigten Taterfolg herbeiführt. Mittäterschaft bedeutet, dass die Täter in ihrem gemeinsamen Handeln bewusst und gewollt zusammengearbeitet haben. Eine Hilfeleistung i.S.v. § 27 StGB ist jede Handlung, die das Herbeiführen des Taterfolgs des Haupttäters objektiv fördert, ohne dass sie für den Erfolg selbst ursächlich sein muss.

Beispiel 1:
Buchhalter und Steuerberater helfen dem Steuerpflichtigen eine Steuererklärung mit unzutreffenden Angaben abzugeben.

Lösung:
Haftung nach § 71 AO als Täter oder Teilnehmer.

Beispiel 2:
B ist Geschäftsführer eines Restaurants. Er tätigt in großem Umfang Schwarzeinkäufe und trägt Tageseinnahmen ohne eine Kassenzählung oder andere Überprüfung in Kassenberichte ein.

Lösung:
B haftet nach § 71 AO, da er die Steuerhinterziehung des Restaurantinhabers fördert.

Beispiel 3:
C ist Geschäftsführer der X-GmbH und beantragt beim Finanzamt eine Stundung für die Körperschaftsteuer 2010 i.H.v. 30.000 €. Dabei fälscht er die Liquiditätsnachweise, die er dem Finanzamt einreicht. Das Finanzamt gewährt daraufhin die Stundung. Die X-GmbH wird danach zahlungsunfähig.

Lösung:
C haftet nach § 71 AO.

Haftungsschuldner kann jedoch nur derjenige sein, der nicht bereits Steuerschuldner ist. Ein Ehegatte (bei Zusammenveranlagung gemäß § 44 AO Gesamtschuldner) kommt daher überhaupt nur als Haftungsschuldner nach § 71 AO in Betracht, wenn im Vollstreckungsverfahren die Steuer nach §§ 268 ff. AO aufgeteilt wird.

Voraussetzung für die Haftung nach § 71 AO ist eine vollendete Steuerhinterziehung (§ 370 AO) oder eine Steuerhehlerei (§ 374 AO). Es müssen somit die objektiven und subjektiven Voraussetzungen der §§ 370, 374 AO erfüllt sein; zu entscheiden nach den allgemeinen strafrechtlichen Kriterien Tatbestandsmäßigkeit, Rechtswidrigkeit und Schuld. Ein bedingter Vorsatz (dolus eventualis) reicht dabei aus. Für die ausführliche Darstellung der Steuerhinterziehung und Steuerhehlerei wird auf Kap. X. 3.-6. verwiesen.

Die Tat muss dabei vollendet sein; ein Versuch führt nicht zur Haftung, da kein Schaden eingetreten ist.

Die tatbestandsmäßigen Voraussetzungen der §§ 370, 374 AO können auch durch ein Unterlassen erfüllt werden, wie z.B. durch die Nichtabgabe einer Steuererklärung.

Schuldausschließungs- bzw. Entschuldigungsgründe, wie z.B. Irrtum (§§ 16, 17 StGB) oder entschuldigender Notstand (§ 35 StGB) schließen die Haftung aus; nicht hingegen Strafaufhebungsgründe wie die Selbstanzeige nach § 371 AO. Der Fiskus verzichtet hier lediglich aus fiskalischen Gründen auf seinen Strafanspruch.

Die Beweislast für das Vorliegen der steuerlichen Verfehlung trägt, auch in Bezug auf Geltendmachung der Haftungsschuld, die Behörde. Lässt sich im Einzelfall nicht eindeutig klären, ob eine Steuerhinterziehung oder eine Steuerhehlerei vorliegt, ist eine Wahlfeststellung für die Haftung nach § 71 AO zulässig, vgl. BFH-Urteil vom 12.5.1955, BStBl III 1955, 215.

3.6.2 Haftungsumfang

Der Haftungsschuldner haftet für die verkürzten Steuern, die zu Unrecht gewährten Vorteile (Steuererstattungen/-vergütungen) und die Hinterziehungszinsen bei Steuerhinterziehung. Nicht erfasst werden folglich die anderen Ansprüche aus dem Steuerschuldverhältnis (§ 37 AO) und andere steuerlichen Nebenleistungen, wie z.B. Verspätungs- oder Säumniszuschläge. Der Begriff des Steuervorteils ist dahingehend auszulegen, dass auch eine Haftung in Betracht kommt, wenn sich der Täter eine Stundung oder einen Erlass der Steuer erschleicht.

Die höchstrichterlich entwickelten Grundsätze der anteiligen Tilgung gelten ebenso bei § 71 AO (vgl. BFH vom 12.07.1988, BStBl II 1988, 980 und BFH vom 26.08.1992, BStBl II 1993, 8). Erforderlich ist ein Kausalzusammenhang zwischen der strafbaren Handlung und dem eingetretenen Schaden des Staates. Gehaftet wird daher nicht, wenn der Eintritt des Schadens auch bei einem steuerehrlichen Verhalten nicht hätte vermieden werden können. Sollten entsprechend nicht ausreichend Mittel zur Verfügung gestanden haben, kann nur eine anteilige Befriedigung des Fiskus verlangt werden, sodass der Täter bei Nichtabgabe von Steueranmeldungen bzw. Nichtzahlung der Steuern nur für den Betrag haftet, der bei fristgerechter Abgabe der Steueranmeldungen unter Beachtung einer gleichmäßigen Befriedigung aller Gläubiger hätte getilgt werden können.

3.7 Haftung bei Verletzung der Pflicht zur Kontenwahrheit (§ 72 AO)

Gemäß § 154 Abs. 1 AO darf niemand auf einen falschen oder erdichteten Namen für sich oder einen Dritten ein Konto errichten oder Buchungen vornehmen lassen, Wertsachen (Geld, Wertpapiere, Kostbarkeiten) in Verwahrung geben oder verpfänden oder sich ein Schließfach geben lassen. Durch die Vorschrift soll verhindert werden, dass jemand unter falschem Namen die Nachprüfung steuerlich relevanter Verhältnisse erschwert oder gar unmöglich macht bzw. die Realisierung des Steueranspruchs vereiteln kann.

Führt jemand ein Konto, verwahrt Wertsachen, nimmt solche als Pfand oder überlässt ein Schließfach, hat diese Person sich zuvor Gewissheit über die Person und Anschrift des Verfügungsberechtigten zu verschaffen und die entsprechenden Angaben in geeigneter Form festzuhalten (vgl. auch AEAO zu § 154 Nr. 4 ff.). Er hat sicherzustellen, dass er jederzeit Auskunft darüber geben kann, über welche Konten oder Schließfächer eine Person verfügungsberechtigt ist, § 154 Abs. 2 AO.

Bei einem Verstoß gegen die Kontenwahrheit dürfen Guthaben, Wertsachen und der Inhalt des Schließfaches nur mit Zustimmung des für den Verfügungsberechtigten zuständigen Finanzamts herausgegeben werden, § 154 Abs. 3 AO; Folge ist also eine öffentlich-rechtliche Kontensperre mit Herausgabeverbot kraft Gesetzes.

Die Vorschrift des § 72 AO sichert folglich die Durchsetzung des Steueranspruchs für den Fall, dass ein Handelnder gegen das Herausgabeverbot des § 154 Abs. 3 AO schuldhaft verstößt.

3.7.1 Haftender Personenkreis und haftungsbegründende Handlungen

Haftungsschuldner können sowohl natürliche als auch juristische Personen sein. Die Vorschrift wird vorwiegend die Kreditinstitute betreffen; sie umfasst aber z.B. auch Verwahrer, Pfandnehmer oder Vermieter von Schließfächern. Der Haftungsschuldner muss sich auch das Handeln von Vertretern und Erfüllungsgehilfen zurechnen lassen. Beispielsweise muss sich ein Kreditinstitut das Verhalten ihrer Angestellten zurechnen lassen; gemäß § 154 Abs. 2 und 3 AO trifft die Pflicht (Erfassung der Personalien und Herausgabeverbot) das Kreditinstitut, nicht den einzelnen Angestellten persönlich.

Die Haftung nach § 72 AO tritt ein, wenn eine der o.a. Personen trotz bestehenden Herausgabeverbotes (§ 154 Abs. 3 AO) dem Inhaber den Zugang zum Konto/Schließfach etc. ermöglicht und somit dafür sorgt, dass der Inhalt dem Zugriff des Finanzamtes entzogen wird und somit die Verwirklichung von Ansprüchen aus dem Steuerschuldverhältnis beeinträchtigt wird.

Es muss jedoch schuldhaft gegen das Herausgabeverbot, d.h. mit Vorsatz oder grober Fahrlässigkeit, verstoßen worden sein. Zur Klärung dieser Begriffe s. 3.4.5.

Beispiel:

X eröffnet unter falschen Namen Y bei der Z-Bank ein Konto über 300.000 €. Das für X zuständige Finanzamt hat Steuerrückstände i.H.v. 100.000 €. Die bisherigen Vollstreckungsversuche blieben erfolglos. X hebt das komplette Geld ab. Bankangestellter B hat sich weder bei Konteneröffnung noch beim Abheben des Geldes über die Richtigkeit der Angaben vergewissert.

Lösung:

Die Z-Bank haftet nach § 72 AO als Kontenführer. Sie muss sich das schuldhafte Verhalten des B zurechnen lassen.

Auch bei § 72 AO muss das Fehlverhalten ursächlich für den Schadenseintritt sein. Die „Adäquanztheorie" findet Anwendung. Hätte das Finanzamt also einer Herausgabe bei entsprechender Anfrage des Kreditinstituts zugestimmt, so fehlt es an der Kausalität (vgl. BFH vom 17.02.1989, BStBl II 1990, 263).

Beispiel:

Kreditinstitut B zahlt dem X (Inhaber des Kontos, der dieses unter falschen Namen Y eröffnet hatte) sein Geld aus. Weder bei Eröffnung noch bei Auszahlung wurde die Richtigkeit der Angaben des X überprüft. Im Zeitpunkt der Auszahlung des Guthabens sind alle Steuerschulden getilgt und neue Forderungen durch die auf dem Konto eingezahlten Gelder wurden nicht ausgelöst.

Lösung:

Trotz Fehlverhalten des Kreditinstitutes (Überprüfung Personalien, sowie Herausgabeverbot) fehlt es hier an dem kausalen Zusammenhang zwischen schuldhaften Verhalten und dem Schaden. Denn auch mit Zustimmung des Finanzamtes wäre kein Schaden entstanden.

3.7.2 Haftungsumfang

Der Haftungsschuldner haftet für sämtliche Ansprüche aus dem Steuerschuldverhältnis (§ 37 AO), die bis zum Zeitpunkt des Verstoßes gegen das Herausgabeverbot eingetreten sind. Bei der Herausgabe von Wertsachen ist die Haftung auf den Wert der herausgegebenen Wertsachen beschränkt.

3.8 Haftung Dritter bei Datenübermittlungen an Finanzbehörden (§ 72a AO)

Die Vorschrift wurde mit dem Gesetz zur Modernisierung des Besteuerungsverfahrens vom 18.07.2016 eingeführt und trat am 23.07.2016 in Kraft. Sie soll die durch die Modernisierung des Besteuerungsverfahrens (Einführung gesetzlicher Regelungen zur Übermittlung von amtlich vorgeschriebenen Datensätzen an die Schnittstellen der Finanzbehörden) auftretende Risiken abdecken. Erstmalige Anwendung findet die Vorschrift, wenn Daten nach dem 31.12.2016 auf Grund gesetzlicher Vorschriften nach amtlich vorgeschriebenem Datensatz über amtliche bestimmte Schnittstellen an die Finanzbehörden zu übermitteln sind oder freiwillig übermittelt werden.

Durch die Vorschrift werden drei neue Haftungstatbestände eingefügt:
- Haftung der Hersteller von Programmen i.S.d. § 87c AO (nichtamtliche Datenprogramme) (§ 72a Abs. 1 AO),
- Haftung der Auftragnehmer i.S.d. § 87d AO, die Programme zur Erhebung, Verarbeitung oder Nutzung von Daten im Auftrag i.S.d. § 87c AO einsetzen (§ 72a Abs. 2 AO),
- Haftung Dritter, die nach Maßgabe des § 93c AO Daten an die Finanzbehörden zu übermitteln haben.

3.8.1 Haftung des Herstellers

Nach § 72a Abs. 1 S. 1 AO haftet der Hersteller von Programmen i.S.d. § 87c AO, soweit die Daten infolge einer Verletzung seiner Pflichten nach § 87c AO unrichtig oder unvollständig verarbeitet und dadurch Steuern verkürzt oder zu Unrecht steuerliche Vorteile erlangt werden. Keine Haftung tritt ein, wenn der Hersteller nachweist, dass die Pflichtverletzung nicht auf grober Fahrlässigkeit oder Vorsatz beruht, § 72a Abs. 1 S. 2 AO.

Haftungsschuldner ist danach der Hersteller von (Software)-Programmen und gegebenenfalls auch der Vertreiber des entsprechenden Programmes, sofern dieser eine konkrete Verpflichtung gehabt hat (siehe hierzu § 87c Abs. 4 S. 3 AO).

Hersteller und ggf. Vertreiber müssen die Verarbeitung der richtigen und vollständigen Daten in ihren Programmen, die zur Übermittlung an die Finanzbehörden dienen, gewährleisten (siehe weitere Pflichten etc. in § 87c AO).

Haben Hersteller und ggf. Vertreiber diese (oder mehrere Pflichten) i.S.d. § 87c AO verletzt und tritt dadurch eine Steuerverkürzung bzw. eine unrechte Erlangung steuerlicher Vorteile für den Nutzer ein, kommt es zur Haftung (Gefährdungstatbestand).

Die Pflichtverletzung muss jedoch grob fahrlässig oder vorsätzlich passiert sein. Die Nachweispflicht keiner groben Fahrlässigkeit bzw. keines Vorsatzes liegt beim Hersteller (ggf. Vertreiber), § 72a Abs. 1 S. 2 AO.

Erfasst werden von der Haftung die verkürzten Steuern bzw. die zu Unrecht erlangten Steuervorteile; nicht die Einfuhrumsatzsteuer oder Ausfuhrabgaben, die Verbrauchsteuern und die Luftverkehrsteuer (§ 87e AO). Die Haftung gilt ebenso nicht für die Zusammenfassenden Meldungen, § 72a Abs. 3 AO.

3.8.2 Haftung des Auftragnehmers für Datenübermittlung

Nach § 72a Abs. 2 S. 1 AO haftet, wer als Auftragnehmer (§87d AO) Programme zur Erhebung, Verarbeitung oder Nutzung von Daten im Auftrag des § 87c AO einsetzt, soweit:
- **Nr. 1** aufgrund unrichtiger oder unvollständiger Übermittlung Steuern verkürzt oder zu Unrecht steuerliche Vorteile erlangt werden oder
- **Nr. 2** er seine Pflichten nach § 87d Abs. 2 AO verletzt hat und auf Grund der von ihm übermittelten Daten Steuern verkürzt oder zu Unrecht steuerliche Vorteile erlangt werden.

Der Steuerpflichtige darf mit der Übermittlung von Daten, die nach amtlich vorgeschriebenem Datensatz durch Datenfernübertragung über die amtlich bestimmten Schnittstellen für steuerliche Zwecke an die Finanzverwaltung zu übermitteln sind (oder freiwillig übermittelt werden), Dritte (Auftragnehmer) beauftragen, § 87d Abs. 1 AO.

Beispiele:
• Steuerberater bzw. andere zur Hilfe in Steuersachen zugelassene Personen/Gesellschaften i.S.d. § 3 StBerG,   • Lohnsteuerhilfevereine,   • Angehörige des Steuerpflichtigen oder ähnliche Personen,   • sonstige entgeltliche oder unentgeltlich Beauftragte des Steuerpflichtigen.

Die Pflichten des Auftragnehmers vor der Übermittlung ergeben sich aus § 87d Abs. 2 AO, insbesondere hat er sich vor der Übermittlung der Daten Gewissheit über die Person und die Anschrift seines Auftraggebers (Identifizierung) zu verschaffen.

Haftungsschuldner ist der Auftragnehmer (ggf. auch zusätzlich der Programmhersteller, siehe § 72a Abs. 1 AO).

Hat der Auftragnehmer Programme zur Erhebung, Verarbeitung oder Nutzung von Daten eingesetzt oder hat er seine Abstimmungspflicht nach § 87d Abs. 2 AO verletzt und tritt dadurch eine Steuerverkürzung bzw. eine unrechte Erlangung steuerlicher Vorteile für den Auftraggeber ein, kommt es zur Haftung (Gefährdungstatbestand).

Die Pflichtverletzung muss jedoch grob fahrlässig oder vorsätzlich passiert sein. Die Nachweispflicht keiner groben Fahrlässigkeit bzw. keines Vorsatzes liegt beim Auftragnehmer, § 72a Abs. 2 S. 2 AO.

Erfasst werden von der Haftung die verkürzten Steuern bzw. die zu Unrecht erlangten Steuervorteile; nicht die Einfuhrumsatzsteuer oder Ausfuhrabgaben, die Verbrauchsteuern und die Luftverkehrsteuer (§ 87e AO). Die Haftung gilt ebenso nicht für die Zusammenfassenden Meldungen, § 72a Abs. 3 AO.

3.8.3 Haftung des datenübermittlungspflichtigen Dritten

Wer nach Maßgabe des § 93c AO Daten an die Finanzbehörden zu übermitteln hat und vorsätzlich oder grob fahrlässig:
- **Nr. 1** unrichtige oder unvollständige Daten übermittelt oder
- **Nr. 2** Daten pflichtwidrig übermittelt,

haftet für die entgangene Steuer, § 72a Abs. 4 AO. Zu beachten ist § 93c Abs. 8 AO; die aufgezählten Ausnahmen fallen nicht unter die Haftung nach § 72a Abs. 4 AO.

Eine Person oder Gesellschaft muss zur Übermittlung von Daten nach Gesetz verpflichtet sein. Die einzuhaltenden Rahmenbedingungen regelt § 93c AO (Verfahren der Übermittlung); Inhalt und Umfang der Übermittlung regeln die einzelnen Verpflichtungsgesetze.

Hat die Person nun die Pflicht verletzt und dies ist ursächlich für die entgangene Steuer, kommt es zur Haftung (Gefährdungstatbestand).

Die Pflichtverletzung muss jedoch grob fahrlässig oder vorsätzlich passiert sein. Die Vorschrift sieht entgegen § 72a Abs. 1 und 2 AO keine Feststellungslast für das Fehlen grober Fahrlässigkeit bzw. Vorsatzes vor.

Erfasst werden von der Haftung die entgangenen Steuern; nicht die Einfuhrumsatzsteuer oder Ausfuhrabgaben, die Verbrauchsteuern und die Luftverkehrsteuer (§ 87e AO).

3.9 Haftung bei Organschaft (§ 73 AO)

§ 73 AO dient der Sicherung des Steueranspruches bei Organschaftsverhältnissen. Dem Steuergläubiger steht in solchen Fällen nur der Zugriff auf das Vermögen des Organträgers zu, weil dieser Steuerschuldner ist, nicht aber Zugriff auf das Vermögen der Organgesellschaft. Diese soll deshalb bei z.B. Zahlungsunfähigkeit des Organträgers, in Haftung genommen werden können.

3.9.1 Begriff der Organschaft

Die Organschaft ist eine Zusammenfassung von rechtlich unselbständigen Steuerrechtssubjekten zu einer wirtschaftlichen Einheit. Bei der Organschaft gibt es den Organträger und entweder eine oder mehrere Organgesellschaften. Es herrscht ein sogenanntes Ober-/Unterordnungsverhältnis zwischen Organträger und Organgesellschaft. Alleiniger Steuerschuldner in dieser Konstellation ist der Organträger; gegen diesen erfolgt die Steuerfestsetzung. Ob die Organschaft für einzelne Steuerarten von Bedeutung ist, bestimmen die Einzelsteuergesetze.

Organträger können sein: Kapitalgesellschaften, sonstige Körperschaften, Personengesellschaften und Einzelunternehmen. Organgesellschaften müssen zwingend Kapitalgesellschaften sein, die keinen eigenen Willen haben, sondern dem Willen des Organträgers unterstellt sind.

3.9.1.1 Umsatzsteuerliche Organschaft nach § 2 Abs. 2 Nr. 2 UStG

Umsatzsteuerlich ist eine Organschaft gegeben, wenn eine juristische Person nach dem Gesamtbild der tatsächlichen Verhältnisse finanziell, wirtschaftlich und organisatorisch in ein Unternehmen eingegliedert ist. Diese Eingliederungsmerkmale müssen nicht in demselben Verhältnis ausgeprägt sein. Unternehmer nach § 2 Abs. 1 UStG ist in diesen Fällen der Organträger.

Finanzielle Eingliederung liegt vor, wenn der Organträger im Besitz der entscheidenden Anteilsmehrheit (i.d.R. mehr als 50 %) an der Organgesellschaft ist, die es ihm ermöglicht, durch Mehrheitsbeschlüsse seinen Willen in der Organgesellschaft durchzusetzen.

Sind die Organgesellschaften bzw. ist die Organgesellschaft nach dem Willen des Organträgers im Rahmen des Gesamtunternehmens, und zwar in engem wirtschaftlichen Zusammenhang mit diesem, wirtschaftlich tätig, ist wirtschaftliche Eingliederung gegeben.

Organisatorische Eingliederung liegt vor, wenn der Organträger durch organisatorische Maßnahmen sicherstellt, dass in der Organgesellschaft sein Wille auch tatsächlich ausgeführt wird; i.d.R. wird dies durch Personalunion der Geschäftsführer in beiden Gesellschaften gewährleistet.

Die Wirkung dieser umsatzsteuerlichen Organschaft ist, dass zwischen Organträger und Organgesellschaften nicht steuerbare Innenumsätze vorliegen. Dies wird jedoch auf das Inland beschränkt. Vgl. zur umsatzsteuerlichen Organschaft Abschn. 2.8 UStAE und beachte AEAO zu 73 Nr. 3.1.2.

3.9.1.2 Körperschaftsteuerliche Organschaft nach §§ 14 ff. KStG

Für die Annahme einer körperschaftsteuerlichen Organschaft ist die finanzielle Eingliederung ausreichend. Dafür muss ein Gewinnabführungsvertrag geschlossen worden sein (s. § 14 Abs. 1 Nr. 3 KStG) und dem Organträger müssen aus den Anteilen an der Organgesellschaft die Mehrheit der Stimmrechte zustehen.

Bei dieser Organschaft sind sowohl Organträger als auch Organgesellschaft Rechtssubjekte. Zunächst werden die körperschaftsteuerlichen Besteuerungsgrundlagen bei der Organgesellschaft ermittelt und im Anschluss dem Organträger zugerechnet. Bei einer Gewinnabführung der Organgesellschaft an den Organträger erhöht sich das Einkommen des Organträgers, bei einem entsprechenden Verlustausgleich mindert sich das Einkommen des Organträgers.

Beachte hierzu AEAO zu § 73 Nr. 3.1.1.

3.9.1.3 Gewerbesteuerrechtliche Organschaft nach § 2 Abs. 2 GewStG

Für das Vorliegen der gewerbesteuerrechtlichen Organschaft reicht wie bei der körperschaftsteuerlichen Organschaft die finanzielle Eingliederung aus. Die Organgesellschaft wird als Betriebsstätte des Organträgers angesehen, § 2 Abs. 2 S. 2 GewStG. Somit erfolgt auch hier zunächst eine getrennte Ermittlung der Besteuerungsgrundlagen, die im Anschluss dem Organträger zugerechnet wird.

3.9.1.4 Steuerschuldner bei Organschaft
Steuerschuldner ist in allen drei Organschaftsfällen der Organträger, §§ 2 Abs. 2 Nr. 2, Abs. 1 i.V.m. 13 Abs. 1 Nr. 1a UStG, 14 Abs. 1 S. 1 KStG, 2 Abs. 2 S. 2 i.V.m. 5 Abs. 1 GewStG.

3.9.2 Haftungsschuldner
Haftungsschuldner ist die Organgesellschaft für die jeweilige Steuerart, die für das begründete Organschaftsverhältnis von Bedeutung ist.

> **Beispiel:**
>
> Zwischen der B-GmbH (Organträgerin) und der B1-GmbH (Organgesellschaft) besteht eine umsatzsteuerliche Organschaft (die Voraussetzungen hierfür sind erfüllt).

> **Lösung:**
>
> B1-GmbH haftet nach § 73 AO nur für die Umsatzsteuer. Eine Haftung für körperschaftsteuerliche Rückstände der B-GmbH kommt nach § 73 AO nicht in Betracht.

3.9.3 Haftungsumfang
Die Haftung erfasst in sachlicher Hinsicht nur die Steuern des Organträgers, die für die Organschaft steuerlich Bedeutung haben (vgl. AEAO zu § 73 Nr. 3.1).

Die Organgesellschaft haftet bei einer umsatzsteuerlichen und gewerbesteuerlichen Organschaft für alle innerhalb und während der Organschaft begründeten Steueransprüche. Das heißt in Betracht kommt nicht nur eine Haftung für die beim Organträger bzw. im eigenen Betrieb der Organgesellschaft entstandene, sondern auch bei anderen Organgesellschaften (Schwestergesellschaften) des Organkreises entstandene Steueransprüche, vgl. Mösbauer, Die Haftung für die Steuerschuld, 150.

Bei der körperschaftsteuerlichen Organschaft wird die Haftung der Organgesellschaft auf die entstandenen Steuern beim Organträger und der Organgesellschaft beschränkt.

Die Haftung erfasst nach Wortlaut des Gesetzes nur Steuern, sodass steuerliche Nebenleistungen, wie z.B. Säumnis- und Verspätungszuschläge nicht unter die Haftung nach § 73 AO fallen (vgl. AEAO zu § 73 Nr. 3.1). Nach § 73 S. 2 AO sind Ansprüche auf Erstattung von Steuervergütungen den Steuern ausdrücklich gleichgestellt.

In zeitlicher Hinsicht ist die Haftung der Organgesellschaft auf die Steuern begrenzt, die während des Bestehens derselben entstanden sind (vgl. AEAO zu § 73 Nr. 3.2). In Anspruch genommen werden kann daher die Organgesellschaft selbst nach Beendigung des Organschaftsverhältnisses.

3.10 Haftung des Eigentümers von Gegenständen (§ 74 AO)
Die Vollstreckung von Gegenständen eines Unternehmens ist bei Steuerrückständen (Betriebssteuern) grundsätzlich nur möglich, sofern die Gegenstände dem Unternehmen gehören. Häufig jedoch überlässt ein Dritter dem Unternehmen Gegenstände gegen Zahlung einer Miete. Die überlassenen Gegenstände dienen dem Geschäftsbetrieb und sorgen in der Regel für die Aufrechterhaltung des Unternehmens/Betriebs.

> **Beispiel:**
>
> A ist Gesellschafter der A-GmbH. Diese produziert Maschinen. Für die Produktion benötigt die GmbH eine Produktionshalle, die auf dem Grundstück des A steht. A vermietet dieses Grundstück an die A-GmbH gegen Zahlung einer monatlichen Miete.

> **Lösung:**
>
> Das Grundstück gehört dem A; somit kann die Finanzbehörde bei Steuerrückständen grundsätzlich nicht das Grundstück vollstrecken.

§ 74 AO schafft nun die Möglichkeit unter gewissen Voraussetzungen, dass die Finanzbehörden Zugriff auf diese Gegenstände haben können und somit der Steueranspruch gesichert wird.

3.10.1 Voraussetzungen der Haftung

Voraussetzung der Haftung nach § 74 AO ist, dass einem Unternehmen Gegenstände während einer wesentlichen Beteiligung einer Person, die Eigentümer der Gegenstände ist, überlassen werden und diese dem Unternehmen dienen.

Der **Eigentümer** des Gegenstandes, der dem Unternehmen überlassen wird, haftet nach § 74 AO nur unter der Voraussetzung, dass er wesentlich am Unternehmen beteiligt ist.

Zu dem Begriff des Eigentümers wird der bürgerlich-rechtliche Begriff des Eigentums erfasst. Ein eventuell bestehendes wirtschaftliches Eigentum nach § 39 Abs. 2 Nr. 1 AO findet keine Anwendung (z.B. Leasingnehmer, Mieter). Unter den Begriff fällt sowohl das Alleineigentum als auch Mit- bzw. Teileigentum, Gesamthandseigentum. Es muss eine umfassende Herrschaftsmacht vorliegen.

Mit dem Begriff des **Gegenstandes** i.S.d. § 74 AO werden nur bewegliche (z.B. Maschinen, Kfz) und unbewegliche Sachen (z.B. Grundstücke) gedeckt, nicht jedoch Rechte.

Eine **wesentliche Beteiligung** liegt vor, wenn sie unmittelbar oder mittelbar zu mehr als einem Viertel am Grund- oder Stammkapital oder am Vermögen des Unternehmens besteht, (§ 74 Abs. 2 S. 1 AO). Unmittelbar heißt in diesem Zusammenhang eine direkte Beteiligung an einem Unternehmen, ohne die Zwischenschaltung von anderen Personen (mittelbare Beteiligung).

Abzustellen ist bei Kapitalgesellschaften auf die Höhe der Beteiligung am Stammkapital; Aktienbesitz, Geschäftsanteilen; bei Personengesellschaften auf die Höhe der Stammeinlagen. Ausschlaggebend sind die Vereinbarungen in den Gesellschaftsverträgen.

> **Beispiel 1:**
>
> An der X-GmbH (Stammkapital 200.000 €) sind der X mit 50 %, der Y mit 20 %, der Z mit 20 % und A mit 10 % beteiligt.

> **Lösung:**
>
> X ist mit seinem unmittelbaren Anteil von 50 % wesentlich Beteiligter an der X-GmbH, weil sein Anteil mehr als 25 % des Stammkapitals beträgt.

> **Beispiel 2:**
>
> An der A-OHG sind A mit einer Stammeinlage von 100.000 €, B mit einer Stammeinlage von 100.000 € und C mit einer Stammeinlage von 300.000 € beteiligt.

> **Lösung:**
>
> C ist mit seiner unmittelbaren Stammeinlage zu 60 % am Kapital der OHG beteiligt; damit wesentlich.

> **Beispiel 3:**
>
> An der D-GmbH sind A mit 10 %, B mit 10 % und die C-GmbH mit 80 % beteiligt. An der C-GmbH sind B mit 80 % und X mit 20 % beteiligt.

> **Lösung:**
>
> B ist an der D-GmbH zunächst unmittelbar mit 10 % beteiligt. Über die C-GmbH ist B mittelbar zu 64 % an der D-GmbH beteiligt (80 % × 80 %). Somit hat B insgesamt eine wesentliche Beteiligung von (10 % + 64 %) 74 %.

Eine wesentliche Beteiligung liegt auch dann vor, wenn jemand auf das Unternehmen einen beherrschenden Einfluss ausübt und durch sein Verhalten dazu beiträgt, dass fällige Steuern i.S.d. § 74 Abs. 1 S. 1 AO nicht entrichtet werden, (§ 74 Abs. 2 S. 2 AO). D.h., dass der wesentlich Beteiligte in diesem Fall keine Vermögensbeteiligung hat, sondern lediglich beherrschend auf das Unternehmen einwirkt. Die Beherrschung kann dabei rechtlicher, tatsächlicher, persönlicher oder politischer Natur sein. Wichtig ist aber, dass die Person die Beherrschung tatsächlich ausübt; nur die Möglichkeit reicht nicht aus (siehe AEAO zu § 74, Nr. 4).

Weitere Voraussetzung ist, dass durch das beherrschende Verhalten dazu beigetragen wird, dass Steuern nicht entrichtet werden. Das Verhalten muss dementsprechend ursächlich für die Nichtzahlung sein (Kausalität).

> **Beispiel:**
>
> A hat der B-GbR, an welcher er nicht beteiligt ist, einen Kredit gewährt. Vertragliche Bedingung ist jedoch, dass die B-GbR bei jeder Entscheidung zu Überweisungen über einen bestimmten Betrag die Zustimmung des A einholen muss.

> **Lösung:**
>
> A kann durch die vertraglichen Vereinbarungen tatsächlich Herrschaftsmacht auf das Geschäft ausüben, da er auf den Geldverkehr der Gesellschaft Einfluss nimmt. Eine Beherrschung und damit eine wesentliche Beteiligung ist anzunehmen.

Auch Angehörige können einen beherrschenden Einfluss ausüben. Jedoch reicht das Angehörigenverhältnis alleine dafür nicht aus; der Angehörige muss vielmehr auch beherrschenden Einfluss ausüben (vgl. AEAO zu § 74 Nr. 3 und 4).

> **Beispiel:**
>
> Mutter B überträgt ihrem Sohn das Familienunternehmen, trifft jedoch noch die wichtigsten Entscheidungen und sorgt dafür, dass Betriebssteuern nicht entrichtet werden.

Die überlassenen Gegenstände müssen dem Unternehmen auch **dienen**. Damit ist nicht nur eine vorübergehende Verwendung gemeint, sondern vielmehr eine dauerhafte Förderung des unternehmerischen Zwecks (BFH vom 14.06.1994, BFH/NV 1995, 89). Die Gegenstände dienen betrieblichen Zwecken, wenn sie in dem jeweiligen Unternehmen eine gewisse Funktion übernehmen und somit für die Aufrechterhaltung des Betriebs sorgen. Die Benutzung muss dabei für eine gewisse Dauer gewährleistet sein; ein nur kurzfristiges zur Verfügung stellen reicht nicht aus. Erforderlich ist auch, dass die Bedeutung für das Unternehmen nicht nur von untergeordneter Bedeutung ist; das Vorliegen einer wesentlichen Betriebsgrundlage muss jedoch nicht gegeben sein.

Eine wesentliche Betriebsgrundlage liegt vor, wenn Wirtschaftsgüter zur Erreichung des Betriebszwecks zwingend erforderlich sind und ein besonderes Gewicht für die Betriebsführung besitzen, BFH-Urteil vom 02.12.2004, BStBl II 2005, 340.

Die Gegenstände müssen im Zeitpunkt der Entstehung der Steuer (§ 38 AO) dem Unternehmen gedient haben; anderenfalls kommt die Haftung hierfür nach § 74 AO nicht in Betracht. Als Unternehmen ist der umsatzsteuerrechtliche Begriff des § 2 UStG anzusehen. Danach ist Unternehmer derjenige, der

3. Haftung

eine gewerbliche oder berufliche Tätigkeit selbständig, nachhaltig und mit Einnahmeerzielungsabsicht ausübt; erfasst werden auch land- und forstwirtschaftliche Unternehmen.

3.10.2 Umfang der Haftung/Haftungsbeschränkungen
Die Haftung nach § 74 AO ist in dreifacher Weise eingeschränkt.

3.10.2.1 Sachliche Einschränkung
Die Haftung ist auf die betrieblichen Steuern beschränkt, d.h. nur solche die auf den Betrieb des Unternehmens gründen.

Beispiele für Betriebssteuern:
Umsatzsteuer, Gewerbesteuer, die meisten Verbrauchssteuern (z.B. Tabaksteuer), Ansprüche auf Erstattung von Steuervergütungen, Rückzahlung Investitionszulagen

Die Haftung erstreckt sich hingegen nicht auf z.B. die Körperschaftsteuer, die Kraftfahrzeugsteuer, die Lohnsteuer und die Zölle. Ebenso werden steuerliche Nebenleistungen nicht erfasst, da die Vorschrift wörtlich nur „Steuern" erfasst (AEAO zu § 74 AO, Nr. 2.).

3.10.2.2 Zeitliche Einschränkung
Die Haftung erfasst nur die Steuerbeträge, die während der wesentlichen Beteiligung entstanden sind, (§ 74 Abs. 1 S. 2 AO). Auf deren Fälligkeit kommt es nicht an. Dienen die Gegenstände während des gesamten Zeitraums der wesentlichen Beteiligung dem Unternehmen, dürfte die Bestimmung des Haftungszeitraums keine Probleme bereiten. Für den Fall, dass die Gegenstände aber nicht während der ganzen Zeit der wesentlichen Beteiligung dem Unternehmen gedient haben, kommt eine Haftung nur für die Ansprüche in Betracht, die in der Zeit entstanden sind, während die wesentliche Beteiligung bestanden hat **und** die Gegenstände dem Betrieb dienten.

3.10.2.3 Gegenständliche Einschränkung
Der Eigentümer der Gegenstände haftet persönlich, aber nicht unbeschränkt für die Steueransprüche. Die Haftung ist insoweit dinglich auf die dem Unternehmen, während der wesentlichen Beteiligung, überlassenen Gegenstände beschränkt.

In der Literatur ist die Beschränkung der Haftung auf die bei Erlass des Haftungsbescheides im Eigentum des in Anspruch Genommenen stehenden Gegenstände umstritten (für eine strikt gegenständliche Beschränkung Klein/Rüsken, AO, 10. Aufl., § 74 Rz. 3; Schwarz in Schwarz, AO, § 74 Rz. 17, Halaczinsky, Die Haftung im Steuerrecht, 3. Aufl., Rz. 271 u.a.).

Nach neuster BFH-Rechtsprechung vermag dieser die Auffassung nicht zu teilen, dass die Haftung auf die noch im Zeitpunkt des Ergehens des Haftungsbescheids im Eigentum des Haftenden vorhandenen Gegenstände beschränkt ist. Vielmehr umfasst sie auch den Erlös aus dem Verkauf eines Gegenstandes, der dem Unternehmen gedient hat, selbst wenn dieser später veräußert worden ist, oder ein sonstiges Surrogat, wenn der Haftende anderweitig das Eigentum aufgegeben oder verloren hat, siehe BFH vom 22.11.2011, VII R 63/10, DStR 2012, 237.

Fall § 74 AO:
Die Handy und Fernsehen GmbH & Co KG (KG) betreibt seit 08 ein Geschäft mit Handys und Fernsehern. Beteiligte am Gewinn sind die Handy und Fernsehen GmbH (GmbH) zu 40 % als Komplementärin, sowie Hans (H) und sein Sohn Josef (F) zu je 30 % als Kommanditisten. Die Gesellschafter der GmbH sind Hans zu 35 % und seine Ehefrau Karin (K) zu 65 %. Hans ist Geschäftsführer der GmbH, tatsächlich bestimmt jedoch K das Geschäftliche.

> K ist Eigentümerin eines Grundstückes, welches sie seit Gründung der KG dieser für unbestimmte Zeit überlässt. Die KG betreibt auf diesem Grundstück ihr Geschäft.
> Ab Mitte Dezember 10 stehen der KG keine liquiden Mittel mehr zur Verfügung. Deshalb werden die Umsatzsteuerrückstände nicht mehr bezahlt.
> Die Umsatzsteuerjahreserklärung geht erst am 10.01.11 beim Finanzamt ein und weist eine Nachzahlung von 10.000 € aus, weil K monatlich jeweils 700 € zu wenig anmelden ließ. Am 18.02.11 gehen die Umsatzsteuervoranmeldungen November/Dezember 10 sowie Januar 11 mit einer zutreffenden Anmeldung i.H.v. jeweils 1.500 € ein.
> Ende Februar 11 meldet die KG Insolvenz an, weil das Finanzamt eine Vollstreckungsankündigung wegen nicht gezahlter Umsatzsteuern übersandt hatte.
>
> **Prüfen Sie, ob und in welchem Umfang eine Haftung nach § 74 AO für K in Betracht kommt!**

3.11 Haftung des Betriebsübernehmers (§ 75 AO)

Wir ein Betrieb (Unternehmen) übertragen, bei dem noch Steuerrückstände bestehen, wird der Vermögensbestand des Betriebs (Unternehmens) als Haftungsmasse für die Vollstreckung dem Fiskus entzogen. Denn der neue Eigentümer des Betriebs (Unternehmens) ist kein Steuerschuldner der alten Rückstände und muss diese ohne entsprechende Regelung auch nicht begleichen. Hat der ehemalige Betriebsinhaber jedoch nicht die Möglichkeit die Steuerrückstände zu bezahlen, entsteht dem Fiskus ein unter Umständen großer Steuerausfall. Der neue Betriebsinhaber hingegen kann mit dem erworbenen Unternehmen Gewinne erzielen oder sonstige wirtschaftlichen Vorteile ziehen, mit denen die Steuerrückstände beglichen werden könnten.

Daher regelt § 75 AO, dass bei Übereignung eines Unternehmens oder in einer Gliederung eines Unternehmens gesondert geführter Betrieb im Ganzen, der Erwerber für Steuern, bei denen sich die Steuerpflicht auf den Betrieb des Unternehmens gründet haftet. Voraussetzung ist jedoch, dass die Steuern seit dem Beginn des letzten, vor der Übereignung liegenden Kalenderjahres entstanden sind und bis zum Ablauf von einem Jahr nach Anmeldung des Betriebs durch den Erwerber festgesetzt oder angemeldet werden. Die Haftung beschränkt sich in diesen Fällen auf den Bestand des übernommenen Vermögens.

3.11.1 Voraussetzung der Haftung

3.11.1.1 Unternehmen

Ein Unternehmen ist jede wirtschaftliche Einheit oder organisatorische Zusammenfassung persönlicher oder sachlicher Mittel zur Verfolgung wirtschaftlicher Zwecke. D.h. jeder gewerbliche oder berufliche, selbständige, nachhaltige und mit Einnahmeerzielungsabsicht ausgeübte Tätigkeit i.S.d. § 2 UStG. Somit kann nicht nur jeder Gewerbetrieb nach § 15 Abs. 2 EStG, sondern auch jeder land- und forstwirtschaftliche Betrieb oder Freiberufler Unternehmer sein und ein Unternehmen betreiben. Auch die Vermietung und Verpachtung von Grundstücken kann, eine unternehmerische Betätigung darstellen, wenn sachliche oder organisatorische Mittel als wesentliche Grundlagen des Betriebs anzusehen sind (vgl. BFH vom 11.05.1993, BStBl II 1993, 700; BFH vom 07.03.1996, BFH/NV 1996, 726; BFH vom 27.11.1979, BStBl II 1980, 268; BFH vom 14.05.1970, BStBl II 1970, 676).

Bei manchen Freiberuflern (wie z.B. Schriftsteller, Ärzte, Anwälte), insbesondere bei Berufsanfängern, fehlt es oftmals an einer solchen organisatorischen Zusammenfassung von persönlichen oder sachlichen Mitteln. Allerdings ist in diesen Fällen häufig ein Kunden- oder Mandantenstamm vorhanden, der die Haftung bei Übernahme auslöst. Bei Freiberuflern, die schon lange Jahre tätig sind, wird sich die organisatorische Zusammenfassung durch die Praxiseinrichtung, Gerätschaften leicht finden lassen.

3.11.1.2 Gesondert geführter Teilbetrieb

Ein gesondert geführter Teilbetrieb ist ein mit gewisser Selbständigkeit ausgestatteter, organisch geschlossener Teil eines Gesamtbetriebes, der für sich allein lebensfähig ist (u.a. BFH vom 03.12.1985, BFH/NV

1986, 315; vom 29.04.1993, BFH/NV 1994, 694). Dies entspricht dem Begriff des Teilbetriebs i.S.d. § 16 Abs. 1 Nr. 1 S. 1 EStG. Nicht hingegen § 16 Abs. 1 Nr. 1 S. 2 EStG, die bloße Beteiligung an einer Kapitalgesellschaft ist kein Teilbetrieb i.S.d. § 75 AO.

Die Entscheidung, ob ein gesondert geführter Teilbetrieb vorliegt, ist unter Berücksichtigung aller Umstände des Einzelfalls zu entscheiden. Als Anhaltspunkte für einen gesondert geführten Teilbetrieb kommen u.a. räumliche Trennung vom Hauptbetrieb, gesonderte Buchführung, eigenes Personal, eigene Verwaltung, selbständige Organisation, eigenes Anlagevermögen, eigener Kundenstamm in Betracht. Je nachdem, ob ein Fertigungs-, Handels- oder Dienstleistungsbetrieb vorliegt, haben diese Merkmale, die nicht sämtlich vorliegen müssen, eine unterschiedliche Gewichtung.

> **Beispiele:**
>
> Gaststätte und gewerbliche Zimmervermietung oder mehrere örtlich getrennte Hotels.

Eine Filiale, z.B. eines Einzelhandels ist nicht bereits deshalb ein gesondert geführter Teilbetrieb, weil sie örtlich vom Hauptbetrieb getrennt ist und über eigenes Personal und eine eigene Buchführung verfügt. Sie muss vielmehr auch eigene Einkäufe tätigen und über eine eigene Preisgestaltung verfügen, um als gesondert geführter Teilbetrieb angesehen zu werden (BFH vom 12.09.1979, BStBl II 1980, 51; BFH vom 12.02.1992, BFH/NV 1992, 516).

3.11.1.3 Lebendes Unternehmen

Im Zeitpunkt des Übergangs des Unternehmens muss ein „lebendes" Unternehmen vorliegen, d.h. ein lebendes bzw. noch selbständig lebensfähiges Unternehmen übergehen (u.a. BFH vom 19.01.1988, BFH/NV 1988, 479). Der Erwerber muss in der Lage sein ohne große finanziellen Anstrengungen das Unternehmen fortführen zu können oder falls es bisher stillgelegt war ohne große Mühe wieder in Gang zu setzen. Kleinere Reparaturen schließen die Haftung nicht aus; erhebliche Investitionen, ohne die das Unternehmen nicht fortgeführt werden kann, wie z.B. umfangreiche Sanierungen, schließen die Haftung hingegen aus. Eine kürzere Stilllegung über ein paar Wochen ist nicht schädlich; bei längerfristiger Stilllegung über Jahre liegt allerdings der Schluss nahe, dass kein lebensfähiges Unternehmen mehr vorliegt.

Ob der Erwerber nach Übernahme Gewinne oder Verluste erzielt, oder ob er das Unternehmen tatsächlich fortführt ist unerheblich. Es ist lediglich bedeutsam, ob das Unternehmen bei Übernahme lebensfähig war. Dies wird i.d.R. nicht der Fall sein, wenn der Unternehmer ein Unternehmen nach bereits seit Jahren erfolgter Stilllegung liquidieren möchte. Ein abgelehnter Antrag auf Insolvenz mangels Masse ist aber noch kein generelles Kriterium, dass kein lebensfähiges Unternehmen vorliegt; die Merkmale des Einzelfalles sind zu berücksichtigen.

3.11.1.4 Wesentliche Grundlagen des Unternehmens oder Teilbetriebs

Was als wesentliche Betriebsgrundlage anzusehen ist, entscheidet der Einzelfall. Allgemein sind dies aber die Wirtschaftsgüter, die dem Unternehmen die Ausnutzung der wirtschaftlichen Kraft möglich machen.

Bei der Entscheidung, was als wesentliche Betriebsgrundlage gilt, ist eine funktionelle Betrachtung der Wirtschaftsgüter vorzunehmen; der finanzielle Wert ist dabei nicht entscheiden.

> **Beispiele:**
>
> Geschäftsgrundstücke, -räume, -einrichtungen, Warenlager, Maschinen, Nutzungs- und Gebrauchsrechte, Kundenstamm, Erfahrungen, Betriebsgeheimnisse etc.

3.11.1.5 Übereignung im Ganzen

Weitere Voraussetzung ist, dass das Unternehmen oder der gesondert geführte Teilbetrieb „im Ganzen" auf den Erwerber übereignet wird. Damit ist eine wirtschaftliche Übereignung der wesentlichen

Betriebsgrundlagen bzw. der organischen Zusammenfassung von sachlichen Einrichtungen, persönlichen Mitteln, die dem Unternehmen dienen, gemeint. Der Erwerber muss durch den Übergang dieser Gegenstände in der Lage sein den Betrieb ohne große Anstrengung fortzuführen (s. 3.10.1.3).

Eine Übereignung in „einem" Rechtsakt ist zivilrechtlich nicht möglich. Bei den beweglichen und unbeweglichen Wirtschaftsgütern wird daher eine Übereignung im bürgerlich rechtlichen Sinne vorausgesetzt. Bewegliche Wirtschaftsgüter, wie z.B. Maschinen, Fuhrpark, werden dabei durch Einigung und Übergabe (§§ 929 ff. BGB), unbewegliche Wirtschaftsgüter, wie z.B. Grundstücke, durch Einigung und Eintragung ins Grundbuch (§§ 873, 925 BGB) übertragen und Rechte werden abgetreten (§ 398 BGB).

Bei den Wirtschaftsgütern, die im bürgerlich-rechtlichen Sinne nicht übereignet werden können, wie z.B. Kundenstamm, Erfahrungen, Betriebsgeheimnisse, reicht eine wirtschaftliche Übertragung (Erwerber kann wirtschaftlich über die Wirtschaftsgüter verfügen) aus, d.h. der Erwerber erlangt ein eigentümerähnliches Herrschaftsverhältnis.

Eine Vermietung oder Verpachtung der Wirtschaftsgüter vom früheren Inhaber an den Erwerber reicht nicht aus.

Waren wesentliche Grundlagen, wie z.B. das Betriebsgrundstück, allerdings bisher gemietet oder gepachtet, muss der Erwerber unter Mitwirkung des früheren Inhabers in die jeweiligen Miet- oder Pachtverträge eintreten bzw. neue Verträge abschließen.

Bei einem bestehenden Eigentumsvorbehalt nach § 449 BGB hat der frühere Inhaber z.B. Waren eingekauft, die bis zur vollständigen Kaufpreiszahlung im Eigentum des Veräußerers stehen. Der frühere Inhaber hat lediglich eine Anwartschaftsposition auf die Wirtschaftsgüter bekommen und kann unter regelmäßiger bzw. vollständiger Kaufpreiszahlung den Veräußerer ausschließen. Der frühere Inhaber hat die sogenannte wirtschaftliche Verfügungsmacht i.S.d. § 39 Abs. 2 Nr. 1 AO. Diese „Anwartschaftsposition" kann i.S.d. § 75 AO übereignet werden. Sodass der Übergang von Wirtschaftsgütern unter Eigentumsvorbehalt nicht schädlich für die Haftung ist.

Denn es handelt sich um ein dingliches Anwartschaftsrecht, das eine rechtlich gesicherte und geschützte Rechtsposition vermittelt und daher wie das Eigentum selbst zu behandeln ist, BFH-Urteil vom 25.07.1957, BStBl III 1957, 309.

Die Wirtschaftsgüter müssen in einem engen zeitlichen Rahmen nach und nach auf den Erwerber übergehen. Die einzelnen Teilakte müssen also in einem wirtschaftlichen Zusammenhang stehen; die Absicht des Erwerbers das Unternehmen zu erwerben muss erkennbar sein.

Eine Übertragung der wesentlichen Grundlagen auf mehrere verschiedene Erwerber ist schädlich.

Die Zurückbehaltung einzelner, nicht wesentliche Grundlagen beim früheren Inhaber ist unerheblich und schließt die Haftung nicht aus.

3.11.2 Umfang der Haftung/Haftungsbeschränkungen
Auch die Haftung nach § 75 AO ist in dreifacher Weise eingeschränkt.

3.11.2.1 Sachliche Beschränkung
Die Haftung des Erwerbers ist sachlich auf Betriebssteuern, Steuerabzugsbeträge und Ansprüche auf Erstattungen von Steuervergütungen beschränkt.

Es wird nur für die Steuern gehaftet, bei denen sich die Steuerpflicht auf den Betrieb des Unternehmens gründet.

> **Beispiel für betriebsbedingte Steuern:**
>
> Umsatzsteuer, Gewerbesteuer, Verbrauchssteuern bei Herstellungsbetrieben, Versicherungssteuer bei Versicherungsunternehmen.

3. Haftung

Keine Betriebssteuern sind z.B. die Personensteuern (Einkommensteuer, Körperschaftsteuer, Erbschaftsteuer, Grundsteuer, Grunderwerbsteuer), die nicht betriebsbedingten Verbrauchssteuern, die Zölle, die Kraftfahrzeugsteuer (selbst bei betrieblich genutzten Fahrzeugen).

Steuerabzugsbeträge sind insbesondere die Lohnsteuer, Kapitalertragsteuer und die Abzugsbeträge i.S.d. §§ 48, 50a EStG. Die Ansprüche auf Erstattung von Steuervergütungen betrifft die Erstattung von Vorsteuer bei Berichtigung oder die Rückzahlung von Investitionszulagen.

§ 75 AO erfasst wörtlich nur Steuern, sodass für steuerliche Nebenleistungen i.S.v. § 3 Abs. 4 AO nicht gehaftet wird; dies gilt auch für Zinsen.

3.11.2.2 Zeitliche Beschränkung

3.11.2.2.1 Entstehung der Ansprüche seit Beginn des letzten vor der Übereignung liegenden Kalenderjahres

Voraussetzung für die Haftung ist, dass die Steuern und Erstattungsansprüche seit dem Beginn des letzten vor der wirtschaftlichen Übereignung liegenden Kalenderjahres entstanden sind (§ 38 AO). Auf die Fälligkeit der Steuerrückstände kommt es folglich nicht an.

> **Beispiel Entstehung Umsatzsteuer:**
>
> **Vereinbarte Entgelte:**
> Mit Ablauf des Voranmeldungszeitraums, in dem die Leistung ausgeführt wird, § 13 Abs. 1 Nr. 1a UStG.
>
> **Vereinnahmte Entgelte:**
> Mit Ablauf des Voranmeldungszeitraums, in dem die Entgelte vereinnahmt werden, § 13 Abs. 1 Nr. 1b UStG.
>
> **Unentgeltliche Wertabgaben:**
> Mit Ablauf des Voranmeldungszeitraums, in dem die unentgeltliche Wertabgabe getätigt wird, § 13 Abs. 1 Nr. 2 UStG.

> **Beispiel Entstehung Gewerbesteuer:**
>
> Mit Ablauf des Erhebungszeitraums nach § 18 GewStG.

Für die Frist ist der Tag maßgebend, an welchem der Erwerber wirtschaftlich in die Position des früheren Inhabers eintritt. Sollte die Übereignung in mehreren Teilakten ergehen, ist der Tag/das Jahr maßgebend, in dem der letzte Teilakt vollzogen wird. Die Frist beginnt dementsprechend dann am 01. Januar des vor der Übereignung liegenden Jahres.

> **Beispiel 1:**
>
> A überträgt seinen Betrieb an den Erwerber B. Die Übereignung erfolgt mit Wirkung zum 31.12.2018 24 Uhr.

> **Lösung:**
>
> Die Übertragung ist noch im Jahr im Jahr 2018 bewirkt, sodass B für alle Rückstände, die seit dem 01.01.2017 entstanden sind haftet.

> **Beispiel 2:**
>
> A überträgt seinen Betrieb an den Erwerber B. Die Übereignung erfolgt in mehreren Teilakten, die wirtschaftlich zusammengehörig sind. Die Übertragung ist durch den letzten Teilakt am 01.04.2018 beendet.

> **Lösung:**
> Die Übertragung ist im Jahr 2018 bewirkt, sodass B für alle Rückstände, die seit dem 01.01.2017 entstanden sind haftet.

3.11.2.2.2 Festsetzung oder Anmeldung der Steuern bis zum Ablauf von einem Jahr nach Anmeldung des Betriebs durch den Erwerber

Weiterhin müssen die Steuern innerhalb eines Jahres nach Anmeldung des Betriebs bei der zuständigen Finanzbehörde durch den Erwerber festgesetzt oder angemeldet werden.

Mit Anmeldung des Betriebs ist die Anzeige der Erwerbstätigkeit bei der zuständigen Gemeinde nach § 138 AO oder die Anmeldung von Betrieben in besonderen Fällen bei der zuständigen Finanzbehörde nach § 139 AO gemeint. Die Jahresfrist beginnt frühestens mit dem Zeitpunkt der Betriebsübernahme.

Die Festsetzung der Steuern erfolgt hierbei durch die Finanzbehörden, die Anmeldung durch den Erwerber.

3.11.2.3 Gegenständliche Beschränkung

Gemäß § 75 Abs. 1 S. 2 AO beschränkt sich die Haftung auf den Bestand des übernommenen Vermögens. Darunter ist das übernommene Aktivvermögen einschließlich der Surrogate zu verstehen; Schulden sind nicht abzuziehen. Der Erwerber haftet auch nicht in Höhe des Wertes der übernommenen Gegenstände. Bei Steuerrückständen ist vielmehr eine Vollstreckung in das erworbene Vermögen möglich, die der Erwerber hinnehmen muss.

Das übrige Vermögen des Erwerbers wird durch diese Regelung geschützt.

3.11.3 Haftungsausschluss

Der Haftungsausschluss betrifft Erwerbe aus einer Insolvenzmasse und Erwerbe im Vollstreckungsverfahren (§ 75 Abs. 2 AO); vgl. hierzu AEAO zu § 75 Nr. 3.4.

> **Fall § 75 AO:**
> Heribert Hauser (H) hat am 15.03.11 seinen Buchhandel „Lesen macht schlau" an Leo Lesemaus (L) übergeben. H und L hatten für die Inneneinrichtung und die vorhandenen Waren einen Kaufpreis von 96.000 € vereinbart. H hat am 15.03.11 den Betrieb eingestellt. Nicht übergeben hat H den betrieblich genutzten Pkw. L bekam jedoch von H noch eine eingerichtete Leseecke (beinhaltet 2 große Ledersofas, 1 Sessel, 1 Tisch, diverse Kissen, Stehlampe, Kaffeevollautomat) aus dem Betriebsvermögen übergeben, Wert 15.000 €. In alle bestehenden Verträge (Mietvertrag Räumlichkeiten des Buchhandels, sowie Arbeitsverträge mit Mitarbeitern) ist L eingetreten. L benötigte eine gewisse Zeit zur Eröffnung, da er den Laden umgestaltete und eröffnete daher erst am 01.04.11 unter großem Besuch vieler Buchinteressierter. Der Gemeinde und dem Finanzamt wurde die Eröffnung bereits am 20.02.11 schriftlich mitgeteilt.

3. Haftung

Folgende Steuerrückstände des H bestehen im April 12:		
Einkommensteuer 10	Aufgabe zur Post 19.02.12	400 €
Umsatzsteuer Februar 11	Aufgabe zur Post 11.03.12	1.000 €
Umsatzsteuer Januar 11	Aufgabe zur Post 15.03.12	1.300 €
Lohnsteuer Februar 11	Anmeldung am 19.08.11	1.000 €
Umsatzsteuer November 10	Anmeldung am 09.12.10	200 €
Umsatzsteuer Oktober 10	Anmeldung am 09.12.10	600 €
Umsatzsteuer 10	Aufgabe zur Post 11.03.12	4.600 €
Umsatzsteuer 09	Aufgabe zur Post 11.03.12	4.400 €
Kfz-Steuer betrieblicher Pkw (Zeit 01.08.10 bis 31.07.11)	Aufgabe zur Post 09.07.10	1.200 €
Steuerschulden H		**14.700 €**

Ist L nach § 75 AO für die Rückstände des H haftbar zu machen? Aus Vereinfachungsgründen beginnen und enden etwaige Fristen an Werktagen!

3.12 Sachhaftung (§ 76 AO)

Die Sachhaftung dient als weiteres Sicherungsmittel des Staates, um Abgabenforderungen im Bereich der Zölle und Verbrauchsteuern durchzusetzen. Der Anwendungsbereich sind Einfuhr- und Ausfuhrabgaben (Art. 4 Nr. 10 ZK) und Verbrauchssteuern (z.B. § 1 Abs. 1 Nr. 2 BierStG, § 1 Abs. 1 Nr. 2 KaffeeStG, § 1 Abs. 1 Nr. 2 MinöStG etc.). Die Vorschrift ist nicht anwendbar für die Umsatzsteuer.

Gegenstand der Haftung sind die Waren, auf denen die o.a. Abgaben bzw. Steuern beruhen. Es wird den Zollbehörden ermöglicht, diese Waren zur Sicherung des Abgabe- bzw. Steueranspruchs zu beschlagnahmen.

Die Sachhaftung kann bereits vor Entstehen der Abgaben- bzw. Steuerschuld entstehen. Hier ist – nicht wie bei den anderen Haftungstatbeständen – eine Akzessorietät (also Abhängigkeit Haftungsvon Steueranspruch) erforderlich. Die Beschlagnahmung erfolgt somit vor Entstehen der Schuld; die Verwertung der Ware erfolgt aber erst nach zeitlich später entstandenem Anspruch.

3.13 Duldungspflicht (§ 77 AO)

Die Vorschrift schafft für die Finanzbehörden die Möglichkeit, dass z.B. gesetzliche Vertreter, Verfügungsberechtigte, Vermögensverwalter oder Grundstückseigentümer verpflichtet werden, die Vollstreckung wegen Steuerrückständen in das von ihnen verwalteten bzw. erworbenen Vermögen zu dulden, (§ 77 Abs. 1 AO).

Die Duldungspflicht ist eine Verpflichtung zur passiven Akzeptanz einer Vollstreckung und keine echte Leistungspflicht.

Nach § 77 Abs. 2 AO hat der Eigentümer von Grundbesitz die Vollstreckung in das Vermögen zu dulden, wenn die rückständigen Steuern als öffentliche Last auf dem Grundbesitz beruhen, z.B. die **Grundsteuer** (§ 12 GrStG).

Die Duldungspflicht entsteht kraft Gesetzes und wird durch Duldungsbescheid geltend gemacht (vgl. § 191 AO).

3.14 Haftungstatbestände nach anderen Steuergesetzen

3.14.1 Haftung für Steuerabzugsbeträge

Wer eine Steuer für Rechnung eines Dritten – den eigentlichen Steuerschuldner – einzubehalten und abzuführen hat, haftet insoweit für die abzuführenden Beträge als Haftungsschuldner i.S.d. § 191 Abs. 1 S. 1 AO. Er ist verpflichtet eine Steueranmeldung abzugeben, deren Festsetzung die Haftungsschuld bewirkt (§§ 167, 168 AO).

> **Beispiele:**
>
> - Haftung des Arbeitgebers für die Lohnsteuer, § 42d EStG,
> - Haftung des Leistungsempfängers bei Bauleistungen, § 48a Abs. 3 EStG,
> - Haftung bei Arbeitnehmerüberlassung, § 42d Abs. 6 und 7 EStG,
> - Haftung bei Kapitalertragsteuer, § 44 Abs. 5 EStG.

3.14.2 Haftung bei Abtretung, Verpfändung und Pfändung von Forderungen (§ 13c UStG)

Es wird eine Haftung für die Fälle geregelt, in denen ein leistender Unternehmer (Steuerschuldner) seinen Anspruch auf die Gegenleistung für einen steuerpflichtigen Umsatz (Forderung) abtritt, der Abtretungsempfänger die Forderung einzieht oder an einen Dritten überträgt und der Steuerschuldner die in der Forderung enthaltene Umsatzsteuer bei Fälligkeit nicht oder nicht rechtzeitig entrichtet. Erfasst werden auch die Fälle, in denen Forderungen des leistenden Unternehmers verpfändet oder gepfändet werden. Auf den Gesetzestext wird insoweit verwiesen.

> **Beispiel:**
>
> Unternehmer U führt an A eine Lieferung i.S.d. § 3 Abs. 1 UStG aus, die vereinbarte Zahlung i.H.v. 10.000 € zuzüglich 19 % Mehrwertsteuer (1.900 €) erfolgt noch nicht.
> U buchte daher: Forderung 11.900 € an Warenverkauf 10.000 € und Umsatzsteuer 1.900 €.
> U hat seinen Anspruch auf die Forderung unter den weiteren Voraussetzungen des § 13c UStG an Unternehmer B abgetreten. B zieht die komplette Forderung ein. U kann bei Fälligkeit der Umsatzsteuer diese wegen Zahlungsunfähigkeit nicht bezahlen.

> **Lösung:**
>
> Eine Haftungsinanspruchnahme des B nach § 13c UStG betreffend Umsatzsteuer i.H.v. 1.900 € ist möglich.

Hauptfälle dieser Abtretungen künftiger Forderungen sind u.a. die Sicherungsabtretung zugunsten eines Kreditgebers einschließlich der sog. Globalzession. Die Rechtsfolgen der Forderungsabtretung treten auch bei der Verpfändung oder Pfändung von Forderungen ein.

3.15 Zivilrechtliche Haftungstatbestände

3.15.1 Haftung des Erwerbers bei Firmenfortführung, § 25 HGB

Wer ein unter Lebenden erworbenes Handelsgeschäft unter der bisherigen Firma mit oder ohne Beifügung eines das Nachfolgeverhältnis andeutenden Zusatzes fortführt, haftet für alle im Betrieb des Geschäfts begründeten Verbindlichkeiten des früheren Inhabers (§ 25 Abs. 1 S. 1 HGB). Die in dem Betrieb begründeten Forderungen gelten den Schuldnern gegenüber als auf den Erwerber übergegangen, falls der bisherige Inhaber oder seine Erben in die Fortführung der Firma gewilligt haben.

Die Regelung ist ähnlich wie der Haftungstatbestand des § 75 AO. Allerdings ist der Haftungsumfang viel größer, da sich § 25 HGB nicht nur auf die betriebsbedingten Steuern und Steuerabzugsbeträge begrenzt, sondern alle betrieblichen Verbindlichkeiten in die Haftung mit einbezieht, z.B. auch die Kraftfahrzeugsteuer. Zudem haftet der Erwerber mit seinem ganzen Vermögen; eine Beschränkung auf den Bestand des übertragenen Vermögens wie bei § 75 AO findet nicht statt. Weiterer Unterschied ist die Verjährungsfrist. Diese beträgt nach § 191 Abs. 4 AO i.V.m. § 195 BGB nur drei Jahre.

Voraussetzung ist, dass ein kaufmännisches Handelsgeschäft (§ 1 HGB) mit den wesentlichen Grundlagen des Handelsgeschäfts übertragen und vor allem fortgeführt wird. Bei § 25 HGB wird tatbestandsmäßig an die „Fortführung" angeknüpft. Zudem muss auch die Firma (§ 17 HGB) wesentlich fortgeführt werden, d.h. dass das Hinzufügen eines Nachfolgeverhältnisses unschädlich ist, wenn der gewöhnliche Geschäftsverkehr die ursprüngliche Firma noch erkennen kann (§ 25 Abs. 1 S. 1 HGB).

Ein Haftungsausschluss ist gemäß § 25 Abs. 2 HGB dann möglich, wenn sie in das Handelsregister eingetragen und bekannt gemacht oder von dem Erwerber oder dem Veräußerer dem Dritten mitgeteilt worden ist.

> **Beispiel:**
>
> Kaufmann U erwirbt das kaufmännische Handelsgeschäft von Kaufmann B und führt das Unternehmen unter der bisherigen Firma fort (Kaufvertrag und tatsächliche Übergabe). B ist gegenüber dem Finanzamt mit 4.000 € Kraftfahrzeugsteuer für einen betrieblichen Pkw in Rückstand. Ein Ausschluss wurde nicht vereinbart.

> **Lösung:**
>
> U haftet nun nach § 25 Abs. 1 Satz 1 HGB für im Betrieb begründete Verbindlichkeiten des früheren Inhabers B einschließlich der insoweit in Betracht kommenden Ansprüche nach § 37 AO, hier also für die rückständige Kraftfahrzeugsteuer des B.
>
> 1. Primäranspruch, d.h. Kraftfahrzeugsteuer ist vorhanden (Akzessorietät),
> 2. Handelsgeschäft, d.h. Veräußerer B und Nachfolger U sind Kaufleute nach §§ 1 ff. HGB,
> 3. Übertragungs- bzw. Überlassungsakt, d.h. Kaufvertrag und tatsächliche Übergabe sind erfüllt worden,
> 4. Firmenfortführung ist gegeben,
> 5. Kein Haftungsausschluss nach § 25 Abs. 2 HGB.

3.15.2 Haftung der Gesellschafter einer Personengesellschaft bzw. einer Kapitalgesellschaft

Bei einer **Personengesellschaft** haften alle Gesellschafter für die Verbindlichkeiten der Gesellschaft als Gesamtschuldner.

Gesellschafter einer Offenen Handelsgesellschaft (OHG) haften für alle Verbindlichkeiten der Gesellschaft, die bis zu ihrem Austritt aus der Gesellschaft begründet sind, persönlich unbeschränkt mit ihrem gesamten Vermögen, §§ 105 ff., 128 HGB. Der Komplementär einer Kommanditgesellschaft (KG) haftet ebenso wie ein OHG-Gesellschafter, §§ 161 Abs. 2, 128 HGB. Der Kommanditist hingegen haftet nach den §§ 171 bis 176 HGB beschränkt mit seiner Kommanditeinlage.

Bei einer **Kapitalgesellschaft** haftet grundsätzlich keiner der Gesellschafter, sondern es steht den Gläubigern nur das Gesellschaftsvermögen zu. Dies ergibt sich bei der GmbH aus § 13 Abs. 2 GmbHG, bei der AG aus § 1 Abs. 1 AktG und bei der Genossenschaft aus § 2 GenG. Eine Verpflichtung der Gesellschafter kann lediglich im Innenverhältnis vereinbart werden.

3.16 Haftungsverfahren (§ 191 AO)

3.16.1 Geltendmachung der Haftung

Die AO unterscheidet das Steuerschuldrecht auf der einen Seite und das Festsetzungsverfahren auf der anderen Seite. Beide Verfahren sind systematisch voneinander getrennt.

Ebenso wird das Haftungs- bzw. Duldungsrecht in die tatbestandsmäßigen Voraussetzungen nach den §§ 69 bis 77 AO, den Einzelsteuergesetzen oder zivilrechtlichen Vorschriften **und** die Inanspruchnahme des Haftungs-/Duldungsschuldners und Festsetzung des Anspruchs durch Bescheid nach § 191 AO getrennt.

Die Finanzbehörde wird ermächtigt innerhalb bestimmter Fristen sowohl Haftungs- als auch Duldungsbescheide zu erlassen. Die jeweiligen Bescheide bilden die Grundlage für die Verwirklichung des Anspruchs (§ 219 AO). Dadurch ergibt sich folgende Übersicht über das Verfahren.

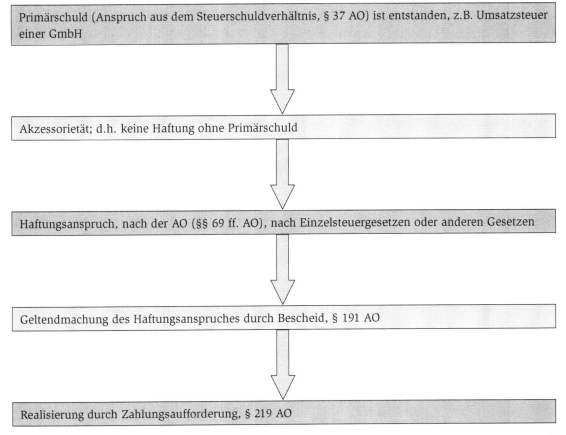

§ 191 Abs. 1 S. 1 Alt. 1 AO erfasst sowohl die gesetzlichen Haftungstatbestände nach der AO, den Einzelsteuergesetzen und auch anderen Gesetzen (des Privatrechts, z.B. § 25 HGB). Adressat eines Haftungsbescheides kann daher nur derjenige sein, der eine solche Norm erfüllt. Voraussetzung für den Erlass eines Haftungsbescheides ist, dass die Hauptschuld (Primärschuld) entstanden ist und im Zeitpunkt des Erlasses des Haftungsbescheides noch besteht (Akzessorietät). Ist die Primärschuld bereits erloschen, kommt der Erlass eines Haftungsbescheides nicht mehr in Betracht.

§ 191 Abs. 1 S. 1 Alt. 2 AO betrifft die Duldungsbescheide. Beruht die Haftung auf einem Vertrag, also nicht auf gesetzlichen Vorschriften, findet § 192 AO Anwendung.

Die Vorschrift ist eine Ermessensentscheidung, da das Gesetz das Wort „kann" benutzt.

3.16.2 Rechtsnatur des Haftungsbescheids

Der Haftungsbescheid ist ein Verwaltungsakt i.S.d. § 118 AO, nicht jedoch ein Steuerbescheid oder ein diesem gleichgestellten Bescheid. In einem Steuerbescheid wird der Anspruch aus dem Steuerschuldverhältnis gegenüber dem Steuerschuldner festgesetzt; mit einem Haftungsbescheid wird eine andere Person als der Steuerschuldner in Regress genommen.

Für die Haftungsbescheide sind die Vorschriften der §§ 119 ff. AO anwendbar, nicht hingegen die Vorschriften über die Steuerfestsetzung §§ 155 ff. AO und auch nicht die Korrekturvorschriften §§ 172 ff. AO.

3. Haftung

Der Haftungsbescheid ist folglich ein sonstiger Verwaltungsakt, für den z.B. die Vorschriften §§ 130, 131 AO zur Anwendung kommen.

In einem Haftungsbescheid, der nach § 119 Abs. 1 AO inhaltlich hinreichend bestimmt sein muss, muss zudem die zu erlassende Behörde (§ 119 Abs. 3 AO) und die Höhe des Haftungsbetrages erkennbar sein. Der Haftungsbescheid ist schriftlich zu erlassen und muss begründet werden. Zur Begründung zählen insbesondere der Haftungsgrund, der Steuerschuldner, die Steuerart, Mithaftende und die Darlegung der Ermessensentscheidung („kann"). Insoweit wird auf die Ausführungen in Kap. III. 3.5 und 3.7 verwiesen.

(Muster Haftungsbescheid)
Vorderseite:

Finanzamt Nirgendwo, Postfach 110000, 60000 Nirgendwo		
Firma Herr/Frau XXX Musterstraße 100 00000 Musterstadt	Steuernummer/Geschäftszeichen Bearbeiter Telefon Fax E-Mail Datum	99 999 9999 9 – SG Herr Sachbearbeiter 06100 100 0000 06100 100 4000 poststelle@fa-nirgendwo.de xx.xx.xxxx

Haftungsbescheid
Steuerschuldner: XXX

Sehr geehrte(r) Frau/Herr,

Ich nehme Sie hiermit gemäß § 219 AO für die genannten Haftungsbeträge auf Zahlung in Anspruch und bitte Sie, die Haftungssumme in Höhe von XXX € bis zum XX.XX.XXXX auf eines der Konten des Finanzamts zu entrichten. Bitte geben Sie bei der Einzahlung die im Kopf dieses Bescheides angegebene Steuernummer an.

Vorsorglich weise ich darauf hin, dass für jeden angefangenen Monat der Säumnis ein Säumniszuschlag in Höhe von 1 v.H. des jeweils rückständigen Haftungsanspruchs entsteht, wenn die festgesetzten Beträge nicht bis zum Fälligkeitstag gezahlt werden. Falls Vollstreckungsmaßnahmen ergriffen werden müssen, entstehen insoweit weitere Kosten.

Rückseite:
Begründung

Steuerschuldner XXX schuldet die nachfolgend aufgeführten Steuern und steuerliche Nebenleistungen:

Abgabenart	Zeitraum	Betrag €
XXX	XXXX	XX,XX €
insgesamt:		XX,XX €

Die vorgenannten rückständigen Steueransprüche beruhen auf XXX. Die aufgeführten Säumniszuschläge sind nach § 240 AO entstanden, weil die genannten Steuern nicht bis zum Ablauf des Fälligkeitstages entrichtet wurden.

Ihre Inanspruchnahme im Wege der Haftung erfolgt auf der Grundlage des § 191 AO i.V.m. erfülltem Haftungstatbestand, z.B. § 69 AO.

Gemäß § 191 Abs. 1 AO kann derjenige durch Haftungsbescheid in Anspruch genommen werden, der kraft Gesetzes für eine Steuer haftet.
- Wiedergabe Gesetzestext
- Sachverhaltsdarstellung
- Subsumtion
- Rechtsfolge der Haftung
- Ermessensausübung (Auswahl-/Entschließung)

Rechtsbehelfsbelehrung

Gegen diesen Verwaltungsakt können Sie Einspruch (§ 347 AO) beim oben bezeichneten Finanzamt schriftlich oder elektronisch einlegen oder zur Niederschrift erklären. Ein Einspruch ist jedoch ausgeschlossen, soweit dieser Bescheid einen Verwaltungsakt ändert oder ersetzt, gegen den ein zulässiger Einspruch oder (nach einem zulässigen Einspruch) eine zulässige Klage, Revision oder Nichtzulassungsbeschwerde anhängig ist. In diesem Fall wird der neue Verwaltungsakt Gegenstand des Rechtsbehelfsverfahren. Dies gilt auch, soweit sich ein angefochtener Vorauszahlungsbescheid durch die Jahressteuerfestsetzung erledigt.

Die Frist zur Einlegung des Rechtsbehelfs beträgt einen Monat. Sie beginnt mit Ablauf des Tages, an dem dieser Verwaltungsakt bekannt gegeben worden ist.

Bei Übermittlung durch einfachen Brief oder bei Zustellung durch eingeschriebenen Brief gilt der Verwaltungsakt mit dem dritten Tag nach Aufgabe zur Post als bekannt gegeben, außer wenn er zu einem späteren Zeitpunkt zugegangen ist (§ 122 AO, § 4 des Verwaltungszustellungsgesetzes – VwZG).

Bei Zustellung durch die Post mit Zustellungsurkunde ist der Tag der Bekanntgabe der Tag der Zustellung (§ 3 VwZG). Ein elektronisch übermittelter Verwaltungsakt gilt am dritten Tage nach der Absendung als bekannt gegeben, außer wenn er nicht oder zu einem späteren Zeitpunkt zugegangen ist.

Einwendungen können sowohl gegen die Heranziehung als Haftungsschuldner als auch gegen die Höhe der Abgabenschuld erhoben werden. Wer als Vertreter, Bevollmächtigter des Steuerpflichtigen oder kraft eigenen Rechts in der Lage gewesen wäre, den gegen den Steuerpflichtigen ergangenen Bescheid anzufechten, hat eine gegenüber dem Steuerpflichtigen unanfechtbar festgestellte Steuerschuld gegen sich gelten zu lassen (§ 166 AO).

Soweit der Haftungsbescheid die Kirchensteuer betrifft, können Sie Widerspruch einlegen. Der Widerspruch ist nur erforderlich, wenn die Änderung der Kirchensteuer aus Gründen beantragt wird, die nicht mit der Festsetzung der Lohnsteuer/Einkommensteuer zusammenhängen, deren Änderung gleichzeitig eine Änderung der Kirchensteuer zur Folge hat.

Hochachtungsvoll
Im Auftrag
SGL

3.16.3 Ermessensentscheidung

Gemäß § 5 AO hat die Finanzbehörde die gesetzlichen Grenzen des Ermessens einzuhalten, d.h. auch, dass zunächst der Steuerschuldner in Anspruch genommen werden muss, bevor ein Haftungsschuldner in Betracht kommt.

Bei der Entscheidung über die Inanspruchnahme eines Haftungsschuldners wird in die tatbestandsmäßige Überprüfung der in Betracht kommenden Haftungsnorm und in die Ermessensentscheidung (Entschließungs- und Auswahlermessen) unterschieden.

3. Haftung

Liegen nach einer vollumfänglichen Prüfung die Haftungsvoraussetzungen vor, muss die Finanzbehörde entscheiden, ob sie den in Betracht kommenden Haftungsschuldner auch tatsächlich in Haftung nehmen soll.

Beim **Entschließungsermessen** ist zu entscheiden, ob überhaupt ein Haftungsbescheid erlassen werden soll. Dabei muss die Finanzbehörde zwischen den Belangen des Steuergläubigers und denen des Haftungsschuldners abwägen. In der Regel wird ein Haftungsbescheid zu erlassen sein, wenn Vollstreckungsmaßnahmen gegen den Steuerschuldner erfolglos geblieben sind und auch nicht mehr durchgeführt werden können.

Beim **Auswahlermessen** ist zu entscheiden, wer als Haftungsschuldner herangezogen werden soll, sofern mehrere Haftungsschuldner vorliegen. Eine ordnungsgemäße Ausübung dieses Ermessens setzt voraus, dass die Behörde alle potenziellen Haftungsschuldner ermittelt hat.

Mängel bei der Sachverhaltsfeststellung und -würdigung können als Folge eine fehlerhafte Ermessensentscheidung haben. Die Ermessensentscheidung ist fehlerhaft, wenn die Behörde bei ihrer Entscheidung Gesichtspunkte tatsächlicher und rechtlicher Art, die nach dem Sinn und Zweck der Ermessensvorschrift zu berücksichtigen waren, außer Acht lässt, BFH-Urteil vom 04.10.1988, BFH/NV 1989, 274.

3.16.4 Rechtsbehelfsbelehrung

Gemäß § 157 Abs. 1 S. 3 AO ist Steuerbescheiden eine Rechtsbehelfsbelehrung beizufügen. Für Haftungsbescheide, da sonstige Bescheide, findet die Vorschrift jedoch keine Anwendung. In der Praxis wird dennoch i.d.R. eine Belehrung beigefügt, um die Möglichkeit der Anfechtung innerhalb eines Jahres nach Bekanntgabe des Bescheids nach § 356 Abs. 2 AO zu umgehen.

3.16.5 Festsetzungsfristen/Verjährung

3.16.5.1 Haftung nach Steuergesetzen (§ 191 Abs. 3 AO)

Die Vorschriften über die Festsetzungsfrist (§§ 169 ff. AO) sind auf den Erlass von Haftungsbescheiden entsprechend anzuwenden, § 191 Abs. 3 S. 1 AO. Das bedeutet, dass nach Ablauf der Festsetzungsfrist kein Haftungsbescheid mehr ergehen kann (§ 169 Abs. 1 S. 1 AO).

Die Dauer der Festsetzungsfrist beträgt vier Jahre, in den Fällen des § 70 AO bei Steuerhinterziehung zehn Jahre, bei leichtfertiger Steuerverkürzung fünf Jahre und in den Fällen des § 71 AO zehn Jahre, § 191 Abs. 3 Satz 2 AO.

Die Festsetzungsfrist beginnt mit Ablauf des Kalenderjahres, in dem der Tatbestand verwirklicht ist, an den das Gesetz die Haftungsfolge knüpft, § 191 Abs. 3 S. 3 AO. Maßgeblich ist also der Zeitpunkt der Handlung, die die Haftung auslöst, z.B. mit Pflichtverletzung bei § 69 AO oder mit Übereignung im wirtschaftlichen Sinne nach § 75 AO.

> **Beispiel:**
>
> U hat mit vertraglicher Vereinbarung vom 01.08.2018 den Betrieb des B gekauft. Die Übernahme des Betriebs erfolgt – wie vereinbart – am 01.10.2018 (an diesem Tag wird die Übernahme auch beim zuständigen Finanzamt bzw. der Gemeinde angezeigt). Die Umsatzsteuervoranmeldung September 18 ist erst im Oktober 18 eingegangen und ein Teil wurde nicht entrichtet.

> **Lösung:**
>
> B haftet als Betriebsübernehmer nach § 75 AO für die Umsatzsteuer September 18 (Betriebssteuer). Die Haftungsfolge wird an die Betriebsübernahme geknüpft, also zu dem Zeitpunkt, an dem der Betrieb „im Ganzen" übergeht; hier also der 01.10.2018.
> Die Haftungsverjährung beginnt – unabhängig von dem Entstehungszeitpunkt bzw. der Fälligkeit der Umsatzsteuer September 2018 – mit Ablauf des 31.12.2018, § 191 Abs. 3 Satz 3 AO.

Die Zeiträume der Haftungsverjährung und der Festsetzungsverjährung für Steuern nach §§ 169 ff. AO können daher unterschiedlich verlaufen.

§ 191 Abs. 3 S. 4 Alt. 1 AO als sogenannte **Ablaufhemmung** regelt den Fall, dass die Festsetzungsfrist für den Erlass des Haftungsbescheids nicht abläuft, bevor die Steuer überhaupt festgesetzt wurde. D.h. sollte die Steuer noch nicht festgesetzt worden sein, endet die Festsetzungsfrist für den Erlass des Haftungsbescheids erst, wenn die Festsetzungsfrist für die Steuerfestsetzung abgelaufen ist.

> **Beispiel:**
>
> V ist Vorstand der Weingenossenschaft und hat trotz gesetzlicher Verpflichtung fahrlässig die Umsatzsteuererklärung 2011 nicht abgegeben. Dadurch hat er im Kalenderjahr 2012 leichtfertig Steuern verkürzt. Wie lange kann ein Haftungsbescheid noch ergehen?

> **Lösung:**
>
> Die Festsetzungsfrist für die Umsatzsteuer 2011 beginnt mit Ablauf des 31.12.2014, § 170 Abs. 2 S. 1 Nr. 1 Alt. 2 AO und endet mit Ablauf des 31.12.2019 (wegen leichtfertiger Verkürzung 5 Jahre, § 169 Abs. 2 S. 2 AO).
> Die Festsetzungsfrist für den Haftungsbescheid beginnt mit Ablauf des 31.12.2012, weil in diesem Jahr der Haftungstatbestand des § 69 AO durch die unterlassene Handlung ausgelöst wird. Sie endet grundsätzlich nach vier Jahren, mit Ablauf des 31.12.2016 (§ 191 Abs. 3 S. 2 AO). Es greift aber die Ablaufhemmung des § 191 Abs. 3 S. 4 Alt. 1 AO, wonach die Festsetzungsfrist für den Haftungsbescheid erst mit Ablauf des 31.12.2019 endet. Bis dahin kann ein Haftungsbescheid erlassen werden.

Ist die Steuer bereits festgesetzt worden endet die Festsetzungsfrist für den Erlass des Haftungsbescheides nicht vor Ablauf von zwei Jahren nach Bekanntgabe des Bescheides über die Festsetzung der Primärschuld, § 191 Abs. 3 S. 4 Alt. 2 AO.

> **Abwandlung des Beispiels:**
>
> V hat die Erklärung in 2013 abgegeben und der Umsatzsteuerbescheid ist am 26.04.2016 bekannt gegeben worden. Wie lange kann ein Haftungsbescheid noch ergehen?

> **Lösung:**
>
> Die Festsetzungsfrist für den Haftungsbescheid endet nunmehr mit Ablauf des 26.04.2018, § 191 Abs. 3 S. 4 Alt. 2 AO.

Bei der Haftung bei Organschaft (§ 73 AO) oder der Haftung des Eigentümers (§ 74 AO) wird das Ende der Festsetzungsfrist gehemmt bis der sich aus der Steuerfestsetzung ergebende Zahlungsanspruch verjährt ist (§ 228 AO), § 191 Abs. 3 Satz 5 AO.

Des Weiteren gelten die allgemeinen Vorschriften über die Festsetzungsverjährung s. Kap. IV. 7.1.

3.16.5.2 Haftung nach anderen Gesetzen (Privatrecht) § 191 Abs. 4 AO

Richtet sich die Haftung nicht aus den Steuergesetzen, so kann ein Haftungsbescheid ergehen, solange die Haftungsansprüche nach dem für sie maßgebenden Recht noch nicht verjährt sind.

> **Beispiel:**
>
> Zivilrechtlicher Anspruch i.S.d. §§ 421, 427 BGB
> Vorschriften des BGB über die Unterbrechung der Verjährung §§ 209 ff. BGB finden Anwendung.

3.17 Korrektur von Haftungsbescheiden

Für die Korrektur von Haftungsbescheide gelten nicht die für Steuerbescheide maßgebenden Korrekturvorschriften (§§ 172 ff. AO), sondern die allgemeinen Vorschriften über die Berichtigung, die Rücknahme und den Widerruf von Verwaltungsakten (§§ 129-131 AO), vgl. AEAO zu § 191 Nr. 4.

Die Korrekturvorschriften der §§ 172 ff. AO finden insoweit keine Anwendung, da sie nur auf Steuerbescheide, nicht aber auf sonstige Verwaltungsakte, anwendbar sind.

> **Beispiel:**
>
> Geschäftsführer F wird wegen Nichtzahlung der Umsatzsteuer 2018 in Höhe von 20.000 € zur Haftung nach § 69 AO herangezogen. Nach Bekanntgabe des Haftungsbescheids wird die Umsatzsteuer 2018 auf 18.000 € herabgesetzt.

> **Lösung:**
>
> Der Haftungsbescheid gegen den Geschäftsführer F ist rechtswidrig, da eine zu hohe Haftungssumme festgesetzt worden ist. Wegen dem Grundsatz der Akzessorietät hätten nur 18.000 € als Haftungssumme festgesetzt werden dürfen.
> Der Haftungsbescheid ist nach § 130 Abs. 1 AO teilweise zurückzunehmen, vgl. hierzu auch AEAO zu § 191 Nr. 4.

Von der Korrektur eines Haftungsbescheides ist der Erlass eines ergänzenden Haftungsbescheides zu unterscheiden, siehe AEAO zu § 191 Nr. 5.

Für die Zulässigkeit eines neben einem bereits bestehenden Haftungsbescheid gegenüber einem bestimmten Haftungsschuldner tretenden weiteren Haftungsbescheids ist grundsätzlich entscheidend, ob dieser den gleichen Gegenstand regelt wie der bereits ergangene Haftungsbescheid oder ob die Haftungsinanspruchnahme für verschiedene Sachverhalte oder zu verschiedenen Zeiten entstandene Haftungstatbestände erfolgen soll.

Stets zulässig ist es, wegen eines eigenständigen Steueranspruchs (betreffend einen anderen Besteuerungszeitraum oder eine andere Steuerart) einen weiteren Haftungsbescheid zu erlassen, selbst wenn der Steueranspruch bereits im Zeitpunkt der ersten Inanspruchnahme durch Haftungsbescheid entstanden war, siehe AEAO zu § 191 Nr. 5.1.

Die „Sperrwirkung" eines bestandskräftigen Haftungsbescheids gegenüber einer erneuten Inanspruchnahme des Haftungsschuldners besteht nur, soweit es um ein und denselben Sachverhalt geht; sie ist in diesem Sinne nicht zeitraum-, sondern sachverhaltsbezogen (BFH-Beschluss vom 07.04.2005, BStBl II 2006, 530).

Der Erlass eines ergänzenden Haftungsbescheids für denselben Sachverhalt ist unzulässig, wenn die zu niedrige Inanspruchnahme auf einer rechtsirrtümlichen Beurteilung des Sachverhalts oder auf einer fehlerhaften Ermessensentscheidung beruhte (vgl. BFH-Urteil vom 25.05.2004, BStBl II 2005, 3).

Der Erlass eines ergänzenden Haftungsbescheids ist aber zulässig, wenn die Erhöhung der Steuerschuld auf neuen Tatsachen beruht, die das Finanzamt mangels Kenntnis im ersten Haftungsbescheid nicht berücksichtigen konnte (BFH-Urteil vom 15.02.2011, BStBl II 2011, 534).

3.18 Rechtsbehelfe gegen Haftungsbescheide

Gemäß § 347 Abs. 1 S. 1 AO ist der Einspruch gegen den Haftungsbescheid gegeben. Ein Antrag auf Aussetzung der Vollziehung gemäß § 361 AO bzw. § 69 FGO ist zulässig. Der Einspruchsführer kann z.B. einwenden, dass:

- die Steuer gegen den Steuerschuldner dem Grunde oder der Höhe nach nicht mehr bzw. in unzutreffender Höhe besteht,
- die Haftungsnorm, nach welcher er haften soll, nicht erfüllt ist,
- die Behörde ermessensfehlerhaft gehandelt hat.

Zu beachten ist jedoch § 166 AO. War der Haftungsschuldner in der Lage, z.B. als gesetzlicher Vertreter, den gegen den Steuerschuldner ergangenen Bescheid anzufechten, muss er die unanfechtbare Erstschuld auch dann gegen sich gelten lassen, wenn diese wegen Nichtbestehens inhaltlich falsch war.

> **Beispiel:**
>
> Gegen die B-AG wird für 2017 Umsatzsteuer in Höhe von 20.000 € festgesetzt. Der Vorstand B legt keinen Einspruch gegen den Bescheid ein; dieser wird bestandskräftig. Gegen B wird ein Haftungsbescheid über die Umsatzsteuer in Höhe von 20.000 € erlassen, gegen den B Einspruch einlegt. Als Begründung trägt er vor, die Umsatzsteuer sei zuvor unzutreffend festgestellt worden; sie betrage nur 10.000 €.

> **Lösung:**
>
> Die Begründung, die für sich betrachtet korrekt ist, kann im Rahmen des Einspruchsverfahrens nicht berücksichtigt werden, da B als Vorstand und damit als gesetzlicher Vertreter der B-AG gegen den Umsatzsteuerbescheid hätte Einspruch einlegen können, §§ 166, 79 Abs. 1 Nr. 3, 34 Abs. 1 AO.

III. Grundsätze des Besteuerungsverfahrens

1. Allgemeine Verfahrensgrundsätze

Die Verwaltung der Steuern obliegt gem. Art. 108 GG den Finanzbehörden. Das Verfahren hierzu gliedert sich in verschiedene Abschnitte, die sich auch im Aufbau der AO widerspiegeln.

Zunächst müssen zur Vorbereitung der Festsetzung von Steuern die entsprechenden Besteuerungsgrundlagen ermittelt werden, dies geschieht im **Ermittlungsverfahren**. Es gelten hier die verschiedenen Grundsätze der §§ 85 ff. AO, insbesondere der **Untersuchungsgrundsatz** nach § 88 AO (s. 1.2.6), der den Finanzbehörden bestimmte Pflichten auferlegt. Auch der Steuerbürger hat am Verfahren mitzuwirken (s. 1.3.1; 4.2). Die so ermittelten Besteuerungsgrundlagen fließen in das **Festsetzungsverfahren** ein (§§ 155 ff. AO; vgl. Kap. IV.), die nach dem Gesetz entstandenen Steuerbeträge werden durch Bescheide oder Steueranmeldungen festgesetzt.

Festgesetzte (oder angemeldete) Steuerbeträge werden im **Erhebungsverfahren** eingenommen oder ggf. erstattet (§§ 218 ff.; s. Kap. VI.). Werden Zahlungspflichten vom Steuerpflichtigen nicht zeitgerecht erfüllt, schließt sich das **Vollstreckungsverfahren** an (§§ 249 ff. AO, vgl. Kap. VII.).

Bestehen Streitigkeiten zwischen Behörde und Steuerpflichtigem gelten die Vorschriften zum **Rechtsbehelfsverfahren** (§§ 347 ff. AO, s. Kap. VIII.).

§ 78 AO regelt, wer am Steuerverfahren beteiligt ist (s. 1.1). Diese Personen müssen handlungsfähig gem. § 79 AO sein, um wirksame Handlungen in diesem Verfahren vornehmen zu können (s. 1.1.2). Soweit erwünscht können Beteiligte sich im Verfahren gem. § 80 AO durch Bevollmächtigte oder Beistände vertreten lassen.

1.1 Verfahrensbeteiligte

Beteiligt am Steuerverfahren sind gem. § 78 AO:
- Antragsteller und Antragsgegner,
- diejenigen, an die die Finanzbehörde den Verwaltungsakt richten will oder gerichtet hat,
- diejenigen, mit denen die Finanzbehörde einen öffentlich-rechtlichen Vertrag schließen will oder geschlossen hat.

Der Wortlaut der Norm ist für das Steuerverwaltungsverfahren wenig aussagekräftig, er wurde aus dem allgemeinen Verwaltungsverfahrensrecht übernommen. Steuerverfahren sind regelmäßig nicht antragsabhängig, sodass § 78 Nr. 1 AO keine sehr große praktische Bedeutung zukommt. Zu nennen sind hier Fälle der Antragsveranlagung nach § 46 Abs. 2 Nr. 8 EStG oder von Anträgen auf Aufhebung oder Änderung einer Steuerfestsetzung. Auch werden nur äußerst selten öffentlich-rechtliche Verträge mit steuerlichem Inhalt nach Nr. 3 geschlossen.

In der Praxis ist vor allem § 78 Nr. 2 AO bedeutsam. Beteiligt sind im Ergebnis insbesondere **Steuerpflichtige** i.S.d. § 33 Abs. 1 AO, also die Adressaten von Steuerbescheiden. Auch Haftungsschuldner sind Beteiligte, ihnen wird ein Haftungsbescheid bekannt gegeben (vgl. Kap. A. II. 3). Beteiligungsfähig ist grundsätzlich, wer Träger steuerlicher Rechte und Pflichten sein kann, also wer steuerrechtsfähig ist.

Dem Beteiligten werden in vielen Normen der AO Rechte zugebilligt und Pflichten auferlegt bzw. die Geltung von Normen für sie eingegrenzt, z.B.:
- § 80 AO: Recht sich vertreten zu lassen,
- § 82 AO: Verbot, in einem Verwaltungsverfahren für die Finanzbehörde tätig zu werden,
- § 84 AO: Recht, ein Mitglied eines Ausschusses abzulehnen,
- § 90 AO: Allgemeine Pflicht zur Mitwirkung im Besteuerungsverfahren,
- § 91 AO: Rechtliches Gehör,
- § 93 AO: Auskunftspflicht,
- § 95 AO: Pflicht zur Eidesstattlichen Versicherung,

- § 97 AO: Vorlagepflicht für Urkunden,
- § 103 AO: Auskunftsverweigerungsrecht bei Selbstbelastung,
- § 107 AO: Kein Anspruch auf Entschädigung als Auskunftspflichtiger,
- § 122 AO: Bekanntgabe,
- § 126 AO: Konsequenz bei fehlender Anhörung.

1.1.2 Handlungsfähigkeit
1.1.2.1 Begriff, Bedeutung
Handlungsfähigkeit ist die Fähigkeit, rechtlich wirksame Verfahrenshandlungen vornehmen zu können. Sie ist abzugrenzen von der **Beteiligtenfähigkeit**, also der Fähigkeit, am Verwaltungsverfahren beteiligt zu sein. Demzufolge können auch Minderjährige, z.B. wenn sie eigene hohe Einkünfte haben, einkommensteuerpflichtig sein. Fraglich ist aber, ob sie auch ihre eigene Steuererklärung wirksam abgeben oder Steuerbescheide in Empfang nehmen können.

Verfahrenshandlungen i.S.d. § 79 AO sind Willenserklärungen oder auch tatsächliche Handlungen, die auch passiver Art sein können. Beispiele sind:
- Abgabe von Steuererklärungen,
- Stellen von Anträgen,
- Entgegennahme von Verwaltungsakten,
- Einlegen von Rechtsmitteln.

Verfahrenshandlungen, die durch eine handlungsunfähige Person getätigt werden, sind grundsätzlich unwirksam. Das Finanzamt prüft die Handlungsfähigkeit von Amts wegen. Stellt sie das Fehlen fest, muss sie sich an den gesetzlichen Vertreter oder ggf. einen Bevollmächtigten wenden.

Eine **Heilung** von aufgrund fehlender Handlungsfähigkeit unwirksamen Verfahrenshandlungen ist möglich, wenn der gesetzliche Vertreter die Handlung im Nachhinein genehmigt (str.). Dies kann ausdrücklich erfolgen, eine Genehmigung durch Nichtstun oder konkludentes Handeln ist grundsätzlich ebenfalls möglich. Wird der bei Vornahme der Verfahrenshandlung beschränkt Geschäftsfähige selbst voll geschäftsfähig, kann er im Nachhinein seine eigene (schwebend) unwirksame Handlung genehmigen und damit wirksam machen (Gedanke des § 108 Abs. 3 i.V.m. Abs. 1 BGB).

Derartige nachträgliche Genehmigungen wirken grundsätzlich auf den Zeitpunkt der Handlung zurück („ex tunc"). Dies gilt allerdings nicht für die fehlerhafte Bekanntgabe an den Handlungsunfähigen. Zum Schutz der Beteiligten ist hier von einer Heilung ex nunc auszugehen, der Verwaltungsakt gilt also erst im Zeitpunkt der Genehmigung als wirksam bekannt gegeben (Auswirkung z.B. auf Einspruchsfrist).

1.1.2.2 Voraussetzungen
§ 79 AO regelt im Einzelnen, wer handlungsfähig ist.

Handlungsfähig sind	
§ 79 Abs. 1 Nr. 1 AO	Natürliche Personen, die nach bürgerlichem Recht geschäftsfähig sind
§ 79 Abs. 1 Nr. 2 AO	Natürliche Personen, soweit sie partiell geschäftsfähig sind: • § 112 BGB: Betrieb eines Erwerbsgeschäfts durch Minderjährige mit Ermächtigung der gesetzlichen Vertreter und Genehmigung des Familiengerichts • § 113 BGB: Eingehung eines Dienst- oder Arbeitsverhältnisses mit Ermächtigung der gesetzlichen Vertreter, • nach öffentlichem Recht.
§ 79 Abs. 1 Nr. 3 AO	Juristische Personen, Vereinigungen oder Vermögensmassen durch ihre gesetzlichen Vertreter oder besonders Beauftragte

§ 79 Abs. 1 Nr. 4 AO	Behörden durch ihre Leiter, deren Vertreter oder Beauftragte

§ 79 Abs. 1 Nr. 1 AO stellt den Grundsatz auf: Nach dem BGB **Geschäftsfähige** können wirksame Verfahrenshandlungen vornehmen. Dies schließt Geschäftsunfähige und beschränkt Geschäftsfähige zunächst aus. Aus §§ 104, 106 BGB ergibt sich im Umkehrschluss, dass folglich handlungsfähig ist, wer volljährig ist, also gem. § 2 BGB das 18. Lebensjahr vollendet hat, und sich nicht in einem die freie Willensbildung ausschließenden Zustand krankhafter Störung der Geistestätigkeit nach § 104 Nr. 2 BGB befindet.

§ 79 Abs. 1 Nr. 2 AO regelt Fälle der sog. **partiellen Geschäftsfähigkeit**. Verschiedene Normen des BGB ermöglichen es, beschränkt Geschäftsfähigen, also Personen, die das 7. aber noch nicht das 18. Lebensjahr vollendet haben, für abgegrenzte Bereiche eine volle Geschäftsfähigkeit zuzuerkennen.

Gem. **§ 112 BGB** kann der gesetzliche Vertreter einen Minderjährigen mit Genehmigung des Familiengerichts dazu ermächtigen, selbständig ein Erwerbsgeschäft zu betreiben; er ist dann für alle Rechtsgeschäfte unbeschränkt geschäftsfähig, die das Erwerbsgeschäft mit sich bringt. Liegt eine solche Konstellation vor, ist der beschränkt Geschäftsfähige auch handlungsfähig in Bezug auf alle Verfahrensbereiche, die mit dem Erwerbsgeschäft zusammenhängen.

Beispiel:

Der 17-jährige Kevin betreibt mit Genehmigung seiner Eltern und des Familiengerichts einen PC-Reparaturservice.

Lösung:

K kann selbständig und wirksam die Umsatzsteuervoranmeldungen sowie ggf. Lohnsteueranmeldungen beim Finanzamt abgeben und entsprechende Bescheide entgegennehmen. Zur wirksamen Erledigung von Handlungen, die mit seiner Einkommensteuerveranlagung zusammenhängen, ist er hingegen nicht berechtigt, da dies aufgrund weiterer persönlicher Angaben über den Betrieb seines Erwerbsgeschäfts hinausgeht.

Gem. **§ 113 BGB** können beschränkt Geschäftsfähige, die mit Ermächtigung ihrer gesetzlichen Vertreter ein Dienst- oder Arbeitsverhältnis eingehen, solche Rechtsgeschäfte eigenständig wirksam abwickeln, die mit der Eingehung, Aufhebung oder Erfüllung des Verhältnisses in Verbindung stehen. Dieser partiellen Geschäftsfähigkeit folgt wiederum die Handlungsfähigkeit des Minderjährigen für die hiervon erfassten steuerlichen Belange. Zu bejahen ist dies unzweifelhaft für Eintragungen auf Lohnsteuerkarten oder Änderungen von Lohnsteuerabzugsmerkmalen. Bei der Abwicklung der Einkommensteuerveranlagung allerdings sind wie im obigen Beispiel wiederum über das Arbeitsverhältnis hinausgehende Aussagen enthalten, sodass § 79 Abs. 1 Nr. 2 AO i.V.m. § 113 BGB dies dem Wortlaut nach nicht erfassen würde. Nach h.M. und Verwaltungsauffassung darf der Minderjährige jedoch auch im Rahmen einfacher Antragsveranlagungen nach § 46 EStG selbständig tätig werden (vgl. AEAO zu § 122, Nr. 2.2.3).

In Kirchensteuersachen kann sich eine partielle Handlungsfähigkeit aus Vorschriften des öffentlichen Rechts ergeben. Es besteht aufgrund Länderregelungen über den Kirchenaustritt die Handlungsfähigkeit von Minderjährigen i.d.R. ab dem vollendeten 14. Lebensjahr insoweit, als dieser die Nichtzugehörigkeit zur Kirche geltend machen und damit nicht mehr kirchensteuerpflichtig ist, m.a.W. für den Austritt aus der Kirche.

§ 79 Abs. 1 Nr. 3 AO bestimmt, dass für juristische Personen, Vereinigungen oder Vermögensmassen deren gesetzliche Vertreter handeln; diese ergeben sich z.B. aus den zivilrechtlichen Vorschriften. Für Behörden handeln gem. § 79 Abs. 1 Nr. 4 AO regelmäßig deren Leiter.

1.1.3 Bevollmächtigte

Da die Finanzbehörde dem Steuerpflichtigen regelmäßig im Hinblick auf steuerrechtliche Kenntnisse und Erfahrungen deutlich überlegen ist, muss dieser das Recht haben, sich zur Abwicklung des Steuerverfahrens fachkundiger Hilfe zu bedienen. § 80 AO ermöglicht es ihm, sich durch einen **Bevollmächtigten** vertreten zu lassen. Die Befugnisse des Bevollmächtigten beruhen darauf, dass er durch privatrechtliches Rechtsgeschäft vom Steuerpflichtigen mit der Wahrnehmung seiner Interessen beauftragt wird. In der Regel besteht zwischen Steuerpflichtigem und Bevollmächtigten (z.B. Steuerberater, Rechtsanwalt) ein sog. Geschäftsbesorgungsvertrag i.S.d. §§ 611, 675 BGB. Im Innenverhältnis werden an diese **Vollmacht** keine besonderen formellen Anforderungen gestellt. Gegenüber der Finanzbehörde ist sie gem. § 80 Abs. 3 AO auf Verlangen nachzuweisen, gem. § 80a AO kann sie elektronisch übermittelt werden. Bei Angehörigen der steuerberatenden Berufe wird das Vorliegen einer ordnungsgemäßen Vollmacht gem. § 80 Abs. 2 AO vermutet.

Der Hinweis auf der Steuererklärung über die Mitwirkung eines Steuerberaters o.ä. bei der Erstellung der Erklärung ist noch keine Vollmacht i.S.d. § 80 AO, ein entsprechender eindeutiger Vermerk ist erforderlich.

Die Vollmacht ermächtigt den Bevollmächtigten zur Vornahme aller das Verwaltungsverfahren betreffenden Verfahrenshandlungen, § 80 Abs. 1 Satz 2 AO. Dies schließt insbesondere die Vollmacht zum Empfang von Verwaltungsakten ein, d.h. Steuerbescheide und andere Schreiben sollen dem Bevollmächtigten bekannt gegeben werden, generell soll sich die Behörde an ihn wenden, § 80 Abs. 5 Satz 1 AO. An den Beteiligten selbst hält sich die Behörde nur, soweit es um seine direkte Mitwirkungspflicht geht. Z.B. kann sie ihn auffordern, Auskünfte zu erteilen oder Urkunden vorzulegen (s. 1.3.1).

Bekanntgabe und Zustellung an Bevollmächtigte i.S.d. § 80 AO im Überblick

- Grundsätze:
  - § 122 Abs. 1 Satz 3 AO: Verwaltungsakte können auch gegenüber einem Empfangsbevollmächtigten bekannt gegeben werden.
  - § 122 Abs. 1 Satz 4 AO: Wenn der Finanzbehörde eine schriftliche oder elektronisch übermittelte Vollmacht vorliegt, soll sie sich an den Bevollmächtigten wenden.
- Auffassung der Verwaltung gem. AEAO zu § 122, Nr. 1.7:
  - Auftrag zur Erstellung Steuererklärung schließt nicht automatisch Empfangsbevollmächtigung mit ein.
  - Bei ausdrücklicher Mitteilung an das Finanzamt über Empfangsvollmacht ist Bekanntgabe an Bevollmächtigten zwingend.
  - Nur wenn im Einzelfall zwingende Gründe gegen die Bekanntgabe an den Bevollmächtigten sprechen, kann direkt an den Steuerpflichtigen bekannt gegeben werden.
  - Empfangsvollmacht laut Erklärungsvordruck bezieht sich nur auf Veranlagungszeitraum.
  - **Bei Bekanntgabe an Steuerpflichtigen trotz eindeutiger Empfangsvollmacht für Bevollmächtigten liegt Bekanntgabemangel vor: Heilung möglich durch Weiterleitung; Fristen laufen ab dem tatsächlichen Empfang durch Bevollmächtigten.**
- Zur förmlichen Zustellung i.S.d. VwZG (vgl. AEAO zu § 122, 3.3, 4.5.1):
  - Wenn dem Finanzamt eine schriftliche Empfangsvollmacht vorliegt, ist zwingend an den Bevollmächtigten zuzustellen, § 7 Abs. 1 Satz 2 VwZG.
  - Wird ein Verwaltungsakt statt dem Bevollmächtigten dem Steuerpflichtigen zugestellt, tritt im Moment der Weitergabe des Schriftstücks an ihn Heilung ein, § 8 VwZG.

Konsequenz der wirksamen Bevollmächtigung ist auch, dass sich der Beteiligte das **Verschulden** seines Vertreters **zurechnen lassen** muss, z.B. wenn es um die Versäumung gesetzlicher Fristen geht (vgl. § 110 Abs. 1 Satz 2 AO, Kap. A. III. 2.4) oder wenn Tatsachen, die zu einer niedrigeren Steuer führen, dem Finanzamt erst nachträglich nach Erlass des Steuerbescheides (nach abschließender Zeichnung) bekannt werden (§ 173 Abs. 1 Nr. 2 AO, vgl. Kap. A. V. 2.3.5.4).

Die Vollmacht umfasst grundsätzlich die Vornahme sämtlicher Verfahrenshandlungen. Einschränkungen ergeben sich zum einen aus § 80 Abs. 1 Satz 2 AO, letzter HS. Der Bevollmächtigte ist danach i.d.R.

nicht zum Empfang von Steuererstattungen oder -vergütungen ermächtigt. Auch die konkrete Formulierung der Vollmacht kann gewillkürte Einschränkungen enthalten, z.B. in Bezug auf den Empfang von Bescheiden.

Die Vollmacht erlischt durch:
- Widerruf,
- Erledigung in der Sache,
- Tod des Bevollmächtigten.

Der **Widerruf** wird gem. § 80 Abs. 1 Satz 3 AO der Behörde gegenüber erst wirksam, wenn er ihr zugeht. Er ist wie auch die Erteilung der Vollmacht formlos möglich.

Soweit die Vollmacht nur für einen bestimmten Verfahrensbereich oder einen Zeitraum erteilt worden ist, erlischt sie mit dessen Erledigung oder Ablauf.

Da der Bevollmächtigte selbst handlungsfähig sein muss, erlischt die Vollmacht automatisch, wenn er die Handlungsfähigkeit verliert.

Der Tod des Beteiligten selbst führt nicht zum Erlöschen der Vollmacht, die Erben müssen diese ausdrücklich widerrufen.

Gem. § 80 Abs. 6 AO kann der Beteiligte zu Verhandlungen und Besprechungen auch mit einem **Beistand** erscheinen. Im Gegensatz zum Bevollmächtigten sind hier nicht nur Angehörige steuerberatender Berufe gemeint, es kann sich vielmehr um Freunde, Angehörige oder sonstige Dritte handeln. In Betracht kommen alle handlungsfähigen natürlichen Personen.

Die Finanzbehörde muss gem. § 80 Abs. 7 bzw. Abs. 9 AO Bevollmächtigte oder Beistände zurückweisen, die unbefugt geschäftsmäßig Hilfe in Steuersachen leisten. Die Vorschrift dient dem Schutz der Steuerpflichtigen vor unsachgemäßer steuerlicher Hilfe. Wer dazu befugt ist, geschäftsmäßig steuerberatend tätig zu sein regelt das **Steuerberatungsgesetz** in §§ 3 ff., im Einzelnen sind dies vor allem:
- Steuerberater, Steuerbevollmächtigte,
- Rechtsanwälte,
- Wirtschaftsprüfer, vereidigte Buchprüfer,
- Lohnsteuerhilfevereine,
- Berufsvertretungen für ihre Mitglieder,
- Arbeitgeber für ihre Bediensteten in Lohnsteuerangelegenheiten,
- Angehörige i.S.d. § 15 AO, die unentgeltlich Hilfe in Steuersachen leisten.

Bevollmächtigte oder Beistände, die zum Vortrag ungeeignet sind, können gem. § 80 Abs. 8 bzw. Abs. 9 Satz 2 AO zurückgewiesen werden. In Betracht kommen hier z.B. Fälle, in denen ein Bevollmächtigter der deutschen Sprache nicht mächtig ist, vgl. § 87 AO, er etwa eine Freiheitsstrafe verbüßt oder wenn erhebliche geistige Mängel zutage treten, z.B. ein Steuerberater, der zu einer Besprechung im Finanzamt in volltrunkenem Zustand erscheint. Die Zurückweisung muss nicht die gesamte Interessenwahrnehmung für den Mandanten betreffen, sie kann sich auch eine bestimmte Verhandlung beziehen.

Die **Zurückweisung** ist dem Beteiligten bekanntzugeben. Nach der Bekanntgabe durch den zurückgewiesenen Beistand oder Bevollmächtigten vorgenommene Verfahrenshandlungen sind unwirksam, § 80 Abs. 10 AO. Gegen die Zurückweisung können sowohl der Steuerpflichtige als auch der Bevollmächtigte oder Beistand Einspruch einlegen.

§ 81 AO enthält in der Praxis selten angewandte Regelungen zu Fragen der Vertretung von Amts wegen in Betreuungsfällen.

1.1.4 Ausschließung und Ablehnung von Amtsträgern und anderen Personen

Das Verwaltungsverfahren soll neutral ablaufen, zur Entscheidung berufene **Amtsträger** oder am Verfahren beteiligte Bedienstete sollen unparteiisch sein. Um diesem Grundsatz Rechnung zu tragen, regeln die §§ 82–84 AO, in welchen Fällen Personen in den Finanzbehörden von einer Mitwirkung **ausgeschlossen** sein sollen. Liegen die Voraussetzungen dieser Vorschriften vor, darf der Amtsträger weder bei Vorbereitungshandlungen noch bei der eigentlichen Entscheidung im Verfahren beteiligt sein. In Fällen des § 82 AO wird, vor allem bei bestehenden Verwandtschaftsverhältnissen zum Steuerpflichtigen, unwiderleglich vermutet, dass der Amtsträger nicht zu einer neutralen Entscheidung in der Lage ist. In anderen Fällen der Gefahr der Befangenheit von Bediensteten, stellt es § 83 AO in das Ermessen des Behördenleiters, diese vom Verfahren auszuschließen, ggf. auf Anregung eines Beteiligten, also z.B. des Steuerpflichtigen.

§ 82 Abs. 1 AO zählt die möglichen Ausschlussgründe für Amtsträger abschließend auf.

Im Verwaltungsverfahren darf für die Finanzbehörde nicht tätig werden	
§ 82 Abs. 1 Nr. 1 AO	Der Beteiligte selbst
§ 82 Abs. 1 Nr. 2 AO	Angehörige des Beteiligten (vgl. § 15 AO)
§ 82 Abs. 1 Nr. 3 AO	Vertreter des Beteiligten kraft Gesetzes oder Vollmacht, z.B. Geschäftsführer der GmbH (§ 35 GmbHG), Betreuer
§ 82 Abs. 1 Nr. 4 AO	Angehörige einer Person, die dem Beteiligten steuerliche Hilfe leistet, z.B. Schwester des Steuerberaters
§ 82 Abs. 1 Nr. 5 AO	Personen, die für den Beteiligten arbeiten oder als Vorstands- oder Aufsichtsratsmitglied oder sonstiges Organ tätig sind
§ 82 Abs. 1 Nr. 6 AO	Personen, die außerhalb des Amtes in der Angelegenheit ein Gutachten abgegeben haben oder sonst tätig waren; die vorherige Befassung mit dem Fall **in amtlicher Funktion** ist hingegen unschädlich

Beispiel:
Sachbearbeiter F bearbeitet die Einkommensteuer seines Großvaters G.

Lösung:
F darf im Verfahren des G nicht tätig werden. Als Enkel ist er Angehöriger des G gem. § 15 Abs. 1 Nr. 3 AO, daraus folgt ein Ausschluss als Amtsträger gem. § 82 Abs. 1 Nr. 2 AO.

Es ist nicht erforderlich, dass im konkreten Fall tatsächlich eine Manipulationsgefahr besteht.

§ 82 Abs. 1 Satz 2 AO stellt klar, dass auch eine Nähe zu einer Person, die zwar kein Beteiligter ist, die aber durch die Tätigkeit einen unmittelbaren Vorteil oder Nachteil erlangen kann, zu einer Ausschliessung als Amtsträger führt.

§ 82 AO ist **von Amts wegen** durch das Finanzamt zu beachten. Eine Mitwirkung am Verfahren durch einen von der Norm erfassten Amtsträger ist gem. § 82 Abs. 2 AO nur ausnahmsweise bei Gefahr im Verzug zulässig. Handelt die Behörde dem Verbot zuwider, ist also ein an sich ausgeschlossener Amtsträger am Verfahren beteiligt, kann der Adressat gegen den entsprechenden Verwaltungsakt Einspruch einlegen. Dieser ist unter Verletzung von Verfahrensvorschriften zustande gekommen. Der Verstoß führt aufgrund § 125 Abs. 3 Nr. 2 AO zumindest in den Ausschlussfällen der § 82 Abs. 1 Nr. 2-6 AO nicht zur Nichtigkeit des Verwaltungsakts. Das bedeutet im Umkehrschluss, dass der Erlass eines Verwaltungsakts unter Mitwirkung des Beteiligten selbst, also ein Verstoß gegen § 82 Abs. 1 Nr. 1 AO, dessen Nichtigkeit zur Folge hat. Verstöße gegen § 82 Abs. 1 Nr. 2-6 AO führen (nur) zur Rechtswidrigkeit. Da eine Heilung des Fehlers gem. § 126 AO nicht in Betracht kommt, weil der Verwaltungsakt bereits erlassen wurde, ist lediglich § 127 AO zu beachten. Folge ist, dass der Verwaltungsakt, wenn er ein gebundener Verwaltungsakt und ansonsten rechtmäßig ist, nur wegen dieses Fehlers nicht aufzuheben ist.

> **Beispiel:**
> Bei der Einkommensteuerveranlagung des U hat dessen Schwägerin O mitgewirkt. Da U mit der O zerstritten ist, legt er gegen den Bescheid Einspruch ein und bringt vor, O habe absichtlich eine zu hohe Steuerfestsetzung vorgenommen. Tatsächlich sind im Bescheid keine rechtlichen Fehler enthalten.

> **Lösung:**
> Der Bescheid ist rechtswidrig, da entgegen § 82 Abs. 1 Nr. 2 AO die Schwägerin O als Angehörige i.S.d. § 15 Abs. 1 Nr. 3 AO mitgewirkt hat. Dieser Verstoß führt gem. § 125 Abs. 3 Nr. 2 AO nicht zur Nichtigkeit des Verwaltungsakts.
> Steuerbescheide sind gebundene Verwaltungsakte, da in der Sache keine andere Entscheidung getroffen werden kann, als die nach den Gesetzen entstandene Steuer festzusetzen. Somit greift § 127 AO, der Fehler ist unbeachtlich, der Einspruch ist unbegründet.

Neben § 82 AO enthält § 83 AO die Möglichkeit, Amtsträger, die aus anderen Gründen zum Beteiligten in einem besonderen Verhältnis stehen, sei es in positiver oder negativer Hinsicht, vom Verfahren auszuschließen.

> **Beispiel:**
> Der Steuerpflichtige T stellt beim Finanzamt einen Stundungsantrag. Für ihn zuständig ist sein früherer Freund Sachbearbeiter S, dem er vor einigen Jahren seine Jugendfreundin ausgespannt hat.

> **Lösung:**
> Es ist nicht auszuschließen, dass die zwischen T und S bestehende Vorgeschichte dessen Neutralität im Steuerverfahren beeinflusst. Gem. § 83 AO ist es daher vorgeschrieben, dass der Amtsträger S seinen Vorsteher über die Situation informiert. Dieser kann anordnen, dass sich S der Mitwirkung in diesem Fall enthalten soll.

Voraussetzung für eine **Enthaltung** gem. § 83 AO ist, dass entweder ein Grund vorliegt, der geeignet ist, Misstrauen in die Unparteilichkeit des Amtsträgers zu rechtfertigen, oder dass ein Beteiligter das Vorliegen eines solchen Grundes behauptet. Als Gründe kommen persönliche Sympathien oder Antipathien, Verwandtschaftsverhältnisse, die nicht unter § 15 AO fallen oder wirtschaftliche oder persönliche Interessen des Amtsträgers am Ausgang des Verfahrens in Betracht. Der Behördenleiter prüft die Situation und entscheidet, ob der Amtsträger sich einer Mitwirkung im Verfahren enthalten soll. Die Entscheidung hierüber ist kein anfechtbarer Verwaltungsakt, sondern nur eine behördeninterne Maßnahme.

Entscheidet der Behördenleiter falsch oder wirkt der betreffende Amtsträger entgegen der Anordnung trotzdem an dem Fall mit, gelten die gleichen Konsequenzen wie bei Verstößen gegen § 82 AO; § 125 Abs. 3 Nr. 2 AO ist entsprechend anzuwenden.

§ 84 AO begründet ein Ablehnungsrecht für Beteiligte in einem Verwaltungsverfahren, wenn geltend gemacht wird, dass eine Person aufgrund der §§ 82, 83 AO nicht Mitglied eines Ausschusses sein darf. Praktische Bedeutung hat diese Norm vor allem für Prüfungsausschüsse bei Steuerberaterprüfungen.

1.2 Besteuerungsgrundsätze

Aus dem in Art. 20 Abs. 3 GG normierten Rechtsstaatsprinzip folgt, dass sich die Finanzverwaltung im Besteuerungsverfahren an Gesetz und Recht halten muss. Dies wird für das steuerliche Verfahrensrecht durch die Besteuerungsgrundsätze der § 85 AO konkretisiert. Danach sind Steuern gleichmäßig und nach Maßgabe der Gesetze festzusetzen und zu erheben (§ 85 S. 1 AO). Weiterhin haben die Finanzämter den für die Besteuerung maßgeblichen Sachverhalt von Amts wegen zu ermitteln (§ 88 AO) und dem Steuerpflichtigen Auskunft und Beratung zukommen zu lassen (§ 89 AO). Ihm ist außerdem rechtliches Gehör zu gewähren (§ 91 AO). Neben diesen zentralen Grundsätzen existieren weitere Vorschriften zum Beginn des Besteuerungsverfahrens (§ 86 AO), zur Amtssprache (§ 87 AO) sowie zur elektronischen Kommunikation (§ 87a AO).

1.2.1 Gleichmäßigkeit der Besteuerung

Gem. § 85 S. 1 AO sind die Steuern **gleichmäßig** festzusetzen und zu erheben. Dies folgt bereits aus dem allgemeinen Gleichheitsgrundsatz des Art. 3 Abs. 1 GG.

Gleichmäßiges Verwaltungshandeln setzt auch den Gleichheitsgrundsatz beachtende Steuergesetze voraus, erforderlich ist also **Rechtssetzungs- und Rechtsanwendungsgleichheit**. Die Steuergesetze müssen hierbei so gestaltet sein, dass auch die Erhebung in gleichheitswahrender Form möglich ist. Diese Anforderung hat in der Vergangenheit zu einer Vielzahl von Verfahren vor dem BFH und der BVerfG geführt. Soweit nämlich Steuergesetze z.B. bestimmte Tatbestände in die Besteuerung einbeziehen, die Besteuerungspraxis jedoch nicht zu einem tatsächlich gleichmäßigen Vollzug in der Lage ist, z.B. weil die nötigen Informationen nicht zur Verfügung stehen oder eine Kontrolle nicht möglich ist, dann besteht ein **Vollzugsdefizit**. Dies kann zur Verfassungswidrigkeit der Norm führen. In der Vergangenheit hat dies bereits wiederholt den Gesetzgeber zu umfangreichen Gesetzesänderungen vor allem im Bereich der Besteuerung von Kapitaleinkünften und Gewinnen aus privaten Veräußerungsgeschäften gezwungen.

> **Beispiel nach BVerfG vom 27.06.1991, BStBl II 1991, 654:**
>
> Der Steuerpflichtige K gibt in seiner Einkommensteuererklärung für 1981 Kapitaleinkünfte an. Diese werden gem. den geltenden steuerlichen Regelungen der Besteuerung unterworfen. K legt Einspruch ein. Er trägt vor, die geltenden Besteuerungsregeln für Kapitaleinkünfte verstießen gegen den Gleichheitsgrundsatz, weil diese tatsächlich nur in einem äußerst geringen Teil der Fälle von den Finanzbehörden erfasst würden. Der Gesetzgeber habe darauf verzichtet, diese Einkünfte an der Quelle zu besteuern oder andere Kontrollmechanismen zu schaffen.

> **Lösung:**
>
> Die damaligen Regelungen zur Besteuerung von Kapitaleinkünften waren aufgrund des Vollzugs- und Erhebungsdefizit verfassungswidrig. Wenn die gleichmäßige Besteuerung von der Ehrlichkeit der Steuerbürger abhänge, müsse der Gesetzgeber weitere Kontrollmechanismen schaffen, so das BVerfG. Dem hat der Gesetzgeber in den darauffolgenden Jahren durch Neuregelungen wie der Kapitalertragsteuer und später der Abgeltungssteuer Rechnung getragen.

Auch **Risikomanagementsysteme** oder Schwerpunktprüfungen o.ä. sind am Maßstab des § 85 AO zu messen (vgl. hierzu 1.2.6). Sie sind Mittel, in Zeiten eines knappen Personalbestandes in der Massenverwaltung zumindest eine größtmögliche Gleichheit zu erreichen. Auch Konzepte, die auf eine verstärkte Belohnung der ehrlichen Mitwirkung und des gesetzestreuen Verhaltens des Steuerpflichtigen setzen können ein Weg sein, die Besteuerungsgrundsätze zu wahren.

Die Verwaltung der Einkommensteuer, die im Arbeitsalltag der Finanzämter die größte Bedeutung hat, ist **Ländersache**. Das führt auch dazu, dass Steuerpflichtige je nach ihrem Wohnort in Deutschland bei ihrer Einkommensteuerveranlagung dergestalt unterschiedlich behandelt werden, dass unterschiedliche Arbeitsweisen, verschiedene Schwerpunktsetzungen, verschiedene Erfassungssysteme, unterschiedliche personelle Besetzungsstrukturen, unterschiedliche Verfügungen von OFDen und Länderministerien Anwendung finden. Dies ist – solange akzeptable Rahmen nicht verlassen werden – in einem föderalistisch organisierten Staat nicht zu vermeiden und vertretbar.

Im Bereich der Ertragsteuern gilt grundsätzlich die **Abschnittsbesteuerung**, d.h., jeder Veranlagungszeitraum ist getrennt und von neuem zu betrachten. Hier besteht also kein Anspruch des Steuerpflichtigen auf eine gleichmäßige steuerliche Behandlung, insbesondere dann nicht, wenn er eine rechtlich falsche, aber für ihn günstige Entscheidung im nächsten Zeitraum wieder für sich einfordert.

> **Beispiel:**
>
> Der Steuerpflichtige R macht in seiner Einkommensteuererklärung 01 die Kosten für eine Tageszeitung als Werbungskosten bei seinen Einkünften aus nichtselbständiger Arbeit geltend. Entgegen der Rechtslage werden ihm die Kosten gewährt, da der Fall ungeprüft veranlagt wird und von den maschinellen Prüfsystemen im Finanzamt nicht zur manuellen Prüfung ausgesteuert wird. In 02 macht er die gleichen Angaben, nun werden ihm die Kosten gestrichen. R legt Einspruch ein und beruft sich auf die Gleichmäßigkeit der Besteuerung.

> **Lösung:**
>
> Aus § 85 S. 1 AO lässt sich kein Anspruch auf die gleiche rechtliche Behandlung wie im vorangegangenen Veranlagungszeitraum herleiten. Insbesondere gibt es keine „Gleichheit im Unrecht". Der Einspruch des R ist unbegründet.

1.2.2 Gesetzmäßigkeit der Besteuerung

Der Grundsatz der **Gesetzmäßigkeit der Besteuerung** ist in § 85 S. 1 AO („… Steuern nach Maßgabe der Gesetze … festzusetzen …") normiert, lässt sich aber bereits aus der Verfassung, vor allem aus dem Grundsatz der Gesetzmäßigkeit der Verwaltung (der vollziehenden Verwaltung) in Art. 20 Abs. 3 GG ableiten. Man nennt diesen Grundsatz auch das Legalitätsprinzip.

Die Finanzverwaltung hat sich also an die Steuergesetze zu halten, sie hat die gesetzlich geschuldete Steuer festzusetzen und zu erheben. Insbesondere ist es ihr grundsätzlich nicht möglich, Vereinbarungen mit dem Steuerpflichtigen über die Steuern zu treffen. Eine Ausnahme stellen hier die sog. **tatsächlichen Verständigungen** dar (vgl. Kap. IX. 11.1).

§ 85 S. 2 AO konkretisiert die zentralen Besteuerungsgrundsätze und schreibt vor, dass die Finanzbehörden insbesondere sicherzustellen haben, dass Steuern nicht verkürzt oder zu Unrecht erhoben oder erstattet werden. Diese Anordnung erscheint angesichts der Komplexität des Steuerrechts und der begrenzten Mittel der Finanzverwaltung heute nicht immer in vollem Umfang praktikabel. Schon die Grundsätze des Risikomanagements führen im Ergebnis dazu, dass einzelne Steuerveranlagungen den Steuergesetzen nicht zu 100 Prozent entsprechen. Sie werden wegen zu knapper personeller Ressourcen nicht mehr genauer geprüft (vgl. hierzu 1.2.6).

1.2.3 § 86 AO

Gem. § 86 S. 1 AO hat die Finanzbehörde ein **Entschließungsermessen** darüber, ob und wann sie ein Verwaltungsverfahren durchführt. Im Regelfall jedoch schreiben der Grundsatz der Gesetzmäßigkeit und Gleichmäßigkeit der Besteuerung den Finanzämtern vor, wann sie tätig werden müssen. Lediglich in wenigen Bereichen herrscht daher tatsächlich der sog. **Opportunitätsgrundsatz**, der der Behörde umfassendes Ermessen zubilligt, ob und welche Maßnahmen sie ergreift, so z.B. im Bereich von Haftungsinanspruchnahmen.

§ 86 S. 2 AO stellt den praktischen Regelfall näher dar. Danach müssen die Finanzbehörden aufgrund von Rechtsvorschriften von Amts wegen oder z.T. auf Antrag tätig werden, bzw. dürfen nichts unternehmen, wenn der nach dem Gesetz erforderliche Antrag nicht vorliegt.

Letztere Variante liegt in solchen Fällen vor, in denen der Steuerpflichtige Steuerbegünstigungen ausdrücklich beantragen muss, wie z.B. die Berücksichtigung von außergewöhnlichen Belastungen i.S.d. §§ 33 ff. EStG oder bei Anträgen auf Durchführung einer Veranlagung i.S.d. § 46 Abs. 2 Nr. 8 EStG. Ohne einen Antrag darf die Behörde in diesen Fällen nicht tätig werden. Sie kann aber gem. § 89 Abs. 1 Satz 1 AO den Steuerpflichtigen zum Antrag anregen, wenn dieser nur versehentlich unterblieben ist.

1.2.4 Amtssprache

Die Amtssprache ist deutsch, § 87 Abs. 1 AO. Anträge oder vorgelegte Dokumente oder Urkunden in einer fremden Sprache müssen gem. § 87 Abs. 2 AO auf Verlangen der Behörde übersetzt werden; dieses Erfordernis ist nicht zwingend, wenn die Behörde die Information auch ohne Übersetzung versteht, ist diese entbehrlich (vgl. AEAO zu § 87, Nr. 1.). Soweit durch den Antrag oder das eingereichte Dokumente eine Frist gegenüber der Finanzbehörde gewahrt werden soll, gilt der Eingang nur dann als fristwahrend, wenn innerhalb einer gesetzten angemessenen Frist eine Übersetzung vorgelegt wird, hierauf ist bereits bei der Fristsetzung hinzuweisen, § 87 Abs. 4 AO.

1.2.5 Elektronische Kommunikation

§ 87a AO trägt den Anforderungen an eine moderne Kommunikation zwischen Steuerbürger und Finanzverwaltung Rechnung. Obwohl auch heutzutage die Kommunikation zwischen Steuerpflichtigen und Finanzamt immer noch vorwiegend im klassischen schriftlichen Weg stattfindet, werden angesichts des Kostendrucks papierlose Bekanntgabevarianten und Schreiben des Finanzamts per E-Mail immer mehr an Bedeutung zunehmen. Um die elektronische Form der Kommunikation in ihrer Rechtswirkung mit der klassischen gleichzustellen, wurden detaillierte Regelungen geschaffen und in den letzten Jahren weiterentwickelt. So wurden mit Wirkung zum 01.01.2017 in die Vorschrift und die folgenden §§ 87b–87d AO auch die bisherigen Regelungen der Steuerdaten-Übermittlungsverordnung (StDÜV) übernommen. Die z.B. gem. § 93c AO (s. 1.3.2.5) oder § 80a AO zu übermittelnden Daten sind mittels amtlich vorgeschriebener Datensätze i.S.d. § 87b AO zu übermitteln. § 87c AO regelt die insoweit geltenden Rahmenbedingungen, wenn nicht amtliche Datenverarbeitungsprogramme hierfür verwendet werden, § 87d AO bestimmt, was bei der Auftragsdatenübermittlung durch Dritte zu beachten ist.

Für die Abgabe von Steuererklärungen und -anmeldungen bieten verschiedene Steuerprogramme und Übermittlungssoftwares dem Steuerpflichtigen großes Einsparungspotenzial. Was im Umsatz- und Lohnsteuerbereich selbstverständlich und größtenteils für den Bürger verpflichtend ist – Datenübermittlung im elektronischen Weg – wird dem Bürger insbesondere durch das Programm ELSTER (ELektronische STeuerERklärung) seit einigen Jahren auch für die Einkommensteuererklärung ermöglicht. Diese Optionen werden in den nächsten Jahren noch erweitert werden, hierzu ist die Verwaltung schon durch sinkende Personalzahlen gezwungen.

§ 87a Abs. 1 AO stellt den Grundsatz auf, dass die **Übermittlung elektronischer Dokumente** zulässig ist, soweit der Empfänger hierfür einen Zugang eröffnet. Das bedeutet, dass die Zusendung von elektronischen Dokumenten, also z.B. Dateien, eingescannten Schriftsätzen oder Mails durch den Bürger an die Finanzverwaltung möglich ist, wenn diese einen Zugang eröffnet. Seit dem 01.07.2014 sind Bundesbehörden und auch Landesbehörden, die Bundesrecht ausführen – somit folglich auch Finanzämter – gem. § 2 Abs. 1 i.V.m. § 1 Abs. 2 EGovG (Gesetz zur Förderung der elektronischen Verwaltung, E-Government-Gesetz) ohnehin verpflichtet, einen Zugang für elektronische Dokumente zu eröffnen. Umgekehrt kann das Finanzamt selbständig tätigen Personen, die eine E-Mail-Adresse in ihren Schreiben angeben, elektronische Dokumente wirksam zusenden.

Zeitlich gesehen ist der Zugang solcher Dokumente gem. § 87a Abs. 1 Satz 2 AO erfolgt, sobald die für den Empfang bestimmte Einrichtung es in für den Empfänger bearbeitbarer Weise aufgezeichnet hat, also wenn der Empfänger es tatsächlich lesen kann.

In § 87a Abs. 3 und 4 AO ist die Rede davon, dass zur Ersetzung der Schriftform durch die elektronische eine **qualifizierte Signatur** nach dem Signaturgesetz erforderlich ist. Es handelt sich um ein technisches Verfahren, das es ermöglicht, den Absender des Dokuments und dessen Unversehrtheit nachweisen zu können. Gem. § 87a Abs. 6 AO ist bei der Übermittlung von Datensätzen an Finanzbehörden ein sicheres Verfahren zu verwenden, das die Vertraulichkeit und Integrität der Daten gewährleistet.

Mit Wirkung vom 01.08.2013 wurde die Vorschrift zudem um Regelungen zur sogenannten De-Mail erweitert. Sind bestimmte Voraussetzungen erfüllt, kann die Versendung im Wege einer De-Mail die elektronische Signatur und damit die erforderliche Schriftform ersetzen. Gleichzeitig wurde klargestellt, dass eine hierbei technisch erforderliche kurzzeitige Entschlüsselung nicht dem Verschlüsselungsgebot des § 87a Abs. 3 AO widerspricht.

Für den Bürger wurde im Hinblick auf das Signaturerfordernis insoweit eine Ausnahme erlaubt, als die Einlegung von **Einsprüchen** in elektronischer Form betroffen ist. Entgegen § 87a Abs. 3 AO kann er diesen **formgerecht per „normaler" E-Mail** einlegen, vgl. AEAO zu § 357, Nr. 1.

Für die Finanzverwaltung besteht gem. § 87a Abs. 4 AO ebenfalls die Möglichkeit, elektronisch zu kommunizieren, also Verwaltungsakte, für die die Schriftform gesetzlich angeordnet ist, auf elektronischem Weg bekannt zu geben. Konkret regelt § 122 Abs. 2a AO den Zeitpunkt der Bekanntgabe elektronisch übermittelter Verwaltungsakte. § 122a AO bestimmt, dass Verwaltungsakte auch durch Bereitstellung zum Datenabruf bekannt gegeben werden können (s. Kap. III. 3.10). Im Hinblick auf Vertraulichkeit und Sicherheit sind die Anforderungen der § 87a Abs. 7 und Abs. 8 AO zu beachten.

1.2.6 Untersuchungsgrundsatz

Gem. § 88 AO ermittelt die Finanzbehörde den Sachverhalt von Amts wegen, man spricht vom **Untersuchungsgrundsatz**. Sie ist an das Vorbringen der Beteiligten nicht gebunden, sondern bestimmt selbst Art und Umfang ihrer Ermittlungen, § 88 Abs. 1 Satz 2 AO. Auch für die Beteiligten günstige Umstände sind von ihr zu berücksichtigen.

Dieser Ermittlungspflicht sind in vielerlei Hinsicht Grenzen gesetzt, insbesondere durch:
- Grundsätzlichen Vertrauensvorschuss in die Angaben des Steuerpflichtigen,
- Generelle Mitwirkungspflicht der Beteiligten,
- Grundsatz der Verhältnismäßigkeit,
- Grundrechte, z.B. Schutz der Privatsphäre,
- Tax Compliance.

§ 88 Abs. 2 Satz 2 AO regelt hier außerdem seit 01.01.2017 ausdrücklich, dass bei der Entscheidung über Art und Umfang der Ermittlungen die Wirtschaftlichkeit und Zweckmäßigkeit berücksichtigt werden können.

Im Hinblick auf einen zeitnahen und gleichmäßigen Vollzug der Steuergesetze können gem. § 88 Abs. 3 AO die obersten Finanzbehörden der Länder Weisungen erteilen über Art und Umfang der Ermittlungen, also z.B. über die Setzung von Prüfungsschwerpunkten bei den Veranlagungen.

§ 88 Abs. 5 AO ermächtigt die Finanzverwaltung, sog. **Risikomanagementsysteme** zu verwenden. Um eine an Wirtschaftlichkeit orientierte Bearbeitung zu ermöglichen und zu verstärken, sollen einfachere Fälle weitgehend maschinell bearbeitet und die personelle Bearbeitung auf steuerlich bedeutende oder anspruchsvollere Fälle konzentriert werden. Bei der Ausgestaltung der Systeme ist u.a. zu beachten:
- dass auch eine hinreichende Zahl von Fällen zufallsmäßig zur personellen Prüfung ausgesteuert wird,
- dass zuständige Amtsträger prüfungsbedürftige Fälle auch selbst aussteuern können,
- dass Amtsträger ausgesteuerte Fälle auch wirklich selbst prüfen können,
- dass die Systeme einer regelmäßigen Kontrolle unterliegen, ob sie ihre Ziele noch erfüllen können.

> ☞ **Praxistipp! Risikomanagement/Risikomerker**
> Im Rahmen des Risikomanagementsystems vergeben die Finanzämter den Steuerbürgern sog. Risikomerker. Damit wird für die zukünftige Bearbeitung gekennzeichnet, wie risiko- und steuerausfallträchtig der Fall ist. Fälle mit niedrigem Risiko werden evtl. in den kommenden Jahren nur noch maschinell und weitgehend ungeprüft verarbeitet, Fälle mit hohem Risiko werden stets ausgesteuert und einer genauen Prüfung unterzogen.

> **Hinweis!** Gegen den Risikomerker ist kein Einspruch möglich, da es sich nicht um einen Verwaltungsakt, sondern nur um eine behördeninterne Maßnahme handelt.
> Der Risikomerker wird dem Steuerpflichtigen nicht bekannt gegeben. Er hat auch keinen Anspruch darauf, über die für seinen Fall vergebene Risikostufe informiert zu werden, weder datenschutzrechtlich noch aus den Vorschriften der AO.

Gem. § 155 Abs. 4 Satz 1 AO ist grundsätzlich eine ausschließlich automationsgestützte Bearbeitung von Steuerfällen möglich (s. Kap. IV. 1.1).

Die Aufklärungspflicht der Finanzämter wird grundsätzlich auch durch die **Mitwirkungspflicht** der Beteiligten begrenzt (AEAO zu § 88, Nr. 5 f.). Auf die Richtigkeit und Vollständigkeit seiner Angaben darf zunächst vertraut werden. Erst wenn Anhaltspunkte für Zweifel an den Angaben vorliegen, muss weiter ermittelt werden.

Der Grundsatz der **Verhältnismäßigkeit** gebietet es, dass der Ermittlungsaufwand nicht außer Verhältnis zum erzielbaren Erfolg steht. In Kleinfällen, in denen es um geringe Steuerbeträge geht, wird die Finanzbehörde daher keine aufwändigeren Beweisaufnahmen durchführen. Auch die **Grundrechte** schränken den Untersuchungsgrundsatz ein. Beispielsweise dürfen die behördlichen Aufklärungsmassnahmen nicht die Intimsphäre des Steuerpflichtigen verletzen.

Im Hinblick auf die sowohl vom Steuerbürger als auch der Verwaltung gewünschte schnelle Abwicklung einer Vielzahl von Fällen stehen **verwaltungsökonomische Prinzipien** immer mehr im Vordergrund. Bereits seit 1996 gelten die sog. GNOFÄ, die Grundsätze zur Neuorganisation der Finanzämter und zur Neuordnung des Besteuerungsverfahrens. Sie ermöglichen erstmals, Überprüfungen von Sachverhalten auf das Wesentliche und auf Sachverhalte mit höherer steuerlicher Auswirkung zu beschränken.

Die Idee der sog. **Tax Compliance** setzt bei der Bereitschaft des Bürgers zur Mitwirkung und zum gesetzestreuen Verhalten an. Durch eine das Verwaltungsselbstverständnis bestimmende **Kooperationsstrategie** soll die Bereitwilligkeit des Bürgers zur Mitwirkung belohnt, wohingegen sein Fehlverhalten konsequent und zuverlässig sanktioniert wird. Ansätze hierzu finden sich in verschiedenen Bereichen der Verwaltung, es gibt Service-Center, Liquiditätsprüfer u.Ä.

Gem. § 88a AO darf die Finanzverwaltung zur Erfüllung ihrer Aufgaben Daten nicht nur für ein konkretes Verwaltungsverfahren, sondern auch für Zwecke künftiger Verfahren i.S.d. § 30 Abs. 2 AO sammeln und verwenden, wenn dies für die gleichmäßige Festsetzung und Erhebung der Steuern erforderlich ist. Beispiele sind hier die Richtsatzsammlungen der Betriebsprüfungsstellen.

Die Verletzung der Ermittlungspflicht aus § 88 AO kann für das Finanzamt Konsequenzen für die Korrekturmöglichkeit von Steuerbescheiden nach **§ 173 Abs. 1 Nr. 1 AO** haben. Hat die Finanzbehörde aufgrund fehlerhafter Ermittlung bei Erlass eines Bescheides keine Kenntnis von einer Tatsache gehabt und diese daher nicht bei der Veranlagung berücksichtigt, kann sie später nach **Treu und Glauben** nicht mehr den Steuerbescheid gem. § 173 Abs. 1 Nr. 1 AO ändern, wenn ihr die Tatsachen dann bekannt wird (vgl. Kap. V. 2.3.5.3.1; AEAO zu § 173, Nr. 4.). Ggf. ist hier jedoch die häufige gleichzeitige Verletzung der Mitwirkungspflicht durch den Steuerbürger mit in die Entscheidung einzubeziehen.

1.2.7 Beratungs- und Auskunftspflicht, verbindliche Auskunft

Die Finanzbehörden haben gegenüber dem Steuerbürger, der sich in der Regel als Laie im komplizierten Steuerrecht bewegt, eine **Fürsorgepflicht**. § 89 Abs. 1 AO verpflichtet die Finanzämter, die Abgabe von Erklärungen, die Stellung von Anträgen oder die Berichtigung von Erklärungen oder Anträgen anzuregen, wenn diese offensichtlich nur aus Versehen oder Unkenntnis unterblieben oder fehlerhaft gestellt worden sind. Sie hat die Steuerbürger auch durch Auskunft über ihre Rechte und Pflichten im Steuerverwaltungsverfahren zu unterstützen.

Derartige **Auskünfte des Finanzamts** können eine unterschiedliche Rechtsqualität und damit auch unterschiedliche Bindungswirkung haben.

Norm	Bezeichnung/Konstellation	Bindungswirkung und sonstige Rechtsfolgen
§ 89 Abs. 1 AO	Unverbindliche Auskünfte, z.B. am Telefon, in den Annahme- und Infostellen der Finanzämter.	Finanzamt ist an Auskunft i.d.R. nicht gebunden, kann den Sachverhalt z.B. bei der späteren Einkommensteuerveranlagung anders beurteilen.
§ 89 Abs. 2–7 AO, StAuskV	Verbindliche Auskunft; Steuerpflichtiger begehrt Auskunft über steuerliche Behandlung eines konkreten für die Zukunft geplanten Sachverhalts; Gebührenpflichtig seit 2007, dies wurde jedoch mit Wirkung vom 05.11.2011 erheblich modifiziert.	Auskunft ist (sonstiger) Verwaltungsakt, bindet die Verwaltung in späterer steuerlicher Behandlung des dann wie angekündigt vollzogenen Sachverhalts.
§ 42e EStG	Anrufungsauskunft des Arbeitgebers, ob für bestimmte Sachverhalte Lohnsteuer einzubehalten und abzuführen ist.	Unverbindliche Wissenserklärung, Bindungswirkung allenfalls aus Treu und Glauben (str.).
§§ 204 ff. AO	Verbindliche Zusage nach einer Außenprüfung über die zukünftige steuerliche Behandlung eines geprüften, also bereits verwirklichten Sachverhalts.	Bindungswirkung unter den Voraussetzungen des § 206 AO.

Einen Sonderstatus nimmt die sog. **tatsächliche Verständigung** ein. Sie ist in Fällen möglich, in denen sich der tatsächliche Sachverhalt nicht mehr ermitteln lässt. Die Finanzbehörde verständigt sich dann mit dem Steuerpflichtigen darüber, welcher Sachverhalt der Besteuerung zugrunde zu legen ist (vgl. hierzu Kap. IX. 11.1).

Von großer praktischer Bedeutung ist die **verbindliche Auskunft gem. § 89 Abs. 2–7 AO**. Konkretisierend hierzu und auf der Grundlage der Ermächtigung in § 89 Abs. 2 Satz 4 AO ist die Steuer-Auskunftsverordnung (**StAuskV**) vom 30.11.2007 ergangen. Diese Normen haben das zuvor geltende BMF-Schreiben über die „Auskunft mit Bindungswirkung nach Treu und Glauben (verbindliche Auskunft)" ersetzt (einige Teilziffern gelten weiter).

Beispiel:

Die S-KG beabsichtigt, sich in eine GmbH & Co. KG umzuwandeln. Sie beabsichtigt eine bestimmte Vertragskonstruktion zur Umsetzung und erhofft sich, die Wirtschaftsgüter zum Buchwert übernehmen zu können und keine stillen Reserven aufdecken zu müssen. Um kein Risiko einzugehen, befragt der Geschäftsführer der KG das zuständige Finanzamt. Dieses erteilt nach Prüfung der Rechtslage eine verbindliche Auskunft. Soweit der Sachverhalt später tatsächlich so umgesetzt wird, ist das Finanzamt an die Auskunft gebunden.

Die StAuskV regelt die Voraussetzungen und Wirkungen im Einzelnen.

Verbindliche Auskunft gem. § 89 Abs. 2–7 AO	
Inhalt	Auskunft über steuerliche Behandlung eines genau bestimmten, **noch nicht verwirklichten** Sachverhalts; auf Antrag möglich, wenn wegen erheblicher steuerlicher Auswirkungen ein besonderes Interesse besteht.
Antrag	§ 1 StAusKV regelt die formellen und inhaltlichen Anforderungen an den Antrag des Steuerpflichtigen: Er muss umfassend den noch nicht verwirklichten Sachverhalt darstellen, das Rechtsproblem darstellen und seinen eigenen Standpunkt dazu erläutern und begründen.
Bearbeitung	Gem. § 89 Abs. 2 Satz 4 AO soll über den Antrag **binnen 6 Monaten ab Eingang entschieden** werden; ist dies nicht möglich, ist dies dem Antragsteller unter Angabe von Gründen mitzuteilen.
Rechtsnatur der Auskunft	**Verwaltungsakt**: bindet die Finanzbehörde, wenn der Sachverhalt deckungsgleich umgesetzt worden ist.
Rechtsmittel	Gegen die Ablehnung der Erteilung wie gegen die Auskunft selbst ist der **Einspruch** gem. § 347 AO gegeben.
Gebührenpflicht	§ 89 Abs. 3–7 AO: Für die Bearbeitung von Anträgen werden **Gebühren** erhoben, die sich am Gegenstandswert bzw. hilfsweise an der Bearbeitungszeit bemessen. Bei einem Gegenstandswert unter 10.000 € wird keine Gebühr erhoben, § 89 Abs. 5 Satz 2 AO. Bei einer Bearbeitungszeit unter 2 Stunden wird ebenfalls auf die Gebühr verzichtet. Gem. § 89 Abs. 7 AO ist auch bei Unbilligkeit ein Verzicht möglich.
Korrektur der Auskunft	Unter den Voraussetzungen der §§ 129, 130, 131 AO sowie gem. § 2 Abs. 3 StAuskV ist eine Änderung/Aufhebung möglich.

1.2.8 Rechtliches Gehör

Das Grundgesetz regelt in Art. 103 das Recht jedes Menschen, vor Gericht **rechtliches Gehör** zu bekommen. Auch im Steuerverwaltungsverfahren müssen Bürger die Gelegenheit haben, sich zur Sache zu äußern, insbesondere wenn sie durch Maßnahmen **belastet** werden sollen.

§ 91 AO regelt die Einzelheiten dieser Anhörung. Gem. § 91 Abs. 1 AO soll bereits vor Erlass eines belastenden Verwaltungsakts dem Beteiligten Gelegenheit gegeben werden, sich zu den entscheidungserheblichen Tatsachen zu äußern, insbesondere in Fällen, in denen von Steuererklärungen zuungunsten des Steuerpflichtigen **wesentlich abgewichen** wird.

> **Beispiel:**
> Der Steuerpflichtige S gibt in seiner Steuererklärung umfangreiche Werbungskosten bei seinen Einkünften aus Vermietung und Verpachtung an. Der zuständige Sachbearbeiter hält die Kosten für Herstellungsaufwand und weicht entsprechend von der Erklärung ab, ohne S zuvor zu informieren oder anzuhören. Für S entsteht im betreffenden Veranlagungszeitraum eine steuerliche Mehrbelastung in Höhe von 4.500 €.

> **Lösung:**
> Das Finanzamt ist von der Steuererklärung des S wesentlich abgewichen. Es hätte ihn daher vor Erlass des Steuerbescheides anhören müssen, § 91 AO wurde verletzt.

Obwohl einige OFDen die wesentliche Abweichung anhand von Beträgen der steuerlichen Auswirkungen konkretisieren, lässt sich dies in der Regel nicht anhand von Zahlen definieren, vielmehr geht es um **rechtlich erhebliche** Abweichungen.

In verschiedenen, in § 91 Abs. 2 und 3 AO näher definierten Fällen, kann von einer Anhörung **abgesehen** werden.

Alternative	Inhalt	Einzelheiten
Abs. 2 Nr. 1	Gefahr im Verzug oder das öffentliche Interesse erfordern eine sofortige Entscheidung	Wenig praktische Bedeutung, da Vollstreckungsfälle unter Nr. 5 fallen
Abs. 2 Nr. 2	Durch die Anhörung würde eine für die Entscheidung maßgebliche Frist in Frage gestellt	Erlass eines belastenden Verwaltungsakts ohne Anhörung zur Wahrung der Festsetzungsfrist (str.)
Abs. 2 Nr. 3	Von den Angaben eines Beteiligten soll nicht zu seinen Ungunsten abgewichen werden	Gegenläufiger Fall zu § 91 Abs. 1 Satz 2 AO
Abs. 2 Nr. 4	Im Fall von Allgemeinverfügungen oder bei Erlass gleichartiger Verwaltungsakte in größerer Zahl	Z.B. Aufforderung zur Abgabe der Steuererklärung
Abs. 2 Nr. 5	Vollstreckungsmaßnahmen	Vereitelung der Vollstreckung soll verhindert werden
Abs. 3	Entgegenstehendes zwingendes öffentliches Interesse	Wenig praktische Bedeutung

Rechtliches Gehör bedeutet, dass dem Betroffenen das Recht eingeräumt wird, sich zu den Tatsachen zu äußern und Stellung zu nehmen. Eine Äußerung der eigenen Rechtsmeinung ist dem Grunde nach nicht erfasst, wird jedoch in der Praxis häufig erfolgen.

Ein **Verstoß** gegen das Gebot der Gewährung rechtlichen Gehörs, führt zur Rechtswidrigkeit des erlassenen Verwaltungsakts, nicht zur Nichtigkeit. Gem. § 126 Abs. 1 Nr. 3 AO kann der Fehler geheilt werden, indem die erforderliche Anhörung nachgeholt wird. Diese Nachholung kann gem. § 126 Abs. 2 AO bis zum Abschluss der Tatsacheninstanz im finanzgerichtlichen Verfahren erfolgen. Für etwaige Rechtsbehelfe gegen den Verwaltungsakt kann § 126 Abs. 3 AO von Bedeutung sein. Danach gilt in Fällen, in denen der Adressat aufgrund der fehlenden Anhörung die rechtzeitige Anfechtung des Verwaltungsakts versäumt, dieses Versäumnis als nicht verschuldet i.S.d. § 110 Abs. 1 AO. Entscheidend ist hier jedoch der tatsächliche kausale Zusammenhang zwischen der fehlenden Anhörung und der Säumnis, dies kann vor allem dann zweifelhaft sein, wenn die Behörde die Abweichung im Bescheid erläutert hat (so BFH vom 13.12.1984, BStBl II 1985, 601). Für gebundene Verwaltungsakte gilt außerdem § 127 AO. Danach kann der allein aufgrund der fehlenden Anhörung rechtswidrige Verwaltungsakt nicht aufgehoben werden, wenn in der Sache keine andere Entscheidung hätte getroffen werden können.

Ein Recht auf **Einsicht in die Steuerakten** sieht die AO weder in § 91 noch anderweitig ausdrücklich vor. Daraus folgt, dass den Finanzämtern insoweit ein Ermessen eingeräumt ist. Soweit Akteneinsicht gewährt wird, ist sicherzustellen, dass das Steuergeheimnis nicht verletzt wird.

1.3 Beweiserhebung, Ermittlungsverfahren

Zur Ermittlung der für das Besteuerungsverfahren wesentlichen Informationen müssen sowohl der Steuerpflichtige als auch die Finanzbehörde beitragen. Die Mitwirkungspflichten des Steuerpflichtigen sind in § 90 AO sowie in einigen weiteren konkretisierenden Vorschriften normiert (s. 1.3.1 und 4.2). Weitere Informationen erlangt die Finanzbehörde durch die Heranziehung von Beweismitteln i.S.d. § 92 AO (s. 1.3.2).

1.3.1 Mitwirkungspflichten der Beteiligten, § 90 AO

Der Amtsermittlungsgrundsatz aus § 88 AO befreit die Steuerpflichtigen nicht davon, am Besteuerungsverfahren mitzuwirken. Handlungspflichten finden sich in verschiedenen Vorschriften der AO.

Einzelne Mitwirkungspflichten im Überblick		
Norm	**Inhalt**	**s. Kap. III.**
§ 90 AO	Allgemeine Pflicht zur Mitwirkung bei der Ermittlung des Sachverhalts	1.3.1
§ 93 AO	Auskunftspflicht	1.3.2.2
§ 95 AO	Verpflichtung zur eidesstattlichen Versicherung	1.3.2.4
§ 97 AO	Vorlagepflicht für Urkunden	1.3.2.6
§ 99 AO	Duldungspflicht bei Inaugenscheinnahme von Grundstücken und Räumen	1.3.2.7
§ 100 AO	Vorlagepflicht für Wertsachen	1.3.2.7
§§ 137 ff. AO	Anzeigepflichten	4.1.2
§§ 140 ff. AO	Buchführungs- und Aufzeichnungspflichten	4.2.1
§§ 149 ff. AO, meist i.V.m. Einzelsteuergesetzen	Steuererklärungs- und Steueranmeldungspflichten	4.2.2
§ 153 AO	Berichtigungspflicht bei fehlerhaften Steuererklärungen/-anmeldungen	4.2.2
§ 154 AO	Pflicht zur Kontenwahrheit	4.4.1
§ 159 AO	Nachweis der Treuhänderschaft	4.4.1
§ 160 AO	Benennung von Zahlungsempfängern	4.4.2
§ 200 AO	Mitwirkung bei Außenprüfung	Kap. IX. 8.

Einige der genannten Pflichten haben Steuerpflichtige bereits aufgrund dessen, dass sie die entsprechenden tatbestandlichen Voraussetzungen erfüllen, wie z.B. die Pflicht zur Abgabe einer Steuererklärung in den im jeweiligen Einzelsteuergesetz genannten Fällen. Andere Pflichten wiederum entstehen konstitutiv erst durch die Aufforderung der Finanzbehörde.

Die Erfüllung einiger Mitwirkungspflichten kann mit **Zwangsmitteln** durchgesetzt werden (s. Kap. VII. 3.2). Die Nichterfüllung vor allem der Erklärungspflichten kann weitere Konsequenzen wie die Festsetzung eines **Verspätungszuschlags** oder die **Schätzung** von Besteuerungsgrundlagen nach sich ziehen, s. 4.3.

Die Erklärungs- bzw. Buchführungs- und Anzeigepflichten werden in Kap. 4.2 näher behandelt.

Die **allgemeine Mitwirkungspflicht gem. § 90 Abs. 1 AO** trifft die Beteiligten des Steuerverwaltungsverfahrens, diese ergeben sich aus § 78 AO (s. Kap. III. 1.1), in der Regel also den Steuerpflichtigen. Dieser darf und soll also nicht warten dürfen, bis die Finanzbehörde seine tatsächlichen Verhältnisse herausgefunden hat, vielmehr muss er gem. **§ 90 Abs. 1 Satz 2 AO** die für die Besteuerung maßgeblichen Tatsachen vollständig und wahrheitsgemäß offen legen und Beweismittel freiwillig angeben. Eine Verletzung der Mitwirkungspflicht kann z.B. eine ebenfalls vorliegende Ermittlungspflichtverletzung durch das Finanzamt kompensieren und so eine Korrektur des Steuerbescheides gem. § 173 Abs. 1 Nr. 1

AO möglich machen, wenn steuererhöhende Tatsachen nachträglich bekannt werden, die der Steuerpflichtige bisher verschwiegen hatte (s. Kap. III. 1.2.6 a.E.; Kap. V. 2.3.5.3.1).

In Steuerfällen mit internationalem Bezug kann es gem. § 90 Abs. 2 und 3 AO erweiterte Mitwirkungs- bzw. Dokumentationspflichten geben:

- **§ 90 Abs. 2 AO:** Zur Ermittlung von Sachverhalten mit Auslandsbezug besteht eine verstärkte Mitwirkungspflicht, damit das Interesse des deutschen Staats an der zutreffenden Besteuerung gewahrt werden kann; deutsche Behörden werden aufgrund der formellen Territorialität an näheren Ermittlungen im Ausland oftmals gehindert sein.
- **§ 90 Abs. 3 AO:** Falls der Steuerpflichtige Geschäftsbeziehungen i.S.d. **§ 1 Abs. 4 AStG** unterhält, also Vorgänge mit internationalem Bezug mit nahe stehenden Personen, muss er hierüber konkrete Auszeichnungen erstellen. Es gilt hierzu im Einzelnen die Gewinnabgrenzungsaufzeichnungs-Verordnung (GAufzV vom 12.07.2017).

1.3.2 Beweismittel

1.3.2.1 Grundsätze, § 92 AO

Die Finanzbehörden sind nach den oben behandelten Besteuerungsgrundsätzen verpflichtet, die Steuern nach Maßgabe der Gesetze korrekt und gleichmäßig festzusetzen und zu erheben. Um dies zu ermöglichen, muss der Sachverhalt aufgeklärt werden, hierzu besteht aufgrund § 88 AO eine Verpflichtung der Behörde.

Zur Ermittlung können neben der Mitwirkung, zu der der Beteiligte selbst verpflichtet ist, auch weitere **Beweismittel** hinzugezogen werden. § 92 AO sieht folgende Beweismittel vor:

- Auskünfte von Beteiligten oder anderen Personen,
- Hinzuziehung Sachverständiger,
- Beiziehung von Urkunden und Akten,
- Inaugenscheinnahme.

Die Aufzählung ist nicht abschließend. Die Behörde hat ein **Ermessen** dahingehend, ob und welcher Beweismittel sie sich zur Ermittlung eines Sachverhalts bedient. Dies folgt schon daraus, dass sie regelmäßig den Angaben des Steuerpflichtigen Glauben schenken darf und nur bei besonderem Anlass eine Überprüfung vornehmen soll. Begrenzt wird die Heranziehung von Beweismitteln durch das **Verhältnismäßigkeitsprinzip** wie auch durch die Erfordernisse der **Verwaltungsökonomie**. Für den durch das Fordern eines Beweismittels belasteten Bürger muss die Handlungspflicht, wie z.B. die Auskunft zumutbar sein. Auch sollte die Behörde in Kleinfällen, in denen lediglich Festsetzungen über geringe Beträge in der Diskussion stehen, keine aufwändigeren Beweisaufnahmen durchführen.

Beispiel:

Der Steuerpflichtige Z, von Beruf Fabrikarbeiter macht in seiner Einkommensteuererklärung Kosten für berufliche Literatur in Höhe von 50 € geltend.

Lösung:

Auch wenn angesichts des Berufs des Z fraglich ist, welche berufliche Literatur dieser angeschafft haben könnte, wird das Finanzamt den Posten regelmäßig in der Steuererklärung „abhaken", da die steuerliche Auswirkung nur gering ist, die Kosten für weitere Nachfragen oder Aufklärungsmaßnahmen hingegen im Zweifel eher hoch.

Auch für den Beteiligten selbst besteht die Möglichkeit, die Erhebung eines Beweises zu beantragen, dies folgt bereits aus § 88 Abs. 1 Satz 2 AO. Die Behörde ist jedoch nicht verpflichtet, diesem Antrag zu entsprechen.

Beweise können nur erhoben werden, um das Vorliegen von Tatsachen zu überprüfen. Wertungen und juristische Folgerungen sind einem Beweis nicht zugänglich.

1.3.2.2 Auskunftspflicht der Beteiligten und anderer Personen, § 93 AO

Gem. § 93 AO sind sowohl die Beteiligten als auch Dritte dazu verpflichtet, den Finanzbehörden die zur Feststellung eines für die Besteuerung erheblichen Sachverhalts erforderlichen **Auskünfte zu erteilen**. Für die Beteiligten folgt diese Pflicht dem Grunde nach bereits aus § 90 AO, für andere Personen schafft die Norm eine Rechtspflicht, die falls erforderlich auch mit Zwangsmitteln durchgesetzt werden kann.

Auskunftsersuchen sind im gesamten Besteuerungsverfahren möglich, also sowohl im Ermittlungsverfahren als auch z.B. für Zwecke der Vollstreckung von Steueransprüchen, vor allem zur Ermittlung von Vollstreckungsmöglichkeiten wie Kontonummern des Schuldners.

Beispiel:
Der Steuerpflichtige K hat beim Finanzamt Ludwigshafen hohe Umsatzsteuerrückstände. Jegliche Vollstreckungsversuche sind bislang erfolglos geblieben. Eine Kontoverbindung hat K dem Finanzamt nicht angegeben. Der zuständige Sachbearbeiter der Vollstreckungsstelle schickt ein Auskunftsersuchen gem. § 93 AO an das Stromversorgungsunternehmen des K mit der Aufforderung, dem Finanzamt die Kontoverbindungsdaten des K mitzuteilen, die dieser zum Einzug fälliger Beträge aus dem Stromversorgungsvertrag angegeben hat.

Lösung:
Aufgrund § 93 AO ist die Inanspruchnahme Dritter zur Auskunft im Besteuerungsverfahren möglich. Das Stromversorgungsunternehmen ist zur Erteilung der erforderlichen Angaben verpflichtet (vgl. BFH vom 22.02.2000, BStBl II 2000, 366).

Nach § 93 AO müssen Auskunftsersuchen verschiedene inhaltliche und formelle Voraussetzungen erfüllen.

Inhalt und Voraussetzungen von Auskunftsersuchen nach § 93 AO	
Adressat	Beteiligte und andere Personen • Andere Personen sind gem. § 93 Abs. 1 Satz 3 AO erst heranzuziehen, wenn die Aufklärung durch den Beteiligten erfolglos war oder erscheint
Gegenstand	Tatsachen, die für den für die Besteuerung erheblichen Sachverhalt Bedeutung haben
Form	Keine bestimmte Form vorgeschrieben; auf Verlangen hat das Auskunftsersuchen gem. § 93 Abs. 2 Satz 2 AO schriftlich zu ergehen.
Inhalt, § 93 Abs. 2 AO	• Worüber ist Auskunft zu erteilen • Wird die Auskunft für die Besteuerung des Auskunftspflichtigen oder einer anderen Person benötigt? • Das Ersuchen muss insgesamt hinreichend bestimmt sein. • Es ist zweckmäßig, dem Pflichtigen eine Frist zur Erteilung der Auskunft zu setzen.
Ungeschriebene Voraussetzungen (vgl. AEAO zu § 93, Nr. 1.1.1.)	Laut BFH muss: • die Auskunft zur Sachverhaltsaufklärung **geeignet** und **notwendig** sein • die **Pflichterfüllung** für den Betroffenen **möglich** sein • die Inanspruchnahme des Betroffenen **erforderlich**, **verhältnismäßig** und **zumutbar** sein.

Form der zu erteilenden Auskunft	§ 93 Abs. 4-6 AO: Die Auskunft kann schriftlich, elektronisch, mündlich oder fernmündlich erteilt werden. Die Finanzbehörde kann sowohl verlangen, dass die Auskunft schriftlich erteilt wird als auch auf eine mündliche Erteilung im Amt bestehen. Auf Antrag des Auskunftspflichtigen kann die Auskunft mündlich zur Niederschrift erteilt werden; es ist eine Niederschrift zu fertigen.
Rechtsbehelfsbelehrung	Ist nicht zwingend erforderlich; das Fehlen löst die Folgen des § 356 Abs. 2 AO aus.

§ 93 Abs. 1a AO erlaubt ausdrücklich sog. Sammelauskunftsersuchen über eine noch unbekannte Zahl von Sachverhalten mit dem Grunde nach bestimmbaren, aber noch unbekannten Personen. Diese waren nach der Rechtsprechung auch zuvor schon zulässig, allerdings nicht als Auskunftsersuchen „ins Blaue hinein", also wenn lediglich ein unkonkreter Verdacht z.B. auf unversteuerte Zahlungen o.ä. besteht. Voraussetzung ist gem. § 93 Abs. 1a Satz 2 AO, dass ein hinreichender Anlass für die Ermittlungen besteht und andere zumutbare Aufklärungsmaßnahmen nicht den gleichen Erfolg versprechen.

Die Rechtsprechung hat für Auskunftsersuchen die Einhaltung rechtsstaatlicher Grundsätze, insbesondere des **Verhältnismäßigkeitsgrundsatzes** angemahnt (vgl. insbesondere BFH vom 29.10.1986, BStBl II 1988, 359). Die Auskunft muss zur Sachverhaltsaufklärung geeignet und notwendig sein, die Auskunftserteilung muss für den Betroffenen möglich und seine Inanspruchnahme erforderlich, verhältnismäßig und zumutbar sein. Es hat folglich eine Abwägung zu erfolgen zwischen dem Interesse der Öffentlichkeit an der Information und der Belastung, die durch die Auskunftspflicht für den in Anspruch genommenen entsteht. Es darf keine milderen Mittel zur Erreichung der Auskunft geben, auch darf der Kernbereich der Privatsphäre nicht angetastet werden.

Die Inanspruchnahme Dritter ist generell **subsidiär** gegenüber der Befragung des Beteiligten selbst, § 93 Abs. 1 Satz 3 AO (dies gilt jedoch nicht für nach § 93 Abs. 1a AO zulässige Sammelauskunftsersuchen, vgl. Satz 3 der Vorschrift). Auf die Befragung des Beteiligten kann danach nur verzichtet werden, wenn diese bereits erfolglos war oder voraussichtlich sein wird. Das Finanzamt fällt insoweit eine Prognoseentscheidung, die sowohl auf dem bisherigen Verhalten des Beteiligten als auch den allgemeinen Erfahrungen beruhen kann. Die Subsidiarität dient zum einen dem Beteiligten, der durch seine eigene Mitwirkung verhindern kann, dass ihn betreffende steuerliche Sachverhalte Dritten durch das Auskunftsersuchen bekannt werden. Zum anderen kann für den Dritten ggf. vermieden werden, dass er unnötig in den Steuerfall eines anderen hineingezogen wird. In Fällen, in denen unklar ist, wer der Beteiligte ist, z.B. wenn die Identität einer in einer Zeitung annoncierender Person geklärt werden soll, ist dessen vorrangige Befragung ohnehin nicht möglich.

Beispiel:

Das Finanzamt Ludwigshafen wird auf eine Anzeige in der R-Zeitung aufmerksam. Darin werden in einer anonymen Chiffre-Anzeige Dienste angeboten, die unter das Steuerberatungsgesetz fallen. Da der Verdacht der unerlaubten Hilfe in Steuersachen und evtl. auch der Steuerhinterziehung besteht, schreibt das Finanzamt die R-Zeitung an und ersucht um Auskunft darüber, wer die Anzeige geschaltet hat. R wehrt sich gegen die Inanspruchnahme und beruft sich auf die Pressefreiheit nach Art. 5 Abs. 1 GG.

Lösung:

Das Auskunftsersuchen entspricht den Anforderungen des § 93 AO. Eine vorrangige Inanspruchnahme des Beteiligten gem. § 93 Abs. 1 Satz 3 AO ist nicht möglich, da dessen Identität nicht bekannt ist. Die Auskunft ist zur Durchführung der Besteuerung auch erforderlich und geeignet.

> Die Inanspruchnahme ist für R auch zumutbar, eine Interessenabwägung zwischen den geschützten Interessen der Zeitung und der Wahrung des Steuerberatungsgesetzes und Verhinderung einer Steuerhinterziehung fällt zugunsten letzterer aus. Zwar besteht ein Vertrauensverhältnis zwischen Verleger und Inserent, hier wird die Auskunft jedoch nicht für eine Veröffentlichung verwendet, die Information wird nur im Besteuerungsverfahren genutzt. Auch ein Verstoß gegen das Grundrecht der Pressefreiheit liegt nicht vor. Zwar schützt Art. 5 Abs. 1 GG die Arbeit der Zeitungen, dies führt auch zu einem Auskunftsverweigerungsrecht gem. § 102 Abs. 1 Nr. 4 AO. Erfasst ist hier jedoch nur der redaktionelle Teil der Zeitung, nicht der Anzeigenteil (vgl. BVerfG vom 06.04.1989, HFR 1989, 440).

Nach Erfüllung der Auskunftspflicht steht dem Betroffenen gem. § 107 AO eine **Entschädigung** zu. Dieser Entschädigungsanspruch besteht nicht bei der Vorlageverpflichtung nach § 97 AO. Das führt dazu, dass im Einzelfall die Abgrenzung, ob es sich bei der Inanspruchnahme um ein Auskunftsersuchen oder um ein Vorlageverlangen handelt, aufgrund dieser Kostenfrage an Bedeutung gewinnen kann.

Beispiel nach BFH vom 30.03.2011, I R 75/10, BFH/NV 2011, 863 f.:

Das Finanzamt Trier fordert die G-Bank mit einem als Auskunftsersuchen gem. § 93 AO bezeichneten Schreiben auf, für den Steuerpflichtigen O Konto- sowie Depotauszüge für die Veranlagungszeiträume 01–04 vorzulegen. Im Inhalt des Schreibens wird mehrfach auf § 93 AO Bezug genommen. G erteilt die angeforderten Auskünfte und sendet dem Finanzamt entsprechende Unterlagen zu. Gleichzeitig werden 18,90 € in Rechnung gestellt.

Lösung:

Das Finanzamt muss der Bank den Betrag erstatten. Ein als solches ausdrücklich bezeichnetes Auskunftsersuchen nach § 93 AO, das zwar gleichzeitig auch die Vorlage von Urkunden nach § 97 AO anordnet, ist gleichwohl als Verwaltungsakt nach § 93 AO zu bewerten. Dies hat zur Folge, dass eine Entschädigung gem. § 107 AO zu zahlen ist. Ein Vorlageverlangen würde nur dann vorliegen, wenn die vorzulegenden Unterlagen ganz eindeutig benannt werden, und der Pflichtige daraufhin nur rein mechanische Hilfstätigkeiten wie das Heraussuchen der Unterlagen auszuführen hat und demzufolge nicht auf konkretes eigenes Wissen des Auskunftspflichtigen zugegriffen werden muss.

Das Auskunftsersuchen ist ein **Verwaltungsakt** i.S.d. § 118 AO. Der Betroffene kann sich gegen die Inanspruchnahme wehren, indem er gegen das Auskunftsersuchen Einspruch einlegt, § 347 Abs. 1 Nr. 1 AO. Er kann dabei geltend machen, das Ersuchen erfülle nicht die Voraussetzungen des § 93 AO. Wird ein Dritter um Auskunft ersucht, ist sowohl er als Adressat des Ersuchens als auch der Beteiligte selbst beschwert i.S.d. § 350 AO und damit zum Einspruch befugt. Den Dritten trifft die öffentlich-rechtliche Auskunftspflicht, der beteiligte Steuerpflichtige kann vor allem geltend machen, dass entgegen § 93 Abs. 1 Satz 3 AO nicht zuerst er selbst um Auskunft gebeten worden ist.

1.3.2.3 Kontenabrufverfahren

Das in 2005 eingeführte Recht der Finanzbehörden, unter bestimmten Voraussetzungen den Abruf von Konten- und Depotinformationen bei Kreditinstituten zu veranlassen, hat in der Literatur und der Öffentlichkeit allgemein große Diskussionen hervorgerufen. Es wurde vor allem ein Verstoß gegen das Recht auf informationelle Selbstbestimmung (Art. 2 Abs. 1 GG) gerügt. Die Intention des Gesetzgebers bei der Schaffung dieser Ermächtigung lag darin, das allgemein monierte **Vollzugsdefizit** bei der Besteuerung von Kapitaleinkünften i.S.d. § 20 EStG und Veräußerungsgewinnen gem. § 23 EStG zu verringern. Mit der Einführung der **Abgeltungssteuer** auf Kapital- und Veräußerungseinkünfte ist jedoch der Bedarf an einem stetigen Abgleich der Angaben von Steuerpflichtigen mit den tatsächlichen Kontoverhältnissen drastisch gesunken. Die Regelungen zum Kontenabrufverfahren in den §§ 93 Abs. 7–10, 93b AO sind in diesem Zusammenhang umfassend reformiert worden. Die grundsätzliche Möglichkeit ist den Finanzbehörden geblieben, da es weiterhin aufklärungsbedürftige Steuerfälle gibt. Zu nennen ist hier insbesondere die Ermittlung von Kontoverbindungen zu **Vollstreckungszwecken**.

Gem. § 93 Abs. 7 AO sind Kontenabrufe unter folgenden Voraussetzungen möglich:

Kontenabrufverfahren: Voraussetzungen	
§ 93 Abs. 7 AO	
Nr. 1:	Wenn der Steuerpflichtige eine Steuerfestsetzung nach § 32d Abs. 6 EStG, also eine Günstigerprüfung über die Besteuerung im normalen Veranlagungsverfahren beantragt und die Behörde die Einbeziehung aller Einkünfte aus § 20 EStG prüfen will; der Abruf muss zur Festsetzung der Einkommensteuer erforderlich sein
Nr. 2:	Mit Wirkung vom 01.01.2012 weggefallen; betraf die Ermittlung des Gesamtbetrags der Einkünfte z.B. für Höchstgrenze des Spendenabzugs
Nr. 3:	Erforderlichkeit zur Feststellung von Einkünften gem. §§ 20, 23 Abs. 1 EStG für Veranlagungszeiträume bis 2008
Nr. 4:	Erforderlichkeit zur Erhebung bundesgesetzlich geregelter Steuer oder Rückforderungsansprüchen bundesgesetzlich geregelter Steuererstattungen und Steuervergütungen, z.B. Kindergeld nach EStG
Nr. 4a:	Ab 01.01.2018 anzuwenden: Zur Ermittlung von wirtschaftlichen Beziehungen inländischer Steuerpflichtiger zu ausländischen natürlichen Personen oder Gesellschaften (Verfügungsberechtigung für Konten etc.)
Nr. 4b:	Ab 01.01.2018 anzuwenden: Ermittlung **nach Aufdeckung** unbekannter neuer Steuerfälle (nicht schon um diese überhaupt festzustellen)
Nr. 5:	Zustimmung des Steuerpflichtigen

In den Fällen Nr. 1 bis Nr. 4 darf ein Abruf nur erfolgen, wenn ein Auskunftsersuchen an den Steuerpflichtigen nicht zum Ziel geführt hat oder keinen Erfolg verspricht.

Inhaltlich dürfen nur begrenzte Informationen abgerufen werden (vgl. AEAO zu § 93 Nr. 2.1):
- Konto-/Depotnummer,
- Tag der Errichtung/Auflösung des Kontos/Depots,
- Name und Geburtsdatum des Inhabers und eines Verfügungsberechtigten,
- Name und Anschrift eines abweichenden wirtschaftlich Berechtigten.

Ab 01.01.2020 haben die Kreditinstitute gem. § 93b Abs. 1a AO i.V.m. § 154 Abs. 2a AO außerdem die Anschrift und die Identifikationsnummer für jeden Kontoinhaber, anderen Verfügungsberechtigten und wirtschaftlich Berechtigten zum Abruf bereitstellen. Dies soll insbesondere der besseren Ermittlung von Geschäftsbeziehungen zu ausländischen Steuerpflichtigen, also natürlichen Personen oder Gesellschaften dienen. Nicht abgerufen werden dürfen Kontenbewegungen oder der aktuelle oder frühere Kontostand. Dass die Kreditinstitute diese Daten bereitzuhalten haben, ist in § 93b AO i.V.m. § 24c KWG festgelegt.

§ 93 Abs. 8 AO regelt die Befugnis zu Auskunftsersuchen an das Bundeszentralamt für Steuern durch andere Behörden und die Voraussetzungen für entsprechende Auskünfte. In Betracht kommen hier z.B. Überprüfungen von Ansprüchen auf Sozialleistungen durch die zuständigen Behörden.

Gem. § 93 Abs. 9 AO ist der Betroffene grundsätzlich vor der Tätigung des Kontenabrufs auf diese Möglichkeit hinzuweisen. Dies kann allerdings auch durch einen Hinweis in Vordrucken oder Merkblättern geschehen. Der Hinweis ist nur dann entbehrlich, wenn anderenfalls die ordnungsgemäße Erfüllung der behördlichen Aufgaben oder die öffentliche Sicherheit gefährdet wäre bzw. berechtigte Interessen eines Dritten entgegenstehen. Praktische Bedeutung dürfte hier vor allem die erste genannte Alternative haben, wenn es sich um einen Kontenabruf zu Zwecken der Ermittlung von Vollstreckungsmöglichkeiten handelt. Eine Vorabinformation des Schuldners ist dann regelmäßig entbehrlich.

Mit Geltung ab 25.05.2018 wurde letztere Regelung insoweit angepasst, als dann auf §§ 32a–32j AO (insbesondere § 32b und § 32c AO) verwiesen wird. Diese Vorschriften wiederum sorgen für eine Umsetzung der AO an die EU-Datenschutzgrundverordnung.

Abrufersuchen nach §§ 93 Abs. 7, 8, 93b AO sind gem. § 93 Abs. 10 AO inklusive ihrer Ergebnisse zu dokumentieren.

Die Möglichkeit eines **Einspruchs** gegen einen Kontenabruf ist **nicht gegeben**, da es sich nicht um einen Verwaltungsakt handelt; der Einspruch ist also nicht statthaft. Einwendungen des Steuerpflichtigen könnten also allenfalls im Rahmen eines Einspruchs gegen den Steuerbescheid, in den Erkenntnisse eingeflossen sind, geprüft werden. Eine isolierte Anfechtung ist allenfalls im Wege einer Leistungsklage bzw. nach bereits erfolgtem (und damit i.d.R. erledigtem) Abruf durch eine Fortsetzungsfeststellungsklage denkbar.

1.3.2.4 Mitteilungspflichten nach § 93a AO

Aufgrund § 93a AO ist die Bundesregierung ermächtigt, durch Rechtsverordnung Behörden und andere öffentliche Stellen zum Zweck der Sicherung der Besteuerung bestimmte Sachverhalte mitzuteilen. Auf dieser Grundlage wurde die Mitteilungsverordnung (MV) erlassen. Sie verpflichtet z.B. zur Mitteilung gewährter Leistungen und ihres Rechtsgrunds im Bereich gewerblicher, freiberuflicher oder land- und forstwirtschaftlicher Tätigkeiten, die nicht die Haupttätigkeit des Empfängers darstellen. Die MV regelt weitere Anwendungsfälle sowie Zeitpunkt, Form und Inhalt der Mitteilungen.

1.3.2.5 Datenübermittlung durch Dritte, §§ 93c ff. AO

Mit dem allgemeinen Trend zu einer möglichst weitgehenden maschinellen Abwicklung des Veranlagungsverfahrens geht einher, dass immer mehr Besteuerungsgrundlagen die Finanzämter nicht erst über die Steuererklärung, sondern bereits auf elektronischem Weg durch Dritte erreichen. In Betracht hierfür kommen Lohnzahlungen, die einbehaltene Lohnsteuer, gezahlte oder erstattete Krankenversicherungsbeiträge, Rentenzahlungen oder -beiträge u.v.m.

In § 93c AO werden die verfahrensrechtlichen Details im Hinblick auf die Erfassung und Übermittlung dieser Daten zusammengefasst. Die Vorschrift gilt seit 01.01.2017.

Die auf diesem Weg erhaltenen Daten werden von der Finanzbehörde automatisch bei der Veranlagung berücksichtigt. Der Steuerpflichtige braucht insoweit keine eigenen Angaben zu machen, wenn er von der Richtigkeit der Daten ausgeht; zweifelt er diese an, kann er dies durch Angaben in einem so genannten „qualifizierten Freitextfeld" der Steuererklärung deutlich machen, was dazu führt, dass die Steuererklärung in diesem Punkt vom Bearbeiter genauer geprüft wird, vgl. § 150 Abs. 7 AO.

Grob fahrlässige oder vorsätzliche Fehler bei der Programmierung der zu diesem Zweck verwendeten Erhebungsprogramme oder bei der Erfassung oder Meldung der zu übermittelnden Daten können zu einer Haftung nach § 72a AO führen (s. Kap. II. 3.8).

§ 175b AO (s. Kap. V. 2.3.10) normiert eine eigene Korrekturvorschrift für Fälle der Richtigstellung zuvor unzutreffend übermittelter Daten oder die Nicht- oder Falschberücksichtigung korrekt übermittelter Daten. Es greift im Hinblick auf die Festsetzungsfrist die Ablaufhemmung des § 171 Abs. 10a AO.

1.3.2.6 Eidliche Vernehmung, Versicherung an Eides Statt, §§ 94 und 95 AO

Andere Personen als die Beteiligten können nach **§ 94 AO** von der Finanzbehörde dazu aufgefordert werden, sich einer **eidlichen Vernehmung** durch das zuständige Finanzgericht zu unterziehen. Dieses wird durch das Finanzamt um die eidliche Vernehmung ersucht. Voraussetzung ist, dass die Behörde mit Rücksicht auf die Bedeutung der Auskunft oder zur Herbeiführung einer wahrheitsgemäßen Auskunft die Beeidigung für geboten hält.

Im Hinblick auf den hohen Verwaltungsaufwand und auch die Anforderungen an eine Verhältnismäßigkeitsprüfung, die § 94 AO formuliert, wird die eidliche Vernehmung in der Praxis so gut wie nie angeordnet.

Durch falsche Angaben in der eidlichen Vernehmung macht sich der Betroffene strafbar. Die Delikte des (vorsätzlichen) Meineids gem. § 154 StGB sowie des fahrlässigen Falscheids gem. § 161 StGB sind zu prüfen.

Beteiligte selbst können von der Behörde gem. **§ 95 AO** dazu aufgefordert werden, die Richtigkeit der von ihnen behaupteten Tatsachen **an Eides statt zu versichern**. Eine solche eidesstattliche Versicherung soll gem. § 95 Abs. 1 Satz 2 AO nur gefordert werden, wenn andere Mittel zur Erforschung der Wahrheit nicht vorhanden sind, zu keinem Ergebnis geführt haben oder einen unverhältnismäßig hohen Aufwand erfordern. § 95 Abs. 2-5 AO regeln die Einzelheiten des Verfahrens zur Abgabe der eidesstattlichen Versicherung. Sie ist zu unterscheiden von der Versicherung zur Richtigkeit und Vollständigkeit des Vermögensverzeichnisses (bzw. Vermögensauskunft ab 2013) nach § 284 Abs. 3 AO. Diese stellt eine Spezialvorschrift zu § 95 AO dar, deren praktische Bedeutung höher einzustufen ist als die des § 95 AO. Die Finanzämter machen von der Möglichkeit der Aufforderung zur Abgabe einer eidesstattlichen Versicherung im Ermittlungsverfahren nur äußerst selten Gebrauch.

Auch im Bereich der eidesstattlichen Versicherungen können falsche Angaben zur Strafbarkeit führen. § 156 StGB stellt die vorsätzliche, § 161 StGB die fahrlässige falsche Versicherung an Eides statt unter Strafe.

1.3.2.7 Hinzuziehung von Sachverständigen, § 96 AO

Die Finanzbehörde kann nach ihrem Ermessen gem. § 96 AO **Sachverständige hinzuziehen**. Dies wird – auch aus Kostengründen – in der Praxis eher selten praktiziert. Denkbar sind z.B. Fälle, in denen die Tätigkeit eines Steuerpflichtigen als künstlerisch eingestuft werden soll oder zur Bewertung eines Unternehmens in Spezialfällen, die die Kompetenzen selbst der Spezialisten (z.B. Bausachverständiger) in den Finanzämtern überschreiten. Ist der Steuerpflichtige der Auffassung, ein Sachverständiger ist zwingend hinzuzuziehen, traut er also der Sachkompetenz des Finanzamts nicht, das die Frage selbst einschätzen will, kann er selbst ein Gutachten in Auftrag geben und dies dem Finanzamt zur Verfügung stellen. Dieses ist aber an das Ergebnis nicht gebunden.

Nutzt die Behörde die Möglichkeit der Hinzuziehung eines Sachverständigen gem. § 96 AO, regeln die Abs. 2-7 das weitere Verfahren. U.a. können die Beteiligten den Sachverständigen wegen Besorgnis der Befangenheit ablehnen. Der Einspruch gegen die Ernennung ist nur durch den Ernannten, nicht aber durch den Beteiligten möglich, da dieser nicht beschwert ist. Die gutachterlichen Ergebnisse können vom Steuerpflichtigen nicht gesondert angefochten werden; er muss vielmehr mit dem Einspruch gegen den aus ihnen folgenden Steuerbescheid vorgehen.

Nach erfüllter Aufgabe hat der Sachverständige einen **Entschädigungsanspruch** aus § 107 AO.

1.3.2.8 Urkunden, § 97 AO

§ 97 AO ermächtigt die Finanzbehörde dazu, von Beteiligten und anderen Personen die **Vorlage von Urkunden** (Bücher, Aufzeichnungen, Geschäftspapiere u.a.) zu verlangen, damit darin Einsicht genommen und diese geprüft werden können. Es ist gem. § 97 Abs. 1 Satz 2 AO anzugeben, für wessen Besteuerung die Unterlagen benötigt werden. Der Begriff der Urkunde ist weit zu fassen und meint alle in Schriftstücken oder anderen Medien festgehaltenen Gedankenerklärungen, nicht etwa nur notarielle Urkunden.

Neben § 97 AO gibt es weitere Spezialvorschriften, die Vorlagepflichten regeln, so vor allem § 200 Abs. 1 Satz 2 AO für Außenprüfungen und § 208 AO für die Steuerfahndung, der die o.g. Normen sinngemäß für diesen Bereich anwendbar macht.

Vorlageersuchen müssen **eindeutig formuliert** sein und vom Betroffenen lediglich das mechanische Heraussuchen oder Lesbarmachen von genau bezeichneten Unterlagen verlangen. Hat der Betroffene noch weitere Ermittlungen und Nachforschungen anzustellen, liegt ein **kombiniertes Auskunfts- und Vorlageersuchen** vor, das sich auf § 93 AO stützt und zu einem Entschädigungsanspruch nach § 107 AO führt (s. Beispiel in Kap. 1.3.2.2). Für die Erledigung reiner Vorlageersuchen entsteht dem Betroffenen kein Zahlungsanspruch.

Aus den §§ 104 ff. AO können sich **Vorlageverweigerungsrechte** ergeben (s. 1.3.3).

Weigert sich der zur Vorlage Aufgeforderte die Verpflichtung auszuführen, kann er durch **Zwangsmittel** gem. §§ 328 ff. AO dazu angehalten werden. Im Übrigen steht es der Behörde frei, im Rahmen der freien Beweiswürdigungen Schlüsse aus der Nichtvorlage zu ziehen. Gegen das Vorlageersuchen kann der Betroffene **Einspruch** einlegen.

1.3.2.9 Inaugenscheinnahme, §§ 98 ff.

Die Finanzbehörden können Personen oder Sachen **in Augenschein nehmen**. Das bedeutet, dass sie sich über den konkreten Zustand oder die Beschaffenheit durch direkte Wahrnehmung ein Bild machen. Im Einzelnen geregelt sind:

- § 98 AO: Grundsätzliches Recht zur Inaugenscheinnahme,
- § 99 AO: Recht zum Betreten von Grundstücken und Räumen,
- § 100 AO: Recht, die Vorlage von Wertsachen zu verlangen, damit diese in Augenschein genommen werden können.

Das Ergebnis der Inaugenscheinnahme ist gem. § 98 Abs. 1 AO aktenkundig zu machen. Aufgrund § 99 AO kann es zu Kollisionen mit dem Grundrecht der Unverletzlichkeit der Wohnung aus Art. 13 GG kommen. Dem trägt § 99 Abs. 1 Satz 3 AO Rechnung. Danach dürfen **Wohnräume** gegen den Willen des Inhabers nur zur Verhütung dringender Gefahren für die öffentliche Sicherheit und Ordnung betreten werden.

> **Praxisproblem: Häusliches Arbeitszimmer und Inaugenscheinnahme, § 99 AO, Art. 13 GG**
>
> Diese Problematik hat in der Vergangenheit in vielen Fällen der Geltendmachung häuslicher Arbeitszimmer zu Diskussionen geführt, abhängig von der jeweils geltenden ertragsteuerlichen Rechtslage zu Arbeitszimmern. Steuerpflichtige, die Ausgaben für ein häusliches Arbeitszimmer steuerlich geltend gemacht hatten, wehrten sich unter Hinweis auf Art. 13 GG gegen die Inaugenscheinnahme des entsprechenden Raumes in ihrem Privathaus oder ihrer Privatwohnung. Zwar ist das Arbeitszimmer kein Teil der geschützten Wohnung, aber es müssen zu dessen Besichtigung häufig private Räume betreten oder durchquert werden.
>
> In der Praxis wird die Inaugenscheinnahme in derartigen Fällen durch die Finanzbehörden nicht erzwungen, aus der Verweigerung der Besichtigung wird jedoch regelmäßig der Schluss gezogen, dass der Raum tatsächlich nicht existiert bzw. tatsächlich privat genutzt wird.

Die Besichtigung von Grundstücken oder Räumen soll gem. § 99 Abs. 1 Satz 2 AO in der Regel zuvor angekündigt werden. Eine Anordnung ist insgesamt nicht möglich, wenn der Zweck allein darin besteht, nach unbekannten Gegenständen zu forschen, § 99 Abs. 2 AO.

Die Anordnung der Inaugenscheinnahme ist ein **Verwaltungsakt**, gegen den der Betroffene **Einspruch** einlegen kann. Bei Weigerung des Betroffenen kann grundsätzlich eine Durchsetzung durch **Zwangsmittel** (§§ 328 ff. AO) erfolgen, zweckmäßiger wird es jedoch oft sein, Konsequenzen durch eine entsprechende Beweiswürdigung und -wertung zu ziehen (vgl. auch das obige Beispiel).

Neben den genannten Regelungen zur Inaugenscheinnahme existieren weitere **Spezialvorschriften** in der AO zum Betreten von Räumen:

- § 200 Abs. 3 AO zum Betreten bei Außenprüfungen,
- § 210 Abs. 1 und 2 AO zur Steueraufsicht,
- § 287 AO zur Vollstreckung,

1. Allgemeine Verfahrensgrundsätze

- § 27b UStG zur Umsatzsteuer-Nachschau,
- seit 01.01.2018 § 146b Kassen-Nachschau.

§ 100 AO regelt schließlich die Vorlagepflicht für **Wertsachen**. Die Norm hat geringe praktische Bedeutung. Sie soll ermöglichen, den Wert von Gegenständen durch Inaugenscheinnahme zu schätzen. Nicht gedeckt ist hierdurch gem. § 100 Abs. 2 AO das Verlangen, unbekannte Wertgegenstände vorzulegen.

1.3.3 Auskunftsverweigerungsrechte, §§ 101 ff.

Die Beteiligten im Steuerrechtsverhältnis sind zur Mitwirkung verpflichtet. Sie haben u.a. gem. § 93 AO erforderliche Auskünfte zu erteilen. Für andere Personen als die Beteiligten sieht die AO Auskunftsverweigerungsrechte in bestimmten Fällen vor. So dürfen **Angehörige** des Beteiligten i.S.d. § 15 AO (§ 101 AO), Personen bestimmter **Berufsgruppen** (§ 102 AO) sowie Personen, die sich **durch ihre Aussage selbst belasten** würden (§ 103 AO) die Aussage insoweit verweigern.

Über das Auskunftsverweigerungsrecht ist der Betroffene in der Regel **zu belehren** (vgl. §§ 101 Abs. 1 Satz 2, 103 Satz 2 AO. Bei den Angehörigen bestimmter Berufsgruppen geht der Gesetzgeber davon aus, dass diese aufgrund ihrer Tätigkeit Kenntnis von ihrem Recht haben.

Verstößt die Behörde gegen die Vorschriften der §§ 101 ff. AO, kann sie die erlangten Erkenntnisse im Steuerverfahren **nicht verwerten**. Tut sie dies doch und erlässt z.B. einen entsprechenden Steuerbescheid, kann dieser mit dem Einspruch (§ 347 AO) diesbezüglich angefochten werden.

Versucht die Behörde, eine Auskunft durch Zwangsmittel herbeizuführen, ist auch gegen die Zwangsmittelfestsetzung der Einspruch möglich. Die Auskunftspflicht ist dann **nicht erzwingbar**.

Strittig ist, ob aus der Inanspruchnahme des Weigerungsrechts Schlüsse gezogen werden dürfen, z.B. dergestalt, dass der Verweigernde Dinge „zu verbergen" hat. Die h.M. verbietet solche Schlüsse, weil anderenfalls die echte Freiheit des Betroffenen, nichts sagen zu dürfen, ausgehöhlt würde.

Eine Ergänzung zu den Auskunftsverweigerungsrechten stellt § 104 AO dar. Danach dürfen Personen, die ein Recht aus den §§ 101-103 AO haben, außerdem auch die Erstattung eines Gutachtens sowie die Vorlage von Urkunden und Wertsachen verweigern. Auch auf dieses Recht muss der Betroffene hingewiesen werden, auch wenn dies der Gesetzeswortlaut nicht ausdrücklich verlangt. Das Recht kann gem. § 104 Abs. 2 AO nicht geltend gemacht werden, wenn die Person die Urkunden oder Wertsachen nur für den Beteiligten aufbewahrt, damit dieser sie nicht selbst herausgeben muss.

1.3.3.1 Für Angehörige, § 101 AO

Angehörige i.S.d. § 15 AO (s. Kap. I. 1.10) eines Beteiligten können die Auskunft verweigern, soweit sie nicht selbst über ihre eigenen steuerlichen Verhältnisse auskunftspflichtig sind oder die Auskunftspflicht für einen Beteiligten zu erfüllen haben.

Beispiel:

Der 2-jährige Kilian hat aus einer Erbschaft von seinem Großvater erhebliches Grundvermögen und Aktien erworben. Da er hohe Einkünfte aus Kapitalvermögen und Vermietung und Verpachtung erzielt, wird er vom zuständigen Finanzamt Kaiserslautern zur Einkommensteuer veranlagt. Sein Vater A als sein gesetzlicher Vertreter gibt für K eine Einkommensteuererklärung ab. Das Finanzamt will die Angaben näher überprüfen und befragt hierzu zunächst A. Dieser verweigert die Aussage, da er Angehöriger des K sei. Anschließend befragt das Finanzamt die B, die Tante des K. Auch diese will die Aussage verweigern.

Lösung:

Sowohl A als auch B sind Angehörige des K, § 15 Abs. 1 Nr. 3 bzw. Nr. 6 AO. Beide fallen somit grundsätzlich unter § 101 AO und hätten damit ein Auskunftsverweigerungsrecht. Da aber A gem. § 34 Abs. 1 AO i.V.m. § 1629 BGB den K gesetzlich vertritt, erfüllt er für diesen dessen Auskunftspflicht

> und ist damit gem. § 101 Abs. 1 Satz 1 AO letzter Hs. nicht berechtigt, die Aussage zu verweigern. B hingegen muss keine Aussage machen.

Strittig ist, ob bei **zusammen veranlagten Ehegatten** einer von beiden jeweils die Auskunft über die steuerlichen Verhältnisse des anderen als Angehörigem verweigern kann. Die h.M. bejaht dies mit dem Argument, dass es sich beim Zusammenveranlagungsbescheid um zwei selbständige Verwaltungsakte handelt, die nur auf einer Urkunde zusammengefasst sind. Daher ist ein Ehegatte jeweils nur in Bezug auf die eigenen Einkünfte Beteiligter, in Bezug auf die des anderen ist er Angehöriger i.S.d. § 15 Abs. 1 Nr. 2 AO, ihm steht insoweit also ein Auskunftsverweigerungsrecht zu.

Angehörige können auf ihr Aussageverweigerungsrecht auch **verzichten**, die so erlangten Informationen kann die Finanzbehörde in vollem Umfang verwerten.

Strittig ist in diesem Zusammenhang die Frage, inwieweit sich aus den Regelungen zum Auskunftsverweigerungsrecht Konsequenzen für die Fertigung von **Kontrollmitteilungen** bei Außenprüfungen ziehen lassen (vgl. hierzu auch Kap. IX. 4.3).

> **Beispiel:**
>
> Betriebsprüfer H prüft den Betrieb der Lilly (L). Während der Prüfung erlangt er durch die Sichtung der Unterlagen Erkenntnisse über den Betrieb von Ls Schwester Tilly (T). H fragt sich, ob er die Erkenntnisse durch Fertigung einer Kontrollmitteilung an den für T zuständigen Veranlagungsbezirk verwerten kann. Mit L hat er über die Erkenntnisse nicht gesprochen.

> **Lösung:**
>
> Gem. § 194 Abs. 3 AO ist es grundsätzlich zulässig, die anlässlich einer Betriebsprüfung festgestellten Verhältnisse anderer Personen als der Beteiligten für deren Besteuerung auszuwerten. Allerdings ist L gem. § 15 Abs. 1 Nr. 4 AO Angehörige der T, sie hätte demzufolge ein Auskunftsverweigerungsrecht in Bezug auf Angaben zu ihrer Schwester. Fraglich ist, ob diese Konstellation auch die Fertigung von Kontrollmitteilung verbietet. Diese Frage ist strittig. Aus dem Gesetz geht diese Einschränkung des § 194 Abs. 3 AO nicht hervor. Die h.M. in der Literatur will § 101 AO (wie auch die §§ 102, 103 AO in derartigen Fällen) entsprechend anwenden und die Erstellung solcher Mitteilungen verbieten, wenn der Steuerpflichtige ihr nach Belehrung nicht ausdrücklich zugestimmt hat.
>
> Eindeutiger zu bewerten sind hier Fälle, in denen der Steuerpflichtige dem Betriebsprüfer selbst Auskünfte zu Angehörigen erteilt, ohne zuvor belehrt worden zu sein. Hier ist eine Verwertung durch Kontrollmitteilungen nach einhelliger Meinung nicht möglich.

Neben dem Auskunftsverweigerungsrecht können Angehörige gem. § 101 Abs. 2 AO auch die Ableistung von Eiden i.S.d. § 94 AO verweigern. Da die Eidesleistung gem. § 94 AO im Steuerverfahren nahezu gegenstandslos ist, kommt auch das diesbezügliche Verweigerungsrecht praktisch nicht zur Anwendung.

1.3.3.2 Für bestimmte Berufsgruppen, § 102 AO

Auch Personen, die **bestimmten Berufsgruppen** angehören, haben gem. § 102 AO das Recht, den Finanzbehörden gegenüber die Auskunft über solche Dinge zu verweigern, die ihnen in ihrer beruflichen Eigenschaft über Beteiligte bekannt geworden sind.

§ 102 AO nennt eine abschließende Aufzeichnung der geschützten Berufe:
- Geistliche,
- Mitglieder des Bundes- oder Landtages,
- Verteidiger, Rechtsanwälte, Notare, Steuerberater etc.,
- Ärzte, Psychotherapeuten, Apotheker, Hebammen,
- Personen, die durch die Presse- und Rundfunkfreiheit geschützt sind (Redakteure, Intendanten etc.).

Gleichermaßen geschützt sind gem. § 102 Abs. 2 AO Personen, die **zur Vorbereitung** auf den Beruf an der o.g. berufsmäßigen Tätigkeit teilnehmen.

Personen i.S.d. § 102 Abs. 1 Nr. 3 AO dürfen gem. § 102 Abs. 3 AO die Auskunft nicht verweigern, wenn sie von ihrer Verschwiegenheitspflicht **entbunden** worden sind. Die Entbindungserklärung durch den Betroffenen ist nicht an eine bestimmte Form gebunden.

Der Schutz aus § 102 Abs. 1 Nr. 4 AO ist direkter Ausfluss des Grundrechts der **Pressefreiheit** aus Art. 5 GG. Geschützt ist jedoch **nur der redaktionelle Teil** der Druckwerke, nicht der Anzeigenteil, sodass Zeitungen z.B. Auskunft geben müssen über die Identität von Inserenten, soweit die Voraussetzungen für ein entsprechendes Auskunftsersuchen gem. § 93 AO vorgelegen haben (vgl. hierzu Beispiel unter 1.3.2.2).

Gem. § 102 Abs. 1 Nr. 4 AO letzter Hs. bleibt § 160 AO unberührt. Das bedeutet, dass z.B. Zeitungen, soweit sie Zahlungen an Informanten als Betriebsausgaben geltend machen wollen, gem. § 160 AO dazu aufgefordert werden können, deren Identität preiszugeben, damit ggf. die Besteuerung auf der Empfängerseite sichergestellt werden kann. Folgt die Zeitung dem **Benennungsverlangen** nicht, kann die entsprechende Betriebsausgabe gestrichen werden (vgl. 4.4.2).

1.3.3.3 In Fällen der Selbstbelastung im Hinblick auf Straftaten, § 103 AO

Es ist Ausfluss des Rechtsstaatsprinzips aus Art. 20 Abs. 3 GG, dass niemand gezwungen werden kann, sich **durch eine Aussage selbst zu belasten**. Ein Zwang zur Offenbarung eigener Straftaten würde den Betroffenen in seiner Menschenwürde und seinem allgemeinen Persönlichkeitsrecht verletzen (BVerfG vom 13.01.1981, 1 BvR 116/77, BVerfGE 56, 37–54).

Für das Steuerverfahrensrecht ist dieser Grundsatz durch **§ 103 AO** konkretisiert. Die am Steuerverfahren Beteiligten selbst (§ 78 AO) sind nicht geschützt, nur andere Personen.

Beispiel (nach BFH vom 24.10.1989, BStBl II 1990, 198):

Die B-Bank stellte zahlreichen ihrer Kunden in den Zeiträumen 01–04 Bescheinigungen über gezahlte Leistungen aus. Darin waren „Zahlungen für Finanzierungskosten" (Bereitstellungszinsen, Damnum) enthalten, die tatsächlich nicht einbehalten, sondern für die ein Tilgungsstreckendarlehen gewährt worden war. Aufgrund des tatsächlichen Inhalts der Bescheinigung wurden jedoch vielfach Werbungskosten bei den Einkünften aus Vermietung und Verpachtung geltend gemacht. Um die korrekte Besteuerung bei den betroffenen Steuerpflichtigen sicherzustellen, stellte das zuständige Finanzamt ein Auskunftsersuchen (§ 93 AO) dergestalt an die B, die im fraglichen Zeitraum ausgestellten Bescheinigungen und ihre Empfänger anzugeben. Die B macht u.a. geltend, ihr stehe ein Auskunftsverweigerungsrecht zu, weil sie sich der Gefahr aussetze, wegen einer Ordnungswidrigkeit nach § 379 AO verfolgt zu werden.

Lösung:

Im vorliegenden Fall ist den Finanzbehörden das rechtswidrige Vorgehen der Bank bereits bekannt. Eine Aussage über die Erstellung der Bescheinigungen kann daher für eine Verfolgung der Ordnungswidrigkeit nicht mehr kausal werden. Die Bank kann daher nicht gem. § 103 AO die Auskunft verweigern.

Der Betroffene muss über sein Auskunftsverweigerungsrecht **belehrt** werden, die Belehrung ist aktenkundig zu machen (§ 103 S. 2 und 3 AO). Ein Verstoß gegen diese Belehrungspflicht führt nach h.M. steuerrechtlich jedoch **nicht zu einem Verwertungsverbot**. Lediglich eine strafrechtliche Verfolgung kann sich nicht auf die rechtswidrig erlangte Auskunft gründen.

Beteiligte haben **in eigenen Angelegenheiten** kein Auskunftsverweigerungsrecht aus § 102 AO, selbst wenn sie sich anderenfalls einer Bestrafung aussetzen. Selbst wenn steuerstrafrechtliche Ermittlungen gegen den Betroffenen laufen, muss er im Verfahren weiter mitwirken. Allerdings ist gem. § 393 Abs. 1

Satz 2 AO ein Zwangsmittel zur Durchsetzung dieser Pflicht nicht zulässig. Wenn der Steuerpflichtige seiner Mitwirkungspflicht nicht nachkommt, muss ggf. eine Schätzung der Besteuerungsgrundlagen gem. § 162 AO erfolgen.

1.3.3.4 Für öffentliche Stellen/Bei Beeinträchtigung des staatlichen Wohls, § 105 f. AO

Behörden und andere öffentliche Stellen sind aufgrund verschiedenster dienstrechtlicher und sonstiger Vorschriften regelmäßig zur Verschwiegenheit verpflichtet. § 105 Abs. 1 AO regelt, dass diese Verpflichtung nicht für ihre Auskunfts- und Vorlagepflicht gegenüber den Finanzbehörden gilt. Die Norm nennt hier insbesondere die Deutsche Bundesbank, die Staatsbanken und die Schuldenverwaltung sowie deren Organe und Bedienstete. In Betracht kommen diese Stellen z.B. im Rahmen von Auskünften über Kapital- oder andere Einkünfte eines Steuerpflichtigen. Die Pflicht der genannten Stellen zur Wahrung des Brief-, Post- und Fernmeldegeheimnisses nach Art. 10 Abs. 1 GG kann jedoch aufgrund § 105 Abs. 2 AO in keinem Fall durchbrochen werden.

Kaum praktische Bedeutung im Steuerrecht hat § 106 AO. Die Norm beschränkt Auskunfts- und Vorlagepflichten jeglicher Personen oder Stellen, wenn die zuständige oberste Bundes- oder Landesbehörde erklärt, dass die Auskunft oder Vorlage dem Wohl des Bundes oder eines Landes erhebliche Nachteile bereiten würde.

1.4 Rechts- und Amtshilfe

Gem. Art. 35 Abs. 1 GG sind alle Behörden des Bundes und der Länder dazu verpflichtet, sich gegenseitig **Amtshilfe** zu leisten. Diese Verpflichtung wird für den abgabenrechtlichen Bereich durch die Vorschriften der §§ 111-115 AO konkretisiert. Es werden die Voraussetzungen genannt, unter denen andere Behörden den Finanzbehörden Amtshilfe zur Durchführung des Besteuerungsverfahrens zu gewähren haben. Amtshilfe bedeutet, dass eine Behörde einer anderen, ohne dass sie hierfür zuständig ist, bei der Erfüllung ihrer öffentlichen Verwaltungsaufgaben Unterstützung gewährt. In der Praxis unterstützen Behörden die Arbeit der Finanzämter häufig auch aus eigener Initiative, z.B. durch die Zusendung von **Kontrollmitteilungen** o.ä.

Demgegenüber regeln §§ 111 ff. AO insbesondere, unter welchen Voraussetzungen Behörden von den Finanzämtern um Hilfe **ersucht** werden können. Die Amtshilfe muss zur Durchführung der Besteuerung erforderlich sein, hier sind alle Phasen des Verfahrens gemeint, also z.B. auch das Erhebungs- und Vollstreckungsverfahren.

§ 116 AO konstruiert darüber hinaus eine **Meldepflicht** für Tatsachen, die Gerichte oder Behörden von Bund, Ländern und kommunalen Trägern der öffentlichen Verwaltung, die nicht Finanzbehörden sind, dienstlich erfahren und die auf Steuerstraftaten hindeuten. In derartigen Fällen sollen die betroffenen Behörden von Amts wegen selbst tätig werden. Dies setzt jedoch voraus, dass entsprechende Kenntnisse über das Steuerstrafrecht das Erkennen relevanter Sachverhalte überhaupt ermöglicht. Das kann im Einzelfall schwierig sein. Weiterzugeben sind aufgrund § 116 AO nur dienstlich in Erfahrung gebrachte Erkenntnisse, kein privat erworbenes Wissen.

Schließlich regelt § 117 AO die **zwischenstaatliche Rechts- und Amtshilfe**. Rechtshilfe meint hier die Hilfe durch ein Gericht in seiner Funktion als Organ der Rechtspflege. Die Details dieser Kooperation zwischen zwei Staaten werden häufig im Rahmen von Doppelbesteuerungsabkommen festgelegt. Weiterhin existieren zu diesem Zweck verschiedene Rechtsakte der Europäischen Union. Beispielhaft zu nennen sind hier die EU-Zusammenarbeits-Richtlinie (RL 2011/16/EU) vom 15.02.2011, die Zinsertragsteuer-Richtlinie (Umsetzung durch § 45e EStG) vom 03.06.2003 und die EU-Beitreibungsrichtlinie (RL 2010/24/EU) vom 16.03.2010 (jeweils aktuelle Fassung früherer Richtlinien). § 117 Abs. 3 AO ermöglicht die Zusammenarbeit auch in über bestehende internationale Regelungen und Verträge hinausgehenden Fällen.

Durch das Gesetz über die Vereinfachung des Austauschs von Informationen und Erkenntnissen zwischen den Strafverfolgungsbehörden der Mitgliedstaaten der EU wurden mit Wirkung vom 26.07.2012 außerdem mit den **§§ 117a und b AO** weiter reichende Möglichkeiten zur Datenübermittlung zwischen Strafverfolgungsbehörden innerhalb der EU geschaffen. Insbesondere dürfen nunmehr auch zum Zweck der Verhütung von Steuerstraftaten Daten weitergegeben werden.

Seit Ende 2013 ermächtigt § 117c AO zudem das Bundesministerium der Finanzen, zur Erfüllung von Verpflichtungen aus völkerrechtlichen Vereinbarungen zur Förderung der Steuerehrlichkeit durch systematische Erhebung und Übermittlung steuerlich relevanter Daten Rechtsverordnungen zu erlassen, die die Weitergabe dieser Daten an das Bundeszentralamt für Steuern und schließlich an die Vertragspartner regeln. Zu denken ist beispielsweise an die Unterstützung anderer Staaten bei der Bekämpfung von Steueroasen.

2. Fristen und Termine (§§ 108–110 AO)

Eine Vielzahl von Vorschriften in der Abgabenordnung und auch in den Einzelsteuergesetzen beinhalten Zeiträume, in denen **rechtserhebliche Handlungen** vorzunehmen sind. Insbesondere dann, wenn bei Nichtvornahme von Handlungen innerhalb dieses Zeitraums ein **Rechtsverlust** oder nachteilige Folgen eintreten, haben Fristen und Termine eine sehr große Bedeutung. So mag z.B. der Steuerpflichtige mit seiner materiellen Argumentation noch so sehr Recht haben. Hat er die einmonatige Einspruchsfrist des § 355 AO versäumt, wird er nicht mehr gehört. Damit erreicht der Gesetzgeber, dass ab einem gewissen Zeitpunkt Rechtsklarheit und Rechtsfriede auf beiden Seiten eintritt, indem Regelungen endgültig verbindlich werden.

2.1 Definitionen

Während eine Frist einen ganz bestimmten **Zeitraum** umfasst, ist ein Termin ein nach dem Datum bestimmter **Zeitpunkt**.

Termine sind z.B. der Vernehmungstermin in Steuerstrafsachen nach §§ 385 Abs. 1 AO, 133 StPO und der Termin für den Beginn einer Außenprüfung nach § 197 AO. Grundsätzlich kann nur an diesem bestimmten Tag die maßgebliche Handlung vorgenommen werden.

Beispiel:

Der Einkommensteuerbescheid an A geht am 03.11.00 zur Post und enthält den Satz: „Bitte zahlen Sie spätestens am 06.12.00 1.000 €."

Lösung:

Ab Zugang bis zum 06.12.00 kann der Steuerpflichtige die Zahlung veranlassen. Es handelt sich um einen Zeitraum, also eine Frist. Der 06.12.00 ist das Ende der Frist und kein Termin (s. auch AEAO Nr. 1 zu § 108).

2.2 Fristen im Steuerrecht – Überblick

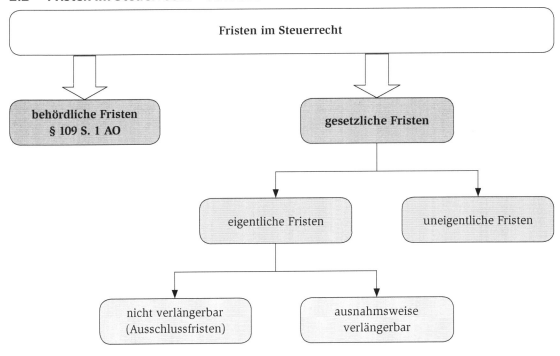

Bei **gesetzlichen** Fristen ergibt sich die Fristdauer unmittelbar aus dem Gesetz. **Behördliche** Fristen setzt die Behörde. Diese Fristen sind nach § 109 Abs. 1 S. 1 AO ausnahmslos verlängerbar. Der Vorbehalt in § 109 Abs. 1 S. 1 AO bezieht sich nur auf die Steuererklärungsfristen.

Während **uneigentliche** Frist laufen, ohne dass Behörde oder Steuerpflichtiger handeln können (z.B. die Bekanntgabefiktion des § 122 Abs. 2 Nr. 1 AO), sind während des Laufes von **eigentlichen** Fristen rechtserhebliche Handlungen vorzunehmen.

Verlängerbar sind gesetzliche Fristen nur dann, wenn dies gesetzlich ausdrücklich vorgesehen ist (Umkehrschluss aus § 109 Abs. 1 S. 1 AO).

Beispiel 1:
A aus dem obigen Beispiel kann die Einkommensteuer nicht bis zum 06.12.00 zahlen und stellt einen Stundungsantrag, aufgrund dessen die Steuerschuld bis zum 17.02.01 gestundet wird.

Lösung:
Die Zahlungsfrist im Steuerbescheid gibt wieder, was §§ 220 Abs. 1 AO, 36 Abs. 4 S. 1 EStG regeln. Es handelt sich also um eine gesetzliche Frist. Diese ist ausnahmsweise verlängerbar, weil § 222 AO dies über das Institut der Stundung ausdrücklich vorsieht. Die Frist bis zum 17.02.01 dagegen ist eine behördliche Frist, weil die Stundungsstelle diese gesetzt hat. Diese Frist ist deshalb nach § 109 Abs. 1 S. 1 AO verlängerbar.

Beispiel 2:
Der steuerlich nicht beratene A beantragt beim Finanzamt, seine Steuererklärung für das Jahr 00 erst Ende November 01 abgeben zu dürfen.

> **Lösung:**
>
> Die Frist zur Abgabe einer Steuererklärung ergibt sich aus § 149 Abs. 2 AO, ist dort ausdrücklich auf 7 Monate festgesetzt und ist damit eine **gesetzliche** Frist. Da § 109 Abs. 1 S. 1 AO dies vorsieht, ist diese Frist verlängerbar. Das Finanzamt könnte also im Fall von A die Frist verlängern.

2.3 Berechnung von Fristen

Über die Verweisungsnorm des **§ 108 Abs. 1 AO** sind die Vorschriften des **BGB** für die Fristberechnung anwendbar.

§ 187 BGB unterscheidet für die Frage nach dem Beginn einer Frist zwischen Ereignis- und Tagesbeginnfristen.

2.3.1 Fristbeginn bei Ereignisfristen

Eine Ereignisfrist liegt nach § 187 Abs. 1 BGB vor, wenn der Tag, an dem der die Frist auslösende Lebenssachverhalt passiert, bei der Berechnung der Frist nicht mitgerechnet wird, die Frist also erst mit **Ablauf dieses Tages** (24 Uhr) bzw. mit Beginn des nächsten Tages (0 Uhr) beginnt. Dass eine solche Frist vorliegt, ist an Worten wie „nach" oder „danach" erkennbar, z.B. § 355 AO „nach Bekanntgabe", § 122 Abs. 2 Nr. 1 AO „nach der Aufgabe zur Post" oder § 149 Abs. 2 AO „spätestens sieben Monate nach".

Den die Frist auslösenden Lebenssachverhalt nennt § 187 Abs. 1 BGB **Ereignis**, in den genannten Beispielen die Bekanntgabe, die Aufgabe zur Post und den Ablauf des Kalenderjahres.

> **Beispiel:**
>
> Der Steuerbescheid 00 geht am 17.02.01 zur Post. Der Steuerpflichtige möchte wissen, bis wann er Einspruch einlegen muss.

> **Lösung:**
>
> Es sind zwei Ereignisfristen zu prüfen. Das die 3-Tages-Fiktion nach § 122 Abs. 2 Nr. 1 AO auslösende Ereignis ist die Aufgabe zur Post, also der 17.02.01, die Frist beginnt also mit Ablauf dem 17.02.01. Tag der Bekanntgabe ist damit der 20.02.01 (s. 2.3.3.1). Das den Lauf der Einspruchsfrist auslösende Ereignis, die Bekanntgabe am 20.02.01, führt dazu, dass die Einspruchsfrist mit Ablauf des 20.02.01 oder auch am 21.02.01 um 0.00 Uhr beginnt.

2.3.2 Fristbeginn bei Tagesbeginnfristen

Bei **Tagesbeginnfristen** dagegen zählt nach § 187 Abs. 2 BGB der Tag, der den Lauf der Frist auslöst, mit. Die Berechnung des Lebensalters ist eine solche Tagesbeginnfrist. Hier beginnt die Frist, **bevor das auslösende Ereignis stattfindet** (Geburt am 02.01.00 um 14.00 Uhr, Beginn des ersten Lebensjahres am 02.01.00 um 0 Uhr).

> **Beispiel:**
>
> T hat Steuern hinterzogen. Der Bescheid, der eine zu niedrige Steuer ausweist, wird am 29.03.02 bekannt gegeben. Der Zinslauf nach § 235 AO beginnt „**mit** dem Eintritt der Verkürzung". Dieser Wortlaut besagt, dass es sich um eine Tagesbeginnfrist handelt. Die Steuerverkürzung tritt mit Bekanntgabe des Bescheids ein. Der Zinslauf beginnt also am Tag der Bekanntgabe, am 29.03.02 um 0 Uhr.

2.3.3 Fristende bei Ereignisfristen
2.3.3.1 Nach Tagen bestimmte Frist

Das Fristende errechnet sich nach § 188 BGB. Wird die Frist nach Tagen bestimmt, endet sie nach § 188 Abs. 1 BGB am letzten Tag der Frist.

> **Beispiel:**
> Geht am 17.02.01 ein Steuerbescheid zur Post und beginnt damit die 3-Tages-Ereignisfrist des § 122 Abs. 2 Nr. 1 AO mit Ablauf des 17.02.01 bzw. am 18.02.01 um 0 Uhr, ist Tag 1 der Frist der 18.02., Tag 2 der 19.02. und Tag 3 der 20.02. und damit der letzte Tag der Frist.

2.3.3.2 Monatsfristen

Alle übrigen Fristenden regelt § 188 Abs. 2 BGB. Allerdings führt der Versuch alle Fälle in einem Satz zusammenzufassen dazu, dass dieser schwer verständlich ist.

Reduziert auf eine Monatsfrist würde § 188 Abs. 2 1. Halbs. BGB wie folgt lauten:

„Eine Frist, die nach Monaten bestimmt ist, endigt, wenn sie eine Ereignisfrist ist, mit dem Ablauf desjenigen Tages des letzten Monats, welcher durch seine Zahl dem Tag entspricht, in den das Ereignis fällt."

> **Beispiel:**
> Ein Steuerbescheid wird am 22.03.00 bekannt gegeben. Fristbeginn der Einspruchsfrist nach § 355 AO ist der Ablauf des 22.03.00 bzw. der 23.02.00 0 Uhr. Da die Frist einen Monat beträgt, endet sie einen Monat später, also im April, an einem Tag, der hinsichtlich seiner Zahl dem 22. (der Tag des Ereignisses) entspricht, also auch 22. „heißt". Dies ist der 22.04.00.

Da bis auf eine Ausnahme alle Monate unterschiedlich enden, stellt sich die Frage, wann die Frist endet, wenn sie an einem Monatsletzten beginnt. Dies regelt § 188 Abs. 3 BGB.

> **Beispiel:**
> Der Steuerbescheid wird am 31.01.10 bekannt gegeben. Die Einspruchsfrist beginnt also mit Ablauf des 31.01.10 bzw. am 01.02.10 um 0 Uhr und endet nach § 108 Abs. 1 AO i.V.m. § 188 Abs. 3 BGB mit Ablauf des 28.02.10 (10 ist kein Schaltjahr, Schaltjahre sind durch 4 teilbar).

2.3.3.3 Wochenfristen

Insofern fragt § 188 Abs. 2 BGB für das Fristende nach dem Tag der letzten Woche, der hinsichtlich seiner Benennung dem Tag des Ereignisses entspricht.

> **Beispiel:**
> Steuerpflichtiger X erhält ein Schreiben, in dem er aufgefordert wird, innerhalb von 2 Wochen nach Zugang des Schreibens Stellung zu einem Sachverhalt zu nehmen. Das Schreiben geht am Mittwoch in Kalenderwoche 5 zu.

> **Lösung:**
> Es handelt sich um eine behördliche Frist und eine Ereignisfrist. Das den Lauf der Frist auslösende Ereignis ist der Zugang am Mittwoch. Fristende ist zwei Wochen später, also in Kalenderwoche 7, der Tag der ebenfalls Mittwoch „heißt".

2.3.3.4 Fristende am Wochenende und an Feiertagen

Fristen enden generell nicht an Sonnabenden, Sonntagen und Feiertagen. Dies regelt § 108 Abs. 3 AO.

Achtung! Fristen können an Sonnabenden, Sonntagen und Feiertagen beginnen! § 108 Abs. 3 AO fragt nur nach dem Ende einer Frist.

Da die 3-tägige Bekanntgabefiktion des § 122 Abs. 2 Nr. 1 AO nach BFH vom 09.11.2005, BStBl II 2006, 219 eine Frist darstellt, gilt § 108 Abs. 3 AO, weil der 3. Tag seit Aufgabe zur Post das Ende dieser

Frist darstellt. Obwohl an Sonnabenden Post zugeht, verschiebt sich bei Absendung am Mittwoch die Bekanntgabe auf den nächsten Werktag.

Achtung! Dies gilt nicht bei einem späteren tatsächlichen Zugang nach § 122 Abs. 2 AO. Tatsächliche Bekanntgabe am Sonnabend ist kein Fristende!

> **Beispiel:**
>
> Der Steuerbescheid geht am Montag zur Post. Wegen eines Poststreiks wird er erst am Sonnabend darauf in den Hausbriefkasten des Steuerpflichtigen geworfen.
> Die tatsächliche Bekanntgabe fand am Sonnabend statt. Fristbeginn der Einspruchsfrist war damit der Ablauf des Sonnabend bzw. Sonntag 0 Uhr.

Die **Feiertagsregelung** in den **Bundesländern** ist unterschiedlich. Wenn zwei Bundesländer beteiligt sind und eine Frist an einem Feiertag endet, der nicht in beiden Bundesländern anerkannt ist, so kommt es nach § 193 BGB auf den Erklärungsort an.

> **Beispiel:**
>
> Die Einspruchsfrist für einen Einspruch aus Bayern nach Schleswig-Holstein endet am 6. Januar (Heilige Drei Könige, Staatlich Anerkannter Feiertag in Bayern aber nicht in Schleswig-Holstein).

> **Lösung:**
>
> Dies regelt § 193 BGB. Während ansonsten bei Fristenden an Sonnabenden, Sonntagen und bundesweit anerkannten Feiertagen der Rückgriff auf § 193 BGB wegen § 108 Abs. 3 AO, der diesen Fall selbst regelt, ausgeschlossen ist, ist nunmehr § 193 BGB über § 108 Abs. 1 AO anwendbar. Es gilt die Feiertagsregelung am Erklärungsort. Für den Steuerpflichtigen aus Bayern, der in Schleswig-Holstein Einspruch einlegt, verschiebt sich das Ende der Einspruchsfrist auf dem 07.01., wenn dies kein Sonnabend oder Sonntag ist (aA FG Nürnberg vom 09.12.2014, 1 K 1017/13 unter Hinweis auf BAG vom 24.08.2011, 8 AZN 808/11).

2.3.4 Fristende bei Tagesbeginnfristen
Tagesbeginnfristen enden nach § 188 Abs. 2 2. Halbs. AO am Tag, der dem Ereignistag hinsichtlich der Benennung oder Zahl vorhergeht. So wird das 1. Lebensjahr am Vorabend des Geburtstages vollendet.

2.4 Wiedereinsetzung in den vorigen Stand (§ 110 AO)
Besteht nicht die Möglichkeit, eine Frist zu verlängern, so tritt mit Fristablauf ein Rechtsverlust ein. Hat der Steuerpflichtige die Fristversäumnis **nicht zu vertreten**, so kann unter Umständen über das Institut der Wiedereinsetzung in den vorigen Stand doch noch das Recht wahrgenommen werden. Fünf Voraussetzungen müssen gegeben sein, damit Wiedereinsetzung gewährt wird. Ermessen besteht nicht.

2.4.1 Gesetzliche, nicht verlängerbare Frist
Die Wiedereinsetzung in den vorigen Stand ist **keine Verlängerung** von Fristen. Stattdessen wird mit der Wiedereinsetzung in den vorigen Stand der Steuerpflichtige in eine bereits abgelaufene Frist zurückgesetzt.

Ist dagegen die Frist verlängerbar, bedarf es des Instituts der Wiedereinsetzung nicht. Dies ist bei behördlichen Fristen nach § 109 Abs. 1 S. 1 AO generell der Fall. Ebenso wäre bei der Frage der Zahlungsfrist wegen der Möglichkeit der Stundung keine Wiedereinsetzung zu prüfen. Deshalb ist die Frage der fehlenden Verlängerbarkeit auch der erste Prüfungspunkt bei der Wiedereinsetzungsprüfung.

2.4.2 Nachholung der versäumten Handlung

§ 110 Abs. 2 S. 3 AO verlangt, dass die versäumte Handlung nachgeholt wird. Dies ist z.B. bei einer versäumten Einspruchsfrist die Einlegung des Einspruchs. Wird die Handlung nachgeholt, so bedarf es nach § 110 Abs. 2 S. 4 AO keines Wiedereinsetzungsantrags.

2.4.3 Wahrung der Wiedereinsetzungsfrist

Nach § 110 Abs. 2 S. 1 AO ist der nach § 110 Abs. 2 S. 4 AO nicht erforderliche Antrag (also reicht die Nachholung der versäumten Handlung!) innerhalb eines Monats **nach** Wegfall des Hindernisses zu stellen. Diese Frist ist eine **Ereignisfrist**. Bei der Frage nach der Frist ist zunächst nur darauf abzustellen, was den Steuerpflichtigen gehindert hat, die Frist zu wahren, ohne zu hinterfragen, ob dies tatsächlich eine Wiedereinsetzung rechtfertigt. Dies ist vielmehr eine Frage des Verschuldens.

War der Steuerpflichtige z.B. schwer erkrankt, so beginnt die Wiedereinsetzungsfrist mit Ablauf des Tages, an dem er erstmals wieder in der Lage war, seine Angelegenheiten zu besorgen.

§ 110 Abs. 3 AO sorgt dafür, dass endgültige Rechtsklarheit nicht unendlich herausgeschoben wird, indem er regelt, dass nach einem Jahr seit dem Ende der versäumten Frist abgesehen von Fällen höherer Gewalt keine Wiedereinsetzung mehr beantragt werden kann.

Die Wiedereinsetzungsfrist ist eine **gesetzliche Frist** (dies ergibt sich aus § 110 Abs. 2 S. 1 AO), die nicht verlängerbar ist, weil dies gesetzlich nicht vorgesehen ist. Wird diese Frist deshalb aus nicht vom Steuerpflichtigen zu vertretenden Gründen versäumt so ist zu prüfen, ob Wiedereinsetzung in die Wiedereinsetzungsfrist zu gewähren ist.

2.4.4 Glaubhaftmachung

Die Tatsachen, auf die die Wiedereinsetzung gestützt wird, sind nach § 110 Abs. 2 S. 2 AO glaubhaft zu machen. Dazu regelt § 294 ZPO in Abs. 1 „Wer eine tatsächliche Behauptung glaubhaft zu machen hat, kann sich aller Beweismittel bedienen, auch zur Versicherung an Eides statt zugelassen werden". Entscheidend ist, ob es im Hinblick auf das gelieferte Material aus Sicht des zur Entscheidung berufenen Amtsträgers **überwiegend wahrscheinlich** ist, dass der Vortrag zutrifft. Glaubhaft machen ist **weniger als beweisen** (s. sehr ausführlich BFH vom 09.04.2018, X R 9/18 NV).

2.4.5 Verschulden

Der Schwerpunkt der Prüfung liegt bei der Frage, ob den Steuerpflichtigen ein Verschulden am Versäumen der Frist trifft. **Vorsätzlich**, mit Wissen und Wollen, wird ein Steuerpflichtiger eine Frist, in die er später wiedereingesetzt werden möchte, nicht verpassen. Handelt der Steuerpflichtige **fahrlässig**, also unter „Außerachtlassen der für einen gewissenhaft und sachgemäß handelnden Verfahrensbeteiligten gebotenen und ihm nach den Umständen zumutbaren Sorgfalt" (BFH vom 17.03.2010, BFH/NV 2010, 1780), und hat er deshalb die Frist versäumt, so ist ihm keine Wiedereinsetzung zu gewähren.

Innerhalb der Antragsfrist des § 110 Abs. 2 S. 1 AO muss der Steuerpflichtige die Umstände darlegen, aus denen sich ergibt, dass er das Versäumen der Frist nicht verschuldet hat. Entscheidend ist dabei, dass der „Kern" des Wiedereinsetzungsgrundes vorgetragen wird. Der Lebenssachverhalt muss lückenlos und schlüssig geschildert werden. Eine spätere Erläuterung und Ergänzung ist zulässig (s. BFH vom 31.01.2017, IX R 19/16 NV).

2.4.5.1 Verschulden eines Vertreters

Nach § 110 Abs. 1 S. 2 AO ist das Verschulden eines Vertreters dem Vertretenen, also demjenigen, der Wiedereinsetzung begehrt, zuzurechnen.

Ein **Vertreter** gibt für den Steuerpflichtigen im Rahmen seines Vertretungsverhältnisses eine eigene Willenserklärung ab. Im Steuerrecht ist dies regelmäßig der Bevollmächtigte nach § 80 Abs. 1 AO.

Abzugrenzen ist der Vertreter gegen den **Boten**. Ein Bote ist lediglich Überbringer einer fremden Willenserklärung und gibt keine eigene Willenserklärung ab. Verhält sich ein Bote fahrlässig, so ist dieses Verschulden dem Steuerpflichtigen nicht zuzurechnen. Es ist in so einem Fall aber stets zu prüfen, ob ein für die Art der Aufgabe geeigneter Bote ausgesucht und ob dieser angemessen überwacht wurde.

Beispiel:

Der Steuerpflichtige lässt seinen Einspruch durch a) seine 17-jährige Tochter, b) seinen 6-jährigen Sohn zum Finanzamt bringen. Beide stecken den Einspruch in ihre Tasche und vergessen ihn dort.

Lösung:

Eine 17-jährige ist eine geeignete Botin. Der 6-jährige Sohn hingegen ist zu jung für eine derartige Aufgabe. Wenn er gleichwohl als Bote ausgesucht wird, so wäre er zumindest zu überwachen gewesen. Dem Steuerpflichtigen ist wegen der Auswahl eines ungeeigneten Boten ein Fahrlässigkeitsvorwurf zu machen. Eine Wiedereinsetzung scheitert am – eigenen – Verschulden des Steuerpflichtigen, s. auch FG Hamburg vom 08.01.2009, 5 K 64/09.

An die Sorgfaltspflicht eines **steuerlichen Beraters und auch eines Anwalts** stellt der BFH in ständiger Rechtsprechung besondere Anforderungen, nämlich die „äußerste, den Umständen des Falles angemessene und vernünftigerweise zu erwartende Sorgfalt" (ständige Rechtsprechung seit BFH vom 25.04.1968, BStBl II 1968, 585). Da von einem Angehörigen der steuerberatenden Berufe erwartet wird, dass er das Verfahrensrecht und damit auch die Berechnung von Fristen kennt und Fristenbücher führt, ist ein Irrtum auf diesem Gebiet regelmäßig als schuldhaft einzuordnen (z.B. BFH vom 18.12.2001, BFH/NV 2002, 658).

Ein Verschulden eines steuerlichen Beraters ist nur so lange zuzurechnen, wie seine Zulassung besteht (BFH vom 17.03.2010, X R 57/08 NV).

Wählt der Steuerberater einen Boten aus (z.B. eine Steuerfachangestellte, die ein Schreiben an das Finanzamt übermitteln sollen), so wird auch hier darauf abgestellt, ob die Botin geeignet und zuverlässig war und regelmäßig überwacht wird und ob das Büro so organisiert ist, dass dem Erfordernis der Fristenwahrung Rechnung getragen wird. Ist dies der Fall, so handelt der Steuerberater nicht schuldhaft und es findet keine Zurechnung beim Steuerpflichtigen statt, s. auch BFH vom 13.03.2013, X R 16/11, NV.

Beispiel:

Am letzten Tag der Einspruchsfrist übergibt ein Steuerberater seiner langjährigen, besonders zuverlässigen und regelmäßig durch Stichproben überwachten Steuerfachangestellten ein Einspruchsschreiben mit der Bitte dies an das Finanzamt zu faxen. Als ihr Ehemann anruft und sie spontan zum Essen einlädt, vergisst sie das Schreiben.

Lösung:

Die Steuerfachangestellte hat sich fahrlässig verhalten. Sie ist nicht Vertreterin des Steuerpflichtigen, sondern Botin des Steuerberaters, sodass ihr Verschulden dem Steuerpflichtigen nicht nach § 110 Abs. 1 S. 2 AO zuzurechnen ist. Der Steuerberater hat eine geeignete Botin ausgesucht und insofern nicht schuldhaft gehandelt. Es findet also keine Zurechnung eines Vertreterverschuldens statt. Wenn die übrigen Voraussetzungen vorliegen, ist Wiedereinsetzung zu gewähren.

2.4.5.2 Fallgruppen zum Verschulden

In einer Vielzahl von Entscheidungen hat die Rechtsprechung Fallgruppen zur Wiedereinsetzung herausgearbeitet. Dies sind unter anderem:

2.4.5.2.1 Urlaub

Geschäftleute müssen generell Vorkehrungen treffen, wenn sie in den Urlaub fahren, weil sie stets mit dem Zugang wichtiger Post rechnen müssen. Urlaub kann deshalb **nur bei Privatpersonen** ein Wiedereinsetzungsgrund sein. Die Rechtsprechung gestattet eine maximal **6-wöchige** Abwesenheit bzw. eine Abwesenheit für die Dauer des **individuellen Jahresurlaubs**. Geht der Urlaub darüber hinaus, haben sich auch Privatleute Vertreter zu bestellen oder für die Nachsendung der Post zu sorgen. Bei so einem längeren Urlaub würde also wegen Verschuldens keine Wiedereinsetzung gewährt werden.

Kehrt der Steuerpflichtige erst kurz vor Fristablauf aus dem Urlaub zurück, so billigt die Rechtsprechung ihm eine **Überlegungs- und Prüfungsfrist** zu (BFH vom 05.11.1987, IV R 354/84 n.v.). Im dort zu entscheidenden Fall war der Bescheid am 21.07. durch Niederlegung beim Postamt zugestellt. Die Einspruchsfrist war also mit Ablauf des 21.08. abgelaufen. Die Klägerin war am 17.08 aus einem einmonatigen Urlaub zurückgekehrt, hatte also bis zum Ablauf der Einspruchsfrist einschließlich des Tages der Rückkehr 5 Tage Zeit. Dies ist nach Auffassung des BFH ausreichend. Ob dies bedeutet, dass den Steuerpflichtigen kein Verschulden trifft, wenn er sich bei Urlaubsrückkehr bis zu vier Tage Zeit für die Prüfung nimmt, ist nicht geklärt, es kann aber davon ausgegangen werden. In diesem Fall dürfte wohl ein Verschulden vorliegen, wenn z.B. der Steuerpflichtige drei Tage vor Ende der Einspruchsfrist zurückkehrt und sich dann für den Erstkontakt mehr als 4 Tage Zeit nimmt. De facto bedeutet dies, dass in solchen Fällen die Wiedereinsetzungsfrist von einem Monat tatsächlich nicht gelten dürfte.

2.4.5.2.2 Krankheit

Krankheit kann ein Wiedereinsetzungsgrund sein, wenn sie so **schwer und plötzlich** ist, dass der Steuerpflichtige weder selbst handeln noch sich einen Vertreter bestellen kann (s. BFH vom 29.07.2003, BStBl II 2003, 828). Dies wird in der Regel nur bei stationärem Krankenhausaufenthalt der Fall sein. Steuerberater müssen für den Fall einer Krankheit Vorsorge dafür treffen, dass fristwahrende Angelegenheiten durch einen Vertreter wahrgenommen werden können (BFH vom 09.04.2018, X R 9/18 a.a.O.).

Eine „normal verlaufende" Geburt ist dagegen kein Wiedereinsetzungsgrund (so FG Baden-Württemberg vom 17.03.2010, 2 K 3539/09).

2.4.5.2.3 Finanzamtsverhalten

Da das Finanzamt kein Steuerberater ist, ist es grundsätzlich nicht befugt und verpflichtet, auf unterlassene Handlungen des Steuerpflichtigen hinzuweisen. Etwas anderes gilt nur, wenn der Steuerpflichtige „offensichtlich nicht im Bilde ist" und der Antrag „gewissermaßen in der Luft liegt" (BFH vom 22.01.1960, BStBl III 1960, 178).

Fehlt allerdings einem Verwaltungsakt **die erforderliche Begründung** oder ist die **erforderliche Anhörung** eines Beteiligten **unterblieben** und ist **dadurch** die rechtzeitige Anfechtung des Verwaltungsaktes versäumt worden, so gilt die Versäumung der Einspruchsfrist als nicht verschuldet und es kann Wiedereinsetzung nach § 126 Abs. 3 S. 1 AO zu gewähren sein. Da ein solcher Sachverhalt aus den Akten ersichtlich ist, bedarf es keiner Glaubhaftmachung. Die Wiedereinsetzungsfrist beginnt nach § 126 Abs. 3 S. 2 AO nach der Nachholung der unterlassenen Verfahrenshandlung.

2.4.5.2.4 Mandatsniederlegung

Wird der Steuerpflichtige rechtzeitig über die Niederlegung des Mandats unterrichtet, hat er sich selbst um die Fristwahrung zu kümmern, handelt also schuldhaft, wenn er dies unterlässt. Legt der Steuerberater das Mandat nieder, weil der Steuerpflichtige seinen Zahlungsverpflichtungen ihm gegenüber nicht nachkommt, so könnte ein Verschulden des Steuerpflichtigen vorliegen.

2.4.5.2.5 Behauptung der fristgerechten Absendung eines beim Adressaten nicht eingegangenen Schriftstücks

Grundsätzlich kann eine fristgerechte Absendung ein Wiedereinsetzungsgrund sein. Dann sind aber Angaben dazu erforderlich, wann, in welcher Weise und durch welche Person der Postausgang erfolgte.

Außerdem ist die Organisation der Fristenkontrolle darzulegen und glaubhaft zu machen (FG Köln vom 31.03.2013, 7 K 845/10).

2.4.5.2.6 Verschulden bei Postzustellung

Nach BFH vom 19.03.2013, VIII B 199/11 n.v. liegt jedenfalls bei einem nicht vertretenen und nicht fachkundigen Steuerpflichtigen kein Verschulden an verspäteter Einlegung des Einspruchs vor, wenn der Aufdruck „Zugestellt durch Postzustellung" dem zuzustellenden Schriftstück nicht zu entnehmen ist, sondern nur auf dem Umschlag ein Zustellungsvermerk angebracht ist.

3. Steuerverwaltungsakte

3.1 Allgemeines

Der **Verwaltungsakt** hat sowohl im allgemeinen Verwaltungsrecht, insbesondere im Steuerverwaltungsrecht, eine große Bedeutung.

Durch den Verwaltungsakt wird das Steuerverwaltungsverfahren nach außen verbindlich zum Abschluss gebracht, d.h. die Ansprüche aus dem Steuerschuldverhältnis (§ 37 AO) werden durch den Verwaltungsakt konkretisiert.

Damit schafft die Behörde Rechtstitel, um Pflichten durchzusetzen und Rechte zu gewähren und konkretisiert öffentlich-rechtliche Pflichten und Rechte.

Der Verwaltungsakt hat allerdings nicht nur für die Verwaltung auf der einen Seite Bedeutung. Er schafft auch auf der Seite des Steuerpflichtigen eine Art Sicherheit; denn der Verwaltungsakt verschafft Gewissheit steuerlich nicht stärker als im Verwaltungsakt dargelegt belastet zu werden.

Dem Verwaltungsakt kommt sowohl verfahrensrechtliche als auch materielle-rechtliche Bedeutung zu. Er kann nur mit verfahrensrechtlichen Vorschriften angefochten werden und kann formell bestandskräftig werden, d.h. er wird unanfechtbar bei nicht fristgerechter Einlegung des Rechtsbehelfs.

Materielle-rechtliche Bedeutung kommt ihm zu, weil durch ihn das materielle (Steuer-)Recht umgesetzt wird.

Viele Regelungen der AO fordern eine Regelung des Rechtsverhältnisses zum Steuerpflichtigen durch Verwaltungsakt.

Beispiele:
Stundung (§ 222 AO), Erlass (§ 227 AO), Aussetzung der Vollziehung (§ 361 AO), Festsetzung von Zinsen (§ 239 AO).

Der Verwaltungsakt ist Grundlage für die Vollstreckung (§§ 218, 249 Abs. 1, 328 Abs. 1 AO) und, wenn er auf ein Tun/Dulden/Unterlassen gerichtet ist, kann er mit Zwangsmitteln durchgesetzt werden (§§ 328 ff. AO).

Der zweite Abschnitt der AO befasst sich daher zunächst mit den allgemeinen Verwaltungsaktregelungen, d.h. mit:

- dem Begriff des Verwaltungsaktes (§ 118 AO),
- der Bestimmtheit und Form des Verwaltungsaktes (§ 119 AO),
- den Nebenbestimmungen (§ 120 AO),
- der Begründung (§ 121 AO),
- der Bekanntgabe (§ 122 AO),
- der Bekanntgabe durch Bereitstellung zum Datenabruf (§ 122a AO),
- der Wirksamkeit (§ 124 AO),
- der Nichtigkeit sowie den Verfahrens- und Formfehlern (§§ 125–128 AO).

Der Anwendungsbereich der Steuerverwaltungsakte i.S.d. § 118 AO bezieht sich auf den durch § 1 AO dargelegten Bereich.

3.2 Begriff des Steuerverwaltungsaktes (§ 118 AO)

Verwaltungsakt ist jede Verfügung, Entscheidung oder andere hoheitliche Maßnahme, die eine Behörde zur Regelung eines Einzelfalles auf dem Gebiet des öffentlichen Rechts trifft und die auf unmittelbare Rechtswirkung nach außen gerichtet ist.

Dies ist die sogenannte Legaldefinition zum Begriff des Verwaltungsaktes.

3.2.1 Behördliche Maßnahme

Eine Behörde ist nach § 6 Abs. 1 AO jede Stelle, die Aufgaben der öffentlichen Verwaltung wahrnimmt.

Die Behörden sind nicht rechtsfähig. Ihnen sind Träger von öffentlichen Verwaltungen (Bund, Länder und Gemeinden) übergeordnet. Sie nehmen öffentlich-rechtliche Verwaltungstätigkeiten wahr und sind vom Wechsel der Amtsträger (§ 7 AO) abhängig. Sie sind aufgrund des Organisationsrechts geschaffene „Organisationseinheiten".

Gemäß § 6 Abs. 2 AO (§§ 1, 2 FVG) sind Behörden insbesondere das Bundesministerium der Finanzen, Hauptzollämter einschließlich ihrer Dienststellen, Zollfahndungsämter und die Finanzämter (§ 6 Abs. 2 Nr. 5 AO).

Fehlt es an der Selbständigkeit, liegt keine Behörde vor, z.B. Abteilungen, Dezernate, Ausschüsse, Dienst- oder Geschäftsstellen.

Ebenso sind Privatpersonen keine Behörden, die zumindest die Pflicht haben Steuern für andere einzubehalten und abzuführen, wie z.B. Arbeitgeber bei Einbehaltung der Lohnsteuer (§ 39 EStG), Anmeldung und Abführung der Lohnsteuer (§ 41a EStG). Diese Personen sind vielmehr nach § 33 Abs. 1 AO selbst Steuerpflichtige.

Maßnahme ist jedes Tun oder Dulden, das einer Behörde zugerechnet werden kann, also das willentliche Verhalten eines Amtsträgers. Ob ein Unterlassen als Maßnahme anzusehen ist, ist umstritten und wird in der Praxis wahrscheinlich selten vorkommen. Da die Maßnahme ein willentliches Verhalten voraussetzt, wird es meines Erachtens schwierig sein, ein Unterlassen (z.B. Schweigen) zweifelsfrei darzulegen, sodass ein Unterlassen keine Maßnahme darstellt. Es muss eine Willensbildung und -äußerung vorliegen.

> **Beispiele für Maßnahmen:**
>
> „Verfügungen", „Entscheidungen", „Festsetzungen", „Genehmigungen", „Bewilligungen".

Trifft ein nicht befugter Amtsträger eine Maßnahme, liegt ein **Scheinverwaltungsakt** vor.

Der Wille muss auf den Erlass einer Entscheidung nach außen gerichtet sein. Eine Maßnahme ist auf unmittelbare Rechtswirkung gerichtet, d.h. wenn nach ihrem Ausspruch eine Rechtsfolge eintreten soll (verbindlicher Wille). Innerdienstliche Entscheidungen sind somit keine Steuerverwaltungsakte.

3.2.2 Auf dem Gebiet des öffentlichen Rechts (hoheitlich)

Die Behörde muss im Rahmen der ihr übertragenen öffentlich-rechtlichen Aufgaben handeln; dies setzt im Regelfall ein Über-/Unterordnungsverhältnis voraus. In der Finanzverwaltung muss die Tätigkeit auf dem Gebiet des Steuerrechts (AO und Einzelsteuergesetze) beruhen.

3.2.3 Regelung eines Einzelfalls

Regelung ist die einseitig, verbindliche Subsumtion eines Lebenssachverhaltes in eine bestehende Rechtsnorm, durch welche die Rechte und Pflichten festgestellt oder gestaltet werden. Somit muss ein Einzelfall geregelt werden, d.h. die Regelung darf sich nur auf einen bestimmten Lebenssachverhalt beziehen.

Es liegt eine konkrete und individuelle Regelung vor. Konkret heißt dabei, dass die Anordnung einen bestimmten Sachverhalt betrifft und individuell, dass sich die Anordnung an eine oder mehrere bestimmte Personen richtet.

3. Steuerverwaltungsakte

> **Beispiele für Regelung eines Einzelfalles:**
> - Aufforderung zur Abgabe einer Steuererklärung; regelt, wer welche Erklärung wann abzugeben hat.
> - Körperschaftsteuerbescheid regelt, welcher Steuerpflichtige in welchem Jahr, wie viel Körperschaftsteuer zu zahlen hat.
> - Bescheid über die Aussetzung der Vollziehung regelt, für welchen Steuerpflichtigen welche Steuer in welcher Höhe ausgesetzt wird.

> **Beispiel für „keine" Regelung eines Einzelfalles:**
> - Kontoauszug des Steuerpflichtigen; reine Wissensvermittlung, die der Information des Steuerpflichtigen dient.
> - Erinnerung an die Abgabe der Steuererklärung (nur Wiederholung der ursprünglichen Regelung).
> - Innerdienstliche Mitteilungen zwischen Finanzämtern.

3.2.4 Unmittelbare Rechtswirkung nach außen

Eine **unmittelbare Rechtswirkung nach außen** liegt vor, wenn der Vorgang bekannt gegeben wurde. Nur so wird der Verwaltungsakt wirksam (vgl. § 124 AO und 3.9.1). An einer unmittelbaren Rechtswirkung nach außen fehlt es bei Verwaltungsvorschriften, z.B. OFD-Verfügungen, innerdienstlichen Weisungen, denn diese verpflichten die untergeordneten Behörden bzw. Amtsträger, nicht aber den Bürger. Aber auch Erklärungen, Hinweise, Mahnungen und unverbindliche Auskünfte der Behörde sind keine Verwaltungsakte, da es an der unmittelbaren Rechtswirkung nach außen fehlt/mangelt.

3.3 Allgemeinverfügung (§ 118 S. 2 AO)

Auch eine Allgemeinverfügung, also die Regelung eines konkreten Sachverhalts gegenüber einer unbestimmten Vielzahl von Personen, ist ein Verwaltungsakt. Im Steuerrecht dürfte diese jedoch keine große Bedeutung erlangen.

> **Beispiel:**
>
> Aufforderung des Bundesministeriums der Finanzen an Kreditinstitute, die in § 45d EStG angeforderten Angaben zu machen.

Die nachfolgende Tabelle liefert eine nicht abschließende Aufzählung des Vorliegens von Verwaltungsakten bzw. keinen Verwaltungsakten.

Verwaltungsakte sind ...	Keine Verwaltungsakte sind ...
• Ablehnung des Antrags auf Änderung eines Verwaltungsaktes • Abrechnungsbescheid (§ 218 AO) • Änderung eines Verwaltungsaktes • Aufforderung zur Abgabe einer Steuererklärung • Aufteilungsbescheide (§ 279 AO) • Außenprüfung: Prüfungsanordnung (§ 196 AO), Ablehnung der Schlussbesprechung (§ 201 AO) • Aussetzung der Steuerfestsetzung und deren Ablehnung (§ 165 AO) • Aussetzung der Vollziehung (§ 361 AO) • Duldungsbescheide (§ 191 AO) • Feststellungsbescheide • Haftungsbescheide (§ 191 AO) • Kostenbescheide (§ 178 AO) • Leistungsgebote (§ 254 AO) • Mitteilung über den Beginn der Buchführungspflicht (§ 141 AO)	• Aktenvermerke • Amtshilfeersuchen • Ankündigung von Maßnahmen • Anträge/Mitteilungen von anderen Behörden • Außenprüfungsbericht (§ 202 AO) • Innerdienstliche Weisungen • Kassenmitteilungen über den Kontostand • Kontrollmitteilungen • Mahnungen • OFD-Verfügungen • Richtlinien • Wiederholung eines Verwaltungsaktes
• Nebenbestimmungen zum Verwaltungsakt (§ 120 AO) • Nichtveranlagungsbescheinigungen (§ 44a Abs. 2 Nr. 2 EStG) • Prüfungsentscheidungen über Fachprüfungen, wie Steuerberaterprüfung • Steuerbescheide (§ 155 AO), Steuervergütungsbescheide (§ 155 Abs. 4 AO), Steueranmeldungen (§ 168 AO), Steuermessbescheide (§ 184 AO), Zerlegungsbescheide (§ 188 AO) • Verbindliche Auskunft (§ 89 Abs. 2 AO) • Festsetzung von Verspätungszuschlägen (§ 152 AO) • Vorbehalt der Nachprüfung (§ 164 AO) • Vollstreckung, rechtsregelnde Maßnahmen (z.B. §§ 249, 254 AO) • Zusage nach § 204 AO • Zwangsmittel (Androhung und Festsetzung §§ 328 ff. AO)	

3.4 Arten der Steuerverwaltungsakte

3.4.1 Gesetzlich gebundene und Ermessensverwaltungsakte

Gesetzlich gebundene Verwaltungsakte sind Verwaltungsakte, die erlassen werden müssen, wenn ein bestimmter gesetzlicher Tatbestand erfüllt ist. Auf den Erlass des Verwaltungsaktes besteht i.d.R. ein Rechtsanspruch.

> **Beispiel:**
> Steuerbescheid, Feststellungsbescheid, Steuermessbescheid, Zerlegungsbescheid etc.

Ermessensverwaltungsakte sind hingegen solche Verwaltungsakte, auf denen kein Rechtsanspruch besteht, sondern bei denen die Behörde einen Ermessensspielraum im Rahmen ihrer nach § 5 AO gesetzten gesetzlichen Grenzen hat. Die Behörde hat vereinfacht gesagt die Wahl zwischen mehreren richtigen Maßnahmen und entscheidet nach pflichtgemäßem Ermessen. Im Gesetz sind diese Verwaltungsakte durch die Worte „kann" und „können" zu erkennen.

> **Beispiel:**
> Stundung (§ 222 AO), Erlass (§ 227 AO), Haftungs-/Duldungsbescheide (§ 191 AO).

3.4.2 Rechtsfeststellende und rechtsgestaltende Verwaltungsakte

Ein Verwaltungsakt, der den Anspruch nach abgeschlossener Subsumtion des Sachverhaltes in die bestehenden Rechtsnormen konkretisiert, nennt man rechtsfeststellenden Verwaltungsakt; auch rechtsbestätigenden, rechtsbestimmenden, deklaratorischen Verwaltungsakt genannt. Der Regelungsinhalt bei solchen Verwaltungsakten ist, dass die Rechtsfolge bindend festgestellt wird. Diese Verwaltungsakte lassen den Anspruch nicht erst selbst entstehen, sondern konkretisieren den Anspruch aufgrund gesetzlicher Regelungen.

> **Beispiel:**
> Steuerbescheid, Feststellungsbescheid, Steuermessbescheid, Zerlegungsbescheid.

Ein **rechtsgestaltender Verwaltungsakt** hingegen lässt sich nicht zwangsläufig durch Subsumtion ableiten. Die Behörde entscheidet selbst, ob sie ein konkretes Rechtsverhältnis gestaltet, d.h. begründet oder verändert. Man spricht daher von konstitutiven, rechtsbegründenden Verwaltungsakten.

> **Beispiel:**
> - Stundungen/Erlass (begünstigend s.u.),
> - Festsetzung von Verspätungszuschlägen (belastend s.u.),
> - Prüfungsanordnungen (belastend),
> - Zahlungsaufforderungen (§ 254 Abs. 1 AO),
> - Aufforderung Abgabe Erklärungen (§ 149 Abs. 1 S. 2 AO).

3.4.3 Begünstigende/nicht begünstigende Verwaltungsakte

Wird ein Recht oder ein rechtlich erheblicher Vorteil begründet oder bestätigt, liegt ein **begünstigender Verwaltungsakt** vor.

> **Beispiel:**
> Gestattung § 20 Abs. 1 UStG, Bewilligung (§ 148 AO) Fristverlängerungen (§ 109 AO).

Nicht begünstigende Verwaltungsakte sind solche Verwaltungsakte, die ein Tun/Dulden oder Unterlassen fordern bzw. keinen rechtlichen Vorteil gewähren.

> **Beispiel:**
> Aufforderung zur Abgabe von Erklärungen (Tun).

3.4.4 Verwaltungsakte ohne/mit Dauerwirkung

Verwaltungsakte ohne Dauerwirkung zeichnen sich durch einmalige Befolgung, Feststellung oder Vollziehung aus.

Beispiel:
Steuerbescheid, Feststellungsbescheid, Steuermessbescheid, Zerlegungsbescheid.

Verwaltungsakte mit Dauerwirkung lassen ein Rechtsverhältnis auf Dauer entstehen (über einen längeren Zeitraum), z.B. Gewährung von Rechten.

Beispiel:
Buchführungserleichterungen (§ 148 AO), Stundung, Aussetzung der Vollziehung, Bestellung zum Steuerberater (§ 40 StBerG).

3.4.5 Einseitige/mitwirkungsbedürftige Verwaltungsakte

Einseitige Verwaltungsakte ergehen ohne Mitwirkung des Adressaten, so in der Regel steuerliche Verwaltungsakte. Eine Mitwirkung ist nur bei bestimmten Verwaltungsakten notwendig in Form des Antrags oder der Zustimmung des Steuerpflichtigen (z.B. §§ 172 Abs. 1 Nr. 2a, 27, 163 S. 2 AO).

3.5 Bestimmtheit und Form des Steuerverwaltungsaktes (§ 119 AO)

§ 119 AO hat den Zweck Rechtssicherheit zu schaffen, da die Vorschrift die Anforderungen an einen Verwaltungsakt regelt. Der Steuerpflichtige soll seine Rechte und Pflichten erkennen können und wissen wieweit die materielle Bestandskraft reicht.

3.5.1 Bestimmtheit (§ 119 Abs. 1 AO)

Der Verwaltungsakt muss inhaltlich hinreichend bestimmt sein. Das bedeutet, dass sich der Regelungswille der Behörde klar, eindeutig, vollständig und widerspruchsfrei aus dem Verwaltungsakt erkennen lassen muss. Der Steuerpflichtige muss zweifelsohne wissen, dass er betroffen ist und von was er betroffen wird.

Folglich müssen der Betroffene (persönlich) und der Regelungsinhalt (sachlich) inhaltlich hinreichend bestimmt sein.

Zum persönlichen Inhalt gehört, dass klar zu erkennen ist, gegen wen sich der Verwaltungsakt richtet; also wer von ihm betroffen ist. Diese Person nennt man Regelungsadressat/Inhaltsadressat. Missverständnisse bei der Bestimmung des Inhaltsadressaten müssen ausgeschlossen sein.
Ist z.B. der Name des persönlich Betroffenen nicht richtig geschrieben, aber es ergeben sich keine Anhaltspunkte für eine Verwechslung und für den Betroffenen ist klar erkennbar, dass er gemeint ist, ist die falsche Schreibweise unschädlich.

Beispiel:
Statt Müller schreibt der Amtsträger „Mueller".

Zum sachlichen Inhalt gehört, dass für den Betroffenen klar erkennbar ist, was (welches Tun/Dulden/Unterlassen) von ihm verlangt wird bzw. welcher Vorteil gewährt werden soll. Die inhaltliche Regelung muss sich ggf. durch Auslegung (§ 133 BGB) ergeben.

Beispiel:
Bestimmtheit der Prüfungsanordnung, wenn aus Begründung erkennbar ist, dass ein bestimmtes Jahr auf die Möglichkeit der Entstehung von Steuern geprüft werden soll.

3.5.2 Form des Verwaltungsaktes (§ 119 Abs. 2 AO)

Grundsätzlich ist die Behörde bei Erlass eines Verwaltungsaktes an keine besondere Form gebunden. Der Verwaltungsakt kann daher schriftlich, elektronisch, mündlich oder in anderer Weise erlassen werden. Sieht das Gesetz keine bestimmte Form des Verwaltungsaktes vor, liegt es im Ermessen der Behörde auf welche Art sie einen Verwaltungsakt erlässt. Dennoch wird in der Regel ein schriftlicher Verwaltungsakt gewählt werden, insbesondere für Zwecke der Beweisführung.

Für u.a. folgende Verwaltungsakte ist zwingend die schriftliche Form vorgesehen:
- Steuerbescheide (§ 157 Abs. 1 AO),
- Feststellungsbescheide (§§ 179 Abs. 1, 181 Abs. 1 S. 1 AO),
- Messbescheide (§ 184 Abs. 1 AO),
- Prüfungsanordnungen (§ 196 AO),
- Verbindliche Zusagen (§ 205 AO),
- Zinsbescheide (§ 239 AO), siehe auch AEAO zu § 239 Nr. 1,
- Haftungsbescheid (§ 191 AO),
- Androhung von Zwangsmitteln (§ 332 Abs. 1 S. 1 AO),
- Rechtsbehelfsentscheidungen (§ 366 AO).

Ein Verstoß gegen die schriftliche Formvorschrift hat Nichtigkeit (§ 125 AO, vgl. 3.10) zur Folge.

Die Schriftform ist – soweit nicht ausdrücklich durch Gesetz ausgeschlossen – auch durch elektronische Form mit einer qualifizierten elektronischen Signatur gewahrt (§ 87a Abs. 4 AO).

Sollte ein Verwaltungsakt mündlich ergangen sein und der Steuerpflichtige hat berechtigtes Interesse und verlangt eine schriftliche Bestätigung, hat dies zu erfolgen, § 119 Abs. 2 S. 2 AO (z.B. wegen Rechtsschutzinteresse).

Beispiel:

Sachgebietsleiter Y erlässt am Telefon die Säumniszuschläge zur Körperschaftsteuer in Höhe von 250 € der X-GmbH.

Lösung:

Der Erlass nach § 227 AO sieht ebenso wie die Stundung (§ 222 AO) keine Schriftform vor. Der mündliche Erlass oder die mündliche Gewährung der Stundung ist daher möglich.

3.5.3 Anforderungen an einen schriftlichen Verwaltungsakt (§ 119 Abs. 3 AO)

Geregelt werden die Mindestanforderungen an den schriftlichen Verwaltungsakt; weitere Anforderungen können sich aus den anderen Gesetzestatbeständen ergeben.

Der Verwaltungsakt muss zwingend die zu erlassende Behörde erkennen lassen. Dabei reicht es nicht aus, wenn diese lediglich auf dem Briefumschlag zu erkennen ist; sondern vielmehr muss diese aus dem Schriftstück als solches hervorgehen. Das Fehlen macht den Verwaltungsakt nichtig.

Weiter muss die Unterschrift oder die Namenswiedergabe des Behördenleiters (Vorsteher), seines Vertreters (Vertreter des Vorstehers) oder seiner Beauftragten (Sachgebietsleiter, Sachbearbeiter, Mitarbeiter) enthalten sein.

Eine Namenswiedergabe ersetzt folglich auch eine Unterschrift. Fehlt es daran, ist der Verwaltungsakt fehlerhaft; nicht nichtig!

Diese Regelungen gelten nicht für formularmäßiger bzw. automatisch erstellter Verwaltungsakte, d.h. Unterschrift und Namenswiedergabe können fehlen; jedoch nicht die zu erlassende Behörde.

> **Beispiel:**
>
> Automatisch von der HZD erstellte Erinnerungen oder Androhungen von Zwangsgeldern im MÜSt-Überwachungslauf.

Wird ein Verwaltungsakt in elektronischer Form erlassen, muss die elektronische Signatur auch das ihr zugrundeliegende qualifizierte Zertifikat oder ein zugehöriges qualifiziertes Attributzertifikat die erlassende Behörde erkennen lassen (§ 119 Abs. 3 S. 3 AO). Im Falle des § 87a Abs. 4 Satz 3 AO muss die Bestätigung nach § 5 Abs. 5 des De-Mail-Gesetzes die erlassende Behörde als Nutzer des De-Mail-Kontos erkennen lassen.

3.6 Nebenbestimmungen zum Steuerverwaltungsakt (§ 120 AO)

Nebenbestimmungen sind Ergänzungen zum Inhalt des Verwaltungsaktes, die den Anspruch ergänzen, eingrenzen, konkretisieren, aber den Regelungsinhalt nicht verändern.

Es wird unterschieden, ob auf einen Verwaltungsakt ein Anspruch besteht (§ 120 Abs. 1 AO) oder ob ein Verwaltungsakt nach pflichtgemäßen Ermessen erlassen worden ist (§ 120 Abs. 2 AO).

Verwaltungsakte, auf die ein Anspruch besteht sind rechtsgebundene Verwaltungsakte (s.o.). Die Nebenbestimmung muss auf einer gesetzlichen Vorschrift beruhen (§ 120 Abs. 1 S. 1 Alt. 1 AO).

> **Beispiel:**
>
> - Vorbehalt der Nachprüfung (§ 164 AO),
> - Vorläufigkeit (§ 165 AO),
> - Bestimmung von Sicherheitsleistungen (§ 165 Abs. 1 S. 4 AO).

Die Nebenbestimmung darf auch ergehen, wenn sie sicherstellen soll, dass die gesetzlichen Voraussetzungen des Verwaltungsaktes erfüllt werden (§ 120 Abs. 1 S. 1 Alt. 2 AO); im Steuerrecht kommt dieser Vorschrift eher geringere Bedeutung zu.

Bei Verwaltungsakten, die nach pflichtgemäßem Ermessen der Behörde nach den ihr gesetzliche gesteckten Grenzen (§ 5 AO) erlassen werden, hat die Behörde auch ein Ermessen eine Nebenbestimmung einzufügen. Folgende Arten von Nebenbestimmungen sind möglich (abschließende Aufzählung):
- Befristung (§ 120 Abs. 2 Nr. 1 AO),
- Bedingung (§ 120 Abs. 2 Nr. 2 AO),
- Widerrufsvorbehalt (§ 120 Abs. 2 Nr. 3 AO),
- Auflage (§ 120 Abs. 2 Nr. 4 AO),
- Vorbehalt nachträglicher Auflage (§ 120 Abs. 2 Nr. 5 AO).

3.6.1 Befristung

Der Anfang, das Ende und die Dauer des Verwaltungsaktes ist begrenzt, d.h. eine Vergünstigung (z.B. Stundung, Aussetzung der Vollziehung) oder Belastung beginnt, endet oder gilt für eine bestimmte Zeit.

> **Beispiel:**
>
> - Die Aussetzung der Vollziehung endet einen Monat nach Bekanntgabe der Einspruchsentscheidung.
> - Die Stundung wird ab 13.08.18 gewährt.

3.6.2 Bedingung

Wird ein Verwaltungsakt unter einer Bedingung erlassen, heißt das, dass die Regelung von einem zukünftigen Ereignis abhängt. Hängt dabei die eintretende Rechtsfolge von dem Eintritt eines Ereignisses ab, ist die Bedingung aufschiebend bedingt.

> **Beispiel:**
> Sachbearbeiter X gewährt dem Steuerpflichtigen Y eine Stundung ab dem 01.06.2018 unter der aufschiebenden Bedingung, dass bis zum 10.05.2018 ein Betrag von 2.000 € gezahlt wird.

Bei einer auflösenden Bedingung verliert die Regelung ihre Wirkung bei Eintritt des Ereignisses.

> **Beispiel:**
> Die Stundung wird mit folgender Bedingung gewährt: „wird eine Rate nicht rechtzeitig entrichtet, so gilt die Stundung als widerrufen".

3.6.3 Widerrufsvorbehalt

Der **Widerrufsvorbehalt** ist bei auf Dauer angelegten Verwaltungsakten möglich. Er ermöglicht den Behörden den Widerruf von Verwaltungsakten (§ 131 Abs. 2 Nr. 1 AO; vgl. Kap. V. 2.2.2.2.1). Die Behörde muss bei für den Widerrufsvorbehalt eintretenden Ereignissen einen erneuten Verwaltungsakt erlassen.

> **Beispiel:**
> Die Aussetzung der Vollziehung wird unter Widerrufsvorbehalt gewährt.

3.6.4 Auflage

Mit dieser wird den Betroffenen vorgeschrieben etwas zu tun/dulden/unterlassen.

> **Beispiel:**
> Stundung wird unter der Auflage gewährt, die Einkommensteuererklärung innerhalb von vier Wochen abzugeben.

Es wird der Behörde auch gestattet nachträglich eine Auflage aufzunehmen, zu ändern oder zu ergänzen (Auflagenvorbehalt).

Die beigefügten Nebenbestimmungen dürfen nach § 120 Abs. 3 AO dem Zweck des Verwaltungsaktes nicht zuwiderlaufen, d.h. es muss ein Zusammenhang zwischen Hauptanspruch und der Nebenbestimmung gegeben sein. Auch die Nebenbestimmungen müssen inhaltlich hinreichend bestimmt sein (s.o.). Fehlt es daran, ist die Nebenbestimmung nichtig. Sie werden in der Regel der Form des Hauptanspruches angepasst.

3.7 Begründung des Steuerverwaltungsaktes (§ 121 AO)

Soweit es zum Verständnis eines Verwaltungsaktes erforderlich ist, ist ein schriftlich oder elektronisch erlassener Verwaltungsakt mit einer Begründung zu versehen. Diese Regelung dient zum Schutz des Betroffenen. Dieser soll eindeutig erkennen können auf welchen Grundlagen die Behörde den Verwaltungsakt erlassen hat, um entscheiden zu können, ob er den Verwaltungsakt anfechten möchte oder hinnimmt. Außerdem hat die Vorschrift auch Kontrollfunktion, da es für die zur Kontrolle berufenen Behörden (z.B. Gericht) erleichtert wird, die Entscheidung der erlassenden Behörde nachzuvollziehen.

Die **Form der Begründung** richtet sich nach der Form des Verwaltungsaktes, d.h. bei schriftlichen Verwaltungsakten wird die Begründung auch schriftlich erfolgen.

Die Begründung muss alles enthalten, was für den Betroffenen „zum Verständnis" der von der Behörde getroffenen Entscheidung erforderlich ist. Dabei ist vom Verständnis des Betroffenen nach seinen individuellen Fähigkeiten auszugehen. D.h. an die Begründung eines Betroffenen ohne steuerliche Kenntnisse wird eine viel höhere Anforderung gestellt als an die Begründung eines sachkundigen Betroffenen. Bei der Begründung sind sowohl der Sachverhalt (sofern noch zum Verständnis erforderlich) und die entsprechenden Rechtsgrundlagen anzugeben. Das Finanzamt muss aber auch nicht alle der Entscheidung zugrundeliegenden Nachweise und Quellen in der Begründung angeben – dies geschieht in der Regel erst in einem evtl. Rechtsbehelfsverfahren.

Besonders bei Ermessensentscheidungen (wie z.B. Haftungsbescheid) ist eine detaillierte Begründung erforderlich. Einmal im Hinblick auf die Voraussetzungen der Ermessensentscheidung als solche und auch auf die Ermessensausübung selbst. So ist beim Haftungsbescheid ein evtl. Entschließungs- und Auswahlermessen darzulegen.

> **Beispiel:**
> Anforderung an Steuerbescheide: insbesondere Feststellung der Besteuerungsgrundlagen, § 157 Abs. 2 AO.

Ausnahmen von der Begründungspflicht
§ 121 Abs. 2 AO regelt (nicht abschließend) die Fälle, in denen es keiner Begründung bedarf. Danach ist eine Begründung nicht erforderlich:
1. soweit die Finanzbehörde einem Antrag entspricht oder einer Erklärung folgt und der Verwaltungsakt nicht in Rechte eines anderen eingreift,
2. soweit demjenigen, für den der Verwaltungsakt bestimmt ist oder der von ihm betroffen wird, die Auffassung der Finanzbehörde über die Sach- und Rechtslage bereits bekannt oder auch ohne Begründung für ihn ohne weiteres erkennbar ist,
3. wenn die Finanzbehörde gleichartige Verwaltungsakte in größerer Zahl oder Verwaltungsakte mithilfe automatischer Einrichtungen erlässt und die Begründung nach den Umständen des Einzelfalls nicht geboten ist,
4. wenn sich dies aus einer Rechtsvorschrift ergibt,
5. wenn eine Allgemeinverfügung öffentlich bekannt gegeben wird.

Fehlt es an einer zwingenden Begründung, so ist der Verwaltungsakt rechtswidrig; er enthält einen Formfehler. Eine Heilung nach § 126 Abs. 1 Nr. 2, Abs. 2 AO ist möglich durch Nachholung der Begründung.

3.8 Bestellung eines Empfangsbevollmächtigten (§ 123 AO)
Gemäß § 122 Abs. 2 Nr. 2 AO gilt ein schriftlicher Verwaltungsakt bei einer Übermittlung ins Ausland durch die Post einen Monat nach der Aufgabe zur Post als bekannt gegeben. Eine Ausnahme ergibt sich, wenn der Verwaltungsakt nicht oder zu einem späteren Zeitpunkt zugegangen ist. Die Beweislast für den Zugang trifft die Behörde. Den Nachweis für den Zugang bei einer Übermittlung ins Ausland zu erbringen könnte Schwierigkeiten mit sich bringen.

§ 123 AO schafft daher eine Erleichterung bei Beteiligten, die weder Wohnsitz, gewöhnlichen Aufenthalt, Sitz oder Geschäftsleitung im Inland haben. Beteiligte können folglich natürliche oder juristische Personen, Personenvereinigungen oder Vermögensmassen sein.

Benennungsverlangen (§ 123 S. 1 AO)
Auf Verlangen der Finanzbehörde hat der Beteiligte innerhalb einer angemessenen Frist einen Empfangsbevollmächtigten im Inland zu benennen.

Die Behörde muss dementsprechend von sich aus tätig werden und dem Beteiligten zur Nennung auffordern. An die Aufforderung ist keine bestimmte Form geknüpft, sodass sie schriftlich oder mündlich ergehen kann. Eine mündliche Aufforderung wird in der Regel aber in der Praxis nicht vorkommen. Da es sich bei der Aufforderung zur Benennung um einen Verwaltungsakt handelt, muss dieser bekannt gegeben werden – daher wird in der Regel die Schriftform bevorzugt werden.

D.h. auch, dass die Behörde zumindest einmal mit dem Beteiligten selbst Kontakt aufnehmen muss. Hierbei kann das Problem auftreten, dass der Beteiligte vorträgt die Aufforderung nicht erhalten zu haben und die Finanzbehörde hat dann die Pflicht den Zugang nachzuweisen. Daher bietet es sich an, die Aufforderung nach § 9 VwZG zuzustellen.

Eine öffentliche Zustellung nach § 10 VwZG darf erfolgen, wenn der Aufenthaltsort des Beteiligten nicht bekannt und feststellbar ist.

Das Benennungsverlangen steht im Ermessen der Behörde und dürfte in der Regel ermessensfehlerfrei ausgeübt werden, wenn sich dadurch die Bekanntgabe tatsächlich erleichtern lässt.

Dem Beteiligten muss eine angemessene Frist zur Benennung des inländischen Empfangsbevollmächtigten eingeräumt werden. Dabei sind alle Aspekte des Einzelfalls zu berücksichtigen.

Der Aufforderung der Benennung eine Empfangsbevollmächtigten muss der Hinweis auf die möglichen Folgen bei Nichtnennung beigefügt werden (S. 4). Nennt der Beteiligte keinen inländischen Empfangsbevollmächtigten innerhalb der ihm eingeräumten Frist, gelten die an ihn gerichteten Schriftstücke einen Monat nach der Aufgabe zur Post und ein elektronisches übermitteltes Dokument am dritten Tag nach Absendung als zugegangen; eine Zusendung durch einfachen Brief reicht in diesen Fällen aus.

Dies gilt nur dann nicht, wenn feststeht, dass das Schriftstück oder das Dokument dem Empfänger zu einem späteren Zeitpunkt erreicht hat (S. 3). Die Beweislast liegt jedoch diesmal beim Empfänger.

Die Benennung ist bei der Behörde anzubringen, die die Benennung verlangt hatte. Sie ist an keine besondere Form gebunden. Es empfiehlt sich auch hier die Schriftform.

Der benannte Empfangsbevollmächtigten muss eine nach § 79 AO handlungsfähige Person sein, die im Inland ihren Wohnsitz, gewöhnlichen Aufenthalt, Sitz oder Geschäftsleitung hat. Es kommen sowohl natürliche, juristische Personen, Personenvereinigungen in Betracht. Diese müssen mit Name und Anschrift benannt werden; nur ein Postfach reicht nicht aus.

Die Benennung bewirkt letztlich, dass die Schriftstücke an den inländischen Empfangsbevollmächtigten bekannt gegeben werden und der Beteiligte sich den Inhalt zurechnen lassen muss.

> **Hinweis!**
> Die Benennung i.S.d. § 123 AO ist eine Obliegenheit; sie kann nicht erzwungen werden – der Beteiligte hat die Möglichkeit die Rechtsfolgen hinzunehmen.

Ausnahmen sind, d.h. die Regelung des § 123 AO ist nicht anzuwenden, (vgl. AEAO zu § 123 Nr. 2), wenn:
- der Steuerpflichtige in einem Mitgliedstaat der EU ansässig ist, AEAO zu § 123 Nr. 1,
- Verwaltungsakte einem Empfänger im Ausland durch einfachen Brief bekanntgegeben werden dürfen, AEAO zu § 122 Nr. 1.8.4,
- Verwaltungsakte einem Empfänger im Ausland unmittelbar zugestellt werden dürfen, AEAO zu § 122 Nr. 3.1.4.1.

3.9 Wirksamkeit des Verwaltungsaktes (§ 124 AO) und Bekanntgabe (§ 122 AO)
3.9.1 Wirksamkeit des Verwaltungsaktes

Durch die Wirksamkeit entfaltet der Verwaltungsakt Rechtskraft und begründet, ändert ein Rechtsverhältnis (Rechte und Pflichten) oder hebt sie auf. D.h., dass der Verwaltungsakt durch die Wirksamkeit erst existent wird.

Wirksamkeit heißt, dass die Finanzbehörde an den Verwaltungsakt und dessen Inhalt gebunden ist und den Verwaltungsakt nicht ohne besondere Vorschriften (§§ 129 bis 132, 164 und 165, 172 bis 177 AO) ändern kann. Solange ein Verwaltungsakt wirksam ist, kann sich die Behörde und der Steuerpflichtige darauf berufen und die Regelung durchsetzen.

Die Wirksamkeit eines Verwaltungsaktes umfasst zwei Voraussetzungen. Zum einen das Entstehen des Verwaltungsaktes, also eine interne Maßnahme einer Behörde und zum anderen das Wirksamwerden/die Bekanntgabe des Verwaltungsaktes.

Die Vorschrift des § 124 AO regelt lediglich den Zeitpunkt des Wirksamwerdens des Verwaltungsaktes, nicht hingegen die Phasen, die diesem Zeitpunkt vorangehen und gleichwohl wichtig sind.

Ein Verwaltungsakt entsteht durch:
- eine Willensbildung,
- eine Willensäußerung und
- eine abschließende Zeichnung durch einen handlungsbefugten Amtsträger.

3.9.1.1 Willensbildung

Dies bedeutet, dass ein Amtsträger sich in irgendeiner Art und Weise steuerliche Gedanken über einen Sachverhalt gemacht hat und somit einen Entscheidungswillen gefasst hat.

> **Beispiel:**
>
> Dem Sachbearbeiter Y liegt die Einkommensteuererklärung 2017 von dem Steuerpflichtigen S vor. S hat den Sachverhalt geschildert, dass er in 2017 ein Haus gekauft hat, welches er seit Februar 2017 an ein Ehepaar vermietet. Daraus hat er Einnahmen in Höhe von 24.000 € erzielt und Ausgaben getätigt.

> **Lösung:**
>
> Sachbearbeiter macht sich steuerliche Gedanken dahingehend, ob S nun die Tatbestandsvoraussetzungen der Vermietung und Verpachtung im Sinne von § 21 Abs. 1 Nr. 1 EStG erfüllt. Er fasst den Entscheidungswillen die Einnahmen und Ausgaben der Besteuerung zu unterwerfen.

3.9.1.2 Willensäußerung

Der vom Amtsträger getroffene Entscheidungswille muss nunmehr nach außen in Erscheinung treten bzw. er muss nach außen erkennbar werden. Der Wille kann z.B. dadurch zum Ausdruck kommen, dass der Amtsträger einen Aktenvermerk schreibt, die Werte in den vorgesehenen Eingabebogen einträgt oder aber auch direkt in den Computer eingibt.

3.9.1.3 Abschließende Zeichnung durch einen handlungsbefugten Amtsträger

Dies setzt die abschließende Unterschrift eines zeichnungsberechtigten Bediensteten der Behörde voraus. Eine Unterschrift entfällt, wenn der Bedienstete z.B. den Fall direkt zur HZD sendet und damit zum Ausdruck bringt, dass er den Willen abschließend zeichnet/billigt.

Fähig zur Vornahme von Verfahrenshandlungen sind nach § 79 Abs. 1 Nr. 4 AO der Behördenleiter (also der Vorsteher), dessen Vertreter oder dessen Beauftragte. Letztere sind dabei die Sachgebietsleiter, Sachbearbeiter, Mitarbeiter. Voraussetzung ist jedoch, dass diesen ein Zeichnungsrecht verliehen worden ist.

Das Zeichnungsrecht regelt, für welche Fälle der jeweilige Bearbeiter befähigt wurde, eine abschliessende Zeichnung vorzunehmen.

Ist der Verwaltungsakt nach den eben genannten Voraussetzungen intern entstanden, folgt die zweite Phase der Wirksamkeit.

Gemäß § 124 Abs. 1 Satz 1 AO wird ein Verwaltungsakt gegenüber demjenigen, für den er bestimmt ist oder der von ihm betroffen wird, in dem Zeitpunkt wirksam, in dem er bekannt gegeben wird; er wird mit dem Inhalt wirksam, mit dem er bekannt gegeben wird (§ 124 Abs. 1 Satz 2 AO).

Die Vorschrift beinhaltet die Fragen: wann (Zeitpunkt), mit was (Inhalt), für wen (Adressat) und wodurch (Bekanntgabe) der Verwaltungsakt wirksam wird.

3.9.1.4 Zeitpunkt

Für die Wirksamkeit des Verwaltungsaktes ist der Zeitpunkt der Bekanntgabe maßgebend, d.h. der Verwaltungsakt wird zu dem Zeitpunkt wirksam, in dem der Steuerpflichtige tatsächlich Kenntnis von dem Regelungsinhalt des Verwaltungsaktes nimmt. Das Datum des Verwaltungsaktes ist hierbei unerheblich.

3. Steuerverwaltungsakte

Das bedeutet, dass es dem Amtsträger bis zur Bekanntgabe möglich ist, den Verwaltungsakt ohne besondere Vorschriften (§§ 129-132, 172 ff. AO) zu ändern oder aufzuheben.

3.9.1.5 Inhalt

Der Verwaltungsakt wird mit dem bekannt gegebenen Inhalt wirksam. Dies schafft für den Steuerpflichtigen eine Rechtssicherheit, da nur der Inhalt wirksam wird, von welchem er tatsächlich Kenntnis erlangt hat. Eventuell abweichende Akteninhalte der Finanzbehörde sind nicht maßgebend.

Der Inhalt des Verwaltungsaktes (also die Regelung = Rechtsfolge) ergibt sich aus dem Ausspruch/Entscheidungssatz (sogenannter Tenor). Dieser legt verbindlich fest, was für welchen Zeitraum gelten soll. Dazu gehören auch eventuell vorhandene Nebenbestimmungen.

> **Beispiel:**
>
> Im Einkommensteuerbescheid 2017 wird verbindlich festgelegt, dass der Steuerpflichtige X eine Einkommensteuer von 20.000 € zu zahlen hat.

Die Begründung des Verwaltungsaktes und die Rechtbehelfsbelehrung hingegen gehören nicht zum Inhalt und werden auch nicht nach § 124 Abs. 1 AO wirksam. Eine fehlende Begründung kann nachgeholt werden; die fehlende Rechtsbehelfsbelehrung hat lediglich Folgen für den Beginn und das Ende der Rechtsbehelfsfrist, nicht jedoch für die Wirksamkeit.

Es gilt der Inhalt als bekannt gegeben, den der Empfänger nach seinem objektiven Empfängerhorizont verstehen kann, sogenannte Erklärungstheorie. Das bedeutet, dass nicht der Wille der Behörde für den wirksam gewordenen Inhalt maßgebend ist, sondern der Inhalt, der dem Empfänger in dem Verwaltungsakt erklärt wurde. Unklarheiten in der Erklärung gehen dabei zulasten der Behörde; individuelle Verständnisprobleme des Steuerpflichtigen hingegen nicht.

3.9.1.6 Adressat

In der Regel ist der Verfahrensbeteiligte vom Verwaltungsakt betroffen; also derjenige, an den die Behörde den Verwaltungsakt inhaltlich gerichtet hat (vgl. 3.9.3.1).

3.9.1.7 Wirksam bleiben des Verwaltungsaktes (§ 124 Abs. 2 AO)

Der Verwaltungsakt bleibt solange wirksam bis er zurückgenommen, widerrufen, aufgehoben oder geändert wird.

Wird ein Verwaltungsakt geändert, endet nur die Wirksamkeit des geänderten Verwaltungsaktes; der neue ist bei Vorliegen aller Voraussetzungen wieder wirksam. Ein Verwaltungsakt kann jedoch auch durch Zeitablauf oder auf andere Art und Weise seine Wirksamkeit verlieren.

> **Beispiel Zeitablauf:**
>
> - Steueranmeldungen erledigen sich durch Ergehen des Jahressteuerbescheides.
> - Eine Stundung wurde nur für eine bestimmte Zeit gewährt.

> **Beispiel andere Art und Weise:**
>
> - Die sachliche Grundlage für den Bescheid fällt weg, wie z.B. die Einstellung des Betriebes nach Aufforderung zur Buchführung.
> - Die Wirkung der Stundung endet, wenn die Steuer, die gestundet wurde, erlassen wird.

3.9.1.8 Nichtiger Verwaltungsakt (§ 124 Abs. 3 AO)

Die Vorschrift regelt, dass ein nichtiger Verwaltungsakt (s. 3.10) unwirksam ist, sodass ein solcher keinerlei Rechtswirkung entfaltet. Der nichtige Verwaltungsakt ist unbeachtlich, d.h. aus ihm dürfen keine Folgen, wie z.B. die Vollstreckung, gezogen werden. Die in ihm festgelegten Rechtsfolgen dürfen nicht verlangt werden.

3.9.2 Bekanntgabe (§ 124 Abs. 1 AO i.V.m. § 122 AO)

Voraussetzung für die Wirksamkeit von Verwaltungsakten ist zum einen, dass sie inhaltlich hinreichend bestimmt sind und zum anderen, dass sie bekannt gegeben werden (§ 124 Abs. 1 AO, § 122 AO).

Die Vorschrift des § 122 AO regelt daher, wem und vor allem wie und wann ein Verwaltungsakt bekannt gegeben wird. Die Regelung ist auf alle Verwaltungsakte anzuwenden, also z.B. auf Steuerbescheide, diese gleichgestellten Bescheide, Haftungsbescheide und Einspruchsentscheidungen und regelt die formell-rechtlichen Fragen zur Bekanntgabe. An den Zeitpunkt der Bekanntgabe sind wichtige Rechtsfolgen geknüpft; so beginnt mit der Bekanntgabe z.B. der Lauf der Rechtsbehelfsfrist (§ 355 Abs. 1 AO) oder der Zinslauf des § 233a AO endet. Materiell-rechtliche Folge der Bekanntgabe ist, dass der Verwaltungsakt wirksam wird, sodass die Bekanntgabe zwingende Voraussetzung für das Wirksamwerden nach § 124 Abs. 1 AO ist.

Die Bedeutung der Vorschrift liegt darin, dem Betroffenen die Kenntnis von dem Regelungsinhalt eines Verwaltungsaktes zu vermitteln. Dies ist eine Grundbedingung des Rechtsschutzes.

3.9.2.1 Voraussetzung der Bekanntgabe/Begriff der Bekanntgabe

Bekanntgabe bedeutet, dass dem Betroffenen der Regelungsinhalt des Verwaltungsaktes zugänglich gemacht wird. Voraussetzungen der Bekanntgabe sind daher:
- Bekanntgabewille der Behörde,
- Zugang,
- beim bestimmten Adressaten (§ 78 Nr. 2 AO) oder beim berechtigten Empfänger.

3.9.2.1.1 Bekanntgabewille der Behörde

Voraussetzung hierfür ist, dass ein die Behörde repräsentativer Amtsträger den Willen zur Bekanntgabe des Verwaltungsaktes hatte. Dieser Bekanntgabewille bezieht sich auf die Frage ob und wie der Verwaltungsakt bekannt gegeben werden soll.

Verlässt dementsprechend ein Verwaltungsakt eine Behörde ohne den Willen des Amtsträgers ist der Verwaltungsakt nicht wirksam (§ 124 Abs. 1 AO); der Verwaltungsakt ist in diesen Fällen ein (Schein-)Verwaltungsakt, von dem keinerlei Wirkung ausgeht. Der Amtsträger kann seinen Willen auch bis der Verwaltungsakt den Bereich der Behörde verlassen hat aufgeben – dies muss jedoch in den Akten dokumentiert werden; eine bloße Behauptung reicht nicht aus.

Der Wille wird dokumentiert, in dem der Amtsträger den Verwaltungsakt abzeichnet und zwecks Absendung der Poststelle übergibt. Da in der Praxis die Masse der Verwaltungsakte mithilfe der EDV erstellt werden, wird der Wille durch die Freigabe des Falles in der EDV dokumentiert.

Versendungen durch Unbefugte, die also keine Beauftragte der Behörde sind und in keiner Weise mit Verfahrenshandlungen i.S.d. § 79 Abs. 1 Nr. 4 AO beauftragt sind, sind der Behörde nicht als Bekanntgabewille zuzurechnen.

> **Beispiel:**
> Hausmeister, Pförtner etc.

Versendungen von nicht ordnungsgemäß berufenen Beamten oder geschäftsunfähigen Beamten hingegen sind der Behörde zuzurechnen. Es kommt darauf an, dass der Amtsträger überhaupt zeichnungsberechtigt ist. Überschreitet er ein internes Zeichnungsrecht ist dies unbeachtlich.

> **Beispiel:**
> Sachbearbeiter unterzeichnet eine Stundung in einer betragsmäßigen Höhe, für die er kein Zeichnungsrecht besitzt. Die Absendung erfolgt ohne den Willen des zeichnungsbefugten Sachgebietsleiters.

> **Lösung:**
>
> Die Bekanntgabe ist wirksam, wenn die weiteren Voraussetzungen erfüllt sind.

3.9.2.1.2 Zugang

Die **Bekanntgabe** setzt neben dem Willen der Behörde auch den **Zugang** beim Adressaten/Empfänger voraus. § 119 Abs. 2 AO regelt, dass Verwaltungsakte schriftlich, elektronisch, mündlich oder in andere Weise erlassen werden können. Dementsprechend ergeben sich die Formen der Bekanntgabe, denn der Betroffene muss die Möglichkeit haben, Kenntnis vom Inhalt des Verwaltungsaktes zu erlangen.

Wird ein Verwaltungsakt mündlich erlassen, muss der Inhalt (also das mündlich Geäußerte) für den Empfänger akustisch verstehbar sein.

Ein schriftlicher Verwaltungsakt muss zugehen. Zugang meint hierbei, dass der Verwaltungsakt in den Machtbereich des Adressaten gelangt, sodass diesem die Kenntnisnahme möglich ist und nach den Gepflogenheiten des Rechtsverkehrs auch erwartet werden kann.

Machtbereich einer Person ist z.B. die Wohnung, der Briefkasten, das Postfach. Machtbereich eines Unternehmers ist z.B. auch seine Geschäftsadresse, selbst wenn es sich nicht um Betriebssteuern handelt. Ebenfalls ausreichend ist das Hindurchschieben eines Verwaltungsaktes unter der Wohnungstür oder die Übergabe an eine Hilfsperson (Empfangsboten i.S.v. § 130 BGB).

Empfangsbote ist, wer nach der Verkehrsanschauung zur Entgegennahme von Willenserklärungen als geeignet und ermächtigt anzusehen ist, z.B. Dritte, die sich nicht nur zufällig im Machtbereich des Empfängers aufhalten wie Familienangehörige, Mitbewohner, Bedienstete in Haushalt oder Geschäft.

Unerheblich ist, ob der Adressat tatsächlich Kenntnis erlangt oder nicht (etwa, weil im Urlaub, Brief verlegt oder nicht geöffnet, Annahme verweigert etc.).

Ist der Adressat hingegen umgezogen und der Verwaltungsakt wird an die alte Adresse übermittelt, ist der Verwaltungsakt nicht zugegangen.

Wird die Postsendung an einem Ort niedergelegt, an dem die Kenntnis des Adressaten nicht erwartet werden kann, ist der Verwaltungsakt ebenso nicht zugegangen.

> **Beispiel:**
>
> Bescheid wird von Postboten durch ein geöffnetes Fenster in die Wohnung geworfen.

> **Lösung:**
>
> Kein Zugang in Machtbereich, da der Empfänger nicht an irgendeinem geöffneten Fenster die Post sucht.
>
> **Beachte:** Dient jedoch das offene Fenster für jedermann erkennbar als Briefkasten, dann erfolgte der Zugang in den Machtbereich. Die subjektiven Empfängerverhältnisse müssen objektiv erkennbar sein.

Der Empfänger muss grundsätzlich keine Vorkehrungen treffen, damit ihm Schriftstücke der Verwaltung zugehen können (z.B. Beauftragung einer anderen Person bei urlaubsbedingter Abwesenheit). Steht der Empfänger allerdings im Geschäftsleben, ist er verpflichtet Vorkehrungen zu treffen; sonst muss er den Verwaltungsakt gegen sich gelten lassen.

> **Beispiel:**
>
> Unternehmer A fährt betriebsbedingt für 10 Wochen nach Saudi-Arabien. In dieser Zeit wird der Briefkasten nicht geleert, da A niemanden damit beauftragt hat. Der Umsatzsteuerbescheid wird vom Postboten in den Briefkasten eingeworfen und die Rechtsbehelfsfrist verstreicht.

> **Lösung:**
> Der Verwaltungsakt ist dem A zugegangen. A ist als Unternehmer verpflichtet, Vorkehrungen für die Zeit seiner Abwesenheit zu treffen. Da er dies nicht gemacht hat, muss er den Verwaltungsakt gegen sich gelten lassen.

Ein elektronisch übermittelter Verwaltungsakt (z.B. E-Mail) ist zugegangen, wenn die für den Empfang bestimmte Einrichtung das Dokument in für den Empfänger bearbeitbarer Form aufgezeichnet hat (vgl. § 87a Abs. 1 AO).

3.9.2.1.3 Bekanntgabemängel

Gelangt ein Schriftstück nicht in den Machtbereich des Empfängers ist der Verwaltungsakt nicht bekannt gegeben und damit nicht wirksam; ein (Schein-)Verwaltungsakt.

Bekanntgabemängel können unter den Voraussetzungen des entsprechend anwendbaren § 8 VwZG geheilt werden, z.B. durch erneute Bekanntgabe.

Ein Verwaltungsakt kann z.B. trotz unrichtig angegebener Anschrift wirksam sein, wenn der Bekanntgabeadressat die Sendung tatsächlich erhält. Wird dem Bekanntgabeadressaten eines Verwaltungsaktes die Einspruchsentscheidung ordnungsgemäß bekannt gegeben, so kommt es auf die Bekanntgabemängel des ursprünglichen Bescheides grundsätzlich nicht mehr an.

3.9.3 Bekanntgabe beim bestimmten Adressaten oder beim berechtigten Empfänger

Ein Verwaltungsakt ist demjenigen bekannt zu geben, für den er bestimmt ist oder der von ihm betroffen wird, § 122 Abs. 1 Satz 1 AO. Sind mehrere Beteiligte vorhanden, ist grundsätzlich jedem der Verwaltungsakt bekannt zu geben (Grundsatz der Einzelbekanntgabe).

> **Ausnahmen, d.h. die Bekanntgabe erfolgt nur an einen der Beteiligten:**
>
> - § 122 Abs. 6 AO, (s. 3.9.6.1),
> - § 122 Abs. 7 AO, (s. 3.9.6.2),
> - gemeinsamer Bevollmächtigter, § 80 AO.

Beim **Erlass eines Verwaltungsaktes** ist daher festzulegen:
- an wen er sich richtet (Inhaltsadressat),
- wem er bekannt gegeben werden soll (Bekanntgabeadressat),
- welcher Person er zu übermitteln ist (Empfänger),
- ob eine bestimmte Form der Bekanntgabe erforderlich ist.

3.9.3.1 Inhaltsadressat (§ 122 Abs. 1 Satz 1 Alt. 1 AO)

Inhaltsadressat ist derjenige, der vom Regelungsinhalt des Verwaltungsaktes direkt betroffen ist. Er muss im Verwaltungsakt so eindeutig bezeichnet werden, dass sich Zweifel über seine Identität nicht ergeben. Inhaltsadressat des Steuerbescheids ist regelmäßig der Steuerschuldner, d.h. die Person, der gegenüber der Bescheid durch Festsetzung der Steuer eine Rechtsfolge setzen will. In der Regel wird eine natürliche Person durch den Vor- und Familienname genügend bezeichnet. Bei Verwechslungsmöglichkeiten, insbesondere bei häufig vorkommenden Namen, sind weitere Angaben (z.B. Geburtsdatum, Anschrift) erforderlich.

> **Beispiel:**
> Gegen Anton Meier ergeht der Einkommensteuerbescheid 2016. Im selben Ort gibt es noch einen Anton Meier.

> **Lösung:**
> Eine Verwechslung ist möglich, sodass der Inhaltsadressat durch Zusatz der Anschrift oder des Geburtsdatums genau bestimmt werden muss.

Bei juristischen Personen und Handelsgesellschaften ergibt sich der zutreffende Name aus Gesetz, Satzung, Register oder ähnlichen Quellen.

Ist der falsche Inhaltsadressat genannt, ist der Verwaltungsakt rechtswidrig, nicht nichtig. Ist der Inhaltsadressat hingegen nicht hinreichend bestimmt, ist der Verwaltungsakt nichtig.

Die Angabe des Inhaltsadressaten durch Auslegung ist zulässig, d.h. dass z.B. eine falsche Schreibweise des Namens irrelevant ist, wenn dadurch den Umständen nach kein Irrtum über die Person entstehen kann.

Bekanntgabe an den Inhaltsadressaten setzt voraus, dass dieser existiert. Eine Bekanntgabe an einen Toten ist folglich nicht möglich; ebenso die Bekanntgabe an nicht mehr existierende Gesellschaften.

3.9.3.2 Drittbetroffene

Der Verwaltungsakt ist auch demjenigen bekannt zu geben, der von ihm betroffen wird. Gemeint ist eine dritte Person, die durch den Verwaltungsakt beschwert sein kann. Dies ist der Fall, wenn ein Dritter im finanzgerichtlichen Verfahren notwendig beizuladen wäre (§ 60 Abs. 3 FGO).

> **Beispiel:**
> Haftung bei Kapitalertragsteuer oder Steuererlass für den Haftungsschuldner (§ 44 Abs. 1, Abs. 2 Satz 3 AO).

Wird die Bekanntgabe an den Drittbetroffenen unterlassen, wird die Wirksamkeit des Verwaltungsaktes gegenüber dem Inhaltsadressaten nicht berührt; dem Inhaltsadressaten gegenüber wird der Verwaltungsakt mit dem Inhalt wirksam, der ihm bekannt gegeben wird.

3.9.3.3 Bekanntgabeadressat

Es ist derjenige gemeint, an den der Verwaltungsakt bekannt gegeben werden soll. In der Regel ist der Inhaltsadressat identisch mit dem Bekanntgabeadressaten. Dies ist jedoch nicht immer der Fall. Der Empfang eines Verwaltungsaktes ist eine passive Verfahrenshandlung, die die Handlungsfähigkeit voraussetzt, d.h. es kann nur eine Bekanntgabe an eine Person erfolgen, die fähig ist, Verfahrenshandlungen vorzunehmen. Daher kommen als **Bekanntgabeadressaten** auch Dritte in Betracht, wenn sie für den Steuerschuldner (Inhaltsadressaten) steuerliche Pflichten zu erfüllen haben (siehe auch § 122 Abs. 1 Satz 2 AO).

Hierbei kommen folgende Dritte in Betracht:
- gesetzliche Vertreter

> **Beispiele:**
>
> **Natürliche Personen:**
> - Eltern (§ 1629 BGB),
> - Vormund (§ 1793 BGB),
> - Pfleger (§§ 1909 ff. BGB).
>
> **Juristische Personen:**
> - Geschäftsführer der GmbH (§ 35 Abs. 5 GmbHG),
> - Geschäftsführer nicht rechtsfähiger Personenvereinigungen, (Vorstand eines nicht rechtsfähigen Vereins, § 54 BGB)
> - Geschäftsführer von Vermögensmassen (Stiftung, §§ 86, 26 BGB).

- Vermögensverwalter, § 34 Abs. 3 AO, z.B. Insolvenzverwalter, Nachlassverwalter,
- Verfügungsberechtigte, § 35 AO.

Neben dem Inhaltsadressaten muss in diesen Fällen auch der Bekanntgabeadressat angegeben sein. Bekanntgabeadressat kann auch ein Bevollmächtigter sein, § 122 Abs. 1 Satz 3 AO, siehe hierzu auch AEAO zu § 122 Nr. 1.7.2.

3.9.3.4 Empfänger

Als Empfänger wird derjenige bezeichnet, dem der Verwaltungsakt tatsächlich zugehen soll, damit er durch die Bekanntgabe wirksam wird. In der Regel sind Inhaltsadressat, Bekanntgabeadressat und Empfänger identisch.

Es können jedoch auch andere Personen Empfänger sein, wenn für sie eine Empfangsvollmacht des Bekanntgabeadressaten vorliegt.

Beispiel:

Steuerschuldnerin ist die X-GmbH; Geschäftsführer ist der X und Bevollmächtigter ist der Steuerberater Y.

Lösung:

Inhaltsadressat ist die X-GmbH; Bekanntgabeadressat ist X als gesetzlicher Vertreter und Empfänger ist der Bevollmächtigte Y.

3.9.4 Mängel der Bekanntgabe

Die erste Möglichkeit besteht darin, dass der Verwaltungsakt nicht wirksam wird und eine Heilung nicht möglich ist.

Beispiele:

- Bekanntgabe ohne Behördenwillen,
- Inhaltsadressat existiert rechtlich nicht mehr,
- Inhaltsadressat ist nicht hinreichend bestimmt.

Die zweite Möglichkeit besteht darin, dass der Verwaltungsakt wirksam wird, aber rechtswidrig ist und angefochten werden kann.

Beispiele:

- Missachtung von Formvorschriften der Postordnung,
- mündliche statt schriftliche Bekanntgabe.

3.9.5 Formen der Bekanntgabe (§ 122 Abs. 2 bis Abs. 5 AO)

Eine bestimmte Form der Bekanntgabe ist in der Regel nicht vorgeschrieben. Sie ergibt sich meist in Anlehnung an die Form des Verwaltungsaktes, § 119 Abs. 2 AO. Ein **mündlicher Verwaltungsakt** wird in der Regel auch mündlich bekannt gegeben werden; Ausnahme schriftliche Bestätigung nach § 119 Abs. 2 Satz 2 AO.

In der Praxis wird die Masse der Verwaltungsakte schriftlich erteilt. Diese können durch die Post (§ 122 Abs. 2 AO) oder elektronisch (§ 122 Abs. 2a AO) übermittelt, durch Aushändigung an Amtsstelle oder durch Boten übergeben werden. Ebenso ist eine öffentliche Bekanntmachung (§ 122 Abs. 3 und 4 AO) und eine Zustellung (§ 122 Abs. 5 AO), eine Zustellung (§ 122 Abs. 5 AO) oder die Bekanntgabe durch Bereitstellung zum Datenabruf (siehe § 122a AO und s. Kap. 3.10) möglich.

3.9.5.1 Bekanntgabe bei Übermittlung durch die Post (§ 122 Abs. 2 AO)

Ein **schriftlicher Verwaltungsakt**, der durch die Post übermittelt wird, gilt bei einer Übermittlung im Inland am dritten Tage nach der Aufgabe zur Post als bekannt gegeben (§ 122 Abs. 2 Satz 1 Nr. 1 AO – Zugangsvermutung); bei einer Übermittlung im Ausland einen Monat nach der Aufgabe zur Post als bekannt gegeben (§ 122 Abs. 2 Satz 1 Nr. 2 AO).

Als Aufgabe zur Post zählt dabei die Abholung durch den Postdienstleiter bzw. die tatsächliche Einlieferung in der Post. Post in diesem Zusammenhang meint nicht nur die deutsche Post AG (siehe AEAO zu § 122, Nr. 1.8.2), sondern alle Postdienstleister.

Bei der drei-Tages- bzw. einen-Monat-Vermutung liegt eine Ereignisfrist vor, sodass der Tag des Ereignisses (Aufgabe zur Post) nicht mitgerechnet wird. Fällt das Ende der Frist auf einen Samstag, Sonntag oder gesetzlichen Feiertag, verschiebt sich das Ende der Frist auf den nächstfolgenden Werktag (§ 108 Abs. 3 AO).

> **Beispiel:**
>
> Am 05.02.18 (Montag) gibt das Finanzamt einen an T adressierten Einkommensteuerbescheid zur Post.
> Wann ist der Bescheid zugegangen, wenn:
> a) eine Übermittlung im Inland
> b) eine Übermittlung im Ausland
> vorliegt?

> **Lösung a):**
>
> § 122 Abs. 2 Satz 1 Nr. 1 AO i.V.m. § 108 Abs. 1 AO: 3 Tage
> Ereignis = Aufgabe zur Post am 05.02.18.
> Erster Fristtag ist der 06.02.18 nach §§ 108 Abs. 1 AO, 187 Abs. 1 BGB.
> Ende der Frist ist Montag, der 08.02.18 nach §§ 108 Abs. 1 AO, 188 Abs. 1 BGB.
> Bekanntgabe am 08.02.18!

> **Lösung b):**
>
> § 122 Abs. 2 Satz 1 Nr. 2 AO i.V.m. § 108 Abs. 1 AO: 1 Monat.
> Ereignis = Aufgabe zur Post am 05.02.18.
> Erster Fristtag ist der 06.02.18 nach §§ 108 Abs. 1 AO, 187 Abs. 1 BGB.
> Ende der Frist ist Montag, der 05.03.18 nach §§ 108 Abs. 1 AO, 188 Abs. 2 BGB.
> Bekanntgabe am 05.03.18!

Die Drei-Tages-Vermutung bzw. einen-Monat-Vermutung gilt nicht, wenn der Verwaltungsakt nicht oder zu einem späteren Zeitpunkt eingegangen ist. Im Zweifel hat die Behörde den Zugang nachzuweisen.

Bestreitet der Bekanntgabeadressat den Zugang überhaupt, sei es auch erst nach Jahren, reicht ein bloßes Abstreiten des Empfängers aus – die Behörde muss den Zugang nachweisen. Dies wird in der Praxis ein großes Problem darstellen, sodass es sinnvoll erscheint bei wichtigen Verwaltungsakten eine Zustellung durchzuführen.

Bestreitet der Bekanntgabeadressat allerdings nicht den Zugang, sondern lediglich die Zugangsvermutung, muss er darlegen, wann der tatsächliche, spätere Zugang erfolgt ist. Die Behauptung und lediglich ein Eingangsvermerk reichen in diesen Fällen nicht aus.

> **Beispiele für Nachweis späterer Zugang:**
> - Aufbewahrung des Umschlages mit späterem Poststempel.
> - Nachweis, dass am dritten Tage nach Aufgabe zur Post keine Briefsendungen ausgetragen wurden, z.B. wegen Poststreik.
> - Nachweis, dass die Post nicht ordnungsgemäß ausgetragen hat.

3.9.5.2 Bekanntgabe durch elektronische Übermittlung (§ 122 Abs. 2a AO)

Ein i.S.d. § 87a AO übermittelter elektronischer Verwaltungsakt gilt am dritten Tage nach der Absendung als bekannt gegeben; einheitlich für In- und Ausland.

Diese Zugangsvermutung gilt sowohl für einen einfachen elektronischen Verwaltungsakt als auch für einen mit qualifizierter Signatur elektronischen Verwaltungsakt, § 87a Abs. 4 AO. Die Vermutung ist auch hier widerlegbar, § 122 Abs. 2a Alt. 2 AO.

3.9.5.3 Öffentliche Bekanntgabe (§ 122 Abs. 3 und 4 AO)

Die öffentliche Zustellung kommt nur als letztes Mittel der Bekanntgabe in Betracht, wenn alle Möglichkeiten erschöpft sind, das Dokument dem Empfänger in anderer Weise zu übermitteln und die öffentliche Bekanntgabe durch Rechtsvorschrift zugelassen ist. Im Steuerrecht wird sie kaum Anwendung finden.

Die **öffentliche Bekanntgabe** richtet sich nach den Vorschriften des § 10 VwZG. Sie wird dadurch durchgeführt, dass der Tenor (Ausspruch der Entscheidung) öffentlich, d.h. ortsüblich, bekannt gemacht wird (z.B. schwarzes Brett oder amtliche Nachrichten der Tagespresse), § 122 Abs. 4 Satz 1 AO.

Zur Durchführung der öffentlichen Zustellung ist nicht der Inhalt (auch nicht der verfügende Teil) des zuzustellenden Verwaltungsaktes öffentlich bekannt zu geben, sondern lediglich eine Benachrichtigung mit weitgehend neutralem Inhalt (§ 10 Abs. 2 VwZG). Die Benachrichtigung muss die Behörde, für die zugestellt wird, den Namen und die letzte bekannte Anschrift des Zustellungsempfängers, das Datum und das Aktenzeichen des Dokuments sowie die Stelle, wo das Dokument eingesehen werden kann, erkennen lassen (§ 10 Abs. 2 Satz 2 VwZG).

Der Verwaltungsakt gilt zwei Wochen nach dem Tag der Bekanntmachung der Benachrichtigung als zugestellt (§ 10 Abs. 2 Satz 6 VwZG). Die Frist gemäß § 10 Abs. 2 Satz 6 VwZG bestimmt sich nach § 108 Abs. 1 AO i.V.m. §§ 187 Abs. 1, 188 Abs. 2 BGB; danach ist bei der Berechnung einer Aushangfrist der Tag des Aushangs nicht mitzurechnen.

3.9.5.4 Förmliche Zustellung schriftlicher Verwaltungsakte (§ 122 Abs. 5 AO)

Ein Verwaltungsakt wird zugestellt, wenn dies gesetzlich vorgeschrieben ist oder behördlich angeordnet wird.

> **Beispiele für gesetzlich vorgeschriebene Zustellung:**
> - Ladung zur eidesstattlichen Versicherung des Vollstreckungsschuldners, § 284 Abs. 6 AO.
> - Pfändungsverfügung, §§ 309 Abs. 2, 310 Abs. 2, 321 Abs. 2 AO.

> **Beispiel für behördlich angeordnete Zustellung (Ermessen der Behörde):**
> Schätzungsbescheide

Die Zustellung ist letztlich die Bekanntgabe nach dem VwZG. Folgende Zustellungsarten sieht § 2 Abs. 1 Satz 1 VwZG vor:
- Zustellung durch die Post mit Postzustellungsurkunde (§ 3 VwZG) oder eingeschriebenem Brief (§ 4 VwZG),

- Zustellung durch die Behörde gegen Empfangsbekenntnis nach Aushändigung des Dokuments und elektronische Zustellung (elektronische Zustellung ab 03.05.2011; geändert durch das Gesetz zur Regelung von DeMail-Diensten und zur Änderung weiterer Vorschriften vom 28.04.2011; s. auch § 5a VwZG) (§ 5 VwZG),
- Zustellung ins Ausland (§ 9 VwZG),
- öffentliche Zustellung (§ 10 VwZG).

Bei Zustellung durch **Postzustellungsurkunde** (PZU) sind § 3 VwZG und die §§ 177 bis 182 ZPO zu beachten. Die Finanzbehörde hat der Post den Zustellungsauftrag, das zuzustellende Dokument in einem verschlossenen Umschlag und einen vorbereiteten Vordruck einer Zustellungsurkunde zu übergeben (§ 3 Abs. 1 VwZG). Für die Zustellungsurkunde, den Zustellungsauftrag und den verschlossenen Umschlag sind die in der Zustellungsvordruckverordnung bestimmten Vordrucke zu verwenden (§ 3 Abs. 2 Satz 3 VwZG). Der vorbereitete Vordruck der Zustellungsurkunde muss den Empfänger und das Aktenzeichen des zuzustellenden Dokuments sowie die Anschrift der auftraggebenden Finanzbehörde enthalten. Fehlen diese Angaben auf der zuzustellenden Sendung ganz oder teilweise, ist die Zustellung unwirksam, auch wenn die Zustellungsurkunde den Anforderungen des § 182 ZPO genügt. Gleiches gilt, wenn auf der Sendung ein falsches Aktenzeichen angegeben ist.

Das auf der vorbereiteten Zustellungsurkunde und auf dem verschlossenen Umschlag anzugebende Aktenzeichen ist mit Abkürzungen zu bilden. Anhand des Aktenzeichens muss einerseits der Inhalt des zuzustellenden Dokuments einwandfrei zu identifizieren sein, andererseits muss das Aktenzeichen so gewählt werden, dass es einem Dritten möglichst keinen Rückschluss auf den Inhalt der Sendung zulässt. Die bloße Angabe der Steuernummer reicht nicht aus. Zur Abkürzungsmöglichkeit vgl. AEAO zu § 122, Nr. 3.1.1.1.

Die durch **§ 4 VwZG** eröffnete Zustellungsmöglichkeit ist auf die Varianten „Einschreiben mittels Übergabe" und „Einschreiben mit Rückschein" beschränkt. Nicht nur Briefe, sondern auch umfangreichere Sendungen – z.B. Pakete – können mittels Einschreiben zugestellt werden, soweit die Post dies ermöglicht.

Eine Zustellung durch **Einschreiben mit Rückschein** gilt an dem Tag als bewirkt, den der Rückschein angibt. Zum Nachweis der Zustellung genügt der Rückschein (§ 4 Abs. 2 Satz 1 VwZG). Geht der Rückschein nicht bei der die Zustellung veranlassenden Behörde ein oder enthält er kein Datum, gilt die Zustellung am dritten Tag nach der Aufgabe zur Post als bewirkt, es sei denn, dass der Verwaltungsakt nicht oder zu einem späteren Zeitpunkt zugegangen ist; im Zweifel hat die Behörde den Zugang und dessen Zeitpunkt nachzuweisen (§ 4 Abs. 2 Sätze 2 und 3 VwZG).

Eine Zustellung mittels **Einschreiben durch Übergabe** gilt am dritten Tag nach der Aufgabe zur Post als bewirkt, es sei denn, dass der Verwaltungsakt nicht oder zu einem späteren Zeitpunkt zugegangen ist. Auch insoweit hat im Zweifel die Behörde den Zugang und dessen Zeitpunkt nachzuweisen (§ 4 Abs. 2 Sätze 2 und 3 VwZG).

Gegen **Empfangsbekenntnis** kann zugestellt werden:
- indem die Behörde den zuzustellenden Verwaltungsakt dem Empfänger aushändigt (§ 5 Abs. 1 bis 3 VwZG),
- durch Übermittlung auf andere Weise, auch elektronisch, an Behörden, Körperschaften, Anstalten und Stiftungen des öffentlichen Rechts sowie an Angehörige bestimmter Berufe (§ 5 Abs. 4 und 7 VwZG),
- durch elektronische Übermittlung unter den Voraussetzungen des § 5 Abs. 5 bis 7 VwZG.

Vgl. ausführlich dazu AEAO zu § 122 Nr. 3.1.3.

Zu beachten ist nun die elektronische Zustellung gegen Abholbestätigung über De-Mail-Dienste gemäß § 5a VwZG (ab 03.05.2011, geändert durch das Gesetz zur Regelung von De-Mail-Diensten und zur Änderung weiterer Vorschriften vom 28.04.2011).

Soweit ein **Verwaltungsakt im Ausland** zuzustellen ist und nicht ein Fall des § 9 Abs. 1 Nr. 3 VwZG vorliegt, sollte vorrangig von der Möglichkeit der Zustellung durch Einschreiben mit Rückschein (§ 9 Abs. 1 Nr. 1 VwZG) bzw. der Zustellung elektronischer Dokumente (§ 9 Abs. 1 Nr. 4 VwZG) Gebrauch gemacht werden. Beide Zustellungsarten setzen aber voraus, dass sie „völkerrechtlich zulässig" sind. Es kann davon ausgegangen werden, dass eine Zustellung durch Einschreiben mit Rückschein oder eine Zustellung elektronischer Dokumente zumindest toleriert wird und daher völkerrechtlich zulässig ist; dies gilt nicht hinsichtlich folgender Staaten: Ägypten, Argentinien, China, Republik Korea, Kuwait, Liechtenstein. Vgl. weiterhin AEAO zu § 122 Nr. 3.1.4.1 ff.

Zu Fehlern bei der förmlichen Zustellung vgl. AEAO zu § 122 Nr. 4.5.

3.9.6 Bekanntgabe und Adressierung in besonderen Fällen
3.9.6.1 Bekanntgabe an mehrere Beteiligte (§ 122 Abs. 6 AO)

Grundsätzlich ist ein Verwaltungsakt jedem Beteiligten einzeln bekannt zu geben. Die Vorschrift ist eine Ausnahme zum Grundsatz dieser Einzelbekanntgabe und ermöglicht es der Behörde einen Verwaltungsakt mit Wirkung für und gegen andere Beteiligte nur an einen Beteiligten bekannt zu geben. Voraussetzung ist jedoch, dass die anderen Beteiligten einverstanden sind. Als Beteiligte i.S.d. Regelung gelten Gesamtschuldner nach § 44 Abs. 1 AO. Zu beachten ist § 183 AO, der als lex specialis vorgeht.

> **Beispiel:**
> - A, B, C und D sind jeweils Miteigentümer eines Grundstücks. Für dieses wird ein Grundsteuermessbetragsbescheid erlassen. Nach § 10 GrStG sind A, B, C, und D Gesamtschuldner.
> - Zusammen zu veranlagende Ehegatten, die keine gemeinsame Anschrift haben (bei gemeinsamer Anschrift § 122 Abs. 7 AO).

Der Beteiligte muss mit der Bekanntgabe an einen anderen Beteiligten einverstanden sein. Ist dies nicht der Fall bleibt es bei der Einzelbekanntgabe. Das Einverständnis muss positiv erklärt werden und der Finanzbehörde zugehen. Das Einverständnis ist an keine besondere Form gebunden. Ein Widerruf ist möglich. Die anderen Beteiligten können nachträglich eine Abschrift des Verwaltungsaktes verlangen; der Antrag muss nicht begründet werden und ist an keine besondere Form gebunden.

> **Beispiel:**
> Herrn Max Muster.
> Der Bescheid ergeht an Sie zugleich mit Wirkung für und gegen Ihre Ehefrau Frau Margarete Muster.

3.9.6.2 Bekanntgabe an Ehegatten/(eingetragene) Lebenspartner/Ehegatten mit ihren Kindern/(eingetragene) Lebenspartner mit ihren Kindern/Alleinstehende mit Kindern (§ 122 Abs. 7 AO)

Ehegatten/eingetragene Lebenspartner sind im Fall der Zusammenveranlagung stets **Gesamtschuldner** (§ 44 AO). Gemäß § 155 Abs. 3 Satz 1 AO kann daher gegen sie ein zusammengefasster Steuerbescheid erlassen werden. Dabei handelt es sich formal um die Zusammenfassung zweier Bescheide zu einer – nur äußerlich gemeinsamen – Festsetzung. Dies gilt auch für die Festsetzung von Verspätungszuschlägen gegenüber zusammen veranlagten Ehegatten/eingetragene Lebenspartnern. Bei anderen Steuerarten sind gegenüber Ehegatten/eingetragene Lebenspartner zusammengefasste Steuerbescheide nur zulässig, wenn tatsächlich Gesamtschuldnerschaft vorliegt.

Betrifft ein Verwaltungsakt zusammen zu veranlagende Ehegatten/eingetragene Lebenspartner oder Ehegatten/eingetragene Lebenspartner mit ihren Kindern, so reicht es aus, wenn die Bekanntgabe durch eine Ausfertigung des Verwaltungsaktes durch Übermittlung an die gemeinsame Anschrift erfolgt. Voraussetzung ist, dass eine gemeinsame Anschrift vorliegt.

3. Steuerverwaltungsakte

> **Beispiel:**
> A und B werden gemeinsam zur Einkommensteuer veranlagt. Der Bescheid ergeht an die gemeinsame Anschrift der Ehegatten.

> **Beispiel gemeinsame Anschrift:**
>
> | Herrn Max Muster | oder | Herrn und Frau |
> |---|---|---|
> | Frau Margarete Muster | | Max und Margarete Muster |
> | Musterstraße 100 | | Musterstraße 100 |
> | 60000 Musterstadt | | 60000 Musterstadt |

Der Ehegatte/eingetragene Lebenspartner kann beantragen, dass der Verwaltungsakt einzeln bekannt gegeben wird (§ 122 Abs. 7 Satz 2 AO). Eine Einzelbekanntgabe muss ebenso erfolgen, wenn bekannt ist, dass die Ehegatten/eingetragenen Lebenspartner Meinungsverschiedenheiten haben. Dies ist der Fall, wenn die eheliche Lebensgemeinschaft bzw. die eingetragene Lebenspartnerschaft nicht mehr besteht; nur vorübergehende Streitigkeiten reichen nicht aus.

Die Regelung des § 122 Abs. 7 AO gilt für alle Arten von Steuerverwaltungsakten.

3.9.6.3 Bekanntgabe an Personengesellschaften

Zu den Personengesellschaften zählen die nicht rechtsfähigen Personenvereinigungen und die Handelsgesellschaften.

> **Beispiele nicht rechtsfähige Personenvereinigungen:**
> Nicht eingetragene Vereine, Gesellschaften bürgerlichen Rechts (GbR), Partnerschaftsgesellschaften, Erben- und Bruchteilsgemeinschaften.

> **Beispiele Handelsgesellschaften:**
> Offene Handelsgesellschaft (OHG), Kommanditgesellschaften (KG).

Bescheide sind nur dann an die Gesellschaft zu richten, wenn sie selbst Steuerschuldner ist, wie z.B. bei der Umsatzsteuer, der Gewerbesteuer einschließlich der Festsetzung des Messbetrags.

Grundsätzlich sind Bescheide, die an **nicht rechtsfähige Personenvereinigungen** gerichtet werden, durch Angabe des geschäftsüblichen Namens, mit welchem sie am Rechtsverkehr teilnehmen (z.B. Max Muster GbR) zu kennzeichnen. Sofern kein geschäftsüblicher Name vorhanden ist, ist der Bescheid an alle Mitglieder der Gesellschaft zu richten. Ist die Bezeichnung der Mitglieder durch die Aufzählung aller Namen im Kopf des Bescheides aus technischen Gründen nicht möglich (z.B. weil zu viele Mitglieder vorhanden sind), wird so verfahren, dass neben einer Kurzbezeichnung im Bescheidkopf die einzelnen Mitglieder in den Bescheiderläuterungen oder in einer Anlage zum Bescheid aufgeführt werden.

> **Beispiel:**
> Mitglieder der Erbengemeinschaft (verstorben ist Max Muster) sind insgesamt 20 Beteiligte. Aus technischen Gründen ist die Aufzählung aller im Bescheidkopf nicht möglich.

> **Lösung:**
> Im Bescheidkopf erscheint eine Kurzbezeichnung: „Erbengemeinschaft Max Muster"; die Mitglieder werden in den Erläuterungen aufgeführt.

Bei **Handelsgesellschaften** sind Bescheide der Gesellschaft unter ihrer Firma bekannt zu geben, wenn die Gesellschaft Steuerschuldner und somit Inhaltsadressat ist. Die Handelsgesellschaft kann im Wirtschaftsleben eindeutig unter ihrer Firma bezeichnet werden; bei Zweifeln ist das Handelsregister maßgebend.

> **Beispiel:**
>
> Der Umsatzsteuerbescheid für die Firma Max Walter & Co. KG muss folgende Angaben enthalten:
>
> Steuerschuldner und Inhaltsadressat (zugleich Bekanntgabeadressat und Empfänger)
>
> Firma
> Max Walter & Co. KG
> Postfach 12 36
> 60000 Hamburg

3.9.6.4 Bekanntgabe an juristische Personen

Der Bescheid ist an die juristische Person zu richten und ihr unter der Geschäftsanschrift bekannt zu geben. Die Angabe des gesetzlichen Vertreters als Bekanntgabeadressaten ist nicht zwingend erforderlich. (Zur Bekanntgabe an juristische Personen des öffentlichen Rechts sowie von juristischen Personen in und nach Liquidation und Insolvenzfällen vgl. AEAO zu § 122 Nr. 2.8.2 ff.).

3.9.6.5 Bekanntgabe bei Gesamtrechtsnachfolge

Bei einer Gesamtrechtsnachfolge i.S.d. § 45 Abs. 1 AO geht die Steuerschuld des Rechtsvorgängers auf den Rechtsnachfolger über. In den Bescheidkopf ist der Hinweis aufzunehmen, dass der Steuerschuldner als Gesamtrechtsnachfolger des Rechtsvorgängers in Anspruch genommen wird.

> **Beispiel:**
>
> Die Ehefrau ist in 2018 verstorben. Der Ehemann ist Alleinerbe. Für den Veranlagungszeitraum 2017 soll ein zusammengefasster Einkommensteuerbescheid bekannt gegeben werden.

> **Lösung:**
>
> **Anschriftenfeld (Steuerschuldner als Inhaltsadressat, Bekanntgabeadressat und Empfänger)**
>
> Herr Max Muster
> Musterstraße 100
> 60000 Musterstadt
>
> **Bescheidkopf**
> Dieser Steuerbescheid ergeht an Sie zugleich als Alleinerbe nach Ihrer Ehefrau.

Bei mehreren Erben kann das Finanzamt Einzelbescheide nach § 155 Abs. 1 AO oder einen nach § 155 Abs. 3 AO zusammengefassten Bescheid erlassen. (Beispiele dazu siehe AEAO zu § 122 Nr. 2.12.3).
 Zur Bekanntgabe in folgenden Fällen:
- Bescheide über gesonderte und einheitliche Feststellungen, siehe AEAO zu § 122 Nr. 2.5,
- Gemeinsame Empfangsbevollmächtigte, siehe AEAO zu § 122 Nr. 2.5.2,
- Erbschaftsteuerbescheide, siehe AEAO zu § 122 Nr. 2.13.4,
- Haftung, siehe AEAO zu § 122 Nr. 2.14,
- Spaltung und Formwechselnde Umwandlung, siehe AEAO zu § 122 Nr. 2.15 ff.

3.9.7 Übungsfälle zur Bekanntgabe

Liegt in den folgenden Fällen eine ordnungsgemäße Bekanntgabe vor?

Fall 1:

Sachbearbeiter S gewährt telefonisch eine Fristverlängerung um einen Monat zur Abgabe der Körperschaftsteuererklärung. Erst eine Woche später erhält die Steuerpflichtige die schriftliche Fristverlängerung.

Fall 2:

Der Bescheid wird vom Postboten im Zehnfamilienhaus in den Hausflur gelegt.

Fall 3:

Der Postbote übergibt den Bescheid an die 10-jährige Tochter, die die Tür öffnet.

3.10 Bekanntgabe von Verwaltungsakten durch Bereitstellung zum Datenabruf (§ 122a AO)

Die Vorschrift wurde mit dem Gesetz zur Modernisierung des Besteuerungsverfahrens vom 18.07.2016 eingeführt und trat am 23.07.2016 in Kraft. Mit dieser wurde eine Sonderregelung der Bekanntgabe geschaffen, die es ermöglicht moderne Kommunikationsmittel zu benutzen. Die allgemeinen Regelungen zur Bekanntgabe verbleiben in § 122 AO. Ebenso werden die sonstigen Vorschriften zu den Verwaltungsakten, wie z.B. die Wirksamkeit, von der Vorschrift nicht berührt.

Gemäß § 122a Abs. 1 AO können Verwaltungsakte (sonstige und Steuerverwaltungsakte) durch elektronische Bereitstellung zum Datenabruf bekannt gegeben werden, sofern der Beteiligte oder eine von ihm bevollmächtigte Person ihre Zustimmung erteilt haben. Die Entscheidung über die Anwendung der Bekanntgabe durch Bereitstellung zum Datenabruf obliegt dem Ermessen der Finanzbehörde („können"); es sind die normalen Ermessensregeln zu beachten.

Die Bereitstellung erfolgt über die Kommunikationsplattform ELSTER im PDF/A Format. Damit wird ein sicheres Verfahren verwendet, das die Vertraulichkeit und Integrität des Datensatzes gewährleistet, § 87a Abs. 8 AO.

Ein zum Abruf bereitgestellter Verwaltungsakt gilt gemäß § 122a Abs. 4 Satz 1 AO am dritten Tag nach Absendung der elektronischen Benachrichtigung über die Bereitstellung der Daten an die abrufberechtigte Person als bekannt gegeben („Zugangsvermutung/-Fiktion", d.h. auf den tatsächlichen Zugang kommt es nicht an). Die Sätze 2 ff. sind zu beachten.

Ein Widerruf der Einwilligung ist jederzeit möglich, siehe § 122a Abs. 2 AO.

3.11 Nichtigkeit des Verwaltungsaktes (§ 125 AO)

Die Vorschrift ist anwendbar auf alle Verwaltungsakte, d.h. für Steuerbescheide, diesen gleichgestellte Bescheide und sonstige Verwaltungsakte. Voraussetzung für die Nichtigkeit ist die wirksame Bekanntgabe des Verwaltungsaktes, denn ohne Bekanntgabe liegt ein „Nichtakt" vor. Ist ein Verwaltungsakt nichtig, so ist er nach § 124 Abs. 3 AO unwirksam und entfaltet keinerlei Rechtswirkung; er ist nicht nach § 126 AO heilbar und auch nicht nach § 128 AO umdeutbar; § 127 AO findet insoweit keine Anwendung.

§ 125 Abs. 1 AO beinhaltet die Generalklausel (die Voraussetzungen) der Nichtigkeit, Abs. 2 enthält einen Positiv-, Abs. 3 einen Negativkatalog für die Nichtigkeit, Abs. 4 regelt die Teilnichtigkeit und Abs. 5 das Verfahren der Feststellung der Nichtigkeit.

3.11.1 Generalklausel (§ 125 Abs. 1 AO)

Leidet ein Verwaltungsakt an einem besonders schwerwiegenden Fehler, der bei verständiger Würdigung aller in Betracht kommenden Umstände offenkundig ist, ist dieser nichtig und unwirksam. Die beiden genannten Voraussetzungen müssen kumulativ, d.h. gemeinsam vorliegen.

3.11.1.1 Besonders schwerwiegender Fehler

Die Beurteilung, ob ein besonders schwerwiegender Fehler vorliegt, muss für jeden Fall gesondert getroffen werden. Ein solcher liegt vor, wenn gravierende Fehler vorliegen, die mit tragenden Verfassungsprinzipien oder der Rechtsordnung immanenten wesentlichen Wertvorstellungen nicht vereinbar sind und von niemandem erwartet werden kann, dass man den Verwaltungsakt als verbindlich anerkennt. Dies ist insbesondere gegeben, wenn der Verwaltungsakt nicht mit dem Gesetz vereinbar ist oder durch den Verwaltungsakt etwas Strafbares verlangt wird.

Ein Verwaltungsakt ist nicht deshalb schon nichtig, weil eine einschlägige Rechtsvorschrift unrichtig angewendet wurde. Hingegen tritt Nichtigkeit ein, wenn ein Verwaltungsakt erlassen wurde, den es offenkundig nicht geben kann.

> **Beispiel:**
> Gegen den Steuerpflichtigen X wird wegen Haltens von Inline-Skates Kfz-Steuer festgesetzt.

Ebenso nichtig ist ein Verwaltungsakt, der inhaltlich nicht hinreichend nach § 119 Abs. 1 AO bestimmt ist.

> **Beispiele:**
> - Das Finanzamt setzt eine Steuer in Höhe von 20.000 € gegen den Steuerpflichtigen fest, ohne Mitteilung, um welche Steuer für welchen Zeitraum es sich handelt.
> - Ein Steuerbescheid wird mündlich erteilt (§ 157 Abs. 1 Satz 1 AO erfordert Schriftform).
> - Im Steuerbescheid fehlt die Angabe des Steuerschuldners.

Verfahrensrechtliche Fehler, wie z.B. ein Verstoß gegen § 119 Abs. 3 AO oder eine Steuerfestsetzung nach Ablauf der Festsetzungsfrist führen in der Regel nicht zur Nichtigkeit.

3.11.1.2 Offenkundigkeit

Für das Vorliegen der Offenkundigkeit wird auf die unvoreingenommene Betrachtung eines Dritten ohne besondere Fachkenntnisse abgestellt. Der Fehler muss demnach dem Dritten, unter Würdigung aller in Betracht kommenden Umstände, „ins Auge" fallen; leicht erkennbar sein.

Daher ist ein Rechtsanwendungsfehler, der über einen längeren Zeitraum Anwendung gefunden hat, regelmäßig kein offenkundiger Fehler. Hingegen liegt ein offenkundiger Fehler vor, wenn z.B. zwei Bescheide für denselben Zeitraum erlassen werden.

3.11.2 Positivkatalog (§ 125 Abs. 2 AO)

Dieser Absatz enthält unabhängig von § 125 Abs. 1 AO eine Aufzählung der Fälle, bei denen die Nichtigkeit bei Vorliegen der Voraussetzungen gegeben ist. Hierbei müssen weder der besonders schwerwiegende Fehler noch die Offenkundigkeit geprüft werden.

Ein Verwaltungsakt ist danach nichtig:
- der schriftlich oder elektronisch erlassen wurde, die erlassene Behörde aber nicht erkennen lässt,
- den aus tatsächlichen Gründen niemand befolgen kann,
- der die Begehung einer rechtswidrigen Tat verlangt, die einen Straf- oder Bußgeldtatbestand verwirklicht,
- der gegen die guten Sitten verstößt.

Den beiden letzteren Fällen dürfte im Steuerrecht eher weniger Bedeutung zukommen.

> **Beispiel 1:**
> Finanzbehörde erlässt einen Stundungsbescheid. Allerdings wird vergessen die zu erlassene Behörde auf das Schreiben, den Verwaltungsakt, zu drucken.
>
> **Lösung:**
> Nichtigkeit nach § 125 Abs. 2 Nr. 1 AO.
>
> **Beispiel 2:**
> Finanzbehörde verlangt die Abgabe eines Mietvertrages, der bei einer Naturkatastrophe (Hochwasser) untergegangen ist.
>
> **Lösung:**
> Nichtigkeit nach § 125 Abs. 2 Nr. 2 AO.

3.11.3 Negativkatalog (§ 125 Abs. 3 AO)

Dieser Absatz enthält unabhängig von § 125 Abs. 1 AO eine Aufzählung der Fälle, bei denen keine Nichtigkeit gegeben ist. Danach ist ein Verwaltungsakt nicht schon deshalb nichtig, weil:

- Vorschriften über die örtliche Zuständigkeit nicht eingehalten worden sind,
- eine nach § 82 Abs. 1 Satz 1 Nr. 2 bis 6 und Satz 2 AO ausgeschlossene Person mitgewirkt hat,
- ein durch Rechtsvorschrift zur Mitwirkung berufener Ausschuss den für den Erlass des Verwaltungsakt vorgeschriebenen Beschluss nicht gefasst hat oder nicht beschlussfähig war,
- die nach einer Rechtsvorschrift erforderliche Mitwirkung einer anderen Behörde unterblieben ist.

3.11.4 Teilnichtigkeit (§ 125 Abs. 4 AO)

Die Vorschrift beinhaltet die Fälle, in denen nur ein Teil des Verwaltungsaktes nichtig ist. Ist dieser Teil jedoch besonders wesentlich und hätte die Behörde den Verwaltungsakt ohne diesen Teil nicht erlassen, ist der gesamte Verwaltungsakt nichtig.

3.11.5 Feststellen der Nichtigkeit (§ 125 Abs. 5 AO)

Durch § 125 Abs. 5 AO wird die Behörde ermächtigt die Nichtigkeit festzustellen. Dies kann jederzeit von Amts wegen erfolgen.

Hat der Steuerpflichtige ein berechtigtes Interesse an der Feststellung der Nichtigkeit, kann er diese beantragen.

Die Vorschrift trägt dem Grundsatz der Rechtssicherheit Rechnung, weil ein nichtiger Verwaltungsakt den Rechtsschein der Gültigkeit erzeugen kann. Die Feststellung, entweder von Amts wegen oder auf Antrag, ist ein Verwaltungsakt i.S.d. § 118 AO; ebenso die Ablehnung eines Antrages auf Feststellung der Nichtigkeit.

3.12 Heilung von Verfahrens- und Formfehlern (§ 126 AO)

Liegen bei einem wirksam bekannt gegebenen Verwaltungsakt Form- oder Verfahrensfehler vor, die den Verwaltungsakt nicht nach § 125 AO nichtig machen, ist der Verwaltungsakt rechtswidrig. Die Rechtswidrigkeit kann jedoch unter den Voraussetzungen des § 126 AO geheilt werden, d.h. dass die Rechtswidrigkeit beseitigt wird, indem die fehlende Verfahrenshandlung nachgeholt wird.

Die Vorschrift ist auf alle Verwaltungsakte (Steuerbescheide, diesen gleichgestellte Bescheide, sonstige Verwaltungsakte) anwendbar. Geheilt werden können jedoch nur die Verwaltungsakte, bei denen keine materiellen (inhaltlichen) Fehler vorliegen. Die Vorschrift beruht auf dem Gedanken der Verfahrensökonomie. Der Gesetzgeber wollte die Aufhebung von Verwaltungsakten, die nur an Form- oder Verfahrensfehlern leiden, vermeiden.

3.12.1 Heilung von Verfahrens- und Formfehlern (§ 126 Abs. 1 AO)

Die Vorschrift zählt die Fälle auf, in denen ein wirksamer Verwaltungsakt, d.h. ordnungsgemäß bekannt gegeben, geheilt werden kann, sodass der ursprüngliche Fehler unbeachtlich ist. Die Rechtswidrigkeit wird folglich behoben.

Eine Verletzung von Verfahrensvorschriften ist danach unbeachtlich, wenn
- der für den Verwaltungsakt erforderliche Antrag nachträglich gestellt wird.

> **Tipp!**
> Ist für den Antrag eine Frist maßgebend, ist die Heilung nur möglich, wenn diese eingehalten wird; § 126 Abs. 2 AO findet keine Anwendung.

- die erforderliche Begründung nachträglich gegeben wird.

> **Beispiel:**
> Finanzbehörde erlässt einen Haftungsbescheid und vergisst die Begründung für die Inanspruchnahme; holt diese jedoch später nach.

Die Nachholung von Begründungen hat in der Form zu erfolgen, die für die Begründung selbst vorgeschrieben war (§ 121 AO); § 126 Abs. 2 AO ist zu beachten.
- die erforderliche Anhörung eines Beteiligten nachgeholt wird.

> **Beispiel:**
> Nachholung der Schlussbesprechung nach § 201 AO, um den Steuerpflichtigen die Möglichkeit zu geben, sich zu den Feststellungen zu äußern.

- der Beschluss eines Ausschusses, dessen Mitwirkung für den Erlass des Verwaltungsaktes erforderlich ist, nachträglich gefasst wird.
- die erforderliche Mitwirkung einer anderen Behörde nachgeholt wird.

3.12.2 Zeitliche Beschränkung der Heilung (§ 126 Abs. 2 AO)

Verfahrens- und Formfehler nach § 126 Abs. 1 Nr. 2–5 AO (Beachten: nicht Nr. 1) sind nur bis zum Abschluss der Tatsacheninstanz eines finanzgerichtlichen Verfahrens durch Nachholung möglich. Ermessensentscheidungen dürfen nur bis zum Abschluss der Tatsacheninstanz ergänzt werden (§ 102 FGO).

> **Beispiel:**
> Finanzamt hat die Anhörung nach § 91 Abs. 1 AO unterlassen und den Einkommensteuerbescheid 2017 erlassen, der von der Erklärung des Steuerpflichtigen abweicht. Der Steuerpflichtige legt erfolglos Einspruch und nach Bekanntgabe der Einspruchsentscheidung Klage ein.

> **Lösung:**
> Bis zum Abschluss des Verfahrens vor dem Finanzgericht kann das Finanzamt die Anhörung nachholen.
> Die Kosten können dann bei Obsiegen des Finanzamtes nur wegen Heilung der Formfehler dem Finanzamt auferlegt werden.

3.12.3 Wiedereinsetzung (§ 126 Abs. 3 AO)

Hat der Steuerpflichtige aufgrund einer fehlenden Begründung (§ 121 AO) oder fehlenden Anhörung (§ 91 AO) die rechtzeitige Einlegung des Rechtsbehelfs versäumt, so hat er nach § 126 Abs. 3 AO das Versäumnis nicht zu verantworten. Dem Steuerpflichtigen ist Wiedereinsetzung in den vorigen Stand nach § 110 AO zu gewähren.

Diese Vorschrift hat für den Steuerpflichtigen eine sogenannte Schutzfunktion. Ihm soll kein Nachteil entstehen, wenn ihm aufgrund der o.a. Fehlern die Rechtwidrigkeit des Verwaltungsaktes erst nach der Bestandskraft des Verwaltungsaktes aufgefallen ist.

Zwischen dem Verfahrensfehler und dem Versäumen der Frist muss jedoch ein Kausalzusammenhang bestehen („dadurch"). Dieser muss glaubhaft gemacht werden. In der Regel wird in der Praxis zugunsten des Steuerpflichtigen entschieden werden, da die Feststellung der Ursächlichkeit nicht leicht sein wird.

Wird die Anhörung jedoch unterlassen, aber im Bescheid ausdrücklich auf die Abweichungen hingewiesen, ist § 126 Abs. 3 AO mangels Kausalität nicht anzuwenden.

Die Frist für den Wiedereinsetzungsantrag beginnt mit Nachholung der unterlassenen Anhörung oder Begründung gemäß § 126 Abs. 3 Satz 2 AO.

3.13 Folgen von Verfahrens- und Formfehlern (§ 127 AO)

Die Vorschrift dient der Verfahrensökonomie. Sie soll verhindern, dass wegen Verfahrens- oder Formfehler ein neuer, jedoch inhaltlich identischer, Verwaltungsakt nochmals erlassen wird. Voraussetzung ist, dass ein wirksamer Verwaltungsakt, der nicht nichtig ist, vorliegt. § 127 AO ist entgegen § 126 AO keine Heilungsvorschrift.

Die Vorschrift findet Anwendung bei gesetzgebundenen Verwaltungsakten, wie z.B. Steuerfestsetzungen oder gesonderten Feststellungen, nicht jedoch bei Ermessensentscheidungen oder bei Verletzung der Vorschriften über die sachliche Zuständigkeit.

3.13.1 Verletzung von Verfahrensvorschriften

Dazu gehören z.B. die Vorschriften über die Sachaufklärung (§§ 85 ff., 193 ff., 208, 209 ff. AO = Ermittlungsvorschriften), die Anhörung von Beteiligten (§ 91 AO) und die Rechte in der Außenprüfung (§§ 199 Abs. 2, 201 AO).

Nicht dazu gehören die Vorschriften über die Aufhebung/Änderung von Verwaltungsakten (§§ 130, 131, 172 ff. AO).

3.13.2 Verletzung von Formvorschriften

Dazu gehören z.B. Unterlassen der Begründung (§ 121 AO), Vorschriften des § 119 AO, sofern das Fehlen nicht zur Nichtigkeit führt.

> **Beispiel:**
>
> Steuerbescheide sind schriftlich zu erteilen; fehlt dies ist der Bescheid nichtig – kein Fall des § 127 AO.

3.13.3 Verletzung der Vorschriften über die örtliche Zuständigkeit

Ausgenommen sind die Vorschriften über die sachliche Zuständigkeit (§ 16 AO). § 127 AO erfasst nur die Vorschriften der §§ 17 ff. AO.

3.13.4 Keine andere Entscheidung in der Sache

Für die Anwendbarkeit des § 127 AO muss zweifelsfrei feststehen, dass auch ohne den Fehler keine andere Entscheidung getroffen worden wäre. Der Fehler hat die Entscheidung also in keiner Weise betroffen; der Verwaltungsakt muss materiell (inhaltlich) richtig sein.

In der Regel wird § 127 AO bei mangelnder Sachverhaltsaufklärung nicht anwendbar sein, da eine andere Entscheidung in der Sache nicht ausgeschlossen werden kann, wenn der Sachverhalt nicht eindeutig feststeht.

3.13.5 Rechtsfolge
Ist § 127 AO erfüllt, muss eine Aufhebung des Verwaltungsaktes nicht erfolgen; der Steuerpflichtige kann dies nicht beanspruchen. Der Verwaltungsakt bleibt formell rechtwidrig.

3.14 Umdeutung eines fehlerhaften Verwaltungsaktes (§ 128 AO)
Ein **fehlerhafter Verwaltungsakt** kann in einen anderen Verwaltungsakt umgedeutet werden, wenn er auf das gleiche Ziel gerichtet ist, von der erlassenden Finanzbehörde in der geschehenen Verfahrensweise oder Form rechtmäßig hätte erlassen werden können und wenn die Voraussetzungen für dessen Erlass erfüllt sind, § 128 Abs. 1 AO.

Diese Umdeutung ist nicht möglich, wenn der Verwaltungsakt, in den der fehlerhafte Verwaltungsakt umzudeuten wäre, der erkennbaren Absicht der erlassenden Finanzbehörde widerspräche oder seine Rechtsfolgen für den Betroffenen ungünstiger wären als die des fehlerhaften Verwaltungsaktes, § 128 Abs. 2 Satz 1 AO.

Eine Umdeutung ist ferner unzulässig, wenn der fehlerhafte Verwaltungsakt nicht zurückgenommen werden dürfte, § 128 Abs. 2 Satz 2 AO.

Eine Entscheidung, die nur als gesetzlich gebundene Entscheidung ergehen kann, kann nicht in eine Ermessensentscheidung umgedeutet werden.

Soll ein fehlerhafter Verwaltungsakt in einen anderen umgedeutet werden, ist dem Steuerpflichtigen rechtliches Gehör zu gewähren, § 128 Abs. 4 AO.

Beispiel für Umdeutung:
Umdeutung einer Aussetzung der Vollziehung in eine Stundungsverfügung.

Beispiele für keine Umdeutung:
• Ein an den falschen Adressaten gerichteter Verwaltungsakt kann nicht in einen an den richtigen Adressaten gerichteten Verwaltungsakt umgedeutet werden. • Ein Steuerbescheid kann nicht in einen Haftungsbescheid umgedeutet werden.

4. Durchführung der Besteuerung
Der Vierte Teil der AO regelt die Durchführung der Besteuerung. Alle Steuerpflichtigen sind zunächst zu erfassen (s. 4.1). Ihre Mitwirkungspflichten, hier speziell die **Buchführungs-, Anmelde- und Erklärungspflichten** sind in den §§ 140 ff. AO normiert (s. 4.2). Verletzungen dieser Vorschriften können verschiedenartige Folgen nach sich ziehen (s. 4.3). Schließlich konkretisieren mehrere Vorschriften das Vorgehen der Finanzbehörden bei der **Beweiswürdigung** (s. 4.4).

4.1 Erfassung der Steuerpflichtigen
4.1.1 Personenstands- und Betriebsaufnahme
Die Regelungen in den §§ 134–136 AO wurden mit Wirkung zum 31.12.2016 aufgehoben, da Personenstands- und Betriebsaufnahmen in der Praxis seit Jahren nicht stattgefunden haben und auch Bedenken im Hinblick auf die praktische Durchführbarkeit und die Verfassungsmäßigkeit dieser Maßnahme bestehen.

4.1.2 Anzeigepflichten
In den in §§ 137–139 AO geregelten Fällen haben Steuerpflichtige persönliche **Anzeigepflichten** gegenüber den Finanzämtern zu erfüllen.

4. Durchführung der Besteuerung

Norm	Adressat	Verpflichtung
§ 137 AO	Steuerpflichtige, die **nicht natürliche Personen** sind = Körperschaften, Personenvereinigungen (nur bezüglich Realsteuern), Vermögensmassen	Dem gem. § 20 AO zuständigen Finanzamt sind die Umstände anzuzeigen, die für die steuerliche Erfassung von Bedeutung sind (Gründung, Erwerb der Rechtsfähigkeit, Änderung der Rechtsform, Verlegung der Geschäftsleitung/des Sitzes, Auflösung)
§ 138 Abs. 1 AO	Steuerpflichtige, die einen **land- und forstwirtschaftlichen oder gewerblichen Betrieb** oder eine Betriebsstätte eröffnen; die freiberufliche Tätigkeit aufnehmen	Mitteilung über Eröffnung, Verlegung, Aufgabe der Tätigkeit grundsätzlich an die Gemeinde, die das Finanzamt informiert; in bestimmten Fällen Mitteilung direkt an das Finanzamt (vgl. § 138 Abs. 1, 1a, 1b AO)
§ 138 Abs. 2 AO	Steuerpflichtige, die i.S.d. § 138 Abs. 2 AO **im Ausland** engagiert sind	Mitteilung an das Finanzamt über: • Gründung/Erwerb von Betrieben und Betriebsstätten im Ausland, • Beteiligung an ausländischen Personengesellschaften, • Erwerb und Veräußerung von Beteiligungen an Körperschaften, Personenvereinigungen oder Vermögensmassen mit Geschäftsleitung/Sitz im Ausland, wenn die Grenzen des § 138 Abs. 2 Nr. 3 AO überschritten sind, • Beherrschenden oder bestimmenden Einfluss (allein oder mit nahe stehenden Personen) auf eine Drittstaat-Gesellschaft i.S.v. § 138 Abs. 3 AO, • Art der wirtschaftlichen Tätigkeit der in den obigen Alt. genannten Betriebsstätten/Körperschaften etc.
§ 138a AO	Unternehmen mit Sitz oder Geschäftsleitung im Inland mit wesentlichen Beteiligungen im Ausland, das einen Konzernabschluss aufstellt oder aufzustellen hat	Zur Bekämpfung der Verlagerung oder Verschleierung der Gewinne multinationaler Unternehmen Verpflichtung zur Abgabe länderbezogener Berichte nach Maßgabe der Absätze 2 ff.

Norm	Adressat	Verpflichtung
§§ 138b, 138c AO	Finanzinstitute (Verpflichtete i.S.d. Geldwäschegesetzes)	Mitteilungen an die Finanzbehörden über bestimmte von ihnen hergestellte oder vermittelte Geschäftsbeziehungen inländischer Steuerpflichtiger zu Drittstaaten-Gesellschaften; § 138c AO ermächtigt das BMF zum Erlass von Rechtsverordnungen über Details zur Übermittlung der Mitteilungen
§ 139 AO	Hersteller **verbrauchssteuerpflichtiger Waren**; Wer ein Unternehmen betreiben will, für das besondere Verkehrssteuern anfallen (z.B. Feuerschutzsteuer, Rennwett- und Lotteriesteuer)	Anmeldung der Eröffnung eines Betriebes bei der zuständigen Finanzbehörde

Für die jeweiligen Meldungen gelten bestimmte Fristen. Die Erfüllung kann mit **Zwangsmitteln** herbeigeführt werden. Die Verletzung der Anzeigepflicht nach § 138 Abs. 2 bzw. § 138b AO kann den Tatbestand einer Ordnungswidrigkeit nach § 379 Abs. 2 Nr. 1 bzw. Nr. 1c oder d AO (Steuergefährdung) erfüllen.

4.1.3 Identifikationsmerkmale

Durch das Steueränderungsgesetz 2003 wurden die §§ 139a–c AO eingeführt. Sie haben die Schaffung einer lebenslang geltenden **Steueridentifikationsnummer** zur eindeutigen Identifizierung jedes Steuerpflichtigen ermöglicht. In den Jahren 2007 und 2008 wurden die Nummern nach den Vorgaben des Gesetzes geschaffen und den Steuerpflichtigen durch das Bundeszentralamt für Steuern mitgeteilt.

Die Identifikationsnummer einer jeden natürlichen Person ist einmalig, sie gilt lebenslang und bis 20 Jahre nach dem Tod. Es werden alle zugehörigen persönlichen Daten gespeichert, die § 139b Abs. 3 AO nennt, so vor allem Vor- und Zuname, Geburtsdatum, Geschlecht, Anschrift, zuständige Finanzbehörde.

Gegen die Schaffung der Steueridentifikationsnummer werden datenschutz- und weitergehende **verfassungsrechtliche Bedenken** erhoben, insbesondere werden die vom Gesetz gefassten Verwendungs- und Weitergabemöglichkeiten als zu weit und unkonkret gerügt. Der BFH (in seinem Urteil vom 18.01.2012, II R 49/10, BStBl II 2012, 168) ist diesen Einwänden nicht gefolgt und hat die Zuteilung der Identifikationsnummer und die dazu erfolgte Datenspeicherung als mit dem Grundgesetz vereinbar bezeichnet.

Natürliche Personen, die wirtschaftlich tätig sind sowie juristische Personen und Personenvereinigungen erhalten eine **Wirtschaftsidentifikationsnummer**. Sie müssen diese anfordern. Näheres hierzu und zu den gespeicherten Daten regelt § 139c AO. Die Wirtschaftsidentifikationsnummer ist nicht zu verwechseln mit der Umsatzsteuer-Identifikationsnummer nach § 27a UStG, die Unternehmer im internationalen Warenverkehr innerhalb der Europäischen Union verwenden.

4.2 Mitwirkungspflichten

Als Ergänzung des im Steuerverfahrensrecht geltenden Amtsermittlungsprinzips aus § 88 AO haben auch die beteiligten Steuerpflichtigen **Mitwirkungspflichten** zu erfüllen. Diese ergeben sich aus verschiedenen Normen (siehe hierzu den Überblick in Kap. 1.3.1).

Als zentrale Grundlage des Besteuerungsverfahrens haben Steuerpflichtige unter den Voraussetzungen der §§ 140 ff. AO bestimmte **Buchführungs- und Aufzeichnungspflichten** (s. 4.2.1). Daneben haben sie, insbesondere aufgrund der Einzelsteuergesetze, **Erklärungs- und Anmeldepflichten** zu erfüllen (s. 4.2.2). Unterlaufen ihnen hierbei Fehler, sind sie gem. § 153 AO zur **Berichtigung** verpflichtet (s. 4.2.3).

4.2.1 Buchführungs- und Aufzeichnungspflichten

Buchführungs- und Aufzeichnungspflichten regelt die AO in den §§ 140–148 AO. § 140 AO lehnt sich hierbei zunächst an die aufgrund **außersteuerlicher Normen** bestehenden Pflichten an und überträgt diese auf das Steuerverfahrensrecht. Ergeben sich entsprechende Pflichten nicht aus anderen Gesetzen, ist **§ 141 AO** zu prüfen. Diese Vorschrift stellt subsidiär zu den außersteuerlichen Regelungen weitere Verpflichtungstatbestände auf.

4.2.1.1 Buchführungspflichten

Die **Buchführungspflichten** ergeben sich in der Praxis in erster Linie aus dem HGB.

Norm	Adressat
§§ 238–245 HGB	Kaufleute i.S.d. HGB • Istkaufmann: Gem. § 1 Abs. 1 HGB, wer ein Handelsgewerbe betreibt; dies ist jeder Gewerbebetrieb, der einen in kaufmännischer Weise eingerichteten Geschäftsbetrieb erfordert. • Kannkaufmann: § 2 HGB: Kleingewerbetreibende, die sich in Handelsregister eintragen lassen. § 3 HGB: L + F-Betriebe, die einen in kaufmännischer Weise eingerichteten Geschäftsbetrieb erfordern und ins Handelsregister eingetragen sind. • Formkaufmann, § 6 HGB: Kaufmann kraft Rechtsform; § 6 Abs. 1 HGB: Handelsgesellschaften, § 6 Abs. 2 HGB: Vereine, die kraft Gesetzes Kaufmann sind, z.B. AG, GmbH mit jeweiligen Verweisnormen aus AktG, GmbHG.

Für das Steuerrecht schafft **§ 141 AO** zusätzliche Buchführungspflichten für solche Personen, die nicht bereits nach anderen Vorschriften dazu verpflichtet sind. Adressaten sind gewerbliche Unternehmer und Land- und Forstwirte. Voraussetzungen sind hier im Einzelnen:

Buchführungspflicht nach § 141 AO für gewerbliche Unternehmer und Land- und Forstwirte, wenn:
- Umsätze (ausgenommen Umsätze nach § 4 Nr. 8-10 UStG) von mehr als 600.000 € im Kalenderjahr,
- selbst bewirtschaftete L + F-Flächen mit einem Wirtschaftswert von mehr als 25.000 €,
- Gewinn aus Gewerbebetrieb von mehr als 60.000 € im Wirtschaftsjahr,
- Gewinn aus Land- und Forstwirtschaft von mehr als 60.000 € im Kalenderjahr.

Auf die sich aus § 141 AO ergebende Buchführungspflicht muss die Finanzbehörde den Steuerpflichtigen hinweisen, § 141 Abs. 2 AO. Erst vom Beginn des auf diesen Hinweis folgenden Wirtschaftsjahres an ist die Verpflichtung zu erfüllen.

Bei **Nichterfüllung** von Buchführungspflichten sind mehrere Sanktionen möglich:
- Erzwingung gem. §§ 328 ff. AO (Zwangsgeld, s. Kap. VII. 3.2),
- Verzögerungsgeld gem. § 146 Abs. 2b AO (s. 4.3.2),
- Schätzung gem. § 162 AO (s. 4.4.3),

Weiterhin kommt eine Strafbarkeit wegen Steuergefährdung gem. § 379 Abs. 1 Nr. 3 AO in Betracht.

§ 146 AO bestimmt konkrete **Ordnungsvorschriften** für die Buchführung, unabhängig davon, ob sich die Pflicht aus den außersteuerlichen Regelungen oder aus § 141 AO ergibt. Danach sind die Buchungen und Aufzeichnungen vollständig, richtig, zeitgerecht und geordnet vorzunehmen. Kassengeschäfte sind täglich festzuhalten, dies gilt allerdings nicht bei einem Verkauf von Waren gegen Barzahlung an eine Vielzahl von nicht bekannten Personen.

§ 145 AO fordert, dass die Buchführung so beschaffen sein muss, dass sie einem sachverständigen Dritten innerhalb angemessener Zeit einen Überblick über die Geschäftsvorfälle und die Lage des Unternehmens vermitteln kann.

Gem. § 146 Abs. 2 AO sind Bücher und Aufzeichnungen **im Geltungsbereich der AO** zu führen und aufzubewahren. Dies soll der besseren Überprüfbarkeit dienen. Eine **Verlagerung ins Ausland** ist unter den Voraussetzungen des § 146 Abs. 2a AO mit Genehmigung der Finanzbehörde möglich.

Voraussetzungen für die Bewilligung der Verlagerung der elektronischen Buchführung in das EU-Ausland gem. § 146 Abs. 2a AO
• Der Steuerpflichtige teilt der zuständigen Finanzbehörde den Standort des Datenverarbeitungssystems bzw. des beauftragten Dritten mit.   • Der Steuerpflichtige ist seinen allgemeinen Mitwirkungspflichten ordnungsgemäß nachgekommen.   • Der Datenzugriff wird der Finanzbehörde in vollem Umfang ermöglicht.   • Die Besteuerung wird durch die Verlagerung nicht beeinträchtigt.

Aufgrund § 148 AO kann die Finanzbehörde in Bezug auf die Buchführungs- wie auch die unten erläuterten Aufzeichnungspflichten für einzelne Fälle oder bestimmte Gruppen von Fällen **Erleichterungen** von den Pflichten aus den §§ 140–147 AO bewilligen. Voraussetzung ist hierfür grundsätzlich, dass die Einhaltung der Pflichten für den Betroffenen Härten mit sich bringen würde und dass die Besteuerung durch die Erleichterungen nicht beeinträchtigt wird. Die Regelung resultiert aus dem Verhältnismäßigkeitsprinzip und soll die Berücksichtigung nur sachlicher, nicht persönlicher Unbilligkeiten ermöglichen. In Betracht kommen hier z.B. Aufzeichnungserleichterungen für gemeindliche Einrichtungen oder für Betriebe, die einmalig die Umsatzgrenzen aus § 141 AO überschreiten. Erleichterungen können gem. § 148 Satz 2 AO rückwirkend bewilligt und auch nachträglich gem. § 131 AO widerrufen werden.

4.2.1.2 Aufzeichnungspflichten

Gewerbliche Unternehmer sind gem. § 143 AO zur **gesonderten Aufzeichnung** ihres **Wareneingangs** verpflichtet. Für Land- und Forstwirte gilt diese Verpflichtung nicht. Aufzuzeichnen sind alle Waren einschließlich der Rohstoffe, unfertiger Erzeugnisse und Zutaten, die der Unternehmer erwirbt. Anhand der so aufgezeichneten Daten können die Finanzbehörden die Buchführung des Steuerpflichtigen nachprüfen und falls erforderlich Kalkulationen anstellen, ob z.B. der angegebene Gewinn oder Verlust sich mit dem Warenverkehr decken kann. § 143 Abs. 3 AO benennt die aufzuzeichnenden Daten im Einzelnen:

- Tag des Wareneingangs oder Rechnungsdatum,
- genaue Angaben zum Lieferanten,
- Handelsübliche Warenbezeichnung,
- Preis,
- Hinweis auf den Beleg.

Weitere Aufzeichnungspflichten können sich insoweit auch aus anderen Gesetzen, wie z.B. den Regelungen des EStG und UStG ergeben.

Gem. § 144 AO sind gewerbliche Unternehmer, die Waren regelmäßig an andere Unternehmer zur Weiterveräußerung oder zum Verbrauch als Hilfsstoffe liefern, verpflichtet, den **Warenausgang** gesondert aufzuzeichnen. Die Pflicht trifft aufgrund § 144 Abs. 5 AO auch buchführungspflichtige Land- und Forstwirte.

Die aufzuzeichnenden Angaben entsprechen denen auf der Empfängerseite gem. § 143 Abs. 3 AO.

Verstöße gegen die Aufzeichnungspflichten unterliegen grundsätzlich den gleichen Sanktionen wie solche gegen Buchführungspflichten.

4.2.1.3 Aufbewahrungspflichten

Zu einer ordnungsgemäßen Buchführung gehört, dass die entsprechenden Unterlagen ordnungsgemäß für eine festgelegte Mindestdauer **aufbewahrt** werden. § 147 AO nennt die aufzubewahrenden Unterlagen und die Aufbewahrungsdauer im Einzelnen:
- Bücher, Inventare, Jahresabschlüsse, Eröffnungsbilanz = 10 Jahre,
- Empfangene Handels- oder Geschäftsbriefe, also Korrespondenz des Kaufmanns = 6 Jahre,
- Wiedergabe der abgesandten Handels- und Geschäftsbriefe = 6 Jahre,
- Buchungsbelege = 10 Jahre,
- Zollanmeldungsunterlagen = 10 Jahre,
- Sonstige Unterlagen mit Bedeutung für die Besteuerung = 6 Jahre.

Die genannten Posten entsprechen überwiegend den Parallelregelungen für das Handelsrecht in § 257 HGB.

Mit Ausnahme von Jahresabschlüssen, Eröffnungsbilanzen und Zollanmeldungsunterlagen können die Unterlagen auch **in elektronischer Form** aufbewahrt werden, § 147 Abs. 2 AO, wenn diese trotzdem jederzeit lesbar gemacht werden können. Die **Finanzbehörde** hat gem. § 147 Abs. 6 AO das Recht, im Rahmen einer Außenprüfung **Einsicht** in die gespeicherten Daten zu nehmen und das Datenverarbeitungssystem zur Prüfung der Unterlagen zu nutzen. Die Befugnisse zur Prüfung sind in diesem Bereich großzügig zugunsten der Finanzbehörde geregelt, Verstöße können auch hier durch die Festsetzung eines Verzögerungsgeldes gem. § 146 Abs. 2b AO sanktioniert werden.

Die **Aufbewahrungsfrist** beginnt gem. § 147 Abs. 4 AO mit Schluss des Kalenderjahres, auf das sich die Unterlage bezieht. Sie läuft nicht ab, solange die Festsetzungsfrist für die zugehörige Steuer nicht abgelaufen ist.

§ 147a AO schafft zusätzliche Aufbewahrungspflichten für Steuerpflichtige mit bestimmten Einkünften, die die genannten Betragsgrenzen überschreiten. Die Vorschrift will die Bekämpfung grenzüberschreitender Steuervergehen erleichtern. Steuerpflichtige, die **Überschusseinkünfte** i.S.d. § 2 Abs. 1 Nr. 4–7 EStG in einer Höhe von über 500.000 € im Kalenderjahr erzielen, haben die Aufzeichnungen und Unterlagen hierüber 6 Jahre lang aufzubewahren. Einkünfte von Ehegatten bzw. Lebenspartnern werden hierbei getrennt betrachtet. Die Aufbewahrungspflicht beginnt mit dem auf das Jahr der Erzielung der die Grenze überschreitenden Einkünfte folgenden Kalenderjahr und endet mit Ablauf des 5. aufeinanderfolgenden Kalenderjahres, in dem die Grenze nicht mehr überschritten wird.

In den Fällen des § 138a Abs. 2 Nr. 4 (beherrschender Einfluss auf eine Drittstaaten-Gesellschaft, s. 4.1.2) schafft § 147a Abs. 2 AO eine Aufbewahrungspflicht von 6 Jahren.

4.2.1.4 Digitale Kassensysteme

Zur Verhinderung von Manipulationen bei digitalen Kassensystemen wurden verschiedene Gesetzesänderungen vorgenommen. Mit Wirkung zum 01.01.2018 können gem. § 146b AO zur Prüfung der Ordnungsmäßigkeit der Aufzeichnungen und Buchungen von Kasseneinnahmen und -ausgaben Amtsträger der Finanzbehörde ohne vorherige Ankündigung eine Kassen-Nachschau nach den Vorgaben der Norm vornehmen.

Für Zeiträume ab 2020 wurden in § 146a AO Vorgaben über die technische Beschaffenheit digitaler Kassensysteme und die Aufzeichnung und Verarbeitung der Daten durch diese geschaffen. Es gelten Übergangsfristen bis maximal Ende 2022.

4.2.2 Steuererklärungen

Die **materiellen Steuergesetze**, vor allem EStG, UStG und KStG, bestimmen, wer dazu verpflichtet ist, Steuererklärungen abzugeben. Wie die Erklärungen im Einzelnen aussehen müssen, insbesondere in **welcher Form** sie abzugeben ist sowie bis zu welchem **Zeitpunkt**, dazu finden sich vor allem in der AO konkrete Regelungen.

4.2.2.1 Erklärungspflichtige

Zur **Abgabe von Steuererklärungen verpflichtet** sind z.B.:
- § 25 Abs. 3 EStG: Einkommensteuerpflichtige Personen, vgl. § 56 EStDV,
- § 18 Abs. 1 und Abs. 3 UStG: Unternehmer,
- § 181 Abs. 2 AO: Wem der Gegenstand einer Feststellung zuzurechnen ist.

Weitere Normen zur Erklärungspflicht finden sich in § 31 KStG, § 31 ErbStG, § 14a GewStG, § 28 BewG; § 149 Abs. 1 Satz 1 AO verweist allgemein auf die Einzelsteuergesetze.

Gem. §§ 34, 35 AO müssen **gesetzliche Vertreter** die Pflichten des Steuerpflichtigen erfüllen. Hierzu gehört auch die Erklärungsabgabe, z.B. durch die Eltern für den minderjährigen Steuerpflichtigen.

Die Erklärungspflicht kann sich auch aus der **Aufforderung** durch die Finanzbehörde ergeben, § 149 Abs. 1 Satz 2 AO.

4.2.2.2 Anforderungen an die Steuererklärung

Bei den Fristen zur Abgabe von Steuererklärungen ist aufgrund der Änderungen durch das StModernG zu unterscheiden zwischen Erklärungen und Anmeldungen, die Zeiträume bis einschließlich 2017 betreffen und solchen für Zeiträume danach.

Gem. § 149 Abs. 2 Satz 1 AO in der Fassung ab 01.01.2017 sind Steuererklärungen, soweit durch die Einzelsteuergesetze nichts anderes bestimmt ist, wenn sie sich auf ein Kalenderjahr (oder einen bestimmten Zeitpunkt) beziehen, bis spätestens sieben Monate nach Ablauf des Kalenderjahres (oder des bestimmten Zeitpunkts) abzugeben. Dies gilt nach dem Wortlaut der Regelungen erst für Erklärungen ab dem Veranlagungszeitraum 2018. Nach übereinstimmenden Verfügungen der Länder werden die Regelungen aber auch schon für den Veranlagungszeitraum 2017 angewendet. Für Steuerpflichtige, die den Gewinn aus Land- und Forstwirtschaft nach einem abweichenden Wirtschaftsjahr ermitteln, berechnen sich die 7 Monate nach dem Schluss des Wirtschaftsjahres, § 149 Abs. 2 Satz 2 AO.

Wird der Steuerpflichtige durch einen Steuerberater oder eine andere befugte Person oder Vereinigung o.ä. im Sinne des **Steuerberatungsgesetzes** vertreten, gewährt die Finanzverwaltung nach neuem Recht eine generelle Fristverlängerung **bis Ende Februar des auf den Veranlagungszeitraum folgenden übernächsten Jahres** (bisher 31.12. des Folgejahres). Dies gilt gem. § 149 Abs. 5 AO n.F. jedoch nicht für Umsatzsteuerjahreserklärungen, wenn die unternehmerische Tätigkeit vor oder mit dem Besteuerungszeitraum endet.

Fristen und Entscheidungen über Fristverlängerungen für die Abgabe von Jahressteuererklärungen (vor allem Einkommensteuer, Umsatzsteuer, Körperschaftsteuer, Gewerbesteuer, Feststellungserklärungen)		
Bisheriges Recht	**Abgabepflicht**	**VZ ab 2018 (für VZ 2017 ebenfalls angewendet)**
Bis 31.05. des Folgejahres	Grundsätzliche Frist für alle Steuerpflichtigen.	Bis 31.07. des Folgejahres
Generelle Fristverlängerung bis 31.12. des Folgejahres aufgrund Erlasses (L + F mit abweichendem Wj. bis 31.05. des übernächsten Jahres)	Für Steuerpflichtige, deren Erklärungen durch Personen, Gesellschaften, Verbände, Vereinigungen, Behörden oder Körperschaften i.S.d. §§ 3, 4 StBerG angefertigt werden. Gilt grds. auch für den Steuerberater bei der Bearbeitung eigener Steuerangelegenheiten.	§ 149 Abs. 3 AO n.F.: Generelle Fristverlängerung bis Ende Februar des übernächsten Jahres (L + F mit abweichendem Wj. bis 31.07.)

Bisheriges Recht	Abgabepflicht	VZ ab 2018 (für VZ 2017 ebenfalls angewendet)
Liegt im Ermessen der Finanzämter; ist z.B. möglich, wenn: • für den vorangegangenen Veranlagungszeitraum die Erklärung verspätet oder nicht abgegeben wurde, • hohe Abschlusszahlungen erwartet werden, • sich für einen vergangenen Veranlagungszeitraum eine hohe Abschlusszahlung ergeben hat, • bei Eröffnung des Insolvenzverfahrens, • bei Wegzug ins Ausland, • in Fällen von Betriebsveräußerungen oder -aufgaben, • die Arbeitslage der Finanzämter es erfordert.	**Vorzeitige Anforderung durch das Finanzamt?**	Voraussetzungen in § 149 Abs. 4 AO n.F. abschließend geregelt, z.B. wenn: • eine Außenprüfung vorgesehen ist, • eine Abschlusszahlung von mehr als 10.000 € zu erwarten ist.
Nur aufgrund begründeter Einzelanträge möglich, z.B. plötzliche Erkrankung von Mitarbeitern, unvorhergesehener Personalausfall.	**Weiter gehende Fristverlängerung?**	§ 109 AO: Verlängerung möglich, wenn der Steuerpflichtige ohne Verschulden verhindert war, die Frist einzuhalten. Das Verschulden eines Vertreters ist ihm zuzurechnen.

Die Ablehnung eines Antrags auf Fristverlängerung ist ein Verwaltungsakt, der mit dem Einspruch angefochten werden kann. Dies entbindet den Betroffenen aber nicht davon, die Steuererklärung nun abzugeben. Aussetzung der Vollziehung gem. § 361 AO ist nicht möglich, da es sich bei der Ablehnung nicht um einen vollziehbaren Verwaltungsakt handelt. Es muss also zur Erreichung des einstweiligen Rechtsschutzes ggf. beim Finanzgericht ein Antrag auf Erlass einer einstweiligen Anordnung nach § 114 FGO gestellt werden.

Hält der Steuerpflichtige oder sein gesetzlicher Vertreter diese Fristen nicht ein, sind Sanktionen wie die Erzwingung nach den **§§ 328 ff. AO** oder die Festsetzung eines **Verspätungszuschlags** möglich. Alternativ kommt eine Schätzung der Besteuerungsgrundlagen in Betracht.

§ 150 AO bestimmt die **Form** der Erklärungsabgabe und den Erklärungsinhalt näher. Die Erklärungen sind zunächst nach **amtlich vorgeschriebenem Vordruck** abzugeben, wenn nicht ohnehin eine Abgabe im elektronischen Wege vorgeschrieben ist. Für letztere finden sich Vorschriften z.B. in § 25 Abs. 4 EStG, § 14a GewStG und § 18 Abs. 1 und 3 UStG.

Wenn es gesetzlich angeordnet ist, hat der Steuerpflichtige die Steuer selbst zu berechnen und eine entsprechende **Steueranmeldung** abzugeben (s. Kap. IV. 4.), § 150 Abs. 1 Satz 3 AO.

Die Angaben in den Erklärungen sind wahrheitsgemäß nach bestem Wissen und Gewissen zu machen, § 150 Abs. 2 AO. In der Regel ist die Erklärung aufgrund von Vorschriften in den Einzelsteuergesetzen auch zu unterschreiben, bzw. elektronisch authentifiziert zu übermitteln. Den Erklärungen sind gem. § 150 Abs. 4 AO die **notwendigen Unterlagen** beizufügen, z.B. Bilanzen oder Gewinnermittlungen.

Für die elektronische Übermittlung muss gem. § 87a Abs. 6 AO ein sicheres Verfahren verwendet werden, das den Übermittler authentifiziert und Vertraulichkeit gewährleistet. Die Finanzverwaltung bietet für die Übermittlung das sog. ELSTER-Verfahren an. Immer häufiger werden auch mit der Steuererklärung im Zusammenhang stehende Daten durch Dritte wie z.B. Krankenkassen übermittelt. Diese Daten gelten gem. § 150 Abs. 7 S. 2 AO als eigene Daten des Steuerpflichtigen, wenn er nicht in einem bestimmten Datenfeld seiner Steuererklärung dazu abweichende Angaben macht. Dieses Datenfeld ist das so genannte qualifizierte Freitextfeld gem. § 155 Abs. 4 S. 2 AO. Mit diesen Regelungen ist im Ergebnis eine vollautomatische Veranlagung des Steuerpflichtigen denkbar und rechtlich möglich.

Ausnahmen von einer Verpflichtung zur elektronischen Abgabe von Steuererklärungen sind gem. § 150 Abs. 8 AO nur in Ausnahmefällen vorgesehen.

Bei steuerlich unkundigen und z.B. der deutschen Sprache nicht mächtigen Steuerpflichtigen kann gem. § 151 AO eine Abgabe der **Steuererklärung auch an Amtsstelle** zur Niederschrift zulässig sein. Der Steuerpflichtige muss dazu im Finanzamt persönlich erscheinen und seine Angaben machen, die dann aufgezeichnet werden.

4.2.3 Berichtigungspflicht gem. § 153 AO

§ 153 AO verpflichtet den Steuerpflichtigen, in Fällen, in denen ihm Mängel bei der Erfüllung seiner steuerlichen Erklärungs- und Anzeigepflichten bewusst werden, diese bei der Finanzbehörde anzuzeigen. Die Norm untermauert damit die Mitwirkungs- und Erklärungspflichten, die sich aus der AO ergeben.

Nach der Grundnorm des § 153 Abs. 1 Nr. 1 AO ist der Steuerpflichtige dazu verpflichtet, eine unverzügliche **Anzeige und Richtigstellung** gegenüber der Finanzbehörde vorzunehmen, wenn er nachträglich vor Ablauf der Festsetzungsfrist **erkennt**, dass eine von ihm oder für ihn abgegebene Erklärung **unrichtig oder unvollständig** ist und dass es dadurch zu einer Verkürzung von Steuern kommen kann oder schon gekommen ist.

> **Beispiel:**
>
> Die selbständige Friseurin Friederike (F) gibt im Mai 02 ihre Einkommensteuererklärung mit Einnahmenüberschussrechnung für 01 ab. Aufgrund beruflicher Überlastung vergisst sie es, darin die Einnahmen aus ihrer „Außendienst"-Tätigkeit in einem örtlichen Altersheim anzugeben. Es ergeht aufgrund ihrer Erklärung im August 02 ein entsprechender Steuerbescheid, der die Steuer um 2.400 € niedriger festsetzt, als sie tatsächlich entstanden ist. Im Oktober 02 erkennt F beim Aufräumen ihres Büros, dass sie die Einnahmen vergessen hatte.

> **Lösung:**
>
> F ist gem. § 153 Abs. 1 Nr. 1 AO verpflichtet, ihre Steuererklärung und die EÜR zu berichtigen. Sie erkennt innerhalb der Festsetzungsfrist, dass sie in den Erklärungen wesentliche Einnahmen vergessen hatte und weiß auch, dass es dadurch zu einer geringer festgesetzten Steuer gekommen ist.

Verpflichtet zur Berichtigung nach § 153 AO sind der **Steuerpflichtige** selbst und gem. § 153 Abs. 1 Satz 2 AO der Gesamtrechtsnachfolger sowie die für beide gem. §§ 34, 35 AO handelnden Personen, also z.B. gesetzliche Vertreter. Den Bevollmächtigten gem. § 80 AO trifft diese Pflicht nicht.

Abgegebene Erklärungen i.S.d. § 153 Abs. 1 Nr. 1 AO sind vor allem Steuererklärungen und -anmeldungen, aber auch Auskünfte nach § 93 AO fallen in den Anwendungsbereich. Der Steuerpflichtige muss **nachträglich** seinen **eigenen Fehler** erkennen. Dies bedeutet zum einen, dass er keine Berichtigungspflicht hat, wenn er **vorsätzlich** eine falsche Erklärung abgegeben hat (beachte hier allerdings AEAO zu § 153, Nr. 2.2: hat der Steuerpflichtige die Unrichtigkeit seiner Erklärung nicht sicher gekannt sondern nur billigend in Kauf genommen (**bedingter Vorsatz**), so trifft ihn nach der Auffassung der Verwaltung dann, wenn er sicher von seinem Fehler erfährt, doch die Berichtigungspflicht). Der Steuerpflichtige hat dann regelmäßig bereits durch die Erklärungsabgabe eine Steuerhinterziehung begangen und würde sich dieser Straftat selbst bezichtigen müssen. Er kann aber den Fehler anzeigen, dann ist eine Selbstanzeige i.S.d. § 371 AO zu prüfen (s. Kap. X. 8.2).

Zum anderen ist der Steuerpflichtige nicht verpflichtet, die Finanzbehörde auf deren **eigene** Fehler, z.B. Rechenfehler aufmerksam zu machen. Bei der Berechnung der Festsetzungsfrist ist ggf. zu berücksichtigen, falls die Abgabe der unrichtigen Steuererklärung zuvor bereits eine leichtfertige Steuerverkürzung bzw. eine bedingt vorsätzliche Steuerhinterziehung dargestellt hat mit der Folge, dass sich die Frist gem. § 169 Abs. 2 Satz 2 AO auf 5 bzw. 10 Jahre erhöht.

Berichtigungstatbestände des § 153 AO	
§ 153 Abs. 1 Nr. 1 AO	Steuerpflichtiger erkennt vor Ablauf der Festsetzungsfrist, dass eine von ihm oder für ihn abgegebene Erklärung unrichtig oder unvollständig war und dies zu einer Steuerverkürzung geführt hat oder noch führen kann.
§ 153 Abs. 1 Nr. 2 AO	Steuerpflichtiger erkennt nachträglich (wie oben), dass eine durch Verwendung von Steuerzeichen oder -stempler zu entrichtende Steuer nicht korrekt entrichtet worden ist (z.B. im Bereich der Tabaksteuer, Rennwett- und Lotteriesteuer).
§ 153 Abs. 2 AO	Die Voraussetzungen für eine Steuerbefreiung, -ermäßigung oder -vergünstigung sind nachträglich ganz oder z.T. weggefallen (z.B. nach Herabsetzung von Einkommensteuervorauszahlungen, Geltendmachung des Vorsteuerabzugs).
§ 153 Abs. 3 AO	Waren, für die eine bedingte Steuervergünstigung gewährt worden ist, sollen in steuerschädlicher Weise verwendet werden (Bereich der Verbrauchssteuern).

Die Erfüllung der Berichtigungspflicht in Bezug auf unrichtige Steuererklärungen stellt **keine Zustimmung** zu einer Änderung des betreffenden Steuerbescheides i.S.d. **§ 172 Abs. 1 Nr. 2a AO** dar (vgl. AEAO zu § 172, Nr. 3.), sodass der Bescheid nur dann nach dieser Vorschrift korrigiert werden kann, wenn der Steuerpflichtige auch ausdrücklich um die Korrektur des Bescheides zu seinen Lasten bittet. Regelmäßig wird jedoch in diesen Fällen die Korrektur wegen einer nachträglich bekannt gewordenen Tatsache gem. § 173 Abs. 1 Nr. 1 AO möglich sein.

Erfüllt der Steuerpflichtige seine Berichtigungspflicht aus § 153 AO nicht, kann der Straftatbestand der **Steuerhinterziehung** durch Unterlassen gem. § 370 Abs. 1 Nr. 2 AO erfüllt sein (s. Kap. X. 3.2.2). Danach begeht die Tat derjenige, der die Finanzbehörden **pflichtwidrig** vorsätzlich über steuerlich erhebliche Tatsachen in Unkenntnis lässt und dadurch Steuern verkürzt. Die Pflichtwidrigkeit ergibt sich unmittelbar aus § 153 AO.

4.3 Folgen der Verletzung von Mitwirkungspflichten

Die Finanzbehörde hat verschiedene Mittel, wie sie auf eine **Verletzung der Mitwirkungspflicht** durch die Beteiligten reagieren kann. Soweit Steuerpflichtige für sie günstige Umstände geltend machen, die bei ihrer Steuerveranlagung berücksichtigt werden sollen und diese trotz Aufforderung nicht näher nachweisen oder belegen, hat die Finanzbehörde die Möglichkeit, im Rahmen ihres Ermessens bei der Beweiswürdigung den Umstand, z.B. geltend gemachte Werbungskosten, als nicht vorhanden anzusehen.

Wenn der Fortgang des Verfahrens jedoch entscheidend von der Mitwirkung des Steuerpflichtigen abhängt, müssen weitere Sanktionen ergriffen werden. In Betracht kommen hier je nach Konstellation des Falls:
- Festsetzung eines Verspätungszuschlags gem. § 152 AO,
- Festsetzung eines Verzögerungsgeldes gem. § 146 Abs. 2b AO,
- Schätzung von Besteuerungsgrundlagen gem. § 162 AO,
- Androhung und Festsetzung von Zwangsmitteln gem. §§ 328 ff. AO.

Wenn die korrekte und umfassende Ermittlung des Sachverhalts nicht möglich ist, insbesondere dann, wenn der Steuerpflichtige seinen Erklärungs- oder Anmeldepflichten nicht nachkommt, macht das Finanzamt oftmals von der Möglichkeit der **Schätzung von Besteuerungsgrundlagen** gem. § 162 AO Gebrauch. Es handelt sich hierbei weniger um eine Strafe als vielmehr um ein Mittel zur Verfahrensbeschleunigung bzw. zur Verhinderung von Verzögerungen im Besteuerungsverfahren. Das Finanzamt kann ohne weiteres langes Zuwarten eine Steuerfestsetzung herbeiführen. Die Schätzung erfolgt also unmittelbar zum Zweck der Steuerfestsetzung, sie ist ein Schritt der Beweiswürdigung, daher wird sie im folgenden Kapitel behandelt (s. 4.4.3).

Eine weitere gängige Möglichkeit, die Erfüllung von Handlungspflichten herbeizuführen sind die **Zwangsmittel**, insbesondere die Androhung und Festsetzung eines Zwangsgeldes. Entscheidende Folge ist dabei, dass derartige Zwangsgelder von der Finanzbehörde selbst beigetrieben werden können, bei Nichtzahlung und Nichtleistung ist im Regelfall sogar die Umwandlung in eine Zwangshaft gegen den Pflichtigen möglich. Die Festsetzung von Zwangsmitteln ist eine Form der Vollstreckung nach der AO, nämlich wegen anderer Leistungen als Geldleistungen, dazu s. Kap. VII. 3.

4.3.1 Verspätungszuschlag

Der **Verspätungszuschlag** gem. § 152 AO hat den Zweck, die Steuerpflichtigen zur pünktlichen Abgabe ihrer Steuererklärungen und -anmeldungen anzuhalten. Er sanktioniert Fehlverhalten der Vergangenheit und soll gleichzeitig erziehend und abschreckend für die Zukunft wirken.

> **Beispiel:**
>
> Unternehmer F gibt erst im Mai 03 seine Umsatzsteuervoranmeldung für den Monat Januar 03 ab. Es entsteht eine Zahllast von 15.600 €.

> **Lösung:**
>
> Das Finanzamt kann aufgrund der verspäteten Abgabe der Voranmeldung gegen F einen Verspätungszuschlag gem. § 152 AO festsetzen. Dies erscheint auch ermessensgerecht, da sich F durch die verspätete Abgabe einen Zinsvorteil verschafft hat. Gründe, die sein Verhalten entschuldigen könnten, sind nicht ersichtlich.

Der Verspätungszuschlag kann **auch zusätzlich zu einem Zwangsgeld** festgesetzt werden. Es ist auch möglich und gängige Praxis, dass das Finanzamt aufgrund der Nichtabgabe der Steuererklärung oder -anmeldung die Besteuerungsgrundlagen schätzt, und gleichzeitig mit diesem Schätzungsbescheid einen Verspätungszuschlag festsetzt. Diese Maßnahmen schließen sich also nicht aus.

> **Beispiel:**
>
> Wenn Unternehmer F im obigen Beispiel auch im Mai noch keine Voranmeldung abgegeben hätte, könnte das Finanzamt die Umsätze und die Vorsteuer schätzen. Gleichzeitig mit dem entsprechenden Umsatzsteuerbescheid für Januar 03 kann ein Verspätungszuschlag gegen F festgesetzt werden, damit er sich in Zukunft an die Abgabefristen hält.

4. Durchführung der Besteuerung

Das StModernG hat die Regelungen des § 152 AO umfassend reformiert. Im Hinblick auf die Anwendbarkeit ist zu unterscheiden zwischen Steuererklärungen, die Veranlagungszeiträume bis einschließlich 2017 (s. 4.3.1.1) und solchen, die spätere Zeiträume betreffen (s. 4.3.1.2).

4.3.1.1 Gesetzliche Regelungen für Steuererklärungen bis einschließlich Veranlagungszeitraum 2017

4.3.1.1.1 Voraussetzungen

Die **Voraussetzungen** für die Festsetzung eines Verspätungszuschlags sind gem. § 152 Abs. 1 AO a.F.:
- Verpflichtung des Betroffenen zur Abgabe einer Steuererklärung oder -anmeldung,
- Nichtabgabe oder verspätete Abgabe der Steuererklärung oder -anmeldung,
- Versäumnis erscheint nicht entschuldbar.

Die Verpflichtung zur Abgabe einer Steuererklärung oder -anmeldung kann sich aus der Aufforderung des Finanzamts (§ 149 Abs. 1 Satz 2 AO) oder aus den Einzelsteuergesetzen i.V.m. § 149 Abs. 1 Satz 1 AO ergeben (vgl. 4.2.2). Auch Erklärungen zu gesonderten (und ggf. einheitlichen) Feststellungen sind hier erfasst.

Die Fristen zur Abgabe von Erklärungen ergeben sich regelmäßig aus § 149 AO sowie den **Einzelsteuergesetzen** (s. 4.2.2.2). Soweit ihm keine Fristverlängerung gewährt worden ist, hat der Steuerpflichtige diese einzuhalten. Gibt er eine nur unvollständige Steuererklärung ab, wird ein Verspätungszuschlag nur ausnahmsweise in Betracht kommen, ebenso wenn die Erklärung nicht unterschrieben ist. Im Hinblick auf Voranmeldungen kann bei einer Verspätung sowohl für die Voranmeldung als auch für die spätere Jahressteuererklärung ein Zuschlag festgesetzt werden, es handelt sich um getrennt zu betrachtende Erklärungen.

Wenn der Steuerpflichtige für seine Säumnis einen **Entschuldigungsgrund** hat, ist von der Festsetzung eines Verspätungszuschlags abzusehen, § 152 Abs. 1 Satz 2 AO a.F., dann besteht kein Ermessen für die Finanzbehörde. Er hat hierbei für sein eigenes Verschulden und das **seines gesetzlichen Vertreters** einzustehen. Bei der Bewertung dieses Tatbestandsmerkmals ist auf die individuellen Verhältnisse des Steuerpflichtigen abzustellen, es gelten insoweit die Grundsätze, die auch für die Wiedereinsetzung nach § 110 AO anzuwenden sind (s. 2.4).

> **Beispiel:**
>
> Der Gewerbetreibende T, der durch seinen Steuerberater S vertreten wird, gibt erst im Mai 05 seine Steuererklärung für 03 ab. Er macht geltend, er habe aufgrund einer schweren Erkrankung und der Trennung von seiner Frau und des Auszugs aus dem gemeinsamen Haus, das er nicht mehr betreten durfte, seine Steuerunterlagen nicht rechtzeitig zusammensuchen und seinem Steuerberater zur Verfügung stellen können.

> **Lösung:**
>
> T hätte seine Steuererklärung 03 dem Gesetz nach bis spätestens zum 31. Juli 04 beim Finanzamt abgeben müssen. Durch einen Steuerberater (bzw. Rechtsanwalt/Lohnsteuerhilfeverein etc.) vertretene Steuerpflichtige erhalten regelmäßig generelle Fristverlängerungen bis zum 31.12. des Folgejahres. Diese Fristen hat T bzw. sein Steuerberater versäumt. Die Säumnis erscheint hier entschuldbar, da T aufgrund einer Krankheit und seiner Scheidung nicht früher tätig werden konnte.

4.3.1.1.2 Ermessensentscheidung

Dem Finanzamt steht bei der Entscheidung über die Festsetzung eines Verspätungszuschlags ein **doppeltes Ermessen** zu (vgl. insoweit auch Ausführungen in Kap. I, 1.2.1):
- Entschließungsermessen: Ist ein Verspätungszuschlag festzusetzen?
- Auswahlermessen: Wie hoch ist der Verspätungszuschlag festzusetzen?

Es sind die Umstände des Einzelfalls zu berücksichtigen:

Ermessensentscheidung Festsetzung Verspätungszuschlag: Welche Umstände können berücksichtigt werden?	
Zugunsten des Steuerpflichtigen	**Zuungunsten des Steuerpflichtigen**
• Fristüberschreitung nur um wenige Tage	• Erhebliche Fristüberschreitung
• Bisherige Steuererklärungen sind pünktlich eingegangen	• Steuerpflichtiger vernachlässigt permanent seine Verpflichtungen
• Es kommt durch die Erklärung oder Anmeldung zu einer Erstattung	• Es entsteht ein hoher Nachzahlungsbetrag, der Steuerpflichtige hatte so einen erheblichen Finanzierungsvorteil
• Der Steuerpflichtige ist wirtschaftlich nicht sehr leistungsfähig oder hat sogar Vollstreckungsrückstände beim Finanzamt	• Die Besteuerungsgrundlagen mussten geschätzt werden

Im Hinblick auf die Höhe des festzusetzenden Betrages bestimmt § 152 Abs. 2 Satz 1 AO a.F., dass dieser **10 Prozent der festgesetzten Steuer** oder des festgesetzten Messbetrages und insgesamt den Betrag von 25.000 € nicht überschreiten darf. Bei der Bemessung sind die Dauer der Fristüberschreitung, die Höhe des Zahlungsanspruchs, die aus der Verspätung gezogenen Vorteile sowie das Verschulden und die wirtschaftliche Leistungsfähigkeit des Steuerpflichtigen neben dem eigentlichen Zweck des Zuschlags als Sanktions- und Präventivmaßnahme zu berücksichtigen.

Bei Steuerfestsetzungen von 0 € ist die Festsetzung eines Verspätungszuschlags aufgrund § 152 Abs. 2 Satz 1 AO a.F. somit nicht möglich. Bei gesonderten Feststellungen ist zur Bemessung des Zuschlags die steuerliche Auswirkung bei den Beteiligten zu schätzen.

Die Finanzverwaltung bedient sich bei der Ermittlung der Höhe des Zuschlags häufig maschinell erstellter Vorschlagswerte je nach Einzelfall. Soweit gewährleistet ist, dass auch bei Heranziehung dieses vorgeschlagenen Wertes grundsätzlich die Umstände des Einzelfalls berücksichtigt worden sind, wird dieses Vorgehen als zulässig erachtet.

4.3.1.1.3 Verfahrensfragen

Der Verspätungszuschlag soll regelmäßig **zusammen mit der Steuer** festgesetzt werden, § 152 Abs. 3 AO a.F.. Die Festsetzung stellt einen eigenen (sonstigen) Verwaltungsakt dar. Sie erfolgt grundsätzlich gegenüber dem Steuerschuldner, auch wenn dieser z.B. nicht handlungsfähig ist, und ein gesetzlicher Vertreter für ihn seine steuerlichen Pflichten erfüllt (vgl. AEAO zu § 152, Nr. 2). Dies lässt sich auch aus der Zurechnungsvorschrift des § 152 Abs. 1 Satz 3 AO a.F. herleiten, für die es ansonsten keinen direkten Bedarf gäbe. Gegen **zusammen veranlagte Ehegatten** kann als Gesamtschuldner ein Verspätungszuschlag festgesetzt werden, da die Erklärungspflicht beide trifft.

Die Festsetzung ist zu **begründen**, § 121 AO, dies schließt insbesondere Ausführungen zur Ermessensentscheidung mit ein. Das Fehlen der Begründung ist allerdings gem. § 126 Abs. 1 Nr. 2 AO heilbar.

Der Verspätungszuschlag ist eine **steuerliche Nebenleistung** i.S.d. § 3 Abs. 4 AO. Fällig wird er gem. § 220 Abs. 2 Satz 2 AO mit der Bekanntgabe seiner Festsetzung; regelmäßig wird dem Schuldner aber eine Zahlungsfrist eingeräumt, die ihm ja auch für die festgesetzte Steuer gewährt wird (§ 220 Abs. 2 Satz 1 AO).

Will die Finanzbehörde den Verspätungszuschlag ändern oder aufheben, kann sie dies nur unter den Voraussetzungen der **§§ 129, 130 (und § 131 bei rechtmäßigen Festsetzungen) AO** tun. In Betracht kommen insbesondere folgende Anwendungsfälle:

4. Durchführung der Besteuerung

Rücknahme der Festsetzung eines Verspätungszuschlages		
Situation	**Voraussetzungen**	**Norm**
Der Steuerpflichtige legt gegen die Festsetzung des Zuschlags **fristgerecht** Einspruch ein.	• Die Rechtmäßigkeit der Festsetzung wird umfassend geprüft, ergibt sich die Rechtswidrigkeit des Zuschlags, kann eine Änderung erfolgen.	§ 130 Abs. 1 AO
Der Steuerpflichtige begehrt **nach Ablauf der Einspruchsfrist** eine Herabsetzung, weil ihm der Zuschlag zu hoch erscheint.	• Der Steuerpflichtige hätte an sich gegen die Festsetzung Einspruch einlegen müssen; regelmäßig kann einem solchen Antrag daher nicht mehr gefolgt werden.	§ 130 Abs. 1 AO
Die Steuer wird herabgesetzt.	• Das Finanzamt prüft ob der Verspätungszuschlag nun zu hoch erscheint oder sogar die 10 %-Grenze überschreitet.	ggf. erfolgt eine Rücknahme nach § 130 Abs. 1 AO
Das Finanzamt will den festgesetzten Verspätungszuschlag noch erhöhen, da das Verschulden des Steuerpflichtigen aufgrund neuer Erkenntnisse gravierender erscheint.	• Da bereits eine Festsetzung erfolgt ist, würde die Änderung eine Schlechterstellung des Steuerpflichtigen bewirken, insoweit hat die Erstfestsetzung daher begünstigende Wirkung.	Änderung nur unter den Voraussetzungen des § 130 Abs. 2 AO möglich

4.3.1.1.4 Rechtsmittel

Der Steuerpflichtige kann gegen die Festsetzung eines Verspätungszuschlags **Einspruch** gem. § 347 AO einlegen. Im Einspruchsverfahren ist zu prüfen, ob die Voraussetzungen des § 152 AO vorgelegen haben und ob das Ermessen im Hinblick auf die Inanspruchnahme an sich und die Höhe des Zuschlags richtig ausgeübt worden ist.

4.3.1.2 Gesetzliche Regelungen für Steuererklärungen ab Veranlagungszeitraum 2018

Die oben dargestellten, im Rahmen des § 152 AO erforderlichen Ermessensentscheidungen führen in der Praxis oft zu Schwierigkeiten und Diskussionen. Der Gesetzgeber hielt es daher für opportun, für bestimmte Fallgestaltungen eine „vorgegebene" Entscheidung über die Entstehung eines Verspätungszuschlages herbeizuführen, die damit dem Bearbeiter abgenommen wird.

Die grundsätzlichen Voraussetzungen für einen Verspätungszuschlag haben sich durch die Neuregelung nicht geändert, die obigen Ausführungen gelten insoweit weiter. Im Bereich der rechtlichen Folgen sind jedoch zum Teil umfassende Änderungen eingetreten.

Der Grundfall des § 152 Abs. 1 AO, also der Ermessensentscheidung über die Festsetzung eines Verspätungszuschlags gilt weiterhin. Nur sind durch die folgenden Absätze einige Anwendungsfälle als Ausnahmetatbestände von Abs. 1 ausgeschlossen und mit eigenen Rechtsfolgen versehen worden.

In den Fällen des **§ 152 Abs. 2 AO n.F.** ist **zwingend** ein Verspätungszuschlag festzusetzen, wenn nämlich:

- eine Steuererklärung, die sich auf ein Kalenderjahr bezieht, später als 14 Monate nach dem Besteuerungszeitpunkt noch nicht abgegeben wurde (bei abweichende Wirtschaftsjahr bei L + F 19 Monate), oder

- in Fällen einer vorzeitigen Anforderung nach § 149 Abs. 4 AO (s. 4.2.2.2) nicht bis zum vorgegebenen Zeitpunkt abgegeben wurde.

Von dieser Anordnung einer zwingenden Festsetzung schafft § 152 Abs. 3 AO n.F. wiederum **Ausnahmen**:
- wenn die Finanzbehörde die gesetzte Frist verlängert,
- wenn die Steuer 0 beträgt,
- wenn die festgesetzte Steuer die festgesetzten Vorauszahlungen und die anzurechnenden Steuerabzugsbeträge nicht übersteigt, sowie
- bei jährlich abzugebenden Lohnsteueranmeldungen.

Die **Höhe** der festzusetzenden Beträge ergibt sich nunmehr aus § 152 Abs. 5 AO n.F., dies gilt sowohl für solche, die aufgrund § 152 Abs. 2 AO n.F. festzusetzen als auch für solche, die gem. § 152 Abs. 1 AO n.F. im Entschließungsermessen der Behörde lagen. Gem. § 152 Abs. 5 S. 2 AO beträgt für den Hauptanwendungsfall, der Steuererklärung, die sich auf ein Kalenderjahr oder einen gesetzlichen bestimmten Zeitpunkt bezieht, der Zuschlag für jeden angefangenen Monat der Säumnis 0,25 % der festgesetzten Steuer (abzüglich festgesetzter Vorauszahlungen und Steuerabzugsbeträgen), mindestens jedoch 25 € pro angefangenem Monat.

Bei vierteljährlich oder monatlich abzugebenden **Voranmeldungen** gilt hingegen § 152 Abs. 8 AO n.F.: Die Höhe richtet sich nicht nach Abs. 5 sondern steht im Ergebnis im Ermessen der Finanzbehörde, ähnlich der für frühere Zeiträume geltenden Regelung.

Im Hinblick auf **Verfahrensfragen** kann grundsätzlich auf obige Ausführungen verwiesen werden. **Änderungen** ergeben sich in folgenden Bereichen:
- für Feststellungserklärungen gilt § 152 Abs. 6 und 7 AO n.F.,
- der allgemeine Höchstbetrag des Verspätungszuschlags ergibt sich aus § 152 Abs. 10 AO n.F. und besteht nicht mehr aus einem prozentualen Wert, sondern nur noch dem Betrag von 25.000 €.
- **Änderungen:** § 152 Abs. 12 AO n.F. schafft eine eigene Korrekturvorschrift für Verspätungszuschläge; danach ist im Falle einer Aufhebung der zugrundeliegenden Steuerfestsetzung der Verspätungszuschlag ebenfalls aufzuheben, erfolgt eine Änderung der Steuerfestsetzung ist diese beim Verspätungszuschlag entsprechend nachzuvollziehen, falls nicht ohnehin Mindestbeträge gelten.

4.3.2 Verzögerungsgeld
4.3.2.1 Überblick

Das **Verzögerungsgeld** als **steuerliche Nebenleistung** i.S.d. § 3 Abs. 4 AO kann gem. § 146 Abs. 2b AO im Wesentlichen in zwei Konstellationen festgesetzt werden:

Der Steuerpflichtige kommt seiner **Mitwirkungspflicht** gem. § 200 Abs. 1 AO im Rahmen einer **Betriebsprüfung** trotz Fristsetzung nicht nach.	Der Steuerpflichtige hat seine **elektronische Buchführung** ohne Bewilligung der Finanzbehörde ins **Ausland** verlagert bzw. kommt der Aufforderung auf Rückverlagerung aus dem Ausland nicht nach.

Das Verzögerungsgeld ist am ehesten mit einem Zwangsgeld nach den §§ 328 ff. AO oder einem Verspätungszuschlag nach § 152 AO zu vergleichen. Es soll den Steuerpflichtigen für die Zukunft zu einer reibungslosen Kooperation mit der Finanzbehörde anhalten und die **Verschleppung von Betriebsprüfungen** durch eine wiederholte verzögerte Vorlage von Unterlagen o.ä. verhindern.

Betragsmäßig geht das Verzögerungsgeld über die Grenzen, die für Zwangsgelder gelten, deutlich hinaus. Letztere dürfen höchstens 25.000 € betragen (§ 329 AO), das Verzögerungsgeld hingegen ist in einem Spektrum von 2.500 € bis sogar 250.000 € möglich.

4.3.2.2 Verzögerungsgeld wegen Verletzung der Mitwirkungspflichten während einer Betriebsprüfung

Voraussetzung für die Festsetzung eines Verzögerungsgeldes wegen der Verletzung von Mitwirkungspflichten ist zunächst, dass der Steuerpflichtige ausdrücklich gem. § 200 Abs. 1 AO **zur Mitwirkung aufgefordert** worden ist. Derartige Aufforderungen werden zumindest in solchen Fällen, in denen der Steuerpflichtige bereits durch Verzögerungen aufgefallen ist und die baldige Sanktionierung gem. § 146 Abs. 2b AO vorgesehen ist, regelmäßig aus Nachweisgründen **schriftlich** ergehen. Obwohl häufig für den Steuerpflichtigen ein Bevollmächtigter tätig wird und dessen steuerliche Belange vertritt, kann das Verzögerungsgeld nicht z.B. gegen den Steuerberater festgesetzt werden. § 146 Abs. 2b AO erwähnt **nur den Steuerpflichtigen selbst.**

Auch in Fällen, in denen der Finanzbehörde der **Zugriff auf elektronisch geführte Buchführungsunterlagen** nicht oder nicht im nach § 147 Abs. 6 AO erforderlichen Umfang gewährt wird, kommt eine Festsetzung eines Verzögerungsgeldes in Betracht.

Dem Steuerpflichtigen muss vor der Festsetzung eine angemessene **Frist** zur Mitwirkung gesetzt worden sein, die er dann nicht eingehalten hat. Wie lang diese zu sein hat, hängt von den Umständen des Einzelfalls, insbesondere dem erforderlichen Aufwand für den Steuerpflichtigen ab. Mehr als 4 Wochen werden hier in der Regel nicht erforderlich sein. Die Fristsetzung wird regelmäßig erst dann erfolgen, wenn der Steuerpflichtige der konkreten Aufforderung zur Erledigung einer bestimmten Mitwirkungshandlung nicht nachgekommen war. Theoretisch kann aber auch bereits bei dieser Aufforderung eine Frist mit Hinweis auf die Möglichkeit der Sanktion gesetzt werden.

Wenn der Steuerpflichtige die Frist versäumt, kann gegen ihn ein Verzögerungsgeld festgesetzt werden, die Finanzbehörde hat hierüber ein **Ermessen**. Dieses Ermessen betrifft wie z.B. auch beim Verspätungszuschlag die Frage:
- ob ein Verzögerungsgeld festzusetzen ist (Entschließungsermessen) und
- wie hoch das Verzögerungsgeld sein soll (Auswahlermessen).

Die Entscheidung ist **zu begründen**, auch z.B. im Hinblick darauf, welche Mitwirkungspflicht konkret verletzt worden ist. Hierbei darf nach der Rechtsprechung des BFH nicht von dem Grundsatz ausgegangen werden, dass **jede** Mitwirkungspflichtverletzung zur Festsetzung eines Verzögerungsgeldes führen kann. Vielmehr ist jede Festsetzung insbesondere im Hinblick auf die Ermessensausübung individuell näher zu begründen. Hinsichtlich der Höhe der Sanktion sollten Aspekte wie der mögliche Steuerausfall, das frühere Verhalten des Steuerpflichtigen oder die Dauer der Fristüberschreitung beachtet werden.

Die Festsetzung des Verzögerungsgeldes ist ein Verwaltungsakt, der auch mit dem Einspruch angefochten werden kann.

Die spätere Erledigung der bisher verletzten Mitwirkungspflicht führt nicht dazu, dass das Verzögerungsgeld sich erledigt oder aufgehoben wird o.ä., insbesondere eine analoge Anwendung des § 335 AO aus dem Zwangsgeldbereich ist nicht möglich. Da das Verzögerungsgeld auch eine Strafe für vergangenes Fehlverhalten sein soll und nicht nur Beugemittel, hat der Steuerpflichtige es gleichwohl zu zahlen.

4.3.2.3 Verzögerungsgeld wegen Verlagerung der elektronischen Buchführung ins Ausland

Das Verzögerungsgeld ist auch möglich als Sanktion für Verstöße gegen § 146 Abs. 2a AO. Diese Norm ermöglicht es Unternehmen grundsätzlich, mit Bewilligung der Finanzbehörden die elektronische Buchführung ins Ausland zu verlagern (vgl. hierzu Kap. 4.2.1.1).

Verstöße können mit einem Verzögerungsgeld sanktioniert werden, so vor allem:
- die Verlagerung ins Ausland ohne Bewilligung,
- die Verweigerung, der Aufforderung der Rückverlagerung ins Inland nachzukommen.

4.3.3 Weitere Folgen: Zwangsmittel, Schätzung von Besteuerungsgrundlagen

Wegen Zwangsmitteln s. Kap. VII. 3.
Wegen der Schätzung von Besteuerungsgrundlagen s. 4.4.3.

4.4 Beweiswürdigung im Besteuerungsverfahren
4.4.1 Allgemeine Grundsätze
4.4.1.1 Freie Beweiswürdigung, Beweislast, Feststellungslast

Im Steuerverwaltungsverfahren entscheiden die Finanzbehörden nach dem Gesamtergebnis der Erkenntnisse aus ihren Ermittlungen. Spezielle Beweisgrundsätze, etwa festgelegte **Beweislastregeln** o.ä. existieren in der AO nicht. Es gilt der **Grundsatz der freien Beweiswürdigung**. Aufgrund **§ 88 AO** ist die Finanzbehörde dabei zur Ermittlung des wesentlichen Sachverhalts verpflichtet und kann auch den Steuerpflichtigen zur Mitwirkung heranziehen (vgl. hierzu insgesamt 1.2.6). Es sind Beweiserhebungen möglich, die z.B. in Auskunftsersuchen, Gutachten von Sachverständigen oder Inaugenscheinnahmen bestehen können.

In begrenztem Umfang ist es den Finanzbehörden bei der Beweiswürdigung auch möglich, sich auf den **Beweis des ersten Anscheins** zu verlassen. Das bedeutet, dass von einem typischen Geschehensablauf der Schluss auf das Vorliegen oder Nichtvorliegen eines gesetzlichen Tatbestandes gezogen werden kann. Unter bestimmten Voraussetzungen können nicht ermittel- oder beweisbare Besteuerungsgrundlagen auch geschätzt werden (s. 4.4.3).

Lässt sich eine Tatsache nicht aufklären, stellt sich die Frage, zu welchen Lasten sich dies auswirkt. Im Zivilprozess gilt der Grundsatz, dass die Parteien die für sie günstigen oder sie entlastenden Umstände stets zu behaupten und zu belegen haben. Im Steuerverfahren kann dies aufgrund § 88 AO so nicht gelten, eine derartige **subjektive Beweislast** gibt es hier nicht. Die **§§ 159 und 160 AO** stellen Regelungen auf, die z.T. wie derartige Beweislastregeln wirken können (s. 4.4.1.3, 4.4.2), indem sie die Nichtbenennung von Umständen mit einer möglichen Aberkennung von Steuervergünstigungen sanktionieren.

Als **objektive Beweislast** wird demgegenüber die Frage bezeichnet, zu wessen Lasten die **Unaufklärbarkeit** einer entscheidungsrelevanten Tatsache wirkt, diese Frage ist regelmäßig auch im Steuerverfahren relevant. Geht es um steuerbegründende Tatsachen, wird die Finanzbehörde auf ihren Anspruch verzichten müssen, wenn dieser sich nicht eindeutig nachweisen lässt. Macht andererseits der Steuerpflichtige steuermindernde Tatbestände geltend, geht die Unsicherheit in der Regel zu seinen Lasten.

Eine wesentliche Basis der Beweiswürdigung ist die **Beweiskraft der Buchführung** gem. **§ 158 AO**. Die Vorschrift stellt die gesetzliche Vermutung auf, dass die Buchführung und die Aufzeichnungen des Steuerpflichtigen, die den **formellen** Anforderungen der §§ 140-148 AO entsprechen, richtig sind und damit der Besteuerung grundsätzlich zugrunde gelegt werden können. Hiervon sollen die Finanzbehörden nur abweichen, wenn nach den Umständen des Einzelfalls der Anlass besteht, an der sachlichen Richtigkeit zu zweifeln. Es wird hier auf das Gesamtwerk der Buchführung abgestellt, nicht auf einzelne Buchungen oder Posten. Widerlegt werden kann die Richtigkeitsvermutung von der Verwaltung durch Methoden wie Verprobungen und Richtsatzvergleiche.

4.4.1.2 Kontenwahrheit, § 154 AO

Gem. § 154 Abs. 1 AO darf niemand auf einen falschen oder erdichteten Namen für sich oder einen Dritten ein Konto errichten oder Buchungen vornehmen lassen, Wertsachen in Verwahrung geben oder verpfänden oder sich ein Schließfach geben lassen. Dieser Grundsatz der **Kontenwahrheit** soll verhindern, dass steuerlich erhebliche Sachverhalte durch falsche Konten verschleiert werden können. Um dem Grundsatz Nachdruck zu verleihen, ordnet § 154 Abs. 3 AO an, dass bei einem Verstoß Guthaben, Wertsachen und der Inhalt eines Schließfachs nur mit Zustimmung des zuständigen Finanzamts herausgegeben werden. Dies wird verfahrenstechnisch dadurch gewährleistet, dass sich gem. § 154 Abs. 2 Satz 1 AO der Konto- bzw. Depot- oder Schließfachführende zuvor Gewissheit über die Person und Anschrift jedes Verfügungsberechtigten und jedes wirtschaftlich Berechtigten i.S.d. Geldwäschegesetzes verschaffen muss und die Angaben darüber schriftlich festzuhalten hat. Verpflichteter in diesem Sinne wird in der Regel eine Bank sein. Die Bank muss sicherstellen, dass sie jederzeit Auskunft über jegliche Konten usw. eines Verfügungsberechtigten geben kann. Die Informationen müssen kontinuierlich überwacht und in zeitlich angemessenem Abstand aktualisiert werden, § 154 Abs. 2 Satz 4 AO.

4. Durchführung der Besteuerung

Gem. § 154 Abs. 2a AO haben Kreditinstitute außerdem für jeden Kontoinhaber, Verfügungsberechtigten oder wirtschaftlich Berechtigten i.S.d. Geldwäschegesetzes dessen steuerliche Merkmale zu erheben und aufzuzeichnen. Vertragspartner haben diese Daten dem Kreditinstitut gem. § 154 Abs. 2a S. 2 AO mitzuteilen, unterlassen sie dies, hat das Kreditinstitut die Daten, falls sie sie nicht selbst bereits erfasst hat, beim Bundeszentralamt für Steuern nachzufragen, § 154 Abs. 2b AO.

Wer die Pflicht zur Kontenwahrheit gem. § 154 Abs. 1 AO vorsätzlich oder leichtfertig verletzt, handelt ordnungswidrig i.S.d. § 379 Abs. 2 Nr. 2 AO, im Extremfall kann auch eine Beihilfe zur Steuerhinterziehung gem. § 370 Abs. 1 Nr. 1 AO (i.V.m. § 27 StGB) in Betracht kommen.

Darüber hinaus schafft § 72 AO einen entsprechenden Haftungstatbestand für die Banken. Geben diese vorsätzlich oder grob fahrlässig ohne Zustimmung des Finanzamts Guthaben, Wertsachen oder Schließfachinhalte an den Inhaber, der § 154 Abs. 3 AO verletzt hat, heraus, können sie für einen daraus entstehenden Ausfall von Steueransprüchen herangezogen werden.

4.4.1.3 Nachweis der Treuhänderschaft, § 159 AO

Obwohl die AO keine echten Beweislastregeln kennt, da gem. § 88 AO das Amtsermittlungsprinzip gilt, begründet § 159 AO eine **Beweisverpflichtung** des Steuerpflichtigen. Dieser muss, wenn er nicht will, dass ihm auf ihn lautende Rechte oder Sachen, die er besitzt, wirtschaftlich zugerechnet werden, das zugrunde liegende **Treuhandverhältnis** nachweisen, auf das er sich beruft. Ähnlich wie § 160 AO (s. 4.4.2) sieht § 159 AO zunächst das Recht der Finanzbehörde vor, den Nachweis vom Steuerpflichtigen zu verlangen. Kommt dieser dem Verlangen nicht nach, muss in einem zweiten Schritt entschieden werden, welche steuerlichen Konsequenzen das nach sich zieht. Regelmäßig ist der Gegenstand oder das Recht dann dem Steuerpflichtigen selbst zuzurechnen.

§ 159 AO stellt fest, dass die Konstellation des **wirtschaftlichen Eigentums** i.S.d. § 39 Abs. 2 AO durch den Eigentümer oder Besitzer nachgewiesen werden muss, wenn dieser geltend machen will, dass ein anderer wirtschaftlicher Eigentümer ist (zum wirtschaftlichen Eigentum vgl. Kap. II. 1.3.1).

4.4.2 Benennung von Zahlungsempfängern, § 160 AO
4.4.2.1 Bedeutung des § 160 AO

Gem. § 160 AO kann die Finanzbehörde die steuermindernde Berücksichtigung von Schulden oder andere Lasten, Betriebsausgaben, Werbungskosten und andere Ausgaben ablehnen, wenn der Steuerpflichtige der Aufforderung, den Empfänger der jeweiligen Zahlungen genau zu benennen, nicht nachkommt. Die Vorschrift konstruiert eine Gefährdungshaftung. Soweit ein Steuerpflichtiger z.B. eine Zahlung an einen Dritten als Betriebsausgabe geltend machen will, soll auch die Besteuerung der Zahlung auf der Einnahmeseite durch den Empfänger sichergestellt sein. Ist dies nicht gewährleistet, oder besteht sogar der dringende Verdacht, dass der Empfänger „schwarz" tätig geworden ist, soll im Gegenzug auch die Ausgabe regelmäßig nicht steuermindernd berücksichtigt werden.

> **Beispiel:**
>
> Bei Schrotthändler S führt das Finanzamt Landau eine Betriebsprüfung durch. Prüfer P stellt fest, dass Zahlungen für den Ankauf von Altmetall in Höhe von 20.000 € als Betriebsausgaben geltend gemacht werden, deren Empfänger aus den Unterlagen nicht ersichtlich sind. P verlangt von S die Benennung der Empfänger. S macht geltend, er habe den Lieferanten sein „Ehrenwort" gegeben, diese nicht zu benennen.

> **Lösung:**
>
> Das Finanzamt kann die Zahlungen gem. § 160 AO aberkennen. Das Benennungsverlangen war möglich, da die tatsächliche Besteuerung durch die Lieferanten zweifelhaft war. Da S dem Verlangen nicht nachgekommen ist, können die Ausgaben aberkannt werden. P muss entscheiden, in welchem Umfang er die Ausgaben streicht.

4.4.2.2 Voraussetzungen und Entscheidung des Finanzamts

Die Entscheidung, die das Finanzamt gem. § 160 AO zu treffen hat, besteht in einer **zweifachen Ermessensausübung**.

Zweistufige Ermessensentscheidung gem. § 160 AO
1. Das Finanzamt hat zu entscheiden, **ob** für eine geltend gemachte steuerliche Belastung (Betriebsausgabe/Werbungskosten etc.) **die Benennung** des bisher nicht bekannten Empfängers **verlangt wird**.
2. Bei Nichtbenennung muss das Finanzamt entscheiden, **ob und ggf. in welcher Höhe** der **Abzug der Ausgaben versagt** wird.

Auf der ersten Stufe hat das Finanzamt insbesondere den Zweck des § 160 AO in die Entscheidung mit einzubeziehen. Die Norm soll die **Nichtversteuerung auf der Empfängerseite verhindern** bzw. dieser Gefahr durch die Streichung der entsprechenden Ausgaben auf der Zahlerseite begegnen. Die Entscheidung, die Benennung von Empfängern wie in § 160 AO beschrieben zu verlangen, ist also vor allem dann gerechtfertigt, wenn nach den Umständen des Einzelfalls die Vermutung besteht, dass der Empfänger die Zahlungen nicht versteuert hat. Diese Vermutung liegt nahe, wenn die Angaben in der Buchführung über den Empfänger unschlüssig oder unvollständig sind oder gänzlich fehlen. In solchen Fällen, in denen es sich z.B. um Bestechungs- oder Schmiergelder handelt, wird ein Benennungsverlangen stets ermessensgerecht sein, wenn nicht bereits ertragsteuerliche Vorschriften den Betriebsausgabenabzug verhindern.

Wenn der potenzielle Empfänger aller Wahrscheinlichkeit nach **nicht im Inland** steuerpflichtig ist, kann auf ein Benennungsverlangen verzichtet werden. In diesem Fall kann es höchstwahrscheinlich nicht zu einem Steuerausfall in Deutschland kommen (vgl. AEAO zu § 160, Nr. 4.).

Die Benennung muss für den Steuerpflichtigen auch **zumutbar** sein, das Verlangen also dem Grundsatz der **Verhältnismäßigkeit** entsprechen (BFH-Urteil vom 20.04.2005, BFH/NV 2005, 1739 ff.). Insbesondere muss es dem Steuerpflichtigen zuzumuten gewesen sein, sich nach den Gepflogenheiten eines ordnungsmäßigen Geschäftsverkehrs über die Identität seines jeweiligen Geschäftspartners Gewissheit zu verschaffen. Laut BFH (a.a.O.) ist dies jedoch nur in Ausnahmefällen nicht der Fall, wenn die Erfüllung dieser Pflicht z.B. zu nicht zu bewältigenden tatsächlichen oder rechtlichen Schwierigkeiten führen würde.

Gem. § 160 Abs. 2 AO bleibt § 102 AO unberührt, d.h. das dort geregelte **Auskunftsverweigerungsrecht** für Angehörige bestimmter Berufsgruppen bleibt bestehen. Übt eine unter § 102 AO fallende Person ihr Schweigerecht aus, darf dies nicht zur Versagung seines Betriebsausgabenabzugs führen. Nur für Presseangehörige wurde die Geltung des § 160 AO in § 102 Abs. 1 Nr. 4 AO, letzter HS ausdrücklich bestätigt (vgl. 1.3.3.2).

In den vergangenen Jahren wurden Grundsätze zur Anwendung des § 160 AO im Zusammenhang mit Zahlungen an Domizilgesellschaften aufgestellt:

Domizilgesellschaften	
Definition	BFH: Gesellschaften, die zwar die Zahlungen des Stpfl. entgegennehmen, die aber lediglich zwischengeschaltet werden, weil sie die vertragliche Leistung entweder mangels eigener wirtschaftlicher Betätigung nicht erbringen können oder weil sie aus anderen Gründen die ihr erteilten Aufträge und die empfangenen Gelder an Dritte weiterleiten („Briefkastenfirma").

Rechtliche Behandlung der Zahlungen an diese Gesellschaften	<ul><li>Zunächst ist zu prüfen, ob überhaupt eine werthaltige Leistung empfangen worden ist oder nur ein Scheingeschäft vorliegt.</li><li>Empfängernachweis erfordert die Benennung der hinter der Domizilgesellschaft stehenden Personen.</li><li>Ungewissheiten gehen zu Lasten des Steuerpflichtigen.</li><li>Neben § 160 AO ist § 16 des Außensteuergesetzes zu beachten (Mitwirkungspflicht des Steuerpflichtigen bei Geschäftsbeziehungen mit ausländischen Gesellschaften).</li></ul>

Laut BFH ist das Benennungsverlangen **kein Verwaltungsakt** (Urteil vom 12.09.1985, BStBl II 1986, 537), sondern nur **Vorbereitungshandlung** für den später zu erlassenden Steuerbescheid. Dem hat sich die Verwaltung angeschlossen (vgl. AEAO zu § 160, Nr. 1.). In der Literatur wird vielfach die gegenteilige Auffassung vertreten (Tipke in Tipke/Kruse, AO/FGO, § 160, Rn. 12 f. m.w.N.).

Die Befolgung des Benennungsverlangens ist nicht erzwingbar. Reagiert der Steuerpflichtige nicht wie gewünscht, bestimmt § 160 AO die mögliche Konsequenz: Die Ausgabe kann ganz oder teilweise gestrichen werden, s.u. Die Festsetzung eines Zwangsgeldes ist nicht möglich.

Auf der zweiten Stufe hat das Finanzamt die Ermessensentscheidung darüber, welche Konsequenzen aus der Nichtbefolgung des Benennungsverlangens gezogen werden. Nach dem Wortlaut des § 160 Abs. 1 Satz 1 AO sind die entsprechenden Ausgaben regelmäßig nicht steuerlich zu berücksichtigen, d.h. die Steuerminderung ist abzuerkennen. Dies muss nicht grundsätzlich eine Aberkennung in vollem Umfang bedeuten. Da § 160 AO der Gefahr eines Steuerausfalls begegnen will, ist bei der Entscheidung auf der 2. Stufe auch die **Höhe des potenziellen Steuerausfalls** zu berücksichtigen.

Beispiel (nach BFH vom 09.08.1989, BStBl II 1989, 995):
Das Bestattungsunternehmen „Letzte Träne" GmbH macht hohe Provisionszahlungen an Krankenhausbedienstete, vornehmlich Pfleger und Schwestern als Betriebsausgaben geltend. Diese seien gezahlt worden, um zeitnahe Meldungen über Todesfälle in den Krankenhäusern an das Unternehmen zu belohnen, da dieses durch diese Meldungen Kunden gewinnen konnte. Das Finanzamt verlangt die Benennung der Empfänger, da es davon ausgeht, dass diese die Provisionszahlungen nicht in ihren Steuererklärungen als Einkünfte angegeben haben. Die GmbH weigert sich, dem Verlangen nachzukommen, um sich die Informationsquellen zu erhalten.

Lösung:
Das Benennungsverlangen war rechtmäßig. Es ist in höchstem Maße zweifelhaft, dass die Krankenhausbediensteten die erhaltenen Provisionen in ihren Steuererklärungen angegeben haben. Fraglich ist jedoch, ob die Ausgaben in voller Höhe gestrichen werden müssen. Hier ist der potenzielle Steuerausfall zu berücksichtigen. Das Finanzamt ist berechtigt zu schätzen, inwieweit die Ausgabe gestrichen werden muss, um den vermutlichen Steuerausfall bei den Empfängern, die eher mittleren bis niedrigeren Steuersätzen unterliegen, auszugleichen. Es unterstellt also, in welcher Höhe es zu einer Besteuerung der Gelder auf der Empfängerseite gekommen wäre und gleicht diesen Ausfall durch eine entsprechend hohe Streichung der Ausgaben aus.

Auch die Entscheidung über die Streichung der Betriebsausgaben ist **kein eigenständiger Verwaltungsakt**, erst der Steuerbescheid manifestiert die Rechtsfolgen des § 160 AO.

§ 160 Abs. 1 Satz 2 AO stellt schließlich klar, dass es dem Finanzamt unbenommen bleibt, den Sachverhalt selbst näher zu ermitteln. Eine Pflicht hierzu besteht aber nicht.

4.4.2.3 Rechtsbehelfe

Folgt man BFH und Verwaltung in der Auffassung, dass das Benennungsverlangen kein Verwaltungsakt ist, ist dagegen auch **kein Einspruch möglich**. Der Steuerpflichtige muss vielmehr den weiteren Verlauf des Verfahrens abwarten und kann ggf. gegen den entsprechenden Steuerbescheid, in dem die Betriebsausgabe aberkannt worden ist, Einspruch einlegen. In diesem und dem sich evtl. anschließenden Klageverfahren kann dann auch darüber gestritten werden, ob das Benennungsverlangen ausgesprochen werden durfte, insbesondere ob es ermessensgerecht war.

Wenn der Steuerpflichtige nach Eintritt der Bestandskraft des Steuerbescheides, in dem die Ausgabe wegen Nichtbefolgung des Benennungsverlangens ganz oder teilweise gestrichen wurde, die Identität des Empfängers doch preisgibt, besteht regelmäßig für die Korrektur des Steuerbescheides des Zahlenden kein Raum mehr. Es handelt sich weder um eine nachträglich bekannt gewordene Tatsache gem. § 173 Abs. 1 Nr. 2 AO, da das Finanzamt bereits von der Zahlung selbst wusste, noch um ein rückwirkendes Ereignis i.S.d. § 175 Abs. 1 Nr. 2 AO, da die nachträgliche Benennung keine materiell-rechtliche steuerliche Rückwirkung entfaltet (vgl. zu diesen Korrekturvorschriften Kap. V.).

4.4.3 Schätzung von Besteuerungsgrundlagen, § 162 AO

Wenn die zur Festsetzung der Steuer erforderlichen **Besteuerungsgrundlagen** nicht mit Sicherheit ermittelt werden können, besteht für die Finanzbehörde gem. § 162 AO die Möglichkeit diese zu **schätzen**. Dies kommt vor allem dann vor, wenn der Steuerpflichtige trotz Verpflichtung keine Steuererklärung abgegeben hat. Bei der Schätzung ist zu beachten, dass diese keine Bestrafung darstellen soll mit der Maßgabe, dass die Zahlen möglichst hoch anzusetzen sind. Vielmehr sind die Besteuerungsgrundlagen unter Einbeziehung aller vorhandenen Erkenntnisse, auch unter Berücksichtigung der Zahlen aus den Vorjahren, **möglichst richtig** zu schätzen.

4.4.3.1 Voraussetzungen und Gegenstand der Schätzung

Voraussetzung für eine Schätzung ist gem. § 162 Abs. 1 Satz 1 AO, dass die Finanzbehörde die Besteuerungsgrundlage nicht ermitteln oder berechnen kann. Klassische Anwendungsbeispiele für Schätzungen sind:

- Nichtabgabe der Steuererklärung trotz Verpflichtung, vgl. § 162 Abs. 2 AO,
- § 162 Abs. 5 AO: Fälle des § 155 Abs. 2 AO = Schätzung von Besteuerungsgrundlagen, die gesondert (und ggf. einheitlich) festgestellt werden und für die noch kein Grundlagenbescheid vorliegt.

Beispiel:

Der Steuerpflichtige U, wohnhaft in Ludwigshafen, ist Einzelunternehmer und erzielt außerdem gewerbliche Einkünfte aus einer Beteiligung an der Windkraft GmbH & Co. KG in Husum. Diese Einkünfte werden beim Finanzamt Dithmarschen in Schleswig-Holstein gesondert und einheitlich festgestellt. U gibt seine Steuererklärung für 01 im Mai 02 ab. Hinsichtlich der anzusetzenden Einkünfte aus der KG vermerkt er, dass die Höhe vom Finanzamt von Amts wegen angesetzt werden soll. Erkenntnisse vom zuständigen Finanzamt, insbesondere die ESt-4B-Mitteilung liegen noch nicht vor. Der Sachbearbeiter im Wohnsitzfinanzamt überlegt, ob er trotzdem schon einen Einkommensteuerbescheid erlassen kann.

Lösung:

Das Finanzamt Ludwigshafen kann die Veranlagung zur Einkommensteuer schon durchführen. Die Einkünfte aus der Beteiligung an der KG können gem. § 162 Abs. 5 i.V.m. § 155 Abs. 2 AO geschätzt werden. Der Sachbearbeiter wird zur sachgerechten Schätzung die Vorjahreswerte heranziehen. Häufig informieren größere KG auch bereits vor Durchführung der Feststellung über die voraussichtlichen Einkünfte. Diese Vorinformation kann ebenfalls zugrunde gelegt werden.

In allen Fällen von Schätzungen soll die richtige Bemessungsgrundlage geschätzt werden. Gem. § 162 Abs. 1 Satz 2 AO sind hierbei **alle Umstände zu berücksichtigen**, also natürlich auch solche, die für den Steuerpflichtigen günstig sind. Erfolgt die Schätzung aufgrund der Verletzung von Mitwirkungspflichten, darf das Finanzamt dies nicht als Grund für einen bewusst extrem zu hohen Schätzungswert heranziehen. Es ist zwar zulässig, auf die Werte aus den vorangegangenen Veranlagungszeiträumen einen „Sicherheitszuschlag" zu berechnen, jedoch hat die Rechtsprechung übermäßig erhöhte und unrealistische Werte (sog. „**Mondschätzungen**") wiederholt als rechtswidrig, im Extremfall sogar als nichtig angesehen. Insgesamt sind jedoch, da der Steuerpflichtige seine Mitwirkungspflicht in diesen Fällen verletzt hat, auch an die Ermittlungspflicht des Finanzamts keine zu hohen Anforderungen zu stellen.

Neben den oben genannten Beispielen kommen in folgenden Fällen Schätzungen gem. § 162 AO in Betracht:

Weitere Anwendungsfälle für Schätzungen gem. § 162 AO	
§ 162 Abs. 2 Satz 1 AO	Verweigerung einer Versicherung an Eides statt
§ 162 Abs. 2 Satz 1 AO	Verletzung der Mitwirkungspflicht nach § 90 Abs. 2 AO (bestimmte Auslandssachverhalte)
§ 162 Abs. 2 Satz 2 AO	Nichtvorlage von Büchern und Aufzeichnungen, die der Steuerpflichtige zu führen hat
§ 162 Abs. 2 Satz 2 AO	Buchführung oder Aufzeichnungen haben aufgrund formeller Mängel nicht die Beweiskraft gem. § 158 AO
§ 162 Abs. 2 Satz 2 AO	Tatsächliche Anhaltspunkte für die Unrichtigkeit oder Unvollständigkeit der vom Steuerpflichtigen gemachten Angaben zu steuerpflichtigen Einnahmen oder Betriebsvermögensmehrungen
§ 162 Abs. 2 Satz 2 AO	Steuerpflichtiger verweigert die Zustimmung zum Kontenabruf nach § 93 Abs. 7 Satz 1 Nr. 5 AO
§ 162 Abs. 3 AO	Steuerpflichtiger verletzt Mitwirkungspflichten nach § 90 Abs. 3 AO = Pflicht zur besonderen Dokumentation und Mitwirkung bei Geschäftsbeziehungen zum Ausland; neben der Schätzung ist hier die Festsetzung eines Zuschlags gem. § 162 Abs. 4 AO möglich

4.4.3.2 Verfahren und Entscheidung

Vor Erlass eines Steuerbescheides, in dem geschätzte Besteuerungsgrundlagen enthalten sind, ist dem Steuerpflichtigen gem. § 91 AO **rechtliches Gehör zu gewähren** (s. 1.2.8). In Fällen der Schätzung wegen Nichtabgabe der Steuererklärung wird das Finanzamt ihn in der Regel vorab anschreiben und die Schätzung androhen. In dieser Androhung werden bereits die Beträge genannt, die man hierbei zugrunde zu legen beabsichtigt. Dies soll dem Steuerpflichtigen auch nochmals dazu animieren, seiner Erklärungspflicht nunmehr nachzukommen. Der Verstoß gegen dieses Gebot zur Gewährung rechtlichen Gehörs ist gem. § 126 Abs. 1 Nr. 3 AO heilbar. Außerdem greift § 127 AO: Der als Folge der Schätzung ergehende Steuerbescheid ist ein gebundener Verwaltungsakt, nicht etwa ein Ermessensverwaltungsakt, wie man aufgrund der geschätzten Werte, die unterschiedlich ausfallen können, denken könnte. Als gebundener Verwaltungsakt kann ein derartiger Steuerbescheid nicht allein mit dem Argument erfolgreich angefochten werden, dass die Anhörung unterlassen worden ist. Dieser Verfahrensfehler ist unbeachtlich.

Grundsätzlich empfiehlt es sich für die Finanzbehörde, den Schätzungsbescheid unter dem **Vorbehalt der Nachprüfung** gem. § 164 Abs. 1 Satz 1 AO zu erlassen. Das hat zur Folge, dass bei nachträglicher

Abgabe der Steuererklärung der Bescheid jederzeit gem. § 164 Abs. 2 Satz 1 AO änderbar ist, zumindest solange die Festsetzungsfrist noch nicht abgelaufen ist. Die Verwaltung schreibt das Setzen des Vorbehalts im Regelfall vor (vgl. AEAO zu § 162, Nr. 4), insbesondere wenn mit der späteren Abgabe der Erklärung gerechnet wird oder eine Betriebsprüfung vorgesehen ist. Diese Vorschrift ist jedoch nicht bindend für die Verwaltung in dem Sinne, dass der Steuerpflichtige einen Verstoß dagegen mit Rechtsmitteln rügen könnte. Wird ohne Vorbehalt der Nachprüfung geschätzt, kann der Bescheid bei späterer Abgabe der Erklärung nicht gem. § 164 Abs. 2 Satz 1 AO geändert werden.

Will der Steuerpflichtige den Eintritt der Bestandskraft bei fehlendem Vorbehalt verhindern, muss er gegen den Steuerbescheid innerhalb der Frist des § 355 Abs. 1 Satz 1 AO **Einspruch einlegen**. Dann kann eine Vollüberprüfung des Bescheides und damit eine Veranlagung nach der später abzugebenden Steuererklärung erfolgen. Alternativ kann der Steuerpflichtige einen **Antrag auf schlichte Änderung gem. § 172 Abs. 1 Nr. 2a AO** stellen und diesen mit der Abgabe der Steuererklärung begründen. Er hat allerdings auch zeitnah als Begründung dieses Antrags, der selbst zwingend innerhalb der Einspruchsfrist eingelegt werden muss, die Erklärung tatsächlich abzugeben, da sein Antrag ansonsten als zu unkonkret abgelehnt werden müsste (vgl. BFH vom 20.12.2006, BStBl II 2007, 503; AEAO zu § 172, Nr. 2.; vgl. hierzu Kap. V. 2.3.4.3.1).

Wird der auf geschätzten Besteuerungsgrundlagen beruhende Steuerbescheid bestandskräftig, kann er, wenn die Abgabe der Steuererklärung später erfolgt, neben den oben behandelten Möglichkeiten der § 164 Abs. 2 Satz 1 AO und § 172 Abs. 1 Nr. 2a AO regelmäßig nicht gem. § 173 Abs. 1 Nr. 2 AO geändert werden.

> **Beispiel:**
>
> Der Einzelunternehmer G hat trotz Aufforderung im März 03 noch keine Steuererklärung für 01 abgegeben. Nach vorheriger Androhung schätzt das Finanzamt die Besteuerungsgrundlagen und erlässt mit Datum vom 01.04.03 einen entsprechenden Steuerbescheid. Einen Vorbehalt der Nachprüfung setzt es nicht, da auch die Erklärungen in den Vorjahren sehr spät und teilweise gar nicht abgegeben worden sind. G gibt im August 03 schließlich seine Erklärung ab. Ein Ansatz der von ihm angegebenen Besteuerungsgrundlagen würde zu einer um 5.500 € niedrigeren Steuer führen. G bittet das Finanzamt um Berücksichtigung der Erklärung.

> **Lösung:**
>
> Der Einkommensteuerbescheid vom 01.04.03 ist bestandskräftig geworden. G hat nicht fristgemäß Einspruch eingelegt (§ 355 Abs. 1 Satz 1 AO), auch hat er nicht innerhalb der Einspruchsfrist einen Antrag auf schlichte Änderung gem. § 172 Abs. 1 Nr. 2a AO gestellt. Eine Änderung nach § 164 Abs. 2 Satz 1 AO kommt nicht in Betracht, da der Bescheid nicht unter dem Vorbehalt der Nachprüfung steht.
>
> Schließlich greift auch § 173 Abs. 1 Nr. 2 AO nicht. Zwar wird dem Finanzamt eine neue Tatsache, nämlich die Summe der Besteuerungsgrundlagen für die Einkommensteuer 01 des G nach abschließender Zeichnung, also nachträglich bekannt. Aber dies resultiert aus dem groben Verschulden des G. Dieser wusste, dass er bis Ende Mai 02 die Steuererklärung für 01 abzugeben gehabt hätte. Diese Frist versäumt er bewusst um mehr als ein Jahr. Er handelt damit zumindest grob fahrlässig. Eine Änderung des Steuerbescheides kommt daher nicht in Betracht.

Gibt der Steuerpflichtige seine Steuererklärung ab, die – wie es regelmäßig der Fall sein wird – zu einer niedrigeren Steuer führt, sind nicht etwa alle Besteuerungsgrundlagen als getrennte Tatsachen i.S.d. **§ 173 Abs. 1 Nr. 1 oder Nr. 2 AO** zu betrachten mit der Folge, dass ein Zusammenhang zwischen steuererhöhenden und -mindernden Tatsachen besteht, der das Verschulden des Steuerpflichtigen gem. § 173 Abs. 2 S. 2 AO unbeachtlich sein lässt. Vielmehr liegt nur eine Tatsache nach § 173 Abs. 1 Nr. 2

AO vor (vgl. AEAO zu § 173, Nr. 7.). Wenn den Steuerpflichtigen am nachträglichen Bekanntwerden ein grobes Verschulden trifft, was bei bewusst verspäteter Abgabe der Steuererklärung in der Regel der Fall sein wird, kann eine Änderung nach § 173 AO nicht erfolgen (vgl. Kap. V. 2.3.5.4.1).

> **Zusammenfassung: Änderung von Schätzungsbescheiden aufgrund der abgegebenen Steuererklärung**
>
> Bei Steuerbescheiden, die aufgrund geschätzter Besteuerungsgrundlagen ergehen, kann eine Änderung aufgrund der verspätet abgegebenen Steuererklärung nur erfolgen, wenn
> - der Bescheid unter dem Vorbehalt der Nachprüfung ergangen ist oder
> - die Abgabe der Erklärung innerhalb der Einspruchsfrist erfolgt oder zumindest zeitnah nach fristgerechter Einlegung des Einspruchs oder eines Antrags auf schlichte Änderung gem. § 172 Abs. 1 Nr. 2a AO
> - und die Festsetzungsfrist gem. §§ 169 ff. AO noch nicht abgelaufen ist.

IV. Festsetzungs- und Feststellungsverfahren

1. Steuerfestsetzungen

Im **Festsetzungsverfahren** werden die durch das vorangegangene Ermittlungsverfahren erzielten Erkenntnisse zu einem Abschluss gebracht. Dies erfolgt regelmäßig durch den Erlass von Steuerbescheiden, es kommen aber auch andere Verwaltungsakte in Betracht. So werden z.B. im Bereich der Umsatzsteuer lediglich Steueranmeldungen durch den Steuerpflichtigen eingereicht, der Erlass eines Bescheides durch die Finanzbehörde ist unter bestimmten Voraussetzungen gar nicht erforderlich.

Die AO unterscheidet Steuerbescheide und ihnen gleichgestellte Bescheide auf der einen und sog. sonstige (Steuer-)Verwaltungsakte auf der anderen Seite. Wesentliche Unterschiede zwischen beiden Formen sind vor allem die anwendbaren Vorschriften über Korrekturen der jeweiligen Bescheidart.

Verwaltungsakte im Festsetzungs- und Feststellungsverfahren	
Bezeichnung	**Inhalt/Regelungen**
Steuerbescheid	Verwaltungsakt gem. §§ 155, 157 AO, durch den gegenüber dem Steuerschuldner die Steuerschuld verbindlich festgesetzt wird
Zusammengefasster Bescheid	Steuerbescheid, der sich an mehrere Steuerpflichtige richtet, die Gesamtschuldner sind, vor allem Ehegatten bei Zusammenveranlagung; es gilt § 155 Abs. 3 AO
Ablehnungsbescheid	Verwaltungsakt, mit dem der Erlass eines vom Steuerpflichtigen begehrten Bescheides, vor allem eines Freistellungsbescheides oder Steuerbescheides abgelehnt wird
Nichtveranlagungsbescheinigung	Sonstiger Verwaltungsakt (kein Steuerbescheid), den der Steuerpflichtige bei seiner Bank einreichen kann, damit von seinen Kapitalerträgen keine Steuer einbehalten wird, § 44a Abs. 2 Nr. 2 EStG
Nichtveranlagungsverfügung	Kein Verwaltungsakt, sondern interne Verfügung des Finanzamts, die feststellt, dass in einem Steuerfall keine Veranlagung durchzuführen ist
Freistellungsbescheid	Verwaltungsakt, der verbindlich feststellt, dass vom Adressaten keine Steuer geschuldet wird, s. 1.2
Steuermessbescheid	Bescheid des Finanzamts zur Vorbereitung der Festsetzung von Realsteuern (Grundsteuer, Gewerbesteuer) durch die Gemeinden, § 184 AO, s. 6.
Feststellungsbescheid	Bescheid in dem Besteuerungsgrundlagen gesondert und z.T. für mehrere Beteiligte einheitlich festgestellt werden; dieser wirkt sich auf den folgenden Steuerbescheid des Beteiligten aus, §§ 179 ff. AO, s. 5.
Grundlagenbescheid	Keine eigene Bescheidform, bezeichnet nur die Wirkung eines Bescheides, z.B. des Feststellungsbescheides als Grundlagenbescheid auf den Steuerbescheid des Beteiligten als Folgebescheid, § 171 Abs. 10 AO, s. 5.5

Bezeichnung	Inhalt/Regelungen
Folgebescheid	S.o. Ausführungen zum Grundlagenbescheid
Steueranmeldung	Wenn Einzelsteuergesetze vorschreiben, dass der Steuerpflichtige die Steuer selbst zu berechnen hat, gibt er hierzu eine Steueranmeldung ab, §§ 150 Abs. 1 Satz 3, 168 S. 1 AO, s. 4.
Festsetzung eines Verspätungszuschlags	Sonstiger Verwaltungsakt, wird oft zusammen mit dem Steuerbescheid erlassen, der dem Steuerpflichtigen eine Sanktion nach § 152 AO auferlegt, s. Kap. III. 4.3
Leistungsgebot	Sonstiger Verwaltungsakt, der regelmäßig in Steuerbescheiden enthalten ist und den Schuldner zur Leistung des zu zahlenden Betrages auffordert, § 254 Abs. 1 AO

1.1 Steuerbescheide

Steuern, die von einem Steuerschuldner nach den Einzelsteuergesetzen zu zahlen sind, entstehen gem. § 38 AO bereits kraft Gesetzes, sobald der Tatbestand verwirklicht ist (s. Kap. II. 1.2.3). Zur Klarstellung und Herstellung der Verbindlichkeit der Ansprüche werden sie jedoch durch einen förmlichen **Steuerbescheid** konkretisiert. Ist der Steuerbescheid wirksam bekannt gegeben worden (§§ 124 Abs. 1, 122 Abs. 1 AO, vgl. Kap. III. 3.9), entfaltet er Rechtswirkungen und kann nur noch eingeschränkt geändert werden. Will der Steuerpflichtige diese Bestandskraft des Bescheides verhindern, muss er gegen ihn Einspruch einlegen (vgl. Kap. V. 2.3). Tut er dies nicht, kann eine Korrektur des Bescheides nur noch vorgenommen werden, wenn eine Korrekturvorschrift dies ermöglicht. Auch Steuerbescheide, die inhaltlich nicht korrekt sind, also z.B. die Steuergesetze falsch umsetzen, sind (wenn sie nicht gem. § 125 AO aufgrund eines schwerwiegenden und offenkundigen Fehlers ausnahmsweise nichtig sind, vgl. Kap. III. 3.10) trotzdem wirksam.

Steuerbescheide sind **gebundene Verwaltungsakte**, d.h. die Finanzbehörde hat regelmäßig kein Ermessen darüber, ob sie einen Steuerbescheid erlässt oder nicht. Dies ist ihr durch die materiellen Steuergesetze vorgegeben.

Steuerbescheide müssen gem. § 157 Abs. 1 Satz 1 AO in schriftlicher Form ergehen, soweit nichts anderes bestimmt ist. Sie müssen gem. § 157 Abs. 1 Satz 2 AO den Steuerschuldner sowie die festgesetzte Steuer nach Art und Betrag bezeichnen. Aufgrund §§ 125 Abs. 2 Nr. 1, 119 Abs. 3 Satz 1 AO muss die erlassende Behörde zwingend erkennbar sein.

Zu diesen sog. **Mussinhalten**, deren Fehlen zur Nichtigkeit des Steuerbescheides führt, treten weitere **Sollinhalte** hinzu. So ist gem. § 121 AO jeder schriftliche Verwaltungsakt, so also auch ein Steuerbescheid, mit einer Begründung zu versehen.

Weiterhin können Steuerbescheide **Nebenbestimmungen** enthalten. Gem. § 120 Abs. 1 AO ist dies bei derartigen gebundenen Verwaltungsakten nur aufgrund besonderer gesetzlicher Regelung möglich. Es kommt daher insoweit nur der Vorbehalt der Nachprüfung gem. § 164 AO (s. 2.) sowie der Vorläufigkeitsvermerk gem. § 165 AO (s. 3.) in Betracht.

Inhalt eines Steuerbescheides	
Mussinhalt	**Sollinhalt**
Schriftform, § 157 Abs. 1 Satz 1 AO	Begründung, § 121 AO
Steuerschuld nach Art und Betrag, § 157 Abs. 1 Satz 2 AO	Rechtsbehelfsbelehrung, § 157 Abs. 1 Satz 3 AO
Steuerschuldner, § 157 Abs. 1 Satz 2 AO	Unterschrift, jedoch nicht bei maschinell erlassenen Bescheiden (§ 119 Abs. 3 Satz 2 AO)
Erlassende Behörde, § 125 Abs. 2 Nr. 1, § 119 Abs. 3 Satz 1 AO	Ggf. Nebenbestimmungen (§§ 164, 165 AO; vgl. 2., 3.)
Konsequenz bei Fehlen:	

Steuerbescheid nichtig gem. § 125 Abs. 1 AO	• Rechtsbehelfsbelehrung: § 356 S. 2 AO, es gilt eine einjährige Rechtsbehelfsfrist
	• Begründung:
	  – **§ 126 Abs. 1 Nr. 2 AO:** Heilung möglich
	  – **§§ 126 Abs. 3, 110 AO:** Möglicher Wiedereinsetzungsgrund für Einspruchsfrist
	  – **§ 127 AO:** Keine erfolgreiche Anfechtung des Steuerbescheides als gebundenem Verwaltungsakt allein wegen fehlender Begründung
	• Unterschrift:
	  – **§ 127 AO:** Fehler bei gebundenem Verwaltungsakt unbeachtlich, s.o.

Gegenüber mehreren Gesamtschuldnern, z.B. bei der Zusammenveranlagung von Ehegatten i.S.v. § 26b EStG können gem. § 155 Abs. 3 AO **zusammengefasste Bescheide** ergehen. Solche Bescheide sehen wie normale Steuerbescheide aus, ergehen jedoch inhaltsgleich für mehrere Personen auf gleichem Formular. Es handelt sich trotzdem um zwei (bzw. in anderen Fällen mehr) eigenständige Bescheide, die nur äußerlich miteinander verbunden sind, aber verfahrenstechnisch unterschiedliche Schicksale haben können (z.B. in Bezug auf die Bekanntgabe oder die Bestandskraft).

§ 155 Abs. 4 AO ermöglicht es mit Wirkung vom 01.01.2017, Steuerfestsetzungen ausschließlich automationsgestützt zu erstellen oder zu ändern, also ohne dass ein Amtsträger in die Bearbeitung involviert ist. Voraussetzung hierfür ist, dass der Fall keinen Anlass für eine manuelle Bearbeitung bietet. Ein solcher Anlass kann zum einen darin liegen, dass die aufgrund § 88 Abs. 5 AO eingesetzten Risikomanagementsysteme den Fall zur personellen Bearbeitung aussteuern (s. III 1.2.6). Zum anderen kann der Steuerpflichtige durch eigene Angaben in einem sog. **qualifizierten Freitextfeld** ausdrücklich eine nähere Prüfung veranlassen.

Mit dem Steuerbescheid sind häufig weitere Verwaltungsakte verbunden. In der Regel ist ein **Leistungsgebot** gem. § 254 Abs. 1 AO enthalten. Es handelt sich dabei um die Aufforderung zur Zahlung des aufgrund des Bescheides fälligen Betrages. Das Leistungsgebot ist Voraussetzung für eine spätere Beitreibung der Steuer.

Die Festsetzung eines **Verspätungszuschlags** gem. § 152 AO erfolgt regelmäßig im Steuerbescheid, ist aber ebenfalls ein eigener, selbständig anfechtbarer Verwaltungsakt (s. Kap. III. 4.3). Weiterhin werden durch eigenständige Verwaltungsakte **Anrechnungsbeträge** von der festgesetzten Steuer abgezogen, so die:

1. Steuerfestsetzungen

- Steuerabzugsbeträge (Lohnsteuer, Kapitalertragssteuer, vgl. § 36 Abs. 2 Nr. 2 EStG),
- Vorauszahlungsbeträge (vgl. § 36 Abs. 2 Nr. 1 EStG).

Schließlich enthalten Steuerbescheide häufig die eigenständige Festsetzung von **Vorauszahlungen**. Diese stellt gem. § 164 Abs. 1 Satz 2 AO eine Steuerfestsetzung unter Vorbehalt der Nachprüfung dar.

MUSTER eines Steuerbescheides	
Finanzamt Neustadt IdNr 56 407 123 456 Steuernummer 31/185/3789/0 (Bitte bei Rückfragen angeben)	67429 Neustadt 25.09.02 Konrad-Adenauer-Str. 26 Zi-Nr.: 688 Tel.: 06321/930-28589
Finanzamt Neustadt, 67429 Neustadt Herrn Fidel Zastro Villenstraße 104 67433 Neustadt	Landesfinanzkasse Daun 54550 Daun Berliner Str. 1 Zi-Nr.: 501 Tel.: 06592/9579-71000
	Bescheid für 01 über **Einkommensteuer** Kirchensteuer und Solidaritätszuschlag

Festsetzung

Art der Steuerfestsetzung

Der Bescheid ist nach § 165 Abs. 1 Satz 2 AO teilweise vorläufig.

	Einkommen- steuer €	Solidaritäts- zuschlag €	Kirchensteuer kath. €
Festgesetzt werden	8.036,00	411,98	723,24
ab Steuerabzug vom Lohn	8.169,00	446,13	744,22
verbleibende Steuer	− 133,00	− 34,15	− 20,98
Abrechnung (Stichtag 12.07.02) der Landesfinanzkasse Daun			
bereits getilgt	0,00	0,00	0,00
mithin sind zu viel entrichtet	133,00	34,15	20,98
Das Guthaben von 188,13 € wird erstattet auf das Konto 1234567890 bei der Sparkasse Südliche Weinstraße (BLZ 543 210 98).			

Besteuerungsgrundlagen Berechnung des zu versteuernden Einkommens		
		€
Einkünfte aus selbständiger Arbeit aus freiberuflicher Tätigkeit		598
Einkünfte		598
Einkünfte aus nichtselbständiger Arbeit Bruttoarbeitslohn ab Arbeitnehmer-Pauschbetrag	41.921 920	
Einkünfte	**41.001**	41.001
Gesamtbetrag der Einkünfte		41.599
(... es folgt die Berechnung des zu versteuernden Einkommens im Einzelnen)		
zu versteuerndes Einkommen		37.264
Berechnung der Steuer zu versteuern nach dem Grundtarif	37.264	
festzusetzende Einkommensteuer		8.036
Berechnung des Solidaritätszuschlags Einkommensteuer Bemessungsgrundlage für den Solidaritätszuschlag davon 5,5 % Solidaritätszuschlag		8.036,00 8.036,00 441,98
Berechnung der Kirchensteuer festzusetzende Einkommensteuer katholische Kirchensteuer: 9 % von 8.036		8.036,00 723,24

Erläuterungen zur Festsetzung
(es folgen Erklärungen zum konkreten Bescheid, z.B. zu geltend gemachten Werbungskosten)
Die Festsetzung der Einkommensteuer ist gem. § 165 Abs. 1 Satz 2 Nr. 3 AO vorläufig hinsichtlich:
- der Abziehbarkeit der Aufwendungen für eine Berufsausbildung oder ein Studium als Werbungskosten oder Betriebsausgaben (§ 4 Abs. 9, § 9 Abs. 6, § 12 Nr. 5 EStG),
- des Abzugs einer zumutbaren Belastung (§ 33 Abs. 3 EStG) bei der Berücksichtigung von für Krankheit oder Pflege als außergewöhnliche Belastung.

Die Festsetzung des Solidaritätszuschlags ist gem. § 165 Abs. 1 Satz 2 Nr. 3 AO vorläufig hinsichtlich
- der Verfassungsmäßigkeit des Solidaritätszuschlagsgesetzes 1995.

1. Steuerfestsetzungen

Die Vorläufigkeitserklärung erfasst sowohl die Frage, ob die angeführten gesetzlichen Vorschriften mit höherrangigem Recht vereinbar sind, als auch den Fall, dass das Bundesverfassungsgericht oder der Bundesfinanzhof die streitige verfassungsrechtliche Frage durch verfassungskonforme Auslegung der angeführten gesetzlichen Vorschriften entscheidet (BFH-Urteil vom 30.09.2010, III R 39/08, BStBl II 2011, 11). Die Vorläufigkeitserklärung erfolgt lediglich aus verfahrenstechnischen Gründen. Sie ist nicht dahin zu verstehen, dass die im Vorläufigkeitsvermerk angeführten gesetzlichen Vorschriften als verfassungswidrig oder als gegen Unionsrecht verstoßend angesehen werden. Soweit die Vorläufigkeitserklärung die Frage der Verfassungsmäßigkeit einer Norm betrifft, ist sie außerdem nicht dahingehend zu verstehen, dass die Finanzverwaltung es für möglich hält, das Bundesverfassungsgericht oder der Bundesfinanzhof könne die im Vorläufigkeitsvermerk angeführte Rechtsnorm gegen ihren Wortlaut auslegen.

Sollte aufgrund einer diesbezüglichen Entscheidung des Gerichtshofs der Europäischen Union, des Bundesverfassungsgerichts oder des Bundesfinanzhofs diese Steuerfestsetzung aufzuheben oder zu ändern sein, wird die Aufhebung oder Änderung von Amts wegen vorgenommen; ein Einspruch ist daher insoweit nicht erforderlich.

Datenschutzhinweis:
...

Rechtsbehelfsbelehrung

Die Festsetzung der Einkommensteuer und des Solidaritätszuschlags kann mit dem Einspruch angefochten werden.

Gegen die Kirchensteuerfestsetzung und die Festsetzung der Kirchensteuer-Vorauszahlungen ist der Widerspruch gegeben.

Der Einspruch ist bei dem vorbezeichneten Finanzamt oder bei der angegebenen Außenstelle schriftlich einzureichen, diesem/dieser elektronisch zu übermitteln oder dort zur Niederschrift zu erklären. Der Widerspruch ist bei dem vorbezeichneten Finanzamt oder bei der angegebenen Außenstelle schriftlich einzureichen oder zur Niederschrift zu erklären.

Die Kirchensteuerfestsetzung kann nicht mit der Begründung angefochten werden, dass die zugrunde gelegte Einkommensteuer unzutreffend sei. Dieser Einwand kann nur gegen die Festsetzung der Einkommensteuer geltend gemacht werden.

Zur Einlegung des Widerspruchs ist derjenige befugt, gegen den sich die Kirchensteuerfestsetzung (Festsetzung der Kirchensteuer-Vorauszahlungen) richtet.

Der Einspruch ist jedoch ausgeschlossen, soweit dieser Bescheid einen Verwaltungsakt ändert oder ersetzt, gegen den ein zulässiger Einspruch, oder (nach einem zulässigen Einspruch) eine zulässige Klage, Revision oder Nichtzulassungsbeschwerde anhängig ist. In diesem Fall wird der neue Verwaltungsakt Gegenstand des Rechtsbehelfsverfahrens. Dies gilt auch, soweit sich ein angefochtener Vorauszahlungsbescheid durch die Jahressteuerfestsetzung erledigt.

Die Frist für die Einlegung eines Rechtsbehelfs beträgt einen Monat. Sie beginnt mit Ablauf des Tages, an dem Ihnen dieser Bescheid bekannt gegeben worden ist. Bei Zusendung durch einfachen Brief gilt die Bekanntgabe mit dem dritten Tag nach Aufgabe zur Post bewirkt, es sei denn, dass der Bescheid zu einem späteren Zeitpunkt zugegangen ist.

> **Hinweis:** Entscheidungen in einem Grundlagenbescheid (z.B. Feststellungsbescheid) können nur durch Anfechtung des Grundlagenbescheids, nicht auch durch Anfechtung eines davon abhängigen weiteren Bescheides (Folgebescheid) angegriffen werden. Wird ein Grundlagenbescheid berichtigt, geändert oder aufgehoben (z.B. aufgrund eines eingelegten Einspruchs), so werden die davon abhängigen Bescheide von Amts wegen geändert oder aufgehoben.
> Wenn Sie beabsichtigen, einen Einspruch elektronisch einzulegen, wird empfohlen, den Einspruch über „Mein ELSTER" (www.elster.de) zu übermitteln.

1.2 Ähnliche Bescheide, Abgrenzung

Die Finanzbehörde hat in der Regel kein Ermessen darüber, ob sie über das Bestehen eines Steueranspruchs entscheidet, sie ist hierzu verpflichtet. Wird die Steuer nach Auffassung des Finanzamts geschuldet, ergeht ein Steuerbescheid, anderenfalls kann von der Steuer freigestellt werden. Ausnahmen bestehen, wenn der Steuerschuldner die Steuer selbst anmelden kann und ein Bescheid nicht erforderlich ist (s. 4.) oder wenn in den Fällen des § 156 AO ein Absehen von der Steuerfestsetzung möglich ist (s. 1.3). Kommt aus formellen Gründen wie z.B. aufgrund Eintritts der Festsetzungsverjährung der Erlass eines beantragten Steuerbescheides nicht mehr infrage, ergeht ein **Ablehnungsbescheid**.

Der **Freistellungsbescheid** ist somit ein Verwaltungsakt, der verbindlich regelt, dass der Betroffene keine Steuer schuldet. Er soll erteilt werden, wenn ein berechtigtes Interesse daran besteht. Gem. § 155 Abs. 1 Satz 3 AO ist dieser Bescheid grundsätzlich wie ein Steuerbescheid zu behandeln, es sind also die entsprechenden Normen z.B. über die Form (s. 1.1) oder die Korrektur (s. Kap. V.) anzuwenden. Er gilt zeitlich und inhaltlich beschränkt, also immer nur für eine Steuerart und einen Veranlagungszeitraum. Anwendungsfälle sind:

- **Freistellung** gemeinnütziger Körperschaften von Körperschaftsteuer und Gewerbesteuer (s. Kap. II. 2.)
- Feststellung der nicht bestehenden Steuerpflicht, um die Einbehaltung von Abzugssteuern (Lohn-, Kapitalertragsteuer) zu verhindern oder einbehaltene Abzugssteuern erstattet zu bekommen.

Vom Freistellungsbescheid abzugrenzen sind **Nichtveranlagungs(NV-)bescheinigung** und **Nichtveranlagungsverfügung**. Mit der Vorlage der NV-Bescheinigung kann der Steuerpflichtige verhindern, dass sein Kreditinstitut von seinen erzielten Kapitalerträgen die Kapitalertragsteuer einbehält und abführt, § 44a Abs. 2 Nr. 2 EStG. Es handelt sich nicht um einen Steuer- oder gleichgestellten Bescheid, sondern um einen sonstigen Verwaltungsakt, für dessen Korrektur daher auch die §§ 130, 131 AO gelten. Die NV-Bescheinigungen werden in der Regel unter dem Vorbehalt des jederzeitigen Widerrufs (§§ 120 Abs. 2 Nr. 3, 131 Abs. 2 Nr. 1 AO) sowie zeitlich befristet erlassen.

Die Nichtveranlagungsverfügung ist demgegenüber eine Maßnahme des Finanzamts ohne Außenwirkung, mit der intern festgelegt wird, dass in einem Steuerfall keine Veranlagung durchzuführen ist. Sie wird dem Steuerpflichtigen nicht bekannt gegeben.

Der **Ablehnungsbescheid**, konkret die Ablehnung der Entscheidung über eine Steuerfestsetzung wird erlassen, wenn entweder:

- dem Antrag des Steuerpflichtigen auf Veranlagung, also auf Erlass eines Steuerbescheides nicht entsprochen werden kann, z.B. weil bereits Festsetzungsverjährung eingetreten ist oder
- dem Antrag des Steuerpflichtigen auf Erlass eines Freistellungsbescheides nicht entsprochen werden kann, z.B. weil die Voraussetzungen hierfür nicht vorliegen.

Auch für derartige Ablehnungsbescheide gelten die Vorschriften für Steuerbescheide.

1.3 Absehen von Steuerfestsetzung, abweichende Steuerfestsetzung aus Billigkeitsgründen

1.3.1 Absehen von Steuerfestsetzung gem. § 156 AO

Zur Verwaltungsvereinfachung kann in Kleinfällen gem. § 156 Abs. 1 AO von einer Festsetzung von Steuern oder steuerlichen Nebenleistungen abgesehen werden. Die Vorschrift ermächtigt die Verwaltung, im Hinblick auf die Einzelheiten dieser Regelung eine Rechtsverordnung zu erlassen. Dies ist mit der **Kleinbetragsverordnung** (KBV) geschehen.

§ 156 Abs. 1 AO setzt der Verordnung einen Rahmen. Danach kann von Steuerfestsetzungen abgesehen werden, wenn der Betrag, der festzusetzen wäre, einen in der Verordnung bestimmten Betrag, höchstens jedoch 25 € (10 € bis einschließlich 2016) nicht überschreitet. Die KBV hat dies im Einzelnen konkretisiert. Sie regelt zunächst in § 1 Abs. 1 KBV, wann Änderungen und Berichtigungen der Festsetzungen von Einkommensteuer, Körperschaftsteuer, Erbschaft- und Schenkungsteuer, Grunderwerbsteuer sowie Rennwett- und Lotteriesteuer aufgrund Geringfügigkeit nicht erfolgen, zugunsten des Steuerpflichtigen bei einer Änderung von weniger als 10 €, zuungunsten bei weniger als 25 €. Die erstmalige Festsetzung wird durch die Verordnung nicht verhindert.

§ 1 Abs. 2 und 3 KBV regeln dies gleichermaßen für die Umsatzsteuer und die Lohnsteuer. Würde also eine Änderung oder Berichtigung bzw. bei Steueranmeldungen eine abweichende Festsetzung der Steuer nur zu einer in Höhe von maximal 10 € anderen Steuer führen, wird kein entsprechender Steuerbescheid erlassen.

Weitere Regelungen der KBV sind:
- Keine Änderung/Berichtigung der Festsetzung des Gewerbesteuermessbetrags bei Abweichung unter 2 € zugunsten des Steuerpflichtigen, 5 € zuungunsten (§ 2 KBV).
- Keine Änderung/Berichtigung der gesonderten Feststellung von Einkünften bei Abweichung der Einkünfte um weniger als 25 € (§ 3 KBV).
- Keine Rückforderung der Wohnungsbauprämie unter 25 € (§ 4 KBV).
- Keine Festsetzung der Kfz-Steuer bei Beendigung der Steuerpflicht, wenn der neue Betrag weniger als 5 € betragen würde (§ 6 KBV).

Neben der Kleinbetragsregelung enthält § 156 Abs. 2 AO die weitergehende Möglichkeit, gänzlich, also nicht nur in einem Fall geringer Bedeutung, **von Festsetzungen abzusehen**. Es handelt sich um eine Billigkeitsregelung für Fälle, in denen bereits feststeht, dass die Einziehung keinen Erfolg haben wird oder dass die Kosten der Einziehung außer Verhältnis zum festgesetzten Betrag stehen. Unterlässt das Finanzamt aufgrund § 156 Abs. 2 AO die Festsetzung, führt dies nicht zum Erlöschen des Steueranspruchs, vielmehr kann innerhalb der Festsetzungsfrist die Festsetzung nachgeholt werden, wenn sich z.B. die Verhältnisse geändert haben. In Betracht kommt ein Vorgehen nach § 156 Abs. 2 AO allenfalls für solche Fälle, in denen für die Festsetzung noch umfangreiche Ermittlungsmaßnahmen erforderlich wären, aber bereits klar ist, dass der etwaige Steuerbetrag nicht mehr einzuziehen sein wird, weil z.B. bereits hohe, nicht beitreibbare Rückstände bestehen, ein Insolvenzverfahren läuft oder eine Gesellschaft als Steuerschuldner bereits aus dem Handelsregister gelöscht worden ist. Für den Steuerpflichtigen besteht kein Anspruch auf ein Vorgehen der Behörde nach § 156 Abs. 2 AO. Gem. § 156 Abs. 2 Satz 2–4 AO können für bestimmte oder bestimmbare Fallgruppe Weisungen der obersten Finanzbehörden ergehen, dass diese Fälle als nicht näher bearbeitungswürdig anzusehen sind.

Abzugrenzen ist das Absehen von der Steuerfestsetzung nach § 156 AO von der **Niederschlagung** nach § 261 AO. Sie ist eine verwaltungsinterne, haushaltstechnische Maßnahme und erfolgt erst nach der wirksamen Festsetzung, wenn aufgrund der tatsächlichen Verhältnisse feststeht, dass der festgesetzte Betrag nicht mehr beigetrieben werden kann.

1.3.2 Abweichende Festsetzung von Steuern aus Billigkeitsgründen gem. § 163 AO

Als gebundene Entscheidung ist die Steuerfestsetzung normalerweise nicht dem Ermessen des Veranlagungssachbearbeiters unterworfen. Dieser hat vielmehr die Steuer so festzusetzen, wie es sich aufgrund der materiellen Steuergesetze ergibt. § 163 AO eröffnet jedoch abweichend von diesen Grundsätzen die Möglichkeit, aus Billigkeitsgründen von der gesetzlich gebotenen Steuerfestsetzung abzuweichen. Es kann danach aus Gründen der Billigkeit im Einzelfall möglich sein:
- die Steuer niedriger festzusetzen (§ 163 Abs. 1 Satz 1, 1. Alt. AO),
- einzelne, die Steuer erhöhende Besteuerungsgrundlagen unberücksichtigt zu lassen (§ 163 Abs. 1 Satz 1, 1. Alt. AO) oder
- mit Zustimmung des Steuerpflichtigen die Berücksichtigung von Besteuerungsgrundlagen entgegen dem materiellen Steuerrecht zeitlich zu verschieben (§ 163 Abs. 1 Satz 2 AO), indem:
  - **steuermindernde Besteuerungsgrundlagen zeitlich früher** oder
  - **steuererhöhende Besteuerungsgrundlagen zeitlich später** berücksichtigt werden.

> **Beispiel:**
>
> Der Gewerbetreibende W steckt in vorübergehenden wirtschaftlichen Schwierigkeiten. Aus seiner Einkommensteuererklärung für 02, die er in 04 abgibt, ergibt sich eine Abschlusszahlung in Höhe von 15.000 €. W kann den Betrag nicht aufbringen. Er macht geltend, dass er in 03 eine größere, sofort als Betriebsausgabe abziehbare Investition getätigt hat, die für 03 aufgrund geleisteter Vorauszahlung zu einer Steuererstattung führen würde. W fragt nach, ob die Betriebsausgabe abweichend bereits in 02 berücksichtigt werden könnte.

> **Lösung:**
>
> Neben den gängigeren Billigkeitsmaßnahmen wie Stundung, Vollstreckungsaufschub oder Erlass kommt für W auch eine abweichende Steuerfestsetzung gem. § 163 Satz 2 AO infrage. Mit seiner Zustimmung kann das Finanzamt die an sich in 03 anzusetzende Betriebsausgabe bereits in 02 berücksichtigen.

Voraussetzung für sämtliche Varianten der abweichenden Steuerfestsetzung nach § 163 Abs. 1 AO ist allein die Unbilligkeit der materiell richtigen Steuererhebung im Einzelfall. Der Begriff der Unbilligkeit findet sich deckungsgleich im für den in der Praxis bedeutsameren Erlass im Erhebungsverfahren nach § 227 AO, auf die Ausführungen wird insoweit verwiesen (vgl. Kap. VI. 4.3.1).

Das Absehen von der Steuerfestsetzung ist ein Verwaltungsakt. Regelmäßig wird die Entscheidung mit der Steuerfestsetzung gem. § 163 Abs. 2 AO verbunden bzw. im schlicht abweichend gefassten Steuerbescheid nicht einmal direkt erkennbar sein. Es handelt sich um einen sonstigen Steuerverwaltungsakt, also keine Steuerfestsetzung, sodass es auch nicht möglich ist, die Entscheidung etwa unter den Vorbehalt der Nachprüfung gem. § 164 AO zu stellen. Die Entscheidung stellt einen Grundlagenbescheid (§ 171 Abs. 10 AO) zur Steuerfestsetzung dar, ist somit für letztere verbindlich. Eine Korrektur ist nur unter den Voraussetzungen der §§ 130 Abs. 2, 131 Abs. 2 AO möglich, da es sich um einen begünstigenden Verwaltungsakt handelt (vgl. zur Korrektur sonstiger Verwaltungsakte Kap. V. 2.2). Dem Steuerpflichtigen steht gegen die Entscheidung der Einspruch gem. § 347 Abs. 1 Nr. 1 AO offen.

Gem. § 163 Abs. 3 AO steht eine abweichende Steuerfestsetzung per Gesetz unter dem Vorbehalt des Widerrufs, wenn sie:
- vom Finanzamt nicht ausdrücklich als eigene Billigkeitsentscheidung ausgesprochen worden ist,
- wenn sie mit einer Steuerfestsetzung unter Vorbehalt der Nachprüfung verbunden worden ist, oder
- wenn sie mit einer vorläufigen Steuerfestsetzung verbunden ist und der Grund für die Vorläufigkeit auch für die Entscheidung nach Abs. 1 Bedeutung hatte.

Auf steuerliche Nebenleistungen ist § 163 AO nicht anzuwenden. Dies ist auch sachgerecht, da deren Festsetzung meist ohnehin eine Ermessensentscheidung des Finanzamts ist, sodass es einer entsprechenden Billigkeitsregelung hier nicht bedarf. Ähnliches gilt für Haftungsansprüche, auch deren Festsetzung liegt bereits nach dem Gesetz im Ermessen des Finanzamts, eine Regelung zum Absehen von der Inanspruchnahme ist daher nicht vonnöten.

In der Praxis der Finanzämter ist festzustellen, dass Billigkeitsmaßnahmen im Festsetzungsverfahren nach § 163 AO neben den Maßnahmen Stundung, Erlass oder Vollstreckungsaufschub eher ein Schattendasein fristen.

1.4 Drittwirkung von Steuerfestsetzungen

Üblicherweise wirken Steuerfestsetzungen gegenüber demjenigen, den sie betreffen, regelmäßig also gegenüber dem Steuerschuldner. Tritt Bestandskraft ein, kann nur noch eingeschränkt gegen die Festsetzung vorgegangen werden. § 166 AO regelt, inwieweit dies auch für Dritte gilt, die selbst nicht Steuerschuldner sind, inwieweit sie also eine Steuerfestsetzung gegen sich gelten lassen müssen. Dies erlangt besonders im Rahmen der Gesamtrechtsnachfolge und der Haftung Bedeutung.

Gem. § 166 AO hat zunächst der **Gesamtrechtsnachfolger**, z.B. der Erbe, eine unanfechtbare Steuerfestsetzung gegen sich gelten zu lassen, er kann also z.B. gegen einen seinem Rechtsvorgänger gegenüber bekannt gegebenen und bestandskräftig gewordenen Steuerbescheid in der Regel nicht mehr mit Erfolg Einspruch einlegen.

In Bezug auf andere Personen als den Gesamtrechtsnachfolger richtet sich die Frage der **Drittwirkung** danach, ob die Person in der Lage gewesen wäre, den gegen den Steuerpflichtigen erlassenen Bescheid als dessen Vertreter, Bevollmächtigter oder kraft eigenen Rechts anzufechten.

Beispiel:

Die G-GmbH schuldet dem Finanzamt 30.000 € Körperschaftsteuer 01 aus einem bestandskräftigen Steuerbescheid vom Juli 02. Als die GmbH in 04 in Insolvenz geht, nimmt das Finanzamt den verantwortlichen Geschäftsführer O wegen der offenen Steuerschulden gem. §§ 69 S. 1, 34 Abs. 1 Satz 1 AO in Haftung. O wendet ein, die Steuer sei in 02 zu hoch festgesetzt worden.

Lösung:

O kann zwar in zulässiger Weise gegen den Haftungsbescheid Einspruch einlegen. Grundsätzlich können im Einspruchsverfahren gegen Haftungsbescheide auch vom Haftungsschuldner Einwände gegen die Steuerfestsetzung geltend gemacht werden. Hier besteht jedoch eine Ausnahme: Als gesetzlicher Vertreter der GmbH gem. § 35 GmbHG hätte O im Namen der GmbH bereits gegen den Körperschaftsteuerbescheid vorgehen müssen. Da er dies versäumt hat, muss er nun gem. § 166 AO im Umkehrschluss den Steuerbescheid inhaltlich gegen sich gelten lassen.

2. Steuerfestsetzungen unter Vorbehalt der Nachprüfung

2.1 Sinn und Zweck, Anwendungsbereich

Steuerbescheide und ihnen gleichgestellte Bescheide wie Feststellungs- und Steuermessbescheide können gem. § 164 Abs. 1 Satz 1 AO mit einem Vorbehalt der Nachprüfung versehen werden. Einige Steuerfestsetzungen stehen aufgrund gesetzlicher Regelungen automatisch unter dem **Vorbehalt der Nachprüfung**. Es handelt sich bei dem Vorbehalt um eine **Nebenbestimmung** gem. § 120 Abs. 1 AO. Enthält ein Steuerbescheid diese Nebenbestimmung, bedeutet dies, dass er, solange der Vorbehalt wirksam ist, gem. § 164 Abs. 2 Satz 1 AO jederzeit aus allen erdenklichen Gründen umfassend geändert werden kann.

> **Beispiel:**
>
> Der Steuerpflichtige F gibt seine Steuererklärung für 01 ab. Sachbearbeiter V hat keine Zeit, die Erklärung des F genauer zu prüfen. Er weiß jedoch, dass eine Betriebsprüfung bei F für 01 vorgesehen ist.

> **Lösung:**
>
> V veranlagt entsprechend der Erklärung des F und setzt den Bescheid unter Vorbehalt der Nachprüfung. Dies ist gem. § 164 Abs. 1 Satz 1 AO möglich, da der Fall noch nicht abschließend geprüft ist.

Eine Anwendung des § 164 AO auf sonstige Verwaltungsakte, also z.B. eine Stundung unter dem Vorbehalt der Nachprüfung, ist nicht denkbar.

Das Institut des Vorbehalts der Nachprüfung dient für die Verwaltung in erster Linie der Beschleunigung des Festsetzungsverfahrens. Obwohl der Einzelfall noch keiner ausführlichen Prüfung unterzogen worden ist, kann bereits ein Steuerbescheid ergehen, der volle rechtliche Wirkung entfaltet.

Steuerbescheide, die unter dem Nachprüfungsvorbehalt stehen, erwachsen nicht in **materielle Bestandskraft**. Sie können zwar nach Ablauf der üblichen Einspruchsfrist nicht mehr per Rechtsbehelf angefochten werden (formelle Bestandskraft), aber aufgrund der vollumfassenden Änderungsmöglichkeit kann auch der Steuerpflichtige jederzeit Belege oder Angaben nachreichen und so eine gewünschte Anpassung erreichen.

Die umfassende Korrekturmöglichkeit nach § 164 Abs. 2 Satz 1 AO schließt die Korrektur nach anderen Vorschriften (§§ 172 ff. AO) nicht aus (str.). § 172 Abs. 1 Satz 1 AO, der die Korrekturmöglichkeiten für Steuerbescheide allgemein regelt, stellt lediglich klar, dass Steuerbescheide, die nicht unter dem Vorbehalt der Nachprüfung stehen, nur eingeschränkt geändert werden können. Solche mit Vorbehalt hingegen sind umfassend änderbar. In der Praxis stellt sich diese Streitfrage nicht, da die Finanzämter aus praktischen Gründen stets den Bescheid gem. § 164 Abs. 2 Satz 1 AO ändern werden.

2.2 Gesetzlicher und behördlicher Vorbehalt der Nachprüfung

Gem. § 168 S. 1 AO stehen Steueranmeldungen (s. 4.) Steuerfestsetzungen unter Vorbehalt der Nachprüfung gleich. Das bedeutet, dass es auch ohne eine besondere Anordnung der Behörde jederzeit möglich ist, durch einen abweichenden Bescheid von der Steueranmeldung abzuweichen, diese also gem. § 164 Abs. 2 Satz 1 AO zu ändern.

> **Beispiel:**
>
> Unternehmer P gibt für April 01 seine Umsatzsteuervoranmeldung ab. Diese führt zu einer Zahllast in Höhe von 2.000 €. Im August erfährt die Umsatzsteuerstelle des Finanzamts, dass P bestimmte Umsätze fälschlich als nicht steuerbar behandelt hat. Es soll eine geänderte Festsetzung erfolgen.

> **Lösung:**
>
> Die Steueranmeldung des P steht gem. § 168 S. 1 AO einer Steuerfestsetzung unter Vorbehalt der Nachprüfung gleich. Zunächst bedurfte es daher keines Steuerbescheides durch das Finanzamt. Da die Anmeldung zu einer Zahllast des P führte, war für diese Wirkung auch keine Zustimmung des Finanzamts erforderlich.
> Gem. § 164 Abs. 2 Satz 1 AO kann die Festsetzung jederzeit geändert werden, das Finanzamt kann einen abweichenden Bescheid für April 01 erlassen.

Auch Festsetzungen von **Vorauszahlungen** stehen gem. § 164 Abs. 1 Satz 2 AO automatisch unter dem Vorbehalt der Nachprüfung.

Bei anderen Steuerfestsetzungen muss die Behörde bei der Veranlagung die Entscheidung treffen, ob dem Bescheid gem. § 164 Abs. 1 Satz 1 AO ein Vorbehaltsvermerk beigefügt wird. Regelmäßig wird dies aufgrund von Listen der Behörde über die Fälle entschieden, die für eine Betriebsprüfung vorgesehen sind. Man spricht dann von einem behördlichen Vorbehalt der Nachprüfung.

Neben den zur Prüfung vorgesehenen Fällen werden auch solche Steuerbescheide, die auf einer **Schätzung** der Besteuerungsgrundlagen gem. § 162 AO beruhen, regelmäßig mit einem Nachprüfungsvorbehalt versehen, insbesondere wenn die Behörde damit rechnet, dass der Steuerpflichtige die noch fehlende Steuererklärung abgeben wird (vgl. AEAO zu § 162, Nr. 4, s. III. 4.4.3.).

2.3 Voraussetzungen

Die einzige Voraussetzung für den behördlich gesetzten Vorbehalt der Nachprüfung ist gem. § 164 Abs. 1 Satz 1 AO, dass der Steuerfall noch nicht abschließend geprüft ist.

Abschließende Prüfung meint hier zwar regelmäßig die Außenprüfung gem. §§ 193 ff. AO, aber auch eine umfassende Prüfung durch den Innendienst des Finanzamts ist denkbar. In der Praxis werden in Vorbehaltsfällen die Daten aus der Erklärung des Steuerpflichtigen weitgehend ungeprüft übernommen, es ist aber nicht ausgeschlossen, dass die Vorbehaltsfestsetzung bereits von der Erklärung abweicht, wenn diese z.B. offensichtliche Fehler enthält. Meist überlässt der Innendienst die genauere Prüfung jedoch den Betriebsprüfern.

Beim Setzen des Vorbehalts handelt es sich um eine Ermessensentscheidung. Der Steuerpflichtige kann allein gegen den Vorbehalt als bloße Nebenbestimmung nicht mit dem Einspruch vorgehen (s. 2.7). Er muss sich gegen den Bescheid selbst wenden.

2.4 Verfahrensfragen

Will der Bearbeiter im Finanzamt den Steuerbescheid mit einem Vorbehalt der Nachprüfung versehen, muss er im Veranlagungsverfahren bestimmte technische Schritte vollziehen. Im Steuerbescheid erkennt man dies durch den Satz:

> „Der Bescheid ergeht unter dem Vorbehalt der Nachprüfung gem. § 164 Abs. 1 Satz 1 AO."

Eine inhaltliche Einschränkung des Vorbehalts auf bestimmte Bereiche oder Besteuerungsgrundlagen ist nicht möglich, der Vorbehalt ist immer umfassend.

Unterlässt es der Sachbearbeiter trotz eindeutiger Absicht versehentlich, den Steuerbescheid mit einem Vorbehalt der Nachprüfung zu versehen oder gelingt es ihm aus technischen Gründen nicht, kommt eine Aufnahme des Vermerks nach § 129 AO in Betracht. Wenn später Änderungsbedarf in Bezug auf den Bescheid besteht, ist es in derartigen Fällen sogar entbehrlich, zunächst einen Korrekturbescheid zur Einfügung des Vorbehalts nach § 129 AO zu erlassen. Vielmehr darf der Steuerbescheid sogleich nach § 164 Abs. 2 Satz 1 AO (sozusagen i.V.m. § 129 AO) geändert werden (vgl. BFH vom 01.07.2010, BFH/NV 2010, 2004).

Im Übrigen darf der Vorbehalt der Nachprüfung, wenn er im Ursprungsbescheid nicht enthalten war, nur mit Zustimmung des Steuerpflichtigen ergänzt werden. Es ist jedoch möglich, in einer Einspruchsentscheidung erstmals einen Vorbehalt zu ergänzen. Da dies aber die Rechte des Steuerpflichtigen beeinträchtigen kann und es sich somit um eine Verböserung handelt, ist er hiervon zunächst zu informieren, damit er gem. § 367 Abs. 2 Satz 2 AO die Gelegenheit hat, diese Ergänzung durch Rücknahme seines Einspruchs zu verhindern (vgl. AEAO zu § 367, Nr. 5.).

Wird der unter Vorbehalt stehende Bescheid geändert, muss im Änderungsbescheid genau vermerkt werden, ob dieser weiter unter Vorbehalt stehen soll. Unterlässt das Finanzamt diese Aussage im Änderungsbescheid, hängt die Frage, ob der Vorbehalt trotzdem erhalten bleibt, davon ab, ob es sich um einen gesetzlichen oder einen behördlichen Vorbehalt (s. 2.2) gehandelt hat. Stand der geänderte Bescheid unter einem gesetzlichen Vorbehalt der Nachprüfung, so fällt dieser mangels Wiederholung weg. Hatte die Behörde gemäß § 164 Abs. 1 Satz 1 AO aus eigenem Ermessen den Vorbehalt gesetzt, bleibt dieser auch ohne Wiederholung bestehen (vgl. hierzu AEAO zu § 164, Nr. 6.).

2.5 Wirkung

Steht ein Bescheid unter dem Vorbehalt der Nachprüfung, kann er gem. § 164 Abs. 2 Satz 1 AO jederzeit geändert werden. D.h., dass z.B. nach einer Betriebsprüfung sämtliche Prüfungsergebnisse durch Änderung des bisherigen Bescheides nachvollzogen werden können. Auch der Steuerpflichtige seinerseits kann jederzeit eine Änderung beantragen, wenn er z.B. Belege nachreichen oder nachträglich Ausgaben geltend machen will. Der vom Steuerpflichtigen nach § 164 Abs. 2 Satz 2 AO gestellte Antrag muss vom Finanzamt nicht sofort bearbeitet werden, gem. § 164 Abs. 2 Satz 3 AO kann die Entscheidung bis zur abschließenden Prüfung, also regelmäßig bis zum Abschluss der Betriebsprüfung hinausgeschoben werden. Der Antrag bewirkt in jedem Fall eine Hemmung der Festsetzungsverjährung gem. § 171 Abs. 3 AO.

Die Finanzbehörde ist nicht verpflichtet, den unter Vorbehalt veranlagten Fall später tatsächlich vollumfänglich zu prüfen, sie hat hierzu aufgrund § 164 AO lediglich das Recht.

Der unter Vorbehalt stehende Steuerbescheid entfaltet volle Rechtswirkungen. Der Steuerpflichtige muss etwaige festgesetzte Beträge zahlen. Auch wenn jederzeit eine Änderung des Bescheides erfolgen kann, kann der Steuerpflichtige gegen ihn Einspruch einlegen. Eine Aussetzung der Vollziehung ist ebenfalls möglich. Dies wird im Fall von Einwendungen oft sinnvoll sein, weil die tatsächliche Prüfung des Bescheides z.B. durch die Betriebsprüfung oftmals erst einige Jahre nach der Bekanntgabe erfolgen wird.

Auch wenn Vorbehaltsbescheide jederzeit änderbar sind, stellt § 370 Abs. 4 Satz 1 2. HS AO klar, dass der Vorbehalt nicht das Vorliegen einer Steuerverkürzung, also das Eintreten des Tatterfolges der Steuerhinterziehung verhindert (s. Kap. X.). Hat also der Steuerpflichtige in seiner Steuererklärung Einnahmen verschwiegen, so hat er auch dann eine vollendete Steuerhinterziehung begangen, wenn das Finanzamt seine Angabe übernimmt, den Bescheid aber zur späteren Nachprüfung unter den Vorbehalt der Nachprüfung setzt.

Die Korrektur von Steuerbescheiden nach § 164 Abs. 2 Satz 1 AO wird begrenzt durch die Regelung des § 176 AO zum Vertrauensschutz der Steuerpflichtigen. Danach kann eine Änderung trotz des vorliegenden Vorbehalts der Nachprüfung nicht erfolgen, wenn sie nur darauf beruhen würde, dass sich die Rechtslage, so z.B. die Rechtsprechung des BFH zu einem im Steuerbescheid bedeutsamen Problem geändert hat (vgl. zu § 176 Kap. V. 2.3.9).

§ 177 AO, der die Mitberichtigung von materiellen Fehlern, also unrichtig festgesetzten Besteuerungsgrundlagen, für die an sich keine Korrekturvorschrift gegeben ist, bei der Änderung eines Steuerbescheides ermöglicht, hat im Rahmen von Änderungen nach § 164 AO keine Bedeutung. Da hier ohnehin eine vollumfassende Korrektur des Bescheides möglich ist, besteht kein Bedarf zur Kompensation weiterer Fehler (vgl. zu § 177 Kap. V. 2.3.10). Aus den gleichen Gründen ist die Parallelvorschrift zu § 177 AO im Einspruchsverfahren, § 351 AO, die die Anfechtung von Änderungsbescheiden regelt, im Rahmen von Änderungen nach § 164 Abs. 2 Satz 1 AO ohne Relevanz (s. hierzu Kap. VIII. 3.3).

2.6 Aufhebung und Wegfall

Die jederzeitige Änderbarkeit nach § 164 Abs. 2 Satz 1 AO des Steuerbescheides endet, wenn der Vorbehalt:

- durch die Behörde gem. § 164 Abs. 3 AO aufgehoben wird oder
- gem. § 164 Abs. 4 AO aufgrund des Ablaufs der Festsetzungsfrist automatisch wegfällt.

Der Steuerbescheid wird dann auch materiell bestandskräftig, eine Änderung kommt nur noch aufgrund anderer Korrekturvorschriften in Betracht.

2.6.1 Aufhebung des Vorbehalts der Nachprüfung durch die Behörde

Gem. § 164 Abs. 3 Satz 1 AO kann die Behörde den Vorbehalt der Nachprüfung jederzeit aufheben. Die Aufhebung steht gem. § 164 Abs. 3 Satz 2 AO einer Steuerfestsetzung ohne Vorbehalt der Nachprüfung gleich. Das hat zur Folge, dass der Steuerpflichtige gegen diese Aufhebung Einspruch einlegen und damit die Steuerfestsetzung in vollem Umfang angreifen kann (vgl. AEAO zu § 347, Nr. 3 Satz 2). Die Aufhebung muss die Formvorschriften des § 157 AO für Steuerbescheide (s. 1.1) erfüllen, insbesondere also schriftlich ergehen und mit einer Rechtsbehelfsbelehrung versehen sein.

Die Aufhebung steht im Ermessen der Finanzbehörde. Eine Aufhebung ist auch möglich, wenn der Fall nicht abschließend geprüft wurde, wenn er z.B. von der Betriebsprüfungsstelle vom Prüfungsplan gestrichen wurde. Weder eine Begründung noch eine Anhörung des Steuerpflichtigen sind erforderlich.

Nach einer Außenprüfung ist der Vorbehalt aufzuheben. § 164 Abs. 3 Satz 3 AO schreibt dies für den Fall vor, dass sich Änderungen gegenüber der Steuerfestsetzung nicht ergeben haben. Nach dem Zweck der Vorschrift gilt dies aber auch dann, wenn aufgrund der Prüfung eine Änderung erfolgt. In diesem Fall sollte der ändernde Bescheid den Vorbehalt der Nachprüfung aufheben. Erfolgt entgegen dem gesetzlichen Gebot tatsächlich nach der Prüfung keine Aufhebung des Vorbehalts der Nachprüfung, bleibt dieser und damit auch die jederzeitige Änderbarkeit des Steuerbescheides bestehen. Die Änderungssperre des § 173 Abs. 2 AO, die eine Korrektur wegen nachträglich bekannt gewordener Tatsachen nach einer Außenprüfung einschränkt, greift im Rahmen des § 164 Abs. 2 Satz 1 AO nicht. Will der Steuerpflichtige das Weiterbestehen des Vorbehalts verhindern und seine Aufhebung erreichen, muss er dies gegenüber dem Finanzamt geltend machen, also die Aufhebung beantragen.

2.6.2 Wegfall des Vorbehalts der Nachprüfung gem. § 164 Abs. 4 AO

Gem. § 164 Abs. 4 AO fällt der Vorbehalt der Nachprüfung automatisch weg, wenn die Festsetzungsfrist für den Steueranspruch abläuft. Es ist bei Änderungen nach § 164 Abs. 2 Satz 1 AO also stets die Festsetzungsverjährung zu prüfen. Nach § 164 Abs. 4 Satz 2 AO bleiben bei dieser Prüfung die Anlaufhemmung des § 170 Abs. 6 AO, die Ablaufhemmungen gem. § 171 Abs. 7, 8 und 10 AO sowie die verlängerte Festsetzungsfrist für Fälle der Steuerhinterziehung oder leichtfertigen Steuerverkürzung außer Betracht. Andere Ablaufhemmungen, insbesondere § 171 Abs. 4 AO bleiben anwendbar und sind folglich bei der Berechnung mit einzubeziehen.

> **Beispiel:**
>
> Der Gewerbetreibende U wird für das Jahr 01 zur Einkommensteuer veranlagt, er ist zur Abgabe der Steuererklärung verpflichtet. Der Bescheid ergeht im Juni 02 erklärungsgemäß und unter dem Vorbehalt der Nachprüfung. Im Dezember 06 beginnt das zuständige Finanzamt mit einer Betriebsprüfung bei U. Die Ergebnisse sollen im März 07 durch eine Änderung des Einkommensteuerbescheides 01 ausgewertet werden.

> **Lösung:**
>
> Eine Änderung ist nur möglich, wenn eine Korrekturvorschrift dies ermöglicht und die Festsetzungsfrist nicht abgelaufen ist. Die Änderung nach § 164 Abs. 2 Satz 1 AO setzt voraus, dass der Bescheid noch unter dem Vorbehalt der Nachprüfung steht. Dieser wurde durch das Finanzamt gem. § 164 Abs. 1 Satz 1 AO gesetzt. Er könnte gem. § 164 Abs. 4 Satz 1 AO weggefallen sein. Der Wegfall geschieht, wenn die Festsetzungsfrist abläuft, diese ist also zu prüfen.
> Die Frist beginnt aufgrund der Abgabeverpflichtung des U gem. § 170 Abs. 2 Nr. 1 AO mit Ablauf des Kalenderjahres, in dem die Steuererklärung abgegeben wurde, hier also mit Ablauf des Jahres 02. Sie dauert gem. § 169 Abs. 2 Nr. 2 AO 4 Jahre und endet somit mit Ablauf des Jahres 06. Hier greift die Ablaufhemmung des § 171 Abs. 4 AO, da vor Ablauf der Frist mit einer Außenprüfung beim Steuer-

pflichtigen begonnen worden ist. Somit ist auch der Vorbehalt der Nachprüfung nicht weggefallen, eine Korrektur kann auf § 164 Abs. 2 Satz 1 AO gestützt werden.

2.7 Rechtsmittel im Zusammenhang mit dem Vorbehalt der Nachprüfung

Im Rahmen der Steuerfestsetzungen unter Vorbehalt der Nachprüfung sind verschiedene **Rechtsbehelfe** des Steuerpflichtigen denkbar.

Gegen den Vorbehalt selbst kann er keinen Einspruch einlegen, da es sich lediglich um eine unselbständige Nebenbestimmung handelt. Wendet er sich also dagegen, dass seine Steuerfestsetzung nicht endgültig erfolgt ist, muss er gegen diese Einspruch einlegen. Da allerdings die Voraussetzungen für eine rechtmäßige Vorbehaltsfestsetzung nicht streng gefasst sind (s. 2.3), wird er mit diesem Einwand regelmäßig keinen Erfolg haben.

Nimmt das Finanzamt eine Änderung des Steuerbescheides nach § 164 Abs. 2 Satz 1 AO vor, kann der Steuerpflichtige auch gegen diesen Bescheid Einspruch einlegen. Die Anfechtungsbeschränkung gegen Änderungsbescheide gem. § 351 AO (insoweit s. Kap. VIII. 3.3) ist dann ohne Bedeutung, der Bescheid kann im Einspruchsverfahren vollumfänglich überprüft werden, auch wenn im Änderungsbescheid der Vorbehalt aufgehoben worden ist.

Lehnt das Finanzamt eine vom Steuerpflichtigen gem. § 164 Abs. 2 Satz 2 AO beantragte Änderung förmlich ab, steht ihm auch dagegen der Einspruch offen. Im Einspruchsverfahren ist dann zu prüfen, ob eine Änderung nach § 164 Abs. 2 Satz 1 AO hätte erfolgen müssen.

Gegen die Aufhebung des Vorbehalts der Nachprüfung kann der Steuerpflichtige schließlich ebenfalls Einspruch einlegen, da diese einer Steuerfestsetzung ohne Vorbehalt gleichsteht (s. 2.6.1). Im Einspruch sind darum auch jegliche Einwendungen gegen den Steuerbescheid selbst wie auch nur gegen die Vorbehaltsaufhebung möglich.

3. Vorläufige Steuerfestsetzungen

3.1 Anwendungsbereich, Abgrenzung

Soweit ungewiss ist, ob ein steuerlicher Tatbestand erfüllt ist, kann die Steuer gem. § 165 Abs. 1 AO vorläufig festgesetzt werden. Es handelt sich bei diesem Vorläufigkeitsvermerk wie beim Vorbehalt der Nachprüfung um eine Nebenbestimmung i.S.d. § 120 Abs. 1 AO.

Zentrale Anwendungsfälle des **Vorläufigkeitsvermerks** sind:
- Mögliche Liebhabereifälle: Es ist nicht klar, ob der Steuerpflichtige in Bezug auf eine Einkunftsquelle tatsächlich mit Gewinnerzielungsabsicht tätig ist.
- Anhängige Musterprozesse: Beim BFH ist ein Verfahren anhängig, dessen Ausgang Auswirkungen auf viele andere Steuerfälle haben kann. Um Masseneinsprüche anderer Steuerpflichtiger zu verhindern bzw. einzudämmen, werden alle Steuerbescheide in Bezug auf die vor dem BFH zur Diskussion stehende Frage für vorläufig erklärt.

Ist ein Steuerbescheid gem. § 165 Abs. 1 AO vorläufig ergangen, kann er in dieser konkreten Frage gem. § 165 Abs. 2 Satz 1 AO jederzeit geändert werden. Im Gegensatz zu § 164 AO handelt es sich hier um die Möglichkeit einer Punktberichtigung, der Bescheid wird im Übrigen bestandskräftig. Es ist gem. § 165 Abs. 3 AO möglich, einen Steuerbescheid sowohl mit einem Vorläufigkeitsvermerk als auch mit dem Vorbehalt der Nachprüfung zu versehen. Dies ist auch meist sinnvoll, da der Vorbehalt der Nachprüfung zeitlich durch den Ablauf der Festsetzungsfrist begrenzt ist (s. 2.6.2). Der Vorläufigkeitsvermerk hingegen löst die Ablaufhemmung des § 171 Abs. 8 AO aus mit der Folge, dass eine Änderung nach § 165 Abs. 2 Satz 1 AO auch noch Jahre nach Erlass des Steuerbescheides erfolgen kann, wenn z.B. das entscheidende Musterverfahren vor dem BFH sich über einen längeren Zeitraum hinzieht.

Der Vorläufigkeitsvermerk kommt nur bei Steuerbescheiden und ihnen gleichgestellten Bescheiden in Betracht. Es handelt sich um eine Ermessensentscheidung des Finanzamts.

3.2 Voraussetzungen der einzelnen Anwendungsfälle

§ 165 Abs. 1 AO sieht verschiedene Anwendungsbereiche für vorläufige Steuerfestsetzungen vor. § 165 Abs. 1 Satz 1 AO ermöglicht vorläufige Festsetzungen aufgrund einer Ungewissheit über Tatsachen, § 165 Abs. 1 Satz 2 AO regelt Fälle der rechtlichen Ungewissheit. Vermerke nach Satz 1 erfolgen aufgrund einer individuellen Entscheidung des zuständigen Sachbearbeiters und betreffen den jeweiligen Einzelfall, solche nach Satz 2 entspringen regelmäßig allgemein geltenden Erlassen und Verfügungen des BMF und gelten für eine Vielzahl von Steuerbescheiden, sie werden den Bescheiden maschinell hinzugefügt. Die Voraussetzungen der einzelnen Fälle sind unterschiedlich.

Gem. § 165 Abs. 1 Satz 3 AO sind Umfang und Grund für die Vorläufigkeit im Bescheid genau anzugeben. In der Praxis erscheint über der eigentlichen Steuerfestsetzung der Vermerk:

> „Der Bescheid ist nach § 165 Abs. 1 Satz 1 (bzw. Satz 2) AO vorläufig."

Im Erläuterungstext des Bescheides werden sodann der Grund und der Umfang der Vorläufigkeit konkretisiert.

3.2.1 Vorläufigkeitsvermerk wegen tatsächlicher Ungewissheit, § 165 Abs. 1 Satz 1 AO

Ein Vorläufigkeitsvermerk nach § 165 Abs. 1 Satz 1 AO kommt infrage, soweit Tatsachen ungewiss sind, die für die Entstehung einer Steuer von Bedeutung sind, z.B. Umsatz, Gewinn oder Gewinnerzielungsabsicht.

Beispiel:

T und Z sind verheiratet und werden zusammen zur Einkommensteuer 01 veranlagt. Ehemann T ist angestellter Geschäftsführer und hat hohe Einkünfte aus nichtselbständiger Arbeit. Ehefrau Z hat im Jahr 98 eine Boutique eröffnet und macht seitdem jährlich hohe gewerbliche Verluste geltend. Aufgrund des Lohnsteuerabzugs bei T und des anzuwendenden Splittingtarifs käme es bei der Einkommensteuer 01 zu einer hohen Erstattung.

Lösung:

Aufgrund der länger andauernden Verluste aus der gewerblichen Tätigkeit der Z bestehen Zweifel, ob die Boutique tatsächlich mit Gewinnerzielungsabsicht betrieben wird. Das Finanzamt kann daher die Steuer gem. § 165 Abs. 1 Satz 1 AO vorläufig festsetzen. Damit besteht später, wenn sich aufgrund einer langfristigen Beurteilung eine tatsächlich fehlende Gewinnerzielungsabsicht herausstellt, die Möglichkeit, die für vorläufig erklärten Bescheide abzuändern und die Verluste aus der gewerblichen Tätigkeit als Liebhaberei zu bewerten und damit zu streichen.

Auf ungewisse **Rechtsfragen** ist die Norm nicht anwendbar, es muss eine Ungewissheit in Bezug auf Tatsachen bestehen, die Auswirkungen auf die Steuer haben und vorübergehender Natur sind.

3.2.2 Vorläufigkeitsvermerk wegen rechtlicher Ungewissheit, § 165 Abs. 1 Satz 2 AO

§ 165 Abs. 1 Satz 2 AO regelt die Fälle der **rechtlichen Ungewissheit**. Unter bestimmten Voraussetzungen können Steuerfestsetzungen vorläufig erfolgen, wenn bestimmte rechtliche Fragen ungelöst sind und ein Interesse daran besteht, den Bescheid insoweit offen zu halten. Es werden 4 Anwendungsfälle genannt, von denen § 165 Abs. 1 Satz 2 Nr. 3 und 4 die praktisch bedeutsamsten sind.

3.2.2.1 Vorläufigkeitsvermerk gemäß § 165 Abs. 1 Satz 2 Nr. 1 AO

Ein Vorläufigkeitsvermerk ist möglich, wenn ungewiss ist, ob und wann Verträge mit anderen Staaten (§ 2 AO), die sich zugunsten des Steuerpflichtigen auswirken, für die Steuerfestsetzung wirksam werden.

> **Beispiel:**
>
> Der in Deutschland unbeschränkt steuerpflichtige O bezieht Einkünfte im Staat X. Es besteht zwischen Deutschland und Staat X derzeit noch kein Doppelbesteuerungsabkommen, aber die Staaten stehen hierüber bereits in Verhandlungen.

> **Lösung:**
>
> Die Steuer des O kann vorläufig gem. § 165 Abs. 1 Satz 2 Nr. 1 AO festgesetzt werden. O würde möglicherweise von einem beschlossenen und in die Vergangenheit zurückwirkenden Doppelbesteuerungsabkommen profitieren, da seine Einkünfte dann in Deutschland nicht mehr voll zu versteuern wären. Der Vorläufigkeitsvermerk ist genau zu fassen und bezieht sich dann nur auf die Einkünfte im Staat X und ihre steuerliche Behandlung in Deutschland.

3.2.2.2 Vorläufigkeitsvermerk gemäß § 165 Abs. 1 Satz 2 Nr. 2 und Nr. 2a AO

Erklärt das Bundesverfassungsgericht eine Steuernorm für verfassungswidrig und verpflichtet den Gesetzgeber zu einer Neuregelung, ermöglicht § 165 Abs. 1 Satz 2 Nr. 2 AO einen entsprechenden Vorläufigkeitsvermerk.

Hintergrund ist § 79 Abs. 2 BVerfGG, wonach Entscheidungen, also auch Verwaltungsakte, die auf einer später für unwirksam erklärten Norm beruhen, unberührt bleiben, also aufgrund der Entscheidung nicht etwa automatisch ihre Wirkung verlieren. Davon ausgehend, dass die gesetzliche Neuregelung, zu der das BVerfG den Gesetzgeber verpflichtet hat, nicht rückwirkend gelten soll, müsste ein Steuerpflichtiger, der an der Verfassungsgerichtsentscheidung teilhaben will, seinen Steuerbescheid mit dem Einspruch anfechten. Da dies zu Masseneinsprüchen führen kann, ist in derartigen Fällen ebenfalls die Aufnahme eines Vorläufigkeitsvermerks in Steuerbescheide möglich.

Seit 2017 kann ein Vorläufigkeitsvermerk gem. § 165 Abs. 1 Satz 2 Nr. 2a AO auch aufgrund einer Entscheidung des EuGH gesetzt werden, die den deutschen Gesetzgeber zu einer Neuregelung zwingt, welche noch aussteht.

3.2.2.3 Vorläufigkeitsvermerk gemäß § 165 Abs. 1 Satz 2 Nr. 3 AO

Den am häufigsten vorkommenden Fall des Vorläufigkeitsvermerks in Steuerbescheiden regelt § 165 Abs. 1 Satz 2 Nr. 3 AO. Danach kann die Steuer vorläufig festgesetzt werden, soweit die Vereinbarkeit eines Steuergesetzes mit **höherrangigem Recht** Gegenstand eines Verfahrens vor dem EuGH, dem Bundesverfassungsgericht oder einem obersten Bundesgericht, in erster Linie also dem BFH ist.

Hintergrund insbesondere der beiden Regelungen der § 165 Abs. 1 Satz 2 Nr. 3 und 4 AO ist, dass die auf ihnen beruhenden Vorläufigkeitsvermerke **Masseneinsprüche** verhindern sollen. In den vor dem BFH anhängigen Gerichtsverfahren werden regelmäßig Fragen entschieden, die auch für viele andere Steuerpflichtige Bedeutung haben können. Erfährt die Öffentlichkeit von einem solchen laufenden Verfahren, wollen oftmals viele Steuerpflichtige ihren eigenen Steuerfall insoweit offenhalten, um von einem etwaigen günstigen Ausgang des Musterprozesses auch profitieren zu können. Daher kommt es kurz nach Bekanntwerden eines bestimmten anhängigen Verfahrens oft zu einer Häufung von Rechtsbehelfen, bis die Verwaltung darauf reagiert, und das entsprechende Verfahren in den **Katalog** der Verfahren aufnimmt, wegen denen alle neu zu erlassenden Steuerbescheide für vorläufig erklärt werden. Der Katalog wird vom BMF regelmäßig aktualisiert.

Die Finanzbehörden, hier das BMF, prüfen hierzu, in Bezug auf welche Verfahren es bei neu zu erlassenden Steuerbescheiden eines Vorläufigkeitsvermerks bedarf. Der einzelne Bearbeiter im Finanzamt, der eine Steuerveranlagung durchführt, muss sich mit dieser Frage nicht auseinandersetzen, der Vermerk wird vielmehr maschinell in der aktuell geltenden Fassung dem Bescheid beigefügt. Folge ist, dass derzeit praktisch jeder neu erlassene oder geänderte Steuerbescheid Vorläufigkeitsvermerke gem. § 165 Abs. 1 Satz 2 Nr. 3 AO (s. Kap. 4.) enthält.

Vgl. zum Inhalt des Vorläufigkeitsvermerks das **Muster eines Steuerbescheides** Kap. 1.1.

3.2.2.4 Vorläufigkeitsvermerk gemäß § 165 Abs. 1 Satz 2 Nr. 4 AO

Nach Nr. 3 der Vorschrift war für die Aufnahme eines anhängigen Musterverfahrens in die Liste der Verfahren, wegen denen Steuerbescheide vorläufig ergehen, erforderlich, dass das Verfahren die Vereinbarkeit eines Steuergesetzes mit höherrangigem Recht behandelt, also z.B. Grundrechtsverstöße geltend gemacht wurden. Dies hat in der Praxis z.T. zu Diskussionen über die Reichweite des Vorläufigkeitsvermerks geführt, u.a. in solchen Verfahren, die letztendlich vom BFH dergestalt entschieden wurden, dass nicht ein Grundrechtsverstoß festgestellt wurde, sondern das Steuergesetz lediglich verfassungskonform ausgelegt wurde und der klagende Steuerpflichtige das Musterverfahren auf diese Art gewann.

Viele vor dem BFH anhängige Verfahren befassen sich ihrem Gegenstand nach nicht zwingend mit einem Verstoß eines Steuergesetzes gegen höherrangiges Recht, vielmehr geht es oftmals lediglich um die **Auslegung** der Normen. Gleichwohl kann das Verfahren als Musterverfahren in ähnlicher Weise Bedeutung für viele andere Steuerfälle haben und so eine Flut von Einsprüchen auslösen. Darauf hat der Gesetzgeber reagiert und auch die Aufnahme solcher anhängiger Verfahren in die Vorläufigkeitsliste durch § 165 Abs. 1 Satz 2 Nr. 4 AO ermöglicht.

3.3 Rechtsfolgen der Vorläufigkeit der Steuerfestsetzung

Vorläufige Steuerfestsetzungen entfalten insgesamt volle Rechtswirkungen, können aber in dem Punkt, auf den sich die Ungewissheit bezieht, jederzeit gem. § 165 Abs. 2 Satz 1 AO geändert werden. Gem. § 171 Abs. 8 AO läuft die Festsetzungsfrist insoweit zunächst nicht ab. Sie endet gem. § 171 Abs. 8 Satz 1 AO nicht vor Ablauf eines Jahres, nachdem die Ungewissheit beseitigt ist und die Finanzbehörde hiervon Kenntnis erlangt hat.

> **Beispiel:**
>
> Der Steuerpflichtigen T hat in seiner pünktlich und pflichtgemäß abgegebenen Steuererklärung 01 Krankheitskosten als außergewöhnliche Belastungen geltend gemacht, da ihm seine Krankenkasse diese bisher nicht erstattet hat. T befindet sich jedoch noch im Rechtsstreit mit der Kasse und will die Erstattung einklagen. Das Finanzamt erkennt die agB vorläufig an, der Steuerbescheid ergeht mit einem Vermerk nach § 165 Abs. 1 Satz 1 AO, da noch Ungewissheit besteht, ob T tatsächlich endgültig wirtschaftlich mit den Kosten belastet ist. Der Rechtsstreit des T zieht sich einige Jahre hin, mit Urteil vom 10.05.06 gewinnt T seinen Prozess und erhält den Betrag von seiner Kasse erstattet. Am gleichen Tag teilt er die Erstattung dem Finanzamt mit.

> **Lösung:**
>
> Die Voraussetzungen für eine Änderung des Steuerbescheides nach § 165 Abs. 2 Satz 1 AO liegen vor. Der Steuerbescheid war in Bezug auf die Krankheitskosten vorläufig ergangen, kann also in diesem Punkt geändert werden. Auch die Festsetzungsfrist ist nicht abgelaufen. Das reguläre Ende der Frist wäre hier mit Ablauf des Jahres 06 anzunehmen (§§ 170 Abs. 2 Nr. 1, 169 Abs. 2 Nr. 2 AO). Es greift jedoch die Ablaufhemmung des § 171 Abs. 8 Satz 1 AO. Die Ungewissheit endet hier am 10.05.06, am gleichen Tag erfährt dies auch das Finanzamt. Somit kann bis zum Ablauf eines Jahres nach diesem Tag, also bis zum 10.05.07 eine Änderung gem. § 165 Abs. 2 S. 1 AO erfolgen.

Handelt es sich um einen Fall der rechtlichen Ungewissheit, so verlängert sich die Festsetzungsfrist gem. § 171 Abs. 8 Satz 2 AO sogar um 2 Jahre nach Beseitigung der Ungewissheit und Kenntnis des Finanzamts. Die Ungewissheit ist vor allem beseitigt:

- wenn sich in Fällen des § 165 Abs. 1 **Satz 1** AO das Finanzamt ein Bild vom Vorliegen der Voraussetzungen des steuerlichen Tatbestandes gemacht hat,
- wenn in Fällen des § 165 Abs. 1 **Satz 2 Nr. 3** AO der EuGH, das BVerfG oder ein oberstes Bundesgericht den Musterfall entschieden hat,
- wenn in Fällen des § 165 Abs. 1 **Satz 2 Nr. 4** AO der BFH den Musterfall entschieden hat und gem. § 165 Abs. 2 Satz 3 AO feststeht, dass die Grundsätze dieser Entscheidung über den entschiedenen Einzelfall hinaus anzuwenden sind.

Die Regelung des § 165 Abs. 2 Satz 3 AO spielt auf die Praxis der **Nichtanwendungserlasse** an. Da gem. § 110 Abs. 1 FGO Urteile der Finanzgerichte nur die Beteiligten binden, ist für eine allgemeine Anwendbarkeit der entschiedenen Rechtsgrundsätze eines Urteils des BFH dessen Veröffentlichung im Bundessteuerblatt erforderlich, außerdem darf kein Nichtanwendungserlass durch das BMF hierzu ergehen. Nichtanwendungserlasse sollen die allgemeine Anwendung von für die Finanzverwaltung ungünstigen Gerichtsentscheidungen zunächst verhindern.

Um die genannten Rechtsfolgen der Vorläufigkeit hervorzurufen, ist ein hinreichend konkreter Vermerk erforderlich. Sowohl Umfang als auch Grund der Vorläufigkeit sind ausdrücklich in der Begründung des Bescheides anzugeben. Erhebliche Zweifel am Umfang können zur Unwirksamkeit des Vorläufigkeitsvermerks und damit zur Endgültigkeit des Bescheides führen, wenn nicht der Umfang durch Auslegung im Einzelfall ermittelt werden kann (BFH vom 12.07.2007, BStBl II 2008, 2). Es ist möglich, den Grund der Vorläufigkeit im Rahmen einer Nachholung der Begründung nach § 126 Abs. 1 Nr. 2 AO zu ergänzen.

Gem. § 165 Abs. 2 Satz 2 AO ist die Steuerfestsetzung aufzuheben, zu ändern oder für endgültig zu erklären, wenn die Ungewissheit schließlich beseitigt ist.

Ungewissheit beseitigt	
Vorläufigkeit nach § 165 Abs. 1 Satz 1 AO, z.B.	**Vorläufigkeit nach § 165 Abs. 1 Satz 2 AO**
Gewinnerzielungsabsicht hat sich als tatsächlich fehlend herausgestellt **Folge:** Aberkennung der geltend gemachten Verluste o.ä. durch Änderung gem. § 165 Abs. 2 Satz 1 AO	Anhängiges Musterverfahren vor BFH ist entschieden worden; die Finanzverwaltung hat das Urteil als allgemein anwendbar im BStBl veröffentlicht
	Variante 1: Für den Steuerpflichtigen günstiger Ausgang
oder	**Folge:**
Langfristig haben sich doch Gewinne ergeben, es besteht Gewinnerzielungsabsicht	Der Steuerbescheid wird geändert, die günstige neue Rechtsprechung wird angewendet.
	Variante 2: Für den Steuerpflichtigen ungünstiger Ausgang
Folge:	**Folge:**
Die vorläufigen Bescheide sind für endgültig zu erklären.	Der Steuerbescheid braucht gem. § 165 Abs. 2 Satz 4 AO nur auf Antrag des Steuerpflichtigen für endgültig erklärt zu werden. Stellt dieser keinen Antrag, ist nichts zu unternehmen.

Bei der Änderung eines Steuerbescheides muss jeweils entschieden werden, welchen Vorläufigkeitsvermerk der geänderte Bescheid enthalten soll, da der Vermerk im Änderungsbescheid den Umfang der Vorläufigkeit neu bestimmt (AEAO zu § 165, Nr. 7). Inwieweit bei Änderung des Steuerbescheides eine Aktualisierung des Vermerks vorgenommen, also die Liste der anhängigen Verfahren um neu vom

BMF aufgenommene Fälle ergänzt werden kann, hängt auch davon ab, aufgrund welcher Vorschrift der Steuerbescheid geändert wird. Erfolgt die Änderung im Rahmen des Einspruchsverfahrens oder gem. § 164 Abs. 2 Satz 1 AO, kann der Vermerk in vollem Umfang aktualisiert werden, da der Bescheid auch vollumfänglich änderbar ist. Bei Korrekturen nach anderen Vorschriften wird regelmäßig der alte Vermerk beibehalten (zur Frage der Vollabhilfe eines Einspruchs durch Aufnahme eines anhängigen Verfahrens in den Vorläufigkeitsvermerk s. Kap. 3.4 und Kap. VIII. 4.3). Enthält ein Änderungsbescheid keinen ausdrücklichen Hinweis mehr über die Vorläufigkeit, bleibt er unverändert wie im vorherigen Bescheid wirksam.

Ist der Steuerbescheid vorläufig im Hinblick auf eine bestimmte Frage wegen eines anhängigen Gerichtsverfahrens, so fehlt es dem Einspruch einlegenden Steuerpflichtigen, den dieser genau mit der im Musterverfahren behandelten Problematik begründet, regelmäßig an einem **Rechtsschutzbedürfnis** (vgl. Kap. VIII. 2.6.2). Es ist in einem solchen Fall für ihn nicht erforderlich Einspruch einzulegen, da aufgrund § 165 Abs. 2 Satz 1 AO in dem angegriffenen Punkt der Bescheid ohnehin jederzeit änderbar ist.

Vorläufigkeitsvermerke nach § 165 Abs. 1 Satz 2 AO dienen der Verfahrensbeschleunigung. In diesem Zusammenhang sind auch die 2007 eingeführten Instrumente der Teil-Einspruchsentscheidung und Allgemeinverfügung zu betrachten. Legt ein Steuerpflichtiger gegen seinen Steuerbescheid Einspruch ein und bezieht sich dabei auf ein anhängiges Musterverfahren vor dem BFH, ist bei der Behandlung des Einspruchs wie folgt zu differenzieren (s.a. Kap. VIII. 4.3):

Einspruch gegen Steuerbescheid unter Bezugnahme auf ein anhängiges Musterverfahren vor dem BFH (bzw. EuGH, BVerfG)	
Verfahren im Vorläufigkeitsvermerk des Bescheides enthalten?	
Ja: Einspruch i.d.R. unzulässig wegen fehlenden Rechtsschutzbedürfnisses	**Nein**: Einspruch zulässig • Einspruchsverfahren ruht gem. § 363 Abs. 2 Satz 2 AO bis zum Abschluss des Musterprozesses
	Mögliche Vorgehensweise: • Erlass einer Teil-Einspruchsentscheidung gem. § 367 Abs. 2a AO in Bezug auf den übrigen Teil des Einspruchs, der nicht das anhängige Verfahren betrifft • Nach für den Einspruchsführer negativem Ausgang des Musterprozesses Zurückweisung des Einspruchs (und anderer gleichartiger Einsprüche) durch Allgemeinverfügung
	Wenn das angesprochene Musterverfahren vom BMF in den Vorläufigkeitskatalog aufgenommen wurde: • **alternativ:** Abhilfe des Einspruchs durch Beifügung eines aktualisierten Vorläufigkeitsvermerks, der das angesprochene Musterverfahren nun enthält • Zustimmung des Einspruchsführers zu dieser Änderung gem. § 172 Abs. 1 Nr. 2a AO wird unterstellt

3.4 Rechtsbehelfe im Zusammenhang mit dem Vorläufigkeitsvermerk

Gegen den Vorläufigkeitsvermerk selbst kann der Steuerpflichtige nicht gesondert vorgehen, da es sich um eine unselbständige Nebenbestimmung gem. § 120 Abs. 1 AO handelt. Wenn er also mit der Tatsache oder dem Umfang der Vorläufigkeit der Festsetzung nicht einverstanden ist, muss er gegen den

Steuerbescheid insgesamt Einspruch einlegen. Er kann dann rügen, die Voraussetzungen für den Vorläufigkeitsvermerk hätten nicht vorgelegen.

Gegen eine Änderung aufgrund § 165 Abs. 2 Satz 1 AO kann der Steuerpflichtige Einspruch einlegen, er kann sich darin allerdings nicht mehr dagegen wenden, dass der ursprüngliche Bescheid gar nicht vorläufig hätte ergehen dürfen.

Soweit der Steuerpflichtige der Auffassung ist, die Ungewissheit sei weggefallen, kann er den Erlass eines endgültigen Bescheides verlangen. Lehnt das Finanzamt dies ab, steht ihm hiergegen der Einspruch offen.

Gegenstand aktueller Rechtsprechung war zuletzt die Frage, wie weit Vorläufigkeitsvermerke reichen und damit zusammenhängend, inwiefern sie in jeder Konstellation geeignet sind, die Rechte des Steuerpflichtigen zu wahren. Der BFH (Urteil vom 30.09.2010, BStBl II 2011, 11) hat hierzu eine Grundsatzentscheidung getroffen und bestimmt:

- Vorläufigkeitsvermerke sind hinreichend bestimmt, wenn der Inhalt der anhängigen Fragen kurz umschrieben ist; es ist nicht erforderlich, das Aktenzeichen des Musterverfahrens zu benennen oder die betragsmäßige Auswirkung der entscheidungserheblichen Frage im konkreten Fall anzugeben.
- Vorläufigkeitsvermerke sind sachbezogen und nicht auf das einzelne anhängige Verfahren beschränkt; es ist auch möglich, dass während der laufenden Festsetzungsfrist einer vorläufigen Steuerfestsetzung andere anhängige Verfahren zur gleichen Frage vor den obersten Gerichten hinzutreten, sie sind dann von der Vorläufigkeit erfasst.
- Vorläufigkeitsvermerke führen zwar i.d.R. dazu, dass dem Einspruchsführer, der sich allein auf das Musterverfahren beruft, das Rechtsschutzbedürfnis fehlt. Wenn er jedoch besondere materiell-rechtliche oder verfahrensrechtliche Gründe geltend macht, sind der Einspruch und insbesondere auch der einstweilige Rechtsschutz möglich.

Mit diesen Grundsätzen hat der BFH die Verwaltungspraxis in Bezug auf Vorläufigkeitsvermerke bestätigt. Die Rechte des Steuerpflichtigen werden durch die gängige Anwendung des § 165 Abs. 1 Satz 2 AO nicht unangemessen eingeschränkt.

4. Steueranmeldungen

4.1 Überblick

Viele Einzelsteuergesetze verpflichten den Steuerschuldner, die entstandene Steuer selbst zu berechnen. § 150 Abs. 1 Satz 3 AO normiert hierfür den Begriff der **Steueranmeldung**. Gängige Beispiele für Steueranmeldungen sind:

- Lohnsteueranmeldung, § 41a Abs. 1 Nr. 1 EStG,
- Kapitalertragssteueranmeldung, § 45a Abs. 1 EStG,
- Bauabzugsteueranmeldung, § 48a Abs. 1 Satz 1 EStG,
- Umsatzsteuer-Voranmeldung, § 18 Abs. 1 Satz 1 UStG,
- Umsatzsteuer-Jahreserklärung, § 18 Abs. 3 Satz 1 UStG.

Das Steueranmeldungsverfahren vereinfacht die Abwicklung des Festsetzungsverfahrens erheblich, da in vielen Fällen der Erlass eines Steuerbescheides durch das Finanzamt entbehrlich ist. Gem. § 167 Abs. 1 Satz 1 AO ist eine förmliche Steuerfestsetzung nur erforderlich, wenn diese zu einer abweichenden Steuer führt oder keine Steueranmeldung abgegeben worden ist.

Zur Verwaltungsvereinfachung ist für die Steueranmeldung in der Regel ein elektronisches Abgabeverfahren vorgeschrieben. Es gelten die §§ 87a ff. AO (s. III. 1.2.5). Nur in Ausnahmefällen kann dem Steuerpflichtigen gem. § 150 Abs. 8 AO auf Antrag gestattet werden, seine Anmeldung auf andere Weise, also schriftlich abzugeben, wenn die Einhaltung der Vorschriften der §§ 87a ff. AO für ihn wirtschaftlich oder persönlich unzumutbar ist.

4.2 Wirkung

Die Steueranmeldung steht gem. § 168 S. 1 AO einer Steuerfestsetzung unter Vorbehalt der Nachprüfung gleich. Sie ist damit wie eine Steuerfestsetzung durch die Finanzbehörde zu behandeln, vor allem mit der Konsequenz, dass sie jederzeit nach § 164 Abs. 2 Satz 1 AO sowie nach den für Steuerbescheide geltenden Korrekturvorschriften der §§ 172 ff. AO geändert werden kann. Die Finanzbehörde kann somit die „Selbsterklärung" des Steuerpflichtigen leichter ungeprüft durchgehen lassen, weil ihr die Möglichkeit verbleibt, jederzeit einen abweichenden Steuerbescheid zu erlassen.

Diese Wirkung, also die Gleichstellung der Anmeldung mit einer Festsetzung durch das Finanzamt, tritt grundsätzlich sofort mit Eingang der Anmeldung beim Finanzamt ein. Gem. § 168 S. 2 AO gilt jedoch in Erstattungsfällen eine Einschränkung: danach ist zunächst die Zustimmung der Finanzbehörde erforderlich, wenn die Steueranmeldung zu einer Herabsetzung der bisher entrichteten Steuer oder zu einer Steuervergütung führt. Dies soll verhindern, dass Erstattungssummen sofort nach Eingang einer entsprechenden Steueranmeldung ungeprüft ausgezahlt werden.

> **Beispiel:**
>
> Der Unternehmer U gibt seine Voranmeldung für August 08 ab. Darin erklärt er die angefallene Umsatzsteuer mit 10.000 €, die gezahlten Vorsteuern mit 15.000 €.

> **Lösung:**
>
> Da es im Saldo zu einer Vorsteuervergütung, also zu einer Erstattung an U kommt, muss das Finanzamt der Steueranmeldung gem. § 168 S. 2 AO zustimmen, damit diese gem. § 168 S. 1 AO wie eine Steuerfestsetzung unter Vorbehalt der Nachprüfung wirkt.

Das gleiche Zustimmungserfordernis besteht, wenn sich aufgrund der Umsatzsteuer-Jahreserklärung des Unternehmers ein Überschuss zu seinen Gunsten ergibt.

> **Beispiel:**
>
> Der Unternehmer U gibt im April 09 seine Umsatzsteuer-Jahreserklärung für 08 ab. Gegenüber den Voranmeldungen, die er für 08 abgegeben hat, ergibt sich nun eine um 12.000 € niedrigere Steuer, als er durch die Vorauszahlungen abgeführt hat. Ihm steht also eine Erstattung zu.

> **Lösung:**
>
> Das Finanzamt muss wegen der Minderung der bisher entrichteten Steuer aufgrund der Erklärung des U dieser zustimmen, bevor es zu der Erstattung des Betrages kommt.

Die Zustimmung durch die Finanzbehörde ist gem. § 168 S. 3 AO nicht formgebunden. Sie erfolgt in der Praxis häufig konkludent dadurch, dass der sich aufgrund der Steueranmeldung ergebende Erstattungsbetrag an den Steuerpflichtigen ausgezahlt wird. Auch die Versendung einer Abrechnungsmitteilung ist denkbar.

Die Zustimmung durch das Finanzamt kann bis zu gewissen Betragsgrenzen auch automatisiert erfolgen (vgl. AEAO zu § 168, Nr. 9.).

Erhält der Steuerpflichtige aufgrund der Anmeldung eine Erstattung oder Vergütungsbeträge ausgezahlt, richtet sich deren Fälligkeit gem. § 168 S. 2 i.V.m. § 220 Abs. 2 Satz 2 AO nach der Bekanntgabe der Zustimmung des Finanzamts zur Anmeldung.

> **Beispiel:**
>
> Aus der Umsatzsteuervoranmeldung des U für Mai 06 ergibt sich ein Vorsteuerüberhang und damit eine Erstattung von 14.000 €. Das Finanzamt schickt ihm die Zustimmung zur Anmeldung sowie eine entsprechende Abrechnungsmitteilung mit Datum vom 22.06.06 zu.

> **Lösung:**
>
> Mit der wirksamen Bekanntgabe der Zustimmung gem. § 168 S. 2 AO wird der Erstattungsbetrag am 25.06.06 fällig (§ 122 Abs. 2 Nr. 1 AO).

Ergibt sich für den Unternehmer eine Zahllast, sind die durch Steueranmeldung erklärten Beträge von ihm sodann zum gesetzlich bestimmten Fälligkeitstermin in der Regel auch abzuführen. Die Fälligkeit richtet sich nach § 220 Abs. 1 AO i.V.m. dem jeweiligen Einzelsteuergesetz, so z.B. §§ 18 Abs. 1 Satz 4, 18 Abs. 4 Satz 1 UStG.

> **Beispiel:**
>
> Der Unternehmer U gibt am 05.09.08 seine Voranmeldung für August 08 ab. Daraus ergibt sich eine Zahllast für ihn in Höhe von 3.500 €.

> **Lösung:**
>
> U muss den fälligen Betrag gem. § 220 Abs. 1 AO i.V.m. § 18 Abs. 1 Satz 4 UStG bis zum 10.09.08 an das Finanzamt abführen.

Zahlt der Steuerpflichtige die angemeldeten Beträge nicht pünktlich, können diese von der Finanzbehörde unter den Voraussetzungen der §§ 249 ff. AO, insbesondere § 254 AO vollstreckt werden. Die Steueranmeldung gilt gem. § 249 Abs. 1 Satz 2 AO als vollstreckbarer Verwaltungsakt. Gem. § 254 Abs. 1 Satz 4 AO bedarf es keines besonderen Leistungsgebots (= Aufforderung zur Zahlung, vgl. Kap. VII. 2.1.2).

Berichtigt der Unternehmer seine eigene Steueranmeldung, was er aufgrund § 164 Abs. 2 Satz 1 AO jederzeit kann, solange der Vorbehalt der Nachprüfung wirksam ist, gelten für die Wirkung seiner Berichtigung die gleichen Grundsätze wie für die erstmalige Anmeldung. D.h., wenn sich aufgrund der Berichtigung eine Minderung der Steuer oder eine Erhöhung der Steuervergütung mit der Folge einer Erstattung ergibt, muss wiederum die Zustimmung der Finanzbehörde erfolgen.

4.3 Abweichende Festsetzung durch die Finanzbehörde

Der Erlass eines Steuerbescheides durch das Finanzamt ist aufgrund § 167 Abs. 1 Satz 1 AO nur erforderlich, wenn dieses von der Steueranmeldung abweichen will oder wenn keine Anmeldung abgegeben worden ist.

> **Beispiel:**
>
> U gibt seine Voranmeldung für Oktober 04 ab, aus der sich eine Zahllast i.H.v. 3.400 € ergibt. Das Finanzamt erkennt aus seinen Unterlagen Unstimmigkeiten und setzt per Steuerbescheid gem. § 167 Abs. 1 Satz 1 AO eine Zahllast von 4.300 € fest. Der Bescheid steht als Festsetzung einer Vorauszahlung (§ 18 Abs. 1 Satz 1 UStG) gem. § 164 Abs. 1 Satz 2 AO unter dem Vorbehalt der Nachprüfung.

Festsetzungen von Vorauszahlungen, also z.B. Umsatzsteuer-Monatsfestsetzungen (§ 18 Abs. 1 Satz 1 UStG) stehen aufgrund Gesetzes (§ 164 Abs. 1 Satz 2 AO) unter dem Vorbehalt der Nachprüfung (s. 2.2). Jahressteuerbescheide können von der Behörde aufgrund Ermessensentscheidung unter Vorbehalt der Nachprüfung ergehen. Dies ist bei Festsetzungen wegen Nichtabgabe der Steuererklärung/-anmeldung vor allem dann empfehlenswert, wenn zu erwarten ist, dass der Steuerpflichtige seine Steuererklärung nachreichen wird. Da Umsatzsteuer-Jahresbescheide keine Vorauszahlungsfestsetzungen darstellen, muss die Behörde im Hinblick auf den Vorbehalt der Nachprüfung eine eindeutige Aussage in den Bescheid aufnehmen. Fehlt diese, ist der Bescheid endgültig (vgl. AEAO zu § 168, Nr. 7; s. 2.4).

Erfolgt die Festsetzung durch die Finanzbehörde, weil der Unternehmer keine Anmeldung abgegeben hat, schätzt das Finanzamt gem. § 162 AO in der Steuerfestsetzung die Besteuerungsgrundlagen (s. Kap. III. 4.4.3). Das entbindet den Unternehmer aber nicht von seiner Abgabepflicht. Regelmäßig fallen derartige Schätzungen höher aus als die früheren Anmeldungen oder Steuerbescheide, da die Finanzbehörde meist auf die Werte der vergangenen Zeiträume einen „Sicherheitszuschlag" hinzuaddiert. Als weitere Sanktion kann ein Verspätungszuschlag gem. § 152 AO festgesetzt werden (s. Kap. III. 4.3.1). Auch kann die Abgabe der Steueranmeldung durch ein Zwangsgeld unter den Voraussetzungen der §§ 328 ff. AO erzwungen werden (s. Kap. VII. 3.2).

4.4 Rechtsschutz

Da die Steueranmeldung eine Steuerfestsetzung unter Vorbehalt der Nachprüfung und somit einen Verwaltungsakt darstellt, kann der Steuerpflichtige diese auch mit dem Einspruch gem. § 347 Abs. 1 Nr. 1 AO anfechten. Dies erscheint zunächst widersinnig, weil die von ihm selbst verfasste Anmeldung inhaltlich der von ihm gewünschten Festsetzung entsprechen sollte. Es ist jedoch denkbar, dass der Steuerpflichtige in seiner Anmeldung lediglich einer vorangegangenen Diskussion mit dem Finanzamt folgend dessen Auffassung in seiner Anmeldung berücksichtigt hat, obwohl er z.B. den Umsatz nicht für steuerbar gehalten hat; er wollte jedoch zur Vermeidung von zeitlichen Verzögerungen oder Haftungsansprüchen der Auffassung des Amtes folgen, um die Rechtsfrage sodann vom Finanzgericht klären zu lassen.

Gegen die abweichende Festsetzung durch das Finanzamt ist ebenfalls der Einspruch gegeben (vgl. hierzu Kap. VIII.).

Reagiert die Finanzbehörde auf die abgegebene Voranmeldung in einer angemessenen Frist nicht und erteilt sie insbesondere nicht die erforderliche Zustimmung, kann ein Untätigkeitseinspruch gem. § 347 Abs. 1 Satz 2 AO (vgl. Kap. VIII. 2.1) in Betracht kommen.

5. Gesonderte Feststellungen

5.1 Überblick, Verfahren

Im **Festsetzungsverfahren** werden die Besteuerungsgrundlagen, die Inhalt eines Steuerbescheides sind, insgesamt überprüft. Eine gesonderte Anfechtung einzelner dieser Grundlagen, ohne den Bescheid als Ganzes anzugreifen, ist nicht möglich.

> **Beispiel:**
>
> Der Steuerpflichtige D hat in seiner Einkommensteuererklärung einen Gewinn aus Gewerbebetrieb aus einem Schuhgeschäft angegeben. Als er seinen Einkommensteuerbescheid erhält, ist er mit der Höhe des angesetzten Gewinns nicht einverstanden. Er möchte den Bescheid im Übrigen aber bestandskräftig werden lassen, da er verschiedene außergewöhnliche Belastungen geltend gemacht hat, die zu seiner Zufriedenheit anerkannt worden sind.

> **Lösung:**
>
> D kann, wenn er sich gegen die Höhe des Gewinns aus Gewerbebetrieb wenden will, nur insgesamt gegen den Steuerbescheid Einspruch einlegen. Eine gesonderte Anfechtung nur einer Besteuerungsgrundlage ist nicht möglich.

Für bestimmte Fälle hat der Gesetzgeber jedoch vorgesehen, dass Besteuerungsgrundlagen in einem gesonderten Verfahren ermittelt und festgestellt werden. Dies geschieht gem. § 179 Abs. 1 AO durch den eigenen Verwaltungsakt „**Feststellungsbescheid**", der gesondert bekannt gegeben wird und der eigens angefochten werden kann. Die in ihm festgestellten Besteuerungsgrundlagen fließen nach der Feststellung in sog. Folgebescheide ein, z.B. in den Einkommensteuerbescheid desjenigen, dem die Besteuerungsgrundlage zuzurechnen ist.

> **Beispiel:**
>
> W ist an einer OHG als Gesellschafter beteiligt. Aus dieser Beteiligung hat W Einkünfte aus § 15 EStG. Diese Einkünfte werden jedoch nicht bei der Einkommensteuerveranlagung des W genauer ermittelt. Vielmehr werden die Gewinne der OHG in einem eigenen Verfahren beim für die Gesellschaft zuständigen Finanzamt gesondert und einheitlich festgestellt. Einheitlich erfolgt die Feststellung, weil neben W noch weitere Gesellschafter an der OHG beteiligt sind. Das zuständige Finanzamt erlässt einen Feststellungsbescheid. Das für die Einkommensteuerveranlagung des W zuständige Finanzamt erhält eine Mitteilung über die festgestellten Einkünfte des W. Daraufhin können die Einkünfte im Einkommensteuerbescheid des W folgerichtig angesetzt werden. Eine Prüfung erfolgt auf dieser Ebene nicht mehr.

Gesonderte Feststellungen sieht die AO in verschiedenen Fällen vor. Gängige Beispiele sind:
- Mehrere Personen erzielen gemeinsam einkommen- oder körperschaftssteuerpflichtige Einkünfte, z.B. bei einer OHG oder KG.
- Ein Steuerpflichtiger erzielt allein Einkünfte aus Land- und Forstwirtschaft, Gewerbebetrieb oder freiberuflicher Tätigkeit im Zuständigkeitsbereich eines anderen Finanzamts als dem, das für seine Einkommensteuer zuständig ist.
- Es wird der Einheitswert eines Grundstücks nach dem Bewertungsgesetz festgestellt.

Auch aufgrund anderer Gesetze sind gesonderte Feststellungen vorgesehen, z.B.:
- § 10d Abs. 4 EStG: verbleibender Verlustvortrag,
- § 15a Abs. 4 EStG: verrechenbarer Verlust.

Sind am Gegenstand der Feststellung mehrere beteiligt, wird gem. § 179 Abs. 2 Satz 2 AO die gesonderte Feststellung ihnen gegenüber einheitlich vorgenommen, so z.B. beim Gewinn aus einer Personengesellschaft mit mehreren Gesellschaftern. Dieses Verfahren dient der Rechtssicherheit und der Gleichmäßigkeit der Besteuerung. Es ermittelt nicht jedes Wohnsitzfinanzamt für sich den Gewinn eines Beteiligten, um ihn bei seiner Einkommensteuerveranlagung korrekt anzusetzen, vielmehr wird diese Aufgabe beim für die Personengesellschaft zuständigen Finanzamt zentralisiert. Dies dient somit vor allem der Verwaltungsökonomie, außerdem werden sich widersprechende Entscheidungen vermieden.

Indem das zuständige Finanzamt die Einkünfte aus einer bestimmten Quelle gesondert für alle Beteiligten feststellt, schafft es einen sog. **Grundlagenbescheid** (vgl. § 171 Abs. 10 Satz 1 AO). Dieser Grundlagenbescheid hat in Bezug auf die Bescheide, für die er die Einkünfte feststellt, **Bindungswirkung** nach § 182 Abs. 1 AO. D.h., das Wohnsitzfinanzamt eines Beteiligten übernimmt ungeprüft die festgestellten Einkünfte im sog. **Folgebescheid**. Je nachdem, wer am Gegenstand der Feststellung beteiligt ist, kommen als **Folgebescheide** in Betracht:
- Natürliche Personen: Einkommensteuerbescheide,
- Juristische Personen: Körperschaftssteuerbescheide,
- Personengesellschaften: Feststellungsbescheide.

Da die Ermittlung der gesondert (und ggf. einheitlich) festzustellenden Besteuerungsgrundlagen nicht immer zeitgleich mit der Festsetzung der Folgebescheide bei den Beteiligten durchgeführt wird, bietet **§ 175 Abs. 1 Satz 1 Nr. 1 AO** die Rechtsgrundlage für eine jederzeitige Anpassung der Folgebescheide an einen neu erlassenen oder geänderten Grundlagenbescheid. So kann das für den Beteiligten zuständige

5. Gesonderte Feststellungen

Wohnsitzfinanzamt, nachdem es von einem neuen Grundlagenbescheid Kenntnis erlangt, den Folgebescheid entsprechend ändern (vgl. zur Korrekturvorschrift § 175 Abs. 1 Satz 1 Nr. 1 AO Kap. V. 2.3.7.2).

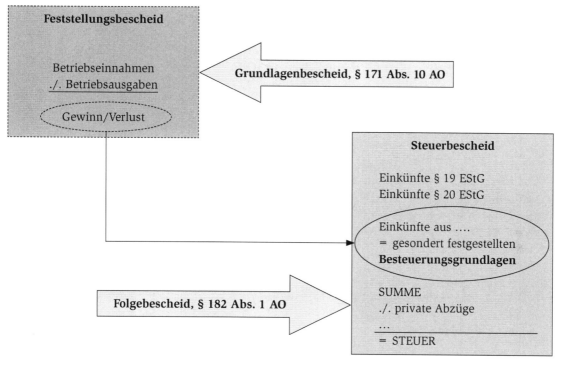

Die Zuständigkeit für den Erlass von Feststellungsbescheiden richtet sich nach § 18 AO und ist vor allem abhängig von der Art der festzustellenden Besteuerungsgrundlagen (vgl. hierzu Kap. I. 2.2.1).

5.2 Einheitliche und gesonderte Feststellung von Besteuerungsgrundlagen

Gesondert und einheitlich festgestellt werden gem. § 180 Abs. 1 Nr. 2a i.V.m. § 179 Abs. 2 Satz 2 AO die einkommensteuerpflichtigen und körperschaftsteuerpflichtigen Einkünfte, wenn an ihnen mehrere Personen beteiligt sind und die Einkünfte diesen Personen steuerlich zuzurechnen sind.

Beispiel:
A (wohnhaft in Kaiserslautern), B (Landau) und C (Neustadt) betreiben zusammen einen Brennholzhandel und haben zu diesem Zweck gemeinsam die ABC-OHG in Elmstein (Pfalz) gegründet. Wie werden die Einkünfte der OHG ermittelt?

Lösung:
Die OHG bzw. ihre Gesellschafter A, B und C sind gem. § 181 Abs. 2 Nr. 1 AO verpflichtet, eine Feststellungserklärung beim für die OHG zuständigen Finanzamt Neustadt (§ 18 Abs. 1 Nr. 4 AO) abzugeben. Dieses führt die Veranlagung durch und erlässt einen „einheitlichen und gesonderten" Feststellungsbescheid. Dieser wird den Beteiligten bekannt gegeben (zu den Einzelheiten vgl. § 183 AO, s. 5.5.1).

§ 180 Abs. 1 Nr. 2a AO bestimmt für derartige Fälle das Erfordernis einer gesonderten Feststellung. Aufgrund § 179 Abs. 2 Satz 2 AO erfolgt diese außerdem einheitlich, da mehrere Personen beteiligt sind. Weitere Beispiele für Anwendungsfälle der einheitlichen und gesonderten Feststellung nach §§ 180 Abs. 1 Nr. 2a, 179 Abs. 2 Satz 2 AO sind:

- Zusammenschluss mehrerer Personen zu einem bestimmten wirtschaftlichen Zweck in Form einer Gesellschaft bürgerlichen Rechts mit Erzielung gewerblicher Einkünfte,
- Erbengemeinschaft erzielt gemeinsam Einnahmen aus Kapitalvermögen aus ererbtem Vermögen,
- Rechtsanwaltssozietät aus mehreren Beteiligten.

Einheitliche und gesonderte Feststellungen sind in gesellschaftsrechtlicher Hinsicht dann vorzunehmen, wenn es sich ertragssteuerlich um eine **Mitunternehmerschaft** handelt, d.h. wenn und soweit die Beteiligten Mitunternehmerinitiative entfalten und ein mitunternehmerisches Risiko tragen. Hierzu gehören auch atypisch stille Beteiligungen, bei denen der stille Gesellschafter abweichend von den Regelungen der §§ 230 ff. HGB umfangreiche Vermögens- und Kontrollrechte hat und somit als Mitunternehmer i.S.d. § 15 EStG gilt.

Durch das Feststellungsverfahren wird auch über das Bestehen und den Umfang der Mitunternehmerschaft entschieden. Entscheidet die Finanzbehörde aufgrund der konkreten gesellschaftsvertraglichen Bedingungen, dass es sich nicht um eine Mitunternehmerschaft handelt, muss ein **negativer Feststellungsbescheid** ergehen. Auch an diese Ablehnung ist das Folgefinanzamt gebunden. Es muss dementsprechend die Einkünfte selbst ermitteln und im Einkommensteuerbescheid des Betroffenen ansetzen.

Im Feststellungsbescheid sind auch Sonderbetriebseinnahmen und -ausgaben der Beteiligten zu erfassen. Im Fall der Veräußerung einer Beteiligung entscheidet bereits der Feststellungsbescheid über den Veräußerungsverlust bzw. -gewinn, ggf. auch über das Vorliegen der Voraussetzungen für dessen steuerliche Begünstigung.

Besonderheiten hat der BFH für sog. **Zebragesellschaften** entschieden (Beschluss des Großen Senats vom 11.04.2005, BStBl II 2005, 679). Dies sind Gesellschaften, die ausschließlich Überschusseinkünfte erzielen und an denen zumindest z.T. Gesellschafter beteiligt sind, die aus dieser Beteiligung gewerbliche Einkünfte erzielen. Die verbindliche Entscheidung über die Einkünfte dieser Beteiligten ist hier sowohl der Art als auch der Höhe nach nicht im Feststellungsverfahren sondern beim für die persönliche Besteuerung des Gesellschafters zuständigen Wohnsitzfinanzamt zu treffen. Es handelt sich hierbei um eine Abweichung von der üblichen umfassenden Bindungswirkung des Grundlagenbescheides für den Folgebescheid beim Beteiligten.

Für mittelbare Beteiligungen regelt § 179 Abs. 2 Satz 3 AO die Möglichkeit einer besonderen gesonderten und einheitlichen Feststellung. Zweck der Vorschrift ist, die Offenbarung von geheim gehaltenen Unterbeteiligungen im Feststellungsverfahren zu verhindern. Die Unterbeteiligung muss die Voraussetzungen für eine Mitunternehmerschaft erfüllen (also z.B. eine atypisch stille Unterbeteiligung), da ansonsten keine einheitliche Feststellung erfolgen kann. Verfahrenstechnisch wird diese Konstellation durch eine zweite Feststellung in Bezug auf die Unterbeteiligung abgewickelt.

In bestimmten Fällen kann von einer an sich gesetzlich vorgeschriebenen Vornahme einer gesonderten und einheitlichen Feststellung abgesehen werden.

Fälle geringer Bedeutung gem. § 180 Abs. 3 und 4 AO	
Inhalt	Beispiel
§ 180 Abs. 3 Nr. 1 AO: Wenn nur eine der an den Einkünften beteiligten Personen im Geltungsbereich der AO einkommen- oder körperschaftsteuerpflichtig ist	Eine Erbengemeinschaft bestehend aus P, Q und R erzielt in Deutschland Einkünfte aus Kapitalvermögen. Nur Q ist unbeschränkt steuerpflichtig, P und R sind im Ausland ansässig und in Deutschland nicht steuerpflichtig.

Inhalt	Beispiel
§ 180 Abs. 3 Nr. 2 AO: Es handelt sich um einen Fall geringer Bedeutung, insbesondere wenn die Höhe des festgestellten Betrags und die Aufteilung feststehen	Ehegatten sind an einem vermieteten Grundstück zu je ½ beteiligt; es erfolgt i.d.R. keine gesonderte und einheitliche Feststellung, die Vermietungseinkünfte werden im Rahmen der Zusammenveranlagung ermittelt und fließen so in die Einkommensteuerveranlagung ein.
§ 180 Abs. 4 AO: Keine Feststellung bei Arbeitsgemeinschaften, deren alleiniger Zweck in der Erfüllung eines einzigen Werkvertrages besteht	Eine ARGE, bestehend aus mehreren Bauunternehmen erneuert einen Autobahnabschnitt in Hessen.

5.3 Gesonderte Feststellungen gemäß § 180 Abs. 1 Nr. 2b AO

Gesonderte Feststellungen erfolgen auch in anderen Fällen, nämlich wenn ein Steuerpflichtiger Einkünfte aus Land- und Forstwirtschaft, Gewerbebetrieb oder freiberuflicher Tätigkeit erzielt und für die Ermittlung dieser Einkünfte ein anderes Finanzamt zuständig ist als das, das seine Einkommensteuerveranlagung durchführt.

Beispiel:

Der Steuerpflichtige G wohnt in Neustadt an der Weinstraße. In Kaiserslautern betreibt er eine Kfz-Reparaturwerkstatt.

Lösung:

Für die Einkommensteuer des G ist gem. § 19 Abs. 1 sein Wohnsitzfinanzamt, hier das Finanzamt Neustadt zuständig. Die gewerblichen Einkünfte aus der Reparaturwerkstatt erzielt G in Kaiserslautern, daher ist das dortige Finanzamt für deren Ermittlung gem. § 18 Abs. 1 Nr. 2 AO und damit für den Erlass eines entsprechenden Feststellungsbescheides nach §§ 180 Abs. 1 Nr. 2b, 179 Abs. 1 AO zuständig. Der Bescheid wird dem G bekannt gegeben, das Finanzamt Neustadt erhält eine Mitteilung über die festgestellten Einkünfte und erfasst diese als Besteuerungsgrundlage im Einkommensteuerbescheid des G. Eine weitere Prüfung der festgestellten Einkünfte erfolgt in Neustadt nicht mehr.

§ 180 Abs. 1 Satz 2 AO regelt schließlich, dass sich in Fällen des § 180 Abs. 1 Nr. 2b AO, in denen sich die für die Zuständigkeit maßgeblichen Verhältnisse später ändern, die örtliche Zuständigkeit auch für vergangene Zeiträume nach diesen neuen Verhältnissen richten soll. Für den Wechsel der Zuständigkeit gilt § 26 AO, es kommt also auf die Kenntnis einer der beteiligten Finanzbehörden an.

5.4 Weitere Feststellungsfälle
5.4.1 Feststellungen aufgrund § 180 Abs. 2 AO

Über die in § 180 Abs. 1 AO genannten Fälle hinaus können gesonderte bzw. gesonderte und einheitliche Feststellungen erfolgen, wenn dies für gleich gelagerte Fälle in einer aufgrund § 180 Abs. 2 AO erlassenen Rechtsverordnung normiert ist. Von dieser Ermächtigung wurde Gebrauch gemacht und die „Verordnung über die gesonderte Feststellung von Besteuerungsgrundlagen gem. § 180 Abs. 2 der Abgabenordnung" erlassen. Darin sind verschiedene Fälle geregelt, in denen aus Gründen der Vereinheitlichung und zur Erleichterung des Verfahrens Besteuerungsgrundlagen gesondert festgestellt werden können.

Gesonderte Feststellung gem. § 180 Abs. 2 i.V.m. RVO zu § 180 Abs. 2 AO	
Norm	Inhalt
§ 1 VO	Wirtschaftsgüter, Anlagen oder Einrichtungen werden von mehreren Personen genutzt, z.B. Laborgemeinschaft oder Wirtschaftsgüter sind mehreren Beteiligten getrennt zuzurechnen, die aber gleichartige Rechtsbeziehungen zu demselben Dritten unterhalten, z.B. Bauherrenmodelle
§ 8 VO	Feststellung steuerverstrickter stiller Reserven beim Übergang zur Liebhaberei
§ 9 VO	Feststellung bei Einsatz von Lebensversicherung zu Finanzierungszwecken

5.4.2 Feststellungen nach § 180 Abs. 5 AO

Die Regelungen der § 180 Abs. 1 Nr. 2 und Abs. 2 und 3 AO sind gem. § 180 Abs. 5 AO entsprechend anzuwenden, soweit die nach einem DBA von der Bemessungsgrundlage ausgenommenen Einkünfte bei der Festsetzung der Steuer der beteiligten Personen von Bedeutung sind.

Beispiel:

Die Freunde Jenny und Fred sind in Deutschland ansässig und unbeschränkt steuerpflichtig. Gemeinsam sind sie Eigentümer eines Weingutes in Staat XY und erzielen hieraus Einkünfte, die nach dem DBA mit Staat XY dort besteuert und in Deutschland von der Besteuerung freigestellt sind.

Lösung:

Die Einkünfte sind einheitlich und gesondert festzustellen gem. § 180 Abs. 5 Nr. 1 AO, da sie in Deutschland für den Progressionsvorbehalt gem. § 32b Abs. 1 Satz 1 Nr. 3 EStG von Bedeutung sind.

§ 180 Abs. 5 Nr. 2 AO ermöglicht weiterhin die gesonderte Feststellung der Anrechnung von Steuerabzugsbeträgen und Körperschaftsteuer auf die festgesetzte Steuer. Diese Beträge stehen häufig mit anderen Besteuerungsgrundlagen in Zusammenhang und sind wie diese mehreren Beteiligten anteilig zuzurechnen. Die Anrechnung auf die Steuerschuld des einzelnen Beteiligten kann dann ohne weitere Nachweise erfolgen.

5.4.3 Feststellungen von Einheitswerten

Gem. § 180 Abs. 1 Nr. 1 AO werden die Einheitswerte nach Maßgabe des Bewertungsgesetzes gesondert, bzw. bei Beteiligung mehrere Personen gesondert und einheitlich festgestellt. Ausschlaggebende Norm dort ist § 19 Abs. 1 BewG. Der Einheitswert ist ein Wert, der nach seinem Sinn und Zweck als einheitliche Grundlage für die Berechnung mehrerer Steuern herangezogen werden kann. Das Bewertungsgesetz bestimmt demzufolge, dass solche Feststellungen nur erfolgen, wenn und soweit sie für die Besteuerung von Bedeutung sind (§ 19 Abs. 4 BewG). Tatsächlich hat der Einheitswert heute nur noch Bedeutung für die Grundsteuer sowie z.T. für die Gewerbesteuer im Bereich der Kürzungen nach § 9 Nr. 1 GewStG und in geringem Umfang für die Einkommensteuer bei der Ermittlung des Gewinns aus Land- und Forstwirtschaft nach Durchschnittssätzen gem. § 13a Abs. 5 EStG.

Konkret werden gem. § 180 Abs. 1 Nr. 1 AO i.V.m. § 19 Abs. 1 BewG gesondert festgestellt die Einheitswerte für:
- Betriebe der Land- und Forstwirtschaft,

- Grundstücke,
- Betriebsgrundstücke.

Im Feststellungsbescheid sind gem. § 19 Abs. 3 BewG auch Feststellungen zu treffen über die Art der wirtschaftlichen Einheit, bei Grundstücken über die Grundstücksart, die Zurechnung der wirtschaftlichen Einheit sowie bei mehreren Beteiligten über die Höhe der jeweiligen Anteile.

Auch der Einheitswertbescheid hat als Grundlagenbescheid Bindungswirkung für die darauf beruhenden Folgebescheide, hier also insbesondere für die Grundsteuermessbescheide.

Besonderheiten bestehen bei Einheitswertbescheiden im Hinblick auf deren **dingliche** Bindungswirkung. Gem. § 182 Abs. 2 AO wirken solche Bescheide auch gegenüber dem Rechtsnachfolger, auf den der Gegenstand der Feststellung nach Bestandskraft des Bescheides mit steuerlicher Wirkung übergegangen ist.

Hat der Rechtsvorgänger gegen den Einheitswertbescheid Einspruch eingelegt, kann der Einzelrechtsnachfolger gem. § 360 Abs. 1 AO zu dessen Einspruchsverfahren hinzugezogen werden. Bei der Gesamtrechtsnachfolge tritt der Rechtsnachfolger in ein laufendes Einspruchsverfahren seines Vorgängers ein.

5.4.4 Feststellungen von Grundbesitzwerten

Im Rahmen von Erbschaftsteuer- sowie Grunderwerbsteuerfestsetzungen können Grundbesitzwerte und Werte bestimmter anderer Vermögensgegenstände von Bedeutung sein. § 151 BewG bestimmt, in welchen Fällen gesonderte Feststellungen zu erfolgen haben. Danach sind folgende Werte gesondert (bzw. gesondert und einheitlich) festzustellen, wenn sie für die Erbschaftsteuer oder (nur im Fall der Grundbesitzwerte, § 151 Abs. 5 BewG) für die Grunderwerbsteuer Bedeutung haben:
- Grundbesitzwerte (§ 151 Abs. 1 Nr. 1 BewG),
- der Wert des Betriebsvermögens (§ 151 Abs. 1 Nr. 2 BewG),
- der Wert von Anteilen an Kapitalgesellschaften (§ 151 Abs. 1 Nr. 3 BewG),
- Anteile an den o.g. Vermögensgegenständen, wenn diese mehreren Personen zustehen (§ 151 Abs. 1 Nr. 4 BewG).

Derartige Feststellungen erfolgen nur, wenn sie für die genannten Steuerfestsetzungen erforderlich sind, sie werden daher auch Bedarfsbewertungen genannt.

5.5 Feststellungsbescheide

5.5.1 Wesen, Inhalt, Form und Bekanntgabe

Da für gesonderte Feststellungen grundsätzlich die Vorschriften über die Durchführung der Besteuerung sinngemäß anzuwenden sind (**§ 181 Abs. 1 Satz 1 AO**), gilt auch hier:
- Die Beteiligten haben eine Steuererklärung, hier eine **Feststellungserklärung** abzugeben (es gilt zusätzlich § 181 Abs. 2 AO).
- Die Ermittlung der Besteuerungsgrundlagen erfolgt in einem eigenen Verfahren nach den Rechtsgrundsätzen der **§§ 85 ff. AO**.
- Feststellungsbescheide müssen die Voraussetzungen des **§ 157 AO** sinngemäß erfüllen.
- Feststellungsbescheide können mit den Nebenbestimmungen **Vorbehalt der Nachprüfung** oder **Vorläufigkeitsvermerk** versehen werden.
- Gegen Feststellungsbescheide ist der **Einspruch** möglich, § 347 Abs. 1 Nr. 1 AO.
- Für Feststellungen gelten die **Verjährungsvorschriften** §§ 169 ff. AO.
- Gem. § 122 Abs. 1 Satz 1 AO sind Feststellungsbescheide denjenigen **bekannt zu geben**, die von ihnen betroffen sind.

Inhaltlich muss der Feststellungsbescheid folgende Elemente vorweisen:
- Adressat/Feststellungsbeteiligte,
- Festgestellte Besteuerungsgrundlagen, z.B. Höhe der Einkünfte,
- Feststellungszeitraum.

Weiterhin sind regelmäßig Ausführungen zur Begründung sowie eine Rechtsbehelfsbelehrung enthalten.

Für die Bekanntgabe von Feststellungsbescheiden gelten Besonderheiten. Eine starre Anwendung des § 122 AO würde hier dazu führen, dass bei Gesellschaften mit vielen Beteiligten auch viele Betroffene und damit viele Adressaten vorliegen würden, die jeweils einen Bescheid erhalten müssten. Hier schafft § 183 AO eine Vereinfachung: Die Bekanntgabe des Feststellungsbescheides kann danach im Regelfall stellvertretend an einen Empfangsbevollmächtigten erfolgen, der entweder von der Gesellschaft benannt oder durch das Finanzamt bestimmt wird. Im Einzelnen gilt:

Bekanntgabe von einheitlichen und gesonderten Feststellungen gem. § 183 AO	
Regelung	Inhalt
§ 183 Abs. 1 Satz 1 AO	Die Gesellschaft oder Gemeinschaft benennt einen Empfangsbevollmächtigten, an den Bescheide bekannt gegeben werden.
• wenn nicht: § 183 Abs. 1 Satz 2 AO	Es gilt ein zur Vertretung der Gesellschaft oder zur Verwaltung des Gegenstands Berechtigter als Empfangsbevollmächtigter.
• wenn nicht: § 183 Abs. 1 Satz 3 und 4 AO	Das Finanzamt fordert zur Benennung eines Empfangsbevollmächtigten auf und schlägt selbst eine Person vor, die im Fall der Nichtbenennung als Empfangsbevollmächtigter gilt.
§ 183 Abs. 1 Satz 5 AO	Im Feststellungsbescheid ist darauf hinzuweisen, dass die Bekanntgabe an den Empfangsbevollmächtigten für und gegen alle Beteiligte wirkt.
§ 183 Abs. 2 AO	Sind dem Finanzamt Streitigkeiten unter Beteiligten oder die Auflösung der Gesellschaft oder das Ausscheiden eines Beteiligten bekannt, hat insoweit eine Einzelbekanntgabe zu erfolgen.
§ 183 Abs. 3 AO	Empfangsbevollmächtigte, die von der Gemeinschaft gem. § 183 Abs. 1 Satz 1 AO benannt wurden, bleiben so lange in dieser Funktion, bis ein ausdrücklicher Widerspruch der Gesellschaft oder eines Beteiligten beim Finanzamt eingeht.
§ 183 Abs. 4 AO	Für Feststellungsbescheide über den **Einheitswert** ist **§ 122 Abs. 7 AO** anzuwenden, wenn die wirtschaftliche Einheit Ehegatten bzw. Lebenspartnern oder selbigen mit Kindern oder Alleinstehenden mit Kindern zugerechnet wird und kein Empfangsbevollmächtigter benannt wurde.

5.5.2 Wirkung

Feststellungsbescheide schließen das Verfahren über die Ermittlung und Bestimmung bestimmter Besteuerungsgrundlagen ab und stellen diese verbindlich fest. Sie haben gem. § 182 Abs. 1 AO somit Bindungswirkung für andere Bescheide, die damit Folgebescheide sind, soweit die in ihm getroffenen Feststellungen für diese Bescheide von Bedeutung sind. Man nennt den Feststellungsbescheid darum auch **Grundlagenbescheid** (§ 171 Abs. 10 Satz 1 AO).

Wenn klar ist, dass bestimmte Besteuerungsgrundlagen in einem Steuerbescheid durch ein gesondertes Feststellungsverfahren ermittelt und festgesetzt werden müssen, kann gleichwohl gem. § 155 Abs. 2 AO schon vor Abschluss dieses ausgelagerten Verfahrens ein Steuerbescheid ergehen. Folgt anschließend der Erlass des Feststellungsbescheids, ermöglicht § 175 Abs. 1 Satz 1 Nr. 1 AO die Anpassung des Steuerbescheids an die neu festgestellten Werte (s. Kap. V. 2.3.7.2). Bei jeder weiteren Änderung des Feststellungsbescheides folgt das gleiche Anpassungsverfahren.

Verfahrenstechnisch erfolgt zunächst die Bekanntgabe des Feststellungsbescheides an die Beteiligten, dies geschieht in Fällen des § 180 Abs. 1 Nr. 2b AO an den Betroffenen, bei mehreren Beteiligten in Fällen des § 180 Abs. 1 Nr. 2a AO in der Regel gem. § 183 AO an den Empfangsbevollmächtigten (s. 5.5.1). Das für den Folgebescheid zuständige Finanzamt erhält eine Mitteilung über den Inhalt des Feststellungsbescheides, man nennt diese Mitteilung auch **ESt-4-B-Mitteilung**. Sie wird im Folgebescheid ohne weitere Prüfung ausgewertet, die Besteuerungsgrundlagen werden übernommen. Zeitliche Grenze für diese Anpassung ist der Ablauf der Festsetzungsfrist, allerdings greift für die Auswertung eine **Ablaufhemmung** gem. § 171 Abs. 10 Satz 1 AO bis zum Ablauf von 2 Jahren nach Bekanntgabe des Grundlagenbescheides (s. 7.1.3.11).

5.5.3 Ergänzungsbescheide

Gem. § 179 Abs. 3 AO können notwendige Feststellungen, die in einem Feststellungsbescheid unterblieben sind, in einem Ergänzungsbescheid nachgeholt werden.

Die Ergänzbarkeit des Feststellungsbescheides setzt voraus, dass dieser zunächst trotz des Fehlens einer Feststellung wirksam, insbesondere hinreichend bestimmt war. Daher kommen für Ergänzungsbescheide nicht alle Inhalte des Feststellungsbescheids in Betracht. Anerkannt sind die Ergänzungen:
- der Verteilung der Einkünfte,
- der Feststellung der Begünstigung der Einkünfte,
- der Feststellung des Vorliegens ausländischer Einkünfte.

Durch einen Ergänzungsbescheid kann jedoch nicht ein unrichtiger Feststellungsbescheid richtiggestellt werden.

Der Ergänzungsbescheid ist ein eigener Verwaltungsakt und kann mit dem Einspruch angefochten werden.

5.5.4 Rechtsbehelfe

Feststellungsbescheide sind Verwaltungsakte, gegen sie ist der Einspruch gem. § 347 Abs. 1 Nr. 1 AO statthaft. Gem. **§ 352 AO** ist allerdings bei einheitlichen und gesonderten Feststellungen nicht jeder Beteiligte zwingend zum Einspruch befugt. Hier gelten besondere Regelungen, die verhindern sollen, dass gerade bei Gesellschaften mit vielen Beteiligten das Einspruchsverfahren ausufert (vgl. Kap. VIII. 2.2.2). Regelmäßig sind nur zur Vertretung der Gesellschaft berufene Geschäftsführer einspruchsbefugt.

Ist ein Beteiligter mit dem Inhalt eines Feststellungsbescheides nicht einverstanden, muss er allerdings verfahrensrechtlich zwingend gegen diesen Bescheid vorgehen. Es ist ihm nicht möglich, erst den Erlass oder die Änderung des nur ihn betreffenden Folgebescheides abzuwarten und dann im Einspruchsverfahren gegen diesen Bescheid gegen die Rechtmäßigkeit des Grundlagenbescheides zu argumentieren. Dies folgt aus § 351 Abs. 2 AO (vgl. Kap. VIII. 3.3).

6. Steuermessbescheide

6.1 Anwendungsbereich, Wirkung

Wenn in Einzelsteuergesetzen die Ermittlung von **Steuermessbeträgen** angeordnet ist, geschieht das gem. § 184 Abs. 1 Satz 1 AO durch **Steuermessbescheide**. Dies erfolgt derzeit für die Gewerbesteuer und die Grundsteuer.

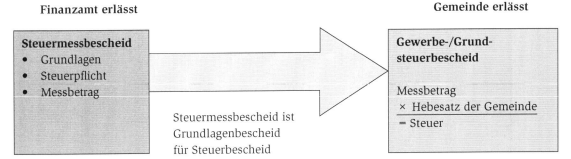

Das zuständige Finanzamt ermittelt die aufgrund des GewStG bzw. GrStG erforderlichen steuerlichen Tatbestände und stellt damit den Gewerbe- bzw. Grundsteuermessbetrag fest. Dieser sog. Steuermessbescheid wird sowohl dem Betroffenen bekannt gegeben als auch der jeweiligen Gemeinde zugeleitet. Diese zieht den Messbescheid als Grundlage für die letztendliche Steuerfestsetzung heran: Der Messbetrag wird mit dem **Hebesatz** der Gemeinde multipliziert und ergibt so die zu zahlende Gewerbe- bzw. Grundsteuer, die die Gemeinden dann gem. § 184 Abs. 3 AO festsetzen.

Steuermessbescheide sind gem. § 184 Abs. 1 Satz 3 AO den Steuerbescheiden gleichgestellt. Damit sind die wesentlichen Vorschriften auf sie anzuwenden, so z.B. über Form und Inhalt, Nebenbestimmungen, Festsetzungsverjährung oder über die Korrektur. Die Zuständigkeit für den Erlass von Steuermessbescheiden richtet sich nach § 22 Abs. 1 AO (i.V.m. § 18 Abs. 1 Nr. 1 bzw. 2 AO).

Der Steuermessbescheid ist Grundlagenbescheid (§ 171 Abs. 10 AO) für den auf ihm beruhenden Steuerbescheid, der somit den Charakter eines Folgebescheides hat. Daraus folgt, dass die Gemeinden an den vom Finanzamt festgesetzten Messbetrag gebunden sind. Weiterhin ist eine Änderung des Messbescheides gem. § 175 Abs. 1 Satz 1 Nr. 1 AO im Steuerbescheid nachzuvollziehen.

Beispiel:

Dem Gewerbetreibenden U aus Kaiserslautern wird im Juli 02 vom zuständigen Finanzamt ein Gewerbesteuermessbescheid für 01 bekannt gegeben. Im September 02 ergeht darauf basierend der Gewerbesteuerbescheid der Stadt Kaiserslautern. In 04 erfolgt eine Betriebsprüfung, bei der sich herausstellt, dass der Messbetrag zu niedrig festgesetzt worden ist. Es kommt zu einer Änderung des Gewerbesteuermessbescheides gem. § 173 Abs. 1 Nr. 1 AO.

Lösung:

Auch der Gewerbesteuerbescheid muss von der Stadt geändert werden. Hierzu berechtigt § 175 Abs. 1 Satz 1 Nr. 1 AO, da mit dem Gewerbesteuermessbescheid ein Grundlagenbescheid, der für den Gewerbesteuerbescheid Bindungswirkung hat, geändert worden ist.

Der Charakter des Messbescheides als Grundlagenbescheid hat auch zur Folge, dass sich der Adressat, wenn er der Auffassung ist, das Finanzamt habe den Messbetrag zu hoch festgesetzt, bereits gegen den Messbescheid wehren muss. Argumente gegen diesen kann er nämlich im Rechtsbehelfsverfahren gegen den späteren Steuerbescheid gem. § 351 Abs. 2 AO nicht mehr geltend machen.

6.2 Weitere Verwaltungsakte im Bereich der Steuermessbeträge: Zerlegungsbescheide, Zuteilungsbescheide

Das Aufkommen aus den Realsteuern (Grundsteuer, Gewerbesteuer) steht den Gemeinden zu. Sind aufgrund der gewerbesteuerlichen Regelungen mehrere Gemeinden hebeberechtigt, muss eine Zerlegung durchgeführt werden, dies geschieht durch Zerlegungsbescheid gem. § 188 AO.

7. Festsetzungs-/Feststellungsverjährung

Die §§ 185-189 AO regeln, wie die Zerlegung im Einzelnen verfahrenstechnisch funktioniert. Materiell-rechtlich finden sich Details in den §§ 28 ff. GewStG sowie §§ 22 ff. GrStG. Am Verfahren über die Zerlegung ist auch der Steuerpflichtige beteiligt, da das Ergebnis aufgrund der unterschiedlichen Hebesätze der Gemeinden Auswirkungen auf seine Steuerbelastung haben kann. Das Verfahren wird durch den Erlass des Zerlegungsbescheides durch die Finanzbehörde gem. § 188 AO abgeschlossen. Der Bescheid ist Folgebescheid des Steuermessbescheides und gleichzeitig Grundlagenbescheid für den daraus folgenden (Gewerbe-/Grund-)Steuerbescheid. Gegen den Zerlegungsbescheid können sowohl der Steuerpflichtige als auch die betroffenen Gemeinden Einspruch einlegen (§ 347 Abs. 1 Nr. 1 AO), da sie gem. § 186 AO beteiligt sind.

Besteht insgesamt Streit darüber, welcher Gemeinde der Steuermessbetrag zusteht, wird dies von der Finanzbehörde auf Antrag eines der Beteiligten durch Zuteilungsbescheid gem. § 190 AO entschieden. Die Vorschriften über das Zerlegungsverfahren sind entsprechend anzuwenden. Somit sind wiederum sowohl die betroffenen Gemeinden als auch der Steuerpflichtige beteiligt und auch zum Einspruch gegen den das Verfahren abschließenden Zuteilungsbescheid berechtigt. Der Steuerpflichtige ist allerdings nach h.M. nur beschwert, wenn der Hebesatz der Gemeinde, die sich aus dem Bescheid als Steuergläubiger ergibt, tatsächlich höher ist.

7. Festsetzungs-/Feststellungsverjährung

Aufgabe der Festsetzungs-/Feststellungsverjährung ist die Schaffung von **Rechtssicherheit**. Ab einem bestimmten Zeitpunkt soll weder der Steuerpflichtige damit rechnen müssen, dass Steuern gegen ihn festgesetzt werden, noch der Fiskus mit ungewissen Ansprüchen auf Auszahlung von Ansprüchen aus dem Steuerschuldverhältnis planen müssen. Ist Festsetzungs-/Feststellungsverjährung eingetreten, ist **weder eine erstmalige noch eine geänderte Festsetzung** zulässig. Die Verjährung ist stets **von Amts wegen** zu prüfen.

Nach § 47 AO führt der **Eintritt der Verjährung** zum **Erlöschen der Ansprüche** aus dem Steuerschuldverhältnis.

Während es bei der Festsetzungs-/Feststellungsverjährung um die Frage geht, ob **Steuern noch festgesetzt werden**, geht es bei der **Zahlungsverjährung** nach §§ 228 ff. AO (s. Kap. VI. 5.) darum, wie lange ein bereits festgesetzter Anspruch **erhoben** werden kann.

7.1 Festsetzungsverjährung (§§ 169 ff. AO)

Für alle Steuerfestsetzungen und Steueranmeldungen nach §§ 155 Abs. 1, 168 AO ist die Festsetzungsverjährung anwendbar. Handelt es sich um eine Festsetzung gegenüber **Gesamtschuldnern**, ist für jeden Gesamtschuldner die Festsetzungsfrist gesondert zu prüfen, weil es sich nach § 155 Abs. 3 S. 1 AO um zusammengefasste Steuerbescheide handelt.

Die Berechnung der Festsetzungsverjährungsfrist stellt sich wie folgt dar:

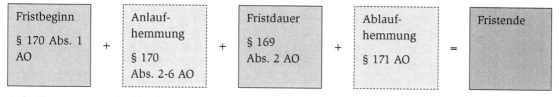

Anlaufhemmung und Ablaufhemmung liegen nicht immer vor.

7.1.1 Dauer der Festsetzungsverjährungsfrist

Die Unterscheidung zwischen **Verbrauchssteuern** und **sonstigen Steuern** spielt bei der Festsetzungsverjährung eine entscheidende Rolle. Insbesondere die Abgrenzung zwischen Verbrauchssteuern und Verkehrssteuern bereitet dabei oft Probleme, s. dazu Kap. I. 1.4.6.

Mit nur **einem Jahr** ist die Festsetzungsfrist nach § 169 Abs. 2 Nr. 1 AO bei Verbrauchssteuern und der Vergütung dieser Steuern sehr kurz. Für alle übrigen Steuern und Steuervergütungen beträgt die Festsetzungsfrist nach § 169 Abs. 2 Nr. 2 AO **vier Jahre**. Die letztgenannte Vorschrift verweist auch auf Art. 5 Nr. 20 und 21 des **Zollkodexes** (Verordnung (EU) Nr. 952/2013 vom 09. Oktober 2013). Dieser hat Einfuhr- und Ausfuhrausgaben zum Inhalt. Die Festsetzungsfrist hierfür beträgt nach Art. 103 Abs. 1 des Zollkodex **3 Jahre**.

Bei **leichtfertiger Steuerverkürzung** verlängert sich die Festsetzungsfrist nach § 169 Abs. 2 S. 2 AO auf 5 Jahre (zur leichtfertigen Steuerverkürzung s. Kap. X. 12.1). Liegt der objektive und subjektive Tatbestand einer **Steuerhinterziehung** und Rechtswidrigkeit und Schuld vor (BFH vom 02.04.1998, BStBl II 1998, 530: Straftatbestand des § 370 AO muss vollständig erfüllt sein), verlängert sich die Festsetzungsfrist auf 10 Jahre. Eine strafrechtliche Verurteilung ist dagegen nicht Voraussetzung für eine Verlängerung der Frist. So beträgt die Festsetzungsfrist insbesondere auch dann 10 Jahre, wenn eine wirksame Selbstanzeige erstattet wird oder die strafrechtliche Verjährungsfrist von 5 Jahren bereits vollendet ist. Nach § 169 Abs. 2 S. 3 AO verlängert sich die Festsetzungsfrist außerdem auf 10 Jahre, wenn nicht der Steuerpflichtige und damit der Nutznießer der Steuerhinterziehung die Tat begangen hat, sondern eine andere Person. Nur wenn der Steuerpflichtige nachweist, dass er weder durch die Tat einen Vermögensvorteil erlangt hat noch die im Verkehr erforderlichen Vorkehrungen zur Verhinderung von Steuerverkürzungen unterlassen hat, verlängert sich die Festsetzungsfrist nicht.

Nur **soweit** die Steuer hinterzogen wurde, tritt die Fristverlängerung ein. Es kann also hinsichtlich **einer Steuerfestsetzung** zu **unterschiedlichen Verjährungsfristen** kommen.

Beispiel:

Für G ist am 17.03.01 ein Einkommensteuerbescheid für das Jahr 00 ergangen, in dem entsprechend der Erklärung des G bei den Einkünften aus Gewerbebetrieb 10.000 € Gewinn fehlen. G hatte diesen Gewinn nicht erklärt, weil er die gesparten Steuern benötigte, um den sehr aufwendigen Lebensunterhalt für seine Familie zu bezahlen. Neben den Einkünften aus Gewerbebetrieb enthielt der Einkommensteuerbescheid Einkünfte aus Vermietung und Verpachtung, die G besten Wissens erklärt hatte. Bei den Einkünften aus Nichtselbständiger Arbeit hatte G Werbungskosten erklärt, die tatsächlich nicht ihm zuzurechnen waren. Dies hatte G übersehen, er hätte es aber bei nur etwas sorgfältigerer Prüfung sofort erkennen können. In 06 erfährt das Finanzamt von den falsch zugerechneten Werbungskosten und dass bei den Einkünften aus Vermietung und Verpachtung eine Abrechnung fehlte. Die fehlende Abrechnung konnte G seinerzeit nicht erkennen. Ein Jahr später schließlich erstattet G Selbstanzeige und erklärt die tatsächlich erzielten Einkünfte aus Gewerbebetrieb nach.

Lösung:

Die strafrechtliche Verjährungsfrist beginnt nach § 78a StGB am Tag nach der Absendung des Einkommensteuer-Bescheids im Finanzamt (§ 122 Abs. 2 Nr. 1 AO gilt nicht), also am 18.03.01. Die Frist dauert nach § 78 Abs. 3 Nr. 4 StGB 5 Jahre und endet damit am 17.03.06 (Tagesbeginnfrist). Dieser Zeitpunkt der strafrechtlichen Verjährung hat keinerlei Einfluss auf die Festsetzungsverjährung und spielt deshalb bei der Prüfung dieser Frist keine Rolle.

Die Festsetzungsverjährungsfrist beginnt nach § 170 Abs. 2 Nr. 1 AO (s. dazu 7.1.2) mit Ablauf des 31.12.01 und endet hinsichtlich der Einkünfte aus Vermietung und Verpachtung nach 4 Jahren, also mit Ablauf des 31.12.05, weil weder Leichtfertigkeit noch Steuerhinterziehung vorlagen.

Bei den Werbungskosten hat G die ihm obliegenden Sorgfaltspflichten in hohem Maße verletzt, er handelte leichtfertig. Die Festsetzungsfrist endet deshalb insoweit erst mit Ablauf des 31.12.06.

Bei den Einkünften aus Gewerbebetrieb liegt der objektive Tatbestand einer Steuerhinterziehung vor (s. dazu Kap. X. 3.1). Subjektiv handelte G mit dolus directus 1. Grades, weil die Steuerverkürzung Ziel seines Handelns war (s. Kap. X. 4.1). Rechtfertigungs- und Schuldausschließungsgründe liegen nicht vor. G hat also Steuern hinterzogen. Die Selbstanzeige hat keinen Einfluss auf die Festsetzungsfrist. Diese beträgt 10 Jahre und endet deshalb mit Ablauf des 31.12.11. Es gibt also für diesen Steuerbescheid 3 verschiedene Festsetzungsverjährungsfristen, für die hinterzogenen Einkünfte aus Gewerbebetrieb mit Ablauf 11, für die zu hohen Werbungskosten mit Ablauf 06 und für alle übrigen Teile der Steuerfestsetzung mit Ablauf 05.

7.1.2 Beginn der Festsetzungsverjährungsfrist

Grundsätzlich beginnt nach § 170 Abs. 1 AO die Festsetzungsfrist bereits mit Ablauf des Jahres der **Steuerentstehung** (s. dazu Kap. II. 1.2.3.2). Dies gilt insbesondere für die Antragsveranlagung nach § 46 Abs. 2 Nr. 8 EStG.

Es ist aber zu prüfen, ob ein Anlaufhemmungstatbestand nach den Abs. 2–7 vorliegt.

7.1.2.1 Anlaufhemmung nach § 170 Abs. 2 AO

Nach § 170 Abs. 2 Nr. 1 AO beginnt die Festsetzungsfrist mit Ablauf des Kalenderjahres, in dem die Steuererklärung/Steueranmeldung/Anzeige eingereicht wird, aber nur, wenn eine solche Erklärung/Anmeldung/Anzeige **einzureichen** ist. Dies ist entweder der Fall, wenn die Einzelsteuergesetze eine solche Verpflichtung vorsehen (z.B. § 25 Abs. 3 EStG oder § 18 Abs. 3 UStG) oder aber auch, wenn die Finanzbehörde nach § 149 Abs. 1 S. 2 AO zur Abgabe einer Erklärung auffordert (s. dazu BFH vom 04.10.2017, VI R 53/15, BStBl II 2018, 123). Auch wenn § 153 AO eine gesetzliche Verpflichtung begründet, löst diese Vorschrift gleichwohl keine Anlaufhemmung aus (AEAO Nr. 3 zu § 170).

Mit der Entscheidung vom 14.04.2011, BStBl II 2011, 746 hat der BFH die Unklarheiten hinsichtlich der Frage der Anlaufhemmung bei **Personen, die auf Antrag veranlagt werden** dahingehend beseitigt, dass der Anlaufhemmungstatbestand des § 170 Abs. 2 Nr. 1 AO bei Antragsveranlagungen nach § 46 Abs. 2 Nr. 8 EStG nicht anwendbar ist, s. auch BFH vom 23.02.2012, VI B 118/11 n.v. Gleichheitsrechtliche Bedenken hat der BFH zurückgewiesen. Nach Auffassung des BFH „bestehen Sachunterschiede, die eine unterschiedliche Behandlung im Hinblick auf eine Anlaufhemmung rechtfertigen, denn die Anlaufhemmung des § 170 Abs. 2 Satz 1 Nr. 1 AO soll nach der Rechtsprechung des BFH verhindern, dass durch eine späte Einreichung der Steuererklärung die der Finanzbehörde zur Verfügung stehende Bearbeitungszeit verkürzt wird."

Spätestens mit Ablauf **des dritten Jahres nach der Steuerentstehung** beginnt die Festsetzungsfrist zu laufen.

Beispiel:

T erfüllt nicht die Voraussetzungen des § 25 Abs. 3 EStG. Gleichwohl fordert die Finanzbehörde zur Überprüfung von Kontrollmaterial von ihm eine Einkommensteuererklärung für das Kalenderjahr 00 an. Weil T sich verweigert, schätzt das Finanzamt am 10.10.02 die Einkommensteuer. Erst am 17.10.04 geht die Erklärung des T beim Finanzamt ein.

Lösung:

Regulär beginnt die Festsetzungsfrist nach § 170 Abs. 1 AO mit Ablauf des 31.12.00 zu laufen. Angesichts der Aufforderung durch die Finanzbehörde ist aber § 170 Abs. 2 Nr. 1 AO anwendbar und die Festsetzungsfrist beginnt nunmehr mit Ablauf des 31.12.03. Die Abgabe in 04 spielt keine Rolle, weil sie nach Ablauf des 3. Jahres nach Steuerentstehung erfolgt. Auch die durchgeführte Schätzung hat keinen Einfluss auf den Beginn der Festsetzungsverjährungsfrist, weil trotz Schätzung nach § 149 Abs. 1 S. 4 AO die Erklärungspflicht des T bestehen blieb.

7.1.2.2 Anlaufhemmung nach § 170 Abs. 3 AO

Zwar ist geklärt, dass bei Antragsveranlagung die Anlaufhemmung des § 170 Abs. 2 AO nicht anwendbar ist, es kommt aber bei Antragsveranlagungen die Anlaufhemmung des § 170 Abs. 3 AO in Betracht. Dies gilt aber nur für **die Änderung von Antragsveranlagungen** und nicht für die ursprüngliche Veranlagung. Die Frist für die **Änderung, Aufhebung oder Berichtigung** einer Antragsveranlagung beginnt nicht vor Ablauf des Kalenderjahres, in dem der Antrag gestellt wurde. Damit ist der Antrag auf Veranlagung gemeint.

> **Beispiel:**
>
> A gibt seinen Antrag auf Veranlagung nach § 46 Abs. 2 Nr. 8 EStG für das Kalenderjahr 00 am 30.03.01 ab. Die Veranlagung erfolgt 3 Wochen später. In 05 stellt das Finanzamt fest, dass eine offenbare Unrichtigkeit zugunsten des A unterlaufen ist.

> **Lösung:**
>
> Die Festsetzungsverjährungsfrist für die ursprüngliche Veranlagung begann nach § 170 Abs. 1 AO mit Ablauf des 31.12.00 und würde mit Ablauf des 31.12.04 enden.
> Deshalb wäre in 05 wegen Ablaufs der Festsetzungsfrist grundsätzlich keine Berichtigung nach § 129 AO mehr möglich.
> Für die Berichtigung – und nur für die Berichtigung und nicht für die ursprüngliche Veranlagung – ist aber die Anlaufhemmung des § 170 Abs. 3 AO anwendbar. Die Festsetzungsfrist für die Berichtigung beginnt mit Ablauf des Jahres, in dem der Antrag auf Veranlagung gestellt wurde, also mit Ablauf des 31.12.01. Die Frist endet damit mit Ablauf des 31.12.05, sodass doch in 05 noch eine Berichtigung der Antragsveranlagung möglich ist.

7.1.2.3 Anlaufhemmung nach § 170 Abs. 4 AO

Da die Vermögensteuer wegen Verfassungswidrigkeit nicht mehr erhoben wird, hat diese Anlaufhemmung nur noch Bedeutung für die **Grundsteuer**. Wegen der Anzeigepflicht nach § 19 GrStG verschiebt sich die Festsetzungsfrist nach § 170 Abs. 2 Nr. 1 AO. § 170 Abs. 4 AO regelt, dass sich in diesem Fall auch der Fristbeginn für die folgenden Jahre nach hinten verschiebt.

7.1.2.4 Anlaufhemmung nach § 170 Abs. 5 AO

Dieser Anlaufhemmungstatbestand ist anwendbar für die **Erbschaftsteuer** und die **Schenkungssteuer**. Fristbeginn ist nach § 170 Abs. 1 AO grundsätzlich der Ablauf des Kalenderjahres des Todes oder der Schenkung, da dies die Zeitpunkte der Steuerentstehung sind (s. Kap. II. 1.2.3.2).

Besteht aber eine **Anzeigepflicht des Erwerbers** oder **fordert** das Finanzamt den Erwerber **innerhalb der regulären Festsetzungsfrist** (nicht danach, weil dann der Anspruch nach § 47 AO schon erloschen ist) **zur Abgabe einer Erklärung auf**, so verschiebt sich der Beginn der Festsetzungsverjährungsfrist nach § 170 Abs. 2 Nr. 1 AO. Eine Anzeigepflicht kann sich aus § 30 Abs. 1 ErbStG ergeben. Nach § 30 Abs. 3 ErbStG bedarf es aber unter bestimmten Voraussetzungen keiner Anzeige (u.a. Erwerb von Todes wegen und Eröffnung des Testaments durch ein deutsches Gericht/Notar und notariell beurkundete Schenkung). Die nach § 34 ErbStG u.a. für Gerichte und Notare bestehende Anzeigepflicht kann dagegen nicht die Anlaufhemmung auslösen, weil der Beginn der Festsetzungsfrist nicht von der Vornahme einer Handlung durch eine dritte Person abhängig sein kann.

Zusätzlich zu den anwendbaren Absätzen 1 und 2 des § 170 AO ergänzt Abs. 5, dass die Festsetzungsfrist nach **Nr. 1** bei einem **Erwerb von Todes wegen** nicht vor Ablauf des Kalenderjahres der **Kenntnis des Erwerbers** und nach **Nr. 2** bei einer Schenkung nicht vor Ablauf des Kalenderjahres, in dem der Schenker gestorben ist **oder** die Finanzbehörde Kenntnis von der jeweiligen – auch mittelbaren – **Schenkung** erlangt, beginnt. Mit der ersten Alternative des Todes des Schenkers wird sichergestellt, dass zumindest über die Erklärung von Vorschenkungen im Rahmen von Erbschaftsteuererklärungen Schenkungen bekannt werden und Schenkungssteuer festgesetzt werden kann.

Hinsichtlich des alternativen Anlaufs der Festsetzungsfrist für die Schenkungssteuer mit Ablauf des Kalenderjahres der Kenntnis der Finanzbehörde kommt es auf die Kenntnis der organisatorisch zur Verwaltung der Schenkungssteuer berufenen Dienststelle des zuständigen Finanzamtes an (BFH vom 05.02.2003, BStBl II 2003, 502). Kenntnis einer anderen Dienststelle löst also den Beginn der Festsetzungsfrist nicht aus, es sei denn, der anderen Dienststelle wird die Schenkung ausdrücklich zur Prüfung der Schenkungssteuerpflicht bekannt gegeben, die Information erreicht aber aufgrund organisatorischer Mängel oder Fehlverhaltens die berufene Dienststelle nicht unverzüglich (BFH vom 05.02.2003, a.a.O.).

Bei einer Zweckzuwendung unter Lebenden beginnt die Festsetzungsfrist nach **Nr. 3** nicht vor Ablauf des Kalenderjahres, **in dem die Verpflichtung erfüllt worden ist**.

Beispiel:

Der 70jährige T schenkt seiner Haushälterin am 24.12.01 30.000 €. Entgegen § 30 Abs. 1 und 2 ErbStG zeigen weder T noch die Haushälterin den Erwerb an. Am 03.01.05 stirbt T. Im März 07 erfährt die zuständige Finanzbehörde von der Schenkung.

Lösung:

Nach § 170 Abs. 2 Nr. 1 AO beginnt die Festsetzungsverjährungsfrist mit Ablauf 31.12.04. Nach § 170 Abs. 5 AO ist der Anlauf der Festsetzungsfrist aber bis zum Ablauf des 31.12.05 gehemmt. Obgleich die Kenntnis der Finanzbehörde noch zwei Jahre später erfolgt, bleibt es bei der Anlaufhemmung mit Ablauf 31.12.05, denn maßgeblich für die Anlaufhemmung ist die Alternative des Abs. 5, die als erste eingetreten ist (BFH vom 05.02.2003, a.a.O.).

7.1.2.5 Anlaufhemmung nach § 170 Abs. 6 AO

Im Zuge der Neufassung der Regelung zur Selbstanzeige ist der neue Anlaufhemmungstatbestand des § 170 Abs. 6 AO geschaffen worden. Danach beginnt die Festsetzungsfrist für die Steuer, die auf Kapitaleinkünfte entfällt, frühestens mit Ablauf des Kalenderjahres, in dem diese Kapitalerträge der Finanzbehörde entweder durch Erklärung des Steuerpflichtigen (z.B. eine Selbstanzeige, s. X. 8.2) oder in sonstiger Weise (z.B. durch Ermittlungen der Finanzbehörde) bekannt werden, spätestens jedoch zehn Jahre nach Ablauf des Kalenderjahres der Steuerentstehung. Dies gilt aber nur für Kapitalerträge, die aus Staaten oder Territorien stammen, die nicht Mitglieder der Europäischen Union oder der Europäischen Freihandelsassoziation sind und nicht nach völkerrechtlichen Vereinbarungen i.S.v. § 2 Abs. 1 AO automatisch mitgeteilt werden. Da bei den hier nunmehr neu geregelten Fällen meist der Tatbestand der Steuerhinterziehung vorliegen wird und deshalb die Festsetzungsfrist nach § 169 Abs. 2 S. 2 AO 10 Jahre betragen wird, bedeutet dies, dass die Festsetzungsfrist bis zu 20 Jahre nach Steuerentstehung zuzüglich eventueller Ablaufhemmungstatbestände laufen kann.

Beispiel:

A hat im Kalenderjahr 00 Kapitaleinkünfte aus einem Staat i.S.v. § 170 Abs. 6 Nr. 1 oder 2 AO erhalten und diese in seiner am 30.05.01 abgegebenen Steuererklärung bewusst verschwiegen. Erst am 13.07.12 werden diese Einkünfte bei der Finanzbehörde bekannt.

Lösung:

Während ansonsten nach § 170 Abs. 2 Nr. 1 AO die Festsetzungsfrist m.A. 01 zu laufen begann, gilt für die Einkünfte aus Kapitalvermögen § 170 Abs. 6 AO. Die Festsetzungsfrist beginnt insoweit m.A. des 31.12.10 und endet m.A. 20.

7.1.2.6 Anlaufhemmung nach § 170 Abs. 7 AO

Mit § 171 Abs. 7 AO hat der Gesetzgeber einen weiteren neuen Anlaufhemmungstatbestand geschaffen, der nach § 10 Abs. 15 EGAO für alle nach dem 31.12.2017 beginnenden Festsetzungsfristen anwendbar ist. Dieser Anlaufhemmungstatbestand ähnelt § 170 Abs. 6 AO. Für Steuern auf Einkünfte oder Erträge, die mit Beziehungen zu einer Drittstaat-Gesellschaft im Sinne von § 138 Abs. 3 AO, auf die der Steuerpflichtige allein oder zusammen mit nahestehenden Personen im Sinne des § 1 Abs. 2 AStG einen beherrschenden oder bestimmenden Einfluss ausüben kann, in Zusammenhang stehen, beginnt die Festsetzungsfrist frühestens mit Ablauf des Kalenderjahres der Kenntnisnahme der Finanzbehörde, spätestens jedoch 10 Jahre nach Ablauf des Kalenderjahres der Steuerentstehung (s. A III.4.1.2).

7.1.3 Ende der Festsetzungsverjährungsfrist

Es gelten die allgemeinen Regeln für die Fristberechnung. Da die Festsetzungsverjährungsfrist eine **Ereignisfrist** ist, endet die Frist mit Ablauf des Tages, der hinsichtlich seiner Zahl dem Ereignistag entspricht. Im obigen Beispiel mit dem Fristbeginn mit Ablauf des 31.12.05 endet die Festsetzungsverjährungsfrist deshalb mit Ablauf des 31.12.09. Obwohl es sich um eine **gesetzliche Frist** handelt, kommt keine Wiedereinsetzung in den vorigen Stand in Betracht, weil die Frist lediglich von den Finanzbehörden im Verwaltungsverfahren zu beachten ist, sie aber keine Frist ist, innerhalb derer der Steuerpflichtige eine Handlung vornehmen muss (BFH vom 25.02.2010, IX B 156/09, n.v., s. Kap. III. 2.2).

Nach § 169 Abs. 1 Nr. 1 AO ist die Festsetzungsfrist gewahrt, wenn der Steuerbescheid **vor Fristablauf** den **Bereich der Finanzbehörde verlassen** hat. Er muss also nicht vor Fristablauf zugegangen sein.

Der Große Senat des BFH hat aber mit Beschluss vom 25.11.2002 (BStBl II 2003, 548) entschieden, dass der Steuerbescheid dem Empfänger nach Fristablauf **tatsächlich zugehen muss**. Geht der Bescheid nicht zu, obwohl er den Bereich der Finanzbehörde verlassen hat, so ist die Festsetzungsfrist nicht gewahrt. Gehen Steuerbescheide deshalb kurz vor Fristablauf zur Post, so werden sie in der Regel zugestellt.

Bei **öffentlicher Zustellung** muss vor Fristablauf die Benachrichtigung nach § 10 Abs. 2 S. 1 des Verwaltungszustellungsgesetzes bekannt gemacht oder veröffentlicht werden.

Zulässig ist auch die Bekanntgabe durch einen Behördenmitarbeiter als Bote (FG Köln vom 23.04.2013, 15 K 1243/12) oder per Telefax, s. BFH vom 28.01.2014, BStBl II 2014, 552. In dieser Entscheidung hat der BFH auch klargestellt, dass ein Fax kein elektronisches Dokument darstellt.

Der Fristablauf nach vier Jahren ist nur dann das tatsächliche Fristende, wenn nicht ein **Ablaufhemmungstatbestand** das Fristende nach hinten verschiebt. Treten vor Fristablauf bestimmte Ereignisse ein, so ist der **Ablauf** der **Frist gehemmt**. Nur wenn ein Ablaufhemmungstatbestand einschlägig ist, kann die Frist an einem anderen Tag als an einem 31.12. enden. Die im Folgenden aufgelisteten Ablaufhemmungstatbestände des § 171 AO sind nicht abschließend. Auch in anderen Gesetzen finden sich Ablaufhemmungstatbestände.

7.1.3.1 Ablaufhemmung nach § 171 Abs. 1 AO

Höhere Gewalt wird nur sehr selten vorliegen, denn es handelt sich hierbei nur um von außen kommende Ereignisse wie Kriege, Naturkatastrophen oder andere unabwendbare Ereignisse, also nicht um Ereignisse, die in irgendeiner Weise im Verantwortungsbereich der Finanzbehörde liegen. Nur wenn die höhere Gewalt in den letzten 6 Monaten vor Fristablauf eintritt, kann sie eine Ablaufhemmung auslösen. Die Frist wird dann um den Zeitraum, während dessen die Festsetzung nicht erfolgen konnte, **verlängert** (BFH vom 07.05.1993, BStBl II 1993, 818).

> **Beispiel:**
>
> Die Festsetzungsfrist läuft mit Ablauf des 31.12.00 ab. Am 01.10.00 wird aufgrund eines Jahrhunderthochwassers das Finanzamt überflutet und der gesamte Aktenbestand vernichtet. Erst am 04.02.01 hat das Finanzamt die Arbeitsgrundlagen wieder hergestellt und kann die Arbeit wieder aufnehmen.

> **Lösung:**
>
> Innerhalb des Laufs der Festsetzungsverjährung beträgt der Zeitraum, in dem die Festsetzung nicht vorgenommen werden kann 3 Monate (01.10.-31.12.00). Der Zeitraum danach spielt für die Dauer der Ablaufhemmung keine Rolle, wohl aber für den Beginn der Ablaufhemmung. Sobald die höhere Gewalt beseitigt ist, also am 04.02.01 beginnt die Verlängerung um 3 Monate. Bis zum 03.05.01 ist der Ablauf der Festsetzungsfrist gehemmt.

7.1.3.2 Ablaufhemmung nach § 171 Abs. 2 AO

Sowohl § 171 Abs. 2 AO als auch § 171 Abs. 3 AO sehen eine Ablaufhemmung im Fall von **offenbaren Unrichtigkeiten** vor (s. Kap. V. 2.1). § 171 Abs. 2 AO gilt nach S. 2 nun auch für Änderungen oder Aufhebungen nach § 173a AO (s. Kap. V. 2.3.6).

Während **§ 171 Abs. 2 S. 1 und 2 AO keinen Antrag** des Steuerpflichtigen voraussetzt, also auch Fälle einschließt, in denen eine offenbare Unrichtigkeit oder ein Fehler im Sinne von § 173a AO sich zugunsten des Steuerpflichtigen ausgewirkt haben, muss bei **§ 171 Abs. 3 AO ein Antrag** auf Berichtigung gestellt werden. Dies wird der Steuerpflichtige nur tun, wenn der Fehler sich zu seinen Ungunsten auswirkt.

Bei § 171 Abs. 2 AO ist die Frist auf ein Jahr nach Bekanntgabe des Steuerbescheids mit der offenbaren Unrichtigkeit oder dem Fehler nach § 173a AO begrenzt. Das Wort „**insoweit**" macht deutlich, dass der Ablauf der Festsetzungsfrist nicht etwa insgesamt, sondern nur in der Höhe des Fehlers gehemmt ist. Es kann also durch den Ablaufhemmungstatbestand zu unterschiedlichen Verjährungsenden bei einer Steuerfestsetzung kommen.

Die Jahresfrist beginnt, sobald die offenbare Unrichtigkeit erstmals unterlaufen ist, eine spätere Wiederholung des Versehens in weiteren Änderungsbescheiden löst dagegen keine neue Jahresfrist aus (BFH vom 08.03.1989, BStBl II 1989, 531).

> **Beispiel:**
>
> Die reguläre Festsetzungsfrist endet mit Ablauf des 31.12.01. Ein Bescheid mit offenbarer Unrichtigkeit wird am Donnerstag, den 10.10.01 zur Post gegeben.

> **Lösung:**
>
> Der Bescheid gilt nach § 122 Abs. 2 Nr. 1 i.V.m. § 108 Abs. 3 AO als am Montag, den 14.10.01 bekannt gegeben. Die Ablaufhemmungsfrist des § 171 Abs. 2 AO beginnt damit mit Ablauf des 14.10.01 und endet mit Ablauf des 14.10.02. Liegen keine weiteren Ablaufhemmungstatbestände vor, so endet die Frist an diesem Tag endgültig.
>
> Wird dagegen der Bescheid mit der offenbaren Unrichtigkeit schon am 10.10.00 bekannt gegeben, kann der Ablaufhemmungstatbestand keine Rolle spielen, weil der Ablauf der Jahresfrist noch vor Ablauf der regulären Festsetzungsfrist endet.

7.1.3.3 Ablaufhemmung nach § 171 Abs. 3 AO

> **Beispiel s.o.:**
>
> Wäre im oberen Beispiel im Bescheid vom 10.10.01 eine offenbare Unrichtigkeit zuungunsten des Steuerpflichtigen unterlaufen und würde er am 11.11.01 einen Antrag auf Berichtigung stellen, so wäre die Berichtigung nicht nur binnen Jahresfrist sondern darüber hinaus bis zur rechtskräftigen Entscheidung über diesen Antrag möglich, denn solange ist der Ablauf der Festsetzungsfrist gehemmt.

> Wird der Bescheid schon am 10.10.00 bekannt gegeben und spielt deshalb die Ablaufhemmung des § 171 Abs. 2 AO keine Rolle, so ist ebenfalls bei vorliegendem Antrag auf Berichtigung § 171 Abs. 3 AO zu prüfen. Gelingt es nicht, über den Antrag bis zum Ablauf der regulären Festsetzungsfrist zu entscheiden, so ist der Ablauf der Festsetzungsfrist so lange gehemmt, bis diese Entscheidung unanfechtbar ist.

Voraussetzung der Ablaufhemmung des § 171 Abs. 3 AO ist stets ein **Antrag des Steuerpflichtigen**. Dieser **Antrag** muss außerhalb eines Einspruchs- und Klageverfahrens und **vor Ablauf der Festsetzungsfrist** gestellt werden.

Die Festsetzungsfrist ist so lange gehemmt, bis die Finanzbehörde über den Antrag unanfechtbar entschieden hat. Die Finanzbehörde hat deshalb bei der Entscheidung über den Antrag keinerlei Zeitdruck. Da auch § 171 Abs. 3 AO „**insoweit**" gilt, ist auch insofern die Festsetzungsfrist nur hinsichtlich des gestellten Antrags gehemmt.

Beispiel:

Wiederum endet die Festsetzungsfrist mit Ablauf des 31.12.01. Der Bescheid mit offenbarer Unrichtigkeit wird am 04.04.00 bekannt gegeben. Am 29.12.01 stellt der Steuerpflichtige einen Antrag auf Berichtigung nach § 129 AO, über den die Finanzbehörde am 12.01.02 entscheiden will.

Lösung:

Da Voraussetzung für die Berichtigung nach § 129 AO ist, dass die Festsetzungsfrist nicht abgelaufen ist, das reguläre Fristende aber bereits eingetreten ist, ist eine Berichtigung nur noch möglich, wenn ein Ablaufhemmungstatbestand einschlägig ist. Da die Bekanntgabe der Festsetzung mehr als ein Jahr her ist, kann § 171 Abs. 2 AO nicht anwendbar sein. Es ist aber vor Fristablauf ein Antrag auf Berichtigung gestellt worden, sodass die Ablaufhemmung des § 171 Abs. 3 AO in Betracht kommt.

Weitere Anträge im Sinne von § 171 Abs. 3 AO sind Anträge nach § 175 Abs. 1 Nr. 1 AO (BFH vom 27.11.2013, II R 58/11 n.v.), nach § 164 Abs. 2 S. 2 AO und § 165 Abs. 2 S. 1 AO und ein Untätigkeitseinspruch (BFH vom 22.01.2013, BStBl II 2013, 663). Auch der Antrag auf Steuerfestsetzung nach § 46 Abs. 2 Nr. 8 EStG ist ein Antrag im Sinne von § 171 Abs. 3 AO. Da § 171 Abs. 3 AO sich ausdrücklich auf einen „Antrag auf Steuerfestsetzung" bezieht, ist der Ablaufhemmungstatbestand nicht anwendbar, wenn eine Steuererklärung aufgrund gesetzlicher Verpflichtung abgegeben wird (s. AEAO Nr. 2 zu § 171).

Beispiel:

A stellt den Antrag nach § 46 Abs. 2 Nr. 8 AO für das Kalenderjahr 00 am 07.12.02. Aufgrund diverser Unklarheiten kann über den Antrag erst am 06.07.05 entschieden werden.

Lösung:

Nach § 170 Abs. 1 AO beginnt die Festsetzungsfrist mit Ablauf des 31.12.00 und endet regulär nach § 169 Abs. 2 Nr. 2 AO mit Ablauf des 31.12.04.
Da der Antrag nach § 46 Abs. 2 Nr. 8 AO vor Ablauf der Festsetzungsfrist gestellt wurde, ist der Ablauf der Festsetzungsfrist solange gehemmt, bis die Finanzbehörde über den Antrag unanfechtbar entschieden hat.

Nur ein vom Bescheid direkt betroffener Steuerpflichtiger kann mit einem konkreten Antrag die Ablaufhemmung auslösen (BFH vom 27.11.2013, II R 57/11 n.v.).

7.1.3.4 Ablaufhemmung nach § 171 Abs. 3a AO

Auch bei der **Bearbeitung von Einsprüchen** ist das Finanzamt wegen der Regelung des § 171 Abs. 3a AO nicht unter Zeitdruck, denn bei Einlegung eines **zulässigen** Einspruchs oder Untätigkeitseinspruchs (s. BFH vom 22.01.2013, BStBl II 2013, 663) ist die Festsetzungsfrist solange gehemmt, bis über diesen unanfechtbar entschieden worden ist. Es kommt nach § 171 Abs. 3a S. 1, 2. HS AO nicht darauf an, dass der Einspruch innerhalb der Festsetzungsfrist eingelegt wird, denn die Einspruchsfrist aus § 355 AO muss dem Steuerpflichtigen auf jeden Fall zur Prüfung der Erfolgsaussichten seines Einspruchs zur Verfügung stehen. Erhebt der Steuerpflichtige gegen die Einspruchsentscheidung eine **zulässige Klage**, so ist der Ablauf der Festsetzungsfrist **bis zur Rechtskraft des Urteils** bzw. nach § 171 Abs. 3a S. 3 AO bis zur Änderung einer Steuerfestsetzung durch das Finanzamt aufgrund der Vorgaben des Finanzgerichts nach §§ 100, 101 FGO (s. Teil B Kap. VII. 3.1.1) gehemmt.

Im Gegensatz zu den Ablaufhemmungstatbeständen der Absätze 2 und 3 ist der **gesamte Steueranspruch** gehemmt. Das hat insbesondere zur Folge, dass die Finanzbehörde trotz Ablaufs der regulären Festsetzungsfrist verbösern kann, wenn die Voraussetzungen vorliegen.

Beispiel 1:

Die Festsetzungsfrist endet mit Ablauf des 31.12.04. Der Einkommensteuerbescheid wird am 10.12.04 bekannt gegeben. Am 03.01.05 geht ein Einspruch des Steuerpflichtigen ein, mit dem er zutreffend geltend macht, dass bei den Einkünften aus nichtselbständiger Arbeit noch Werbungskosten in Höhe von 2.000 € anzusetzen sind. Am 12.02.05 bearbeitet der Sachbearbeiter den Einspruch und möchte den Bescheid entsprechend dem Vortrag des Steuerpflichtigen im Einspruchsverfahren ändern.

Lösung:

Voraussetzung für eine Änderung ist, dass die Festsetzungsfrist nicht abgelaufen ist. Am 12.02.05 ist die reguläre Festsetzungsfrist aber vollendet. Wäre der Einspruch zulässig, könnte der Ablauf der Festsetzungsfrist nach § 171 Abs. 3a AO gehemmt sein. Die Einspruchsfrist beginnt mit Ablauf des 10.12.04 zu laufen und endet vorbehaltlich des § 108 Abs. 3 AO mit Ablauf des 10.01.05. Der Einspruch ist also zulässig, wenn die weiteren Zulässigkeitsvoraussetzungen gegeben sind. Der Ablauf der Festsetzungsfrist ist bis zur Bestandskraft des aufgrund des Einspruchs ergehenden Bescheids gehemmt.

Beispiel 2 (Sachverhaltsvariante):

Bei der Bearbeitung des Einspruchs am 12.02.05 stellt der Sachbearbeiter fest, dass zwar tatsächlich erhöhte Werbungskosten in Höhe von 2.000 € anzuerkennen sind, dass aber außerdem zusätzliche Einnahmen in Höhe von 3.000 € anzusetzen sind. Dass diese bisher nicht berücksichtigt wurden, hatte der Steuerpflichtige übersehen. Leichtfertige Steuerverkürzung oder Steuerhinterziehung liegen nicht vor.

Lösung:

Die Ablaufhemmung des § 171 Abs. 3a AO hält den Steuerbescheid insgesamt „offen". Droht der Sachbearbeiter nach § 367 Abs. 2 S. 2 AO die Verböserung an und nimmt der Steuerpflichtige den Einspruch nicht zurück, kann die Steuerfestsetzung insoweit geändert werden, als im Ergebnis 1.000 € zusätzlich der Besteuerung zugrunde gelegt werden. Erfolgt dagegen die Rücknahme des Einspruchs, können die zusätzlichen 3.000 € Einnahmen nicht mehr berücksichtigt werden, weil Festsetzungsverjährung eingetreten ist und die Ablaufhemmung des § 171 Abs. 3a AO mit der Rücknahme des Einspruchs nicht mehr anwendbar ist. Die verlängerte Festsetzungsfrist des § 169 Abs. 2 S. 2 AO gilt nicht.

7.1.3.5 Ablaufhemmung nach § 171 Abs. 4 AO

Der Grundsatz, dass die Finanzbehörde auch nach Ablauf der regulären Festsetzungsfrist ausreichend Zeit haben soll, nicht abgeschlossene Fälle zu bearbeiten gilt nach § 171 Abs. 4 AO auch, wenn **vor Ablauf der regulären Festsetzungsfrist** mit einer **Außenprüfung** begonnen wurde, denn diese Ablaufhemmung endet grundsätzlich erst mit Unanfechtbarkeit der aufgrund der Außenprüfung ergangenen Bescheide oder 3 Monate nachdem eine Mitteilung nach § 202 Abs. 1 S. 3 AO, also die schriftliche Mitteilung, dass die Außenprüfung nicht zu einer Änderung geführt hat, bekannt gegeben wurde (s. dazu Kap. IX. 12.2). Anders als in § 171 Abs. 3a AO hat der Ablaufhemmungstatbestand des Abs. 4 allerdings einen Endzeitpunkt. Nach § 171 Abs. 4 S. 3 AO endet die Festsetzungsfrist spätestens, wenn seit Ablauf des Kalenderjahres, in dem **die letzten Ermittlungen im Rahmen der Außenprüfung** stattgefunden haben, die in § 169 Abs. 2 AO genannten Fristen verstrichen sind, also 4, 5 oder 10 Jahre. Findet eine **Schlussbesprechung** statt, so ist der Ablauf des Kalenderjahres der Schlussbesprechung der Zeitpunkt, der die zusätzliche 4, 5 oder 10-Jahresfrist auslöst. Grundsätzlich hat der Zeitpunkt der Schlussbesprechung Priorität. Nur bei definitivem Unterbleiben der Schlussbesprechung knüpft der BFH an die letzte Ermittlungshandlung an (BFH vom 20.10.2015, IV B 80/14 n.v. und bestätigend BVerfG vom 21.06.2016, 1 B 80/14).

> **Beispiel 1:**
>
> Die reguläre Festsetzungsfrist für die Einkommensteuerfestsetzung des Einzelgewerbetreibenden T endet mit Ablauf 02. Am 10.11.02 beginnt Außenprüfer K mit einer Prüfung, die er am 10.05.03 mit den letzten Prüfungshandlungen beendet. Trotz diverser Gespräche während der Prüfung können sich T und der Prüfer in mehreren Punkten nicht einigen. Ein Termin zur Schlussbesprechung kommt nicht zustande. In der Folgezeit bis zum Kalenderjahr 07 tauschen T und K mehrfach schriftlich ihre gegenteiligen Rechtsauffassungen aus.

> **Lösung:**
>
> Der Ablauf der Festsetzungsfrist ist nach § 171 Abs. 4 AO gehemmt, weil die Außenprüfung vor Ablauf der regulären Festsetzungsfrist begonnen wurde. Zwar ist der Ablauf grundsätzlich so lange gehemmt, bis geänderte Bescheide ergehen. Es ist aber § 171 Abs. 4 S. 3 AO anwendbar. Mit Ablauf des Kalenderjahres der letzten Prüfungshandlungen, also mit Ablauf 03, ist noch einmal die reguläre Festsetzungsfrist von 4 Jahren hinzuzurechnen, sodass die Festsetzungsfrist nur bis zum Ablauf des Jahres 07 gehemmt ist. Ergeht bis zum Ablauf des 31.12.07 kein Bescheid und liegt kein Fall der verlängerten Festsetzungsfrist vor, so tritt endgültig Festsetzungsverjährung ein.

> **Beispiel 2, Ergänzung zu Beispiel 1:**
>
> T und K erörtern ihre gegenteiligen Rechtsauffassungen im Rahmen einer Schlussbesprechung am 17.04.04. Eine Einigung ist nicht zu erzielen. Deshalb werden auch nach der Schlussbesprechung noch mehrere Briefe hin und her geschickt.

> **Lösung:**
>
> Maßgeblicher Zeitpunkt für die zusätzliche Frist des § 171 Abs. 4 S. 3 AO ist nunmehr der Ablauf des Kalenderjahres der Schlussbesprechung, also der Ablauf des 31.12.04. Die Festsetzungsfrist endet mit Ablauf des 31.12.08.

Außenprüfungen im Sinne von Abs. 4 sind **alle steuerlichen Prüfungen**, nicht aber die in Abs. 5 gesondert geregelten Prüfungen durch Steuerfahndungsstellen oder Zollfahndungsämter. Da nach AEAO Nr. 3.1 zu § 171 keine Ablaufhemmung eintritt, wenn die **zugrunde liegende Prüfungsanordnung**

unwirksam ist, ist eine Prüfungsanordnung Voraussetzung für die Ablaufhemmung. Die betriebsnahe Veranlagung, bei der eine solche Anordnung fehlt, ist deshalb keine Prüfung, die die Ablaufhemmung auslöst (s. AEAO Nr. 3 zu § 85), Lohnsteuer- und Umsatzsteuersonderprüfungen hingegen sind Außenprüfungen im Sinne von § 171 Abs. 4 AO.

Nach § 171 Abs. 4 S. 1 AO erstreckt sich die Ablaufhemmung nur auf die in der Prüfungsanordnung genannten Steuern („für die Steuern, auf die sich die Außenprüfung erstreckt", AEAO Nr. 3.2 zu § 171, gemeint ist die geprüfte Steuer, nicht die geprüften Sachverhalte, BFH vom 02.02.1994, BStBl II 1994, 377). Zusätzlich muss sich die Außenprüfung auf die Steuern auch tatsächlich erstreckt haben, sie müssen den Gegenstand der Außenprüfung gebildet haben (BFH vom 17.06.1989, BStBl II 1999, 4).

Vor Ablauf der regulären Festsetzungsfrist muss nicht nur die Prüfungsanordnung ergangen, sondern die **Prüfung** muss **begonnen** worden sein. Dazu muss der Außenprüfer ernsthaft Maßnahmen zur Ermittlung des Steuerfalls ergriffen haben. Maßgeblich ist, ob der Steuerpflichtige nach den ihm bekannten Umständen den Gehalt der Ermittlungsmaßnahme unter Berücksichtigung von Treu und Glauben als Prüfungshandlung verstehen konnte (BFH vom 02.02.1994, a.a.O.). Interne Ermittlungen, z.B. die Vorbereitung, von denen der Steuerpflichtige keine Kenntnis hat, sind deshalb kein Beginn der Prüfung.

Eine **nach Ablauf der regulären Festsetzungsfrist begonnene Prüfung** kann gleichwohl die Ablaufhemmung auslösen, wenn der Beginn **auf Antrag des Steuerpflichtigen hinausgeschoben** wird. Der Antrag auf Hinausschieben der Prüfung ist von der Anfechtung der Prüfungsanordnung zu unterscheiden, aber auch in diesem Fall ist der Ablauf der Festsetzungsfrist gehemmt (BFH vom 25.01.1989, BStBl II 1989, 483).

Ein **Antrag auf Hinausschieben der Prüfung** löst dann bei Beginn der Prüfung nach Ablauf der regulären Festsetzungsfrist die Ablaufhemmung aus, wenn der Antrag **ursächlich für die Verschiebung** war. Ist dagegen nicht der Antrag sondern sind Belange der Finanzbehörde bzw. innerhalb deren Sphäre liegende Gründe maßgeblich für das Hinausschieben, läuft die Festsetzungsfrist ab (AEAO Nr. 3.3 zu § 171). Nach BFH vom 17.03.2010, BStBl II 2011, 7 entfällt allerdings auch bei einer befristeten Verschiebung auf Initiative des Steuerpflichtigen die Ablaufhemmung rückwirkend, wenn die Finanzbehörde nicht vor Ablauf von zwei Jahren nach Eingang des Antrags mit der Prüfung beginnt (AEAO Nr. 3.3.2 zu § 171, anders aber bei unbefristetem Antrag auf Verschiebung, BFH vom 01.02.2012, BStBl II 2012, 400 und BFH vom 12.06.2018 VIII R 46/15 n.v.). Der BFH zieht dabei den in § 171 Abs. 8 S. 2 und Abs. 10 AO enthaltenen Rechtsgedanken heran. Wird innerhalb von 2 Jahren ein erneuter Antrag auf Verschiebung gestellt, kann die Ablaufhemmung weitergelten. In seinem Urteil vom 19.05.2016, X R 14/15 n.v. hat der BFH definiert, wie verbindlich das Finanzamt die Fortsetzung der Prüfung ankündigen muss. Ein „Mindestmaß an Förmlichkeiten" ist zu wahren.

Auch nach innerhalb der regulären Festsetzungsfrist begonnener Prüfung kann die Ablaufhemmung entfallen, wenn die Prüfung **unmittelbar nach Beginn mehr als 6 Monate** aus Gründen, die im **Verantwortungsbereich der Finanzbehörde** liegen, unterbrochen wird. Eine Unterbrechung erfolgt dann nicht mehr unmittelbar nach Beginn der Prüfung, wenn die bis zu Unterbrechung vorgenommenen Prüfungshandlungen bezogen auf den gesamten Prüfungsstoff nach Umfang und zeitlichem Aufwand ein erhebliches Gewicht erreicht oder erste verwertbare Ergebnisse gezeigt haben. Dies bedeutet nicht, dass die ermittelten Ergebnisse geeignet sein müssen, unmittelbar als Besteuerungsgrundlage Eingang in einen Steuer- oder Feststellungsbescheid zu finden; ausreichend ist vielmehr, dass Ermittlungsergebnisse vorliegen, an die bei der Wiederaufnahme der Prüfung angeknüpft werden kann (BFH vom 31.08.2011, BFH/NV 2011, 2011 Nr. 12). Dies ist eine Frage des Einzelfalls.

Von der Finanzbehörde zu vertreten ist eine Unterbrechung, wenn der Prüfer aus persönlichen oder dienstlichen Gründen nicht weiterprüfen kann, denn in diesem Fall hat die Behörde dafür zu sorgen, dass ein anderer die Prüfung übernimmt. Auf ein Verschulden kommt es nicht an.

> **Beispiel:**
>
> Die Festsetzungsfrist für den Steuerpflichtigen S endet mit Ablauf 04. Am 12.12.04 erscheint Prüfer P zur Prüfung und stellt nach kurzer Zeit fest, dass die Unterlagen so unvollständig und ungeordnet sind, dass eine Prüfung nicht möglich ist. Er fordert S auf, zunächst die Unterlagen zu ordnen. S beauftragt damit Steuerberater C, der bis zum 30.04.05 mit der Aufarbeitung beschäftigt ist. Am 03.05.05 beginnt P mit der eigentlichen Prüfung und hat zu Beginn der Sommerferien im Juli bereits die Kasse und einen großen Teil der Bankkonten geprüft. In seinem Sommerurlaub verunglückt er schwer und kann nach Krankenhausaufenthalt und anschließender Rehabilitation erst im Februar 06 die Prüfung fortsetzen und abschließen.

> **Lösung:**
>
> Mit dem ersten Erscheinen des P zur Prüfung am 12.12.04 hat die Prüfung begonnen. Da dies vor Ablauf der regulären Festsetzungsfrist der Fall war, ist die Ablaufhemmung des § 171 Abs. 4 AO anwendbar. Die Unterbrechung nach Sichtung der Unterlagen fand unmittelbar nach Beginn statt, lag aber wegen der nicht prüfbaren Unterlagen im Verantwortungsbereich des Steuerpflichtigen, ist also unschädlich. Die Unterbrechung von Juli bis Februar des Folgejahres lag im Verantwortungsbereich der Finanzbehörde und dauert mehr als 6 Monate, wäre also schädlich. Da aber bereits Ermittlungsergebnisse vorliegen und damit keine Unterbrechung unmittelbar nach Beginn gegeben ist, bleibt es bei der Ablaufhemmung des § 171 Abs. 4 AO bis zur Unanfechtbarkeit der geänderten Bescheide bzw. bis zu 3 Monate nach Bekanntgabe der Mitteilung nach § 202 Abs.1 S. 3 AO.

7.1.3.6 Ablaufhemmung nach § 171 Abs. 5 AO

Ermitteln die **Zollfahndungsämter** oder **Steuerfahndungsstellen**, wird in den meisten Fällen die **verlängerte Festsetzungsfrist** nach § 169 Abs. 2 S. 2 AO maßgeblich sein, sodass der Ablaufhemmungstatbestand des § 171 Abs. 5 AO seltener anwendbar ist als der des Abs. 4.

Bei den genannten Ermittlungen ist der Ablauf der Festsetzungsfrist gehemmt, bis die Bescheide unanfechtbar geworden sind. Auch hier ist nach § 171 Abs. 5 S. 1, letzter Halbs. i.V.m. Abs. 4 S. 2 AO eine mehr als 6-monatige Unterbrechung unmittelbar nach Beginn der Prüfung aus Gründen, die im Verantwortungsbereich der Finanzbehörde liegen, schädlich und schließt die Ablaufhemmung aus. § 171 Abs. 4 S. 3 AO ist nicht analog anwendbar, sodass die Ablaufhemmung so lange läuft, bis neue Bescheide erlassen wurden (BFH vom 17.12.2015, V R 58/14 n.v.).

Das Wort „**insoweit**" macht deutlich, dass die Ablaufhemmung sich nicht auf den gesamten Steueranspruch erstreckt, sondern nur hinsichtlich der Steuern eintritt, die sich aus Sachverhalten ergeben, die Gegenstand der Ermittlungen waren (BFH vom 08.07.2009, BFH/NV 2010, 1 Nr. 1).

Die Prüfung muss vor Ablauf der regulären Festsetzungsfrist begonnen worden sein. Dazu hat der BFH entschieden, dass für den Steuerpflichtigen erkennbar sein muss, dass gegen ihn Ermittlungen stattfinden. Auf welche Sachverhalte sich die Ermittlungen erstrecken, muss dagegen nicht ersichtlich sein (s. BFH vom 17.11.2015, VIII R 67/13, BStBl II 2016, 569). Die geänderte Festsetzung muss auf den Ermittlungen beruhen (BFH vom 03.07.2018, VIII R 9/16 und 10/16, n.v.).

Auch wenn vor Ablauf der Festsetzungsfrist die **Einleitung eines Steuerstrafverfahrens oder eines Bußgeldverfahrens** wegen einer Steuerordnungswidrigkeit bekannt gegeben wurde bzw. das Einleitungsschreiben den Bereich der Finanzbehörde verlassen hat, ist der Ablauf der Festsetzungsfrist nach § 171 Abs. 5 S. 2 AO gehemmt. Da für diesen Fall kein anderes Ende der Ablaufhemmung vorgesehen ist, gilt auch hier unabhängig vom Ausgang des eingeleiteten Straf- oder Bußgeldverfahrens die Unanfechtbarkeit der aufgrund des eingeleiteten Verfahrens ergehenden Bescheide als Ende der Ablaufhemmung.

7.1.3.7 Ablaufhemmung nach § 171 Abs. 6 AO

Auch § 171 Abs. 6 AO bezieht sich auf **Außenprüfungen**, ist aber dann anwendbar, wenn diese **in Deutschland nicht durchführbar** sind. Ergreift die Finanzbehörde in solchen Fällen vor Ablauf der Festsetzungsfrist irgendwelche Ermittlungshandlungen im Sinne von § 92 AO und weist sie den Steuerpflichtigen darauf hin, so ist der Ablauf der Festsetzungsfrist gehemmt, bis die aufgrund dieser Ermittlungen ergehenden Steuerbescheide unanfechtbar sind.

7.1.3.8 Ablaufhemmung nach § 171 Abs. 7 AO

Dieser Ablaufhemmungstatbestand ergänzt Abs. 5. Ist bei **Leichtfertigkeit** oder **Steuerhinterziehung** die verlängerte Festsetzungsfrist anwendbar, so ist der Ablauf der Festsetzungsfrist solange gehemmt, bis die strafrechtliche Verjährung vollendet ist (s. dazu Kap. X. 8.1). Beträgt die strafrechtliche Verjährungsfrist 5 Jahre, ist kaum denkbar, dass die strafrechtliche Verjährung über die Festsetzungsverjährungsfrist hinausgeht, weil diese 10 Jahre läuft, wohl aber bei besonders schweren Fällen der Steuerhinterziehung.

Mit Entscheidung vom 13.09.2017 unter III R 6/17 n.v. hat der BFH bei fortlaufender Steuerverkürzung entschieden, dass bei einer Ordnungswidrigkeit die diesbezügliche Verjährung erst mit dem zuletzt erlangten Verkürzungserfolg beginnt.

7.1.3.9 Ablaufhemmung nach § 171 Abs. 8 AO

§ 171 Abs. 8 AO enthält eine spezielle Ablaufhemmung für vorläufige Steuerfestsetzungen. Damit die vorläufigen Umstände nach Wegfallen der Ungewissheit noch ausgewertet werden können, regelt der Ablaufhemmungstatbestand des Abs. 8, dass die Festsetzungsverjährung in solchen Fällen nicht vor Ablauf **eines Jahres nach Beseitigung der Ungewissheit und Kenntnis der Behörde** hiervon endet. Kenntnis ist nach AEAO Nr. 5 zu § 171 **positive Kenntnis**, Kennen müssen reicht nicht und auch die Grundsätze des § 173 Abs. 1 Nr. 1 AO zur Verletzung der Ermittlungspflicht sind nicht auf § 171 Abs. 8 AO übertragbar (BFH vom 27.06.2012, IX B 183/11 n.v.).

Die Ablaufhemmung beschränkt sich nur auf den für vorläufig erklärten Teil der Steuerfestsetzung und ist nicht anwendbar, wenn die Finanzbehörde einen Vorläufigkeitsvermerk hätte setzen müssen, dies aber unterlassen hat (BFH vom 14.04.2011, VI B 143/10, n.v.).

Basiert die Vorläufigkeit der Steuerfestsetzung dagegen auf einem der Gründe des § 165 Abs. 1 S. 2 AO (u.a. Verfahren vor dem BVerfG, EuGH, BFH), so beträgt die Ablaufhemmung zwei Jahre nach Beseitigung der Ungewissheit und Kenntnis der Finanzbehörde.

7.1.3.10 Ablaufhemmung nach § 171 Abs. 9 AO

Die drei dort genannten Anzeigen des Steuerpflichtigen, nämlich die **Anzeige nach § 153 AO**, die **Selbstanzeige im Strafverfahren** (§ 371 AO) und die **Selbstanzeige bei leichtfertiger Steuerverkürzung** (§ 378 Abs. 3 AO), lösen die Ablaufhemmung des § 171 Abs. 9 AO aus. Die Behörde hat auf jeden Fall ein Jahr nach Eingang der Anzeige Zeit eine entsprechende geänderte Steuerfestsetzung durchzuführen. § 171 Abs. 9 und 5 AO schließen sich nicht aus (BFH vom 03.07.2018, VIII R 9 und 10/16, n.v.).

7.1.3.11 Ablaufhemmung nach § 171 Abs. 10, 10a AO

Dieser Ablaufhemmungstatbestand verhindert, dass ein Grundlagenbescheid, dem **Bindungswirkung** zukommt, nicht mehr im Folgebescheid ausgewertet werden kann, indem er eine Ablaufhemmung bis zum Ablauf von **zwei Jahren** nach **Bekanntgabe des Grundlagenbescheids** (nicht der Mitteilung zwischen den Finanzbehörden) regelt. § 171 Abs. 10 AO enthält eine Legaldefinition des Grundlagenbescheids. Alle bindenden Feststellungsbescheide, Steuermessbescheide oder andere Verwaltungsakte sind Grundlagenbescheide im Sinne von Abs. 10, sowohl bei erstmaliger Feststellung als auch bei Änderung einer Feststellung und sogar, wenn beim Grundlagenbescheid nur der Vorbehalt der Nachprüfung aufgehoben wird (s. AEAO Nr. 6.3 zu § 171).

Auch hier lautet die Formulierung des Gesetzes „soweit". Der Ablauf der Festsetzungsfrist ist also nur soweit gehemmt, wie die Bindungswirkung des Grundlagenbescheids reicht.

> **Beispiel 1:**
>
> A und B sind an der A und B OHG beteiligt. A gibt seine Einkommensteuererklärung 04 im Mai 05 ab. Da der Gewinn aus der OHG noch nicht ermittelt worden ist, schätzt A die Einkünfte aus § 15 Abs. 1 Nr. 2 EStG mit 30.000 €.
> Am 17.10.09 ergeht der Feststellungsbescheid für die OHG. Der Anteil des A am Gewinn der OHG beträgt 35.000 €. Aufgrund eines Computerfehlers erfährt die für A zuständige Finanzbehörde erst am 27.10.09 per Mitteilung von der Feststellung.
> Am 13.01.10 will der zuständige Sachbearbeiter die Mitteilung auswerten.

> **Lösung:**
>
> Nach § 170 Abs. 2 Nr. 1 AO begann die Festsetzungsfrist für A mit Ablauf des Jahres 05 und endete damit mit Ablauf des 31.12.09. Der Feststellungsbescheid ist aber bindend für die Einkommensbesteuerung des A, weil die dort festgestellten Einkünfte nach § 15 Abs. 1 Nr. 2 AO bei ihm zu besteuern sind. Nach § 171 Abs. 10 AO ist deshalb die Festsetzungsverjährungsfrist bis zu 2 Jahre nach Bekanntgabe des Grundlagenbescheids gehemmt. Der Bescheid datiert vom 17.10.09, ist also nach § 122 Abs. 2 Nr. 1 AO vorbehaltlich des § 108 Abs. 3 AO am 20.10.09 bekannt gegeben. Damit endet die Ablaufhemmung wiederum vorbehaltlich § 108 Abs. 3 AO mit Ablauf des 20.10.10. Wann die für A zuständige Finanzbehörde über die Feststellung informiert wurde (hier am 27.10.09) spielt für die Ablaufhemmung keine Rolle. Änderungsvorschrift ist § 175 Abs. 1 Nr. 1 AO.

> **Beispiel 2:**
>
> Der Feststellungsbescheid ergeht am 20.03.10. Die Mitteilung für A erhält die zuständige Finanzbehörde am 21.03.10.

> **Lösung:**
>
> Die Ablaufhemmung beginnt erst als die reguläre Festsetzungsfrist bereits abgelaufen ist. Dies ist bei Grundlagenbescheiden aus dem Finanzamt möglich, s.u. für resortfremde Bescheide. Die mit Ablauf des 31.12.09 vollendete Festsetzungsfrist lebt mit Bekanntgabe der Feststellung am 23.03.10 wieder auf und ist bis zum Ablauf des 23.03.12 gehemmt.

> **Beispiel 3:**
>
> Am 27.04.11 wird nach einer Außenprüfung ein geänderter Feststellungsbescheid erlassen, der nunmehr in Bezug auf A einen Gewinn in Höhe von 37.000 € ausweist.

> **Lösung:**
>
> Ergeht ein geänderter Grundlagenbescheid, so löst auch dieser die Ablaufhemmung aus. Die Festsetzungsfrist ist bis zum Ablauf des 30.04.13 gehemmt (27.04.11 + 3 Tage + 2 Jahre).

§ 171 Abs. 10 S. 4 AO ist anwendbar, wenn beim Steuerpflichtigen, bei dem die Auswertung von Grundlagenbescheiden erfolgen soll, **gleichzeitig in einem anderen Bereich eine Außenprüfung stattfindet**. Die Auswertung des Grundlagenbescheids kann solange zurückgestellt werden, bis auch die Außenprüfung abgeschlossen wird. Auf diese Weise wird vermieden, dass zwei oder mehr Änderungsbescheide ergehen müssen.

Für den von der Außenprüfung betroffenen Bereich gilt die Ablaufhemmung des § 171 Abs. 4 AO. Genau solange wie die Ablaufhemmung des Abs. 4 andauert, ist auch die Festsetzungsfrist für die Aus-

7. Festsetzungs-/Feststellungsverjährung

wertung von Grundlagenbescheiden gehemmt. Es können also sämtliche noch offene Auswertungen von Grundlagenbescheiden zusammen mit dem nach der Außenprüfung ergehenden Bescheid vorgenommen werden.

Beispiel:

F ist Arzt und erzielt außerdem gemeinsam mit seiner Schwester Einkünfte aus einem geerbten Mehrfamilienhaus. Seine Einkommensteuererklärung für 00 hat er im April 01 abgegeben. Im Juli 05 beginnt Außenprüfer A mit einer Prüfung in der Arztpraxis des F.
Die Erklärung zur gesonderten Feststellung 00 für die Grundstücksgemeinschaft hatten F und seine Schwester im Mai 03 abgegeben. Der Bescheid über die gesonderte und einheitliche Feststellung wurde am 20.11.03 bekannt gegeben. Die Mitteilung für A liegt immer noch unbearbeitet in der Einkommensteuerakte, als Außenprüfer A zu Beginn die Akten sichtet.

Lösung:

Die Festsetzungsverjährungsfrist für A begann nach § 170 Abs. 2 Nr. 1 AO mit Ablauf 01 und endet damit regulär mit Ablauf 05. Wegen der vor Ablauf der Festsetzungsfrist beginnenden Außenprüfung ist der Ablauf nach § 171 Abs. 4 AO gehemmt, aber nur hinsichtlich des Prüfungsumfangs, also nicht bezüglich der Einkünfte aus der Grundstücksgemeinschaft.
Diesbezüglich ist die Ablaufhemmung des § 171 Abs. 10 AO zu prüfen. Nach S. 1 läuft die Festsetzungsfrist für die Einkommensteuer des A bis zum 20.11.05 (2 Jahre nach Bekanntgabe des Feststellungsbescheids) nicht ab. Wenn der Prüfer sich nicht sicher ist, ob er bis dahin die Außenprüfung hinsichtlich der Arztpraxis abgeschlossen hat, müsste er vor Prüfungsbeginn die Auswertung der Mitteilung veranlassen. Dies vermeidet § 171 Abs. 10 S. 4 AO. Auch für die Auswertung der Mitteilung ist die einkommensteuerliche Festsetzungsfrist solange gehemmt, bis die Bescheide nach der Außenprüfung unanfechtbar sind. Der Außenprüfer kann also nach Abschluss der Prüfung sowohl seine Prüfungsfeststellungen als auch die Einkünfte aus der Grundstücksgemeinschaft in nur einem Bescheid auswerten.

Hinsichtlich der Ablaufhemmung für sog. „ressortfremde" Bescheide, also solche Bescheide, für die nach dem Wortlaut des Gesetzes eine Stelle zuständig ist, die keine Finanzbehörde ist, (z.B. die für die Ermittlung der Höhe des Grades der Behinderung zuständige Behörde) hat der Gesetzgeber auf die Rechtsprechung des BFH reagiert. Nunmehr endet nach § 171 Abs. 10 S. 2 AO die Festsetzungsfrist bei ressortfremden Bescheiden nicht vor Ablauf von 2 Jahren nach Kenntniserlangung der Finanzbehörde. Die Ablaufhemmung ist bei ressortfremden Bescheiden nur anwendbar, wenn der Grundlagenbescheid vor Ablauf der Festsetzungsfrist für den Folgebescheid bei der zuständigen – ressortfremden – Behörde beantragt wurde.

Obwohl der Begriff „ressortfremder Bescheid" gängig ist, ist dieser im Zusammenhang mit § 171 Abs. 10 S. 2 nicht präzise. In seinem Urteil vom 21.07.2016, X R 11/14, BStBl II 2017, 22 hat der BFH zur Frage, ob ein Antrag auf eine Billigkeitsmaßnahme nach § 163 AO als Grundlagenbescheid vor Ablauf der für den Folgebescheid, die Einkommensteuerfestsetzung, maßgeblichen Festsetzungsfrist gestellt sein muss, erkannt, dass § 171 Abs. 10 S. 2 AO für „Grundlagenbescheide **außerhalb von § 181 AO** gilt. Also ist § 171 Abs. 10 S. 2 AO auch dann anwendbar, wenn die Finanzbehörde selbst Grundlagenbescheide erlässt, dabei aber nicht die Regelungen für gesonderte Feststellungen der §§ 179 ff. AO anwendet.

Beispiel 1:

Arbeitnehmer K gibt seine Einkommensteuererklärung für 00 am 19.03.01 ab. Gleichzeitig stellt er bei der zuständigen Behörde einen Antrag auf Feststellung des Grades der Behinderung. Während der Einkommensteuerbescheid am 30.09.01 ergeht, zieht sich das Verfahren hinsichtlich des Grades der Behinderung sehr lange hin und der entsprechende Bescheid geht erst am 17.03.06 zur Post. Kann der Grad der Behinderung noch im Rahmen der Einkommensteuerveranlagung 00 durch eine Änderung berücksichtigt werden?
Wie wäre es, wenn K:
- am 29.11.04
- am 17.03.05
- am 29.04.06

einen Antrag auf rückwirkende Zuerkennung eines GdB gestellt hätte?

Lösung:

Es handelt sich um einen Grundlagenbescheid einer „ressortfremden" Behörde und § 171 Abs. 10 S. 3 AO ist zu beachten. Die Festsetzungsfrist begann nach § 170 Abs. 1 AO m.A. 00 zu laufen, weil K als alleinstehender Arbeitnehmer nicht verpflichtet ist, eine Einkommensteuererklärung abzugeben. Hier geht es aber um die Änderung einer Antragsveranlagung, so dass die Anlaufhemmung des § 170 Abs. 3 AO anwendbar ist. Die Frist für die Änderung der Antragsveranlagung beginnt m.A. 01, weil in diesem Jahr der Antrag auf Veranlagung abgegeben wurde. Nach § 169 Abs. 2 Nr. 2 AO endet die Festsetzungsfrist damit m.A. 05, sodass in 06 grundsätzlich keine Änderung mehr möglich wäre. Es ist aber zu prüfen, ob die Ablaufhemmung des § 171 Abs. 10 AO anwendbar ist. Der Antrag auf Feststellung des Grades der Behinderung wurde im Ausgangsfall lange vor Ablauf der Festsetzungsfrist für den 1. Bescheid und auch für den Änderungsbescheid gestellt, so dass der Antrag auf jeden Fall rechtzeitig gestellt wurde und deshalb die Ablaufhemmung anwendbar ist. Eine Änderung der Einkommensteuerfestsetzung ist deshalb noch bis zu 2 Jahre nach Bekanntgabe des Bescheids über den Grad der Behinderung, also bis zum 20.03.08 (§ 122 Abs. 2 Nr. 1 AO) möglich.
Dasselbe gilt bei der Alternative a). Der Antrag wurde noch vor Ablauf der Festsetzungsfrist gestellt, sodass die Ablaufhemmung anwendbar ist.
Ob dies auch für b) gilt, ist fraglich, denn aus § 171 Abs. 10 S. 2 AO wird nicht deutlich, ob „vor Ablauf der Festsetzungsfrist" die Festsetzungsfrist für den Ursprungsbescheid oder für den Änderungsbescheid meint. Wäre der Änderungsbescheid entscheidend, so wäre der Antrag rechtzeitig gestellt, käme es auf die Festsetzungsfrist für den ursprünglichen Bescheid an, so wäre der Antrag verspätet und es käme, selbst wenn der Grad der Behinderung festgestellt werden würde, wegen § 171 Abs. 10 S. 2 AO keine spätere Anpassung in der Einkommensteuerfestsetzung mehr in Frage.
Bei der Alternative c) war die Festsetzungsfrist für den Folgebescheid auf jeden Fall abgelaufen, sodass eine Änderung der Festsetzung unter Einbeziehung des festgestellten GdB nicht mehr möglich ist.

Beispiel 2:

Arbeitnehmer K gibt seine Einkommensteuererklärung für 00 am 19.03.01 ab und gibt dort wie schon in den Vorjahren einen Grad der Behinderung von 70 an. Das Finanzamt veranlagt im Juni 01 entsprechend. Seit Beginn 00 lief gegen den K ein Verfahren vor der für den Grad der Behinderung zuständigen Behörde mit dem Ziel den Grad der Behinderung auf 30 zu reduzieren. Ein geänderter Bescheid über einen Grad der Behinderung in Höhe von 30 ab 01.01.00 wurde am 13.11.01 bekannt gegeben.

K war erbost und informierte das Finanzamt nicht. Erst am 29.03.06 erfuhr der zuständige Bearbeiter von dem nunmehr geltenden Grad der Behinderung und stellt sich die Frage, ob der Bescheid für 00 noch entsprechend zu ändern ist.

Lösung:

Die reguläre Festsetzungsfrist für die Änderung ist m.A. 05 abgelaufen. Nach § 171 Abs. 10 S. 1 AO wäre der Ablauf der Festsetzungsfrist bis zum 13.11.03 gehemmt gewesen. Diese Ablaufhemmung spielt angesichts der Festsetzungsfrist bis Ende 05 keine Rolle. Da der Grundlagenbescheid aber vom Versorgungsamt und damit von einer Stelle kommt, die nicht Finanzbehörde ist, gilt § 171 Abs. 10 S. 2 AO. Der Ablauf der Festsetzungsfrist ist bis zum 29.03.08 gehemmt, da die Finanzbehörde erst am 29.03.06 Kenntnis vom Grundlagenbescheid erhalten hat.

Um der Behörde für die Auswertung von nach § 93 c AO durch mitteilungspflichtige Stellen zu übermittelnde elektronische Daten ebenso wie bei Grundlagenbescheiden i.S.v. § 171 Abs. 10 S. 1 AO ausreichend Zeit zu lassen, ist eine spezielle Ablaufhemmung in § 171 Abs. 10a AO geschaffen worden. Auch hier beträgt die Ablaufhemmung zwei Jahre und beginnt nach Zugang der Daten (Berechnung der Frist, s. Kap. III. 2.3.1 und 2.3.3.2).

7.1.3.12 Ablaufhemmung nach § 171 Abs. 11 AO

Hat eine **geschäftsunfähige** oder **beschränkt geschäftsfähige Person** keinen gesetzlichen Vertreter im Sinne von § 34 AO, kann dieser kein Steuerbescheid bekannt gegeben werden, es könnten also aus steuerlich relevanten Sachverhalten keine steuerlichen Folgen gezogen werden und die Festsetzungsfrist würde ablaufen. Dieses Ergebnis vermeidet § 171 Abs. 11 AO. Die Festsetzungsfrist läuft in diesem Fall nicht vor Ablauf von 6 Monaten nach dem Zeitpunkt ab, in dem die Person unbeschränkt geschäftsfähig wird oder einen gesetzlichen Vertreter hat. § 171 Abs. 11 AO spricht nicht von natürlichen Personen, sondern von „Person" und ist deshalb auch auf juristische Personen anwendbar.

7.1.3.13 Ablaufhemmung nach § 171 Abs. 12 AO

Bei **Steuerfestsetzungen gegen einen Nachlass** verhindert Abs. 12 den Ablauf der Festsetzungsfrist, wenn noch niemand vorhanden ist, gegen den die Steuerfestsetzung erfolgen kann. Die Festsetzungsfrist läuft nicht vor Ablauf von 6 Monaten von dem Zeitpunkt an ab, in dem die Erbschaft angenommen, das Insolvenzverfahren über den Nachlass eröffnet wird oder die Steuer nunmehr gegen einen Vertreter festgesetzt werden kann.

7.1.3.14 Ablaufhemmung nach § 171 Abs. 13 AO

Mit Beginn des **Insolvenzverfahrens** sind Ansprüche aus dem Steuerschuldverhältnis zur Tabelle anzumelden (§§ 174 ff. InsO). Können derartige Ansprüche, die im Insolvenzverfahren nicht befriedigt, aber auch nicht festgestellt worden sind, nach Abschluss des Verfahrens noch geltend gemacht werden, so bedarf es der Festsetzung. Dazu hat die Finanzbehörde nach § 171 Abs. 13 AO auch nach Ablauf der regulären Festsetzungsfrist noch 3 Monate nach Beendigung des Insolvenzverfahrens durch Aufhebung oder Einstellung Zeit.

7.1.3.15 Ablaufhemmung nach § 171 Abs. 14 AO

Ohne die Vorschrift des Abs. 14 könnte der Steuerpflichtige bei unwirksamer Steuerfestsetzung, die zu einem Erstattungsanspruch aus § 37 Abs. 2 AO führt, durch Abwarten erreichen, dass die Finanzbehörde nicht mehr wirksam festsetzen kann. Dieses Ergebnis wird durch den Ablaufhemmungstatbestand vermieden.

> **Beispiel:**
>
> Joachim Meier jun. gibt am 13.03.07 seine Einkommensteuererklärung für das Kalenderjahr 06 ab. Er wohnt in einem Wohnblock mit der Adresse Schollweg 7, 20000 Hamburg mit insgesamt 23 anderen Parteien. Im Erdgeschoß wohnt Jörg Meier, im 4. Stock wohnt Julia Meier und im 7. Stock der Vater des Joachim Meier, der ebenfalls Joachim heißt.
> Gleichwohl ergeht der Steuerbescheid am 25.02.08 an die Adresse „J. Meier, Schollweg 7, 20000 Hamburg." Die Nachzahlung in Höhe von 2.000 € leistet Joachim Meier jun. sofort. Im Juni 12 schreibt er an das Finanzamt und macht die Unwirksamkeit der Steuerfestsetzung vom 25.02.08 wegen ungenauer Bezeichnung des Inhaltsadressaten geltend. Gleichzeitig fordert er das Finanzamt auf, die gezahlten 2.000 € nach § 37 Abs. 2 AO zurückzuzahlen.

> **Lösung:**
>
> Die Festsetzung ist wegen inhaltlicher Unbestimmtheit nichtig und damit unwirksam (s. AEAO Nr. 4.1.1 zu § 122). Damit hat der Steuerpflichtige einen Anspruch nach § 37 Abs. 2 AO. Dieser ist mit der Zahlung in 08 entstanden und fällig (s. Kap. VI. 2.2.1) und verjährt nach §§ 228, 229 AO mit Ablauf 13, ist also in 12 noch nicht zahlungsverjährt und müsste erstattet werden.
> Die Finanzbehörde wird nunmehr für 06 eine wirksame Steuerfestsetzung an Joachim Meier jun. vornehmen. In 12 stünde dem aber die mit Ablauf 11 vollendete Festsetzungsverjährung entgegen. Dieses Ergebnis vermeidet § 171 Abs. 14 AO. Der Erstattungsanspruch hängt mit der Festsetzung zusammen und ist nicht zahlungsverjährt. Damit ist der Ablauf der Festsetzungsfrist bis zur Vollendung der Zahlungsverjährung für den Erstattungsanspruch gehemmt.

7.1.3.16 Ablaufhemmung nach § 171 Abs. 15 AO

Dieser Ablaufhemmungstatbestand sorgt dafür, dass in den Fällen der Steuerentrichtungspflicht (s. II. 1.2.2.2, also z.B. bei der Lohnsteuer) die Festsetzungsfrist beim Steuerschuldner ebenso lange läuft wie beim Steuerentrichtungspflichtigen. In den meisten Fällen wird die Frist ohnehin identisch sein. Über § 171 Abs. 15 AO werden aber Ablaufhemmungstatbestände beim Steuerentrichtungspflichtigen, z.B. § 171 Abs. 2 oder Abs. 4 AO, auf den Steuerschuldner übertragen.

Ob dagegen die Anlaufhemmung des § 170 Abs. 2 Nr. 1 AO, die für den Steuerentrichtungspflichtigen gilt, auch für den Steuerschuldner anwendbar ist, ist streitig (s. BFH vom 29.01.2003, BStBl II 2003, 687 für die Anwendung der Anlaufhemmung).

7.1.3.17 Sonderregelung gemäß § 174 Abs. 1 S. 2 und Abs. 4 S. 3 AO

Zu der Sonderregelung gemäß § 174 Abs. 1 S. 2 und Abs. 4 S. 3 AO s. V. 2.3.6.5 und 2.3.6.8.

7.2 Feststellungsverjährung

AEAO Nr. 6 vor §§ 169–171 stellt klar, dass die Vorschriften über die Festsetzungsverjährung auch für die **gesonderte Feststellung von Besteuerungsgrundlagen** gelten. Dies ergibt sich aus § 181 Abs. 1 S. 1 AO. Danach gelten für die gesonderte Feststellung die Vorschriften über die Durchführung der Besteuerung sinngemäß. § 181 Abs. 1 S. 2 AO verweist ausdrücklich auf den **Anlaufhemmungstatbestand des § 170 Abs. 2 Nr. 1 AO**. Die **Erklärung zur gesonderten Feststellung** löst diesen Anlaufhemmungstatbestand aus. Liegen die Voraussetzungen des § 180 Abs. 1 Nr. 2 AO vor, so ist nach § 180 Abs. 2 AO eine Erklärung abzugeben. **Freiwillige Erklärungen** sind im Feststellungsbereich nur in den Fällen des § 1 der VO über die gesonderte Feststellung von Besteuerungsgrundlagen nach § 181 Abs. 2 AO denkbar. § 181 Abs. 1 S. 3 AO regelt für diese Fälle, dass § 170 Abs. 3 AO entsprechend anwendbar ist. Dementsprechend gilt für diese Fälle auch § 170 Abs. 1 AO. Weder besteht eine gesetzliche Abgabepflicht noch fordert die Finanzbehörde dazu auf. Die Feststellungsfrist für den Ausgangsbescheid beginnt mit Ablauf des Kalenderjahres der Steuerentstehung.

7. Festsetzungs-/Feststellungsverjährung

Bei der **Feststellung von Einheitswerten** beginnt nach § 181 Abs. 3 AO die Frist mit Ablauf des Kalenderjahres, auf dessen Beginn die Feststellung vorzunehmen ist. Die Anlaufhemmung des § 170 Abs. 2 Nr. 1 AO gilt nach § 181 Abs. 3 S. 2 AO bei einer Abgabeverpflichtung ebenfalls.

Auch bei den Feststellungen gelten die **Fristen des § 169 Abs. 2 AO**. Die **Ablaufhemmungstatbestände des § 171 AO** können auch bei der Feststellungsverjährung anwendbar sein.

Darüber hinaus enthält § 181 Abs. 5 AO einen speziellen **Ablaufhemmungstatbestand**. Ein **Feststellungsbescheid** kann danach solange **erlassen** oder **geändert werden** wie die Festsetzungsfrist für einen Folgebescheid nicht abgelaufen ist, für den der Feststellungsbescheid von Bedeutung ist. Folgebescheid kann ein Festsetzungsbescheid oder aber auch ein Feststellungsbescheid sein. Ist der Folgebescheid ein Verlustfeststellungsbescheid nach § 10d Abs. 4 EStG, so ist der Ablaufhemmungstatbestand des § 181 Abs. 5 AO nach § 10d Abs. 4 S. 6 EStG nur anzuwenden, wenn die zuständige Finanzbehörde die Feststellung des Verlustvortrags pflichtwidrig unterlassen hat.

Hat ein Feststellungsbescheid Bedeutung für die Steuerfestsetzungen von mehreren Personen, so ist für jede einzelne Festsetzung zu prüfen, ob die Festsetzungsfrist noch nicht abgelaufen ist. Nur für die noch offenen Festsetzungen hat die Ablaufhemmung Bedeutung. Ist die Festsetzungsfrist teilweise schon abgelaufen, so ist im Feststellungsbescheid auf die **eingeschränkte Wirkung** hinzuweisen (s. AEAO Nr. 1 zu § 181). § 181 Abs. 5 AO schließt ausdrücklich die Anwendung des § 171 Abs. 10 AO aus. Es ist also nicht etwa bei der Prüfung, ob die Festsetzungsfrist abgelaufen ist oder nicht, die zu ergehende Feststellung im Wege der Prüfung des Ablaufhemmungstatbestands des § 171 Abs. 10 AO hinzuzusetzen.

> **Beispiel 1:**
>
> A und B sind Gesellschafter der T OHG. Die Erklärung zur gesonderten und einheitlichen Feststellung für die OHG für das Kalenderjahr 00 geht am 27.08.01 beim zuständigen Finanzamt ein. A reicht seine Einkommensteuererklärung 00 zusammen mit der Feststellungserklärung ein. B dagegen gibt die Einkommensteuererklärung für das Kalenderjahr 00 am 17.08.03 ab. Die Veranlagung erfolgt innerhalb von 2 Monaten.
>
> Wegen diverser Unklarheiten kann der Bescheid über die gesonderte und einheitliche Feststellung nicht ergehen. Erst am 23.03.06 wird der Bescheid bekannt gegeben.

> **Lösung:**
>
> Die Feststellungsfrist für den Feststellungsbescheid beginnt nach § 181 Abs. 1 S. 1, 2 i.V.m. § 170 Abs. 2 Nr. 1 AO mit Ablauf des Kalenderjahres 01 und endet regulär mit Ablauf des 31.12.05. Wäre die Festsetzungsfrist für die Beteiligten noch nicht abgelaufen und wäre die Feststellung von Bedeutung, so wäre die Ablaufhemmung nach § 181 Abs. 5 AO anwendbar. Die Feststellung hat Bedeutung für die Einkommensteuerveranlagungen von A und B wegen § 15 Abs. 1 Nr. 2 EStG.
>
> Die Festsetzungsfrist für A läuft parallel mit der Feststellungsverjährung ab, die Festsetzungsfrist für B aber hat nach § 170 Abs. 2 Nr. 1 AO mit Ablauf des Kalenderjahres 03 begonnen und war deshalb am 20.03.06, als der Bescheid ergangen ist, noch nicht abgelaufen. Der Ablauf der Feststellungsfrist war also nach § 181 Abs. 5 AO gehemmt und die Feststellung deshalb noch möglich. Es war aber auf die beschränkte Wirkung für B hinzuweisen.

> **Beispiel 2:**
>
> Sowohl die Feststellungserklärung für 00 als auch die Einkommensteuererklärungen von A und B für 00 gingen am 27.08.04 bei den Finanzämtern ein. Während die Veranlagung für A und die Feststellung für die OHG sofort erfolgten, konnte die Veranlagung des B zunächst nicht durchgeführt werden.

Erst am 23.12.07 ging der Bescheid zu Post. B legte dagegen am 03.01.08 Einspruch ein. Am 27.01.08 erkennt der Sachbearbeiter, der für die Feststellung der Besteuerungsgrundlagen der OHG zuständig ist, dass eine Änderung nach § 173 Abs. 1 Nr. 2 AO notwendig ist.

Lösung:

Die Festsetzungsfrist für die beiden Festsetzungen und die Feststellungsfrist begann mit Ablauf des Kalenderjahres 03 zu laufen (s. § 170 Abs. 2 Nr. 1 AO spätestens nach 3 Jahren). Die Feststellungsfrist wäre deshalb mit Ablauf 07 abgelaufen. Auch hier könnte wieder der Ablaufhemmungstatbestand des § 181 Abs. 5 AO anwendbar sein. Zwar endet auch die reguläre Festsetzungsfrist für B mit Ablauf 07. Diese Festsetzungsfrist ist aber nach § 171 Abs. 3a AO wegen des eingelegten Einspruchs gehemmt. Insofern ist auch der Ablauf der Feststellungsfrist gehemmt.
Hätte B gegen die Festsetzung keinen Einspruch eingelegt, wäre die Feststellung in 08 nicht mehr möglich.

7.3 Rechtsfolgen bei Verletzung der Vorschriften über die Festsetzungs-/Feststellungsfrist

Ein nach Ablauf der Festsetzungsfrist ergangener Steuerbescheid ist fehlerhaft. Dieser Fehler ist aber nicht so schwerwiegend, dass er den Bescheid nichtig machen würde. Ficht der Steuerpflichtige den Bescheid nicht an, erwächst er in Bestandskraft und ist damit auch vollstreckbar (s. AEAO Nr. 4 vor §§ 169 bis 171).

Sofern der BFH in seinem Urteil vom 11.04.2017, IX R 50/15 n.v. den ergangenen Änderungsbescheid als nichtig ansieht, weil er nach Ablauf der Festsetzungsfrist ergangen ist, handelt es sich um einen Sonderfall, in dem ein ursprünglicher Steuerbescheid später geheilt wird.

V. Korrektur von Steuerverwaltungsakten (§§ 129, 130, 131, 172–177 AO)

1. Allgemeines

„Korrektur" ist ein nicht im Gesetz verwendeter Oberbegriff, der die gesetzlichen Begriffe Aufhebung, Änderung, Rücknahme, Widerruf und Berichtigung umfasst.

In vielen gesetzlich geregelten Fällen ist die Finanzbehörde befugt, von einem erlassenen Verwaltungsakt (s. Kap. III. 3.1) zugunsten oder zuungunsten des Steuerpflichtigen ganz oder teilweise wieder abzuweichen.

Wird dabei der bisherige Verwaltungsakt ersatzlos beseitigt, so nennt man dies Aufhebung; der Verwaltungsakt verliert hierbei seine Wirkung im Zeitpunkt der Bekanntgabe des Bescheides über die Aufhebung (§ 124 Abs. 2 i.V.m. Abs. 1 Satz 1 AO).

Wird hingegen der sachliche Inhalt eines Verwaltungsaktes abgewandelt oder umgestaltet, liegt eine Änderung vor.

Die gesetzlichen Vorschriften über die Aufhebung und Änderung von Verwaltungsakten wurden geschaffen, nachdem man die Belange des Staates und des Steuerpflichtigen abgewogen hat und dabei Gesetzmäßigkeit und Rechtssicherheit beachtet hat. Die Gesetzmäßigkeit hat das Ziel, dass jeder fehlerhafte Verwaltungsakt aufgehoben oder in einen rechtmäßigen Verwaltungsakt geändert wird. Die Rechtssicherheit soll dem Steuerpflichtigen (Betroffenen) den Vertrauensschutz in eine einmal getroffene Regelung bieten.

Bei der Korrektur von Verwaltungsakten ist zu unterscheiden zwischen Korrekturnormen, die für alle bzw. nur für bestimmte Verwaltungsakte gelten.

§ 129 AO gilt für alle Verwaltungsakte und verwendet den Begriff „Berichtigung". Für sonstige Verwaltungsakte gelten die §§ 130 und 131 AO; verwendet werden die Begriffe „Rücknahme/Widerruf" (als Ersatz für Aufhebung/Änderung).

Die Begriffe Aufhebung und Änderung benutzt das Gesetz nur bei den Steuerbescheiden und diesen gleichgestellten Bescheiden; Anwendung finden die §§ 164, 165 und 172 bis 177 AO.

1.1 Rechtmäßigkeit und Rechtswidrigkeit

Die Rechtswidrigkeit des Verwaltungsaktes ist sowohl für die Rücknahme sonstiger Verwaltungsakte (§ 130 AO) als auch für die Aufhebung/Änderung von Steuerbescheiden und diesen gleichgestellten Bescheiden (§§ 172-177 AO) eine der zentralen und wichtigsten Voraussetzungen.

Rechtswidrigkeit heißt, dass ein Widerspruch zwischen der gesetzlichen gebotenen Norm und der tatsächlich getroffenen Regelung besteht. Im Zeitpunkt des Erlasses des Verwaltungsaktes verstößt dieser ganz oder teilweise gegen zwingende gesetzliche Vorschriften (§ 4 AO) oder er ist ermessensfehlerhaft (§ 5 AO) oder es fehlt überhaupt eine Rechtsgrundlage, vgl. auch AEAO zu § 130 Nr. 1.

Steuerbescheide und diesen gleichgestellten Bescheide sind gebundene Verwaltungsakte, bei denen nur eine Entscheidung in der Sache richtig, d.h. rechtmäßig ist, da das Entstehen der Steuer an die Verwirklichung eines gesetzlichen Tatbestands, an den das Gesetz die Leistungspflicht knüpft, gebunden ist (§ 38 AO).

Für die Beurteilung, ob ein Steuerbescheid oder gleichgestellter Bescheid rechtmäßig oder rechtswidrig ist, sind die Vorschriften der §§ 126, 127 und 128 AO unabdingbar. Wird nämlich ein zunächst rechtswidriger Verwaltungsakt unter den Voraussetzungen des § 126 AO geheilt oder nach § 128 AO umgedeutet, ist er rechtmäßig und kann keine Grundlage mehr für eine Aufhebung oder Änderung bilden.

Rechtmäßig ist hingegen ein Verwaltungsakt, wenn er im Zeitpunkt des Erlasses aufgrund eines Gesetzes ergangen ist und gegen keine Form-, Verfahrens- und Zuständigkeitsvorschriften verstößt, vgl. AEAO zu § 131 Nr. 1.

Nach der gesetzlichen Grundlage des § 131 AO können sonstige Verwaltungsakte selbst dann widerrufen werden, wenn sie rechtmäßig sind.

1.2 Übersicht über die Korrekturvorschriften

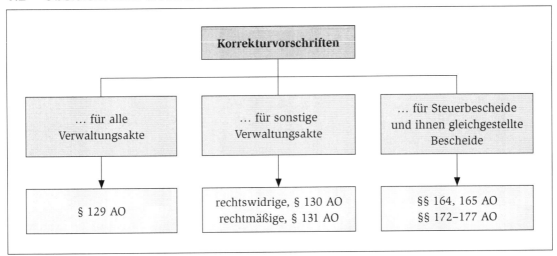

2. Korrekturvorschrift für alle Steuerverwaltungsakte

2.1 Berichtigung wegen offenbarer Unrichtigkeiten (§ 129 AO)

Die Vorschrift bestimmt, dass Schreibfehler, Rechenfehler und ähnliche offenbare Unrichtigkeiten, die beim Erlass eines Verwaltungsaktes unterlaufen sind, von der Finanzbehörde jederzeit berichtigt werden können. Hat der Beteiligte ein berechtigtes Interesse daran, ist zu berichtigen (§ 129 Satz 2 AO). Wird die Berichtigung eines schriftlich ergangenen Verwaltungsaktes verlangt, ist die Finanzbehörde nach § 129 Satz 3 AO berechtigt, die Vorlage des Schriftstückes zu verlangen, das berichtigt werden soll.

Berichtigung ist ein Korrekturbegriff, der für alle Verwaltungsakte verwendet wird. Im Sinne des § 129 AO bedeutet Berichtigung, dass ein Fehler, der bei der mechanischen Äußerung des Entscheidungswillens der Behörde gegenüber dem Empfänger unterlaufen ist, korrigiert wird.

Die Norm findet gerade im heutigen Massenverfahren Anwendung. Häufig unterlaufen in der Praxis Fehler bei der Äußerung des Bekanntgabewillens, nicht bei der Rechtsanwendung, weil sich ein Schreibfehler, ein Rechenfehler oder ein ähnlicher Fehler eingeschlichen hat. Solche Fehler wirken sich unmittelbar auf den Verwaltungsakt aus, denn er wird mit dem Inhalt wirksam, mit dem er bekannt gegeben wird; d.h. er entfaltet mit dem Fehler Bindungswirkung.

Hier soll § 129 AO die Möglichkeit der Berichtigung zulassen.

> **Beispiel:**
> Im Einkommensteuerbescheid werden wegen eines Rechenfehlers Einkünfte aus Kapitalvermögen in Höhe von 4.000 € statt 2.000 € erfasst.

Die Vorschrift findet auf alle steuerlichen Verwaltungsakte i.S.d. § 118 AO Anwendung, d.h. auf Steuerbescheide, ihnen gleichgestellte Bescheide und auch auf sonstige Verwaltungsakte.

2.1.1 Offenbare Unrichtigkeit in einem Verwaltungsakt

Offenbare Unrichtigkeit ist ein Oberbegriff, der vom Gesetzgeber entwickelt wurde und Schreib-, Rechenfehler und die ähnlichen offenbaren Unrichtigkeiten umfasst. Diese können jederzeit berichtigt werden, wenn sie beim Erlass des Verwaltungsaktes unterlaufen sind. Nach ständiger Rechtsprechung liegen bei diesen Fehlern „rein mechanische" Versehen vor ohne Verschulden eines Bearbeiters. Mechanisch meint hierbei, dass der niedergelegte Wille des Bearbeiters nicht dem erklärten Willen entspricht und der Fehler ohne weitere Prüfung erkannt werden könnte.

Kein mechanisches Versehen ist ein Rechtsfehler (Rechtsanwendungsfehler, Fehler der Subsumtion oder Rechtsirrtum). Liegt also eine mehr als theoretische Möglichkeit vor, dass ein Rechtsfehler begangen wurde, findet § 129 AO keine Anwendung mehr. Ebenso greift § 129 AO nicht, wenn die Finanzbehörde den Sachverhalt nicht richtig ermittelt, aufgeklärt oder beachtet hat. Die Frage, ob ein mechanisches Versehen oder ein Rechtsfehler gegeben ist, muss von Fall zu Fall entschieden werden.

2.1.1.1 Schreib- und Rechenfehler

Schreibfehler sind Versehen, wie z.B. Rechtschreibungs-, Wortstellungs-, Wortverwechslungs- oder Auslassungsfehler. Diese haben in der Regel keine Auswirkung auf den Regelungsgehalt des Verwaltungsaktes, sodass an einer Berichtigung meist kein Interesse besteht. Sollten Schreibfehler jedoch in Form von Zahlendrehern bestehen, die sich dann entsprechend auf den Regelungsgehalt auswirken, wird ein Interesse an der Berichtigung bestehen.

Beispiel:

Der Steuerpflichtige Max Grün wird im Bescheid „Max Gruen" geschrieben.

Lösung:

Hier liegt eindeutig ein Schreibfehler vor. Allerdings ist durch diesen der Regelungsgehalt des Verwaltungsaktes nicht betroffen. Es liegt daher im Ermessen, ob eine Berichtigung erfolgen muss; ein berechtigtes Interesse ist nicht gegeben.

Rechenfehler werden als solche anerkannt, wenn Versehen im Bereich der Grundrechenarten und Prozentrechnung vorliegen; also Fehler, die sich ohne Denkoperation einstellen. Dagegen sind Fehler, die bei der Entwicklung von mathematischen Formeln bzw. bei der Herstellung eines Zusammenhangs von funktionalen Rechengrößen unterlaufen können, keine Rechenfehler i.S.d. Vorschrift, da keine bloßen mechanischen Fehler mehr vorliegen, sondern Denkfehler.

Beispiel:

Der Steuerpflichtige Max Grün hat im Kalenderjahr 2016 Einkünfte aus Vermietung und Verpachtung erzielt. Die erklärten Einnahmen belaufen sich auf 50.000 €, die Ausgaben auf 20.000 €. Der zuständige Bearbeiter hat als Einkünfte 70.000 € angesetzt, weil er sich verrechnet hat.

Lösung:

Rechenfehler, da der Bearbeiter anstelle von 50.000 € minus 20.000 €, 50.000 € plus 20.000 € gerechnet hat.

2.1.1.2 Ähnliche Unrichtigkeit

Ähnliche Unrichtigkeiten werden von den Schreib- und Rechenfehlern abgeleitet. Sie liegen vor, wenn ein sonstiges mechanisches Vertun vorliegt. Dieses muss unbewusst, gedankenlos, unwillkürlich erfolgen und basiert meist auf Unachtsamkeit, Gedankenlosigkeit, Flüchtigkeit.

Beispiel:

Verwechseln, Vertauschen, Vergessen, sich am Telefon verhören oder versprechen, Übersehen, falsches Über- oder Eintragen, sprachliche Unklarheiten oder Ungenauigkeiten, Fehler beim Ausfüllen des Eingabewertbogens bzw. Nichtübertragung von Werten in diesen.

Keine Unrichtigkeiten sind Rechtsanwendungsfehler, vgl. BFH vom 05.02.1998, BStBl II 1998, 535. Dies sind Fehler in der Auslegung oder Anwendung bzw. Nichtanwendung einer Rechtsvorschrift. Gleiches gilt, wenn die rechtliche Prüfung vollkommen unterblieben ist.

> **Beispiel:**
>
> Der Bearbeiter erfasst Grundstücksverkäufe des Steuerpflichtigen ohne rechtliche Prüfung als gewerblichen Grundstückshandel.

Keine Unrichtigkeiten sind Fehler in der Sachverhaltsermittlung, vgl. BFH vom 16.03.2000, BStBl II 2000, 372. Der Untersuchungsgrundsatz nach § 88 AO besagt, dass die Finanzbehörde den Sachverhalt von Amts wegen zu ermitteln hat. Wird die notwendige Sachverhaltsaufklärung aus tatsächlichen oder rechtlichen Gründen unterlassen, obwohl offenkundige Unklarheiten gegeben sind, schließt dies die Anwendung des § 129 AO aus, da der Untersuchungsgrundsatz verletzt wurde. Ebenso, wenn feststehende Tatsachen wegen mangelhafter Sachverhaltsaufklärung übersehen werden, weil sich der Bearbeiter z.B. die Akten aus dem Vorjahr nicht angesehen hat.

Werden jedoch feststehende Sachverhaltsinformationen aus Unachtsamkeit nicht berücksichtigt, kann eine Unrichtigkeit nach § 129 AO vorliegen. Die Möglichkeit eines Verschuldens des Bearbeiters ist irrelevant.

> **Beispiel:**
>
> Der Bearbeiter übersieht aus Unachtsamkeit das Vorliegen der Anlage V und erfasst somit keine Einkünfte aus Vermietung und Verpachtung.

> **Lösung:**
>
> Hier liegt eine ähnliche Unrichtigkeit vor. Es kommt nicht darauf an, dass der Bearbeiter bei einer gehörigen Sorgfalt sein Versehen hätte erkennen können; eine oberflächliche Behandlung durch die Behörde schließt eine Berichtigung nach § 129 AO nicht aus.

Nach dem BFH-Urteil vom 27.08.2013 (BStBl II 2014, 439) ist eine Berichtigung nach § 129 AO auch dann noch möglich, wenn zur Berichtigung eines offenbaren Fehlers des Steuerpflichtigen, den das Finanzamt sich zu eigen gemacht hat, noch Sachverhaltsermittlungen durch das Finanzamt zur Höhe des zu berücksichtigenden Betrages erforderlich sind, siehe AEAO zu § 129 AO Nr. 4.

Mittlerweile werden dem Finanzamt immer mehr Daten auf elektronischem Wege übermittelt (E-Daten, wie z.B. Lohnsteuerbescheinigungen, Rentennachweise etc.). In der Regel werden diese übermittelten Daten vom Finanzamt ohne weitere Prüfung im Rahmen der Veranlagung angesetzt. Fraglich ist bei Ansatz von fehlerbehafteten Daten, ob eine Änderung des Bescheides möglich ist.

Dies ist in der aktuellen Rechtsprechung umstritten.

Das FG Münster kommt zu dem Ergebnis, dass bei „fehlerhaft übertragenen Lohnsteuerdaten eine solche ähnliche offenbare Unrichtigkeit" gegeben sei (vgl. FG Münster vom 24.02.2011, EFG 2011, 1220). In einem ähnlichen Fall entschied das Niedersächsische FG mit Beschluss vom 28.07.2014 (EFG 2014, 1743), dass keine Unrichtigkeit nach § 129 AO gegeben sei. Auf die jeweiligen Urteile wird hingewiesen.

In diesem Zusammnhang wird auf das BFH-Urteil vom 16.01.2018, BStBl II 2018, 378 hingewiesen (keine Anwendung des § 129 AO bei Übernahme unzutreffender elektronisch übermittelter Lohndaten). Gleicht das Finanzamt bei einer in Papierform abgegebenen Einkommensteuererklärung den vom Arbeitgeber elektronisch übermittelten Arbeitslohn nicht mit den Angaben des Steuerpflichtigen zu seinem Arbeitslohn in der Erklärung ab und werden die Einnahmen aus nichtselbständiger Arbeit im Einkommensteuerbescheid infolgedessen unzutreffend erfasst, kann das Finanzamt den Fehler nicht im Nachhinein nach § 129 AO berichtigen.

Keine Unrichtigkeiten sind Fehler in der Tatsachenwürdigung, vgl. BFH vom 13.09.2005, BFH/NV 2005, 2158. Diese liegen bei einer falschen Würdigung bekannter Tatsachen vor, d.h. wenn die falschen Schlüsse gezogen werden. Die Grenze zu den Rechtsanwendungsfehlern ist hierbei fließend.

Ebenso sind Denk- und Überlegungsfehler keine Unrichtigkeiten, vgl. BFH vom 13.02.1979, BStBl II 1979, 458. Denk- und Überlegungsfehler beziehen sich nicht unmittelbar auf die Rechtsanwendung, aber auf die Annahme eines falschen Sachverhaltes, den der Amtsträger in seine Willensbildung mit einbezogen hat.

Siehe auch BFH vom 16.09.2015, IX R 37/14 zu keine Berichtigung nach § 129 AO bei Übernahme „vermeintlicher" mechanischer Fehler des Steuerpflichtigen.

Beispiele für offenbare Unrichtigkeiten:

- Fehler beim Ablesen der Steuertabelle, des Steuersatzes, des Hebesatzes, der Steuerklasse, z.B. 4.565 € statt 5.565 € (z.B. BFH vom 04.11.1992, BFH/NV 1993, 403).
- Versehentliche Nichtauswertung eines Prüfungsberichtes; ebenso die Übernahme einer Unrichtigkeit im Prüfungsbericht selbst (vgl. BFH vom 18.08.1999, BFH/NV 2000, 539).
- Übersehen eines Grundlagen- oder Änderungsbescheides, einer Kontrollmitteilung (z.B. BFH vom 16.07.2003, BStBl II 2003, 867).
- Doppelte Berücksichtigung eines Freibetrages (BFH vom 08.03.1989, BStBl II 1989, 531).

2.1.2 Offenbarkeit

Die Unrichtigkeit (Schreib-, Rechenfehler oder ähnliche Unrichtigkeit) muss offenbar sein. Der Fehler muss für alle Beteiligten augenfällig, durchschaubar, zweifelsfrei und ohne großes Nachforschen erkennbar sein. Dabei reicht es aus, wenn der Fehler ohne Weiteres aus den Akten der Finanzbehörde (nicht zwingend aus dem Verwaltungsakt selbst) erkennbar ist, BFH vom 08.04.1987, BStBl II 1988, 164.

Beispiel:

In den Akten des Finanzamtes ist ein eindeutiger Vermerk enthalten, der die Aufnahme des Vorläufigkeitsvermerkes nach § 165 AO verlangt. Dennoch erging der Steuerbescheid ohne Vorläufigkeit.

Keine Offenbarkeit liegt vor, wenn sich die Unrichtigkeit erst als Folge langwieriger Ermittlungen ergeben würde.

2.1.3 Unrichtigkeit beim Erlass eines Verwaltungsaktes
2.1.3.1 Fehler der Finanzbehörde

Die Unrichtigkeit muss beim Erlass des Verwaltungsaktes unterlaufen sein, d.h. im Laufe seiner Entstehung. Der Fehler kann von der Bildung des Entscheidungswillens bis zur Bekanntgabe des Verwaltungsaktes unterlaufen sein. Dies setzt zunächst das Vorhandensein eines Verwaltungsaktes und den Fehler einer Behörde voraus, da nur diese Verwaltungsakte erlassen.

Der Fehler kann auch im Vorfeld von Steuerfestsetzungen erfolgen. Dies ist beispielsweise der Fall, wenn der Bearbeiter unbemerkt eine Unrichtigkeit im Außenprüfungsbericht übernimmt und sich diese damit zu eigen macht. Die Unrichtigkeit, die im Bericht enthalten ist, muss jedoch hierbei auf einem rein mechanischen Versehen des Prüfers beruhen, vgl. BFH vom 18.08.1999, BFH/NV 2000, 539.

Eine offenbare Unrichtigkeit kann aber auch dann vorliegen, wenn das Finanzamt eine in der Steuererklärung oder dieser beigefügten Anlagen enthaltene offenbare, d.h. für das Finanzamt erkennbare Unrichtigkeiten als eigene übernimmt, vgl. AEAO zu § 129 Nr. 4.

Ein Fehler i.S.d. § 129 AO kann nicht nur bei erstmaligen Steuerfestsetzungen unterlaufen, sondern auch bei Änderungen eines Verwaltungsaktes oder im Rahmen von Einspruchsentscheidungen. Es gelten die o.a. Grundsätze und Abgrenzungen zwischen rein mechanischen Fehlern und Rechtsfehler.

2.1.3.2 Fehler des Steuerpflichtigen

Da die Fehler bei Erlass des Verwaltungsaktes unterlaufen sein müssen, scheiden Fehler des Steuerpflichtigen grundsätzlich für die Anwendung des § 129 AO aus. Diese können in der Regel nur durch einen Einspruch oder andere Korrekturvorschriften beseitigt werden.

Bei Fehlern des Steuerpflichtigen bei Erstellung seiner Steuererklärung ist zwischen der Rechtslage bis 2016 und ab 2017 zu unterscheiden.

a) **Rechtslage bis 2016, d.h. soweit der Steuerbescheid vor dem 01.01.2017 erlassen wurde**

   Sind dem Steuerpflichtigen bei Erstellung seiner Steuererklärung Fehler (insbesondere Schreib- oder Rechenfehler) unterlaufen und hat er demzufolge dem Finanzamt bestimmte Tatsachen nicht oder mit einem unzutreffenden Wert mitgeteilt, ist eine Berichtigung nach § 129 AO ausgeschlossen, da das Finanzamt den Fehler (mangels Unterlagen) nicht erkennen und sich folglich auch nicht zu eigen machen konnte.

   Zu prüfen wäre in solchen Fällen jedoch eine Korrektur nach § 173 Abs. 1 Nr. 2 AO (bei steuermäßigenden Tatsachen), sofern den Steuerpflichtigen kein grobes Verschulden am nachträglichen Bekanntwerden der Tatsachen trifft.

   Den Steuerpflichtigen trifft die Feststellungslast dafür, dass die ursprüngliche Nichterklärung auf einem mechanischen Versehen beruht.

b) **Rechtslage ab 2017, d.h. soweit der Steuerbescheid nach dem 31.12.2016 erlassen wurde**

   Sind dem Steuerpflichtigen bei Erstellung seiner Steuererklärung Fehler (insbesondere Schreib- oder Rechenfehler) unterlaufen und hat er demzufolge dem Finanzamt bestimmte Tatsachen nicht oder mit einem unzutreffenden Wert mitgeteilt, greift § 173a AO (siehe Kap. 2.3.6). Diese Vorschrift ersetzt den bisher von der Rechtsprechung entwickelten Grundsatz des Übernahmefehlers.

2.1.3.3 Übernahmefehler

Sind in eingereichten Steuererklärungen oder Anlagen des Steuerpflichtigen Unrichtigkeiten enthalten, die augenfällig und erkennbar sind und werden diese vom Bearbeiter in den Verwaltungsakt übernommen (zu eigen gemacht), obwohl die Unrichtigkeit hätte erkannt werden können, ist § 129 AO anwendbar.

Beispiel 1:

Der Steuerpflichtige S macht Betriebsausgaben in Höhe von 10.000 € geltend und fügt der Erklärung eine Anlage bei, in der alle Betriebsausgaben fein säuberlich dargestellt sind. Der Bearbeiter übernimmt die 10.000 € als Betriebsausgaben.

Hätte er jedoch nachgerechnet, wäre er zu dem Ergebnis gekommen, dass sich S um 150 € zu seinen Ungunsten verrechnet hat.

Lösung 1:

Der Fehler kann nach § 129 AO berichtigt werden. Das Finanzamt hat sich S's Fehler zu eigen gemacht, obwohl der Fehler aus der Anlage ohne großen Aufwand erkennbar war.

Beispiel 2:

Der Steuerpflichtige S verrechnet sich bei den Einkünften aus Vermietung und Verpachtung. Er übernimmt in die Steuererklärung nur das falsche Endergebnis, ohne eine Anlage beizufügen. Der Bearbeiter übernimmt die falschen Einkünfte.

> **Lösung 2:**
> Der Fehler wird mangels Anlage für die Behörde nicht erkennbar sein, sodass eine Berichtigung nach § 129 AO ausscheidet. Zu prüfen wären jedoch andere Korrekturvorschriften, wie z.B. §§ 173 oder 173a AO.

2.1.3.4 Fehler in Steueranmeldungen

Steueranmeldungen stehen gemäß § 168 AO bei Eingang einer Steuerfestsetzung unter dem Vorbehalt der Nachprüfung gleich. Der Inhalt der Steueranmeldung und auch evtl. vorhanden Fehler macht sich die Behörde dadurch zwangsläufig zu eigen, BFH vom 26.07.1979, BStBl II 1980, 18.

Die Vorschrift des § 129 AO wird jedoch in diesen Fällen in der Praxis kaum Bedeutung zukommen, da die Steueranmeldungen einer Festsetzung unter dem Vorbehalt der Nachprüfung gleichstehen und daher als Korrekturvorschrift § 164 Abs. 2 AO zur Anwendung kommen wird.

2.1.4 Rechtsfolge der Berichtigung

Die Berichtigung der Unrichtigkeiten kann jederzeit für alle Steuerverwaltungsakte zugunsten und/oder zuungunsten des Steuerpflichtigen erfolgen.

2.1.4.1 Zeitliche Grenzen

Die Berichtigung kann nach dem Wortlaut des § 129 AO „jederzeit" erfolgen, d.h. auch nach Abschluss eines Einspruchsverfahrens oder eines Klageverfahrens, nach Eintritt der Bestandskraft.

Zeitliche Grenze bei Steuerfestsetzungen und Zinsbescheiden ist allerdings der Ablauf der Festsetzungsfrist nach § 169 Abs. 1 Satz 2 AO, da danach eine Änderung oder Aufhebung nicht mehr erfolgen darf. Zu beachten ist in diesem Zusammenhang die Ablaufhemmung nach § 171 Abs. 2 AO. Ist nämlich bei dem Erlass eines Steuerbescheides eine offenbare Unrichtigkeit unterlaufen, endet die Festsetzungsfrist insoweit nicht vor Ablauf eines Jahres nach Bekanntgabe dieses Bescheides (genaue Ausführungen s. Kap. IV. 7. Festsetzungsverjährung).

Aufteilungsbescheide können nur bis zur Beendigung der Vollstreckung (§ 280 AO), Verwaltungsakte, die sich auf Zahlungsansprüche richten dürfen nur bis zum Ablauf der Zahlungsverjährung (§ 228 AO), andere Verwaltungsakte zeitlich unbeschränkt berichtigt werden.

2.1.4.2 Umfang der Berichtigung

Bei § 129 AO liegt eine sogenannte „Punktberichtigung" vor, d.h. berichtigt werden darf nur die offenbare Unrichtigkeit, nicht auch andere Fehler. Letztere können nur beseitigt werden, wenn dafür eine eigene Rechtsgrundlage besteht. Anlässlich einer Berichtigung nach § 129 AO können jedoch nach Ansicht der herrschenden Meinung und der Finanzverwaltung materielle Fehler nach § 177 AO kompensiert werden (s. § 177 AO und Kap. 2.3.10). Die Vorschrift ist neben anderen Korrekturvorschriften anwendbar.

2.1.4.3 Ermessen

Nach § 129 Satz 1 AO kann die Behörde berichtigen. Es liegt in ihrem pflichtgemäßen Ermessen nach § 5 AO. Das Ermessen dient in diesem Zusammenhang dazu, dass die Behörde nicht wegen geringfügigen Fehlern, wie z.B. Schreibfehlern, die sich nicht auf den Regelungsgehalt des Verwaltungsaktes auswirken, berichtigen muss. Wirkt sich der Fehler jedoch auf den Regelungsgehalt des Verwaltungsaktes aus, wird der Ermessensspielraum wegen der Gleichmäßigkeit der Besteuerung auf „null" reduziert werden.

Besteht jedoch für den Beteiligten ein berechtigtes Interesse, ist die Behörde verpflichtet eine Berichtigung durchzuführen, § 129 Satz 2 AO. Ein berechtigtes Interesse ist zu bejahen, wenn durch die Berichtigung Nachteile des Steuerpflichtigen beseitigt werden oder sich die Rechtsposition verbessert. An einem berechtigten Interesse fehlt es in der Regel, wenn sich der Fehler nicht auf den Regelungsgehalt des Verwaltungsaktes auswirkt (z.B. Schreibfehler) und der Beteiligte auch sonst nicht nachweisen kann, dass ihm durch den Fehler Nachteile entstehen.

2.1.4.4 Vorlage der zu berichtigenden Urkunde

Gemäß § 129 Satz 3 AO ist die Finanzbehörde berechtigt, die Vorlage des Schriftstückes, das berichtigt werden soll, zu verlangen, wenn die Berichtigung zu einem schriftlich ergangenen Verwaltungsakt begehrt wird. Dieses Vorlageverlangen steht im Ermessen der Behörde. Es soll dazu dienen, der Behörde die Möglichkeit zu geben, die Berichtigung auf dem ursprünglichen Verwaltungsakt zu vermerken. Dies gilt nicht für elektronisch übermittelte Verwaltungsakte nach § 87a AO.

2.1.5 Rechtsbehelf

Gegen den berichtigenden Verwaltungsakt wie gegen die Ablehnung auf Berichtigung nach § 129 AO ist als Rechtsmittel der Rechtsbehelf (§ 347 AO) gegeben.

2.2 Korrekturvorschrift für sonstige Verwaltungsakte (§§ 130, 131 AO)

Die Vorschriften der §§ 130, 131 AO gelten nur für die sonstigen Verwaltungsakte, vgl. AEAO vor §§ 130, 131 AO.

Beispiele:
• Festsetzung des Verspätungszuschlages (§ 152 AO), • Haftungsbescheid (§ 191 AO), • Stundung (§ 222 AO), • Erlass (§ 227 AO).

Sie sind nicht anwendbar auf Steuerbescheide und diesen gleichgestellten Bescheiden, da dies § 172 Abs. 1 Nr. 2d AO ausdrücklich ausschließt. Ebenso finden die Vorschriften keine Anwendung auf Aufteilungsbescheide nach § 280 AO, da für diese besondere Änderungsvorschriften greifen.

Die Korrekturregelungen der §§ 130, 131 AO tragen dem Vertrauensschutzgedanken Rechnung, indem sie eine fast uneingeschränkte Korrektur von nicht begünstigenden Verwaltungsakten zulassen, auch wenn sie rechtmäßig sind (§§ 130 Abs. 1 und 131 Abs. 1 AO), während begünstigende Verwaltungsakte, auch wenn sie rechtswidrig sind, nur unter bestimmten Voraussetzungen korrigiert werden können (§§ 130 Abs. 2, 131 Abs. 2 AO).

Der Gesetzgeber versucht mit den Vorschriften einen Kompromiss zwischen den Grundsätzen der Gesetzmäßigkeit der Verwaltung sowie der Gleichmäßigkeit der Besteuerung, die an sich die Korrektur aller fehlerhaften Verwaltungsakte gebieten und dem aus dem Prinzip der Rechtssicherheit abgeleiteten Gebots des Vertrauensschutzes für den Betroffenen zu schaffen.

Nach §§ 130, 131 AO ist zunächst zwischen rechtswidrigen und rechtmäßigen Verwaltungsakten zu unterscheiden (vgl. 1.1). Die Aufhebung oder Änderung rechtswidriger Verwaltungsakte wird als Rücknahme, die Aufhebung oder Änderung von rechtmäßigen Verwaltungsakten als Widerruf bezeichnet. Weiterhin unterscheiden die Vorschrift begünstigende und nicht begünstigende Verwaltungsakte (s. Kap. III. 3.4.3).

Gegen die Rücknahme oder den Widerruf sowie gegen die Ablehnung einer Rücknahme oder Widerruf ist der Einspruch gegeben (§ 347 AO).

2.2.1 Rücknahme eines rechtswidrigen Verwaltungsaktes (§ 130 AO)

Die Vorschrift regelt die Rücknahme aller rechtswidrigen sonstigen Verwaltungsakte, denen bestimmte Fehler anhaften. Gemeint sind im Wesentlichen unheilbare Rechtsfehler außer solchen, die zur Nichtigkeit führen (§ 125 AO). Aber auch ein nichtiger Verwaltungsakt kann zurückgenommen werden, vgl. BFH vom 27.06.1994, BStBl II 1995, 341.

Die Finanzbehörde entscheidet im Rahmen ihres Ermessens, ob sie eine Überprüfung eines rechtswidrigen, unanfechtbaren Verwaltungsaktes vornehmen soll. Die Finanzbehörde braucht nicht in die Überprüfung einzutreten, wenn der Steuerpflichtige nach Ablauf der Einspruchsfrist die Rechtswidrigkeit lediglich behauptet und Gründe, aus denen sich schlüssig die Rechtswidrigkeit des belastenden

Verwaltungsaktes ergibt, nicht näher bezeichnet, vgl. BFH vom 09.03.1989, BStBl II 1989, 749 und AEAO zu § 130 Nr. 2.

Hat die Finanzbehörde jedoch die Fehlerhaftigkeit des Verwaltungsaktes festgestellt, so ist zunächst die mögliche Nichtigkeit (§ 125 AO), die Möglichkeit der Berichtigung offenbarere Unrichtigkeiten (§ 129 AO), die Möglichkeit der Heilung von Verfahrens- und Formfehlern (§§ 126, 127 AO), die Möglichkeit der Umdeutung (§ 128 AO) und dann erst die Rücknahme zu prüfen, vgl. AEAO zu § 130 Nr. 2.

2.2.1.1 Rücknahme eines rechtswidrig nicht begünstigenden (belastenden) Verwaltungsaktes (§ 130 Abs. 1 AO)

Rechtswidrig belastende Verwaltungsakte können grundsätzlich jederzeit, also auch nachdem sie unanfechtbar geworden sind, unbeschränkt mit Wirkung für die Zukunft (ex nunc) oder für die Vergangenheit (ex tunc) zurückgenommen werden. Siehe hierzu die Rücknahme einer verbindlichen Auskunft nach § 130 Abs. 1 AO; FG München vom 19.09.2012, 14 K 2779/11 (Nichtzulassungsbeschwerde vom BFH als unbegründet zurückgewiesen, BFH-Beschluss von 15.03.2013 V B 116/12).

Vor der Rücknahme und Anwendung der Vorschrift ist jedoch zu prüfen, ob eine Heilung nach §§ 126, 127 AO oder eine Umdeutung nach § 128 AO möglich ist, vgl. 2.2.1.

2.2.1.2 Rücknahme eines rechtswidrig begünstigenden Verwaltungsaktes (§ 130 Abs. 2 AO)

Diese Vorschrift schützt das Vertrauen des Betroffenen auf rechtswidrig begünstigende Verwaltungsakte in der Weise, dass nur gravierende Mängel eine Rücknahme rechtfertigen. Diese Rücknahmegründe sind in § 130 Abs. 2 AO abschließend aufgezählt; sind die Tatbestandsmerkmale insoweit erfüllt, bedarf es keines Vertrauensschutzes des Steuerpflichtigen und die Rücknahme ist zulässig.

2.2.1.2.1 Erlass des Verwaltungsaktes durch eine sachlich unzuständige Behörde (§ 130 Abs. 2 Nr. 1 AO)

Wird der Verwaltungsakt durch eine sachlich unzuständige Behörde erlassen, kann der Verwaltungsakt zurückgenommen werden; auch dann, wenn er deswegen nichtig ist, vgl. BFH vom 27.06.1994, BStBl II 1995, 341. Sachliche Zuständigkeit bedeutet, welche Behörde inhaltlich für welchen Aufgabenbereich zuständig ist. Nicht erfasst von der Vorschrift werden Verstöße gegen die örtliche Zuständigkeit, da diese nach § 127 AO grundsätzlich unschädlich sind.

Erlässt ein nicht nach der Geschäftsordnung des Finanzamtes zuständiger Beamter einen Verwaltungsakt oder werden Zeichnungsrechtsvorschriften missachtet, fällt dies nicht unter die sachliche Zuständigkeit. In solchen Fällen ist der Verwaltungsakt nicht rechtswidrig; eine Rücknahme erfolgt nicht.

> **Beispiel:**
> Anstelle des zuständigen Sachgebietsleiters entscheidet sein Sachbearbeiter.

Da das Handeln einer unzuständigen Behörde in der Regel zur Nichtigkeit des Verwaltungsaktes führt, ist die Regelung des § 130 Abs. 2 Nr. 1 AO lediglich klarstellend.

> **Beispiel 1:**
> Das Finanzamt stundet die Gewerbesteuer, obwohl ihm die Festsetzung und Erhebung der Gewerbesteuer nicht übertragen wurde.

> **Beispiel 2:**
> Die Oberfinanzdirektion erlässt anstelle des Finanzamtes einen Steuerbescheid.

> **Lösung 1 und 2:**
>
> In beiden Fällen ist das unzuständige Handeln besonders schwerwiegend und offenkundig, sodass die Verwaltungsakte nichtig und damit unwirksam sind (§§ 125 Abs. 1, 124 Abs. 3 AO). Eine Rücknahme kann erfolgen.

2.2.1.2.2 Erwirkung des Verwaltungsaktes durch unlautere Mittel (§ 130 Abs. 2 Nr. 2 AO)

Führt jemand den Erlass eines Verwaltungsaktes durch arglistige Täuschung, Drohung oder Bestechung herbei, besteht für diese Person kein Vertrauensschutz. Der Verwaltungsakt muss durch unlautere Mittel veranlasst sein, sodass zwischen den unlauteren Mitteln und dem Erlass des Verwaltungsaktes ein kausaler Zusammenhang gegeben sein muss. Das ist z.B. zu verneinen, wenn der Verwaltungsakt trotz unlauterer Mittel zwingendem geltendem Recht entspricht.

Arglistige Täuschung ist die bewusste und vorsätzliche Irreführung. Sie kann sich durch vorsätzliches Verschweigen oder Vortäuschen von Tatsachen, durch das die Willensbildung der Behörde unzulässig beeinflusst wird, äußern. Sie kann auch im Unterlassen von entscheidungserheblichen Tatsachen vorliegen, d.h. wenn hinsichtlich dieser Tatsachen für den Betroffenen gegenüber der Behörde eine Mitteilungspflicht besteht, vgl. BFH vom 28.09.2000, BFH/NV 2001, 418.

> **Beispiel:**
>
> Der Steuerpflichtige hat durch arglistige Täuschung über seine Vermögenslage eine Stundung ohne Sicherheitsleistung erwirkt.

> **Lösung:**
>
> Die Finanzbehörde kann die Stundungsverfügung mit Wirkung für die Vergangenheit zurücknehmen, für die Vergangenheit Säumniszuschläge anfordern und eine in die Zukunft wirkende Stundung von einer Sicherheitsleistung abhängig machen.

Unter **Drohung** versteht man einen psychischen Zwang, mit dessen Hilfe der Bedrohte in Furcht vor einem Übel seitens des Drohenden versetzt wird. Nicht erfasst von dem Begriff wird die Androhung zulässiger Mittel wie die Androhung, Einspruch oder eine Dienstaufsichtsbeschwerde einzulegen, vgl. Frotscher in Schwarz, § 130 Rz. 26.

Bestechung ist die Erwirkung pflichtwidriger Amtshandlung durch Gewähren oder Versprechen von Vorteilen (§§ 331 ff. StGB).

Unlauteres Verhalten eines Bevollmächtigten muss sich der Vertretene zurechnen lassen (allgemeine Grundsätze).

Beispiel hierzu siehe AEAO zu § 130 Nr. 4b.

2.2.1.2.3 Erwirkung des Verwaltungsaktes durch unrichtige oder unvollständige Angaben (§ 130 Abs. 2 Nr. 3 AO)

Hat der Steuerpflichtige oder sein Vertreter den Verwaltungsakt durch unrichtige oder unvollständige Angaben erwirkt, d.h. er hat die Fehlerhaftigkeit selbst gesetzt, liegt keine Schutzbedürftigkeit vor. Dies erscheint gerechtfertigt, weil die Rechtswidrigkeit des Verwaltungsaktes ihre Ursache nicht in der Sphäre der Verwaltung, sondern der des Begünstigten hat.

Zwischen den unrichtigen/unvollständigen Angaben und dem Verwaltungsakt muss auch ein kausaler Zusammenhang bestehen; d.h. anders gesagt, dass die unrichtigen/unvollständigen Angaben entscheidungserheblich/wesentlich gewesen sein müssen. Die Finanzbehörde hätte den Verwaltungsakt nicht erlassen, wenn sie die Unrichtigkeit gekannt hätte.

Anders als bei § 130 Abs. 2 Nr. 2 AO kommt es auf ein Verschulden des Betroffenen oder seines Vertreters nicht an. Ebenso muss der Betroffene die Unrichtigkeit oder Unvollständigkeit nicht gekannt haben.

Im Rahmen des Ermessens der Behörde bietet es sich aber an bei nur leichter Fahrlässigkeit von einer Rücknahme absehen.

Wegen eines Beispiels hierzu siehe AEAO zu § 130 Nr. 4a.

2.2.1.2.4 Kenntnis oder grob fahrlässige Unkenntnis der Rechtswidrigkeit (§ 130 Abs. 2 Nr. 4 AO)

Der Vertrauensschutzgedanke kommt auch nicht bei dem Steuerpflichtigen in Betracht, der selbst oder dessen Vertreter, die Rechtswidrigkeit des ihn begünstigenden Verwaltungsaktes kennt oder hätte erkennen müssen.

Unerheblich ist, ob die Finanzbehörde selbst die Rechtswidrigkeit verursacht hat.

Das Gesetz fordert Kenntnis oder grobfahrlässiges Nichtkennen der Rechtswidrigkeit, nicht der Tatsachen, die zur Rechtswidrigkeit führen; es genügt also nicht, dass der Begünstigte die Umstände kennt, die die Rechtswidrigkeit zur Folge haben. Er muss das – wenn auch laienhafte – Bewusstsein der Rechtswidrigkeit des Verwaltungsaktes selbst haben, vgl. BFH vom 16.06.1994, BStBl II 1996, 82.

In diesen Fällen ist das Verschulden von Bedeutung. Kenntnis der Rechtswidrigkeit ist wohl bei dem Wissen um die rechtlich maßgebenden Umstände anzunehmen. Grobe Fahrlässigkeit liegt bei Verletzung der Sorgfalt in ungewöhnlichem Maße vor.

2.2.1.3 Rücknahme als Rechtsfolge

Rücknahme bedeutet die Aufhebung des Regelungsgehaltes des Verwaltungsaktes, sodass der Sachverhalt ungeregelt ist. Es besteht die Möglichkeit, den Verwaltungsakt vollkommen oder nur teilweise wegen Rechtswidrigkeit zurückzunehmen.

Die Rücknahme selbst ist wieder ein Verwaltungsakt, der bei Rechtswidrigkeit nur unter den Voraussetzungen der §§ 130, 131 AO zurückgenommen oder widerrufen werden kann.

Die Behörde kann bei Rücknahme eines Verwaltungsaktes einen neuen Verwaltungsakt zur Regelung des Sachverhalts erlassen, wenn es dem Vertrauensschutz des Betroffenen nicht entgegensteht. Der neue Verwaltungsakt steht dann eigenständig neben der Rücknahme. Hat die Behörde den Verwaltungsakt jedoch „ersatzlos" zurückgenommen, kann grundsätzlich, wegen des Vertrauensschutzinteresses, kein neuer Verwaltungsakt erlassen werden.

Eine Rücknahme mit Wirkung für die Zukunft kann nur bei Verwaltungsakten mit Dauerwirkung in Betracht kommen.

> **Beispiel:**
> Stundung (§ 222 AO) und Aussetzung der Vollziehung (§ 361 AO), da diese Rechte gewähren oder ein Rechtsverhältnis auf Dauer entstehen lassen.

Eine rückwirkende Rücknahme von solchen Verwaltungsakten ist aber nicht ausgeschlossen. Bei Rücknahme einer Stundung für die Vergangenheit entfallen die Stundungszinsen und es entstehen Säumniszuschläge.

Eine Rücknahme mit Wirkung für die Vergangenheit kommt bei Verwaltungsakten ohne Dauerwirkung in Betracht, denn diese haben nur eine einmalige Regelung.

> **Beispiel:**
> Erlass (§ 227 AO); dieser hat nur eine einmalige Wirkung mit der Folge des Erlöschens. Die Rücknahme für die Zukunft hätte keine Wirkung.

Den rechtswidrig nicht begünstigenden Verwaltungsakt (§ 130 Abs. 1 AO) kann, den rechtswidrig begünstigenden Verwaltungsakt (§ 130 Abs. 2 AO) darf die Behörde ganz oder teilweise mit Wirkung für die Zukunft oder für die Vergangenheit zurücknehmen.

Ob eine Rücknahme ganz oder teilweise oder für die Zukunft oder für die Vergangenheit erfolgt, steht grundsätzlich im pflichtgemäßen Ermessen (§ 5 AO) der Behörde.

> **Beispiel teilweiser Rücknahme eines nicht begünstigenden Verwaltungsaktes:**
>
> Der Verspätungszuschlag ist mit einem Betrag festgesetzt worden, der mehr als 10 % der festgesetzten Steuer ausmacht (Verstoß § 152 Abs. 2 AO).

> **Lösung:**
>
> Die Finanzbehörde kann die Festsetzung zum Teil zurückzunehmen und zwar in der Höhe, wie sie 10 % übersteigt. Im Übrigen bleibt die Festsetzung bestehen.

2.2.1.4 Rücknahmefrist (§ 130 Abs. 3 AO)

Grundsätzlich darf ein rechtswidriger Verwaltungsakt jederzeit zurückgenommen werden, also auch während eines Rechtsbehelfsverfahrens oder wenn er unanfechtbar geworden ist.

Bei rechtswidrig begünstigenden Verwaltungsakten ist jedoch, bei Vorliegen der Voraussetzungen, eine Rücknahme nur innerhalb eines Jahres seit dem Zeitpunkt der Kenntnisnahme der Behörde zulässig, § 130 Abs. 3 Satz 1 AO. Abzustellen ist auf die Kenntnis des für die Rücknahme zuständigen Amtsträgers, vgl. AEAO zu § 130 Nr. 5.

Ausnahme ist die Erwirkung des Verwaltungsaktes durch unlautere Mittel. In diesem Fall kann die Behörde unbegrenzt zurücknehmen, § 130 Abs. 3 Satz 2 AO; nach einer bestimmten Zeit kann die Behörde dieses Recht jedoch auch verwirkt haben.

2.2.1.5 Zuständige Behörde für die Rücknahme (§ 130 Abs. 4 AO)

Über die Rücknahme entscheidet nach Unanfechtbarkeit des Verwaltungsaktes die nach den Vorschriften über die örtliche Zuständigkeit zuständige Finanzbehörde im Zeitpunkt der Rücknahme; selbst in den Fällen, in denen der zurückzunehmende Verwaltungsakt von einer anderen Finanzbehörde erlassen worden ist.

Diese Vorschrift ist leicht irreführend. Selbstverständlich ist, dass die örtlich zuständige Behörde sowohl vor als auch nach der Unanfechtbarkeit entscheidet, sodass die Regelung nur klarstellenden Charakter haben kann. Sollte zwischen dem Erlass und der Zurücknahme des Verwaltungsaktes ein Zuständigkeitswechsel eingetreten sein, greift § 26 AO (s. Kap. I. 2.2.11).

2.2.2 Widerruf eines rechtmäßigen Verwaltungsaktes (§ 131 AO)

Die Vorschrift gestattet den Widerruf rechtmäßiger Verwaltungsakte nur mit Wirkung für die Zukunft. Betroffen sind daher nur Verwaltungsakte mit Dauerwirkung, die also ein Rechtsverhältnis auf Dauer entstehen lassen und deren Wirkung nicht nur in einem einmaligen Gebot besteht, wie beim Erlass nach § 227 AO. Zum Begriff der Rechtmäßigkeit wird auf Kap. 1.1 verwiesen.

> **Beispiel:**
>
> Stundung (§ 222 AO) oder erleichterter Buchnachweis.

Der Widerruf kann während eines Einspruchsverfahrens oder finanzgerichtlichen Verfahrens erfolgen.

2.2.2.1 Widerruf von rechtmäßigen nicht begünstigenden Verwaltungsakten (§ 131 Abs. 1 AO)

Ein rechtmäßiger Verwaltungsakt, der den Betroffenen nicht begünstigt, kann grundsätzlich ganz oder teilweise mit Wirkung für die Zukunft widerrufen werden. Wesentlicher Anwendungsbereich sind Haftungs- und Duldungsbescheide nach § 191 AO, die den Betroffenen belasten. Die Behörde entscheidet nach ihrem pflichtgemäßen Ermessen (§ 5 AO), ob sie den entsprechenden Verwaltungsakt widerruft.

Ausgeschlossen ist der Widerruf des rechtmäßig nicht begünstigenden Verwaltungsaktes in zwei Fällen kraft Gesetzes:

- **Fall 1:** Die Behörde darf den Verwaltungsakt nicht widerrufen, wenn ein Verwaltungsakt gleichen Inhalts erneut erlassen werden müsste. In der Regel der Fall bei gebundenen Verwaltungsakten und bei Ermessensentscheidungen, bei denen der Ermessensspielraum auf null reduziert ist.

> **Beispiel:**
>
> Das Finanzamt hat einen Steuerpflichtigen zur Buchführung aufgefordert, weil die in § 141 AO genannten Grenzen überschritten sind.

> **Lösung:**
>
> Diesen Verwaltungsakt kann die Behörde nicht widerrufen, weil dieselbe Aufforderung erneut verfügt werden müsste.

- **Fall 2:** Die Behörde darf den Verwaltungsakt nicht widerrufen, wenn der Widerruf aus anderen Gründen unzulässig ist. Dies kann der Fall sein, wenn die Behörde durch Weisungen (z.B. Verwaltungsanweisungen) gebunden ist oder wenn sich dies aus dem Gesetz heraus verbietet.
  Einem rechtmäßig, nicht begünstigendem Verwaltungsakt kann jederzeit ein weiterer rechtmäßiger Verwaltungsakt hinzugefügt werden; insoweit erübrigt sich ein Widerruf, vgl. AEAO zu § 131 Nr. 4. und 5.

> **Beispiel:**
>
> Das Finanzamt hat eine Prüfungsanordnung erlassen, in der die Zeiträume 2013–2015 angegeben sind. Zusätzlich soll auch noch das Jahr 2016 geprüft werden.

> **Lösung:**
>
> Es ist nicht erforderlich, dass die ursprüngliche Prüfungsanordnung zunächst widerrufen und im Anschluss eine neue Anordnung mit den Zeiträumen 2013–2016 ergeht. Die Prüfungsanordnung wird auf den Besteuerungszeitraum 2016 ausgedehnt.

2.2.2.2 Widerruf rechtmäßiger begünstigender Verwaltungsakte (§ 131 Abs. 2 AO)

Der Widerruf von rechtmäßigen begünstigenden Verwaltungsakten ist aufgrund des Vertrauensschutzprinzips nach der abschließenden Regelung des § 131 Abs. 2 AO nur in bestimmten Fällen zulässig.

2.2.2.2.1 Gesetzliche Zulässigkeit des Widerrufs oder zulässiger Widerrufsvorbehalt (§ 131 Abs. 2 Nr. 1 AO)

Rechtsvorschriften, die den Widerruf von Verwaltungsakten ermöglichen, können in vielen Gesetzen vorhanden sein (gesetzlich zugelassener Widerruf).

> **Beispiele für Vorschriften, die gesetzlich den Widerruf zulassen:**
>
> § 148 Satz 3 AO: Bewilligung von Buchführungserleichterungen;
> § 46 Satz 2 UStDV: Dauerfristverlängerung für Voranmeldungen.

Ein Widerrufsvorbehalt darf als Nebenbestimmung zum Verwaltungsakt hinzugefügt werden, wenn er durch besondere Rechtsvorschrift zugelassen ist oder wenn er sicherstellen soll, dass die gesetzlichen Vorschriften des Verwaltungsaktes erfüllt werden sollen oder dies sonst pflichtgemäßem Ermessen entspricht (§ 120 Abs. 1, Abs. 2 Nr. 3 AO).

> **Beispiele für Widerrufsvorbehalte:**
>
> Eine Stundung wird regelmäßig unter der Möglichkeit des jederzeitigen Widerrufes gewährt, § 222 AO.

Ob der Widerrufsvorbehalt im Einzelfall zu Recht beigefügt wurde, ist eine Frage, die im Rahmen der Ermessenserwägungen bei der Prüfung des Verwaltungsaktes berücksichtigt werden muss. Ist der Widerrufsvorbehalt rechtswidrig, aber bestandskräftig, ist der Widerruf grundsätzlich zulässig. Ist die Rechtswidrigkeit des Widerrufsvorbehalts aber offensichtlich, führt dies dazu, dass der Widerruf ermessensfehlerhaft ist, BFH vom 21.05.1997, BFH/NV 1997, 904.

2.2.2.2.2 Nicht- oder Späterfüllung einer Auflage (§ 131 Abs. 2 Nr. 2 AO)

Erfüllt ein Begünstigter eine mit dem Verwaltungsakt verbundene Auflage nicht oder nicht fristgerecht (zu spät), kann der begünstigende Verwaltungsakt widerrufen werden. Die Auflage ist eine Nebenbestimmung zum Verwaltungsakt, die dem Begünstigten ein Tun, Dulden oder Unterlassen vorschreibt (§ 120 Abs. 2 Nr. 5 AO).

> **Beispiele für Auflagen:**
>
> Sicherheitsleistung bei der Stundung (§ 222 Satz 2 AO) oder der Aussetzung der Vollziehung (§ 361 Abs. 2 Satz 5 AO).

Der Widerruf setzt eine rechtmäßige Auflage voraus. Ist die Auflage rechtswidrig, aber bestandskräftig/wirksam geworden, ist ein Widerruf zulässig; bei offensichtlicher Rechtswidrigkeit jedoch i.d.R. ermessensfehlerhaft.

Die Gründe, warum der Betroffene die Auflage nicht oder nicht fristgerecht erfüllt hat, sind ohne Bedeutung. Ebenso, ob den Betroffenen oder seinen Vertreter ein Verschulden trifft oder nicht; fehlendes Verschulden kann aber im Rahmen der Ermessensausübung berücksichtigt werden.

2.2.2.2.3 Nachträglicher Eintritt den Widerruf gebietender Tatsachen (§ 131 Abs. 2 Nr. 3 AO)

Die Vorschrift erlaubt den Widerruf des rechtmäßigen begünstigenden Verwaltungsaktes, wenn nachträglich Tatsachen eintreten, welche die Behörde berechtigt hätte, den Verwaltungsakt nicht zu erlassen **und** ohne den Widerruf das öffentliche Interesse gefährdet werden würde.

Anwendbar wird die Regelung nur auf Dauerverwaltungsakte sein, da sich nur bei diesen nachträglich Tatsachen auswirken können.

Erste Voraussetzung ist das nachträgliche Eintreten von Tatsachen. Der Begriff „Tatsache" ist mit dem Tatsachenbegriff des § 173 AO identisch (vgl. 2.3.5.2.1 und AEAO zu § 131 Nr. 2). Nicht unter den Begriff fallen Schlussfolgerungen aller Art, rechtliche Würdigungen, Rechtsansichten. Keine Tatsache ist daher die rechtliche andere Beurteilung desgleichen Sachverhalts, BFH vom 09.07.1997, BFH/NV 1998, 23. Nachträglich eingetreten ist eine Tatsache, wenn sie zum Zeitpunkt des Erlasses des Verwaltungsakts noch nicht vorgelegen hat.

Weitere Voraussetzung ist die Gefährdung des öffentlichen Interesses, wenn der Verwaltungsakt aufrechterhalten wird.

Öffentliches Interesse sind die schützenswerten und schutzbedürftigen Belange der staatlichen Gemeinschaft inklusive der fiskalischen Interessen des Staates. Diese sind gefährdet, wenn der Grundsatz der Gleichmäßigkeit und Gesetzmäßigkeit der Besteuerung verletzt wird. Wird an einer bisherigen Entscheidung festgehalten und der Betroffene damit gegenüber Dritten bevorzugt, ist das öffentliche Interesse gefährdet, vgl. AEAO zu § 131 Nr. 2.

> **Beispiel:**
>
> Dem Steuerpflichtigen X wurden aufgrund seiner schlechten Vermögenslage Steuern in erheblicher Höhe über einen längeren Zeitraum gestundet. Nach dem Erlass der Stundungsverfügung wird X vermögend.

2. Korrekturvorschrift für alle Steuerverwaltungsakte

> **Lösung:**
>
> Die Tatsache (X ist vermögend) ist zunächst nachträglich eingetreten; das öffentliche Interesse ist nunmehr gefährdet, da eine Ungleichbehandlung gegenüber anderen Steuerpflichtigen vorliegt; eine Stundung wird in der Regel bei vorhandenem Vermögen nicht gewährt.

Ein rechtmäßig begünstigender Verwaltungsakt darf jederzeit um einen weiteren rechtmäßigen Verwaltungsakt ergänzt werden.

> **Beispiel:**
>
> Erhöhung des zu erlassenden Steuerbetrags; Verlängerung oder Erhöhung einer Stundung; Gewährung ergänzender Buchführungserleichterungen.

2.2.2.3 Widerruf als Rechtsfolge

Der Verwaltungsakt wird durch den Widerruf unwirksam. Der Widerruf ist ein eigenständiger Verwaltungsakt, der in Bestandskraft erwächst. Im Übrigen gelten die Grundsätze für die Rücknahme entsprechend, soweit sie sich nicht auf „mit Wirkung für die Vergangenheit" beziehen.

2.2.2.4 Widerrufsfrist (§§ 131 Abs. 2 Satz 2 AO, 130 Abs. 3 AO)

Der Widerruf ist jederzeit möglich, auch nach Eintritt der Bestandskraft. Für rechtmäßig begünstigende Verwaltungsakte verweist § 131 Abs. 2 Satz 2 AO jedoch auf § 130 Abs. 3 AO, sodass für diese Verwaltungsakte der Widerruf zeitlich beschränkt ist, vgl. die Ausführungen unter 2.2.1.5.

2.2.2.5 Zuständige Behörde für den Widerruf (§ 131 Abs. 4 AO)

Die Regelung des § 131 Abs. 4 AO entspricht im Wesentlichen der Vorschrift § 130 Abs. 4 AO. Dies gilt – auch wenn nicht ausdrücklich im Gesetz geregelt – auch für die Anwendung des § 26 AO.

2.3 Korrekturvorschrift für Steuerbescheide und diesen gleichgestellten Bescheiden (§§ 172 bis 177 AO)

2.3.1 Sachlicher Anwendungsbereich des Korrektursystems (§§ 172 bis 177 AO)

Die Korrekturvorschriften der §§ 172 bis 177 AO finden auf endgültige Steuerbescheide und diesen gleichgestellte Bescheide Anwendung.

> **Beispiele:**
>
> - Steuerbescheid = Verwaltungsakt, durch den die Steuer festgesetzt wird (§ 155 Abs. 1 AO),
> - Änderungsbescheid,
> - Bescheid über Verbrauchssteuern,
> - Ablehnungsbescheid (z.B. Ablehnung auf Antrag Erlass),
> - Feststellungsbescheide (§ 181 Abs. 1 Nr. 1 AO),
> - Grunderwerbssteuerbescheide (§ 16 GrEStG),
> - Steuermessbescheide (§ 184 Abs. 1 Satz 3 AO).

Für eine Änderung/Aufhebung von Steuerbescheiden, die unter dem Vorbehalt der Nachprüfung (§ 164 AO; siehe Kap. IV. 2. ff.) stehen oder vorläufig ergangen sind (§ 165 AO; siehe Kap. IV. 2. ff.) greift § 172 AO dem Grunde nach auch (und folglich auf Grund der Verweisfunktion des § 172 AO ebenso die §§ 173 ff. AO); allerdings dürfte dies in der Praxis wenig Bedeutung haben. § 172 Abs. 1 S. 1 AO will demnach nur klarstellen, dass Bescheide unter dem Vorbehalt der Nachprüfung bzw. vorläufige Bescheide immer geändert werden dürfen und Bescheide, die weder unter dem Vorbehalt der Nachprüfung noch vorläufig ergangen sind, nur unter bestimmten Voraussetzungen (§ 172 Abs. 1 Nr. 1, 2 AO) geändert/aufgehoben werden dürfen (str.); (siehe Kap. IV. 2.1).

> **Beispiele Bescheide unter dem Vorbehalt der Nachprüfung:**
>
> - Lohnsteueranmeldungen (§ 41a EStG),
> - Kapitalertragsteueranmeldungen (§ 45a EStG),
> - Umsatzsteuervoranmeldungen (§ 18 Abs. 1 Satz 1 UStG),
> - Umsatzsteuerjahresanmeldungen/-erklärungen (§ 18 Abs. 3 Satz 1 UStG).

Nicht erfasst von der Vorschrift werden Aufteilungs-, Duldungs- und Haftungsbescheide.

2.3.2 Bedeutung der Bestandskraft für die Aufhebung und Änderung

Bestandskraft bedeutet, dass ein wirksamer Verwaltungsakt bindend für den Beteiligten ist. Auch ein fehlerhafter oder ungerechtfertigter Verwaltungsakt kann Bestandskraft erlangen; er darf nur nicht nichtig sein (§ 124 Abs. 3 AO).

Bestandskräftig wird der Ausspruch (Tenor) des Verwaltungsaktes. Die Besteuerungsgrundlagen sind ein nicht selbständig anfechtbarer Teil des Steuerbescheides, die nicht in Bestandskraft erwachsen.

> **Beispiel Tenor eines Steuerbescheids:**
>
> Der Tenor eines Steuerbescheides ist der verfügende Teil des Bescheids; also die Festsetzung der Steuer nach Art, Betrag, Höhe und Veranlagungszeitraum gegenüber einer bestimmten Person (dem Steuerschuldner).

Besteuerungsgrundlagen können ohne Auswirkung auf die Bestandskraft ausgetauscht werden, wenn sich der Tenor dadurch nicht ändert.

Man unterscheidet in **formelle** und **materielle** Bestandskraft.

Kann ein Verwaltungsakt von dem Steuerpflichtigen nicht mehr angefochten werden, so ist er formell bestandskräftig; d.h. mit zulässigem Rechtsbehelf nicht mehr anfechtbar (unanfechtbar), vgl. AEAO vor §§ 172 bis 177, Nr. 1. Der Verfügungssatz (Tenor/Regelungsgehalt) hat Bestand.

> **Beispiele:**
>
> - Ablauf der Rechtsbehelfsfrist, § 355 AO,
> - Rechtsbehelfsverzicht, § 354 AO.

Die formelle Bestandskraft löst die materielle Bestandskraft des Verwaltungsaktes aus. Diese besagt, dass es grundsätzlich keine andere Entscheidung in derselben Sache gibt. Der Inhalt des Verwaltungsaktes wird wirksam und verbindlich, unabhängig davon, ob der Verwaltungsakt rechtmäßig oder rechtswidrig ist. Die materielle Bestandskraft kann nur durchbrochen werden, soweit eine Korrekturvorschrift greift.

Das Eintreten von formeller und materieller Bestandskraft kann der Steuerpflichtige i.d.R. nur durch das Einlegen von Rechtbehelfen verhindern.

Lediglich formell bestandskräftig werden die Bescheide, die unter dem Vorbehalt der Nachprüfung nach § 164 AO oder nach § 165 AO vorläufig ergehen.

Zur Problematik Unanfechtbarkeit im Hinblick auf steuerliche Wahlrechte siehe AEAO vor §§ 172 bis 177 Nr. 8.

2.3.3 Korrektur

Der **Begriff der Korrektur** wird im Gesetz nicht verwendet. Er findet Anwendung, wenn ein Verwaltungsakt einen formellen oder materiellen Fehler bzw. eine Rechtswidrigkeit enthält, der durch Anwendung einer Korrekturnorm beseitigt werden soll. Ziel der Korrektur ist es einen Verwaltungsakt zu erlassen, der fehlerfrei, d.h. rechtmäßig ist.

Formeller Fehler bedeutet, dass der Verwaltungsakt gegen Formvorschriften (Schriftform, Begründung, Gewährung des rechtlichen Gehörs) verstößt; materieller Fehler bedeutet, dass der Verwaltungsakt gegen materielles Recht verstößt, also ein Rechtsanwendungs- bzw. Sachverhaltsfehler oder eine offenbare Unrichtigkeit vorliegt (§ 177 Abs. 3 AO).

Voraussetzung der Korrektur ist zunächst der wirksame Verwaltungsakt (s. Kap. III. 3.9.1), d.h. dass ein ordnungsgemäßes Entstehen und eine ordnungsgemäße Bekanntgabe vorliegen müssen. Der Verwaltungsakt darf nicht nichtig sein (§§ 125, 124 Abs. 3 AO). Weiterhin muss der Verwaltungsakt korrekturbedürftig sein, d.h. dass ein Fehler vorliegen muss. Die entstandene Steuer nach § 38 AO entspricht nicht der festgesetzten Steuer nach § 155 AO. Der Fehler kann dann entweder durch Einspruch gemäß § 347 AO erkannt und beseitigt werden oder durch eine Korrektur nach dem Gesetz. Es muss eine Korrekturnorm vorliegen, die ausdrücklich als Rechtsfolge die Korrektur ermöglicht. Die Festsetzungsverjährung (s. Kap. IV. 7.) ist als evtl. Korrektursperre zu berücksichtigen. Eine Steuerfestsetzung darf nämlich nicht mehr aufgehoben oder geändert werden, wenn die Festsetzungsfrist abgelaufen ist, § 169 Abs. 1 Satz 1 AO.

Das Verhältnis zwischen dem korrigierenden und dem ursprünglichen Bescheid ist in § 124 Abs. 2 AO geregelt. Der Verwaltungsakt bleibt demnach wirksam, solange und soweit er nicht zurückgenommen, widerrufen, anderweitig aufgehoben, durch Zeitablauf oder andere Weise erledigt ist. Durch eine Änderung tritt der neue Bescheid soweit die Änderung reicht an die Stelle des ursprünglichen Bescheids; dieser wird insoweit gegenstandslos. Der neue Änderungsbescheid nimmt den ursprünglichen Regelungsgehalt, der nicht geändert worden ist, in sich auf.

> **Merke!**
> Es gibt für denselben Regelungsgehalt immer nur einen wirksamen Bescheid!

Wird jedoch der Aufhebungs- oder Änderungsbescheid aufgehoben, so tritt der ursprüngliche Bescheid wieder in Kraft.

2.3.4 Aufhebung und Änderung von Steuerbescheiden (§ 172 AO)
2.3.4.1 Allgemeines
§ 172 AO ist die sogenannte „Grundnorm" für die Aufhebung/Änderung (Korrektur) von Steuerbescheiden und diesen gleichgestellten Bescheiden. Voraussetzung für die Anwendbarkeit ist, dass der Bescheid rechtswidrig und bestandskräftig sein muss (vgl. für „rechtswidrige Bescheide Kap. 1.1 und für bestandskräftige Bescheide Kap. 2.3.2). Eine Korrektur ist bis zum Ablauf der Festsetzungsfrist möglich.

2.3.4.2 Aufhebung und Änderung von Bescheiden über Verbrauchssteuern (§ 172 Abs. 1 Satz 1 Nr. 1 AO)
Bescheide über Verbrauchssteuern ergehen meist in Massenverfahren und somit unter Zeitdruck. Ist ein solcher Bescheid fehlerhaft, schafft die Vorschrift die Möglichkeit zugunsten und zuungunsten des Steuerpflichtigen zu korrigieren. Die Korrektur ist dabei an keine besonderen weiteren Voraussetzungen geknüpft. Einzige Einschränkung ist die einjährige Festsetzungsfrist nach § 169 Abs. 2 Nr. 1 AO, in der die Änderung zu erfolgen hat, (s. Kap. IV. 7.).

Die Regelung des § 172 Abs. 1 Satz 1 Nr. 1 AO betrifft nur solche Verbrauchssteuern, deren Entstehen nach § 38 AO im Inland verwirklicht wird.

Beispiele:

Verbrauchssteuern, die den Verbrauch von Waren besteuern:
- Biersteuer, § 13 BierStG;
- Tabaksteuer, § 21 TabStG;
- Kaffeesteuer, § 13 KaffeeStG.

Nicht zu den Verbrauchssteuern zählt die Umsatzsteuer, da diese als Verkehrssteuern anzusehen ist und zumal Anknüpfungspunkt hierbei der Tatbestand des Leistungsaustausches ist und nicht der des

Verbrauchs. Die Einfuhrumsatzsteuer ist kraft Gesetzes eine Verbrauchssteuer (§ 21 Abs. 1 UStG), sodass insoweit § 172 Abs. 1 Satz 1 Nr. 1 AO unter Beachtung des Zollkodexes (§ 21 Abs. 2 UStG) Anwendung findet.

Gemäß § 172 Abs. 1 Satz 1 Nr. 1 AO hat die Behörde nach pflichtgemäßem Ermessen nach § 5 AO zu entscheiden, ob sie den Bescheid über Verbrauchssteuern aufhebt oder ändert. Sie muss sich dabei am Zweck der Norm orientieren. Dieser liegt darin, dass Bescheide, die unter Zeitdruck erlassen werden und fehlerhaft sind, korrigiert werden können. Der Ermessensspielraum ist dahin gehend reduziert.

2.3.4.3 Aufhebung und Änderung von Bescheiden über andere Steuern (§ 172 Abs. 1 Satz 1 Nr. 2 AO)

Für Bescheide, die andere Steuern als Einfuhr- oder Ausfuhrabgaben nach Artikel 5 Nummer 20 und 21 des Zollkodexes der Union (ZK) oder Verbrauchssteuern betreffen, gilt die Vorschrift des § 172 Abs. 1 Satz 1 Nr. 2 AO. Gemeint sind Bescheide über Besitz- und Verkehrssteuern.

Beispiele Besitzsteuern:

Einkommensteuer (einschließlich Lohnsteuer, Kapitalertragsteuer), Körperschaftsteuer, Erbschaftsteuer, Grundsteuer.

Beispiele Verkehrssteuern:

Umsatzsteuer (ohne die Einfuhrumsatzsteuer), Grunderwerbsteuer, Kraftfahrzeugsteuer, Wett- und Lotteriesteuer usw.

Eine Aufhebung/Änderung von solchen Bescheiden darf nur unter den weiteren Voraussetzungen der in § 172 Abs. 1 Satz 1 Nr. 2a-d AO geregelten Fällen erfolgen.

Auch bei dieser Vorschrift hat die Behörde ein Ermessen; allerdings ist dieses durch die Gleichmässigkeit der Besteuerung (§ 85 AO) weitestgehend eingeschränkt; denn die fehlerfreie und rechtmäßige Besteuerung steht absolut im Vordergrund.

2.3.4.3.1 Zustimmung/Antrag des Steuerpflichtigen (§ 172 Abs. 1 Satz 1 Nr. 2a AO)

Ein Steuerbescheid oder ein diesem gleichgestellten Bescheid kann aufgehoben oder geändert werden, soweit der Steuerpflichtige zustimmt oder seinem Antrag der Sache nach entsprochen wird (sogenannte **schlichte Änderung**).

Eine Änderung zugunsten des Steuerpflichtigen kann jedoch nur erfolgen, soweit der Steuerpflichtige vor Ablauf der Rechtsbehelfsfrist:
- zugestimmt oder
- den Antrag gestellt hat oder
- soweit die Finanzbehörde einem Einspruch oder einer Klage abhilft.

2.3.4.3.1.1 Zustimmung des Steuerpflichtigen

Zustimmung bedeutet die Einverständniserklärung des Steuerpflichtigen mit der beabsichtigten oder bereits durchgeführten Änderung/Aufhebung des Bescheides durch die Finanzbehörde.

Die Zustimmung ist an keine besondere Form gebunden und kann daher schriftlich, elektronisch, mündlich oder durch konkludentes Verhalten (wenn dies eindeutig erkennbar ist) erfolgen. Sollten Unklarheiten bezüglich der Zustimmung bestehen, können diese durch Auslegung beseitigt werden.

Wird die Zustimmung nachträglich durch Genehmigung erklärt, ist dies für die Anwendung der Vorschrift nicht schädlich, da der zunächst bestehende Fehler nach § 126 Abs. 1 Nr. 1 AO geheilt wird.

Wichtig ist, dass der betroffene Steuerpflichtige (Inhaltsadressat; derjenige, der vom Regelungsgehalt betroffen wird) seine Zustimmung erteilt. Wer nicht befugt ist, Rechtsbehelf einzulegen, ist nicht Betroffener (§§ 352 AO, 48 FGO). Denkbar ist allerdings die Zustimmung durch einen Bevollmächtigten.

Bei zusammen zu veranlagenden Ehegatten/Lebenspartnern ist zu beachten, dass die Zustimmung eines Ehegatten/Lebenspartners ohne Vollmacht nicht für den anderen Ehegatten/Lebenspartner wirkt. Ebenso bedarf es der Zustimmung aller Beteiligten, wenn ein Bescheid sich an mehrere Personen richtet.

Die Änderung zuungunsten des Steuerpflichtigen ist hinsichtlich der Zustimmung an keine besondere Frist gebunden. Bei einer Änderung zugunsten des Steuerpflichtigen muss die Zustimmung allerdings innerhalb der Einspruchsfrist erfolgen.

2.3.4.3.1.2 Antrag des Steuerpflichtigen

Antrag bedeutet, dass der Steuerpflichtige sein Begehren auf Änderung/Aufhebung des Bescheides ausdrücklich darlegt. Die Form des Antrags ist nicht vorgeschrieben (Unterschied zum Einspruch, § 357 Abs. 1 S. 1 AO), allerdings muss der Antrag inhaltlich hinreichend bestimmt sein. Das heißt, dass sich aus dem Antrag der Aufhebungs- bzw. Änderungsrahmen ergeben muss. Der Steuerpflichtige muss darstellen, welcher Punkt (welche Punkte) geändert werden soll(en); ein Antrag auf Änderung der Steuer in einer bestimmten Summe ohne Erläuterung reicht nicht aus, vgl. BFH vom 20.12.2006, BStBl II 2007, 503.

Wirkt sich die Änderung/Aufhebung des Bescheides zugunsten des Steuerpflichtigen aus, so muss der Antrag innerhalb der Einspruchsfrist gestellt werden; wann letztlich über den Antrag entschieden wird ist unerheblich.

Beispiel:
Der Steuerpflichtige M reicht fristgerecht einen Antrag auf Änderung beim Finanzamt ein. Er begehrt, die Einkommensteuer 2017 in Höhe von 1.000 € zu seinen Gunsten zu berichtigen.

Lösung:
Der Antrag ist zwar fristgerecht eingereicht, aber inhaltlich nicht konkret genug bestimmt.

2.3.4.3.1.3 Verhältnis des Antrags auf schlichte Änderung zum Einspruch

Der Antrag auf schlichte Änderung nach § 172 Abs. 1 Satz 1 Nr. 2a AO ist kein Einspruch nach § 347 AO.

Wird dem Steuerpflichtigen ein Bescheid bekannt gegeben und stellt dieser daraufhin bei dessen Überprüfung fest, dass der Bescheid fehlerhaft ist, hat der Steuerpflichtige die Möglichkeit nach § 172 Abs. 1 Satz 1 Nr. 2a AO einen Antrag auf schlichte Änderung zu stellen oder nach § 347 Abs. 1 Satz 1 AO Einspruch einzulegen.

Zwischen diesen beiden Möglichkeiten bestehen jedoch wesentliche Unterschiede, die nachfolgend dargestellt werden, vgl. auch AEAO vor § 347 Nr. 1.

Der Antrag auf schlichte Änderung ist an keine besondere Form gebunden; der Einspruch hingegen muss schriftlich eingelegt oder zur Niederschrift erklärt werden nach § 357 Abs. 1 Satz 1 AO.

Beim Antrag auf schlichte Änderung lässt der Gesetzeswortlaut eine Korrektur nur insoweit zu, als der Antrag des Steuerpflichtigen reicht, d.h. es kann nur punktuell geändert werden. Die materielle Bestandskraft wird demnach nur in Bezug auf den Antrag durchbrochen. Bei Einlegung des Einspruchs wird die materielle Bestandskraft vollkommen durchbrochen, d.h. eine Überprüfung des gesamten Falles kann erfolgen.

Der Antrag auf schlichte Änderung hemmt den Ablauf der Festsetzungsfrist betragsmäßig nur im Umfang des Antrages (partiell, § 171 Abs. 3 AO); der Einspruch hemmt den gesamten Steueranspruch (§ 171 Abs. 3a AO).

Die Gewährung von Aussetzung der Vollziehung ist nur bei Einlegung des Einspruchs möglich, § 361 AO.

Nachteil des Einspruchs für den Steuerpflichtigen ist die Möglichkeit der Verböserung (§ 367 Abs. 2 Satz 2 AO). Da durch die Einlegung des Einspruchs der gesamte Fall „offen" ist, kann über das Begehren des Steuerpflichtigen hinaus auch aus anderen Gründen zugunsten und zuungunsten des Steuerpflichtigen geändert werden. Über eine eventuelle Verböserung ist der Steuerpflichtige jedoch vorher in Kenntnis zu setzen, sodass ihm die Möglichkeit der Rücknahme des Einspruches gewährt wird. Dazu ausführlich Kap. VIII.

Aus den genannten Gründen ist es daher wichtig zu unterscheiden, ob der Steuerpflichtige einen Antrag auf schlichte Änderung gestellt oder Einspruch eingelegt hat. Im Zweifel ist dies zu klären (Rückfrage bei Steuerpflichtigem) oder durch Auslegung zu ermitteln.

Wird ein Änderungsbegehren nicht ausdrücklich als „Einspruch" bezeichnet, kann dies grundsätzlich als Antrag auf schlichte Änderung gewertet werden, wenn der Steuerpflichtige detailliert die Änderung des Bescheides beantragt. In Zweifelsfällen erscheint es sinnvoll, das Begehren als Einspruch zu deuten, da so die Rechte des Steuerpflichtigen besser gewahrt werden.

Wird das Begehren eindeutig als Antrag auf schlichte Änderung bezeichnet, darf eine Umdeutung in einen Rechtsbehelf ohne Zustimmung des Steuerpflichtigen nicht erfolgen.

2.3.4.3.2 Aufhebung und Änderung von Bescheiden wegen sachlicher Unzuständigkeit (§ 172 Abs. 1 Satz 1 Nr. 2b AO)

Soweit ein Bescheid von einer sachlich unzuständigen Behörde erlassen wurde, kann er aufgehoben oder geändert werden. Diese Vorschrift entspricht § 130 Abs. 2 Nr. 1 AO, nach der ein rechtswidrig begünstigender Verwaltungsakt wegen Unzuständigkeit zurückgenommen werden darf. Erfasst wird durch die Vorschrift lediglich die sachliche Unzuständigkeit; nicht jedoch die örtliche Unzuständigkeit bzw. die Unzuständigkeit eines Amtsträgers innerhalb einer örtlich zuständigen Behörde.

> **Beispiel:**
> Finanzamt A erlässt den Einkommensteuerbescheid für den Steuerpflichtigen A für 2017, obwohl das Finanzamt B örtlich zuständig gewesen wäre; hier greift § 127 AO.

Ist die sachliche Unzuständigkeit schwerwiegend und offenkundig, ist der Verwaltungsakt nichtig und unwirksam; eine Aufhebung nach § 172 Abs. 1 Satz 1 Nr. 2b AO erfolgt in diesen Fällen nicht. Anderenfalls ist der Verwaltungsakt rechtswidrig und die Vorschrift des § 172 Abs. 1 Satz 1 Nr. 2b AO greift. § 127 AO findet insoweit keine Anwendung, da sich diese Vorschrift mit der örtlichen Zuständigkeit befasst. Die Aufhebung/Änderung steht im Ermessen der Behörde (§ 5 AO).

2.3.4.3.3 Aufhebung und Änderung von Bescheiden wegen Erwirkung durch unlautere Mittel (§ 172 Abs. 1 Satz 1 Nr. 2c AO)

Soweit ein Steuerbescheid durch unlautere Mittel, wie arglistige Täuschung, Drohung oder Bestechung erwirkt worden ist, kann dieser geändert oder aufgehoben werden.

Die Vorschrift entspricht § 130 Abs. 2 Satz 1 Nr. 2 AO (Anwendungsbereich für sonstige Verwaltungsakte) und schafft die entsprechende Regelung für Steuerbescheide und diesen gleichgestellten Bescheiden.

Zu den unlauteren Mitteln zählen nach Gesetz die arglistige Täuschung, Drohung oder Bestechung, vgl. 2.2.1.3.2. Auch dazu gehört das pflichtwidrige Unterlassen von Angaben durch den Steuerpflichtigen. Siehe auch BFH vom 08.07.2015, VI R 51/14 (unlautere Mittel) sowie BFH vom 28.03.2018, I R 10/17 (arglistige Täuschung ist auch das pflichtwidrige Verschweigen entscheidungserheblicher Tatsachen).

Zwischen dem Einsatz der unlauteren Mittel und der Begünstigung im entsprechenden Steuerbescheid muss ein kausaler Zusammenhang bestehen. Der Steuerpflichtige muss die unlauteren Mittel also bewusst oder vorsätzlich eingesetzt haben.

> **Beispiel:**
> Der Steuerpflichtige hat in der von ihm persönlich abgegebene Steuererklärung unrichtige Angaben gemacht, obwohl ihm die Unrichtigkeit bewusst war.

Der Einsatz unlauterer Mittel von Vertretern oder Bevollmächtigten muss sich der Steuerpflichtige zurechnen lassen. Hauptanwendungsfälle der Vorschrift sind Steuerhinterziehungen aufgrund unrichtiger Angaben.

Die Aufhebung/Änderung liegt im pflichtgemäßen Ermessen (§ 5 AO) der Behörde. Das Ermessen wird i.d.R. aber auf null reduziert sein. Ein Steuerpflichtiger, der unlautere Mittel einsetzt, wird wegen der Gleichmäßigkeit der Besteuerung nicht besonders schutzbedürftig sein, sodass eine Änderung/Aufhebung des Bescheids normalerweise nicht ermessensfehlerhaft sein wird.

2.3.4.3.4 Aufhebung und Änderung von Bescheiden wegen sonstiger gesetzlicher Regelungen (§ 172 Abs. 1 Satz 1 Nr. 2d AO)

Die Vorschrift weist deutlich daraufhin, dass die Regelungen des Absatzes 1 Satz 1 Nr. 2 die Anwendbarkeit von anderen Korrekturvorschriften nicht ausschließen.

§ 172 Abs. 1 Satz 1 Nr. 2d AO ist keine selbständige Korrekturvorschrift, sondern verweist nur auf andere gesetzliche Möglichkeiten der Korrektur in der AO selbst, aber auch in anderen Steuergesetzen.

> **Beispiel Korrekturvorschriften in der AO:**
> §§ 173 ff., 189, 280 AO.

> **Beispiel Korrekturvorschriften in anderen Gesetzen:**
> §§ 10d Abs. 1 Satz 3 EStG, 35b GewStG, 32a KStG.

2.3.4.4 Anwendbarkeit auf Einspruchsentscheidungen (§ 172 Abs. 1 Sätze 2 und 3 AO)

Eine Einspruchsentscheidung, die einen Steuerbescheid bestätigt oder ändert, kann auch geändert werden, wenn der Antrag oder die Zustimmung innerhalb der Klagefrist erfolgt, § 172 Abs. 1 Satz 3 i.V.m. Satz 2 AO, s. FG Köln vom 29.01.2014 (schlichter Änderungsantrag nach Einspruchsentscheidung innerhalb der Klagefrist siehe BFH-Urteil 11.10.2017, IX R 2/17).

Die Vorschrift weitet die Geltung der Aufhebung oder Änderung auf Einspruchsentscheidungen aus und trägt damit dem Gedanken Rechnung, dass Einspruchsentscheidungen nicht wie Gerichtsurteile in Rechtskraft, sondern wie Bescheide nur in Bestandskraft erwachsen. Es wäre daher nicht korrekt, wenn man den Einspruchsentscheidungen eine höhere Bestandskraft als den angefochtenen Bescheiden zukommen lassen würde.

Allerdings dürfen im Rahmen einer Änderung des Steuerbescheids in Form der Einspruchsentscheidung nach § 172 Abs. 1 Satz 1 Nr. 2a AO Erklärungen und Beweismittel, die nach § 364b Abs. 2 AO in der Einspruchsentscheidung nicht berücksichtigt wurden, auch nicht berücksichtigt werden.

2.3.4.5 Ausdehnung auf Verwaltungsakte, durch die ein Antrag auf Erlass, Aufhebung oder Änderung eines Steuerbescheids abgelehnt wird (§ 172 Abs. 2 AO)

Die Vorschrift weitet den Anwendungsbereich über die Aufhebung und Änderung von Steuerbescheiden auf solche Verwaltungsakte aus, die den Antrag auf Erlass, Aufhebung oder Änderung von Steuerbescheiden und ihnen gleichgestellten Bescheiden ganz oder teilweise ablehnen.

2.3.4.6 Zurückweisung durch Allgemeinverfügung (§ 172 Abs. 3 AO)

Anhängige, außerhalb des Einspruchs- oder Klageverfahrens gestellte Anträge auf Aufhebung/Änderung einer Steuerfestsetzung, die eine vom Gerichtshof der Europäischen Union (ab 30.06.2013, Art. 11 des AmtshilfeRLUmsG vom 26.06.2013, BStBl I 2013, 1809), vom Bundesverfassungsgericht oder vom

Bundesfinanzhof entschiedene Rechtsfrage betreffen und denen nach dem Ausgang des Verfahrens vor diesen Gerichten nicht entsprochen werden kann, können durch Allgemeinverfügung insoweit zurückgewiesen werden.

Die Vorschrift ermöglicht den Behörden sogenannte Masseverfahren rationell zu bearbeiten, um nicht jeden einzelnen gestellten Antrag ablehnen zu müssen. Kann also den Anträgen nach der Entscheidung bei dem jeweiligen Gericht nicht entsprochen werden, werden die Anträge durch Allgemeinverfügung zurückgewiesen.

Der Einspruch gegen die Zurückweisung eines solchen Antrags ist nicht statthaft (zulässig), § 348 Nr. 6 AO.

2.3.4.7 Rechtsbehelf

Gegen den Änderungs- oder Aufhebungsbescheid ist unabhängig, ob die Aufhebung/Änderung zuungunsten oder zugunsten des Steuerpflichtigen erfolgte, der Einspruch statthaft (§ 347 Abs. 1 AO).

Ist der geänderte Steuerbescheid unanfechtbar, kann der Änderungsbescheid nur soweit die Änderung reicht angegriffen werden (§ 351 Abs. 1 AO).

Auch kann der Steuerpflichtige gegen die Ablehnung einer beantragten Änderung oder Aufhebung sowie gegen die Ablehnung eines Antrages auf schlichte Änderung Einspruch einlegen.

Eine Änderung der Einspruchsentscheidung kann mit der Klage angefochten werden.

Fall § 172 AO:

Die Lehrerin L hat in ihrer Einkommensteuererklärung 2017 vergessen, Aufwendungen für ein Fachbuch als Werbungskosten geltend zu machen. Das Fachbuch nutzt sie nachweislich für den Unterricht. Die Aufwendungen für das Buch haben eine steuerliche Auswirkung von 200 €.
Im Bescheid für 2017 sind die getätigten Aufwendungen als Werbungskosten somit nicht enthalten.
Der Bescheid erging endgültig; als fiktiver Bekanntgabe-Tag gilt der 01.02.2018.
L beantragt im April 2018, die Aufwendungen als Werbungskosten anzuerkennen.

Kann eine Änderung nach § 172 AO erfolgen?

Hinweis! Aus Vereinfachungsgründen beginnen und enden Fristen an Werktagen.

2.3.5 Aufhebung oder Änderung von Steuerbescheiden wegen neuer Tatsachen oder Beweismittel (§ 173 AO)

2.3.5.1 Allgemeines

§ 173 AO schafft, ebenso wie andere Korrekturvorschriften, für grundsätzlich verbindliche Entscheidungen eine Möglichkeit unter bestimmten Voraussetzungen diese zu korrigieren. Das heißt, dass die zunächst verbindliche Entscheidung in einem neuen Verfahren überprüft und im Anschluss eventuell korrigiert wird – sofern die Tatbestandsvoraussetzungen der Vorschrift vorliegen.

Somit löst auch die Vorschrift des § 173 AO den Widerstreit zwischen Rechtssicherheit und Vertrauensschutz auf der einen und Rechtsrichtigkeit auf der anderen Seite.

Die Vorschrift enthält zwei voneinander unabhängige Vorschriften der Korrektur:
- soweit Tatsachen oder Beweismittel nachträglich bekannt werden, die zu einer höheren Steuer führen, ist der Steuerbescheid zuungunsten des Steuerpflichtigen aufzuheben oder zu ändern (Nr. 1)
- soweit Tatsachen oder Beweismittel nachträglich bekannt werden, die zu einer niedrigeren Steuer führen und an deren nachträglichem Bekanntwerden den Steuerpflichtigen kein grobes Verschulden trifft, ist der Steuerbescheid zugunsten des Steuerpflichtigen aufzuheben oder zu ändern (Nr. 2).

§ 173 Abs. 2 AO beinhaltet eine Einschränkung für Bescheide, die aufgrund von Außenprüfungen ergangen sind; diese können nur geändert oder aufgehoben werden, wenn eine Steuerhinterziehung oder leichtfertige Steuerverkürzung vorliegt.

Eine Änderung nach § 173 AO ist nur soweit zulässig, wie sich die neuen Tatsachen oder Beweismittel auswirken (punktuelle Änderung). Das bedeutet, dass eine Änderung nur hinsichtlich der steuerlichen Auswirkung der neuen Tatsachen möglich ist. Sonstige Fehler können nur behoben werden, wenn eine andere Korrekturvorschrift dies zulässt. Entweder es liegen weitere selbständige Korrekturvorschriften neben § 173 AO vor (z.B. § 174 AO) oder eventuell auftretende Fehler, deren Auswirkungen zu der des § 173 AO gegenläufig sind, für die aber keine eigenständige Vorschrift vorhanden ist, können nach § 177 AO korrigiert werden.

Sind die Voraussetzungen des § 173 AO erfüllt, so hat die Finanzbehörde kein Ermessen, sondern muss den Bescheid aufheben oder ändern. Der Steuerpflichtige hat einen Rechtsanspruch auf die Aufhebung oder Änderung. Der Aufhebungs- oder Änderungsbescheid kann mit dem Einspruch angefochten werden.

§ 173 AO ist anwendbar auf Steuerbescheide und ihnen gleichgestellte Bescheide. In § 172 Abs. 1 Nr. 2d AO wird insoweit auf § 173 AO als Korrekturvorschrift verwiesen.

Die Vorschrift findet in der Praxis eine sehr große Anwendung, da mit ihr der Finanzbehörde die Möglichkeit eröffnet wird, bestandskräftige Bescheide nachträglich wegen neu erlangter Kenntnisse zu korrigieren.

2.3.5.2 Voraussetzungen für die Aufhebung oder Änderung (Tatbestand Abs. 1)
2.3.5.2.1 Tatsache

Tatsache im Sinne des § 173 AO ist nach ständiger Rechtsprechung alles, was Merkmal oder Teilstück eines steuergesetzlichen Tatbestandes sein kann; also ein Lebenssachverhalt, der unter eine Vorschrift des materiellen Rechts fällt und sich auf die Höhe der bisher festgesetzten Steuer auswirkt, vgl. BFH vom 13.01.2005, BStBl II 2005, 451.

Tatsache ist daher jeder sinnliche, wahrnehmbare Vorgang der Daseinswelt, frei von jeglicher Wertung/ Schlussfolgerung.

Der Tatsachenbegriff umfasst demnach Zustände, Vorgänge, Beziehungen, Eigenschaften materieller und immaterieller Art, AEAO zu § 173 Nr. 1.1.

Beispiele Tatsachen:
Einnahmen, Ausgaben, Forderungen, Verbindlichkeiten, Kinder, Religion etc.

Zu den Tatsachen gehören auch **innere Tatsachen**, die lediglich anhand äußerer Merkmale festgestellt werden können; hierbei liegen meist Vorgänge vor, die sich in der Vorstellung von Personen abspielen und nur anhand äußerer Merkmale beurteilt werden können.

Beispiele innere Tatsachen:
Einkunfts- oder Gewinnerzielungsabsicht, vgl. BFH vom 25.10.1989, BStBl II 1990, 278.

Keine Tatsachen sind Rechtsnormen, Schlussfolgerungen aller Art, rechtliche oder juristische Subsumtionen. Bei diesen wird aufgrund von vorliegenden Tatsachen, also von Lebenssachverhalten, ein Schluss in Bezug auf steuerrechtliche Vorschriften gezogen, vgl. BFH vom 23.11.2001, BStBl II 2002, 296. Ebenso sind Vermutungen, Verdachtsmomente und Wahrscheinlichkeiten keine Tatsachen, denn eine Tatsache liegt erst vor, wenn Gewissheit über einen Lebenssachverhalt herrscht.

Beispiele keine Tatsachen:
Falsche Beurteilung einer Rechtsfrage, höchstrichterliche Entscheidungen, Änderung der eigenen Rechtsauffassung, Änderung des Gesetzes.

Ebenfalls keine Tatsache ist der Gewinn; Tatsache hierbei sind die tatsächlichen Umstände, die zur Ermittlung des Gewinns führen, also der Steuerpflichtige hat Einnahmen und Ausgaben getätigt. Auch der Vorsteuerabzug ist keine Tatsache, sondern vielmehr die Lieferungen bzw. sonstigen Leistungen, die zum Vorsteuerabzug führen.

Vorgreifliche Rechtsverhältnisse aus einem anderen Rechtsgebiet oder Rechtsstreite über derartige Verhältnisse sind Tatsachen (siehe BFH vom 27.10.1992, BStBl II 1993, 569). Dies sind Sachverhalte, die nicht im eigentlichen Steuerfestsetzungsverfahren, sondern vielmehr vorweg in einem eigenständigen Verfahren entschieden werden, bevor sie in die Subsumtion eines steuerlichen Tatbestandes einbezogen werden können.

> **Beispiele für vorgreifliche Rechtsverhältnisse:**
>
> Begriffe, die der Steuerpflichtige angibt, wie „Kauf", „Vermietung", „Geschäftsführer-Gehalt", „Schenkung", „Gewinnausschüttung".

Bei den vorgreiflichen Rechtsverhältnissen aus nichtsteuerlichen Rechtsgebieten handelt es sich nicht um juristische Wertungen, sondern um Begriffe, die eine Zusammenfassung von Tatsachen, die eine bestimmte rechtliche Wertung auslösen, beinhalten. So ist eine Änderung nach § 173 AO in diesen Fällen möglich, wenn sich aufgrund nachträglich bekannt gewordener Tatsachen, die vom Steuerpflichtigen übernommene zivilrechtliche (außersteuerliche) Wertung als unzutreffend erweist, z.B. zivilrechtliche Wertung „Miete" statt „Kauf".

Der Wert bzw. die Wertermittlung eines Gegenstandes ist keine Tatsache, sondern eine Schlussfolgerung aus einzelnen wertbegründenden Tatsachen. Die wertbegründenden Eigenschaften hingegen sind Tatsachen.

> **Beispiel:**
>
> Alter, Beschaffenheit oder Erhaltungszustand des Gegenstandes, Bebauung eines Grundstücks.

Die Schätzung von Besteuerungsgrundlagen als solches ist keine Tatsache, sondern Schlussfolgerung aus Tatsachen, den Schätzungsgrundlagen. Nur bei nachträglich bekannt gewordenen Schätzungsgrundlagen kann eine Aufhebung oder Änderung erfolgen, wenn die vorgenommene Schätzung bei rechtzeitigem Bekanntsein dieser neuen Grundlagen nicht durchgeführt worden wäre. Keine Tatsachen sind hierbei Richt- und Erfahrungssätze, Vergleichszahlen, Erfahrungssätze etc. – da diese nur Schlussfolgerungen darstellen.

Ebenfalls keine Tatsachen sind nachträgliche Antragsstellungen und Wahlrechtsausübungen. Diese stellen Verfahrenshandlungen dar, keine Tatsachen, vgl. BFH vom 30.10.2003, BStBl II 2004, 394. Der dem Antrag bzw. Wahlrecht zugrunde liegende Sachverhalt, an dessen Verwirklichung die Entstehung der Steuer anknüpft, ist Tatsache.

> **Beispiel:**
>
> Ehegatten wählen zunächst die Zusammenveranlagung; dann Entscheidung auf Antrag auf getrennte Veranlagung.

> **Lösung:**
>
> Der Antrag ist keine Tatsache, lediglich eine Ausübung von einem Wahlrecht.

2.3.5.2.2 Beweismittel

Beweismittel dienen letztlich nur dazu, das Vor- bzw. Nichtvorliegen von Tatsachen zu beweisen, BFH vom 20.12.1988, BStBl II 1989, 585. Beweismittel sind daher jede Erkenntnismittel, die zur Aufklärung eines steuerlich erheblichen Sachverhalts dienen.

> **Beispiele:**
>
> Urkunden (Verträge, Geschäftspapiere), Aussagen, Auskünfte, eidesstattliche Versicherungen, ärztliche Atteste, amtliche Bescheinigungen.

Sachverständigengutachten sind dann als Beweismittel anzusehen, wenn sie neue Tatsachen vermitteln und nicht lediglich Schlussfolgerungen beinhalten.

2.3.5.2.3 Nachträgliches Bekanntwerden der Tatsache oder des Beweismittels

Eine Tatsache (Beweismittel) ist nachträglich bekannt geworden (also neu), wenn sie (es) bei Erlass des ursprünglichen Bescheides, also bei abschließender Zeichnung durch den zuständigen Bediensteten zwar vorhanden, diesem aber positiv noch nicht bekannt war (BFH vom 13.09.2001, BStBl II 2002, 2). Nachträglich entstandene Tatsachen (Beweismittel) fallen daher nicht unter § 173 AO.

2.3.5.2.3.1 Maßgeblicher Zeitpunkt des Bekanntwerdens

Der maßgebliche Zeitpunkt für das nachträgliche Bekanntwerden ist in der Literatur umstritten (siehe Tipke/Kruse, § 173 AO Rz. 43 ff.).

Nach Meinung der Verwaltung, der Rechtsprechung und des Verfassers ist der maßgebliche Zeitpunkt die Zeichnung der abschließenden Verfügung; also zu dem Zeitpunkt, in dem der Wille der Behörde niedergelegt und zum Ausdruck gebracht wird, siehe auch AEAO zu § 173 Nr. 2.1. Auf den Tag der Absendung des Steuerbescheides oder auf den Tag der Bekanntgabe kommt es insoweit nicht an, vgl. AEAO zu § 173 Nr. 2.

Wird jedoch nach abschließender erstmaliger Zeichnung und vor Absendung des Bescheides eine Sachprüfung durchgeführt, z.B. wegen Prüf-, Bearbeitungshinweisen, verschiebt sich der Zeitpunkt des Bekanntwerdens. Maßgeblicher Zeitpunkt ist dann der Abschluss der Sachprüfung; also der Zeitpunkt der Entscheidung. Bis dahin bekannt gewordene Tatsachen sind in solchen Fällen zu berücksichtigen, siehe BFH vom 29.11.1988, BStBl II 1989, 259. Erfasst werden von dieser Ausnahme jedoch nur materielle (inhaltliche) Prüfungen, die in die Willensbildung eingreifen. Bei formellen Überprüfungen (z.B. richtige Adressierung) verschiebt sich der maßgebliche Zeitpunkt nicht.

> **Beispiel:**
>
> Der Mitarbeiter M zeichnet den Eingabebogen für die Einkommensteuerveranlagung 2017 des Steuerpflichtigen S abschließend am 02.04.2018. Mit dem Rücklauf der HZD kommt ein Prüfhinweis, den der Mitarbeiter bearbeitet. Er nimmt eine sachliche Prüfung des Falles vor. Der Bearbeiter zeichnet den Prüfhinweis abschließend am 12.04.2018.

> **Lösung:**
>
> Maßgeblicher Zeitpunkt ist nunmehr die abschließende Zeichnung des Prüfhinweises am 12.04.2018. Alle bis dahin bekannt gewordenen Tatsachen müssen berücksichtigt werden.

2.3.5.2.3.2 Maßgebliche Kenntnis

Eine Tatsache ist nicht schon dann bekannt, wenn irgendeine Stelle des Finanzamtes von ihr Kenntnis hat, sondern es kommt vielmehr auf die Kenntnis der Personen an, die innerhalb der Behörde dazu berufen sind, den betreffenden Steuerfall zu bearbeiten (BFH vom 20.06.1985, BStBl II 1985, 492; vom 20.04.1988, BStBl II 1988, 804; vom 19.06.1990, BFH/NV 1991, 353). Zur Steuerfestsetzung berufen sind der Vorsteher des Finanzamtes, die Sachgebietsleiter und die Sachbearbeiter/Bearbeiter, s. BFH vom 16.01.2002, BFH/NV 2002, 621 und vom 16.06.2004, BFH/NV 2004, 1502. Ebenfalls dazu gehört der Vertreter des zuständigen Beamten, denn dieser ist während der Vertretungszeit für den Steuerfall zuständig. Der Mitarbeiter gehört nur dann zu dem zur Steuerfestsetzung berufenen Personenkreis, wenn ihm ein Zeichnungsrecht verleihen worden ist.

Sobald einer dieser Personen Kenntnis über die Tatsache erlangt hat, ist diese nicht mehr „neu". Dabei ist die individuelle Kenntnis des Bearbeiters unerheblich.

Eine Differenzierung erfordert das „Bekanntsein", wenn verschiedene Stellen involviert sind. Gelangt z.B. der Bewertungsstelle oder der Strafsachenstelle etwas zur Kenntnis, ist dies damit nicht ohne Weiteres auch der Veranlagungsstelle bekannt. Ausnahme hiervon, wenn der Sachgebietsleiter für beide Stellen gleichzeitig tätig ist.

Auch die Kenntnis eines Prüfers oder Steuerfahnders ist grundsätzlich nicht der Kenntnis der Veranlagungsstelle gleichzusetzen, s. BFH vom 20.04.1988, BStBl II 1988, 804 und vom 16.06.2004, BFH/NV 2004, 1502. Ist jedoch die Tatsache im Prüfungs- bzw. Fahndungsbericht erwähnt worden oder den zuständigen Bearbeitern in einem mündlichen Gespräch mitgeteilt worden oder hat der zuständige Bearbeiter sogar an der Schlussbesprechung teilgenommen, gelten die Tatsachen als bekannt.

2.3.5.2.4 Umfang der „neuen" Tatsachen

In der Regel wird sich das Wissen der zuständigen Stelle aus den Akten ergeben. Unter Akten sind dabei die gehefteten und lose geführten Aktenvorgänge zu verstehen. Zusätzlich ist auch bekannt, was Inhalt von Computerdateien ist.

Bekannt ist, was in denjenigen Akten niedergelegt ist, die von der zuständigen Stelle (im Bereich desselben Sachgebietsleiters und Sachbearbeiters) für den Steuerpflichtigen geführt werden. Auf die tatsächliche Kenntnis des Amtsträgers kommt es nicht an. Ebenfalls dazu gehören Schriftstücke, die noch nicht in die jeweiligen Akten abgeheftet worden sind, wie z.B. eingegangene Kontrollmitteilungen, die sich aber bereits bei der zuständigen Stelle befinden. Irrelevant ist, ob die Berufenen den Vorgang tatsächlich lesen und den Inhalt in ihr Wissen übernehmen oder nur überfliegen. Der Inhalt der Körperschaftsteuerakten ist z.B. auch für die Umsatzsteuer von Bedeutung. Hierzu siehe BFH vom 18.06.2015, VI R 84/13 zur Frage, ob die Kenntnis eines Sachbearbeiters in einer anderen Steuersache schädlich ist für die Frage der „neuen Tatsache".

Findet ein Bearbeiterwechsel statt, gelten die Kenntnisse des ursprünglichen Bearbeiters für den neuen als bekannt, wenn diese aktenkundig gemacht worden sind (BFH vom 28.04.1998, BStBl II 1998, 458). Werden Schriftstücke aus Akten herausgenommen, in einer falschen Akte abgelegt, oder Vorjahresunterlagen im Keller aufbewahrt, gelten auch solche Tatsachen als bekannt. Sogenannte „Kellerakten" bzw. Akten aus anderen Dienststellen sind nur hinzuzuziehen, wenn nach den Umständen des Einzelfalles dazu besonderer Anlass besteht.

Nicht mehr bekannt ist, was zeitlich gesehen über die behördliche Aufbewahrungsfrist von zehn Jahren hinausgeht, vgl. BFH vom 13.07.1990, BStBl II 1990, 1047.

Wichtig ist auch, dass sich die Tatsachen aus dem dienstlichen Bereich, während der Dienstzeit, ergeben müssen. Im Umkehrschluss heißt das, dass Erkenntnisse, die der zuständige Bedienstete privat erfährt unerheblich sind.

2.3.5.2.5 Rechtserheblichkeit – höhere oder niedrigere Steuer

Neue Tatsachen oder Beweismittel rechtfertigen nur dann eine Aufhebung oder Änderung, wenn sie für den Steuerpflichtigen rechtserheblich sind, d.h. sie müssen sich auf die bisher festgesetzte Steuer auswirken. Dies trifft zu, wenn das Finanzamt bei rechtzeitiger Kenntnis der Tatsachen schon bei der ursprünglichen Veranlagung oder Feststellung mit an Sicherheit grenzender Wahrscheinlichkeit zu einem höheren oder niedrigeren steuerlichen Ergebnis gelangt wäre, vgl. AEAO zu § 173 Nr. 3.1. Ausreichend hierfür ist die Möglichkeit einer anderen Entscheidung. Hätte also das Finanzamt bei ursprünglicher Kenntnis der Tatsachen nicht anders entschieden, darf der Bescheid nicht geändert werden.

Die Rechtserheblichkeit setzt eine betragliche Auswirkung und somit einen Vergleich zur bisher festgesetzten Steuer voraus. Die Tatsache muss im Vergleich dann zu einer höheren oder niedrigeren Steuer führen. Der Vergleich ist für jede Steuerart und für jeden Steuerabschnitt (Veranlagungszeitraum) gesondert vorzunehmen (BFH vom 12.08.1981, BStBl II 1982, 100). Abzugs- oder Vorauszahlungsbeträge sind nicht mit in die Berechnung einzubeziehen, da diese nicht zur Steuerfestsetzung gehören, sondern ein eigenständiger Teil des Verwaltungsaktes sind (sonstiger Verwaltungsakt).

Liegt ein Lebenssachverhalt vor, der sich mehrfach auswirkt, sind die Auswirkungen zu saldieren (Saldierungsgebot), da sich eine Tatsache nur steuererhöhend oder steuermindernd auswirken darf.

Beispiel:

Der Steuerpflichtige S hat sich einen Pkw im Januar 2017 gekauft. Die Anschaffungskosten betragen 72.000 €. Er hat diesen als Anlagevermögen bilanziert. Die Nutzungsdauer des Pkw beträgt 8 Jahre. Bei einer Außenprüfung stellt der Prüfer fest, dass bei Anschaffung Nebenkosten in Höhe von 8.000 € angefallen sind. Diese wurden als sofort abzugsfähige Betriebsausgaben gebucht. Der Bescheid für 2017 ist bestandskräftig.
Rechtserheblichkeit?

Lösung:

Zu prüfen ist die konkrete Auswirkung des Lebenssachverhaltes (Aufwendungen bei Anschaffung des Pkw in Höhe von 8.000 €) auf die festgesetzte Steuer:
- Aufwendungen haben Gewinn gemindert, dies war nicht zulässig, da Nebenkosten zu den Anschaffungskosten gehören, § 255 Abs. 1 Satz 1 HGB,
- Aufwendungen sind zu aktivieren; dies führt zur Rückgängigmachung des Betriebsausgabenabzugs in Höhe von 8.000 € (Steuererhöhung um + 8.000 €),
- gleichzeitig ist aber auch AfA zu gewähren; dies führt zur Steuerminderung um 1.000 € (hinzu aktivierte Anschaffungskosten 8.000 €/8 Jahre = 1.000 €),
- es liegt eine Tatsache mit mehrfacher Auswirkung vor,
- Saldierungsgebot: + 8.000 € ./. 1.000 € = + 7.000 €,
- Erheblichkeit ist gegeben!

Ein Saldierungsverbot ist hingegen gegeben, wenn **mehrere** Tatsachen mit mehreren Auswirkungen (also z.B. eine steuererhöhende Tatsache und eine steuermindernde Tatsache) vorliegen. In diesem Fall ist jeweils § 173 Abs. 1 Nr. 1 AO und § 173 Abs. 1 Nr. 2 AO getrennt voneinander zu prüfen. Zur Frage der Rechtserheblichkeit neuer Tatsachen i.S.d. § 173 AO siehe auch M. Loose in AO-StB 2013, 313.

2.3.5.3 Aufhebung oder Änderung zuungunsten des Steuerpflichtigen (§ 173 Abs. 1 Nr. 1 AO)

Die Aufhebung oder Änderung zuungunsten des Steuerpflichtigen setzt das nachträgliche Bekanntwerden neuer Tatsachen oder Beweismittel voraus, die zu einer höheren Steuer führen. Außerdem ist die Ermittlungspflicht des Finanzamtes auf Fehler zu prüfen und es ist zu überprüfen, ob evtl. Verwertungsverbote der Tatsachen oder Beweismittel bestehen.

2.3.5.3.1 Ermittlungsfehler des Finanzamtes/Mitwirkungspflicht des Steuerpflichtigen

Nach dem Grundsatz von Treu und Glauben kann die Behörde – auch wenn sie von Tatsachen oder Beweismitteln nachträglich Kenntnis erlangt – daran gehindert sein, einen Steuerbescheid nach § 173 Abs. 1 Nr. 1 AO zuungunsten des Steuerpflichtigen zu ändern (BFH vom 13.11.1985, BStBl II 1986, 241). Hat der Steuerpflichtige seine Mitwirkungspflichten nach § 90 AO (z.B. Tatsachen wahrheitsgemäß in Erklärung offen zu legen) erfüllt, das Finanzamt hingegen seine Ermittlungspflicht verletzt, kommt eine Änderung nach Nr. 1 zuungunsten des Steuerpflichtigen nicht in Betracht. Das Finanzamt darf hierbei regelmäßig von der Richtigkeit der Angaben des Steuerpflichtigen ausgehen (z.B. in Steuererklärungen, § 150 Abs. 2 AO); bestehen jedoch Zweifel an der Richtigkeit, muss das Finanzamt tätig werden. Die Ermittlungspflicht ergibt sich hierbei nach § 88 AO.

Unterlässt dementsprechend das Finanzamt die Aufklärung von sich aufdrängenden Zweifelsfragen oder auffallenden Unklarheiten, hat es insoweit die Ermittlungspflicht verletzt, denn in diesen Fällen hätte das Finanzamt die Tatsachen kennen können – eine Änderung nach § 173 Abs. 1 Nr. 1 AO ist in diesen Fällen ausgeschlossen, vgl. BFH vom 03.07.2002, BFH/NV 2003, 137.

Beispiele für relevante Verletzung der Ermittlungspflicht:
- unterlassene Anfertigung eines Aktenvermerkes,
- unterlassene Übersetzung einer fremdsprachigen Bescheinigung,
- unterlassene Einsichtnahme in eingereichte Verträge.

Sind sowohl das Finanzamt seiner Ermittlungspflicht als auch der Steuerpflichtige seiner Mitwirkungspflicht nicht in vollem Umfang nachgekommen, fällt das nachträgliche Bekanntwerden der Tatsache oder des Beweismittels im Regelfall in den Verantwortungsbereich des Steuerpflichtigen. Dies hat zur Folge, dass die Änderung nach § 173 Abs. 1 Nr. 1 AO zuungunsten dann zulässig ist (BFH vom 11.11.1987, BStBl II 1988, 115). Ausnahme hiervon liegt vor, wenn der Verstoß des Finanzamtes deutlich überwiegen würde (BFH vom 20.12.1988, BStBl II 1989, 585).

2.3.5.3.2 Verwertungsverbot

Grundsätzlich ist es unerheblich, auf welche Art und Weise die Tatsachen oder Beweismittel bekannt werden, siehe BFH vom 12.09.1985, BFH/NV 1986, 131. Ist jedoch eine Tatsache auf rechtswidrige Weise ermittelt worden, muss geprüft werden inwieweit diese steuerliche Berücksichtigung finden kann. Eine Regelung in der AO gibt es dazu jedoch nicht.

Ein Verwertungsverbot liegt vor, wenn schwerwiegende steuerliche Interessen des Bürgers durch die rechtswidrige Prüfungsmaßnahme berührt werden. Nach § 136a StPO führt jede Beeinträchtigung der Willensentscheidung zu einem Verwertungsverbot.

Beispiele:

Drohung, Zwang, Hypnose.

Ein Verwertungsverbot wird in der Regel vorliegen, wenn die Ermittlung der Tatsachen oder Beweismittel gegen Grundrechte und Vorschriften, die den Steuerpflichtigen schützen sollen verstößt.

2.3.5.4 Aufhebung oder Änderung zugunsten des Steuerpflichtigen (§ 173 Abs. 1 Nr. 2 AO)

Die Aufhebung oder Änderung zugunsten des Steuerpflichtigen setzt nach § 173 Abs. 1 Nr. 2 Satz 1 AO voraus, dass neue Tatsachen oder Beweismittel nachträglich bekannt werden, die zu einer niedrigeren Steuer führen und den Steuerpflichtigen kein grobes Verschulden am nachträglichen Bekanntwerden trifft.

2.3.5.4.1 Grobes Verschulden

Grobes Verschulden ist in Vorsatz und grobe Fahrlässigkeit zu unterscheiden, BFH vom 13.09.1990, BStBl II 1991, 124.

Vorsatz heißt Handeln mit Wissen und Wollen, d.h. der Steuerpflichtige kennt seine Mitwirkungspflicht und verletzt diese bewusst. Ausreichend hierbei ist der bedingte Vorsatz (dolus eventualis), d.h. dass der Steuerpflichtige die Verletzung der Mitwirkungspflicht billigend in Kauf nimmt.

Grobe Fahrlässigkeit ist gegeben, wenn der Steuerpflichtige die ihm nach seinen persönlichen Verhältnissen zumutbare Sorgfaltspflicht in ungewöhnlichem Maße und in unentschuldbarer Weise verletzt, vgl. BFH vom 03.02.1983, BStBl II 1983, 324; vom 18.05.1988, BStBl II 1988, 713.

Das Gesetz sieht den subjektiven Verschuldensbegriff vor. Das bedeutet, dass bei der Beurteilung der Schwere der Verletzung der Sorgfaltspflicht die Gegebenheiten des Einzelfalles und die individuellen Kenntnisse und Fähigkeiten des einzelnen Steuerpflichtigen berücksichtigt werden, BFH vom

29.06.1984, BStBl II 1984, 693. An fachkundige bzw. beratene Steuerpflichtige wird in der Regel ein höheres Maß an Sorgfalt gestellt werden, als an einen weniger gewandten Steuerpflichtigen.

> **Beispiele grobes Verschulden:**
>
> - trotz Aufforderung gibt der Steuerpflichtige keine Steuererklärung ab,
> - der Steuerpflichtige beachtet ausdrückliche Hinweise des Finanzamtes nicht,
> - der Steuerpflichtige beachtet eine in einem Steuererklärungsformular ausdrücklich gestellte Frage auf einen ganz bestimmten Sachverhalt nicht.
>
> Vgl. AEAO zu § 173 Nr. 5.1.2 ff.

Nach Rechtsprechung des BFH (s. Urteil vom 18.03.2014, BFH/NV 2014, 1347) ist der Begriff des Verschuldens i.S.d. § 173 Abs. 1 Nr. 2 AO bei elektronisch gefertigten Steuererklärungen nicht anders auszulegen als bei schriftlich gefertigten Erklärungen. D.h. werden in dem elektronischen Formular (Elster) auf ausdrücklich gestellte, auf einen bestimmten Vorgang bezogene und für den Steuerpflichtigen verständliche Fragen nicht beantwortet und evtl. die vom elektronischen Elster-Formular beigefügten Erklärungen unbeachtet gelassen, liegt grobe Fahrlässigkeit vor.

Offensichtliche Versehen, die sich generell nicht immer vermeiden lassen, begründen kein grobes Verschulden. Eine Änderung nach § 173 Abs. 1 Nr. 2 Satz 1 AO ist zulässig.

> **Beispiele:**
>
> Bloße Nachlässigkeit, Irrtümer, Vergessen, Verwechslungen, unabsichtliche Schreibfehler, Rechenfehler; siehe hierzu FG Düsseldorf vom 27.03.2015, 13 K 3844/13 E (einfache Fahrlässigkeit bei nachlässiger Übernahme der Angaben einer unvollständigen Zinsbescheinigung).

Ob das Finanzamt seinen Ermittlungspflichten nicht hinreichend nachgekommen ist, spielt hierbei keine Rolle.

Bei zusammen zu veranlagenden Ehegatten muss sich der eine Ehegatten ein grobes Verschulden des anderen Ehegatten zurechnen lassen, da beide Ehegatten Gesamtschuldner sind und somit die Eheleute als ein Steuerpflichtiger behandelt werden, vgl. BFH vom 24.07.1996, BStBl II 1997, 115 (nunmehr analog bei eingetragenen Lebenspartnern).

Das Verschulden von durch den Steuerpflichtigen in Anspruch genommener Bevollmächtigter oder Hilfspersonen, hat sich der Steuerpflichtige als eigenes Verschulden zurechnen zu lassen, wenn er diese Personen mit der Wahrnehmung seiner steuerlichen Pflichten beauftragt hatte. Dabei hat der Steuerpflichtige ein grobes Verschulden seines steuerlichen Beraters ebenfalls zu vertreten. Die an einen steuerlichen Berater gestellte Sorgfalt lässt erwarten, dass der Berater die steuerrechtlichen Vorschriften kennt und diese sachgemäß anwendet. Ein grobes Verschulden des Steuerpflichtigen könnte darin bestehen, dass er die vom Steuerberater angefertigte Erklärung unterschreibt, obwohl ihm bei Durchsicht hätte auffallen müssen, dass steuermindernde Tatsachen nicht berücksichtigt worden sind (siehe hierzu die Rechtsprechung des BFH vom 03.02.1983, BStBl II 1983, 324; vom 28.06.1983, BStBl II 1984, 2; vom 25.11.1983, BStBl II 1984, 256).

2.3.5.4.2 Unbeachtlichkeit des Verschuldens (§ 173 Abs. 1 Nr. 2 Satz 2 AO)

Das Verschulden ist nach § 173 Abs. 1 Nr. 2 Satz 2 AO unbeachtlich, wenn die Tatsachen oder Beweismittel, die zu einer niedrigeren Steuer führen, in einem unmittelbaren oder mittelbaren Zusammenhang mit Tatsachen oder Beweismitteln stehen, die zu einer höheren Steuer führen. Ist ein solcher sachlicher Zusammenhang gegeben, können die steuermindernden Tatsachen in voller Höhe berücksichtigt werden.

Der sachliche Zusammenhang liegt vor, wenn die zu einer höheren Steuer führende Tatsache die zur niedrigeren Steuer führende Tatsache ursächlich bedingt. Das heißt, dass der steuererhöhende Vorgang ohne den steuermindernden nicht denkbar ist, BFH vom 28.03.1985, BStBl II 1986, 120; vom 08.08.1991, BStBl II 1992, 12.

> **Beispiel 1:**
>
> Nach Ermittlung bisher nicht bekannter, erfasster Betriebseinnahmen werden die zu diesen Einnahmen gehörenden Betriebsausgaben berücksichtigt.

> **Beispiel 2:**
>
> Es werden nachträglich umsatzsteuerpflichtige Umsätze und den mit diesen im Zusammenhang stehenden vorsteuerbelasteten Leistungen an den Unternehmer bekannt.

Werden hingegen nach vorangegangener Schätzung die Einkünfte einer gesamten Einkunftsart neu bekannt, so stellt die Höhe dieser Einkünfte die für die Anwendung des § 173 Abs. 1 Nr. 1 oder Nr. 2 AO relevante Tatsache dar. Eine Aufspaltung in steuererhöhende Einnahmen auf der einen Seite und steuermindernde Ausgaben auf der anderen Seite unter Hinweis auf § 173 Abs. 1 Nr. 2 Satz 2 AO ist in solchen Fällen nicht zulässig, siehe AEAO zu § 173 Nr. 6.2.

2.3.5.5 Änderungssperre (§ 173 Abs. 2 AO)

Steuerbescheide, die aufgrund einer Außenprüfung ergangen sind, können nach § 173 Abs. 2 Satz 1 AO wegen neuer Tatsachen oder Beweismittel nur aufgehoben oder geändert werden, wenn eine Steuerhinterziehung oder leichtfertige Steuerverkürzung vorliegt. Dies gilt auch, wenn die Außenprüfung nicht zu einer Änderung der Besteuerungsgrundlagen geführt hat und dem Steuerpflichtigen dies gemäß § 202 Abs. 1 Satz 3 AO schriftlich mitgeteilt worden ist.

Die Vorschrift dient dem Rechtsfrieden sowohl für den Steuerpflichtigen als auch für den Staat. Durch die Regelung wird Steuerbescheiden, die aufgrund einer Außenprüfung erlassen wurden, eine erhöhte Bestandskraft zugemessen, weil durch die Außenprüfung die steuerlich erheblichen Sachverhalte vollumfänglich geprüft werden können. Die Änderungssperre bezieht sich auf alle Fälle des § 173 Abs. 1 AO, schließt jedoch die Anwendung andere Korrekturvorschriften nicht aus, BFH vom 04.11.1992, BStBl II 1993, 425.

Außenprüfung im Sinne dieser Vorschrift sind sämtliche Außenprüfungen nach §§ 193 ff. AO (s. Kap. IX. 1.), die den Fall in seiner Gesamtheit betreffen und das Ziel einer abschließenden Entscheidung haben.

> **Beispiele:**
>
> - Außenprüfung (§ 193 AO),
> - abgekürzte Außenprüfung (§ 203 AO),
> - Umsatzsteuersonderprüfungen (Sperre in Bezug auf die Umsatzsteuer),
> - Lohnsteueraußenprüfungen (Sperre in Bezug auf die Lohnsteuer).

Voraussetzung für die Änderungssperre ist auch, dass der Bescheid aufgrund der Außenprüfung ergangen ist, sei es als Erstbescheid oder Änderungsbescheid. Auf Erstbescheide, die vor der Außenprüfung ergangen sind, findet die Vorschrift keine Anwendung.

Der Umfang der Änderungssperre richtet sich nach dem Inhalt der jeweiligen Prüfungsanordnung (AEAO zu § 173 Nr. 8.2). Wird die Prüfung daher auf bestimmte Steuerarten, Sachverhalte oder Besteuerungszeiträume beschränkt, umfasst die Änderungssperre nur den in der Prüfungsanordnung genannten Teil der Besteuerungsgrundlagen.

Die Änderungssperre kann nur durchbrochen werden, wenn eine Steuerhinterziehung oder leichtfertige Verkürzung vorliegt (s. Kap. X. 3.1).

2. Korrekturvorschrift für alle Steuerverwaltungsakte

> **Fall § 173 AO:**
>
> Der nichtselbständige Maler M hat im Kalenderjahr 2017 Einnahmen aus Schwarzarbeit in Höhe von 10.000 € (steuerliche Auswirkung) nicht erklärt. Der Einkommensteuerbescheid 2017 ist bestandskräftig. Wegen einer Kontrollmitteilung erfährt das Finanzamt von den Einnahmen. M hat für die Schwarzarbeit in 2017 Ausgaben getätigt für Farbe, Pinsel etc. in Höhe von 4.000 € (steuerliche Auswirkung), die er bisher bewusst verschwiegen hatte. Nun macht er diese geltend. Andere Einkünfte aus Gewerbebetrieb hat M nicht.
>
> **Ist eine Änderung nach § 173 AO möglich?**

2.3.6 Schreib- oder Rechenfehler bei Erstellung einer Steuererklärung (§ 173a AO)

Die Vorschrift wurde mit dem Gesetz zur Modernisierung des Besteuerungsverfahrens vom 18.07.2016 eingeführt und regelt nur Schreib- oder Rechenfehler des Steuerpflichtigen bei Erstellung einer Steuererklärung. Sie ersetzt das bisher durch die Rechtsprechung entwickelte Institut des Übernahmefehlers bei der Berichtigung nach § 129 AO. Unterläuft dem Finanzamt ein Schreib- oder Rechenfehler, hat die Berichtigung nach § 129 AO zu erfolgen.

Anzuwenden ist die Vorschrift auf alle Steuerbescheide und gleichgestellte Verwaltungsakte, die nach dem 31.12.2016 erlassen worden sind (AEAO zu § 173a Nr. 2). Nicht erfasst werden sonstige Verwaltungsakte (Unterschied zu § 129 AO), also z.B. Haftungsbescheide, da diese nicht auf Steuererklärungen beruhen.

§ 173a AO setzt voraus, dass dem Steuerpflichtigen bei Erstellung seiner Steuererklärung Schreib- oder Rechenfehler unterlaufen sind und er deshalb der Finanzbehörde bestimmte, nach den Verhältnissen zum Zeitpunkt des Erlasses des Steuerbescheids rechtserhebliche Tatsachen unzutreffend mitgeteilt hat.

2.3.6.1 Schreib- oder Rechenfehler

Der Tatbestand enthält, im Unterschied zu § 129 AO, lediglich die Schreib- und Rechenfehler; nicht jedoch ähnliche offenbare Unrichtigkeiten.

Schreibfehler sind Rechtschreibfehler, Wortverwechslungen oder Wortauslassungen und können beim Schreiben von Wörtern und Zahlen vorkommen. Wird ein Wert bei einer Übertragung falsch übernommen, liegt ein Schreibfehler vor. Wird hingegen ein Wert vom Steuerpflichtigen versehentlich nicht in die Erklärung übernommen, liegt kein Schreibfehler vor. Die Anwendung der Vorschrift scheidet in diesem Fall aus; zu prüfen wäre gegebenenfalls § 173 AO, AEAO zu § 173a Nr. 1.

Rechenfehler sind u.a. Fehler bei der Ausübung der vier Grundrechenarten, bei der Prozentrechnung und anderen Rechenoperationen.

Gleichwohl das Gesetz nicht den Begriff „offenbar" enthält, ist nach Meinung des Verfassers der Schreib- oder Rechenfehler nur dann gegeben, wenn dieser objektiv „offenbar" ist, d.h. der Fehler muss durchschaubar, eindeutig oder augenfällig sein. Das ist dann der Fall, wenn der Fehler bei Offenlegung des Sachverhalts für jeden unvoreingenommenen Dritten klar und deutlich als Schreib- oder Rechenfehler erkennbar ist und kein Anhaltspunkt dafür erkennbar ist, dass eine unrichtige Tatsachenwürdigung, ein Rechtsirrtum oder ein Rechtsanwendungsfehler vorliegt (AEAO zu § 173a AO Nr. 1).

2.3.6.2 Kausalität

Der Schreib- oder Rechenfehler muss ursächlich für die Nichtmitteilung bzw. nicht richtige Mitteilung von rechtserheblichen Tatsachen sein. Der Begriff der Rechtserheblichkeit des § 173a AO ist identisch mit dem Begriff des § 173 AO, vgl. Kap. 2.3.5.2.5.

2.3.6.3 Rechtsfolge

Ist infolge des Schreib- oder Rechenfehlers die Steuerfestsetzung unrichtig, so muss der Steuerbescheid aufgehoben oder geändert werden. Die Finanzbehörde hat in den Fällen des § 173a AO kein Ermessen

(„sind"). Die Änderung ist allerdings punktuell, d.h. nur die Folgen des Schreib- oder Rechenfehlers können berichtigt werden.

§ 177 AO findet Anwendung.

Zu beachten ist die Festsetzungsverjährung, § 171 Abs. 2 Satz 2 AO.

2.3.7 Widerstreitende Steuerfestsetzungen (§ 174 AO)

2.3.7.1 Allgemeines

Die Vorschrift des § 174 AO schafft die Möglichkeit, Vor- und Nachteile auszugleichen, die sich durch Steuerfestsetzungen ergeben haben, die inhaltlich einander widersprechen, (AEAO zu § 174 Nr. 1).

Sie ist nach § 172 Abs. 1 Nr. 2d AO gesetzliche Grundlage für die Änderung einer oder mehrerer Steuerfestsetzungen. Anwendung findet § 174 AO auf Steuerbescheide und diesen gleichgestellten Bescheiden.

Erfasst werden Fälle, in denen ein und derselbe Sachverhalt mehrfach besteuert wird und dies rechtswidrig ist. Im Ergebnis kann nur eine Festsetzung richtig sein; man spricht daher von widerstreitenden Festsetzungen.

Die Vorschrift beinhaltet daher fünf eigenständige Korrekturvorschriften. § 174 Abs. 1 und 2 AO umfasst den sogenannten **positiven Widerstreit**, d.h. ein Sachverhalt wird rechtswidrig positiv in mehreren Bescheiden berücksichtigt. § 174 Abs. 3 und 4 AO beinhaltet den **negativen Widerstreit**, d.h. ein Sachverhalt wird rechtswidrig nicht im betreffenden Bescheid berücksichtigt. § 174 Abs. 5 AO regelt den negativen Widerstreit nach § 174 Abs. 4 AO bei Auswirkung auf Dritte.

2.3.7.2 Bestimmter Sachverhalt

Gemeinsames Tatbestandsmerkmal aller fünf Korrekturtatbestände des § 174 AO ist ein „bestimmter Sachverhalt". Der Begriff des Sachverhalts ist im Gesetz nicht näher bestimmt. Sachverhalt ist jeder einzelne Lebensvorgang, an den das Gesetz die Leistungspflicht bzw. steuerliche Folgen knüpft. Rechtliche Wertungen und Schlussfolgerungen zählen nicht dazu. Der Begriff erfasst nicht nur einzelne steuererhebliche Tatsachen, sondern den einheitlichen, für die Besteuerung maßgeblichen Sachverhaltskomplex (AEAO zu § 174 Nr. 1.2). In der Regel wird der Begriff des Sachverhaltes sich mit dem „Tatsachen-Begriff" des § 173 AO decken (vgl. 2.3.5.2.1).

Allerdings umfasst der Begriff des bestimmten Sachverhalts meist den einheitlichen Lebensvorgang, der sich aus mehreren einzelnen Vorgängen zusammensetzen kann, BFH vom 02.05.2001, BStBl II 2001, 562.

Beispiel:
A zahlt an B 1.000 €. A hat folglich eine Ausgabe, B eine entsprechende Einnahme.

Lösung:
Sachverhalt i.S.d. § 174 AO ist hier der Zahlungsvorgang als solches, nicht die Einnahme und die Ausgabe einzeln.

2.3.7.3 Mehrfachberücksichtigung eines bestimmten Sachverhaltes

Der bestimmte Sachverhalt muss mehreren Steuerfestsetzungen zugrunde gelegt worden sein. Die Steuerfestsetzungen können dabei denselben Steuerpflichtigen oder verschiedene Steuerpflichtige betreffen.

Die mehrfache Berücksichtigung eines Sachverhalts kann sich wie folgt darstellen:
- derselbe Sachverhalt wird bei mehreren Steuerarten berücksichtigt (Objektkollision),

Beispiel:
Einnahme des Steuerpflichtigen (Schenkung vom Vater) wird bei der Einkommensteuer und bei der Schenkungsteuer erfasst.

- derselbe Sachverhalt wird bei mehreren Steuerschuldnern berücksichtigt (Subjektkollision),

> **Beispiel:**
> Das Wirtschaftsgut Maschine wird sowohl dem Käufer A als auch dem Verkäufer B als Anlagevermögen zugerechnet.

- derselbe Sachverhalt wird in mehreren Veranlagungszeiträumen berücksichtigt (Periodenkollision),

> **Beispiel:**
> Dieselbe Einnahme wird im Veranlagungszeitraum 2016 und 2017 erfasst.

- derselbe Sachverhalt wird bei mehreren Finanzämtern berücksichtigt (Zuständigkeitskollision).

> **Beispiel:**
> Steuerpflichtiger A wird vom Finanzamt A und vom Finanzamt B zur Einkommensteuer veranlagt.

Der bestimmte Sachverhalt muss in **mehreren** Steuerbescheiden mehrfach berücksichtigt worden sein. Wird hingegen ein bestimmter Sachverhalt mehrfach in **einem** Bescheid erfasst, greift § 174 AO nicht. Für die Korrektur ist in diesen Fällen eine andere Vorschrift erforderlich.

> **Beispiel kein § 174 AO:**
> Einnahme i.H.v. 2.000 € wird zweimal im Körperschaftsteuerbescheid 2017 erfasst.

Bei zusammen zu veranlagenden Ehegatten liegen zwei – also mehrere – Steuerfestsetzungen vor, die nur äußerlich zusammengefasst werden (§ 155 Abs. 3 AO). Wird also ein Sachverhalt bei der Ehefrau und dem Ehemann berücksichtigt, greift § 174 AO.

> **Beispiel:**
> Der Veräußerungsgewinn einer Maschine des Ehemannes i.H.v. 1.000 € wird auch bei der Ehefrau erfasst.

Wurde ein Sachverhalt in einem Grundlagenbescheid (z.B. Feststellungsbescheid) erfasst und wird dieser noch mal im Folgebescheid erfasst, liegt auch ein Fall des § 174 AO vor, vgl. BFH vom 13.11.1996, BStBl II 1997, 170 und vom 12.04.2000, BFH/NV 2001, 151.

> **Beispiel:**
> Betriebsausgabe i.H.v. 5.000 € wird im Rahmen der gesonderten und einheitlichen Feststellung bei der OHG erfasst; nochmals bei der Gewinnermittlung des Gesellschafters.

2.3.7.4 Einmalberücksichtigung

Weitere Voraussetzung ist, dass der Sachverhalt nur einmal hätte Berücksichtigung finden dürfen, d.h. nur eine Berücksichtigung des Sachverhaltes ist zutreffend, die andere rechtswidrig. Die Entscheidung hierüber ist nach dem materiellen Recht zu treffen.

2.3.7.5 Mehrfachberücksichtigung eines bestimmten Sachverhaltes zuungunsten eines oder mehrerer Steuerpflichtiger (§ 174 Abs. 1 AO)

Wurde ein bestimmter Sachverhalt rechtswidrig in mehreren Bescheiden zulasten des Steuerpflichtigen berücksichtigt, obwohl er nur einmal hätte berücksichtigt werden dürfen, so ist der fehlerhafte Bescheid auf Antrag aufzuheben oder zu ändern.

Die mehrfache Berücksichtigung muss sich zuungunsten des Steuerpflichtigen ausgewirkt haben; abzustellen ist dabei auf die derzeitige Auswirkung der Festsetzung.

> **Beispiel:**
>
> Mehrfachberücksichtigung eines Veräußerungsgewinns i.H.v. 20.000 € in den Bescheiden 2016 und 2017.

> **Lösung:**
>
> Auswirkung zuungunsten, weil der Gewinn zweimal versteuert werden muss.

Rechtsfolge

Auf Antrag des Steuerpflichtigen ist der **fehlerhafte Bescheid** nach § 174 Abs. 1 AO aufzuheben oder zu ändern. Der Antrag kann bis zum Ablauf der Festsetzungsfrist gestellt werden. Ist diese für den fehlerhaften Bescheid bereits abgelaufen, kann der Antrag noch bis zum Ablauf eines Jahres gestellt werden, nachdem der letzte der betroffenen Bescheide unanfechtbar geworden ist, § 174 Abs. 1 Satz 2 AO. Diese Regelung ist keine Ablaufhemmung, sondern eine gesetzliche Frist i.S.d. § 110 AO, vgl. AEAO zu § 174 AO Nr. 2.

Allerdings bewirkt der Antrag nicht die Gesamtaufrollung des Falles, sondern nur eine punktuelle Änderung des Widerstreits und evtl. Folgeauswirkungen; § 177 AO ist anzuwenden.

> **Beispiel:**
>
> Mit Bescheid vom 10.10.2018 wird gegen den A Grunderwerbsteuer i.H.v. 2.000 € festgesetzt. A trägt beim Finanzamt vor, dass nicht er, sondern sein Sohn A jun. das Grundstück lt. Vertrag erworben hat, auf welches die Grunderwerbsteuer anfällt. Das Finanzamt stellt dies zutreffend fest. Aus Versehen wurde davon ausgegangen, dass A und A jun. identisch sind. Das Finanzamt erlässt auch gegen A jun. einen Bescheid über die GrESt i.H.v. 2.000 €.
>
> **Ist die Änderung des Bescheids vom 10.10.2018 möglich?**

> **Lösung:**
>
> - Bestimmter Sachverhalt: A jun. hat das Grundstück erworben, nicht A,
> - in mehreren Bescheiden: A und A jun.,
> - zuungunsten: zweifache Besteuerung,
> - Einmalberücksichtigung: nur bei A jun. wäre die Berücksichtigung richtig gewesen,
> - Antrag ist gegeben.
>
> Änderung nach § 174 Abs. 1 AO möglich.

2.3.7.6 Mehrfachberücksichtigung eines bestimmten Sachverhalts zugunsten eines oder mehrerer Steuerpflichtiger (§ 174 Abs. 2 AO)

Wurde ein bestimmter Sachverhalt rechtswidrig in mehreren Bescheiden zugunsten des Steuerpflichtigen oder mehrerer Steuerpflichtiger berücksichtigt, obwohl nur eine Berücksichtigung richtig gewesen wäre und liegt die überwiegende Verursachung der fehlerhaften Mehrfachberücksichtigung beim Steuerpflichtigen, so ist der fehlerhafte Bescheid zu ändern oder aufzuheben.

Durch § 174 Abs. 2 AO wird in entsprechender Anwendung des § 174 Abs. 1 AO der Fall geregelt, dass ein bestimmter Sachverhalt zugunsten des Steuerpflichtigen mehrfach berücksichtigt, ein Antrag des Steuerpflichtigen ist nicht erforderlich. Zusätzliches Tatbestandsmerkmal ist in Absatz 2, dass der Fehler durch den Steuerpflichtigen aufgrund eines Antrags oder einer Erklärung verursacht sein muss. Unter den Begriff des Antrags oder einer Erklärung fallen auch formlose Mitteilungen und Auskünfte außerhalb des Steuererklärungsvordrucks (BFH vom 13.11.1996, BStBl II 1997, 170, siehe AEAO zu § 174

Nr. 3). Ob die Verursachung dabei versehentlich oder bewusst herbeigeführt wurde, ist unerheblich, vgl. BFH vom 06.09.1995, BStBl II 1996, 148.

Rechtsfolge
Der **fehlerhafte Bescheid** ist von Amts wegen nach § 174 Abs. 2 AO aufzuheben oder zu ändern. Dies kann solange erfolgen bis die Festsetzungsfrist des fehlerhaften Bescheides abgelaufen ist. Für den Eintritt der Verjährung gilt über § 174 Abs. 2 AO § 174 Abs. 1 Satz 2 AO entsprechend. Die Vorschrift ist dann – mangels Antragserfordernis – entsprechend auszulegen.

> **Beispiel:**
> Der Steuerpflichtige erklärt in 2017 eine Betriebsausgabe i.H.v. 20.000 €. Die Erfassung in 2017 war nicht zutreffend. Die Veranlagung erfolgt für 2017 unter Berücksichtigung der Betriebsausgabe. Das Finanzamt stellt danach fest, dass die Betriebsausgabe in 2018 zu erfassen ist und veranlagt 2018.

> **Lösung:**
> Der fehlerhafte Bescheid 2017 kann nach § 174 Abs. 2 AO geändert werden.

Zur unionskonformen Auslegung des § 174 Abs. 1 und Abs. 2 AO siehe AEAO zu § 174 Nr. 5.

2.3.7.7 Nichtberücksichtigung eines bestimmten Sachverhaltes im Hinblick auf einen anderen Bescheid (§ 174 Abs. 3 AO)

Die Vorschrift betrifft die Fälle, in denen die Finanzbehörden einen bestimmten Sachverhalt in einem Steuerbescheid deshalb nicht berücksichtigt, weil sie erkennbar davon ausgeht, der Sachverhalt werde mit einem anderen Bescheid steuerlich erfasst. Hierbei können Sachverhalte vorliegen, die sich zugunsten als auch zuungunsten des Steuerpflichtigen auswirken.

> **Beispiel 1:**
> Das Finanzamt rechnet ein bebautes Grundstück bei der Einheitswertfeststellung nicht dem bürgerlich-rechtlich Eigentümer zu, weil es der unzutreffenden Ansicht ist, das Grundstück müsse dem Nießbraucher als wirtschaftlichem Eigentümer zugerechnet werden.

> **Beispiel 2:**
> Das Finanzamt erfasst eine Einnahme nicht in 2017, weil es unzutreffend der Ansicht ist, sie gehöre nach 2018.

Eine Nichtberücksichtigung kann entweder vorliegen, in dem der Sachverhalt in einer Steuerfestsetzung nicht erfasst wird oder indem gar keine Festsetzung erfolgt. Die Finanzbehörde muss aber die irrige (falsche) Annahme haben, dass der Sachverhalt anderweitig zugeordnet wird (z.B. in einem anderen Bescheid).

Diese Annahme muss bei dem für die Festsetzung zuständigen Amtsträgers vorliegen, siehe BFH vom 29.05.2001, BFH/NV 2001, 1523.

Zudem muss die Annahme für die Nichtberücksichtigung kausal/ursächlich sein, d.h. dem Amtsträger muss der Sachverhalt bekannt gewesen sein und seine falsche Annahme hat die Nichtberücksichtigung zur Folge. Kennt der Amtsträger den Sachverhalt nicht, greift § 174 Abs. 3 AO nicht ein.

Unerheblich ist, ob die Annahme des Amtsträgers auf einer fehlerhaften Würdigung oder eines Rechtsirrtums beruht. Ebenso irrelevant ist, ob die anderweitige Zuordnung tatsächlich erfolgt oder nicht.

Die Annahme muss unrichtig, d.h. sie muss als materiell-rechtlich fehlerhaft angesehen werden.

Die Nichtberücksichtigung und die anderweitige Zuordnung müssen für den Steuerpflichtigen erkennbar sein. Erkennbarkeit ist gegeben, wenn der Steuerpflichtige die (später als fehlerhaft erkannte)

Annahme des Finanzamtes auch ohne entsprechenden Hinweis aus dem gesamten Sachverhaltsablauf allein aufgrund verständiger Würdigung des fehlerhaften Bescheids erkennen konnte, BFH vom 21.12.1984, BStBl II 1985, 283.

Rechtsfolge

Liegen die Voraussetzungen vor, kann die Festsetzung, bei der die Berücksichtigung unterblieben ist, nachgeholt, geändert oder aufgehoben werden. Hier liegt durch den Wortlaut „kann" zwar wörtlich ein Ermessen vor, welches i.d.R. wegen der Gleichmäßigkeit der Besteuerung auf null reduziert sein wird, vgl. BFH vom 28.11.1989, BStBl II 1990, 458.

Die Nachholung/Aufhebung/Änderung ist nur zulässig bis zum Ablauf der für die andere Steuerfestsetzung (Bescheid, in dem das Finanzamt den Sachverhalt ursprünglich berücksichtigen wollte) geltenden Festsetzungsfrist, § 174 Abs. 3 Satz 2 AO.

> **Beispiel:**
>
> Steuerpflichtige S macht für das Jahr 2016 Aufwendungen für Fachliteratur bei den Einkünften aus § 19 EStG i.H.v. 400 € geltend. Das Finanzamt ordnet diese mit schriftlichem Hinweis dem Jahr 2017 zu. S macht selbige Aufwendungen für 2017 geltend; das Finanzamt lehnt ab mit der Begründung die Aufwendungen gehören nach 2016.

> **Lösung:**
>
> - bestimmter Sachverhalt: Aufwendungen Fachliteratur i.H.v. 400 €,
> - bisher keine Berücksichtigung: weder im Bescheid 2016, noch im Bescheid 2017,
> - zugunsten: die Aufwendungen sind Werbungskosten i.S.d. § 9 Abs. 1 Satz 1 EStG und sind im Kalenderjahr des Abflusses 2016 nach § 11 Abs. 2 EStG zu berücksichtigen; dies führt zu einer Minderung der Einkünfte aus § 19 EStG,
> - irrige Annahme des Finanzamtes: Finanzamt ging von einer unzutreffenden Berücksichtigung in 2017 aus,
> - Erkennbarkeit für S: Nichtberücksichtigung und anderweitige Zuordnung waren für S wegen dem schriftlichen Hinweis des Finanzamtes erkennbar.
>
> Änderung nach § 174 Abs. 3 AO.

2.3.7.8 Ausgelöster Widerstreit durch Antrag oder Rechtsbehelf des Steuerpflichtigen (§ 174 Abs. 4 und 5 AO)

Nach der Aufhebung oder Änderung eines Bescheides zugunsten des Steuerpflichtigen anhand eines Antrags oder eines Rechtsbehelfes, in dem ein bestimmter Sachverhalt irrig beurteilt wurde, kann das Finanzamt hieraus gemäß § 174 Abs. 4 AO durch Erlass oder Änderung eines Bescheides die richtigen Folgen ziehen.

> **Beispiel:**
>
> Im Einkommensteuerbescheid 2017 wurden Einkünfte aus Vermietung und Verpachtung erfasst. Aufgrund eines Einspruchs des Steuerpflichtigen wird dieser Bescheid geändert, weil die Einkünfte zutreffend ins Jahr 2018 gehören.

> **Lösung:**
>
> Das Finanzamt darf den Bescheid 2018 ändern und die bisher nicht erfassten Einkünfte ansetzen.

Irrige Beurteilung ist gegeben, wenn die Finanzbehörde einen bestimmten Sachverhalt unzutreffend würdigt und falsche steuerrechtlichen Folgen zieht, siehe BFH vom 02.05.2001, BStBl II 2001, 562. D.h., dass die Behörde den Sachverhalt kennen muss. Folge von der irrigen Beurteilung ist dann der fehlerhafte Steuerbescheid.

Die irrige Beurteilung darf nicht bewusst herbeigeführt sein, sondern darf nur auf Versehen basieren.

Die Änderung eines Einkommensteuerbescheids gemäß § 174 Abs. 4 AO wegen der irrigen Beurteilung des Sachverhalts in einem anderen Bescheid, welcher auf Initiative des Steuerpflichtigen zu seinen Gunsten geändert wurde, ist nicht ausgeschlossen, wenn das Finanzamt bei Erlass des ursprünglichen Bescheids wissentlich fehlerhaft gehandelt hat. Der Steuerpflichtige soll vielmehr im Falle seines Obsiegens mit einem gewissen Rechtsstandpunkt an dieser Auffassung festgehalten werden, soweit derselbe Sachverhalt zu beurteilen ist, BFH vom 25.10.2016, X R 31/14, BStBl 2017 II S. 287.

Aufhebung/Änderung wegen Antrag oder Rechtsbehelf des Steuerpflichtigen

Die Aufhebung oder Änderung des Bescheides zugunsten des Steuerpflichtigen mit der irrigen Beurteilung muss auf einen Antrag oder einem zulässigen Rechtsbehelf beruhen. Der Antrag/Rechtsbehelf muss für die Aufhebung/Änderung kausal/ursächlich sein.

Gleichgestellt ist die Aufhebung oder Änderung aufgrund des Gerichtes, § 174 Abs. 4 Satz 2 AO. § 174 Abs. 4 AO erfasst also nicht die Fälle, bei denen die Behörde „aus eigenem Antrieb" ändert, z.B. nach § 164 Abs. 2 AO nach Betriebsprüfungen.

Rechtsfolge

Liegen die Voraussetzungen des § 174 Abs. 4 AO vor, kann ein anderer Bescheid oder mehrere andere Bescheide geändert werden und die richtigen steuerlichen Folgen können nachträglich berücksichtigt werden.

Die Änderung nach § 174 Abs. 4 AO setzt nicht voraus, dass sich Änderungen zugunsten des Steuerpflichtigen wegen des Antrags/Rechtsbehelfs und die Folgeänderungen nach Abs. 4 zuungunsten des Steuerpflichtigen aufheben. Je nach Fallgestaltung ist also im Ergebnis auch eine Mehrbelastung möglich. Ergeben sich hingegen durch die Folgeänderung nach Abs. 4 weitere Auswirkungen zugunsten des Steuerpflichtigen, greift § 174 AO nicht.

Die Anwendung der Vorschrift hat auch zeitliche Grenzen, die Festsetzungsfrist. Der Ablauf dieser ist unbeachtlich, wenn die steuerlichen Folgerungen innerhalb eines Jahres nach Aufhebung oder Änderung des fehlerhaften Steuerbescheides gezogen werden, § 174 Abs. 4 Satz 3 AO. Zu beachten ist § 174 Abs. 4 Satz 4 AO.

Beispiel:

Zuständige Sachbearbeiter S bearbeitet eine im November 2017 eingegangene Kontrollmitteilung oberflächlich und wertet diese falsch aus. Eine Einnahme des Steuerpflichtigen K i.H.v. 800 €, die in 2014 erzielt und versehentlich nicht erklärt wurde, wurde bei der Einkommensteuer 2015 berücksichtigt. K legt Einspruch ein; es wurde mit Bescheid vom 08.08.2018 beendet (Änderung der Einkommensteuer 2015; wurde wieder aufgehoben). Ist eine Änderung des Bescheides 2014 (erlassen in 2015) noch möglich?

Lösung:

- Bestimmter Sachverhalt: Honorar i.H.v. 800 €, das K in 2014 erzielte,
- fehlerhafter Steuerbescheid, irrige Beurteilung: wegen fehlerhafter Auswertung der Kontrollmitteilung zunächst im Bescheid 2015 berücksichtigt, obwohl das Honorar nach § 11 Abs. 1 EStG im Kalenderjahr 2014 (Zufluss) zu erfassen ist,
- Korrektur des fehlerhaften Bescheides 2014: zugunsten des K wegen Einspruch (also auf seine Veranlassung), Bescheid vom 08.08.2018.

Änderung des Bescheides 2014 durch Erfassung des Honorars nach § 174 Abs. 4 AO.

Beteiligung Dritter (§ 174 Abs. 5 AO)
Sind durch die Ziehung der richtigen steuerlichen Beurteilung i.S.d. Abs. 4 Dritte beteiligt, ist Abs. 4 nur entsprechend anwendbar, wenn die Dritten am Verfahren, das zur Aufhebung oder Änderung des fehlerhaften Steuerbescheides führten, beteiligt waren. Hierdurch wird die Steuerschuldnerkollision miterfasst.

Beispiel:
Bestimmte Ausgaben sind dem A vom Finanzamt nicht zugerechnet worden, weil es irrig davon ausging, sie seien bei der Besteuerung des B zu erfassen.

Lösung:
Hat der Rechtsbehelf des A insoweit Erfolg, darf das Finanzamt hieraus die Konsequenzen gegenüber B nur ziehen, wenn dieser zum Rechtsbehelfsverfahren des A hinzugezogen wurde.

Dritter ist derjenige, der im fehlerhaften Steuerbescheid nicht als Steuerschuldner angegeben ist (§ 157 Abs. 1 Satz 2 AO), AEAO zu § 174, Nr. 8.2.
Die Beteiligung des Dritten am Verfahren ist zum einen möglich:
- weil er Verfahrensbeteiligter i.S.d. § 359 Nr. 2 AO (§ 57 Nr. 3 FGO) ist

Beispiel:
Hinzuziehung nach § 360 AO.

- oder weil er auf eigene verfahrensrechtliche Initiative auf die Aufhebung oder Änderung hinwirkte.

Die Hinzuziehung oder Beiladung eines Dritten zum Verfahren ist nach § 174 Abs. 5 Satz 2 AO zulässig. Eine Prüfung des Tatbestandes der Hinzuziehung nach § 360 AO bzw. der Beiladung nach § 60 FGO müssen nicht erfolgen. § 174 Abs. 5 Satz 2 AO geht diesen Vorschriften vor und enthält eine eigene Regelung.
Für die Hinzuziehung oder die Beiladung reicht die Möglichkeit aus, evtl. wegen einer Änderung nach § 174 Abs. 4 AO bei einem Dritten steuerrechtliche Folgen zu ziehen, AEAO zu § 174 Nr. 8.4. Das Steuergeheimnis wird nicht verletzt, § 30 Abs. 4 Nr. 1 und 2 AO.
Gegen die Hinzuziehung kann der Dritte Einspruch einlegen (§ 347 AO), gegen die Beiladung Beschwerde (§ 128 Abs. 1 AO).

2.3.8 Aufhebung oder Änderung von Steuerbescheiden aufgrund von Grundlagenbescheiden und bei rückwirkenden Ereignissen (§ 175 AO)

2.3.8.1 Allgemeines
Die Vorschrift enthält zwei voneinander unabhängige, grundverschiedene, selbständige Korrekturvorschriften.
§ 175 Abs. 1 Nr. 1 AO regelt die Aufhebung/Änderung oder den Erlass von Steuerbescheiden, soweit ein Grundlagenbescheid, dem Bindungswirkung für diesen Steuerbescheid zukommt, erlassen, aufgehoben oder geändert wird.
§ 175 Abs. 1 Nr. 2 AO regelt hingegen den Erlass/die Aufhebung/Änderung von Steuerbescheiden, soweit ein Ereignis eintritt, das steuerliche Wirkung für die Vergangenheit hat.
Auch bei § 175 AO ergibt sich – wie bei anderen Korrekturvorschriften – aus dem Wortlaut des Gesetzes („soweit") eine punktuelle Änderungsmöglichkeit, d.h. die Bestandskraft wird nur zum Teil durchbrochen.
Die Vorschrift ist auf alle Steuerbescheide und diesen gleichgestellten Bescheiden – nicht auf sonstige Verwaltungsakte – anwendbar und gehört in das Korrektursystem des § 172 Abs. 1 Nr. 2d AO.

Liegen die Voraussetzungen des § 175 AO vor, so hat die Finanzbehörde die Pflicht zur Korrektur und kein Ermessen. Die §§ 176 und 177 AO sind zwingend zu beachten.

2.3.8.2 § 175 Abs. 1 Nr. 1 AO – Allgemeines

Die Besteuerungsgrundlagen werden grundsätzlich im Steuerfestsetzungsverfahren festgestellt und stellen einen unselbständigen Teil der Steuerfestsetzung dar (§ 157 Abs. 2 AO). In bestimmten Fällen jedoch sieht das Gesetz ein besonderes Verfahren vor, in dem Einheitswerte und Einkünfte gesondert und/oder einheitlich festgestellt werden (vgl. Kap. IV. 2.).

Aus dem Abschluss dieses gesonderten Verfahrens resultiert der Grundlagenbescheid. Das heißt, die für die Steuerfestsetzung relevanten Beurteilungen des Sachverhaltes erfolgen in einem separaten Verfahren, sind jedoch verbindlich für die Steuerfestsetzung, den Steuerbescheid (= Folgebescheid). Folgebescheide sind solche Bescheide, die auf dem Grundlagenbescheid aufbauen.

§ 175 Abs. 1 Nr. 1 AO ist nun die Korrekturvorschrift für den Folgebescheid, sofern der Grundlagenbescheid, der bindend ist, erlassen/aufgehoben/geändert wird. Die Vorschrift gilt sowohl zugunsten als auch zuungunsten des Steuerpflichtigen.

Beispiel:

Steuerpflichtige X wird vom zuständigen Bearbeiter Y zur Einkommensteuer 2017 veranlagt. In den Besteuerungsgrundlagen ist ein Gewinnanteil des X an einer OHG enthalten, der vom zuständigen Betriebsfinanzamt in einer gesonderten und einheitlichen Feststellung in Höhe von 20.000 € ermittelt wurde. Dem Bearbeiter wurde der Anteil in einem Grundlagenbescheid mitgeteilt; er setzte ihn in Höhe von 20.000 € an. Der Grundlagenbescheid wird im Anschluss geändert; der neue Gewinnanteil des X beträgt 15.000 €.

Lösung:

Eine Änderung des Folgebescheides nach § 175 Abs. 1 Nr. 1 AO hat zu erfolgen, da der Grundlagenbescheid, der Bindungswirkung für den Folgebescheid hat, geändert wurde.

Die Vorschrift ist nur eine punktuelle Korrekturvorschrift und schließt die Anwendung anderer Korrekturvorschriften nicht aus.

2.3.8.2.1 Grundlagenbescheide

Grundlagenbescheide i.S.d. § 175 Abs. 1 Nr. 1 AO sind Feststellungsbescheide (§§ 179 ff. AO), Steuermessbescheide (§ 184 AO) oder sonstige für eine Steuerfestsetzung bindende Verwaltungsakte. Diese Legaldefinition befindet sich in § 171 Abs. 10 AO. Dazu gehören z.B. auch Zerlegungsbescheide (§ 185 AO), Zuteilungsbescheide (§ 190 AO) und Aufteilungsbescheide (§ 268 AO).

Grundlagenbescheide sind solche Bescheide, die eine Entscheidung über einen bestimmten Sachverhalt treffen und bindend für andere Bescheide (Folgebescheide) sind.

Bindungswirkung (§ 182 Abs. 1 Satz 1 AO) bedeutet, dass die Feststellung im Grundlagenbescheid ohne weitere Prüfung von der zur Festsetzung berufenen Stelle im Folgebescheid übernommen werden muss. Die Bindungswirkung betrifft in Anlehnung an die Steuerfestsetzung nur den Entscheidungssatz/Ausspruch (Tenor) des Grundlagenbescheides, nicht die dort genannten unselbständigen Besteuerungsmerkmale, die der Begründung des Tenors dienen. Bindend sind also nur die festgestellten Besteuerungsgrundlagen (z.B. Gewinnanteile der Gesellschafter) im Grundlagenbescheid.

Interne Mitteilungen der Behörde (sog. ESt-4-Mitteilungen) haben keine Bindungswirkung. Diese dienen lediglich der Verfahrensökonomie.

Die Bindungswirkung erfordert, dass der Folgebescheid vollständig und zutreffend an den Regelungsgehalt des Grundlagenbescheids angepasst wird.

Beispiel:

Grundlagenbescheid: Gewinnanteil = 20.000 €.
Der in der ESt-4-Mitteilung genannte Gewinnanteil beträgt aufgrund eines Fehlers 2.000 €.

Lösung:

Bindungswirkung entfaltet nur der Grundlagenbescheid.

Zu den Grundlagenbescheiden können auch Verwaltungsakte anderer Behörden als den Finanzbehörden gehören, vgl. AEAO zu § 175 Nr. 1.1. Diesen Verwaltungsakten muss aber Bindungswirkung für den Folgebescheid zukommen.

Beispiele:

- Verwaltungsakte einer zuständigen Behörde, die den Grad einer Behinderung feststellt (§ 33b EStG),
- Bescheinigung der Denkmalbehörde zwecks Nachweise für § 7i EStG.

Der BFH hat mit Urteil vom 21.02.2013 (V R 27/11, BStBl II 2013, 529) entschieden, dass Grundlagenbescheide ressortfremder Behörden, die nicht dem Anwendungsbereich der §§ 179 ff. AO unterliegen, eine Ablaufhemmung nach § 171 Abs. 10 AO nur bewirken, wenn sie vor Ablauf der Festsetzungsfrist für die betroffene Steuer erlassen worden sind. Hiergegen wurde Verfassungsbeschwerde eingelegt, anhängig BVerfG 1 BvR 1787/13.

2.3.8.2.2 Erlass/Aufhebung/Änderung des Grundlagenbescheids

Ein Steuerbescheid kann nur erlassen/aufgehoben oder geändert werden, wenn ein Grundlagenbescheid mit Bindungswirkung erlassen aufgehoben oder geändert wird. Dies ist nicht dahin gehend zu verstehen, dass der Steuerbescheid geändert wird, wenn der Grundlagenbescheid geändert wird usw. Die jeweilige Anpassung (also Erlass oder Aufhebung oder Änderung) des Folgebescheids an den Grundlagenbescheid richtet sich nach der Bindungswirkung.

Beispiel:

Grundlagenbescheid wird aufgehoben (in diesem war nur der Gewinnanteil festgestellt).

Lösung:

Der Steuerbescheid ist lediglich hinsichtlich der Beteiligungseinkünfte zu ändern – nicht etwa wie der Grundlagenbescheid aufzuheben, da der bindende Ausspruch des Grundlagenbescheids aufgehoben wurde.

Voraussetzung für einen Erlass, eine Aufhebung oder eine Änderung des Grundlagenbescheids ist, dass dieser wirksam ist (§ 124 Abs. 1 AO). Eine Anpassung des Folgebescheids an einen unwirksamen/nichtigen Grundlagenbescheid (§§ 124 Abs. 3, 125 AO) ist nicht zulässig. Die Wirksamkeit muss die Behörde, die für die Festsetzung des Folgebescheides zuständig ist, prüfen.

Der Grundlagenbescheid kann auch erst nach Erlass des Folgebescheides ergehen; eine Anpassung des Folgebescheids ist dann möglich. Eine Anpassung des Folgebescheides hingegen vor Erlass des Grundlagenbescheids ist dagegen nicht möglich. Werden Grundlagenbescheide nach § 129 AO berichtigt, ist die Vorschrift des § 175 Abs. 1 Nr. 1 AO entsprechend anzuwenden. Der Folgebescheid ist nicht anzupassen, wenn ein lediglich wiederholender Grundlagenbescheid vorliegt.

2.3.8.2.3 Rechtsfolge

Soweit der erlassene, aufgehobene, geänderte Grundlagenbescheid Bindungswirkung für den Folgebescheid hat, ist dieser anzupassen.

Die Anpassung darf nur innerhalb der Festsetzungsfrist erfolgen (§ 169 Abs. 1 Satz 1 AO). Die Festsetzungsfrist für den Folgebescheid endet insoweit nicht vor Ablauf von zwei Jahren nach Bekanntgabe des Grundlagenbescheids (§ 171 Abs. 10 AO, vgl. Kap. IV. 7.).

Gegen den sog. Korrekturbescheid nach § 175 Abs. 1 Nr. 1 AO kann der Steuerpflichtige Einspruch einlegen (§ 347 AO).

2.3.8.2.4 Sonderregelung bei Gewerbesteuermessbescheiden

Für die Änderung von Gewerbesteuermessbescheiden ist § 35b GewStG eine Spezialregelung zu § 175 Abs. 1 Nr. 1 AO, denn weder der Körperschaftsteuer- noch der Einkommensteuerbescheid sind Grundlagenbescheide für den Gewerbesteuermessbescheid. Wird also z.B. der Körperschaftsteuerbescheid hinsichtlich des Gewinnes geändert, so ist der Gewerbesteuermessbescheid nach § 35b GewStG zu korrigieren.

> **Fall 1:**
>
> Der Einkommensteuerbescheid von B für 2017 ist endgültig und am 01.03.2018 zur Post gegeben worden. Darin enthalten ist ein Gewinnanteil des B an einer Kommanditgesellschaft in Höhe von 25.000 €.
> Am 20.03.2018 ergeht ein geänderter Feststellungsbescheid, der einen Anteil von 30.000 € feststellt.
> **Ist eine Änderung des Einkommensteuerbescheides 2017 nach § 175 AO möglich?**

2.3.8.3 § 175 Abs. 1 Nr. 2 AO – Allgemeines

Die Vorschrift regelt die Fälle, in denen ein Steuerbescheid bei Erlass rechtmäßig war (d.h. § 38 AO entspricht § 155 AO), nachträglich jedoch durch den Eintritt eines Ereignisses rechtswidrig wird (d.h. § 38 ungleich § 155 AO).

Der Sachverhalt, der der ursprünglichen Festsetzung zugrunde liegt muss also derart von dem Ereignis beeinflusst werden, dass sich die steuerrechtliche Beurteilung ändert.

§ 175 Abs. 1 Nr. 2 AO ist letztlich nur die Verfahrensvorschrift für die Korrektur eines Steuerbescheides; die Entscheidung, ob ein rückwirkendes Ereignis vorliegt muss nach materiellem Recht entschieden werden, vgl. AEAO zu § 175 Nr. 2.2.

Die Vorschrift findet Anwendung auf alle Steuerbescheide und diesen gleichgestellten Bescheiden, §§ 176, 177 AO sind zu beachten.

2.3.8.3.1 Ereignis

Nach ständiger Rechtsprechung ist Ereignis jeder tatsächliche oder rechtliche Umstand, der nach dem Gesetz den Steueranspruch dem Grunde oder der Höhe nach beeinflusst, vgl. BFH vom 19.07.1993, BStBl II 1993, 897. Dazu gehören sowohl Vorgänge mit rechtlichem Bezug als auch Tatsachen des Lebenssachverhaltes.

Ereignisse sind reale Lebensvorgänge, Zustände, Vorgänge, Beziehungen, Verhältnisse sowie Rechtsgeschäfte und Rechtsverhältnisse.

Voraussetzung für das Vorliegen eines Ereignisses ist, dass der tatsächliche oder rechtliche Umstand nach dem Gesetz im Einzelfall die Steuer dem Grunde oder der Höhe nach beeinflusst. Das bedeutet, dass durch das Eintreten eines Ereignisses der Anspruch nach § 38 AO anders zu deuten ist.

> **Beispiele kein Ereignis:**
> - Steuergesetzänderung,
> - Änderung Rechtsprechung,
> - Nichtigkeitserklärungen von Normen durch das BVerfG.

Beispiele für rückwirkende Ereignisse sind in AEAO zu § 175 Nr. 2.4 zu finden.

2.3.8.3.2 Nachträgliches Eintreten des Ereignisses

Voraussetzung für die Anwendung des § 175 Abs. 1 Satz 1 Nr. 2 AO ist, dass das Ereignis nachträglich, d.h. nach Entstehung des Steueranspruchs und nach dem Erlass des Steuerbescheides eingetreten sein und sich für die Vergangenheit auswirken muss, d.h. den der Steuerfestsetzung zugrunde liegenden Sachverhalt rückwirkend ändert. Dementsprechend schließt die Anwendung des § 175 Abs. 1 Nr. 2 AO die gleichzeitige Anwendung des § 173 AO aus, da in diesem Fall die Tatsache bei Erlass des Steuerbescheids bereits vorhanden sein musste, vgl. BFH vom 06.03.2003, BStBl II 2003, 554.

Ist das Ereignis bereits vor Entstehung des Anspruches oder vor Erlass des Steuerbescheides eingetreten, die Behörde hatte lediglich nur keine Kenntnis von diesem, greift § 175 AO nicht; denn der Verwaltungsakt war in diesem Fall von Anfang an rechtswidrig. § 175 AO verlangt jedoch, dass der Verwaltungsakt zunächst rechtmäßig ist. Gegebenenfalls ist in diesen Fällen § 173 Abs. 1 AO zu prüfen, vgl. AEAO zu § 175 AO Nr. 2.3.

2.3.8.3.3 Steuerliche Rückwirkung für die Vergangenheit

Der zunächst der Besteuerung zugrunde gelegte Sachverhalt muss sich geändert haben. D.h. es muss eine steuerliche Auswirkung auf die Höhe der Steuer vorliegen und eine Auswirkung für die Vergangenheit gegeben sein. Dies richtet sich nach den Steuergesetzen.

Beispiele steuerlicher Rückwirkung von Ereignissen in Einzelsteuergesetzen:

- § 10d EStG,
- § 29 ErbStG,
- § 17 UStG.

2.3.8.3.4 Laufend veranlagte Steuern

Bei laufend veranlagten Steuern wirken sich die Ereignisse, die sich nach Ablauf des Veranlagungszeitraums abspielen, i.d.R. nicht rückwirkend aus. Sie betreffen vielmehr den neuen Veranlagungszeitraum.

Dies betrifft insbesondere Geschäftsvorfälle, die dem Zufluss-/Abflussprinzip (§ 11 EStG) oder die den Grundsätzen ordnungsgemäßer Buchführung unterliegen. Diese wirken sich regelmäßig nicht in die Vergangenheit aus.

§ 11 EStG schreibt vor, dass Einnahmen in dem Jahr zu erfassen sind, in dem sie zugeflossen sind; Ausgaben in dem Jahr, in dem sie abgeflossen sind. Wird also nachträglich ein Geschäftsvorfall rückgängig gemacht, wirkt sich dies nicht rückwirkend aus.

Beispiel:

Steuerpflichtiger A erhält von seinem Kunden B im Dezember 2017 eine Zahlung für einen Verkauf i.H.v. 2.000 €. Aus vertragstechnischen Gründen muss A im Januar 2019 100 € an B zurückzahlen.

Lösung:

Hier liegt keine Rückwirkung vor. Die Einnahme ist in 2017, die Ausgabe in 2019 zu erfassen.

In der Regel wird also bei den laufend zu veranlagenden Steuern keine Rückwirkung vorliegen.

Eine andere Beurteilung liegt vor, wenn dem Steuerpflichtigen Sonderausgaben oder außergewöhnliche Belastungen in späteren Jahren erstattet werden; in diesen Fällen liegen rückwirkende Ereignisse vor, vgl. AEAO zu § 175 Nr. 2.4.

Liegen an einmalige, punktuelle Ereignisse anknüpfende Steuertatbestände vor, findet § 175 Abs. 1 Nr. 2 AO Anwendung.

> **Beispiele Ereignis:**
> - Veräußerung des gesamten Gewerbebetriebs (§ 16 EStG),
> - Veräußerung wesentlicher Beteiligungen (§ 17 EStG),
> - Veräußerung eines nach § 6b EStG begünstigten Wirtschaftsgutes,
> - siehe AEAO zu § 175 Nr. 2.4.

Bei diesen Fällen wird das steuerliche Schuldverhältnis durch Veräußerung verändert und ein späterer Ausgleich nach § 11 EStG oder nach den Grundsätzen ordnungsgemäßer Buchführung ist in kommenden Jahren nicht mehr möglich. Wird also beispielsweise der Kaufpreis uneinbringlich ist dies ein rückwirkendes Ereignis. Der Steuerbescheid, dem der nach dem ursprünglichen Kaufpreis ermittelte Veräußerungsgewinn zugrunde liegt, ist zu ändern.

Lassen sich folglich nachträgliche Ereignisse in kommenden Jahren nicht mehr erfassen, sondern lediglich durch eine Änderung des Ursprungsbescheids, greift § 175 Abs. 1 Nr. 2 AO. Bei Veräußerungen nach § 17 EStG sind die eben genannten Grundsätze nach BFH ebenfalls anzuwenden, vgl. AEAO zu § 175 Nr. 2.4. Jede nach der Veräußerung eintretende Änderung des Veräußerungspreises ist ein rückwirkendes Ereignis.

> **Beispiel:**
> Nachträgliches Anfallen von Anschaffungskosten oder der Ausfall kapitalersetzender Forderungen.

Erhöht sich in einem späteren Kalenderjahr der Veräußerungspreis für ein nach § 6b EStG begünstigtes Wirtschaftsgut, stellt dies ein rückwirkendes Ereignis dar, welches für die Änderung des ursprünglichen Bescheides und die Erhöhung der Rücklage nach § 6b EStG führt, vgl. BFH vom 13.09.2000, BStBl II 2001, 641.

2.3.8.3.5 Einmalige Steuern

Werden Steuern nur einmal festgesetzt, ist letztlich eine Änderung nur von einem Bescheid möglich. Ein in diesen Fällen nachträglich eintretender Sachverhalt ist somit regelmäßig rückwirkendes Ereignis. Einmalige Steuern sind z.B. die Erbschaftsteuer oder die Grunderwerbsteuer.

Voraussetzung ist jedoch, dass das Ereignis das bisherige wirtschaftliche Ergebnis tatsächlich rückwirkend verändern muss. Eine von Anfang an oder nachträglich eintretende Unwirksamkeit des Rechtsgeschäfts zivilrechtlich ist nämlich so lange unerheblich, wie die Beteiligten das wirtschaftliche Ergebnis des Geschäftes nicht beseitigen. Die steuerlichen Folgen bleiben solange bestehen, § 41 Abs. 1 Satz 1 AO. D.h. die wirtschaftlichen Folgen müssen erst von den Vertragspartnern rückgängig gemacht werden; dann erst kann § 175 AO zur Anwendung kommen.

> **Beispiel:**
> Anfechtung eines erfüllten Vertrages mit steuerlichen Folgen.

> **Lösung:**
> Für die Anwendung des § 175 Abs. 1 Nr. 2 AO reicht die bloße Anfechtung nicht aus. Die gegenseitigen Leistungen müssen zusätzlich rückgewährt werden.

2.3.8.3.6 Sonderfälle

2.3.8.3.6.1 Aktivierung von Anschaffungskosten und deren Folgen

Werden Anschaffungskosten von Wirtschaftsgütern in einer Bilanz aktiviert, hat dies Auswirkungen auf das jeweilige Betriebsvermögen nach § 4 Abs. 1 Satz 1 EStG. Aufgrund des Bilanzenzusammenhangs nach § 252 Abs. 1 Nr. 1 HGB ist das Betriebsvermögen zum Schluss des Wirtschaftsjahres auch das

Betriebsvermögen zu Beginn des folgenden Wirtschaftsjahres, siehe BFH vom 30.06.2005, BStBl II 2005, 809.

Werden nun z.B. aufgrund einer Betriebsprüfung in einem späteren Jahr Anschaffungskosten in einer Bilanz aktiviert, die ein früheres Jahr betrifft, stellt dies ein Ereignis mit Rückwirkung dar.

> **Beispiel:**
>
> Steuerpflichtiger S hat im Januar 2016 einen Pkw für Anschaffungskosten i.H.v. 80.000 € angeschafft (betriebsgewöhnliche Nutzungsdauer 8 Jahre) und diese Aufwendungen als sofort abzugsfähige Betriebsausgaben nach § 4 Abs. 4 EStG behandelt. Die Veranlagung erfolgte erklärungsgemäß und erging unter dem Vorbehalt der Nachprüfung. Die Bescheide für 2016 und 2017 sind endgültig und bestandskräftig.
> In 2019 findet eine Betriebsprüfung statt; der Prüfer entdeckt den Fehler und aktiviert in der Bilanz 2016 die Anschaffungskosten von 80.000 €; die Änderung erfolgt nach § 164 Abs. 2 AO.

> **Lösung:**
>
> Die Aktivierung der Anschaffungskosten im Jahr 2019 aufgrund der Prüfung in der Bilanz 2016 ist ein Ereignis mit Wirkung für die Vergangenheit. Durch den Bilanzenzusammenhang ändert sich durch die Veränderung des Betriebsvermögens am 31.12.2016 somit auch das Betriebsvermögen am 01.01.2017, 31.12.2018, 01.01.2019 usw. Eine formelle Änderung der Jahre 2017 und 2018 ist nach § 175 Abs. 1 Nr. 2 AO möglich.

Dieselben Folgen ergeben sich, wenn der Steuerpflichtige eine Bilanzberichtigung oder -änderung durchführt und die berichtigte bzw. geänderte Bilanz beim Finanzamt einreicht. Eine Bilanzberichtigung nach § 4 Abs. 2 Satz 1 EStG liegt vor, wenn ein Bilanzansatz falsch ist und dieser berichtigt wird. Eine Bilanzänderung nach § 4 Abs. 2 Satz 2 EStG ist gegeben, wenn ein richtiger Bilanzansatz durch einen anderen richtigen Bilanzansatz ersetzt wird (z.B. lineare AfA gegen degressive AfA).

2.3.8.3.6.2 Änderung der Rechtslage/Rechtsprechung

Änderungen von Steuergesetzen sind keine Ereignisse i.S.d. § 175 Abs. 1 Nr. 2 AO, vgl. AEAO zu § 175 Nr. 2.2 Abs. 4. Geändert wird dabei nur der steuerrechtliche Tatbestand mit der Folge einer anderen Würdigung; der Lebenssachverhalt als solches wird jedoch nicht geändert. Ebenso sind die Änderung von Verwaltungsanweisungen oder die Nichtigkeitserklärung eines Gesetzes durch das BVerfG keine Ereignisse – der zu besteuernde Sachverhalt wird dadurch nicht geändert.

Auch Änderungen der Rechtsprechung sind keine rückwirkende Ereignisse, die eine Änderung nach § 175 Abs. 1 Nr. 2 AO rechtfertigen. Der Steuerpflichtige soll Vertrauen darauf haben, dass die Rechtslage im Zeitpunkt der Sachverhaltsverwirklichung gilt und Bestand hat; vgl. hierzu auch § 176 Abs. 1 Nr. 3 AO.

2.3.8.3.6.3 Wechsel der Veranlagungsart bei Ehegatten/Lebenspartner

Wählt ein Ehegatte/Lebenspartner vor Bestandskraft des ihm gegenüber ergangenen Bescheides die getrennte Veranlagung, sind die Ehegatten/Lebenspartner auch dann getrennt zu veranlagen, wenn der gegenüber dem anderen Ehegatten/Lebenspartner ergangene Zusammenveranlagungsbescheid bereits bestandskräftig geworden ist. Der Antrag auf getrennte Veranlagung stellt hinsichtlich des Zusammenveranlagungsbescheides des anderen Ehegatten/Lebenspartner ein rückwirkendes Ereignis dar. Folge ist, dass dieser Bescheid nach § 175 Abs. 1 Nr. 2 AO zu ändern ist, vgl. AEAO zu § 175 AO Nr. 2.4.

Widerruft ein Ehegatte/Lebenspartner im Zuge der Veranlagung seinen Antrag auf getrennte Veranlagung/Lebenspartner, ist die bestandskräftige Veranlagung des anderen Ehegatten/Lebenspartner nach § 175 Abs. 1 Nr. 2 AO aufzuheben.

2.3.8.3.7 Wegfall einer Voraussetzung für eine Steuervergütung (§ 175 Abs. 2 Satz 1 AO) und nachträgliche Erteilung/Vorlage einer Bescheinigung (§ 175 Abs. 2 Satz 2 AO)

Gemäß § 175 Abs. 2 Satz 1 AO gilt auch der Wegfall einer Voraussetzung für eine Steuervergütung als rückwirkendes Ereignis, wenn gesetzlich bestimmt ist, dass diese Voraussetzung für eine bestimmte Zeit gegeben sein muss.

Steuervergünstigungen sind meist an Voraussetzungen wie Verbleibensdauer oder Verwendung geknüpft.

> **Beispiele:**
>
> §§ 7c Abs. 4 EStG, 2 InvZulG oder 14 Nr. 3 KStG (Bindung an Ergebnisabführungsverträge).

Eine Änderung von bestandskräftigen Steuerbescheiden ist nach § 175 Abs. 2 Satz 1 AO möglich, wenn diese Voraussetzungen später wegfallen/nicht erfüllt sind.

Die nachträgliche Erteilung oder Vorlage einer Bescheinigung oder Bestätigung gilt nicht als rückwirkendes Ereignis, § 175 Abs. 2 Satz 2 AO.

2.3.8.3.8 Umfang und Verfahren der Änderung

Liegen die Voraussetzungen des § 175 Abs. 1 Nr. 2 AO vor, muss das Finanzamt den Bescheid aufheben oder ändern; ein Ermessen ist nicht gegeben. Die Aufhebung oder Änderung erfolgt nur „punktuell", d.h. nur insoweit sich das eingetretene Ereignis auswirkt, evtl. sind dazu auch Folgeänderungen in den nachfolgenden Veranlagungszeiträumen notwendig, vgl. BFH vom 30.06.2005, BStBl II 2005, 809.

> **Fall 2:**
>
> Der Einkommensteuerbescheid 2017 gegen die Ehefrau E ist bestandskräftig seit 10.10.2017. Am 11.11.2018 unterschreibt ihr geschiedener Ehemann M die Anlage U, die E anschließend beim Finanzamt einreicht. Sie begehrt die von ihr an ihren Ehemann in 2017 gezahlten Unterhaltsleistungen in Höhe von 20.000 € als Sonderausgaben i.S.v. § 10 Abs. 1 Nr. 1 EStG anzuerkennen und entsprechend in ihrem Bescheid 2017 zu ändern.
>
> Ist eine Änderung des Einkommensteuerbescheides 2017 nach § 175 AO möglich?

2.3.9 Umsetzung von Verständigungsvereinbarungen (§ 175a AO)

Die Vorschrift ist eine Rechtsgrundlage für die Änderung bzw. Aufhebung oder den Erlass von Steuerbescheiden bei der Umsetzung von Verständigungsvereinbarungen oder Schiedssprüchen bei einem Sachverhalt mit Auslandsbezug.

Gemäß § 172 Abs. 1 Nr. 2d AO ist die Vorschrift als sonstige gesetzliche Korrekturvorschrift auf alle Steuerbescheide und diesen gleichgestellten Bescheiden anwendbar.

Verständigungsvereinbarungen oder Schiedssprüche müssen auf völkerrechtlichen Vereinbarungen i.S.d. § 2 AO basieren. In der Regel handelt es sich dabei um Abkommen zur Vermeidung von Doppelbesteuerung.

2.3.9.1 Tatbestand

Sind steuerliche Auswirkungen auf eine bestandskräftige Steuerfestsetzung wegen eines Vertrages i.S.d. § 2 AO gegeben, so ist diese Festsetzung zu erlassen, aufzuheben oder zu ändern, wenn dies zur Umsetzung der Verständigungsvereinbarung oder des Schiedsspruches geboten ist.

Verständigungsvereinbarungen sind die Ergebnisse von Verfahren zweier Staaten zur übereinstimmenden Anwendung eines Doppelbesteuerungsabkommens. Diese müssen durch die Finanzbehörden umgesetzt werden. In einem solchen Verfahren besteht kein Zwang zur Einigung. Daher wurde der Schiedsspruch geschaffen. Bei Scheitern des Verständigungsverfahrens kann ein Schiedsverfahren durchgeführt werden, dessen Ergebnis der Schiedsspruch ist. Dieser ist auch von den Finanzbehörden umzusetzen.

2.3.9.2 Rechtsfolge

Rechtsfolge der Vorschrift ist somit die Umsetzung der o.g. Vereinbarungen oder Schiedssprüche durch Erlass/Aufhebung/Änderung der Steuerfestsetzung. Es besteht insoweit kein Ermessensspielraum.

Die Vorschrift enthält eine eigene Regelung zur Festsetzungsfrist; auch wenn diese systematisch gesehen zu den Ablaufhemmungen des § 171 AO gehört. Die Festsetzungsfrist endet insoweit nicht vor Ablauf eines Jahres nach dem Wirksamwerden der Verständigungsvereinbarung oder des Schiedsspruches, § 175a Satz 2 AO.

2.3.10 Änderung von Steuerbescheiden bei Datenübermittlung durch Dritte (§ 175b AO)

Die Vorschrift wurde mit dem Gesetz zur Modernisierung des Besteuerungsverfahrens vom 18.07.2016 eingeführt und ist erstmals anzuwenden, wenn steuerliche Daten i.S.d. § 93c AO eines Steuerpflichtigen für Besteuerungszeiträume nach 2016 oder Besteuerungszeitpunkte nach dem 31.12.2016 aufgrund gesetzlicher Vorschriften von einem Dritten als mitteilungspflichtiger Stelle elektronisch an Finanzbehörden zu übermitteln sind.

Es werden drei Tatbestände geregelt, durch die eine Änderung des Steuerbescheids ermöglicht wird.

§ 175b Abs. 1 AO regelt die Fälle, in denen die von der mitteilungspflichtigen Stelle an die Finanzbehörde übermittelten Daten nach § 93c AO nicht oder nichtzutreffend berücksichtigt wurden (Daten sind richtig, aber nicht oder unrichtig verarbeitet). Für die nicht in § 93c AO genannten Daten ist eine Prüfung von § 173, 175 Abs. 1 S. 1 Nr. 2 AO unerlässlich.

§ 175b Abs. 2 AO regelt die Fälle, in denen die Daten der Finanzbehörde elektronisch übermittelt und richtig verarbeitet wurden, diese jedoch zu Lasten des Steuerpflichtigen unrichtig sind (Daten sind unrichtig, aber wie übermittelt verarbeitet). Die Vorschrift greift nur ein, wenn die Daten als solche des Steuerpflichtigen gelten. Dies ist nach § 150 Abs. 7 S. 2 AO der Fall, wenn der Steuerpflichtige in nach amtlich vorgeschriebenem Vordruck oder Datensatz keine abweichenden Angaben gemacht hat.

§ 175b Abs. 3 AO regelt die Fälle, in denen die zwingend erforderliche Einwilligung des Steuerpflichtigen bei der Übermittlung von Daten i.S.d. § 93c AO an die Finanzbehörde zur steuerlichen Berücksichtigung der Daten fehlt (übermittlungspflichtige Stelle übermittelt unrechtmäßig).

Auf eine Verletzung der Mitwirkungspflicht des Steuerpflichtigen oder der Ermittlungspflicht durch die Finanzbehörde kommt es in allen Fällen nicht an (Unterschied zu § 173 AO). Unerheblich ist auch, ob dem Steuerpflichtigen ein Schreib- oder Rechenfehler bzw. der Finanzbehörde ein mechanisches Versehen i.S.d. § 129 AO unterlaufen ist oder ein Fehler bei der Tatsachenwürdigung bzw. ein Rechtsanwendungsfehler vorliegen.

Je nach Sachverhalt kann sich die Änderung nach § 175b AO zugunsten oder zuungunsten des Steuerpflichtigen auswirken.

2.3.11 Vertrauensschutz bei der Aufhebung und Änderung von Steuerbescheiden (§ 176 AO)

Die Vorschrift dient dem Vertrauensschutz des Steuerpflichtigen bei Aufhebung und Änderung von Steuerbescheiden, die für den Steuerpflichtigen eine günstige Rechtslage beinhalten. Mit der Norm wird das Vertrauen des Steuerpflichtigen in die Gültigkeit einer Rechtsnorm, der Rechtsprechung eines obersten Gerichtshofes des Bundes oder einer allgemeinen Verwaltungsvorschrift (z.B. Anwendungserlass zur Umsatzsteuer, EStR, KStR) geschützt. Der Vertrauensschutz wird in den Fällen des § 176 AO über die Rechtsrichtigkeit gestellt.

§ 176 AO verbietet ausdrücklich, zuungunsten des Steuerpflichtigen bei jeder Aufhebung oder Änderung eines Steuerbescheides zu berücksichtigen, dass durch ein oberstes Bundesgericht die bisherigen Rechtsgrundlagen des Bescheides für verfassungswidrig oder als rechtlich unzutreffend erachtet werden. Folglich wird der Steuerpflichtige nur vor Änderungen zu seinen Ungunsten geschützt. Ein Steuerbescheid ändert sich zu Ungunsten des Steuerpflichtigen, wenn durch die Änderung der Rechtsprechung etc. eine höhere Steuerfestsetzung oder niedrigere Steuererstattung entsteht. In diesen Fällen bleibt die Nichtigkeitserklärung eines Gesetzes, die Änderung der höchstrichterlichen Rechtsprechung etc. unberücksichtigt. Jede Steuerart und jeder Steuerabschnitt sind dabei isoliert zu betrachten. Ergo ist zugunsten des Steuerpflichtigen die Rechtslage anzuwenden, die im Zeitpunkt der ursprünglichen Steuerfestsetzung maßgeblich war.

Die Vorschrift findet Anwendung auf alle Steuerbescheide (auch Steueranmeldungen) und diesen gleichgestellten Bescheiden, selbst wenn diese unter dem Vorbehalt der Nachprüfung stehen oder vorläufig ergangen sind. Erfasst wird ebenso der gesetzliche Vorbehalt der Nachprüfung.

§ 176 AO ist nicht anzuwenden bei Berichtigungen nach § 129 AO (vgl. AEAO zu § 176 Nr. 1.) und im Einspruchsverfahren.

Bei der Vorschrift handelt es sich um keine weitere Korrekturvorschrift, sondern um eine ergänzende Vorschrift zu den Korrekturvorschriften. Sie ist bei Anwendung aller Korrekturvorschriften (§§ 164 Abs. 2, 165 Abs. 2, 172 ff. AO) zu beachten.

2.3.11.1 Tatbestand

Die Tatbestände des § 176 Abs. 1 und Abs. 2 AO erfordern als gemeinsame Voraussetzung für den Vertrauensschutz, dass ein Steuerbescheid oder diesem gleichgestellten Bescheid aufgehoben oder geändert werden soll, d.h. dass der Vertrauensschutz bei erstmaligen Steuerfestsetzungen nicht anzuwenden ist.

2.3.11.1.1 Feststellung der Nichtigkeit eines Gesetzes durch das BVerfG (§ 176 Abs. 1 Satz 1 Nr. 1 AO)

Wird vom Bundesverfassungsgericht ein Gesetz wegen Verfassungswidrigkeit gemäß § 78 BVerfGG für nichtig erklärt, so bleibt eine auf der für nichtig erklärten Vorschrift beruhende Steuerfestsetzung hiervon unberührt. Durch § 176 Abs. 1 Satz 1 Nr. 1 AO wird klargestellt, dass die verfassungsrechtliche Feststellung der Nichtigkeit eines Gesetzes, die Grundlage der bisherigen Festsetzung war, nicht zuungunsten des Steuerpflichtigen bei Änderung oder Aufhebung des Bescheides berücksichtigt werden darf.

Der Tatbestand erfasst – entgegen § 4 AO – nur die Nichtigkeitserklärung eines Gesetzes, d.h. eines förmlichen Gesetzes, nicht einer Rechtsverordnung.

2.3.11.1.2 Nichtanwendung einer Norm durch einen obersten Gerichtshof des Bundes wegen Verfassungswidrigkeit (§ 176 Abs. 1 Satz 1 Nr. 2 AO)

Wird eine Rechtsnorm, hier Rechtsverordnungen (z.B. EStDV, KStDV), auf die die bisherige Steuerfestsetzung beruht, von einem obersten Gerichtshof nicht mehr angewendet, weil er sie für verfassungswidrig hält, greift § 176 AO. Die tatsächliche Verfassungswidrigkeit muss nicht förmlich festgestellt werden. Der Steuerpflichtige darf darauf vertrauen, dass dieser Umstand bei Änderung oder Aufhebung des Steuerbescheides nicht zu seinen Ungunsten berücksichtigt wird.

Oberste Gerichtshöfe sind der Bundesfinanzhof (BFH), der Bundesgerichtshof (BGH), das Bundesarbeitsgericht (BAG), das Bundesverwaltungsgericht (BVerwG), das Bundessozialgericht (BSG), nicht jedoch der Europäische Gerichtshof (EuGH) und die Finanzgerichte.

2.3.11.1.3 Änderung der Rechtsprechung eines obersten Gerichtshofes des Bundes (§ 176 Abs. 1 Satz 1 Nr. 3 AO)

Der Vertrauensschutz des § 176 AO greift bei zwischenzeitlichem Wandel der Rechtsprechung eines obersten Gerichtshofes des Bundes nur ein, wenn die Finanzbehörde die Grundsätze der früheren Rechtsprechung bei der Steuerfestsetzung tatsächlich (bewusst oder unbewusst) berücksichtigt hat.

Der Vertrauensschutz setzt also voraus, dass die bisherige Steuerfestsetzung zu einer Zeit getroffen wurde, zu der zu einem gleichen Sachverhalt oder zur selben Rechtsfrage eine Entscheidung eines obersten Gerichtshofes des Bundes vorgelegen hat (veröffentlicht war) und diese von der Finanzbehörde angewandt wurde.

Erforderlich ist, dass die Rechtsprechung eines obersten Gerichtshofes des Bundes, i.d.R. der BFH, geändert wird.

> **Beispiel:**
> Der BFH hat zu einem bestimmten Sachverhalt eine Entscheidung getroffen. Diese Entscheidung wird nach Jahren vom BFH geändert.

Nicht erfasst werden die Fälle, in denen der BFH von einer Entscheidung des Finanzgerichtes abweicht.

Eine Änderung der Rechtsprechung tritt nicht ein, wenn über eine bestimmte Rechtsfrage erstmals entschieden wird oder lediglich eine Präzisierung oder Fortentwicklung der Rechtsprechung erfolgt, siehe BFH vom 24.04.2002, BStBl II 2003, 412.

Die Änderung verlangt vielmehr, dass ein zumindest wesentlich gleichgelagerter Sachverhalt anders entschieden wird als bisher, siehe BFH vom 28.05.2002, BStBl II 2002, 840. Die maßgebliche Rechtsfrage muss eine abweichende Entscheidung als Folge haben.

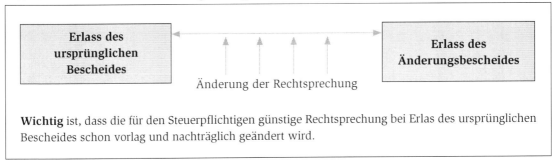

Wichtig ist, dass die für den Steuerpflichtigen günstige Rechtsprechung bei Erlas des ursprünglichen Bescheides schon vorlag und nachträglich geändert wird.

Verweis beim Vertrauensschutz auf „Kombi-Renten", s. FG Köln vom 29.01.2014, EFG 2014, 1069.

2.3.11.2 Einschränkung des Vertrauensschutzes (§ 176 Abs. 1 Satz 2 AO)

Hat sich das Finanzamt Steuererklärungen oder Steueranmeldungen, in denen die bisherige Rechtsprechung erfasst war, angeschlossen, ohne dass die Anwendung der Rechtsprechung für die Behörde erkennbar war, findet der Vertrauensschutz nur eingeschränkt Anwendung. Das Finanzamt wird an die bisherige Rechtslage nur gebunden, wenn anzunehmen ist, dass es bei Kenntnis der Umstände die bisherige Rechtsprechung angewandt hätte.

Dies dürfte i.d.R. erfüllt sein, wenn die Entscheidung im Bundessteuerblatt oder in Zeitschriften, Sammelwerken, veröffentlicht worden war und keine Verwaltungsanweisung vorlag, die Rechtsprechung des BFH nicht anzuwenden, vgl. AEAO zu § 176 Nr. 3.

2.3.11.3 Vertrauen auf Verwaltungsvorschriften (§ 176 Abs. 2 AO)

Ebenfalls nicht zuungunsten des Steuerpflichtigen darf berücksichtigt werden, wenn eine allgemeine Verwaltungsvorschrift (z.B. KStR, EStR) und die von der Bundesregierung oder der oberster Bundes- sowie Landesbehörden (nicht Mittelbehörden wie z.B. die OFD) veröffentlichten Erlasse (z.B. BMF-Schreiben) später von einem obersten Bundesgericht als unvereinbar mit dem geltenden Recht erklärt wird. Das trifft vor allem in den Fällen zu, in denen der BFH eine dem Steuerpflichtigen günstige Regelung in Verwaltungsrichtlinien später für rechtswidrig erachtet. Der oberste Gerichtshof muss die Verwaltungsvorschrift oder den Erlass als nicht mit geltendem Recht in Einklang stehend bezeichnen; es reicht aus, wenn dies sinngemäß deutlich wird. Zudem muss die Verwaltungsanweisung veröffentlicht sein, z.B. im BStBl oder in Zeitschriften.

Der Vertrauensschutz des § 176 Abs. 2 AO findet keine Anwendung, wenn das BMF oder eine oberste Landesbehörde die Verwaltungsvorschrift oder den Erlass selbst aufhebt oder ändert (BFH vom 28.10.1992, BStBl II 1993, 261).

2.3.12 Berichtigung von materiellen Fehlern (§ 177 AO)

Die Vorschrift des § 177 AO schafft die Möglichkeit, anlässlich einer Aufhebung und Änderung eines Bescheides Rechtsfehler zu korrigieren, die nicht selbst Anlass der Aufhebung/Änderung sind.

§ 177 AO ist keine aktive, eigenständige Korrekturvorschrift, sodass bei Anwendung zwingend eine aktive Korrekturvorschrift erfüllt sein muss. Anderenfalls liegt keine Berichtigungsmöglichkeit nach § 177 AO vor.

Der Zweck der Vorschrift besteht darin, Fehler, die nicht aufgrund einer anderen Korrekturvorschrift beseitigt werden können, über den § 177 AO mit zu berichtigen, da der Steuerpflichtige diese Fehler im Rahmen des Einspruchsverfahrens geltend machen könnte. Die Vorschrift schafft somit mehr Einzelfallgerechtigkeit.

§ 177 Abs. 1 AO setzt die Aufhebung/Änderung eines Steuerbescheides zuungunsten des Steuerpflichtigen, § 177 Abs. 2 AO die Aufhebung/Änderung zugunsten des Steuerpflichtigen voraus. Beide Absätze können nebeneinander vorliegen.

Die Anwendung erstreckt sich daher auf die Aufhebung/Änderung von Steuerbescheiden und ihnen gleichgestellten Bescheiden nach den Vorschriften der AO (§§ 172 ff. AO) und anderen Steuergesetzen (§ 21 Satz 2 GrStG, § 35b GewStG, § 10d Abs. 1 EStG usw.). § 177 AO gilt auch bei der Berichtigung offenbarer Unrichtigkeiten nach § 129 AO (vgl. AEAO zu § 129 Nr. 2).

Keine Anwendung findet die Vorschrift bei sonstigen Verwaltungsakten.

Ist ein Bescheid vorläufig nach § 165 AO ergangen, wird nach § 165 Abs. 2 AO geändert und es liegt ein materieller Fehler vor, der nicht in Zusammenhang mit der Vorläufigkeit steht, kommt § 177 AO zur Anwendung.

Die Möglichkeit der Berichtigung materieller Fehler ist bei jeder Aufhebung oder Änderung eines Steuerbescheides zu prüfen. Materielle Fehler sind zu berichtigen, soweit die Voraussetzungen für die Aufhebung/Änderung eines Bescheides zuungunsten (§ 177 Abs. 1 AO) oder zugunsten des Steuerpflichtigen (§ 177 Abs. 2 AO) vorliegen, vgl. AEAO zu § 177 Nr. 2.

Bei § 177 AO liegt kein Ermessen der Behörde vor, sondern sie muss bei jeder Aufhebung oder Änderung eines Bescheides die Fehlersaldierung prüfen. Ist der Ausgleich des Fehlers nach § 177 AO nicht möglich, bleibt der Bescheid fehlerhaft.

2.3.12.1 Materieller Fehler (§ 177 Abs. 3 AO)

Materielle Fehler sind nach der Legaldefinition in § 177 Abs. 3 AO alle Fehler einschließlich offenbarer Unrichtigkeiten i.S.d. § 129 AO, die zur Festsetzung einer Steuer führen, die von der kraft Gesetzes entstandenen Steuer abweicht; folglich jede objektive Unrichtigkeit eines Steuerbescheides.

Materieller Fehler ist daher das in der Steuerfestsetzung enthaltene Ergebnis:
- bei unrichtigen Anwendungen des materiellen Rechts,
- bei falschen Subsumtionen des Sachverhaltes,
- bei falscher Anwendung von Erfahrungssätzen und Vergleichssätzen,
- bei falscher oder/und unterbliebener Sachverhaltsaufklärung, die zur Berücksichtigung eines falschen Sachverhalts geführt hat,
- bei Verstößen gegen Verfahrensvorschriften, wenn hierdurch der Bescheid materiell unrichtig geworden ist,
- bei jeder offenbaren Unrichtigkeit,
- bei Ermessensüberschreitungen, Ermessensfehlgebrauch,

wenn die nach § 38 AO entstandene Steuer von der nach § 155 AO festgesetzten Steuer abweicht.

2.3.12.2 Umfang der Berichtigung

Die Berichtigung nach § 177 AO ist nur punktuell, soweit die Änderung reicht möglich. Materielle Fehler dürfen somit nur innerhalb des Änderungsrahmens gegengerechnet werden. Der Änderungsrahmen richtet sich dabei nach dem Umfang, in dem die materielle Bestandskraft durch die Änderung durchbrochen wird.

Der Änderungsrahmen bestimmt sich durch eine sogenannte Obergrenze und eine Untergrenze. Sind sowohl die Voraussetzungen für eine Änderung zugunsten und zuungunsten des Steuerpflichtigen gegeben, ist die Obergrenze und die Untergrenze des Änderungsrahmens jeweils getrennt voneinander zu ermitteln (BFH vom 09.06.1993, BStBl II 1993, 822). Insoweit besteht ein Saldierungsverbot hinsichtlich der einzelnen Änderungstatbestände.

Obergrenze ist der Steuerbetrag, der sich als Summe der bisherigen Steuerfestsetzung und aller selbständigen steuererhöhenden Änderungstatbestände ergibt. Untergrenze ist der Steuerbetrag, der sich aus der Differenz der bisherigen Steuerfestsetzung und aller selbständigen steuermindernden Änderungstatbestände ergibt, vgl. AEAO zu § 177 Nr. 3.

Die betraglichen Auswirkungen der materiellen Fehler sind dann zu saldieren und soweit der Änderungsrahmen reicht zu berücksichtigen (Saldierungsgebot, BFH vom 09.06.1993, BStBl II 1993, 822). Das bedeutet, dass materielle Fehler zugunsten des Steuerpflichtigen nur mit solchen Änderungen zuungunsten des Steuerpflichtigen kompensiert werden können soweit diese Änderung reicht. Entsprechend gilt dies bei materiellen Fehlern zuungunsten des Steuerpflichtigen.

Zusammen zu veranlagende Ehegatten werden wie ein Steuerpflichtiger behandelt. Liegen folglich bei einem Ehegatten die Voraussetzung für eine aktive Korrekturvorschrift vor, bei dem anderen ein materieller Fehler, ist dieser im Rahmen des § 177 AO zu berücksichtigen, BFH vom 05.08.1986, BStBl II 1987, 297.

Beispiel 1 für § 177 Abs. 1 AO:

Die bisher festgesetzte Steuer beträgt 10.000 €. Es erfolgt eine Änderung auf Grund nachträglicher Tatsachen nach § 173 Abs. 1 Nr. 1 AO i.H.v. 3.000 €. Materieller Fehler zugunsten des Steuerpflichtigen i.H.v. 800 €.

Lösung:

Änderungsobergrenze (10.000 € + 3.000 € =) 13.000 €
Änderungsuntergrenze (10.000 € ./. 0 € =) 10.000 €.
Innerhalb dieses Rahmens können materielle Fehler gegengerechnet werden. Der Fehler zugunsten in Höhe von ./. 800 € wird mit dem Anlass der Korrektur, also zuungunsten + 3.000 € gegengerechnet. Festzusetzen sind daher 12.200 €.

Beispiel 2 für § 177 Abs. 1 AO:

Die bisher festgesetzte Steuer beträgt 20.000 €. Es erfolgt eine Änderung auf Grund nachträglicher Tatsachen nach § 173 Abs. 1 Nr. 1 AO i.H.v. 3.000 €. Materielle Fehler zugunsten des Steuerpflichtigen i.H.v. 4.500 € und zuungunsten i.H.v. 1.000 €.

Lösung:

Änderungsobergrenze (20.000 € + 3.000 € =) 23.000 €.
Änderungsuntergrenze (20.000 € ./. 0 € =) 20.000 €.
Innerhalb dieses Rahmens können materielle Fehler gegengerechnet werden. Saldierung der materiellen Fehler ergibt zugunsten des Steuerpflichtigen 3.500 €. Dieser Saldo, also – 3.500 € wird mit dem Anlass der Änderung, also zuungunsten + 3.000 € gegengerechnet. Gedeckt werden nur 3.000 €; die restlichen 500 € zugunsten des Steuerpflichtigen können nicht berücksichtigt werden. Festzusetzen sind daher 20.000 €.

2. Korrekturvorschrift für alle Steuerverwaltungsakte

Beispiel 1 für § 177 Abs. 2 AO:

Die bisher festgesetzte Steuer beträgt 30.000 €. Es erfolgt eine Änderung aufgrund nachträglicher Tatsachen nach § 173 Abs. 1 Nr. 2 AO i.H.v. 2.000 €. Materieller Fehler zuungunsten des Steuerpflichtigen i.H.v. 600 €.

Lösung:

Änderungsobergrenze (30.000 € + 0 € =)	30.000 €
Änderungsuntergrenze (30.000 € ./. 2.000 € =)	28.000 €.

Innerhalb dieses Rahmens können materielle Fehler gegengerechnet werden. Der materielle Fehler zuungunsten + 600 € wird mit der Auswirkung aus dem Anlass der Änderung – 2.000 € gegengerechnet.
Festzusetzen sind daher 28.600 €.

Beispiel 2 für § 177 Abs. 2 AO:

Die bisher festgesetzte Steuer beträgt 50.000 €. Es erfolgt eine Änderung aufgrund nachträglicher Tatsachen nach § 173 Abs. 1 Nr. 2 AO i.H.v. 3.500 €. Materieller Fehler zuungunsten des Steuerpflichtigen i.H.v. 1.500 €, zugunsten i.H.v. 2.500 €.

Lösung:

Änderungsobergrenze (50.000 € + 0 € =)	50.000 €
Änderungsuntergrenze (50.000 € ./. 3.500 € =)	46.500 €

Innerhalb dieses Rahmens können materielle Fehler gegengerechnet werden. Saldierung der materiellen Fehler ergibt 1.000 € zugunsten des Steuerpflichtigen. Die Gegenrechnung mit der Auswirkung aus dem Anlass der Änderung ergibt, dass max. 3.500 € abgezogen werden dürfen. Festzusetzen sind daher 46.500 €.

Es erscheint sinnvoll die Vorschrift des § 177 AO erst nach Überprüfung des gesamten Falles auf andere (aktive) Korrekturvorschriften zu prüfen.

Beispiel:

Die bisher festgesetzte Körperschaftsteuer für das Jahr 2018 beträgt 60.000 €.
Folgende Änderungen wurden für 2018 durchgeführt:

§ 173 Abs. 1 Nr. 1 AO	+ 1.000 €
§ 173 Abs. 1 Nr. 2 AO	./. 3.000 €
§ 175 Abs. 1 Nr. 2 AO	./. 2.500 €
§ 174 Abs. 1 AO	+ 1.500 €

Folgende materielle Fehler wurden festgestellt:

zugunsten	./. 500 €
zuungunsten	+ 2.500 €

Lösung:

Obergrenze = (60.000 € + 1.000 € + 1.500 € =)	62.500 €
Untergrenze = (60.000 € ./. 3.000 € ./. 2.500 € =)	54.500 €

Die Summe aus der Saldierung der materiellen Fehler ergibt zuungunsten des Steuerpflichtigen +2.000 €. Dieser Saldo kann nur mit den Auswirkungen der Änderungen zugunsten des Steuerpflichtigen gegengerechnet (kompensiert) werden, § 177 Abs. 2 AO.

Es verbleiben (./. 5.500 € + 2.000 € =) ./. 3.500 €

Festzusetzen sind daher (60.000 € + 2.500 € ./. 3.500 € =) 59.000 €

Umfassender Fall zu den Korrekturvorschriften:

Für eine umfassende Darstellung der Anwendung von Korrekturvorschriften wird auf das BFH-Urteil vom 04.05.2011, I R 67/10, BFH/NV 2012, 6 verwiesen.

VI. Erhebungsverfahren

Mit der Regelung des Erhebungsverfahrens im **Fünften Teil der Abgabenordnung** setzt der Gesetzgeber seine Intention fort, mit dem Aufbau der Abgabenordnung den Ablauf des Verfahrens in den Finanzämtern wiederzugeben. Die Erhebung der Steuer schließt sich an die im Vierten Teil abschließend geregelte Durchführung der Besteuerung, also das Feststellungs-Festsetzungsverfahren, an, weil der Abschluss dieses Verfahrens Voraussetzung für die Erhebung ist. Tilgt der Steuerschuldner nicht freiwillig, so werden die im Sechsten Teil folgenden Vorschriften über die Vollstreckung angewendet.

1. Verwirklichung von Ansprüchen aus dem Steuerschuldverhältnis (§ 218 AO)

Die Erhebung knüpft nach § 218 Abs. 1 S. 1 AO an die Ansprüche aus dem Steuerschuldverhältnis an. Alle in **§ 37 AO** genannten Ansprüche werden im Erhebungsverfahren realisiert. Die Ansprüche aus dem Steuerschuldverhältnis nach § 37 AO basieren wiederum auf Steuerbescheiden, Steuervergütungsbescheiden, Haftungsbescheiden und Verwaltungsakten, durch die steuerliche Nebenleistungen festgesetzt werden, bzw. bei den Säumniszuschlägen auf der Verwirklichung des gesetzlichen Tatbestands. Soweit die Steueransprüche sich aus Steueranmeldungen ergeben, stehen diese nach § 218 Abs. 1 S. 2 AO den Steuerbescheiden gleich.

Da **rechtswidrige Verwaltungsakte** bestandskräftig werden, gelten für deren Erhebung keine Besonderheiten. Aber auch wenn die Bestandskraft noch nicht eingetreten ist, hat dies grundsätzlich keine Auswirkungen auf die Erhebung, wenn nicht Aussetzung der Vollziehung nach § 361 AO gewährt wird (s. Kap. VIII. 5.5).

Ist der **Steuerbescheid** aber **nichtig**, so scheitert die Erhebung an dem ungeschriebenen Merkmal des „wirksamen" Steuerverwaltungsakts.

Besteht hinsichtlich der Erhebung **Streit zwischen den Parteien des Steuerschuldverhältnisses**, so entscheidet die Finanzbehörde darüber nach § 218 Abs. 2 AO durch **sonstigen Verwaltungsakt**, den sog. **Abrechnungsbescheid** (kein Steuerbescheid). Ist dies der Fall, so wird anstelle des zugrunde liegenden Steuerbescheids nunmehr der Abrechnungsbescheid Grundlage für die Erhebung, wenn sich durch den Abrechnungsbescheid eine **neue Zahlungsverpflichtung** ergibt.

Ein Abrechnungsbescheid kommt z.B. in Betracht, wenn streitig ist, ob:
- der Anspruch aus dem Steuerschuldverhältnis überhaupt noch besteht, z.B. weil der Steuerpflichtige vorträgt, er habe gezahlt oder aufgerechnet oder aber sich auf Zahlungsverjährung beruft,
- Säumniszuschläge entstanden sind; Säumniszuschläge entstehen nach § 240 AO kraft Gesetzes, sodass der Steuerpflichtige sich nicht gegen eine Festsetzung wenden kann (s. BFH vom 15.03.1979, BStBl II 1979, 429), s. 7.,
- die Voraussetzungen für eine Aufrechnung vorliegen, weil die Aufrechnung kein Verwaltungsakt ist (s. 4.2.1) und deshalb nicht direkt angefochten werden kann,
- fehlerhaft erstattete Beträge zurückzuzahlen sind, z.B. wenn das Finanzamt ohne rechtlichen Grund an einen am Steuerschuldverhältnis unbeteiligten Dritten zahlt und dieser den gegen ihn bestehenden Anspruch aus § 37 Abs. 2 AO nicht erfüllt (s. dazu BFH vom 18.06.1986, BStBl II 1986, 704).

AEAO Nr. 3 zu § 218 stellt klar, dass die Verfügung über die Anrechnung von **Steuerabzugsbeträgen**, **Steuervorauszahlungen** und anrechenbare Körperschaftsteuer ein Verwaltungsakt mit Bindungswirkung ist und dass diese Bindungswirkung auch bei Erlass eines Abrechnungsbescheids beachtet werden muss. Insofern kann die Anrechnung im Abrechnungsbescheid nur dann von der vorigen Anrechnung abweichen, wenn insoweit die Voraussetzungen der §§ 129-131 AO gegeben sind.

§ 218 Abs. 2 AO beinhaltet keine Regelung dahingehend, auf wessen Initiative der Abrechnungsbescheid erlassen werden muss. Da der Bescheid der Klärung von Streitigkeiten dient, müssen auch beide am Streit beteiligten Parteien ihn veranlassen können, entweder der Steuerpflichtige durch einen **Antrag** oder die Finanzbehörde durch ein **Tätigwerden von Amts** wegen.

Während nach § 157 Abs. 1 S. 1 AO Steuerbescheide schriftlich zu erteilen sind, ist die Schriftform in § 218 Abs. 2 AO nicht vorgesehen. In der Praxis ergehen derartige Bescheide gleichwohl schriftlich, spätestens wenn der Steuerpflichtige dies nach § 119 Abs. 2 S. 2 AO verlangt. Die streitigen Ansprüche werden nach Steuerart, Zeitraum und Betrag bestimmt.

Der Abrechnungsbescheid ist ein **sonstiger Verwaltungsakt**, der verbindlich über die streitigen Ansprüche entscheidet. Da deshalb Einspruch eingelegt werden kann, sollte ein schriftlicher Bescheid nach § 356 Abs. 1 AO eine Rechtsbehelfsbelehrung enthalten.

Ergeht ein Abrechnungsbescheid an **zusammenveranlagte Ehegatten**, so erhält jeder Ehegatte einen eigenen Bescheid, weil § 155 Abs. 3 AO, der die Möglichkeit eröffnet, zusammengefasste Bescheide ergehen zu lassen, nur für Steuerbescheide nicht aber für sonstige Verwaltungsakte gilt.

2. Fälligkeit von Ansprüchen aus dem Steuerschuldverhältnis

Die Fälligkeit von Ansprüchen aus dem Steuerschuldverhältnis richtet sich nach § 220 Abs. 1 AO in erster Linie nach den Vorschriften der Einzelsteuergesetze. Sofern die Einzelsteuergesetze keine Regelungen treffen, gilt § 220 Abs. 2 AO:

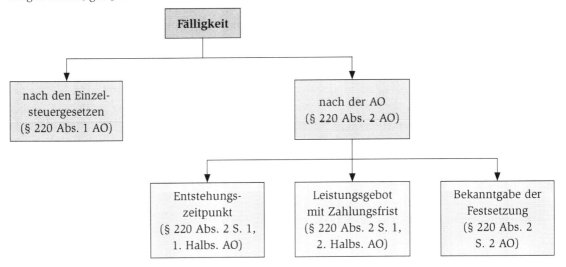

2.1 § 220 Abs. 1 AO

Die Einzelsteuergesetze bestimmen für die in Kap. II. 1.2.3.2 aufgelisteten Ansprüche aus dem Steuerschuldverhältnis folgende Fälligkeitszeitpunkte:

Anspruch aus dem Steuerschuldverhältnis	Fälligkeitszeitpunkt
Einkommensteuer-Vorauszahlungen	„Am" 10.03., 10.06., 10.09., 10.12. (kein Termin, sondern eine Frist, tatsächlich also „bis zum" § 37 Abs. 1 S. 1 EStG)
Einkommensteuer-Abschlusszahlung	Ein Monat nach Bekanntgabe des Steuerbescheids § 36 Abs. 4 S. 1 EStG
Erstattungsanspruch gem. § 36 Abs. 4 EStG	Nach Bekanntgabe des Steuerbescheids § 36 Abs. 4 S. 2 EStG

2. Fälligkeit von Ansprüchen aus dem Steuerschuldverhältnis

Anspruch aus dem Steuerschuldverhältnis	Fälligkeitszeitpunkt
Lohnsteuer	10. Tag nach Ablauf des Lohnsteuer-Anmeldezeitraums § 41a Abs. 1 S. 1 Nr. 1 EStG
Umsatzsteuer-Voranmeldungen	10. Tag nach Ablauf des Voranmeldungszeitraums, § 18 Abs. 1 S. 4 UStG
Umsatzsteuer-Abschlusszahlung	Ein Monat nach Eingang der Steueranmeldung bzw. ein Monat nach Bekanntgabe des Steuerbescheids, § 18 Abs. 4 S. 1, 2 UStG
Gewerbesteuer-Vorauszahlungen	15.02., 15.05., 15.08., 15.11., § 19 Abs. 1 S. 1 GewStG
Gewerbesteuerjahresschuld	Ein Monat nach Bekanntgabe des Steuerbescheids, § 20 Abs. 2 GewStG
Körperschaftsteuer-Vorauszahlungen	10.03., 10.06., 10.09., 10.12., § 31 Abs. 1 S. 1 KStG i.V.m. § 37 Abs. 1 S. 1 EStG
Körperschaftsteuer	Ein Monat nach Bekanntgabe des Steuerbescheids, § 31 Abs. 1 S. 1 KStG i.V.m. § 36 Abs. 4 S. 1 EStG
Erbschaftsteuer	Frühestens mit Bekanntgabe des Steuerbescheids, aber Zahlungsfrist, § 220 Abs. 2 S. 2 AO
Schenkungssteuer	S. Erbschaftsteuer
Verbrauchssteuern	Z.B. Tabaksteuer: § 18 TabStG, je nach Produkt, für Zigaretten 12. des Folgemonats, Kaffeesteuer: § 12 Abs. 1 KaffeeStG 20. des Folgemonats, Mineralölsteuer: § 21 Abs. 2 S. 3 EnergieStG
Erstattungsanspruch nach § 37 Abs. 2 AO	S. § 220 Abs. 2 AO Entstehung bzw. Bekanntgabe der Festsetzung

2.2 § 220 Abs. 2 AO

2.2.1 Fälligkeit mit Steuerentstehung

Wird der Anspruch aus dem Steuerschuldverhältnis bereits mit der Entstehung fällig, bedeutet dies für den Steuerschuldner, dass er, sobald seine Verpflichtung existiert, diese sofort erfüllen muss, also keine Frist zur Bereitstellung der notwendigen Mittel zur Verfügung hat.

Beispiel 1:
A wurde sein Einkommensteuerbescheid mit einer zu zahlenden Steuer in Höhe von 2.000 € am 07.07.00 bekannt gegeben.

Lösung:
Nach § 36 Abs. 4 S. 1 AO war die Steuer am 07.08.00 fällig (es sei denn der 07.08.00 ist ein Tag im Sinne von § 108 Abs. 3 AO, also ein Sonnabend, Sonntag oder gesetzlicher Feiertag, dann würde sich das Fristende auf den nächsten Werktag verschieben). Der erste Monat der Säumnis begann am 08.08.00 um 0 Uhr. Der entstandene Säumniszuschlag in Höhe von 20 € ist sofort fällig. Dies erscheint auf den ersten Blick für den Schuldner belastend zu sein, weil er sich nach Entstehung nicht auf die

Zahlung vorbereiten kann, andererseits stand ihm die Frist des § 36 Abs. 4 S. 1 AO zur Verfügung und bei Säumniszuschlägen als steuerliche Nebenleistung entstehen nach § 240 Abs. 2 AO keine Säumniszuschläge. Zahlt er also trotz Fälligkeit der Säumniszuschläge diese verspätet, so bleibt dies zunächst folgenlos.

Beispiel 2:

A hat für seine Einkommensteuernachzahlungen eine Einzugsermächtigung erteilt. Er zahlt am Fälligkeitstag, am selben Tag bucht das Finanzamt auch ab.

Lösung:

Der Anspruch auf Erstattung des zu viel gezahlten Betrags nach § 37 Abs. 2 AO, der mit der Überzahlung entstanden ist, wird mit Entstehung fällig.

2.2.2 Fälligkeit mit Festsetzung

Ergibt sich ein Anspruch aus dem Steuerschuldverhältnis aus einer Festsetzung, so ist der Zeitpunkt der Festsetzung, der nach der Entstehung liegt, der frühestmögliche Zeitpunkt der Fälligkeit.

Beispiel:

A gibt seine Umsatzsteuervoranmeldung für Januar 00 fristgemäß am 10.02.00 ab. Sie weist einen Vorsteuerüberschuss in Höhe von 3.000 € aus.

Lösung:

Da es sich um eine Vergütung handelt, bedarf sie der Zustimmung der Finanzbehörde. Erst wenn diese erteilt wird, hat die Anmeldung nach § 168 S. 2 AO die Wirkung einer Steuerfestsetzung. Mit Erteilung der Zustimmung wird die Vergütung nach § 220 Abs. 2 S. 2 AO fällig.

2.2.3 Fälligkeit mit Ablauf der Zahlungsfrist gemäß Leistungsgebot

Fälle, bei denen es keine ausdrückliche Fälligkeitsbestimmung gibt und bei denen die Ansprüche aus dem Steuerschuldverhältnis einer Festsetzung bedürfen, fallen gleichwohl unter § 220 Abs. 2 S. 1, 2. Alt. AO und nicht unter § 220 Abs. 2 S. 2 AO, wenn ein Leistungsgebot mit Zahlungsfrist erteilt wird. Nach § 254 AO ist ein Leistungsgebot zwar nur Voraussetzung für die Vollstreckung, trotzdem werden Verwaltungsakte, mit denen steuerliche Nebenleistungen festgesetzt werden, in der Regel von vornherein mit einem Leistungsgebot verbunden.

Beispiel:

Mit der Steuerfestsetzung für 00 wird gleichzeitig ein Verspätungszuschlag festgesetzt. Es wird eine Zahlungsfrist von einem Monat für den Verspätungszuschlag bestimmt.

Lösung:

Es fehlt an einer besonderen gesetzlichen Regelung über die Fälligkeit des Verspätungszuschlags, nach § 220 Abs. 2 S. 1 AO könnte also der Entstehungszeitpunkt, der Zeitpunkt der Bekanntgabe, gleichzeitig der Fälligkeitszeitpunkt sein. Da es aber einer Festsetzung bedarf, ist frühestmöglicher Fälligkeitszeitpunkt nach § 220 Abs. 2 S. 2 AO der Zeitpunkt der Bekanntgabe der Festsetzung, der aber mit dem Entstehungszeitpunkt übereinstimmt. Wegen der Erteilung des Leistungsgebots verschiebt sich der Zeitpunkt der Fälligkeit über die Bekanntgabe der Festsetzung hinaus auf den im Leistungsgebot bestimmten Zeitraum.

Das gleiche gilt für die Fälligkeit eines Zwangsgeldes. Auch hier gibt es keine gesetzliche Regelung über die Fälligkeit, das Zwangsgeld wird aber unter Setzung einer Zahlungsfrist festgesetzt.

2.3 Abweichende Fälligkeitsbestimmung

§ 221 AO eröffnet für die Finanzbehörde nur für die **Umsatzsteuer** und die **Verbrauchssteuern** im Rahmen der pflichtgemäßen Ermessensausübung die Möglichkeit, die Entrichtung der Steuer zu einem Zeitpunkt zu verlangen, der vor der gesetzlichen Fälligkeit, aber **nach der Entstehung** liegt.

Voraussetzung ist, dass die genannten Steuern mehrfach nicht rechtzeitig entrichtet wurden. Nach § 221 S. 3 AO muss die Vorverlegung bei erneuter nicht rechtzeitiger Entrichtung vorher angekündigt werden. Dies wäre aber auch ohne die Vorschrift des § 221 S. 3 AO nach § 91 Abs. 1 AO notwendig.

3. Stundung

Das Institut der Stundung nach § 222 AO bietet die Möglichkeit **Zahlungsfristen**, die gesetzliche Fristen sind und damit nach § 109 AO grundsätzlich nicht verlängerbar sind, doch zu **verlängern**.

3.1 Anwendungsbereich

Da die Finanzbehörde stundet, gilt dies nur für Ansprüche des Finanzamtes gegen den Steuerpflichtigen, und zwar für **alle Ansprüche aus dem Steuerschuldverhältnis**, also auch für **steuerliche Nebenleistungen** oder **Haftungsansprüche**, nach § 222 S. 3, 4 AO aber nicht für Steuern und entsprechende Haftungsbeträge bei Abführung von Steuern durch Steuerentrichtungspflichtige, z.B. bei der Lohnsteuer (str. s. BFH vom 24.03.1998, BStBl II 1999, 3). Bei Steuerentrichtungspflichtigen ist der Haftungsanspruch aber nur dann nicht stundbar, wenn die abzuführende Steuer einbehalten wurde.

Beispiel:
Arbeitgeber T beantragt die Stundung der Lohnsteuer sowie der pauschalierten Lohnsteuer nach § 40 EStG.

Lösung:
Hinsichtlich der Lohnsteuer ist T Steuerentrichtungspflichtiger. Eine Stundung ist nach § 222 S. 3 AO ausgeschlossen. Bezüglich der pauschalierten Lohnsteuer ist T nach § 40 Abs. 3 S. 2 EStG Steuerschuldner. Insofern ist die Stundung grundsätzlich möglich. § 222 S. 3 AO ist nicht anwendbar.

Daneben gibt es auch in einigen Einzelsteuergesetzen Sondervorschriften, die als leges speciales vorrangig zu beachten sind, z.B. § 13 Abs. 6 EStG und § 28 ErbStG.

Nach § 28 Abs. 1 S. 4 ErbStG bleibt § 222 AO unberührt. Liegen die Voraussetzungen des § 28 Abs. 1–3 ErbStG nicht vor, so kann also noch nach den allgemeinen Bestimmungen gestundet werden.

3.2 Abgrenzung zur Aussetzung der Vollziehung

§ 222 AO und die **Aussetzung der Vollziehung nach § 361 AO** (s. Kap. VIII. 5.5) haben unterschiedliche Voraussetzungen und schließen sich deshalb nicht aus. Da Aussetzungszinsen bei Erfolg eines Rechtsbehelfs nicht anfallen, bei den Stundungszinsen eine solche Ausnahme aber nicht existiert, ist, wenn die Voraussetzungen für beide Möglichkeiten vorliegen, im Zweifel die Aussetzung der Vollziehung zu bevorzugen.

3.3 Voraussetzungen der Stundung

Die in § 222 AO genannten Voraussetzungen der **erheblichen Härte** und der **Nichtgefährdung des Anspruchs** müssen kumulativ vorliegen. In der Regel wird nur **auf Antrag** gestundet (§ 222 S. 2 AO). In diesem Antrag sollte der Steuerschuldner die Stundungsgründe hinreichend darlegen (BFH vom 13.09.1966, BStBl III 1966, 694). Zwingende Voraussetzung ist ein Antrag aber nicht (BFH vom 23.11.1993, BFH/NV 1994, 687).

3.3.1 Erhebliche Härte

Daraus, dass § 222 AO die erhebliche **Härte** der Einziehung **bei Fälligkeit** als Voraussetzung nennt, ergibt sich, dass es sich um eine vorübergehende Härte handeln muss. Entscheidend ist, dass der Schuldner **exakt im Zeitpunkt** der Einziehung nicht in der Lage sein muss zu zahlen, wohl aber voraussichtlich später.

Stundungsgründe können sachlich oder persönlich begründet sein.

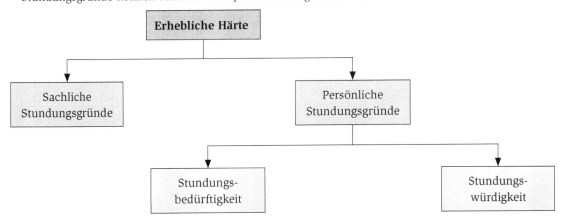

3.3.1.1 Sachliche Stundungsgründe

Sachliche Gründe bestehen unabhängig von der persönlichen Situation des Steuerpflichtigen. So liegt eine erhebliche Härte vor, wenn mit der Erstattung einer anderen Steuer gerechnet werden kann, die Möglichkeit der Aufrechnung (s. 4.2) aber noch nicht besteht, und der zu zahlende Betrag mit an Sicherheit grenzender Wahrscheinlichkeit alsbald zu erstatten sein wird (BFH vom 29.11.1984, BStBl II 1985, 194, BFH vom 21.01.1982, BStBl II 1982, 307). Dies wird als **technische Stundung** oder **Verrechnungsstundung** bezeichnet.

Eine sachliche Härte liegt auch vor, wenn **Verluste oder Verlustvorträge** mit der vorgenannten an Sicherheit grenzenden Wahrscheinlichkeit zu erwarten sind.

3.3.1.2 Persönliche Stundungsgründe

Stundungsbedürftigkeit und Stundungswürdigkeit müssen kumulativ vorliegen.

3.3.1.2.1 Stundungsbedürftigkeit

Stundungsbedürftig ist nur derjenige, der **ernsthafte Zahlungsschwierigkeiten** hat. Diese Schwierigkeiten müssen sich aus Gründen ergeben haben, die für ihn eine besondere Härte bedeuten, z.B. Krankheit, erhebliche geschäftliche Verluste, außergewöhnliche saisonale Schwankungen, Naturkatastrophen oder verzögerte Zahlungen durch öffentlich-rechtliche Auftraggeber.

3.3.1.2.2 Stundungswürdigkeit

Jemand ist stundungswürdig, wenn er es **nicht zu vertreten** hat, dass er die notwendigen Mittel zur Erfüllung des Anspruchs aus dem Steuerschuldverhältnis nicht zur Verfügung hat (BFH vom 21.08.1973, BStBl II 1974, 307). Wer die **fehlende Leistungsfähigkeit selbst herbeigeführt** hat, ist dagegen **nicht stundungswürdig**. Es ist nicht Aufgabe des Staates wie eine Bank nachträglich einen Lebensstandard des Steuerpflichtigen durch Stundung auszugleichen, den seine Einkommenssituation nicht hergegeben hat. Auf Nachzahlungen hat der Steuerpflichtige sich einzustellen, zur Befriedigung des Steuerfiskus hat er auch Vermögensbestand zu verkaufen oder aber, wenn er dies nicht möchte, Kredite aufzunehmen (BFH vom 21.08.1973, a.a.O.).

3.3.2 Nichtgefährdung des Anspruchs

Mehr als eine Gefährdung liegt vor, wenn durch die Stundung die Forderung später nicht mehr realisiert werden kann. Für eine Gefährdung reicht es bereits aus, dass beim späteren Fälligkeitszeitpunkt mit **Schwierigkeiten bei der Realisierung** zu rechnen ist. Das Finanzamt hat also eine Prognose zu treffen und bezieht dabei Faktoren wie Höhe der Steuerschulden und vor allem die sonstigen Verbindlichkeiten ein. Die Stundungsdauer darf maximal so lang sein, dass eine Gefährdung des Anspruchs ausgeschlossen ist. Bei einer 10jährigen Stundungsdauer ohne Sicherheitsleistung hat der BFH am 08.02.1988, BStBl II 1988, 514 eine Gefährdung angenommen.

3.3.3 Sicherheitsleistung

Nach § 222 S. 2 AO soll in der Regel nur gegen Sicherheitsleistung gestundet werden. Damit ist die **Stundung gegen Sicherheitsleistung die Regel**, die **Stundung ohne Sicherheitsleistung die Ausnahme**. Die Arten der Sicherheiten sind in § 241 AO aufgelistet.

3.4 Ermessensausübung

Bei der Ermessensausübung hat die Finanzbehörde zwischen dem **Interesse des Steuergläubigers an einer vollständigen und gleichmäßigen Steuererhebung** und dem **Interesse des Steuerpflichtigen an einem Aufschub der Fälligkeit der Steuerzahlung abzuwägen** (BFH vom 30.05.1990, BFH/NV 1990, 757).

Zwar besteht grundsätzlich Ermessen der Finanzbehörde, ob sie die Stundung gewährt. Steht aber fest, dass die Einziehung bei Fälligkeit eine unbillige Härte darstellen würde, so ist der Stundungsantrag in der Regel positiv zu bescheiden, denn mit einer unbilligen Härte darf ein Steuerpflichtiger nicht belastet werden, wenn keine Gefährdung des Anspruchs vorliegt. Wie die Stundung ausgestaltet wird, liegt aber auch bei einer solchen Ermessensreduzierung weiterhin im Ermessen der Behörde. Dies betrifft insbesondere die Stundungsdauer, die Einräumung von Teilzahlungen, aber auch die Frage der Sicherheitsleistung.

3.5 Folgen der Stundung

Der eigentlich fällige Anspruch aus dem Steuerschuldverhältnis ist bei wirksamer Stundung nicht mehr fällig und es fallen **keine Säumniszuschläge** mehr an. Nach § 234 AO werden aber **Stundungszinsen** in Höhe von 0,5 % pro Monat (§ 238 Abs. 1 S. 1 AO) erhoben.

Beispiel:
Das Finanzamt stundet ab Fälligkeit folgende Beträge für 3 Monate: 1. Einkommensteuer in Höhe von 3.517 €. 2. Umsatzsteuer in Höhe von 575 €.

Lösung:
1. Nach § 238 Abs. 2 AO ist der Betrag von 3.517 € zunächst auf 3.500 € abzurunden. Es errechnen sich Zinsen in Höhe von 52,50 €, die nach § 239 Abs. 2 auf 52 € festzusetzen sind. 2. Auch hier ist nach § 238 Abs. 2 AO auf 550 € zu runden. Die rechnerischen Zinsen betragen zwar 8,25 €, diese Zinsen werden aber nach § 239 Abs. 2 S. 2 AO nicht festgesetzt.

Ist die Erhebung von Stundungszinsen nach § 234 Abs. 2 AO unbillig, kann darauf verzichtet werden. Unbilligkeit kann nach AEAO Nr. 11 zu § 234 unter anderem vorliegen bei Katastrophenfällen, länger andauernder Arbeitslosigkeit oder Forderungsausfällen im Insolvenzverfahren. Bei einem zu stundenden Betrag von bis zu 5.000 € für nicht mehr als drei Monate zugunsten eines Steuerpflichtigen, der bisher seinen steuerlichen Verpflichtungen nachgekommen ist und in der Vergangenheit nicht wiederholt Stundungen in Anspruch genommen hat, kommt nach vorgenanntem AEAO Nr. 11 zu § 222 ebenfalls ein Verzicht auf Stundungszinsen infrage.

Ist gestundet, ist die **Vollstreckung** nach § 254 Abs. 1 S. 1 AO **nicht mehr möglich**, weil es am Erfordernis der Fälligkeit der Leistung fehlt. Die **Zahlungsverjährung** wird durch Stundung unterbrochen (s. dazu 5.5).

Da die Stundung und auch die Ablehnung einer Stundung einen Verwaltungsakt darstellt, besteht gegen beides die Möglichkeit Einspruch einzulegen.

3.6 Zuständigkeit

Zu beachten sind der gleichlautende Ländererlass vom 24.03.2017, BStBl I 2017, 419 sowie das BMF-Schreiben vom 15.02.2017, BStBl I 2017, 283. Danach sind Finanzämter befugt, bis zu 100.000 € in eigener Zuständigkeit zeitlich unbegrenzt zu stunden (höhere Beträge bis zu 6 Monate). Geht der Betrag darüber hinaus, bedarf es der Zustimmung der Oberfinanzdirektion bzw. des Finanzministeriums. Sollen Steuern gestundet werden, die die Länder im Auftrag des Bundes verwalten, bedarf es bei Stundungen über 500.000 € für mehr als 12 Monate der vorherigen Zustimmung des Bundesfinanzministeriums.

4. Erlöschen der Ansprüche aus dem Steuerschuldverhältnis

Nach § 47 AO erlöschen die Ansprüche aus dem Steuerschuldverhältnis unter anderem durch Zahlung, Aufrechnung und Erlass.

4.1 Zahlung (§ 224 AO)

Naturgemäß erlöschen die Ansprüche aus dem Steuerschuldverhältnis in den meisten Fällen durch Zahlung per **Überweisung, Bankeinzug, Scheckzahlung** und in den seltensten Fällen per **Barzahlung** (Ausnahmen grundsätzlich nur an den Vollzieher, da die Übergabe von Bargeld an die Kasse im Finanzamt in der Regel nach § 224 Abs. 4 AO ausgeschlossen ist). Wer zahlt, ist unerheblich. Dies muss also nicht der Steuerpflichtige, sondern kann auch ein Dritter sein.

4.1.1 Tag der Zahlung

Da **Säumniszuschläge** bereits für einen vollen Monat zu zahlen sind, auch wenn der Steuerpflichtige nur einen Tag bzw. 4 Tage säumig ist (§ 240 Abs. 1 S. 1, Abs. 3 AO, s. 7.), kommt der Bestimmung des Zeitpunkts der Zahlung große Bedeutung zu. Tag der Zahlung ist:
- bei Barzahlungen der Tag der Übergabe an den zuständigen Beamten oder bei Übersendung der Tag des Eingangs,
- bei Überweisung oder Einzahlung auf ein Konto der Finanzbehörde und bei Einzahlung mit Zahlschein am Tag der Gutschrift,
- bei Vorliegen einer Einzugsermächtigung am Fälligkeitstag und
- bei Übergabe oder Übersendung von Schecks drei Tage nach dem Tag des Eingangs.

Beispiel:

K gibt seine Umsatzsteuervoranmeldung für März 03 mit Zahllast ohne Dauerfristverlängerung am 16.04.03 ab und fügt der Anmeldung einen Scheck in richtiger Höhe bei.

Lösung:

Die Zahlung gilt nach § 224 Abs. 2 Nr. 1 AO erst drei Tage nach Eingang des Schecks als entrichtet. Dies ist eine Ereignisfrist, der Eingangstag ist der Ereignistag, die Frist beginnt somit mit Ablauf des 16.04.03 zu laufen und endet mit Ablauf des 19.04.03. Säumniszuschläge werden gemäß § 240 Abs. 1 S. 3 AO mit Ablauf des 16.04.03 berechnet (s. AEAO Nr. 1a zu § 240, s. auch 7.). Es kommt insofern nicht auf die Fälligkeit der Umsatzsteuer-Voranmeldung am 10.04.03 an.

Da die Zahlung erst am 19.04.03 als entrichtet gilt und die Schonfrist des § 240 Abs. 3 S. 2 AO für Scheckzahlungen nicht gilt, fallen für einen Monat Säumniszuschläge an.

Das **Finanzamt** zahlt durch Überweisung auf das Konto des Steuerpflichtigen (§ 224 Abs. 3 S. 1 AO „**unbar**"). Bei Zusammenveranlagung ist zu beachten, dass ein Erstattungsbetrag mit befreiender Wirkung nur auf das in der Steuererklärung ausdrücklich benannte Konto gezahlt werden kann. Überweist das Finanzamt auf ein anderes Konto, wird es gegenüber dem erstattungsberechtigten Ehegatten, dessen Konto in der Erklärung angegeben war, nicht frei (BFH vom 05.04.1990, BStBl II 1990, 719).

4.1.2 Hingabe von Kunstgegenständen an Zahlungs statt (§ 224a AO)

Diese Sondervorschrift bezieht sich nur auf die Erbschaftsteuer und die nicht mehr erhobene Vermögensteuer und ermöglicht bei Kunstgegenständen und bestimmten Sammlungen eine Hingabe an Zahlung statt (s. § 364 Abs. 1 BGB), wenn an deren Erwerb ein öffentliches Interesse besteht.

4.1.3 Reihenfolge der Tilgung

§ 225 AO regelt lückenlos, in welcher Reihenfolge Schulden durch Zahlung getilgt werden und unterscheidet dabei zwischen **freiwilliger Zahlung** und **Zahlung im Wege der Vollstreckung** (erzwungene Zahlung, §§ 249 ff. AO). § 225 AO wird nur dann für die Bestimmung der Tilgungsreihenfolge benötigt, wenn die freiwillige oder erzwungene Zahlung nicht zur Tilgung sämtlicher bestehender Ansprüche aus dem Steuerschuldverhältnis ausreicht. Reicht der Betrag dagegen aus, erlöschen alle bestehenden Ansprüche.

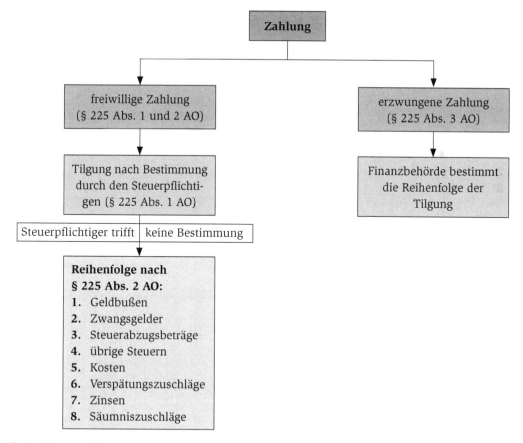

Bei **freiwilliger Zahlung** hat also der Wille des Steuerpflichtigen den Vorrang. Nur wenn er keine Bestimmung trifft, ist § 225 Abs. 2 AO anwendbar. Innerhalb der genannten Ansprüche aus dem Steuerschuldverhältnis werden nach § 225 Abs. 2 S. 2 AO nach der Fälligkeit geordnet **zunächst die älteren**

Schulden getilgt. Bei gleichzeitig fällig gewordenen Beträgen bestimmt nach § 225 Abs. 2 S. 2 2. Hs. AO die Finanzbehörde im Rahmen ihres pflichtgemäßen Ermessens die Reihenfolge.

Bei **erzwungener Zahlung** bestimmt die Finanzbehörde die Tilgungsreihenfolge unter Berücksichtigung der Tilgungsreihenfolge des § 225 Abs. 2 AO. Die Verbuchung durch die Finanzkasse stellt keinen Verwaltungsakt dar. Ist der Steuerpflichtige nicht einverstanden, muss er einen Abrechnungsbescheid nach § 218 Abs. 2 AO beantragen und dagegen Einspruch einlegen (s. VI. 1.).

4.2 Aufrechnung
4.2.1 Allgemeines
Häufig hat das Finanzamt gegen den Steuerpflichtigen nicht nur eine Forderung, sondern hat auch Beträge auszuzahlen. Damit nicht das Finanzamt seine Schuld tilgen muss, im anderen Steuerschuldverhältnis aber die Zahlung ausbleibt und vollstreckt werden muss, ist die Aufrechnung ein wichtiges Institut, vom dem häufig Gebrauch gemacht wird. **§ 226 AO** verweist vorbehaltlich der Regelungen in den Absätzen 2 bis 4 hinsichtlich der Aufrechnung auf die Vorschriften des Bürgerlichen Rechts, **§§ 387–396 BGB** (s. AEAO Nr. 1 zu § 226).

Nach § 388 BGB erfolgt die Aufrechnung durch – einseitige – empfangsbedürftige Willenserklärung gegenüber dem anderen Teil. Die Form dieser Erklärung ist nicht vorgeschrieben, sie kann deshalb auch konkludent erfolgen. So kann z.B. eine maschinelle Umbuchungsmitteilung eine Aufrechnungserklärung sein (BFH vom 26.07.2005, BStBl II 2006, 350). Die **Aufrechnungserklärung** ist **kein Verwaltungsakt**, weil sie auf dem Gebiet des Privatrechts stattfindet. Bei der Aufrechnung steht die Finanzbehörde dem Schuldner ebenso wie jeder andere Gläubiger gleichberechtigt gegenüber und befindet sich nicht im Über-Unter-Ordnungsverhältnis. Auch der **Steuerpflichtige** kann **dem Finanzamt gegenüber** aufrechnen.

Mangels Verwaltungsakt-Qualität der Aufrechnungserklärung ist ein Einspruch nicht möglich. Bei Streitigkeiten entscheidet die Finanzbehörde durch **Abrechnungsbescheid** nach § 218 Abs. 2 AO (s. VI. 1.).

4.2.2 Abgrenzung zum Verrechnungsvertrag
Liegen die Voraussetzungen für eine Aufrechnung nicht vor, wollen die Parteien aber gleichwohl ihre Forderungen miteinander verrechnen, so kommt nach AEAO Nr. 5. zu § 226 eine **vertragliche Verrechnung** in Betracht. Die im Rahmen dieses **Vertrags** notwendigen **mindestens zwei Willenserklärungen** (anders als bei der **Aufrechnung: einseitige Willenerklärung**) können entweder konkludent (durch Umbuchung auf Seiten des Finanzamtes) oder ausdrücklich abgegeben werden.

> **Beispiel (nach BFH vom 11.12.1984, BStBl II 1985, 278):**
>
> Am 15.12.07 teilte die K-KG durch ihren Steuerberater dem Finanzamt mit, dass aufgrund eines hohen Verlustes sämtliche Vorauszahlungen zu erstatten seien und bat um Verrechnung mit offenen Umsatzsteuer- und Lohnsteuerzahlungen. Sachbearbeiter S vermerkte daraufhin auf dem Schreiben vom 15.12.07 am 17.12.07 „An die zentrale Finanzkasse mit der Bitte um Umbuchung und Rückgabe des Schreibens."

> **Lösung:**
>
> Eine danach erfolgte Abtretung der Forderung auf Erstattung der Vorauszahlungen an einen Dritten ist wirkungslos, weil das Finanzamt mit der Übersendung des Schreibens vom 15.12.07 an die Finanzkasse und der Anweisung umzubuchen das Verrechnungsangebot des Steuerpflichtigen nach §§ 145 ff. BGB erkennbar angenommen hat.

Im Gegensatz zur Aufrechnung tritt die **Wirkung** des Verrechnungsvertrags **frühestens mit Abschluss des Vertrages** ein, weil die Rechtswirksamkeit nach den allgemeinen Regeln über Verträge zu beurteilen ist und nicht nach § 389 BGB, der hinsichtlich der Aufrechnungswirkung den Zeitpunkt des zur Aufrechnung geeigneten Gegenüberstehens festlegt (s. dazu 4.2.4).

4.2.3 Voraussetzungen für die Aufrechnung

4.2.3.1 Gleichartigkeit der Forderungen

Forderungen sind dem Gegenstand nach gleichartig (§ 387 BGB), wenn sie beide auf Geld gerichtet sind. Da Steuern nach § 3 Abs. 1 AO Geldleistungen sind, ist diese Voraussetzung stets gegeben.

4.2.3.2 Bezeichnung der Forderungen

Die beiden Forderungen, die Gegenstand der Aufrechnung sind, werden als **Hauptforderung** und **Gegenforderung** bezeichnet. Welche Forderung Hauptforderung und welche Gegenforderung ist, richtet sich danach, wer aufrechnet.

4.2.3.2.1 Aufrechnung durch das Finanzamt

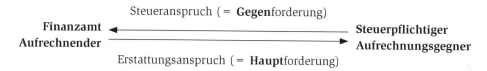

4.2.3.2.2 Aufrechnung durch den Steuerpflichtigen

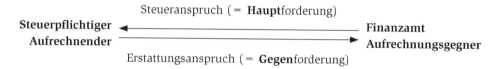

4.2.3.3 Gegenseitigkeit

Dass Gegenseitigkeit notwendig ist, ergibt sich aus dem Wort „einander" in § 387 BGB. Der Gläubiger der einen Forderung muss also der Schuldner der anderen Forderung sein und umgekehrt. **Gläubiger eines Steueranspruchs auf Seiten des Staates ist nach Art. 106 Abs. 1 GG, wem die Steuern zustehen**. Da dies unterschiedliche Körperschaften sind, wäre in vielen Fällen keine Aufrechnung möglich, wenn nicht § 226 Abs. 4 AO bestimmen würde, dass als Gläubiger und Schuldner eines Anspruchs aus dem Steuerschuldverhältnis auch die verwaltende Körperschaft gilt.

> **Beispiel:**
>
> A schuldet dem Land M Erbschaftsteuer. Diese Steuer steht nach Art. 106 Abs. 2 Nr. 2 GG allein dem Land M zu. Als sich aus der Einkommensteuerveranlagung 00 ein Erstattungsanspruch ergibt, rechnet das sowohl für die Erbschaftsteuerveranlagung als auch für die Einkommensteuerveranlagung zuständige Finanzamt X die beiden Forderungen auf.

> **Lösung:**
>
> Nach Art. 106 Abs. 3 GG steht die Einkommensteuer Bund und Ländern gemeinsam zu, es würde also an der Gegenseitigkeit fehlen.
> Da aber beide Steuern vom Land M verwaltet werden, ist die Gegenseitigkeit nach § 226 Abs. 4 AO gegeben.

Nach § 395 BGB ist gegen eine Forderung von Land oder Bund die Aufrechnung nur zulässig, wenn an dieselbe Kasse zu zahlen ist. Damit würde der Steuerpflichtige wegen § 226 Abs. 4 AO schlechter stehen als der Staat. Nach BGH vom 25.04.1989 BStBl II 1989, 949 findet deshalb in diesem Fall § 395 BGB keine Anwendung.

Auf Seiten des Steuerpflichtigen muss **Personenidentität** vorliegen.

> **Beispiel:**
>
> A hat ein Einzelunternehmen und hat daraus einen Umsatzsteuer-Vergütungsanspruch. Außerdem ist A zu 80 % an der A und B OHG beteiligt. Als diese eine Umsatzsteuernachzahlung nicht leistet, möchte das Finanzamt mit dem Vergütungsanspruch aufrechnen.

> **Lösung:**
>
> Schuldner der Umsatzsteuer ist die A und B OHG. Es fehlt damit hinsichtlich der Umsatzsteuer-Verpflichtung und des Vergütungsanspruchs an der Gegenseitigkeit. Zahlt die OHG nicht, so ist die Gegenseitigkeit nur herzustellen, wenn es gelingt, den A als Haftungsschuldner in Anspruch zu nehmen. Dann würde Personenidentität vorliegen.

Liegt **keine Personenidentität** vor, kann diese durch **Abtretung** der Forderung erreicht werden (BFH vom 06.02.1973, BStBl II 1973, 513).

> **Beispiel:**
>
> A hat eine Umsatzsteuerschuld gegenüber dem Finanzamt X, seine Ehefrau hat Anspruch auf eine Umsatzsteuervergütung.

> **Lösung:**
>
> Lässt A sich die Forderung seiner Ehefrau gegen den entsprechenden Gegenwert abtreten, kann er gegenüber dem Finanzamt aufrechnen.
>
> Dies gilt auch, wenn einer der Ehegatten aus der gemeinsamen Zusammenveranlagung einen Anspruch auf Lohnsteuervergütung hat. Will der andere eine Verpflichtung zur Zahlung von Umsatzsteuer gegen den Anspruch auf Lohnsteuervergütung aufrechnen, muss er sich den Anspruch vorher abtreten lassen, weil die Zusammenveranlagung nach § 155 Abs. 3 AO eine Zusammenfassung von zwei Steuerbescheiden ist.

Möchte das Finanzamt gegen eine abgetretene Forderung aufrechnen, gilt **§ 406 BGB.** Diese Vorschrift überwindet die nach einer Abtretung fehlende Gegenseitigkeit. Zur Abtretung s. Kap. II. 1.2.2.7.1, zur Wirksamkeit der Abtretung von Ansprüchen aus dem Steuerschuldverhältnis ist die Anzeige in vorgeschriebener Form erforderlich.

Das Finanzamt kann eine abgetretene Forderung auch dem **neuen Gläubiger** gegenüber aufrechnen, es sei denn:
- das Finanzamt hat bei Erwerb der Gegenforderung (Entstehung des Anspruchs aus dem Steuerschuldverhältnis) Kenntnis von der Abtretung, hat also die Anzeige bereits erhalten oder
- die Gegenforderung wird nach Kenntnis von der Abtretung und später als die Hauptforderung fällig.

> **Beispiel:**
>
> Das Finanzamt hat aus der Einkommensteuerveranlagung 00 (Einkommensteuerbescheid vom 30.06.01) einen Anspruch gegen den Steuerpflichtigen in Höhe von 6.000 €. Bei der Einkommensteuerveranlagung 01 ergibt sich ein Erstattungsanspruch des Steuerpflichtigen in Höhe von 5.000 €, der Bescheid 01 datiert vom 31.03.02. Am 07.01.02 erreicht das Finanzamt eine Abtretungsanzeige hinsichtlich des Einkommensteuererstattungsanspruchs 01 an den K.

> **Lösung:**
> Das Finanzamt hat die Gegenforderung mit der Entstehung, also am 31.12.00 erworben, also vor Kenntnis von der Abtretung.
> Außerdem wurde die Gegenforderung am 03.08.01 fällig (Bekanntgabe 03.07.01 plus ein Monat), die Hauptforderung dagegen wird erst nach der Bekanntgabe des Einkommensteuerbescheids 01 am 03.04.02 fällig.
> Insofern liegen beide Ausschlussgründe des § 406 BGB nicht vor und die Aufrechnung ist möglich.

4.2.3.4 Fälligkeit der Gegenforderung

Gegenforderung und Hauptforderung können sich bei der Aufrechnung in verschiedenen Phasen begegnen. Die Gegenforderung, also die Forderung gegen denjenigen, der die Aufrechnung nicht begehrt, muss sich zwingend in einer Phase befinden, **in der der Aufrechnungsgegner bereits zahlen muss** (s. § 387 BGB: „die ihm gebührende Leistung **fordern** kann"). Die Forderung muss also fällig sein, denn es kann dem Inhaber der Gegenforderung nicht zum Nachteil gereichen, dass gegen ihn aufgerechnet wird (zur Fälligkeit im einzelnen s. 2.1).

Wäre die Aufrechnung schon zulässig, bevor der Inhaber der Gegenforderung überhaupt zahlen muss, würde er durch die Aufrechnung schlechter stehen, denn er würde bereits tilgen, ohne dazu verpflichtet zu sein. Das gilt auch, wenn der Inhaber der Gegenforderung eine **Stundung** oder eine **Aussetzung der Vollziehung** erwirkt hat, die die Fälligkeit hinausschiebt (s. BFH vom 31.08.1995, BStBl II 1996, 55 und AEAO Nr. 1 zu § 226). Eine Aufrechnung gegen solche nicht fälligen Gegenforderungen durch das Finanzamt ist nur möglich, wenn die Stundung oder Aussetzung der Vollziehung zurückgenommen oder widerrufen wurden.

Die Aufrechnung ist nach § 226 Abs. 2 AO auch ausgeschlossen, wenn die Gegenforderung durch **Verjährung** erloschen ist, denn die Verjährung führt nach § 47 AO zum Erlöschen des Anspruchs aus dem Steuerschuldverhältnis.

In **§ 226 Abs. 3 AO** ist geregelt, dass der Steuerpflichtige – im Gegensatz zum Finanzamt – nur gegen Hauptforderungen aufrechnen kann, die **unbestritten oder rechtskräftig festgestellt** sind. Eine Forderung ist so lange unbestritten, wie nicht die Finanzbehörde sich substantiiert zu den Gegenforderungen erklärt und ihre etwaigen Einwendungen begründet (BFH vom 09.12.1954, BStBl II 1955, 32). Rechtskräftig festgestellt sind Forderungen, wenn ein entsprechender Verwaltungsakt oder ein Urteil unanfechtbar ist.

4.2.3.5 Erfüllbarkeit der Hauptforderung

Der Aufrechnende muss nicht abwarten, bis seine Verpflichtung fällig ist, denn es heißt in § 387 BGB: „die ihm obliegende Leistung **bewirken** kann". Mit der Aufrechnung verzichtet er auf sein Recht, erst bei Fälligkeit zu tilgen (§ 271 Abs. 2 BGB). Eine Forderung kann bewirkt werden, wenn sie erfüllbar ist. Erfüllbar ist sie bereits, wenn sie entstanden ist. Dabei kommt es nicht auf die Festsetzung des Anspruchs an (BFH vom 06.02.1990, BStBl II 1990, 523).

> **Beispiel:**
> A macht einen Umsatzsteuervergütungsanspruch aus der Jahressteuererklärung 00 geltend. Das Finanzamt hat am 18.03.01 einen Einkommensteuerbescheid erlassen, der eine Nachzahlung in größerer Höhe ausweist und möchte den Umsatzsteuervergütungsanspruch nicht auszahlen, sondern aufrechnen. Die Gegenforderung aus dem Einkommensteuerbescheid ist seit dem 21.04.01 fällig (Zugang § 122 Abs. 2 Nr. 1 AO am 21.03.01), Frist ein Monat (§ 36 Abs. 4 S. 1, 2. HS EStG).

> **Lösung:**
> Die Hauptforderung Umsatzsteuervergütungsanspruch ist mit Ablauf des 31.12.01 entstanden, sodass das Finanzamt ab 21.04.01 aufrechnen könnte. Der Steuerpflichtige dagegen dürfte erst aufrechnen, wenn der Steuervergütungsanspruch, der dann die Gegenforderung wäre, fällig ist. Dies ist mit der Zustimmung des Finanzamtes der Fall. Die Hauptforderung im Fall der Aufrechnung durch den Steuerpflichtigen, also die gegen den Steuerpflichtigen gerichtete Forderung, wiederum ist mit Ablauf des 31.12.00 entstanden und kommt seitdem für die Aufrechnung in Frage.

4.2.4 Rechtsfolgen der Aufrechnung

Die wirksame Aufrechnung führt nach § 47 AO zum Erlöschen der Ansprüche aus den Steuerschuldverhältnissen, auf die sich die Aufrechnung bezieht. Da die Aufrechnung nach § 389 BGB bewirkt, dass die Forderungen **in dem Zeitpunkt** als **erloschen** gelten, in dem sie sich als **zur Aufrechnung geeignet gegenübergetreten** sind (AEAO Nr. 2 zu § 226), wird eine Rückwirkung auf den Zeitpunkt der Aufrechnungslage und nicht etwa den Zeitpunkt der Aufrechnungserklärung fingiert.

> **Beispiel:**
> Der Steuerpflichtige schuldet Umsatzsteuer 00 in Höhe von 17.300 €, die am 27.03.01 fällig war. Der Einkommensteuerbescheid für 00 vom 05.07.01 weist einen Erstattungsbetrag in Höhe von 12.000 € aus. Mit Aufrechnungserklärung vom 06.07.01 rechnet das Finanzamt gegen die Umsatzsteuerschuld auf.

> **Lösung:**
> Da das Finanzamt aufrechnet, ist der Einkommensteuererstattungsbetrag die Hauptforderung. Diese ist mit Ablauf des 31.12.00 entstanden, also erfüllbar.
> Die Gegenforderung müsste fällig sein. Dies ist sie seit dem 27.03.01. Es bestand also eine Aufrechnungslage und zwar bereits seit dem 27.03.01. Zu diesem Zeitpunkt (also noch vor der Festsetzung) ist der Einkommensteuererstattungsbetrag nach § 47 AO in voller Höhe erloschen. Die Umsatzsteuerschuld ist am selben Tag teilweise durch Aufrechnung erloschen. 5.700 € Umsatzsteuer bleiben bei der Aufrechnung außer Betracht.
> Für die Umsatzsteuer 00 sind bereits Säumniszuschläge entstanden. Nach § 240 Abs. 1 S. 5 AO bleiben entstandene Säumniszuschläge bis zur Fälligkeit der Schuld des Aufrechnenden unberührt. Die Schuld des Finanzamtes war nach Bekanntgabe (§ 36 Abs. 4 S. 2 AO, 08.07.01) fällig. Bis zu diesem Zeitpunkt bleiben die auf die Umsatzsteuerschuld entstandenen Säumniszuschläge bestehen. Die Ausnahme in AEAO Nr. 2 letzter Absatz zu § 226, nach der bei Steueranmeldungen nicht das Fälligkeitsdatum der angemeldeten Steuer sondern das Datum des Eingangs der Anmeldung maßgebend ist, dürfte auf Erstattungen aufgrund von Steuererklärungen nicht anwendbar sein.

4.3 Erlass

Nach § 227 AO können Ansprüche aus dem Steuerschuldverhältnis erlassen werden, wenn die Einziehung nach Lage des einzelnen Falles **unbillig** wäre. Es geht also darum, in Einzelfällen bestehende Härten auszugleichen.

Erlassen werden können alle Ansprüche aus dem Steuerschuldverhältnis, die gegen den Steuerpflichtigen gerichtet sind, also Steueransprüche, Haftungsansprüche, Ansprüche auf steuerliche Nebenleistungen etc. Hinsichtlich der Stundungs- und Aussetzungszinsen gehen die Sondervorschriften der §§ 234 Abs. 2 und 237 Abs. 4 AO vor. Voraussetzung ist auch hier eine vorliegende Unbilligkeit.

Einen anderen zeitlichen Ansatzpunkt hat der **Festsetzungserlass nach § 163 AO** (s. dazu Kap. IV. 1.3.2).

4.3.1 Unbilligkeit

Nach ständiger Rechtsprechung dient die Korrektur über Billigkeitsmaßnahmen dazu, Rechtsfolgen, die aufgrund gesetzlicher Regelungen eintreten, aber im Einzelfall den dem Gesetz zugrunde liegenden Rechtsgedanken widersprechen, zu korrigieren.

4.3.1.1 Sachliche Unbilligkeit

Ebenso wie bei der Stundung sind auch beim Erlass sachliche Gründe unabhängig von der persönlichen Situation des Steuerpflichtigen. **Sachliche Billigkeitsgründe** sind vielmehr gegeben, „wenn die Einziehung der Steuer zwar dem Gesetz entspricht, aber infolge eines Gesetzesüberhangs den Wertungen des Gesetzgebers derart zuwiderläuft, dass sie unbillig erscheint" (BFH vom 23.02.2017, III R 35/14, BStBl II 2017, 757). Die Billigkeitsprüfung verlangt „eine **Gesamtbeurteilung aller Normen**, die für die Verwirklichung des in Frage stehenden Steueranspruchs im konkreten Fall maßgeblich sind. So lassen sich Wertungswidersprüche aufdecken und im Billigkeitswege beseitigen, die **bei isolierter Betrachtungsweise** als typischer Nebeneffekt der Anwendung einzelner steuerrechtlicher Normen hinnehmbar erscheinen, insgesamt aber eine Rechtslage herbeiführen, welche die Durchsetzung des Steueranspruchs als sachlich unbillig erscheinen lässt" (BFH vom 26.10.1994, BStBl II 1995, 297).

Die **Anfechtung** eines Verwaltungsaktes hat **Vorrang**. Versäumt der Steuerpflichtige Einspruch einzulegen, so kann dieses Versäumnis grundsätzlich nicht durch einen Erlass korrigiert werden. Ist die Steuerfestsetzung aber offensichtlich und eindeutig falsch und ist es dem Steuerpflichtigen nicht zuzumuten, sich rechtzeitig gegen die Fehlerhaftigkeit zu wenden, so kommt ausnahmsweise ein Erlass in Betracht (BFH vom 13.01.2005, BStBl II 2005, 460).

Die Rechtsprechung hat eine Vielzahl von Entscheidungen zur sachlichen Unbilligkeit getroffen, aus denen sich – ohne Anspruch auf Vollständigkeit – folgende Fallgruppen erkennen lassen:

> **Beispiel 1 (nach BFH vom 11.02.2011 BFH/NV 2011, 963 Nr. 6):**
>
> Die Klägerin betrieb Unterkünfte für Asylbewerber. Streitig war nach einer Außenprüfung die Aufteilung zwischen steuerfreien Vermietungsumsätzen und steuerpflichtigen Leistungen für Verpflegung, Betreuung und Bewachung der Asylbewerber.
> Bis zum Ablauf der Einspruchsfrist führte die Klägerin mit Vertretern des Landesfinanzministeriums Gespräche und legte schließlich keinen Einspruch ein, sondern beantragte stattdessen innerhalb der Einspruchsfrist den Erlass der Nachzahlungssummen in Höhe von rund 1,4 Mio. € zuzüglich Zinsen in Höhe von rund 300 T€.

> **Lösung:**
>
> Der BFH sah hier keinen sachlichen Billigkeitsgrund unter dem Gesichtspunkt von **Treu und Glauben** gegeben, weil das Landesfinanzministerium, unabhängig von der Frage, ob es sich überhaupt ausreichend verbindlich geäußert hat, seinerzeit bei einer derart hohen Erlasssumme der vorherigen Zustimmung des BMF bedurft hätte. Ein Erlass wegen Verletzung des Grundsatzes von Treu und Glauben würde danach also in Betracht kommen, wenn eine **zuständige Behörde** sich **verbindlich** geäußert hätte (der BFH lässt dies allerdings ausdrücklich offen).

Der Grundsatz von Treu und Glauben führt zu einer sachlichen Unbilligkeit, wenn ein Verwaltungsakt aufgrund alleinigen oder zumindest überwiegenden Verschuldens der zuständigen Finanzbehörde unanfechtbar geworden ist. Auch ansonsten kann Fehlverhalten von Behörden über die sachliche Billigkeit korrigiert werden.

Beispiel 2 (nach BFH vom 23.11.1994, BStBl II 1995, 824):

Als die Nutzungswertbesteuerung nach § 21a EStG am 31.12.1986 auslief, gab es in § 52 Abs. 21 EStG eine Übergangsregelung, nach der nunmehr den erhöhten Absetzungen entsprechende Beträge wie Sonderausgaben abziehbar waren.

Lösung:

Wenn sich die Beträge bei der Besteuerung damit nicht mehr auswirkten, stand der Steuerpflichtige, der vorher die Beträge, die sich nicht ausgewirkt haben, nach § 10d EStG über den Verlustabzug geltend machen konnte, schlechter.

Zweck der Übergangsregelung war es, den Besitzstand der Steuerpflichtigen, die vom Systemwechsel betroffen waren, zu bewahren. Nach Auffassung des BFH „entspricht es dem mutmaßlichen Willen des Gesetzgebers, die Steuer aus sachlichen Billigkeitsgründen zu erlassen, die zu erstatten wäre, wenn die Regelung des § 10d EStG anwendbar wäre".

Dies ist ein Beispiel für den Erlass aus Gründen des **Vertrauensschutzes**. Dieser ist mithilfe des Instituts des Erlasses zu berücksichtigen, wenn Dispositionen des Steuerpflichtigen massiv beeinträchtigt werden, weil Gesetze geändert werden oder die Rechtsprechung sich ändert.

Beispiel 3 (nach BFH vom 03.12.1970, BStBl II 1971, 321):

Streitgegenstand war die Frage, ob für Baumschulkulturen aktivierte Werte keine Veränderungen erfahren dürfen. Dies hatte die Finanzverwaltung bisher bejaht.

Lösung:

Diese Auffassung verstieß aber gegen die zwingende Bewertungsvorschrift des § 6 Abs. 1 Nr. 2 EStG. Die gegen den Kläger gerichteten Steuerbescheide wurden deshalb geändert. Danach wurde ein gleichlautender Ländererlass mit einer Übergangsregelung zum Ausgleich von Härten erlassen. Auch wenn der Ländererlass den Fall eigentlich nicht erfasste, hat der BFH gleichwohl entschieden, dass ein sachlicher Erlass aus Billigkeitsgründen in Betracht kommt, weil die Übergangsregelung unter dem Gesichtspunkt der Gleichbehandlung auch auf diesen Fall anwendbar ist.

Sachlicher Erlassgrund war hier also der Verstoß gegen den Gleichheitssatz. Auch bei Verstoß gegen sonstige Grundrechte, kommt eine Korrektur über die sachliche Billigkeit in Betracht. So hat z.B. das Bundesverfassungsgericht in seiner Entscheidung vom 10.11.1998 (BVerfGE 99, 246) aufgegeben, hinsichtlich des Kinderexistenzminimums eine Erlassmöglichkeit nach §§ 163, 227 AO zu prüfen.

Beispiel 4 (nach BFH vom 16.07.1997, BStBl II 1998, 7):

Der Kläger war in Insolvenz geraten. Streitig war, ob die entstandenen Säumniszuschläge in voller Höhe oder nur zur Hälfte erlassen werden mussten.

Lösung:

Grundsätzlich hat der BFH dazu entschieden, dass ein Erlass von Säumniszuschlägen aus sachlichen Billigkeitsgründen geboten ist, wenn die Einziehung im Einzelfall im Hinblick auf den Zweck der Säumniszuschläge, den Schuldner zur rechtzeitigen Zahlung zu bewegen, nicht mehr zu rechtfertigen ist, weil die Erhebung – obwohl der Sachverhalt den gesetzlichen Tatbestand erfüllt –, den Wertungen des Gesetzgebers zuwiderläuft. Sachlich unbillig ist die Erhebung von Säumniszuschlägen dann, wenn dem Steuerpflichtigen die rechtzeitige Zahlung der Steuer wegen Überschuldung und Zahlungsunfähigkeit unmöglich ist und deshalb die Ausübung von Druck zur Zahlung ihren Sinn verliert.

> Allerdings kommt auch bei vorliegender Insolvenz nach Auffassung des BFH nur ein Erlass zur Hälfte in Betracht, Säumige sollen grundsätzlich nicht besser stehen als ein Steuerpflichtiger, dem Aussetzung der Vollziehung oder Stundung gewährt wurde. Liegen aber die Voraussetzung für einen Verzicht auf die Festsetzung von Stundungszinsen vor, kommt auch ein Erlass der Säumniszuschläge in voller Höhe in Betracht. Das gleiche gilt bei Erlass der Hauptschuld, wenn einem bisher pünktlichen Steuerzahler ein **offensichtliches Versehen** unterlaufen ist oder er plötzlich erkrankt und dadurch weder selbst noch durch einen Vertreter zahlen kann

Bei dieser Fallgruppe geht es um eine Korrektur einer eigentlich gebotenen Erhebung von Ansprüchen aus dem Steuerschuldverhältnis, weil diese dem Gesetzeszweck zuwiderläuft.

Beispiel 5 (nach BFH vom 23.02.2017, III R 35/14, BStBl II 2017, 757):

Der Kläger war an einer Vielzahl von Gesellschaften beteiligt, die teilweise hohe Gewinne und teilweise Verlust erwirtschafteten. Aufgrund der anteiligen Gewerbesteuerbelastung bei den Gesellschaften, die Gewinn erwirtschafteten, ergab sich im Ergebnis eine weit mehr als 50 %ige Belastung mit Ertragsteuern.

Lösung:

Ein Erlass aus sachlichen Billigkeitsgründen kommt nicht in Betracht. Zwar sind für die Frage, ob eine Übermaßbesteuerung vorliegt, auch die anteiligen Belastungen auf Gesellschafterebene einzubeziehen. Das Prinzip, dass bei der Gewerbesteuer keine Verrechnung von Betrieben mit positiven und negativen Ergebnissen stattfindet, resultiert auf der Tatsache, dass die Gewerbesteuer eine ertragsorientierte, betriebsbezogene Objektsteuer ist. Dieser Grundsatz darf nicht durch Erlass auf Gesellschafterebene desjenigen, der an mehreren Gesellschaften beteiligt ist, beseitigt werden.

Im Einzelfall kann aber das Übermaßverbot vor dem Hintergrund der Eigentumsgarantie des Art. 14 GG eine Rolle spielen. Eine allgemeine verbindliche Obergrenze in der Nähe einer hälftigen Teilung gibt es aber nicht (BVerGE 115, 97, 114).

Beispiel 6 (nach BFH vom 28.06.1972, BStBl II 1972, 819):

Bei einem Brand waren sämtliche Buchführungsunterlagen des Steuerpflichtigen vernichtet worden.

Lösung:

Damit war nach Auffassung des BFH zwar die Buchführung nicht ordnungsgemäß, gleichwohl hält er die Versagung des Betriebsausgabenabzugs wegen Nichtvorliegens der Belege für unbillig und fordert eine Korrektur über die Erlassvorschriften.

Der BFH erörtert dieses Problem unter dem Gesichtspunkt der sachlichen Unbilligkeit, hier spielt aber vor allem die Frage eine Rolle, ob den Steuerpflichtigen ein Verschulden an den streitigen Fragen aus dem Steuerschuldverhältnis trifft. Insofern liegt diese Fallgruppe an der Grenze zu den persönlichen Billigkeitserwägungen.

4.3.1.2 Persönliche Unbilligkeit

Ebenso wie bei der Stundung muss **Erlassbedürftigkeit** und **Erlasswürdigkeit** vorliegen. Hier geht es um die Einzelfallgerechtigkeit.

4.3.1.2.1 Erlassbedürftigkeit

Ein Steuerpflichtiger ist erlassbedürftig, wenn ohne die Maßnahme seine wirtschaftliche oder persönliche Existenz gefährdet ist. Dies ist der Fall, wenn er ohne den Erlass seinen Lebensunterhalt nicht mehr wird bestreiten können. Ein vorübergehender Zahlungsengpass rechtfertigt noch keinen Erlass, in so einem Fall hat die **Stundung Vorrang**. Dem Steuerpflichtigen ist grundsätzlich zuzumuten, zur Begleichung seiner Steuerschulden alle ihm zur Verfügung stehenden Mittel – auch unter Inanspruchnahme eines Kredits und ihm zustehender Unterhaltsansprüche – einzusetzen (BFH vom 30.09.1996, BFH/NV 1997, 326).

Die Existenz ist auch gefährdet, wenn ohne Erlass die Erwerbstätigkeit aufgegeben werden muss. Derartige Fälle liegen aber nur im Ausnahmefall vor, z.B. wenn zur Tilgung der Steuerschulden zwingend ein betrieblicher Gegenstand verwertet werden müsste, der für die Fortführung unerlässlich ist.

Schulden mehrere die Steuer als Gesamtschuldner, so wirkt der Erlass nur gegenüber demjenigen, dem gegenüber er ausgesprochen wurde (s. Kap. II. 1.2.2.5.2 Beispiel 2).

4.3.1.2.2 Erlasswürdigkeit

Jemand ist erlasswürdig, wenn er die fehlende Leistungsfähigkeit nicht durch sein eigenes Verhalten herbeigeführt hat und mit seinem Verhalten nicht in eindeutiger Weise gegen die Interessen der Allgemeinheit verstoßen hat (BFH vom 30.09.1996, BFH/NV 1997, 326). Somit stellt sich bei der Erlasswürdigkeit die Frage, ob die wirtschaftliche Notlage verschuldet wurde oder nicht.

Beispiel:

A hat sich von den Gewinnen aus seinem Gewerbebetrieb unter anderem ein Luxusauto gekauft, mehrere teure Urlaube gemacht und ein sehr geräumiges Haus gebaut. Seinen Verpflichtungen aus dem Steuerschuldverhältnis ist er schon mehrere Jahre nicht mehr nachgekommen. Schließlich beantragt er wegen der schlechten Auftragslage seines Betriebes Erlass mit der Begründung, das erwirtschaftete Geld reiche nicht einmal mehr, um für sich und seine Kinder Lebensmittel zu kaufen.

Lösung:

Vorausgesetzt, der Vortrag des A entspricht der Wahrheit, so wäre er erlassbedürftig, nicht aber erlasswürdig, weil er seine fehlende Leistungsfähigkeit selbst herbeigeführt hat und außerdem seine steuerlichen Verpflichtungen über Jahre vernachlässigt hat.

4.3.2 Ermessen und Folge des Erlasses

Ob zu erlassen ist, liegt im pflichtgemäßen **Ermessen** der Finanzbehörde. Da es um finanzielle Verhältnisse des Steuerschuldners geht, sind diese gegen das Interesse der Allgemeinheit an der Erfüllung der Ansprüche aus dem Steuerschuldverhältnis abzuwägen. Hat der Arbeitgeber **Lohnsteuer** einbehalten, so kommt ein Erlass in der Regel nicht in Betracht.

Nach § 47 AO **erlischt der Anspruch aus dem Steuerschuldverhältnis** durch den Erlass, sobald der entsprechende Verwaltungsakt wirksam wird. Wird der Anspruch nur teilweise erlassen, erlischt er in dieser Höhe. Hat der Steuerpflichtige den Anspruch bereits erfüllt, so kann erstattet werden, wenn im Zeitpunkt der Erfüllung Unbilligkeit vorlag (BFH vom 24.09.1976, BStBl II 1977, 127, hier für persönliche Unbilligkeit).

Ein **Widerruf** eines bestandskräftigen rechtmäßigen Erlasses nach § 131 AO ist **zwar theoretisch möglich** aber **wirkungslos**, weil ein einmal erloschener Anspruch nicht wieder aufleben kann. Eine **Rücknahme** eines rechtswidrigen Verwaltungsakts nach § 130 AO dagegen hat Wirkung für die Vergangenheit und ist deshalb möglich. Ist ein nur teilweise gewährter Erlass durch Einlegung eines Einspruchs nicht bestandskräftig geworden, so ist die vollständige Aufhebung im Rahmen einer verbösernden Einspruchsentscheidung möglich, weil das Finanzamt nicht durch einen Teilerlass auf das durch die Verböserungsmöglichkeit eingeräumte Recht zur Selbstkontrolle verzichtet hat (s. BFH vom 10.03.2016, III R 2/15, BStBl II 2016, 508).

Gegen die Ablehnung des Erlassantrags ist der **Einspruch** statthaft, weil es sich um einen Verwaltungsakt handelt. Vollziehbar ist eine solche Ablehnung nicht, sodass **keine Aussetzung der Vollziehung** in Betracht kommt. Wird dem Einspruch nicht stattgegeben, kann vor dem Finanzgericht **Verpflichtungsklage** erhoben werden (s. B. Kap. V. 2.).

4.3.3 Zuständigkeit

Auch bei Erlassen sind der **gleichlautende Ländererlass vom 24.03.2017**, BStBl I 2017, 419 sowie das **BMF-Schreiben vom 15.02.2017**, BStBl I 2017, 283 zu beachten. Nur bis zu 20.000 € Erlasssumme dürfen die Finanzämter in eigener Zuständigkeit erlassen. Geht der Erlassbetrag darüber hinaus, müssen sie die Zustimmung der Oberfinanzdirektion bzw. des Finanzministeriums einholen. Verwalten die Landesfinanzbehörden Steuern im Auftrag des Bundes, ist ab Erlasssummen von mehr als 200.000 € die vorherige Zustimmung des BMF einzuholen.

5. Zahlungsverjährung (§§ 228–232 AO)

Der Eintritt der Zahlungsverjährung führt nach §§ 47, 232 AO zum **Erlöschen der Ansprüche aus dem Steuerschuldverhältnis** und der von ihm abhängigen Zinsen. Dies ist **von Amts wegen** zu berücksichtigen, auch wenn der Steuerpflichtige sich nicht auf die Verjährung beruft. Hat der Steuerpflichtige trotz Verjährung bezahlt, so ist der Betrag nach § 37 Abs. 2 AO zu erstatten. Deshalb ist es ureigenste Aufgabe der Vollstreckungsstellen durch entsprechende Maßnahmen die Verjährung zu unterbrechen.

Während die **Festsetzungsverjährung** (s. Kap. IV. 5.) regelt, wie lange ein Anspruch noch festgesetzt werden darf, geht es bei der **Zahlungsverjährung** darum, wie lange ein **bestehender Anspruch** aus dem Steuerschuldverhältnis **durchgesetzt** werden darf. Sowohl hinter der Festsetzungsverjährung als auch hinter der Zahlungsverjährung steckt der Gedanke des **Rechtsfriedens**. Ist der Zeitraum der Verjährung abgelaufen, soll der Steuerpflichtige nicht mehr damit rechnen müssen, noch mit einer Zahlungsverpflichtung belastet zu werden.

Zahlungsverjährung bezieht sich nur auf die Ansprüche, die „gezahlt" werden, also nur auf **Geldleistungen**. Besteht Streit über die Frage der Zahlungsverjährung, so ist durch Abrechnungsbescheid nach § 218 Abs. 2 AO zu entscheiden.

5.1 Berechnungsschema zur Zahlungsverjährung

Die Verjährungsfrist beträgt nach § 228 S. 2 AO grundsätzlich 5 Jahre. Mit dem Steuerumgehungsbekämpfungsgesetz wurde für die Fälle der §§ 370, 373 und 374 AO eine zehnjährige Zahlungsverjährungsfrist für alle am 24.06.2017 noch nicht abgelaufenen Verjährungsfristen eingeführt (s. § 14 Abs. 5 EGAO). Nach Ablauf von 5/10 Jahren tritt die Verjährung ein, es sei denn es handelt sich nach § 108 Abs. 3 AO um einen Sonnabend oder Sonntag (nicht Feiertag, denn das Ende ist immer ein 31.12. und dies ist kein Feiertag), s. AEAO Nr. 2 zu § 228.

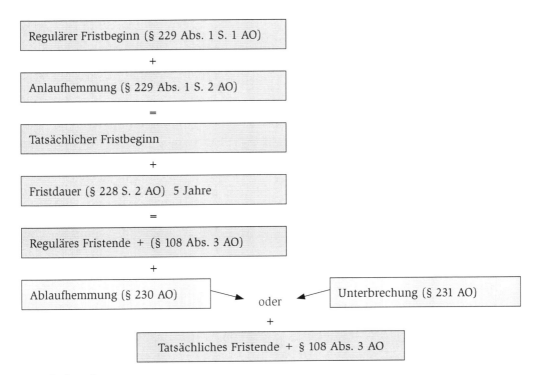

5.2 Fristbeginn

Grundsätzlich beginnt die Zahlungsverjährung nach § 229 Abs. 1 S. 1 AO mit Ablauf des Kalenderjahres, in dem der Anspruch erstmalig fällig geworden ist.

Beispiel:

Der Einkommensteuerbescheid für G mit einer Nachzahlungssumme in Höhe von 2.000 € geht am 30.11.00 zur Post.

Lösung:

Nach § 122 Abs. 2 Nr. 1 AO gilt der Bescheid als am 03.12.00 bekannt gegeben. Nach § 36 Abs. 4 S. 1 EStG ist die Zahlung am 03.01.01 fällig. Beginn der Zahlungsverjährungsfrist ist nach § 229 Abs. 1 S. 1 AO damit der Ablauf des 31.12.01. Fristende ist grundsätzlich der Ablauf des 31.12.06. Sollte dies ein Sonnabend oder Sonntag sein, so verschiebt sich das Ende der Zahlungsverjährungsfrist auf den 02.01.07 (01.01.07: Feiertag).

5.3 Anlaufhemmung

Nach § 229 Abs. 1 S. 2 AO läuft der Beginn der Zahlungsverjährung erst mit Ablauf des Jahres der Wirksamkeit der Festsetzung an. Dies gilt insbesondere für die **Fälligkeitssteuern** Lohnsteuer und Umsatzsteuer. Hier würde unabhängig von der Anmeldung der Steuern die Zahlungsverjährungsfrist mit Ablauf des Jahres der Fälligkeit zu laufen beginnen. Es könnte also passieren, dass die Zahlungsverjährungsfrist für eine Steuer läuft, obwohl mangels Anmeldung noch gar nicht bekannt ist, wie hoch diese Steuer ist. Dies vermeidet § 229 Abs. 1 S. 2 AO.

5. Zahlungsverjährung (§§ 228–232 AO)

> **Beispiel:**
> Die Umsatzsteuervoranmeldung für November 00 wird nach § 18 Abs. 1 S. 4 UStG am 10.12.00 fällig, die Zahlungsverjährungsfrist würde nach § 229 Abs. 1 S. 1 AO mit Ablauf 00 beginnen.

> **Lösung:**
> Gibt der Steuerpflichtige seine Voranmeldung für November 00 mit einer Nachzahlung erst am 17.02.01 ab, so beginnt nach § 229 Abs. 1 S. 2 AO die Zahlungsverjährungsfrist mit Ablauf des 31.12.01 zu laufen, denn nach § 229 Abs. 1 S. 2, 2. HS AO steht eine Steueranmeldung einer Steuerfestsetzung gleich.
> Hätte dagegen die Finanzbehörde schon im Dezember 00 den Umsatzsteuervoranmeldungsbetrag geschätzt, so wäre dies der Zeitpunkt der Festsetzung im Sinne von § 229 Abs. 1 S. 2 AO und die Zahlungsverjährungsfrist würde mit Ablauf des 31.12.00 beginnen.

§ 229 Abs. 1 S. 2 AO ist auch auf **Aufhebung, Änderung** oder **Berichtigung** von Festsetzungen anwendbar. Auf diese Weise wird sichergestellt, dass die Zahlungsverjährungsfrist sich nach dem letzten Bescheid richtet und nicht etwa eine Änderung des Bescheids noch möglich ist, der nachträglich erhöht festgesetzte Betrag aber nicht mehr beigetrieben werden kann, weil bereits Zahlungsverjährung eingetreten ist (s. dazu BFH vom 29.10.2013, VII R 68/11, NV).

Nach AEAO Nr. 1 zu § 228 läuft bei einer Änderung die Verjährung für den gesamten Anspruch aus dem Steuerschuldverhältnis später an und nicht etwa nur hinsichtlich des geänderten Betrags. Damit ist der **Beginn der Verjährung** immer **einheitlich**.

> **Beispiel:**
> Gegen A sind für das Kalenderjahr 00 mit Bescheid vom 17.05.01 3.000 € Einkommensteuer festgesetzt worden.
> Für diesen Betrag begann die Verjährung mit Ablauf des 31.12.01. A hat den Betrag gezahlt.
> Kommt es nun im Mai 08 zu einer Änderung nach § 173 Abs. 1 Nr. 1 AO, weil A Steuern in Höhe von 1.000 € hinterzogen hat, so wäre nach § 229 Abs. 1 S. 1 AO hinsichtlich dieses Steuerfalls eigentlich schon mit Ablauf des 31.12.06 Zahlungsverjährung eingetreten.

> **Lösung:**
> Nach § 229 Abs. 1 S. 2 AO beginnt nun aber die Zahlungsverjährungsfrist erst mit Ablauf des 31.12.08, hinsichtlich der Steuerhinterziehung gilt nach § 169 Abs. 2 S. 2 AO die 10jährige Festsetzungsverjährungsfrist. Die Änderung ist also wirksam geworden.
> Angenommen A hätte die mit Bescheid vom 17.05.01 festgesetzten 3.000 € nicht gezahlt, ist fraglich, ob der mit Ablauf des 31.12.06 durch die eingetretene Zahlungsverjährung erloschene Anspruch wieder auflebt. Dagegen spricht, dass der Anspruch nach § 47 AO durch Eintritt der Zahlungsverjährung erloschen ist, dafür spricht, dass die Zahlungsverjährung für den gesamten Anspruch aus dem Steuerschuldverhältnis einheitlich ist.

Bei Haftungsbescheiden macht § 229 Abs. 2 AO den Beginn der Frist nicht davon abhängig, ob eine Zahlungsaufforderung ergangen ist. Die Zahlungsverjährungsfrist beginnt bereits mit Ablauf des Kalenderjahres, in dem der Haftungsbescheid wirksam geworden ist und nicht etwa mit Ablauf des Jahres, in dem nach § 219 AO die Zahlungsaufforderung ergangen ist.

> **Beispiel:**
> Gegen den Geschäftsführer G wird nach § 69 AO in 01 ein Haftungsbescheid hinsichtlich der Umsatzsteuer-Schulden der GmbH erlassen. Die Zahlungsaufforderung gegenüber G ergeht nach erfolgloser Vollstreckung in das Vermögen der GmbH im Mai 02.

> **Lösung:**
> Beginn der Zahlungsverjährungsfrist hinsichtlich der Haftungsschuld ist nach § 229 Abs. 2 AO der Ablauf des 31.12.01, obwohl G zu diesem Zeitpunkt mangels Zahlungsaufforderung noch nicht zur Zahlung verpflichtet war.

5.4 Ablaufhemmung

Der einzige Ablaufhemmungsgrund ist nach § 230 AO **höhere Gewalt**. Die Verjährungsfrist verlängert sich danach aber nur, wenn die höhere Gewalt innerhalb der letzten 6 Monate der Verjährungsfrist eingetreten ist und nur so lange wie der Zustand der höheren Gewalt bis zur Verjährung andauert (s. zur Systematik auch A.IV.7.1.3.1).

Höhere Gewalt sind ausschließlich ohne jegliches Verschulden der Beteiligten eingetretene von außen kommende Ereignisse, die die Verfolgung des Zahlungsanspruchs unmöglich werden lassen.

> **Beispiel:**
> Am 04.12.00 brennt das Finanzamt bis auf die Grundmauern nieder. Alle Akten werden vernichtet. Bei den Zahlungsfällen, die mit Ablauf des 31.12.00 verjähren, können deshalb nicht rechtzeitig verjährungsunterbrechende Maßnahmen ergriffen werden.

> **Lösung:**
> Dies ist ein Fall von § 230 AO. Die Verjährung ist solange gehemmt, bis die verjährungsunterbrechenden Maßnahmen wieder vorgenommen werden können und läuft ab da noch 27 Tage (04.12.–31.12). Da Verjährungslisten relativ zeitnah aus dem Zentralrechner abrufbar sein müssten, läuft die Frist von 27 Tagen, sobald das Finanzamt seine Arbeit in einem anderen Gebäude wieder aufnehmen kann und die Listen verfügbar sind.
> Ereignet sich der Brand dagegen im Mai 00, ist § 230 AO nicht anwendbar.

5.5 Unterbrechung

Eine sehr wichtige Aufgabe der Vollstreckungsstellen ist die Unterbrechung der Verjährung. Werden verjährungsunterbrechende Maßnahmen ergriffen, so kann die Verjährung damit theoretisch **bis in alle Ewigkeit** hinausgeschoben werden, denn nach jeder Unterbrechung beginnt nach § 231 Abs. 3 AO mit Ablauf des Jahres, in dem sie geendet hat, eine neue 5-Jahres-Frist zu laufen. Während der **Beginn** der Zahlungsverjährung immer für den gesamten Anspruch aus dem Steuerschuldverhältnis **einheitlich** ist, kann dies hinsichtlich des Endes anders sein, wenn verjährungsunterbrechende Maßnahmen sich nur auf Teile des Anspruchs aus dem Steuerschuldverhältnis beziehen (§ 231 Abs. 4 AO).

> **Beispiel:**
> D schuldet 20.000 € Einkommensteuer, die ursprünglich am 17.11.00 fällig waren. Auf seinen Antrag werden ihm 10.000 € bis zum 31.10.01 gestundet.

> **Lösung:**
> Hinsichtlich der 10.000 €, auf die sich die Stundung nicht bezieht, begann die Zahlungsverjährungsfrist mit Ablauf des 31.12.00 zu laufen und endet mit Ablauf des 31.12.05. Die Stundung bewirkt nach § 231 Abs. 1 AO eine Unterbrechung hinsichtlich des Betrages, auf den sie sich bezieht, bis sie endet (§ 231 Abs. 2 AO). Für die gestundeten 10.000 € beginnt nach § 231 Abs. 3 AO also die Verjährungsfrist mit Ablauf des 31.12.01 neu zu laufen. Sie endet mit Ablauf des 31.12.06.

Aus der Auflistung der Unterbrechungsgründe in § 231 Abs. 1 AO ist erkennbar, dass es für die Finanzbehörde sehr einfach ist, die Verjährung zu unterbrechen. Schon eine **schriftliche Geltendmachung des Anspruchs** reicht aus. Dies wird in den meisten Fällen eine Mahnung nach § 259 AO sein, es kann aber auch jedes andere wirksam bekannt gegebene Schreiben mit einer Zahlungsaufforderung zur Unterbrechung der Verjährung genutzt werden. Die Zahlungsaufforderung muss nach § 231 Abs. 1 S. 2 i.V.m. § 169 Abs. 1 S. 3 AO nur rechtzeitig vor Fristablauf das Finanzamt verlassen haben. Zugang kann auch nach Fristablauf erfolgen.

Des Instituts der **schriftlichen Geltendmachung** des Anspruchs kann sich auch der **Steuerpflichtige** bedienen, der einen Zahlungsanspruch gegenüber der Finanzbehörde geltend macht. Für ihn tritt nach § 231 Abs. 2 S. 2 AO so lange Unterbrechung ein, bis über den Anspruch rechtskräftig entschieden worden ist.

Auch wenn der Wohnsitz des Steuerpflichtigen unbekannt ist, kann die Verjährung unterbrochen werden, denn nach § 231 Abs. 1 S. 1 AO genügt die Ermittlung des Wohnsitzes – beim Einwohnermeldeamt – zur Unterbrechung der Verjährung. Diese Ermittlung kann auch online erfolgen (BFH vom 17.09.2014, VII R 8/13 NV).

Die weiteren Unterbrechungsgründe sind:
- Zahlungsaufschub,
- Aussetzung der Vollziehung,
- Aussetzung der Verpflichtung des Zollschuldners zur Abgabenentrichtung,
- Sicherheitsleistung,
- Vollstreckungsaufschub,
- jede Vollstreckungsmaßnahme, auch Vollstreckungsmaßnahmen von ersuchten in- und ausländischen Behörden (BMF vom 23.01.2014, BStBl I 2014, 188, 1.8),
- Anmeldung im Insolvenzverfahren,
- Aufnahme in einen Insolvenzplan oder gerichtlichen Schuldenbereinigungsplan,
- Einbeziehung in ein Restschuldbefreiungsverfahren.

Alle diese Maßnahmen müssen **nach außen gerichtet** sein. Das ist insbesondere von Bedeutung für Vollstreckungsmaßnahmen. Die rein interne **Niederschlagung** (§ 261 AO) unterbricht nicht die Zahlungsverjährung.

6. Zinsen

Zinsen nach **§§ 233–239 AO** gleichen den entstehenden Zinsnachteil aus, den ein Gläubiger erleidet, an den nicht rechtzeitig gezahlt wird. Deshalb sind Zinsen **akzessorisch**, sind also in ihrem Bestand von der Hauptschuld abhängig.

Die **Festsetzungsfrist** für Zinsen ist nach **§ 239 Abs. 1 S. 1 AO** mit nur **einem Jahr** sehr kurz.

Nach **§ 238 Abs. 1 S. 1 AO** betragen die Zinsen seit mehr als 50 Jahren **0,5 % pro Monat**, also 6 % pro Jahr. Nachdem der BFH mit Urteil vom 09.11.2017, III R 10/16 für den Verzinsungszeitraum 2013 noch entschieden hatte, dass die Zinshöhe verfassungsgemäß ist, hat er im Aussetzungsverfahren am 25.04.2018, IX B 21/18 schwerwiegende Zweifel an der Zinshöhe für die Zeiträume danach geäußert und dem Aussetzungsbegehren stattgegeben. Die Finanzverwaltung gewährt in gleichgelagerten Fällen

Aussetzung der Vollziehung für Verzinsungszeiträume ab 01.04.2015 (s. BMF vom 14.06.2018 und 14.12.2018, IV A3 S 0405/181 10005-03).

Im Gegensatz zu Säumniszuschlägen sind Zinsen **nur für volle Monate** zu zahlen (§ 238 Abs. 1 S. 2 AO). Bei der Berechnung von Zinsen ist zu berücksichtigen, dass es sich um eine **Tagesbeginnfrist** handelt. Das ist daran zu erkennen, dass es in § 238 Abs. 1 S. 2 AO heißt „von dem Tag an, an dem der Zinslauf beginnt". Da es sich um eine Frist handelt, gilt § 108 Abs. 3 AO. Fällt das Ende des Zinszeitraums auf einen Sonnabend, Sonntag oder Feiertag, verschiebt sich das Ende des jeweiligen Zinsmonats auf den nächsten Werktag.

Vor der Berechnung wird der zu verzinsende Betrag nach § 238 Abs. 2 AO auf den nächsten **durch 50 teilbaren** Betrag abgerundet.

Nach der Berechnung der Zinsen werden diese nach § 239 Abs. 2 S. 1 AO auf volle Euro zugunsten des Steuerpflichtigen gerundet. Zinsen unter 10 € werden nach § 239 Abs. 2 S. 2 AO nicht festgesetzt.

Bei Zinsen sind folgende Fälle geregelt, in denen eine **Anrechnung** jeweils der Zinsen nach § 233a AO stattfindet:
- § 234 Abs. 3 AO auf Stundungszinsen (s. dazu 3.5),
- § 235 Abs. 4 AO auf Hinterziehungszinsen (s. dazu 6.2),
- § 236 Abs. 4 AO auf Prozesszinsen (s. dazu 6.3),
- § 234 Abs. 3 AO auf Aussetzungszinsen.

Säumniszuschläge dagegen kollidieren grundsätzlich nicht mit Zinsen.

6.1 Verzinsung von Steuernachforderungen und Steuererstattungen

Mit der Regelung in **§ 233a AO** wollte der Gesetzgeber erreichen, dass Steuernachforderungen und Erstattungen **voll verzinst** werden, damit nicht derjenige, der verspätet seine Steuererklärung abgibt und damit auch erst später die Nachzahlungssumme zahlen muss, bevorteilt wird. Ebenso soll derjenige, der erst spät veranlagt wird und eine Erstattung erhält, keinen Nachteil erleiden. Mit dem Zinslaufbeginn 15 bzw. 21 Monate nach Ende des Veranlagungszeitraums (s. 6.1.1) ist die gewünschte **Vollverzinsung nicht erreicht** worden, dazu hätte der Zinslauf ab Ende des Veranlagungszeitraums beginnen müssen. Den Zeitraum zwischen dem Ende des Veranlagungszeitraums und dem Beginn des Zinslaufes nennt man **Karenzzeit**.

Nur für die in § 233a Abs. 1 AO aufgeführten Steuerarten **Einkommensteuer, Körperschaftsteuer, (Vermögenssteuer), Umsatzsteuer und Gewerbesteuer** fallen Zinsen nach § 233a AO an, allerdings nach § 233a Abs. 1 S. 2 AO nicht für die Vorauszahlungen und Steuerabzugsbeträge.

Nach § 233a Abs. 4 AO soll die **Festsetzung** der Zinsen mit der Steuerfestsetzung verbunden werden. Trotzdem sind Zinsbescheide eigenständige Verwaltungsakte (s. BFH vom 16.11.2016 V R 1/16, BStBl II 2017, 1079).

Schuldner der Nachzahlungszinsen ist der Schuldner der Hauptschuld, bei Gesamtschuldnerschaft alle Gesamtschuldner.

Zinsfestsetzungen sind Verwaltungsakte. Deshalb ist dagegen nach § 347 AO der **Einspruch** statthaft.

Nach **§ 20 Abs. 1 Nr. 7 S. 3 EStG** sind Zinsen nach § 233a AO nunmehr Einkünfte aus Kapitalvermögen. Diese Regelung ist verfassungsgemäß (s. BFH vom 12.11.2013, BStBl II 2014, 168).

6.1.1 Zinsberechnung

Der Zinslauf beginnt nach § 233a Abs. 2 AO **15 Monate nach Ende des Kalenderjahres der Steuerentstehung** bzw. 21 Monate danach bei überwiegend land- und forstwirtschaftlichen Einkünften, also im Fall von 15 Monaten am 01.04. des übernächsten Jahres.

Beruht dagegen die Steuerfestsetzung auf der Berücksichtigung eines **rückwirkenden Ereignisses** oder eines **Verlustabzugs**, so beginnt der Zinslauf nach § 233a Abs. 2a AO erst 15 Monate nach Ablauf des Kalenderjahres, in dem das rückwirkende Ereignis eingetreten oder der Verlust entstanden ist. Nachdem der BFH die Rückgängigmachung eines Investitionsabzugsbetrags nach § 7g EStG als rückwirkendes Ereignis angesehen und deshalb den Zinslaufbeginn erst 15 Monate nach Rückgängigmachung des Investitionsabzugsbetrags angenommen hatte, hat der Gesetzgeber reagiert und in § 7g Abs. 3 S. 4 EStG aufgenommen, dass § 233a Abs. 2a AO nicht anzuwenden ist.

Endzeitpunkt des Zinslaufs ist der Tag der **Wirksamkeit der Steuerfestsetzung.** Dies ist nach § 124 Abs. 1 S. 1 AO der Tag der Bekanntgabe des Steuerbescheids. Bei der Umsatzsteuerjahreserklärung, die nach § 18 Abs. 3 UStG eine Steueranmeldung darstellt, kommt es darauf an, ob es der Zustimmung der Finanzbehörde bedarf (dann Zeitpunkt der Zustimmung) oder nicht (dann Zeitpunkt der Anmeldung).

Nach § 233a Abs. 3 AO ist maßgebend für die Zinsberechnung die festgesetzte Steuer vermindert um die Steuerabzugsbeträge, die anzurechnende Körperschaftsteuer und die **festgesetzten** Vorauszahlungen (nicht die gezahlten Vorauszahlungen).

Beispiel 1:

Der Einkommensteuerbescheid für 00 wird am 30.04.02 bekannt gegeben. Die Steuer beträgt 17.830 €. Festgesetzt waren Vorauszahlungen in Höhe von 16.450 €. Davon hat der Steuerpflichtige 10.000 € gezahlt.

Lösung:

Basis für die Zinsberechnung wäre die Summe von 1.380 € (Steuerschuld abzüglich **festgesetzte** Vorauszahlungen). Zinslaufbeginn ist der 01.04.02. Zinslaufende ist der Tag der Wirksamkeit der Steuerfestsetzung, also der 30.04.02.

Da der Zinslauf in dem Monat endet, in dem er auch begonnen hat, stellt sich die Frage, ob trotzdem ein voller Zinsmonat gegeben ist. Diese Frage beantwortet AEAO zu § 233a Nr. 6. Ein voller Zinsmonat ist erreicht, wenn der Tag, an dem der Zinslauf endet (30.04.), hinsichtlich seiner Zahl dem Tag entspricht, der dem Tag vorhergeht, an dem die Frist begann (31.03.). Das fehlende Entsprechen der Zahlen 30. und 31. ist nach § 108 Abs. 1 AO i.V.m. § 188 Abs. 3 BGB unerheblich und es ist ein voller Zinsmonat gegeben. Die Zinsen würden 6,90 € betragen, gerundet nach § 239 Abs. 2 S. 1 AO auf 6 €. Dieser Betrag wird aber nach § 239 Abs. 2 S. 2 AO nicht festgesetzt.

Würde dagegen die Basis für die Zinsberechnung 10.000 € betragen und die Zinsen für einen Monat damit 50 €, so wäre dieser Zinsbetrag nach § 239 Abs. 1 Nr. 1 AO bis Ende 03 festzusetzen (§ 239 Abs. 1 Nr. 1 AO).

Beispiel 2:

Die ursprünglich innerhalb der Karenzzeit ergangene Steuerfestsetzung 00 wird wegen eines Verlustrücktrags aus dem Folgejahr 01 geändert, sodass sich nunmehr gemäß Steuerbescheid vom 12.12.02 eine Erstattung von 1.000 € ergibt.

Lösung:

Zinslaufbeginn ist nach § 233a Abs. 2a AO 15 Monate nach Ablauf 01 – das Jahr, in dem der Verlust entstanden ist. Da dies der 01.04.03 ist, fallen keine Zinsen nach § 233a AO an.

6.1.2 Zinsen bei freiwilligen Zahlungen

Angesichts des vergleichsweise hohen Prozentsatzes von 6 % Jahreszinsen ist bei freiwilligen Zahlungen des Steuerpflichtigen stets zu prüfen, ob diese Einfluss auf die Zinsfestsetzung haben. Nach AEAO Nr. 70.1.2 zu § 233a Beispiel 14 werden für freiwillige Zahlungen des Steuerpflichtigen keine Erstattungszinsen festgesetzt. Nachzahlungszinsen berücksichtigen zwar nach AEAO Nr. 70.1.2 freiwillige Zahlungen nicht, die Zinsen sind aber zu erlassen, wenn der Steuerpflichtige vor Wirksamkeit der

Steuerfestsetzung freiwillig zahlt. In welcher Höhe zu erstatten ist, hat der BFH am 31.05.2017 unter I R 92/15 entschieden.

AEAO Nr. 15 zu § 233a grenzt gegen nachträglich festgesetzte Vorauszahlungen ab.

So können innerhalb der Karenzzeit nach § 37 Abs. 3 S. 3 EStG die Vorauszahlungen vom Amts wegen oder auf Antrag – der auch durch freiwillige Zahlung konkludent gestellt wird – angepasst werden. Erfolgt keine Anpassung der Vorauszahlungen durch entsprechende Festsetzung, so gelten für gleichwohl gezahlte Beträge die Regeln zu den freiwilligen Zahlungen.

6.1.3 Zinsen bei Erstattungen

Nach § 233a Abs. 3 S. 3 AO ist nur die Höhe des tatsächlich zu erstattenden Betrags zu verzinsen, im Gegensatz zu den Nachzahlungszinsen ist also entscheidend, ob der Steuerpflichtige die Vorauszahlungen tatsächlich gezahlt hat.

Beispiel:

Gegen A waren für das Kalenderjahr 00 Vorauszahlungen zur Einkommensteuer in Höhe von 20.000 € festgesetzt worden. Gezahlt hat er nur 10.000 €.
Die Festsetzung erfolgt am 15.07.02 in Höhe von 8.000 €.

Lösung:

Es sind Erstattungszinsen für 3 Monate (April 02–Juni 02) auf 2.000 € = 30 € zu zahlen.

6.1.4 Zinsen bei Aufhebung, Änderung oder Berichtigung der Steuerfestsetzung

§ 233a Abs. 5 AO regelt wegen der Akzessorietät der Zinsfestsetzung, dass bei Aufhebungen, Änderungen oder Berichtigungen der Steuerfestsetzung auch die Zinsfestsetzung zu ändern ist. Grundlage für die Zinsberechnung ist nach § 233a Abs. 5 S. 2 AO der Unterschiedsbetrag zwischen altem und neuem Soll jeweils vermindert um die Steuerabzugsbeträge. Nach § 233a Abs. 5 S. 3 AO sind bisher festzusetzende Zinsen hinzuzurechnen. Ergibt sich nunmehr ein Unterschiedsbetrag zugunsten des Steuerpflichtigen, so entfallen bisher festgesetzte Zinsen.

Beispiel 1:

Die erste Festsetzung für die Einkommensteuer 00 der Q erfolgt am 17.03.01 mit einer Einkommensteuer in Höhe von 17.000 € abzüglich Vorauszahlungen 16.000 €. Q zahlt den Differenzbetrag von 1.000 € sofort. Am 23.07.04 wird Q ein geänderter Bescheid bekannt gegeben. Die Einkommensteuer beträgt nunmehr 21.000 €.

Lösung:

Neue festgesetzte Steuer abzüglich bisher festgesetzte Steuer jeweils abzüglich der Vorauszahlungen: 5.000 € ./. 1.000 € = 4.000 €. Es fallen also Zinsen nach § 233a AO auf 4.000 € für die Zeit vom 01.04.02 bis 30.06.04, also für 27 Monate, an. Die Zinsen betragen 540 €.

Beispiel 2:

Die erste Festsetzung 00 für Z ging am 17.07.02 zur Post. Die Einkommensteuer betrug 25.000 €, die Vorauszahlungen 10.000 €. Von der Differenz in Höhe von 15.000 € wurden am 31.07.02 5.000 € gezahlt, der Rest ist offen.
Am 21.12.02 erfolgt eine geänderte Festsetzung mit einer Einkommensteuer in Höhe von 8.000 €.

> **Lösung:**
>
> Erster Schritt: Ursprünglich wurden 225 € Zinsen festgesetzt (15.000 € × 3 × 0,5 %). Nach der geänderten Steuerfestsetzung fallen diese Zinsen komplett weg. Für die gezahlten 5.000 € hat das Finanzamt 4 Monate Zinsen zu zahlen, 100 €.
>
> Zweiter Schritt: Auf die letztlich zu erstattenden 2.000 € sind vom Finanzamt Zinsen für die Zeit vom 01.04.02 bis zum 30.11.02 zu zahlen, 8 Monate, 80 €.

Die Festsetzungsfrist für die Hinterziehungszinsen beginnt nach § 235 Abs. 1 Nr. 5 AO grundsätzlich mit Ablauf des Kalenderjahres, in dem die Festsetzung der hinterzogenen Steuern unanfechtbar geworden ist.

6.2 Hinterziehungszinsen

Voraussetzung für Hinterziehungszinsen ist, dass der **objektive und der subjektive Tatbestand einer vollendeten Steuerhinterziehung** vorliegen. Bei versuchter Steuerhinterziehung fallen dagegen keine Hinterziehungszinsen an, denn es soll mit diesen Zinsen ein steuerlicher Vorteil abgeschöpft werden (AEAO Nr. 1.1 und 1.2 zu § 235). Deshalb ist **Zinsschuldner** nach § 235 Abs. 1 S. 2 AO auch derjenige, zu dessen Vorteil Steuern hinterzogen werden und nicht etwa derjenige, der die Steuerhinterziehung begangen hat (so ist z.B. der Arbeitgeber Schuldner der Hinterziehungszinsen bei einer durch seinen Arbeitnehmer begangenen Steuerhinterziehung zu seinen Gunsten und alle Gesamtschuldner sind Schuldner der Hinterziehungszinsen, auch wenn nur einer Täter ist, AEAO Nr. 3.1 zu § 235). Nach § 235 Abs. 1 S. 3 AO ist der Steuerentrichtungspflichtige Schuldner der Hinterziehungszinsen.

Eine wirksame **Selbstanzeige** schließt die Festsetzung von Hinterziehungszinsen nicht aus.

Zinslaufbeginn ist nach § 235 Abs. 2 S. 1 AO der Zeitpunkt der Verkürzung oder der Erlangung des Steuervorteils. Dies ist eigentlich der Zeitpunkt, in dem der Bescheid, der die zu niedrige Steuer ausweist, also der Erfolg der Verkürzung, bekannt gegeben wird. § 235 Abs. 2 S. 1, 2 AO bestimmt aber zugunsten des Steuerhinterziehers, dass auch diesem eine spätere Fälligkeit der Zahlungssumme zugutekommt. Auch bei richtiger Festsetzung wäre der Betrag nicht schon mit Bekanntgabe, sondern erst mit Fälligkeit zu zahlen gewesen.

Der **Zinslauf endet** nach § 233a Abs. 3 AO mit Zahlung der hinterzogenen Steuern. Damit der Steuerhinterzieher aber nicht ab Fälligkeit mit 0,5 % Zinsen und zuzüglich 1 % Säumniszuschlägen, also 1,5 % steuerlichen Nebenleistungen pro Monat belastet wird, endet nach § 233a Abs. 3 S. 2 AO der Hinterziehungszinszeitraum mit der Fälligkeit des geänderten Bescheids. Das Gleiche gilt ab Stundung oder Aussetzung der Vollziehung der hinterzogenen Summe.

Bei der Anrechnung von Zinsen nach § 233a AO ist zu beachten, dass nur angerechnet wird, wenn die Zinsen nach § 233a Abs. 4 AO für denselben Zeitraum festgesetzt wurden.

> **Beispiel 1:**
>
> A hat im Jahr 00 Steuern hinterzogen.
> Der falsche Steuerbescheid mit einer Einkommensteuerschuld in Höhe von 5.000 € ging am 28.12.01 zur Post. A zahlte innerhalb der Zahlungsfrist. Der neue Bescheid nach Abschluss der Steuerfahndungsprüfung über eine Einkommensteuerschuld in Höhe von 6.000 € wurde am 02.10.05 zur Post gegeben. A zahlte die verbleibenden 1.000 € am 17.12.05.

> **Lösung:**
>
> § 233a Abs. 5 S. 2 AO: 1.000 € für die Zeit vom 01.04.02 bis 30.09.05; 42 Monate zu 0,5 % Nachzahlungszinsen = 210 €.

§ 235 Abs. 2 AO: Beginn des Zinslaufes grundsätzlich mit Vollendung der Steuerhinterziehung, da es hier um Zinsen zu Lasten des Steuerpflichtigen geht, wird nach § 122 Abs. 2 Nr. 1 AO als Vollendungstag der Zugang des falschen Bescheides nach 3-Tages-Fiktion unterstellt, also der 31.12.01. Hier greift § 235 Abs. 2 S. 1, 2. HS AO, der Zinslauf beginnt erst mit Fälligkeit (s. AEAO Nr. 4.1.1 zu § 235), dies war der 31.01.02.
Der Zinslauf endet grundsätzlich mit Zahlung, nach § 235 Abs. 3 S. 2 AO werden Hinterziehungszinsen aber nicht mehr erhoben, wenn Säumniszuschläge verwirkt sind, dies ist nach § 240 Abs. 1 S. 1 AO ab Fälligkeit der Fall; Hinterziehungszinsen sind also für die Zeit bis zur Fälligkeit zu entrichten, der geänderte Bescheid ist am 05.11.05 fällig; es gilt § 238 Abs. 1 S. 2 AO, Hinterziehungszinsen sind bis zum 30.10.05 zu entrichten, also für 45 Monate, 225 €.
Zeitraum § 233a AO 01.04.02–30.09.05 und Zeitraum § 235 AO 31.01.02–30.10.05 decken sich, die Zinsen nach § 233a AO sind also bei der Zinsfestsetzung nach § 235 AO in voller Höhe anzurechnen.

Beispiel 2:

Am 17.02.03 geht für den Steuerpflichtigen Q für das Kalenderjahr 00 ein Einkommensteuerbescheid zur Post. Die Steuer beträgt 4.000 €. Abzüglich der Vorauszahlungen zahlt A fristgemäß 1.000 €. Im Jahr 05 wird im Rahmen einer Steuerfahndungsprüfung festgestellt, dass Q Steuern hinterzogen hat. Mit Bescheid vom 24.07.05 werden nunmehr 6.000 € Steuern festgesetzt. Q zahlt die restlichen Steuern am 30.09.05.

Lösung:

Es fallen Zinsen nach § 233a AO in folgender Höhe an:
Erster Bescheid: Zinszeitraum 01.04.02 bis 20.02.03 (Wirksamkeit der Steuerfestsetzung § 233a Abs. 2 S. 3 AO), 10 volle Monate, 5 % auf 1.000 €, Zinsen in Höhe von 50 €.
Zweiter Bescheid: Zinsen nach § 233a AO: Zinszeitraum 01.04.02 bis 27.07.05 (Wirksamkeit der zweiten Steuerfestsetzung), 39 Monate, 19,5 % auf 2.000 €, Zinsen in Höhe von 390 €.
Zinsen nach § 235 AO: Zinszeitraum 20.03.03 (§ 235 Abs. 2 S. 1 AO), Ende des Zinslaufes: ab Beginn Säumniszuschlag, da Zahlung nicht bis zum Zeitpunkt der Fälligkeit (§ 235 Abs. 3 S. 2 AO): 27.08.05, 29 Monate, 14,5 % auf 2.000, Zinsen in Höhe von 290 €.
Anrechnung: Die Zinszeiträume stimmen nur für den Zeitraum vom 20.03.03 bis zum 27.07.05 überein. Nur für diesen Zeitraum (28 volle Monate) ist anzurechnen. Der Anrechnungsbetrag beträgt 280 €, sodass nach Anrechnung noch Zinsen nach § 235 AO in Höhe von 10 € verbleiben.

6.3 Prozesszinsen

Voraussetzung für Prozesszinsen nach § 236 AO ist, dass ein Rechtsstreit vor Gericht anhängig war, der mit einer rechtskräftigen Entscheidung zugunsten des Steuerpflichtigen ausgegangen ist.
Ab Rechtshängigkeit frühestens ab Zahlung ist der zu erstattende Betrag bis zum Auszahlungstag zu verzinsen.

6.4 Zinsen bei Aussetzung der Vollziehung

Voraussetzung für die Zinsfestsetzung nach § 237 AO ist eine vorher gewährte Aussetzung der Vollziehung. Aussetzungszinsen sind nur zu zahlen, wenn ein **Einspruch** oder eine **Anfechtungsklage** gegen einen Steuerbescheid, eine Steueranmeldung oder einen Verwaltungsakt, der einen Steuervergütungsbescheid aufhebt, **endgültig erfolglos** geblieben ist. Dies ist der Fall, wenn im Einspruchsverfahren **Bestandskraft** bzw. im Klageverfahren **Rechtskraft** eingetreten ist. Wird wegen der Anfechtung eines Grundlagenbescheids der Folgebescheid ausgesetzt und ist das Verfahren hinsichtlich des Grundlagenbescheids endgültig erfolglos, so fallen auch hier für den Folgebescheid nach § 237 Abs. 1 S. 2 AO Aussetzungszinsen an. Das gleiche gilt nach § 237 Abs. 3 AO bei ausgesetzten Gewerbesteuermessbescheiden oder Gewerbesteuerbescheiden, wenn diese wegen einer Aussetzung von Einkommensteuerbescheiden, Körperschaftsteuerbescheiden oder Feststellungsbescheiden ebenfalls ausgesetzt waren.

Zinslaufbeginn ist nach § 237 Abs. 2 S. 1 AO der Tag des Eingangs des Einspruchs bei der Behörde oder der Tag der Rechtshängigkeit bei Gericht. Dies gilt allerdings nicht, wenn die Aussetzung der Vollziehung nach § 237 Abs. 2 S. 2 AO erst später beginnt. Dann ist dieser Tag der Tag des Zinslaufbeginns.

Ende des Zinslaufs ist nach § 237 Abs. 2 S. 1 AO der Tag, an dem die Aussetzung der Vollziehung endet (s. Kap. VIII. 5.5.2). Die **Festsetzungsfrist** für die Zinsen beginnt nach § 239 Abs. 1 Nr. 5 AO mit Ablauf des Kalenderjahres, in dem der Einspruch oder die Klage endgültig erfolglos geblieben ist.

Eine spätere Änderung, Aufhebung oder Berichtigung der Festsetzung hat nach § 237 Abs. 5 AO keinen Einfluss auf den wirksamen Zinsbescheid.

Ein Zinsverzicht ist nach § 237 Abs. 4 AO aus denselben Gründen wie bei § 234 Abs. 2 und 3 AO möglich, z.B. wenn die Voraussetzungen für eine technische Stundung vorlagen.

7. Säumniszuschläge (§ 240 AO)

Säumniszuschläge sind nach § 3 Abs. 4 AO steuerliche Nebenleistungen und stellen ein **Druckmittel** dar, mit dem der Steuerpflichtige zur Zahlung bewegt werden soll. Außerdem sind Säumniszuschläge eine **Gegenleistung für das Hinausschieben der Zahlung** fälliger Steuern und es werden die **Verwaltungsaufwendungen** abgegolten, die bei den verwaltenden Körperschaften dadurch entstehen, dass Steuerpflichtige eine fällige Steuer nicht oder nicht fristgemäß zahlen (BFH vom 09.07.2003, BStBl II 2003, 901).

Säumniszuschläge fallen an bei verspäteter Zahlung von **Steuern, zurückzuzahlenden Steuervergütungen** und **Haftungsschulden, nicht aber bei steuerlichen Nebenleistungen** (§ 240 Abs. 2 AO), allerdings nicht bevor diese **festgesetzt** oder **angemeldet** worden sind (§ 240 Abs. 1 S. 3 AO). Da der Anspruch des Steuerpflichtigen nach § 37 Abs. 2 AO nicht aufgelistet ist, entstehen u.E. keine Säumniszuschläge auf Zahlungen des Finanzamtes. Weil die Finanzbehörden festgesetzte Steuererstattungen und -vergütungen generell zahlen, stellt sich dieses Problem aber tatsächlich nicht.

Einer **Festsetzung** von Säumniszuschlägen **bedarf es nicht**, denn diese entstehen kraft Gesetzes, ohne dass dazu eine Entscheidung der Finanzbehörde oder aber eine Mahnung und/oder eine Ankündigung der Entstehung von Säumniszuschlägen notwendig wäre. Insofern fließen bei der Entstehung der Säumniszuschläge auch keine Erwägungen der Behörde ein, insbesondere ist nicht etwa ein **Verschulden** des Steuerpflichtigen zu prüfen. Erst nach der Entstehung können persönliche Schwierigkeiten im Rahmen einer Prüfung durch die Finanzbehörde berücksichtigt werden, wenn es um die Frage eines Erlasses geht (s. 4.3.1.1 Beispiel 4 und AEAO Nr. 5 zu § 240).

Bei Streitigkeiten über die Entstehung oder die Höhe der Säumniszuschläge hat die Finanzbehörde durch **Abrechnungsbescheid** nach § 218 Abs. 2 AO zu entscheiden.

7.1 Berechnung von Säumniszuschlägen

Mit **1 % pro angefangenem Monat** und damit einem Jahresbetrag von 12 % wird die Säumnis sehr hoch geahndet. Die Wahrscheinlichkeit, dass Säumniszuschläge ihrer Aufgabe als Druckmittel gerecht werden können, ist damit groß.

Vor Berechnung der Säumniszuschläge ist nach § 240 Abs. 1 S. 1 2. Halbs. AO auf den nächsten **durch 50 € teilbaren Betrag zu runden**.

Mit **Ablauf des Fälligkeitstages** beginnt kraft Gesetzes die Säumnis. Allerdings wird bei einer Säumnis von bis zu drei Tagen nach § 240 Abs. 3 S. 1 AO kein Säumniszuschlag erhoben (sog. **Schonfrist**). Dies gilt allerdings nur zu Beginn des Säumniszeitraums und nicht etwa, wenn bereits eine längere Säumnis vorliegt.

> **Beispiel:**
>
> A hat weder seine Umsatzsteuervoranmeldung für 01/10 abgegeben, noch die entstandene Umsatzsteuer in Höhe von 10.785 € gezahlt.

> **Lösung:**
>
> Der Umsatzsteuerbetrag ist nach § 18 Abs. 1 S. 4 UStG am 10.02.10 fällig. Trotzdem entstehen nicht mit Ablauf des 10.02.10 Säumniszuschläge, weil es dazu nach § 240 Abs. 1 S. 3 AO der Steueranmeldung bedarf.
> Geht diese Steueranmeldung am 20.02.10 ein und folgt die Gutschrift per Überweisung am 22.02.10, so tritt die Säumnis mit Ablauf des 20.02.10 ein. Da die Säumnis aber nur 2 Tage dauert, wird nach § 240 Abs. 3 S. 1 AO ein Säumniszuschlag nicht erhoben.
> Zahlt der Steuerpflichtige dagegen erst am 25.02.10, greift die Schonfrist nicht und es entstehen Säumniszuschläge für einen Monat. Der Betrag von 10.785 € ist auf 10.750 € zu runden. Die Säumniszuschläge betragen 53,75 €. Im Gegensatz zu den Zinsen (§ 239 Abs. 2 S. 1 AO) werden Säumniszuschläge nicht gerundet.
> Geht die Überweisung am 22.03.10 beim Finanzamt ein, fallen Säumniszuschläge für 2 Monate an. Der erste Monat der Säumnis endet am 20.03.10, der zweite Monat der Säumnis beginnt am 21.03.10. Die Schonfrist ist nicht anwendbar, auch wenn der zweite Säumnismonat nur 2 Tage dauert. Sie gilt vielmehr nur am Anfang des Säumniszeitraums.
> Wäre der 20.03.10 ein Sonnabend, so verschiebt sich das Ende des ersten Säumnismonats nach § 108 Abs. 3 AO auf den folgenden Montag, den 22.03.10. Es wären nur Säumniszuschläge für einen Monat zu entrichten.

Wird per **Scheck** gezahlt, gilt die Schonfrist nach § 240 Abs. 3 S. 2 i.V.m. § 224 Abs. 2 Nr. 1 AO nicht.

> **Beispiel:**
>
> Im obigen Beispiel geht die Anmeldung am 20.02.10 ein und es wird ein Scheck beigefügt.

> **Lösung:**
>
> Die Zahlung gilt nach § 224 Abs. 2 Nr. 1 AO als am 23.02.10 entrichtet. Da § 240 Abs. 3 S. 1 AO nicht anwendbar ist, sind Säumniszuschläge für einen Monat für die Säumnis vom 21.02.10 bis 23.02.10 zu zahlen.

§ 224 Abs. 2 Nr. 1 AO gilt sogar, wenn die tatsächliche Gutschrift des Scheckbetrags vor oder spätestens am Fälligkeitstag erfolgt (s. BFH vom 28.08.2012, VII R 71/11, n.v.).

Nach § 240 Abs. 1 S. 4 AO bleiben Säumniszuschläge auch dann bestehen, wenn die Festsetzung aufgehoben, geändert oder nach § 129 AO berichtigt wird, auch wenn dies im Rahmen eines Rechtsbehelfsverfahrens erfolgt (s. AEAO Nr. 2 zu § 240). Das kann sogar dazu führen, dass ein Steuerpflichtiger, der gar keine Hauptschuld mehr zu zahlen hat, gleichwohl Säumniszuschläge entrichten muss.

> **Beispiel:**
>
> Der Steuerpflichtige soll 5.000 € Steuern bezahlen, die am 10.10.10 fällig waren. Er zahlt erst am 04.01.11. Es fallen Säumniszuschläge für 3 Monate, also 75 € an.
> Im März 10 wird die Steuerfestsetzung nach § 164 Abs. 2 AO dahingehend geändert, dass jetzt keine Steuer mehr zu zahlen ist, weil das zu versteuernde Einkommen unter den Grundfreibetrag fällt.

> **Lösung:**
> Obwohl die gezahlte Steuer zu erstatten ist, bleiben die Säumniszuschläge zu zahlen. UE kommt hier aber ein Erlass in Betracht, denn wenn sogar der Erlass einer Hauptschuld einen Erlass der Säumniszuschläge rechtfertigt (AEAO Nr. 5e zu § 240 und Rechtsgedanke Nr. 5f), dann muss dies erst recht gelten, wenn gar keine Hauptschuld mehr besteht.

Erfolgt dagegen nachträglich die Anrechnung von Steuerabzugsbeträgen, entfallen die Säumniszuschläge insoweit, weil keine rückständige Steuer vorgelegen hat (AEAO Nr. 2 zu § 240).

7.2 Schuldner der Säumniszuschläge

Der Steuerschuldner bzw. Haftungsschuldner schuldet auch die Säumniszuschläge.

Bei **Gesamtschuldnern** entstehen Säumniszuschläge nach § 240 Abs. 4 AO zwar gegenüber jedem säumigen Gesamtschuldner. Gemäß dem Prinzip der Gesamtschuldnerschaft sind die insgesamt zu zahlenden Säumniszuschläge aber nicht höher als der Betrag, den ein Alleinschuldner zu zahlen hätte. Dies lässt sich nur erreichen, wenn durch den Einen gezahlte Säumniszuschläge für den Anderen wirken.

8. Sicherheitsleistung

Naturgemäß hat eine Sicherheitsleistung nach § 241 AO **keine Tilgungswirkung** im Steuerschuldverhältnis. Mit einer Sicherheitsleistung kann der Steuerpflichtige aber unter Umständen eine Stundung erreichen, die ihm sonst nicht gewährt worden wäre, weil der Anspruch gefährdet ist. Welche Sicherheit geleistet wird, kann der Steuerpflichtige bestimmen, § 241 AO listet die möglichen Sicherheiten auf und §§ 242–248 AO regeln Näheres.

Wichtige Folge einer Sicherheitsleistung ist die **Unterbrechung der Zahlungsverjährungsfrist** nach § 231 Abs. 1 AO.

VII. Vollstreckung

1. Allgemeines

Die AO unterscheidet zwischen der Vollstreckung wegen offener **Geldforderungen** und wegen **anderer nicht erledigter Leistungen** wie z.B. der Abgabe einer Steuererklärung. Den Finanzbehörden, die gem. § 249 Abs. 1 Satz 1 AO selbst vollstrecken, stehen jeweils verschiedene Methoden zur Erzwingung gewünschter Verhaltensweisen bzw. der Beitreibung der geschuldeten Steuer zur Verfügung.

> **Beispiel:**
> - Der Steuerpflichtige F gibt seine Einkommensteuererklärung für 01 trotz Erklärungspflicht nicht rechtzeitig ab.
>   Das Finanzamt kann gegen ihn ein Zwangsgeld festsetzen (s. 3.2).
> - Der Steuerpflichtige G zahlt die fällige Umsatzsteuer nicht freiwillig an die Finanzkasse.
>   Das Finanzamt kann gegen G Vollstreckungsmaßnahmen unternehmen, z.B. Gegenstände oder Forderungen pfänden.

2. Vollstreckung wegen Geldforderungen

Offene Forderungen aus dem Steuerschuldverhältnis können von den Finanzämtern mit staatlichem Zwang gegenüber dem verpflichteten Vollstreckungsschuldner beigetrieben werden. Es gibt hierzu verschiedene Möglichkeiten wie z.B. die Pfändung von beweglichen Sachen oder ein Zugriff auf Kontenverbindungen.

Es wird differenziert zwischen der Vollstreckung **in das bewegliche Vermögen** (bewegliche Sachen, Forderungen und Rechte) und **in das unbewegliche Vermögen** (Grundstücke und Bestandteile). Gesondert zu betrachten ist die Vollstreckung in das Gesamtvermögen nach der **Insolvenzordnung**.

Grundsätzlich ist die Vollstreckung nur möglich, wenn die **gesetzlichen Voraussetzungen** der **§§ 249 Abs. 1** und **254 Abs. 1** AO vorliegen.

Neben den einschlägigen Vorschriften der Abgabenordnung und der Insolvenzordnung hat sich die Finanzverwaltung mit der **Vollstreckungsanweisung** (VollstrA = Allgemeine Verwaltungsvorschrift über die Durchführung der Vollstreckung) sowie der **Vollziehungsanweisung** (VollzA = Allgemeine Verwaltungsvorschrift für Vollziehungsbeamte der Finanzverwaltung) zentrale Verhaltensregeln gegeben, die von den Finanzämtern zu beachten sind. Sie geben z.T. gesetzliche Regelungen wieder oder fassen die sich aus der Rechtsprechung ergebenden zusätzlichen Vorgaben für eine rechtmäßige Vollstreckung zusammen.

2.1 Grundlagen und Voraussetzungen der Vollstreckung

2.1.1 Beteiligte im Vollstreckungsverfahren

Vollstreckungsbehörden sind hinsichtlich Geldforderungen aus dem Steuerschuldverhältnis gem. § 249 Abs. 1 Satz 3 AO die Finanzämter. Als Gläubiger der zu vollstreckenden Ansprüche gilt gem. § 252 AO die Körperschaft, der die Vollstreckungsbehörde angehört.

Vollstreckungsschuldner ist nach § 253 AO derjenige, gegen den sich ein Vollstreckungsverfahren richtet. In Betracht kommen dafür Steuerschuldner nach § 43 AO, Haftungsschuldner und Duldungsschuldner (§ 191 Abs. 1 AO, s. Kap. II. 3.1 und 3.12).

2.1.2 Allgemeine Voraussetzungen der Vollstreckung

Bevor wegen Geldrückständen aus dem Steuerschuldverhältnis die Vollstreckung betrieben und entsprechende Verwaltungsakte erlassen werden dürfen, müssen die allgemeinen **Vollstreckungsvoraussetzungen** erfüllt sein. In der Praxis erkennen die Vollstreckungsstellen der Finanzämter dies an bei ihnen von den Finanzkassen eingehenden Rückstandsanzeigen (in der Regel elektronisch).

2. Vollstreckung wegen Geldforderungen

Vollstreckt werden Verwaltungsakte, mit denen eine Geldleistung gefordert wird (§ 249 Abs. 1 Satz 1 AO), weiterhin auch Beträge, die sich aus **Steueranmeldungen** gem. § 168 AO ergeben (§ 249 Abs. 1 Satz 2 AO).

Rechtlich ergeben sich die weiteren Voraussetzungen aus § 254 Abs. 1 Satz 1 AO. Danach darf die Vollstreckung erst beginnen, wenn die Leistung fällig ist, der Vollstreckungsschuldner dazu aufgefordert worden ist und seit dieser Aufforderung mindestens eine Woche verstrichen ist.

Die Aufforderung zur Leistung wird **Leistungsgebot** genannt. Sie ist in Steuerbescheiden standardmäßig als eigener Verwaltungsakt enthalten („Bitte zahlen Sie ..."). Bei der Beitreibung von Beträgen aus Steueranmeldungen (§ 254 Abs. 1 Satz 4 AO) und auch aus Säumniszuschlägen und Zinsen (§ 254 Abs. 2 Satz 1 AO), wenn diese zusammen mit der Steuer beigetrieben werden, ist das Leistungsgebot entbehrlich.

> **Beispiel:**
>
> Der Steuerpflichtige F meldet seine Umsatzsteuer für den Voranmeldungszeitraum April 04 beim Finanzamt an, es ergibt sich eine Zahllast für F.

> **Lösung:**
>
> Da das Finanzamt keine abweichende Steuerfestsetzung gem. § 167 Abs. 1 Satz 1 AO vornimmt, steht die Steueranmeldung des F einer Steuerfestsetzung unter Vorbehalt der Nachprüfung gleich (§ 168 S. 1 AO). Das Finanzamt muss F nicht mehr gesondert durch ein Leistungsgebot zur Zahlung der Summe auffordern. Nach § 18 Abs. 1 Satz 4 UStG ist der angemeldete Betrag zum 10. des Folgemonats bereits laut Gesetz fällig.

Die Fälligkeit von Ansprüchen aus dem Steuerschuldverhältnis richtet sich nach § 220 AO ggf. i.V.m. den Einzelsteuergesetzen, vgl. hierzu die Ausführungen in Kap. VI. 2.

Seit Bekanntgabe des Leistungsgebots muss eine **Schonfrist** von einer Woche verstrichen sein. Diese Frist geht oftmals, da sie regelmäßig bereits mit Bekanntgabe des Leistungsgebots selbst beginnt, in der Fälligkeitsfrist für den zu zahlenden Betrag unter.

Als Sollvorschrift verlangt § 259 AO schließlich, dass der Vollstreckungsschuldner vor Beginn der Vollstreckung mit einer Zahlungsfrist von einer Woche gemahnt werden soll. Unterlässt die Finanzbehörde die **Mahnung**, führt dies nur dann zu einer Rechtswidrigkeit der Vollstreckungsmaßnahme, wenn es ermessensfehlerhaft war. Ein Verzicht auf eine Mahnung kann dann gerechtfertigt sein, wenn schon andere Beträge in Vollstreckung sind oder wenn der Vollstreckungsschuldner bereits ausdrücklich die Leistung verweigert hat. Diese Voraussetzung verursacht in der Praxis wenig Probleme, da in der Regel in einem automatisierten Verfahren Mahnungen und auch Vollstreckungsankündigungen maschinell erstellt und verschickt werden.

> **Beispiel zu den Vollstreckungsvoraussetzungen:**
>
> Der Steuerpflichtige A ist mit der sich aus dem am 22.05.02 bekannt gegebenen bestandskräftigen Einkommensteuerbescheid für 01 ergebenden Abschlusszahlung in Rückstand. Wann liegen die Voraussetzungen der Vollstreckung vor?

> **Lösung:**
>
> Der Einkommensteuerbescheid 01 vom 22.05.02 ist ein vollstreckbarer Verwaltungsakt gem. § 249 Abs. 1 Satz 1 AO, Aussetzung der Vollziehung wurde nicht gewährt, der Bescheid ist bestandskräftig. Der Bescheid enthält nach seinem üblichen Inhalt ein Leistungsgebot, also die Aufforderung an den

> A, den festgesetzten Betrag an die Finanzkasse zu zahlen. Von einer wirksamen Bekanntgabe von Bescheid und Leistungsgebot ist auszugehen.
> Die Fälligkeit des Betrags ergibt sich aus § 220 Abs. 1 AO i.V.m. § 36 Abs. 4 Satz 1 EStG, sie liegt 1 Monat nach Bekanntgabe des Bescheids vor. Der Betrag ist also am 22.06.02 fällig (§ 108 Abs. 1 AO, §§ 187 Abs. 1, 188 Abs. 2 BGB).
> Die Schonfrist von einer Woche berechnet sich ab der Bekanntgabe des Leistungsgebots und geht folglich in der 1-monatigen Fälligkeitsfrist unter.
> Gem. § 259 AO soll der Betrag vor der Vollstreckung noch mit einer Zahlungsfrist von 1 Woche gemahnt werden, dann wäre auf den Fälligkeitstag 22.06.02 noch eine Woche zu addieren, die Voraussetzungen für die Vollstreckung liegen also am 29.06.02 vor.
> Soweit die Mahnung im Einzelfall entbehrlich ist, kann bereits mit erfolglosem Verstreichen des Fälligkeitstags die Vollstreckung beginnen.

Bei der Vollstreckung von Beträgen, die sich aus **Steueranmeldungen** gem. § 168 AO ergeben haben, sind zusammenfassend folgende **Besonderheiten** zu beachten:
- Gem. § 249 Abs. 1 Satz 2 AO stellen sie eine vollstreckbare Leistungsverpflichtung dar.
- Ein Leistungsgebot ist gem. § 254 Abs. 1 Satz 4 AO nicht erforderlich.
- Die Schonfrist von einer Woche gem. § 254 Abs. 1 Satz 1 AO ab Bekanntgabe des Leistungsgebots muss nicht eingehalten werden, da ein Leistungsgebot in der Anmeldung nicht enthalten ist.

Checkliste: Allgemeine Vollstreckungsvoraussetzungen	Ja	Nein
Vollstreckbarer Verwaltungsakt, mit dem eine Geldleistung gefordert wird (Leistungsverpflichtung), § 249 Abs. 1 Satz 1 AO (auch Steueranmeldung, § 249 Abs. 1 Satz 2 AO)	☐	☐
Der Verwaltungsakt muss vollstreckbar sein, § 251 AO: keine Aussetzung der Vollziehung, keine Eröffnung eines Insolvenzverfahrens (s. 6.2)	☐	☐
Wirksam bekannt gegebenes Leistungsgebot, § 254 Abs. 1 Satz 1 AO	☐	☐
Fälligkeit des Anspruchs, §§ 254 Abs. 1 Satz 1, 220 AO i.V.m. Einzelsteuergesetzen	☐	☐
Ablauf der Schonfrist, § 254 Abs. 1 Satz 1 AO	☐	☐
Mahnung, § 259 AO (Sollvorschrift)	☐	☐

2.2 Tätigkeiten der Finanzämter im Vollstreckungsbereich

In den Finanzämtern sind spezielle **Vollstreckungsstellen** mit der Beitreibung offener Geldforderungen befasst. Oftmals umfasst deren Tätigkeit zusätzlich auch die Bearbeitung von Stundungs- und Erlassanträgen, teilweise auch den Erlass von Haftungsbescheiden.

In den Vollstreckungsstellen sind regelmäßig Sachbearbeiter und Mitarbeiter im sog. **Innendienst** beschäftigt, zusätzlich gibt es **Vollziehungsbeamte**, die im Außendienst tätig sind. Vollziehungsbeamte sind gem. § 285 Abs. 1 AO zuständig für die Vollstreckung in bewegliche Sachen, sie suchen also die Vollstreckungsschuldner auf und versuchen, die rückständigen Beträge durch freiwillige Zahlung oder evtl. durch Pfändung von Gegenständen beizutreiben. Auch die Verwertung gepfändeter Gegenstände fällt vorwiegend in ihren Zuständigkeitsbereich, § 296 AO. Der Innendienst ist für alle anderen Maßnahmen zuständig, vor allem für den Zugriff auf Forderungen der Vollstreckungsschuldner oder die Vollstreckung in das unbewegliche Vermögen. Hier werden auch Insolvenzfälle bearbeitet. In den letzten Jahren hat die Bedeutung der Kerntätigkeit der Vollziehungsbeamten – die Vollstreckung in bewegliche

Sachen – deutlich abgenommen, da mit der Verwertung gebrauchter Gegenstände keine nennenswerten Erlöse mehr zu erzielen sind. Daher sind die Vollziehungsbeamten heute gehalten, zusätzlich zur Suche nach pfändbaren Gegenständen auch Informationen über andere Vollstreckungsmöglichkeiten zu ermitteln (z.B. Arbeitgeber, offene Forderungen gegen Dritte).

2.3 Vollstreckung in das bewegliche Vermögen

Im Bereich der **Mobiliarvollstreckung** unterscheidet man die dem Vollziehungsbeamten obliegende Vollstreckung in bewegliche Sachen (§§ 285-308 AO) und die Vollstreckung in Forderungen und andere Vermögensrechte (§§ 309-321 AO), die dem Innendienst der Vollstreckungsstelle obliegt.

In beiden Bereichen gilt, dass Pfändungsakte zwei zentrale Wirkungen haben:

1. Entstehung eines Pfändungspfandrechts, § 282 AO
Durch den Akt der Pfändung erlangt der Vollstreckungsgläubiger ein Pfandrecht an dem Gegenstand. Damit erhält das Finanzamt das Recht, den Gegenstand zu verwerten.

2. Pfandverstrickung
Pfandverstrickung bedeutet, dass der Gegenstand zum Zweck der Befriedigung des Gläubigers beschlagnahmt ist und der Vollstreckungsschuldner nicht mehr darüber verfügen kann, es gelten die §§ 135 Abs. 1, 136 BGB. Folge ist auch ein strafrechtlicher Schutz aus § 136 StGB (Verstrickungsbruch, Siegelbruch).

Voraussetzung für den Eintritt dieser Wirkungen ist ein wirksamer Pfändungsakt, die Pfändung darf also nicht an einem schweren, offenkundigen Fehler leiden und damit nichtig sein gem. § 125 Abs. 1 AO.

Beispiel:
Der Vollziehungsbeamte VB hat bei Vollstreckungsschuldner X eine antike Kommode gepfändet, indem er ein Pfandsiegel sichtbar angebracht hat. Verfahrensfehler sind nicht unterlaufen.

Lösung:
Durch die Pfändung hat das Finanzamt ein Pfandrecht an der Kommode erlangt, sie kann gem. § 296 AO verwertet werden, der Erlös steht dem Finanzamt zu. X kann die Kommode nicht mehr wirksam an einen Dritten veräußern (Ausnahme: Der Dritte ist gutgläubig in Bezug auf das Verfügungsverbot/die Pfändung, §§ 135 Abs. 2, 936 BGB). Wenn X ohne Ermächtigung das Siegel entfernt, macht er sich gem. § 136 Abs. 2 StGB strafbar (Siegelbruch). Gelingt ihm der Verkauf an einen gutgläubigen Dritten oder zerstört er die Kommode mutwillig, um sie der Vollstreckung zu entziehen, droht ihm eine Bestrafung nach § 136 Abs. 1 StGB (Verstrickungsbruch).

Es gilt das Verbot der sog. **Überpfändung** gem. § 281 Abs. 2 AO.

Beispiel:
Der Vollziehungsbeamte VB erhält einen Vollstreckungsauftrag gegen den X zur Beitreibung offener Umsatzsteuer in Höhe von 150 €. Bei X pfändet er eine neuwertige Digitalkamera im Wert von 3.500 €.

> **Lösung:**
> Die Pfändung verstößt grundsätzlich gegen § 281 Abs. 2 AO. Sind jedoch keine weiteren pfändbaren Gegenstände vorhanden, kann eine Pfändung trotzdem erfolgen. Ggf. muss der übersteigende Erlös an den Vollstreckungsschuldner ausgekehrt werden.
> Oftmals wird in derartigen Fällen eine freiwillige Zahlung zur Vermeidung der Pfändung erfolgen.

2.3.1 Vollstreckung in bewegliche Sachen durch den Vollziehungsbeamten

Die **Vollstreckung in bewegliche Sachen** ist gem. § 285 Abs. 1 AO Aufgabe des Vollziehungsbeamten.

Ihm wird hierfür einen **Vollstreckungsauftrag** durch den Innendienst zugeteilt, dieser wird auf Verlangen vorgezeigt, § 285 Abs. 2 AO. Es ist nicht zulässig, dass der Vollziehungsbeamte sich selbst Fälle zuteilt oder von einem ihm bekannten Schuldner, den er zufällig trifft, Geld verlangt oder annimmt, A. 7 VollzA. Er muss auf den Schuldner Rücksicht nehmen, soweit dies die Vollstreckung nicht behindert, A. 8 VollzA.

Grundsätzlich soll die Vollstreckung gem. § 289 AO i.V.m. § 758 Abs. 4 ZPO nicht zur **Nachtzeit** erfolgen, also nicht zwischen 21 und 6 Uhr. Mit Erlaubnis des Innendienstes ist dies jedoch entgegen dieser Vorschriften möglich und kann insbesondere dann angezeigt sein, wenn der Vollstreckungsschuldner am Tag wiederholt nicht angetroffen worden ist.

Der Vollstreckungsschuldner (oder ein bei ihm angetroffener Erwachsener, der zur Zahlung befugt sein könnte) wird gem. A. 24 VollzA, §§ 292, 290 AO zunächst zur Zahlung der offenen Beträge aufgefordert. Erst wenn dieser Aufforderung nicht gefolgt wird, folgen ggf. die eigentlichen Vollstreckungsmaßnahmen.

> **Ist der Vollstreckungsschuldner nicht anwesend,**
> wird ihm in der Regel eine Zahlungsaufforderung hinterlassen. Geschieht dies mehrfach, kann – soweit dem Schuldner dies zuvor angekündigt worden ist – mit richterlicher Anordnung gem. § 287 Abs. 4 AO die gewaltsame Öffnung der Wohn- und Geschäftsräume und anschließende Durchsuchung erfolgen, vgl. im Einzelnen A. 29, 28 VollzA. Es sind gem. § 288 AO Zeugen hinzuzuziehen.

> **Zahlt der Vollstreckungsschuldner nicht freiwillig,**
> hat der Vollziehungsbeamte die Pfändung von Sachen zu versuchen, A. 28 VollzA. Hierzu hat er die Rechte aus § 287 AO, vor allem kann er die Räumlichkeiten des Vollstreckungsschuldners durchsuchen. Dies muss allerdings – außer bei Gefahr im Verzug – vom Schuldner gestattet werden, ansonsten ist wiederum eine richterliche Anordnung erforderlich.

> **Leistet der Vollstreckungsschuldner Widerstand,**
> darf der Vollziehungsbeamte diesen mit Gewalt brechen, § 287 Abs. 3 AO. Zeugen sind hinzuzuziehen, § 288 AO.

Einwendungen gegen die Vollstreckung darf der Vollziehungsbeamte grundsätzlich nicht beachten. Folgende Fälle sind denkbar:

Einwand	Reaktion
Die Steuerschuld ist zu hoch festgesetzt/der Bescheid ist rechtswidrig etc.	Einwendungen gegen den zu vollstreckenden Verwaltungsakt sind gem. § 256 AO außerhalb des Vollstreckungsverfahrens zu verfolgen: Der Schuldner ist auf das Einspruchsverfahren gegen den Steuerbescheid zu verweisen.

2. Vollstreckung wegen Geldforderungen

Einwand	Reaktion
Die Pfandsache gehört einem anderen	Der Vollziehungsbeamte prüft grundsätzlich nur, ob die Sache im Gewahrsam, also in der tatsächlichen Gewalt des Vollstreckungsschuldners ist. Einwendungen dieser Art hat er nur dann ausnahmsweise zu beachten, wenn der Gegenstand nach den besonderen Umständen tatsächlich im Eigentum eines anderen zu stehen scheint, A. 43 Abs. 1 und 5 VollzA.
Die Schuld ist getilgt, erloschen oder sonst nicht vollstreckbar	Kann der Vollstreckungsschuldner dies in geeigneter Weise nachweisen, stellt der Vollziehungsbeamte die Vollstreckung ein, § 292 Abs. 2 AO, A. 11 VollzA.

Der Vollziehungsbeamte hat grundsätzlich nur den **Gewahrsam** des Vollstreckungsschuldners an dem Gegenstand zu prüfen, § 286 Abs. 1 AO, A. 43 Abs. 1 VollzA. Gewahrsam ist die tatsächliche Herrschaftsmacht über einen Gegenstand, dies entspricht i.d.R. dem unmittelbaren Besitz an der Sache.

Soweit ein Dritter zumindest **Mitgewahrsam** an einem Gegenstand hat, ist gem. § 286 Abs. 4 AO eine Pfändung ohne dessen Zustimmung nicht möglich. Bei **Ehegatten** gelten insoweit Besonderheiten. Zugunsten der Gläubiger gilt gem. § 263 AO i.V.m. § 739 ZPO die Vermutung, dass von beiden Ehegatten nur der Vollstreckungsschuldner Gewahrsamsinhaber ist. Diese Vermutung resultiert aus der Eigentumsvermutung aus § 1362 BGB, sie gilt zulasten von Ehegatten.

Beispiel:

Der Vollziehungsbeamte VB soll gegen den verheirateten A wegen Umsatzsteuerrückständen vollstrecken. A wohnt mit seiner Frau B in einer gemeinsamen Wohnung. VB will nun eine hochwertige Musikanlage pfänden. A behauptet, diese gehöre seiner Frau.

Lösung:

Der Vollziehungsbeamte hat eine solche Einwendung grundsätzlich nicht zu prüfen, da für ihn das Gewahrsam ausschlaggebend ist. Allerdings hat hier in der gemeinsamen Wohnung auch Ehefrau B Mitgewahrsam an allen Gegenständen. Dies ist jedoch gem. § 263 AO, § 739 ZPO und § 1362 BGB irrelevant, da zulasten des A und zugunsten der Finanzbehörde vermutet wird, dass A allein Gewahrsamsinhaber und Eigentümer ist.
B muss, wenn sie tatsächlich Eigentümerin ist, ihre Rechte gem. § 262 AO beim Innendienst und ggf. bei den Zivilgerichten geltend machen (s. 2.7.4)
Etwas anderes gilt gem. A. 43 Abs. 2 Satz 3 VollzA nur für Gegenstände, die eindeutig einem der Ehegatten zum persönlichen Gebrauch zugeordnet sind.
Somit wäre das Beispiel anders zu lösen, wenn der Vollziehungsbeamte z.B. die Perlenkette der B pfänden wollte.

Die Regelungen gelten auch für eingetragene Lebenspartnerschaften gem. § 8 Abs. 1 LPartG. Ob sie auch auf nichteheliche Lebensgemeinschaften analog anwendbar ist, ist umstritten. Dagegen sprechen Nachweisprobleme hinsichtlich der Lebensgemeinschaft, dafür die ansonsten mögliche Entstehung von „Vollstreckungsoasen".

Die **Pfändung** erfolgt gem. § 286 Abs. 1 AO grundsätzlich durch Inbesitznahme der Sache durch den Vollziehungsbeamten, hierfür kommen gem. § 286 Abs. 2 AO jedoch nur Zahlungsmittel und Kostbarkeiten in Betracht. Alle anderen Gegenstände sind regelmäßig im Besitz des Schuldners zu belassen und mit einem Pfandsiegel zu versehen. Dieses ist an gut sichtbarer Stelle anzubringen (Publizitätsgrundsatz).

Bestimmte Dinge sind gem. § 295 S. 1 AO i.V.m. §§ 811 ff. ZPO **unpfändbar**. Es handelt sich vor allem um Gegenstände, die der Schuldner zu einer bescheidenen und angemessenen Lebensführung zwingend benötigt (§ 811 Abs. 1 Nr. 1 ZPO) und solche, die er zur Fortführung seines Erwerbs benötigt, soweit er selbst körperlich oder geistig damit tätig ist (§ 811 Abs. 1 Nr. 5 ZPO). In derartigen Fällen kann allenfalls eine sog. Austauschpfändung in Betracht kommen (vgl. hierzu § 811a ZPO).

Die **Verwertung gepfändeter beweglicher Gegenstände** erfolgt durch öffentliche Versteigerung oder freihändigen Verkauf. Öffentliche Versteigerungen können gem. § 296 AO entweder vor Ort oder im Finanzamt, aber auch im Internet über die Plattform www.zoll-auktion.de erfolgen. Einzelheiten regeln §§ 298 ff. AO.

2.3.2 Vollstreckung in Forderungen und andere Vermögensrechte

Die Vollstreckung **in Forderungen und andere Rechte** ist in der Praxis heute von deutlich größerer Bedeutung als die Pfändung beweglicher Sachen. Um auf Forderungen des Vollstreckungsschuldners zuzugreifen, die dieser gegen Dritte hat, erlässt das Finanzamt **Pfändungs- und Einziehungsverfügungen**. Deren Inhalt ergibt sich aus §§ 309, 314 AO. Es handelt sich um zwei selbständige Verwaltungsakte, sie richten sich an den **Drittschuldner** und werden zunächst diesem mittels Zustellung bekannt gegeben. Der Vollstreckungsschuldner wird über die Zustellung informiert.

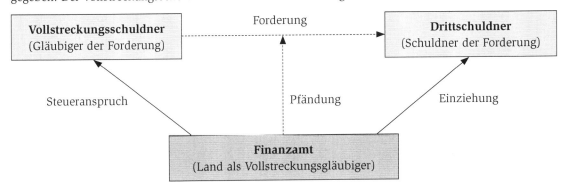

Die **Pfändungsverfügung** gem. § 309 AO bewirkt die Beschlagnahme der Forderung, das Finanzamt erhält ein Pfändungspfandrecht.

Inhaltlich und formell ist bei Pfändungsverfügungen auf folgende Punkte zu achten:
- Die Pfändung muss schriftlich erfolgen, sie ist dem Drittschuldner zwingend förmlich zuzustellen.
- Die gepfändete Forderung ist möglichst genau zu bezeichnen (Drittschuldner, Vollstreckungsschuldner, der Forderung zugrunde liegendes Rechtsverhältnis).
- Dem Drittschuldner ist zu verbieten, die Summe an den Vollstreckungsschuldner zu zahlen. Dies stellt den eigentlichen Pfändungsakt dar, der auch Arrestatorium genannt wird.
- Der vom Vollstreckungsschuldner dem Finanzamt geschuldete Geldbetrag und der Schuldgrund sind zu nennen, § 309 Abs. 2 Satz 2 i.V.m. § 260 AO.
- Dem Vollstreckungsschuldner wird geboten, sich jeder Verfügung über den Gegenstand zu enthalten. Dieses Gebot nennt man auch Inhibitorium.

Durch die hinzutretende **Einziehungsverfügung** nach § 314 AO erhält das Finanzamt das Recht, die Forderung gegenüber dem Drittschuldner geltend zu machen, diese also selbst einzuziehen.

In der Pfändungs- und Einziehungsverfügung wird weiterhin in aller Regel der Drittschuldner zur Erklärung über die Forderung nach § 316 AO und zur Zahlung des geschuldeten Betrags an die Finanzkasse aufgefordert. Die Pflicht zur Abgabe der sog. **Drittschuldnererklärung** ist eine öffentlich-rechtliche Verpflichtung, die falls erforderlich mittels Zwangsgeld erzwungen werden kann, § 316 Abs. 2 Satz 3 AO. Die Zahlung der gepfändeten Summe kann nicht im Wege der Verwaltungsvollstreckung herbeigeführt werden. Zahlt der Drittschuldner nicht freiwillig, muss der Anspruch vor den Zivilgerichten geltend gemacht werden.

Aufgrund der Pfändung einer Forderung treffen auch den Vollstreckungsschuldner bestimmte Pflichten. Er hat z.B. die zur Geltendmachung erforderlichen Auskünfte zu erteilen oder Unterlagen herauszugeben, § 315 Abs. 2 AO.

Der Drittschuldner kann aufgrund der Pfändung der Forderung nur noch mit befreiender Wirkung an das Finanzamt leisten. Er kann Einwendungen, die er gegen den Vollstreckungsschuldner hatte, auch gegenüber dem Finanzamt geltend machen.

Beispiel:
Das Finanzamt pfändet die Forderung des Vollstreckungsschuldners VS gegen den Drittschuldner DS aus einem Werkvertrag mittels korrekter Pfändungs- und Einziehungsverfügung. DS will nicht zahlen, weil das Werk mangelhaft ausgeführt worden ist.

Lösung:
DS ist zunächst verpflichtet, eine Drittschuldnererklärung abzugeben.
Er darf aufgrund des Zahlungsverbots nur noch an das Finanzamt leisten. Leistet er trotzdem an VS, wird er von seiner Schuld nicht frei, das Finanzamt kann das Geld nochmals von ihm verlangen.
DS kann aber auch alle Einwendungen, die ihm gegen den VS zugestanden haben, nun gegenüber dem Finanzamt geltend machen. Soweit er also begründet gegenüber dem Finanzamt einwendet, dass die Forderung nicht oder nicht in der Höhe besteht, muss er nicht zahlen.
Ggf. muss das Finanzamt einen Zivilprozess gegen DS anstrengen, um den Bestand der Forderung prüfen zu lassen.

Das Finanzamt ist verpflichtet, sich um die zeitnahe Einziehung der Forderung beim Drittschuldner zu kümmern. Verzögert es dies schuldhaft und kommt es z.B. zur Verjährung von Ansprüchen, können Schadensersatzansprüche des Vollstreckungsschuldners in Betracht kommen.

Bei der **Vollstreckung in Ansprüche auf Herausgabe oder Leistung von Sachen** gem. § 318 AO gelten die obigen Ausführungen weitgehend entsprechend. In Betracht kommen hier z.B. Ansprüche aus abgeschlossenen aber noch nicht erfüllten Kauf- oder Werkverträgen oder auf Herausgabe von geliehenen oder gemieteten Gegenständen.

Neben Forderungen oder Herausgabe- bzw. Leistungsansprüchen können gem. § 321 AO auch **andere Vermögensrechte** gepfändet werden. Dies können z.B. sein:
- Anteile an einer GmbH, OHG, KG etc.,
- Patente, Urheberrechte,
- Anwartschaftsrechte (z.B. beim Kauf unter Eigentumsvorbehalt),
- Miteigentumsanteile, Miterbenanteile.

Bei der Pfändung von Forderungen oder anderen Vermögensrechten sind wie auch bei der Pfändung von Gegenständen **Pfändungsverbote und -beschränkungen** zu beachten. Diese ergeben sich vor allem aus § 319 AO i.V.m. §§ 850 ff. ZPO. Besonders bedeutsam sind in diesem Bereich folgende Vorschriften:

Vorschrift	Art der Forderung	Inhalt der Pfändungsbeschränkung
§§ 850–850 h ZPO	Arbeitseinkommen	Dem Vollstreckungsschuldner muss ein Mindestbetrag erhalten bleiben, der das Existenzminimum für ihn und die von ihm zu unterhaltenden Personen gewährleistet. Es gelten bestimmte **Lohnpfändungsfreigrenzen**.

Vorschrift	Art der Forderung	Inhalt der Pfändungsbeschränkung
§ 850k ZPO	Forderungen im Zusammenhang mit Bankkonten	Der Schuldner kann ein Bankkonto zu seinen Gunsten als sog. **P-Konto** (Pfändungsschutzkonto) betreiben lassen. Auf diesem Konto kann dann der Mindestbetrag wie bei der Pfändung von Arbeitseinkommen nicht gepfändet werden, unabhängig von den Zuflüssen auf das Konto.
§ 851b ZPO	Miet- und Pachtforderungen	Beträge, die zur Unterhaltung des vermieteten Grundstücks sowie für notwendige Instandsetzungsmaßnahmen erforderlich sind, können nicht gepfändet werden.

2.4 Vollstreckung in das unbewegliche Vermögen

2.4.1 Überblick

§ 322 AO regelt die Vollstreckung der Finanzämter **in das unbewegliche Vermögen** und verweist dazu in erster Linie auf die Vorschriften der §§ 864-871 ZPO und das Gesetz über die Zwangsversteigerung und die Zwangsverwaltung (ZVG). Maßnahmen, die die Finanzämter nach diesen Normen bei den zuständigen Gerichten beantragen können, sind:

- Zwangssicherungshypothek,
- Zwangsversteigerung,
- Zwangsverwaltung.

Als Ausprägung des verfassungsrechtlich garantierten **Verhältnismäßigkeitsprinzips** ist die Beantragung von Zwangsversteigerung und -verwaltung nur möglich, wenn feststeht, dass die Vollstreckung in das bewegliche Vermögen erfolglos war oder wäre, § 322 Abs. 4 AO.

Um die genannten Maßnahmen zu erwirken, muss die Vollstreckungsstelle einen Antrag an das zuständige Amtsgericht richten, § 322 Abs. 3 AO, A. 46 VollstrA. Der Antrag ist ein Verwaltungsakt, gegen den der Vollstreckungsschuldner Einspruch einlegen kann.

2.4.2 Gegenstand der Immobiliarvollstreckung, Abgrenzung

Der **Vollstreckung ins unbewegliche Vermögen** unterliegen gem. § 322 Abs. 1 AO

Grundstücke	Räumlich abgegrenzter Teil der Erdoberfläche; es ist im Grundbuch im Bestandsverzeichnis unter einer laufenden Nummer eingetragen.
Wesentliche Bestandteile	§§ 93, 94 BGB: Mit dem Boden fest verbundene Sachen, insbesondere Gebäude; **nicht** Scheinbestandteile, die nur vorübergehend eingefügt worden sind (z.B. Gerüste, Schaubuden).
Gegenstände, auf die sich die Hypothek erstreckt	Vgl. § 322 Abs. 1 Satz 2 AO, § 865 ZPO, §§ 1120 ff. BGB: Da Grundstücke für den Vollstreckungsgläubiger in ihrer wirtschaftlichen Gesamtheit erhalten bleiben sollen, sind auch **Zubehörstücke** gem. § 97 BGB, die dem Grundstückseigentümer gehören, nicht als bewegliche Sachen pfändbar, sondern fallen in den **abstrakten Haftungsverband der Hypothek** (unabhängig davon, ob tatsächlich eine Hypothek auf dem Grundstück besteht). Ein Zugriff auf sie ist nicht einzeln, sondern nur über die Vollstreckung in das gesamte Grundstück möglich (vgl. auch A. 40 VollzA). **Beispiele:** Maschinen auf Fabrikgrundstück, Kühlanlage in Gaststätte, landwirtschaftliche Geräte auf Bauernhof.

Schiffe und Luftfahrzeuge	Schiffe, die ins Schiffsregister und Luftfahrzeuge, die in der Luftfahrzeugrolle eingetragen sind.

Diese Abgrenzung ist vor allem für die Ermittlung der in den Vollstreckungsstellen zuständigen Personen von Bedeutung. Greift z.B. der Vollziehungsbeamte durch Pfändung auf eine Sache zu, die als Zubehör in den Haftungsverband der Hypothek und damit in die Zwangsvollstreckung in das unbewegliche Vermögen fällt, ist diese Pfändung unwirksam und damit nichtig.

2.4.3 Antrag auf Eintragung einer Zwangssicherungshypothek

Gem. § 322 Abs. 1 Satz 2 AO i.V.m. § 866 ZPO kann das Finanzamt wegen offener Steuerrückstände (mindestens 750 €) die **Eintragung einer Zwangssicherungshypothek** beantragen. Diese Maßnahme dient zunächst vorwiegend der Rangwahrung, da hierdurch nicht unmittelbar Erlöse erzielt werden.

Erst bei einer etwaigen späteren Zwangsversteigerung oder Zwangsverwaltung ermöglicht die Hypothek den Finanzbehörden ein Recht auf Befriedigung mit einer besseren Rangklasse als nur mit der bloßen Steuerforderung (vgl. § 10 Abs. 1 Nr. 4 ZVG).

Die Hypothek ist akzessorisch, d.h. sie ist abhängig vom Bestand des zu vollstreckenden Anspruchs. Wird die Steuerschuld getilgt oder erlischt sie anderweitig, entsteht gem. §§ 1163 Abs. 1, 1177 Abs. 1 BGB eine Eigentümergrundschuld (die ggf. vom Finanzamt für neue Rückstände gepfändet werden kann).

2.4.4 Antrag auf Zwangsversteigerung

Die **Zwangsversteigerung des Grundstücks** dient der vollständigen Verwertung und möglichst hohen Befriedigung der Gläubiger aus dem Erlös. Kommt es zu diesem Schritt, sind in der Praxis die Belastungen auf dem Grundstück bereits sehr hoch, sodass mit einer vollständigen Deckung der Rückstände regelmäßig nicht zu rechnen ist.

Das Finanzamt kann die Anordnung der Zwangsversteigerung schriftlich beantragen. Der Anordnungsbeschluss des Amtsgerichts gilt gem. § 20 Abs. 1 ZVG als Beschlagnahme des Grundstücks. Gem. § 23 Abs. 1 ZVG hat der Beschluss ein Veräußerungsverbot für den Schuldner zur Folge.

Von der Beschlagnahme erfasst sind auch die Gegenstände, auf die sich die Hypothek erstreckt, nicht aber Miet- und Pachtforderungen, vgl. § 21 Abs. 2 ZVG. Das bedeutet, dass solche Forderungen nach wie vor dem Schuldner zustehen und somit auch weiter pfändbar sind.

2.4.5 Antrag auf Zwangsverwaltung

Die **Zwangsverwaltung** soll ebenfalls zur Befriedigung der Gläubiger führen, allerdings nicht durch vollständige Verwertung des Grundstücks, sondern durch Vereinnahmung seiner Erträge. Hierzu wird vom Gericht gem. § 150 Abs. 1 ZVG ein Zwangsverwalter eingesetzt, der eine ordnungsgemäße Verwaltung des Grundstücks sichert und die Verteilung der Erlöse regelt.

Für die Finanzämter ist die Zwangsverwaltung selten sinnvoll, da es in der Regel praktikabler ist, auf Miet- und Pachtforderungen durch eine Forderungspfändung zuzugreifen. Allenfalls in Fällen einer umsatzsteuerpflichtigen Vermietung kann die Zwangsverwaltung sinnvoll sein, um zumindest die neu entstehende Umsatzsteuer als Kosten der Zwangsverwaltung vorab zu erhalten.

Die durch die Anordnung der Zwangsverwaltung gem. § 148 Abs. 1 ZVG erfolgte Beschlagnahme erfasst auch die laufenden Miet- und Pachtforderungen, auf die damit ab diesem Zeitpunkt nicht mehr durch Forderungspfändung zugegriffen werden kann.

2.5 Vollstreckung in das Gesamtvermögen nach der InsO

2.5.1 Grundzüge

Intention des Gesetzgebers bei der Einführung der Insolvenzordnung in 1999 war es, durch Ablösung des zuvor geltenden Konkurs- und Vergleichsrechts bessere Möglichkeiten zu schaffen, zugleich Gläubigerinteressen soweit möglich zu befriedigen, aber auch die früher zwangsläufige Zerschlagung von Unternehmen wenn möglich zu verhindern.

Das Insolvenzrecht geht dem Steuerrecht vor, die **Eröffnung eines Insolvenzverfahrens** bewirkt Einschränkungen im Bereich der Steuerfestsetzungen, der Rechtsbehelfsverfahren und vor allem in der Vollstreckung. Die Finanzämter können gegenüber Schuldnern im Insolvenzverfahren ihre Forderungen nur noch nach Maßgabe der Insolvenzordnung geltend machen.

Neu geschaffen wurde durch die InsO die Möglichkeit für natürliche Personen, nach Abschluss des Verfahrens unter bestimmten Voraussetzungen die Befreiung von ihren Schulden zu erlangen (Restschuldbefreiung). Weiterhin wurde ein vereinfachtes Verbraucherinsolvenzverfahren für natürliche Personen mit überschaubaren Vermögensverhältnissen eingeführt.

2.5.2 Insolvenzverfahren

Insolvenzfähig i.S.d. § 11 InsO sind natürliche und juristische sowie Personenvereinigungen wie OHG, KG oder GbR.

Voraussetzungen für die Eröffnung des Verfahrens sind:

Insolvenzantrag, §§ 13 ff. InsO	• Durch den Schuldner oder einen Gläubiger möglich. • Der schriftliche Antrag muss beim zuständigen Amtsgericht eingehen, es sind der Eröffnungsgrund und die bestehenden Forderungen glaubhaft zu machen. • Dem Antrag des Schuldners ist ein Verzeichnis der Gläubiger und ihrer Forderungen beizufügen; u.a. sind Forderungen der Finanzverwaltung gesondert kenntlich zu machen.
Eröffnungsgrund § 17 InsO: Zahlungsunfähigkeit	Es muss ein Eröffnungsgrund gegeben sein: • Schuldner ist nicht mehr in der Lage, seine fälligen Zahlungsverpflichtungen zu erfüllen.
§ 18 InsO: Drohende Zahlungsunfähigkeit	• Mit dem Eintritt der Zahlungsunfähigkeit ist demnächst zu rechnen. • Dieser Grund berechtigt nur den Schuldner zur Antragsstellung.
§ 19 InsO: Überschuldung	• Vermögen des Schuldners deckt die Verbindlichkeiten nicht mehr. • Greift nur bei juristischen Personen.
Hinreichende Masse, § 26 InsO	Reicht die Masse voraussichtlich nicht einmal aus, um die Kosten des Verfahrens zu decken (vgl. §§ 54, 209 InsO), ist der Insolvenzantrag vom Gericht abzulehnen. Für natürliche Personen, die einen Antrag auf Restschuldbefreiung gestellt haben (s.u.), besteht die Möglichkeit, die Kosten des Verfahrens gestundet zu bekommen, §§ 4a ff. InsO.

Das zuständige Gericht prüft die Zulässigkeit des Antrags, § 14 InsO. Zur vorläufigen Sicherung des Vermögens kann es bereits jetzt **Sicherungsmaßnahmen** anordnen. Diese können gem. § 21 InsO z.B. in der Bestellung eines **vorläufigen Insolvenzverwalters**, in einer Untersagung weiterer Vollstreckungsmaßnahmen oder in der Verhängung eines allgemeinen Verfügungsverbots für den Schuldner bestehen. Wird Letzteres gem. § 21 Abs. 2 Nr. 2 InsO ausgesprochen, bewirkt dies, dass bereits jetzt – also schon vor der eigentlichen Eröffnung des Verfahrens – der Insolvenzverwalter die umfassende Verfügungsbefugnis gem. § 22 InsO erlangt. In der Praxis ist dies eher die Ausnahme, da es zu Haftungskonsequenzen für den Verwalter führen kann. Er haftet dann ggf. für die Nichtbegleichung von Masseverbindlichkeiten, §§ 61, 55 Abs. 2 InsO.

Der Insolvenzantrag muss nicht zwingend mit Eröffnung des Insolvenzverfahrens in einem Verlust der Verfügungsbefugnis für den Insolvenzschuldner münden. Er hat gem. § 270a ff. InsO die Möglichkeit, die Eigenverwaltung zu beantragen. In diesem Zusammenhang ist auch das sog. **Schutzschirmverfahren** gem. § 270b InsO zu nennen. Danach erhält der Schuldner bei einem Eigenantrag wegen drohender Zahlungsunfähigkeit oder Überschuldung und einem Antrag auf Eigenverwaltung – wenn dieser nicht offensichtlich aussichtslos ist – bis zu 3 Monate Zeit zur Vorlage eines Insolvenzplans. In dieser Zeit kann insbesondere ein vorläufiges Vollstreckungsverbot durch das Gericht angeordnet werden.

Gem. § 21 Abs. 2 Nr. 1a InsO kann das Insolvenzgericht auch einen **vorläufigen Gläubigerausschuss** einsetzen, der die ersten Tätigkeiten des vorläufigen Insolvenzverwalters überwacht und auch bereits dessen Benennung beeinflussen kann. Die Einsetzung ist gem. § 22a InsO zwingend, wenn der Schuldner seinen Geschäftsbetrieb noch nicht eingestellt hat und er im vorangegangenen Geschäftsjahr mindestens zwei der folgenden Merkmale erfüllt hat:
- Mindestens 6.000.000 € Bilanzsumme,
- Mindestens 12.000.000 € Umsatzerlöse,
- Jahresdurchschnittlich 50 Arbeitnehmer.

Der vorläufige Gläubigerausschuss soll eingesetzt werden, wenn Schuldner, vorläufiger Insolvenzverwalter oder ein Gläubiger dies beantragen und hierfür Personen benennen, § 22a Abs. 2 InsO.

Entscheidet das Gericht, das Insolvenzverfahren mangels Masse nicht zu eröffnen (was bei natürlichen Personen wegen der **Stundungsmöglichkeit** nach §§ 4a ff. InsO die Ausnahme ist), ist das Verfahren beendet. Handelte es sich beim Schuldner um eine vollständig rechtsfähige Gesellschaft wie eine GmbH oder AG, wird diese von Amts wegen aus dem Handelsregister gelöscht. Entsprechendes gilt für eingetragene Vereine, sie werden aus dem Vereinsregister gelöscht.

Beschließt das Gericht die **Eröffnung des Insolvenzverfahrens gem. §§ 27 ff. InsO**, gelten nun folgende Grundsätze:

Beteiligte	• Schuldner: Verliert nun, soweit nicht schon geschehen, die Verwaltungs- und Verfügungsbefugnis über sein Vermögen.
	• Insolvenzverwalter: Wird gem. § 27 Abs. 1 InsO bestellt:
	  – hat die Verwaltungs- und Verfügungsbefugnis,
	  – stellt Gläubigerverzeichnis auf,
	  – führt Forderungstabelle,
	  – prüft angemeldete Forderungen, erstellt Berichte,
	  – verwertet ggf. das Vermögen und verteilt die Erlöse.
	• Gläubiger: Sind in Gläubigerversammlung gem. §§ 74 ff. InsO und ggf. im Gläubigerausschuss organisiert; können ihre Forderungen beim Verwalter geltend machen, der ihnen regelmäßig zu berichten hat.
	• Insolvenzgericht: Leitet und überwacht das Verfahren; trifft wichtige Entscheidungen.

Öffentlichkeit	• Der Eröffnungsbeschluss wird im Internet bekannt gemacht; www.insolvenzbekanntmachungen.de.
Forderungen und Rechte an der Insolvenzmasse	Gläubiger werden nach Art ihrer Forderungen eingeteilt.
Aussonderungsrechte	• Dem Gläubiger steht ein Recht an einem Gegenstand zu, z.B. Eigentum.

Absonderungsrechte	• Dem Gläubiger steht ein Verwertungsrecht an einem Gegenstand zu, z.B. hat er eine Sache lange vor der Insolvenz gepfändet oder zur Sicherung übereignet bekommen.
Masseverbindlichkeiten	• Der Gläubiger hat eine Forderung gegen die Insolvenzmasse, die erst nach Eröffnung der Insolvenz begründet wurde. • I.d.R. hat der Insolvenzverwalter sie durch eine eigene Handlung begründet, z.B. Umsatzsteuer für Umsätze nach Eröffnung. • Diese Forderungen werden i.d.R. zuverlässig vom Insolvenzverwalter beglichen, da diesem ansonsten eine Haftung gem. § 61 InsO droht.
Insolvenzforderungen	• Der Gläubiger hatte schon vor Insolvenzeröffnung Forderungen gegen den Schuldner, z.B. Umsatzsteuer für Umsätze vor Eröffnung. • Solche Forderungen sind „zur Insolvenztabelle anzumelden", sie werden regelmäßig nur mit einer (oft geringen) Quote bedient.

Das Insolvenzverfahren endet je nach Verlauf des Verfahrens mit einer Abwicklung des Unternehmens oder einer Weiterführung. Gläubiger müssen regelmäßig zumindest auf Teile ihrer Forderungen verzichten. Unter bestimmten Voraussetzungen ist es auch möglich, Forderungen gegen den Insolvenzschuldner in Anteils- oder Mitgliedschaftsrechte umzuwandeln („dept-equity-swap"). Für Steuerforderungen kommt diese Lösung regelmäßig nicht in Betracht, da die Verwaltung in aller Regel an einer eigenen Beteiligung am Unternehmen kein Interesse hat und die Abwicklung solcher Beteiligungen rechtsformtechnisch und verwaltungsmäßig nur schwer denkbar ist.

2.5.3 Behandlung von Steuerforderungen in der Insolvenz

Mit dem **Übergang der Verwaltungs- und Verfügungsbefugnis auf den Insolvenzverwalter** muss dieser auch die steuerlichen Pflichten des Schuldners erfüllen, er ist sein gesetzlicher Vertreter gem. § 34 Abs. 3 AO. Verwaltungsakte sind nur noch an den Verwalter bekannt zu geben.

Die Eröffnung des Insolvenzverfahrens bewirkt eine **Unterbrechung** der laufenden Verwaltungsverfahren (§ 240 ZPO analog). Dies bedeutet, dass:
- Steuerforderungen nicht mehr durch Steuerbescheid festgesetzt werden können,
- laufende Fristen unterbrochen werden (z.B. Einspruchsfristen),
- laufende Rechtsbehelfsverfahren unterbrochen werden (nach Aufforderung durch das Finanzamt kann der Verwalter den Rechtsstreit fortführen).

Sind Steuerforderungen noch nicht durch Bescheid festgesetzt, kann nur eine Steuer**berechnung** erfolgen, die dann neben den schon erlassenen und bestandskräftigen Bescheiden ebenfalls Grundlage für die Anmeldung zur Insolvenztabelle ist. Der Verwalter kann dem Bestand oder der Höhe der vom Finanzamt angemeldeten Forderungen widersprechen. Im Streitfall erlässt das Finanzamt dann einen Feststellungsbescheid gem. § 251 Abs. 3 AO. Gegen ihn sind Einspruch und Klage vor dem Finanzgericht möglich.

Von großer Bedeutung für die Finanzämter ist in der Praxis die Feststellung, ob eine **Steuerforderung Masseverbindlichkeit oder Insolvenzforderung** ist (vgl. hierzu detailliert AEAO zu § 251, Nr. 5 f.). Ausschlaggebend ist hierbei die Frage, ob sie vor oder nach der Insolvenzeröffnung **begründet** worden ist.

Abgrenzung	Für Steuerforderungen gilt: • vor/nach Eröffnung begründet = **Der die Steuer auslösende Tatbestand wurde verwirklicht** • Entstehung oder Fälligkeit der Forderung nicht entscheidend Für bestimmte Steuerarten muss ggf. eine „Schattenveranlagung" für beide Zeiträume vorgenommen werden
Masseverbindlichkeiten	**Beispiele:** • Umsatzsteuer für Lieferungen oder sonstige Leistungen, die nach Eröffnung ausgeführt wurden • Einkommensteuer: Zufluss/Abfluss nach Eröffnung
Insolvenzforderungen	**Beispiel:** • Umsatzsteuer für Lieferungen oder sonstige Leistungen, die vor Eröffnung ausgeführt wurden

Die Vollstreckung wegen Insolvenzforderungen ist im laufenden Insolvenzverfahren nicht mehr möglich, vgl. § 89 InsO. Das Finanzamt muss die Forderungen zur Insolvenztabelle beim Verwalter anmelden und auf eine möglichst hohe Quote im Verteilungstermin hoffen. Von der Deckung der Masseverbindlichkeiten, also der Steuern, die während der Insolvenz erst begründet worden sind, kann regelmäßig ausgegangen werden, hierfür sorgt der Verwalter vorab.

Sicherungen, die das Finanzamt oder andere Gläubiger innerhalb des letzten Monats vor dem Insolvenzantrag erlangt haben, also z.B. Pfandrechte aufgrund von Vollstreckungsmaßnahmen, sind mit der Eröffnung des Verfahrens gem. § 88 InsO unwirksam, dies bewirkt die sog. **Rückschlagsperre**. Weiterhin können in bestimmten Fällen auch andere zuvor erlangte Beträge von den Gläubigern nach den Grundsätzen der Insolvenzanfechtung (§§ 129 ff. InsO, s. 2.5.6) an den Verwalter zurückzuerstatten sein.

Von wirtschaftlich großer Bedeutung für die Finanzbehörden ist in vielen Fällen die Frage, inwieweit trotz des laufenden Insolvenzverfahrens **Aufrechnungs**möglichkeiten bestehen. Hier gilt grundsätzlich, dass eine vor Eröffnung des Insolvenzverfahrens bestehende Aufrechnungslage in der Insolvenz erhalten bleibt, § 94 InsO. Einzelheiten für Fälle, in denen die Aufrechnungslage erst später entsteht oder in welchen Konstellationen Verbote greifen, regeln die §§ 95 und 96 InsO.

2.5.4 Verbraucherinsolvenzverfahren

Das **Verbraucherinsolvenzverfahren** ist in den §§ 304 ff. InsO geregelt und bietet für Schuldner mit **überschaubaren Vermögensverhältnissen** vereinfachte Regelungen für den Verfahrensablauf. Anwendbar sind diese Grundsätze auf Insolvenzen natürlicher Personen, die aktuell keine selbständige gewerbliche oder freiberufliche Tätigkeit (mehr) ausüben und weniger als 20 Gläubiger haben und gegen die keine Forderungen aus Arbeitsverhältnissen bestehen.

Dem Verbraucherinsolvenzverfahren ist zwingend ein außergerichtlicher Schuldenbereinigungsversuch vorgeschaltet.

2.5.5 Restschuldbefreiung

Natürliche Personen können im Rahmen ihres Insolvenzverfahrens einen Antrag auf **Restschuldbefreiung** stellen, § 287 InsO. Er setzt zwingend voraus, dass der Insolvenzantrag zumindest auch vom Schuldner selbst gestellt worden ist. Schon mit dem Antrag muss der Schuldner die Abtretung seiner pfändbaren Bezüge für die Dauer der nächsten 6 Jahre nach der Eröffnung erklären, § 287 Abs. 2 InsO.

Bereits zu Beginn des Insolvenzverfahrens stellt gem. § 287a Abs. 1 InsO das Insolvenzgericht durch Beschluss fest, dass der Schuldner Restschuldbefreiung erlangt, wenn er seinen Obliegenheiten nach § 295 InsO (s.u.) nachkommt und keine Versagensgründe nach §§ 290, 297 oder 298 InsO vorliegen.

Letztere Vorschriften geben dem Gericht die Möglichkeit, im Falle von bestimmten Verfehlungen des Insolvenzschuldners wie z.B. falscher Angaben über wirtschaftliche Verhältnisse o.ä. auf Antrag eines Insolvenzgläubigers die Restschuldbefreiung später doch zu versagen.

Der Schuldner muss in der sich an das Insolvenzverfahren anschließenden **Wohlverhaltensperiode** seinen in § 295 InsO geregelten Obliegenheiten nachkommen. Er hat sich u.a. um eine angemessene Erwerbstätigkeit zu bemühen und Erbschaften anzugeben und dadurch erworbene Vermögenswerte an einen Treuhänder abzugeben. Erfüllt der Schuldner diese Obliegenheiten, wird die Restschuldbefreiung grundsätzlich nach Ablauf der 6 Jahre endgültig gewährt, § 300 InsO. Unter bestimmten Voraussetzungen kann in seit dem 01.07.2014 eröffneten Insolvenzverfahren gem. § 300 Abs. 1 InsO auch nach einer kürzeren Laufzeit der Abtretungserklärung die Restschuldbefreiung erteilt werden:

- sofort nach Abschluss des Verfahrens, wenn kein Gläubiger Forderungen angemeldet oder aber alle angemeldeten Forderungen vollständig getilgt worden sind und auch keine Masseverbindlichkeiten offen sind, ferner müssen die Verfahrenskosten beglichen sein,
- nach Ablauf von 3 Jahren, wenn die Forderungen der Gläubiger zu 35 % befriedigt und die Verfahrenskosten beglichen worden sind,
- nach Ablauf von 5 Jahren, wenn die Kosten des Insolvenzverfahrens beglichen worden sind.

Wegen offengebliebener Insolvenzforderungen ist nach Erteilung der Restschuldbefreiung eine Vollstreckung nicht mehr möglich. Eine Ausnahme im Bereich der Steuerforderungen stellt hier § 302 InsO dar. Danach sind z.B. Verbindlichkeiten des Schuldners nicht berührt, die aus einer Steuerhinterziehung stammen, wegen derer der Schuldner rechtskräftig verurteilt worden ist. Solche Forderungen bleiben somit auch nach Ablauf der Wohlverhaltensperiode bestehen. Diese ebenfalls mit Wirkung zum 01.07.2014 eingeführte Vorschrift macht es für die Finanzbehörden deutlich „interessanter", auch durch insolvente Schuldner begangene Steuerstraftaten konsequent zu verfolgen.

2.5.6 Insolvenzanfechtung

In bestimmten Fällen müssen Gläubiger auch neben den Fällen des § 88 InsO (s. 2.5.3) Vermögensgegenstände, die sie noch Eröffnung des Insolvenzverfahrens erlangt haben, auf Verlangen des Insolvenzverwalters an die Insolvenzmasse zurückgeben. §§ 129 ff. InsO regeln verschiedene Tatbestände von Rechtshandlungen, die aufgrund einer daraus folgenden Benachteiligung der Insolvenzgläubiger angefochten werden können.

Der Begriff der Rechtshandlung ist weit gefasst, hierunter können z.T. auch Pfändungsmaßnahmen fallen. Eine Gläubigerbenachteiligung liegt stets vor, wenn durch die Handlung die Insolvenzmasse verkürzt wurde. Die wichtigsten **Anfechtungstatbestände** lauten:

§ 130 InsO: Kongruente Deckungsgeschäfte	• Gläubiger hatte Anspruch auf Zahlung (hinsichtlich Zeit und Art und Weise = freiwillige Zahlung durch Überweisung oder Scheck; keine Vollstreckungsmaßnahmen) • Nr. 1: Rechtshandlung innerhalb 3 Monate seit Insolvenzantrag, Schuldner zahlungsunfähig, Gläubiger wusste dies oder • Nr. 2: Rechtshandlung nach Insolvenzantrag, Gläubiger kannte Zahlungsunfähigkeit oder wusste vom Antrag
§ 131 InsO: Inkongruente Deckungsgeschäfte	• Gläubiger hatte keinen Anspruch auf derartige Zahlung (= Vollstreckungsmaßnahmen, Zahlungen unter Druck) • Nr. 1: Handlung im letzten Monat vor Antrag oder nach Antrag • Nr. 2: Handlung innerhalb 2./3. Monat vor Antrag und Zahlungsunfähigkeit des Schuldners • Nr. 3: Handlung innerhalb 2./3. Monat vor Antrag und Kenntnis Gläubiger von Benachteiligung

2. Vollstreckung wegen Geldforderungen

§ 133 InsO: Vorsätzliche Benachteiligung (Rechtsänderung April 2017)	• Rechtshandlung des Schuldners (Vollstreckungsmaßnahmen nicht erfasst) innerhalb 10 Jahren vor Antrag plus Vorsatz der Gläubigerbenachteiligung und Kenntnis des anderen Teils • Wurde durch die Handlung ein Anspruch des anderen Teils gedeckt beträgt die Anfechtungsfrist nur 4 Jahre (z.B. bestehender Steueranspruch der Finanzbehörde) • Bei erzwungenen Zahlungen gilt: Es wird die Kenntnis des Anfechtungsgegners vom Benachteiligungsvorsatz des Schuldners vermutet • Bei freiwilligen Zahlungen gilt Abs. 3: Es kommt auf die Kenntnis des Anfechtungsgegners von der **eingetretenen** Zahlungsunfähigkeit an (nicht der drohenden); bei getroffenen Zahlungsvereinbarungen wird sogar nicht Unkenntnis des Anfechtungsgegners vermutet **Hinweis:** Die in § 133 InsO vorgenommenen Rechtsänderungen bieten für die Finanzämter (wie auch für andere Gläubiger) eine höhere Rechtssicherheit, da nur noch in Ausnahmefällen mit einer aus dieser Vorschrift resultierenden Anfechtung später als 4 Jahre nach einer Rechtshandlung gerechnet werden muss.

Beispiel:

Vollstreckungsschuldner VS ist seit April 11 nicht mehr in der Lage, seine fälligen Zahlungsverpflichtungen zu erfüllen, ist also zahlungsunfähig i.S.v. § 17 InsO. Das Finanzamt bringt im Juni 11 eine Forderungspfändung gegenüber einem Kunden des VS aus und erhält von diesem Ende Juni einen Betrag von 5.000 €. VS stellt am 08. August 11 einen Antrag auf Eröffnung des Insolvenzverfahrens, diese erfolgt am 22. Oktober 11.

Lösung:

Der Insolvenzverwalter kann gem. § 131 Abs. 1 Nr. 2 InsO die Auszahlung des vereinnahmten Betrags an die Insolvenzmasse verlangen, § 143 InsO. Es handelt sich als Vollstreckungsmaßnahme um eine Handlung, durch die eine Befriedigung erlangt wurde, auf die das Finanzamt in dieser Art keinen Anspruch hatte, also um eine inkongruente Deckung. Sie geschah innerhalb des 2. Monats vor dem Insolvenzantrag, und der Schuldner war zu diesem Zeitpunkt zahlungsunfähig.

2.6 Weitere Maßnahmen im Vollstreckungsbereich

2.6.1 Vermögensauskunft des Vollstreckungsschuldners, eidesstattliche Versicherung

Das Verfahren zur **Abgabe der eidesstattlichen Versicherung** wurde mit Wirkung zum 01.01.2013 umfassend neu geregelt.

Hintergründe der Änderungen waren vor allem:

- Die Möglichkeiten zur Informationsgewinnung durch Vorlage des Vermögensverzeichnisses unterlagen zu engen Voraussetzungen und waren oft nicht ergiebig.
- Die früheren Vermögensverzeichnisse wurden in Papierform geführt, dies führte zu hohem Verwaltungsaufwand.
- Das Schuldnerverzeichnis sollte insgesamt modernisiert werden.

Das frühere geltende Verfahren zur Abgabe der e.V. stellt die Vollstreckung in bewegliche Sachen in den Vordergrund, was heute nicht mehr zeitgemäß ist. Zudem schaffte die dezentrale Führung der Schuldnerverzeichnisse in den Amtsgerichten einen hohen Verwaltungsaufwand für Gläubiger, die dort jeweils Auskunft begehren müssen.

Nach der heutigen Rechtslage sind vor allem folgende Grundsätze von Bedeutung:
- Gläubiger können schon vor der Einleitung von Vollstreckungsmaßnahmen Informationen über Vermögensverhältnisse des Schuldners erlangen.
Finanzämter können gem. § 284 Abs. 1 AO bereits nach 2 Wochen der Nichtbegleichung einer vollstreckbaren Forderung die Vermögensauskunft verlangen; weitere Voraussetzungen wie eine fruchtlose Pfändung sind nicht erforderlich.
- Die Vermögensverzeichnisse werden von den Gerichtsvollziehern und auch von den Finanzämtern (§ 284 Abs. 7 AO) mittels elektronischer Dokumente erfasst, damit sie später in einer zentralen Datenbank gespeichert werden können.
- Das Schuldnerverzeichnis wird zentral geführt, es können nicht mehr nur das Verzeichnis und die Abgabe der e.V. oder die Anordnung der Erzwingungshaft dort gespeichert werden; nunmehr können die Finanzämter z.B. die Weigerung des Schuldners zur Abgabe der Vermögensauskunft gem. § 284 Abs. 9 AO dort eintragen lassen.
- Auf das Register kann bei berechtigtem Interesse per Internet zugegriffen werden, der Datenschutz wird durch verschiedene Vorkehrungen gesichert.
- Im Termin zur Vorlage der Vermögensauskunft kann von der Abnahme der eidesstattlichen Versicherung nun gem. § 284 Abs. 3 AO nicht mehr abgesehen werden, dies folgt daraus, dass die Eintragung in das Schuldnerverzeichnis der abgegebenen e.V. nunmehr gem. § 284 Abs. 9 AO kein Automatismus ist, sondern im Ermessen des Finanzamts steht.

2.6.2 Arrestverfahren

Gem. § 254 Abs. 1 Satz 1 AO kann normalerweise die Vollstreckung erst beginnen, wenn die Leistung fällig ist und der Vollstreckungsschuldner zur Leistung aufgefordert worden ist. Dies setzt voraus, dass die Steuer bereits festgesetzt worden ist. In Ausnahmefällen kann es aber auch erforderlich sein, bereits vor der Festsetzung der Steuer die Möglichkeit zur Vornahme von zumindest „**vorläufigen**" **Vollstreckungshandlungen** zu haben, die die Vermögensgegenstände zumindest erstmal sichern können. Dieses Verfahren nennt man **Arrestverfahren**, es gelten die §§ 324 ff. AO.

Das Verfahren läuft zweistufig ab, zunächst wird der **Arrest angeordnet**, dies ist mit einer vorläufigen Steuerfestsetzung zu vergleichen. Anschließend wird der **Arrest vollzogen**, also vollstreckt.

Man unterscheidet den **dinglichen** und den **persönlichen Arrest**. Der dingliche Arrest sichert den Zugriff auf das Vermögen des Schuldners (§ 324 AO), der persönliche Arrest richtet sich gegen seine Person (§ 326 AO).

Voraussetzungen für die Anordnung des Arrests sind zunächst ein **Arrestanspruch** und ein **Arrestgrund**.

Arrestanspruch	Es müssen Ansprüche aus Steuern, steuerlichen Nebenleistungen, Rückzahlung von Steuervergütungen o.ä. begründet sein; die Entstehung gem. § 38 AO ist nicht zwingend erforderlich.
Arrestgrund	Es muss bei objektiver Würdigung der gesamten Umstände zu befürchten sein, dass ohne die Arrestanordnung die künftige Vollstreckung des Anspruchs vereitelt oder wesentlich erschwert würde.
	Persönlicher Arrest: Dieser kann angeordnet werden, wenn er erforderlich ist, um die gefährdete Vollstreckung in das Vermögen des Schuldners zu sichern (z.B. will der Schuldner ins Ausland fliehen, seine Vermögensgegenstände sind nicht auffindbar).

Zu **Inhalt und Form der Arrestanordnung** vgl. §§ 324 Abs. 2, 326 Abs. 2 und 3 AO, A. 54-56 VollstrA.

Im Anschluss an die Anordnung folgt ihre Vollziehung, die beim dinglichen Arrest in der Pfändung beweglicher Sachen und Forderungen oder aber in Vollstreckungsmaßnahmen ins unbewegliche Vermögen bestehen kann, vgl. A. 55 VollzA. Eine Verwertung erfolgt zunächst nicht.

Auf den persönlichen Arrest sind bestimmte Vorschriften der ZPO gem. § 326 Abs. 3 AO anwendbar. Die Vollziehung erfolgt vor allem durch Haft, Meldepflicht oder Passentzug, vgl. auch A. 56 VollzA.

Wenn die zunächst im Arrestverfahren gesicherten Ansprüche später fällig und vollstreckbar werden, geht das Verfahren dann automatisch in das normale Vollstreckungsverfahren über und die Arrestanordnung erledigt sich.

2.6.3 Anregung der Gewerbeuntersagung

Gewerbetreibende, die i.S.d. § 35 GewO unzuverlässig sind, kann von den zuständigen Behörden (Städten, Gemeinden) die **gewerberechtliche Erlaubnis entzogen** und das Gewerbe untersagt werden. Diese **Unzuverlässigkeit** kann sich auch daraus ergeben, dass der Gewerbetreibende seine steuerlichen Pflichten nicht erfüllt, insbesondere seine Steuern nicht oder nicht rechtzeitig gezahlt hat. Aufgrund dessen sind die Finanzbehörden berechtigt, das steuerliche Fehlverhalten eines gewerbetreibenden Vollstreckungsschuldners den Gewerbebehörden zu melden und dort ein Verfahren nach § 35 GewO anzuregen. Das Steuergeheimnis wird durch diese Meldung nicht verletzt, § 30 Abs. 4 Nr. 5 AO rechtfertigt die Offenbarung in der Regel.

Die Gewerbebehörden betreiben das entsprechende Verfahren in eigener Verantwortung und treffen ggf. die Entscheidung über einen **Widerruf der Gewerbeerlaubnis**. Etwaige Rechtsmittel sind daher gegen diese zu richten.

2.7 Rechtsbehelfe im Vollstreckungsrecht

Der Vollstreckungsschuldner kann grundsätzlich gegen alle Verwaltungsakte, die im Vollstreckungsverfahren erlassen werden, **Einspruch** einlegen. In Betracht kommen hier vor allem Pfändungsmaßnahmen aller Art (Gegenstände, Forderungen), aber auch Anträge im Bereich der Vollstreckung in das unbewegliche Vermögen (z.B. auf Eintragung einer Zwangssicherungshypothek). Es gelten die üblichen Zulässigkeitsvoraussetzungen für den Einspruch (s. Kap. VIII. 2.). Wie auch in Einspruchsverfahren gegen Steuerbescheide ist zusätzlich ein Antrag auf Aussetzung der Vollziehung gem. § 361 AO möglich und wird vor allem dann sinnvoll sein, wenn die Verwertung eines gepfändeten Gegenstandes oder die Einziehung einer gepfändeten Forderung droht.

Neben dem Einspruch kommen zum Schutz der Rechte des Vollstreckungsschuldners noch ein Antrag auf Erlass eines Vollstreckungsaufschubs (§ 258 AO, s. 2.7.1) oder in einigen Fällen ein Antrag auf Erlass eines Aufteilungsbescheides (§§ 268 ff. AO, s. 2.7.3) in Betracht.

2.7.1 Besonderheiten im Einspruchsverfahren gegen Vollstreckungsmaßnahmen

Gegen bloße Vollstreckungsankündigungen oder Mahnungen sowie das allgemeine Verhalten des Vollziehungsbeamten ohne eine Pfändung ist ein Einspruch nicht gegeben, da diese Maßnahmen keine Verwaltungsakte darstellen. Gegen unangemessenes Verhalten der Bediensteten der Vollstreckungsstellen steht dem Vollstreckungsschuldner die Dienstaufsichtsbeschwerde zur Verfügung.

Ist die Vollstreckung bereits beendet, fehlt einem Einspruch i.d.R. das **Rechtsschutzbedürfnis**, da sich die Pfändung erledigt hat. Dies ist z.B. dann der Fall, wenn ein Gegenstand bereits verwertet wurde, vgl. A. 12 Abs. 2 VollstrA.

2.7.2 Antrag auf Beschränkung der Vollstreckung (Vollstreckungsaufschub)

Der Antrag auf **Vollstreckungsaufschub** gem. § 258 AO ist abzugrenzen vom Stundungsantrag nach § 222 AO. Zwar begehrt der Vollstreckungsschuldner in beiden Fällen regelmäßig eine Zahlung der Schuld in Raten, aber die Voraussetzungen und Rechtsfolgen beider Maßnahmen sind unterschiedlich:

Abgrenzung		
	Stundung, § 222 AO	**Vollstreckungsaufschub, § 258 AO**

Voraussetzungen	• Einziehung bei Fälligkeit wäre erhebliche Härte:
	  – Schuldner stundungswürdig
	  – Schuldner stundungsbedürftig
	• Anspruch durch Stundung nicht gefährdet
		Vollstreckung im Einzelfall unbillig

Rechtsfolgen	• Fälligkeit des Anspruchs wird hinausgeschoben • Stundungszinsen werden erhoben, § 238 AO (0,5 % pro Monat)	• Beträge bleiben fällig • Säumniszuschläge fallen an, § 240 AO (1 % pro Monat)

Eine Beschränkung der Vollstreckung gem. § 258 AO kann vom Finanzamt bei Vorliegen der Voraussetzungen der Vorschrift auch ohne Antrag von Amts wegen gewährt werden.

Die geforderte **Unbilligkeit** der Vollstreckung kann z.B. in folgenden Fällen vorliegen:
- Die Vollstreckung würde zur wirtschaftlichen Existenzvernichtung oder -gefährdung führen.
- Die Vollstreckung würde zum Verlust des Arbeitsplatzes oder der wirtschaftlichen Existenz führen.
- Schwere Krankheit des Vollstreckungsschuldners, wenn die Erhaltung seiner Gesundheit schwerer wiegt als das staatliche Interesse an der Vollstreckung.

2.7.3 Antrag auf Aufteilung einer Gesamtschuld

Soweit mehrere Personen, insbesondere Ehegatten, zusammen zur Einkommensteuer veranlagt worden sind, sind sie im Hinblick auf die Steuerschuld Gesamtschuldner gem. § 44 Abs. 1 AO. Folge ist, dass von jedem Gesamtschuldner die Zahlung der gesamten Schuld verlangt werden kann. **Für Zwecke der Vollstreckung** kann jeder der Gesamtschuldner beantragen, dass die Vollstreckung ihm gegenüber auf den Teil der Steuer beschränkt wird, der sich nach einer **Aufteilung der Steuerschuld** für ihn ergibt (vgl. zum Thema auch Kap. II. 1.2.2.5.3).

Beispiel:

A und B sind verheiratet und werden zusammen zur Einkommensteuer veranlagt. A ist gewerblich tätig und hat aus dieser Tätigkeit hohe Einkünfte, die zu einer Steuernachzahlung führen. B hat nur Einkünfte aus nichtselbständiger Arbeit.
Da A und B die Abschlusszahlung nicht sofort leisten, will das Finanzamt Vollstreckungsmaßnahmen ergreifen. B möchte sich dagegen wehren, da sie Angst hat, dass wertvolle Kunstgegenstände, die sie für sich erworben hat, gepfändet werden könnten.

Lösung:

Für B ist es sinnvoll, einen Antrag gem. § 269 AO auf Aufteilung der Gesamtschuld zu stellen. Das Finanzamt darf dann regelmäßig zunächst keine Vollstreckungsmaßnahmen mehr ergreifen, bis über den Antrag entschieden ist, § 277 AO.
Die Steuerschuld von A und B ist aufzuteilen, so wie es sich bei einer getrennten Veranlagung ergeben würde. Da B lediglich Lohneinkünfte gehabt hat, für die Lohnsteuer einbehalten worden ist, A aber gewerbliche Einkünfte erzielt hat, wird nach dem Aufteilungsbescheid die zu vollstreckende Schuld allein auf A entfallen. Dann darf gem. § 278 Abs. 1 AO die Vollstreckung nur noch gegen ihn erfolgen.

2.7.4 Rechtsbehelfe Dritter gegen die Vollstreckung

Auch Dritte können durch Vollstreckungsmaßnahmen beschwert und damit zum Einspruch berechtigt sein. In Betracht kommt dies für Maßnahmen, die ihre Rechte verletzen könnten, z.B. die Pfändung eines Gegenstands im Gewahrsam eines nicht zu ihrer Herausgabe bereiten Dritten.

Soweit ein Dritter geltend macht, ihm stehe an einem gepfändeten Gegenstand ein „die **Veräußerung hinderndes Recht**" gem. § 262 AO zu, kann er gegenüber dem Innendienst der Vollstreckungsstelle dieses geltend machen, und, falls er hiermit keinen Erfolg hat auch vor den Zivilgerichten klagen. Ein die Veräußerung hinderndes Recht kann vor allem das Eigentum an der Pfandsache sein. Da die Vollziehungsbeamten gehalten sind, auf Einwendungen, der Pfandgegenstand gehöre nicht dem Vollstreckungsschuldner, regelmäßig nicht zu reagieren (vgl. A. 43 Abs. 1 und 5 VollzA), kann es zu **Pfändungen fremden Eigentums** kommen.

2.8 Prüfungsaufbau: Rechtmäßigkeit einer Vollstreckungsmaßnahme

Checkliste: Rechtmäßigkeit einer Vollstreckungsmaßnahme	Ja	Nein
1. Liegen die allgemeinen Voraussetzungen für die Vollstreckung vor (§§ 249 Abs. 1, 254 Abs. 1 Satz 1 AO)?	☐	☐
2. Ist die Vollstreckung gem. §§ 257, 258 AO nicht eingestellt oder beschränkt?	☐	☐
3. Ist die Vollstreckung korrekt durchgeführt worden?		
a) Richtige Zuständigkeit (Innendienst/Vollziehungsbeamter?)	☐	☐
b) Wurden Pfändungsverbote oder -beschränkungen beachtet (§ 295 S. 1 AO i.V.m. § 811 ZPO/§ 319 AO i.V.m. §§ 850 ff. ZPO)?	☐	☐
c) Ist das Verfahren ansonsten richtig abgelaufen (Verhalten des Vollziehungsbeamten, Pfändung korrekt durchgeführt usw.)?	☐	☐
4. Wurde das Ermessen richtig ausgeübt?	☐	☐

3. Vollstreckung wegen anderer Leistungen als Geldforderungen

3.1 Überblick und Bedeutung der Zwangsmittel

Die §§ 328 ff. AO regeln die Möglichkeiten der Finanzbehörden, eine **andere Leistung als eine Geldforderung**, vielmehr also eine Handlung, ein Unterlassen oder ein Dulden zu erzwingen. Die ihnen hierfür zur Verfügung stehenden Maßnahmen nennt man **Zwangsmittel**. Praktische Bedeutung hat dies lediglich für die Erzwingung von Handlungen.

> **Beispiel:**
>
> Der Steuerpflichtige, der zur Abgabe seiner Einkommensteuererklärung 01 verpflichtet ist, hat diese am 08.10.02 noch nicht abgegeben.

> **Lösung:**
>
> Das Finanzamt kann gegen den Steuerpflichtigen Zwangsmittel einsetzen, um ihn zu der Handlung = Abgabe der Steuererklärung zu zwingen.

Als Zwangsmittel stehen gem. § 328 Abs. 1 S. 1 AO Zwangsgeld, Ersatzvornahme und unmittelbarer Zwang zur Verfügung. Die letzteren beiden sind im steuerlichen Bereich so gut wie bedeutungslos.

3.2 Zwangsgeld
3.2.1 Sinn und Zweck
Das Zwangsgeld ermöglicht es den Finanzämtern, auf den Verpflichteten durch Verhängung einer Geldzahlung Druck auszuüben, um ihn zur Vornahme einer Handlung zu bewegen. **Hauptanwendungsfälle von Zwangsgeldern** sind die Erzwingung der:
- Abgabe von Steuererklärungen (wenn die Verpflichtung zur Abgabe besteht, s. Kap. III. 4.2.2),
- Abgabe der Drittschuldnererklärung im Bereich der Vollstreckung in Forderungen,
- Erteilung von Auskünften aufgrund § 93 AO (s. Kap. III. 1.3.2.2).

Zwangsgelder sind Druckmittel, um die Vornahme einer Handlung zu beschleunigen, sie dienen nicht der Bestrafung des Verpflichteten. Daher stehen sie auch nicht in Konkurrenz zum Verspätungszuschlag (s. Kap. III. 4.3.1). Dieser soll vielmehr die verspätete Erfüllung der Erklärungspflicht sanktionieren und den Steuerpflichtigen für die Zukunft zur pünktlichen Abgabe anhalten.

Beispiel:
Sachverhalt wie Beispiel oben.

Lösung:
Wenn der Steuerpflichtige aufgrund des gegen ihn festgesetzten Zwangsgelds seine Erklärung abgegeben hat und durch das Finanzamt zur Einkommensteuer veranlagt wird, kann im entsprechenden Einkommensteuerbescheid als Sanktion zusätzlich ein Verspätungszuschlag festgesetzt werden.

3.2.2 Voraussetzungen eines Zwangsgelds

Prüfungsschema: Voraussetzungen eines Zwangsgelds
1. Liegt ein **wirksamer** Verwaltungsakt vor, der auf die Vornahme einer Handlung (Duldung/Unterlassung) gerichtet ist?
2. Ist der Verwaltungsakt mit Zwangsmitteln **erzwingbar**? Ist er **vollstreckbar** (§ 251 AO)?
3. Liegt eine **wirksame Androhung** des Zwangsgelds mit Fristsetzung vor (§ 332 AO)?
4. Ist die in der Androhung **gesetzte Frist abgelaufen**, ohne dass der Verpflichtete die Handlung vorgenommen hat?
5. Erfolgt die **Festsetzung zeitnah und nicht höher** als zuvor angedroht?

Mittels eines Zwangsgeldes können sog. **Finanzbefehle**, also Verwaltungsakte gem. § 328 AO, die auf Vornahme eines Tuns, Duldens oder Unterlassens gerichtet sind, erzwungen werden. Erforderlich ist die Wirksamkeit des zu erzwingenden Verwaltungsaktes, dieser muss also wirksam bekannt gegeben worden sein (vgl. hierzu vor allem 3.2.4 zur Frage des richtigen Adressaten).

Nur wegen der Nichtbefolgung **erzwingbarer** Verwaltungsakte kann ein Zwangsgeld verhängt werden. Auszuscheiden sind hier bestimmte abgabenrechtliche Verpflichtungen, die aus verschiedenen Gründen nicht erzwungen werden können, so z.B. die Pflicht zur Abgabe einer eidesstattlichen Versicherung gem. § 95 AO (vgl. Abs. 6 der Vorschrift) oder solche Verpflichtungen, hinsichtlich derer ein Mitwirkungsverweigerungsrecht nach den §§ 101 ff. AO besteht (s. Kap. III. 1.3.3).

Beispiel:
Das Finanzamt verlangt von Steuerberater X als ehemaligem Bevollmächtigten einer GmbH eine Auskunft nach § 93 AO über deren frühere steuerliche Verhältnisse.

> **Lösung:**
> Zwar können grundsätzlich gem. § 93 AO auch Dritte zu einer Auskunft über einen Steuerpflichtigen heranzuziehen sein. Da aber X als Steuerberater gem. § 102 Abs. 1 Nr. 3b AO eine Auskunft insoweit verweigern kann, kann seine Auskunft auch nicht durch ein Zwangsgeld herbeigeführt werden. Der Verwaltungsakt ist nicht erzwingbar.

Wenn der Verpflichtete gegen den Finanzbefehl Einspruch eingelegt hat und ihm von Seiten des Finanzamts die Aussetzung der Vollziehung gewährt worden ist, ist die Festsetzung eines Zwangsgelds ebenfalls nicht möglich.

Zwangsgelder sind gem. § 332 AO anzudrohen. Folgende Anforderungen hat eine solche **Androhung** zu erfüllen:
- Sie muss gem. § 332 Abs. 1 Satz 1 AO schriftlich erfolgen.
- Es ist zur Erfüllung der Verpflichtung eine angemessene Frist zu gewähren, § 332 Abs. 1 Satz 3 AO.
- Die Androhung muss konkret das Zwangsmittel, hier also das Zwangsgeld bezeichnen (§ 332 Abs. 2 Satz 2 AO) und bereits in einer bestimmten Höhe lauten (§ 332 Abs. 2 Satz 3 AO).
- Für jede einzelne Verpflichtung muss eine gesonderte Androhung erfolgen (§ 332 Abs. 2 Satz 2 AO; z.B. Androhung von Zwangsgeld wegen Nichtabgabe der Einkommensteuer-, Umsatzsteuer-/Gewerbesteuererklärung jeweils getrennt; wobei die Verbindung in einem Schreiben zulässig und üblich ist).

Bei der Androhung handelt es sich um einen Verwaltungsakt, gegen den die Möglichkeit des Einspruchs gegeben ist.

Wenn der Verpflichtete die gewünschte Handlung innerhalb der gesetzten Frist nicht erfüllt hat, kann die Festsetzung des Zwangsgelds erfolgen, § 333 AO.

> ☞ **Tipp!**
> Nach h.M. muss nach Androhung und erfolglosem Fristablauf unbedingt eine **zeitnahe** Festsetzung des entsprechenden Zwangsgelds erfolgen. Geschieht längere Zeit nach Verstreichen der Frist nichts, kann die Finanzbehörde dadurch das Recht zur Festsetzung des Zwangsgelds verwirkt haben (vgl. Drüen in Tipke/Kruse, Kommentar zur AO, § 333, Rn. 11).
> Als zeitnah wird in jedem Fall eine Festsetzung innerhalb von 6 Wochen nach Fristablauf anzusehen sein.

Die Festsetzung darf nur in der Höhe erfolgen wie zuvor angedroht. Die Höchstgrenze liegt gem. § 329 AO bei 25.000 €.

Es ist möglich, mit der **Festsetzung des Zwangsgelds** bereits ein neues Zwangsgeld anzudrohen, falls der Verpflichtete weiterhin untätig bleibt. Die Finanzbehörde ist nicht gehindert, wegen derselben Verpflichtung mehrere Zwangsgelder festzusetzen. Oftmals wird in der Praxis ein weiteres Zwangsgeld höher sein als das vorherige.

Zu beachten ist, dass sämtliche Entscheidungen in Zwangsmittelverfahren **Ermessensentscheidungen** sind. Dies muss aus den entsprechenden Verwaltungsakten auch hervorgehen. Als Ermessensfehler kommen z.B. in Betracht:
- Ermessensunterschreitung: Zwangsgeld wird immer auf den gleichen Betrag von 300 € festgesetzt.
- Ermessensfehlgebrauch: Entscheidung beruht auf sachfremden Erwägungen, z.B. Antipathie. Sachbearbeiter setzt gegen Mandanten eines bestimmten Steuerberaters stets ein höheres Zwangsgeld fest, da er diesen für früheres Fehlverhalten bestrafen will.

3.2.3 Ersatzzwangshaft

Bei Nichtbegleichung des Zwangsgelds und weitergehender Nichterfüllung der Verpflichtung kommt die **Umwandlung des Zwangsgelds in Zwangshaft** gem. § 334 AO in Betracht, die beim Amtsgericht beantragt werden kann. Zu beachten ist hier, dass Zwangshaft nur gegenüber natürlichen Personen in Betracht kommt. Auch bei der Erzwingung der Abgabe der Drittschuldnererklärung (s. 2.3.2) ist eine Umwandlung gem. § 316 Abs. 2 Satz 3 AO nicht möglich.

Voraussetzung für die Umwandlung ist, dass sich das Zwangsgeld als uneinbringlich erweist. Dies muss vom Finanzamt nachgewiesen werden, z.B. durch eine fruchtlose Pfändung beim Pflichtigen.

Die tatsächliche Ableistung der Zwangshaft ersetzt die Zahlung der Summe. Damit ist das Zwangsgeld abgegolten. Falls die Verpflichtung nach wie vor nicht erfüllt wurde, kommt die Androhung und Festsetzung eines weiteren Zwangsgelds infrage.

3.2.4 Verfahrensablauf im Einzelnen

Im **Zwangsmittelverfahren** stehen sich als Beteiligte die zuständige Finanzbehörde gem. §§ 249, 328 Abs. 1 Satz 3 AO und der durch den Verwaltungsakt Verpflichtete gegenüber.

Dies kann der Steuerpflichtige gem. § 33 AO sein oder sein gesetzlicher Vertreter gem. §§ 34/35 AO. In Betracht kommen auch Dritte. In derartigen Fällen, vor allem aber auch bei Festsetzungen gegenüber Ehegatten oder in Fällen von einheitlichen und gesonderten Feststellungen ist auf den **korrekten Adressaten** des Zwangsgelds zu achten:

- Adressat eines Zwangsgelds bei der Verpflichtung **Minderjähriger** ist **der gesetzliche Vertreter gem. § 34 Abs. 1 Satz 1 AO**, da er deren steuerliche Pflichten zu erfüllen hat.
- Bei **steuerlich rechtsfähigen Personenvereinigungen** wie z.B. juristischen Personen kann auch die Gesellschaft Adressat des Zwangsgelds sein, da sie selbst zur Abgabe von Erklärungen verpflichtet ist. Da diese Pflicht regelmäßig durch den gesetzlichen Vertreter gem. § 34 AO erfüllt wird, ist auch eine Festsetzung gegen diesen möglich. Soweit von Seiten der Finanzbehörde damit gerechnet wird, dass die Umwandlung des Zwangsgelds in Zwangshaft erforderlich sein wird, wird diese eine Festsetzung gegen den gesetzlichen Vertreter vornehmen, da Ersatzzwangshaft nur gegenüber natürlichen Personen angeordnet werden kann.
- Im Falle der **gesonderten und einheitlichen Feststellung** ist zur Abgabe der Feststellungserklärung jeder Beteiligte verpflichtet, § 181 Abs. 2 Satz 1 und Satz 2 Nr. 1 AO. Bei Nichtabgabe hat eine Festsetzung gegen die in Betracht kommenden beteiligten natürlichen Personen zu erfolgen.
- Bei **zusammen veranlagten Ehegatten** sind beide zur Abgabe der Einkommensteuererklärung verpflichtet, ein Zwangsgeld kann aber nicht gegen beide gemeinsam festgesetzt werden. Das Finanzamt muss also einen von beiden auswählen und gegen ihn das Zwangsgeldverfahren betreiben. In der Regel wird die Inanspruchnahme desjenigen Ehegatten ermessensgerecht sein, der die überwiegenden Einkünfte erzielt. Auch je eine gesonderte Festsetzung gegen beide Ehegatten nebeneinander ist möglich.

Nach der Festsetzung des Zwangsgelds hängt der weitere Verfahrensablauf vom Verhalten des Verpflichteten ab:

Variante 1: Er zahlt die Summe, erfüllt aber die Verpflichtung zunächst nicht
Das Finanzamt kann nach vorheriger Androhung ein neues Zwangsgeld festsetzen.
Variante 2: Er erfüllt die Verpflichtung
a) bevor er das Zwangsgeld zahlt.
Der Vollzug des Zwangsgelds wird gem. § 335 AO eingestellt.

3. Vollstreckung wegen anderer Leistungen als Geldforderungen

b) nachdem er das Zwangsgeld gezahlt hat.
Das Zwangsgeldverfahren hat sich mit der Zahlung erledigt. Eine Erstattung kommt trotz der erfüllten Verpflichtung nicht in Betracht, da der Verpflichtete nicht ohne Rechtsgrund gezahlt hat, § 37 Abs. 2 AO.
Variante 3: Er zahlt weder, noch erfüllt er die Verpflichtung.
Das Finanzamt kann das Zwangsgeld in Zwangshaft umwandeln lassen. Die Festsetzung eines weiteren Zwangsgelds ist möglich.

Der **Fortgang des Zwangsgeldverfahrens** lässt sich schematisch je nach Verhalten des Verpflichteten demnach wie folgt darstellen:

Verpflichtung	Vollstreckbarer, erzwingbarer Verwaltungsakt, z.B.:	Verpflichtung
Erledigt: ⇒ Verfahren beendet	• Aufforderung zur Abgabe Steuererklärung • Auskunftsersuchen	Nicht erledigt:
Erledigt: ⇒ Verfahren beendet	Androhung eines Zwangsgelds, § 332 AO	Nicht erledigt:
Erledigt: ⇒ Vollzug des Zwangsgelds wird gem. § 335 AO eingestellt	Festsetzung des Zwangsgelds: • zeitnah • wie angedroht	Nicht erledigt: Freiwillige Zahlung Zwangsgeld/ Beitreibung des Zwangsgelds im Vollstreckungsweg
Erledigt: ⇒ Vollzug des Zwangsgelds wird gem. § 335 AO eingestellt	Bei Uneinbringlichkeit: Antrag beim Amtsgericht auf Umwandlung in Ersatzzwangshaft, Beantragung Haftbefehl, § 334 Abs. 1 AO	Nicht erledigt:
Erledigt: ⇒ Vollzug wird gem. § 335 AO eingestellt	Amtsgericht entscheidet nach pflichtgemäßem Ermessen durch Beschluss, § 334 Abs. 2 AO	Nicht erledigt:

Erledigt: ⇒ Vollzug wird gem. § 335 AO eingestellt	→ Haftbefehl **wird ausgefertigt**: Haft 1 Tag bis 2 Wochen; Vollziehung durch Gerichtsvollzieher → Haftbefehl **wird nicht ausgefertigt**: Möglichkeit des Finanzamts, Beschwerde nach der ZPO einzulegen	Nicht erledigt:
	Ggf. Festsetzung eines weiteren Zwangsgelds wegen derselben Verpflichtung	

3.2.5 Rechtsbehelfe/Korrektur

Die Zwangsgeldfestsetzung kann mit dem **Einspruch** gem. § 347 AO angegriffen werden. Im Einspruchsverfahren ist das Vorliegen der Voraussetzungen der §§ 328 ff. AO sowie das korrekt ausgeübte Ermessen zu prüfen. Nicht zu prüfen ist in diesem Verfahren die Rechtmäßigkeit der erzwungenen Verpflichtung selbst. Gegen diese muss der Pflichtige gesondert vorgehen, § 256 AO.

Beispiel:

Die B-Bank AG wird gem. § 93 AO im Besteuerungsverfahren einer anderen Person zur Auskunft über deren Kontoverbindungen aufgefordert. B reagiert zunächst nicht. Das Finanzamt setzt ein Zwangsgeld gegen B fest. B legt gegen das Zwangsgeld fristgerecht Einspruch ein und macht darin geltend, das Auskunftsersuchen sei rechtswidrig.

Lösung:

Der Einspruch gegen das Zwangsgeld ist zwar zulässig. Im Verfahren kann jedoch wegen § 256 AO nicht geltend gemacht werden, dass der zu erzwingende Verwaltungsakt, hier also das Auskunftsersuchen selbst rechtswidrig ist. B hätte gegen das Ersuchen selbst Einspruch einlegen müssen.

Auch gegen die Androhung des Zwangsgelds ist bereits der Einspruch gegeben, da es sich um einen Verwaltungsakt handelt.

Zwangsgeldfestsetzungen sind sonstige Steuerverwaltungsakte, die nach den §§ 129, 130 und 131 AO korrigiert werden können, z.B. wenn die festgesetzte Summe vermindert werden soll.

VIII. Außergerichtliches Rechtsbehelfsverfahren

Durch das dem finanzgerichtlichen Verfahren vorgeschaltete **Einspruchsverfahren**, das die AO als „außergerichtliches Rechtsbehelfsverfahren" bezeichnet, soll die Finanzbehörde Gelegenheit haben, ihre Entscheidungen noch einmal selbst zu prüfen. Dies tut zunächst der zuständige Bezirk selbst, anschließend wird in der Regel eine andere Stelle im Finanzamt, die Rechtsbehelfsstelle, mit dieser Aufgabe betraut.

Die nochmalige Prüfung kann in vielen Fällen Prozesse ersparen und entlastet so auch die Finanzgerichte. Das Einspruchsverfahren kostet den Einspruchsführer keine Gebühren o.ä., soweit er sich steuerlich beratender Hilfe bedient, muss er lediglich die Kosten hierfür tragen. Eine Erstattung z.B. der Steuerberaterkosten kommt i.d.R. auch dann nicht in Betracht, wenn dem Einspruch vom Finanzamt abgeholfen wird. Allenfalls in solchen Ausnahmefällen, in denen aufgrund vorsätzlichen oder fahrlässigen Verhaltens der Finanzbehörde dem Einspruchsführer unnötige und vermeidbare Kosten entstanden sind, kann ein **Amtshaftungsanspruch** gem. § 839 BGB i.V.m. Art. 34 GG entstehen.

Beispiel:
Nach der Insolvenz der A-GmbH nimmt das zuständige Finanzamt den Geschäftsführer G für die offenen Steuerschulden der GmbH in Haftung und erlässt einen entsprechenden Haftungsbescheid ohne vorherige Androhung oder weiteren Schriftverkehr mit G. In den Steuerakten der GmbH befindet sich ein Gesellschaftsvertrag der A, aus dem sich ergibt, dass in Bezug auf G die Haftungsinanspruchnahme nicht ermessensgerecht ist, da er lediglich für technische Dinge zuständig war, und der Schriftverkehr mit dem Finanzamt durch den weiteren Geschäftsführer S erfolgt war. G nimmt sich einen Steuerberater und legt Einspruch gegen den Haftungsbescheid ein. Im Einspruchsverfahren legt er nochmals den Gesellschaftsvertrag vor. Das Finanzamt nimmt daraufhin den Haftungsbescheid gem. § 130 Abs. 1 AO zurück. G verlangt nun vom Finanzamt Schadensersatz in Höhe des von ihm gezahlten Steuerberaterhonorars.

Lösung:
Es besteht ein Amtshaftungsanspruch gem. § 839 BGB i.V.m. Art. 34 GG. Die Finanzbehörde hat durch zumindest fahrlässiges Verhalten vermeidbare Kosten des G verursacht. Hätte es seiner Ermittlungspflicht genügt und den Inhalt des Gesellschaftsvertrags beachtet, wäre der Haftungsbescheid gar nicht erst erlassen worden. Dem G kann hier auch nicht zugemutet werden, sich ohne beratende Hilfe gegen den Bescheid zu wenden.

Erst wenn der Steuerpflichtige gegen die Einspruchsentscheidung mittels Klage vorgeht und beim Finanzgericht obsiegt, kann er im Rahmen der Kostenentscheidung auch die Kosten für das Vorverfahren ersetzt bekommen, § 139 Abs. 1 FGO.

Kennzeichnend für das Einspruchsverfahren ist, dass es nach dem Wortlaut des Gesetzes in § 367 Abs. 2 Satz 1 AO zu einer nochmaligen vollen Überprüfung des angefochtenen Verwaltungsakts führt. Man bezeichnet denjenigen, der den Verwaltungsakt anficht, als **Einspruchsführer**. Er verhindert durch seinen Einspruch – wenn dieser in zulässiger Weise eingelegt wird –, dass der Verwaltungsakt bestandskräftig (s. Kap. V. 2.3) wird. Denn auch Verwaltungsakte, die Fehler enthalten, bleiben wirksam, wenn sie nicht angefochten werden. Nur besonders schwerwiegende Fehler führen zur Nichtigkeit eines Verwaltungsaktes und damit dazu, dass dieser keine Wirkung entfalten kann (s. Kap. III. 3.10).

Für denjenigen Adressaten, der einen Verwaltungsakt vor dem Finanzgericht mit einer Klage anfechten will, ist grundsätzlich der vorherige (erfolglose) Abschluss des vorgeschalteten Einspruchsverfahrens eine zwingende Zulässigkeitsvoraussetzung, § 44 Abs. 1 FGO.

Ist der Einspruch erfolglos, kann der Steuerpflichtige gegen die vom Finanzamt erlassene Einspruchsentscheidung dann durch Klage beim Finanzgericht vorgehen, § 40 Abs. 1 FGO. Gegen die finanzgerichtliche Entscheidung ist, soweit dies vom Finanzgericht zugelassen wird, die Revision zum Bundesfinanzhof möglich, § 115 FGO. Lässt das Finanzgericht die Revision nicht zu, kann eine Nichtzulassungsbeschwerde beim BFH eingelegt werden, § 116 FGO (zu den Verfahren nach der FGO s. Teil B).

1. Einführung, Abgrenzung

1.1 Allgemeines zum Einspruchsverfahren

Im Einspruchsverfahren wird der angefochtene Verwaltungsakt durch die Behörde selbst nochmals überprüft. Das Verfahren läuft mehrstufig ab:

Kurzüberblick Einspruchsverfahren
Prüfung der **Zulässigkeit** des Einspruchs von Amts wegen, § 358 S. 1 AO: • Statthaftigkeit, § 347 Abs. 1 Nr. 1 AO • Beschwer, § 350 AO • Form des Einspruchs, § 357 Abs. 1 Satz 1 AO • Frist, § 355 Abs. 1 Satz 1 AO • ggf. Handlungsfähigkeit, Einspruchsbefugnis, Rechtsschutzbedürfnis
Folgen des **zulässigen** Einspruchs: • Die Bestandskraft des angefochtenen Verwaltungsakts tritt nicht ein. • Die Ablaufhemmung § 171 Abs. 3a AO verhindert bei Steuerbescheiden den Eintritt der Festsetzungsverjährung. • Die Vollziehung des angefochtenen Verwaltungsakts kann gem. § 361 AO ausgesetzt werden. • Das erfolglose Einspruchsverfahren bildet die Voraussetzung für eine Klage beim Finanzgericht.
Folge des **unzulässigen** Einspruchs: Finanzamt entscheidet ohne sachliche Prüfung: • Der Einspruch wird gem. § 358 S. 2 AO durch Einspruchsentscheidung (§ 366 AO) als unzulässig verworfen.
Prüfung der **Begründetheit** des Einspruchs: Der Einspruch ist begründet, soweit der angefochtene Verwaltungsakt rechtswidrig ist. Der Verwaltungsakt wird umfassend auf seine Richtigkeit hin überprüft.
Entscheidung des Finanzamts: • Der Einspruch ist unbegründet: Er wird durch Einspruchsentscheidung als unbegründet zurückgewiesen. • Der Einspruch ist begründet: Das Finanzamt ändert den Verwaltungsakt entsprechend oder hebt ihn auf. Grundlage ist bei Steuerbescheiden in der Regel § 132 i.V.m. § 172 Abs. 1 Nr. 2a AO. Eine Einspruchsentscheidung ist dann gem. § 367 Abs. 2 Satz 3 AO nicht erforderlich.

1.2 Abgrenzung zu anderen Anträgen und Rechtsbehelfen

Neben dem Einspruch stehen den Beteiligten im Steuerverwaltungsverfahren noch weitere Rechtsbehelfe zur Wahrung ihrer Interessen zur Verfügung. Diese können in der AO und auch außerhalb davon geregelt sein. Der Einspruch ist hiervon abzugrenzen, für ihn gelten besondere Regelungen und Zulässigkeitsvoraussetzungen.

Von den **förmlichen Rechtsbehelfen** der AO sind die nichtförmlichen außerhalb der AO zu unterscheiden (vgl. auch AEAO vor § 347 Nr. 1.). Zu nennen sind hier die Gegenvorstellung sowie die Dienst- und die Sachaufsichtsbeschwerde. Sie sind in der AO nicht genannt. Mit der Gegenvorstellung wendet sich der Betroffene formlos mit dem Anliegen an eine Behörde, diese möge eine getroffene Entscheidung nochmals auf ihre Zweck- oder Rechtmäßigkeit überprüfen. Dieser Rechtsbehelf hat seinen Ursprung im Petitionsrecht aus Art. 17 GG, in der täglichen Praxis der Finanzämter ist er äußerst selten anzutreffen.

Einen ähnlichen Hintergrund haben Dienst- und Sachaufsichtsbeschwerde. Mit ersterer rügt der Betroffene das persönliche Verhalten eines Bediensteten des Finanzamts, dass dieser z.B. besonders unfreundlich gewesen ist oder voreingenommen entschieden hat. Über die Beschwerde entscheidet der Dienstvorgesetzte.

Wird vom Betroffenen eine Entscheidung in der Sache gerügt und eine Prüfung durch die vorgesetzte Sachaufsichtsbehörde begehrt, handelt es sich um eine Sachaufsichtsbeschwerde. In der Regel wird ein förmlicher Rechtsbehelf für den Betroffenen sinnvoller sein, weil er seine Rechte umfassender wahrt und eine vor Gericht angreifbare Folgeentscheidung nach sich zieht.

Auch Anträge auf Korrektur eines Verwaltungsakts nach den §§ 129 ff., bzw. eines Steuerbescheides nach den Regelungen der §§ 172 ff. AO sind vom Einspruch abzugrenzen. Praktisch bedeutsam ist dies insbesondere für den **Antrag auf schlichte Änderung** nach § 172 Abs. 1 Nr. 2a AO (s. auch Kap. V. 2.3.4.3).

Beispiel:
O erhält seinen Einkommensteuerbescheid für 01. Innerhalb der Einspruchsfrist macht er beim Finanzamt geltend, dass er noch weitere Werbungskosten bei seinen Einkünften aus nichtselbständiger Arbeit nachreichen möchte.

Lösung:
Im Ergebnis ist O nicht einverstanden mit seinem derzeitigen Steuerbescheid, da er weitere Werbungskosten gehabt hat. Es kann sich bei seinem Einwand um einen Einspruch oder um einen Antrag auf schlichte Änderung nach § 172 Abs. 1 Nr. 2a AO handeln.

Die Unterschiede zwischen beiden Wegen stellen sich zusammengefasst wie folgt dar:

Einspruch	Antrag auf schlichte Änderung
Formgebunden, § 357 Abs. 1 AO	Formlos möglich
Keine Begründung erforderlich	Konkreter Lebenssachverhalt muss dargelegt werden
Der Bescheid bleibt in vollem Umfang offen, § 367 Abs. 2 Satz 1 AO	Der Bescheid kann nur punktuell geändert werden
Verböserung ist möglich, § 367 Abs. 2 Satz 2 AO	Keine Verböserung, allenfalls Mitberichtigung von anderen materiellen Fehlern nach § 177 AO bis zur Höhe der beabsichtigten Änderung
Aussetzung der Vollziehung möglich, § 361 AO	Keine Aussetzung möglich; Rechte des Antragstellers können nur durch Stundung gewahrt werden
Gegen Einspruchsentscheidung sofortiger Rechtsweg zum FG offen	Gegen Ablehnung der Änderung zunächst Einspruch, erst nach Einspruchsentscheidung Klage möglich
Bei Untätigkeit Klage zum FG gem. § 46 Abs. 1 FGO möglich	Bei Untätigkeit zunächst Einspruch gem. § 347 Abs. 1 Satz 2 AO, dann erst Klage zum FG

Äußert der Steuerpflichtige bei seinem „Antrag" wie im obigen Beispiel nicht eindeutig, ob er die Behandlung als Einspruch oder als Antrag auf schlichte Änderung wünscht, muss das Finanzamt seinen Antrag auslegen. Im Zweifel wahrt das Einspruchsverfahren die Rechte des Steuerpflichtigen aufgrund der vollumfänglichen Prüfung des Bescheides umfasender. Ist der Antrag ausdrücklich als solcher „auf schlichte Änderung" bezeichnet oder wird § 172 AO sogar erwähnt, bleibt für eine anderweitige Auslegung in der Regel kein Raum mehr. Im Zweifel ist der wahre Wille des Steuerpflichtigen durch eine Nachfrage zu klären. Für die Finanzämter besteht ein Interesse, den Antrag als schlichten Änderungsantrag zu werten, da er, insbesondere, wenn ihm problemlos stattgegeben werden kann, schnell und einfach durch einen entsprechenden Änderungsbescheid abzuarbeiten ist.

2. Zulässigkeit des Einspruchs

Gem. § 358 S. 1 AO hat die zur Entscheidung berufene Finanzbehörde zu prüfen, ob der Einspruch zulässig ist; insoweit besteht kein Ermessen. Ein unzulässiger Einspruch ist – wenn der Einspruchsführer ihn nicht zurücknimmt – stets durch Einspruchsentscheidung als unzulässig zu verwerfen, § 358 S. 2 AO. Eine Entscheidung in der Sache kann dann nicht erfolgen, der Verwaltungsakt ist bestandskräftig geworden. Eine Änderung ist in diesem Fall nur noch möglich, wenn eine Korrekturvorschrift dies erlaubt.

Beispiel:
Der Steuerpflichtige K legt gegen seinen Einkommensteuerbescheid 01 verspätet Einspruch ein. Er macht zutreffend geltend, es sei ein Rechenfehler im Bescheid enthalten, der dem Finanzamt bei der Berechnung der Einkünfte unterlaufen sei.

Lösung:
Der Einkommensteuerbescheid ist bestandskräftig geworden, da er nicht innerhalb der Einspruchsfrist angefochten worden ist. Die Beseitigung des Rechenfehlers ist aber trotzdem möglich, da § 129 AO dies zulässt.

Die **Zulässigkeitsprüfung** lässt sich wie folgt zusammenfassen. Beachten Sie dabei, dass die Punkte Handlungsfähigkeit und Rechtsschutzbedürfnis nur dann genauer zu prüfen sind, wenn der konkrete Fall hierzu Anlass gibt.

Checkliste: Prüfung der Zulässigkeit eines Einspruchs	
Statthaftigkeit, § 347 Abs. 1 Nr. 1, Abs. 2 AO: Einspruch gegen Verwaltungsakt (§ 118 AO) in Abgabenangelegenheiten?	☐
Form, § 357 Abs. 1 Satz 1 AO: Schriftlich oder zur Niederschrift?	☐
Frist, § 355 Abs. 1 Satz 1 AO: Innerhalb 1 Monat ab Bekanntgabe des Verwaltungsakts?	☐
Beschwer, § 350 AO: Macht der Einspruchsführer glaubhaft eine Verletzung eigener Rechte geltend und ist diese möglich?	☐
Handlungsfähigkeit, § 79 Abs. 1 (i.V.m. § 365 Abs. 1 AO): Einspruchsführer fähig zur Vornahme wirksamer Verfahrenshandlungen?	☐
Rechtsschutzbedürfnis: Begehren erledigt/Rechtsschutz auf einfachere Art zu erreichen o.ä.	☐

2.1 Statthaftigkeit

Nicht gegen alle Maßnahmen, die das Finanzamt trifft, kann der Betroffene Einspruch einlegen.

Beispiel:
Der Steuerpflichtige U ärgert sich darüber, dass der Sachbearbeiter von ihm einen Nachweis für erhöhte Fahrtkosten zu seiner Arbeitsstätte verlangt. Er legt gegen die Nachfrage Einspruch ein.

Lösung:
Der Einspruch ist nur gegen Verwaltungsakte statthaft, § 347 Abs. 1 Nr. 1 AO. Die Nachfrage des Sachbearbeiters ist kein Verwaltungsakt, es werden lediglich im Besteuerungsverfahren die steuerlichen Tatbestände ermittelt. Der Einspruch ist nicht statthaft und damit nicht zulässig. U kann lediglich die Vorlage verweigern und anschließend, wenn ihm die Werbungskosten gestrichen werden, mittels Einspruchs gegen den Steuerbescheid vorgehen.

Der Einspruch ist gem. § 347 Abs. 1 Nr. 1 AO statthaft gegen **Verwaltungsakte in Abgabenangelegenheiten.** Abgabenangelegenheiten sind gem. § 347 Abs. 2 AO alle mit der Verwaltung der Abgaben einschließlich der Abgabenvergütungen oder sonst mit der Anwendung abgabenrechtlicher Vorschriften durch die Finanzbehörden zusammenhängende Angelegenheiten, z.B. die Ermittlung, Festsetzung, Erhebung und Vollstreckung von Steuerforderungen und steuerlichen Nebenleistungen.

Der Begriff des Verwaltungsakts ist in § 118 AO näher erläutert. In Betracht kommen typischerweise z.B. folgende Maßnahmen:
- Steuerbescheide oder gleichgestellte Bescheide,
- Ablehnungsbescheide (z.B. Ablehnung einer Stundung),
- Festsetzung eines Zwangsgeldes,
- Festsetzung eines Verspätungszuschlags,
- Pfändung eines Gegenstands.

Erfüllt eine Maßnahme nicht die Tatbestandsmerkmale eines Verwaltungsakts (s. Kap. III. 3.2), so ist der Einspruch dagegen nicht statthaft und daher unzulässig.

Einen Sonderfall stellen **nichtige Verwaltungsakte** dar (s. Kap. III. 3.10). Sie entfalten aufgrund ihrer Nichtigkeit keinerlei Wirksamkeit und müssten daher auch nicht durch einen Einspruch angefochten werden. Der Einspruch ist gegen sie trotzdem möglich, da dem betroffenen Adressaten nicht zugemutet werden kann, genau festzustellen, ob der Verwaltungsakt, den er bekämpfen will, „nur rechtswidrig" und damit anfechtbar oder sogar nichtig und damit unwirksam ist. Es soll bereits gegen den Rechtsschein eines wirksamen Verwaltungsakts vorgegangen werden dürfen. Gleiches gilt für Verwaltungsakte, die aufgrund einer fehlerhaften Bekanntgabe nicht wirksam geworden sind. Auch gegen sie ist der Einspruch statthaft.

Norm	Inhalt: Einspruch gegen Verwaltungsakte in
§ 347 Abs. 1 Nr. 2 AO	Vollstreckungsverfahren, die nicht Abgabenangelegenheiten i.S.d. § 347 Abs. 2 AO betreffen: **Beispiel:** Vollstreckungsstelle nimmt im Auftrag einer anderen Behörde, z.B. Sozialversicherungsträger Pfändungen vor.
§ 347 Abs. 1 Nr. 3 AO	öffentlich-rechtlichen und berufsrechtlichen Angelegenheiten, auf die die AO nach § 164a Steuerberatungsgesetz Anwendung findet: **Beispiel:** Streitigkeiten über die Zulässigkeit der Ausübung der Hilfe in Steuersachen.

Norm	Inhalt: Einspruch gegen Verwaltungsakte in
§ 347 Abs. 1 Nr. 4 AO	anderen Angelegenheiten, soweit diese Vorschrift anwendbar sind: **Beispiel:** Landessteuern, die der Landesgesetzgebung unterliegen, die von Landesfinanzbehörden verwaltet werden und für die das Einspruchsverfahren für anwendbar erklärt worden ist.

Wenn ein Betroffener geltend macht, die Finanzbehörde habe auf einen von ihm gestellten Antrag auf Erlass eines Verwaltungsakts in angemessener Zeit sachlich nicht entschieden, liegt an sich kein anfechtbarer Verwaltungsakt vor. Dennoch muss es dem Betroffenen möglich sein, ein Handeln der Behörde zu erzwingen. Für diese Fälle steht ihm der **Untätigkeitseinspruch** gem. § 347 Abs. 1 Satz 2 AO zur Verfügung. Er dient als Druckmittel für den Betroffenen, um Verzögerungen in den Arbeitsabläufen der Finanzbehörde zu begegnen.

Wird über den Einspruch selbst nicht in angemessener Frist entschieden, muss der Einspruchsführer **Untätigkeitsklage** beim Finanzgericht einlegen, § 46 Abs. 1 FGO (s. Teil B Kap. V. 6.).

In verschiedenen Konstellationen ist der Einspruch gem. § 348 AO ausgeschlossen:

§ 348 Nr. 1 AO	Gegen Einspruchsentscheidungen: Hier ist der Betroffene auf die Einlegung einer Klage vor dem Finanzgericht beschränkt.
§ 348 Nr. 2 AO	Bei Nichtentscheidung über einen Einspruch: Bearbeitet die Finanzbehörde einen Einspruch nicht in angemessener Zeit, steht dem Betroffenen allein die Möglichkeit der Untätigkeitsklage gem. § 46 Abs. 1 FGO zur Verfügung.
§ 348 Nr. 3 AO	Gegen Verwaltungsakte der obersten Finanzbehörden des Bundes und der Länder: Soweit das Einspruchsverfahren in derartigen Fällen nicht statthaft ist, ist sofortige Klage beim Finanzgericht möglich.
§ 348 Nr. 4 AO	Gegen Entscheidungen aus dem Bereich des Steuerberatungsgesetzes: Die Klage vor dem Finanzgericht ist auch hier i.d.R. ohne Vorverfahren möglich, (§ 44 Abs. 1 FGO).
§ 348 Nr. 6 AO	In Fällen des § 172 Abs. 3 AO: Allgemeinverfügungen, die aufgrund § 172 Abs. 3 AO erlassen werden, können nur durch unmittelbare Klage beim Finanzgericht angefochten werden.

2.2 Einspruchsbefugnis

Gegen einen Verwaltungsakt kann nur derjenige Einspruch einlegen, der geltend macht, durch ihn **beschwert** zu sein.

Hierzu gehört zum einen, dass eine konkret mögliche Rechtsverletzung geltend gemacht wird (auch sachliche Beschwer genannt). Zum anderen muss der Einspruchsführer selbst unmittelbar und persönlich betroffen sein (persönliche Beschwer). Sie ist vor allem bei einheitlichen und gesonderten Feststellungen näher zu prüfen (s. 2.2.2) sowie dann, wenn es um Verwaltungsakte geht, die an sich an einen Dritten gerichtet waren (s. 2.2.3).

2.2.1 Beschwer (§ 350 AO)

Beschwer ist die rechtliche Betroffenheit durch Verletzung rechtlich geschützter Interessen. Es ist nicht erforderlich, dass tatsächlich eine Verletzung vorliegt, der Betroffene muss sie nur geltend machen, sie muss möglich erscheinen.

Eine Beschwer gem. § 350 AO ist in jedem Fall gegeben bei demjenigen, dem als Inhaltsadressat ein inhaltlich belastender Verwaltungsakt bekannt gegeben wird.

> **Beispiel:**
>
> Gegen H wird ein Verspätungszuschlag i.H.v. 100 € gem. § 152 AO festgesetzt, weil er seine Einkommensteuererklärung verspätet abgegeben hat.

> **Lösung:**
>
> H ist als Inhaltsadressat des Verspätungszuschlags beschwert gem. § 350 AO. Der Verwaltungsakt ist für ihn belastend, da er ihm eine Zahlungspflicht auferlegt.

Gem. § 357 Abs. 3 AO ist für die Zulässigkeit des Einspruchs nicht zwingend erforderlich, dass der Einspruchsführer den Einspruch inhaltlich begründet. Aber nach der Aktenlage oder eben seinem Sachvortrag muss zumindest die Möglichkeit einer Rechtsverletzung gegeben sein, sie darf also nicht völlig ausgeschlossen sein. Dabei ergibt sich die Beschwer stets allein aus dem Tenor des Bescheides, nicht aus der Begründung oder den einzelnen Besteuerungsgrundlagen.

Bei Steuerbescheiden gilt grundsätzlich, dass Festsetzungen i.H.v. 0 € keine Beschwer auslösen. Ausnahmsweise kann doch ein Einspruch möglich sein, wenn z.B. unzutreffende Besteuerungsgrundlagen angegriffen werden, die Bedeutung für andere Behörden wie Kindergeld- oder BAföG-Stellen haben.

Eine Ausnahme gilt, soweit der Einspruchsführer sich inhaltlich allein gegen Nebenbestimmungen des Bescheides, vor allem gegen den Vorbehalt der Nachprüfung wendet. Eine alleinige Anfechtung wäre ihm hier nicht möglich, er muss gegen den Bescheid als Ganzes vorgehen. Folglich kann in solchen Fällen auch dann eine Beschwer geltend gemacht werden, wenn die Festsetzung 0 € beträgt, diese aber – aus Sicht des Steuerpflichtigen zu Unrecht – mit einem Vorbehalt der Nachprüfung versehen wurde.

Es fehlt an einer Beschwer, wenn der Einspruchsführer einen im Steuerbescheid zu niedrig angesetzten Verlust rügt. Der Steuerpflichtige muss den Verlustfeststellungsbescheid anfechten.

Bei Einheitswertbescheiden braucht eine Prüfung der Einzelauswirkungen des Einheitswertes nicht zu erfolgen, der Betroffene ist immer beschwert.

Nicht beschwert ist ein Einspruchsführer, der lediglich einen Verfahrensfehler der in § 127 AO genannten Art bei einem gebundenen Verwaltungsakt geltend macht. Solche Fehler sind unbeachtlich; wird der Einspruch allein auf sie gestützt, fehlt es an der Beschwer des Einspruchsführers.

> **Beispiel:**
>
> R macht in seinem Einspruch geltend, der an ihn gerichtete Einkommensteuerbescheid 01 sei von einem örtlich unzuständigen Finanzamt erlassen worden. Inhaltlich ist der Einkommensteuerbescheid ansonsten korrekt.

> **Lösung:**
>
> Gem. § 127 AO kann die Aufhebung eines Verwaltungsakts wegen eines Verfahrensfehlers wie dem Verstoß gegen Vorschriften über die örtliche Zuständigkeit nicht begehrt werden. Es handelt sich bei dem Steuerbescheid um einen gebundenen Verwaltungsakt, in der Sache konnte also hier auch durch das tatsächlich zuständige Finanzamt keine andere Entscheidung ergehen. Folglich ist R durch den inhaltlich richtigen Steuerbescheid nicht beschwert.

2.2.2 Einspruchsbefugnis bei einheitlichen und gesonderten Feststellungen

Von Bescheiden im Rahmen einheitlicher und gesonderter Feststellungen sind oft viele Beteiligte betroffen. Um zu verhindern, dass eine Vielzahl von Einsprüchen gegen Feststellungsbescheide eingehen und um das Verfahren verwaltungsökonomisch zu gestalten, steht die Befugnis zur Einspruchseinlegung nicht allen Beteiligten zu. § 352 AO regelt, wer inwieweit zum Einspruch berechtigt ist und in der Folge auch, wer ggf. zu einem Einspruchsverfahren hinzuzuziehen ist.

Zu beachten ist hier insgesamt, dass der Einspruchsbefugte nicht nur für sich selbst sondern für die Gesellschaft Einspruch einlegt. Die Entscheidung über den Einspruch wirkt dann auch gegenüber allen Beteiligten.

Die Grundsätze zur Einspruchsbefugnis lassen sich schematisch wie folgt darstellen:

Einspruchsbefugnis gegen einheitliche und gesonderte Feststellungen gem. § 352 AO	
§ 352 Abs. 1 Nr. 1, 1. Alt. AO	Zur Vertretung berufene Geschäftsführer: z.B. Komplementär einer KG Richtet sich nach Gesellschaftsrecht oder vertraglicher Vereinbarung
Wenn nicht vorhanden: ⇩	
§ 352 Abs. 1 Nr. 1, 2. Alt. i.V.m. Abs. 2 AO	Einspruchsbevollmächtigter nach § 352 Abs. 2 AO z.B. der von einer Erbengemeinschaft benannte Empfangsbevollmächtigte → Angelehnt an § 183 AO s.u.
Wenn nicht vorhanden: ⇩	
§ 352 Abs. 1 Nr. 2 AO	Jeder Beteiligte, gegen den ein Feststellungsbescheid ergangen ist oder hätte ergehen müssen: z.B. nach Beendigung der Gesellschaft
Daneben auch einspruchsbefugt ⇩	
§ 352 Abs. 1 Nr. 3 AO	Ausgeschiedene ehemalige Beteiligte
§ 352 Abs. 1 Nr. 4 AO	Betroffene Beteiligte, denen es um die Verteilung des festgestellten Betrages oder die Beteiligung selbst geht
§ 352 Abs. 1 Nr. 5 AO	Betroffene Beteiligte, die eine individuelle Einwendung geltend machen z.B. Höhe von Sonderbetriebsausgaben

In der überwiegenden Mehrzahl der Fälle ist also der „Geschäftsführer" der Gesellschaft derjenige, der als Vertreter der Gesellschaft Einspruch gegen den Feststellungsbescheid einlegen kann. Es handelt sich

2. Zulässigkeit des Einspruchs

dann um das Einspruchsverfahren der Gesellschaft, die wiederum in Prozess- bzw. Verfahrensstandschaft für ihre Beteiligten handelt.

Wer **zur Vertretung berufener Geschäftsführer** ist, bestimmt sich nach dem Gesellschaftsvertrag oder nach den Regeln von HGB und BGB. In Betracht kommen daher auch z.B. Prokuristen, die selbst nicht an der Gesellschaft beteiligt sind.

Nur wenn ein zur Vertretung berufener Geschäftsführer nicht vorhanden ist, kann § 352 Abs. 1 Nr. 1, 2. Alt. AO greifen. Zur Anwendung kommt dies folglich nur in seltenen Fällen, weil im Regelfall für fast jede Gesellschaftsform – wenn keine vertragliche Vereinbarung besteht – gesetzliche Bestimmungen die Vertretung der Gesellschaft genau regeln. Praktisch betrifft die Norm daher vor allem Erbengemeinschaften und Miteigentümergesellschaften, die z.B. ein Gebäude gemeinsam vermieten.

In diesen Fällen lehnt sich gem. § 352 Abs. 2 AO die Einspruchsbefugnis an die Empfangsbevollmächtigung nach § 183 AO an (s. Kap. IV. 5.5.1).

Regelung	Verweist auf	Einspruchsbevollmächtigter ist
§ 352 Abs. 2 S. 1 AO	§ 183 Abs. 1 Satz 1 AO	Der von der Gesellschaft dem Finanzamt benannte Empfangsbevollmächtigte
§ 352 Abs. 2 S. 2, 1. Alt. AO	§ 183 Abs. 1 Satz 2 AO	Der fingierte Empfangsbevollmächtigte • Regelung hat kaum Bedeutung, da der Vertretung Berechtigte bereits unter § 352 Abs. 1 Nr. 1, 1. Alt. AO fällt (greift allenfalls für Fälle der Verwaltung eines Gegenstands). • Beteiligte können der Einspruchsbefugnis widersprechen.
§ 352 Abs. 2 S. 2, 2. Alt. AO	§ 183 Abs. 1 Satz 3 und 4 AO	Der vom Finanzamt bestimmte Empfangsbevollmächtigte • Beteiligte können der Einspruchsbefugnis widersprechen

Die genannten Alternativen greifen jeweils nur, wenn gem. § 352 Abs. 2 Satz 3 AO die Beteiligten in der Feststellungserklärung oder in der Aufforderung zur Benennung eines Empfangsbevollmächtigten nach § 183 AO über dessen Einspruchsbefugnis belehrt worden sind.

In Fällen, in denen keine Person nach § 352 Abs. 1 Nr. 1 AO vorhanden ist bzw. – was der größere Anwendungsbereich der Vorschrift ist – die Person nach Nr. 1 **für einzelne Beteiligte nicht handeln kann**, greift § 352 Abs. 1 Nr. 2 AO. Dann kann jeder Gesellschafter oder Beteiligte Einspruch einlegen, gegen den ein Feststellungsbescheid ergangen ist oder hätte ergehen müssen. Hier sind verschiedene Anwendungsalternativen denkbar:

- Vollbeendigung der Gesellschaft ist eingetreten.
- Die Belehrung nach § 352 Abs. 2 Satz 3 AO ist nicht erfolgt.
- Ein Beteiligter hat der Einspruchsbefugnis nach § 352 Abs. 2 Satz 2 AO a.E. widersprochen.
- Beteiligte, denen gegenüber der Bescheid einzeln bekannt gegeben worden ist, sind stets auch selbst einspruchsbefugt.

Neben den durch die vorstehenden Regelungen ermittelten Einspruchsbefugten können nach den § 352 Abs. 1 Nr. 3 bis 5 AO noch weitere Personen hinzutreten, denen eine eingeschränkte Einspruchsbefugnis zukommt.

> **Beispiel zu § 352 Abs. 1 Nr. 3 AO:**
>
> A, B und C sind an der D-KG beteiligt. A ist Komplementär und Geschäftsführer der Gesellschaft, B und C sind Kommanditisten. Im April 03 scheidet C im Streit aus der Gesellschaft aus. Der Feststellungsbescheid für 02 wird dem A bekannt gegeben. Wer ist befugt, gegen den Bescheid Einspruch einzulegen?

> **Lösung:**
>
> A als zur Vertretung berechtigter Geschäftsführer der KG ist gem. § 352 Abs. 1 Nr. 1, 1. Alt. AO zum Einspruch befugt.
> Daneben kann gem. § 352 Abs. 1 Nr. 3 AO auch C Einspruch einlegen. Da er aus der Gesellschaft ausgeschieden ist, kann nicht mehr davon ausgegangen werden, dass A seine Interessen ausreichend wahrnimmt.

> **Beispiel zu § 352 Abs. 1 Nr. 4 AO:**
>
> D, E und F haben gemeinsam die G-GbR gegründet. Die Beteiligung beträgt laut Gesellschaftsvertrag je ⅓, E und F sind von der Geschäftsführung und Vertretung der G ausgeschlossen. Im Feststellungsbescheid 01 geht das Finanzamt davon aus, dass F tatsächlich nicht Gesellschafter der G ist, sondern nur bei dieser als Arbeitnehmer angestellt. Die Gewinnverteilung wird mit ⅔ für D und ⅓ für E angesetzt. Wer kann gegen den Feststellungsbescheid 01 vorgehen?

> **Lösung:**
>
> D als zur Vertretung berechtigter Geschäftsführer der GbR ist gem. § 352 Abs. 1 Nr. 1, 1. Alt. AO zum Einspruch befugt. E und F dürfen laut Gesellschaftsvertrag die GbR nicht vertreten, sie fallen daher nicht unter diese Norm.
> Neben D kann jedoch F, da die Höhe seiner Beteiligung im Streit steht, gem. § 352 Abs. 1 Nr. 4 AO Einspruch einlegen.
> Auch für D greift zusätzlich die Einspruchsbefugnis nach § 352 Abs. 1 Nr. 4 AO, nur E ist nach dieser Norm nicht zum Einspruch berechtigt, da die Höhe seiner Beteiligung sich nicht geändert hat.

> **Beispiel zu § 352 Abs. 1 Nr. 5 AO:**
>
> A, B und C sind an der D-KG beteiligt. A ist Komplementär und Geschäftsführer der Gesellschaft, B und C sind Kommanditisten. Im Feststellungsbescheid werden Sonderbetriebsausgaben, die bei B angefallen sind, nicht anerkannt.
> Wer kann gegen den Feststellungsbescheid Einspruch einlegen?

> **Lösung:**
>
> A als zur Vertretung berechtigter Geschäftsführer der KG ist gem. § 352 Abs. 1 Nr. 1, 1. Alt. AO zum Einspruch befugt.
> Daneben kann gem. § 352 Abs. 1 Nr. 5 AO auch B Einspruch einlegen, soweit er im Hinblick auf seine Sonderbetriebsausgaben eine Einwendung geltend macht, die ihn als Beteiligten persönlich angeht.

Legt ein nach § 352 AO Einspruchsbefugter im Namen der Gesellschaft Einspruch ein, ist die Hinzuziehung anderer Beteiligter zu diesem Einspruchsverfahren gem. § 360 Abs. 3 AO zu prüfen (vgl. hierzu 5.3). Hinzuziehen sind jedoch nicht alle Beteiligten sondern nach § 360 Abs. 3 Satz 2 AO nur solche, die ihrerseits nach den obigen Regeln einspruchsbefugt sind.

2.2.3 Drittbetroffenheit

In verschiedenen Konstellationen kommt auch die Beschwer und damit der zulässige Einspruch eines Dritten in Betracht, der an sich nicht Adressat des Verwaltungsakts ist.

Der **Gesamtrechtsnachfolger** gem. § 45 AO kann einen Steuerbescheid des Erblassers nur dann anfechten, wenn ihm dies innerhalb der Einspruchsfrist gelingt, die für den Erblasser galt.

Für die **Einzelrechtsnachfolge** gilt, dass eine Wirkung eines gegen den Rechtsvorgänger ergangenen Bescheides grundsätzlich nicht vorgesehen ist. Allerdings regelt § 182 Abs. 2 AO für bestimmte Bescheide wie z.B. Einheitswertbescheide Ausnahmen. Hintergrund ist die Tatsache, dass diese Bescheide weniger den Steuerpflichtigen bzw. Eigentümer als den Gegenstand selbst betreffen. In derartigen Fällen besteht eine Wirkung der Bescheide auch für den Rechtsnachfolger, dieser kann gem. § 353 AO auch nur innerhalb der für seinen Rechtsvorgänger geltenden Frist Einspruch einlegen.

In anderen Fällen der Drittbetroffenheit durch einen belastenden Verwaltungsakt ist fraglich, innerhalb welcher Frist der betroffene Dritte Einspruch einlegen kann, da ihm der Verwaltungsakt i.d.R. nicht bekannt gegeben worden ist. Eine Bekanntgabe ist für die Beschwer nicht erforderlich. Hier wird davon auszugehen sein, dass die Einspruchsfrist für den Dritten gar nicht erst beginnt, da keine Bekanntgabe an ihn vorliegt. Er kann somit grundsätzlich ohne Fristbindung Einspruch einlegen. Allerdings kann er nach h.M. dieses Recht **verwirken**, wenn er nachweisbar Kenntnis von dem gegenüber einem anderen ergangenen, ihn selbst ebenfalls belastenden Verwaltungsakt hatte und dennoch nicht zeitnah Einspruch eingelegt hat.

2.3 Form

Der Einspruch ist formgebunden. Er muss gem. § 357 Abs. 1 Satz 1 AO schriftlich oder elektronisch eingelegt oder zur Niederschrift erklärt werden.

2.3.1 Schriftlich oder zur Niederschrift

Schriftlich eingelegt ist auch der Einspruch per Fax.

Mit Wirkung vom 01.08.2013 wurde die zuvor schon per Verwaltungsanweisung anerkannte Möglichkeit der Einlegung per **E-Mail** gesetzlich festgeschrieben. Die in bestimmten Fällen gem. § 87a AO erforderliche qualifizierte elektronische Signatur zur Authentifizierung des Absenders ist nicht erforderlich (AEAO zu § 357 Nr. 1), da das Gesetz nunmehr die elektronische Form nicht nur ersatzweise sondern ausdrücklich zulässt, vgl. AEAO zu § 87a Nr. 3.2.4.

Zur Niederschrift wird der Einspruch erklärt, wenn der Einspruchsführer oder sein Bevollmächtigter bei der Behörde erscheint und den Einspruch mündlich einlegt, der dann vom aufnehmenden Beamten niedergeschrieben und unterzeichnet wird. Es handelt sich um einen eher selten vorkommenden Ausnahmefall.

2.3.2 Weitere Anforderungen

Neben der bloßen Form regelt § 357 AO weitere „**Soll**"-Anforderungen an den Einspruch, die – wenn sie fehlen – nicht zu seiner Unzulässigkeit führen.

Gem. § 357 Abs. 1 Satz 2 AO soll aus dem Einspruch hervorgehen, wer ihn eingelegt hat. Eine **Unterschrift** ist nicht erforderlich. Die **unrichtige Bezeichnung** z.B. als Widerspruch oder Beschwerde o.ä. ist nach § 357 Abs. 1 Satz 3 AO unschädlich, wenn klar ist, dass der Einspruchsführer die Überprüfung des angegriffenen Verwaltungsakts erreichen möchte.

Weiterhin soll gem. § 357 Abs. 3 AO der angefochtene Verwaltungsakt bezeichnet und dabei angegeben werden, inwieweit dieser angefochten wird. Es sollen den Einspruch begründende Tatsachen und ggf. zugehörige Beweismittel angeführt werden.

> **Beispiel:**
>
> O legt gegen seinen Einkommensteuerbescheid für 01 schriftlich Einspruch ein. Eine Begründung gibt er nicht an. Alle weiteren Zulässigkeitsvoraussetzungen sind erfüllt.

> **Lösung:**
> Der Einspruch ist zulässig. Folge ist, dass das Finanzamt, das den Bescheid erlassen hat, diesen gem. § 367 Abs. 2 Satz 1 AO in vollem Umfang zu überprüfen hat.
> Allerdings ist es nicht verpflichtet, weitere Ermittlungen anzustellen. Es kann dem Einspruchführer auch eine Frist nach § 364b AO zum Vorbringen von Erklärungen usw. setzen (s. 5.6). Oft wird in derartigen Fällen das Finanzamt den Steuerpflichtigen nochmals anschreiben und, wenn dieser nicht reagiert, nach einer überschlägigen Prüfung des Bescheides auf seine Rechtmäßigkeit den Einspruch als unbegründet zurückweisen (s. 4.1).

2.4 Frist

Gem. § 355 Abs. 1 Satz 1 AO ist der Einspruch innerhalb eines Monats nach Bekanntgabe des Verwaltungsakts beim zuständigen Finanzamt einzulegen.

Der **Untätigkeitseinspruch** gem. § 347 Abs. 1 Satz 2 AO unterliegt gem. § 355 Abs. 2 AO keiner Frist.

2.4.1 Fristwahrung, Wiedereinsetzung

Die Finanzämter sind gehalten, neben der Statthaftigkeit vorab die Einhaltung der **Einspruchsfrist** zu prüfen, da die meisten unzulässigen Einsprüche an dieser Voraussetzung scheitern.

Der Beginn der Einspruchsfrist ist abhängig von der Bekanntgabe des Verwaltungsakts. Diese richtet sich nach § 122 AO. Bei schriftlichen Verwaltungsakten, die per Post übermittelt werden, ist sie gem. § 122 Abs. 2 Nr. 1 AO am dritten Tag nach der Aufgabe zur Post anzunehmen (vgl. hierzu ausführlich Kap. III. 3.9.5.1). Verwaltungsakte, die förmlich mit Postzustellungsurkunde gem. § 2 VwZG bekannt gegeben werden, sind am Tag bekannt gegeben, an dem die Zustellung laut der Urkunde tatsächlich erfolgt.

Folgende Probleme können sich in Bezug auf den Fristbeginn ergeben:

Der inhaltlich korrekte Verwaltungsakt wurde einem falschen Empfänger zugeschickt, dieser gibt ihn dem richtigen Empfänger weiter.	Die fehlerhafte Bekanntgabe kann analog § 8 VwZG geheilt werden, der tatsächliche Erhalt ist als Bekanntgabetag maßgeblich.
Der Bescheid ist tatsächlich später als 3 Tage nach Aufgabe zur Post angekommen.	Wenn der Steuerpflichtige dies geltend macht und die Behörde den früheren Zugang nicht beweisen kann, ist der von Steuerpflichtigen angegebene Tag maßgeblich (vgl. hierzu Kap. III. 3.9.5.1).
Der Bescheid ist nichtig oder nicht richtig bekannt gegeben worden.	Der Einspruch gegen einen nichtigen oder sonst nicht wirksamen Verwaltungsakt ist statthaft, s. 2.1. Dieser Verwaltungsakt kann aber keine Frist auslösen, sodass die Einspruchsfrist in diesen Fällen faktisch bedeutungslos ist.
Der Bescheid ist an sich an einen Dritten gerichtet, betrifft aber auch einen anderen, der Einspruch einlegt. Ihm wurde der Bescheid nicht bekannt gegeben (z.B. Auskunftsersuchen an einen Dritten über die Verhältnisse eines Steuerpflichtigen).	Da der Verwaltungsakt dem Betroffenen nicht bekannt gegeben worden ist, beginnt die Frist ihm gegenüber nicht zu laufen.
Der schriftliche Verwaltungsakt enthält keine Rechtsbehelfsbelehrung.	Es greifen § 356 Abs. 1 und 2 AO. Die Frist beginnt nicht zu laufen. Der Einspruch ist zulässig binnen eines Jahres seit seiner Bekanntgabe.

Es handelt sich um einen mündlichen Verwaltungsakt oder einen durch tatsächliches Handeln vollzogenen Verwaltungsakt (z.B. Pfändungsmaßnahme).	Die Bekanntgabe richtet sich nicht nach der 3-Tages-Fiktion des § 122 Abs. 2 Nr. 1 AO. Vielmehr ist der Bekanntgabetag der Tag, an dem der Verwaltungsakt tatsächlich ergangen ist (also z.B. der Tag an dem die Pfändung erfolgte).

Zur Fristwahrung muss der Einspruch vor Ende der Frist (Berechnung nach § 108 Abs. 1 AO i.V.m. § 188 BGB, vgl. hierzu Kap. III. 2.3) beim Finanzamt eingegangen sein.

Wird die Einspruchsfrist versäumt, ist ggf. eine mögliche **Wiedereinsetzung in den vorigen Stand** nach § 110 AO zu prüfen (s. Kap. III. 2.4).

2.4.2 Fristwahrung durch Einlegung bei der richtigen Behörde

Ausschlaggebend für die Fristwahrung ist der rechtzeitige Eingang des Einspruchs beim richtigen Finanzamt. Man nennt es die **Anbringungsbehörde**, sie wird nach § 357 Abs. 2 AO ermittelt. Danach ist der Einspruch grundsätzlich fristgerecht bei der Behörde anzubringen, deren Verwaltungsakt angefochten wird (bzw. bei der ein bisher nicht beschiedener Antrag auf Erlass eines Verwaltungsakts gestellt worden ist).

Die Fristwahrung wird durch den Poststempel der Behörde dokumentiert.

Besonderheiten gelten für Einsprüche **gegen Feststellungs- oder Steuermessbescheide.** Diese können zusätzlich auch fristwahrend bei der Behörde eingelegt werden, die für die Erteilung des Steuerbescheids zuständig ist.

Beispiel:

W, wohnhaft in Kaiserslautern, ist an einer OHG beteiligt. Zuständig für die einheitliche und gesonderte Feststellung für die OHG ist das Finanzamt Ludwigshafen, zur Einkommensteuer wird er beim Finanzamt Kaiserslautern veranlagt. Ihm wird ein Feststellungsbescheid vom Finanzamt Ludwigshafen bekannt gegeben. W fragt sich, bei welcher Behörde er seinen Einspruch gegen den Feststellungsbescheid einlegen kann.

Lösung:

Gem. § 357 Abs. 2 Satz 1 AO ist das Finanzamt Ludwigshafen die richtige Anbringungsbehörde, da es den angefochtenen Feststellungsbescheid erlassen hat. W kann daneben seinen Einspruch auch fristwahrend beim Finanzamt Kaiserslautern einlegen, da dieses für den Erlass des auf den Grundlagenbescheid folgenden Einkommensteuerbescheides zuständig ist, § 357 Abs. 2 Satz 2 AO. Auch der rechtzeitige Eingang des Einspruchs beim Finanzamt Kaiserslautern wahrt daher die Einspruchsfrist.

Wählt der Einspruchsführer die falsche Behörde als Anbringungsbehörde aus, ist dies gem. § 357 Abs. 2 Satz 4 AO unschädlich, wenn der Einspruch rechtzeitig der richtigen Behörde, die sich aus den vorherigen Sätzen ergibt, übermittelt wird. Allerdings liegt die Gefahr einer Verzögerung auf Seiten des Einspruchsführers. In Fällen, in denen allerdings die Behörde die Weiterleitung schuldhaft verzögert, obwohl sie ihre eigene Unzuständigkeit leicht hätte erkennen können, kommt jedoch eine Wiedereinsetzung in den vorigen Stand nach § 110 AO in Betracht (AEAO zu § 357, Nr. 2.).

Beispiel:

Der Steuerpflichtige W wurde jahrelang beim Finanzamt Mainz-Süd zur Einkommensteuer veranlagt. Mitte des Jahres 11 wechselt die Zuständigkeit aufgrund neuer landesrechtlicher Regelungen zum Finanzamt Bingen-Alzey. Am 23.11.11 wird ihm der Einkommensteuerbescheid für das Jahr 10 bekannt gegeben. W ist mit dem Bescheid nicht einverstanden. Sein mit der eigenen Steuernummer versehenes Einspruchsschreiben schickt er – da er als Vorlage ein altes Einspruchsschreiben verwendet – versehentlich an das Finanzamt Mainz, wo es am 10.12.11 eintrifft. Aufgrund der Vorweihnachtszeit fällt die Unzuständigkeit in der Poststelle nicht sofort auf, die Weitergabe nach Bingen erfolgt erst am 28.12.11. Ist der Einspruch zulässig, insbesondere fristgerecht eingelegt?

Lösung:

Die Einspruchsfrist beträgt gem. § 355 Abs. 1 Satz 1 AO 1 Monat ab Bekanntgabe des Verwaltungsakts. Diese war am 23.11.11, folglich endet die Einspruchsfrist gem. § 108 Abs. 1 AO i.V.m. §§ 187 Abs. 1, 188 Abs. 2 BGB am 23.12.11. Der Einspruch geht jedoch im gem. § 357 Abs. 2 Satz 1 AO zuständigen Finanzamt Bingen-Alzey erst am 28.12.11, also verspätet ein. Das Risiko der rechtzeitigen Weiterleitung trägt grundsätzlich der Einspruchsführer. Fraglich ist, ob dem W Wiedereinsetzung in den vorigen Stand gem. § 110 AO zu gewähren ist. Dies wäre dann der Fall, wenn die unzuständige Behörde die Weiterleitung schuldhaft verzögert hätte, obwohl die eigene Unzuständigkeit klar zu erkennen war. Das Finanzamt Mainz hat hier erst nach über 2 Wochen das Schreiben weitergeleitet, obwohl es klar erkennen konnte, dass es für den Fall nicht zuständig war.
Dem W ist daher Wiedereinsetzung in den vorigen Stand zu gewähren, er hat die Verspätung nicht zu vertreten.
Der Einspruch gilt somit als fristgerecht eingelegt. Der Einspruch ist – wenn alle anderen Voraussetzungen vorliegen – zulässig.

2.5 Anfechtungsbeschränkung bei Einspruch gegen Änderungsbescheid

Verwaltungsakte, die unanfechtbare Verwaltungsakte ändern, können gem. § 351 Abs. 1 AO nur insoweit angegriffen werden, wie die Änderung reicht.

Beispiel:

Der Einkommensteuerbescheid des U für das Jahr 01 vom Juni 02 ist nicht angefochten worden und daher bestandskräftig. Im November 02 ändert das Finanzamt den Bescheid gem. § 175 Abs. 1 Nr. 1 AO, weil eine Mitteilung über bisher nicht angesetzte Beteiligungseinkünfte des U an einer KG eingegangen ist. Die Steuer erhöht sich um 2.000 €.
U legt gegen den geänderten Bescheid Einspruch ein und macht geltend, dass er noch Werbungskosten geltend machen möchte, die er grob fahrlässig nicht in seiner Steuererklärung angegeben hatte. Die Steuerminderung, die sich ergeben würde, beträgt 3.000 €.

Lösung:

U hat mit dem Einspruch einen Änderungsbescheid angefochten. Der Erstbescheid war bestandskräftig. Er ist daher mit seinem jetzigen Rechtsbehelf auf die Höhe der durch den neuen Bescheid vorgenommenen Änderung beschränkt. Soweit er mit seinem Begehren über diesen Änderungsrahmen hinaus will, ist der Einspruch gem. § 351 Abs. 1 AO unzulässig. Es ist also lediglich möglich, zur zuvor festgesetzten Steuer zurückzukehren. Die weiteren 1.000 € Steuerminderung kann U wegen § 351 Abs. 1 AO nicht geltend machen. Insoweit ist sein Einspruch unzulässig.

Nach h.M. handelt es sich bei § 351 Abs. 1 AO um eine Beschränkung der **Zulässigkeit** des Einspruchs (im Gegensatz zu § 351 Abs. 2 AO, der nach h.M. die Un**begründetheit** von Einsprüchen gegen Folgebescheide in bestimmten Konstellationen regelt, s. 3.3).
   Sinn und Zweck der Vorschrift ist, dass der Steuerpflichtige durch seinen Einspruch gegen einen Änderungsbescheid nicht ein „Mehr" erreichen können soll, als er ohne den Änderungsbescheid erreicht

hätte. Ist der vorhergehende Bescheid bestandskräftig geworden, soll diese Bestandskraft durch den Änderungsbescheid nicht in vollem Umfang ausgehebelt werden.

> **Voraussetzungen des § 351 Abs. 1 AO:**
> - Es wird mit einem Einspruch ein Änderungsbescheid angegriffen.
> - Der nun geänderte Bescheid war bestandskräftig.
> - Für den vom Einspruchsführer geltend gemachten Fehler liegt keine eigene Korrekturvorschrift vor.
>
> **Die Auswirkungen des § 351 Abs. 1 AO im Einspruchsverfahren entsprechen denen des § 177 AO im Korrekturverfahren (vgl. Kap. V. 2.3.10).**

Wenn der ursprüngliche Bescheid in dem Zeitpunkt, als er durch einen neuen Bescheid geändert worden ist, noch nicht bestandskräftig gewesen ist, kommt § 351 Abs. 1 AO nicht zur Anwendung.

> **Beispiel:**
>
> Der Einkommensteuerbescheid des U für das Jahr 01 ergeht am 10.12.02. Am 20.12.02 wird er aufgrund eines Antrags des U gem. § 172 Abs. 1 Nr. 2a AO geändert. U legt am 05.01.03 Einspruch gegen den Änderungsbescheid ein.

> **Lösung:**
>
> Der Einspruch vom Januar unterliegt nicht der Anfechtungsbeschränkung nach § 351 Abs. 1 AO, da der ursprüngliche Bescheid aufgrund des Antrags des U und des Erlasses des Änderungsbescheides nicht bestandskräftig geworden ist. Der Einspruch des U ist in vollem Umfang zulässig.

Soweit für das Vorbringen des Einspruchsführers eine Korrekturvorschrift greift, schränkt § 351 Abs. 1 AO die Einspruchsmöglichkeit ebenfalls nicht ein, vgl. § 351 Abs. 1, 2. Hs. AO. Grund hierfür ist, dass die entsprechende Korrekturvorschrift dann ja auch ohne das laufende Einspruchsverfahren Anwendung finden würde.

> **Beispiel:**
>
> Der Einkommensteuerbescheid des L für das Jahr 01 vom 13.06.02 wird mit Bescheid vom 18.08.03 gem. § 173 Abs. 1 Nr. 1 AO geändert, die Steuer erhöht sich um 2.000 €. L legt am 31.08.03 Einspruch ein und macht geltend, dass er Werbungskosten nachreichen möchte, die er versehentlich nicht geltend gemacht hatte. Grobes Verschulden des L ist nicht anzunehmen. Die Werbungskosten mindern die Steuer um 4.000 €.

> **Lösung:**
>
> Der Geltendmachung der Werbungskosten steht § 351 Abs. 1 AO nicht entgegen. Zwar legt L Einspruch gegen einen Bescheid ein, der einen unanfechtbaren Bescheid ändert. Aber für die jetzt geltend gemachten Umstände greift eine eigene Korrekturvorschrift, nämlich § 173 Abs. 1 Nr. 2 AO. Es ist also ein neuer Änderungsbescheid zu erlassen, in dem die Werbungskosten nun zu berücksichtigen sind.

Bei Bescheiden, die unter dem Vorbehalt der Nachprüfung stehen, stellt sich da Problem des § 351 Abs. 1 AO folglich auch nicht, weil diese gem. § 164 Abs. 2 Satz 1 AO ohnehin jederzeit vollumfänglich änderbar sind.

Obwohl § 351 Abs. 1 AO von der Änderung von Bescheiden spricht, sind Fälle der Berichtigung nach § 129 AO ebenfalls erfasst.

> **☞ Klausurtipp!**
> Die Tatsache, dass es sich bei § 351 Abs. 1 AO um eine Zulässigkeits- und keine Begründetheitsvoraussetzung handelt, kann in Klausuren zu Aufbauproblemen führen.
> Da die Norm dann keine Anwendung findet, wenn für einen vom Einspruchsführer geltend gemachten Punkt eine eigene Korrekturvorschrift greift (z.B. §§ 173 Abs. 1 Nr. 2, 129 AO), muss der Klausurschreiber an sich bereits in der Zulässigkeitsprüfung darauf eingehen, ob diese Korrekturvorschriften wirklich greifen. Dies ist aber üblicherweise eine Frage der Begründetheit des Einspruchs.
>
> **Hier bietet sich folgendes Vorgehen an:**
> In der Zulässigkeitsprüfung ist das Problem des § 351 Abs. 1 AO grundsätzlich aufzuwerfen und das Ergebnis zunächst offen zu lassen. Nach der ausführlichen Begründetheitsprüfung kann der Kandidat dann auf die Norm zurückkommen und in der Formulierung seines Ergebnisses berücksichtigen, dass ggf. eine (teilweise) Unzulässigkeit des Einspruchs gegeben ist.
>
> **Beispiel: Ergebnis**
> „Für den von Y geltend gemachten Punkt A greift daher § 173 Abs. 1 Nr. 2 AO, für Punkt B greift keine Korrekturvorschrift. Das Finanzamt durfte Punkt C zu Recht nach § 175 Abs. 1 Nr. 2 AO ändern.
>
> (Es folgt die Berechnung der korrekten Steuer.)
>
> Daraus folgt, dass der Einspruch des Y soweit er über einen Betrag von × € hinausgeht, gem. § 351 Abs. 1 AO unzulässig ist. Im Übrigen ist er zulässig und begründet. Der Bescheid ist daher … zu ändern."

2.6 Sonstige Zulässigkeitsvoraussetzungen

2.6.1 Handlungsfähigkeit

§ 365 Abs. 1 AO bestimmt, dass für das Einspruchsverfahren die Vorschriften über den Erlass von Verwaltungsakten gelten. Das bedeutet, dass auch die **Handlungsfähigkeit** gem. § 79 AO erforderlich ist, vgl. hierzu Kap. III. 1.1.2. In zulässiger Weise kann daher nur derjenige Einspruch einlegen, der zur Vornahme wirksamer Verfahrenshandlungen fähig ist. Dies orientiert sich vor allem an der bürgerlich-rechtlichen Geschäftsfähigkeit.

> **Beispiel:**
> Der 12-jährige Volker erbt von seiner Tante 1.000.000 €. Gegen ihn wird ein Erbschaftsteuerbescheid erlassen. Kann Volker gegen den Bescheid Einspruch einlegen?

> **Lösung:**
> Volker ist als Inhaltsadressat des Bescheides beschwert. Er ist allerdings nur beschränkt geschäftsfähig gem. § 106 BGB und damit auch nicht handlungsfähig gem. § 79 AO. Somit muss er sich auch im Einspruchsverfahren gem. § 34 Abs. 1 AO durch seine Eltern vertreten lassen.

2.6.2 Rechtsschutzbedürfnis

Eine ungeschriebene Zulässigkeitsvoraussetzung für den Einspruch ist das Vorliegen eines **Rechtsschutzbedürfnisses**. Es ist grundsätzlich gegeben, wenn der Einspruchsführer beschwert ist. Es fehlt lediglich in solchen Ausnahmefällen, in denen z.B.:
- der Rechtsschutz auf andere Weise als mit dem Einspruch einfacher oder billiger erreicht werden kann,
- sich die Belastung durch den angefochtenen Verwaltungsakt erledigt hat (z.B. wenn eine Durchsuchungsanordnung angegriffen wird, aufgrund derer bereits die Durchsuchung stattgefunden hat).

2. Zulässigkeit des Einspruchs

> **Beispiel:**
>
> Dem Steuerpflichtigen B wird sein Einkommensteuerbescheid für 01 bekannt gegeben. Dieser ist gem. § 165 Abs. 1 Satz 2 Nr. 4 AO vorläufig wegen einer bestimmten steuerlichen Frage, wegen der vor dem BFH ein Verfahren anhängig ist. B legt gegen den Steuerbescheid Einspruch ein. Er beruft sich in seinem Einspruchsschreiben inhaltlich ausschließlich auf dieselbe Rechtsfrage, die in dem genannten BFH-Verfahren zur Entscheidung steht.

> **Lösung:**
>
> Der Einspruch des B ist mangels Rechtsschutzbedürfnisses unzulässig. Da sein Bescheid in Bezug auf die von ihm gerügte Frage ohnehin vorläufig ist, kann diesbezüglich sowieso jederzeit eine Änderung erfolgen. Ein Einspruch ist zur Wahrung der Rechte des B nicht erforderlich. Weitere Punkte hat dieser nicht geltend gemacht (wie hier AEAO zu § 350, Nr. 6., Problem strittig).

Einsprüchen, die sich gegen einen im Einspruchsverfahren geänderten Verwaltungsakt richten, obwohl dieser gem. § 365 Abs. 3 Satz 1 AO automatisch Gegenstand des ursprünglichen Einspruchsverfahrens geworden ist, fehlt es ebenfalls am Rechtsschutzbedürfnis.

2.7 Einspruchsverzicht

Gem. § 354 AO kann der Adressat eines Verwaltungsakts schriftlich gegenüber der Finanzbehörde auf die Einlegung eines Einspruchs verzichten. Ein solcher Verzicht führt zur Unzulässigkeit des Einspruchs.

Der Einspruchsverzicht kommt in der Praxis so gut wie nie vor. Will ein Betroffener gegen einen Verwaltungsakt nicht durch Rechtsbehelfe vorgehen, unterlässt er dies schlicht. Durch Fristablauf wird der Verwaltungsakt auch ohne einen Verzicht bestandskräftig.

2.8 Rücknahme des Einspruchs

Über einen zulässigen Einspruch muss die Finanzbehörde zwingend entscheiden, ihm also abhelfen oder das Verfahren durch Einspruchsentscheidung (zumindest vorläufig) abschließen. In bestimmten Fällen kann es der verwaltungsökonomischere oder mitunter auch der für den Einspruchsführer günstigere Weg sein, dass er seinen Einspruch gem. § 362 AO zurücknimmt. Er muss hierzu dieselben formellen Voraussetzungen erfüllen wie bei der Einlegung des Einspruchs, d.h. die Rücknahme muss ausdrücklich und schriftlich erfolgen gem. § 362 Abs. 1 Satz 2 i.V.m. § 357 Abs. 1 AO und bei der richtigen Behörde nach § 362 Abs. 1 Satz 2 i.V.m. § 357 Abs. 2 AO erklärt werden.

Die Rücknahme bewirkt, dass der Einspruch als nicht eingelegt gilt. Dies hindert den Betroffenen nicht, nochmals Einspruch einzulegen, soweit die Einspruchsfrist nun noch nicht abgelaufen ist.

In der Praxis „empfehlen" die Finanzämter dem Einspruchsführer häufig in aussichtslosen Fällen die Rücknahme des Einspruchs, damit der Aufwand der Erstellung einer ablehnenden Einspruchsentscheidung vermieden werden kann. Folgt der Einspruchsführer der Empfehlung, ist das Einspruchsverfahren erledigt. Reagiert der Einspruchsführer auf die Empfehlung des Finanzamts gar nicht, bleibt es beim laufenden Einspruchsverfahren, es muss dann eine Einspruchsentscheidung ergehen. Eine Rücknahme etwa durch konkludentes Verhalten (Schweigen) ist nicht denkbar.

Für den Einspruchsführer vorteilhaft ist die Rücknahme vor allen in Fällen, in denen im Einspruchsverfahren eine Verböserung gem. § 367 Abs. 2 Satz 2 AO droht (s. 3.2). Das Finanzamt hat den Einspruchsführer vor der Verböserung zu informieren, um ihm gerade diese Möglichkeit zu eröffnen.

> **Beispiel:**
>
> Der Steuerpflichtige W legt gegen seinen Einkommensteuerbescheid 01 in zulässiger Weise Einspruch ein, er ist mit der Behandlung der Sonderausgaben nicht einverstanden. Der zuständige Sachbearbeiter kommt bei nochmaliger Prüfung zu dem Ergebnis, dass er bei der Veranlagung rechtsfehlerhaft die Einkünfte aus Vermietung und Verpachtung zu niedrig angesetzt hat. Er will diese jetzt erhöhen. Hinsichtlich der Sonderausgaben bleibt er bei seiner Ansicht und will keine Änderung vornehmen.

> **Lösung:**
>
> Vor einer Änderung des Steuerbescheides unter Ansatz höherer Vermietungseinkünfte muss der Sachbearbeiter den W zwingend informieren, § 367 Abs. 2 Satz 2 AO. W wird, wenn er von der drohenden Verschlechterung seiner Rechtsposition erfährt, seinen Einspruch zurücknehmen. Dann bleibt es beim Ursprungsbescheid.

Es ist dem Einspruchsführer nach § 362 AO nicht möglich, seinen Einspruch nur teilweise zurückzunehmen, z.B. soweit nur ein einzelner angegriffener Punkt betroffen ist, dessen Geltendmachung keinen Erfolg mehr verspricht. Diese Einschränkung wird in der Literatur teilweise kritisiert, weil es seit Einführung der Teil-Einspruchsentscheidung auch der Finanzbehörde möglich ist, den Einspruch teilweise zurückzuweisen und so Teilbestandskraft herbeizuführen.

3. Begründetheit des Einspruchs

Ein Einspruch ist begründet, wenn und soweit der angefochtene Verwaltungsakt gegen geltendes Recht verstößt. Es ist also die Rechtmäßigkeit des Verwaltungsaktes gem. § 367 Abs. 2 Satz 1 AO in vollem Umfang auf Verfahrens- oder materielle Fehler zu überprüfen.

In den Fällen der §§ 126, 127 AO ist noch zu beachten:
- Einige Verfahrensfehler können im weiteren Verlauf geheilt werden.
- Bei gebundenen Verwaltungsakten können Form- und Verfahrensfehler nach § 127 AO unbeachtlich sein.

3.1 Grundsatz der Vollüberprüfung

Unabhängig vom inhaltlichen Vorbringen des Einspruchsführers ist die zur Entscheidung berufene Finanzbehörde gem. § 367 Abs. 2 Satz 1 AO gehalten, den angefochtenen Verwaltungsakt in vollem Umfang erneut zu prüfen. Dies ist grundsätzlich auch dann erforderlich, wenn der Einspruchsführer seinen Einspruch gar nicht begründet, wozu er nach § 357 Abs. 3 AO auch nicht verpflichtet ist.

Das Einspruchsverfahren gegen Steuerbescheide wird auch als **verlängertes Veranlagungsverfahren** bezeichnet. Das bedeutet, dass wegen § 365 Abs. 1 AO auch die gleichen Befugnisse und Grundsätze gelten wie für den erstmaligen Erlass des Verwaltungsakts. Das Finanzamt ermittelt also den Sachverhalt gem. § 88 AO von Amts wegen, kann Beweismittel nach § 92 AO heranziehen oder Beteiligte bzw. Dritte nach § 93 AO befragen.

Allerdings können im Einspruchsverfahren an die Ermittlungspflichten des Finanzamts nicht die gleichen Anforderungen gestellt werden wie im Festsetzungsverfahren. Den Einspruchsführer trifft ebenfalls eine Mitwirkungspflicht. Er ist verpflichtet, Dinge vorzubringen, die seiner Ansicht nach zu einer Rechtswidrigkeit des angefochtenen Verwaltungsakts führen. Tut er dies nicht, ist das Finanzamt nur gehalten, eine überschlägige Prüfung des Verwaltungsakts vorzunehmen. Regelmäßig reicht es aus, wenn anhand des Akteninhalts die Maßnahme auf inhaltliche oder rechtliche Fehler untersucht wird. Weitere, tiefer gehende Ermittlungen sind nur durchzuführen, wenn der Sachverhalt nicht hinreichend aufgeklärt erscheint.

3.2 Verböserung

Die Vollüberprüfung eines angefochtenen Verwaltungsakts kann auch zu dem Ergebnis führen, dass der Bescheid nach korrekter Rechtsanwendung entgegen dem Anliegen des Einspruchsführers sogar zu dessen Nachteil geändert werden müsste. Diese sog. **Verböserung** erlaubt § 367 Abs. 2 Satz 2 AO ausdrücklich. Allerdings wird dem Einspruchsführer ein Bestandsschutz garantiert: Die Verböserung ist ihm zuvor anzudrohen, was ihm dann die Gelegenheit gibt, sich innerhalb einer gesetzten angemessenen Frist (mindestens 2 Wochen) zur Sache zu äußern und vor allem zur Vermeidung dieser ungünstigen Entscheidung seinen Einspruch gem. § 362 AO zurückzunehmen (s. 2.8).

Eine Verböserung ist dann gegeben, wenn der Einspruchsführer durch eine Entscheidung des Finanzamts im Ergebnis schlechter gestellt wäre, als er vor der Einlegung gestanden hat, als er somit also nach Rücknahme des Einspruchs stehen würde.

Ein unzulässiger Einspruch ermöglicht nicht die Verböserung, da in diesem Fall eine sachliche Überprüfung des angefochtenen Verwaltungsakts nicht stattfindet.

Zwingend erforderlich ist es, den Einspruchsführer vorab auf die drohende Verböserung hinzuweisen, es handelt sich um die Gewährung des allgemein bei ungünstigen Entscheidungen erforderlichen rechtlichen Gehörs gem. § 91 AO (s. Kap. III. 1.2.8). Der Hinweis ist nur dann ausnahmsweise entbehrlich, wenn das Finanzamt aufgrund anderer Korrekturvorschriften ohnehin zur Änderung des Bescheides und zur Berücksichtigung der für den Einspruchsführer ungünstigen Sach- oder Rechtslage berechtigt wäre. In diesem Fall wäre die Einspruchsrücknahme für ihn ohnehin nutzlos.

Dem Einspruchsführer steht es frei, die Verböserung durch die Einspruchsrücknahme zu verhindern. Tut er dies, so wird der angefochtene Verwaltungsakt bestandskräftig. Eine teilweise Rücknahme des Einspruchs, etwa bezogen auf einzelne Streitpunkte, ist nicht möglich.

Verstößt das Finanzamt gegen die Pflicht, die Verböserung zuvor anzudrohen, liegt ein wesentlicher Verfahrensfehler vor. Das Finanzgericht wird einer entsprechenden Klage stattgeben, dem Einspruchsführer muss Gelegenheit gegeben werden, den Einspruch zurückzunehmen.

3.3 Anfechtungsbeschränkung bei Einspruch gegen Folgebescheid

§ 351 Abs. 2 AO verbietet es, im Einspruchsverfahren gegen einen **Folgebescheid** Einwendungen geltend zu machen, die sich inhaltlich gegen den Grundlagenbescheid richten (zu den Begrifflichkeiten und dem Verhältnis Grundlagenbescheid/Folgebescheid vgl. Kap. V. 2.3.7.2).

Beispiel:
Der Steuerpflichtige Q ist an der M-OHG beteiligt. Für diese ergeht im Juni 02 ein Feststellungsbescheid für 02. Dieser wird bestandskräftig, da kein Einspruch eingelegt wird. Aufgrund der Mitteilung über die festgestellten Beteiligungseinkünfte des Q an der M-OHG (sog. ESt-4B-Mitteilung) wird der Einkommensteuerbescheid des Q für 02 gem. § 175 Abs. 1 Nr. 1 AO geändert. Gegen diesen geänderten Bescheid legt Q Einspruch ein. Er rügt, die Einkünfte bei der OHG seien in Wahrheit deutlich niedriger gewesen.

Lösung:
Q kann gem. § 351 Abs. 2 AO diesen Einwand nicht mehr geltend machen. Bei seinem Einkommensteuerbescheid handelt es sich um einen Folgebescheid. Die Einkünfte aus der Beteiligung an der M-OHG wurden in diesem Folgebescheid lediglich übernommen, so wie sie bindend im Grundlagenbescheid, dem Feststellungsbescheid für die M-OHG festgestellt worden sind. Q hätte also rechtzeitig mit einem Einspruch gegen den Feststellungsbescheid vorgehen müssen.

Soweit entgegen § 351 Abs. 2 AO im Einspruch gegen den Folgebescheid Argumente gegen den Grundlagenbescheid vorgebracht werden, ist der Einspruch nach h.M. entgegen der Platzierung der Norm im Gesetz nicht unzulässig, sondern lediglich **unbegründet** (vgl. AEAO zu § 351, Nr. 4.).

Schematisch lässt sich die Situation wie folgt darstellen:

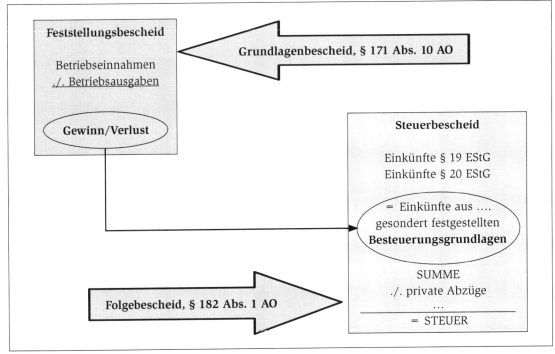

- Im Steuerbescheid werden die festgestellten Besteuerungsgrundlagen ungeprüft übernommen, Rechtsgrundlage ist § 175 Abs. 1 Nr. 1 AO. Es besteht eine Bindungswirkung an die festgestellten Daten nach § 182 Abs. 1 AO.
- Der Steuerbescheid kann mit dem Einspruch angefochten werden, aber gem. § 351 Abs. 2 AO kann nicht mehr gegen die Höhe der festgestellten Besteuerungsgrundlagen vorgegangen werden.
- Ist der Steuerpflichtige mit der Höhe des festgestellten Gewinns oder Verlusts nicht einverstanden, muss er gegen den Feststellungsbescheid Einspruch einlegen.

Der Adressat des Steuerbescheids, der im Verhältnis zum Feststellungsbescheid ein Folgebescheid ist, kann in seinem Einspruchsverfahren gegen den Einkommensteuerbescheid wegen § 351 Abs. 2 AO inhaltlich nicht geltend machen, dass im Feststellungsbescheid die Höhe des Gewinns nicht korrekt ermittelt und festgesetzt worden ist. Er hätte schon gegen den Feststellungsbescheid Einspruch einlegen müssen. Hat er dies versäumt, muss er die Bindungswirkung (§ 182 Abs. 1 AO) des Feststellungsbescheids als Grundlagenbescheid gegen sich gelten lassen.

In Bezug auf den Grundlagenbescheid ist im Einspruchsverfahren gegen den Folgebescheid einzig zu prüfen, ob der Grundlagenbescheid **wirksam** ist, d.h.:
- ob er wirksam bekannt gegeben wurde,
- ob er nicht nichtig ist gem. § 125 Abs. 1 AO.

Unwirksame Grundlagenbescheide können keine Bindungswirkung für den Folgebescheid entfalten.

Bei aufgrund § 351 Abs. 2 AO an sich unbegründeten Einsprüchen kann es im Einzelfall in Betracht kommen, den Einspruch gegen den Folgebescheid in einen solchen gegen den Grundlagenbescheid umzudeuten. Regelmäßig wird in derartigen Fällen die Einspruchsfrist gegen den Feststellungsbescheid abgelaufen sein. Eine Wiedereinsetzung in den vorigen Stand ist dann zu prüfen. Handelt es sich um einen steuerlichen Laien, kann die Säumnis dann entschuldbar sein.

4. Entscheidung über den Einspruch

Über den Einspruch entscheidet gem. § 367 Abs. 1 Satz 1 AO die Behörde, die den Verwaltungsakt erlassen hat. Wechselt die örtliche Zuständigkeit für den Steuerfall während des Einspruchsverfahrens, gelten die allgemeinen Regeln, vgl. § 367 Abs. 1 Satz 2 AO, AEAO zu § 367, Nr. 1.

Die Entscheidung erfolgt durch eine sogenannte **Einspruchsentscheidung**, § 367 Abs. 1 Satz 1 AO. Eine solche ergeht allerdings regelmäßig nur dann, wenn der Einspruchsführer keinen Erfolg hat. Wird seinem Einspruch stattgegeben, dann entspricht das Finanzamt dem gestellten Antrag und führt die gewünschte Änderung oder Aufhebung des angefochtenen Verwaltungsaktes durch. Bei aufgrund Antrags oder Einspruchs geänderten Steuerbescheiden spricht man dann von Abhilfebescheiden (s. 4.2). Es ist dann gem. § 367 Abs. 2 Satz 3 AO keine förmliche Einspruchsentscheidung erforderlich.

Weitere mögliche Maßnahmen insbesondere in Masseneinspruchsverfahren sind die Teil-Einspruchsentscheidung (§ 367 Abs. 2a AO) und die Allgemeinverfügung (§ 367 Abs. 2b AO), s. 4.3.

4.1 Einspruchsentscheidung

Die **Einspruchsentscheidung** ist gem. § 366 AO schriftlich zu erteilen, zu begründen, mit einer Rechtsbehelfsbelehrung zu versehen und den Beteiligten bekannt zu geben.

Über die Art der Bekanntgabe macht die Vorschrift keine Angabe, eine förmliche Zustellung ist also nicht erforderlich, wird aber in der Praxis häufig durchgeführt.

Herren Steuerberater Hinz und Kuntz 67890 Landau Az. 24/123/4567/8 – II/4		Finanzamt Landau Rechtsbehelfstelle III1 22.11.2017
	Einspruchsentscheidung	
Auf den Einspruch des	 Horst Hund Hauptstraße 3 67777 Landau	
vertreten durch	Steuerberater Hinz und Kuntz Landau	
vom	15.10.2017	Rubrum
gegen den	Einkommensteuerbescheid	
für das Jahr	2015	
vom	25.09.2017	
	Tenor	

wird wie folgt entschieden:

Der Einspruch wird als unbegründet zurückgewiesen.

Die Steuerfestsetzung ist weiterhin vorläufig nach § 165 Abs. 1 Abgabenordnung (AO) aus den im angefochtenen Bescheid genannten Gründen.

Gründe:

Der Einspruchsführer ist Geschäftsführer der Hund-GmbH mit Sitz in Landau und bezog aus dieser Tätigkeit im Streitjahr Arbeitslohn in Höhe von ...

...

Der Einspruch ist zulässig, aber nicht begründet.

Dem Einspruchsführer stehen die geltend gemachten außergewöhnlichen Belastungen nicht zu.

...

4. Entscheidung über den Einspruch

> **Rechtsbehelfsbelehrung**
>
> Gegen diese Entscheidung kann Klage beim Finanzgericht Rheinland-Pfalz schriftlich oder zur Niederschrift des Urkundsbeamten der Geschäftsstelle erhoben werden.
>
> Die Anschrift des Finanzgerichts Rheinland-Pfalz lautet:
> ....
>
> Die Klage ist gegen das Finanzamt Landau zu richten.
>
> Die Frist für die Erhebung der Klage beträgt einen Monat. Sie beginnt …
> …

Der **Tenor** richtet sich danach, worauf der Misserfolg des Einspruchs beruht.
   Ist der Einspruch **unzulässig**, wird aufgrund § 358 S. 2 AO wie folgt tenoriert:

> Der Einspruch wird als unzulässig verworfen.

Ist der Einspruch **unbegründet**, lautet der Tenor wie im obigen Beispiel:

> Der Einspruch wird als unbegründet zurückgewiesen.

Denkbar ist auch, dass es im Tenor zu einer vom angefochtenen Bescheid abweichenden Steuer- oder anderen Festsetzung kommt, z.B.

> Unter Abänderung des angefochtenen Bescheides wird die Einkommensteuer für den Veranlagungszeitraum 2015 auf 25.839 € festgesetzt.
> Im Übrigen wird der Einspruch zurückgewiesen.

Die Gründe bestehen zum einen aus dem **Tatbestand**, also der Darstellung des Sachverhalts und des Verfahrensablaufs, sowie der anschließenden **rechtlichen Würdigung**.
   Der Tatbestand zählt den für die Entscheidung bedeutsamen Sachverhalt auf, z.B. welche Einkünfte der Einspruchsführer aus welcher Tätigkeit hatte, dass er einzeln oder zusammen zur Einkommensteuer veranlagt wird, welche Ausgaben er hatte usw. Anschließend wird über das Verfahren berichtet, z.B. dass das Finanzamt bestimmte Werbungskosten nicht anerkannt hat, der Einspruchsführer etwas nachgereicht hat, Einspruch eingelegt hat oder welche Ermittlungen das Finanzamt durchgeführt hat. Schließlich werden das inhaltliche Vorbringen des Einspruchsführers und seine Argumente im Konjunktiv dargestellt („Der Einspruchsführer ist der Auffassung, die Werbungskosten seien anzuerkennen. § xy ermögliche die Geltendmachung …").
   Die rechtliche Würdigung beginnt nochmals mit einer Wiederholung der Entscheidung, die sodann mit den wesentlichen Normen belegt wird. Sie erfolgt im **Urteilsstil**, d.h. vom Ergebnis her begründend („Die außergewöhnlichen Belastungen sind nicht anzuerkennen. Hier liegt nämlich kein …"). Subsumtionsstil („Es könnte § xy greifen. Dafür müsste zunächst …") wie in Klausuren oder Gutachten ist nicht angebracht. Ausführungen zur Zulässigkeit des Einspruchs sind nur dann erforderlich, wenn diese sich als problematisch dargestellt haben oder der Einspruch tatsächlich unzulässig ist. In letzterem Fall verbieten sich dann jegliche Ausführungen zur Begründetheit.
   Der Inhalt der **Rechtsbehelfsbelehrung** ergibt sich aus § 55 FGO. Es ist auf das Rechtsmittel der Klage und ihren notwendigen Inhalt, das zuständige Gericht mit seinem Sitz sowie auf die Klagefrist hinzuweisen.

4.2 Abhilfe

Wenn der Steuerpflichtige mit seinem Einspruch gegen einen Steuerbescheid in vollem Umfang Erfolg hat, ist, wie bereits erwähnt, regelmäßig keine Einspruchsentscheidung erforderlich. Dann ändert das Finanzamt den Steuerbescheid entsprechend und erlässt einen sogenannten **Abhilfebescheid**. Die unmittelbare Rechtsgrundlage hierfür ist § 172 Abs. 1 Nr. 2a AO, diese Norm ist gem. § 132 AO auch im Einspruchsverfahren anwendbar.

Wenn der angefochtene Bescheid unter dem Vorbehalt der Nachprüfung gestanden hat, kommt als Grundlage auch § 164 Abs. 2 Satz 1 AO in Betracht, da diese Norm die jederzeitige Änderung des Bescheides ermöglicht. Auch die Anwendung anderer Korrekturvorschriften ist denkbar.

Mit Erlass des Abhilfebescheides ist das Einspruchsverfahren beendet, da sich das Anliegen des Einspruchsführers durch den Erlass in vollem Umfang erledigt hat.

Kommt das Finanzamt im Rahmen der Einspruchsprüfung zu der Auffassung, dass der Einspruchsführer teilweise im Recht ist, kann der Einspruch durch einen geänderten Steuerbescheid nicht erledigt werden. Vielmehr wird in der Einspruchsentscheidung die Steuer auf einen abweichenden Betrag festgesetzt, im Übrigen wird der Einspruch zurückgewiesen.

Ist der Einspruch teilweise begründet, in Bezug auf andere Punkte aber noch nicht entscheidungsreif, kann eine **Teilabhilfe** durch Änderung des angefochtenen Bescheids in Betracht kommen. Dies soll jedoch aus Sicht der Verwaltung eher ein Ausnahmefall sein, da eine Teilabhilfe zu verfahrensrechtlichen Problemen führen kann:

> **Beispiel:**
>
> W legt gegen seinen Einkommensteuerbescheid für 02 in zulässiger Weise Einspruch ein. Er rügt die Nichtanerkennung bestimmter Werbungskosten sowie die Höhe der angesetzten Einkünfte aus Vermietung und Verpachtung. Der Bearbeiter des Finanzamts will dem Einspruch in Bezug auf die Werbungskosten stattgeben, über die Vermietungseinkünfte wird weiter gestritten. Er erlässt einen geänderten Steuerbescheid, in dem die Werbungskosten nunmehr anerkannt werden. Als der Einspruch auch im Übrigen entscheidungsreif ist, entdeckt der Sachbearbeiter einen weiteren Rechtsfehler im Bescheid, dessen Beseitigung sich zulasten des W auswirken würde, sodass es zu einer Verböserung käme. Er droht dies dem W an, woraufhin dieser seinen Einspruch zurücknimmt.

> **Lösung:**
>
> Mit der Einspruchsrücknahme ist das Verfahren erledigt. Der Teilabhilfebescheid bleibt allerdings in der Welt. Wäre dieser nicht sogleich erlassen worden, hätte die für W günstige Änderung in Bezug auf die Werbungskosten mit der Beseitigung des Rechtsfehlers ausgeglichen werden könne. Durch die nun eingetretene Bestandskraft des geänderten Bescheides kann der Rechtsfehler nicht mehr beseitigt werden.

In Einspruchsverfahren mit umfangreichem Streitstoff, in denen lediglich ein Teil entscheidungsreif ist, dem Einspruchsführer aber nicht zugemutet werden kann, hinsichtlich aller Punkte auf den Erlass der Einspruchsentscheidung zu warten, kommt der Erlass eines Teilabhilfebescheides in Betracht. Ein Szenario wie im Beispiel geschildert, das zu einer Verböserung führen würde, muss allerdings ausgeschlossen sein.

Der Teilabhilfebescheid erledigt das Einspruchsverfahren nicht. Er wird gem. § 365 Abs. 3 Satz 1 AO automatisch Gegenstand des Einspruchsverfahren, das dann fortgesetzt wird.

4.3 Teil-Einspruchsentscheidungen und Allgemeinverfügungen

Durch das Jahressteuergesetz 2007 hat der Gesetzgeber den Finanzbehörden mit der Einführung des § 367 Abs. 2a AO die Möglichkeit gegeben, vorab über Teile eines Einspruchs zu entscheiden, wenn

4. Entscheidung über den Einspruch

es **sachdienlich** ist. In Betracht kommt dies insbesondere in Fällen, in denen das Einspruchsverfahren nicht komplett entschieden werden kann, weil sich der Einspruchsführer auf ein vor einem obersten Gericht anhängiges Musterverfahren stützt und sein Einspruch deswegen ruht.

Voraussetzungen für den Erlass einer Teil-Einspruchsentscheidung gem. § 367 Abs. 2a AO:

• Es muss ein zulässiger Einspruch gegeben sein.
• Der Einspruch muss sachlich teilbar sein und einen abtrennbaren Teil enthalten, der entscheidungsreif ist.
• Der Erlass einer Teil-Einspruchsentscheidung muss sachdienlich sein.
   – Sachdienlichkeit ist ein unbestimmter Rechtsbegriff.
   – Zu den Anwendungsfällen, in denen die Sachdienlichkeit bejaht wird, s.u.
In der Teileinspruchsentscheidung ist genau zu bestimmen, hinsichtlich welcher Teile des Verwaltungsakts **keine Bestandskraft** eintreten soll, § 367 Abs. 2a Satz 2 AO.

Da ein Einspruch, auch wenn er sich inhaltlich nur auf anhängige **Musterverfahren** bezieht, stets den gesamten Verwaltungsakt betrifft und zu seiner Vollüberprüfung führt, bleibt für die Finanzbehörde der übrige Teil des Einspruchs – der also nicht ein Musterverfahren betrifft – zu entscheiden. Stellt sich dieser übrige Teil als entscheidungsreif dar, kann eine **Teil-Einspruchsentscheidung** ergehen. Sie entscheidet dann das Einspruchsverfahren insoweit, als es **nicht** ein anhängiges Musterverfahren betrifft. Im Übrigen ruht der Einspruch gem. § 363 Abs. 2 Satz 2 AO (s. 5.4.2), bis das Musterverfahren entschieden ist.

Folgende **Anwendungsfälle** der Teil-Einspruchsentscheidung sind denkbar:

Der Einspruchsführer beruft sich ausschließlich auf anhängige Musterverfahren.	Eine Teil-Einspruchsentscheidung kann ergehen. In ihr wird regelmäßig erläutert, dass sich der Bescheid insgesamt als rechtmäßig darstellt und daher insoweit, als der Einspruch nicht Musterverfahren betrifft, Bestandskraft eintritt, wenn der Einspruchsführer nicht dagegen klagt.
Der Einspruchsführer macht neben dem Musterverfahren weitere Punkte geltend, die nach rechtlichen und tatsächlichen Ermittlungen des Finanzamts nicht begründet sind.	Eine Teil-Einspruchsentscheidung kann ergehen. Im Hinblick auf die übrigen Punkte tritt dann Bestandskraft ein, wenn der Einspruchsführer nicht gegen die Teil-Einspruchsentscheidung vor dem Finanzgericht klagt.

Wenn es schließlich zu einem Abschluss im anhängigen Musterverfahren kommt, profitiert die Finanzbehörde durch eine erhebliche Verfahrensbeschleunigung von einem vorherigen Erlass von Teil-Einspruchsentscheidungen: Geht das Musterverfahren nämlich für den Einspruchsführer ungünstig aus, kann sein Einspruch und der aller anderer Einspruchsführer, die dasselbe Ansinnen verfolgt haben, in vereinfachter Weise durch **Allgemeinverfügung** gem. § 367 Abs. 2b AO zurückgewiesen werden. Es ist nicht erforderlich, in jedem Einzelfall eine (End-)Einspruchsentscheidung zu erlassen.

Derartige Allgemeinverfügungen sind durch Klage beim Finanzgericht mit einer Klagefrist von einem Jahr angreifbar, § 40 Abs. 1 FGO, § 367 Abs. 2b Satz 5 AO.

> **☞ Wichtig!**
> Allgemeinverfügungen erledigen das Einspruchsverfahren nur in dem das Musterverfahren betreffenden Punkt. Das Einspruchsverfahren – das ja eine **vollständige Überprüfung** des Verwaltungsakts beinhaltete – erledigt sich also nur dann vollständig, wenn zuvor bezüglich des übrigen Teils eine Teil-Einspruchsentscheidung ergangen ist. War dies nicht der Fall, muss nach der Allgemeinverfügung noch eine Einspruchsentscheidung erlassen werden.

Gegen die Teil-Einspruchsentscheidung selbst ist ebenfalls eine Klage möglich, Rechtsgrundlage ist § 40 Abs. 1 FGO. Der Kläger kann vor dem Finanzgericht sowohl materiell-rechtliche Einwendungen gegen die getroffene Entscheidung geltend machen als auch rügen, dass die Voraussetzungen für den Erlass einer Teil-Einspruchsentscheidung nicht vorgelegen haben, dass diese z.B. nicht sachdienlich war.

> **Beispiel für eine Teil-Einspruchsentscheidung (Auszug):**
>
> „Der Einspruch wird, soweit hierdurch über ihn entschieden wird, als unbegründet zurückgewiesen.
>
> …
>
> Streitig ist … Im Übrigen hat der Einspruchsführer keine Einwendungen gegen die Steuerfestsetzung erhoben. Der Einspruchsführer wurde mit Schreiben vom … darauf hingewiesen, dass der Erlass einer Teil-Einspruchsentscheidung gerechtfertigt ist, wenn der Verwaltungsakt nicht bis zum … in weiteren Punkten angegriffen werden sollte. Er hat weitere Punkte danach nicht mehr vorgebracht.
>
> Der Einspruch ist zulässig, aber – soweit hierdurch über ihn entschieden wird – nicht begründet. Der Erlass einer Teil-Einspruchsentscheidung ist sachdienlich i.S.d. § 367 Abs. 2a AO. Sachdienlichkeit … (Begründung entsprechend AEAO zu § 367, Nr. 6).
>
> Die gem. § 367 Abs. 2 Satz 1 AO durchzuführende vollumfängliche Überprüfung des Steuerbescheides hat – soweit sie Gegenstand dieser Entscheidung ist – ergeben, dass der Einspruch nicht begründet ist. (Begründung)"

Der BFH hat die Teil-Einspruchsentscheidung als zulässiges verfahrenstechnisches Mittel in den von der Finanzverwaltung genannten Fällen anerkannt (BFH vom 30.09.2010, III R 39/08, BStBl II 2011, 11).

> **Beraterhinweis!**
> Bei Einsprüchen, die sich inhaltlich allein auf ein bei einem obersten Bundesgericht anhängiges Musterverfahren beziehen, hat sich in den letzten Monaten bei den Finanzämtern folgende Praxis etabliert:
> (**Anmerkung!** Es handelt sich um ein Musterverfahren, das nicht im Vorläufigkeitsvermerk des angefochtenen Bescheides nach § 165 Abs. 1 Satz 2 Nr. 3 und 4 AO enthalten war. Wäre das Verfahren enthalten gewesen, dann fehlte es dem Einspruch am Rechtsschutzbedürfnis, dieser wäre unzulässig (s. 2.6.2)).
> Da das Bundesministerium für Finanzen den Vorläufigkeitskatalog immer wieder aktualisiert und weitere Verfahren aufnimmt, kommt es häufig vor, dass während eines laufenden Einspruchsverfahrens das zugrundeliegende Musterverfahren in den allgemeinen Vorläufigkeitskatalog für neue Bescheide aufgenommen wird.
> Die Verwaltung hält es dann für zulässig, dem Einspruch durch „Aktualisierung" des Vorläufigkeitsvermerks abzuhelfen. Es wird also ein „Abhilfebescheid" gem. § 172 Abs. 1 Nr. 2a AO erlassen, der inhaltlich lediglich den alten Vorläufigkeitsvermerk durch den neuen ersetzt – ansonsten bleibt der Bescheid unverändert. Die Zustimmung des Einspruchsführers zu dieser „Abhilfe" wird dann

> allgemein unterstellt, da sie seinem Interesse entsprechen soll. Dieses bestehe vor allem darin, den eigenen Fall im Hinblick auf das anhängige Musterverfahren offen zu halten. Dies sei mit dem Vorläufigkeitsvermerk gewährleistet (Problem strittig). Die Verwaltung ist der Auffassung, dass die o.g. Einsprüche durch das genannte Vorgehen in vollem Umfang erledigt sind. Diese Praxis wurde inzwischen auch durch den BFH als rechtskonform bestätigt (Urteil vom 23.01.2013, BStBl II 2013, 423).

5. Weitere Folgen und Entscheidungen im Einspruchsverfahren

5.1 Ablaufhemmung (§ 171 Abs. 3a AO)

Wenn ein Steuerbescheid (oder gleichgestellter Bescheid) mit dem Einspruch oder mittels Klage angefochten wird, führt dies gem. § 171 Abs. 3a AO zu einer **Ablaufhemmung** bei der Festsetzungsfrist. Das bedeutet, dass es bei rechtzeitiger Anfechtung vor Ablauf der Festsetzungsfrist theoretisch unbefristet zu einer Änderung durch das Finanzamt aufgrund des Einspruchs kommen kann.

> **Beispiel:**
>
> Am 20.12.06 wird dem F ein Einkommensteuerbescheid für 01 (Abgabe der Steuererklärung in 02) bekannt gegeben. F legt gegen den Bescheid am 30.12.06 Einspruch ein.

> **Lösung:**
>
> Die Festsetzungsfrist für die Einkommensteuer 01 läuft nicht ab, bevor über den Einspruch unanfechtbar entschieden worden ist. Das Finanzamt kann also z.B. noch im April 07, wenn die Prüfung der Begründetheit abgeschlossen ist, einen geänderten Bescheid für 01 erlassen.

Gem. § 171 Abs. 3a S. 1 letzter Hs. AO gilt dies auch, wenn der Rechtsbehelf erst nach Ablauf der Festsetzungsfrist eingelegt worden ist:

> **Abwandlung zum Beispiel:**
>
> Hätte F im obigen Beispiel seinen Einspruch erst am 10.01.07 eingelegt, würde ebenfalls die Ablaufhemmung des § 171 Abs. 3a AO greifen. F hat die Einspruchsfrist von 1 Monat gem. § 355 Abs. 1 Satz 1 AO eingehalten, der Einspruch war also zulässig (unterstellt, dass alle anderen Voraussetzungen gegeben sind).

Nur zulässige Einsprüche können die Ablaufhemmung des § 171 Abs. 3a AO auslösen, § 171 Abs. 3a Satz 2 AO. Die Ablaufhemmung erfasst nach dieser Norm den gesamten Steueranspruch, also nicht etwa nur den streitbefangenen Teil.

5.2 Änderungen im Rechtsbehelfsverfahren

Wenn es während des Rechtsbehelfsverfahrens zu Änderungen des angefochtenen Verwaltungsaktes kommt, z.B. zu einer Änderung des angefochtenen Steuerbescheides aufgrund einer vorliegenden Korrekturvorschrift, greift § 365 Abs. 3 Satz 1 AO. Nach dieser Norm wird der geänderte Verwaltungsakt nunmehr automatisch Gegenstand des Einspruchsverfahrens. Für den Einspruchsführer ist diese eine Erleichterung, da er nicht wiederum Einspruch einlegen muss. Auf diesen Umstand wird regelmäßig im Erläuterungstext des Änderungsbescheides hingewiesen.

> **Beispiel:**
>
> Das Finanzamt ist von der Umsatzsteuer-Jahresanmeldung 01 des U abgewichen und hat die Steuer höher als angemeldet gegen ihn festgesetzt. U legt Einspruch ein. Während des laufenden Einspruchs-

verfahrens erhält das Finanzamt eine Kontrollmitteilung, wonach zusätzliche Umsätze bei U anzusetzen sind. Es erfolgt eine Änderung nach § 173 Abs. 1 Nr. 1 AO.

> **Lösung:**
>
> Der geänderte Umsatzsteuerbescheid wird automatisch Gegenstand des Einspruchs, U muss nichts unternehmen. Im Einspruchsverfahren wird der Bescheid vollumfänglich geprüft.

Laut Rechtsprechung und Verwaltung greift die Regelung auch, wenn nach Anfechtung einer Umsatzsteuervoranmeldung später während des Einspruchsverfahrens an deren Stelle eine Umsatzsteuer-Jahresfestsetzung tritt (vgl. AEAO zu § 365, Nr. 2.).

Gem. § 365 Abs. 3 Satz 2 Nr. 1 AO gilt die obige Regelung entsprechend, wenn der geänderte Bescheid auf § 129 AO beruht. Diese Norm trägt dem Umstand Rechnung, dass § 129 AO terminologisch nicht von einer Änderung, sondern von einer Berichtigung spricht.

§ 365 Abs. 3 Satz 2 Nr. 2 AO soll die Fälle erfassen, in denen der Einspruchsführer sich mit seinem Einspruch gegen einen unwirksamen Verwaltungsakt wendet. Dieser ist – obwohl solche Verwaltungsakte ohnehin keine Wirkung entfalten – aufgrund des entfalteten Rechtsscheins zulässig (s. 2.1). Erlässt das Finanzamt nun einen entsprechenden wirksamen Verwaltungsakt, tritt dieser an die Stelle der zuvor angefochtenen unwirksamen Maßnahme. Auch hier ist kein erneuter Einspruch vonnöten.

5.3 Hinzuziehung Dritter
5.3.1 Sinn und Zweck, Wirkung der Hinzuziehung

Grundsätzlich binden Verwaltungsakte wie auch Einspruchsentscheidungen nur die davon Betroffenen, also den Einspruchsführer und das Finanzamt. In bestimmten Konstellationen ist es darüber hinaus sinnvoll, die Bindungswirkung einer Einspruchsentscheidung auf weitere Personen auszudehnen als nur den Inhaltsadressaten.

Die Beteiligung des Dritten ist möglich durch eine sogenannte **Hinzuziehung** gem. § 360 AO. Der Vorteil dieser Maßnahme ist, dass die Rechtsfrage, die im Einspruchsverfahren geklärt wird, auch gegenüber dem Hinzugezogenen mit Bindungswirkung entschieden werden kann. Auch wird vermieden, dass es im Verhältnis zu dritten Personen zu abweichenden Entscheidungen kommt, die der im Grundfall getroffenen widersprechen.

> **Beispiel:**
>
> X hat das Unternehmen des Y gekauft. Er wird gem. § 75 AO für die Steuerschulden (u.a. Umsatzsteuer 01) der Y in Haftung genommen. Y hat gegen den Umsatzsteuerbescheid 01 Einspruch eingelegt, es wird über die Höhe der Vorsteuern gestritten.

> **Lösung:**
>
> X kann zum Einspruchsverfahren der Y hinzugezogen werden. Vorteil ist, dass X eine spätere Einspruchsentscheidung gegen sich gelten lassen muss. Er kann dann im Einspruchsverfahren gegen den Haftungsbescheid keine Einwendungen mehr gegen die Höhe der zugrundeliegenden Steuer geltend machen. Würde man die Hinzuziehung unterlassen, wäre X der Einwand der zu hoch festgesetzten Steuer in seinem Einspruchsverfahren noch möglich.

Man unterscheidet die Fälle der **einfachen** (§ 360 Abs. 1 AO) und der **notwendigen** (§ 360 Abs. 3 AO) **Hinzuziehung**. Die einfache Hinzuziehung betrifft Fälle, bei denen die Beteiligung des Dritten im Ermessen des Finanzamts steht. Die notwendige Hinzuziehung ist zwingend, Hauptanwendungsfall ist das Einspruchsverfahren bei einheitlichen und gesonderten Feststellungen.

Die Hinzuziehung erfolgt durch Verwaltungsakt, dieser ist neben dem Hinzugezogenen auch dem Einspruchsführer bekannt zu geben. Beide können gegen die Hinzuziehung Einspruch einlegen.

Die Hinzuziehung ist **akzessorisch**, sie ist also vom Vorliegen eines Einspruchs abhängig. Nimmt der Einspruchsführer seinen Einspruch zurück, ist auch für den Hinzugezogenen das Verfahren beendet. Er kann es nicht etwa selbständig fortführen.

> **Zum Beispiel oben:**
>
> Nimmt im Ausgangsfall oben Y seinen Einspruch zurück, ist das Verfahren beendet. X muss nun, wenn er mit der Höhe der Steuer nicht einverstanden ist, gegen den Haftungsbescheid vorgehen.

Durch die wirksame Hinzuziehung wird der Hinzugezogene **Beteiligter** des Einspruchsverfahrens gem. **§ 359 Nr. 2 AO**. Er kann gem. § 360 Abs. 4 AO dieselben Rechte geltend machen wie der Einspruchsführer, also z.B. Stellungnahmen abgeben oder Anträge stellen.

Will das Finanzamt dem Einspruch stattgeben, stellt sich die Frage, ob eine Abhilfeentscheidung möglich ist, da im Verhältnis zum Hinzugezogenen nicht immer von dessen Zustimmung zu dieser Entscheidung ausgegangen werden kann. Wenn der Hinzugezogene mit der Entscheidung nicht einverstanden ist, muss die Abhilfe durch eine stattgebende Einspruchsentscheidung erfolgen. Diese ist gem. § 366 i.V.m. § 359 AO auch dem Hinzugezogenen bekannt zu geben. Er kann dann mittels Klage beim Finanzgericht dagegen vorgehen.

Im finanzgerichtlichen Verfahren tritt an die Stelle der Hinzuziehung die sogenannte Beiladung gem. § 60 FGO, die Regelungen entsprechen inhaltlich weitgehend denen in § 360 AO.

5.3.2 Einfache Hinzuziehung

Der Grund für eine **einfache Hinzuziehung** liegt gem. § 360 Abs. 1 AO darin, dass die rechtlichen Interessen eines Dritten nach den Steuergesetzen durch die Einspruchsentscheidung berührt sind. Dies ist der Fall, wenn die Entscheidung seine steuerrechtliche Position verbessern oder verschlechtern würde. Beispiele sind vor allem:
- Haftung für die Steuerschuld des Einspruchsführers,
- Einspruch eines Ehegatten gegen Einkommensteuerbescheid bei Zusammenveranlagung.

Die Hinzuziehung steht in diesen Fällen im **Ermessen** der Finanzbehörde. Vor der Anordnung ist der Einspruchsführer gem. § 360 Abs. 1 Satz 2 AO zu hören.

Unterlässt das Finanzamt in diesen Fällen die Hinzuziehung, hat dies keine Auswirkungen auf die Rechtmäßigkeit der Einspruchsentscheidung. Folge ist lediglich, dass die Entscheidung dem Dritten gegenüber keine Wirkung entfaltet.

5.3.3 Notwendige Hinzuziehung

Eine Hinzuziehung ist gem. § 360 Abs. 3 AO zwingend, wenn Dritte an dem streitigen Rechtsverhältnis derart beteiligt sind, dass die Entscheidung auch ihnen gegenüber nur einheitlich ergehen kann. Dies ist wie bereits erwähnt vor allem in Einspruchsverfahren gegen die gesonderte und einheitliche Feststellung von Besteuerungsgrundlagen der Fall.

> **Beispiel:**
>
> Gegen die T-OHG ergeht ein Feststellungsbescheid für das Jahr 01. Beteiligt an der OHG sind die Gesellschafter A, B und C, allen dreien wurde der Feststellungsbescheid bekannt gegeben. A legt gegen den Feststellungsbescheid Einspruch ein, er ist mit der Höhe des festgestellten Gewinns der OHG nicht einverstanden.

> **Lösung:**
>
> Wenn A mit seinem Einspruch Erfolg hätte, wären die Besteuerungsgrundlagen niedriger festzustellen. Da jedoch auch B und C an der OHG beteiligt sind, wären auch sie von dieser Entscheidung zwingend betroffen, da die Feststellung einheitlich erfolgt. Sie sind daher zum Einspruchsverfahren des A notwendig hinzuzuziehen.

Gem. § 360 Abs. 3 Satz 2 AO sind zum Einspruchsverfahren gegen einheitliche und gesonderte Feststellungen jedoch nur die Beteiligten hinzuzuziehen, die nach § 352 AO ihrerseits berechtigt sind Einspruch einzulegen (s. 2.2.2). Es ist also im Einzelfall zu prüfen, wer einspruchsbefugt ist, um zu ermitteln, wer hinzugezogen werden muss.

> **Beispiel:**
>
> B und C sind nur dann zum Einspruchsverfahren beizuladen, wenn sie auch selbst gegen den Feststellungsbescheid zum Einspruch befugt gewesen wären. Im Beispiel oben sind B und C in jedem Fall einspruchsbefugt, da ihnen ein Feststellungsbescheid bekannt gegeben worden ist (vgl. § 352 Abs. 1 Nr. 2 AO, s. 2.2.2).

Unterlässt das Finanzamt eine notwendige Hinzuziehung, kann dieser Fehler ggf. durch eine Beiladung im finanzgerichtlichen Verfahren geheilt werden. Es kommt regelmäßig nicht infrage, die Einspruchsentscheidung aufgrund der fehlenden Hinzuziehung isoliert aufzuheben.

§ 360 Abs. 5 AO enthält eine Sonderregelung für **Massenverfahren**. Sind von einer einheitlichen und gesonderten Feststellung mehr als 50 Personen betroffen, die alle auch die Voraussetzungen des § 352 AO erfüllen, also nach dem Wortlaut des § 360 Abs. 3 AO zum Einspruchsverfahren hinzuzuziehen wären, greift eine Verfahrenserleichterung ein: Das Finanzamt kann dann anordnen, dass nur solche Personen hinzugezogen werden müssen, die dies innerhalb einer bestimmten Frist beantragen. Zu den Einzelheiten des Verfahrens in derartigen Fällen vgl. § 360 Abs. 5 Satz 2-6 AO.

5.3.4 Sonderfall der Hinzuziehung nach § 174 Abs. 5 AO

Für Fälle **widerstreitender Steuerfestsetzungen** nach § 174 Abs. 4 AO regelt § 174 Abs. 5 AO einen besonderen Fall der Hinzuziehung (s. hierzu Kap. V. 2.3.6.8).

> **Beispiel:**
>
> Die A-GmbH & Co. KG und die B-GmbH haben einen Gewinnabführungs- und Beherrschungsvertrag abgeschlossen, zwischen Beteiligten und Finanzamt ist streitig, ob dieser anzuerkennen ist und eine Organschaft vorliegt. Unklar ist daher, ob der Gewinn der GmbH bei der KG oder bei der GmbH selbst anzusetzen ist.
> Die Feststellung für die KG wird beim Finanzamt P vorgenommen, diese setzt den Gewinn der GmbH nicht an.
> Das für die GmbH zuständige Finanzamt O erfasst den Gewinn bei der GmbH selbst. Diese legt gegen den entsprechenden Körperschaftsteuerbescheid Einspruch ein. Im Einspruchsverfahren ändert das Finanzamt O seine Meinung, gibt dem Einspruch statt und streicht den GmbH-Gewinn wieder.

> **Lösung:**
>
> Gem. § 174 Abs. 4 AO liegt nun ein negativer Widerstreit dergestalt vor, dass aufgrund des erfolgreichen Rechtsbehelfs der GmbH deren Gewinn gar nicht mehr steuerlich erfasst wird. Die Beseitigung dieses Widerstreits ist nun grundsätzlich möglich. Da diese aber nur durch Änderung des einen Dritten, hier die KG betreffenden Bescheids erfolgen kann, war diese zum Einspruchsverfahren der GmbH hinzuzuziehen.

> Folge einer unterlassenen Hinzuziehung wäre, dass die Änderung nach § 174 Abs. 4 AO zulasten der KG nicht erfolgen könnte.

5.4 Aussetzen/Ruhenlassen des Verfahrens

Das Einspruchsverfahren kann unter bestimmten Voraussetzungen zu einem vorläufigen Stillstand kommen. Dies kann aufgrund einer ausstehenden Entscheidung einer anderen Behörde, die für das Einspruchsverfahren von Bedeutung ist, infrage kommen, oder aufgrund eines anhängigen Musterprozesses sinnvoll sein. In bestimmten Fällen kommt es auch automatisch zu einem Ruhen des Einspruchsverfahrens, bis eine Entscheidung in einem Musterfall getroffen worden ist.

5.4.1 Aussetzen des Verfahrens, § 363 Abs. 1 AO

§ 363 Abs. 1 AO erlaubt es, das Einspruchsverfahren **vorläufig auszusetzen**, wenn die Entscheidung ganz oder teilweise vom Bestehen oder Nichtbestehen eines Rechtsverhältnisses abhängt, das Gegenstand eines anhängigen Rechtsstreits ist. Es handelt sich um eine Ermessensentscheidung des Finanzamts, ob das Verfahren in solchen Fällen ausgesetzt wird.

> **Beispiel:**
>
> Gegen K wird ein Grunderwerbsteuerbescheid erlassen, da er ein Gebäude von V erworben hat. K legt gegen den Bescheid Einspruch ein. Er macht geltend, er befinde sich noch mit V in einem Rechtsstreit vor dem Landgericht, weil er von diesem beim Abschluss des Kaufvertrags arglistig getäuscht worden sei.

> **Lösung:**
>
> Bis zum Abschluss des zivilgerichtlichen Verfahrens kann das Finanzamt das Einspruchsverfahren gem. § 363 Abs. 1 AO aussetzen. Die Entscheidung über den Grunderwerbsteuerbescheid hängt vom Ausgang dieses Rechtsstreits ab.

Die Entscheidung über die Aussetzung nach § 363 Abs. 1 AO bedarf nicht der Zustimmung des Einspruchsführers.

5.4.2 Ruhenlassen des Verfahrens, § 363 Abs. 2 AO

Ein **Ruhen des Verfahrens** kommt in zwei Konstellationen in Betracht:

§ 363 Abs. 2 Satz 1 AO: Verfahrensruhe mit Zustimmung des Einspruchsführers	§ 363 Abs. 2 Satz 2 AO: „Zwangsruhe" kraft Gesetzes
Voraussetzung: • Das Ruhen erscheint im konkreten Fall zweckmäßig. **Beispiel:** – Vor dem Finanzgericht (nicht BFH, vgl. S. 2) ist ein mit dem Einspruchsfall vergleichbares Musterverfahren anhängig. – Vor dem FG wird bereits über dieselbe Rechtsfrage in Bezug auf das Vorjahr gestritten.	**Voraussetzungen:** • Zwangsruhe tritt ein, wenn wegen der Verfassungsmäßigkeit einer Rechtsnorm oder wegen einer Rechtsfrage ein Verfahren beim EuGH, beim BVerfG oder bei einem obersten Bundesgericht anhängig ist und der Einspruchsführer seinen Einspruch hierauf stützt. • Wegen des anhängigen Verfahrens darf kein Vorläufigkeitsvermerk gem. § 165 Abs. 1 Satz 2 AO im Bescheid enthalten sein.

Ein Ruhen des Verfahrens kommt nicht in Betracht, wenn der angefochtene Bescheid wegen eines Musterprozesses, auf den sich der Einspruchsführer beruft, bereits vorläufig gem. § 165 Abs. 1 Satz 2 AO ist. In diesem Fall sind Einsprüche – soweit in ihnen keine anderen Punkte geltend gemacht werden – in der Regel mangels Rechtsschutzbedürfnisses unzulässig (s. 2.6.2).

Durch die Einführung des § 367 Abs. 2a AO (s. zu diesem Thema insgesamt 4.3) besteht die Möglichkeit, das Einspruchsverfahren im Hinblick auf den Teil, der nicht ein bei einem der genannten Gerichte anhängiges Verfahren betrifft, vorab durch eine **Teil-Einspruchsentscheidung** abzuschließen. Kommt es dann im Musterverfahren zu einem Urteil, muss ggf. nur noch dies in einer abschließenden Entscheidung nachvollzogen werden. Neu ist also, dass Einspruchsverfahren nicht mehr grundsätzlich in vollem Umfang automatisch ruhen.

Beispiel:

Der Steuerpflichtige S legt Einspruch ein und beruft sich zur Begründung auf ein beim BFH anhängiges Musterverfahren. Das Verfahren ist im Vorläufigkeitsvermerk seines Bescheides nicht enthalten.

Lösung:

Soweit sich S auf das Musterverfahren beruft, ruht sein Einspruch gem. § 363 Abs. 2 Satz 2 AO automatisch. In Bezug auf den übrigen Inhalt des Bescheides könnte das Finanzamt nun eine Teil-Einspruchsentscheidung gem. § 367 Abs. 2a AO erlassen.

- Hat S in seinem Einspruch noch weitere Punkte geltend gemacht, kann in Bezug auf diese der Bescheid umfassend geprüft und die Sach- und Rechtslage mit dem Steuerpflichtigen diskutiert werden, bei Entscheidungsreife kann eine Teil-Einspruchsentscheidung ergehen, falls der Einspruch insoweit unbegründet war.
- Hat S keine weiteren Punkte geltend gemacht, kann nach summarischer Prüfung des Bescheides im Übrigen ebenfalls eine Teil-Einspruchsentscheidung ergehen.

Wenn das Musterverfahren anschließend zuungunsten des Einspruchsführers ausgeht, erlässt das Finanzamt eine (End-)Einspruchsentscheidung. Alternativ kann der Einspruch auch gem. § 367 Abs. 2b AO durch Allgemeinverfügung zurückgewiesen werden.

Geht das Verfahren für den Einspruchsführer günstig aus, ist sein Steuerbescheid entsprechend zu ändern.

☞ Hinweis!

Vor Einführung der Instrumente Teil-Einspruchsentscheidung und Allgemeinverfügung zum 01.01.2007 war es der Finanzverwaltung nicht möglich, über den nicht das Musterverfahren betreffenden Teil des Einspruchs separat zu entscheiden. Faktisch führte das dazu, dass derartige Einspruchsverfahren in vollem Umfang gem. § 363 Abs. 2 Satz 2 AO ruhten und für den gesamten Steuerfall der Ausgang des Musterverfahrens abgewartet werden musste.

5.4.3 Rechtsbehelfe

Ist der Einspruchsführer mit dem Aussetzen oder dem Ruhen des Verfahrens nicht einverstanden, soll es dennoch nicht möglich sein, dass – parallel zum Verfahren in der Hauptsache – allein über die Fortsetzung oder Nichtfortsetzung des Einspruchsverfahrens gestritten wird. Zwar sind alle Entscheidungen, also sowohl die Anordnung des Aussetzens oder des Ruhens des Verfahrens sowie die Ablehnung dieser Maßnahmen Verwaltungsakte. Es ist jedoch nur begrenzt möglich, gegen diese vorzugehen. Dies bedeutet im Einzelnen:

5. Weitere Folgen und Entscheidungen im Einspruchsverfahren

Entscheidung des Finanzamts	Mögliche Gegenmittel des Steuerpflichtigen
Aussetzen des Verfahrens, § 363 Abs. 1 AO	• Einspruch möglich; über diesen hat die Finanzbehörde gesondert zu entscheiden.
Ruhenlassen des Verfahrens, § 363 Abs. 2 Satz 1 AO	• Kommt ohnehin nur mit Zustimmung des Einspruchsführers in Betracht, dieser wird sich daher selten wehren. • Antrag auf Fortsetzung des Verfahrens nach § 363 Abs. 2 Satz 4 AO. • Einspruch statthaft; aber i.d.R. kein Rechtsschutzbedürfnis, da der o.g. Antrag das einfachere Rechtsmittel ist.
Zwangsruhe wegen anhängiger Verfahren, § 363 Abs. 2 Satz 2 AO (keine wirkliche Entscheidung des Finanzamts, da sie automatisch eintritt)	• Fortsetzungsantrag nach § 363 Abs. 2 Satz 4 AO. • Kein anfechtbarer Verwaltungsakt gegeben, daher kein Einspruch möglich.
Ablehnung des Antrags auf Aussetzen/Ruhenlassen des Verfahrens, § 363 Abs. 3 AO	• Kein selbständiger Einspruch möglich wegen § 363 Abs. 3 AO. • Einspruchsführer muss gegen Einspruchsentscheidung klagen.
Widerruf der Aussetzung/der Verfahrensruhe, § 363 Abs. 3 AO	• Kein selbständiger Einspruch möglich wegen § 363 Abs. 3 AO. • Einspruchsführer muss gegen Einspruchsentscheidung klagen.

5.5 Aussetzung/Aufhebung der Vollziehung

5.5.1 Sinn und Zweck

Der eingelegte Einspruch gegen einen Steuerverwaltungsakt hindert die Behörde zunächst einmal nicht daran, den Verwaltungsakt zu vollziehen, also z.B. eine festgesetzte Steuer einzufordern. Gem. § 361 Abs. 1 Satz 1 AO wird die Vollziehung durch den Einspruch nicht gehemmt, insbesondere die Erhebung einer Abgabe nicht aufgehalten. Dies setzt sich entsprechend im Klageverfahren gem. § 69 Abs. 1 Satz 1 FGO fort.

Beispiel:

Gegen den Steuerpflichtigen D wird ein Einkommensteuerbescheid 01 mit einer Abschlusszahlung von 15.000 € festgesetzt. Der Bescheid beruht auf geschätzten Besteuerungsgrundlagen, weil D bisher seine Steuererklärung nicht abgegeben hat. D legt gegen den Bescheid Einspruch ein. Er reicht dabei seine Steuererklärung nach.

Lösung:

Allein durch die Einlegung des Einspruchs wird die Vollziehung des geschätzten Steuerbescheides nicht gehemmt. D muss die Summe trotzdem umgehend zahlen, tut er dies bei Fälligkeit nicht, fallen Säumniszuschläge gem. § 240 AO an. Bei Vorliegen der Voraussetzungen der §§ 249 Abs. 1 Satz 1, 254 Abs. 1 Satz 1 AO kann es auch zu Vollstreckungsmaßnahmen kommen.
D kann dies nur verhindern, indem er die Aussetzung der Vollziehung beantragt.

5.5.2 Voraussetzungen der Aussetzung der Vollziehung

Für den Einspruchsführer kann es also häufig von Interesse sein, die **Aussetzung der Vollziehung** zu erreichen. Voraussetzungen hierfür sind nach § 361 Abs. 2 AO:
- Es muss sich um einen vollziehbaren Verwaltungsakt handeln.
- Es muss ein Einspruchsverfahren gegen diesen Verwaltungsakt anhängig sein.
- Ein Aussetzungsgrund muss vorliegen:
  1. ernstliche Zweifel an der Rechtmäßigkeit des Verwaltungsakts oder
  2. unbillige, nicht durch überwiegende öffentliche Interessen gebotene Härte.
- Ein Antrag des Einspruchsführers ist nicht zwingend erforderlich.

Nur wenn sich der Einspruch gegen einen vollziehbaren Verwaltungsakt richtet, kommt eine Aussetzung der Vollziehung in Betracht.

Vollziehbare Verwaltungsakte	Nicht vollziehbare Verwaltungsakte
• Steuerbescheide • Finanzbefehle wie die Aufforderung zur Abgabe einer Steuererklärung • Widerruf einer Stundung	• Verwaltungsakte, die den Erlass oder die Korrektur eines Verwaltungsakts ablehnen, z.B. Ablehnung einer Stundung • Verbindliche Auskünfte • Auf eine negative Steuerschuld lautende Steuerbescheide

Der Verwaltungsakt, dessen Vollziehung ausgesetzt werden soll, muss mit einem **zulässigen Einspruch** angefochten worden sein. Geht der Einspruch z.B. zu spät ein und kommt auch keine Wiedereinsetzung in den vorigen Stand nach § 110 AO infrage, oder stellt der Steuerpflichtige lediglich einen Änderungsantrag nach § 172 Abs. 1 Nr. 2a AO, ist die Aussetzung der Vollziehung nicht möglich.

Als **Aussetzungsgrund** sind gem. § 361 Abs. 2 Satz 2 AO ernstliche Zweifel an der Rechtmäßigkeit oder eine unbillige Härte im Fall der Vollziehung des Verwaltungsakts möglich.

Ernstliche Zweifel liegen vor, wenn bei summarischer Prüfung des Verwaltungsakts neben den für die Rechtmäßigkeit sprechenden Umständen gewichtige Gründe zutage treten, die Unentschiedenheit oder Unsicherheit in der Beurteilung der Rechtsfragen oder Unklarheit in der Beurteilung der Tatfragen bewirken (AEAO zu § 361, Nr. 2.5). Die gegen die Rechtmäßigkeit sprechenden Gründe müssen hierbei nicht überwiegen. In Betracht kommt eine Aussetzung der Vollziehung daher beispielhaft in folgenden Konstellationen:
- Das Finanzamt ist von einer für den Steuerpflichtigen günstigen BFH-Rechtsprechung abgewichen.
- Der BFH hat zu der einspruchserheblichen Rechtsfrage noch nicht Stellung genommen und die Finanzgerichte vertreten unterschiedliche Rechtsauffassungen zum Problem.
- Die Steuerpflichtige trägt substantiiert einen anderen Sachverhalt vor als den, von dem das Finanzamt bei Erlass des angefochtenen Bescheides ausgegangen ist.

Eine **unbillige Härte** liegt dann vor, wenn bei sofortiger Vollziehung dem Betroffenen Nachteile drohen würden, die über die eigentliche Realisierung des Verwaltungsakts hinausgehen, indem sie vom Betroffenen ein Tun, Dulden oder Unterlassen fordern, dessen nachteilige Folgen nicht mehr oder nur schwer rückgängig gemacht werden können (AEAO zu § 361, Nr. 2.6). Dies kann z.B. bei einer substantiellen Gefährdung der wirtschaftlichen Existenz der Fall sein.

Die Aussetzung ist gem. § 361 Abs. 2 Satz 1 AO auch ohne Antrag des Einspruchsführers möglich, wird aber in der Praxis in der Regel auf seinen Antrag hin gewährt, vgl. § 361 Abs. 2 Satz 2 AO.

Die Entscheidung über die Aussetzung der Vollziehung ist eine **Ermessensentscheidung**. Es ist eine summarische Prüfung vorzunehmen, also keine in vollem Umfang wie sie § 367 Abs. 2 Satz 1 AO regelt.

Die Aussetzung kann mit **Nebenbestimmungen** wie einem **Widerrufsvorbehalt** gem. § 120 Abs. 2 Nr. 3 AO versehen werden (dies soll der Regelfall sein gem. AEAO zu § 361, Nr. 9.1.). Auch das Abhängigmachen der Aussetzung von einer Sicherheitsleistung ist gem. § 361 Abs. 2 Satz 5 AO möglich.

Wird die Vollziehung des angefochtenen Verwaltungsakts ausgesetzt, dürfen keine Folgen aus ihm gezogen werden, weder in rechtlicher noch in tatsächlicher Hinsicht. Die Fälligkeit festgesetzter Beträge wird durch die Maßnahme hinausgeschoben. Das bedeutet auch, dass keine Säumniszuschläge für die offene Summe anfallen. Vollstreckungsmaßnahmen dürfen gem. § 251 Abs. 1 AO nicht mehr erfolgen. Sind solche bereits ausgebracht worden, bleiben sie allerdings bestehen, es sei denn, ihre Aufhebung wird ausdrücklich angeordnet, § 257 Abs. 2 Satz 3 AO. Bereits nach Antragstellung, also noch bevor über die Aussetzung der Vollziehung entschieden worden ist, sollen nach AEAO zu § 361, Nr. 3.1. Vollstreckungsmaßnahmen unterbleiben, es sei denn, der Antrag ist offensichtlich aussichtslos.

Wenn nach der Prüfung des Einspruchs in der Hauptsache festgestellt wird, dass dieser keinen Erfolg hat, muss gem. § 237 Abs. 1 Satz 1 AO der ausgesetzte Betrag verzinst werden (Höhe der **Zinsen** gem. § 238 AO beträgt 0,5 % pro Monat).

Es wird nicht der gesamte Steueranspruch in seiner Vollziehung ausgesetzt. Der auszusetzende Betrag orientiert sich zunächst daran, in welcher Höhe die Steuer im Streit steht. Gem. § 361 Abs. 2 Satz 4 AO ist weiterhin die Summe insoweit begrenzt, als grundsätzlich eine Erstattung als Rechtsfolge vermieden werden soll.

Berechnung der auszusetzenden Steuer
Streitbefangene Steuer
maximal
Festgesetzte Steuer
./. anzurechnende Steuerabzugsbeträge
./. anzurechnende Körperschaftsteuer
./. festgesetzte Vorauszahlungen
= **auszusetzender Betrag**

Die Aussetzung der Vollziehung durch das Finanzamt ist gem. § 69 Abs. 2 FGO auch noch während des Klageverfahrens in der Hauptsache möglich.

In zeitlicher Hinsicht wird die Aussetzung der Vollziehung regelmäßig ausgesprochen ab dem Fälligkeitstag der im Streit stehenden Steuer. Das Aussetzungsende soll in der Aussetzungsverfügung bestimmt werden (vgl. AEAO zu § 361, Nr. 8.2.1). Entweder wird ein konkretes Datum festgelegt, oder das Ende orientiert sich an der Bekanntgabe der Einspruchsentscheidung bzw. der Verkündung des Urteils (wenn der Einspruchsführer das Verfahren verliert). Erfolgt aufgrund des Einspruchs eine Änderung des angefochtenen Verwaltungsakts, erledigt sich die Aussetzung von allein und muss nicht ausdrücklich aufgehoben werden (wenn der Einspruchsführer das Verfahren gewinnt).

5.5.3 Aufhebung der Vollziehung

Auch wenn der Verwaltungsakt bereits vollzogen ist, wenn also z.B. die festgesetzte Steuer gezahlt worden ist, kann die Vollziehung wieder **aufgehoben** werden, § 361 Abs. 2 Satz 3 AO.

Beispiel:
H legt gegen seinen Einkommensteuerbescheid 01 in zulässiger Weise Einspruch ein. Der festgesetzte Zahlungsbetrag wird aufgrund einer Einzugsermächtigung von seinem Konto abgebucht. H stellt während des laufenden Verfahrens einen Antrag nach § 361 Abs. 2 AO. Das Finanzamt hat Zweifel an der Rechtmäßigkeit des Bescheides und will dem Antrag bis zum Abschluss der rechtlichen Prüfung stattgeben.

> **Lösung:**
> Eine Aufhebung der Vollziehung gem. § 361 Abs. 2 Satz 2 und 3 AO ist möglich. Spricht das Finanzamt diese aus, bekommt H den Betrag zunächst wieder ausbezahlt.

5.5.4 Aussetzung der Vollziehung im Verhältnis zu Grundlagen- und Folgebescheid

Gem. § 361 Abs. 3 Satz 1 AO ist dann, wenn die Vollziehung eines **Grundlagenbescheides** ausgesetzt ist, auch die Vollziehung des **Folgebescheides** auszusetzen. Der Erlass des Bescheides ist nach wie vor möglich, § 361 Abs. 3 Satz 2 AO. Das für den Grundlagenbescheid zuständige Finanzamt informiert in derartigen Fällen die für die Folgebescheide zuständigen Wohnsitzfinanzämter der Beteiligten (AEAO zu § 361, Nr. 5.4.2).

5.5.5 Rechtsmittel gegen die Ablehnung der Aussetzung

Wird der Antrag auf Aussetzung der Vollziehung vom Finanzamt ganz oder teilweise abgelehnt, hat der Antragsteller 2 Möglichkeiten:

§ 347 Abs. 1 Nr. 1 AO: Einspruch gegen die Ablehnung **Problem:** Gegen eine ablehnende Einspruchsentscheidung ist keine Klage möglich, der Einspruchsführer muss dann nach § 69 Abs. 3 FGO vorgehen	§ 69 Abs. 3 und 4 FGO Antrag auf Aussetzung der Vollziehung beim Finanzgericht

Für den Einspruchsführer ist es – zumindest wenn er nicht damit rechnet, das Finanzamt könnte sich im Einspruchsverfahren gegen die Ablehnung umstimmen lassen – in der Regel zweckmäßiger, sofort den Weg über § 69 Abs. 3 und 4 FGO zum Finanzgericht zu beschreiten.

5.5.6 Gewährung der Aussetzung der Vollziehung durch das Finanzgericht

Grundsätzlich ist es dem Einspruchsführer gem. § 69 Abs. 4 Satz 1 FGO erst dann möglich, einen Antrag auf Aussetzung der Vollziehung beim Finanzgericht zu stellen, wenn sein entsprechender Antrag vom Finanzamt abgelehnt worden ist.

In bestimmten Ausnahmefällen kann der Einspruchsführer seinen Antrag auf Aussetzung der Vollziehung **sofort beim Finanzgericht** stellen. § 69 Abs. 4 Satz 2 i.V.m. Abs. 3 FGO lässt dies unter folgenden Voraussetzungen zu:
- Wenn das Finanzamt über den AdV-Antrag ohne Mitteilung eines zureichenden Grundes in angemessener Frist sachlich nicht entschieden hat oder
- wenn die Vollstreckung droht.

Rechtsmittel gegen die Ablehnung der Aussetzung der Vollziehung durch das Finanzgericht ist die Beschwerde zum BFH unter den Voraussetzungen des § 128 Abs. 1 und 3 FGO.

5.6 § 364b AO

> **Beispiel:**
> Der Steuerpflichtige F hat seine Einkommensteuererklärung für 01 im Oktober 02 noch nicht abgegeben. Nach vorheriger Androhung erlässt das Finanzamt einen auf geschätzten Besteuerungsgrundlagen beruhenden Einkommensteuerbescheid.
> F legt in zulässiger Weise Einspruch gegen den Bescheid ein. Er begründet diesen mit der Ankündigung, er werde demnächst die Steuererklärung abgeben. Im März 03 hat er dies immer noch nicht getan.

5. Weitere Folgen und Entscheidungen im Einspruchsverfahren

> **Lösung:**
> Das Finanzamt kann F eine Frist gem. § 364b Abs. 1 AO setzen und ihn dabei belehren, dass es Erklärungen und Beweismittel, die F erst nach Ablauf der gesetzten Frist vorbringt, nicht berücksichtigen wird.
> Legt F bis zum Ablauf der Frist die Steuererklärung immer noch nicht vor, sind gem. § 364b Abs. 2 AO die verspätet vorgebrachten Tatsachen oder Beweismittel nicht mehr bei der Entscheidung über den Einspruch zu berücksichtigen.

Wie im Beispiel dargestellt, dient § 364b AO der **Beschleunigung** des Einspruchsverfahrens. Es soll der Missbrauch dieses Verfahrens zu rechtsbehelfsfremden Zwecken, vor allem zur künstlichen Verlängerung der gesetzlichen Abgabefrist für Steuererklärungen verhindert werden. Hält der Einspruchsführer die ihm rechtmäßig gesetzte Frist nicht ein, kann er entsprechende für ihn günstige Tatsachen oder Beweismittel nicht mehr geltend machen, es tritt eine sog. „**Präklusion**" ein.

> **Voraussetzungen für eine Präklusion vorgebrachter Tatsachen oder Beweismittel nach § 364b AO:**
> - Es muss ein Einspruchsverfahren anhängig sein.
> - Das Finanzamt setzt dem Einspruchsführer gem. § 364b Abs. 1 AO eine Frist zur Angabe von Tatsachen/Erklärung bestimmter Punkte/Bezeichnung oder Vorlage von Beweismitteln.
> - Die Fristsetzung muss wirksam bekannt gegeben worden sein; in dem Verwaltungsakt muss der Einspruchsführer gem. § 364b Abs. 3 AO über die Konsequenzen der Nichtbefolgung gem. § 364b Abs. 2 AO belehrt worden sein.
> - Der Einspruchsführer versäumt die Frist (und eine Verlängerung oder eine Wiedereinsetzung nach § 110 AO kommt nicht in Betracht).

Die Fristsetzung ist für das Finanzamt eine Ermessensentscheidung, die dem Steuerpflichtigen gegenüber auch zu begründen ist. Macht es allerdings von diesem Mittel Gebrauch, ist bei einem Versäumen der Frist durch den Steuerpflichtigen die Ablehnung der verspätet vorgebrachten Tatsachen oder Beweismittel zwingend.

Bei der Entscheidung über die Fristsetzung muss die Behörde prüfen, ob der Einspruchsführer seinen Rechtsbehelf nur zu Zwecken des Zeitgewinns eingelegt hat. In den Fällen nicht abgegebener Steuererklärung ist diese Absicht regelmäßig zu vermuten.

Ist ein Einspruch ausschließlich auf rechtliche Fragen bezogen, ist für eine Fristsetzung nach § 364b AO kein Raum, da sich die Norm nach ihrem Wortlaut nur auf die Herbeiführung der Vorlage von Tatsachen, Beweismitteln oder Erklärungen im Hinblick auf **tatsächliche Gesichtspunkte** bezieht.

Die **Fristsetzungsverfügung** ist nach h.M. ein Verwaltungsakt, der jedoch – entgegen dem Wortlaut der §§ 347, 348, 364b AO – nicht selbständig mit dem Einspruch anfechtbar ist (vgl. AEAO zu § 364b Nr. 4). Will der Einspruchsführer sich gegen die gesetzte Frist mit der Androhung der Präklusionswirkung wehren, muss er dies im Einspruchsverfahren gegen den eigentlichen Steuerverwaltungsakt tun, also im Fall der tatsächlichen Nichtberücksichtigung gegen die Einspruchsentscheidung klagen.

Wenn das Finanzamt in rechtmäßiger Weise eine Frist nach § 364b Abs. 1 AO gesetzt und aufgrund dessen verspäteten Vorbringens des Einspruchsführers unberücksichtigt gelassen hat, kann sich diese Präklusionswirkung im Verfahren vor dem Finanzgericht fortsetzen. Gem. § 76 Abs. 3 FGO kann das Finanzgericht das zuvor verspätete Vorbringen dann ebenfalls unberücksichtigt lassen. Es handelt sich hierbei allerdings um eine Ermessensentscheidung des Gerichts. Im Rahmen des Klageverfahrens muss dann sowohl über die Rechtmäßigkeit der Fristsetzung, das tatsächliche und unentschuldigte Versäumen der Frist als auch darüber entschieden werden, ob der Fall anderweitig zur Entscheidungsreife gebracht werden kann.

Praktisch bedeutsam ist schließlich noch die Frage, unter welchen Voraussetzungen die Tatsachen, Erklärungen und Beweismittel, die der Einspruchsführer aufgrund der gesetzten Frist nicht mehr geltend machen konnte, dennoch Eingang in den Verwaltungsakt finden können. Dies ist in 2 Grundkonstellationen denkbar:

Nachträgliche Berücksichtigung von aufgrund § 364b AO verspätet vorgebrachten Tatsachen/Beweismitteln nach Abschluss des Einspruchsverfahrens

- Es greifen für die geltend gemachten Umstände andere Korrekturvorschriften:
    - Steht der Bescheid unter dem Vorbehalt der Nachprüfung, kann er sowieso jederzeit gem. § 164 Abs. 2 Satz 1 AO geändert werden (in solchen Fällen macht die Anwendung des § 364b AO von vornherein keinen Sinn).
    - Die Anwendung des § 173 Abs. 1 Nr. 2 AO ist zwar grundsätzlich denkbar, wird aber häufig am groben Verschulden des Steuerpflichtigen scheitern, das ja schon im Rahmen des § 364b AO ausschlaggebend war.
- Der fragliche Sachverhalt kann im Rahmen des § 177 Abs. 1 AO als Kompensation berücksichtigt werden, wenn der Steuerbescheid also aus anderen Gründen zulasten des Steuerpflichtigen geändert werden soll. Dann können die verspätet geltend gemachten Umstände, die ja tatsächlich vorliegen und somit Einfluss auf die korrekterweise entstandene Steuer haben, als materielle Fehler berücksichtigt werden.

Es ist insgesamt festzustellen, dass von dem Mittel der Fristsetzung des § 364b AO mit der Folge der Präklusion von Tatsachen oder Beweismitteln in der Praxis der Finanzämter nicht sehr häufig Gebrauch gemacht wird. Diese Tendenz wird noch dadurch verschärft, dass der Ablehnung verspätet vorgebrachter Umstände nicht zwingend durch die **Finanzgerichte** gefolgt werden muss, deren Entscheidung obliegt ihrem eigenen Ermessen und kann daher durchaus anders ausfallen.

IX. Die Außenprüfung

1. Allgemeines

Das Gesetz definiert den Begriff der Außenprüfung nicht. In der Abgabenordnung finden sich in den §§ 193–203a Vorschriften zur Außenprüfung. Der in der AO genannte Begriff Außenprüfung ist der Oberbegriff für alle Arten von Prüfungen durch Außendienste der Finanzverwaltung, wie Betriebsprüfung im engeren Sinne (Bp), Lohnsteuer-Außenprüfung, Umsatzsteuersonderprüfung, Steuerfahndung (§§ 208 ff. AO) und auch Prüfungen nach verschiedenen Einzelsteuergesetzen (vgl. Praxisleitfaden der OFD Frankfurt am Main „Rechtsgrundlagen der Außenprüfung", Stand Oktober 2013).

Aufgrund bestimmter Rechtsfolgen, die eine Außenprüfung mit sich bringt, ist es daher wichtig die Außenprüfung von den einzelnen Ermittlungshandlungen im Rahmen der Veranlagung (§ 88 AO) abzugrenzen.

Gemäß dem Untersuchungsgrundsatz des § 88 AO haben die Finanzbehörden alle notwendigen Maßnahmen zu ergreifen, um die entscheidungserheblichen Tatsachen aufzuklären. Für die Veranlagungsstelle ist dies alleine, aufgrund der Vielzahl von Unterlagen wie Belege, Verträge, Aufzeichnungen, von Amtsstelle („vom grünen Tisch"), in vielen Fällen nicht mehr möglich. In der Regel liegen diese zahlreichen Unterlagen den Steuererklärungen auch gar nicht bei. Die Veranlagung überprüft daher die Steuererklärungen i.d.R. nur stichprobenartig.

Aus diesem Grund wurde das Instrument der Außenprüfung als „verlängerter Arm der Veranlagung" geschaffen (Hinweis auf veranlagende Betriebsprüfung, s. Kap. 2). Die Außenprüfung ist als „Betriebsprüfung" aus dem besonderen Ermittlungsbedürfnis bei Unternehmen entstanden, bei welchen eine Überprüfung betrieblicher Verhältnisse im Allgemeinen vielfältige Nachforschungen erfordert. Sie ist eine Maßnahme, um eine umfassende und zusammenhängende Sachverhaltsaufklärung (aller tatsächlichen und rechtlichen Verhältnisse) durchzuführen. Die Außenprüfung ist somit eine Ermittlungshandlung des Finanzamtes, aufgrund einer Prüfungsanordnung, die in großem Umfang vorgenommen wird und für den Steuerpflichtigen erkennbar auf die Feststellung des richtigen Sachverhaltes zur rechtmäßigen Anwendung der Gesetze gerichtet ist. Sie ist ein selbständiges Verfahren. Das Mittel der Außenprüfung ist die Prüfung beim Steuerpflichtigen.

Weitere Ermittlungen nach § 88 AO (Einzelermittlungen) sind neben und auch lange vor Durchführung einer Außenprüfung möglich. Werden jedoch von einem Prüfer Einzelermittlungen vorgenommen, die nicht mehr mit der eigentlichen Außenprüfung in Zusammenhang stehen, also nicht den durch die Prüfungsanordnung festgelegten Prüfungszeitraum und Prüfungsumfang betreffen, muss er dies deutlich machen. Denn der Steuerpflichtige geht bei Maßnahmen eines Prüfers davon aus, dass alle Ermittlungen Prüfungshandlungen sind.

Die Außenprüfung soll die Feststellung aller steuerlichen Verhältnisse in mehreren Jahren/Steuerabschnitten und mehreren Steuerarten ermöglichen. Durch sie wird ein Großteil der Kontrollfunktion des Staates sichergestellt, da in die Bücher und Unterlagen des Steuerpflichtigen Einblick genommen wird. Sie schafft somit durch gleichmäßige Vollziehung der Steuergesetze Steuergerechtigkeit und stellt durch die Ermittlung und Beurteilung der steuerlichen bedeutsamen Sachverhalte die Gleichmäßigkeit der Besteuerung (Festsetzung der gesetzesmäßig entstandenen Steuern) sicher.

Gründe, die gegen die Verfassungsmäßigkeit der Außenprüfung sprechen, liegen nicht vor.

Die Außenprüfung hat auch Vorbeugungs-/Präventivwirkung, weil grundsätzlich bei einer gut organisierten Außenprüfung jeder Steuerpflichtige damit rechnen muss, irgendwann geprüft zu werden. Da der Steuerpflichtige i.d.R. nicht weiß, für welche Zeiträume und welche Steuerarten er geprüft wird, soll er präventiv dazu gebracht werden, seine Steuern ehrlich zu erklären. Dies funktioniert u.E. nur, wenn keine großen Zeiträume zwischen den Prüfungen bestehen – dies ist jedoch in der Praxis häufig bei kleineren Betrieben der Fall.

In den §§ 193 ff. AO sind die gesetzlichen Regelungen der Außenprüfung enthalten. Sie ergänzen die allgemeinen Vorschriften der §§ 88, 90 AO über die Ermittlung des steuerlichen Sachverhaltes. Solange ein Steuerbescheid noch geändert werden kann, der Steueranspruch also noch nicht verjährt ist, kann das Finanzamt auch noch ermitteln, ob die Steuer rechtmäßig festgesetzt wurde und sich dafür der Außenprüfung bedienen. Neben den Vorschriften der AO ist die Betriebsprüfungsordnung (BpO) eine ergänzende Vorschrift. Die BpO ist eine allgemeine Verwaltungsvorschrift für die Betriebsprüfung und entfaltet daher keine Gesetzeskraft, sondern ist eine Dienstanweisung für den Bediensteten der Betriebsprüfung und nicht bindend für den Steuerpflichtigen.

Beispiele der Außenprüfung:

- Betriebsprüfung (auch Konzernprüfung),
- abgekürzte Außenprüfung,
- Lohnsteueraußenprüfung (§ 42f EStG),
- Umsatzsteuersonderprüfung.

Abzugrenzen von der Außenprüfung ist die sogenannte „betriebsnahe Veranlagung", die keine Außenprüfung darstellt (vgl. AEAO zu § 85, Nr. 3.). Nach pflichtgemäßem Ermessen kann die Finanzbehörde „betriebsnahe Veranlagungen" durchführen. Diese gehören zum Steuerfestsetzungsverfahren, weil sie ohne Prüfungsanordnung mit Einverständnis des Steuerpflichtigen vor Ort und Stelle durchgeführt werden. Sie gewährleisten die Ermittlung von punktuellen Sachverhalten, die für die Veranlagung von Bedeutung sind.

Ebenfalls keine Außenprüfung ist die Umsatzsteuer-Nachschau gemäß § 27b UStG, weil der Gesetzestext eindeutig eine Außenprüfung verneint. Die Umsatzsteuer-Nachschau ist eine Maßnahme, um zeitnah eine Aufklärung und Ermittlung umsatzsteuerlicher Sachverhalte zu ermöglichen (vgl. 15.).

Die Steuerfahndung ist keine Betriebsprüfung im engeren Sinne. Allerdings doch i.S.d. § 208 Abs. 1 S. 1 Nr. 3 AO. Sie hat insoweit enge Berührungspunkte mit der Außenprüfung, da auch bei der Steuerfahndungsprüfung unbekannte Steuerfälle aufgedeckt und ermittelt werden. Hauptaufgabe ist jedoch hier – anders als bei der Außenprüfung – das Erforschen von Steuerstraftaten und Ordnungswidrigkeiten (§ 208 Abs. 1 S. 1 Nr. 1 und 2 AO).

2. Veranlagende Betriebsprüfung

Ziel dieser Betriebsprüfung soll die Vermeidung von Mehr- bzw. Doppelarbeit durch einen effektiveren Personaleinsatz und Steigerung der Arbeitseffizienz durch eine Gesamtfallverantwortung sein. Diese Organisationsform erweitert den Aufgaben- und Verantwortungsbereich der Betriebsprüfung.

Die Betriebsprüfung übernimmt die Fallbearbeitung und -Verantwortung ab Bekanntgabe der Prüfungsanordnung bis zur formellen Bestandskraft der aufgrund der Betriebsprüfung erlassenen Änderungsbescheide. Insofern hat die Betriebsprüfung nun erweiterte Entscheidungskompetenz über die Prüfungsfeststellungen und übernimmt die abschließende Bearbeitung des Prüfungsfalles (d.h. damit zusammenhängende Rechtsbehelfe und die Führung evtl. sich anschließender finanzgerichtlicher Verfahren).

Die Prüfungsanordnung ist Gegenstand der Erweiterung des Verantwortungsbereichs der Betriebsprüfung, d.h. die Entscheidungskompetenz betrifft nur den Umfang der Prüfungsanordnung (sachlich und zeitlich).

Die veranlagende Betriebsprüfung soll jedoch nicht dazu führen, dass eine isolierte Bearbeitung nur von Seite der Betriebsprüfung erfolgt. Die Zusammenarbeit zwischen Veranlagungsbereich und Betriebsprüfung wird fortgesetzt. Die Veranlagung bleibt weiterhin für den Gesamtsteuerfall zuständig und führt auch die entsprechenden Akten. Es erfolgt lediglich eine Verlagerung der Entscheidungskompetenz für die anlässlich einer Betriebsprüfung durch die Betriebsprüfung getroffenen Feststellungen. Für alle anderen im Steuerfall zu treffenden Entscheidungen, die nicht Gegenstand der Betriebsprüfung waren, bleibt die Entscheidungskompetenz bei der Veranlagungsstelle. Im Verhältnis zum Steuerpflichtigen, also im Außenverhältnis, steht jedoch nach einer Betriebsprüfung für den gesamten Prüfungszeitraum insgesamt die Betriebsprüfung zur Verfügung.

Nicht erfasst von der veranlagenden Betriebsprüfung ist die Umsatzsteuersonderprüfung.

Für weitere Einzelheiten sowie die technische Umsetzung wird auf die Regelungen der Länder hingewiesen.

3. Rechtswirkungen der Außenprüfung

Folgende Rechtsfolgen werden durch die Außenprüfung ausgelöst (im Gegensatz zu einzelnen Ermittlungshandlungen nach § 88 AO):

1. Ablaufhemmung bei der Festsetzungsfrist (§ 171 Abs. 4 AO),
2. Ausschluss der Selbstanzeige (§ 371 Abs. 2 Nr. 1a, c AO),
3. Aufhebung des Vorbehalts der Nachprüfung nach § 164 Abs. 3 S. 3 AO, wenn keine Feststellungen getroffen werden, oder nach § 164 Abs. 1 S. 1 AO, wenn der Fall nach der Außenprüfung abschließend geprüft ist,
4. eventuell Erteilung einer verbindlichen Zusage (§ 204 AO),
5. Änderungssperre; Beschränkung der Korrekturmöglichkeit (§ 173 Abs. 2 AO).

3.1 Aufhebung des Vorbehalts der Nachprüfung

Nach einer durchgeführten Außenprüfung ist der Vorbehaltsvermerk gem. § 164 Abs. 3 S. 3 AO aufzuheben, wenn die Außenprüfung zu keiner Änderung der Besteuerungsgrundlagen geführt hat. Die Aufhebung hat zur Folge, dass eine Änderung nach § 164 Abs. 2 AO nicht mehr möglich ist.

Ob entsprechend der Vorbehaltsvermerk nach § 164 Abs. 1 S. 1 AO aufzuheben ist, wenn nach einer abschließenden, den Besteuerungszeitraum umfassenden Außenprüfung, ein Änderungsbescheid ergeht, wird in der Verwaltungspraxis bejaht, was auf eine sachgerechte Ermessensausübung des § 164 Abs. 1 S. 1 AO zurückzuführen ist. Dies verlangt auch der Regelungsinhalt des § 173 Abs. 2 AO (Verbot der Wiederholungsprüfung), der ansonsten unterlaufen würde.

Ist hingegen nur eine punktuelle Außenprüfung durchgeführt worden und dies war durch die Prüfungsanordnung auch erkennbar, kann der Vorbehaltsvermerk in einem Änderungsbescheid wiederaufgenommen werden. Wegen ausführlichen Ausführungen zu § 164 AO s. Kap. IV. 2.6.1.

3.2 Ablaufhemmung der Festsetzungsfrist

Die **Ablaufhemmung nach § 171 Abs. 4 AO** sichert die Möglichkeit der Änderung oder Aufhebung von Steuerbescheiden, die von der Prüfung betroffen sind, nach Abschluss evtl. langjähriger Außenprüfungen. Wird vor Ablauf der Festsetzungsfrist mit einer Außenprüfung begonnen oder wird deren Beginn auf Antrag des Steuerpflichtigen hinausgeschoben, läuft die Festsetzungsfrist für die Steuern, auf die sich die Außenprüfung erstreckt nicht ab, bevor die aufgrund der Außenprüfung zu erlassenden Steuerbescheide unanfechtbar geworden sind oder nach Bekanntgabe der Mitteilung nach § 202 Abs. 1 S. 3 AO drei Monate verstrichen sind.

Voraussetzung für die Ablaufhemmung ist also zum einen eine Außenprüfung; Einzelermittlungen nach § 88 AO reichen nicht aus. Und zum anderen muss mit dieser auch ernsthaft, vor Ablauf der Festsetzungsfrist, begonnen worden sein (Scheinhandlungen genügen nicht). Beginn meint hierbei nicht das bloße Erscheinen des Prüfers beim betreffenden Steuerpflichtigen, sondern auch konkrete, für den Steuerpflichtigen erkennbare, Ermittlungshandlungen. Wegen Ausführungen zur Ablaufhemmung nach § 171 Abs. 4 AO s. Kap. IV. 5.1.3.5 und folgende Literatur bzw. Urteile:

- Oberloskamp, Erneute Prüfungsanordnung nach Ablauf der Sechsmonatsfrist des § 171 Abs. 4 S. 2 AO, StBp 2001, 337 ff.,
- BFH vom 17.06.1998, BStBl II 1999, 4,

- BFH vom 24.04.2003, BStBl II 2003, 739,
- Abgrenzung des Beginns einer Außenprüfung zu bloßen Scheinhandlungen des Außenprüfers, Niedersächsisches FG, Urteil vom 13.05.2004, DStRE 2004, 1377 ff.

Die Ablaufhemmung nach § 171 Abs. 10a AO ist bei Anwendungsfällen des § 93c AO zu beachten (Datenübermittlung durch Dritte, siehe hierzu auch Kap. 15., § 203a AO. Die Festsetzungsfrist endet danach nicht vor Ablauf von zwei Jahren nach Zugang der übermittlungspflichtigen Daten, soweit die Daten des Steuerpflichtigen innerhalb von sieben Kalenderjahren nach dem Besteuerungszeitraum oder dem Besteuerungszeitpunkt den Finanzbehörden zugegangen sind. Wegen Ausführungen zur Ablaufhemmung nach § 171 Abs. 10a AO s. IV. 7.1.3.11.

3.3 Ausschluss der Selbstanzeige

Sobald die Prüfungsanordnung nach § 196 AO dem Steuerpflichtigen bekannt gegeben worden ist, erlischt dessen Recht sich selbst wegen einer Steuerhinterziehung nach § 370 AO anzuzeigen, s. § 371 Abs. 2 Nr. 1a AO (anzuwenden ab 29.04.2011; Rechtsgrundlage geändert durch das Gesetz zur Verbesserung der Bekämpfung der Geldwäsche und Steuerhinterziehung).

Die Selbstanzeige ist dann für die in der Prüfungsanordnung genannten Steuerarten und Steuerabschnitte nicht mehr möglich; nur insoweit tritt Sperrwirkung ein.

3.4 Verbindliche Zusagen

Siehe hierzu Kap. 18.

4. Zulässigkeit einer Außenprüfung (§ 193 AO)

4.1 Allgemeines

Eine Außenprüfung ist unabhängig davon zulässig, ob eine Steuer bereits festgesetzt, die Steuererklärungen abgegeben, ob der Steuerbescheid endgültig, vorläufig oder unter dem Vorbehalt der Nachprüfung ergangen ist (vgl. BFH-Urteil vom 28.03.1985, BStBl II 1985, 700). Sie kann zur Ermittlung der Steuerschuld sowohl dem Grunde als auch der Höhe nach durchgeführt werden. Die Außenprüfung ist nur solange zulässig, wie Ansprüche aus dem Steuerschuldverhältnis bestehen. D.h., sie ist unzulässig, wenn die Prüfungsfeststellungen nicht mehr verwertet werden können oder diese unter keinen Umständen für die Besteuerung erheblich sind.

Die Entscheidung, ob eine Außenprüfung durchgeführt wird, liegt im pflichtgemäßen Ermessen der Finanzbehörde, d.h. dass der Steuerpflichtige keinen Rechtsanspruch auf eine solche hat. Die Behörde entscheidet, ob die Sachverhaltsaufklärung durch eine umfangreiche Außenprüfung erfolgen muss oder eher einzelne Ermittlungshandlungen nach § 88 AO ausreichend sind. Stellt der Steuerpflichtige hingegen einen Antrag auf eine Außenprüfung, um eine verbindliche Zusage nach § 204 AO zu erhalten, muss die Finanzbehörde zwischen ihren eigenen Interessen und derer des Steuerpflichtigen abwägen.

Die **Zulässigkeit der Außenprüfung** ist weder davon abhängig, dass bereits Steuererklärungen oder Steueranmeldungen abgegeben worden sind (denn geprüft werden die steuerlichen Verhältnisse), noch von Steuerbescheiden, die unter dem Vorbehalt der Nachprüfung ergangen sind. Bei Außenprüfungen ohne Vorliegen/Abgabe einer Steuererklärung sind unter Umständen § 208 Abs. 1 S. 1 Nr. 3 AO bzw. strafrechtliche Aspekte zu beachten. Auch endgültig ergangene Steuerfestsetzungen können Grundlage für eine Außenprüfung darstellen. In diesen Fällen sind bei beabsichtigten Änderungen dann die Voraussetzungen der Korrekturtatbestände, insbesondere § 173 AO, zu prüfen (vgl. Kap. V. 2.3.5).

§ 193 AO bestimmt nun, bei welchen Personen (Prüfungssubjekte), eine Außenprüfung durchgeführt werden kann. Die Vorschrift enthält vier Tatbestände, denen gemeinsam ist, dass die Außenprüfung nur bei Steuerpflichtigen i.S.d. § 33 AO stattfinden kann (s. Kap. II. 1.1.1). Das bedeutet, dass eine Außenprüfung nur möglich ist, wenn zu Beginn der Prüfung die Steuerpflicht feststeht. Bestehen Zweifel an der Steuerpflicht als solche, ist die Außenprüfung nicht geeignet die Steuerpflicht festzustellen, sondern eher die Steuerfahndungsprüfung nach § 208 Abs. 1 Nr. 3 AO. Nach BFH (BFH-Urteil vom 11.12.1991, BStBl II 1992, 595) reicht es für die Zulässigkeit einer Außenprüfung aus, wenn die Möglichkeit der Steuerpflicht besteht, also bei potenziellen Steuerpflichtigen. Wird beispielsweise eine Personengesellschaft geprüft, muss feststehen, dass diese besteht und Steuerpflichtige ist. Ist das zivilrechtliche Bestehen der Gesellschaft streitig, ist die Außenprüfung unzulässig.

Die Steuerpflicht muss im zu prüfenden Zeitraum vorliegen; auf den Zeitpunkt der Prüfungsanordnung bzw. der tatsächlichen Durchführung der Prüfung kommt es nicht an.

Die Vorschrift des § 193 AO beinhaltet nur die Frage der Zulässigkeit einer Außenprüfung; zum sachlichen Umfang vgl. 5. (§ 194 AO).

4.2 Tatbestände des § 193 AO

4.2.1 Zulässigkeit nach § 193 Abs. 1 AO bei Gewinneinkünften

Gemäß § 193 Abs. 1 AO ist eine Außenprüfung zulässig bei Steuerpflichtigen:
- die einen gewerblichen Betrieb unterhalten,
- die einen land- und forstwirtschaftlichen Betrieb unterhalten,
- die freiberuflich tätig sind,

also solche, die Einkünfte nach § 2 Abs. 2 Nr. 1 EStG erzielen (Gewinneinkünfte).

Steht zweifelsfrei fest, dass der Steuerpflichtige tätig war bzw. einen Betrieb unterhalten hat, ist die Außenprüfung zulässig. Die Rechtsprechung lässt mittlerweile auch die Prüfung zu, wenn Anhaltspunkte für das Bestehen eines Betriebes vorliegen und die Außenprüfung somit erst feststellt, dass ein Betrieb unterhalten wird.

Beispiel:

Der Steuerpflichtige erklärt in den Steuererklärungen Einkünfte aus Vermietung und Verpachtung. Dem Finanzamt liegen Kontrollmitteilungen bezüglich Provisionen vor und es wurden diverse Grundstücke veräußert.

Lösung:

Es liegen konkrete Anhaltspunkte für einen gewerblichen Betrieb (gewerblicher Grundstückshandel) vor. Die Außenprüfung nach § 193 Abs. 1 AO ist zulässig.

Im Gesetz gibt es keine Definition des Betriebes. Es ist aber davon auszugehen, dass alle Unternehmen i.S.d. EStG (also §§ 13, 15, 18 EStG) von der Vorschrift erfasst werden; nicht darunter fallen jedoch Einkünfte i.S.d. § 18 Abs. 1 Nr. 2, 3 AO. Ob das Unternehmen von einer Person alleine oder mehreren Personen (z.B. Personengesellschaft, Körperschaft) betrieben wird, ist dabei nicht maßgebend. „Unterhalten" bzw. betrieben wird das Unternehmen von der Person/den Personen, die das Risiko für ihr Unternehmen tragen und für dessen Rechnung es betrieben wird; also die Person(en), der/denen das Unternehmen steuerlich nach § 39 AO zuzurechnen ist.

Die Außenprüfung ist auch zulässig, wenn der Betrieb veräußert, aufgegeben, liquidiert wird oder der Steuerpflichtige stirbt. In letzterem Fall findet die Prüfung dann aufgrund der Gesamtrechtsnachfolge bei den Erben statt.

Liegt ein Betrieb vor, ist es nicht erforderlich, dass der Steuerpflichtige zur Buchführung verpflichtet ist oder freiwillig Bücher führt. Von der Außenprüfung sind also auch solche Steuerpflichtige betroffen, die nicht buchführungspflichtig sind oder die die Grenzen des § 141 AO nicht überschreiten.

Die Prüfung bei freiberuflich Tätigen, die nach § 102 Abs. 1 Nr. 3 AO zur Verschwiegenheit verpflichtet sind, ist ebenso zulässig. Diese Berufsgruppen sollen sich wegen der Steuergerechtigkeit nicht Außenprüfungen aufgrund ihrer Verschwiegenheitspflicht gegenüber den Mandanten/Patienten entziehen dürfen.

Beispiele:
• Rechtsanwälte,   • Steuerberater,   • Notare,   • Ärzte etc.

§ 193 Abs. 1 AO wurde durch das Steuerhinterziehungsbekämpfungsgesetz um die Steuerpflichtigen i.S.d. § 147a AO ergänzt, die sog. „Einkommensmillionäre", d.h. bei denen die Summe der positiven Einkünfte nach § 2 Abs. 1 Nr. 4 bis 7 EStG (Überschusseinkünfte = Einkünfte aus nichtselbständiger Arbeit (§ 19 EStG), Einkünfte aus Kapitalvermögen (§ 20 EStG), Einkünfte aus Vermietung und Verpachtung (§ 21 EStG) und sonstige Einkünfte (§ 22 EStG)) mehr als 500.000 € im Kalenderjahr beträgt (siehe zur Frage der Summe der positiven Einkünfte BFH vom 11.01.2018, VIII B 67/17). Diese Steuerpflichtigen haben Aufzeichnungen über die Einnahmen und Werbungskosten zu führen und die Unterlagen hierfür sechs Jahre lang aufzubewahren (§ 147a S. 1 AO).

Bei Ehegatten/Lebenspartnern (BVerfG vom 18.07.2014, BGBl I 2014, 1042; anzuwenden ab 24.07.2014) ist die Grenze von 500.000 € für jeden Ehegatten/Lebenspartner getrennt zu berechnen. Die Außenprüfung findet dann evtl. nur bei dem Ehegatten/Lebenspartner statt, der die Betragsgrenze übersteigt; die Einkünfte des anderen Ehegatten/Lebenspartner dürfen in diesem Fall nicht nach § 193 Abs. 1 AO mit in die Prüfung des anderen Ehegatten/Lebenspartner einbezogen werden (vgl. § 147a S. 2 AO).

Die Vorschrift des § 147a AO findet Anwendung nach dem 31.12.2009.

Beispiel:
Ehemann erzielte im Kalenderjahr 10 folgende Einkünfte: • Einkünfte gem. § 19 EStG i.H.v.   250.000 €   • Einkünfte gem. § 20 EStG i.H.v.   150.000 €   • Einkünfte gem. § 21 EStG i.H.v.   ./. 30.000 €   • Einkünfte gem. § 22 EStG i.H.v.   300.000 €   Seine Ehefrau erzielte Einkünfte aus § 19 EStG i.H.v. 40.000 € und aus § 21 EStG i.H.v. 100.000 €.

Lösung:
Betragsmäßig erfüllt nur der Ehemann die Voraussetzungen des § 193 Abs. 1 AO (Summe der positiven Einkünfte = 700.000 €). Eine Außenprüfung bei ihm ist daher zulässig. Die Einkünfte seiner Ehefrau dürfen nicht mit in die Prüfung des Ehemannes einbezogen werden.

Liegt ein Fall des § 193 Abs. 1 AO vor, ist eine Außenprüfung uneingeschränkt, ohne weitere Voraussetzungen und ohne Angabe von Gründen für alle Steuerarten und Einkunftsarten (aller Besteuerungsgrundlagen), nach § 193 Abs. 1 AO zulässig.

4.2.2 Zulässigkeit nach § 193 Abs. 2 AO

Die Vorschrift regelt die Fälle, in denen nicht wie bei § 193 Abs. 1 AO ohne weitere Voraussetzungen eine Außenprüfung uneingeschränkt möglich ist. Erfasst werden alle anderen Steuerpflichtigen, als die in § 193 Abs. 1 AO Bezeichneten. Also Steuerpflichtige mit Überschusseinkünften (§ 2 Abs. 1 Nr. 4–7 EStG), die die Betragsgrenze von 500.000 € mit ihrer positiven Summe der Einkünfte nicht überschreiten und keine Gewinneinkünfte erzielen oder „Einkommensmillionäre" vor dem 01.01.2010 (s. 4.2.1).

4.2.2.1 Steuerabzugsverpflichtete (§ 193 Abs. 2 Nr. 1 i.V.m. § 194 Abs. 1 S. 4 AO)

Eine Außenprüfung ist zulässig, soweit sie die Verpflichtung des Steuerpflichtigen betrifft, für Rechnung eines Anderen, Steuern zu entrichten oder Steuern einzubehalten und abzuführen. Dies betrifft all die Fälle, in denen die Steuer an der Quelle einbehalten wird (§§ 38 ff., 43 ff., 50a EStG).

> **Beispiel:**
>
> Prüfung der Lohnsteuer bei Privatpersonen mit mehreren Bediensteten; z.B. Arbeitgeber von privaten Hausangestellten.

Sind die Voraussetzungen des § 193 Abs. 2 Nr. 1 AO erfüllt, ist eine Außenprüfung nur im Hinblick auf die für einen anderen zu entrichtenden oder einzubehaltenden und abzuführenden Steuerarten möglich.

> **Beispiele:**
>
> Lohnsteuer, Kapitalertragsteuer, Bauabzugssteuer, Steuerabzugsbeträge § 50a EStG etc.

Insoweit wird ergänzend auf die in diesem Zusammenhang bestehenden, formellen Vorschriften §§ 42f EStG (Lohnsteuer), 50b EStG (Kapitalertragsteuer), 48a Abs. 4 EStG (Bauabzugssteuer), 73d Abs. 2 EStDV (Steuerabzugsbeträge) verwiesen.

4.2.2.2 Zulässigkeit nach § 193 Abs. 2 Nr. 2 AO

Nach dieser Vorschrift ist eine Außenprüfung nur zulässig, wenn:
- die für die Besteuerung erheblichen Verhältnisse der Aufklärung bedürfen,

UND (kumulativ, beide Voraussetzungen müssen vorliegen)
- eine Prüfung an Amtsstelle nach Art und Umfang des zu prüfenden Sachverhalts nicht zweckmäßig ist.

Die Vorschrift ermöglicht die Prüfung aller steuerlich relevanter Verhältnisse, z.B. auch außergewöhnliche Belastungen, sonstige Verhältnisse, Vorliegen der Voraussetzungen für Freibeträge und aller Steuerarten, wie z.B. auch die Erbschaftsteuer, Kraftfahrzeugsteuer etc.

4.2.2.2.1 Aufklärungsbedürfnis

Liegt ein bestimmter Sachverhalt vor, der der Aufklärung bedarf und daher geprüft werden soll, ist die Außenprüfung zulässig. Sie ist bereits dann zulässig, wenn Anhaltspunkte vorliegen, die es nach den Erfahrungen der Finanzverwaltung als möglich erscheinen lassen, dass ein Besteuerungstatbestand erfüllt ist, z.B. eine Steuerschuld entstanden ist. Die Außenprüfung ist daher auch schon vor Abgabe einer Steuererklärung zulässig. Beachte die strafrechtlichen Aspekte in 3.1.

Konkrete Anhaltspunkte werden nicht vorausgesetzt. Auch abstrakte Anhaltspunkte, die es nach der Erfahrung als möglich erscheinen lassen, dass Steuererklärungen nicht, unvollständig oder mit unrichtigem Inhalt abgegeben wurden, reichen für ein Aufklärungsbedürfnis aus.

Die Vorschrift kann insbesondere zur Anwendung kommen bei Steuerpflichtigen mit umfangreichen und vielgestaltigen Überschusseinkünften; in diesen Fällen besteht ein Aufklärungsbedürfnis (BFH vom 07.11.1985, BStBl II 1986, 435).

> **Beispiel:**
>
> Einer GbR sind diverse Häuser steuerlich zuzurechnen, die die GbR an verschiedene Personen vermietet. Sie erzielt Einkünfte aus Vermietung und Verpachtung mit umsatzsteuerlicher Option nach den §§ 4 Nr. 12a i.V.m. 9 UStG.

> **Lösung:**
>
> Eine Außenprüfung nach § 193 Abs. 2 Nr. 2 AO ist zulässig, da die Zahl der Häuser erheblich ist und eine Notwendigkeit zur Prüfung besteht, ob die Aufteilung in umsatzsteuerfreie oder -pflichtige Umsätze zutreffend ist. Die GbR ist für die Umsatzsteuer Subjekt der Außenprüfung, da sie insoweit selbst rechtsfähig ist.

4.2.2.2.2 Unzweckmäßigkeit der Prüfung an Amtsstelle

Diese Voraussetzung ist erfüllt, wenn umfangreiche Unterlagen einzusehen sind oder erst an Ort und Stelle ermittelt werden kann, welche Unterlagen für die Sachverhaltsaufklärung geeignet bzw. von Bedeutung sind. Die Entscheidung über die Unzweckmäßigkeit liegt im Ermessen der Behörde. Sie darf bei der Entscheidung nur Art und Umfang des zu prüfenden Sachverhalts berücksichtigen. Die Behörde wird i.d.R. ermessensfehlerhaft handeln, wenn sie sich für die Unzweckmäßigkeit der Prüfung an Amtsstelle nur wegen besserer Arbeitsbedingungen beim Steuerpflichtigen entscheidet. Ermessensgerecht entscheidet sie hingegen, wenn z.B. häufig Auskünfte des Steuerpflichtigen erforderlich sind oder erheblich viele Belege zu prüfen sind.

4.2.2.2.3 Begründung der Außenprüfung nach § 193 Abs. 2 Nr. 2 AO

Eine auf diese Vorschrift gestützte Außenprüfung ist bereits wegen des Ermessens stets besonders zu begründen. Die Begründung muss konkret ergeben, aus welchem Grund die gewünschte Aufklärung nicht durch Einzelermittlung nach § 88 AO an Amtsstelle erreicht werden kann.

4.2.3 Zulässigkeit nach § 193 Abs. 2 Nr. 3 AO

Nach § 193 Abs. 2 Nr. 3 AO ist eine Außenprüfung zulässig, wenn ein Steuerpflichtiger seinen Mitwirkungspflichten nach § 90 Abs. 2 S. 3 AO nicht nachkommt.

Die Vorschrift findet erstmals Anwendung auf die Besteuerungszeiträume nach dem 31.12.2009. Bestehen objektiv erkennbare Anhaltspunkte für die Annahme, dass der Steuerpflichtige über Geschäftsbeziehungen zu Finanzinstituten in einem Gebiet oder Staat verfügt, mit dem kein Abkommen besteht, das die Erteilung von Auskünften entsprechend Art. 26 des Musterabkommens der OECD vorsieht, oder der Staat oder das Gebiet keine Auskünfte in einem vergleichbaren Umfang erteilt oder keine Bereitschaft zu einer entsprechenden Auskunftserteilung besteht, hat der Steuerpflichtige nach Aufforderung der Finanzbehörde die Richtigkeit und Vollständigkeit seiner Angaben an Eides statt zu versichern und die Finanzbehörde zu bevollmächtigen, in seinem Namen mögliche Auskunftsansprüche gegenüber den von der Finanzbehörden benannten Kreditinstituten geltend zu machen.

> **Beispiel:**
>
> Steueroasen, die keine oder nur eingeschränkt grenzüberschreitende Informationen weitergeben, z.B. ehemals Liechtenstein.

Das BMF teilt diesbezüglich mit, dass zum 01.01.2010 kein Staat oder Gebiet die Voraussetzungen für Maßnahmen nach dem Steuerhinterziehungs-Bekämpfungsgesetz erfüllen, vgl. BMF vom 05.01.2010, BStBl I 2010, 19.

Kommt der Steuerpflichtige dieser Mitwirkungspflicht nicht nach, und sind die für die Besteuerung maßgeblichen Sachverhalte jedoch aufklärungsbedürftig und die Prüfung an Amtsstelle ist nach Art und Umfang nicht zweckmäßig, ist eine Außenprüfung zulässig.

5. Sachlicher Umfang einer Außenprüfung (§ 194 AO)

Die Vorschrift beinhaltet sowohl den sachlichen, persönlichen und zeitlichen Umfang einer Außenprüfung.

5. Sachlicher Umfang einer Außenprüfung (§ 194 AO)

Sachlicher Umfang	Persönlicher Umfang	Zeitlicher Umfang
„Steuerliche Verhältnisse", d.h. Steuerarten und Sachverhalte § 194 Abs. 1 S. 1–4 und Abs. 2 AO	„Steuerpflichtiger" § 194 Abs. 1 S. 1 AO „Personengesellschaft" § 194 Abs. 1 S. 3 AO „Erweiterung" § 194 Abs. 2 AO	„Besteuerungszeiträume" § 194 Abs. 1 S. 2 AO

5.1 Sachlicher und Persönlicher Umfang

Gem. § 194 Abs. 1 S. 1 AO dient die Außenprüfung der Ermittlung der steuerlichen Verhältnisse. Diese sind die tatsächlichen und rechtlichen Verhältnisse, die für die Steuerpflicht und für die Bemessung der Steuer maßgebend sind (Besteuerungsgrundlagen). Zweck der Außenprüfung sollte nicht alleine die Erzielung von Mehrsteuern sein, sondern die Gleichmäßigkeit der Besteuerung durch rechtmäßige Festsetzung der nach § 38 AO entstandenen Steuern sicherstellen.

Steuerpflichtiger ist derjenige, der von der Prüfung betroffen wird.

Grundsätzlich darf sich die Prüfung daher nicht auf die Verhältnisse Dritter beziehen, es sei denn, dies ist ausdrücklich gem. § 194 Abs. 1 S. 3 und 4 sowie Abs. 2 AO verlangt. Gemäß § 194 Abs. 1 S. 4 AO können die steuerlichen Verhältnisse anderer Personen geprüft werden, wenn der Steuerpflichtige verpflichtet war bzw. ist, für Rechnung dieser Personen Steuern zu entrichten oder Steuern einzubehalten und abzuführen; dies gilt auch dann, wenn etwaige Steuernachforderungen gegenüber den anderen Personen geltend zu machen sind. Die Vorschrift ist in Zusammenhang mit § 193 Abs. 2 Nr. 1 AO zu sehen. Durch diese Erweiterung der Prüfungsmöglichkeit wird gewährleistet, dass beide Seiten bei Abzugssteuern wie Lohnsteuer oder Kapitalertragsteuer der Prüfung unterzogen werden können.

Beispiel:

Steuerpflichtiger A hat für sein Wohnhaus mehrere private Hausangestellte. Er ist gemäß §§ 38 ff. EStG verpflichtet, die Lohnsteuer für diese einzubehalten und abzuführen.

Lösung:

Für A ist eine Prüfung nach § 193 Abs. 2 Nr. 1 AO möglich. § 194 Abs. 1 S. 4 AO ermöglicht nun auch die Prüfung der steuerlichen Verhältnisse der Hausangestellten.

Die **Außenprüfung bei Personengesellschaften** umfasst die steuerlichen Verhältnisse der Gesellschafter insoweit, als diese Verhältnisse für die steuerlich zu überprüfenden einheitlichen Feststellungen von Bedeutung sind (§ 194 Abs. 1 S. 3 AO), d.h. einer gesonderten Prüfungsanordnung bedarf es nicht.

Dies betrifft vor allem das Sonderbetriebsvermögen der Gesellschafter. Das Sonderbetriebsvermögen ist in Sonderbetriebsvermögen I und II zu unterscheiden. **Sonderbetriebsvermögen I** sind Wirtschaftsgüter, die einem Mitunternehmer gehören, die jedoch geeignet und bestimmt sind, dem Betrieb der Personengesellschaft zu dienen. Das trifft vor allem für Wirtschaftsgüter zu, die der Personengesellschaft von einem Gesellschafter zur Nutzung überlassen sind. **Sonderbetriebsvermögen II** sind Wirtschaftsgüter, die unmittelbar zur Begründung oder Stärkung der Beteiligung des Gesellschafters an der Personengesellschaft eingesetzt werden.

Die steuerlichen Verhältnisse von Gesellschaftern und Mitgliedern (von Personen- und Kapitalgesellschaften) sowie von Mitgliedern der Überwachungsorgane können in die bei einer Gesellschaft durchzuführenden Außenprüfung einbezogen werden, wenn dies im Einzelfall zweckmäßig ist, vgl. § 194 Abs. 2 AO, sog. Erstreckungsprüfung.

> **Beispiel:**
>
> An der A-GmbH sind die Gesellschafter A und B je zur Hälfte beteiligt. Es erfolgt an den Gesellschafter A eine verdeckte Gewinnausschüttung (vGA). A hat nur die GmbH-Beteiligung.

> **Lösung:**
>
> A unterliegt weder nach § 193 Abs. 1 AO noch nach § 193 Abs. 2 AO der Außenprüfung:
> - § 193 Abs. 1 AO ermöglicht die Prüfung bei der GmbH, weil ein gewerblicher Betrieb unterhalten wird,
> - § 194 Abs. 2 AO ermöglicht die Prüfung auf Ebene des Gesellschafters A in Bezug auf den Empfang der vGA.
>
> Diese Lösung, also dass § 194 Abs. 2 AO eine eigenständige Rechtsgrundlage für die Prüfung des Gesellschafters ist, ist in der Literatur umstritten.
> Nach herrschender Meinung müssen in allen Fällen der Einbeziehung der Gesellschafter in die Prüfung der Gesellschaft die Voraussetzungen der Zulässigkeit der Außenprüfung in der Person des Gesellschafters nach § 193 AO erfüllt sein, insbesondere die Voraussetzungen des § 193 Abs. 2 Nr. 2 AO, wenn keine Gewinneinkünfte geprüft werden (vgl. Tipke/Kruse § 194, Rz. 12; Gosch in Schwarz, § 194, Anm. 79; a.A. Klein § 194 Rz. 14, offen gelassen in BFH vom 16.12.1986, BStBl II 1987, 248; nach FG Berlin-Brandenburg vom 06.07.2009, EFG 2009, 1986; s. auch Leitfaden der Oberfinanzdirektion Frankfurt am Main, Rechtsgrundlagen der Außenprüfung, Stand Oktober 2013, Nr. 2.5.2).

Die Prüfung der Gesellschafter nach § 194 Abs. 2 AO ist eine eigenständige Prüfung, die lediglich aus verfahrensökonomischen Gründen mit der Prüfung der Gesellschaft verbunden wird. Es ist daher erforderlich, dass die Prüfungsanordnung auch an die jeweiligen Gesellschafter bekannt gegeben wird.

5.2 Zeitlicher Umfang der Außenprüfung

Die Finanzbehörde entscheidet gemäß § 194 Abs. 1 S. 2 AO nach pflichtgemäßem Ermessen, ob eine oder mehrere Steuerarten, ein oder mehrere Besteuerungszeiträume oder nur bestimmte Sachverhalte geprüft werden. Dabei soll sie sich aber in jedem Fall nur auf das Wesentliche beschränken und ihre Dauer nur das nötige Maß einnehmen.

> **Beispiel:**
>
> Wird bei der Prüfung festgestellt, dass offensichtlich steuerliche Zuverlässigkeit vorliegt, sollte die Prüfung abgebrochen werden, um die Dauer der Prüfung zu begrenzen.

Gem. § 4 Abs. 1 BpO liegt die Festlegung des Prüfungszeitraumes im pflichtgemäßen Ermessen der Behörde. Neu ist die zeitnahe Betriebsprüfung, siehe § 4a BpO (erstmals für Außenprüfungen anzuwenden, die nach dem 01.01.2012 angeordnet werden, siehe BStBl I 2011, 710). Danach können Steuerpflichtige, unter den Voraussetzungen des § 4a Abs. 2 BpO auch für eine zeitnahe Betriebsprüfung ausgewählt werden. Zeitnah bedeutet, dass der Prüfungszeitraum einen oder mehrere gegenwartsnahe Besteuerungszeiträume umfasst, § 4a Abs. 1 BpO (vgl. Praxisleitfaden der OFD Frankfurt am Main „Rechtsgrundlagen der Außenprüfung", Stand Oktober 2013, Tz. 13 „Zeitnahe Bp"). Die Prüfungsanordnung muss die Ermessenserwägungen des Finanzamtes erkennen lassen. Sie wird sich bei der Festlegung an der Einordnung der Betriebe in Größenklassen (§ 3 BpO) orientieren.

Die Außenprüfung muss sich nicht auf den gesamten Steueranspruch beziehen, sondern kann auf bestimmte Sachverhalte bzw. Besteuerungsgrundlagen eingeschränkt werden.

5. Sachlicher Umfang einer Außenprüfung (§ 194 AO)

Beispiele bestimmte Sachverhalte:
• eine bestimmte Einkunftsart,   • eine Betriebsveräußerung,   • bestimmte Einnahmen,   • bestimmte Ausgaben,   • nur die Vorsteuer.

Bestimmter Sachverhalt meint allerdings nicht einen einzelnen Vorgang, wie z.B. die Vorlage einer einzelnen Urkunde. In solchen Fällen ist die Außenprüfung nicht zulässig, sondern eher die Vorschriften der §§ 93 ff. AO.

5.2.1 Großbetriebe

Gem. § 4 Abs. 2 BpO soll der Prüfungszeitraum bei Großbetrieben, Konzernunternehmen und international verbundenen Unternehmen sich an den vorhergehenden Prüfungszeitraum anschließen (Anschlussprüfung). Ausnahmen könnten zeitnahe Betriebsprüfungen sein, § 4a BpO (s. Buse „Die abgekürzte Außenprüfung; Folgen und Besonderheiten; Zeitnahe Außenprüfung" in AO-StB 2013, 90).

Beispiel:
Die X-GmbH, eingestuft als Großbetrieb, wurde für den Zeitraum 02 bis 05 geprüft.

Lösung:
Die anschließende Prüfung sollte nun die Zeiträume 06 ff. betreffen.

5.2.2 M-, K-, und KSt-Betriebe

Bei anderen Betrieben (Mittel-, Klein- und Kleinstbetrieben) soll gem. § 4 Abs. 3 BpO der Prüfungszeitraum in der Regel nicht mehr als drei zusammenhängende Besteuerungszeiträume umfassen. Die Auswahl der drei Jahre liegt im Ermessen der Finanzbehörde.

Der Prüfungszeitraum kann insbesondere dann drei Besteuerungszeiträume übersteigen (in die Vergangenheit mit Begründung), wenn mit nicht unerheblichen Änderungen der Besteuerungsgrundlagen (zugunsten oder zuungunsten des Steuerpflichtigen) zu rechnen ist oder wenn der Verdacht einer Steuerstraftat oder einer Steuerordnungswidrigkeit besteht (Prüfungserweiterung), § 4 Abs. 3 S. 2 BpO. Von nicht unerheblichen Änderungen in diesem Zusammenhang ist auszugehen, wenn die steuerliche Auswirkung bei M-Betrieben 1.533 € (vorher 3.000 DM) und bei K-, KSt-Betrieben 511 € (vorher 1.000 DM) für alle Steuerarten pro Jahr beträgt (s. BFH vom 28.04.1988, BStBl II 1988, 857). „Zu rechnen" meint die Prognose aufgrund konkreter Tatsachen zur Zeit der Prüfungserweiterung.

5.2.3 Strafrechtliche Aspekte

Ergeben sich vor einer unmittelbaren durchzuführenden oder bereits begonnenen Außenprüfung tatsächliche Anhaltspunkte (Verdacht) für eine Straf-/Ordnungswidrigkeit, so ist die für die Bearbeitung dieser Straftat zuständige Stelle unverzüglich zu unterrichten (§ 10 BpO). Dies gilt ebenso bei einer bloßen Möglichkeit. Vor der Prüfungserweiterung in diesen Fällen ist die Einleitung eines Strafverfahrens – in Absprache mit der Bußgeld- und Strafsachenstelle – zu prüfen. Ob im Anschluss die Betriebsprüfung oder die Steuerfahndung weiterprüft ist nach Zweckmäßigkeit zu entscheiden. Beide Stellen können auch nebeneinander den Fall prüfen.

5.3 Kontrollmitteilungen (§ 194 Abs. 3 AO)

§ 194 Abs. 3 AO ermöglicht die Erstellung von Kontrollmitteilungen während einer Außenprüfung. Werden anlässlich einer Außenprüfung Verhältnisse anderer als der geprüften Personen festgestellt, so ist die Auswertung der Feststellungen insoweit zulässig, als ihre Kenntnis für die Besteuerung dieser anderen Personen von Bedeutung ist oder die Feststellungen eine unerlaubte Hilfeleistung in Steuersachen betrifft, vgl. § 194 Abs. 3 AO.

Das Kontrollmitteilungsverfahren, in der Praxis **Steueraufsichtsverfahren** genannt, dient der Steuerkontrolle. Kontrollmitteilungen betreffen Verhältnisse anderer als der geprüften Steuerpflichtigen. Sie dienen im Steuerverfahren dem Informationsaustausch zwischen verschiedenen Finanzämtern. Mit Kontrollmitteilungen wird reines Wissen, also keine rechtliche Würdigung oder Bewertung, weitergegeben.

Bei beabsichtigter Fertigung/Übersendung von Kontrollmitteilungen an andere Behörden ist § 30 AO und evtl. bestehende Aussageverweigerungsrechte (z.B. §§ 101 ff. AO) zu beachten (z.B. s. Kap. III. 1.3.3.1). Die Kontrollmitteilung darf weiterhin nur gefertigt werden, wenn sie für die Besteuerung der anderen Person von Bedeutung ist oder die Feststellung eine unerlaubte Hilfe in Steuersachen betrifft. Insoweit ist dies auch von § 30 Abs. 4 AO gedeckt. Verbietet § 30 AO eine Offenbarung ist eine Kontrollmitteilung unzulässig.

Ein besonderer Anlass oder Verdacht im strafrechtlichen Sinne für das Erstellen einer Kontrollmitteilung ist nicht notwendig. Eine Kontrollmitteilung ist dann geboten, wenn nach den Umständen des konkreten Einzelfalles, nach der Lebenserfahrung oder nach dem Wissen branchenspezifischer Besonderheiten, die Möglichkeit besteht, dass die steuerlichen Verhältnisse eines Dritten ohne die Kontrollmitteilung nicht richtig ermittelt werden können (vgl. BFH-Urteil vom 02.08.2001, BStBl II 2001, 665).

Die meist geschriebenen Kontrollmitteilungen in der Praxis betreffen folgende Fälle:

Beispiele:
• Barzahlungen, • Provisionszahlungen, • Gewährung von Boni und Rabatten, • Schenkungen von hohem Wert, • Vergütungen für Gelegenheitsgeschäfte, • Verrechnungsgeschäfte.

Die Vorschrift erlaubt nur die Fertigung von Kontrollmitteilungen anlässlich einer Außenprüfung als „Nebenprodukt", d.h. die Kontrollmitteilung muss zeitlich und sachlich mit der Außenprüfung in Zusammenhang stehen. Die Durchführung einer Außenprüfung für Zwecke der Fertigung von Kontrollmitteilungen, also zur Feststellung der Verhaltensweise Dritter ist nicht zulässig (Verweis auf den Praxisleitfaden der Oberfinanzdirektion Frankfurt am Main, Nr. 22.3). Ein zeitlicher Zusammenhang ist gegeben, wenn die Kontrollmitteilung nach Beginn der Prüfungshandlungen und vor Ende dieser (meist vor der Schlussbesprechung) entstanden ist. Ist das Wissen, welches die Kontrollmitteilung enthält, Resultat auf Grund der Prüfung der tatsächlichen Verhältnisse beim zu prüfenden Steuerpflichtigen, ist auch der sachliche Zusammenhang gegeben.

Es ist ausreichend, dass der Prüfer davon ausgeht, dass die Informationen für die Besteuerung der anderen Person von Bedeutung sind; die tatsächliche Bedeutung bzw. die steuerliche Auswirkung sind unmaßgeblich. Einen besonderen Anlass (z.B. Anlass auf Verdacht der Steuerverkürzung des Dritten) für die Kontrollmitteilung muss der Prüfer nicht haben.

Entschließt sich der Prüfer zur Fertigung einer Kontrollmitteilung und steht dem nicht ein Auskunftsverweigerungsrecht nach § 102 AO entgegen, ist diese gem. § 9 BpO dem zuständigen Veranlagungsfinanzamt zur Auswertung zuzuleiten. Zur Zulässigkeit im Bankenbereich ist § 30a Abs. 3 AO zu beachten. Kontrollmaterial über Auslandsbeziehungen ist auch dem Bundeszentralamt für Steuern zur Auswertung zu übersenden (§ 9 BpO).

In Abgrenzung zum o.a. Steueraufsichtsverfahren sind die gesetzlichen Mitteilungspflichten zu beachten. In diesen Fällen ist § 30 AO unbeachtlich. Ein Verstoß gegen die Mitteilungspflicht könnte u.U. für den Außenprüfer ein Verfahren wegen Strafvereitelung im Amt auslösen. Folgende Fälle werden beispielhaft aufgezählt.

Beispiele:
Mitteilungspflichten des Finanzamtes: §§ 31, 31a, 31b AO, 4 Abs. 5 S. 1 Nr. 10 S. 3 EStG.

6. Zuständigkeit (§ 195 AO)

Außenprüfungen werden von den für die Besteuerung zuständigen Finanzbehörden durchgeführt, § 195 S. 1 AO. Diese Vorschrift hat insoweit nur klarstellende Bedeutung. Die Außenprüfung ist ein Vorgang des Besteuerungsverfahrens, sodass sich die sachliche und örtliche Zuständigkeit, soweit nichts Anderes bestimmt ist, nach den §§ 16, 17 ff. AO, FVG richtet (s. Kap. I. 2.1 und 2.2). Abzustellen ist auf den Zeitpunkt bei Bekanntgabe der Prüfungsanordnung.

Beispiel:
Das für die gesonderte Gewinnfeststellung zuständige Betriebsfinanzamt ist auch für die Prüfungsanordnung/die Prüfung zuständig, die sich auf die Gewinnfeststellung und den Einheitswert für das Betriebsvermögen bezieht (FG Bremen, vom 09.01.1996, EFG 1996, 466).

Gem. § 195 S. 2 AO können andere Finanzbehörden mit der Außenprüfung beauftragt werden (vgl. Romeis, Der Prüfungsauftrag nach § 195 S. 2 AO, StBp 2006, 361 ff.). Hierbei kann die beauftragende Finanzbehörde die Prüfungsanordnung selbst erlassen oder eine andere Finanzbehörde zum Erlass der Prüfungsanordnung ermächtigen. Mit der Ermächtigung bestimmt die beauftragende Behörde den sachlichen Umfang (§ 194 Abs. 1 AO) der Außenprüfung, insbesondere sind die zu prüfenden Steuerarten und der Prüfungszeitraum anzugeben. Aus der Prüfungsanordnung müssen sich auch die Gründe der Beauftragung ergeben.

Beispiel:
Konzernunternehmen: Die Konzernspitze wird im Finanzamt A, die konzernabhängigen Unternehmen im Finanzamt B geführt. Die Buchhaltungsunterlagen sind komplett bei A (§ 13 BpO: einheitliche Konzernprüfung).

Lösung:
Finanzamt A bittet Finanzamt B um eine Auftragsprüfung, um praxisgerechte Konzernprüfung durchführen zu können.

Besonderheiten der Auftragsprüfung nach § 195 S. 2 AO, z.B. im Land Hessen

Beispiel:
Abzugssteuern nach § 50a EStG.

Lösung:
Für alle Fälle bis zum 31.12.2013 gilt die Zuständigkeitsvereinbarung (§ 18 ZustVO). Zentral zuständig (d.h. auch für die Festsetzung der Steuern) ist das Finanzamt Frankfurt am Main I. D.h., dass das Finanzamt Frankfurt am Main I andere Betriebsprüfungsstellen mit der Prüfung der Abzugssteuern beauftragen muss (s. 3.2.2.1).

> Gemäß § 5 Abs. 1 Nr. 12 FVG wurde die Zuständigkeit für das Steuerabzugs- und Veranlagungsverfahren u.a. in Bezug auf die Abzugssteuern nach § 50a EStG auf das Bundeszentralamt für Steuern (BZSt) übertragen, soweit die zugrunde liegenden Vergütungen nach dem 31.12.2013 zufließen (vgl. § 1 Nr. 1 und § 2 Abs. 2 der Verordnung zur Übertragung der Zuständigkeit für das Steuerabzugs- und Veranlagungsverfahren).
> Alle anderen Verfahren, u.a. auch die Betriebsprüfung, verbleiben jedoch originär bei den jeweiligen Ländern, sodass ab dem 01.01.2014, mangels fehlender ZuStVO die Betriebsprüfung beim jeweilig zuständigen Finanzamt für Einkommensteuer/Körperschaftsteuer verbleibt. Eine Beauftragung nach § 195 S. 2 AO ist daher nicht mehr notwendig.

Abschließend ist darauf hinzuweisen, dass gem. § 195 S. 3 AO die beauftragte Finanzbehörde auch im Namen der zuständigen Finanzbehörde die Steuerfestsetzung vornehmen und verbindliche Zusagen (§§ 204 bis 207 AO, vgl. 16.) erteilen kann. Dies wird u.E. in der Praxis nicht umgesetzt.

7. Die Prüfungsanordnung und deren Bekanntgabe (§§ 196, 197 AO, 5 BpO)

7.1 Allgemeines

Eine nach § 196 AO wirksame Prüfungsanordnung ist die Grundlage für die Durchführung jeder Außenprüfung. Sie leitet das Prüfungsverfahren ein.

In der Prüfungsanordnung wird die Pflicht für den betroffenen Steuerpflichtigen konkretisiert, die Außenprüfung zu dulden. Die Prüfungsanordnung an sich verlangt folglich also noch kein Handeln des Steuerpflichtigen. Allerdings schafft sie die rechtliche Grundlage dafür, dass der Steuerpflichtige während der Prüfung – bei diversen Anforderungen des Prüfers – seinen Mitwirkungspflichten nach § 200 AO nachkommt.

Die Prüfungsanordnung ordnet die Außenprüfung in sachlichem, persönlichem und zeitlichem Umfang an. Diese Bestimmung des Prüfungsumfanges ist sehr wichtig, weil:
- in diesem angeordneten Umfang der Steuerpflichtige zur Mitwirkung nach § 200 AO verpflichtet ist,
- der Vorbehalt der Nachprüfung in diesem Umfang aufzuheben ist (zu Problematiken s. 2.1),
- die Festsetzungsfrist im Umfang der Außenprüfung gehemmt wird,
- die Sperrwirkung nach § 173 Abs. 2 AO für den Prüfungsumfang wirkt,
- die Möglichkeit der Sperrwirkung der Selbstanzeige nur für den Umfang der Prüfung wirkt.

Außerdem bietet der Prüfungsumfang Rechtsschutz für den Steuerpflichtigen, damit dieser genau darüber informiert ist, worauf sich die umfangreichen Ermittlungen beziehen.

Die Prüfungsanordnung hat somit Rechtswirkung nach außen und ist ein Verwaltungsakt i.S.d. § 118 AO, hier ein belastender Verwaltungsakt, da der Steuerpflichtige die Prüfung dulden muss. Die Vorschriften der §§ 118 ff. AO sind anzuwenden.

Der Umfang der Außenprüfung kann sich auf mehrere Steuerarten und Steuerzeiträume beziehen. Dies sind jeweils nach h.M. eigenständige Regelungen, folglich eigenständige Verwaltungsakte, die äußerlich nur in einer Prüfungsanordnung zusammengefasst werden (Sammelbescheid). Ergänzungen zu einer Prüfungsanordnung, z.B. die Erweiterung auf andere Steuerarten und Zeiträume, sind eigenständige, weitere Prüfungsanordnungen.

Einzelne Prüfungshandlungen des Prüfers (wie z.B. Auskunfts- und Vorlageverlangen) sind keine Verwaltungsakte (siehe hierzu FG Düsseldorf vom 4.4.2017, 6 K 1128/15, AO StB 2017, 230). Gegen diese kann sich der Steuerpflichtige nur durch Verweigerung der Mitwirkung zur Wehr setzen; ein Einspruch ist hingegen nicht möglich. Zur Problematik wann die Prüferanfrage zu einem Verwaltungsakt wird siehe BFH-Urteile vom 10.11.1998, BStBl II 1999, 199; vom 12.09.1985, BStBl II 1986, 537; vom

23.02.1984, BStBl II 1984, 790; vom 05.04.1984, BStBl II 1984, 790; vom 14.08.1985, BStBl II 1986, 2 und vom 11.09.1996, BFH/NV 1997, 166.

7.2 Inhalt der Prüfungsanordnung

Die **Prüfungsanordnung** muss schriftlich oder elektronisch (eingefügt durch das Gesetz zur Modernisierung des Besteuerungsverfahrens vom 18.07.2016, BGBl I S. 1679, BStBl I S. 694) ergehen und mit einer Rechtsbehelfsbelehrung versehen sein, § 196 AO. Zudem müssen der Umfang der Prüfung, die Rechtsgrundlagen und eine Begründung, soweit erforderlich enthalten sein (vgl. auch § 5 BpO). Für eine elektronische Prüfungsanordnung gelten die §§ 87a Abs. 1, 7 und 8 (siehe A III. 1.2.5), 122 Abs. 2a und 122a AO.

Beispiel:
a) Fall des § 193 Abs. 1 AO;
b) Fall des § 193 Abs. 2 AO.

Lösung:
a) Hinweis auf § 193 Abs. 1 AO als Begründung reicht aus,
b) Begründung, falls erforderlich (siehe 6.2.2).

Da die Prüfungsanordnung ein Verwaltungsakt ist, sind die Vorschriften des § 119 AO anzuwenden, d.h. gem. § 119 Abs. 1 AO muss die Prüfungsanordnung inhaltlich hinreichend bestimmt sein und nach § 119 Abs. 3 AO muss die zu erlassende Behörde erkennbar sein und die Unterschrift bzw. die Namenswiedergabe des Behördenleiters oder seiner Beauftragten müssen enthalten sein.

Inhaltlich ist die Prüfungsanordnung hinreichend bestimmt, wenn sie erkennen lässt:
- dass eine Außenprüfung angeordnet wird,
- bei welchem Steuerpflichtigen (Prüfungssubjekt) die Außenprüfung stattfinden soll (persönlicher Umfang, § 193 AO),
- in welchem sachlichen Umfang sie stattfindet (§ 194 AO),
- in welchem zeitlichen Umfang (Angabe der exakten Prüfungsjahre) geprüft wird (§ 194 AO).

Auch in einer elektronischen Prüfungsanordnung muss die erlassende Behörde erkennbar sein bzw. das der Signatur zugrundeliegende qualifizierte Zertifikat oder ein zugehöriges qualifiziertes Attributzertifikat die erlassende Behörde erkennen lassen (vgl. § 119 Abs. 3 Sätze 1 und 3 AO). Die weiteren Prüfungsmodalitäten (Ort, Beginn der Prüfung (s. § 197 AO und 6.3) sowie Name des Prüfers) werden nicht in der so in § 196 AO dargestellten Prüfungsanordnung geregelt. Der Ort und der Beginn der Prüfung sind verfahrensrechtlich, selbständige Regelungen (Verwaltungsakte), wenn sie neben der Prüfungsanordnung ergehen und somit selbständig anfechtbar. Folge von der Behandlung als eigenständige Regelungen sind, dass deren Nichtigkeit die Prüfungsanordnung an sich nicht berührt.

Sind dagegen die weiteren Prüfungsmodalitäten mit der Prüfungsanordnung verbunden, muss die Prüfungsanordnung angefochten werden.

7.2.1 Prüfungssubjekt als Inhaltsadressat

Die Prüfungsanordnung muss beinhalten, gegen wen die Außenprüfung angeordnet wird, also wer die Außenprüfung zu dulden hat (Inhaltsadressat). Gemeint ist der potenzielle zu prüfende Steuerpflichtige i.S.d. § 193 AO (vgl. BFH vom 14.03.1989, BStBl II 1989, 590). Zu unterscheiden hiervon ist eventuell die Person, der die Prüfungsanordnung bekannt zu geben ist (Bekanntgabeadressat), z.B. Bevollmächtigte (vgl. § 197 AO, s. 6.3).

Wird eine Kapitalgesellschaft, z.B. GmbH oder AG, geprüft, so ist die Prüfungsanordnung an diese als Inhaltsadressat zu richten. Eine Kapitalgesellschaft hat eine eigene Rechtspersönlichkeit (voll rechtsfähig) und ist somit selbst Prüfungssubjekt.

Bei Ehegatten/Lebenspartnern (BVerfG vom 18.07.2014, BGBl I 2014, 1042) ist eine Besonderheit zu beachten. Jeder Ehegatte/Lebenspartner ist grundsätzlich einzeln Prüfungssubjekt nach § 193 AO, sodass eine Prüfungsanordnung an jeden Ehegatten/Lebenspartner zu richten ist, dessen Verhältnisse geprüft werden sollen. Werden die Ehegatten/Lebenspartner jedoch zusammen zur Einkommensteuer veranlagt, ist es zulässig zwei Prüfungsanordnungen in einer Prüfungsanordnung zusammenzufassen, die aber dann an beide Ehegatten/Lebenspartner adressiert sein muss.

Ebenso ist bei Personengesellschaften, hinsichtlich der Entscheidung über das Prüfungssubjekt eine Besonderheit, zu beachten. Personengesellschaften sind nur teilweise für bestimmte Steuerarten rechtsfähig und somit nur teilweise selbst Prüfungssubjekt/Inhaltsadressat.

Werden die Umsatzsteuer und die Gewerbesteuer (Betriebssteuern) geprüft, ist die Prüfungsanordnung an die Personengesellschaft selbst zu richten. Ebenso ist bei einheitlichen Gewinnfeststellungen und der Einheitsbewertung des Betriebsvermögens zu verfahren.

Werden hingegen Überschusseinkünfte gesondert und einheitlich festgestellt, ist die Prüfungsanordnung an die einzelnen Gesellschafter zu richten. Sind in diesem Fall Gegenstand der Außenprüfung sowohl die Betriebssteuern als auch die Feststellung der Überschusseinkünfte, sind zwei Prüfungsanordnungen erforderlich.

> **Beispiel:**
>
> Die A, B, C-KG erzielt durch Vermietung Einkünfte aus § 21 EStG. An der KG sind A, B und C zu je ⅓ beteiligt. Die KG soll hinsichtlich der Vermietungseinkünfte und hinsichtlich der Umsatzsteuer geprüft werden.

> **Lösung:**
>
> Die Prüfungsanordnung hinsichtlich der Prüfung der Vermietungseinkünfte ist an die Gesellschafter A, B und C zu richten. Hinsichtlich der Prüfung der Umsatzsteuer ist die Anordnung an die KG zu richten, da sie insoweit rechtsfähig ist.

Prüfungsanordnungen gegen nicht oder nicht mehr existierende Prüfungssubjekte sind unwirksam, also nichtig. Ist eine natürliche Person verstorben, ist Prüfungssubjekt dann der Erbe, wenn Gesamtrechtsnachfolge vorliegt.

Bei Insolvenzen ist die Prüfungsanordnung an den Insolvenzverwalter, bei Zwangsverwaltung an den Zwangsverwalter, bei Testamentsvollstreckung an den Testamentsvollstrecker als Inhaltsadressaten zu richten.

Ist der Inhaltsadressat nicht richtig bestimmt worden, ist die Prüfungsanordnung unwirksam und nichtig nach § 125 Abs. 1 AO, da kein heilbarer Fehler vorliegt. Allerdings gilt auch hier der Auslegungsgrundsatz. Konnte der Steuerpflichtige die Adressierung nach den ihm bekannten Umständen unter Berücksichtigung von Treu und Glauben verstehen, ist die Prüfungsanordnung trotz falscher Adressierung, wirksam (vgl. Kap. III. 3.9.3.1).

7.2.2 Begründung

§ 193 AO bestimmt lediglich, ob eine Außenprüfung zulässig ist; nicht jedoch nach welchen Gesichtspunkten die zu prüfenden Steuerpflichtigen auszuwählen sind. Da es unmöglich ist, alle Steuerpflichtigen, die der Außenprüfung unterliegen, zu prüfen, soll die Verwaltung nach pflichtgemäßem Ermessen (§ 5 AO) über eine Prüfung entscheiden.

Auswahlkriterien können sein:
- Betriebsgrößenklasse, d.h. die Steuerpflichtigen werden in Betriebsgrößen (§ 3 BpO) eingeteilt (Einteilung insbesondere nach Umsatz und Gewinn, s. BMF vom 22.06.2012, BStBl I 2012, 689);
- Risiko-Fälle, d.h. die Fälle werden in ein hohes, mittleres und kleines Ausfallrisiko eingeteilt (sog. Risikomanagementsystem = RMS);

- Zufalls-Auswahl, d.h. die Fälle werden zufällig ausgewählt und zur Prüfung vorgeschlagen (vgl. BFH vom 02.09.1988, BFHE 154, 425);
- ein besonderer Anlass ist gegeben.

Die Frage ist nun, in welchen Fällen eine Begründung erforderlich ist; siehe hierzu ausführlich Düren „Das finanzbehördliche Ermessen bei der Anordnung einer Außenprüfung", AO-StB 2014, 343. Die Vorschrift des § 121 AO findet auch auf die Prüfungsanordnung als Verwaltungsakt Anwendung. Diese ist zu begründen, soweit dies zum Verständnis erforderlich ist.

Wird eine Prüfungsanordnung auf § 193 Abs. 1 AO gestützt, bedarf es keiner Begründung (vgl. BFH vom 10.02.1983, BStBl II 1983, 286; BFH vom 28.04.1983, BStBl II 1983, 621; BVerfG vom 08.03.1985, DStZ/E 1985, 117; BFH vom 03.04.1985, BFH/NV 1986, 710; BFH vom 16.12.1987, BStBl II 1988, 233).

Eine Begründung ist erforderlich bei § 193 Abs. 2 Nr. 2 AO, um die dort genannten Tatbestandsmerkmale zu erläutern (vgl. BFH vom 29.08.1985, BFH/NV 1987, 7; BFH vom 13.03.1987, BStBl II 1987, 664; BFH vom 17.11.1992, BStBl II 1993, 146) und um zu klären, warum eine andere Behörde mit der Außenprüfung beauftragt wird (§ 195 S. 2 AO) (vgl. BFH vom 10.12.1987, BStBl II 1988, 322; BFH vom 27.11.2003, BFH/NV 2004, 756).

Eine Heilung nach § 126 Abs. 1 Nr. 2 AO ist bei Fehlern der Begründung durch Nachholung möglich (vgl. dazu auch BFH vom 27.03.2002, BFH/NV 2002, 1013).

7.2.3 Rechtsbehelf/Korrektur

Gegen die Prüfungsanordnung als Verwaltungsakt ist der Einspruch gegeben (§ 347 AO), bei erfolglosem Einspruch ist die Anfechtungsklage (§ 40 FGO) möglich (vgl. auch Finger, Rechtsbehelfsmöglichkeiten gegen Maßnahmen der Außenprüfung, StBp 2002, 61 ff. und 95 ff.).

Lässt sich der Steuerpflichtige zunächst auf die Prüfung ein, wird dadurch sein Recht auf Anfechtung der Prüfungsanordnung nicht verwirkt. Er kann die Rechtsbehelfsfrist voll ausnutzen, sofern der Einspruch fristgerecht eingelegt wird.

Die Prüfungsanordnung ist ein sonstiger (belastender) Verwaltungsakt, sodass eine Rücknahme nach § 130 Abs. 1 AO, ein Widerruf nach § 131 AO oder eine Änderung nach § 129 AO unter Vorliegen der jeweiligen Voraussetzungen, möglich ist.

7.2.4 Folgen fehlerhafter bzw. fehlender Prüfungsanordnung – Verwertungsverbot

Eine fehlerhafte (rechtswidrige) Prüfungsanordnung ist nur in Ausnahmefällen bei Vorliegen gravierender Mängel i.S.d. § 125 AO ohne Rechtswirkung, unwirksam und nichtig. Soweit die Prüfungsanordnung nichtig ist, scheidet eine Heilung von Verfahrens- und Formfehlern bis zum Abschluss des Einspruchsverfahrens aus (§ 126 AO). Als rechtlicher Nichtakt ist eine nichtige Prüfungsanordnung zwar unbeachtlich, aber es wird aus praktischen Gründen ermöglicht, bei berechtigtem Interesse die Nichtigkeit von Amts wegen feststellen zu lassen (§ 125 Abs. 5 AO).

Ist eine Prüfungsanordnung aus formellen Gründen aufgehoben oder für nichtig erklärt worden, so ist eine (nunmehr rechtmäßige) Wiederholungsprüfung zulässig.

Gravierende Mängel, die zur Nichtigkeit führen sind z.B.:
- mündliche Prüfungsanordnung,
- fehlende Angaben der Prüfungsjahre und Steuerarten,
- Unterschrift fehlt,
- Unbestimmtheit des Prüfungssubjektes.

Im Fall einer bereits abgeschlossenen Außenprüfung ohne Prüfungsanordnung ist es nicht möglich, nachträglich eine Prüfungsanordnung zu erlassen. Hier ist zu entscheiden, ob ein Verwertungsverbot der festgestellten Ergebnisse vorliegt, d.h. dass die Ergebnisse für die Besteuerung nicht verwendet werden dürfen. Man unterscheidet nach der Rechtsprechung in ein „formelles" und in ein „materielles" Verwertungsverbot.

Bei einem formellen Verwertungsverbot liegen Fehler/Verstöße gegen Verfahrensvorschriften vor. Diese Verstöße gegen formelles Recht dienen nicht dem Schutz des Steuerpflichtigen, sondern sie sind vielmehr organisatorische Regelungen für die Behörde. Ist die nicht rechtmäßige Ermittlung der Ergebnisse also auch ohne Verletzung der Formvorschriften möglich und unter Vermeidung der Fehler wiederholbar, ist die Verwertung zulässig, sofern sich an den sachlichen Ergebnissen nichts ändert.

> **Beispiele:**
> - Prüfungsanordnung wird von einem Amtsträger unterzeichnet, der nicht zuständig ist,
> - Unterlassen der Schlussbesprechung.

Bei einem materiellen Verwertungsverbot liegen materielle Verstöße vor, die zu einem absoluten Verwertungsverbot führen. Dies sind Fehler, die besonders schwerwiegende Rechtsverletzungen des Finanzamts darstellen.

> **Beispiel:**
> Verstöße gegen den verfassungsrechtlich geschützten Bereich des Steuerpflichtigen (sog. qualifiziertes, materielles Verwertungsverbot), wie Verletzung der Grundrechte.

Zu diesem Problemfeld wird auf die ausführliche Rechtsprechung des BFH verwiesen. Eine gute Übersicht ist zu finden in: Ritzrow, Verwertungsverbot wegen mangelhafter oder fehlender Prüfungsanordnung oder andere Verwaltungsakte, StBp 2006, 55 ff.

7.3 Schriftliche Bekanntgabe der Prüfungsanordnung (§ 197 AO)

Die Vorschrift des § 197 Abs. 1 AO beinhaltet alle Dinge, die dem Steuerpflichtigen bekannt zu geben sind: die Prüfungsanordnung nach § 196 AO, der voraussichtliche Prüfungsbeginn und der Name des Prüfers (vgl. Brummer/Kronthaler/Neißer/Schwenke, Kommentar Abgabenordnung, 12. Auflage, § 197 AO).

Die **Mitteilung des Prüfungsbeginns** (und des Prüfungsortes) ist ein eigenständiger Verwaltungsakt, der angefochten werden kann, für den aber keine bestimmte Form vorgeschrieben ist. Die Benennung des Prüfers hat hingegen keinen Verwaltungsaktcharakter und kann daher nicht angefochten werden. Eine gerichtliche Überprüfung ist aber zum Beispiel möglich, wenn zu befürchten ist, dass der Prüfer auf Grund seines bisherigen Verhaltens die Rechte des Steuerpflichtigen verletzen könnte.

Die Vorschrift regelt, wann die Bekanntgabe erfolgen soll, nämlich eine angemessene Zeit vor Beginn der Prüfung, wenn der Prüfungszweck dadurch nicht gefährdet wird (§ 197 Abs. 1 S. 1 AO und § 5 Abs. 4 BpO).

Die Angemessenheit hängt vom Einzelfall ab. Gem. § 5 Abs. 4 BpO sind i.d.R. bei Großbetrieben 4 Wochen und bei Mittel-, Klein- und Kleinstbetrieben 2 Wochen angemessen.

Die vorzeitige Bekanntgabe der Anordnung ist nicht zu erfüllen, wenn der Prüfungszweck gefährdet wird, wie z.B. bei Überraschungsprüfungen, weil durch eine vorzeitige Ankündigung der Prüfung eine Verdunkelungsgefahr bestehen würde. In solchen Fällen muss der Prüfer die Anordnung spätestens bei Prüfungsbeginn übergeben. Nach § 197 Abs. 1 S. 2 AO kann der Steuerpflichtige auch auf die Einhaltung der Frist verzichten.

Die Vorschrift des § 197 AO regelt aber nicht wie die Bekanntgabe erfolgen muss. Daher finden die allgemeinen Grundsätze zur Wirksamkeit und Bekanntgabe von Verwaltungsakten Anwendung. Gem. § 124 Abs. 1 AO ist ein Verwaltungsakt, also auch die Prüfungsanordnung, bekannt zu geben (§ 122 AO), um wirksam zu sein. Zweck der Bekanntgabe ist es, dem Steuerpflichtigen den begründeten Behördenwillen zu übermitteln und somit für eine inhaltliche Festlegung zu sorgen.

7. Die Prüfungsanordnung und deren Bekanntgabe (§§ 196, 197 AO, 5 BpO)

Nach den Regelungen des § 122 AO gelten die Grundsätze über die Bekanntgabe von Steuerbescheiden auch für Prüfungsanordnungen entsprechend, soweit keine abweichenden Regelungen getroffen sind. D.h., dass beim Erlass einer Prüfungsanordnung festzulegen sind:

- an wen sich die Prüfungsanordnung richtet (Inhaltsadressat, s. 6.2.1),
- welcher Person sie zu übermitteln ist (Empfänger),
- wem sie bekannt gegeben werden soll (Bekanntgabeadressat).

Dazu auch s. Ritzrow, Die Bekanntgabe der Prüfungsanordnung, Überblick über die Rechtsprechung des BFH Teil I und II, StBp 2006, 205 ff. sowie 245 ff. und die Fallsammlung „Adressierung und Bekanntgabe von Prüfungsanordnungen" der Oberfinanzdirektion Frankfurt am Main, Stand Januar 2010.

7.3.1 Empfänger

Der Empfänger ist die Person, der die Prüfungsanordnung tatsächlich zugehen soll. In der Regel sind Inhaltsadressat, Bekanntgabeadressat und Empfänger dieselben Personen. Ausnahmen sind jedoch möglich (vgl. Kap. III. 3.9.3.4). Im Anschriftenfeld der Prüfungsanordnung muss der Empfänger mit Namen und Adresse aufgeführt sein. Ist der Empfänger eine dritte Person muss in der Prüfungsanordnung ergänzend ein Hinweis aufgenommen werden, bei wem die Prüfung tatsächlich durchgeführt werden soll (namentliche Benennung des Prüfungssubjektes).

7.3.2 Bekanntgabeadressat

Bekanntgabeadressat ist die Person/Personengruppe, der die Prüfungsanordnung bekannt zu geben ist. Der Bekanntgabeadressat ist i.d.R. mit dem Prüfungssubjekt (Inhaltsadressaten) identisch. Ist aber eine Bekanntgabe an das Prüfungssubjekt nicht möglich oder nicht zulässig, kommen Dritte als Bekanntgabeadressaten in Betracht.

Beispiele:

- Prüfungssubjekt ist ein minderjähriges Kind; Bekanntgabeadressat sind die gesetzlichen Vertreter, die Eltern,
- Prüfungssubjekt ist eine nichtrechtsfähige Personengesellschaft, Bekanntgabeadressat ist der Geschäftsführer,
- Prüfungssubjekt ist eine Kapitalgesellschaft in Liquidation, Bekanntgabeadressat ist der Liquidator.

In den Fällen, in denen der Bekanntgabeadressat nicht identisch ist mit dem Inhaltsadressaten (Prüfungssubjekt), ist ein Zusatz zur Erläuterung in die Prüfungsanordnung aufzunehmen, aus dem der Grund für die Anordnung beim Bekanntgabeadressaten deutlich wird.

Beispiel:

Die Prüfungsanordnung ergeht an Sie als „gesetzlicher Vertreter Ihres minderjährigen Kindes".

7.3.3 Fallgestaltungen der Bekanntgabe bei Prüfungsanordnungen
7.3.3.1 Eheleute/Lebenspartner

Diese sind je für sich Prüfungssubjekte. Gegenüber einem Ehegatten kann nur dann eine Außenprüfung angeordnet werden, wenn seine Person die Voraussetzungen des § 193 Abs. 1 oder Abs. 2 AO erfüllt. Den anderen Ehegatten/Lebenspartner mit in eine Prüfung einzubeziehen, obwohl nur seine Partner/in § 193 AO erfüllt, ist nicht zulässig. So müssen im Einzelfall bei dem Ehegatten/Lebenspartner, der die Voraussetzungen des § 193 AO nicht erfüllt – mangels gemeinschaftlicher Einkünfte, wie z.B. Miteigentum an einem Grundstück – Einzelermittlungshandlungen nach § 88 AO stattfinden.

Werden Ehegatten/Lebenspartner zusammenveranlagt, haben eine gemeinsame Anschrift und es bestehen keine Bedenken gegen eine gemeinsame Bekanntgabe der Prüfungsanordnung, so ist dies zulässig. Anstelle von zwei getrennten Prüfungsanordnungen ist in diesen Fällen eine Anordnung zusammengefasst unter der Adressierung Herrn und Frau Muster/Herrn und Herrn Muster/Frau und Frau Muster bekannt zu geben. Insoweit muss dann aber in der zusammengefassten Urkunde klar deutlich gemacht werden, welches Prüfungssubjekt für welche Steuerarten geprüft werden soll.

7.3.3.2 Juristische Personen und Handelsgesellschaften

Bei juristischen Personen (z.B. GmbH, AG) ist die Prüfungsanordnung dem gesetzlichen Vertreter, bei Handelsgesellschaften (z.B. OHG) dem Geschäftsführer oder dem vertretungsberechtigten Gesellschafter bekannt zu geben.

7.3.3.3 Personengesellschaften (Gemeinschaften z.B. GbR)

Bei Prüfungsanordnungen, die als Prüfungssubjekte Personengesellschaften und Gemeinschaften betreffen, sind Unterscheidungen nach der Rechtsform, der zu prüfenden Steuerart und eventuell auch nach der Einkunftsart zu treffen.

Nichtrechtsfähige Personengesellschaften können Steuerpflichtige i.S.d. § 33 AO sein, sodass eine Außenprüfung für diese nach § 193 Abs. 1 AO in Betracht kommen kann.

Eine nicht rechtsfähige Personengesellschaft hat meist keinen eigenen Namen, sodass die Prüfungsanordnung in diesen Fällen an alle Gesellschafter adressiert werden muss. Ist dies aus technischen Gründen nicht möglich (weil der Vordruckplatz dafür nicht ausreicht), reicht eine Kurzbezeichnung im Text und die Aufzählung aller Gesellschafter in einer Anlage aus.

Die Bekanntgabe erfolgt an die vertretungsberechtigten Gesellschafter; dies sind meist alle Gesellschafter, es sei denn, diese haben eine abweichende Regelung getroffen.

Hat die nichtrechtsfähige Personenvereinigung Gewinneinkünfte und die Außenprüfung wird hinsichtlich der Feststellung dieser Einkünfte angeordnet, ist die Prüfungsanordnung der Gesellschaft als Prüfungssubjekt bekannt zu geben. Ebenso ist zu verfahren, wenn die Prüfung der Umsatzsteuer und Gewerbesteuer angeordnet wird. Hat die nichtrechtsfähige Personenvereinigung hingegen Überschusseinkünfte und die Außenprüfung wird hinsichtlich der Feststellung dieser Einkünfte angeordnet, so ist die Personenvereinigung nicht Prüfungssubjekt, sondern die einzelnen Gesellschafter, sodass die Bekanntgabe an diese zu erfolgen hat.

7.3.3.4 Gesamtrechts- bzw. Einzelrechtsnachfolge

Der Gesamtrechtsnachfolger tritt in die „Fußstapfen" des Rechtsvorgängers ein, d.h. er übernimmt die Rechtsstellung des Vorgängers mit allen Rechten und Pflichten und hat auch so die Außenprüfung für die Zeit vor seiner Nachfolge zu dulden (§ 45 Abs. 1 AO). Die Prüfungsanordnung ist somit dem Rechtsnachfolger bekannt zu geben.

Beispiele Gesamtrechtsnachfolge:

- Erbfolge (§ 1922 BGB),
- Verschmelzung, Umwandlung von Gesellschaften,
- Anwachsung (§ 738 BGB).

Bei einer Einzelrechtsnachfolge bezüglich einzelner Vermögensgegenstände gehen die Ansprüche aus dem Steuerschuldverhältnis nicht auf den Rechtsnachfolger über. In diesen Fällen ist die Prüfungsanordnung an die Person bekannt zu geben, die im zu prüfenden Zeitraum Inhaber des Prüfungssubjektes war.

Beispiele Einzelrechtsnachfolge:

- Übertragung nach § 25 HGB,
- Einbringung eines Handelsgeschäfts in eine Personengesellschaft,
- Übertragung von Vermögensgegenständen (§ 419 BGB).

Zu der Bekanntgabe bei atypisch stillen Gesellschaften, Personengesellschaften in Liquidation und dem Eintritt, Ausscheiden und Wechsel von Gesellschaftern einer Personengesellschaft s. AEAO zu § 197 Nr. 5.5 ff.

7.3.4 Verlegung des Prüfungsbeginns

Macht der Steuerpflichtige wichtige Gründe glaubhaft, kann auf Antrag des Steuerpflichtigen der Beginn der Außenprüfung auf einen anderen Zeitpunkt verlegt werden (§ 197 Abs. 2 AO). Nach § 5 Abs. 5 BpO können als wichtige Gründe z.B. die Erkrankung des Steuerpflichtigen, seines steuerlichen Beraters oder eines für Auskünfte maßgeblichen Betriebsangehörigen, beträchtliche Betriebsstörungen durch Umbau oder höhere Gewalt anerkannt werden.

7.3.5 Muster einer Prüfungsanordnung (ab 2014)

Finanzamt Nirgendwo, Postfach 110000, 60000 Nirgendwo		
Firma Muster GmbH Musterstraße 100 00000 Musterstadt	Steuernummer/Geschäftszeichen Bearbeiter Telefon Fax E-Mail Betriebsgröße Datum	99 999 9999 9 – SG Herr SGL 06100 100 0000 06100 100 4000 poststelle@fa-nirgendwo.de G xx.xx.xxxx

Prüfungsanordnung

Sehr geehrte Damen und Herren,

hiermit ordne ich an, dass bei Ihnen eine Außenprüfung durchgeführt wird.
Rechtsgrundlage: § 193 Abs. 1 i.V.m. § 194 Abs. 1 Satz 4 Abgabenordnung.

geprüft werden:	Kalenderjahr/Stichtag/Zeitraum
Körperschaftsteuer	0000 – 0003
Umsatzsteuer	0000 – 0003
Gewerbesteuer	0000 – 0003
Gesonderte Feststellungen nach §§ 27 Abs. 2, 28 Abs. 1 KStG	31.12.00–31.12.03
Kapitalertragsteuer §§ 43, 44a, 44b Abs. 6, 50b EStG	0000 – 0003

Bei der Prüfung wird auch auf Sachverhalte geachtet werden, die für andere Steuerarten von Bedeutung sein können. Es bleibt vorbehalten, die Prüfung auf weitere Steuerarten und Zeiträume auszudehnen.
Als Prüfer/in ist Herr/Frau XX von der Betriebsprüfungsstelle (G) vorgesehen. Soweit erforderlich können Fachprüfer hinzugezogen werden.
Voraussichtlicher Beginn und Ort der Prüfung: ##.##.####, in Ihren Geschäftsräumen. Der genaue Zeitpunkt wird Ihnen noch mitgeteilt.
Eine Durchschrift dieser Anordnung füge ich zur Unterrichtung Ihres Bevollmächtigten bei.

Mit freundlichen Grüßen
Im Auftrag
SGL

Rechtsbehelfsbelehrung

Sie können die in dieser Prüfungsanordnung enthaltenen Verwaltungsakte mit dem Einspruch anfechten. Der Einspruch ist bei dem in der Prüfungsanordnung bezeichneten Finanzamt schriftlich oder elektronisch einzureichen oder zur Niederschrift zu erklären.

Die Frist für die Einlegung des Einspruchs beträgt einen Monat. Sie beginnt mit Ablauf des Tages, an dem Ihnen diese Prüfungsanordnung bekannt gegeben worden ist. Bei Zusendung durch einfachen Brief oder Zustellung durch eingeschriebenen Brief gilt die Bekanntgabe mit dem dritten Tag nach Aufgabe zur Post als bewirkt, es sei denn, dass die Prüfungsanordnung zu einem späteren Zeitpunkt zugegangen ist. Bei Zustellung durch die Post mit Zustellungsurkunde bzw. gegen Empfangsbekenntnis ist der Tag der Bekanntgabe der Tag der Zustellung. Ein elektronisch übermittelter Verwaltungsakt gilt am dritten Tage nach der Absendung als bekannt gegeben, außer wenn er nicht oder zu einem späteren Zeitpunkt zugegangen ist.

Im Einspruch soll angegeben werden, inwieweit die Prüfungsanordnung angefochten und ihre Aufhebung beantragt wird. Ferner sollen die Tatsachen, die zur Begründung dienen, und die Beweismittel angeführt werden.

Durch Einlegung des Einspruchs wird die Vollziehung der angefochtenen Prüfungsanordnung nicht gehemmt, es sei denn, dass auf Antrag die Vollziehung der Prüfungsanordnung ganz oder teilweise ausgesetzt worden ist (§ 361 Abs. 1 und Abs. 2 der Abgabenordnung – AO).

Ihre wesentlichen Rechte und Mitwirkungspflichten bei der Außenprüfung

Die Außenprüfung soll dazu beitragen, dass die Steuergesetze gerecht und gleichmäßig angewendet werden; deshalb ist auch zu Ihren Gunsten zu prüfen (§ 199 Abs. 1 AO).

Beginn der Außenprüfung

Wenn Sie wichtige Gründe gegen den vorgesehenen Zeitpunkt der Prüfung haben, können Sie beantragen, dass ihr Beginn hinausgeschoben wird (§ 197 Abs. 2 AO). Wollen Sie wegen der Prüfungsanordnung Rückfragen stellen, wenden Sie sich bitte an die prüfende Stelle und geben Sie hierbei den Namen des Prüfers/der Prüferin an. Über den Prüfungsbeginn sollten Sie ggf. Ihre/n Steuerberater/in unterrichten.

Der Prüfer/die Prüferin wird sich zu Beginn der Außenprüfung unter Vorlage des Dienstausweises bei Ihnen vorstellen (§ 198 AO).

Die Außenprüfung beginnt grundsätzlich in dem Zeitpunkt, in dem der Prüfer/die Prüferin nach Bekanntgabe der Prüfungsanordnung konkrete Ermittlungshandlungen vornimmt. Bei einer Datenträgerüberlassung beginnt die Außenprüfung spätestens mit der Auswertung der Daten (AEAO zu § 198).

Ablauf der Außenprüfung

Haben Sie bitte Verständnis dafür, dass Sie für einen reibungslosen Ablauf der Prüfung zur Mitwirkung verpflichtet sind. Aus diesem Grunde sollten Sie Ihren nachstehenden Mitwirkungspflichten unverzüglich nachkommen. Sie können darüber hinaus auch sachkundige Auskunftspersonen benennen.

Stellen Sie dem Prüfer/der Prüferin zur Durchführung der Außenprüfung bitte einen geeigneten Raum oder Arbeitsplatz sowie die erforderlichen Hilfsmittel unentgeltlich zur Verfügung (§ 200 Abs. 2 AO). Legen Sie ihm/ihr bitte Ihre Aufzeichnungen, Bücher, Geschäftspapiere und die sonstigen Unterlagen vor, die er/sie benötigt. Erteilen Sie ihm/ihr die erbetenen Auskünfte und erläutern Sie ggf. die Aufzeichnungen und unterstützen Sie ihn/sie beim Datenzugriff (§ 200 Abs. 1 AO).

7. Die Prüfungsanordnung und deren Bekanntgabe (§§ 196, 197 AO, 5 BpO)

Werden die Unterlagen in Form der Wiedergabe auf einem Bildträger oder auf anderen Datenträger aufbewahrt, kann der Prüfer/die Prüferin verlangen, dass Sie auf Ihre Kosten diejenigen Hilfsmittel zur Verfügung stellen, die zur Lesbarmachung erforderlich sind, bzw. dass Sie auf Ihre Kosten die Unterlagen unverzüglich ganz oder teilweise ausdrucken oder ohne Hilfsmittel lesbare Reproduktionen beibringen (§ 147 Abs. 5 AO).

Sind Unterlagen und sonstige Aufzeichnungen mit Hilfe eines DV-Systems erstellt worden, hat der Prüfer/die Prüferin das Recht, Einsicht in die gespeicherten Daten zu nehmen und das DV-System zur Prüfung dieser Unterlagen zu nutzen (unmittelbarer Datenzugriff). Dazu kann er verlangen, dass Sie ihm/ihr die dafür erforderlichen Geräte und sonstigen Hilfsmittel zur Verfügung stellen. Dies umfasst unter Umständen die Einweisung in das DV-System und die Bereitstellung von fachkundigem Personal zur Auswertung der Daten. Auf Anforderung sind dem Prüfer die Daten auf maschinell auswertbaren Datenträgern zur Verfügung zu stellen (Datenträgerüberlassung) oder nach seinen Vorgaben maschinell auszuwerten (mittelbarer Datenzugriff); (§ 147 Abs. 6 AO).

Über alle Feststellungen von Bedeutung wird Sie der Prüfer/die Prüferin während der Außenprüfung unterrichten, es sei denn, Zweck und Ablauf der Prüfung werden dadurch beeinträchtigt (§ 199 Abs. 2 AO).

Ergebnis der Außenprüfung

Wenn sich die Besteuerungsgrundlagen durch die Prüfung ändern, haben Sie das Recht auf eine Schlussbesprechung. Sie erhalten dabei Gelegenheit, einzelne Prüfungsfeststellungen nochmals zusammenfassend zu erörtern (§ 201 AO).

Über das Ergebnis der Außenprüfung ergeht bei Änderung der Besteuerungsgrundlagen ein schriftlicher Prüfungsbericht, der Ihnen auf Antrag vor seiner Auswertung übersandt wird. Zu diesem Bericht können Sie Stellung nehmen (§ 202 AO).

Rechtsbehelfe können Sie allerdings nicht gegen den Bericht, sondern nur gegen die aufgrund der Außenprüfung ergehenden Steuerbescheide einlegen.

Wird bei Ihnen eine abgekürzte Außenprüfung (§ 203 AO) durchgeführt, findet eine Schlussbesprechung nicht statt. Die steuerlich erheblichen Prüfungsfeststellungen werden Ihnen in diesem Fall spätestens mit den Steuer-/Feststellungsbescheiden schriftlich mitgeteilt.

Ablauf der Außenprüfung beim Verdacht einer Steuerstraftat oder einer Steuerordnungswidrigkeit

Ergibt sich während der Außenprüfung der Verdacht einer Steuerstraftat oder einer Steuerordnungswidrigkeit gegen Sie, dürfen hinsichtlich des Sachverhalts, auf den sich der Verdacht bezieht, die Ermittlungen bei Ihnen erst fortgesetzt werden, wenn Ihnen die Einleitung eines Steuerstraf- oder Bußgeldverfahrens mitgeteilt worden ist (vgl. § 397 AO). Soweit die Prüfungsfeststellungen auch für Zwecke eines Steuerstraf- oder Bußgeldverfahrens verwendet werden können, darf Ihre Mitwirkung bei der Aufklärung der Sachverhalte nicht erzwungen werden (§ 393 Abs. 1 S. 2 AO). Wirken Sie bei der Aufklärung der Sachverhalte nicht mit (vgl. §§ 90, 93 Abs. 1, 200 Abs. 1 AO), können daraus allerdings im Besteuerungsverfahren für Sie nachteilige Folgerungen gezogen werden; ggf. sind die Besteuerungsgrundlagen zu schätzen, wenn eine zutreffende Ermittlung des Sachverhalts deswegen nicht möglich ist (§ 162 AO).

8. Durchführung der Prüfung

8.1 Ausweispflicht (§ 198 S. 1 AO)

Der Prüfer hat, ohne Aufforderung durch den Steuerpflichtigen, beim ersten Erscheinen seinen Dienstausweis vorzulegen, um sich auszuweisen. Der Steuerpflichtige soll dadurch eine Kontrolle haben, ob der erschienene Prüfer überhaupt dienstlich berechtigt ist die Außenprüfung durchzuführen und mit den Angaben in der Prüfungsanordnung übereinstimmt.

Gemäß § 29 BpO sind für Sachgebietsleiter der Betriebsprüfung und Betriebsprüfer jeweils ein Ausweis auszustellen. Der Ausweis hat zu enthalten:
- die Bezeichnung der ausstellenden Landesfinanzverwaltung oder der ausstellenden Finanzbehörde,
- das Lichtbild des Inhabers,
- den Vor- und Familiennamen,
- die laufende Nummer,
- die Gültigkeitsdauer,
- die Befugnisse des Inhabers.

Unterlässt der Prüfer die Vorlage des Dienstausweises oder hat diesen nicht dabei, kann der Steuerpflichtige den Zutritt zu seinen Räumen verweigern und somit die Durchführung der Außenprüfung nicht gestatten.

Ein Verwertungsverbot zieht ein solcher Verstoß gegen § 198 S. 1 AO jedoch nicht nach sich; hier liegt ein Verstoß gegen formelles Recht vor, das nach § 127 AO unbeachtlich ist.

8.2 Beginn der Außenprüfung (§ 198 S. 2 AO)

Der Beginn der Außenprüfung ist unter Angabe von Datum und Uhrzeit aktenkundig zu machen. Dies ist insbesondere von Bedeutung für die Hemmung der Festsetzungsfrist nach § 171 Abs. 4 AO, da die Vorschrift an den Prüfungsbeginn anknüpft.

Die Außenprüfung beginnt in der Regel in dem Zeitpunkt, in dem der Prüfer **nach Bekanntgabe der Prüfungsanordnung** die ersten konkreten Ermittlungshandlungen, also ernsthafte Prüfungshandlungen, vornimmt. Diese müssen nicht zwangsläufig für den Steuerpflichtigen erkennbar sein, sodass es ausreichend ist, wenn der Prüfer nach Bekanntgabe der Anordnung mit dem Studium des Akteninhaltes beginnt. Eignet er sich jedoch den Akteninhalt vor dem in der Prüfungsanordnung genannten Termin an, gehört dies noch zur Prüfungsvorbereitung. Werden Datenträger überlassen, beginnt die Prüfung spätestens mit der Auswertung dieser Daten.

Beispiele ernsthafter Prüfungshandlungen nach Bekanntgabe der Prüfungsanordnung/Beginn der Außenprüfung:
• Erscheinen beim Steuerpflichtigen in Zusammenhang mit Betriebsbesichtigung, • Besprechung mit dem Steuerpflichtigen, • Aktenstudium, • Auskunftsersuchen an den Steuerpflichtigen.

Bei Außenprüfungen von Konzernen und sonstigen zusammenhängenden Unternehmen i.S.d. §§ 13 bis 19 BpO gelten keine Besonderheiten, insoweit wird auf die genannten Paragraphen und AEAO zu § 198 Nr. 2 verwiesen.

8.3 Prüfungsgrundsätze (§ 199 AO)

§ 199 Abs. 1 AO steht in engem Zusammenhang mit § 194 AO, da der Außenprüfer die tatsächlichen und rechtlichen Verhältnisse, die für die Steuerpflicht und für die Bemessung der Steuer maßgebend sind, zu prüfen hat (Untersuchungsgrundsatz).

Rechtliche Verhältnisse können z.B. vertragliche Beziehungen des Steuerpflichtigen zu anderen Personen sein; die rechtliche Würdigung dieser Verhältnisse ist jedoch letztlich der Veranlagungsstelle vorbehalten und fällt nicht in die Zuständigkeit der Betriebsprüfung (anders bei veranlagender Betriebsprüfung).

Gemäß § 7 BpO ist die Außenprüfung auf das Wesentliche abzustellen. Ihre Dauer ist auf das notwendige Maß zu beschränken. Sie hat sich in erster Linie auf solche Sachverhalte zu erstrecken, die zu endgültigen Steuerausfällen oder Steuererstattungen oder -vergütungen oder zu nicht unbedeutenden Gewinnverlagerungen führen können. Dies trägt dem Grundsatz der Verhältnismäßigkeit Rechnung, dass also der Eingriff in die Sphäre des Steuerpflichtigen im Verhältnis zu dem erwarteten Erfolg stehen soll.

Die Prüfung muss objektiv sein, d.h. der Außenprüfer hat die Pflicht sowohl zugunsten als auch zuungunsten des Steuerpflichtigen zu prüfen. Eine bestimmte Prüfungsmethode ist dabei nicht vorgeschrieben; dies liegt im Ermessen des Außenprüfers. Er wird die Methode wählen, die nach seiner Erfahrung und nach Lage des Einzelfalles am sinnvollsten und geeignetsten erscheint.

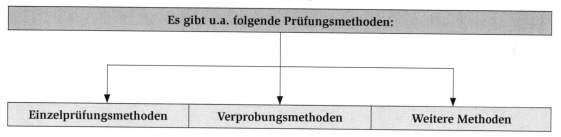

8.3.1 Einzelprüfungsmethoden

Hierbei wird überprüft, ob ein einzelner Geschäftsvorfall in der Buchführung richtig behandelt wurde. Man unterscheidet in die „retrograde" und die „progressive" Methode. Nachteil der Einzelprüfungsmethode ist bei großen Betrieben, dass aufgrund der Masse der Geschäftsvorfälle meist nur eine stichprobenartige Überprüfung möglich ist.

Retrograde Methode	Progressive Methode
Der Außenprüfer verfolgt jeden Geschäftsvorfall von der Gewinn- und Verlustrechnung bis hin zum Beleg zurück.	Ausgangspunkt ist der Beleg. Der Prüfer führt diesen bis zur Gewinn- und Verlustrechnung fort.

8.3.2 Verprobungsmethoden

Bei den Verprobungsmethoden liegen i.d.R. Schlüssigkeitsprüfungen vor, die auf bestimmte prüfungswürdige Prüffelder begrenzt sind. Es gibt z.B. den inneren oder äußeren Betriebsvergleich, die Geldverkehrsrechnung, die Vermögenszuwachsrechnung, den Chi^2-Anpassungstest.

Innerer Betriebsvergleich	Äußerer Betriebsvergleich
Hier findet eine Verprobung der Besteuerungsgrundlagen (Ergebnisse) des zu prüfenden Zeitraums mit den Ergebnissen anderer Zeitabschnitte desselben Betriebs statt. Zu beachten ist, dass bei den zu vergleichenden Zeitabschnitten keine besonderen Änderungen (wie z.B. außerordentliche Erträge) eingetreten sind.	Hier werden die Besteuerungsgrundlagen mit den Ergebnissen ähnlich strukturierter, anderen Betriebe verprobt. Die anderen Betriebe sollten in der Größe und Struktur sowie Ausrichtung ähnlich sein.

Geldverkehrsrechnung	Vermögenszuwachsrechnung
Hier findet eine Prüfung der Geldkonten statt, d.h. lassen sich die im Prüfungszeitraum getätigten Ausgaben durch die zur Verfügung stehenden Mittel decken. Im Mittelpunkt stehen die Konten Bank und Kasse.	Neben der Prüfung der Geldkonten wird bei dieser Methode auch das Vermögen mit einbezogen. Geprüft wird, ob ein Zuwachs an Vermögen unter Berücksichtigung des privaten Verbrauchs durch die im Prüfungszeitraum erzielten Einnahmen bzw. Einkünfte gedeckt ist.
Mathematisch-statistische Methoden	**Weitere mathematisch-statistische Methoden**
Chi²-Anpassungstest: Dieser Test ist eine indirekte Prüfungsmethode. Es wird ein innerer Betriebsvergleich durchgeführt, weil nur Werte des Betriebs verglichen werden. Sinnvoll erscheint diese Methode bei Betrieben, die überwiegend Bareinnahmen haben. ⇨ Signifikanztest, bei dem Abweichungen von den erwartenden Häufigkeiten zu den beobachteten Häufigkeiten ins Verhältnis gesetzt werden (statistische Prüfung); (siehe hierzu FG Rheinland Pfalz, vom 24.08.2011, EFG 2012, 10).	• Benfords Gesetz, • grafischer Reihenvergleich • siehe zu diesem Thema „Zifferntests in der Betriebsprüfung – Chancen und Risiken" von Diller/Schmid/Späth/Kühne, DStR 2015, 311 ff.

8.3.3 Weitere Methoden

Als weitere Methoden kommen insbesondere in Betracht:
- die Ermittlung des Umsatzes durch Nachkalkulation anhand des Wareneinkaufs mit Aufschlagsätzen,
- die Nachkalkulation der Herstellungskosten bei Herstellungsbetrieben,
- die Verprobung der Vorsteuer bzw. des Umsatzes.

8.4 Unterrichtung des Steuerpflichtigen (§ 199 Abs. 2 AO)

Gem. § 199 Abs. 2 AO ist der Steuerpflichtige während der Außenprüfung über die festgestellten Sachverhalte und die möglichen steuerlichen Auswirkungen zu unterrichten, wenn dadurch Zweck und Ablauf der Prüfung nicht beeinträchtigt werden.

Diese Regelung ist Ausläufer des rechtlichen Gehörs, da der Steuerpflichtige schon während der Prüfung die Möglichkeit hat, sich über die Feststellungen des Prüfers zu informieren und damit nicht erst in der Schlussbesprechung überrascht wird. Die Regelung fördert letztlich auch den Ablauf der Prüfung, da der Außenprüfer so Sachverhalte mit dem Steuerpflichtigen besprechen und sich ihm stellende Fragen aufklären kann. Die Information des Steuerpflichtigen während der Außenprüfung ist auch ein Vorteil für die Transparenz der Prüfung, da diese als „offenes" Verfahren angesehen werden soll und der Prüfer somit mitteilt, was er eigentlich genau prüfen möchte.

Der Außenprüfer ist nicht verpflichtet dem Steuerpflichtigen die von ihm angewandte Prüfungsmethode mitzuteilen.

Beeinträchtigungen des Zwecks und des Ablaufs der Prüfung sind lediglich denkbar, wenn die Befürchtung der Verdunkelung besteht – nicht schon wegen verhandlungstaktischen Gründen.

Ein Verstoß gegen § 199 Abs. 2 AO ist unschädlich, da die erforderliche Anhörung gem. § 126 Abs. 2 Nr. 3 AO nachgeholt werden kann.

9. Mitwirkungspflichten des Steuerpflichtigen (§ 200 AO, § 8 BpO)

9.1 Allgemeines

Die Vorschrift regelt die besonderen Mitwirkungspflichten des Steuerpflichtigen bei Außenprüfungen, die über die Pflichten des § 90 AO hinausgehen.

Die Prüfungsanordnung, die Mitteilung des Beginns der Außenprüfung und die Auswahl des Ortes der Prüfung verfolgen den Zweck, dem Steuerpflichtigen deutlich zu machen, wo und in welchem Umfang er mitzuwirken hat. Diese Mitwirkung umfasst es insbesondere Auskünfte zu erteilen, Aufzeichnungen, Bücher, Geschäftspapiere und andere Urkunden vorzulegen (vgl. § 200 Abs. 1 AO). Ferner hat der Steuerpflichtige einen geeigneten Raum oder Arbeitsplatz und Hilfsmittel unentgeltlich zur Verfügung zu stellen (§ 200 Abs. 2 AO) und eine Betriebsbesichtigung zu gestatten (§ 200 Abs. 3 AO).

Die Bestimmung des Umfangs der Mitwirkung des Steuerpflichtigen liegt dabei im pflichtgemäßen Ermessen der Behörde (vgl. AEAO zu § 200 Nr. 1.).

9.2 Einzelne Mitwirkungspflichten bzw. -rechte

9.2.1 Erteilung von Auskünften, Vorlage von Büchern, Aufzeichnungen und anderen Unterlagen (§ 200 Abs. 1 S. 2–4 AO)

Der Steuerpflichtige ist verpflichtet dem Außenprüfer auf Verlangen Auskünfte zu erteilen. Das Auskunftsersuchen des Prüfers kann mündlich oder schriftlich ergehen. Ein mündliches Ersuchen ist schriftlich zu bestätigen, wenn der Steuerpflichtige hieran ein erhebliches Interesse hat, § 119 Abs. 2 S. 2 AO. Gem. § 8 BpO kann der Steuerpflichtige auch Auskunftspersonen benennen. Ihre Namen sind aktenkundig zu machen. Die Auskunftspflichten des Steuerpflichtigen erlöschen jedoch nicht mit der Benennung von Auskunftspersonen.

Gem. § 200 Abs. 1 AO sind neben Schriftstücken, die nach § 147 Abs. 1 AO gesetzlich vorgeschrieben sind, alle Dokumente vorzulegen, die steuerlich von Bedeutung sein könnten.

Beispiele:
• Bilanzen,
• Handelsbücher,
• betriebsbezogener Schriftverkehr,
• Verträge,
• Sparbücher,
• Prüfungsberichte der Wirtschaftsprüfer etc.

Gemäß § 8 BpO kann sogar die Vorlage von Büchern, Aufzeichnungen, Geschäftspapieren und anderen Unterlagen, die nicht unmittelbar den Prüfungszeitraum betreffen, ohne Erweiterung des Prüfungszeitraums verlangt werden, wenn dies zur Feststellung von Sachverhalten des Prüfungszeitraums für erforderlich gehalten wird.

9.2.2 Unterstützung nach § 147 Abs. 6 AO beim Datenzugriff

Sind die vorzulegenden Unterlagen mit Hilfe eines Datenverarbeitungssystems erstellt worden, hat der Steuerpflichtige die Pflicht den Außenprüfer beim Datenzugriff zu unterstützen. Der Steuerpflichtige ist verpflichtet den Prüfer die erforderlichen Daten an seinem Rechner lesen zu lassen (vgl. § 147 Abs. 6 AO).

Der Umfang dieser vorgeschriebenen Unterstützung hängt vom Einzelfall und den jeweiligen Fähigkeiten des Außenprüfers ab.

Der Zugriff ist dabei auf alle steuerrelevanten Daten zulässig. Eine Definition hierfür gibt es nicht. Die steuerliche Relevanz von Daten ist nicht gleichbedeutend mit der steuerlichen Auswirkung der Daten. Ausgangspunkt für den Datenzugriff ist stets die Frage, ob die Unterlagen einen Bezug zur Buchführung aufweisen, also zu deren Verständnis erforderlich sind, nicht dagegen, ob sich aus den Unterlagen oder dem Geschäftsvorfall eine konkrete Gewinnauswirkung ergibt (vgl. FG Düsseldorf vom 05.02.2007, EFG 2007, 890; BFH vom 26.09.2007, BStBl II 2008, 415).

Beispiele steuerrelevante Daten:
Unterlagen in digitaler Form im Bereich: • Finanzbuchhaltung, • Anlagebuchhaltung, • Personalbuchhaltung, • Kosten- und Leistungsrechnung, • sonstige Unterlagen (wie Ein-, Ausfuhrunterlagen, Kassenzettel etc.).

Der Steuerpflichtige muss sicherstellen, dass der Prüfer nur auf steuerrelevante Daten Zugriff hat. Eine Einschränkung nicht prüfungspflichtiger Daten, wie z.B. Personalakten etc., ist Aufgabe des Steuerpflichtigen (vgl. FG Münster vom 11.04.2008, 11 K 4127/07). Sind also in einem System des Steuerpflichtigen sowohl steuerrelevante als auch nicht steuerrelevante Daten vorhanden, hat der Prüfer uneingeschränkten Zugriff auf das System.

§ 30a AO regelt den Datenschutz bei Bankkunden; hierauf wird diesbezüglich verwiesen.

Beim Datenzugriff wird in den unmittelbaren Zugriff (Z1), den mittelbaren Zugriff (Z2) und die Datenträgerüberlassung (Z3) unterschieden. Welche Methode zur Anwendung kommt, liegt im Ermessen des Prüfers. Falls erforderlich kann der Prüfer auch mehrere Methoden nebeneinander in Anspruch nehmen. Über die Nutzung des Datenzugriffs soll ein Aktenvermerk geschrieben werden.

Unmittelbarer Datenzugriff (Z1)	Mittelbarer Datenzugriff (Z2)	Datenträgerüberlassung (Z3)
Finanzbehörde hat das Recht, selbst unmittelbar auf das Datenverabeitungssystem zuzugreifen, dass sie in Form des „nur-Lesezugriffs" Einsicht in die gespeicherten Daten nimmt und die vom Steuerpflichtigen eingesetzte Hard- und Software zur Prüfung der gespeicherten Daten einschließlich der Stammdaten und Verknüpfungen nutzt.	Der Prüfer kann auch verlangen, dass der Steuerpflichtige anstelle des Prüfers nach den Vorgaben des Prüfers die Daten maschinell auswertet, damit der Prüfer den „Nur-Lesezugriff" durchführen kann.	Der Prüfer kann verlangen, dass ihm die gespeicherten Unterlagen (Daten) auf einem maschinell verwertbaren Datenträger zur Auswertung überlassen werden.

Für weitere ausführliche Informationen zu diesem Themenbereich wird auf das BMF-Schreiben vom 16.07.2001 bzw. vom 14.09.2012 „Grundsätze zum Datenzugriff und zur Prüfbarkeit digitaler Unterlagen (GDPdU)", BStBl I 2001, 415 bzw. BStBl I 2012, 930 (Anhang 67 in der AO), auf das BMF-Schreiben vom 14.11.2014 „Grundsätze zur ordnungsmäßigen Führung und Aufbewahrung von Büchern, Aufzeichnungen und Unterlagen in elektronischer Form sowie zum Datenzugriff (GoBD)", DB 47/14, 2683. Die Grundsätze zum Datenzugriff und zur Prüfung digitaler Unterlagen (GDPdUO sowie die BMF-FAQ zum Datenzugriffsrecht der Finanzverwaltung finden sich nun im GoBD-Schreiben wieder. Zu beachten ist in diesem Zusammenhang auch das BMF-Schreiben vom 02.07.2012 zur elektronischen Übermittlung von Rechnungen. Siehe auch BFH vom 16.12.2014, BStBl II 2015, 519 und BFH/NV 2015, 790, FG Münster vom 07.11.2014, EFG 2015, 262 und FG Sachsen-Anhalt vom 30.09.2015 2K 376/15 in Bezug auf den Datenzugriff bei Warenwirtschaftssystemen.

9.2.3 Folgen der Verletzung der Mitwirkungspflichten
Werden die Mitwirkungspflichten verletzt, kann dies verschiedene Folgen haben:
• Zwangsmittel nach § 328 AO,

- Schätzung durch die Betriebsprüfung gem. § 162 AO,
- Festsetzung eines Verzögerungsgeldes nach § 146 Abs. 2b AO (s. 9.2.4) in Höhe von 2.500 € bis 250.000 €.

9.2.4 Verzögerungsgeld

Kommt der Steuerpflichtige innerhalb einer bestimmten Frist seiner Pflicht zur Einräumung des Datenzugriffs (§ 147 Abs. 6 AO), seiner Vorlagepflicht angeforderter Unterlagen und Auskunftspflicht im Rahmen der Außenprüfung (§ 200 Abs. 1 AO) nicht nach, kann ein Verzögerungsgeld i.H.v. 2.500 € bis 250.000 € festgesetzt werden.

Damit soll die Verletzung der Mitwirkungspflicht sanktioniert werden und der Steuerpflichtige soll präventiv für die Zukunft angeregt werden, pünktlich mitzuwirken.

Das Verzögerungsgeld ist eine steuerliche Nebenleistung i.S.d. § 3 Abs. 4 AO, aber kein Zwangsgeld.

Die §§ 118–133 AO gelten für die Festsetzung des Verzögerungsgeldes, da diese ein sonstiger Verwaltungsakt ist.

Voraussetzung für die Festsetzung ist eine wirksame Prüfungsanordnung und die Aufforderung des Steuerpflichtigen zur Vorlage von Unterlagen etc. (sog. Mitwirkungsverlangen).

Adressat der Festsetzung ist das Prüfungssubjekt (s. § 197 AO), also der Steuerpflichtige, der die Prüfung gegen sich gelten lassen muss.

Eine Festsetzung von Verzögerungsgeld hat nach pflichtgemäßem Ermessen der Behörde (§ 5 AO) zu erfolgen (siehe Formulierung „kann" im Gesetz). D.h. der Amtsträger, der das Verzögerungsgeld festsetzen will, hat ein Entschließungs- (ob festgesetzt wird) und Auswahlermessen (in welcher Höhe festgesetzt wird), vgl. BFH vom 28.08.2012, BStBl I 2013, 266.

Zu beachten ist, dass eine spätere Mitwirkung (z.B. Vorlage der angeforderten Unterlagen nach Festsetzung des Verzögerungsgeldes) nicht zur Aufhebung der Festsetzung führt (Unterschied zum Zwangsgeld); § 335 AO findet keine Anwendung.

Siehe hierzu u.a. BFH vom 24.04.2014, BFH/NV 2014, 1414; BFH vom 26.06.2014, BFH/NV 2014, 1507; FG Hamburg vom 12.12.2013, EFG 2014, 514; FG Sachsen-Anhalt vom 11.09.2013, EFG 2014, 698; FG Berlin-Brandenburg vom 11.06.2014, EFG 2014, 1842; Hessisches FG vom 18.09.2013, 4 K 2019/12; Bonner-Bp-Nachrichten 3/2013, 11 ff.; Hessisches FG vom 24.08.2014, 4 K 2534/13 und vom 12.07.2016, 9 K 512/14.

9.2.5 Mitwirkungsverweigerungsrechte

Solange es um die Vorlage von eigenen Unterlagen oder um Auskünfte von eigenen Verhältnissen des Steuerpflichtigen geht, kennt das Gesetz kein Verweigerungsrecht.

Dies ist nur möglich bei zusammen zu veranlagenden Ehegatten, die nach § 101 AO die Auskunft über Einkünfte des anderen Ehegatten verweigern können. Gem. § 102 AO haben bestimmte Berufsträger ein Auskunftsverweigerungsrecht, z.B. Ärzte, Anwälte, Steuerberater. Diesbezüglich wird auf die §§ 101, 102 AO verwiesen.

10. Ort der Außenprüfung (§ 200 Abs. 2 AO, § 6 BpO)

Der **Ort der Außenprüfung** hat ganz besondere Bedeutung für das Erscheinen des Außenprüfers und somit für den Beginn der Prüfung; damit ist der Ort wichtig für die Ablaufhemmung nach § 171 Abs. 4 AO und die Selbstanzeige nach § 371 Abs. 2 Nr. 1a AO.

Die Bestimmung des Prüfungsortes ist ein Verwaltungsakt und kann mit der Prüfungsanordnung nach §§ 196, 197 AO verbunden werden, ist allerdings kein notwendiger Bestandteil derselben.

Gem. §§ 200 Abs. 2 S. 1 AO und 6 BpO ist die Außenprüfung in den Geschäftsräumen des Steuerpflichtigen durchzuführen. Ist bei dem Steuerpflichtigen also ein geeigneter Geschäftsraum vorhanden, muss die Außenprüfung dort stattfinden; insoweit hat die Behörde kein Ermessen.

Die Durchführung der Außenprüfung in den Geschäftsräumen des Steuerpflichtigen hat den Sinn, dass sich der Prüfer zur Ermittlung der tatsächlichen und rechtlichen Verhältnisse ein Bild des Betriebs machen kann, eventuell zu beurteilende Wirtschaftsgüter in Augenschein nehmen kann, auf Unterlagen, Bücher, Aufzeichnungen den direkten Zugriff hat und bei Vorliegen der Voraussetzungen des § 200 Abs. 1 S. 3 AO auch andere Betriebsangehörige um Auskunft ersuchen darf.

Kann der Steuerpflichtige zwar keinen geeigneten Geschäftsraum vorweisen, seine privaten Wohnräume sind jedoch für die Durchführung der Außenprüfung geeignet, hat die Behörde erneut keinen Ermessensspielraum. Die Durchführung der Außenprüfung hat in solchen Fällen bei Zustimmung des Steuerpflichtigen in den Wohnräumen stattzufinden; Art 13 GG steht dem bei Zustimmung des Steuerpflichtigen nicht entgegen.

Ist ein geeigneter Geschäftsraum nachweislich nicht vorhanden und kann die Außenprüfung nicht in den Wohnräumen des Steuerpflichtigen stattfinden, ist grundsätzlich an Amtsstelle zu prüfen (§ 200 Abs. 2 AO). Ein anderer Prüfungsort, z.B. bei dem Steuerberater, kommt nur ausnahmsweise in Betracht (vgl. auch AEAO zu § 200 Nr. 2.).

Schlägt der Steuerpflichtige die Prüfung beim Steuerberater vor, so muss nach pflichtgemäßem Ermessen abgewägt werden, ob dies für die Durchführung der Außenprüfung geeignet ist oder nicht doch an Amtsstelle geprüft werden soll.

Für eine Prüfung an Amtsstelle sprechen folgende Argumente:
- Unabhängigkeit von Geschäftszeiten,
- Nähe zum zuständigen Sachgebietsleiter bei Rechtsfragen,
- reibungsloser Ablauf im Büro des Steuerberaters wird befürchtet.

Da als Ort die Geschäftsräume des Steuerberaters nicht direkt genannt sind, sollte dies in der Praxis nur ausnahmsweise der Fall sein; jedoch bleibt festzustellen, dass die AO oder BpO dies auch nicht ausschließen.

11. Zeit der Prüfung und Betriebsbesichtigung (§ 200 Abs. 3 AO)

Die Außenprüfung soll nach § 200 Abs. 3 S. 1 AO während der üblichen Geschäfts- oder Arbeitszeit stattfinden. Gemeint ist damit wohl die branchenübliche Geschäfts- und Arbeitszeit; allerdings sind die Zeiten des zu prüfenden Betriebes in jedem Fall zu beachten. Mit Zustimmung des Steuerpflichtigen kann die Prüfung auch zu anderen Zeiten durchgeführt werden. Eine Prüfung an Sonn- und Feiertagen sowie zur Nachtzeit ist jedoch nicht zulässig.

Der Prüfer ist berechtigt, Grundstücke und Betriebsräume zu betreten und zu besichtigen. Bei der Betriebsbesichtigung soll der Betriebsinhaber oder sein Beauftragter hinzugezogen werden (§ 200 Abs. 3 S. 2 und 3 AO). Hierbei handelt es sich um eine Ermessensvorschrift.

12. Die Schlussbesprechung (§ 201 AO)

Über das Ergebnis der Außenprüfung ist eine Besprechung (Schlussbesprechung) abzuhalten, § 201 Abs. 1 S. 1 AO. Der Steuerpflichtige hat hierauf einen gesetzlichen Anspruch (vgl. Mösbauer, Das Recht auf Schlussbesprechung, StBp 2000, 257 ff.). **Ausnahmen hiervon sind, dass**:
- sich nach dem Ergebnis der Außenprüfung keine Änderungen der Besteuerungsgrundlagen ergeben (tatsächliche und rechtliche Verhältnisse, die für die Bemessung der Steuer maßgebend sind) oder
- der Steuerpflichtige auf die Abhaltung der Schlussbesprechung verzichtet.

Die Schlussbesprechung ist ein Rechtsgespräch zwischen der Finanzbehörde und dem geprüften Steuerpflichtigen. Sie ist die Beendigung der Prüfungsarbeit, jedoch nicht der Außenprüfung als solches.

Vielmehr bringt die Behörde durch die Schlussbesprechung zum Ausdruck, dass sie die Prüfungshandlungen abgeschlossen hat und keine weiteren durchführen möchte. Der tatsächliche Abschluss der Außenprüfung erfolgt erst mit Bekanntgabe der zu ändernden Steuerbescheide (vgl. Schwarz,

12. Die Schlussbesprechung (§ 201 AO)

AO-Kommentar zu § 198 AO, 3. „Ende der Außenprüfung", Rz. 5). Fällt jedoch bei oder nach der Schlussbesprechung auf, dass bestimmte Sachverhalte weiterer Aufklärung bedürfen, kann die Prüfung ohne weitere Prüfungsanordnung wiederaufgenommen werden, da das Außenprüfungsverfahren noch nicht abgeschlossen ist.

Der Steuerpflichtige hat einen (klagbaren) Anspruch auf die Abhaltung der Schlussbesprechung. Sie ist allerdings kein Verwaltungsakt i.S.d. § 118 AO; sondern lediglich ein Realakt. Fehlt es an der Schlussbesprechung bzw. wird diese unterlassen liegt kein Verwertungsverbot der Prüfungsergebnisse vor; dies ist vielmehr ein formaler Fehler, der nach § 126 Abs. 1 Nr. 3 AO geheilt werden kann. Die Ablehnung einer Schlussbesprechung ist jedoch ein Verwaltungsakt.

Der Steuerpflichtige hat die Möglichkeit auf die Abhaltung der Schlussbesprechung zu verzichten. Der Verzicht kann formlos zum Ausdruck gebracht werden, muss sich aber eindeutig auf einen Verzicht beziehen. Er hat bei einem Verzicht aber uneingeschränkt die Möglichkeit, die Änderungsbescheide mit dem Rechtsbehelf anzufechten (§ 347 AO).

Die Schlussbesprechung ist eine umfassende Besprechung bzw. Erörterung der Ergebnisse der Außenprüfung. Während der Schlussbesprechung haben sich die Finanzbehörde und der Steuerpflichtige über die Beurteilung von evtl. strittigen Sachverhalten, deren rechtliche Würdigung und deren steuerlichen Folgen (Auswirkungen) der Prüfungsfeststellungen auszutauschen. Die teilnehmenden Personen der Finanzbehörde sind verpflichtet auf die Argumente des Steuerpflichtigen einzugehen und evtl. Gegenargumente zu liefern.

Die Schlussbesprechung dient insoweit der Gewährung des rechtlichen Gehörs (s. auch § 91 AO), da die entscheidungsbefugte Veranlagungsstelle bzw. der Prüfer bei veranlagender Betriebsprüfung dadurch die Prüfungsberichte auswerten kann, ohne den Steuerpflichtigen nochmals zu hören. Die Besprechung dient daher im Vorfeld dazu, evtl. Einspruchsverfahren zu verhindern (Verfahrensökonomie) und möglichst einen Rechtsfrieden zu schaffen.

Ziel ist es, Meinungsverschiedenheiten, Missverständnisse und Unklarheiten zu beseitigen und somit eine möglichst unstreitige Regelung herbeizuführen.

Die Schlussbesprechung ist von der Unterrichtung des Steuerpflichtigen während der Außenprüfung nach § 199 Abs. 2 AO zu unterscheiden, da sie umfassender ist. Die Unterrichtung während der Prüfung dient dazu, den Steuerpflichtigen über den Sachstand der Ermittlungen zu informieren; bei der Schlussbesprechung geht es um die Beurteilung und Würdigung aller Prüfungsfeststellung und deren Folgen.

Bei der Durchführung einer abgekürzten Außenprüfung ist nach § 203 Abs. 2 S. 3 AO keine Schlussbesprechung durchzuführen (vgl. 13.).

Wer von Seiten der Finanzbehörde an der Schlussbesprechung teilnimmt, ist gesetzlich nicht geregelt. Es bietet sich i.d.R. an, dass der mit der Prüfung beauftragte Prüfer und der zuständige Betriebsprüfungssachgebietsleiter teilnehmen, da sie die entsprechende Kenntnis über die Sachverhalte, die Feststellungen und die Würdigung haben. Weiterhin sollten auch der zuständige Sachbearbeiter und Sachgebietsleiter der Veranlagungsstelle teilnehmen, da diese letztlich zur Entscheidung über den Fall befugt sind; was in der Praxis allerdings eher die Ausnahme ist.

Im Falle einer wirksamen tatsächlichen Verständigung nach § 88 AO – siehe Kap. 12.1 – muss außerhalb der veranlagenden Betriebsprüfung der zuständige Sachbearbeiter/Sachgebietsleiter der Veranlagungsstelle anwesend sein.

Bei veranlagender Betriebsprüfung sind der Prüfer und der zuständige Betriebsprüfungssachgebietsleiter i.d.R. anwesend; es können auch der Sachbearbeiter und Sachgebietsleiter der Veranlagung teilnehmen; dies wird jedoch eher die Ausnahme sein; zumal die Entscheidungsbefugnis in diesen Fällen bei der Betriebsprüfung liegt.

Auf Seite des Steuerpflichtigen nimmt meist bei natürlichen Personen der Betroffene selbst und evtl. Bevollmächtigte oder Steuerberater, bei Körperschaften meist der zur Vertretung berufenen Gesellschafter (Geschäftsführer) und ebenfalls Steuerberater teil.

Andere Personen können auf beiden Seiten teilnehmen, soweit das Steuergeheimnis nicht verletzt wird.

> **Beispiele:**
> - Auszubildender der Finanzbehörde, der gerade seinen Einsatz in der Betriebsprüfung hat;
> - Maßgebende Angestellte des Steuerpflichtigen, wie z.B. Steuerabteilungsleiter.

Ein bestimmter Ablauf der Schlussbesprechung ist nicht vorgeschrieben, sodass jede Schlussbesprechung i.d.R. unterschiedlich verlaufen wird. Angesprochen werden müssen jedoch nach § 201 Abs. 1 S. 2 AO die strittigen Sachverhalte sowie die rechtliche Beurteilung der Prüfungsfeststellungen und ihre steuerlichen Auswirkungen. Alles andere, z.B. weitere unstrittigen Prüfungsfeststellungen können angesprochen/erörtert werden.

Die Bestimmung des Ortes und der Uhrzeit der Schlussbesprechung liegt im Ermessen der Behörde, allerdings sind die Belange des Steuerpflichtigen mit in die Entscheidung einzubeziehen, da dieser die Gelegenheit/Möglichkeit zur Teilnahme haben muss.

Gem. § 11 Abs. 1 BpO sind die Besprechungspunkte und der Termin der Schlussbesprechung dem Steuerpflichtigen angemessene Zeit vor der Besprechung bekannt zu geben, diese Bekanntgabe bedarf nicht der Schriftform. Dies hat den Zweck, dass der Steuerpflichtige und sein Berater ausreichend Zeit haben, sich auf die Schlussbesprechung vorzubereiten, d.h. sich ihre Argumente überlegen zu können.

Es ist ratsam über die abgehaltene Besprechung ein Protokoll zu führen. Dieses sollte den Beginn und das Ende der Besprechung, die Teilnehmer und die besprochenen Prüfungspunkte beinhalten. Ein solches Protokoll ist unerlässlich, wenn später eine verbindliche Zusage erteilt werden soll.

Das Ergebnis einer Schlussbesprechung ist keine verbindliche Zusage nach § 204 AO (vgl. 16.). Daher sind grundsätzlich weder die Behörde noch der Steuerpflichtige an die Ergebnisse gebunden; die Bindungswirkung entfaltet letztlich erst die Steuerfestsetzung. Der Steuerpflichtige kann selbst dann Einspruch gegen die Änderungsbescheide einlegen, wenn er sich während der Schlussbesprechung einverstanden erklärt hatte.

Ergebnis einer Schlussbesprechung kann eine Einigung oder keine Einigung sein. In letzterem Fall wird die Klärung dann im Steuerbescheid, gegebenenfalls im Rechtsbehelfsverfahren oder Klageverfahren erfolgen.

Absprachen während der Schlussbesprechung sind keine Verwaltungsakte und entfalten ebenso keine Bindungswirkung, selbst wenn diese mit einem entscheidungsbefugten Amtsträger getroffen wurden.

12.1 Tatsächliche Verständigung

Liegt hingegen eine sog. förmliche „tatsächliche Verständigung" vor, bindet dies die Behörde und den Steuerpflichtigen (Beteiligten) sogar schon vor Erlass der Änderungsbescheide (siehe hierzu BMF vom 30.07.2008, BStBl I 2008, 831, Anhang 49 der AO). Um eine solche Vereinbarung treffen zu können ist es unabdingbare Voraussetzung, dass der zuständige Veranlagungsbeamte (bei veranlagender Betriebsprüfung nicht zwingend erforderlich, sofern durch die Prüfungsanordnung sachlich und zeitlich gedeckt) teilnimmt.

Eine tatsächliche Verständigung liegt vor, wenn Finanzbehörde und Steuerpflichtiger Vereinbarungen über einen bestimmten Sachverhalt treffen, der den Tatbestand verwirklicht, an den das Gesetz die Leistungspflicht nach § 38 AO knüpft. Die tatsächliche Verständigung betrifft bestimmte Behandlungen von Sachfragen, nicht die rechtliche Anwendung von Gesetz, da hierbei eine Vereinbarung nicht möglich ist (siehe dazu Offerhaus, Die tatsächliche Verständigung – Voraussetzungen und Wirkungen, DStR 2001, 2093 ff.).

Diese rechtliche „Einigungsmöglichkeit" basiert auf dem Grundsatz von Treu und Glauben. Sie ist zulässig:

- bei Sachverhalten, die nur schwer ermittelbar sind (wegen der Kompliziertheit und Komplexität der Sachverhalte),
- wenn der Aufwand der Prüfungsermittlungen zu erheblich ist und nicht im Verhältnis steht zum steuerlichen Erfolg,
- wenn das Finanzamt Ermessensspielräume hat, wie z.B. bei einer Schätzung.

Unzulässig ist die tatsächliche Verständigung allerdings bei der Klärung von Rechtsfragen und über die Anwendung bestimmter Rechtsvorschriften.

Die Schriftform ist bei einer tatsächlichen Verständigung nicht vorgeschrieben, aber ratsam. Der Inhalt der Verständigung sollte schriftlich festgehalten werden.

12.2 Strafrechtliche Aspekte

Die Finanzbehörde ist auch zuständig für die Ermittlung der Sachverhalte in Steuerstrafsachen; dies obliegt aber nicht der Außenprüfung. Gem. § 10 Abs. 1 BpO ist die für die Bearbeitung von Straftaten zuständige Stelle unverzüglich zu unterrichten, wenn sich während einer Außenprüfung zureichende tatsächliche Anhaltspunkte für eine Straftat (§ 152 Abs. 2 StPO) ergeben, deren Ermittlung der Finanzbehörde obliegt. Dies gilt auch, wenn lediglich die Möglichkeit besteht, dass ein Strafverfahren durchgeführt werden muss. Richtet sich der Verdacht gegen den Steuerpflichtigen, dürfen hinsichtlich des Sachverhalts, auf den sich der Verdacht bezieht, die Ermittlungen (§ 194 AO) bei ihm erst fortgesetzt werden, wenn ihm die Einleitung des Strafverfahrens mitgeteilt worden ist. Der Steuerpflichtige ist dabei, soweit die Feststellungen auch für Zwecke des Strafverfahrens verwendet werden können, darüber zu belehren, dass seine Mitwirkung im Besteuerungsverfahren nicht mehr erzwungen werden kann (§ 393 Abs. 1 AO). Die Belehrung ist unter Angabe von Datum und Uhrzeit aktenkundig zu machen und auf Verlangen schriftlich zu bestätigen (§ 397 Abs. 2 AO).

Nach § 201 Abs. 2 AO ist der Steuerpflichtige während der Schlussbesprechung darauf hinzuweisen, dass die straf- oder bußgeldrechtliche Würdigung einem besonderen Verfahren vorbehalten bleibt, sofern die Möglichkeit besteht, dass aufgrund der Prüfungsfeststellungen ein Straf- oder Bußgeldverfahren durchgeführt werden muss.

Dem Steuerpflichtigen wird also letztlich mitgeteilt, dass auf ihn, nach der Außenprüfung, ein weiteres Verfahren zukommen kann. Diese Hinweise sind nach § 11 Abs. 2 BpO aktenkundig zu machen und stellen keine Verwaltungsakte, sondern Realakte dar. Eine Anfechtung durch Rechtsbehelf ist nicht möglich.

13. Inhalt und Bekanntgabe des Prüfungsberichts (§ 202 AO)

Über das Ergebnis der Außenprüfung ergeht ein schriftlicher Bericht, der Prüfungsbericht (§ 202 Abs. 1 S. 1 AO).

Mit der Erstellung des Prüfungsberichts sind die Prüfungsarbeiten abgeschlossen. Der Prüfungsbericht hat mehrere Zwecke:
1. Innerdienstliche Mitteilung für die zuständige Veranlagungsstelle über die Ergebnisse der Außenprüfung. Für die Veranlagungsstelle ist der Prüfungsbericht dann die Grundlage für die zu erteilenden Änderungsbescheide.
2. Dem Steuerpflichtigen wird das endgültige Ergebnis der Außenprüfung mitgeteilt.
3. Der Prüfungsbericht ist Grundlage für eine verbindliche Zusage nach § 204 AO (vgl. 16.).
4. Er dokumentiert und protokolliert die Prüfungsfeststellungen.

Der Steuerpflichtige hat einen Rechtsanspruch auf die Erstellung eines Prüfungsberichtes oder auf eine Mitteilung nach § 202 Abs. 1 S. 3 AO. Der Prüfungsbericht ist kein Verwaltungsakt, da er keine Rechtswirkung entfaltet. Er ist lediglich die Stellungnahme des Außenprüfers. Die Außenwirkung entsteht erst nach Auswertung des Berichtes durch die zuständige Veranlagungsstelle bzw. der Umsetzung durch den

Prüfer bei veranlagender Betriebsprüfung, und zwar mit Bekanntgabe der Änderungsbescheide. Diese können dann mit dem Einspruch (§ 347 AO) angefochten werden.

13.1 Inhalt des Prüfungsberichtes (§ 202 Abs. 1 S. 2 AO)

Im Prüfungsbericht sind die für die Besteuerung erheblichen Prüfungsfeststellungen in tatsächlicher und rechtlicher Hinsicht sowie die Änderungen der Besteuerungsgrundlagen darzustellen. Der Inhalt sollte verständlich, vollständig sein, auf Anträge des Steuerpflichtigen (z.B. verbindliche Zusage nach § 204 AO) hinweisen und eventuell getroffene Absprachen erwähnen.

Im Prüfungsbericht ist der Sachverhalt, die Rechtsauffassung des Steuerpflichtigen, die Auffassung/Stellungnahme des Außenprüfers, die Einwände des Steuerpflichtigen hiergegen und die steuerliche Auswirkung darzustellen. Die Darstellung hat sich dabei lediglich auf die Feststellungen zu beschränken, die Auswirkungen für die Besteuerung haben.

In der Praxis existieren viele Vorlagen für die Abfassung der Prüfungsberichte. In den meisten Fällen wird folgende Gliederung vorgesehen:
- Allgemeine Angaben (Stammdaten, Unternehmen, Steuerberater, Größenklassen, letzte durchgeführten Prüfungen etc.),
- Angaben über die Buchführung und das eingesetzte Buchführungssystem,
- Gewinnermittlung und Einkommensermittlung Einkommensteuer bzw. Körperschaftsteuer,
- Einzelsteuerproblematiken (z.B. Gewerbesteuer),
- Umsatzsteuerfeststellungen,
- Sonstiges,
- Angaben zur Schlussbesprechung (z.B. „es wurde Übereinstimmung erzielt"),
- Unterschrift Betriebsprüfungssachgebietsleiter und Außenprüfer,
- Anlagen, z.B. Zusammenfassung der Feststellungen betragsmäßig, Mehr- und Weniger-Rechnungen, Steuerbilanz bzw. Prüferbilanz, Kapitalentwicklungen, Entwicklung der Bilanzposten, Sonstiges.

Beabsichtigt die Veranlagungsstelle bei der Auswertung oder im Rechtbehelfsverfahren von dem Prüfungsbericht abzuweichen, so hat sie nach § 12 BpO der Betriebsprüfungsstelle Gelegenheit zur Stellungnahme zu geben (ggf. Wegfall bei veranlagender Betriebsprüfung). Dies gilt auch für die Erörterung des Sach- und Rechtsstandes gem. § 364a AO. Bei wesentlichen Abweichungen zuungunsten des Steuerpflichtigen soll auch diesem die Gelegenheit gegeben werden, sich hierzu zu äußern.

Beschränkungen des Inhalts sind durch das Steuergeheimnis gegeben. Ergeht z.B. ein Prüfungsbericht gegenüber einer Gesellschaft, so ist einem bereits ausgeschiedenen Gesellschafter der Inhalt nur insoweit zugänglich zu machen, als die Feststellungen auch die Zeit betreffen, in der er noch Gesellschafter gewesen ist.

13.2 Mitteilung (§ 202 Abs. 1 S. 3 AO)

Führt die Außenprüfung zu keiner Änderung der Besteuerungsgrundlagen, so reicht es aus, wenn dies dem Steuerpflichtigen schriftlich mitgeteilt wird (vgl. § 202 Abs. 1 S. 3 AO und § 12 Abs. 3 BpO).

Die Literaturmeinung und die Meinung des BFH, ob bei einer solchen Mitteilung ein Verwaltungsakt i.S.d. § 118 AO vorliegt, sind verschieden. In seinem Urteil vom 29.04.1987, BStBl II 1988, 168 stellt der BFH klar, dass kein Verwaltungsakt gegeben ist, sondern vielmehr die Mitteilung dem Prüfungsbericht von der Rechtsnatur gleichgestellt wird.

Die Literatur ist sich jedoch einig, dass ein Verwaltungsakt gegeben ist, weil eine für den Steuerpflichtigen rechtsverbindliche Feststellung getroffen wird, nämlich, dass keine Änderung stattfindet. Dies schafft für den Steuerpflichtigen Rechtssicherheit. Diese Auffassung wird gefestigt durch den Umstand, dass diese Mitteilung Folgen mit sich bringt. Zum einen tritt durch die Mitteilung die Änderungssperre nach § 173 Abs. 2 AO ein und zum anderen endet die Ablaufhemmung nach § 171 Abs. 4 AO drei Monate nach Bekanntgabe der Mitteilung.

U.E. liegt kein Verwaltungsakt vor – mangels Regelung. Die Mitteilung gibt nur Auskunft über das Ergebnis der Prüfung. An diese Tatsache sind dann diverse Rechtsfolgen geknüpft z.B. Aufhebung des Vorbehalts s. 2.1.

13.3 Übersendung des Prüfungsberichtes und Stellungnahme (§ 202 Abs. 2 AO)

Die Übersendung des Prüfungsberichtes erfolgt grundsätzlich mit den Änderungsbescheiden. Auf formlosen Antrag des Steuerpflichtigen ist der Prüfungsbericht jedoch vor Auswertung der Prüfungsfeststellungen und somit vor Ergehen der Änderungsbescheide zu übersenden. Dem Steuerpflichtigen ist eine angemessene Zeit zur Stellungnahme einzuräumen. Die Veranlagungsstelle bzw. der Prüfer bei veranlagender Betriebsprüfung sollten in diesen Fällen mit der Auswertung warten, bis der Steuerpflichtige Stellung bezogen hat, sofern er die eingeräumte Frist nicht maßlos ausnutzt.

Durch die Übersendung des Berichtes wird dem Steuerpflichtigen erneut (vgl. auch §§ 199 Abs. 2, 201 Abs. 1 AO) rechtliches Gehör gewährt.

Bei der Übersendung – liegt mangels Verwaltungsaktcharakter des Prüfungsberichtes – keine förmliche Bekanntgabe nach § 122 AO vor. Übersenden meint in diesem Zusammenhang vielmehr das Zugehen beim nach § 193 AO betroffenen Steuerpflichtigen.

Eine Übersendung des Prüfungsberichtes auf Antrag kommt bei einer abgekürzten Außenprüfung nicht in Betracht, § 203 Abs. 2 S. 3 AO.

14. Abgekürzte Außenprüfung (§ 203 AO)

14.1 Allgemeines

Die abgekürzte Außenprüfung kann sich auf bestimmte Besteuerungsgrundlagen und -Zeiträume (sachliche und/oder zeitliche Beschränkung) beschränken.

Die Erfahrung der Außenprüfung zeigt, dass sich häufig nicht der gesamte Fall als prüfungswürdig erweist. Die abgekürzte Außenprüfung schafft nun die Möglichkeit, die Prüfungskapazitäten sinnvoll zu nutzen.

Vorteil der Finanzbehörde ist, dass eine geringere Intensität und damit ein geringerer Zeitaufwand notwendig sind. Der Steuerpflichtigen hingegen wird vor unnötigen, intensiven Prüfungen geschützt (vgl. auch AEAO zu § 203 Nr. 1.).

Im Rahmen der abgekürzten Außenprüfung besteht die Möglichkeit den Prüfungszeitraum auf einen bestimmten Zeitraum zu begrenzen, z.B. auf ein Jahr oder die Sachverhalte, die geprüft werden sollen, für ein oder mehrere Jahre einzuschränken.

Die Vorschriften über die Außenprüfung (§§ 193 ff. AO) finden Anwendung, mit Ausnahme von §§ 201 Abs. 1 und 202 Abs. 2 AO.

14.2 Durchführung der abgekürzten Außenprüfung

Eine abgekürzte Außenprüfung ist für alle Steuerpflichtigen, die nach § 193 AO der Außenprüfung unterliegen, zulässig, § 203 AO.

Ob eine abgekürzte Außenprüfung durchgeführt werden soll, liegt im Ermessen der Behörde, d.h. diese entscheidet unter Berücksichtigung aller Umstände des Einzelfalles, ob eine Vollprüfung oder eine abgekürzte Außenprüfung sinnvoll erscheint.

Da die Vorschriften über die Außenprüfung Anwendung finden, ist auch bei der abgekürzten Außenprüfung eine Prüfungsanordnung zwingend erforderlich. In diese ist die Außenprüfung als „abgekürzte Außenprüfung" i.S.d. §§ 193, 203 AO eindeutig zu bezeichnen (vgl. auch § 5 Abs. 2 S. 4 BpO). Die Anordnung ist mit einer Begründung zu versehen, da es sich um eine Ermessensentscheidung handelt, § 121 Abs. 1 AO.

Ein Wechsel von der abgekürzten zur Vollprüfung und umgekehrt ist zulässig; es bedarf jedoch hierzu einer ergänzenden Prüfungsanordnung.

Gem. § 203 Abs. 1 S. 2 AO hat sich die abgekürzte Außenprüfung auf die wesentlichen Besteuerungsgrundlagen zu beschränken, also in tatsächlicher und rechtlicher Hinsicht. Eine Definition gibt es im Gesetz nicht, sodass im Einzelfall auf die steuerliche Auswirkung des Sachverhalts abgestellt werden muss.

14.3 Unterrichtung des Steuerpflichtigen und Hinweis (§ 203 Abs. 2 AO)

Bei der abgekürzten Außenprüfung findet – entgegen der Vollprüfung – keine Schlussbesprechung nach § 201 Abs. 1 AO und keine Übersendung des Prüfberichts vor Auswertung nach § 200 Abs. 2 AO statt, § 203 Abs. 2 S. 3 AO. Dies dient der Entlastung und der Verkürzung des Verfahrens.

Dennoch ist der Steuerpflichtige über die steuerlichen Auswirkungen der Außenprüfung zu unterrichten.

Er ist vor Abschluss der Prüfung darauf hinzuweisen, inwieweit von den Steuererklärungen oder den Steuerfestsetzungen abgewichen werden soll, § 203 Abs. 2 S. 1 AO. Diese Regelung dient der Gewährung des rechtlichen Gehörs, d.h. der Steuerpflichtige hat die Möglichkeit sich zu äußern und Einfluss auf die Entscheidungen zu nehmen. „Vor Abschluss der Prüfung" bedeutet, dass der Prüfer dem Steuerpflichtigen den Hinweis geben muss.

Da jedoch letztendlich der Prüfer nur für die Tatsachenfeststellung zuständig ist (nicht bei veranlagender Betriebsprüfung) und die Entscheidungen die Veranlagungsstelle trifft, ist der Hinweis des Prüfers als von der entscheidungsbefugten Veranlagungsstelle überbracht anzusehen. Für die Praxis bietet es sich daher für den Prüfer an, vorab mit der Veranlagungsstelle über die Prüfung Absprachen zu treffen.

Der Hinweis des Prüfers ist kein Verwaltungsakt und entfaltet keine Bindungswirkung. Das Unterlassen ist lediglich ein Formfehler, der unter den Voraussetzungen des § 126 Abs. 1 Nr. 3 AO durch Nachholung geheilt werden kann.

Die steuerlich erheblichen Prüfungsfeststellungen sind dem Steuerpflichtigen spätestens mit den Steuerbescheiden schriftlich mitzuteilen, § 203 Abs. 2 S. 2 AO. Die Vorschrift entbindet insoweit nicht von der Verpflichtung zur Fertigung eines Prüfungsberichtes. Erheblichkeit liegt vor, wenn sich die Prüfungsfeststellungen auf die bisher festgesetzte Steuer auswirken. In diesen Fällen ist der Prüfungsbericht mit Unterschrift des Prüfers und des Betriebsprüfungssachgebietsleiters dem Steuerpflichtigen mitzuteilen.

14.4 Rechtsfolgen

Die abgekürzte Außenprüfung löst teilweise und insoweit dieselben Rechtsfolgen wie die Außenprüfung aus, d.h.:
- Auslösen der Ablaufhemmung nach § 171 Abs. 4 AO,
- Eintreten der Änderungssperre nach § 173 Abs. 2 AO,
- Möglichkeit für die verbindliche Zusage nach Abschluss der Prüfung nach § 204 AO,
- keine Möglichkeit zur Selbstanzeige nach Bekanntgabe der Prüfungsanordnung nach § 371 Abs. 2 Nr. 1a AO.

15. Außenprüfung bei Datenübermittlung durch Dritte (§ 203a AO)

Die Vorschrift wurde mit dem Gesetz zur Modernisierung des Besteuerungsverfahrens vom 18.07.2016 eingeführt und trat am 23.07.2016 in Kraft. Anwendung findet die Vorschrift für Besteuerungszeiträume nach dem 31.12.2016, sofern nach § 93c AO Daten von einem Dritten an die Finanzbehörde übermittelt werden (siehe AEAO zu 93c AO, Tz. 3).

Die Vorschrift ist in Zusammenhang mit § 93c Abs. 4 AO zu sehen; danach kann die nach den Steuergesetzen zuständige Finanzbehörde ermitteln, ob die mitteilungspflichtige Stelle:
- ihre Pflichten i.S.v. § 93c Abs. 1 Nr. 1, 2 und 4 und Abs. 3 AO erfüllt und
- den Inhalt des Datensatzes nach den Vorgaben des jeweiligen Steuergesetzes bestimmt hat.

> **Beispiele für übermittlungspflichtige Dritte:**
> - Krankenversicherungen (z.B. Basiskrankenversicherung und gesetzliche Pflegeversicherung),
> - Arbeitgeber (z.B. elektronische Lohnsteuerbescheinigung nach § 41b EStG),
> - Rentenversicherungsträger,
> - Leistungsträger von Lohnersatzleistungen,
> - Banken.

Eine Außenprüfung bei diesen Dritten ist nach § 193 AO nicht zulässig, da diese Vorschrift nur die Außenprüfung bei Steuerpflichtigen zulässt, die Steuerschuldner sind bzw. die eine Abzugsverpflichtung zu erfüllen haben. Die mitteilungspflichtige Stelle ist nicht Steuerpflichtiger i.S.d. § 33 AO, siehe § 33 Abs. 2 AO. Mit § 203a AO ist folglich eine Sonderregelung für eine Prüfung bei Personen, die nicht Steuerpflichtige sind, geschaffen worden.

Die Außenprüfung bei der mitteilungspflichtigen Stelle ist sachlich begrenzt, § 203a Abs. 1 Nr. 1 und 2 AO. Überprüft werden dürfen lediglich die Erfüllung der Verpflichtung der mitteilungspflichtigen Stelle nach § 93c Abs. 1 Nr. 1, 2 und 4 AO, die Einhaltung der 7-Jahres-Frist nach § 93c Abs. 2 und 3 AO sowie die Überprüfung der Einhaltung materiellen Rechtes (Überprüfung des Inhaltes auf Einhaltung des jeweiligen Steuergesetzes).

Ausdrücklich ausgenommen von der Prüfung ist § 93c Abs. 1 Nr. 3 AO; also die Verpflichtung der mitteilungspflichtigen Stelle zur Information des Steuerpflichtigen.

In vielen Einzelsteuergesetzen ist § 93c AO vorgesehen, eine Überprüfung nach § 203a AO jedoch ausgeschlossen.

> **Beispiele:**
> - § 43 Abs. 1 S. 7 EStG,
> - § 45d Abs. 1 S. 3 EStG,
> - § 65 Abs. 3a S. 6 EStDV.

Zuständig für die Außenprüfung ist gemäß § 203a Abs. 2 AO die für die Ermittlungen nach § 93c Abs. 4 Satz 1 AO zuständigen Finanzbehörde. Nach § 5 Abs. 1 Nr. 18d, 36 FVG (siehe Anhang 12 der AO) ist dies das Bundeszentralamt für Steuern.

Die Vorschriften § 195 S. 2 AO (Beauftragung anderer Finanzbehörden mit der Außenprüfung), §§ 196 bis 203 AO (Prüfungsanordnung, Prüfungsgrundsätze, Mitwirkungspflichten der mitteilungspflichtigen Stelle, Schlussbesprechung, Prüfungsbericht und abgekürzte Außenprüfung) gelten entsprechend.

Eine Hemmung der Festsetzungsfrist beim Steuerpflichtigen nach § 171 Abs. 4 AO greift durch die Außenprüfung bei der mitteilungspflichtigen Stelle nicht. Jedoch ist § 171 Abs. 10a AO zu beachten.

16. Umsatzsteuersonderprüfungen

Für die in der Praxis häufig durchgeführten Umsatzsteuersonderprüfungen, die die zeitnahe Sicherung des Steueraufkommens gewährleisten und u.a. auch umsatzsteuerrechtliche Betrugsfälle aufdecken bzw. verhindern sollen, finden die Vorschriften über die Außenprüfung nach §§ 193 ff. AO Anwendung mit Ausnahme des § 203 AO.

Umsatzsteuersonderprüfungen umfassen in der Regel einzelne Umsatzsteuervoranmeldungszeiträume und sind zeitnah durchzuführen. Sie können aber auch ein komplettes Jahr betreffen, wenn keine Jahreserklärungen vorliegen.

> **Beispiele für Umsatzsteuersonderprüfungen:**
> - Vorsteuerabzug,
> - innergemeinschaftliche Lieferungen,
> - Ausfuhrlieferungen,
> - Auskunftsersuchen zum Vorsteuerabzug,
> - automatische Fälle (Prüfhinweise).

Auch bei diesen Prüfungen muss entsprechend den Vorschriften der §§ 193 ff. AO eine Prüfungsanordnung ergehen, die den Prüfungszeitraum und die zu prüfenden Sachverhalte beinhaltet. Ebenso finden die Vorschriften über den Prüfungsbericht Anwendung.

17. Umsatzsteuernachschau (§ 27b UStG)

Die Umsatzsteuer-Nachschau ist keine Außenprüfung i.S.d. §§ 193 ff. AO. Sie dient vielmehr der zeitnahen Überprüfung steuererheblicher Sachverhalte. Die Vorschriften der §§ 193 ff. AO finden auf sie keine Anwendung. Im Gegensatz zur Außenprüfung hat eine Umsatzsteuer-Nachschau einen gewissen Überraschungseffekt, da diese vorher nicht angekündigt werden muss.

Gem. § 27b Abs. 1 UStG können zur Sicherstellung einer gleichmäßigen Festsetzung und Erhebung der Umsatzsteuer die damit betrauten Amtsträger der Finanzbehörde ohne vorherige Ankündigung und außerhalb einer Außenprüfung Grundstücke und Räume von Personen, die eine gewerbliche oder berufliche Tätigkeit selbständig ausüben, während der Geschäfts- und Arbeitszeiten betreten, um Sachverhalte festzustellen, die für die Besteuerung erheblich sein können. Wohnräume dürfen gegen den Willen des Inhabers nur zur Verhütung dringender Gefahren für die öffentliche Sicherheit und Ordnung betreten werden.

Ist es zur Feststellung einer steuerlichen Erheblichkeit zweckdienlich, hat der von der Umsatzsteuer-Nachschau betroffene Steuerpflichtige den damit betrauten Amtsträgern auf Verlangen Aufzeichnungen, Bücher, Geschäftspapiere und andere Urkunden über die der Umsatzsteuer-Nachschau unterliegenden Sachverhalte vorzulegen und Auskünfte zu erteilen; bei EDV-Daten können die betrauten Amtsträger die gespeicherten Daten für die der Nachschau unterliegenden Sachverhalte einsehen.

Der Übergang von einer Umsatzsteuer-Nachschau zu einer Außenprüfung nach § 193 AO ist gem. § 27b Abs. 3 UStG möglich.

18. Verbindliche Zusagen aufgrund einer Außenprüfung (§§ 204 bis 207 AO)

18.1 Allgemeines

Von einer verbindlichen Zusage nach den §§ 204 bis 207 AO sind andere Auskünfte der Finanzbehörden zu unterscheiden, wie z.B.:
- die verbindliche Auskunft nach § 89 Abs. 2 AO,
- die tatsächliche Verständigung über den der Besteuerung zugrundeliegenden Sachverhalt (einvernehmliche Festlegung des Sachverhalts),
- Bindung nach Treu und Glauben (vgl. AEAO zu § 204 Nr. 4.),
- die Lohnsteuerauskunft nach § 42e EStG,
- die verbindliche Zolltarif- und Ursprungsauskunft nach Art. 12 ZK.

Nach dem Prinzip der Abschnittsbesteuerung ist jeder Sachverhalt in jedem Veranlagungszeitraum (Steuerabschnitt) erneut zu prüfen. Dies kann zur Folge haben, dass bestimmte Sachverhalte bei späteren Außenprüfungen in anderer Weise beurteilt werden als bei einer vorhergehenden Außenprüfung. Mit diesen unterschiedlichen Behandlungen kann der Steuerpflichtige jedoch nicht rechnen. Er nimmt meist die Auffassung der Finanzbehörde nach einer Außenprüfung an, um künftige Beanstandungen zu vermeiden. Durch die verbindlichen Zusagen sollen für den Steuerpflichtigen daher eine gewisse Rechtssicherheit und auch Rechtsschutz geschaffen werden.

Die verbindliche Zusage ist ein Verwaltungsakt, da sich die Behörde rechtlich zu einem späteren Verhalten verpflichtet. Sie ist zudem Ermessensentscheidung der Finanzbehörde, allerdings ist sie zu erteilen, wenn die Voraussetzungen erfüllt sind. Somit ist ein eingeschränktes Ermessen gegeben. Der Antrag auf Erteilung einer verbindlichen Zusage kann ausnahmsweise abgelehnt werden, wenn sich der Sachverhalt nicht für eine verbindliche Zusage eignet oder wenn zu dem betreffenden Sachverhalt die Herausgabe von allgemeinen Verwaltungsvorschriften oder eine Grundsatzentscheidung des BFH nahe bevorsteht (vgl. AEAO zu § 204 Nr. 5.). Kein Ablehnungsgrund ist hingegen der hohe Arbeitsaufwand für die Finanzbehörde. Die Erteilung der verbindlichen Zusage ist kostenfrei.

Zuständig ist die Finanzbehörde, die auch für die Auswertung der Prüfungsfeststellungen zuständig ist.

Ist eine verbindliche Zusage erteilt, ist sie unter den weiteren Voraussetzungen des § 205 AO verbindlich nach § 206 AO, die Bestandskraft ist in § 207 AO geregelt.

18.2 Voraussetzungen der verbindlichen Zusage (§ 204 AO)

Gegenstand der verbindlichen Zusage ist gem. § 204 AO, dass im Anschluss an eine Außenprüfung die Finanzbehörde dem Steuerpflichtigen auf Antrag verbindlich zusagen soll, wie ein für die Vergangenheit geprüfter und im Prüfungsbericht dargestellter Sachverhalt in Zukunft steuerrechtlich behandelt wird, wenn die Kenntnis der künftigen steuerrechtlichen Behandlung für die geschäftlichen Maßnahmen des Steuerpflichtigen von Bedeutung ist.

18.2.1 Anschluss an die Außenprüfung

Zunächst muss ein zeitlicher Zusammenhang mit der Außenprüfung bestehen. Unter Außenprüfung zählt auch eine Sonderprüfung oder abgekürzte Außenprüfung, nicht jedoch die Umsatzsteuernachschau. Die Außenprüfung muss beendet sein. Dies ist i.d.R. nach Durchführung der Schlussbesprechung der Fall. Des Weiteren muss ein sachlicher Zusammenhang mit der Außenprüfung vorliegen. Das bedeutet, dass der Sachverhalt in der Vergangenheit verwirklicht wurde und für die Vergangenheit geprüft worden ist. Der Sachverhalt muss Gegenstand des Prüfungsberichtes sein und in diesem ist eine genaue, ausführliche und umfassende Darstellung des Sachverhaltes erforderlich.

Beispiele für diese Sachverhalte:
- Sachverhalt mit Dauerwirkung: z.B. Gesellschafterverträge,
- Sachverhalt mit Dauerwiederkehr: z.B. Steuerfreiheit oder Steuerpflicht bestimmter Geschäftsvorfälle.

18.2.2 Antrag

Eine verbindliche Zusage erfolgt nur auf Antrag. Berechtigt für die Antragsstellung ist der Steuerpflichtige, der von der Prüfung betroffen war/bei dem geprüft wurde. Bei Personenzusammenschlüssen ist die für die Vertretung der Gesellschaft berufene Person berechtigt im Namen aller Gesellschafter den Antrag zu stellen; bei Gesamtrechtsnachfolge ist der Rechtsnachfolger Berechtigter.

Der Antrag kann formlos gestellt werden, allerdings ist es ratsam ihn schriftlich zu stellen, da Unklarheiten zu Lasten des Steuerpflichtigen gehen.

Zwischen der Außenprüfung und dem Antrag muss der zeitliche Zusammenhang gewahrt bleiben. Dies ist gesetzlich nicht definiert. Wird z.B. erst ein Jahr nach Beendigung der Außenprüfung ein Antrag auf Erteilung einer verbindlichen Zusage gestellt, wird dies i.d.R. unzulässig sein. In Betracht kommen würde in diesen Fällen eine verbindliche Auskunft nach § 89 Abs. 2 AO.

18.2.3 „Zusage"-Interesse

Für die Erteilung einer verbindlichen Zusage muss ein berechtigtes Interesse des Steuerpflichtigen vorliegen. Dies wird i.d.R. erfüllt sein, wenn die Zusage für die „geschäftlichen Maßnahmen von Bedeutung" ist. Gemeint sind wirtschaftliche Dispositionen des Einzelfalles. Hat der Steuerpflichtige z.B. mehrere Möglichkeiten einen Sachverhalt zu gestalten und dies kann für die künftige steuerliche Behandlung variieren, ist ein berechtigtes Interesse gegeben.

Die künftige Behandlung des Sachverhalts muss jedoch rechtlich ungewiss sein, d.h. ein objektiver Dritter muss Zweifel an der Beurteilung haben.

18.3 Form (§ 205 AO) und Bindungswirkung (§ 206 AO) der verbindlichen Zusage

Die Vorschriften zu den Verwaltungsakten (§ 119 AO) gelten auch für die verbindliche Zusage. Diese werden ergänzt durch den § 205 AO. Zur Wirksamkeit der verbindlichen Zusage gelten die §§ 124, 122 AO entsprechend; bei Verfahrens- und Formfehlern die §§ 125 ff. AO.

Die verbindliche Zusage als auch deren Ablehnung muss schriftlich erfolgen, § 205 Abs. 1 AO. Zudem muss sie als „verbindlich" gekennzeichnet sein, entweder in der Überschrift als „Verbindliche Zusage" oder im laufenden Text (vgl. § 205 Abs. 1 AO).

§ 205 Abs. 2 AO regelt die Inhalte der verbindlichen Zusage und geht § 121 AO vor! Zwingende Inhalte sind demnach:
- der der Zusage zugrunde gelegten Sachverhalt; dabei kann auf den im Prüfungsbericht dargestellten Sachverhalt Bezug genommen werden (§ 205 Abs. 2 Nr. 1 AO). Wichtig ist, dass der Sachverhalt entweder in der Zusage oder im Prüfungsbericht, auf den Bezug genommen wird, umfassend, exakt und vollständig dargestellt wird. Denn dies ist wirksame Voraussetzung für die spätere Bindung.
- die Entscheidung über den Antrag und die dafür maßgebenden Gründe (§ 205 Abs. 2 Nr. 2 AO). Die Entscheidung muss also deutlich erkennen lassen, ob dem Antrag ganz bzw. teilweise entsprochen wird oder ob er abgelehnt wird.
- eine Angabe darüber, für welche Steuern und für welchen Zeitraum die verbindliche Zusage gilt (§ 205 Abs. 2 Nr. 3 AO). Die Steuerart (z.B. Einkommensteuer, Körperschaftsteuer, Umsatzsteuer, Gewerbesteuer) ist exakt zu benennen, ebenso für welchen Zeitraum die Zusage gelten soll.

Die verbindliche Zusage und ihre Rechtsfolgen haben Bindungswirkung für die Besteuerung. D.h. dass die Finanzbehörden, Finanzgerichte den Sachverhalt so behandeln müssen, wie er zugesagt worden ist.

Allerdings muss sich der, der verbindlichen Zusage zugrunde gelegte Sachverhalt mit dem späteren verwirklichten Sachverhalt decken (vgl. § 206 Abs. 1 AO). Eine absolute Identität des verwirklichten Sachverhalts mit dem in der Zusage dargestellten Sachverhalt wird i.d.R. nicht erreicht werden. Daher sind geringfügige Abweichungen von der Bindungswirkung erfasst. Erhebliche Abweichungen, die einen anderen, unterschiedlichen Sachverhalt begründen, erfasst die Bindungswirkung hingegen nicht.

Die verbindliche Zusage bindet in persönlicher, sachlicher und zeitlicher Hinsicht.

Persönlich wird die Besteuerung des Steuerpflichtigen umfasst, dem etwas verbindlich zugesagt wurde. Das gilt auch für Rechtsnachfolger und gegebenenfalls mehrere Gesellschafter bei einer verbindlichen Zusage an einen Personenzusammenschluss. **Sachlicher** Umfang umfasst den Gegenstand der Zusage, also nur die Sachverhalte und Steuerarten, die ausdrücklich genannt wurden. Die **zeitliche** Bindung umfasst die Dauer, für die die verbindliche Zusage ausgesprochen wurde.

Die Bindungswirkung gilt nicht, wenn die verbindliche Zusage zuungunsten des Antragstellers dem geltenden Recht widerspricht (§ 206 Abs. 2 AO). In diesen Fällen kann der Steuerpflichtige den Steuerbescheid, dem eine verbindliche Zusage zugrunde liegt, anfechten, um eine günstigere Regelung zu erreichen. Hierbei ist es unerheblich, ob die Fehlerhaftigkeit der Zusage bereits bei ihrer Erteilung erkennbar war oder erst später (z.B. durch eine Rechtsprechung zugunsten des Steuerpflichtigen) erkennbar geworden ist (vgl. AEAO zu § 206).

18.4 Außerkrafttreten, Aufhebung und Änderung der verbindlichen Zusage (§ 207 AO)

Die Vorschrift regelt das Ende der Bindungswirkung bei erteilten verbindlichen Zusagen.

Die verbindliche Zusage tritt außer Kraft, wenn die Rechtsvorschriften, auf denen die Entscheidung beruht, geändert werden, und zwar zu dem Zeitpunkt, in dem die neue Rechtsvorschrift in Kraft tritt (vgl. § 207 Abs. 1 AO). Hierunter fallen nicht die Änderungen von Verwaltungsanweisungen oder geänderte Rechtsprechung, da dies keine Rechtsvorschriften sind. Die Bindungswirkung entfällt in diesen Fällen ohne, dass die Behörde die Zusagen widerrufen muss. Das Außerkrafttreten ist dem Steuerpflichtigen mitzuteilen und stellt einen Verwaltungsakt dar.

Die Finanzbehörde kann die verbindliche Zusage mit Wirkung für die Zukunft (ex nunc) aufheben oder ändern, § 207 Abs. 2 AO, wenn dies aus steuerlicher Sicht geboten ist. Diese Regelung ist lex specialis zu §§ 130 f. AO.

Gründe für die Aufhebung oder Änderung können sein:
- rechtswidriger Inhalt der Zusage,
- Änderung der Rechtsauffassung der Verwaltung,
- Änderung der Rechtsprechung.

Bei dieser Entscheidung hat die Behörde ein pflichtgemäßes Ermessen („kann"). Im Einzelfall kann es daher aus Billigkeitsgründen gerechtfertigt sein, von einem Widerruf der verbindlichen Zusage abzusehen oder die Wirkungen des Widerrufs erst zu einem späteren Zeitpunkt eintreten zu lassen. Dies wird i.d.R. jedoch nur dann der Fall sein, wenn sich der Steuerpflichtige nicht mehr oder nur erschwert von den im Vertrauen auf die Zusage eingegangenen vertraglichen Verpflichtungen lösen kann. Vor einer solchen Aufhebung oder Änderung ist dem Steuerpflichtigen rechtliches Gehör zu erteilen (vgl. AEAO zu § 207).

Eine rückwirkende Aufhebung oder Änderung (ex tunc) der verbindlichen Zusage ist nach § 207 Abs. 3 AO nur zulässig, wenn der Steuerpflichtige zustimmt, oder wenn die Voraussetzungen des § 130 Abs. 2 Nr. 1 oder 2 AO (besonders schwerwiegende Mängel) vorliegen.

> **Beispiele für besonders schwerwiegende Mängel:**
>
> **§ 130 Abs. 2 Nr. 1 AO:** Die verbindliche Zusage wurde von einer sachlich unzuständigen Behörde erteilt.
> **§ 130 Abs. 2 Nr. 2 AO:** Die verbindliche Zusage wurde durch unlautere Mittel erwirkt.

X. Steuerstrafrecht, Steuerordnungswidrigkeitenrecht

1. Rechtsgrundlagen des Steuerstraf- und Steuerordnungswidrigkeitenrechts

Im 8. Teil der AO finden sich sowohl materielle Straf- und Bußgeldvorschriften als auch verfahrensrechtliche Regelungen.

Ferner sind über **Verweisungsnormen** folgende Gesetze anwendbar:
- § 369 Abs. 2 AO: Das StGB für das materielle Steuerstrafrecht,
- § 385 Abs. 1 AO: Insbesondere die StPO für das Verfahrensrecht,
- § 377 Abs. 2 AO: 1. Teil des OWiG für das materielle Steuerordnungswidrigkeitenrecht,
- § 410 Abs. 1 AO: Einige Vorschriften des Steuerstrafrechts für das Steuerordnungswidrigkeitenrecht.

Die Richtlinien für das Strafverfahren und das Bußgeldverfahren (RiStBV) (aktueller Stand vom 01.09.2016) sind ebenso anzuwenden wie die gleichlautenden Erlasse der obersten Finanzbehörden der Länder „Anweisungen für das Straf- und Bußgeldverfahren" AStBV (St) 2017 aktuell vom 01.12.2016.

2. Voraussetzungen der Strafbarkeit

Ein Verhalten kann sowohl im allgemeinen Strafrecht als auch im Steuerstrafrecht nur bestraft werden, wenn die folgenden vier Voraussetzungen vorliegen:

1. Objektiver Tatbestand
    - Tathandlung oder Unterlassen,
    - Taterfolg,
    - Kausalität.
2. Subjektiver Tatbestand
    - Vorsatz.
3. Rechtswidrigkeit.
4. Schuld.

3. Objektiver Tatbestand

3.1 Tathandlung

Die **Tathandlung der Steuerhinterziehung** ist in § 370 Abs. 1 Nr. 1 AO geregelt. Eine Steuerhinterziehung durch Handeln begeht, wer:
- gegenüber den Finanzbehörden (§ 6 Abs. 2 AO, s. Kap. I. 1.6) oder anderen Behörden
- unrichtige oder unvollständige Angaben
- über steuerlich erhebliche Tatsachen

macht.

In vielen Fällen ist die **strafbare Tathandlung** die Abgabe einer Steuererklärung, die nicht alle steuererheblichen Tatsachen enthält. Es können aber auch mündliche Angaben oder sogar bloßes Kopfschütteln auf die Frage nach steuerlichen Verhältnissen strafrechtlich relevante Handlungen sein.

3.1.1 Andere Behörden

Andere Behörden sind nur solche, die steuerlich erhebliche Entscheidungen treffen. Dies kann z.B. im Hinblick auf die Gewerbesteuer die Gemeinde oder das zuständige Amt hinsichtlich des Freibetrags nach § 33b EStG sein. Die Kirchensteuergesetze der Bundesländer erklären hingegen einheitlich sowohl das materielle Straf- und Bußgeldrecht als auch das entsprechende Verfahrensrecht für nicht anwendbar. Sind die Vorschriften des Bußgeld- und Strafverfahrens nicht anwendbar, so sind die mit der Erhebung der Kirchensteuer betrauten Behörden keine anderen Behörden i.S.v. § 370 Abs. 1 Nr. 1 AO.

3.1.2 Unrichtige Angaben

Eine **Angabe ist unrichtig**, wenn das Vorgetragene und der dahinter stehende Lebenssachverhalt sich nicht decken. Da auch unvollständige Angaben und das in Unkenntnislassen tatbestandsmäßig sind, kann unrichtig nicht bedeuten, dass gar nicht oder zu wenig erklärt wird, sondern die Unrichtigkeit einer Erklärung muss darüber hinaus gehen.

> **Beispiel:**
>
> B betreibt ein kleines Hotel. Mitte 02 beschließt er, „schwarz" weiter zu machen. Seiner Einkommensteuererklärung 02 fügt er deshalb ein Schreiben bei, in dem er mitteilt, dass er seinen Betrieb zum 30.06.02 eingestellt habe. Die beigefügte Gewinn- und Verlustrechnung und die Anlage G enthalten nur die Geschäftsvorfälle bis 30.06.02.

> **Lösung:**
>
> Tatsächlich hat B auch über den 30.06.02 hinaus Einkünfte aus Gewerbebetrieb erzielt. Mit seiner Behauptung, er habe eingestellt, hat er also gelogen und damit unrichtige Angaben gemacht.

3.1.3 Unvollständige Angaben

Unvollständig sind dagegen Angaben, wenn der Steuerpflichtige zwar Angaben macht, bei diesen aber Lebenssachverhalte nicht mit erklärt werden. Zwar fehlt in den amtlichen Steuererklärungsvordrucken die ausdrückliche Bestätigung, dass die Angaben nach bestem Wissen und Gewissen gemacht werden (s. § 150 Abs. 2 AO). Da der Steuerpflichtige aber verpflichtet ist, für die Steuererklärungen die amtlichen Vordrucke zu benutzen, damit er alle Tatsachen mitteilt (BFH vom 13.04.1972, BStBl II 1972, 725), erklärt er konkludent mit seiner Unterschrift, dass seine Angaben vollständig sind. Ist dies nicht der Fall, liegen unvollständige Angaben vor.

> **Beispiel:**
>
> Der Steuerpflichtige bucht nur die Hälfte seiner Betriebseinnahmen. Damit dies nicht auffällt, erfasst er auch nur die Hälfte der Betriebsausgaben und erreicht so, dass die Rohgewinnsätze plausibel sind. Dementsprechend gemindert ist auch der Gewinn aus Gewerbebetrieb in der Jahressteuererklärung.

> **Lösung:**
>
> Es liegt eine Erklärung zum Gewinn aus Gewerbebetrieb vor. Dieser fehlen aber eine ganze Reihe von Geschäftsvorfällen. Sie ist also unvollständig.

3.1.4 Steuerlich erhebliche Tatsachen

Tatsachen sind dem Beweis zugängliche Geschehnisse, die Merkmal eines Steuertatbestandes sein können (s. auch Kap. V. 2.3.5.2.1). Da sie nicht beweisbar sind, gehören Werturteile nicht dazu. Eine Beschränkung auf äußere Tatsachen würde dem Schutzzweck des Steuerstrafrechts allerdings nicht genügen. Denn so spielt z.B. die Gewinnerzielungsabsicht eine wichtige steuerliche Rolle und ist deshalb Tatsache i.S.v. § 370 Abs. 1 Nr. 1 AO.

Ob eine Tatsache steuerlich erheblich ist, ergibt sich aus dem **materiellen Steuerrecht**. So sind z.B. Betriebseinnahmen steuerlich erheblich nach § 15 EStG und erzielte Umsätze erheblich nach § 1 Abs. 1 Nr. 1 UStG.

> **Beispiel:**
>
> Gewerbetreibender U unterzeichnet eine Umsatzsteuervoranmeldung, in der er 10.000 € steuerpflichtige und 15.000 € steuerfreie Umsätze erklärt. Tatsächlich war es anders herum.

> **Lösung:**
> Die Unterscheidung zwischen steuerpflichtigen und steuerfreien Umsätzen ist wegen § 4 UStG entscheidend für die Frage, ob Umsatzsteuer anfällt oder nicht und insofern steuerlich erheblich im Sinne von § 370 Abs. 1 Nr. 1 AO.

Häufig kommt es vor, dass der Steuerpflichtige bereits in der Steuererklärung eine von der Auffassung der Finanzbehörde abweichende Rechtsauffassung vertritt. Entscheidend ist in so einem Fall, dass die steuerlich erheblichen Tatsachen so offen dargestellt werden, dass es dem zuständigen Bearbeiter trotz vertretener gegenteiliger Rechtsauffassung möglich ist, die aus Sicht des Finanzamtes richtige Schlussfolgerung zu ziehen (s. dazu BGH vom 10.11.1999, 5 StR 221/99).

Zu den Tatbestandsmerkmalen des § 370 Abs. 1 Nr. 1 AO gehört im Gegensatz zum Betrugstatbestand des § 263 StGB keine gelungene Täuschung des zuständigen Finanzbeamten. Selbst wenn bekannt ist, dass Tatsachen falsch sind, das fehlerhafte Verhalten des Steuerpflichtigen also nicht Anlass für die falsche Festsetzung ist, liegt ein Fall des § 370 Abs. 1 Nr. 1 AO vor (s. z.B. BGH vom 14.12.2010, 1 StR 275/10 hier war fraglich, ob der zuständige Steuerfahnder zum Zeitpunkt der Festsetzung bereits wusste, dass falsche Umsatzsteuervoranmeldungen abgegeben wurden, was nach Auffassung des BGH unerheblich ist).

3.2 Unterlassen

Steuerstrafrechtlich relevantes Unterlassen ist in § 370 Abs. 1 Nr. 2 AO geregelt. Es handelt sich hierbei um ein **echtes Unterlassungsdelikt**. Ein solches liegt vor, wenn in einem Strafgesetz ausdrücklich ein bestimmtes Nichtstun unter Strafe gestellt wird (auch § 138 StGB Nichtanzeige geplanter Straftaten, § 323c StGB Unterlassene Hilfeleistung). Bei einem unechten Unterlassungsdelikt (z.B. Tötung durch Unterlassen) wird dagegen Nichtstun bestraft, obwohl der Straftatbestand eigentlich ein Handeln voraussetzt. Es kommen aber nur diejenigen als unechte Unterlassungstäter in Betracht, die gegenüber dem verletzten Rechtsgut eine besondere Verpflichtung haben, die sog. **Garantenstellung**, z.B. Eltern gegenüber ihren Kindern aus § 1626 BGB.

Eine Steuerhinterziehung durch Unterlassen begeht, wer:
- Eine Finanzbehörde oder andere Behörde (s. I. 1.6, X. 3.1.1),
- über steuerlich erhebliche Tatsachen (s. 3.1.4),
- in Unkenntnis lässt,
- wenn dies pflichtwidrig ist.

3.2.1 In Unkenntnis lassen

In Unkenntnis lässt, wer gar keine Tatsachen mitteilt, sich also gegenüber der zuständigen Finanzbehörde weder durch Abgabe einer Steuererklärung noch in sonstiger Weise äußert.

3.2.2 Pflichtwidrigkeit

Wichtigster Unterschied zur Steuerhinterziehung durch Handeln ist das Element der Pflichtwidrigkeit. Nur wenn eine Rechtspflicht zum Handeln besteht, ist Nichthandeln tatbestandsmäßig. Eine solche Rechtspflicht ergibt sich insbesondere aus den Einzelsteuergesetzen (z.B. § 25 Abs. 3 EStG, § 18 Abs. 1 UStG, § 14a GewStG). Nur derjenige, der verpflichtet ist, sich steuerlich zu erklären, kann damit Täter einer Steuerhinterziehung durch Unterlassen sein (BGH vom 09.04.2013, 1 StR 568/12, BGHST 58, 218).

> **Beispiel:**
> G erzielt im Kalenderjahr 07 Einkünfte aus Gewerbebetrieb in Höhe von 54.000 €, die dem Finanzamt nicht bekannt sind. Er gibt keine Steuererklärungen ab.

> **Lösung:**
>
> G war nach §§ 25 Abs. 3 EStG, 18 Abs. 3 UStG, 14a GewStG verpflichtet, Einkommensteuer, Umsatzsteuer und Gewerbesteuererklärungen abzugeben. Die Nichtabgabe bis zum 31.07.08 (s. § 149 Abs. 2 AO) war pflichtwidrig.

Tatbestandsmäßig ist auch die Nichterfüllung der Verpflichtung aus § 153 AO, s. dazu auch § 371 Abs. 4 AO.

> **Beispiel:**
>
> Gewerbetreibender T gibt seine Einkommensteuererklärung für das Kalenderjahr 00 im März 01 ab. Es fehlen 10.000 € Einnahmen, was T wegen einer besonderen Konstellation nicht erkennen konnte. Im August 05 erfährt er von der Unvollständigkeit seiner Erklärung. Ungeduldig erwartet er den Ablauf der Festsetzungsfrist und gibt keine Berichtigungserklärung ab.

> **Lösung:**
>
> Im März 01 hat T zwar objektiv unvollständige Angaben gemacht. Da er sich dessen aber nicht bewusst war und deshalb nicht vorsätzlich handelte, hat er sich nicht nach § 370 Abs. 1 Nr. 1 AO strafbar gemacht. Die Festsetzungsfrist endet grundsätzlich nach §§ 170 Abs. 2 Nr. 1, 169 Abs. 2 Nr. 2 AO mit Ablauf des Jahres 05. Als T bereits im August zuvor erkannt hat, dass seine Erklärung vom März 01 unvollständig war, hatte er eine Rechtspflicht aus § 153 AO dies anzuzeigen und hat sich damit im August 05 wegen Unterlassens nach § 370 Abs. 1 Nr. 2 AO strafbar gemacht.

Nicht tatbestandsmäßig ist dagegen Schweigen, wenn der Steuerpflichtige bei Fehlern des Finanzamtes nicht auf einen falschen Bescheid hinweist.

> **Beispiel:**
>
> Der Steuerpflichtige B erklärt wahrheitsgemäß seine Einkünfte aus Vermietung und Verpachtung und stellt zu seiner Freude bei Erhalt des Bescheids fest, dass das Finanzamt diese komplett unberücksichtigt gelassen hat.

> **Lösung:**
>
> Es gibt keine Rechtspflicht, die dem B auferlegen würde, den Fehler dem Finanzamt anzuzeigen. Insofern ist sein Schweigen nicht tatbestandsmäßig nach § 370 Abs. 1 Nr. 2 AO.

3.3 Taterfolg

Nur die **Verkürzung von Steuern** und nicht etwa von steuerlichen Nebenleistungen ist nach § 370 Abs. 1 AO tatbestandsmäßig.

Strafbar ist aber das Erlangen von nicht gerechtfertigten Steuervorteilen. Dies sind steuerliche Vergünstigungen, die auf einer Bewilligung durch die Finanzbehörde beruhen (z.B. Stundung, Erlass). Grundsätzlich muss es auch bei der Vergünstigung um Steuern und nicht um steuerliche Nebenleistungen gehen (Ausnahme: s. BGH vom 06.06.2007, BGHSt 51, 356, Zinsen nach § 233a AO auf nicht gerechtfertigte Steuererstattungsbeträge sind Steuervorteile i.S.v. § 370 AO).

> **Beispiel:**
>
> B soll Steuern in Höhe von 100.000 € und Säumniszuschläge in Höhe von 1.000 € bezahlen. Er beantragt Stundung der Steuern und Erlass der Säumniszuschläge mit der – nicht zutreffenden – Begründung, er sei seit dem Zeitpunkt der Fälligkeit schwer erkrankt. Daraufhin wird ihm die Steuer gestundet und die Hälfte der Säumniszuschläge erlassen.

> **Lösung:**
>
> Steuerliche Nebenleistungen können nicht Gegenstand von Steuerhinterziehung sein. Trotz Täuschung der Finanzbehörde kommt hinsichtlich der Säumniszuschläge insofern eine Bestrafung nach § 370 Abs. 1 Nr. 1 AO wegen Erlangens eines nicht gerechtfertigten Steuervorteils nicht in Betracht. Die gewährte Stundung der Einkommensteuer hingegen ist ein Steuervorteil im Sinne von § 370 Abs. 1 Nr. 1 AO. B hat unrichtige Angaben gemacht.

3.3.1 Steuerverkürzung

Nach § 370 Abs. 4 S. 1 AO sind **Steuern namentlich dann verkürzt**, wenn sie nicht, nicht in voller Höhe oder nicht rechtzeitig festgesetzt wurden. „Namentlich" bedeutet ähnlich wie „grundsätzlich", dass die Auflistung nicht abschließend ist, sondern auch andere Möglichkeiten denkbar sind.

Dabei hat die Nichtfestsetzung von Steuern steuerstrafrechtlich praktisch keine Relevanz. Wird der Sachverhalt entdeckt, kommt es wegen der verlängerten Festsetzungsfrist des § 169 Abs. 2 S. 2 AO regelmäßig auch zur Festsetzung der hinterzogenen Steuer und es liegt dann eine nicht rechtzeitige Festsetzung vor.

Die Festsetzung ist im Falle von Veranlagungssteuern nicht rechtzeitig, wenn sie erst erfolgt, nachdem die Veranlagungsarbeiten für den betreffenden Veranlagungszeitraum abgeschlossen sind. Bei Fälligkeitssteuern dagegen ist rechtzeitiger Zeitpunkt bereits der gesetzlich vorgeschriebene Tag der Abgabe (z.B. § 18 Abs. 1 S. 1 UStG).

Eine Steuer ist dann nicht **in voller Höhe** festgesetzt, wenn der Vergleich zwischen der tatsächlich entstandenen Steuer und der entsprechend der Erklärung festgesetzten Steuer eine Differenz zugunsten der entstandenen Steuer aufweist. Dabei wird die tatsächlich entstandene Steuer in der Regel erst später entweder durch die Veranlagungsdienststelle oder häufiger durch die Mitarbeiter der Steuerfahndungsstellen ermittelt werden.

> **Beispiel:**
>
> T gibt für das Kalenderjahr 00 eine Steuererklärung ab, in der er einen großen Teil seiner Einkünfte aus Vermietung und Verpachtung verschweigt. Am 27.03.01 werden 12.000 € Einkommensteuer festgesetzt. Ausgelöst durch eine anonyme Anzeige wird am 29.10.07 nach einer Steuerfahndungsprüfung ein neuer Bescheid erlassen, der eine Steuer in Höhe von 16.000 € und Zinsen nach § 233a AO in Höhe von 1.340 € (vom 01.04.02–01.11.07, 67 Monate à 0,5 % auf 4.000 €) festsetzt.

> **Lösung:**
>
> Tatbestandsmäßig i.S.v. § 370 Abs. 1 Nr. 1 AO sind nicht etwa die Zinsen nach § 233a AO, sondern lediglich die Differenz bei der Steuer in Höhe von 4.000 €. Diese ist nach § 36 Abs. 1 EStG bereits mit Ablauf des 31.12.00 entstanden.

3.3.2 § 370 Abs. 4 S. 3 AO, Kompensationsverbot

§ 370 Abs. 4 S. 3 AO weicht den Grundsatz auf, dass die Höhe der verkürzten Steuer sich aus dem Vergleich zwischen gesetzlich geschuldeter und festgesetzter Steuer ergibt und wird auch als **Vorteilsaus-**

gleichsverbot bezeichnet. Für die Frage, ob Steuerhinterziehung vorliegt, werden lediglich die steuererhöhenden Umstände addiert, die Steuerschuld reduzierende Tatsachen werden nicht berücksichtigt, wenn sie im Zuge der unvollständigen oder unrichtigen Angaben ebenfalls nicht miterklärt wurden. Der BGH hat sich in vielen Entscheidungen mit der Problematik beschäftigt und dabei immer dann ein Kompensationsverbot angenommen, wenn die erhöhenden Umstände mit den mindernden Umständen nicht in einem engen Zusammenhang stehen.

> **Beispiel:**
>
> G betreibt ein Sägewerk. Immer wenn Kunden keine Rechnung verlangen, bucht er die Einnahmen für gesägte Bretter nicht und erfasst die Eingangsrechnungen für das Holz und die Lohnkosten der Arbeitnehmer, die das Holz sägen, nicht in der Buchführung. Auch die Vorsteuer für den Holzeinkauf macht G in diesem Fall nicht geltend.

> **Lösung:**
>
> Die nicht gebuchten Einnahmen wären ohne die Aufwendungen für Holzeinkauf und gezahlte Löhne nicht erzielbar gewesen. Bei einem so engen Zusammenhang zwischen Einnahmen und Ausgaben gilt das Kompensationsverbot nicht und die Ausgaben werden für die Ermittlung der Steuerverkürzung berücksichtigt.
> Hinsichtlich Umsatzsteuer und Vorsteuer nimmt der BGH dagegen keinen engen Zusammenhang an und wendet das Kompensationsverbot an. Die Höhe der Steuerverkürzung ermittelt sich also nur anhand der nicht erklärten Umsätze (BGH vom 02.11.1995, wistra 1996 106). Die Vorsteuer wird nicht abgezogen, aber bei der Strafzumessung berücksichtigt (BGH vom 08.01.2008, wistra 08, 153).

3.4 Kausalität

Die Tathandlung bzw. das Unterlassen muss kausal, d.h. ursächlich für den eingetretenen Tatererfolg sein. Nach der herrschenden **Äquivalenztheorie** ist eine Handlung kausal, wenn sie nicht hinweggedacht werden kann, ohne dass der Erfolg entfällt.

Hätte der Steuerpflichtige seine Einkünfte in vollständiger Höhe erklärt, hätte der Sachbearbeiter die Steuerfestsetzung in zutreffender Höhe vorgenommen. Die unvollständige Erklärung ist also kausal.

Gibt der Steuerpflichtige keine Steuererklärung ab, obwohl er steuerpflichtige Einkünfte erzielt hat, so ist die Nichterklärung insofern kausal, weil mit an Sicherheit grenzender Wahrscheinlichkeit davon auszugehen ist, dass bei Abgabe einer Erklärung der zuständige Sachbearbeiter im Finanzamt auch entsprechend festgesetzt hätte.

3.5 Steuerhehlerei

Der Tatbestand der Steuerhehlerei des § 374 AO entspricht im Wesentlichen dem allgemeinen Hehlereitatbestand des § 259 StGB. Folgende Voraussetzungen müssen vorliegen:
- Erzeugnisse oder Waren, hinsichtlich derer Verbrauchssteuern oder Einfuhr- und Ausfuhrabgaben i.S.d. Art. 5 Nr. 20 und 21 des Zollkodex (s. Kap. IV. 7.1.1) hinterzogen oder Bannbruch nach §§ 372 Abs. 2, 373 AO (Einfuhr, Ausfuhr, Durchfuhr von Gegenständen trotz Verbot) begangen wurde,
- werden angekauft oder sonst sich oder einem Dritten verschafft, abgesetzt oder es wird geholfen, sie abzusetzen,
- das Ziel ist die eigene Bereicherung oder die Bereicherung eines Dritten,
- bei gewerbsmäßigem Vorgehen i.S.v. § 374 Abs. 2 AO wird die Strafe verschärft.

4. Subjektiver Tatbestand

Aus § 15 StGB ergibt sich, dass nur vorsätzliches Handeln strafbar ist. Soll auch eine fahrlässige Begehungsweise bestraft werden, so muss dies ausdrücklich gesetzlich geregelt sein (z.B. fahrlässige Körperverletzung gem. § 229 StGB). So eine ausdrückliche gesetzliche Regelung fehlt hinsichtlich der Steuerhinterziehung. Diese ist deshalb nur dann strafbar, wenn sie **vorsätzlich** begangen wurde.

Vorsatz beinhaltet ein Wissens- und ein Wollenselement, das je nach Vorsatzform unterschiedlich ausgeprägt ist.

4.1 Dolus directus 1. Grades, Absicht

Dem Täter kommt es gerade darauf an, den Taterfolg herbeizuführen. Dieser ist Ziel seines Handelns, z.B. Nichterklärung von Betriebseinnahmen, um von den nicht entrichteten Steuern einen Luxusurlaub zu finanzieren.

4.2 Dolus directus 2. Grades, direkter Vorsatz

Bei dieser Vorsatzform muss der Erfolg nicht das angestrebte Ziel sein. Der Täter muss aber zweifelsfrei wissen, dass sein Handeln oder Nichthandeln den Erfolg, die Steuerverkürzung, herbeiführt. Dies ist z.B. der Fall, wenn Einnahmen mit dem Ziel nicht gebucht werden, weiterhin Hartz IV zu erhalten und die Steuerhinterziehung nur ein unvermeidbares „Abfallprodukt" ist.

4.3 Dolus eventualis, bedingter Vorsatz

Schwierig, aber wegen der fehlenden Strafbarkeit einer fahrlässigen Begehungsweise besonders wichtig, ist die Abgrenzung zwischen dolus eventualis und **grober Fahrlässigkeit**. Während der Täter mit dolus eventualis den Erfolgseintritt zumindest für möglich hält und ihn billigt („Na wenn schon!"), vertraut der fahrlässig handelnde Täter ernsthaft darauf, dass der Erfolg nicht eintritt („Wird schon gut gehen").

> **Beispiel:**
>
> G erzielt Einkünfte aus Vermietung und Verpachtung. Als sie bei Anfertigung der Einkommensteuererklärung 00 die Aufstellung des Verwalters nicht finden kann, erklärt sie die Mieterträge, die sie im Kopf hat. Sie ist sich aber nicht ganz sicher, ob bei einer Neuvermietung im Juli Mieterträge erzielt wurden. Da diese Mieterträge nur 1.000 € betragen hätten und G diesen Betrag als unerheblich empfindet, erklärt sie ihre Einnahmen ohne diese unsicheren 1.000 €. Tatsächlich hätte der Betrag den Einkünften hinzugerechnet werden müssen.
> Im Folgejahr 01 hat G im Dezember von einer Mieterin Pflanzen im Wert von 300 € für eine kurzzeitige Nutzung eines zusätzlichen Kellerraums bekommen. Sie recherchiert im Internet bezüglich der Steuerpflicht der erhaltenen Pflanzen, wird aber nicht konkret fündig. Sodann erklärt sie die Angelegenheit nicht, weil sie nach dem, was sie im Internet gelesen hat, sicher davon ausgeht, dass überlassene Pflanzen nicht der Einkommensbesteuerung zu unterwerfen sind.

> **Lösung:**
>
> Im Jahr 00 hält G die Steuerverkürzung zumindest für möglich, empfindet den nicht erklärten Betrag aber als unerheblich und billigt den Taterfolg. Es liegt ein Fall von dolus eventualis vor.
> In 01 dagegen vertraut sie nach ihrer Recherche ernsthaft darauf, dass der Erfolg nicht eintritt und hat damit nicht vorsätzlich gehandelt.

5. Rechtswidrigkeit

Im Gegensatz zum allgemeinen Strafrecht kommen Rechtfertigungsgründe, die die Rechtswidrigkeit ausschließen, nicht in Betracht. Das gilt insbesondere für die viel zitierte Notwehr gegen erdrosselnde Besteuerung.

6. Schuld

Bei der Prüfung der Schuld wird positiv festgestellt, ob der Täter persönlich für das begangene Unrecht verantwortlich ist. Dies ist nicht der Fall, wenn **Schuldausschließungsgründe** vorliegen.

Schuldunfähig sind nach § 19 StGB Kinder, die noch nicht 14 Jahre alt sind. Da diese nach § 79 Abs. 1 Nr. 1 AO steuerlich nicht handlungsfähig sind, spielt dieser Schuldausschließungsgrund im Steuerstrafrecht keine Rolle.

Nach § 20 StGB handelt außerdem ohne Schuld, wer unter einer krankhaften seelischen Störung, einer tief greifenden Bewusstseinsstörung, Schwachsinn oder einer sonstigen schweren seelischen Abartigkeit leidet. Dieser Schuldausschließungsgrund mag in Einzelfällen zu prüfen sein, hat aber im Steuerstrafrecht ebenfalls keine große Bedeutung.

7. Täterschaft, Teilnahme

Das Strafgesetzbuch kennt drei Arten von Tätern und zwei Teilnehmer an einer Tat (zur Teilnahme s. 7.2). Das StGB ist nach § 369 Abs. 2 AO anwendbar, weil die AO die Frage der Täterschaft nicht selbst regelt.

7.1 Täterschaft

Der **eigentliche Täter** ist nach § 25 Abs. 1 StGB derjenige, der selbst handelt oder trotz entsprechender Verpflichtung nicht handelt.

Jemand ist **mittelbarer Täter** im Sinne von § 25 Abs. 1, 2. Alt. StGB, wenn er die Tat durch einen anderen begeht. Er handelt also nicht selbst, sondern bedient sich einer dritten Person, die entweder nicht tatbestandsmäßig, nicht rechtswidrig oder nicht schuldhaft handelt.

> **Beispiel:**
>
> A hat diverses Schwarzgeld eingenommen. Als er in Insolvenz gerät, verschweigt er dem Insolvenzverwalter diese Gelder, woraufhin der Insolvenzverwalter eine entsprechende lückenhafte Einkommensteuererklärung abgibt.

> **Lösung:**
>
> Nach § 80 Abs. 1 InsO ist A seit Eröffnung des Insolvenzverfahrens nicht mehr berechtigt und auch nicht mehr verpflichtet eine Steuererklärung abzugeben. Verpflichtet ist nunmehr der Insolvenzverwalter nach § 34 Abs. 3 AO. Dieser erklärt zwar objektiv zu wenige Einnahmen, es fehlt ihm aber der Vorsatz. A hingegen handelt vorsätzlich und macht sich damit der Steuerhinterziehung in mittelbarer Täterschaft nach §§ 370 Abs. 1 Nr. 1 AO, 25 Abs. 1, 2. Alt. StGB strafbar.

Generell gilt, dass nur natürliche Personen bestraft werden können und deshalb als Täter in Betracht kommen. Ist die Steuerhinterziehung zugunsten einer juristischen Person zu prüfen, kommt deshalb als Täter grundsätzlich nur der gesetzliche Vertreter in Betracht, wenn er die Tatbestandsvoraussetzungen erfüllt.

Begehen mehrere Täter eine Tat bewusst gemeinsam, so werden sie nach § 25 Abs. 2 StGB als **Mittäter** für die Tat insgesamt bestraft, unabhängig davon, ob sie alle Merkmale des objektiven Tatbestands selbst erfüllen.

> **Beispiel:**
> A und B sind verheiratet und werden zusammen veranlagt. Beide erzielen Einkünfte aus nichtselbständiger Arbeit. Während B ihre Einkünfte vollständig erklärt, gibt A bei seinen Einkünften aus nichtselbständiger Arbeit eine Sonderzuwendung in Höhe von 13.000 € nicht an. Außerdem beschließen beide gemeinsam Quittungen auszunutzen, die ihnen vorliegen, und überhöhte außergewöhnliche Belastungen geltend zu machen. A füllt den Steuererklärungsvordruck aus, beide unterschreiben.

> **Lösung:**
> Jeder Ehegatte ist für seine Einkünfte verantwortlich. Trotz der Unterschrift beider unter die gemeinsame Steuererklärung sind sie deshalb hinsichtlich der erzielten Einkünfte keine Mittäter (s. BFH vom 16.04.2002, BStBl II 2002, 501).
> Etwas anderes gilt, sofern etwas Inhalt einer gemeinsamen Erklärung ist. Dies ist bezüglich der außergewöhnlichen Belastungen der Fall. Nur insoweit sind die Ehegatten Mittäter einer Steuerhinterziehung, unabhängig davon, wer die zu hohen außergewöhnlichen Belastungen in den Steuererklärungsvordruck eingetragen hat.

7.2 Teilnahme

Auch wer einen Beitrag zur Steuerhinterziehung eines anderen leistet, ist bei Vorliegen der Voraussetzungen der §§ 26, 27 StGB strafbar. Während der Anstifter nach § 26 StGB grundsätzlich genau wie ein Täter bestraft wird, ist die Strafe für einen Gehilfen nach § 27 Abs. 2 S. 2 StGB zu mildern.

Die Prüfung einer Teilnahme schließt sich an die Prüfung der Haupttat an, weil der Grundsatz der **limitierten Akzessorietät** gilt. Nur wenn eine Haupttat vorliegt, die rechtswidrig begangen wurde, kommt eine strafbare Teilnahme in Betracht. Die Schuld des Haupttäters dagegen ist für die Teilnahme irrelevant.

Die Prüfung einer Teilnahmehandlung im Steuerstrafrecht ist beispielhaft im Falle des § 370 Abs. 1 Nr. 1 AO wie folgt aufzubauen:

- Haupttat:
  - Tathandlung: Finanzbehörde,
  - unrichtige oder unvollständige Angaben,
  - steuerlich erheblich,
  - Tatererfolg: Steuerverkürzung,
  - Vorsatz,
  - Rechtswidrigkeit.
- Teilnahme:
  - objektiv: Teilnahmehandlung,
  - Vorsatz hinsichtlich der Haupttat,
  - Vorsatz hinsichtlich der Teilnahmehandlung,
  - Rechtswidrigkeit der Teilnahme,
  - Schuld des Teilnehmers.

7.2.1 Anstiftung

Entscheidendes Merkmal einer Anstiftung ist, dass der Haupttäter zu seiner Tat **bestimmt** worden sein muss.

Eine Bestimmung zur Tat liegt vor, wenn der Tatentschluss durch irgendeine Aktivität des Anstifters hervorgerufen wurde. Wer eine Tat ohnehin schon begehen will, kann danach nicht mehr angestiftet werden. Eine Ermunterung nach bereits gefasstem Tatentschluss kann aber ggf. eine Beihilfehandlung darstellen.

> **Beispiel:**
>
> K ist immer steuerehrlich gewesen, hat sich aber stets sehr geärgert, wenn sie in der Presse von Steuerhinterziehungen von Prominenten gelesen hat. Als sie ihre vollständige Steuererklärung für das Kalenderjahr 00 vorbereitet, kommt ihre Freundin L vorbei und fragt sie: „Ist das wirklich dein Ernst, dass du mal wieder alle Einnahmen angibst? Lass doch die Bareinnahmen weg. Das merkt niemand." Nach diesem Gespräch ist K sehr verunsichert und gibt schließlich eine um die Bareinnahmen reduzierte Einnahme-Überschuss-Rechnung sowie eine entsprechende Anlage G ab.

> **Lösung:**
>
> K hat eine vorsätzliche und rechtswidrige Steuerhinterziehung nach § 370 Abs. 1 Nr. 1 AO begangen, indem sie unvollständige Angaben gemacht hat. Eine für die Teilnahme geeignete Haupttat liegt also vor.
>
> Zwar hat K sich vor dem Gespräch mit L über Steuerhinterzieher geärgert, war aber keinesfalls entschlossen, selbst ebenso zu handeln. Den Tatentschluss der K hat T durch ihre Worte hervorgerufen. Es liegt also eine Anstiftungshandlung vor.
>
> T wusste, dass K unvollständig erklären würde und kannte auch sonst alle Merkmale des Tatbestandes des § 370 Abs. 1 Nr. 1 AO, hatte also Vorsatz hinsichtlich der Haupttat.
>
> Ferner wusste sie, dass K ohne ihr Eingreifen keine unvollständige Erklärung abgegeben hätte, hatte also auch Vorsatz hinsichtlich des Merkmals „Bestimmen", also bezüglich der Teilnahmehandlung. Da T auch rechtswidrig und schuldhaft handelte, hat sie sich einer Anstiftung zur Steuerhinterziehung nach §§ 370 Abs. 1 Nr. 1 AO, 26 StGB strafbar gemacht.

7.2.2 Beihilfe

Der sog. **Gehilfe** ist jemand, der den Haupttäter bei seiner Tat unterstützt. Tatbestandsmäßig ist jede Handlung, die geeignet ist, die Haupttat zu fördern.

Die Hilfe kann sowohl in physischer Form (z.B. Erstellung einer unvollständigen Steuererklärung durch einen Steuerberater auf Bitten des Steuerpflichtigen, der sie unterschreibt und beim Finanzamt abgibt) oder auch in psychischer Form stattfinden.

> **Beispiel:**
>
> A erklärt bei seinen Einkünften aus nichtselbständiger Arbeit eine Sonderzuwendung in Höhe von 13.000 € nicht. Er hat sich zwar bereits entschieden, so zu verfahren, hat aber sehr große Angst, erwischt zu werden. B bestärkt und ermuntert ihn und beziffert das Risiko entdeckt zu werden auf weniger als 1 %. Nach dem Gespräch gibt A seine unvollständige Erklärung beim Finanzamt vor.

> **Lösung:**
>
> Ein Tatentschluss des A lag bereits vor, sodass B ihn nicht angestiftet hat. Er hat A aber psychisch gestärkt und sich damit einer Beihilfe nach §§ 370 Abs. 1 Nr. 1 AO, 27 StGB strafbar gemacht.

8. Strafausschließungsgründe

Liegen die unter 2. genannten Voraussetzungen vor, so ist grundsätzlich zu bestrafen. Von den Gründen, die gleichwohl die Strafbarkeit ausschließen, können zwei im Steuerstrafrecht relevant sein.

8.1 Verjährung

Alle Straftaten bis auf Mord verjähren. Ist die Verjährung eingetreten, wird die Straftat nicht bestraft. Die **Dauer der Verjährungsfrist** hängt davon ab, mit welcher Höchststrafe das Delikt bedroht ist (§ 78

Abs. 3 StGB). Da Steuerhinterziehung mit einer Freiheitsstrafe von bis zu fünf Jahren bestraft wird, verjährt die Tat gem. § 78 Abs. 3 Nr. 4 StGB nach 5 Jahren (Ausnahme: bei besonders schweren Fällen der Steuerhinterziehung gilt nach § 376 Abs. 1 AO eine 10-jährige Verjährungsfrist).

Achtung! Die strafrechtliche Verjährung ist von der Festsetzungsverjährung zu unterscheiden. Liegt ein Fall der Steuerhinterziehung vor, so gilt in der Regel nach § 169 Abs. 2 S. 2 AO die 10-jährige **Festsetzungsverjährungsfrist**. Die strafrechtliche Verjährungsfrist beschäftigt sich davon unabhängig mit der Frage, wie lange der Steuerhinterzieher für die vollendete Steuerhinterziehung bestraft werden kann.

Nach § 78a StGB beginnt die Verjährungsfrist mit Beendigung der Tat. Beendigung liegt vor, wenn das strafrechtlich relevante Handlungsgeschehen seinen Abschluss findet. Dies ist im Steuerstrafrecht bei **Veranlagungssteuern** der Fall, wenn der erste Steuerbescheid, der eine zu niedrige Steuer enthält, bekannt gegeben wird. Zwar ist die Tat erst mit Ablauf der 3-Tages-Fiktion vollendet (s. MüKo-Schmitz/Wulf, § 370 RZ. 90, str.), aber zugunsten des Steuerhinterziehers muss für den Beginn der Verjährungsfrist der tatsächliche – zumeist frühere – Zugang gelten, str. Die Zugangsvermutung des § 122 Abs. 2 Nr. 1 AO gilt also nicht, als Beendigungspunkt hinsichtlich der Verjährung ist vielmehr der Tag nach Absendung des Bescheids im Finanzamt anzunehmen, da eine eintägige Beförderungsdauer für Briefe im Inland grundsätzlich realistisch ist. Dies ist der erste Tag der Verjährungsfrist (Tagesbeginnfrist, wegen der Berechnung s. Kap. III. 2.3.2 und 2.3.4).

Ist die **Abgabe einer unvollständigen Steueranmeldung** strafrechtlich relevant, so ist Zeitpunkt der Beendigung die Einreichung der Anmeldung bei Zahlungsfällen und Zeitpunkt der Zustimmungsmitteilung, wenn eine solche nach § 168 S. 2 AO erforderlich ist.

Steuerhinterziehung durch **Unterlassen** ist beendet, wenn die Veranlagungsarbeiten des zuständigen Finanzamts abgeschlossen sind (s. BGH vom 07.11.2001, BStBl II 2002, 259). Zu diesem Zeitpunkt ist davon auszugehen, dass auch der pflichtwidrig nicht Erklärende seinen Steuerbescheid erhalten hätte.

8.2 Selbstanzeige

Erstattet der Steuerpflichtige eine wirksame Selbstanzeige nach § 371 AO, so bleibt er straffrei.

Zunächst hat das Schwarzgeldbekämpfungsgesetz vom 28.04.2011 die Voraussetzungen für eine wirksame Selbstanzeige neu geregelt. Mit Wirkung zum 01.01.2015 ist eine weitere Änderung hinzugekommen. Es müssen nunmehr folgende Voraussetzungen vorliegen:
- die vorherige vollendete Verkürzung von Steuern,
- die Berichtigung, Ergänzung oder Nachholung von unrichtigen, unvollständigen oder unterlassenen Angaben zu allen unverjährten Steuerstraftaten einer Steuerart in vollem Umfang (Gebot der horizontalen und vertikalen Vollständigkeit), mindestens aber zu allen Steuerstraftaten einer Steuerart innerhalb der letzten zehn Kalenderjahre,
- keine Sperrwirkung nach § 371 Abs. 2 AO,
- Besonderheiten bei Umsatzsteuer- und Lohnsteueranmeldungen nach § 371 Abs. 2a AO,
- fristgemäße Nachentrichtung der verkürzten Steuer nach § 371 Abs. 3 AO.

Teilselbstanzeigen oder **gestufte Selbstanzeigen** sollen danach nicht mehr möglich sein. Nachdem zunächst offen war, wie zu verfahren war, wenn eine zunächst unvollständige Selbstanzeige, aufgrund derer Straffreiheit gewährt wurde, später durch eine zweite Selbstanzeige ergänzt wurde, hat der Gesetzgeber nunmehr in § 398a Abs. 3 AO geregelt, dass die Wiederaufnahme eines nach § 371 Abs. 1 AO abgeschlossenen Verfahrens zulässig ist, wenn die Finanzbehörde erkennt, dass die Selbstanzeige unvollständig war.

8.2.1 Anforderungen an die Berichtigungserklärung

§ 371 Abs. 1 AO nimmt Bezug auf die in § 370 Abs. 1 Nr. 1 und 2 AO beschriebenen Tathandlungen bzw. das Unterlassen. Inhaltlich muss damit die Selbstanzeige das umfassen, was der Täter bei der ursprünglichen Erklärung gegenüber dem Finanzamt hätte erklären müssen. Da keine besondere Form geregelt ist, kann die Selbstanzeige auch mündlich erfolgen.

Das Finanzamt muss mit den Angaben in der Selbstanzeige in der Lage sein, die Steuerfestsetzung zu korrigieren bzw. erstmals durchzuführen. Das bedeutet, dass ein Schreiben, in dem lediglich mitgeteilt wird, dass falsche Angaben gemacht wurden, keine wirksame Selbstanzeige darstellt. Es bedarf vielmehr zur Wirksamkeit der Selbstanzeige der Mitteilung aller für die zutreffende Besteuerung relevanten Zahlen.

Beispiel:
A hat seine Einkünfte aus Vermietung und Verpachtung im Kalenderjahr 00 nur unvollständig erklärt und die entsprechenden Unterlagen sicherheitshalber sofort vernichtet. Nach 2 Jahren entschließt er sich, diesen Fehler wieder gut zu machen und sucht seinen Steuerberater auf. Dieser schreibt an das zuständige Finanzamt wie folgt: „Für meinen Mandanten erstatte ich Selbstanzeige für das Kalenderjahr 00. Bei den Einkünften aus Vermietung fehlen Einnahmen. Da keine Unterlagen mehr vorhanden sind, gestaltet sich die Ermittlung der Einnahmen sehr schwierig. Sobald mir diese vorliegen, werde ich eine geänderte Anlage V vorlegen." Die zuständige Dienststelle im Finanzamt leitet umgehend ein Steuerstrafverfahren ein. Nach 4 Monaten überreicht der Steuerberater die neue – nunmehr vollständige – Anlage V.

Lösung:
Mit der Selbstanzeige war eine neue Steuerfestsetzung nicht möglich. Das Schreiben des Steuerberaters ist lediglich die Ankündigung einer Selbstanzeige. A kann keine Straffreiheit erlangen. Der Steuerberater hätte dem ersten Schreiben eine Schätzung der nicht erklärten Einnahmen beifügen sollen, die so hoch hätte sein müssen, dass auf jeden Fall alle später tatsächlich ermittelten zusätzlichen Einnahmen abgedeckt wären.

Mit der Neuregelung des § 371 Abs. 1 S. 2 AO sind nunmehr vollständige Angaben für mindestens die letzten 10 Kalenderjahre für die Wirksamkeit einer Selbstanzeige notwendig. Der Gesetzgeber wollte damit erreichen, dass das Finanzamt, das wegen der verlängerten Festsetzungsfrist des § 169 Abs. 2 S. 2 AO von 10 Jahren weit zurück festsetzen kann, auch für „Altjahre" detaillierte Angaben bekommt und nicht schätzen muss. Ausgangspunkt für die Berechnung der fiktiven Frist von zehn Jahren ist die Abgabe der Selbstanzeige (s. Gesetzentwurf der Bundesregierung zu Nummer 3 Buchstabe a). Abweichungen zwischen im Rahmen einer Selbstanzeige zwingend nachzuerklärenden Zeiträumen und noch festzusetzenden Jahren kann es damit nur noch wegen der Anlaufhemmung des § 170 Abs. 2 Nr. 1 AO geben.

8.2.2 Sperrwirkung
Den **Ausschlussgründen des § 371 Abs. 2 AO** kommt in der Praxis eine große Bedeutung zu.

8.2.2.1 Ausschlussgrund gem. § 371 Abs. 2 Nr. 1a AO
Dieser Ausschlussgrund ist 2011 grundlegend verändert und mit der Neuregelung zum 01.01.2015 erneut modifiziert worden. In der Vergangenheit war eine Selbstanzeige im Zuge einer Außenprüfung erst dann nicht mehr möglich, wenn der Prüfer das Grundstück, auf dem sich die zu prüfenden Räume befinden, betreten hatte (**Fußmattentheorie**, s. 8.2.2.3). Insofern war es in der Zeit zwischen dem Erhalt der Prüfungsanordnung und dem Beginn der Prüfung noch möglich sich selbst anzuzeigen. Dieser Zeitraum steht nach der Neuregelung für eine Selbstanzeige nicht mehr zur Verfügung. Nunmehr endet die Möglichkeit der Selbstanzeige bereits mit **wirksamer Bekanntgabe der Prüfungsanordnung**. Da diese nach § 122 Abs. 2 Nr. 1 AO am dritten Tag nach Aufgabe zur Post als bekannt gegeben gilt, tatsächlich aber wohl zumeist bereits nach einem Tag zugeht, bleiben theoretisch zwei Tage Zeit für eine Selbstanzeige

(anders nur bei Zustellung der Prüfungsanordnung). Sperrwirkung tritt nunmehr auch ein, wenn außer dem Täter oder seinem Vertreter einem Teilnehmer oder Begünstigten die Prüfungsanordnung bekannt gegeben wird.

Die Sperrwirkung betraf nach BGH vom 20.05.2010, 1 StR 577/09 nicht nur solche Taten, zu deren Ermittlung der Amtsträger laut Prüfungsanordnung erschienen war, sondern auch solche Taten, die mit den eigentlichen Ermittlungen in sachlichem Zusammenhang standen, z.B. wenn eine in den Kalenderjahren 00–04 nicht erklärte Sondervergütung nach Bekanntgabe der Prüfungsanordnung nacherklärt wird, die Prüfungsanordnung sich aber nur auf die Jahre 02–04 bezieht.

Mit der Änderung zum 01.01.2015 hat der Gesetzgeber aber den Zusatz aufgenommen, dass die Sperrwirkung sich auf den sachlichen und zeitlichen Umfang der Außenprüfung beschränkt. Damit korrespondiert die Ergänzung in § 371 Abs. 2 S. 2 AO, dass eine Sperrwirkung nach § 371 Abs. 2 S. 1 Nr. 1a und c AO nicht eine Selbstanzeige für die nicht unter diese Vorschrift fallenden Steuerstraftaten einer Steuerart hindert.

Bei einer Erweiterung des Prüfungsumfangs tritt die erweiterte Sperrwirkung ein, wenn die weitere Prüfungsanordnung bekannt gegeben wird.

8.2.2.2 Ausschlussgrund gem. § 371 Abs. 2 Nr. 1b AO

Sobald dem Täter – und nunmehr auch dem Tatbeteiligten – oder seinem Vertreter die **Einleitung eines Straf- oder Bußgeldverfahrens** bekannt gegeben worden ist, tritt bei einer danach erstatteten Selbstanzeige keine Straffreiheit ein. Da eine solche Einleitung entweder durch persönliche Übergabe des Einleitungsschreibens im Rahmen einer Durchsuchung erfolgt oder aber per Postzustellungsurkunde übermittelt wird, ist der maßgebliche Zeitpunkt stets eindeutig dokumentiert.

8.2.2.3 Ausschlussgrund gem. § 371 Abs. 2 Nr. 1c–e AO

Die **Sperrwirkung** tritt ein, wenn ein Amtsträger (§ 7 AO) zur steuerlichen Prüfung (Buchstabe c), zur Ermittlung einer Steuerstraftat oder einer Steuerordnungswidrigkeit (Buchstabe d) oder einer Umsatzsteuer-, Lohnsteuer- oder anderen Nachschau (Buchstabe e) erschienen ist. Bei den Nachschauen ist zusätzlich notwendig, dass der Amtsträger sich ausgewiesen hat. Nach bisheriger Rechtsprechung ist ein Amtsträger erschienen, wenn er nach der **Fußmattentheorie** die Fußmatte überschritten hat, also zur Prüfung beim Steuerpflichtigen angekommen ist. Die Bezeichnung „Fußmatte" ist allerdings nicht präzise, weil es nach überwiegender Auffassung ausreicht, wenn der Prüfer das Grundstück des Steuerpflichtigen betreten hat. Auch hier ist in § 371 Abs. 2 Nr. 1c AO der Zusatz „beschränkt auf den sachlichen und zeitlichen Umfang der Außenprüfung" aufgenommen worden und auch hier gilt § 371 Abs. 2 S. 2 AO, der ausdrücklich auf nicht unter die Sperrgründe fallende Steuerstraftaten hinweist.

8.2.2.4 Ausschlussgrund gem. § 371 Abs. 2 Nr. 2 AO

Da nunmehr vollständige **Steuerehrlichkeit** Voraussetzung für eine wirksame Selbstanzeige ist, reicht es für den Ausschlussgrund des § 371 Abs. 2 Nr. 2 AO bereits aus, wenn eine der Steuerstraftaten im Zeitpunkt der Selbstanzeigehandlung bereits ganz oder zum Teil entdeckt war **und** der Täter dies wusste oder bei verständiger Würdigung der Sachlage damit rechnen musste.

Diesem Ausschlussgrund kam bisher in der Praxis eine vergleichsweise geringe Bedeutung zu, weil bei Entdeckung einer Tat die Finanzbehörde verpflichtet ist, ein Strafverfahren einzuleiten (sog. **Legalitätsprinzip**). Dann greift der Ausschlussgrund des § 371 Abs. 2 Nr. 1b AO. Leitet die Finanzbehörde das Strafverfahren nicht ein und hört stattdessen den Steuerpflichtigen ohne Belehrung über seine Rechte außerhalb eines Strafverfahrens an, wird sie in der Regel nicht erklären können, dass die Tat gleichwohl bereits entdeckt war.

Eine größere Bedeutung hat die Vorschrift aber im Zusammenhang mit Daten-CDs erlangt, wenn die Presse darüber im Vorfeld bereits ausführlich berichtet hat und deshalb von der Kenntnis des Täters d.h. von der Tatentdeckung ausgegangen werden kann.

8.2.2.5 Ausschlussgrund gem. § 371 Abs. 2 Nr. 3 AO

Dieser Ausschlussgrund ist 2011 neu eingeführt und mit der Neuregelung zum 01.01.2015 verschärft worden. Nunmehr darf die insgesamt verkürzte Steuer höchstens 25.000 € pro Tat betragen. Der Betrag von 25.000 € gilt also hinsichtlich der verkürzten Steuer je Steuerart und Besteuerungszeitraum.

Liegt der Hinterziehungsbetrag darüber, so wird nach § 398a AO von der Verfolgung gleichwohl abgesehen, wenn zusätzlich zu der entrichteten Steuer und den Zinsen nach §§ 233a und 235 AO ein Geldbetrag von 10 % der hinterzogenen Steuer bis zu einem Hinterziehungsbetrag in Höhe von 100.000 €, 15 % der hinterzogenen Steuer bis zu einem Hinterziehungsbetrag in Höhe von 1 Mio. € und 20 % bei höherem Hinterziehungsbetrag zugunsten der Staatskasse gezahlt wird.

Beispiel:

A hat im Veranlagungszeitraum 00 Einkommensteuer in Höhe von 52.000 €, Umsatzsteuer in Höhe von 17.000 € und Gewerbesteuer in Höhe von 10.000 € hinterzogen. Er erstattet eine Selbstanzeige, die alle Voraussetzungen des § 371 AO erfüllt, und leistet sofort einen a-conto-Betrag in Höhe der hinterzogenen Beträge.

Lösung:

Der Ausschlussgrund des § 371 Abs. 2 Nr. 3 AO ist nur hinsichtlich der Einkommensteuer anwendbar. Straffreiheit tritt insoweit zunächst nicht ein. Die Selbstanzeige bezüglich der Umsatzsteuer und der Gewerbesteuer sind dagegen wirksam. Zahlt A nach § 398a AO innerhalb der ihm von Finanzamt gesetzten Frist zusätzliche 10 % von 52.000 €, wird von der Verfolgung der Straftat gleichwohl abgesehen.

Neu ist, dass ein gezahlter Geldbetrag nach § 398a Abs. 4 AO nicht erstattet wird, wenn die Selbstanzeige nicht wirksam wird. Auf eine verhängte Strafe kann der Betrag aber angerechnet werden.

8.2.2.6 Ausschlussgrund gem. § 371 Abs. 2 Nr. 4 AO

Liegt ein in § 370 Abs. 3 S. 2 Nr. 2–6 AO ausdrücklich benannter besonders schwerer Fall vor, so ist die Selbstanzeige ausgeschlossen, weil diese Taten besonders strafwürdig sind. Aber auch hier hat der Täter nach § 398a Abs. 1 AO die Möglichkeit durch zusätzliche Zahlungen ein Absehen von der Verfolgung zu erreichen.

8.2.2.7 Ausschlussgrund gem. § 371 Abs. 2a AO

Auch hier gab es mit der Neuregelung zum 01.01.2015 eine Erweiterung. Es wird für Umsatzsteuer- und Lohnsteuervoranmeldungen nach § 371 Abs. 2a S. 3 AO, nicht aber für Steueranmeldungen für das Kalenderjahr klargestellt, dass Straffreiheit eintritt, wenn die unrichtigen, unvollständigen oder unterlassenen Angaben korrigiert werden. Wird nach § 371 Abs. 2a S. 4 AO im Bereich Umsatzsteuer die Jahresanmeldung korrigiert, ist eine zusätzliche Korrektur der Voranmeldungen nicht notwendig.

8.2.3 § 371 Abs. 3 AO: Nachzahlung der hinterzogenen Steuer

Ist es zur **Steuerverkürzung** gekommen, so ist – abgesehen von den Fällen des § 371 Abs. 2a AO – die **Nachzahlung der Steuer und der Zinsen nach §§ 233a und 235 AO** Wirksamkeitsvoraussetzung für die Selbstanzeige. Dazu ist dem Steuerpflichtigen eine angemessene Frist zu bestimmen. Da die Frist im Rahmen eines Strafverfahrens gesetzt wird, ist dies Aufgabe der zur Strafverfolgung berufenen Behörde im Finanzamt und nicht der Veranlagungsdienststelle. Die Dauer der Frist liegt im Ermessen der Behörde. Häufig beträgt sie einen Monat. Auf mehr als 6 Monate wird sie in der Regel nicht festgesetzt.

Nach der Neuregelung kommt Straffreiheit nur in Betracht, wenn die hinterzogene Steuer und die Zinsen insgesamt fristgemäß nachgezahlt werden.

Allerdings kommt es auch weiterhin darauf an, ob die Steuer zugunsten des Täters hinterzogen wurde. Hinterzieht z.B. der Geschäftsführer einer GmbH Umsatzsteuer zugunsten der GmbH, so ist die Steuer nur insoweit zu seinen Gunsten hinterzogen, als er an der GmbH beteiligt ist (beträgt die Hinterziehungssumme 100.000 € und seine Beteiligung 50 %, hat er für die Nachzahlung von 50.000 € zu sorgen, um straffrei zu werden). Ist er nicht beteiligt, wird seine Selbstanzeige auch ohne Zahlung wirksam.

9. Versuchte Steuerhinterziehung

Eine Straftat ist lediglich versucht, wenn der Taterfolg nicht eintritt. Im Steuerstrafrecht ist dies z.B. der Fall, wenn es nur deshalb nicht zur Vollendung der Steuerhinterziehung, also zur **Bekanntgabe eines unvollständigen Steuerbescheids** kommt, weil der Sachbearbeiter die Unvollständigkeit oder Unrichtigkeit erkennt und deshalb nicht wie vom Steuerhinterzieher geplant und gewünscht veranlagt.

Da der Täter, der vom Sachbearbeiter vor der Veranlagung entdeckt wird, dieselbe kriminelle Energie aufbringt wie der Täter, dem es gelingt, den veranlagenden Finanzbeamten zu täuschen, ist es aus Sicht des Schutzgutes der Steuerhinterziehung geboten, auch diesen Täter zu bestrafen. Deshalb regelt **§ 370 Abs. 2 AO**, dass versuchte Steuerhinterziehung strafbar ist. Gibt es keine ausdrückliche Regelung der Strafbarkeit des Versuchs, ist dieser nach § 23 Abs. 1 StGB nur strafbar, wenn es sich um den Versuch eines **Verbrechens** handelt.

§ 12 StGB grenzt Verbrechen und Vergehen ab. **Verbrechen** sind danach solche Straftaten, die mit einer Mindeststrafe von einem Jahr bedroht sind, alle anderen Straftaten sind **Vergehen**. Die höchste Mindeststrafe bei Steuerhinterziehung beträgt 6 Monate Freiheitsstrafe. Es handelt sich also um ein Vergehen.

Ein Versuch liegt vor, sobald der Steuerpflichtige aus seiner Sicht alles Erforderliche getan hat, um den Taterfolg Steuerverkürzung zu erreichen. Übergibt der Steuerpflichtige seinem Steuerberater falsche Eingangsrechnungen zur Verbuchung und Erstellung und Einreichung der Umsatzsteuervoranmeldung, so kann dies schon ein unmittelbares Ansetzen darstellen (s. BFH vom 06.02.2014, 1 StR 577/13 n.v.)

> **Beispiel:**
>
> Am 13.05.01 gibt der Steuerpflichtige **T** eine unvollständige Einkommensteuererklärung 00 ab, der entsprechende Steuerbescheid wird ihm am 29.08.01 bekannt gegeben.
> Unternehmer **U** reicht für die Voranmeldungszeiträume 01 am 09.02. und 02 am 09.03. unvollständige Umsatzsteuervoranmeldungen ein. Im Veranlagungszeitraum 01 hat er eine (zu geringe) Zahllast in Höhe von 2.000 € errechnet, für den Veranlagungszeitraum 02 erklärt er eine Vergütung in Höhe von 3.500 €.
> **B** hat im Kalenderjahr 02 „schwarz" Einkünfte erzielt, gibt aber keine Einkommensteuererklärung ab.

> **Lösung:**
>
> **T** tritt hinsichtlich der Einkommensteuerverkürzung 00 am 13.05.01 in das Versuchsstadium ein. Dies dauert bis zum 29.08.01, an diesem Tag beginnt die Vollendung.
> **U** hat die Hinterziehung der Umsatzsteuer-Voranmeldung 01 wegen § 168 AO bereits mit der Abgabe der Voranmeldung am 09.02. vollendet. Für den Veranlagungszeitraum 02 tritt Vollendung wegen des Zustimmungserfordernisses erst mit Bekanntgabe der Zustimmung des Finanzamts ein.
> Mit Verstreichen des Datums 31.07.03 (§ 149 Abs. 2 AO) geht das Finanzamt davon aus, dass **B** keine Einkommensteuererklärung abgeben muss. Mit Ablauf dieses Tages beginnt deshalb das Versuchsstadium. Dies endet, wenn die Veranlagungsarbeiten im Wesentlichen abgeschlossen sind. Ab diesem Zeitpunkt ist die Steuerhinterziehung nach § 370 Abs. 1 Nr. 2 AO vollendet.

Geht während der laufenden Versuchsphase eine korrigierende oder auch eine erstmalige Steuererklärung beim Finanzamt ein, so handelt es sich nicht um eine Selbstanzeige (diese setzt eine vollendete Steuerhinterziehung voraus), sondern um einen strafbefreienden Rücktritt nach § 24 StGB.

Da das entscheidende Merkmal der Verkürzung beim Versuch noch fehlt und damit der objektive Tatbestand nur unvollständig vorliegt, der Täter aber den Taterfolg wollte und insofern Vorsatz insgesamt gegeben ist, beginnt die Prüfung mit dem subjektiven Tatbestand. Objektiv ist mangels Vorliegens aller Merkmale nur zu prüfen, ob der Täter aus seiner Sicht alles Erforderliche getan hat, um den Taterfolg herbeizuführen (das sog. **unmittelbare Ansetzen**). Dies ist in der Regel der Fall, wenn die Tatbestände, die den Übergang ins Versuchsstadium ausmachen, erfüllt sind (Abgabe der unvollständigen Erklärung, Nichtabgabe bis zum 31.07. etc.).

Der Prüfungsaufbau einer Versuchsprüfung sieht danach wie folgt aus:
- Strafbarkeit des Versuchs,
- Subjektiver Tatbestand hinsichtlich aller objektiven Tatbestandsmerkmale,
- Unmittelbares Ansetzen,
- Rechtswidrigkeit, Schuld,
- ggf. Rücktritt.

10. Ablauf des Steuerstrafverfahrens

Ermittlungen im Steuerstrafverfahren bewegen sich im grundrechtlich geschützten Bereich der Justizgrundrechte und bei der strafprozessualen Maßnahme der Durchsuchung im Bereich des Art. 13 GG, der Unverletzlichkeit der Wohnung.

10.1 Verfahrenseinleitung

Besteht ein steuerstrafrechtlicher Anfangsverdacht, so ist nach § 397 Abs. 1 AO zwingend ein **Steuerstrafverfahren einzuleiten**. Dazu sind alle Mitarbeiter im Bereich des Finanzamtes berufen, die entsprechende Aufgaben wahrnehmen, insbesondere Steuerfahnder, Straf- und Bußgeldsachenstelle bzw. Bußgeld- und Strafsachenstelle (unterschiedliche Bezeichnung in den Ländern), Außenprüfer.

Ein solcher Anfangsverdacht ist noch nicht bei bloßen Vermutungen oder einem vagen Verdacht gegeben, wohl aber wenn konkrete Anhaltspunkte für das Vorliegen einer Straftat bestehen.

Die ermittelnden Steuerfahndungsbeamten sind nach § 404 AO Hilfsbeamte der Staatsanwaltschaft und damit die „Polizisten des Finanzamtes".

10.2 Folgen der Verfahrenseinleitung

Mit der Verfahrenseinleitung rückt der Steuerpflichtige in die Rolle eines **Beschuldigten**. Während die Mitwirkungspflichten aus dem Besteuerungsverfahren nach wie vor gelten, muss der Beschuldigte sich strafrechtlich nicht belasten (s. § 397 Abs. 3 AO, § 136 Abs. 1 StPO). Diesen Konflikt löst § 393 Abs. 1 S. 2 AO dahin gehend, dass die steuerlichen Pflichten tatsächlich weiter gelten, nunmehr aber nicht mehr erzwingbar, also nicht mehr durchsetzbar, sind.

Angesichts der Tatsache, dass der Steuerfahnder nach § 208 Abs. 1 Nr. 1 AO sowohl die steuerstrafrechtlichen Ermittlungen als auch nach § 208 Abs. 1 Nr. 2 AO die Ermittlungen im Besteuerungsverfahren durchführt, ist es schwierig, sich diese Vorschrift in der praktischen Anwendung vorzustellen.

Bedeutung hat sie allerdings für die **Darlegungslast**. Da die steuerlichen Pflichten weiterhin gelten, verbleibt die Darlegungslast beim Steuerpflichtigen. Kommt er seinen steuerlichen Verpflichtungen nicht nach, so hat die Finanzbehörde weiterhin die Möglichkeiten aus dem Besteuerungsverfahren (z.B. die Schätzung).

10.3 Strafprozessuale Maßnahmen

Wegen der Verweisungsnorm des § 385 Abs. 1 AO stehen die strafprozessualen Maßnahmen der StPO zur Verfügung. Dies sind insbesondere die **Durchsuchung beim Verdächtigen** nach § 102 StPO und bei Dritten nach § 103 StPO. Während für die Durchsuchung beim Verdächtigen Voraussetzung nach § 102 StPO nur ein bestehender Tatverdacht ist sowie die Vermutung, dass die Ergreifung des Täters erreicht werden kann oder dass Beweismittel aufgefunden werden, sind die Voraussetzungen bei der **Durchsuchung bei Dritten** gem. § 103 StPO enger. Es müssen Tatsachen vorliegen, anhand derer sich ergibt, dass die gesuchte Person oder der gesuchte Gegenstand sich in den Räumen befindet (z.B. die Buchführung beim Steuerberater oder Bankunterlagen bei der Hausbank).

Werden Beweismittel nicht freiwillig herausgegeben, so sind sie nach §§ 94, 98 StPO zu **beschlagnahmen**, wenn es sich um Gegenstände handelt, die für die Untersuchung von Bedeutung sein können (z.B. Kontoauszüge, Rechnungen, Belege, Lohnunterlagen, Arbeitsverträge, sonstige Verträge etc.).

Nach § 163a Abs. 3 StPO ist der Beschuldigte verpflichtet, zur **Vernehmung** zu erscheinen. Er muss seine Personalien angeben, sich aber im Hinblick auf das Strafverfahren nach § 136 StPO nicht zur Sache äußern (zu § 393 AO s. 10.2). Darauf ist er hinzuweisen.

Auch **Zeugen** können vernommen werden. Werden sie geladen, sind sie nach § 161a Abs. 1 StPO verpflichtet zu erscheinen. Liegen die Voraussetzungen der §§ 52–56 StPO vor, können sie die Aussage verweigern.

11. Bestrafung

Insbesondere für bestimmte Berufsgruppen ist es existenziell, ein „sauberes" Führungszeugnis vorweisen zu können. Wird eine Geldstrafe von mehr als 90 Tagessätzen ausgeurteilt, so wird diese nach § 32 Abs. 2 Nr. 5a BZRG in das Bundeszentralregister eingetragen, das Grundlage für das Führungszeugnis ist.

Eine **Geldstrafe** kann entweder nach einer **Hauptverhandlung** vor dem zuständigen Strafgericht oder im Wege des **Strafbefehls**, nach § 407 StPO der schriftlichen Verfahrenserledigung, verhängt werden.

Die Höhe der Strafe richtet sich nach dem Verkürzungsumfang in den strafbefangenen Zeiträumen und wird nach § 40 StGB in **Tagessätzen** verhängt. Dabei gibt die **Anzahl** der Tagessätze (und nicht etwa die insgesamt zu zahlende Strafe!) wieder, welches Unrecht mit der Tat verwirklicht wurde.

Da nach § 46 StGB angemessen zu bestrafen ist, sind individuelle Faktoren, wie z.B. Mitwirkung bei der Aufklärung oder aktive Behinderung der Tataufklärung zu berücksichtigen. Aber auch die Auswirkung der Strafe auf das zukünftige Leben des Täters in der Gesellschaft kann eine Rolle spielen, z.B. für einen Steuerberater, dem berufsrechtliche Folgen drohen können (BGH vom 27.07.2016, 1 StR 256/16).

Die Höhe des Tagessatzes hat mit dem Unrecht nichts zu tun, sondern berücksichtigt nach § 40 Abs. 2 StGB die aktuellen persönlichen und wirtschaftlichen Verhältnisse des Täters. Der höchste zu verhängende Tagessatz beträgt nach § 40 Abs. 2 S. 3 StGB 30.000 €. Mit diesem System kann es dazu kommen, dass zwei Personen, die beide mit der gleichen Motivation und krimineller Energie Steuern in exakt derselben Höhe hinterzogen haben, zu unterschiedlichen Strafen verurteilt werden (Täter 1: 10 Tagessätze à 20 € = 200 €, Täter 2: 10 Tagessätze zu 100 € = 1.000 €).

Das maßgebliche Nettoeinkommen ermittelt sich aus dem monatlichen Nettobezug abzüglich eventueller Unterhaltspflichten und wird durch 30 dividiert.

§ 370 Abs. 3 AO sieht bei besonders schweren Fällen eine Strafschärfung vor. „In der Regel" heißt, dass die Strafe zu schärfen ist, wenn nicht ein Grund dagegen spricht. Die Regelbeispiele in § 370 Abs. 3 S. 2 AO sind nicht abschließend. Ein anderer Fall muss aber so gravierend sein, dass der erhöhte Strafrahmen angemessen ist. Steuerhinterziehung in großem Ausmaß im Sinne von § 370 Abs. 3 Nr. 1 AO liegt nach Auffassung des BGH vom 27.10.2015, 1 StR 373/15, BGHSt 61, 28 nunmehr einheitlich bei einer Hinterziehungssumme in Höhe von 50.000 € vor.

12. Steuerordnungswidrigkeiten

Im Gegensatz zu Straftaten sind **Ordnungswidrigkeiten** leichtere Rechtsverstöße, bei denen der Gesetzgeber es als ausreichend ansieht, nur mit Bußgeldern und nicht mit Strafe zu reagieren (insbesondere im Straßenverkehr). Kommt es zu einer Konkurrenz zwischen Strafrecht und Ordnungswidrigkeitenrecht, so regelt § 21 Abs. 1 OWiG, dass nur das Strafgesetz angewendet wird.

Von den Ordnungswidrigkeitstatbeständen des Steuerrechts werden hier folgende besprochen.

12. Steuerordnungswidrigkeiten

12.1 § 378 AO: Leichtfertige Steuerverkürzung

Dort, wo der Vorsatz des Steuerpflichtigen nicht mit hinreichender Sicherheit festzustellen ist, wird ihm aber häufig nachzuweisen sein, dass er eine Tat nach § 370 Abs. 1 AO zumindest leichtfertig begangen hat.

Leichtfertigkeit ist in etwa der groben Fahrlässigkeit des bürgerlichen Rechts vergleichbar, stellt allerdings auf die persönlichen Fähigkeiten des Täters ab. Leichtfertig handelt nach Auffassung des BFH, wer die Sorgfalt außer Acht lässt, zu der er nach den besonderen Umständen des Falles verpflichtet und imstande ist und dem sich danach aufdrängen muss, dass er dadurch Steuern verkürzt (BFH vom 21.04.2016, II B 4/16, BStBl II 2016, 576). Dazu macht der BFH eine Gesamtbewertung des Täterverhaltens (BFH vom 29.10.2013, VIII R 27/10, DStR 2013, 2694).

12.2 § 380 AO: Nichteinbehaltung und Abführung von Steuerabzugsbeträgen

Ebenfalls bußgeldbewährt ist die Nichteinbehaltung und Abführung von Steuerabzugsbeträgen, namentlich der Lohnsteuer.

In der Praxis wird dabei der Zinsvorteil des Arbeitgebers berechnet und dementsprechend das Bußgeld verhängt.

Unerheblich ist es, ob der Arbeitgeber in der Lage war, die Lohnsteuer abzuführen. Kann er nicht zahlen, so muss er nach dem Grundsatz der anteiligen Lohnkürzung weniger Lohn auszahlen (s. BFH vom 05.05.1999, VII B 311/98, BFH/NV 1999, 1445). Die Lohnsteuer ist eine Steuer, die der Arbeitgeber für den Arbeitnehmer, den Steuerschuldner nach § 38 Abs. 2 EStG, abführt.

12.3 § 26b UStG: Schädigung des Umsatzsteueraufkommens

Auch bei Nichtzahlung von Umsatzsteuerbeträgen, die in einer Rechnung ausgewiesen wurden, kann ein Bußgeld verhängt werden. Mit dieser Vorschrift sollen insbesondere Karusselgeschäfte bekämpft werden, bei denen es zum Vorsteuerabzug, nicht aber zur Entrichtung der Umsatzsteuer kommt. Deshalb kommt es darauf an, dass die Rechnung die Voraussetzungen des Vorsteuerabzugs erfüllt.

Hierbei ist allerdings entscheidend, ob der Steuerpflichtige in der Lage war, die Umsatzsteuer zu zahlen. Ist er dies endgültig nicht, so ist er trotzdem zivilrechtlich verpflichtet, eine Rechnung zu erteilen, sodass es zwar zum Vorsteuerabzug des Kunden kommen kann, aber gleichwohl kein bußgeldbewährtes Unrecht vorliegt.

Ein Liquiditätsengpass allerdings führt nicht dazu, dass die Nichtzahlung nicht vorgeworfen werden kann, denn der Steuerpflichtige hat für die Zahlung der Umsatzsteuer rechtzeitig Vorsorge zu treffen.

XI. Lösungen zu den Fällen

1. Lösung zu Teil A Kap. I. 2.

Fall:

Eigentumswohnung von M und F in Darmstadt, Feststellung des Einheitswertes (§ 180 Abs. 1 Nr. 1 AO), örtlich zuständig ist das Lagefinanzamt Darmstadt, § 18 Abs. 1 Nr. 1 AO.

Einkünfte der F aus dem Elektroartikelladen (§ 180 Abs. 1 Nr. 2b AO), örtlich zuständig ist das Betriebsfinanzamt Dieburg, § 18 Abs. 1 Nr. 2 AO.

Einkünfte aus Kapitalvermögen von M und T (§ 180 Abs. 1 Nr. 2a AO), örtlich zuständig ist das Verwaltungsfinanzamt München, § 18 Abs. 1 Nr. 4 AO.

2. Lösungen zu Teil A Kap. III. 3.

Fall 1:

Aufgrund der mündlichen Äußerung, die für den Empfänger verstehbar ist, ist die Bekanntgabe erfolgt (wirksame Fristverlängerung, § 119 Abs. 2 Satz 1 AO). Die schriftliche Mitteilung ist kein Verwaltungsakt, sondern nur eine Bestätigung der schon wirksamen Regelung (§ 119 Abs. 2 Satz 2 AO).

Fall 2:

Kein Zugang in den Machtbereich des Empfängers, somit keine ordnungsgemäße Bekanntgabe. (Sollte sich jedoch im Hausflur eine Einrichtung für die Post befinden, hat eine Bekanntgabe stattgefunden.)

Fall 3:

Durch die Übergabe des Briefes an die Tochter ist der Zugang in den Machtbereich erfüllt. Das Alter des Entgegennehmenden ist unmaßgeblich. Die Tochter ist eine Empfangsbotin, die sich nicht nur zufällig in der Wohnung/dem Haus aufhält.

3. Lösungen zu Teil A Kap. V.

Fall § 172 AO:

Der Bescheid wurde weder unter Vorbehalt der Nachprüfung (V.d.N.) gem. § 164 Abs. 1 AO, noch wurde diese Besteuerungsgrundlage vorläufig gem. § 165 Abs. 1 AO festgesetzt, weil der Bescheid laut Sachverhalt endgültig erteilt wurde. Eine Änderung nach den §§ 164 Abs. 2 und 165 Abs. 2 AO kommt deshalb nicht in Betracht.
Eine Änderung nach § 172 Abs. 1 S. 1 Nr. 2a AO darf ebenfalls nicht erfolgen, weil sich die eventuelle Korrektur zugunsten der L auswirkt und die Einspruchsfrist im Zeitpunkt des Antrags bereits abgelaufen war.
Berechnung der Fristen:
Bekanntgabe des Bescheides = 01.02.2018, Einspruchsfrist nach § 355 Abs. 1 Satz 1 AO beträgt einen Monat, also Ende der Frist mit Ablauf des 01.03.2018, §§ 108 Abs. 1 AO, §§ 187 Abs. 1, 188 Abs. 2 BGB. Der Einspruch wurde im April, somit nach Ablauf der Frist = verspätet, eingelegt.
Die Änderung wirkt sich zugunsten aus, weil durch die höheren Werbungskosten die festzusetzende Einkommensteuer gemindert wird.

3. Lösungen zu Teil A Kap. V.

Fall zu § 173 AO:

Tatsache i.S.d. § 173 Abs. 1 Nr. 1 AO?
- Lebenssachverhalt: Einnahmen und Ausgaben aus der Malertätigkeit in 2017;
- Abstrakte Auswirkung: M hat mit der Malertätigkeit Einkünfte aus Gewerbebetrieb i.S.d. § 15 Abs. 1 Nr. 1 EStG erzielt (Einnahmen = Betriebseinnahmen, Ausgaben = Betriebsausgaben § 4 Abs. 4 EStG);
- Konkrete Auswirkung: Da dem Finanzamt nachträglich eine komplette Erwerbsgrundlage bekannt wird, stellen nicht die einzelnen Besteuerungsgrundlagen (Einnahmen und Ausgaben) die relevanten Tatsachen dar, sondern das aus dieser Erwerbsgrundlage erzielte Ergebnis, vgl. AEAO zu § 173 Nr. 6.2. Nach diesem Ergebnis, hier der Gewinn (10.000 € – 4.000 € =) 6.000 €, ist die Entscheidung der Anwendung von § 173 Abs. 1 Nr. 1 oder 2 AO zu treffen. Der Gewinn wurde bisher bei M's Einkommensteuerfestsetzung nicht berücksichtigt. Die Berücksichtigung führt zu höheren Einkünften und damit zu einer höheren Einkommensteuer, sodass eine Tatsache i.S.d. § 173 Abs. 1 Nr. 1 AO gegeben ist.
- Nachträgliches Bekanntwerden: liegt vor, weil die Tatsache bei abschließender Zeichnung vorhanden war (denn die Malertätigkeit war bereits ausgeführt), aber dem zuständigen Bediensteten positiv nicht bekannt war. Es liegen keine Anhaltspunkte vor, dass der Bedienstete von der Tätigkeit „hätte kennen können".

Die Änderung des Einkommensteuerbescheides kann nach § 173 Abs. 1 Nr. 1 AO erfolgen.

Fall 1 zu § 175 AO:

Eine Änderung des Einkommensteuerbescheides 2017 nach § 175 Abs. 1 Satz 1 Nr. 1 AO ist hinsichtlich des Gewinnanteils möglich.

Der Gewinnfeststellungsbescheid ist ein Grundlagenbescheid, dem Bindungswirkung für den Einkommensteuerbescheid zukommt, §§ 171 Abs. 10, 182 Abs. 1 Satz 1 AO. Der Feststellungsbescheid ist hinsichtlich des Gewinnanteils geändert worden, sodass insoweit der Einkommensteuerbescheid 2017 geändert werden kann.

Fall 2 zu § 175 AO:

Änderung nach § 175 Abs. 1 Satz 1 Nr. 2 AO:
- Ereignis: ist der durch die Zustimmung des Ehemannes auf der Anlage U qualifizierte Antrag der E auf Sonderausgabenabzug der Unterhaltsaufwendungen;
- Nachträgliches Eintreten des Ereignisses: ist gegeben, da Zustimmung und Antrag (11.11.18) erst nach Erlass des Einkommensteuerbescheides in 2017 erteilt bzw. gestellt worden sind;
- Einfluss auf die Höhe der Einkommensteuer 2017: ja, weil Sonderausgaben gegeben sind. Für den Abzug von Unterhaltsleistungen als Sonderausgaben sind ein Antrag des Steuerschuldners und die Zustimmung des Unterhaltsempfängers notwendig. Vorliegend ist der Antrag der E nach dem unterschreiben des Ehemannes auf der Anlage U vom 11.11.18;
- steuerliche Rückwirkung?: Erst durch den Antrag von E im Zusammenhang mit der Zustimmung vom Ehemann verändert sich die Qualifikation der Unterhaltsleistungen – erst dadurch werden die Unterhaltsleistungen zu Sonderausgaben und können als solche abgezogen werden. Der Antrag ist nicht fristgebunden, sodass dies in 2018 möglich war. Eine Rückwirkung in die Vergangenheit ist gegeben.

Eine Änderung nach § 175 Abs. 1 Satz 1 Nr. 2 AO ist möglich; vgl. BFH vom 12.07.1989, BStBl II 1989, 957.

4. Lösungen zu Teil A Kap. II. 3.

Fall zu § 69 AO:

1. **Akzessorietät**
   Steuerschuld (Einkommensteuer) ist durch Verwirklichung des gesetzlichen Tatbestandes (§ 38 AO) entstanden und besteht noch im Zeitpunkt des Erlasses des Haftungsbescheides (Akzessorietät). Prüfung des § 191 Abs. 5 Satz 1 Nr. 1 AO: Festsetzungsverjährung der Einkommensteuer 05 im Mai 12 noch offen? Die Festsetzungsfrist der Einkommensteuer 05 endet mit Ablauf des 31.12.12, §§ 169 Abs. 1 Satz 1, Abs. 2 Satz 1 Nr. 2, 170 Abs. 2 Satz 1 Nr. 1 AO. Die Festsetzungsfrist der Primärschuld (Einkommensteuer) ist somit noch offen, sodass ein Haftungsbescheid im Mai 12 noch ergehen kann.

2. **Haftungsnorm § 69 Satz 1 AO**
   - Die Einkommensteuer 05 von Leonie ist ein Anspruch aus dem Steuerschuldverhältnis, § 37 Abs. 1 AO,
   - Die Eltern von Leonie sind gesetzliche Vertreter nach § 1626 i.V.m. § 1629 BGB und somit Personen i.S.d. § 34 AO,
   - Sie hatten die Pflicht eine Steuererklärung für 05 bis zum 31.05.06 abzugeben, §§ 149 Abs. 1 Satz 1, Abs. 2 Satz 1 AO, 25 Abs. 3 Satz 1 EStG, 56 Nr. 2a EStDV; diese Pflicht haben sie nicht erfüllt, sondern verletzt durch Nichtabgabe,
   - Grobe Fahrlässigkeit ist anzunehmen, da sie auf ihre Pflicht vom Notar hingewiesen worden sind,
   - Schaden ist die nicht rechtzeitige Festsetzung bis zum 30.11.07,
   - Kausalität ist gegeben: hätten die Eltern eine Erklärung abgegeben, wäre der Schaden nicht eingetreten.

   Die Eltern haften daher für die Einkommensteuer 05 nach § 69 Satz 1 AO.

Fall § 74 AO:

1. **Akzessorietät; offene Ansprüche nach § 37 Abs. 1 AO:**

Umsatzsteuer 09	i.H.v. 10.000 €
Umsatzsteuer November 10	i.H.v. 1.500 €
Umsatzsteuer Dezember 10	i.H.v. 1.500 €
Umsatzsteuer Januar 11	i.H.v. 1.500 €
Gesamt	**14.500 €**

2. **Unternehmen?**
   Ob ein Unternehmen vorliegt, ist nach umsatzsteuerlichen Gesichtspunkten zu entscheiden. Unternehmen ist nach § 2 Abs. 1 UStG jede organisatorische Zusammenfassung von persönlichen und sachlichen Mitteln zur nachhaltigen Verfolgung eines wirtschaftlichen Zwecks. Die KG betreibt ein Geschäft mit Handys und Fernsehern selbständig, nachhaltig und mit Einnahmeerzielungsabsicht. Ein Unternehmen liegt daher vor.

3. **Wesentlich beteiligte Person, § 74 Abs. 2 Satz 1 AO?**
   K ist unmittelbar nicht an der KG beteiligt. Allerdings ist sie über die GmbH mittelbar zu 26 % (65 % × 40 %) und somit wesentlich beteiligt.

4. **Überlassener Gegenstand im Eigentum der wesentlich beteiligten Person?**
   Das Grundstück steht im zivilrechtlichen Eigentum der K. Bei dem Grundstück handelt es sich um einen Gegenstand.

9. „Dienen"

Der überlassene Gegenstand muss in objektiven Zusammenhang mit dem Unternehmen stehen und dieses fördern. Das Grundstück steht der KG ausschließlich und in vollem Umfang, nicht nur zur vorübergehenden Nutzung, zur Verfügung. Es dient daher dem Unternehmen der KG und zwar im Zeitpunkt der Entstehung der Umsatzsteuern.

Zwischenergebnis: Dem Grunde nach ist eine Haftungsinanspruchnahme von K möglich.

Die Haftung ist jedoch in dreifacher Weise beschränkt; sachlich, zeitlich und gegenständlich.

a) Sachliche Einschränkung

Die Haftung beschränkt sich auf die Steuern, bei denen sich die Steuerpflicht auf den Betrieb des Unternehmens gründet (= Betriebssteuern). Betriebssteuern liegen vor, wenn der in den Einzelsteuergesetzen benannte Tatbestand für die Entstehung der Steuer an den Betrieb eines Unternehmens geknüpft ist (vgl. AEAO zu § 74 Nr. 2.). Dies erfüllt vorliegend die Umsatzsteuer, §§ 1 Abs. 1 Nr. 1, 2 Abs. 1, 13a Abs. 1 Nr. 1 UStG.

b) Zeitliche Einschränkung

Die Haftung erstreckt sich nach § 74 Abs. 1 Satz 2 AO nur auf die Steuern, die während des Bestehens der wesentlichen Beteiligung entstanden sind.

Die Umsatzsteuer entsteht gemäß § 38 AO i.V.m. § 13 Abs. 1 Nr. 1a UStG mit Ablauf des Voranmeldungszeitraums, in dem die Leistung ausgeführt wurde. Die Jahresumsatzsteuer entsteht, wenn sie berechenbar ist, also mit Ablauf des jeweiligen Kalenderjahres nach § 16 Abs. 1 Satz 2 UStG.

Alle Umsatzsteueransprüche sind daher während des Bestehens der wesentlichen Beteiligung entstanden, da K seit 08 Beteiligte ist. K haftet demnach für die rückständige Umsatzsteuer i.H.v. 14.500 €.

c) Gegenständliche Einschränkung

K haftet persönlich, aber nicht unbeschränkt für die Steueransprüche. Die Haftung ist insoweit dinglich auf die dem Unternehmen, während der wesentlichen Beteiligung, überlassenen Gegenstände, also das Grundstück, beschränkt.

Fall § 75 AO:

(Akzessorietät ist gegeben)

1. Buchhandel des H = Unternehmen i.S.d. § 75 Abs. 1 Satz 1 AO?

Ob ein Unternehmen vorliegt, ist nach umsatzsteuerlichen Gesichtspunkten zu entscheiden. Unternehmen ist nach § 2 Abs. 1 UStG jede organisatorische Zusammenfassung von persönlichen und sachlichen Mitteln zur nachhaltigen Verfolgung eines wirtschaftlichen Zwecks (vgl. insoweit AEAO zu § 75 Nr. 3.1). H hat den Buchhandel selbständig, nachhaltig und mit Einnahmeerzielungsabsicht betrieben. Ein Unternehmen liegt daher vor.

2. „Lebendes" Unternehmen?

Ein „lebendes" Unternehmen liegt vor, wenn das Unternehmen im Zeitpunkt der Übertragung so beschaffen ist, dass es der Erwerber in der bisherigen Art ohne nennenswerte zusätzliche finanzielle oder organisatorische Aufwendungen fortführen bzw. wieder in Gang setzen kann (vgl. insoweit AEAO zu § 75 Nr. 3.3). Er ist dazu in der Lage, wenn alle wesentlichen Betriebsgrundlagen des Betriebs auf ihn übergegangen sind (vgl. AEAO zu § 75 Nr. 3.2). H war bis zum Übergabezeitpunkt mit dem Buchhandel geschäftlich aktiv – dies zeigt sich in den Umsatzsteuervoranmeldungen und den Festsetzungen der entsprechenden Jahre. Für die Lebensfähigkeit spricht auch der Kaufpreis von 96.000 €. Die wesentlichen Betriebsgrundlagen (Inventar, Waren, Eintritt Miet- und Arbeitsverträge) sind auf den L übergegangen.

Bedenken bezüglich der Lebensfähigkeit:
a) H hat vor der Übertragung den Pkw aus dem Betriebsvermögen entnommen,
b) L hat den Geschäftsbetrieb nicht sofort aufgenommen, da er erst renoviert hat.

Zu a): Eine Beeinträchtigung der Lebensfähigkeit bei Zurückbehaltung von Wirtschaftsgütern ist nur dann anzunehmen, wenn wesentliche Betriebsgrundlagen nicht übertragen werden. Die Qualifikation von Wirtschaftsgütern als wesentliche Betriebsgrundlagen hängt von der Art des Betriebes ab und richtet sich nach den Umständen des Einzelfalles (vgl. AEAO zu § 75 Nr. 3.2). Der Betriebs-Pkw ist für die Verwirklichung des Geschäftszwecks nicht von besonderer Bedeutung, sein Verlust beeinträchtigt nicht die wirtschaftliche Ertragskraft des Unternehmens. Ein Pkw ist leicht ersetzbar. Eine Beeinträchtigung der Lebensfähigkeit ist daher nicht gegeben.

Zu b): Die vorübergehende Schließung der Buchhandlung kann der Haftung nur entgegenstehen, wenn das Unternehmen im Zeitpunkt der Übergabe nicht ohne weiteres hätte fortgeführt werden können. L hat den Geschäftsbetrieb nach der Übergabe für nur zwei Wochen, d.h. nur kurzfristig und nur zum Zwecke der Renovierung unterbrochen. Dies lässt nicht darauf schließen, dass das Unternehmen zum Übergabezeitpunkt nicht gleich hätte fortgeführt werden können.
Das Unternehmen war daher bei Übergabe „lebend".

3. Übereignung im Ganzen?
Eine Übereignung i.d.S. erfordert die Verschaffung des zivilrechtlichen oder wirtschaftlichen Eigentums an den wesentlichen Betriebsgrundlagen. Sie geschieht im Ganzen, wenn sie in einem wirtschaftlich zusammenhängenden, einheitlichen Vorgang auf den Erwerber stattfindet, sodass dieser in der Lage ist, wirtschaftlich wie ein Eigentümer darüber zu verfügen und so das Unternehmen fortzuführen (vgl. AEAO zu § 75 Nr. 3.2). L hat von H an dem Warenbestand und dem Inventar privatrechtliches Eigentum nach § 929 BGB erworben. Außerdem ist er in das Miet- bzw. das Arbeitsverhältnis eingetreten. L konnte somit zumindest wirtschaftlich über das Unternehmen verfügen. Eine Übereignung im Ganzen liegt vor.
Zwischenergebnis: Die Haftung des L ist demnach dem Grunde nach möglich!
Die Haftung ist jedoch in dreifacher Weise beschränkt; sachlich, zeitlich und gegenständlich.

a) Sachliche Einschränkung
Die Haftung beschränkt sich auf die Steuern, bei denen sich die Steuerpflicht auf den Betrieb des Unternehmens gründet (= Betriebssteuern) und auf Steuerabzugsbeträge. Betriebssteuern liegen vor, wenn der in den Einzelsteuergesetzen benannte Tatbestand für die Entstehung der Steuer an den Betrieb eines Unternehmens geknüpft ist (vgl. AEAO zu § 74 Nr. 2.).
Dies erfüllt vorliegend die Umsatzsteuer, §§ 1 Abs. 1 Nr. 1, 2 Abs. 1, 13a Abs. 1 Nr. 1 UStG.
Die Einkommensteuer ist eine Personensteuer. Für sie haftet der Betriebsübernehmer nicht, § 1 Abs. 1 EStG.
Die Kraftfahrzeugsteuer knüpft nicht an den Betrieb des Unternehmens, sondern an das Halten eines Kfz, §§ 1 Abs. 1 Nr. 1, 7 Nr. 1 KraftStG.
Die Lohnsteuer ist als Steuerabzugsbetrag von der Haftung ausdrücklich erfasst (§§ 38 Abs. 1 und Abs. 3 Satz 1, 41a Abs. 1 Satz 1 Nr. 2 EStG).
L haftet daher nicht für folgende Beträge: Einkommensteuer 10 i.H.v. 400 € und Kraftfahrzeugsteuer i.H.v. 1.200 €.

b) **Zeitliche Einschränkung**
b1) Zunächst zeitliche Einschränkung auf die Steuern, die seit dem Beginn des letzten, vor der Übereignung liegenden Kalenderjahres entstanden sind. Die Übereignung fand am 15.03.11 statt, also dürfen die Steuern nicht vor dem 01.01.10 entstanden sein.
Umsatzsteuer: Die Umsatzsteuer entsteht gemäß § 38 AO i.V.m. § 13 Abs. 1 Nr. 1a UStG mit Ablauf des Voranmeldungszeitraums, in dem die Leistung ausgeführt wurde. Die Jahresumsatzsteuer entsteht, wenn sie berechenbar ist, also mit Ablauf des jeweiligen Kalenderjahres nach § 16 Abs. 1 Satz 2 UStG.
Die Haftung für die Umsatzsteuer 09 entfällt daher, da sie bereits mit Ablauf des 31.12.09 und damit vor dem 01.01.10 entstanden ist.
Die Umsatzsteuer für die Monate Oktober und November 10, sowie Januar und Februar 11 und Umsatzsteuer 10 sind nach dem 31.12.09 entstanden und fallen in die Haftung.
Die Lohnsteuer entsteht gemäß § 38 AO i.V.m. § 38 Abs. 2 Satz 2 EStG in dem Zeitpunkt, in dem der Arbeitslohn dem Arbeitnehmer zufließt. Dies ist vorliegend Februar 11. Die Lohnsteuer fällt in die Haftung.
b2) Als weitere zeitliche Grenze müssen die Steueransprüche gegen den Veräußerer binnen eines Jahres festgesetzt oder angemeldet werden.
Fristauslösendes Ereignis ist die Mitteilung des Erwerbers an die zuständige Stelle, dass der Betrieb übernommen wurde. Diese Anmeldung nach § 138 Abs. 1 Satz 1 AO bewirkte L schon am 20.02.11. Frühestmöglicher Zeitpunkt für den Beginn der Frist ist allerdings die Betriebsübernahme (vgl. AEAO zu § 75 Nr. 4.2). Die Jahresfrist beginnt somit am 15.03.11 zu laufen und endet mit Ablauf des 15.03.12, §§ 108 Abs. 1 AO, 187 Abs. 1, 188 Abs. 2 BGB.
Der Bescheid über Umsatzsteuer 10, datiert auf den 11.03.12 gilt am dritten Tag nach der Aufgabe zur Post als bekannt gegeben und festgesetzt, folglich am 14.03.12, §§ 155 Abs. 1 Satz 1 und Satz 2, 122 Abs. 2 Nr. 1, 108 Abs. 1 AO, 187 Abs. 1, 188 Abs. 1 BGB. Die Festsetzung erfolgte vor dem 15.03.12, sodass eine Haftung in Betracht kommt.
Die Umsatzsteuervoranmeldungen Oktober und November 10 stehen nach § 168 Satz 1 AO einer Steuerfestsetzung unter dem Vorbehalt der Nachprüfung mit Eingang beim Finanzamt gleich, also am 09.12.10. Eine rechtzeitige Festsetzung ist erfolgt.
Auch die Anmeldung der Lohnsteuer am 19.08.11 erfolgte rechtzeitig, sodass die Haftung in Betracht kommt.
Gleiches gilt für den Bescheid über Umsatzsteuer für Februar 11, da der Bescheid auf den 11.03.12 datiert und folglich am 14.03.12, vor Ende der Frist, festgesetzt ist.
Die Festsetzung für Umsatzsteuer Januar 11 mit dem Postaufgabedatum 15.03.12 erfolgte erst am 18.03.12, außerhalb des Jahreszeitraums, sodass die Haftung ausscheidet.
c) **Gegenständliche Einschränkung**
Die Haftung ist beschränkt auf den Bestand des übernommenen Vermögens.

Zusammenstellung: L haftet daher gemäß § 75 Abs. 1 Satz 1 AO für:
Umsatzsteuer 10 i.H.v. 4.600 €, Umsatzsteuervoranmeldungen Oktober 10 i.H.v. 600 € und November 10 i.H.v. 200 € sowie Februar 11 i.H.v. 1.000 €, Lohnsteuer Februar 11 i.H.v. 1.000 €.
L muss also demnach damit rechnen für insgesamt 7.400 € in Anspruch genommen zu werden.

B. Finanzgerichtsordnung/FGO

I. Grundsätze
1. Stellung der Finanzgerichtsbarkeit im deutschen Gerichtssystem

Der Aufbau des deutschen Gerichtssystems ist in mehreren Gerichtsverfassungen geregelt. Dies sind unter anderem:
- Bundesverfassungsgerichtsgesetz,
- Gerichtsverfassungsgesetz (GVG),
- Arbeitsgerichtsgesetz,
- Sozialgerichtsgesetz,
- FGO.

Da das GVG das Gerichtsverfassungsrecht am umfassendsten regelt, wird vielerorts auf dieses Gesetz verwiesen (z.B. § 4 FGO).

Neben der Verfassungsgerichtsbarkeit, die alle gerichtlichen Entscheidungen auf die Vereinbarkeit mit dem Grundgesetz überprüfen kann, gibt es in der Bundesrepublik Deutschland sechs weitere Gerichtsbarkeiten. Die **Finanzgerichtsbarkeit** ist eine besondere Verwaltungsgerichtsbarkeit (§ 1 FGO).

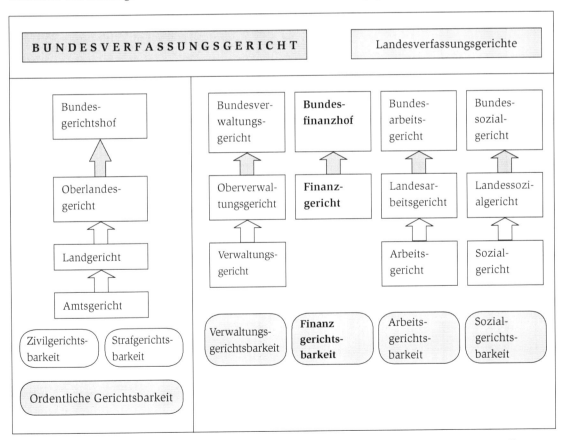

⇨ Berufung; Ausnahme: Urteile des Landgerichts in Strafsachen nach erstinstanzlicher Verhandlung vor Großen Strafkammern (§ 74a Abs. 1 GVG) sind nicht berufungsfähig (§ 312 StPO).
⇨ Revision oder Rechtsbeschwerde.

2. Unterschied zwischen Berufung und Revision

Der entscheidende Unterschied zwischen Berufung und Revision ist die Möglichkeit der Überprüfung. Während die **Berufungsinstanz** alle **Tatsachen** und die rechtliche Beurteilung prüft **und** würdigen kann, ist die **Revisionsinstanz** darauf beschränkt zu prüfen, ob die Vorinstanz **Rechtsnormen** richtig angewandt hat oder nicht.

An dem obigen Schaubild ist erkennbar, dass die Finanzgerichtsbarkeit die einzige Gerichtsbarkeit ist, bei der **generell keine Berufungsmöglichkeit** vorgesehen ist (Ausnahme ansonsten nur beim strafgerichtlichen Verfahren vor der Großen Strafkammer). Im Gegensatz zu allen anderen Gerichtsbarkeiten ist der Instanzenzug nur zweistufig.

Dies ist von großer Bedeutung bei der Führung von finanzgerichtlichen Prozessen. Da nur auf der Ebene des Finanzgerichts Tatsachen ermittelt und gewürdigt werden, muss zwingend in dieser Instanz alles Entscheidungserhebliche vorgetragen werden.

3. Unterschied zwischen Zivilprozess und Finanzgerichtsverfahren

Zwar empfiehlt es sich im finanzgerichtlichen Verfahren sowohl vonseiten des Klägers als auch vonseiten des Finanzamtes alle entscheidungserheblichen Tatsachen vorzutragen, anders als im Zivilprozess ist das Gericht aber nicht an das Vorbringen der Parteien gebunden, sondern erforscht den Sachverhalt von Amts wegen, sog. **Untersuchungsgrundsatz** (§ 76 Abs. 1 S. 1, 5 FGO).

Im Zivilprozess (Ausnahme: Familienrecht) dagegen bezieht das Gericht nur das in seine Urteilsfindung ein, was die Parteien vortragen (Beibringungsgrundsatz).

4. Aufbau der FGO

1. Teil: Gerichtsverfassung §§ 1–39 FGO	2. Teil: Gerichtsverfahren §§ 40–134 FGO	3. Teil: Kosten und Vollstreckung §§ 135–154 FGO	4. Teil: Übergangs- und Schlussbestimmungen §§ 155–184 FGO

II. Die Gerichte

1. Finanzgerichte

In der Bundesrepublik Deutschland gibt es zurzeit 18 Finanzgerichte. Die Spruchkörper beim Finanzgericht heißen **Senate** (§ 5 Abs. 2 S. 1 FGO). Nach § 5 Abs. 1 FGO besteht ein Finanzgericht aus einem Präsidenten, Vorsitzenden Richtern für jeden Senat ohne den Senat, dem der Präsident vorsitzt, und weiteren Berufsrichtern.

Da nach § 5 Abs. 3 S. 1 FGO drei Berufsrichter jedem Senat angehören, sind neben dem Vorsitzenden Richter jeweils zwei weitere Berufsrichter Mitglieder des Senats.

Neben den **Berufsrichtern** gehören auch zwei gewählte **ehrenamtliche Richter** zu den Senaten. Im 19. Jahrhundert zog man ehrenamtliche Richter zur Sicherung der Unabhängigkeit der Gerichte als Kontrolle hinzu, weil man befürchtete, dass Berufsrichter Eingriffe der Regierung nicht ausreichend abwehren würden. Auch heute repräsentieren ehrenamtliche Richter immer noch das demokratische Element und sollen ferner **Wertungen aus der Laiensphäre** einbringen, mit denen sich die Berufsrichter auseinandersetzen sollen. Außerdem hofft man, dass die Einwände und Fragen der ehrenamtlichen Richter dafür sorgen, dass die juristische Argumentation im Urteil für den steuerlichen Laien, der beim Finanzgericht klagt, besser verständlich wird.

Das Mindestalter von ehrenamtlichen Richter ist in den Bundesländern unterschiedlich (s. Leitfaden der Finanzgerichte). Es gibt je nach Bundesland unterschiedliche Ausschlussgründe. Als ehrenamtlicher

Richter kommen z.B. Personen nicht in Betracht, die zu einer Freiheitsstrafe von mehr als 6 Monaten verurteilt worden sind oder die infolge Richterspruchs die Fähigkeit verloren haben, öffentliche Ämter zu bekleiden.

Bestimmte Berufsgruppen dürfen nicht ehrenamtliche Richter am Finanzgericht sein, z.B. Steuerberater, Finanzbeamte. Bei solchen Personen fehlt die gewünschte Laiensicht.

Üblich ist die **Wahl aus Listen** bei den Finanzgerichten. Grundsätzlich ist aber das Amt eines ehrenamtlichen Richters ein Amt, das übernommen werden muss. Dies gehört zu den bürgerlichen Grundpflichten. Entstehende Kosten und Verdienstausfall werden entschädigt.

Da zum Senat 3 professionelle Richter und 2 ehrenamtliche Richter gehören, können die beiden Laienrichter allerdings die professionellen Richter nicht überstimmen.

2. Bundesfinanzhof

Der Bundesfinanzhof arbeitet ohne ehrenamtliche Richter. Auch hier heißen die Spruchkörper **Senate**. Zurzeit gibt es 11 Senate, die mit je 5 Richtern besetzt sind (§ 10 Abs. 3 FGO). Der Bundesfinanzhof besteht nach § 10 Abs. 1 FGO aus dem Präsidenten, den Vorsitzenden Richtern der 10 Senate, bei denen der Präsident nicht den Vorsitz führt, sowie den übrigen Richtern.

Es gibt zur Zeit folgende Fachsenate:
- I. Senat: Körperschaftsteuer, Außensteuerrecht, Doppelbesteuerung,
- II. Senat: Erbschaftsteuer, Grunderwerbsteuer, Grundsteuer,
- III. Senat: Einzelgewerbetreibende, Kindergeld, Investitionszulagen, Kraftfahrzeugsteuer,
- IV. Senat: Personengesellschaften,
- V. Senat: Umsatzsteuer, Körperschaft- und Gewerbesteuer (Steuerbefreiungen),
- VI. Senat: Lohnsteuer, außergewöhnliche Belastungen, Land- und Forstwirtschaft,
- VII. Senat: Zölle- und Verbrauchsteuern, Marktordnung, Steuerberatungsrecht, allgemeines Abgabenrecht,
- VIII. Senat: Einkünfte aus selbständiger Arbeit, Kapitaleinkünfte,
- IX. Senat: Vermietung und Verpachtung, private Veräußerungsgeschäfte,
- X. Senat: Einzelgewerbetreibende, Sonderausgaben, Alterseinkünfte und -vorsorge,
- XI. Senat: Umsatzsteuer, Körperschaftsteuer.

3. Großer Senat

Nach § 11 Abs. 1 FGO wird beim Bundesfinanzhof ein Großer Senat gebildet. § 11 Abs. 5 FGO regelt, dass diesem der Präsident und je ein Richter der anderen Senate, denen der Präsident nicht vorsitzt, angehören. Aktuell besteht der Große Senat also aus 11 Mitgliedern.

Der Große Senat beim Bundesfinanzhof ist vom **Gemeinsamen Senat der obersten Gerichtshöfe des Bundes** zu unterscheiden. Dieser wird nach Art. 95 Abs. 3 GG i.V.m. dem Gesetz zur Wahrung der Einheitlichkeit der Rechtsprechung der obersten Gerichtshöfe des Bundes (RsprEinhG) gebildet und wird angerufen, wenn Rechtsfragen von den obersten Gerichtshöfen des Bundes unterschiedlich beurteilt werden, s. BFH vom 07.02.2018, IX K 1/17 NV.

Entscheidet der **Große Senat des Bundesfinanzhofs**, so dient dies stets in besonderem Maße der Rechtsfortbildung. Der Große Senat hat zwei Aufgaben:

3.1 Divergenzanrufung

Will ein Senat in einer Rechtsfrage **von der Entscheidung eines anderen Senats** oder **des Großen Senats abweichen** und stimmt der Senat, von dessen Entscheidung abgewichen werden soll, nicht zu, so hat der Senat, der abweichen möchte, nach § 11 Abs. 2 FGO zwingend den Großen Senat anzurufen, der hierüber verbindlich entscheidet. Der anrufende Senat ist an den Beschluss des Großen Senats gebunden. Unterbleibt die Anrufung, so verletzt dies den Bürger in seiner Rechtswegsgarantie aus Art. 19 Abs. 4 GG.

3.2 Grundsatzanrufung

Unabhängig davon, ob ein Senat von der Rechtsprechung eines anderen Senats abweichen möchte, kann er nach § 11 Abs. 4 FGO auch dann den Großen Senat anrufen, wenn eine **Frage von grundsätzlicher Bedeutung** zu klären ist. Eine Vorlage kommt in Betracht, wenn diese der Fortbildung des Rechts dient oder zur Sicherung einer einheitlichen Rechtsprechung erforderlich ist.

3.3 Entscheidungen des Großen Senats

Eine bedeutsame Entscheidung des Großen Senats auf dem Gebiet der AO datiert vom 25.11.2002 (GrS 2/01, BStBl II 2003, 548, s. AEAO Nr. 1 zu § 169, s. Teil A Kap. IV. 7.1.3).

Am 06.05.2014 hat der Große Senat einen grundlegenden Beschluss zur Ersatzzustellung gefasst (GrS 2/13, BStBl II 2014, 645) und am 28.11.2016 traf er eine Entscheidung zum Steuererlass aus Billigkeitsgründen nach dem sog. Sanierungserlass des BMF (GrS 1/15).

4. Spruchkörper im finanzgerichtlichen Verfahren

Auch wenn sowohl beim Finanzgericht als auch beim Bundesfinanzhof die Senate jeweils aus 5 Richtern bestehen, bedeutet dies nicht, dass stets alle Rechtsstreitigkeiten von diesen fünf Richtern gemeinsam entschieden werden.

Folgende Gremien kommen für die Entscheidung in Betracht:

4.1 Bundesfinanzhof

Beim Bundessfinanzhof entscheiden:
- drei Richter bei Beschlüssen außerhalb von mündlichen Verhandlungen, § 10 Abs. 3 FGO,
- fünf Richter in allen übrigen Fällen.

4.2 Finanzgerichte

4.2.1 Übertragung auf den Berichterstatter als Einzelrichter

Häufig kommt es im finanzgerichtlichen Verfahren zu Entscheidungen durch **einen Richter**. Innerhalb der Senate werden die eingegangenen Klagen nach § 4 FGO i.V.m. § 21g Abs. 1 GVG auf die Berufsrichter verteilt. Die Person, die danach für einen Fall zuständig wird, bezeichnet § 65 Abs. 2 S. 1 FGO als **Berichterstatter**.

Dieser kann allein entscheiden, wenn:
- **alle Parteien** damit **einverstanden** sind (§ 79a Abs. 3 FGO). Dazu werden sie in der Regel zu Beginn des Rechtsstreits befragt. Ob bei erteiltem Einverständnis eine Einzelrichterentscheidung anstelle des Senats zulässig ist, liegt im Ermessen des Berichterstatters. Ist die Sache tatsächlich und rechtlich komplex, kann dieses Ermessen dahingehend reduziert sein, dass der Senat zu entscheiden hat (BFH vom 23.02.2017, IX B 2/17 NV).

  Eigentlich entscheidet nach § 79a Abs. 3 FGO der Vorsitzende über die in Abs. 1 aufgelisteten Punkte (Aussetzung des Verfahrens, Zurücknahme der Klage, Streitwert, Kosten, Beiladung etc.). Sind die Beteiligten (Kläger und Finanzamt, s. Kap. IV. 1. und 2.) einverstanden, so kann der Vorsitzende auch sonst anstelle des Senats entscheiden. Ist allerdings ein Berichterstatter bestellt, so entscheidet dieser statt des Vorsitzenden (§ 79a Abs. 4 FGO).

- die Voraussetzungen des § 6 FGO gegeben sind. In diesem Fall überträgt der Senat unabhängig von der Zustimmung der Beteiligten den Rechtsstreit nicht nur für die Arbeit als Berichterstatter, sondern auch für die Entscheidung auf einen Einzelrichter. Dies kommt in Betracht, wenn:
  - die Sache **keine besonderen Schwierigkeiten** tatsächlicher oder rechtlicher Art aufweist **und**
  - die Rechtssache **keine grundsätzliche Bedeutung** hat.

Eine Sache weist keine besonderen Schwierigkeiten auf, wenn der Rechtsfall einfach gelagert ist. Im **Tatsächlichen** muss der Sachverhalt entweder **unstreitig** oder **problemlos zu ermitteln** sein. Auch **rechtlich** dürfen **keine unklaren oder größeren Rechtsprobleme** gegeben sein. Da sichergestellt sein muss, dass die Übertragung auf den Einzelrichter den Kläger nicht schlechterstellt, kommt eine Übertragung nicht in Betracht, wenn es möglich ist, dass die Berufsrichter unterschiedlich entscheiden.

Grundsätzliche Bedeutung hat eine Rechtssache **nicht**, wenn es sich um einen **Einzelfall** oder um eine bereits **hinreichend geklärte Rechtsfrage** handelt.

> **Beispiel 1:**
>
> Steuerpflichtiger C ist hauptberuflich als selbständiger EDV-Berater tätig und gibt stets 3 Monate nach Ablauf des Veranlagungszeitraums seine Steuererklärungen ab. Als im Januar 09 Kontrollmaterial eingeht, aus dem sich ergibt, dass C in den Jahren 00–05 Bareinnahmen in Höhe von jeweils ca. 3.000 € aus dem Verkauf von Verbindungskabeln erzielt hat und sich aufgrund einer Nachfrage bei C ergibt, dass diese nur teilweise erklärt worden sind, leitet das zuständige Finanzamt ein Steuerstrafverfahren ein. C ist erschüttert, kann sich die Angelegenheit nicht erklären und leistet sofort eine a-conto-Zahlung auf das Finanzamts-Konto. Er beteuert, dass die fehlenden Buchungen versehentlich passiert seien, weil die Abrechnungen unklar gewesen seien.
> Steuerfahnder S hingegen geht in seinem Steuerfahndungsbericht von vorsätzlichem Verhalten des C aus und erläutert, dass C's Ausführungen nicht glaubwürdig seien, weil er nachweislich kurz vor den Jahresabschlussarbeiten eine Liste von einem Auftraggeber erhalten habe, aus der sich die exakten Zahlen ergeben. Außerdem hat der Steuerfahnder eine Reihe von Geschäftspartnern als Zeugen befragt, die dieses Ergebnis teilweise unterstützen.
> Die Veranlagungsdienststelle nimmt daraufhin Steuerhinterziehung an und ändert im Dezember 09 wegen § 169 Abs. 2 S. 2 AO die Steuerfestsetzungen für 00–05. Mit seinem erfolglosen Einspruch und der anschließenden Klage wendet sich C gegen die Änderung der Festsetzungen 00–03, weil seiner Meinung nach Festsetzungsverjährung eingetreten sei. Er begründet dies damit, dass bei Abgabe der Erklärung 03 in 04 die Festsetzungsfrist nach § 170 Abs. 2 Nr. 1 mit Ablauf 04 begonnen und nach § 169 Abs. 2 Nr. 2 AO mit Ablauf 08 geendet hat. Mit einer Übertragung des Rechtsstreits auf den Einzelrichter erklärt sich zwar das Finanzamt nicht aber der C einverstanden.

> **Lösung:**
>
> Eine Übertragung auf den Einzelrichter nach § 79a Abs. 3 FGO kommt wegen der fehlenden Zustimmung des C nicht in Betracht.
> Es ist deshalb zu prüfen, ob eine Übertragung nach § 6 FGO möglich ist. Grundsätzliche Bedeutung liegt hier nicht vor, da es sich um einen ganz speziellen Einzelfall ohne Breitenwirkung handelt. Da die Voraussetzungen des § 6 Abs. 1 FGO aber kumulativ gegeben sein müssen, ist auch zu prüfen, ob keine besonderen Schwierigkeiten vorliegen.
> Rechtlich ist der Fall einfach. Hätte C vorsätzlich gehandelt, hätte er Steuern hinterzogen und die Festsetzungsfrist würde 10 Jahre betragen. Die Problematik liegt hier im Tatsächlichen. Ob die innere Tatsache „Vorsatz" vorliegt, muss anhand äußerer Merkmale festgemacht werden. Dies ist nicht einfach und es ist auch nicht von vornherein klar, dass alle Richter zum selben Ergebnis kommen werden. Insofern kommt hier gegen den Willen des C eine Übertragung auf den Einzelrichter nach § 6 Abs. 1 FGO nicht in Betracht.

> **Beispiel 2:**
>
> Steuerpflichtiger S ist an der S und T OHG beteiligt. Die gesonderte und einheitliche Feststellung für das Jahr 01 ist bestandskräftig.

In seiner Einkommensteuererklärung für das Jahr 01 macht S Zinsaufwendungen für ein Darlehen geltend, mit dem er seine Beteiligung finanziert hat. Unter Hinweis auf die Bestandskraft der gesonderten und einheitlichen Feststellung, bei der diese Ausgaben als Sonderbetriebsausgaben geltend zu machen gewesen wären, lehnt die Veranlagungsdienststelle ebenso wie die Rechtsbehelfsstelle die Anerkennung dieser Kosten ab. Auch S verweigert die nach Eingang seiner Klage erbetene Zustimmung zu einer Übertragung auf den Einzelrichter.

Lösung:

Rechtlich ist der Fall vollkommen unproblematisch. Zinsaufwendungen, die mit einer Beteiligung im Zusammenhang stehen, sind Sonderbetriebsausgaben (s. BFH vom 27.07.1993, BStBl II 1994, 625) und sind im Rahmen der Feststellungserklärung geltend zu machen.
Dass die Zinsaufwendungen im Zusammenhang mit der Beteiligung stehen, ist zwischen den Parteien unstreitig. Insofern gibt es auch keine Probleme im Tatsächlichen. Es ist sicher, dass hier alle Berufsrichter gleich entscheiden würden. Insofern kann dieser Rechtsstreit nach § 6 Abs. 1 FGO auf den Berichterstatter als Einzelrichter zur Entscheidung übertragen werden.

Stellt sich nach Übertragung der Sache auf den Einzelrichter heraus, dass doch grundsätzliche Bedeutung vorlag oder ergibt sich, dass besondere Schwierigkeiten tatsächlicher und rechtlicher Art vorhanden sind, so wird der Einzelrichter nach § 6 Abs. 3 FGO nach Anhörung der Beteiligten den Rechtsstreit auf den Senat zurückübertragen.

4.2.2 Entscheidung durch mehrere Richter

Kommt eine Übertragung auf den Einzelrichter von vornherein oder aus sich später ergebenden Gründen nicht in Betracht, kann in folgenden Spruchkörpern entschieden werden:
- kleinbesetzter Senat (3 Berufsrichter),
- vollbesetzter Senat (3 Berufsrichter, 2 ehrenamtliche Richter).

Der **kleinbesetzte Senat** entscheidet nach § 5 Abs. 3 S. 2 FGO bei Beschlüssen außerhalb der mündlichen Verhandlung (s. Kap. VI. 4.4) und bei Gerichtsbescheiden (s. Kap. VII. 3.2).

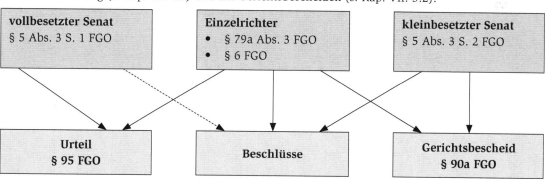

--------► nur innerhalb der mündlichen Verhandlung

Auch wenn alle Richter über den Ausgang eines Verfahrens entscheiden, bedeutet dies nicht, dass sie jederzeit in alle Ermittlungen in Bezug auf die Klage eingebunden sind. Erst vor der mündlichen Verhandlung oder vor Entscheidungsreife wird der Berichterstatter in der Regel die anderen Richter umfassend über das Verfahren informieren und eine Vorberatung durchführen.

III. Grundsätze des finanzgerichtlichen Verfahrens

1. Dispositionsmaxime

Über die Einleitung eines finanzgerichtlichen Verfahrens entscheiden allein die Beteiligten. Vor dem BFH können dies Finanzamt und Steuerpflichtiger sein, vor dem FG nur der Steuerpflichtige, weil das Finanzamt nicht gegen seine eigene Einspruchsentscheidung klagen kann.

Die Dispositionsmaxime wird auch **Verfügungsgrundsatz** genannt und besagt, dass die Beteiligten und nicht das Gericht hinsichtlich der Klage und ihres Umfangs verfügungsbefugt sind und das Gericht nicht etwa von Amts wegen tätig wird (§§ 40, 41, 114 FGO).

Als Ausfluss aus ihrer Verfügungsbefugnis können die Beteiligten die Klage **ändern**, wenn die Voraussetzungen des § 67 FGO vorliegen, die Klage bis zur Rechtskraft des Urteils **zurücknehmen** (§ 72 FGO) und das Klagbegehren **für erledigt erklären** (§ 138 FGO).

Anders als im Einspruchsverfahren (s. Teil A Kap. VIII. 3.2) folgt aus dem **Dispositionsgrundsatz** gem. § 96 Abs. 1 S. 2 FGO, dass das Gericht zwar nicht an die Fassung der Anträge gebunden ist, über das Klagebegehren aber nicht hinaus gehen, also **nicht verbösern** darf.

Es werden Klageantrag und Klagebegehren unterschieden. Das Klagebegehren ist das Ziel der Klage, hierüber kann allein der Kläger verfügen. Zur Ermittlung des Klagebegehrens hat das Gericht den gesamten Parteivortrag incl. des Klageantrags zu würdigen und das Ziel des Klägers zu ermitteln. Steht allerdings der Klageantrag dem Klagebegehren entgegen, dann ist das Gericht wegen § 96 Abs. 1 S. 2 FGO verpflichtet, den Antrag so anzusehen, dass das Klagebegehren erreicht werden kann und hat den Kläger nach § 76 Abs. 2 FGO zur Stellung eines sachdienlichen Antrags aufzufordern.

> **Beispiel 1:**
>
> Im obigen Beispiel beantragt Steuerpflichtiger C, der sich gegen die Annahme einer Steuerhinterziehung und der verlängerten Festsetzungsfrist wendet, die Aufhebung des Steuerbescheides 00. Aus der Klagebegründung und auch dem vorher geführten Einspruchsverfahren wird ohne Zweifel deutlich, dass die Aufhebung der Steuerbescheide ab 00 bis 03 begehrt wird.

> **Lösung:**
>
> Das Gericht ist nicht an den – offensichtlich falschen – Antrag gebunden. Es wird C wegen § 96 Abs. 1 S. 2 FGO auffordern, den Antrag dahingehend zu korrigieren, dass die Aufhebung der Steuerfestsetzungen für 00–03 beantragt wird.

> **Beispiel 2:**
>
> A hat Klage gegen seinen Einkommensteuerbescheid erhoben, in dem eine Einkommensteuer in Höhe von 8.000 € festgesetzt worden war. Zu Recht begehrt er die Herabsetzung der Einkommensteuer um 1.000 €, weil Werbungskosten nicht anerkannt worden waren. Der zuständige Richter erkennt aber beim Aktenstudium vor der mündlichen Verhandlung, dass weitere Einkünfte vorhanden sind, die das Finanzamt fälschlicherweise als Liebhaberei angesehen hat. Diese Einkünfte führen zu einer Mehrsteuer in Höhe von 1.500 €.

> **Lösung:**
>
> Der Hinweis auf das Klagbegehren in § 96 Abs. 1 S. 2 FGO hat nicht etwa zur Folge, dass die steuererhöhenden Tatsachen gar nicht berücksichtigt werden, sondern besagt nur, dass die streitige Steuer nicht erhöht werden kann. Im Ergebnis führt dies dazu, dass das Gericht die fraglichen Einkünfte berücksichtigt und saldiert und sodann dazu kommt, dass die Klage als unbegründet zurückzuweisen ist.

Die Dispositionsmaxime beinhaltet nicht die Möglichkeit sich wie im Zivilprozess zu vergleichen. Das Institut des Vergleichs ist in der FGO nicht vorgesehen. Praktisch werden Verfahren vergleichsähnlich aber häufig beendet, indem der Erlass eines Änderungsbescheids zugesagt wird und die Parteien dann den Rechtsstreit übereinstimmend für erledigt erklären, s. z.B. BFH vom 16.11.2000, XI R 28/99, BStBl II 2001, 303.

2. Beschleunigungsgrundsatz

Den Ablauf des von den Beteiligten initiierten Prozesses bestimmt das Finanzgericht bzw. der BFH. Zwar droht wegen der Ablaufhemmung des § 171 Abs. 3a AO auch im finanzgerichtlichen Verfahren kein Ablauf der Festsetzungsverjährung. Trotzdem sollen die Verfahren **möglichst zügig** beendet werden. Dem wird vonseiten des Gerichts unter anderem wie folgt Genüge getan:
- § 76 Abs. 2 FGO: Hinwirken auf das Stellen von sachdienlichen Anträgen (s. Kap. III. 1),
- § 77 Abs. 1 S. 3 FGO: Schriftsätzen sollen Abschriften für die übrigen Beteiligten beigefügt werden,
- Fristsetzungen, z.B. § 65 Abs. 2 FGO (s. Kap. VI. 1.11), §§ 77 Abs. 1 S. 2, 79b FGO (s. Kap. VI. 4.1),
- Erledigung des Rechtsstreits möglichst in einer mündlichen Verhandlung (§ 79 Abs. 1 FGO) mit den entsprechenden Vorbereitungen.

3. Grundsatz der Mündlichkeit

Grundsätzlich sieht § 90 Abs. 1 S. 1 FGO als Voraussetzung für die Entscheidung **eine mündliche Verhandlung** vor. Findet eine solche mündliche Verhandlung statt, so darf das Gericht bei seiner Urteilsfindung nur Tatsachen verwerten, zu denen die Parteien sich während der mündlichen Verhandlung äußern konnten (Ausnahme: § 91 Abs. 2 FGO bei Ausbleiben einer geladenen Partei kann ohne sie verhandelt werden).

Ausnahmsweise findet keine mündliche Verhandlung in folgenden Fällen statt:
- § 90 Abs. 1 S. 2 FGO, in allen Fällen der Entscheidungen, die nicht Urteile sind (Beschlüsse),
- § 90 Abs. 2 FGO, wenn alle Beteiligten einverstanden sind, auf die mündliche Verhandlung zu verzichten,
- § 90a FGO, wenn per Gerichtsbescheid entschieden wird (s. Kap. VII. 3.2).

4. Grundsatz des rechtlichen Gehörs

Dem in **Art. 103 Abs. 1 GG** garantierten Recht vor Gericht gehört zu werden, wird im finanzgerichtlichen Verfahren u.a. wie folgt Rechnung getragen:
- Verbot von Überraschungsentscheidungen: Nach § 96 Abs. 2 FGO darf die gerichtliche Entscheidung nur auf solche Tatsachen und Beweisergebnisse gestützt werden, zu denen die Beteiligten sich äußern konnten,
- Beteiligte können sich in der mündlichen Verhandlung äußern, § 92 Abs. 3 FGO,
- Nach § 75 FGO werden die Besteuerungsgrundlagen mitgeteilt und nach § 78 FGO besteht abweichend von der AO ein Akteneinsichtsrecht.

Wie bedeutsam das rechtliche Gehör ist, ist daran zu erkennen, dass das Versagen von rechtlichem Gehör nach § 119 Nr. 3 FGO ein **absoluter Revisionsgrund** ist (s. Kap. VIII. 1.5).

5. Grundsatz der Öffentlichkeit

Wird eine mündliche Verhandlung durchgeführt, so findet sie grundsätzlich **öffentlich** statt (§ 52 FGO i.V.m. § 169 GVG). Dies gilt allerdings nur für die Verhandlung selbst, nicht aber für Beratung und Abstimmung. Wegen des Grundsatzes der Öffentlichkeit und weil die anwesende Öffentlichkeit im Saal die Öffentlichkeit insgesamt repräsentiert, könnte eine Nennung der Namen bei der Veröffentlichung von Urteilen mit dem Steuergeheimnis vereinbar sein. Die Gerichte in der Bundesrepublik Deutschland verzichten anders als der Europäische Gerichtshof gleichwohl bei der Veröffentlichung auf eine Nennung des Klägers.

Die Öffentlichkeit kann ausgeschlossen werden, wenn:
- die Voraussetzungen des § 171b GVG vorliegen (Verletzung schutzwürdiger Interessen),
- der Steuerpflichtige es beantragt, § 52 Abs. 2 FGO.

Achtung! Auch wenn während der Verhandlung die Öffentlichkeit ausgeschlossen wird, hat die Urteilsverkündung nach § 173 Abs. 1 GVG zwingend öffentlich zu erfolgen.

Die Verletzung der Vorschriften über die Öffentlichkeit stellt einen **absoluten Revisionsgrund** nach § 119 Nr. 5 FGO dar (s. Kap. VIII. 1.5).

IV. Verfahrensbeteiligte im finanzgerichtlichen Verfahren

Während das Finanzamt im Einspruchsverfahren nicht Beteiligter sondern entscheidende Stelle war, wird es nunmehr nach § 57 FGO zum Verfahrensbeteiligten. Stets beteiligt sind **Kläger** (§ 57 Nr. 1 FGO) und **Beklagter** (§ 57 Nr. 2 FGO), Beigeladene (§ 57 Nr. 3 FGO) und beigetretene Behörde (§ 57 Nr. 4 FGO) sind nur dann am Verfahren beteiligt, wenn dazu ein Anlass besteht.

1. Kläger

Kläger ist in der Regel der Steuerpflichtige. Beteiligtenfähig können auch Minderjährige sein. Sie sind aber nicht **prozessfähig** (§ 58 Abs. 1 Nr. 1 FGO), für sie führt der gesetzliche Vertreter den Prozess.

Während es vor dem Finanzgericht möglich ist sich selbst zu vertreten, also ohne Anwalt oder Steuerberater aufzutreten (§ 62 Abs. 1 FGO), ist dies vor dem BFH nach § 62 Abs. 4 FGO nicht möglich. Es besteht Vertretungszwang für den Steuerpflichtigen, die Behörde kann sich durch einen Beschäftigten mit Befähigung zum Richteramt vertreten lassen (sog. Volljuristen mit 2 Staatsexamina). Ob jemand vor Gericht seine Rechte selbst geltend machen kann, wird als **Postulationsfähigkeit** bezeichnet. Vertritt ein Steuerberater vor Gericht einen Steuerpflichtigen, wird er sich in der Regel durch seine Prozessvollmacht ausweisen. Ein solcher Nachweis ist aber nur zu erbringen, wenn begründete Zweifel an der Bevollmächtigung bestehen (BFH vom 11.02.2003, BStBl II 2003, 606).

Es ist möglich, dass mehrere Personen gemeinsam klagen, z.B. zusammenveranlagte Ehegatten. In diesem Fall bezeichnet man die beiden als aktive **Streitgenossen**. Das Institut der Streitgenossenschaft der §§ 59-63 in der ZPO ist über die Verweisungsnorm in § 59 FGO anwendbar. Streitgenossenschaft kann durch gemeinsame Klage begründet werden, oder aber auch, wenn das Gericht mehrere Klagen verbindet. Dies macht es entweder, wenn der Rechtsstreit den Klägern gegenüber nur einheitlich entschieden werden kann (z.B. wenn beide Gesellschafter einer OHG getrennt gegen die einheitliche und gesonderte Feststellung klagen, die Kläger werden dann **notwendige Streitgenossen**) oder wenn die Verbindung von Klagen ansonsten zweckmäßig ist. Im letztgenannten Fall werden die Kläger zu **einfachen Streitgenossen**. Einfache Streitgenossen klagen praktisch „nebeneinander her", der Prozess des einen hat mit dem des anderen nichts weiter zu tun, als dass beide technisch zu einem Verfahren zusammengezogen sind. Auch die Entscheidung kann im Gegensatz zur notwendigen Streitgenossenschaft unterschiedlich ausfallen.

2. Beklagter

Im Verfahren im ersten Rechtszug vor dem Finanzgericht kann **nur das Finanzamt** Beklagter sein (§ 63 Abs. 1 Nr. 1 AO). Wird die Klage vor dem Finanzgericht zugunsten des Klägers entschieden, so kann das Finanzamt vor dem BFH Kläger sein.

3. Beigeladene

Die in § 60 FGO geregelte Beiladung entspricht im wesentlichen der Hinzuziehung in § 360 AO (s. Teil A Kap. VIII. 5.3).

Auch hier gibt es eine **notwendige** und eine **einfache** Beiladung und eine Vereinfachungsregel in § 60a FGO bei Beiladung von mehr als 50 Personen, die § 360 Abs. 5 AO entspricht.

Folge einer wirksamen Beiladung ist, dass der Beigeladene nach § 60 Abs. 6 FGO Angriffs- und Verteidigungsmittel geltend machen und alle Verfahrenshandlungen wirksam vornehmen kann und im Fall der notwendigen Beiladung sogar abweichende Sachanträge stellen kann.

Nach § 110 FGO bindet ein rechtskräftiges Urteil auch den Beigeladenen als Beteiligten.

4. Beitretende Behörde

Ausdrücklich vorgesehen ist der Beitritt einer anderen Behörde in § 122 Abs. 2 S. 1 FGO. Danach kann das **Bundesministerium der Finanzen** dem **Revisionsverfahren** beitreten, wenn es um eine auf Bundesrecht beruhende Abgabe oder eine Rechtsstreitigkeit über Bundesrecht geht.

Aber auch andere Behörden können daran interessiert sein, Aspekte in den Prozess einzubringen. Sie können ebenfalls beitreten und zwar sowohl dem finanzgerichtlichen Prozess als auch dem Prozess vor dem Bundesfinanzhof.

V. Klagearten in der FGO

Die Wahl der richtigen Klageart gehört zu den **Zulässigkeitsvoraussetzungen** einer Klage.

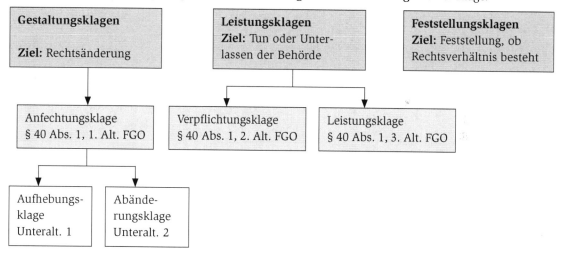

1. Anfechtungsklage gem. § 40 Abs. 1, 1. Alt. FGO

Ziel einer Anfechtungsklage ist Gestaltung, deshalb wird sie auch als **Gestaltungsklage** bezeichnet. Es geht um die Aufhebung oder Änderung eines Verwaltungsaktes (z.B. Aufhebung einer Zwangsgeldfestsetzung, der Festsetzung eines Verspätungszuschlags, Herabsetzung der Einkommensteuer).

War das Klägerziel die Aufhebung und wird diesem Klagbegehren entsprochen, so hebt das Gericht nach § 100 Abs. 1 S. 1 FGO den Verwaltungsakt und die entsprechende Einspruchsentscheidung auf.

Ging es dem Kläger um eine Änderung, so kann das Gericht nach § 100 Abs. 2 FGO selbst anders festsetzen oder die Behörde nach § 100 Abs. 2 S. 2 AO auffordern anders festzusetzen (zum Tenor eines Urteils s. Kap. VII. 3.1.1).

2. Verpflichtungsklage (§ 40 Abs. 1, 2. Alt. FGO)

Mit dem Institut der Verpflichtungsklage soll die Behörde zum Erlass eines Verwaltungsaktes verurteilt werden (z.B. Erlass eines berichtigten Steuerbescheids nach § 129 AO, Durchführung einer einheitlichen und gesonderten Verlustfeststellung, die das Finanzamt mit dem Argument „Liebhaberei" versagt, Gewährung eines Erlasses). Da es um eine Leistung der Behörde geht, zählt die Verpflichtungsklage zu den **Leistungsklagen**.

Das Finanzgericht wendet bei seiner Entscheidung die aktuelle Rechts- und Sachlage im Zeitpunkt der gerichtlichen Entscheidung an (BFH vom 17.05.1977, BStBl II 1977, 706).

Hat der Steuerpflichtige mit seiner Klage Erfolg, so wird das Finanzgericht die Behörde nach § 101 S. 1 FGO verurteilen, den begehrten Verwaltungsakt zu erlassen, wenn dies ein gebundener Verwaltungsakt ist (zum Tenor eines Urteils s. Kap. VII. 3.1.2).

Liegt der Verwaltungsakt hingegen im **Ermessen**, so spricht das Gericht nach § 102 FGO die Verpflichtung aus, den Kläger erneut zu bescheiden. Das Gericht ist aufgrund § 102 S. 1 FGO darauf beschränkt zu prüfen, ob die Behörde die gesetzlichen Grenzen des Ermessens überschritten oder vom Ermessen in einer nicht dem Zweck der Ermächtigung entsprechenden Weise Gebrauch gemacht hat. Das Gericht ersetzt grundsätzlich nicht etwa eine hinsichtlich des Ermessens unzureichende behördliche Entscheidung durch eigenes Ermessen (s. dazu BFH vom 21.07.2016, X R 11/14, BStBl II 2017, 22 und zum Tenor eines Urteils s. Kap. VII. 3.1.3).

3. Leistungsklage (§ 40 Abs. 1, 3. Alt. FGO)

Auch bei der allgemeinen Leistungsklage geht es darum, die Behörde zu einem Handeln zu veranlassen. Dies soll aber nicht der Erlass eines Verwaltungsaktes, sondern **sonstiges Verwaltungshandeln** sein, z.B. Geld auszuzahlen, eine Auskunft zu erteilen.

Hätte die Klage Erfolg, würde die Behörde zur Vornahme der Leistung verurteilt.

4. Feststellungsklage (§ 41 Abs. 1 FGO)

Die Feststellungsklage ist nach § 41 Abs. 2 S. 1 FGO **subsidiär**, kommt also nur in Betracht, wenn weder Gestaltungs- noch Leistungsklagen zum Ziel führen können, s. dazu BFH vom 12.06.2017, III B 144/16 NV. Ziel der Klage ist die Feststellung, dass ein **konkretes Rechtsverhältnis** besteht oder nicht besteht (**keine rein abstrakten Rechtsfragen**) oder dass ein Verwaltungsakt nichtig ist. Voraussetzung ist, dass der Kläger ein berechtigtes Interesse an der baldigen Feststellung hat. Ein solches berechtigtes Interesse liegt vor, wenn der wirtschaftliche Bereich des Steuerpflichtigen betroffen ist und wenn ohne die gerichtliche Feststellung eine Gefährdung von Rechten zu befürchten ist.

So kann z.B. der Steuerpflichtige auf Feststellung klagen, dass er nicht verpflichtet ist Umsatzsteuer-Voranmeldungen abzugeben (BFH vom 04.06.1970, BStBl II 1970, 648). Erinnert ihn die Behörde an eine gesetzliche Abgabeverpflichtung, ist dies eine adäquate Möglichkeit sich dagegen zu wehren.

5. Sprungklage (§ 45 FGO)

Die Sprungklage ist keine eigene Klageart. Sie ist **entweder Anfechtungs- oder Verpflichtungsklage**, unterscheidet sich aber von diesen insofern, als ein abgeschlossenes Vorverfahren nicht Voraussetzung für diese Klage ist.

Die Behörde, die über den außergerichtlichen Rechtsbehelf zu entscheiden hätte, muss innerhalb eines Monats nach Zustellung der Klage zustimmen.

Geht es um die Frage der Rechtmäßigkeit eines dinglichen Arrests (s. Teil A Kap. VII. 2.6.4), so ist nach § 45 Abs. 4 FGO stets die Sprungklage zulässig.

Stellt das Gericht nach § 45 Abs. 2 S. 1 FGO fest, dass noch weitere Sachaufklärung erforderlich ist, so kann es die Sprungklage per Beschluss an die zuständige Behörde abgeben, damit diese die Sachaufklärung übernimmt und das Vorverfahren durchführt.

Nach § 45 Abs. 3 FGO wird die Sprungklage als außergerichtlicher Rechtsbehelf behandelt, wenn entweder die Behörde der Sprungklage nicht zustimmt oder das Gericht wegen weiterer Sachaufklärung an die Behörde abgibt.

6. Untätigkeitsklage (§ 46 FGO)

Auch die Untätigkeitsklage ist **entweder Anfechtungs- oder Verpflichtungsklage** und wird erhoben, **ohne** dass eine **Einspruchsentscheidung** vorliegt. Im Gegensatz zur Sprungklage ist aber ein Einspruchsverfahren anhängig. Die Untätigkeitsklage ist zulässig, wenn über einen außergerichtlichen Rechtsbehelf ohne Mitteilung eines zureichenden Grundes in angemessener Frist sachlich nicht entschieden worden ist. Insofern ist mit dieser Möglichkeit der Klage dem Interesse des Steuerpflichtigen an einer schnellen Entscheidung genüge getan. Vor Ablauf von **6 Monaten** kann die Untätigkeitsklage nach § 46 Abs. 1 S. 2 FGO nicht erhoben werden. Das bedeutet aber nicht etwa, dass nach Ablauf von 6 Monaten seit Einlegung des Einspruchs die Untätigkeitsklage automatisch zulässig ist, denn § 46 Abs. 1 S. 1 FGO spricht ausdrücklich nicht von einer Entscheidung innerhalb von 6 Monaten, sondern von einer angemessenen Frist. Wann eine Bearbeitungsfrist „angemessen" ist, hängt von den Umständen des Einzelfalls ab.

Entscheidend ist, was ein **zureichender Grund** ist, der eine Entscheidung erst nach Ablauf einer angemessenen Frist rechtfertigen würde. Z.B. wäre die Untätigkeitsklage unzulässig, wenn eine Aussenprüfung noch nicht beendet wurde, eine Mitwirkungshandlung des Einspruchsführers aussteht oder Verwaltungsanweisungen erwartet werden.

Bei einer zulässigen Untätigkeitsklage kann das Gericht der Finanzbehörde nach § 46 Abs. 1 S. 3 FGO quasi eine Nachfrist setzen, indem es das Verfahren aussetzt und die Entscheidung abwartet. Geht diese zugunsten des Klägers aus, so ist die Untätigkeitsklage in der Hauptsache erledigt.

VI. Das Finanzgerichtliche Verfahren

1. Zulässigkeit der Klage

Ist eine der Zulässigkeitsvoraussetzungen nicht gegeben, so wird das Finanzgericht die Klage durch ein Prozessurteil als unzulässig verwerfen.

1.1 Finanzrechtsweg

§ 33 FGO regelt, wann der Finanzrechtsweg gegeben ist. Im Wesentlichen entspricht die Zulässigkeitsvoraussetzung des Finanzrechtswegs der Prüfung der Statthaftigkeit des Einspruchs nach § 347 AO (s. Teil A Kap. VIII. 2.1). Es gilt zu ermitteln, ob der Finanzrechtsweg oder ein anderer Verwaltungsrechtsweg oder gar der ordentliche Rechtsweg gegeben ist. Ist die AO nach § 1 Abs. 1 AO anwendbar, so ist nach § 33 Abs. 1 FGO der Finanzrechtsweg gegeben. Daneben ist der Finanzrechtsweg nach § 33 Abs. 1 Nr. 3 FGO auch für Streitigkeiten hinsichtlich des Steuerberatungsgesetzes eröffnet.

§ 33 Abs. 3 FGO regelt, dass Steuerstraf- und Bußgeldverfahren hingegen nicht vor dem Finanzgericht sondern vor der allgemeinen Strafgerichtsbarkeit abgewickelt werden.

1.2 Zuständigkeit

1.2.1 Sachliche Zuständigkeit

Ist der Finanzrechtsweg gegeben, so entscheidet nach § 35 FGO im ersten Rechtszug stets das Finanzgericht. Die sachliche Zuständigkeit richtet sich danach, welches Gericht der **Art des Aufgabenkreises** nach zur Entscheidung berufen ist.

1.2.2 Örtliche Zuständigkeit

In einigen Bundesländern gibt es mehrere Finanzgerichte. Die örtliche Zuständigkeit regelt § 38 FGO. Die Zuständigkeit des Finanzgerichts richtet sich nach dem Sitz der beklagten Behörde (§ 38 Abs. 1 FGO) bzw. dem Bezirk, für den sie zuständig ist (§ 38 Abs. 3 FGO).

1.3 Folge bei falschem Rechtsweg und Unzuständigkeit

Das Beschreiten eines falschen Rechtswegs und die Anrufung eines sachlich oder örtlich unzuständigen Gerichts würden zur Verwerfung der Klage als unzulässig führen. Um dies zu vermeiden, wird das angerufene Gericht nach § 70 FGO i.V.m. § 17a Abs. 2 GVG nach Anhörung des Klägers den Rechtsstreit an das zuständige Gericht des zulässigen Rechtswegs verweisen. Der entsprechende Verweisungsbeschluss ist nach § 70 S. 2 FGO unanfechtbar.

1.4 Zulässigkeit der Klageart

Die Wahl der richtigen Klageart ist Zulässigkeitsvoraussetzung für die Klage (s. dazu Kap. V.). Wählt der Kläger die falsche Klageart, so wird das Gericht nach **§ 76 Abs. 2 FGO** darauf hinweisen. Stellt der Kläger daraufhin die Klage um, so gilt § 67 Abs. 1 FGO. Hat das Gericht auf die falsche Klageart hingewiesen, wird es auch die Änderung für sachdienlich halten und die Klage ist nunmehr hinsichtlich der Klageart zulässig. Ändert der Kläger die Klageart nicht, wird die Klage als unzulässig verworfen.

1.5 Klagebefugnis

Je nach Klageart ist die Klagebefugnis festzustellen. Fehlt diese, ist die Klage unzulässig.

1.5.1 Anfechtungsklage

Bei der Anfechtungsklage liegt nach § 40 Abs. 2 FGO Klagebefugnis vor, wenn der Kläger geltend macht, durch den Verwaltungsakt in seinen Rechten verletzt zu sein. Diese Voraussetzung entspricht der **Beschwer** im Sinne von § 350 AO im Einspruchsverfahren.

Persönlich beschwert ist der Kläger, wenn er selbst in seinen Rechen betroffen ist. Dies ist unproblematisch der Fall, wenn der streitige Verwaltungsakt an den Kläger als Inhaltsadressaten gerichtet ist.

Sachlich beschwert ist, wer vorträgt, dass der streitige Verwaltungsakt im Ergebnis rechtswidrig ist. Da sich die Belastung des Steuerpflichtigen aus der festgesetzten Steuer oder der festgestellten Besteuerungsgrundlage ergibt, muss in diesem Bereich ein Fehler vorgetragen werden. Gibt der Steuerpflichtige dagegen zu verstehen, dass die festgesetzte Steuer richtig aber die Begründung falsch sei, so fehlt es an der sachlichen Beschwer. Das gleiche gilt mit Ausnahme der Umsatzsteuer auch bei einer Steuerfestsetzung von 0 €.

Eine Ausnahme gilt außerdem immer dann, wenn die angefochtene Begründung oder die angefochtene 0 €-Festsetzung Auswirkungen auf andere Verfahren hat.

Da die Frage der Beschwer im Rahmen der Zulässigkeit ermittelt wird, ist lediglich zu prüfen, ob die Steuer bei Unterstellung der Richtigkeit des klägerischen Vorbringens niedriger wäre. Eine inhaltliche Prüfung hat an dieser Stelle nicht stattzufinden.

1.5.2 Verpflichtungsklage

Klagebefugnis ist nach § 40 Abs. 2 FGO gegeben, wenn der Kläger vorträgt, durch die Ablehnung oder Unterlassung eines Verwaltungsakts in seinen Rechten verletzt zu sein. Hinsichtlich der Beschwer gilt das gleiche wie bei der Anfechtungsklage. Belastet ist der Kläger **persönlich**, wenn er Inhaltsadressat des von ihm gewünschten Verwaltungsakts wäre und **sachlich**, wenn er durch den erstrebten Verwaltungsakt besser stünde.

1.5.3 Allgemeine Leistungsklage

Klagebefugnis liegt nach § 40 Abs. 2 FGO vor, wenn der Kläger eine Leistung, die nicht einen Verwaltungsakt darstellt, an sich selbst begehrt und er dadurch besser gestellt würde.

1. Zulässigkeit der Klage

1.5.4 Feststellungsklage

Eine ausdrückliche Benennung einer Klagebefugnis als Zulässigkeitsvoraussetzung fehlt in § 41 FGO für die Feststellungsklage. Insofern liegt lediglich dann keine Klagebefugnis vor, wenn der Kläger nicht, wie bei der Feststellungsklage notwendig, ein **berechtigtes** Interesse an der baldigen Feststellung geltend macht. Ein berechtigtes Interesse ist z.B. gegeben, wenn mit der Feststellungsklage eine Handlung oder ein Unterlassen der Behörde erreicht werden kann (s. BFH vom 07.06.1972, BStBl II 1972, 414).

Zur **Fortsetzungsfeststellungsklage** nach § 100 Abs. 1 S. 4 FGO s. Kap. VII. 2.

1.5.5 Beschränkte Anfechtung von Änderungs- und Folgebescheiden

§ 42 FGO verweist hinsichtlich der sachlichen Beschwer bei Änderungs- und Folgebescheiden auf die Regelungen zum Einspruchsverfahren. Siehe hierzu § 351 AO Teil A Kap. VIII. 3.3.

1.5.6 Klagebefugnis bei gesonderten und einheitlichen Feststellungen

§ 48 FGO regelt, wer gegen einheitliche und gesonderte Feststellungen Klage erheben kann. Dies entspricht den Regelungen im Einspruchsverfahren, s. dort zu § 352 AO Teil A Kap. VIII. 2.2.2.

1.5.7 Fristsetzung nach § 79b Abs. 1 S. 1 FGO

Bedarf es hinsichtlich der Darlegung von Tatsachen zur Beschwer noch weiterer Angaben, so kann der Vorsitzende oder der Berichterstatter nach § 79b Abs. 1 S. 1 FGO eine **Ausschlussfrist** setzen. Wird die Frist nicht eingehalten, so kann nach § 79b Abs. 3 FGO grundsätzlich ohne Berücksichtigung der fraglichen Tatsachen entschieden werden.

1.6 Durchführung des außergerichtlichen Vorverfahrens

Sofern ein außergerichtliches Vorverfahren (das **Einspruchsverfahren**) vorgeschaltet ist (Anfechtungs- und Verpflichtungsklage), ist die erfolglose Geltendmachung des Klagebegehrens in diesem Verfahren nach § 44 FGO Zulässigkeitsvoraussetzung für die Klage.

1.7 Klagefrist

Ebenso wie die Einspruchsfrist beträgt bei der **Anfechtungsklage** und **Verpflichtungsklage** nach § 47 Abs. 1 FGO auch die Klagefrist **einen Monat**. Die Frist beginnt mit Ablauf des Tages, an dem die Einspruchsentscheidung bekannt gegeben wurde, bzw. bei der Sprungklage oder wenn kein außergerichtlicher Rechtsbehelf gegeben ist, mit Ablauf des Tages, an dem der Verwaltungsakt bekannt gegeben wurde bzw. nach § 47 Abs. 1 S. 2 FGO bei der Verpflichtungsklage mit Ablauf des Tages, an dem der Antrag abgelehnt wurde.

Zur **Fristwahrung** kann der Kläger die Klage entweder direkt an das Gericht übersenden oder aber nach § 47 Abs. 2 FGO auch an die Finanzbehörde, die den angefochtenen Verwaltungsakt oder die Entscheidung erlassen hat oder dem Beteiligten bekannt gegeben hat oder die nachträglich für den Steuerfall zuständig geworden ist. § 47 Abs. 2 S. 2 FGO regelt, dass diese Finanzbehörde dann den Fall unverzüglich an das Gericht übermitteln muss. Dies liegt allerdings allein im Verantwortungsbereich der Behörde. Der Kläger hat mit der Einreichung der Klage beim Finanzamt alles Erforderliche getan.

Nach § 55 FGO beginnt die einmonatige Klagefrist ebenso wie bei § 356 AO nur zu laufen, wenn eine **ordnungsgemäße Belehrung** erfolgt ist. Ebenfalls genau wie im Einspruchsverfahren beträgt die Frist nach § 55 Abs. 2 FGO bei unterbliebener oder unrichtiger Belehrung grundsätzlich ein Jahr.

Auch im finanzgerichtlichen Verfahren gibt es nach § 56 FGO bei Fristversäumnis die Möglichkeit der **Wiedereinsetzung in den vorigen Stand**. Es gelten die in Teil A Kap. III. 2.4 genannten Voraussetzungen, allerdings mit der Ausnahme, dass die **Wiedereinsetzungsfrist** nach § 56 Abs. 2 FGO nur 2 Wochen beträgt (zur Berechnung einer Wochenfrist s. Teil A Kap. III. 2.3.3.3).

1.8 Kein Klageverzicht

Unzulässig wäre nach § 50 Abs. 1 FGO eine Klage, auf die nach Erlass des Verwaltungsakts verzichtet wurde.

1.9 Beteiligtenfähigkeit

Die Beteiligtenfähigkeit im Sinne von § 57 FGO ist unproblematisch. Die in Kap. IV. 1. genannten Personen können Beteiligte sein, wenn sie Träger steuerlicher Rechte und Pflichten sein können. Dies ergibt sich aus den allgemeinen Regeln zur Steuerpflicht (s. Teil A Kap. II. 1.1.1).

1.10 Prozessfähigkeit, Postulationsfähigkeit

Zulässigkeitsvoraussetzung ist, dass die Person, die die Klage vorlegt, prozessfähig ist, also Prozesshandlungen wirksam vornehmen kann (s. Kap. IV. 1.). Dies kann der volljährige Steuerpflichtige auch vor dem BFH, er ist aber nicht **postulationsfähig**, muss sich also nach § 62 Abs. 4 FGO durch einen Prozessbevollmächtigten vertreten lassen.

1.11 Form und Inhalt der Klage

Hinsichtlich der **Form** verlangt § 64 Abs. 1 FGO zwingend die Schriftform, also die **eigenhändige Unterschrift**. Eine Vorschrift wie § 357 Abs. 1 S. 2 AO, nach der es reicht, wenn erkennbar ist, wer Einspruch eingelegt hat, fehlt in der FGO.

Die Vorschriften zum Inhalt einer Klage sind enger als die Vorschriften im Einspruchsverfahren. § 65 Abs. 1 S. 1 FGO verlangt zwingend, dass **Kläger**, **Beklagter** und **Gegenstand des Klagebegehrens** bezeichnet werden. Ein bestimmter Antrag sowie Tatsachen und Beweismittel, die zur Begründung dienen, und die Urschrift oder eine Abschrift des streitigen Verwaltungsaktes **sollen** hingegen nur beigefügt werden, dies ist nicht zwingend.

Selbst wenn zwingende Voraussetzungen nicht eingehalten werden, hat der Vorsitzende nach § 65 Abs. 2 FGO darauf hinzuweisen und unter Fristsetzung zur Ergänzung aufzufordern. Diese Frist ist nach § 65 Abs. 2 S. 2 FGO eine **Ausschlussfrist**. Gelingt es dem Steuerpflichtigen nicht innerhalb der Frist im Sinne von § 65 Abs. 1 FGO nachzubessern, so wird die Klage als unzulässig verworfen werden.

1.12 Fehlen anderweitiger Rechtshängigkeit

Nach § 66 FGO wird die Streitsache mit Klageerhebung rechtshängig. Über die Verweisungsnorm § 70 FGO ergibt sich aus § 17 Abs. 1 GVG, dass Zulässigkeitsvoraussetzung einer Klage ist, dass der Streitgegenstand nicht anderswo rechtshängig sein darf.

1.13 Fehlen der Rechtskraft

Ebenso wie die Sache nicht anderweitig anhängig sein darf, darf sie auch noch nicht rechtskräftig entschieden sein. Mit dieser Zulässigkeitsvoraussetzung wird sichergestellt, dass der Steuerpflichtige nicht wegen einer Sache mehrfach die Gerichte anruft.

2. Muster einer Klage

Unterstellt es wurde für das Jahr 00 eine Einkommensteuer in Höhe von 12.000 € und für 01 in Höhe von 14.000 € festgesetzt, könnte eine den Vorschriften hinsichtlich Form und Inhalt genügende zulässige Klage wie folgt aussehen:

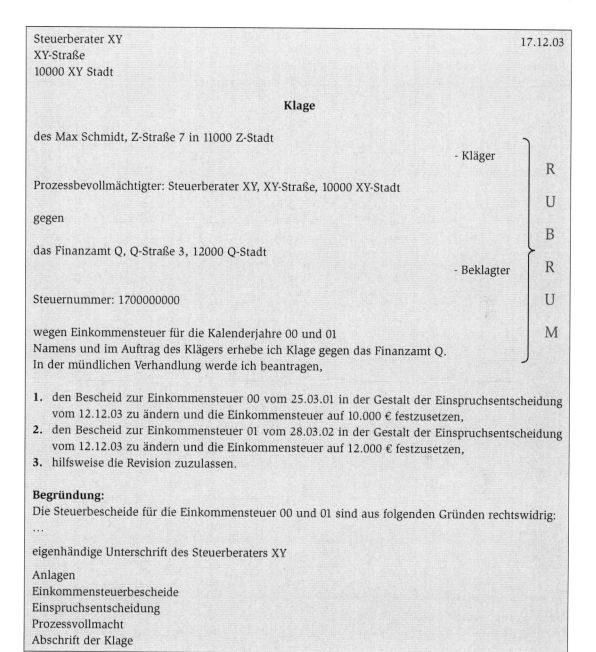

3. Wirkungen der Rechtshängigkeit

3.1 Fixierung des Klagegegenstandes

Wird nach § 66 FGO eine Klage mit Klageerhebung rechtshängig, so hat dies nach § 70 FGO i.V.m. § 17 Abs. 1 GVG zur Folge, dass nach Rechtshängigkeit eintretende tatsächliche **Veränderungen** keinen Einfluss auf die Zulässigkeit des Rechtswegs und die Zuständigkeit des Gerichts haben.

Diese „Fixierung" der Klage führt nach § 67 FGO auch dazu, dass eine Klageänderung nur noch unter der Voraussetzung möglich ist, dass entweder die übrigen Beteiligten zustimmen oder das Gericht diese Änderung für sachdienlich hält (s. z.B. Kap. VI. 1.4 bei Erhebung einer falschen Klageart).

§ 68 FGO erlaubt allerdings der Finanzbehörde auch nach Klageerhebung den angefochtenen Verwaltungsakt zu ändern oder zu ersetzen. §§ 132 S. 1 und 172 Abs. 1 S. 2 AO stellen dies ebenfalls klar. Der neue Verwaltungsakt wird dann nach § 68 S. 1 FGO Klagegegenstand. Da das Verfahren bereits anhängig ist, regelt § 68 S. 2 FGO, dass ein Einspruch gegen den geänderten Verwaltungsakt ausgeschlossen ist. Der anhängige Rechtsstreit wird vor Gericht entschieden.

3.2 Aussetzung der Vollziehung

Nach § 69 Abs. 1 FGO gilt auch im gerichtlichen Verfahren wie bei § 361 AO im Einspruchsverfahren der Grundsatz, dass die Vollziehung des angefochtenen Verwaltungsaktes nicht gehemmt ist.

Es besteht aber ebenso wie im Einspruchsverfahren die Möglichkeit der Aussetzung der Vollziehung nach § 69 Abs. 2 und 3 FGO. § 69 Abs. 2 FGO entspricht im wesentlichen § 361 Abs. 2 AO (s. Teil A Kap. VIII. 5.5.2). Danach kann auch noch im laufenden Klageverfahren **die beklagte Behörde** die eigene Entscheidung aussetzen.

Zusätzlich besteht im finanzgerichtlichen Verfahren aber auch die Möglichkeit, **beim Gericht** nach § 69 Abs. 3 FGO einen Antrag auf Aussetzung der Vollziehung zu stellen, wenn die Behörde einen solchen Antrag abgelehnt hat (§ 69 Abs. 4 S. 1 FGO). Das Gericht kann nach § 69 Abs. 3 S. 2 FGO auch schon vor Erhebung der Klage aussetzen. Ebenso wie die Behörde wird wegen der Verweisung in § 69 Abs. 3 S. 1, 2. Halbs. FGO auch das Gericht aussetzen, wenn es ernstliche Zweifel an der Rechtmäßigkeit des Verwaltungsaktes hat oder wenn die Vollziehung zu einer unbilligen Härte führen würde.

Ein Antrag an das Finanzgericht nach § 69 Abs. 3 FGO ist in folgenden Situationen möglich:
- Während des laufenden Einspruchsverfahrens ist ein Antrag auf AdV vom Finanzamt abgelehnt worden. Dies gilt unabhängig davon, dass gegen die Ablehnung der AdV Einspruch eingelegt werden kann.
- Nach negativer Einspruchsentscheidung hinsichtlich der abgelehnten AdV, aber noch vor Erhebung der Klage. Wegen der Möglichkeit des § 69 Abs. 3 FGO wäre eine Klage gegen die Einspruchsentscheidung hinsichtlich der AdV unzulässig.
- Während des Klageverfahrens, wenn das Finanzamt einen Antrag auf AdV abgelehnt hat oder über den Antrag nicht in angemessener Frist entschieden hat oder die Vollstreckung droht, also angekündigt wurde oder bereits begonnen wurde (Mahnung reicht nicht).

Beispiel für einen Beschluss über Aussetzung der Vollziehung s. Kap. VI. 4.4.

4. Verlauf des finanzgerichtlichen Verfahrens

4.1 Vorbereitendes Verfahren

Vor der Entscheidung findet das sogenannte „vorbereitende Verfahren" statt.

Verzichten die Parteien auf eine mündliche Verhandlung (§ 90 Abs. 2 FGO), so wird das Gericht im schriftlichen Verfahren alle notwendigen Maßnahmen treffen, um den Rechtsstreit einer Entscheidung zuzuführen.

Zur Vorbereitung – oder sogar Vermeidung – einer mündlichen Verhandlung kann der Vorsitzende oder der Berichterstatter alle Parteien nach § 79 Abs. 1 S. 2 Nr. 1 FGO zur **Erörterung des Sach- und Streitstandes** und zur gütlichen Einigung des Rechtsstreits laden. Dieser Termin ist **keine mündliche Verhandlung** und hat deshalb auch nicht öffentlich stattzufinden.

Der Berichterstatter hat auch die Möglichkeit, in sogenannten „Richterbriefen" vorab mitzuteilen, welche Rechtsauffassung er vertritt oder aber sich vorab telefonisch auszutauschen.

Gelingt dies nicht oder bestehen keine Aussichten auf Erledigung ohne mündliche Verhandlung, wird der Vorsitzende oder Berichterstatter zur Klärung des Sachverhalts anordnen, dass alle notwendigen Beweise in der mündlichen Verhandlung zur Verfügung stehen (s. auch Kap. VI. 4.4 zu Beweisanträgen).

Zur Beschleunigung des Verfahrens kann der Richter nach **§ 79b Abs. 2 FGO** eine weitere **Ausschlussfrist** setzen. Gelingt es dem Beteiligten nicht innerhalb dieser Frist, die geforderten Tatsachen anzugeben, Beweismittel zu bezeichnen oder Urkunden oder andere bewegliche Sachen vorzulegen oder elektronische Dokumente zu übermitteln, so kann das Gericht grundsätzlich nach § 79b Abs. 3 FGO ohne diese angeforderten Erklärungen oder Beweismittel entscheiden.

4.2 Die mündliche Verhandlung

Ist eine Entscheidung im schriftlichen Verfahren nicht möglich, so soll grundsätzlich eine (**nur** eine, s. § 79 Abs. 1 S. 1 FGO) mündliche Verhandlung vor dem zur Entscheidung berufenen Spruchkörper stattfinden.

Die Beteiligten werden mit einer **Ladungsfrist** nach § 91 Abs. 1 FGO von mindestens zwei Wochen beim Finanzgericht und vier Wochen beim Bundesfinanzhof geladen. Wichtig ist der Hinweis nach § 91 Abs. 2 FGO, dass bei **Ausbleiben eines Beteiligten** auch ohne diesen verhandelt werden kann.

4.3 Einstweilige Anordnungen

Das in der Hauptsache zuständige Gericht (oder in Eilfällen nach § 114 Abs. 2 S. 3 FGO der Vorsitzende) kann in jeder Phase des gerichtlichen Verfahrens und sogar schon vor der Klageerhebung nach § 114 FGO **auf Antrag** per Beschluss einstweilige Anordnungen in Bezug auf den Streitgegenstand treffen, wenn die Gefahr besteht, dass durch eine Veränderung des bestehenden Zustands die Verwirklichung eines Rechts des Antragstellers vereitelt oder wesentlich erschwert werden könnte (**Anordnungsgrund**).

Eine solche **einstweilige Anordnung** ist von der **Aussetzung der Vollziehung** nach § 69 FGO abzugrenzen. Geht es bei dem Antrag auf einstweilige Anordnungen darum, die Rechtsfolgen eines angefochtenen Verwaltungsakts nicht durchzusetzen, so wird dieser zurückgewiesen, weil dies Gegenstand einer Aussetzung der Vollziehung wäre. Dies ist stets bei **Anfechtungsklagen** der Fall, unabhängig davon, wogegen sie erhoben werden (Steuerbescheide, Feststellungsbescheide, negative Feststellungsbescheide (BFH vom 14.04.1987, BStBl II 1987, 637)).

Bei **Verpflichtungsklagen** und bei **Feststellungsklagen** hingegen ist eine einstweilige Anordnung denkbar, wenn ein Anordnungsgrund gegeben ist.

4.4 Beschlüsse

§ 113 Abs. 1 FGO verweist hinsichtlich der Beschlüsse zwar teilweise auf die Vorschriften für die Urteile, sie finden aber in der Regel **innerhalb des Verfahrens** statt (Ausnahme: Einstellungsbeschluss bei der Klagerücknahme, § 72 Abs. 2 S. 2 FGO). Beschlüsse sind nach § 113 Abs. 2 FGO zu begründen, wenn sie nach § 128 Abs. 1 FGO durch **Beschwerde** angefochten werden können. Geht es bei dem Beschluss um eine **Aussetzung der Vollziehung** nach § 69 Abs. 3 FGO oder eine **einstweilige Anordnung** nach § 114 Abs. 1 FGO, so muss nach § 128 Abs. 3 FGO die Beschwerde **im Beschluss zugelassen** werden.

Nach § 90 Abs. 1 S. 2 FGO können Beschlüsse ohne mündliche Verhandlung ergehen. In diesem Fall wirken nach § 5 Abs. 3 S. 2 FGO die ehrenamtlichen Richter nicht mit, selbst wenn für den Streitgegenstand der ganze Senat zuständig ist.

Ein Beschluss über die Aussetzung der Vollziehung nach § 69 Abs. 3 FGO könnte wie folgt aussehen.

Finanzgericht XX

Beschluss

In dem Verfahren
XY, X-Straße 3, 20000 X-Stadt   Antragstellerin

gegen Finanzamt Z, Z-Straße 3, 20000 X-Stadt   Antragsgegner

wegen **Aussetzung der Vollziehung bezüglich Umsatzsteuer 07**

hat der 2. Senat des Finanzgerichts XX durch den Vizepräsidenten Dr. T als Vorsitzenden, den Richter am Finanzgericht R und die Richterin am Finanzgericht S am 04.04.11 beschlossen:

Die Vollziehung des Bescheids über Umsatzsteuer 07 vom 24.05.08 wird bis einen Monat nach Entscheidung über die Klage vom XX.XX.XXXX ausgesetzt.
Der Antragsgegner trägt die Kosten des Verfahrens.
Die Beschwerde wird zugelassen.

Rechtsmittelbelehrung:
Gegen diese Entscheidung steht den Beteiligten und den sonst von der Entscheidung Betroffenen die Beschwerde zu, über die der Bundesfinanzhof entscheidet, falls das beschließende Gericht ihr nicht abhilft.

Weitere für das Verfahren wichtige Beschlüsse sind die **Beweisbeschlüsse** nach § 82 FGO i.V.m. §§ 358 ff. ZPO und die Beschlüsse über die Ablehnung von Beweisanträgen.

Eines Beweisbeschlusses bedarf es nach § 358 ZPO nur, wenn die Beweisaufnahme ein besonderes Verfahren erfordert. Ansonsten werden die für das Verfahren notwendigen Beweise innerhalb der mündlichen Verhandlung erhoben. Ein besonderes Verfahren ist z.B. erforderlich, wenn ein anderer „beauftragter oder ersuchter" Richter die Beweisaufnahme durchführen soll. Dies ist nach § 375 Abs. 1 Nr. 3 ZPO z.B. zulässig, wenn ein Zeuge zur mündlichen Verhandlung eine zu weite Entfernung zurücklegen müsste (s. auch §§ 361, 362 ZPO).

Beweisanträge sind weder in der FGO noch in der ZPO ausdrücklich geregelt. Es ist auf die Grundsätze des § 244 Abs. 3 StPO zurückzugreifen, wonach Beweisanträge u.a. abzulehnen sind, wenn die Erhebung des Beweises unzulässig, offenkundig überflüssig, völlig ungeeignet oder unerreichbar ist oder wenn der Antrag zum Zweck der Prozessverschleppung gestellt wird.

4.5 Stillstand des Verfahrens
Finanzgerichtliche Verfahren können unterbrochen werden, ruhen oder ausgesetzt werden.

4.5.1 Unterbrechung
Eine Unterbrechung des Verfahrens kommt nach § 155 FGO i.V.m. **§§ 239–245 ZPO** in Betracht, wenn ein Beteiligter stirbt (§ 239 ZPO), über das Vermögen eines Beteiligten das Insolvenzverfahren eröffnet wird (§ 240 ZPO), ein gesetzlicher Vertreter fehlt oder die Nachlassverwaltung angeordnet wird (§ 241 ZPO), Nacherbfolge eintritt (§ 242 ZPO), im Fall der fehlenden Postulationsfähigkeit eines Beteiligten bei Unfähigkeit des Prozessbevollmächtigten das Verfahren weiterzuführen (§ 244 ZPO) und bei Stillstand der Rechtspflege (§ 245 ZPO).

4.5.2 Ruhen des Verfahrens

Voraussetzung für ein Ruhen des Verfahrens nach § 155 FGO i.V.m. § 251 ZPO ist, dass beide Parteien dies **beantragen** und anzunehmen ist, dass die Anordnung des Ruhens zweckmäßig ist, weil die Parteien sich bemühen, den Rechtsstreit außerhalb des Verfahrens ohne Mitwirkung des Gerichts zu einer gütlichen Einigung zu bringen.

4.5.3 Aussetzung des Verfahrens

Nach § 74 FGO kann das Gericht das gerichtliche Verfahren aussetzen, wenn die Entscheidung vom Bestehen oder Nichtbestehen eines Rechtsverhältnisses abhängt, das den Gegenstand eines anderen anhängigen Rechtsstreits bildet oder von einer Verwaltungsbehörde festzustellen ist.

Beispiel 1:
2009 waren beim Bundesverfassungsgericht mehrere Klagen zur Pendlerpauschale anhängig. Am 09.12.2008 fiel die Entscheidung. Hinsichtlich der anderen gleich gelagerten zu diesem Zeitpunkt noch bei Finanzgerichten anhängigen Verfahren lagen die Voraussetzung der Aussetzung nach § 74 FGO vor, weil die Rechtsfrage der Verfassungsmäßigkeit der Pendlerpauschale Gegenstand des beim BVerfG anhängigen Rechtsstreits war.

Beispiel 2:
Ein Streit über die Höhe des Pauschbetrags nach § 33b EStG kann ausgesetzt werden, wenn die nach § 69 Abs. 1 SGB IX zuständige Behörde (s. § 65 Abs. 1 Nr. 1 EStDV) noch den Grad der Behinderung feststellen muss.

VII. Verfahrensbeendigung

1. Klagerücknahme

Wegen des **Verfügungsgrundsatzes** (s. Kap. III. 1.) kann der Kläger das Verfahren nach § 72 FGO **bis zur Rechtskraft des Urteils** durch Klagerücknahme beenden, wenn er erkennt, dass die Weiterverfolgung des Klagbegehrens keine Aussicht auf Erfolg hat. Gründe für die Rücknahme der Klage muss er nicht angeben. Nach § 72 Abs. 1 S. 2 FGO bedarf es aber bei einer Rücknahme nach Schluss der mündlichen Verhandlung, bei Verzicht auf die mündliche Verhandlung und nach Ergehen eines Gerichtsbescheids der Zustimmung des Beklagten.

Die Rücknahme führt nach § 72 Abs. 2 S. 1 FGO zum **Verlust dieser Klage**. Bei nicht fristgebundenen Klagen oder wenn die Klagefrist noch nicht abgelaufen wäre (praktisch kaum denkbar), wäre eine erneute Klage möglich. Das Gericht stellt nach § 72 Abs. 2 S. 2 FGO das Verfahren durch Beschluss ein. Ist das Verfahren bereits in der Revision, so tritt neben dem Verlust der Klage und der Revision die Unwirksamkeit des erstinstanzlichen Urteils ein.

Aus § 72 Abs. 2 S. 3 FGO ergibt sich, dass die **Unwirksamkeit der Klagerücknahme** geltend gemacht werden kann. Dies bedeutet, dass die Willenserklärung, mit der die Rücknahme erklärt wurde, unwiderruflich ist, denn wäre sie widerruflich, so bedürfte es nicht des Geltendmachens der Unwirksamkeit.

Die Rücknahme der Klage hat gegenüber dem Abschluss des Verfahrens durch Urteil den Vorteil, dass der Kläger zwar nach § 136 Abs. 2 FGO die Kosten zu tragen hat, dass diese aber nach Nr. 6111 Anlage 1 zu § 3 Abs. 2 GKG bei Rücknahme der Klage vor der mündlichen Verhandlung halbiert werden (s. Kap. IX. 1.).

2. Erledigung der Hauptsache

Entspricht die Finanzbehörde während des laufenden Klageverfahrens dem Begehren des Steuerpflichtigen, so braucht die Klage nicht mehr weitergeführt zu werden. Man bezeichnet dies als **Klaglosstellung**.

Liegt so eine Situation vor, so werden häufig beide Parteien **übereinstimmend erklären**, dass der Rechtsstreit in der Hauptsache erledigt ist. Dies ist für das Gericht bindend, es hat nach § 138 FGO nur noch über die Kosten zu entscheiden (s. dazu Kap. IX. 1.).

Streiten sich dagegen die Parteien darüber, ob der Rechtsstreit erledigt ist oder nicht, so entscheidet das Gericht.

Folgende Entscheidungen sind denkbar:
- Wird die Erledigung der Klage entgegen der Auffassung des Klägers festgestellt, so wird die Klage als unzulässig verworfen (BGH Großer Senat vom 05.03.1979, BStBl II 1979, 378), weil nunmehr das Rechtsschutzbedürfnis fehlt.
- Schließt sich der Beklagte der Erledigungserklärung des Kläger nicht an, so spricht das Gericht die Erledigung aus, wenn diese vorliegt (BFH vom 22.05.2001, BStBl II 2001, 683).
- Kommt das Gericht entgegen der Auffassung des Klägers zu dem Ergebnis, dass der Rechtsstreit nicht erledigt ist, so wird der dementsprechende Antrag des Klägers abgelehnt und der Rechtsstreit fortgeführt.
- Schließt das Gericht sich der Auffassung des Beklagten, der Rechtsstreit sei erledigt in Übereinstimmung mit der Auffassung des Klägers nicht an, so wird der Rechtsstreit fortgeführt, weil der Beklagte nicht über den Rechtsstreit verfügen kann.

Bei Erledigung des Rechtsstreits kann der Kläger ein berechtigtes Interesse daran haben, dass seine Rechtsposition bestätigt wird und die Rechtswidrigkeit des Verwaltungsaktes festgestellt wird. Diesen Fall regelt § 100 Abs. 1 S. 4 FGO.

Wird dem Klagebegehren des Klägers durch Klaglosstellung entsprochen, so wäre eine aufrechterhaltene Anfechtungsklage mangels Beschwer unzulässig. In diesem Fall kann der Kläger seinen Aufhebungsantrag in einen Feststellungsantrag nach § 100 Abs. 1 S. 4 FGO ändern, die sogenannte **Fortsetzungsfeststellungsklage**.

Beispiel nach BFH vom 27.09.2011, VII B 84/11/NV:
Die Klägerin macht geltend, dass die gegen sie gerichtete Zwangsgeldandrohung und die Festsetzung des Zwangsgeldes wegen der Abgabe der Einkommensteuer- und Umsatzsteuererklärungen 2007 rechtswidrig seien. Als die Steuererklärungen während des Klageverfahrens vorgelegt wurden, stellte das Finanzamt den Vollzug des Zwangsgeldes gemäß § 335 AO ein.

Lösung:
Der Rechtsstreit hat sich damit erledigt. Die Klägerin hätte die Klage in eine Fortsetzungsfeststellungsklage nach § 100 Abs. 1 S. 4 FGO ändern können. Im Streitfall ist diese Umstellung der Klage nicht vorgenommen worden und auch keine Erledigung erklärt worden. Die Klage wurde deshalb als unzulässig zurückgewiesen, denn mit Einstellung des Vollzugs des festgesetzten Zwangsgeldes, das die Klägerin nicht gezahlt hatte, war die Klägerin mit dem Antrag, die angefochtenen Bescheide aufzuheben, nicht mehr beschwert.

Ein berechtigtes Interesse ist jedes konkrete durch die Sachlage gerechtfertigte Interesse rechtlicher, wirtschaftlicher oder ideeller Art (BFH vom 23.07.1998, BFH/NV 1998, 1457). Dies ist z.B. der Fall, wenn Folgen von Vollstreckung beseitigt werden sollen, z.B. nach Aufhebung einer Pfändungsverfügung (BFH vom 06.05.1986, BFH/NV 1987, 780).

Im obigen Beispielsfall nach BFH vom 27.09.2011 besteht zwar mangels finanzieller Belastung der Klägerin kein wirtschaftliches Interesse, rechtlich liegt aber auch dann ein berechtigtes Interesse vor, wenn das streitige Rechtsverhältnis auch für die Folgejahre von Bedeutung ist (**Wiederholungsgefahr**).

Dabei ist es nicht notwendig, dass von der Feststellung Bindungswirkung für andere Fälle ausgeht. Es genügt die begründete Annahme, dass unter im Wesentlichen unveränderten tatsächlichen und rechtlichen Umständen ein gleichartiger Verwaltungsakt ergehen wird (BFH vom 28.06.2000, BStBl II 2000, 514). Davon ist im Beispielsfall auszugehen. Auch im folgenden Beispielsfall geht es um eine Bedeutung der Feststellung für die Folgejahre.

> **Beispiel nach BFH vom 07.06.1989, BStBl II 1989, 976:**
>
> Im finanzgerichtlichen Verfahren war streitig, ob ein Lohnsteuerfreibetrag auf eine Lohnsteuerkarte einzutragen war. Da während des Revisionsverfahrens der Zeitraum, in dem sich der Freibetrag hätte auswirken können, ablief und sich damit die Anfechtungsklage erledigt hatte, wurde die Klage zu Recht auf eine Fortsetzungsfeststellungsklage umgestellt, weil das streitige Rechtsverhältnis auch für das Lohnsteuerermäßigungsverfahren der Folgejahre von Bedeutung war.

3. Entscheidungen des Gerichts

3.1 Urteile

Grundsätzlich sind mündliche Verhandlungen so gut vorbereitet, dass nach § 104 Abs. 1 FGO nach Schluss der mündlichen Verhandlung insgesamt, also nach Verhandlung aller an dem Sitzungstag zu verhandelnden Fälle, das Urteil durch Verlesen der Formel **verkündet** wird. Nur in Ausnahmefällen findet die Verkündung des Urteils nach § 104 Abs. 1 S. 1, 2. HS FGO maximal 2 Wochen später statt.

Findet keine mündliche Verhandlung statt, weil die Entscheidung im schriftlichen Verfahren ergeht, ersetzt die Zustellung des Urteils an die Beteiligten die Verkündung (§ 104 Abs. 3 FGO). Den Inhalt eines Urteils regelt § 105 FGO. Bei den kursiv und dünn gedruckten Angaben handelt es sich um Erläuterungen, die nicht im Urteil enthalten sind:

SCHLESWIG–HOLSTEINISCHES
FINANZGERICHT
Wappen

IM NAMEN DES VOLKES (*§ 105 Abs. 1 S. 1 FGO*)
URTEIL

Aktenzeichen

In dem Rechtsstreit
des Herrn Max Schmidt, Z-Straße 7 in 11000 Z-Stadt

                                                                                              Kläger,

Proz.-Bev.: Steuerberater XY, XY-Straße, 10000 XY-Stadt
g e g e n

Finanzamt Q vertreten durch den Vorsteher, Q-Straße 3, 12000 Q-Stadt

                                                                                              Beklagter,

(*§ 105 Abs. 2 Nr. 1 FGO*)

wegen Einkommensteuer für die Kalenderjahre 00 und 01,

hat der 2. Senat des Schleswig-Holsteinischen Finanzgerichts – mit Einverständnis der Beteiligten ohne mündliche Verhandlung – am 13.06.04 durch

den Richter am Finanzgericht Meier (*§ 105 Abs. 2 Nr. 2 FGO*) als Berichterstatter anstelle des Senats für Recht erkannt:

        Die Klage wird abgewiesen. *(§ 105 Abs. 2 Nr. 3 FGO)*
        Die Kosten des Verfahrens trägt der Kläger. *(§ 143 Abs. 1 FGO)*
        Die Revision wird nicht zugelassen. *(§ 115 Abs. 1 FGO)*

Tatbestand *(§ 105 Abs. 2 Nr. 4, Abs. 3 S. 1 FGO)*

Die Beteiligten streiten über, ... *(exakte Darstellung des Streitstandes)*
Mit Einspruchsentscheidung vom 12.12.03 wies der Beklagte den Einspruch als unbegründet zurück. ... *(Wiedergabe der Einspruchsgründe)*
Am 24.12.03 hat der Kläger Klage erhoben. ... *(Vortrag des Klägers im Klageverfahren)*

Der Kläger beantragt,

die Bescheide über die Festsetzung der Einkommensteuer 00 vom 25.03.01 in der Gestalt der Einspruchsentscheidung vom 12.12.03 zu ändern und die Einkommensteuer auf 10.000 € festzusetzen, *(dto. für ESt 01).*

Der Beklagte beantragt,
die Klage abzuweisen.

Der Beklagte trägt vor, ...

Die Beteiligten haben sich mit einer Entscheidung des Berichterstatters anstelle des Senats ohne mündliche Verhandlung einverstanden erklärt.
Wegen des Vorbringens der Beteiligten wird auf die zwischen ihnen gewechselten Schriftsätze nebst Anlagen sowie zwei Hefter Einkommensteuer-Vorgänge Bezug genommen *(§ 105 Abs. 3 S. 2 FGO).*

Entscheidungsgründe *(§ 105 Abs. 2 Nr. 5 FGO)*

Die zulässige Klage ist nicht begründet.
(umfassende Begründung)
Nach alledem war die Klage abzuweisen.
Die Kostenentscheidung beruht auf § 135 Abs. 1 FGO.
Gründe, die Revision gemäß § 115 Abs. 2 FGO zuzulassen, sind nicht ersichtlich.
Der Berichterstatter konnte gemäß § 79 a Abs. 3 und 4 FGO anstelle des Senats und gemäß § 90 Abs. 2 FGO ohne mündliche Verhandlung entscheiden, weil sich die Beteiligten damit einverstanden erklärt haben.

Rechtsmittelbelehrung *(§ 105 Abs. 2 Nr. 6 FGO)*

Die Nichtzulassung der Revision in diesem Urteil kann durch Beschwerde angefochten werden.
Die Beschwerde ist innerhalb eines Monats nach Zustellung des vollständigen Urteils bei dem Bundesfinanzhof einzulegen. ... *(Hinweis auf Formvorschriften, Vertretungszwang, Postanschrift BFH, Fortgang des Verfahrens)*

Unterschrift des Richters
        Siegel des Gerichts

In diesem Urteil wurde kein **Streitwert** festgesetzt. Dies ist nach § 63 Abs. 2 GKG nicht zwingend notwendig und wird gegebenenfalls nach § 149 Abs. 1 FGO bei der Berechnung von zu erstattenden Aufwendungen durch den Urkundsbeamten des Gerichts nachgeholt.

Fehlen der Entscheidung die **Gründe**, so stellt dies einen absoluten Revisionsgrund dar (s. VIII. 1.5). Das Beispiel bezieht sich auf die vollständige Abweisung einer Anfechtungsklage. Bei anderen Entscheidungen lautet die Urteilsformel wie folgt:

3.1.1 Begründete Klage bei Anfechtungsklagen

Ist der angefochtene Verwaltungsakt in vollem Umfang rechtswidrig und wird der Kläger durch ihn in seinen Rechten verletzt, so hebt das Gericht den Verwaltungsakt nach § 100 Abs. 1 S. 1 FGO auf („Kassation"). Die Urteilsformel lautet:

> „Der Einkommensteuerbescheid für das Jahr 00 und die Einspruchsentscheidung des Finanzamtes Q vom 07.10.02 werden **aufgehoben**."

Begehrt dagegen der Kläger **nicht** die **vollständige** Aufhebung des Steuerbescheids, sondern nur eine Änderung, so kann das Gericht selbst nach § 100 Abs. 2 S. 1 FGO einen anderen Betrag festsetzen oder dies nach § 100 Abs. 2 S. 2 FGO dem Finanzamt überlassen. Bei letztgenannter Alternative darf nur noch die eigentliche Berechnung Sache des Finanzamtes sein. Die möglichen Urteilsformeln bei teilweiser Begründetheit der Klage lauten wie folgt:

> „Der Einkommensteuerbescheid für das Jahr 00 vom 25.03.01 in Gestalt der Einspruchsentscheidung vom 12.12.03 wird dahingehend abgeändert, dass die Einkommensteuer nunmehr 11.000 € beträgt. Im Übrigen wird die Klage abgewiesen."
>
> „Der Einkommensteuerbescheid für das Jahr 00 vom 25.03.01 in Gestalt der Einspruchsentscheidung vom 12.12.03 ist dahingehend abzuändern, dass Mehraufwendungen für doppelte Haushaltsführung i.H.v. 5.000 € als Werbungskosten des Klägers bei seinen Einkünften aus nichtselbständiger Tätigkeit berücksichtigt werden. Im Übrigen wird die Klage abgewiesen. Die konkrete Berechnung der festzusetzenden Steuer wird dem Beklagten aufgegeben, da diese nicht unerheblichen Aufwand erfordert."

3.1.2 Begründete Klage bei Verpflichtungsklagen

Hat die Behörde kein Ermessen, könnte die positive Entscheidung über eine Verpflichtungsklage so aussehen:

> „Der Beklagte wird unter Aufhebung des Bescheides vom 27.10.03 in der Gestalt der Einspruchsentscheidung vom 08.11.04 verpflichtet, über den Antrag des Klägers vom 25.03.02 auf Erteilung eines geänderten Steuerbescheids unter Beachtung der Rechtsauffassung des Gerichts erneut zu entscheiden."

3.1.3 Begründete Klage bei Ermessensentscheidungen

Hat die Behörde das Ermessen fehlerhaft ausgeübt, so wird sie grundsätzlich zur erneuten Entscheidung verurteilt (s. Kap. V. 2.). Der Tenor lautet dann wie folgt:

> „Der Beklagte wird unter Aufhebung des Bescheids vom 30.03.06 in der Gestalt der Einspruchsentscheidung vom 27.10.07 verpflichtet, über den Erlassantrag des Klägers betreffend die Einkommensteuer 04 vom 27.04.05 erneut zu entscheiden."

3.2 Gerichtsbescheide (§ 90a FGO)

Im Gegensatz zum Urteil ergeht ein Gerichtsbescheid immer **ohne mündliche Verhandlung** und immer ohne Mitwirken der ehrenamtlichen Richter. Eine mündliche Verhandlung kann aber nach § 90a Abs. 2 S. 1 FGO innerhalb eines Monats nach Zustellung des Bescheids durch alle Beteiligten beantragt werden.

§ 90a FGO regelt, dass der Gerichtsbescheid in **geeigneten Fällen** ergeht, definiert dies aber nicht. Geeignet sind stets die Fälle, in denen der **Sachverhalt** zwischen den Beteiligten **unstreitig** ist und es auch keiner weiteren Sachverhaltsermittlung mehr bedarf. Da das Finanzgericht nach § 90a Abs. 2 S. 2

FGO die Revision zulassen kann, müssen auch rechtlich komplexe Sachverhalte im Gerichtsbescheidsverfahren entschieden werden können.

Ein Gerichtsbescheid könnte wie folgt aussehen:

Finanzgericht XYZ

Im Namen des Volkes

Gerichtsbescheid

In dem Rechtsstreit
Dr. D, D-Straße 7, 30000 D-Stadt
Prozessbevollmächtigter: Dr. E., E-Straße 6, 30000 D-Stadt

gegen
das Finanzamt D, W-Straße 12, 30000 D-Stadt

wegen Umsatzsteuer 08

hat der 1. Senat des Finanzgerichts XYZ durch den Vorsitzenden Richter T als Vorsitzenden, den Richter am Finanzgericht H und die Richterin am Finanzgericht A am 09.05.11 für Recht erkannt:

Die Klage wird als unbegründet abgewiesen.
Die Kosten des Verfahrens werden dem Kläger auferlegt.

Rechtsmittelbelehrung:
Der Gerichtsbescheid wirkt als Urteil. Jeder der Beteiligten kann innerhalb eines Monats nach Zustellung des Gerichtsbescheides bei dem Finanzgericht XYZ (Anschrift siehe unten) schriftlich die Durchführung einer mündlichen Verhandlung beantragen. Andere Rechtsmittel sind nicht gegeben. Wird rechtzeitig die mündliche Verhandlung beantragt, gilt der Gerichtsbescheid als nicht ergangen.

VIII. Rechtsmittel

Da es in der Finanzgerichtsbarkeit keine Berufungsmöglichkeit gibt, sind die einzigen Rechtsmittel die Revision (§ 115 FGO) und die Beschwerde (§ 128 FGO). Die Nichtzulassungsbeschwerde nach § 116 FGO ist kein Rechtsmittel innerhalb des Verfahrens, sondern ist ein besonderes Mittel, um die Zulassung der Revision zu erreichen.

1. Revision

Mit dem Zweiten Gesetz zur Änderung der Finanzgerichtsordnung vom 19.12.2000 mit Wirkung ab 01.01.2001 hat der Gesetzgeber die Revisionszulassungsgründe neu gefasst.

Revision kann nach § 115 Abs. 1 FGO nur erhoben werden, wenn dies im finanzgerichtlichen Urteil ausdrücklich zugelassen wurde. An die Zulassung ist der BFH nach § 115 Abs. 3 FGO gebunden. Wird die Revision im finanzgerichtlichen Urteil nicht erwähnt, ist sie nicht zugelassen. Die fünf möglichen Zulassungsgründe ergeben sich aus § 115 Abs. 2 Nr. 1–3 FGO. Im Einzelnen:

1.1 Grundsätzliche Bedeutung der Rechtssache (§ 115 Abs. 2 Nr. 1 FGO)

Eine Rechtssache hat grundsätzliche Bedeutung, wenn ihre Klärung erforderlich ist. Dazu ist zunächst zu fragen, ob **Klärungsbedürftigkeit** vorliegt. Hieran fehlt es, wenn sich die streitige Rechtsfrage ohne weiteres aus dem Gesetz beantworten lässt (BFH vom 06.02.1990, VII B 148/89, BFH/NV 1990, 747), wenn die betreffende Rechtsfrage offensichtlich so zu beantworten ist, wie es das Finanzgericht getan hat (BFH vom 15.12.1989, BStBl II 1990, 344) oder wenn die Frage sich anhand vorliegender Rechtsprechung des BFH beantworten lässt (BFH vom 10.11.2016, X B 85/16 NV).

Wird die Klärungsbedürftigkeit positiv festgestellt, so ist ferner zu fragen, ob die Klärung durch den BFH im **allgemeinen Interesse** liegt. Dies ist der Fall, wenn das abstrakte Interesse der Allgemeinheit an der einheitlichen Entwicklung und Handhabung des Rechts berührt sind (BFH vom 08.01.2003, BFH/NV 2003, 504). Dazu ist es nicht ausreichend, wenn der BFH einen vergleichbaren Fall noch nicht entschieden hat (BFH vom 02.11.2001, BFH/NV 2002, 506).

Ferner kommt eine Grundsatzrevision nur dann in Betracht, wenn die Rechtsfrage auch **klärungsfähig** ist. Dies ist der Fall, wenn eine verallgemeinernde Klärung der Rechtslage von der Revision zu erwarten ist. Die Darlegung des Zulassungsgrundes der grundsätzlichen Bedeutung erfordert substantiierte Ausführungen zur Klärungsbedürftigkeit und Klärungsfähigkeit einer konkreten Rechtsfrage, der Bedeutung für die Allgemeinheit zukommt. Dazu ist u.a. eine Auseinandersetzung mit Schrifttum, Verwaltungsmeinungen und bestehender Rechtsprechung notwendig (BFH vom 21.08.2014, VII B 191/13 n.v.).

1.2 Fortbildung des Rechts (§ 115 Abs. 2 Nr. 2, 1. Alt. FGO)

Auch bei der Grundsatzrevision, die im allgemeinen Interesse die einheitliche Entwicklung und Handhabung des Rechts zum Gegenstand hat, geht es um die Fortbildung des Rechts. Damit beide Zulassungsgründe abgegrenzt werden können, hat der BFH entschieden, dass die Fortbildung des Rechts die Grundsatzrevision konkretisiert und insofern die Grundsatzrevision nur dann anzuwenden ist, wenn der Zulassungsgrund der Rechtsfortbildung nicht anwendbar ist (BFH vom 07.07.2004, BStBl II 2004, 896). Eine Revision dient der Fortbildung des Rechts, wenn der Einzelfall Veranlassung gibt, Leitsätze für die Auslegung von Gesetzesbestimmungen des materiellen Rechts oder Verfahrensrechts aufzustellen oder Gesetzeslücken rechtsschöpferisch auszulegen (BFH a.a.O.).

> **Beispiel:**
>
> Das FG Düsseldorf hatte in seinem Urteil vom 19.02.2013 (10 K 829/11 E) über die Frage zu entscheiden, ob Aufwendungen eines Erzielers von Gewinneinkünften für regelmäßige Pkw-Fahrten zu seinem einzigen Auftraggeber nur in Höhe der Entfernungspauschale als Betriebsausgaben abziehbar sind. Die Revision wurde nach § 115 Abs. 2 Nr. 2 1. Alt. FGO zur Fortbildung des Rechts zugelassen, um dem BFH Gelegenheit zu geben, zu § 4 Abs. 5 Nr. 6 EStG bei dieser Konstellation Stellung zu nehmen. Dies hat der BFH mit Urteil vom 22.10.14, X R 13/13 getan.

1.3 Sicherung einer einheitlichen Rechtsprechung (§ 115 Abs. 2 Nr. 2, 2. Alt. FGO)

Eine Entscheidung des BFH im Rahmen einer Revision ist geboten, wenn verschiedene Finanzgerichte eine Rechtsfrage unterschiedlich beurteilen oder aber wenn ein Urteil eines Finanzgerichts von der Rechtsprechung des BFH oder anderer oberer Gerichte abweicht (Europäischer Gerichtshof oder Bundesverfassungsgericht). Dies bezeichnet man als **Divergenz**, wenn in der fraglichen Entscheidung ein abstrakter Rechtssatz aufgestellt wird, der von einem tragenden Rechtssatz des BFH abweicht (BFH vom 22.11.2005, BFH/NV 2006, 494).

1.4 Schwerwiegende Rechtsfehler

Bei der Neufassung der Revisionsgründe mit Wirkung ab 01.01.2001 hat der Gesetzgeber laut Begründung zum Gesetzesentwurf beabsichtigt, „auch für die Fälle die Revision zuzulassen, bei denen über den Einzelfall hinaus ein allgemeines Interesse an einer korrigierenden Entscheidung des Revisionsgerichts besteht. **Fehler** bei der Auslegung revisiblen Rechts können danach über den Einzelfall hinaus auch dann allgemeine Interessen nachhaltig beruhren, wenn sie z.B. **von erheblichem Gewicht** und geeignet sind, das Vertrauen in die Rechtsprechung zu beschädigen" (BT-Drs. 14/4061, 9).

Ausdrücklich ist dieser Fall in den Zulassungsgründen nicht geregelt. Gleichwohl nimmt der BFH in seiner Rechtsprechung diesen Zulassungsgrund insofern an, als besonders schwerwiegende Fehler des FG bei der Auslegung revisiblen Rechts die Zulassung der Revision ermöglichen (BFH vom 12.08.2003, BFH/NV 2003, 1604). Diese Revision fällt unter § 115 Abs. 2 Nr. 2, 2. Alt. FGO und kommt dann in Betracht, wenn eine Entscheidung sich als objektiv willkürlich darstellt oder greifbar gesetzwidrig ist. Dafür reicht es nicht aus, dass die Entscheidung Zweifeln begegnet oder sie sogar eindeutig fehlerhaft ist. Vielmehr muss das Urteil unter keinem Gesichtspunkt rechtlich vertretbar sein und sich deshalb der Schluss aufdrängen, dass es auf sachfremden Erwägungen beruht, sodass das Urteil geeignet ist, das Vertrauen in die Rechtsprechung zu beschädigen (BFH vom 13.10.2003, BStBl II 2004, 25, BFH vom 03.06.2011, VII B 203/10, NV).

1.5 Verfahrensrevision (§ 115 Abs. 2 Nr. 3 FGO)

Bei der Verfahrensrevision geht es ebenso wie bei der Revision wegen schwerwiegender Rechtsfehler im Gegensatz zu den anderen Revisionsgründen darum, ein falsches Vorgehen des Finanzgerichts im konkreten **Einzelfall** zu revidieren. Eine Revision, die allein auf Verfahrensmängel gestützt wird, wird der Kläger sich über die Nichtzulassungsbeschwerde erkämpfen müssen, da sie naturgemäß nicht vom Finanzgericht zugelassen werden wird.

Es muss ein **Verfahrensmangel tatsächlich vorliegen** und auf diesem Verfahrensfehler muss die Entscheidung beruhen können. § 119 FGO listet einige Verfahrensmängel auf, bei denen stets anzunehmen ist, dass die Entscheidung auf diesen Mängeln beruht. Diese Verfahrensfehler werden deshalb als **absolute Revisionsgründe** bezeichnet.

Das Gericht ist nicht im Sinne von § 119 Nr. 1 FGO vorschriftsmäßig besetzt, wenn Richter während der Verhandlung schlafen und deshalb den wesentlichen Vortrag nicht zur Kenntnis nehmen können. Zu dieser Frage hat sich der BFH mehrfach damit auseinandergesetzt, wann jemand schläft (s. u.a. BFH vom 17.02.2011, VI B 108/09 n.v.).

Verfahrensfehler, die keine absoluten Revisionsgründe darstellen, sind Fehler, die dem FG in Bezug auf das Verfahren unterlaufen sind, sofern dadurch der materielle Inhalt der Entscheidung beeinflusst sein kann. Dies ist z.B. der Fall, wenn eine Sachentscheidung fällt, obwohl das Verfahren eigentlich nach § 74 FGO hätte ausgesetzt werden müssen (BFH vom 09.10.1991, BStBl II 1991, 930). Geht es z.B. um eine Aussetzung des Verfahrens, weil eine Verwaltungsbehörde noch eine Feststellung treffen muss, so ist es ohne Zweifel möglich, dass der Inhalt der Entscheidung des Finanzgerichts bei vorgenommener Aussetzung und Abwarten auf die behördliche Entscheidung anders ausgefallen wäre.

Nach § 118 Abs. 3 Satz 1 FGO ist bei einer Revision, die ausschließlich auf Verfahrensmängel gestützt wird, grundsätzlich nur über die geltend gemachten Verfahrensmängel zu entscheiden. Eine Überprüfung des FG-Urteils auf seine materielle Richtigkeit kommt in einem solchen Fall ausnahmsweise in Betracht, wenn zugleich die Voraussetzungen des § 115 Abs. 2 Nr. 1 oder 2 FGO vorliegen (BFH vom 04.05.2011, BFH/NV 2011, 1702 Nr. 10).

1.6 Einlegung der Revision

Die **Frist** für die Einlegung der Revision beträgt nach § 120 Abs. 1 S. 1 FGO einen Monat nach Zustellung des vollständigen Urteils. Nach § 121 i.V.m. § 56 FGO besteht die Möglichkeit der Wiedereinsetzung in den vorigen Stand. Für die **notwendige Begründung** beträgt die Frist zwei Monate (§ 120 Abs. 2 S. 1 FGO). Obwohl die Begründungsfrist nach § 120 Abs. 2 S. 3 FGO verlängert werden kann, kommt trotzdem nach § 56 Abs. 2 FGO Wiedereinsetzung in den vorigen Stand mit einer Wiedereinsetzungsfrist von einem Monat in Betracht. Dies liegt daran, dass der Antrag auf Verlängerung der Begründungsfrist nach § 120 Abs. 2 S. 3 FGO vor Ablauf der Frist gestellt werden muss. Die Wiedereinsetzung dagegen regelt die Fälle, bei denen unverschuldet die Wahrnehmung der Frist – und damit auch der Antrag auf Fristverlängerung – nicht möglich war.

Nach § 62 Abs. 4 FGO besteht **Vertretungszwang**.

Revision kann nach § 120 Abs. 1 S. 1 FGO nur **schriftlich** eingelegt werden.

Inhaltlich muss die Revision nach § 120 Abs. 1 S. 2 FGO das angefochtene Urteil bezeichnen. Eine Ausfertigung des Urteils soll beigefügt werden.

Die Begründung hat nach § 120 Abs. 3 FGO **Revisionsanträge** zu enthalten, aus denen sich ergibt, inwieweit das Urteil angefochten und dessen Aufhebung beantragt wird. Außerdem müssen **Revisionsgründe** nach § 120 Abs. 3 Nr. 2 FGO angegeben werden. Da die Revision nur die rechtliche nicht aber die tatsächliche Prüfung des finanzgerichtlichen Urteils vornimmt, werden Einwände gegen das Urteil des Finanzgerichts aus dem tatsächlichen Bereich nicht gehört werden. Näheres s. BFH vom 04.10.2018, BStBl II 2017, 790.

2. Beschwerde

Mit der Beschwerde nach § 128 FGO begehren die Beteiligten des finanzgerichtlichen Verfahrens die Überprüfung von Entscheidungen des Finanzgerichts, die **nicht Urteile oder Gerichtsbescheide** sind, durch den Bundesfinanzhof (s. Beispiel Kap. VI. 4.4). § 128 Abs. 2–4 FGO listet eine Reihe von Entscheidungen auf, die nicht oder nur unter bestimmten Voraussetzungen mit der Beschwerde angefochten werden können (unter anderem Beweisbeschlüsse und Beschlüsse über die Ablehnung von Beweisanträgen).

§ 129 FGO schreibt für die Beschwerde die **Schriftform** vor. Die **Beschwerdefrist** beträgt **2 Wochen**. Der Bundesfinanzhof entscheidet über die Beschwerde nach § 132 FGO durch **Beschluss**.

3. Erinnerung

Mit der Erinnerung nach § 133 FGO können die Beteiligten sich schriftlich mit einer Frist von 2 Wochen nach Bekanntgabe gegen Entscheidungen des beauftragten oder ersuchten Richters (s. Kap. VI. 4.4) oder des Urkundsbeamten wenden.

4. Anhörungsrüge

Die in § 133a FGO geregelte Anhörungsrüge ist nach § 133a Abs. 1 Nr. 1 FGO subsidiär und hat nur Aussicht auf Erfolg, wenn geltend gemacht wird, dass der Grundsatz des rechtlichen Gehörs verletzt wurde. Da fehlende Anhörung nach § 119 Nr. 3 FGO ein absoluter Revisionsgrund ist, kommt die Anhörungsrüge gegen Urteile des Finanzgerichts nicht in Betracht.

Die Anhörungsrüge ist nach § 133a Abs. 2 S. 1, 3 FGO innerhalb von 2 Wochen nach Kenntnis von der Verletzung des rechtlichen Gehörs schriftlich zu erheben

5. Nichtzulassungsbeschwerde

Hat das Finanzgericht die Revision nicht zugelassen, kann der Kläger das Verfahren nur weiterverfolgen, wenn er über die Nichtzulassungsbeschwerde nach § 116 FGO die Zulassung der Revision erreicht.

Ebenso wie bei der Revision beträgt die **Frist** für die Nichtzulassungsbeschwerde nach § 116 Abs. 2 S. 1 FGO **einen Monat** und die **Frist für die notwendige Begründung** der Nichtzulassungsbeschwerde nach § 116 Abs. 3 S. 1 FGO **zwei Monate** nach Zustellung des Urteils. Auch hier kann die Begründungsfrist nach § 116 Abs. 3 S. 4 FGO verlängert werden, wenn dies vor Ablauf der Frist beantragt wird. Diese Verlängerung kann maximal einen Monat betragen. Die Wiedereinsetzung ist nach § 56 Abs. 2 FGO möglich.

Größte Schwierigkeit bei der Nichtzulassungsbeschwerde ist die nach § 116 Abs. 3 S. 3 FGO zwingend erforderliche **Begründung der Voraussetzungen des § 115 Abs. 2 FGO**, der Revisionsgründe. Obwohl dies inhaltliche Gründe der Beschwerde betrifft, gehört die notwendige Angabe der Revisionsgründe zu den Zulässigkeitsvoraussetzungen der Nichtzulassungsbeschwerde (BFH vom 27.02.2007, X B 20/06 NV).

Soll die Revision auf die **grundsätzliche Bedeutung** der Rechtssache (§ 115 Abs. 2 Nr. 1 FGO) gestützt werden, so ist wie bei der Revision nach § 115 Abs. 2 Nr. 1 FGO nur dann schlüssig dargelegt, wenn der Beschwerdeführer eine bestimmte, für die Entscheidung des Streitfalles erhebliche abstrakte Rechtsfrage herausstellt und substantiiert darauf eingeht, inwieweit diese Rechtsfrage klärungsbedürftig, d.h. in welchem Umfang, von welcher Seite und aus welchen Gründen sie umstritten ist (BFH vom 27.02.2007, a.a.O.). Die Bedeutung der Rechtsfrage für die Allgemeinheit muss konkret dargetan werden. Dazu gehört u.a. auch eine Auseinandersetzung mit zu dieser Frage vertretenen Auffassungen in Rechtsprechung, Schrifttum und veröffentlichten Äußerungen der Verwaltung (BFH vom 10.06.2011, BFH/NV 2011, 1547 Nr. 9).

Bei der angestrebten **Rechtsfortbildungsrevision** nach § 115 Abs. 2 Nr. 2, 1. Alt. FGO hat der Beschwerdeführer darzulegen, dass die gewünschte Revisionsentscheidung eine Leitlinie sein kann. Auch hier muss vorgetragen werden, dass die Allgemeinheit ein Interesse an der in diesem Einzelfall zu klärenden Rechtsfrage hat.

Wird die Zulassung der Revision auf § 115 Abs. 2 Nr. 2 2. Alt. FGO, die **Sicherstellung einer einheitlichen Rechtsprechung,** gestützt, so gehört zur Begründung mindestens die Nennung des Urteils, von dem die Vorentscheidung abgewichen ist und der Rechtssatz, den sie falsch ausgelegt oder angewandt hat (BFH vom 30.08.2001, BStBl II 2001, 837). In der Beschwerdebegründung müssen rechtserhebliche abstrakte Rechtssätze in den jeweiligen Entscheidungen so genau bezeichnet werden, dass die Abweichung erkennbar ist (BFH vom 05.09.06, BFH/NV 2007, 243).

Bezieht sich die Nichtzulassungsbeschwerde auf einen **Verfahrensmangel** (§ 115 Abs. 2 Nr. 3 FGO) so muss die Begründung die Tatsachen bezeichnen, die einen entsprechenden Verfahrensmangel ergeben. Bezieht sich der Beschwerdeführer z.B. darauf, dass nicht ausreichend aufgeklärt wurde, muss er die ermittlungsbedürftigen Tatsache präzise angeben sowie substantiiert darlegen, inwiefern das Urteil des Finanzgerichts auf der unterlassenen Beweisaufnahme beruhen kann, was das voraussichtliche Ergebnis der Beweisaufnahme gewesen wäre (BFH vom 04.05.2011, BFH/NV 2011, 1702 Nr. 10) und inwiefern dies für den Kläger günstiger gewesen wäre (BFH vom 21.08.2014, VII B 191/13 n.v.).

Allerdings dient das Institut der Nichtzulassungsbeschwerde nicht dazu, die Richtigkeit finanzgerichtlicher Urteile umfassend zu gewährleisten, sodass Fehler bei der Auslegung und Anwendung materiellen Rechts u.U. nicht die Zulassung der Revision rechtfertigen (BFH vom 21.08.2014, a.a.O.).

IX. Kosten

1. Arten der Kosten

Folgende Kosten können anfallen:

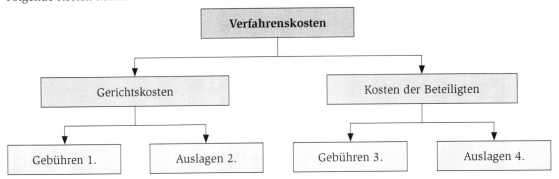

1. Welche Gebühr anfällt, ist aus **Anlage 1 zu § 3 Abs. 2 GKG** ersichtlich. Im Klageverfahren vor dem Finanzgericht fallen nach Nr. 6110 des Kostenverzeichnisses 4 Gebühren an und nur 2 Gebühren, wenn wegen Klagerücknahme oder Erledigungserklärung keine Entscheidung des Gerichts in der

Sache ergehen muss (s. Kap. VII. 1. und 2.). **Bemessungsgrundlage** für die Gebühren des Gerichts ist der **Streitwert**. Die einfache Gebühr ermittelt sich aus Anlage 2 zu § 34 GKG und beträgt mindestens 35 € und maximal 3.536 €.
Der Streitwert ergibt sich nach § 52 Abs. 1 GKG und ist grundsätzlich nach der sich aus dem Antrag des Klägers für ihn ergebenden Bedeutung der Sache zu bestimmen, darf aber im Klageverfahren in beiden Instanzen nach § 52 Abs. 4 GKG nicht unter 1.500 € betragen. Fehlen Anhaltspunkte, so beträgt der Streitwert nach § 52 Abs. 2 GKG 5.000 €.
Mit der Einreichung der Klage ist die Verfahrensgebühr als **Vorschuss** nach § 6 Abs. 1 Nr. 5 GKG fällig. Bund und Länder, also die Finanzbehörden, müssen nach § 2 Abs. 1 GKG keine Gerichtskosten zahlen.

2. Diese sind unter Teil 9 in Anlage 1 zu § 3 Abs. 2 GKG aufgelistet.
3. Bei den Beteiligten fallen Gebühren nur an, wenn sie einen **Prozessbevollmächtigten** bestellt haben. Auch hier ist Grundlage für die Gebühr der Streitwert. Wie hoch die Gebühr ist, richtet sich nach dem Rechtsanwaltsvergütungsgesetz (RVG). Dies ist nach § 45 Gebührenverordnung für Steuerberater, Steuerbevollmächtigte und Steuerberatungsgesellschaften (StBGebV) anwendbar.
Welche Gebühren anfallen, richtet sich nach dem Verfahrensverlauf (s. im einzelnen Anlage 1 zu § 2 Abs. 2 RVG).
Die Gebühren für den Prozessbevollmächtigten sind auch dann Kosten des Finanzprozesses, wenn kein Vertretungszwang besteht (§ 139 Abs. 3 S. 1 FGO).
4. Auch die Auslagen regelt das RVG. Dies sind z.B. Reisekosten.
§ 139 Abs. 2 FGO regelt, dass der **Finanzbehörde Aufwendungen nicht erstattet** werden, auch wenn die Finanzbehörde den Rechtsstreit gewinnt. In Anbetracht des Umstands, dass die Zuständigkeitsbereiche der 18 Finanzgerichte sehr groß sind und deshalb teilweise hohe Fahrtkosten der Behörden entstehen, ist diese Regelung in Anbetracht des schwierigen Staatshaushalts kaum verständlich. Das gilt insbesondere, wenn die Behörde auf die mündliche Verhandlung verzichtet, der Kläger aber nicht und der schließlich obsiegenden Behörde dann hohe tatsächliche Kosten und auch erheblicher Zeitaufwand der erscheinenden Personen entstehen. **Anders** ist dies im **allgemeinen Verwaltungsverfahren**. Nach § 162 Abs. 2 VwGO werden im Obsiegensfall auch Auslagen der Behörden erstattet.

Beispiel:
T führt wegen Werbungskosten in Höhe von 5.000 € ein Verfahren vor dem Finanzgericht. Da sein Steuersatz 25 % beträgt, liegt der Streitwert bei 1.250 €. Es ist der Streitwert von bis zu 1.500 € gemäß Anlage 2 zu § 34 GKG zugrunde zu legen. Die Gebühr beträgt 71 € und damit die gesamte Verfahrensgebühr 284 €. Hätte T einen Steuerberater beauftragt und hätte eine mündliche Verhandlung stattgefunden, so wäre zusätzlich eine Verfahrensgebühr (Anlage 1 Vergütungsverzeichnis zu § 2 Abs. 2 RVG Nr. 3100: **1,3**) und eine Terminsgebühr (Nr. 3104: **1,2**) der Tabellengebühr laut Anlage 2 zu § 13 Abs. 1 RVG (115 €) zuzüglich Auslagen des Steuerberaters zuzüglich Umsatzsteuer als Kostenrisiko einzubeziehen.

2. Kostenpflicht

Nach § 135 Abs. 1 FGO hat der **unterliegende Beteiligte** die Kosten des Verfahrens zu tragen. Ist ein Rechtsmittel erfolglos, so fallen nach § 135 Abs. 2 FGO die Kosten dafür dem das Rechtsmittel Einlegenden zur Last.
Bei teilweisem Obsiegen und teilweisem Unterliegen sind die Kosten nach § 136 Abs. 1 FGO gegeneinander aufzuheben oder verhältnismäßig zu teilen. Die Gerichtskosten haben in diesem Fall beide hälftig zu tragen. Aus Vereinfachungsgründen können auch bei teilweisem Obsiegen alle Kosten nach

§ 136 Abs. 1 S. 3 FGO einem Beteiligten auferlegt werden, wenn der andere nur zu einem geringen Teil unterlegen ist.

Fallen Kosten für einen Antrag auf Wiedereinsetzung in den vorigen Stand an, so trägt sie nach § 136 Abs. 3 FGO der Antragsteller.

Bei einer **Erledigung in der Hauptsache** entscheidet das Gericht nach § 138 Abs. 1 FGO nach billigem Ermessen über die Kosten des Verfahrens durch Beschluss und berücksichtigt dabei den bisherigen Sach- und Streitstand. Im Ergebnis trägt also auch bei der Erledigung der Hauptsache derjenige die Kosten, der bei Beginn des Verfahrens die rechtlich unrichtige Position vertreten hat.

Hat ein Beteiligter nicht die finanziellen Möglichkeiten einen Finanzrechtsstreit zu führen, so ist ihm auf Antrag **Prozesskostenhilfe** zu gewähren. Nach § 142 Abs. 1 FGO gelten die Vorschriften §§ 114–127 ZPO sinngemäß.

C. Übungsklausuren

Käufer des Buchs erhalten auf Anforderung zwei kostenlose Übungsklausuren mit Lösung zugesendet. Gehen Sie dazu auf unsere Homepage:

http://www.hds-verlag.de/96-0-e-book-zugang.html

Ihr persönlicher Webcode: 9000x3188

Dort werden Ihnen nach Eingabe einiger Adressdaten sowie Ihres persönlichen Webcodes zwei Übungsklausuren mit Lösungen zugesendet.

Stichwortverzeichnis

A
Abgabe
- der eidesstattlichen Versicherung 345
- der Steuererklärung auch an Amtsstelle zur Niederschrift 178
- einer unvollständigen Steueranmeldung 444

Abgekürzte Außenprüfung 427, 428
- Allgemeines 427
- Durchführung 427
- Rechtsfolgen 428

Abhilfebescheid 378
Ablauf des Steuerstrafverfahrens 449

Ablaufhemmung 320
- Anträge des Steuerpflichtigen 233
- Außenprüfung 236
- der Festsetzungsfrist 395
- Einspruchsverfahren 235
- Ermittlungshandlungen 239
- für ressortfremde Bescheide 241
- für vorläufige Steuerfestsetzungen 239
- Geschäftsunfähigkeit 243
- Grundlagenbescheid 239
- höhere Gewalt 232
- Insolvenzverfahren 243
- nach § 171 Abs. 1 AO 232
- nach § 171 Abs. 2 AO 233
- nach § 171 Abs. 3a AO 235
- nach § 171 Abs. 3 AO 233
- nach § 171 Abs. 4 AO 236, 395
- nach § 171 Abs. 5 AO 238
- nach § 171 Abs. 6 AO 239
- nach § 171 Abs. 7 AO 239
- nach § 171 Abs. 8 AO 239
- nach § 171 Abs. 9 AO 239
- nach § 171 Abs. 10a AO 396
- nach § 171 Abs. 10 AO 239
- nach § 171 Abs. 11 AO 243
- nach § 171 Abs. 12 AO 243
- nach § 171 Abs. 13 AO 243
- nach § 171 Abs. 14 AO 243
- nach § 171 Abs. 15 AO 244
- Nachlass 243
- offenbare Unrichtigkeit 233
- Selbstanzeige 239
- Steuerfahndungsprüfung 238
- Steuerhinterziehung, Leichtfertigkeit 239
- Vorläufigkeit 239

Ablehnungsbescheid 194, 200
Abrechnungsbescheid 299
- an zusammenveranlagte Ehegatten 300
- sonstiger Verwaltungsakt 300

Abschnittsbesteuerung 112
Absehen von Steuerfestsetzung 201
Absicht 440

Abtretung 46
- Verpfändung, Pfändung 46
- von Ansprüchen aus dem Steuerschuldverhältnis 46

Abweichende Fälligkeitsbestimmung 303

Abweichende Festsetzung
- durch Finanzbehörde 216
- unter dem Vorbehalt des Widerrufs 202
- von Steuern aus Billigkeitsgründen 202

Ähnliche Bescheide 200
Akteneinsichtsrecht 119
Aktivierung von Anschaffungskosten und deren Folgen 289
Allgemeine Leistungsklage 470
Allgemeine Mitwirkungspflicht gem. § 90 Abs. 1 AO 120
Allgemeinverfügung 143, 378, 379

Amtsermittlung
- Grundsatz 120
- Prinzip 172

Amtshaftungsanspruch 355
Amtshilfe 132
Amtssprache 114
Amtsträger 6, 109
Amtsverschwiegenheit 21
Anbringungsbehörde 367
Andere Behörden 434

Änderung 263
- der Rechtsprechung eines obersten Gerichtshofes des Bundes 293
- des Steuerbescheids 292
- des Steuerbescheids bei Datenübermittlung durch Dritte 292
- von Gewerbesteuermessbescheiden 287

Änderungs- oder Aufhebungsbescheid, Rechtsbehelf 268

Anfechtung
- eines Verwaltungsaktes 313
- -statbestände 344

Anfechtungsbeschränkung 368
- Einspruch gegen Folgebescheid 373

Anfechtungsklage 470
- gem. § 40 Abs. 1 1. Alt. FGO 467

Anforderungen
- an die Berichtigungserklärung 444
- an die Steuererklärung 176

Angehörige 7

Anlaufhemmung 318
- des § 170 Abs. 2 Nr. 1 AO 445
- nach § 170 Abs. 2 AO 229
- nach § 170 Abs. 3 AO 230

- nach § 170 Abs. 4 AO 230
- nach § 170 Abs. 5 AO 230
- nach § 170 Abs. 6 AO 231
- nach § 170 Abs. 7 AO 232

Anordnungsgrund 475
Anrechnung von Zinsen nach § 233a AO 325
Anregung der Gewerbeuntersagung 347
Anscheinsbeweis 186
Anspruch aus dem Steuerschuldverhältnis 39, 48
- Beispiele 300
- Erlass der 312

Antrag
- auf Aufteilung einer Gesamtschuld 348
- auf Aussetzung der Vollziehung 103
- auf Beschränkung der Vollstreckung 347
- auf schlichte Änderung nach § 172 Abs. 1 Nr. 2a AO 357
- auf Zwangsversteigerung 339
- auf Zwangsverwaltung 339

Anwendungsbereich der Steuerverwaltungsakte 141
Anzeigepflichten 170
Äquidistanzprinzip 17
Arglistige Täuschung 256

Arrest
- -anspruch 346
- -grund 346
- -verfahren 346

Aufbewahrungspflicht 175
- elektronische Form 175
- Frist 175
- Steuerpflichtige mit hohen Überschusseinkünften 175

Aufgaben der AO 1

Aufhebung 263
- der Vollziehung 387, 389
- des Vorbehalts der Nachprüfung 395
- des Vorbehalts der Nachprüfung durch die Behörde 207
- oder Änderung von Steuerbescheiden aufgrund von Grundlagenbescheiden und bei rückwirkenden Ereignissen 284
- oder Änderung von Steuerbescheiden wegen neuer Tatsachen oder Beweismittel 268
- oder Änderung zugunsten des Steuerpflichtigen 274
- oder Änderung zuungunsten des Steuerpflichtigen 273
- und Änderung von Bescheiden über andere Steuern 264
- und Änderung von Bescheiden über Verbrauchssteuern 263
- und Änderung von Bescheiden wegen Erwirkung durch unlautere Mittel 266
- und Änderung von Bescheiden wegen sachlicher Unzuständigkeit 266
- und Änderung von Bescheiden wegen sonstiger gesetzlicher Regelungen 267

Auflagenvorbehalt 149

Aufrechnung 308, 311
- Aufrechnungserklärung 308
- durch das Finanzamt 309
- durch den Steuerpflichtigen 309
- Erfüllbarkeit der Hauptforderung 311
- Rechtsfolgen der 312
- Voraussetzungen 309

Aufteilung
- einer Gesamtschuld 348
- -sbescheide 253

Aufzählung von Verwaltungsakten 143

Aufzeichnungspflicht 174
- Warenausgang 174
- Wareneingang 174

Ausgelöster Widerstreit durch Antrag oder Rechtsbehelf des Steuerpflichtigen 282
Auskünfte des Finanzamts 116

Auskunftsersuchen 122
- Abgrenzung zum Vorlageverlangen 124
- Entschädigungsanspruch 124
- Unzulässigkeit 123
- Voraussetzungen 122

Auskunftspflicht 122

Auskunftsverweigerungsrechte 129
- Angehörige 129
- Berufsgruppen 130
- für Angehörige bestimmter Berufsgruppen 188
- öffentliche Stellen 132
- Selbstbelastung 131
- Verwertungsverbot 129

Ausschließliche Wirtschaftszone 17
Ausschließung und Ablehnung von Amtsträgern 109
Ausschluss der Selbstanzeige 396

Ausschlussgrund
- für Amtsträger 110
- gem. § 371 Abs. 2 Nr. 1b AO 446
- gem. § 371 Abs. 2 Nr. 1c AO 446
- gem. § 371 Abs. 2 Nr. 2 AO 446

Außenprüfung 393
- abgekürzte 427, 428
- Ablaufhemmung 236
- Allgemeines 393
- an Amtsstelle 422
- Anschluss an die 431
- Aufklärungsbedürfnis 399
- äußerer Betriebsvergleich 417
- Ausweispflicht 416
- Beginn 416
- Begründung 400, 408
- bei Ehegatten 398

Stichwortverzeichnis

- bei freiberuflich Tätigen 397
- bei Personengesellschaften 401
- beim Steuerberater 422
- Bekanntgabe der Prüfungsanordnung 406, 410
- Bekanntgabeadressat 407
- Bestimmung des Prüfungsortes 421
- Betriebsbesichtigung 422
- Datenträgerüberlassung (Z3) 420
- Datenzugriff Z1, Z2, Z3 420
- Durchführung der Prüfung 416
- Einspruch 409
- Einzelprüfungsmethoden 417
- Erteilung von Auskünften 419
- Folgen der Verletzung der Mitwirkungspflichten 420
- Folgen fehlerhafter bzw. fehlender Prüfungsanordnung 409
- formelles Verwertungsverbot 410
- gegenüber einem Ehegatten 411
- Geldverkehrsrechnung 418
- gesetzliche Regelungen 394
- Großbetriebe 403
- Heilung nach § 126 Abs. 1 Nr. 2 AO 409
- Inhalt der Prüfungsanordnung 407
- Inhalt des Prüfungsberichtes 426
- innerer Betriebsvergleich 417
- juristische Personen und Handelsgesellschaften 412
- materielles Verwertungsverbot 410
- Mitteilung des Prüfungsbeginns 410
- Mitteilungspflichten 404
- mittelbarer Datenzugriff (Z2) 420
- Mitwirkungspflichten des Steuerpflichtigen 419
- Mitwirkungspflichten Verzögerungsgeld 421
- Mitwirkungsverweigerungsrechte 421
- M-, K- und KSt-Betriebe 403
- Muster einer Prüfungsanordnung 413
- nicht rechtsfähige Personengesellschaft 412
- Ort 421
- Personengesellschaften 412
- persönlicher Umfang 401
- progressive Methode 417
- Prüfungsanordnung 406
- Prüfungsbericht 425
- Prüfungsgrundsätze 416
- Prüfungszeitraum 403
- Rechtswirkungen 394, 395
- retrograde Methode 417
- sachlicher Umfang 400
- Schlussbesprechung 422
- Steuerabzugsverpflichtete 399
- strafrechtliche Aspekte 403, 425
- tatsächliche Verständigung 424
- Übergang von einer Umsatzsteuer-Nachschau zu einer – 430

- Umsatzsteuernachschau 430
- Umsatzsteuersonderprüfung 429
- unmittelbarer Datenzugriff (Z1) 420
- Unterrichtung des Steuerpflichtigen 418
- Unterrichtung des Steuerpflichtigen und Hinweis 428
- Unzweckmäßigkeit der Prüfung an Amtsstelle 400
- verbindliche Zusagen 430
- Verlegung des Prüfungsbeginns 413
- Vermögenszuwachsrechnung 418
- Verprobungsmethoden 417
- Verwertungsverbot 409
- von Konzernen 416
- Vorlage von Büchern 419
- Wechsel von der abgekürzten zur Vollprüfung 427
- weitere Methoden 418
- Zeit der Prüfung 422
- zeitlicher Umfang 401, 402
- Zulässigkeit 396
- Zulässigkeit nach § 193 Abs. 1 AO bei Gewinneinkünften 397
- Zulässigkeit nach § 193 Abs. 2 AO 398
- Zulässigkeit nach § 193 Abs. 2 Nr. 2 AO 399
- Zulässigkeit nach § 193 Abs. 2 Nr. 3 AO 400
- Zuständigkeit 405

Außergerichtliches Rechtsbehelfsverfahren 355
Außersteuerliche Grundlagenbescheide 286
Aussetzung der Vollziehung 387
- Aufrechnung 311
- Aussetzungsgrund 388
- Berechnung 389
- Finanzgericht 390
- Grundlagen- und Folgebescheid 390
- nach § 69 Abs. 3 FGO 475
- Rechtsmittel 390
- Voraussetzungen 388
- Zinsen 326

Aussetzung des Verfahrens 385, 477
Ausstellung gültiger Zuwendungsbestätigungen 62
Auswahlermessen 181

B

Barzahlung 306
Beamtenstatusgesetz 21
Bedingter Vorsatz 440
Beginn
- der Außenprüfung 416
- der Festsetzungsverjährungsfrist 229

Begriff der Organschaft 85
Begründete Klage
- bei Anfechtungsklagen 481
- bei Ermessensentscheidungen 481

Begründetheit des Einspruchs 372
Begründung des Verwaltungsaktes 153

Begünstigender Verwaltungsakt 145
Behördliche Maßnahme 142
Beihilfe 443
Beispiele
- für grobes Verschulden 275
- für relevante Verletzung der Ermittlungspflicht 274

Beistand 109
Beiträge 5
Beitreibung von Beträgen aus Steueranmeldungen 331
Bekanntgabe 151
- an Bevollmächtigte 108
- an Ehegatten 162
- eines unvollständigen Steuerbescheids 448
- eingetragene Lebenspartner 162
- von einheitlichen und gesonderten Feststellungen gem. § 183 AO 224
- von Verwaltungsakten durch Bereitstellung zum Datenabruf 165

Bekanntgabe der Prüfungsanordnung 410, 416
- Bekanntgabeadressat 411
- Empfänger 411
- Fallgestaltungen 411

Benennung von Zahlungsempfängern 187
Benennungsverlangen 150, 187
- Ermessensentscheidung 188
- Rechtsbehelf 190

Beratungs- und Auskunftspflicht 116
Berechnung von Säumniszuschlägen 327
Berichterstatter 461
Berichtigung
- eines offenbaren Fehlers des Steuerpflichtigen 250
- nach § 129 AO 250
- nach § 177 AO 295
- von materiellen Fehlern 295
- wegen offenbarer Unrichtigkeiten 248

Berichtigungspflicht 178
- gem. § 153 AO 178, 179

Berufsrichter 459
Bescheide
- über Verbrauchssteuern 263
- unter dem Vorbehalt der Nachprüfung 262

Beschränkte Anfechtung gegen Änderungs- und Folgebescheide 471
Beschwer 361
Besonderheiten im Einspruchsverfahren gegen Vollstreckungsmaßnahmen 347
Bestandskraft 262
- formell 262
- materiell 262

Bestechung 256
Besteuerungsgrundsätze 111
- Beratungs- und Auskunftspflicht 116
- Gesetzmäßigkeit der Besteuerung 113
- Gleichmäßigkeit der Besteuerung 112
- rechtliches Gehör 118
- Untersuchungsgrundsatz 115

Besteuerungsverfahren 105
Bestrafung 450
Beteiligte im Vollstreckungsverfahren 330
Beteiligtenfähigkeit 106, 472
Betrieb
- -sbesichtigung 422
- -snahe Veranlagung 237, 394
- -ssteuern 92
- -s- und Geschäftsgeheimnis 24

Betriebsprüfung
- -sordnung 394
- zeitnahe 402

Bevollmächtigte 107
- Bekanntgabe und Zustellung 108
- Steuerberatungsgesetz 109
- Zurückweisung 109

Beweis
- des ersten Anscheins 186
- -erhebung 119
- -kraft der Buchführung 186
- -lastregeln 186
- -würdigung im Besteuerungsverfahren 186

Beweismittel 121, 270
- Erheblichkeit 272
- nachträgliches Bekanntwerden 271

Buchführung, Ordnungsvorschriften 173
Buchführungs- und Aufzeichnungspflichten 173
Buchführungspflicht 173
- Erleichterungen 174
- nach § 141 AO 173

Bundesfinanzhof 460, 461
- Fachsenate 460
- Großer Senat 460

Bundeszentralamt für Steuern 406
Bußgeldverfahren 26

C

Checkliste allgemeine Vollstreckungsvoraussetzungen 332
Chi²-Anpassungstest 418

D

Daten
- -abruf 32
- -schutz bei Bankkunden 420
- -übermittlung durch Dritte 126, 396
- -zugriff nach § 147 Abs. 6 AO 419

Dauer der Festsetzungsverjährungsfrist 227
Dienstaufsichtsbeschwerde 356
Digitale Kassensysteme 175
Dinglicher Arrest 346, 468
Direkter Vorsatz 440

Dispositionsmaxime 464
Divergenzanrufung 460
Dolus directus
- 1. Grades 440
- 2. Grades 440

Domizilgesellschaften 188
Drittschuldnererklärung 47, 336
Drittwirkung
- Gesamtrechtsnachfolger 203
- Haftung 203
- von Steuerfestsetzungen 203

Drohung 256
Durchführung
- der Außenprüfung in den Geschäftsräumen des Steuerpflichtigen 422
- der Besteuerung 170
- des außergerichtlichen Vorverfahrens 471
- einer abgekürzten Außenprüfung 423

Durchsuchung bei Dritten 449

E

Ehrenamtliche Richter 459
Eidesleistung gem. § 94 AO 130
Eidesstattliche Versicherung 345
Eidliche Vernehmung 126
Eigenbesitz 51
Eigentumsvorbehalt nach § 449 BGB 92
Eingetragene Lebenspartner 162
Einheitliche und gesonderte Feststellung 219
- Zebragesellschaften 220

Einleitung eines Steuerstrafverfahrens oder eines Bußgeldverfahrens 238
Einmalige Steuern 289
Einschränkung des Vertrauensschutzes 294
Einseitige Verwaltungsakte 146
Einspruch
- Abgrenzung 356
- Abgrenzung zum Antrag auf schlichte Änderung 357
- Abhilfe 378
- Ablaufhemmung 381
- Ausschluss nach § 348 AO 360
- Begründung 361
- Bevollmächtigter 362
- durch Dritte 365
- Entscheidung über den 375
- Folgen des unzulässigen 356
- Folgen des zulässigen 356
- Frist 366
- Fristwahrung durch Einlegung bei der richtigen Behörde 367
- gegen Änderungsbescheide 368
- gegen den Haftungsbescheid 103
- gegen nichtige Verwaltungsakte 359
- gegen Steuerbescheid unter Bezugnahme auf ein anhängiges Musterverfahren vor dem BFH 213
- Handlungsfähigkeit 370
- Rücknahme 371
- -sführer, Begriff 355
- Verzicht 371
- weitere Anforderungen 365
- Zulässigkeit 358

Einspruchsbefugnis 360
- für Einsprüche gegen einheitliche und gesonderte Feststellungen 362
- gegen einheitliche und gesonderte Feststellungen gem. § 352 AO 362

Einspruchsentscheidung 375
- Muster 376
- Tatbestand 377
- Tenor 377
- Urteilsstil 377

Einspruchsverfahren 355
- Ablaufhemmung 235
- Allgemeines 356
- Änderungen im Rechtsbehelfsverfahren 381
- Aussetzen 385
- Fristsetzung 390
- Kosten 355
- Kurzüberblick 356
- Ruhenlassen 385
- Zulässigkeitsvoraussetzung für Klage 355

Einstweilige Anordnungen 475
Einzelprüfungsmethoden 417
Einzelrechtsnachfolge 412
Einziehungsverfügung nach § 314 AO 336
Elektronische Buchführung
- Einsichtnahme der Finanzverwaltung 175
- Verlagerung ins Ausland 174

Elektronische Kommunikation 114
Elektronische Prüfungsanordnung 407
Elektronischer Verwaltungsakt 160
ELSTER 114
- -Verfahren 178

Empfangsbevollmächtigter 363
Empfangsbote 155
Ende der Festsetzungsverjährungsfrist 232
Enthaltung eines Amtsträgers 111
Entschließungsermessen 181
Entstehung eines Anspruches aus dem Steuerschuldverhältnis 68
Erfassung der Steuerpflichtigen 170
Erhebungsverfahren 105, 299
- Verwirklichung von Ansprüchen 299

Erlass 312
- Aufhebung/Änderung der Steuerfestsetzung 292
- aus Gründen des Vertrauensschutzes 314

- des Verwaltungsaktes durch eine sachlich unzuständige Behörde 255
- eines ergänzenden Haftungsbescheides 103
- eines Verwaltungsaktes 156, 251
- Erlassbedürftigkeit 315
- Erlasswürdigkeit 316
- persönliche Unbilligkeit 315
- sachliche Unbilligkeit 313
- Unbilligkeit 313

Erledigung in der Hauptsache 488
Erlöschen der Ansprüche aus dem Steuerschuldverhältnis 49, 306

Ermessen 32
- Auswahl von Gesamtschuldnern 43
- Auswahlermessen 2
- Entschließungsermessen 2
- Klage auf Ermessensentscheidung 468
- -sausübung 2
- -sfehler 3
- Sollvorschriften 2
- -sreduzierung auf Null 3
- Verwaltungsakte 145

Ermessensfehler 3
- Ermessensfehlgebrauch 3
- Ermessensnichtgebrauch 3
- Ermessensreduzierung auf Null 3
- Ermessensüberschreitung 3
- Ermessensunterschreitung 3

Ermittlungspflicht 116
- Verletzung 116

Ermittlungsverfahren 105, 119

Eröffnung eines Insolvenzverfahrens 340
- gem. §§ 27 ff. InsO 341

Ersatzzuständigkeit 17
Ersatzzwangshaft 352

Erstattungsanspruch
- nach § 37 Abs. 2 AO 40
- nach den Einzelsteuergesetzen 39

Erstattungszinsen 322

Erstellung
- der Steuererklärung, Fehler 252
- des Prüfungsberichts 425

Erwerbe
- aus einer Insolvenzmasse 94
- im Vollstreckungsverfahren 94

Erwirkung des Verwaltungsaktes
- durch unlautere Mittel 256
- durch unrichtige oder unvollständige Angaben 256

ESt-4-Mitteilungen 285
EU-Datenschutzgrundverordnung 126

F

Fälligkeit 300
- abweichende Fälligkeitsbestimmung 303

- der Gegenforderung 311
- Einzelsteuergesetze 300
- Festsetzung 302
- Leistungsgebot mit Zahlungsfrist 302
- mit Ablauf der Zahlungsfrist gem. Leistungsgebot 302
- mit Festsetzung 302
- mit Steuerentstehung 301
- Steuerentstehung 301
- von Ansprüchen aus dem Steuerschuldverhältnis 300

Fehler in Steueranmeldungen 253
Fehlerhaft übertragene Lohnsteuerdaten 250
Fehlerhafter Verwaltungsakt 170
Festlandsockel 17

Festsetzung
- des Zwangsgelds 351
- eines Verspätungszuschlags 181
- konstitutive 47
- -serlass nach § 163 AO 312
- -s- und Feststellungsverfahren 194
- -sverfahren 105, 194, 217
- -sverjährungsfrist 444
- von Säumniszuschlägen 327
- von Verzögerungsgeld 421
- von Vorauszahlungen 216

Festsetzungsfrist
- Anlaufhemmung bei Antragsveranlagung 229, 230
- Anlaufhemmung wegen Abgabepflicht 229
- Beginn 229
- Ende 232
- Folgen der Verletzung 246
- für den Erlass des Haftungsbescheides 102

Feststellung
- aufgrund § 180 Abs. 2 AO 221
- der Nichtigkeit eines Gesetzes durch das BVerfG 293
- nach § 180 Abs. 5 AO 222
- Rechtsverordnung gem. § 180 Abs. 2 AO 221
- -sklage 468, 471
- von Einheitswerten 222
- von Grundbesitzwerten 223

Feststellungsbescheid 194, 218, 223
- Bekanntgabe, § 183 AO 224

Feststellungsverfahren 217
- Fälle geringer Bedeutung 220

Feststellungsverjährung 244
- Ablaufhemmung 245

Finanzbefehle 350
Finanzbehörden 6, 434
Finanzgerichte 459, 461

Finanzgerichtliches Verfahren 469
- Aussetzung des Verfahrens 477
- Berichterstatter 461

Stichwortverzeichnis

- Beschlüsse 475
- Beweisanträge 476
- Beweisbeschluss 476
- Dispositionsmaxime 464
- einstweilige Anordnungen 475
- Erledigung der Hauptsache 477
- Ermessensentscheidungen 468
- Erörterungstermin 474
- Gerichtsbescheid 481
- Grundsätze 464
- Klagerücknahme 477
- mündliche Verhandlung 475
- Rechtsmittel 482
- Richterbriefe 474
- ruhen 477
- Spruchkörper 461
- Stillstand 476
- Streitwert 480
- Übertragung auf den Einzelrichter 461
- Unterbrechung 476
- Urteil 479
- Verfahrensbeendigung 477
- Verlauf 474
- vorbereitendes Verfahren 474

Finanzgerichtsbarkeit 458
- Stellung im Gerichtssystem 458

Finanzgerichtsordnung 458
- Aussetzung der Vollziehung 474
- Dispositionsgrundsatz 464
- Entscheidungen des Gerichts 479
- Folge bei falschem Rechtsweg und Unzuständigkeit 470
- Fortbildung des Rechts 483
- grundsätzliche Bedeutung der Rechtssache 482
- Ruhen des Verfahrens 477
- Unterbrechung 476
- Unwirksamkeit der Klagerücknahme 477
- Verfügungsgrundsatz 464

Finanzrechtsweg 469
Folgebescheid 195, 218

Folgen
- bei Verletzung der sachlichen und örtlichen Zuständigkeit 20
- bei Verletzung des Steuergeheimnisses 33
- der Verletzung von Mitwirkungspflichten 179

Forderungen 309
- Abtretung der 310
- Aufrechnung gegenüber dem neuen Gläubiger 310
- Gegenseitigkeit 309
- Personenidentität 310

Form des Einspruchs 365
Formelle Satzungsmäßigkeit 60
Formkaufmann 173
Fortgang des Zwangsgeldverfahrens 353

Fortsetzung der Prüfung, Ankündigung 237
Freie Beweiswürdigung 186
Freistellungsbescheid 194, 200

Fristberechnung
- Feiertage 137
- Fristbeginn bei Ereignisfristen 135
- Fristbeginn bei Tagesbeginnfristen 135
- Fristende am Wochenende und an Feiertagen 136
- Fristende bei Ereignisfristen 135
- Fristende bei Tagesbeginnfristen 137
- Monatsfristen 136
- nach Tagen bestimmte Frist 135
- Wochenfristen 136

Fristen
- behördliche 134
- Berechnung 135
- Definition 133
- eigentliche 134
- gesetzliche 134
- und Entscheidungen über Fristverlängerungen für die Abgabe von Jahressteuererklärungen 176
- und Termine 133
- uneigentliche 134
- Verlängerbarkeit 134
- zur Abgabe von Steuererklärungen 176

Fristgerechte Absendung eines beim Adressaten nicht eingegangenen Schriftstücks 140
Fristsetzung nach § 79b Abs. 1 S. 1 FGO 471
Fußmattentheorie 445

G

Garantenstellung 436
Gebühren 5
Gefahr in Verzug 19
Gegenstand des Steuergeheimnisses 22
Gegenvorstellung 356
Gehilfe 443

Geld
- -leistung 4
- -strafe 450
- -verkehrsrechnung 418
- -wäschegesetz 187

Gemeinnützige Zwecke 58
- Beispiele 58

Gemeinsamer Senat der obersten Gerichtshöfe des Bundes 460
Gerichte 459
Gerichtliche Verfahren in Steuersachen 25
Gerichtsbescheide 481
Gerichtsverfassungsgesetz 458
Gesamthandsgemeinschaft 51
Gesamtrechtsnachfolge 45, 412

Gesamtschuld 42
- Aufteilung 44

- Ermessen bei der Auswahl 43
- Folgen des Gesamtschuldverhältnisses 43

Gesamtschuldner 162
- -schaft 40, 69

Geschäft
- -sbereiche von gemeinnützigen Körperschaften 57
- -sleitung 6
- -sverteilung 8

Gesetz- oder sittenwidriges Handeln 52
Gesetz zur Stärkung des Ehrenamts 61
Gesetzliche Zulässigkeit des Widerrufs oder zulässiger Widerrufsvorbehalt 259
Gesetzlich gebundene Verwaltungsakte 144
Gesetzmäßigkeit der Besteuerung 113

Gesonderte Feststellung 217, 221
- gem. § 180 Abs. 1 Nr. 2b AO 221
- gem. § 180 Abs. 2 i.V.m. RVO zu § 180 Abs. 2 AO 222

Gestaltungsmissbrauch 54
- Beispiele 55
- Gestaltungsmöglichkeiten des Rechts 54
- Missbrauch 54
- Rechtsfolgen 55
- Steuervermeidung 55
- unangemessene rechtliche Gestaltung 54

Gestufte Selbstanzeigen 444
Gewahrsam 335
Gewerbesteuermessbescheide 287
Gewerbesteuerrechtliche Organschaft nach § 2 Abs. 2 GewStG 85
Gewerbeuntersagung 347
Gewöhnlicher Aufenthalt 6

Gleichmäßigkeit der Besteuerung 112
- Risikomanagementsysteme 112

Grob fahrlässige oder vorsätzliche Fehler bei der Programmierung der Erhebungsprogramme 126
Grobe Fahrlässigkeit 274
Grobes Verschulden 274
Großer Senat 460

Grundlagenbescheide 194, 285
- Ablaufhemmung 239
- Erlass/Aufhebung/Änderung 286
- ressortfremder Behörden 286

Grundsatz
- -anrufung 461
- der Akzessorietät 69
- der anteiligen Tilgung 76, 81
- der freien Beweiswürdigung 186
- des Besteuerungsverfahrens 105
- des finanzgerichtlichen Verfahrens 464
- von Treu und Glauben 273, 313, 424

H

Haftung 68

- Ablaufhemmung 102
- Adäquanztheorie 74
- Akzessorietät 69
- Allgemeines 68
- Anschlussstraftaten 79
- bei Abtretung, Verpfändung und Pfändung von Forderungen § 13c UStG 96
- bei Organschaft 84, 102
- bei Verletzung der Pflicht zur Kontenwahrheit 81
- Berechnung der Tilgungsquote 76
- Beschränkung nach § 74 AO 89
- Beschränkung nach § 75 AO 92
- der Vertreter 70, 79
- des Auftragnehmers für Datenübermittlung 83
- des Betriebsübernehmers (§ 75 AO) 90
- des datenübermittlungspflichtigen Dritten 84
- des Eigentümers 102
- des Eigentümers von Gegenständen (§ 74 AO) 86
- des Erwerbers bei Firmenfortführung, § 25 HGB 96
- des Erwerbers für Steuern 92
- des Herstellers 83
- des Steuerhinterziehers und des Steuerhehlers 80
- des Vertretenen 77
- Dritter bei Datenübermittlungen an Finanzbehörden 83
- Duldungspflicht (§ 77 AO) 95
- Erstattung ohne rechtlichen Grund 74
- für Steuerabzugsbeträge 96
- Geltendmachung der Haftung 97
- gem. § 75 AO, gegenständliche Beschränkung 94
- Gesamtschuldnerschaft 69
- Gesellschafter einer Offenen Handelsgesellschaft 97
- Grundsatz der anteiligen Tilgung 75
- Grundsatz der Gesamtverantwortung 71
- haftender Personenkreis 78
- haftungsbegründende Handlungen 78
- Haftungsbescheid 98
- Haftungsbeschränkungen 79
- Haftungsverfahren 97
- Kapitalgesellschaft 97
- keine oder nicht rechtzeitige Erfüllung 74
- keine oder nicht rechtzeitige Festsetzung 72
- nach § 71 AO 81
- nach § 72 AO 82
- nach § 72a AO 126
- nach anderen Gesetzen (Privatrecht) 102
- nach anderen Steuergesetzen 96
- nach Steuergesetzen 101
- Pflichtverletzung 71
- Sachhaftung (§ 76 AO) 95
- -sausschluss 94
- -sbeschränkungen 79
- -sschaden 72
- -sschuldner 70, 78, 80

- -statbestände 83
- -sumfang 79, 81
- -sverband der Hypothek 338
- Täter 79
- Ursächlichkeit/Kausalität 74
- Vermögensverwalter 70
- Verschulden 75
- von Gesellschaftern 97
- wesentliche Beteiligung 87

Haftung des Betriebsübernehmers 90
- gesondert geführter Teilbetrieb 90
- lebendes Unternehmen 91
- Übereignung im Ganzen 91
- Unternehmen 90
- Voraussetzung der Haftung 90
- wesentliche Grundlagen des Unternehmens oder Teilbetriebs 91

Haftung nach § 74 AO 89
- gegenständliche Einschränkung 89
- sachliche Einschränkung 89
- zeitliche Einschränkung 89

Haftungsbescheid
- Auswahlermessen 101
- Entschließungsermessen 101
- Ermessensentscheidung 100
- Korrektur 102
- nach § 229 Abs. 2 AO 319
- Rechtsbehelf 103
- Rechtsbehelfsbelehrung 101

Haftungsverfahren 97
- Festsetzungsfristen/Verjährung 101

Handlungsfähigkeit 106, 441
- geschäftsfähige 107
- Voraussetzungen 106

Häusliches Arbeitszimmer und Inaugenscheinnahme 128

Heilung
- aufgrund fehlender Handlungsfähigkeit unwirksamer Verfahrenshandlungen 106
- nach § 126 Abs. 1 Nr. 2 AO 409
- von Verfahrens- und Formfehlern 168

Hemmung der Festsetzungsfrist beim Steuerpflichtigen nach § 171 Abs. 4 AO 429
Hilfeleistung i.S.v. § 27 StGB 80
Hinterziehungszinsen 325

Hinzuziehung 382
- Dritter 382
- einfache 383
- gem. § 174 Abs. 5 AO 384
- notwendige 383
- von Sachverständigen 127

Höhere Gewalt, Ablaufhemmung 232

I

Ideeller Bereich 63
- und Vermögensverwaltung 63

Identifikationsmerkmale 172

Inaugenscheinnahme 128
- Betreten von Grundstücken 128

Inhalt
- der Pfändungsbeschränkung 337
- des Verwaltungsaktes 153
- und Form der Arrestanordnung 347

Inkongruente Deckungsgeschäfte 344
Inlandsbegriff 17
Innerer Betriebsvergleich 417

Insolvenz
- -anfechtung 344
- -antrag 340
- Aufrechnung 343
- -fähigkeit 340
- -forderungen 342, 343
- -recht 339

Insolvenzverfahren 340
- Absonderungsrechte 342
- Aussonderungsrechte 341
- Eröffnungsgrund 340
- Masseverbindlichkeiten 342
- Schutzschirmverfahren 341
- Sicherungsmaßnahmen 340
- Steuerforderungen 342
- Voraussetzungen für die Eröffnung des Verfahrens 340

Insolvenzverwalter 341
- vorläufiger 340

In Unkenntnis lassen 436

K

Kannkaufmann 173
Karenzzeit 322
Kassen-Nachschau 175
Kaufleute i.S.d. HGB 173
Kaufmann 173
Kaufmännisches Handelsgeschäft 97

Kausalität 439
- Äquivalenztheorie 439

Kenntnis oder grob fahrlässige Unkenntnis der Rechtswidrigkeit 257
Kirchliche Zwecke 59

Klage
- Änderung 464
- Aussetzung der Vollziehung 474, 475
- Erledigung 464
- -frist, Fristwahrung 471
- Klageantrag 464
- Klagebegehren 464
- Muster 472

- Rücknahme 464
- Verböserungsverbot 464
- -verfahren, Fortsetzungsfeststellungsklage 478
- Wirkungen der Rechtshängigkeit 473

Klagearten nach der FGO
- Anfechtungsklage 467
- Feststellungsklage 468
- Leistungsklage 468
- Sprungklage 468
- Untätigkeitsklage 469
- Verpflichtungsklage 468

Klagebefugnis 470
- bei gesonderten und einheitlichen Feststellungen 471

Kleinbetrag
- -sregelung 201
- -sverordnung 201

Kongruente Deckungsgeschäfte 344

Kontenabruf
- -verfahren 124
- Voraussetzungen 125

Kontenwahrheit 186
- Verletzung 187

Kontrollmitteilung 132, 403
- -sverfahren 404

Körperschaftsteuerliche Organschaft nach §§ 14 ff. KStG 85

Korrektur von Haftungsbescheiden 102

Korrektur von Steuerverwaltungsakten
- ähnliche Unrichtigkeit 249
- Aktivierung von Anschaffungskosten und deren Folgen 289
- Allgemeines 247
- Änderungen der Rechtsprechung 290
- Änderungen von Steuergesetzen 290
- Antrag auf schlichte Änderung 265
- Antrag des Steuerpflichtigen 265
- Anwendbarkeit auf Einspruchsentscheidungen 267
- Aufhebung/Änderung wegen Antrag oder Rechtsbehelf des Steuerpflichtigen 283
- Aufhebung oder Änderung von Steuerbescheiden auf Grund von Grundlagenbescheiden und bei rückwirkenden Ereignissen 284
- Aufhebung und Änderung 247, 263
- Ausdehnung auf Verwaltungsakte, durch die ein Antrag auf Erlass, Aufhebung oder Änderung eines Steuerbescheids abgelehnt wird 267
- Außenprüfung 276
- Begriff der Korrektur 262
- Beispiele für vorgreifliche Rechtsverhältnisse 270
- Berichtigung von materiellen Fehlern 295
- Bestandskraft 262
- Beweismittel 270
- einmalige Steuern 289
- Einsatz unlauterer Mittel von Vertretern oder Bevollmächtigten 267
- Ereignisse 287
- Ermessen 253
- Ermittlungsfehler des Finanzamtes 273
- Fehler des Steuerpflichtigen 252
- Fehler in der Sachverhaltsermittlung 250
- Fehler in der Tatsachenwürdigung 251
- Fehler in Steueranmeldungen 253
- formeller Fehler 262
- Grundlagenbescheide 285
- Korrektursystem 261
- laufend veranlagte Steuern 288
- maßgebliche Kenntnis 271
- maßgeblicher Zeitpunkt des Bekanntwerdens 271
- Mehrfachberücksichtigung eines bestimmten Sachverhaltes zuungunsten eines oder mehrerer Steuerpflichtiger 279, 280
- mehrfache Berücksichtigung eines Sachverhalts 278
- nachträgliches Bekanntwerden 271
- nachträgliches Eintreten des Ereignisses 288
- neue Tatsachen oder Beweismittel 272
- Nichtberücksichtigung eines bestimmten Sachverhaltes im Hinblick auf einen anderen Bescheid 281
- Objektkollision 278
- offenbare Unrichtigkeit 248
- Offenbarkeit 251
- Periodenkollision 279
- Punktberichtigung 253
- Rechenfehler 249
- Rechtmäßigkeit 247
- Rechtsanwendungsfehler 250
- Rechtsfehler 249
- Rechtsfolge der Berichtigung 253
- Rechtswidrigkeit 247
- Rücknahme 254
- Rücknahme als Rechtsfolge 257
- Rücknahmefrist 258
- sachliche Unzuständigkeit 266
- schlichte Änderung 264
- Schreibfehler 249
- steuerliche Rückwirkung für die Vergangenheit 288
- Subjektkollision 279
- Übernahmefehler 252
- Unbeachtlichkeit des Verschuldens 275
- Verhältnis des Antrags auf schlichte Änderung zum Einspruch 265
- Verständigungsvereinbarungen 291
- Vertrauensschutz 292
- Verwertungsverbot 274

- Voraussetzungen für die Aufhebung oder Änderung 269
- Vorlage der zu berichtigenden Urkunde 254
- Widerruf 258
- Widerrufsfrist 261
- widerstreitende Steuerfestsetzungen 278
- Zurückweisung durch Allgemeinverfügung 267
- Zuständige Behörde für die Rücknahme 258
- Zuständigkeitskollision 279
- Zustimmung des Steuerpflichtigen 264

Korrekturbescheid nach § 175 Abs. 1 Nr. 1 AO 287

Korrekturvorschriften
- der §§ 172 ff. AO 103
- für sonstige Verwaltungsakte 254
- für Steuerbescheide und diesen gleichgestellten Bescheiden 261

Kosten
- im Finanzgerichtlichen Verfahren, Kostenpflicht 487
- -pflicht 487

L

Legalitätsprinzip 446
Leichtfertige Steuerverkürzung 451
- Festsetzungsfrist 228

Leichtfertigkeit, Ablaufhemmung 239
Leistungsgebot 195, 196, 331
Leistungsklage 468
Lösungen zu den Fällen 452

M

Mahnung 331
Manipulationen bei digitalen Kassensystemen 175
Masseneinspruchsverfahren 210
Masseverbindlichkeiten 343
Maßnahme 142
Materielle Bestandskraft 204
Materieller Fehler 295
Mathematisch-statistische Methoden 418
Mehrfache, örtliche Zuständigkeit 18
Mildtätige Zwecke 58
Missbrauch von rechtlichen Gestaltungsmöglichkeiten 54

Mitteilung
- nach § 202 Abs. 1 S 3 AO 425
- -spflichten nach § 93a AO 126

Mittelbarer Täter 441

Mitwirkung
- Pflichten 120, 172
- -sverlangen 421

M-, K-, und KSt-Betriebe 403
Mobiliarvollstreckung 333
Möglichkeiten zur Datenübermittlung zwischen Strafverfolgungsbehörden innerhalb der EU 133

Mondschätzungen 191
Mündliche Verhandlung 475
Mündlicher Verwaltungsakt 158
Muster
- einer Klage 472
- einer Prüfungsanordnung 413
- Haftungsbescheid 99

N

Nachträgliche Berücksichtigung von aufgrund § 364b AO verspätet vorgebrachten Tatsachen/Beweismitteln nach Abschluss des Einspruchsverfahrens 392
Nachträgliche Erteilung/Vorlage einer Bescheinigung 291
Nachträglicher Eintritt den Widerruf gebietender Tatsachen 260
Nachweis der Treuhänderschaft 187
Nachzahlung
- der hinterzogenen Steuer 447
- -szinsen 322

Nebenbestimmung 203
Negativer Feststellungsbescheid 220
Nicht- oder Späterfüllung einer Auflage 260
Nichtanwendung
- einer Norm durch einen obersten Gerichtshof des Bundes wegen Verfassungswidrigkeit 293
- -serlasse 212

Nichteinbehaltung und Abführung von Steuerabzugsbeträgen 451
Nichterfüllung von Buchführungspflichten 173
Nichtförmliche Rechtsbehelfe 356
Nichtiger Verwaltungsakt 153
Nichtigkeit des Verwaltungsaktes 165
Nichtveranlagung
- -sbescheinigung 194, 200
- -sverfügung 194, 200

Niederschlagung 201
NV-Bescheinigung 200

O

Objektive Beweislast 186
Objektiver Tatbestand 434
Offenbare Unrichtigkeit 248, 251
- Ablaufhemmung 233
- ähnliche Unrichtigkeit 249
- beim Erlass eines Verwaltungsaktes 251
- Offenbarkeit 251
- Schreib- und Rechenfehler 249
- Übernahmefehler 252

Öffentlich-rechtlicher Erstattungsanspruch
- Anspruchsberechtigter 40
- Gesamtschuldnerschaft 40
- nach § 37 AO 40

Öffentlich-rechtliches Gemeinwesen 5
Opportunitätsgrundsatz 113
Organschaft
- finanzielle Eingliederung 85
- Haftungsschuldner 86
- Haftungsumfang 86
- organisatorische Eingliederung 85

Organträger 85
Ort der Außenprüfung 421
Örtliche Zuständigkeiten 9

P
Partielle Geschäftsfähigkeit 107
- § 112 BGB 107
- § 113 BGB 107

Personen nach § 30 Abs. 3 Nr. 1 AO i.V.m.
 § 11 Abs. 1 Nr. 4 StGB 21
Personenstands- und Betriebsaufnahme 170
Persönliche Stundungsgründe 304
Persönliche Unbilligkeit 315
Persönlicher Arrest 346
Pfändung
- Beschränkungen bei Arbeitseinkommen 337
- fremden Eigentums 349
- -spfandrecht 333, 336
- -sschutzkonto 338
- -sverbote und -beschränkungen 337
- -sverfügung 336
- von Ansprüchen aus dem Steuerschuldverhältnis 47

Pfandverstrickung 333
Pflichtenverhältnis
- aus §§ 34, 35 AO 34
- nach §§ 34, 35 AO, Erlöschen der Verpflichtung 37
- nach § 35 AO 36

Pflichtenverhältnis aus § 34 AO 34
- Art des Pflichtenverhältnisses 35
- verpflichtete Person 34
- verpflichtete Personen im Einzelfall 35
- zu erfüllende Pflichten 35

Pflichtwidrigkeit 436
Postulationsfähigkeit 472
Präklusion 390
Pressefreiheit 131
Prinzip der Abschnittsbesteuerung 430
Prozess
- -fähigkeit 472
- -kostenhilfe 488
- -zinsen 326

Prüfung
- an Amtsstelle 422
- bei Personen 429
- der Gesellschafter nach § 194 Abs. 2 AO 402
- -sanordnung 407, 413
- -sbericht 425
- -sgrundsätze 416

Q
Qualifizierte Signatur nach dem Signaturgesetz 114

R
Rechenfehler 277
Rechnungsprüfungsverfahren 25
Rechtliches Gehör 118
- Verstoß 119

Rechtmäßigkeit einer Vollstreckungsmaßnahme 349
Rechts- und Amtshilfe 132
Rechtsbehelf 254
- des Steuerpflichtigen 208
- Dritter gegen die Vollstreckung 349
- gegen Haftungsbescheide 103
- im Vollstreckungsrecht 347
- Verfahren 105

Rechtserheblichkeit
- des § 173a AO 277
- neuer Tatsachen 273

Rechtsfolgen der Vorläufigkeit der Steuerfestsetzung 211
Rechtsmittel 482
- im finanzgerichtlichen Verfahren 482
- im finanzgerichtlichen Verfahren, Revision 482

Rechtsschutz 217
- -bedürfnis 213, 370

Rechtssetzungs- und Rechtsanwendungsgleichheit 112
Rechtswidrige Verwaltungsakte 299
Rechtswidrigkeit 247, 440
- des Verwaltungsaktes 20, 247

Rechtswirkungen der Außenprüfung 394, 395
Regelung
- der KBV 201
- eines Einzelfalls 142

Restschuldbefreiung 343
Revision 482
- Fortbildung des Rechts 483
- grundsätzliche Bedeutung der Rechtssssache 482

Risikomanagementsystem 115, 408
Rücklage 65
- für die beabsichtigte Wiederbeschaffung von Wirtschaftsgütern 66
- zum Erwerb von Gesellschaftsrechten 66

Rücknahme 254
- der Festsetzung eines Verspätungszuschlages 183
- eines rechtswidrig begünstigenden Verwaltungsaktes 255
- eines rechtswidrig nicht begünstigenden (belastenden) Verwaltungsaktes 255
- eines rechtswidrigen Verwaltungsaktes 254

Rückschlagsperre, § 88 InsO 343
Ruhenlassen des Verfahrens 385

- Rechtsbehelfe 386

S
Sachaufsichtsbeschwerde 356
Sachhaftung 95
Sachliche Billigkeitsgründe 313
Sachliche Stundungsgründe 304
Sachliche Unbilligkeit 313
Sachliche Zuständigkeit 8
Sammelauskunftsersuchen 123
Satzung 60
- zwingende Inhalte 61

Säumniszuschläge 48, 306, 327
- Berechnung 327
- Entfallen bei Stundung 305
- Schonfrist 327
- Schuldner 329

Schädigung des Umsatzsteueraufkommens 451

Schätzung
- -sbescheid, Vorbehalt der Nachprüfung 191
- Verfahren und Entscheidung 191
- von Besteuerungsgrundlagen 180, 190, 270
- Voraussetzungen und Gegenstand 190
- wegen Nichtabgabe der Steuererklärung 191
- weitere Fälle 191

Scheckzahlung 306
Scheinverwaltungsakt 142
Schlussbesprechung 422
Schonfrist 331

Schreib- oder Rechenfehler 277
- bei Erstellung einer Steuererklärung 277
- Kausalität 277

Schriftlicher Verwaltungsakt 155, 159

Schuld 441
- -ausschließungsgründe 441
- -unfähig 441

Schuldner der Nachzahlungszinsen 322

Selbstanzeige 325, 396, 444
- Ablaufhemmung 239
- Berichtigungserklärung 444
- Einleitung eines Verfahrens 446
- Erscheinen eines Amtsträgers 446
- Fußmattentheorie 446
- Hinterziehungszinsen 325
- Höhe der Verkürzung 447
- Nachzahlung der hinterzogenen Steuer 447
- Prüfungsanordnung 445
- Schwarzgeldbekämpfungsgesetz v. 28.04.2011 444
- Sperrwirkung 445
- Tatentdeckung 446
- Wirksamkeit 445

Sicherheitsleistung 305, 329
Sicherung
- -sabtretungen 46

- -seigentum 51

Sitz 6

Sonderbetriebsvermögen
- I 401
- II 401

Sonderregelung gemäß § 174 Abs. 1 S. 2 und Abs. 4 S. 3 AO 244

Sperrwirkung 445
Sprungklage 468
Statthaftigkeit des Einspruchs 359
StAuskV 117

Steuer 4
- -abzugsbeträge 93
- -aufsichtsverfahren 404
- Besitzsteuern 5
- direkte Steuern 5
- Einteilung der Steuern 5
- -entrichtungspflichtiger 42
- -fahndung 394
- -fahndungsstellen 238
- -forderung, Masseverbindlichkeit oder Insolvenzforderung 342
- -gläubiger 42
- -identifikationsnummer 172
- indirekte Steuern 5
- -messbescheid 194, 226
- -oasen, Bekämpfung 133
- Personensteuern 5
- -rechtsfähigkeit 34
- -rechtsverhältnis, §§ 34, 35 AO 34
- Sachsteuern 5
- -straftaten, Steuerhehlerei 439
- -träger 42
- Verbrauchssteuern 5
- -verfahren, Beteiligte 105
- Verkehrssteuern 5
- -verkürzung 438, 447

Steueranmeldung 177, 195, 214
- Rechtsschutz 217
- Wirkung 215
- Zustimmung durch Finanzbehörde 215

Steuerbegünstigte Körperschaften 57
- ideeller Bereich 62, 63
- Selbstlosigkeit 59
- Tätigkeitsbereiche im Überblick 62
- unschädliche Rücklagen 66
- Vermögen 65
- Vermögensverwaltung 62, 63
- wirtschaftlicher Geschäftsbetrieb 62, 63
- Zweckbetrieb 62, 63

Steuerbegünstigte Zwecke 56, 58
- Anerkennungsverfahren 61
- ausdrücklich unschädliche Betätigungen 60
- Ausschließlichkeit 59

- tatsächliche Geschäftsführung 61
- Übungsbeispiel 67
- Unmittelbarkeit 59
- Verfahren zur Anerkennung 60

Steuerbegünstigung
- Überblick 56
- Voraussetzungen 57

Steuerbescheid 194, 195
- Anrechnung 196
- Fehler 196
- Form 195
- Inhalt 196
- Mussinhalt 195, 196
- Muster 197
- Nebenbestimmungen 195
- Rechtsbehelfsbelehrung 196
- Sollinhalt 196
- zusammengefasste Bescheide 196

Steuerentstehung 47
- Einzelfälle 48
- Folgen 48

Steuererklärung 175
- ab Veranlagungszeitraum 2018 183
- bis einschließlich Veranlagungszeitraum 2017 181
- Form 177

Steuererklärungspflicht 176
- gesetzliche Vertreter 176

Steuerfahndungsprüfung
- Ablaufhemmung 238
- nach § 208 Abs. 1 Nr. 3 AO 397

Steuerfestsetzungen 194
- ausschließlich automationsgestützt erstellen oder ändern 196
- unter Vorbehalt der Nachprüfung 203

Steuergeheimnis 20, 46
- Amtsträger 6, 21
- Art des Bekanntwerdens 25
- aus anderem Anlass getroffene Feststellungen 27
- Datenabruf 32
- Ermessen 32
- Gegenstand 22
- gerichtliche Verfahren in Steuersachen 25
- Geschützte Daten 22
- Kapitalgesellschaften 24
- Offenbarung 27
- personenbezogene Daten eines anderen 22
- Personengesellschaften 24
- Rechnungsprüfungsverfahren 25
- Richtigstellung unwahrer Tatsachen 31
- schwere Straftaten 31
- Strafverfahren 26
- Verletzungshandlungen 27
- verpflichtete Person 21
- Vertretung 23

- Verwaltungsverfahren 25
- Verwerten 28
- vorsätzlich falsche Angaben 31
- Wirtschaftsstraftaten 31
- zulässige Offenbarung 28
- Zulässigkeit der Offenbarung bei schweren Straftaten 30
- Zulässigkeit der Offenbarung durch Gesetz 29
- Zulässigkeit der Offenbarung wegen Zustimmung 30
- Zulässigkeit der Offenbarung zur Durchführung dienstlicher Verfahren 28
- Zulässigkeit der Offenbarung zur Durchführung von Strafverfahren 30
- zwingendes öffentliches Interesse 31

Steuerhinterziehung
- Ablaufhemmung 239
- durch Handeln 434
- durch Unterlassen 436
- durch Unterlassen gem. § 370 Abs. 1 Nr. 2 AO 179
- Festsetzungsfrist 228
- in großem Ausmaß 450
- Versuch 448

Steuerlich erhebliche Tatsachen 435
Steuerliche Nebenleistungen 6, 39

Steuerordnungswidrigkeiten 450
- Schädigung des Umsatzsteueraufkommens 451
- Steuerabzugsbeträge 451

Steuerordnungswidrigkeitenrecht 434, 450
- Anwendbarkeit des OWiG 434
- leichtfertige Steuerverkürzung 451

Steuerpflichtiger
- Definition 34
- Negativabgrenzung 34

Steuerschuldner 41
- bei Organschaft 86
- -kollision 284

Steuerschuldrecht 34
- Begriffe 41
- Steuerrechtsverhältnis 34

Steuerschuldverhältnis 38
- Entstehung der Ansprüche 47
- Fälligkeit 300
- Verwirklichung von Ansprüchen 299

Steuerstrafrecht 434
- Anwendbarkeit der StPO 434
- Anwendbarkeit des StGB 434
- AStBV 434
- RiStBV 434
- Steuerhinterziehung durch Handeln 434
- Voraussetzungen der Strafbarkeit 434

Steuerstrafverfahren
- Ablauf 449
- Ablaufhemmung 238

Stichwortverzeichnis

- Beschlagnahme 450
- das Recht zu schweigen 30, 449
- Durchsuchung 449
- Folgen der Verfahrenseinleitung 449
- Strafbefehl 450
- strafprozessuale Maßnahmen 449
- Verfahrenseinleitung 449
- Vernehmung 450
- Zeugen 450

Steuervergütung
- -sanspruch 39
- -sgläubiger 41
- zu Unrecht 39

Steuerverwaltungsakt 141
- Adressierung 156
- Arten 144
- Begriff 142
- Begründung 149
- begünstigende 145
- Bekanntgabe 151
- Bestimmtheit 146
- einseitige 146
- Ermessensverwaltungsakte 144
- Form des 147
- gesetzliche gebundene 144
- konstitutive 145
- mitwirkungsbedürftige 146
- Nichtigkeit 165
- ohne/mit Dauerwirkung 146

Strafausschließungsgründe 443
- Selbstanzeige 444
- Verjährung 443

Strafbares Verhalten
- andere Behörden 434
- Bestrafung 450
- echtes Unterlassungsdelikt 436
- in Unkenntnis lassen 436
- juristische Personen 441
- Kausalität 439
- Kompensationsverbot 438
- objektiver Tatbestand 434
- Pflicht aus § 153 AO 437
- Pflichtwidrigkeit 436
- Rechtswidrigkeit 440
- Schuld 441
- steuerlich erhebliche Tatsachen 434, 435
- Steuerverkürzung 438
- Strafausschließungsgründe 443
- subjektiver Tatbestand 439
- Taterfolg 437
- Täterschaft, Teilnahme 441
- Tathandlung 434
- unechtes Unterlassungsdelikt 436
- unrichtige Angaben 435

- unrichtige oder unvollständige Angaben 434
- Unterlassen 436
- unvollständige Angaben 435

Strafbarkeit des Versuchs, unmittelbares Ansetzen 449
Strafprozessuale Maßnahmen 449
Strafrechtliche Verjährung 444
Strafverfahren 26
Streitwert 480

Stundung 303
- Aufrechnung 311
- Ermessensausübung 305
- Folgen 305
- persönliche Stundungsgründe 304
- sachliche Stundungsgründe 304
- Sicherheitsleistung 305
- Stundungsbedürftigkeit 304
- Stundungswürdigkeit 304
- -swürdigkeit 304
- -szinsen 305
- technische Stundung 304
- Zuständigkeit 306

Subjektive Beweislast 186

Subjektiver Tatbestand 439
- Dolus directus 1. Grades (Absicht) 440
- Dolus directus 2. Grades (direkter Vorsatz) 440
- Solus eventualis (bedingter Vorsatz) 440

Subsumtionstechnik 3

T

Taterfolg 437

Täterschaft 441
- Mittäter 441
- mittelbarer Täter 441
- Teilnahme 441

Tätigkeiten der Finanzämter im Vollstreckungsbereich 332

Tatsache 269
- nachträgliches Bekanntwerden 271

Tatsächliche Verständigung 113, 117
Tax Compliance 116
Technische Stundung 304
Teilabhilfe 378

Teil-Einspruchsentscheidung 378
- Anwendungsfälle 379
- Muster 380
- Sachdienlichkeit 379
- Voraussetzungen 379

Teilerlass 316

Teilnahme 442
- Anstiftung 442
- Beihilfe 443
- limitierte Akzessorietät 442

Teilselbstanzeigen 444
Termin, Definition 133

Treuhandverhältnis 50, 187

U
Übereignung im Ganzen 91
Übermaßverbot 315
Übermittlung elektronischer Dokumente 114
Überpfändung 333
Überschuldung 340
Übersendung des Prüfungsberichtes 427
- auf Antrag 427
Übrige Personen nach § 30 Abs. 3 AO 22
Übungsfälle zur Bekanntgabe 165
Umfang der Außenprüfung 406
Umsatzsteuer
- -liche Organschaft nach § 2 Abs. 2 Nr. 2 UStG 85
- -nachschau 394, 430
- -sonderprüfung 429
- -zuständigkeitsvereinbarung 16
Umsetzung von Verständigungsvereinbarungen 291, 292
Unbillige Härte 388
Unbilligkeit der Vollstreckung 348
Unlauteres Verhalten eines Bevollmächtigten 256
Untätigkeitseinspruch 360, 366
Untätigkeitsklage 360, 469
Unterbrechung der Zahlungsverjährung nach § 231 AO 329
Unterlassen 436
Untersuchungsgrundsatz 115
- nach § 88 AO 105
Unwirksame Grundlagenbescheide 374
Unwirksame Rechtsgeschäfte 53
Urteil im finanzgerichtlichen Verfahren
- Anfechtungsklage 479
- begründete Klage bei Anfechtungsklagen 481
- begründete Klage bei Ermessensentscheidungen 481
- begründete Klage bei Verpflichtungsklagen 481

V
Veranlagende Betriebsprüfung 394
- Umsatzsteuersonderprüfung 395
Verbandsmäßige Zuständigkeit 9
Verbindliche Auskunft 116, 117
- Voraussetzungen, Wirkungen 118
Verbindliche Zusage, Antrag 431
Verbindliche Zusagen aufgrund einer Außenprüfung 430
- Allgemeines 430
- Außerkrafttreten, Aufhebung und Änderung 433
- Bindungswirkung 432
- Form 432
- Voraussetzungen 431
Verböserung 373

- -sverbot 464
Verbraucherinsolvenzverfahren 343
Verbrechen 448
Verfahren
- Beendigung 477
- Beteiligte 105
- Handlungen 106
- -sruhe mit Zustimmung des Einspruchsführers 385
Verfassungsgerichtsbarkeit 458
Vergehen 448
Verhältnismäßigkeitsprinzip 121, 338
Verjährung 443
- strafrechtliche 443
Verkürzung von Steuern 437
Verlängerte Festsetzungsfrist nach § 169 Abs. 2 S. 2 AO 238
Verletzung
- der örtlichen Zuständigkeit 20
- der Vorschriften über die Festsetzungs-/Feststellungsfrist 246
- der Vorschriften über die örtliche Zuständigkeit 169
- von Formvorschriften 169
- von Mitwirkungspflichten 179
- von Verfahrensvorschriften 169
Verletzung des Steuergeheimnisses
- disziplinarrechtliche Folgen 33
- strafrechtliche Folgen 33
- zivilrechtliche Folgen 33
Vermögen
- -sverwaltung 63
- -szuwachsrechnung 418
Vernehmung 450
Verpfändung von Ansprüchen aus dem Steuerschuldverhältnis 47
Verpflichtungsklage 468, 470
Verprobungsmethoden 417
Verrechnung
- -sstundung 304
- -svertrag, Abgrenzung zur Aufrechnung 308
Verschleppung von Betriebsprüfungen 184
Verschulden 274
- Begriff 275
- bei Postzustellung 141
Versicherung an Eides Statt 126
Verspätungszuschlag 48, 180, 182, 183, 196
- bei Ehegatten 182
- Einspruch 183
- Ermessensentscheidung 181
- Korrekturvorschrift § 152 Abs. 12 AO 184
- steuerliche Nebenleistung 182
Verständigungsvereinbarungen 291
Verstoß
- gegen den Gleichheitssatz 314
- gegen die Kontenwahrheit 82

Stichwortverzeichnis

Versuchte Steuerhinterziehung 448
- Strafbarkeit des Versuchs 448

Verträge unter nahen Angehörigen 53
Vertrauen auf Verwaltungsvorschriften 294
Vertrauensschutz 292
- bei der Aufhebung und Änderung von Steuerbescheiden 292
- des § 176 Abs. 2 AO 294

Verwaltung
- der Steuern 105
- -sverfahren 25

Verwaltungsakt
- Auflage 149
- auflösende Bedingung 149
- Ausnahmen von der Begründungspflicht 150
- Bedingung 148
- Befristung 148
- Bekanntgabe an juristische Personen 164
- Bekanntgabe an Personengesellschaften 163
- Bekanntgabe an Zusammenveranlagte/Eltern mit Kindern 162
- Bekanntgabe Begriff der 154
- Bekanntgabe bei Gesamtrechtsnachfolge 164
- Bekanntgabe in besonderen Fällen 162
- Bekanntgabe/Zugang 155
- Bekanntgabeadressat 157
- Bekanntgabemängel 156
- Drittbetroffene 157
- elektronisch übermittelter 156
- elektronische Form 147
- Empfänger 158
- Entstehung 152
- Feststellen der Nichtigkeit 167
- Form der Begründung 149
- Heilung von Verfahrens- und Formfehlern 167, 168
- im Ausland 162
- im Festsetzungs- und Feststellungsverfahren im Überblick 194
- keine andere Entscheidung in der Sache 169
- Legaldefinition 142
- mit Dauerwirkung 146
- mündlicher 147
- Nichtigkeit besonders schwerwiegender Fehler 166
- Nichtigkeit, Generalklausel 166
- Nichtigkeit, Offenkundigkeit 166
- Nichtigkeit, Positivkatalog 166
- ohne Dauerwirkung 146
- rechtmäßiger 247
- rechtsgestaltender 145
- -regelungen, allgemeine 141
- schriftliche Form 147
- Teilnichtigkeit 167
- unmittelbare Rechtswirkung nach außen 145
- Widerrufsvorbehalt 149
- Wiedereinsetzung 169
- Wirksamkeit 153
- zeitliche Beschränkung der Heilung 168
- Zustellung durch Einschreiben mit Rückschein 161
- Zustellung durch Postzustellungsurkunde 161
- Zustellung mittels Einschreiben durch Übergabe 161

Verwertungsverbot 409
Verzinsung von Steuernachforderungen und Steuererstattungen 322
Verzögerungsgeld 184, 421
- Ermessensentscheidung 185
- steuerliche Nebenleistung 184
- wegen Verlagerung der elektronischen Buchführung ins Ausland 185
- wegen Verletzung der Mitwirkungspflichten während einer Betriebsprüfung 185

Vollmacht 108
- Erlöschung 109

VollstrA 330
Vollstreckung 330
- Anweisung 330
- Auftrag 334
- Behörden 330
- bei Stundung 306
- Einwendungen gegen 334
- gegen Ehegatten 335
- Grundlagen und Voraussetzungen 330
- in bewegliche Sachen 334
- in bewegliche Sachen durch den Vollziehungsbeamten 334
- in das bewegliche Vermögen 333
- in das Gesamtvermögen nach der InsO 339
- in das unbewegliche Vermögen 338
- in Herausgabe- oder Leistungsansprüche 337
- Innendienst 332
- ins unbewegliche Vermögen 338
- Rechtsbehelfe 347
- Rechtsbehelfe Dritter 349
- -sschuldner 330
- -sstellen 332
- Steueranmeldungen 331
- Verfahren 105
- von Gegenständen eines Unternehmens 86
- Voraussetzungen 330
- wegen anderer Leistungen als Geldforderungen 349
- wegen Geldforderungen 330
- wegen Insolvenzforderungen 343
- wegen offener Geldforderungen 330
- Zubehörstücke 338
- zur Nachtzeit 334

Vollstreckungsaufschub 347, 348
- Abgrenzung zur Stundung 348

Vollüberprüfung 372

VollzA 330
Vollziehung
- -sanweisung 330
- -sbeamte 334

Voraussetzungen
- eines Zwangsgelds 350
- für die Steuerbegünstigungen 57
- für eine Präklusion vorgebrachter Tatsachen oder Beweismittel nach § 364b AO 391

Vorbehalt der Nachprüfung 203
- Aufhebung 206
- behördlicher 204
- gesetzlicher 204
- Rechtsmittel 208
- Schätzungsbescheide 205
- Steueranmeldungen 204
- Verfahren 205
- Voraussetzungen 205
- Vorauszahlungen 204
- Wegfall 207
- Wirkung 206

Vorbehaltsvermerk gem. § 164 Abs. 3 S 3 AO 395

Vorlage
- -pflicht für Wertsachen 129
- -verlangen, § 97 AO 127
- -verweigerungsrechte 128
- von Urkunden 127

Vorläufige Steuerfestsetzungen 208
- Voraussetzungen 209

Vorläufiger Gläubigerausschuss 341

Vorläufigkeit
- Ablaufhemmung 239
- -skatalog 210, 380

Vorläufigkeitsvermerk 208, 214
- gemäß § 165 Abs. 1 Satz 2 Nr. 1 AO 209
- gemäß § 165 Abs. 1 Satz 2 Nr. 2 und Nr. 2a AO 210
- gemäß § 165 Abs. 1 Satz 2 Nr. 3 AO 210
- gemäß § 165 Abs. 1 Satz 2 Nr. 4 AO 211
- Rechtsbehelfe 213
- Rechtsfolgen 211
- wegen rechtlicher Ungewissheit 209
- wegen tatsächlicher Ungewissheit 209

Vorliegen
- der Offenkundigkeit 166
- eines Gesamtschuldverhältnisses 42

Vorsatz 274
Vorsätzliche Benachteiligung 345

W

Wechsel der Veranlagungsart bei Ehegatten 290

Wegfall
- des Vorbehalts der Nachprüfung 207
- einer Voraussetzung für eine Steuervergütung 291

Weitere Maßnahmen im Vollstreckungsbereich 345

Widerruf 258
- als Rechtsfolge 261
- der Gewerbeerlaubnis 347
- eines bestandskräftigen rechtmäßigen Erlasses nach § 131 AO 316
- rechtmäßiger begünstigender Verwaltungsakte 259
- -svorbehalte, Beispiele 259
- von rechtmäßigen nicht begünstigenden Verwaltungsakten 258

Widerstreitende Steuerfestsetzungen 278, 384
- Allgemeines 278
- bestimmter Sachverhalt 278
- Einmalberücksichtigung 279

Wiedereinsetzung in den vorigen Stand 137, 169, 367
- Bote 139
- Fallgruppen 139
- Finanzamtsverhalten 140
- gesetzliche, nicht verlängerbare Frist 137
- Krankheit 140
- Mandatsniederlegung 140
- Nachholung der versäumten Handlung 138
- Urlaub 140
- Verschulden 138
- Verschulden eines Vertreters 138
- Wiedereinsetzungsfrist 138

Wirksame tatsächliche Verständigung nach § 88 AO 423

Wirksamkeit des Verwaltungsakts 151
- abschließende Zeichnung durch einen handlungsbefugten Amtsträger 152
- Adressat 153
- Inhalt 153
- nichtiger Verwaltungsakt 153
- Willensäußerung 152
- Willensbildung 152
- Zeitpunkt 152

Wirtschaftliche Geschäftsbetriebe 63
- Verlustausgleich 66

Wirtschaftliches Eigentum 49
Wirtschaftsidentifikationsnummer 172
Wohlverhaltensperiode 344
Wohnsitz 6

Z

Zahlung 306
- -sunfähigkeit 340

Zahlungsverjährung 317, 318
- Ablaufhemmung 320
- Anlaufhemmung 318
- Berechnungsschema 317
- Fristbeginn 318
- ZahlungsverjährungUnterbrechung 320

Zebragesellschaften 220

Zeitliche Grenze bei Steuerfestsetzungen und
  Zinsbescheiden 253
Zeitpunkt der Schlussbesprechung 236
Zerlegungsbescheid 226
Zeugen 450
Zinsberechnung
- § 233a AO 322
- freiwillige Zahlung, § 233a AO 323
- Zinsen bei Änderung, § 233a AO 324
- Zinsen bei Erstattungen, § 233a AO 324

Zinsen
- Anrechnung 322
- bei Aufhebung, Änderung oder Berichtigung der Steuerfestsetzung 324
- bei Erstattungen 324
- bei freiwilligen Zahlungen 323
- Berechnung 321
- Festsetzungsfrist 321

Zinsfestsetzung nach § 237 AO 326
Zinslauf
- -beginn 325
- -ende 325

Zinsschuldner 325
Zivilrechtliche Haftungstatbestände 96
Zoll
- -fahndungsämter 238
- -kodex 228

Zulässige Offenbarung 28
Zulässigkeit
- der Außenprüfung 396
- FGO, örtliche Zuständigkeit 470

Zulässigkeit Einspruch 358
- Checkliste 358
- Einspruchsbefugnis 360
- Form 365
- Frist 366
- Statthaftigkeit 359

Zulässigkeit Klage 469
- allgemeine Leistungsklage 470
- Änderungs- und Folgebescheide 471
- außergerichtliches Vorverfahren 471
- Beteiligtenfähigkeit 472
- Fehlen der Rechtskraft 472
- Fehler anderweitiger Rechtshängigkeit 472
- Finanzrechtsweg 469
- Fristsetzung nach § 79b FGO 471
- Klageart 470
- Klagebefugnis 470
- Klagebefugnis, Anfechtungsklage 470
- Klagebefugnis bei einheitlichen Feststellungen 471
- Klagebefugnis, Feststellungsklage 471
- Klagebefugnis, Verpflichtungsklage 470
- Klagefrist 471
- Klageverzicht 471

- Postulationsfähigkeit 472
- Prozessfähigkeit 472
- sachliche Zuständigkeit 469
- Zuständigkeit 469

Zulässigkeitsvoraussetzungen Klage
- Ausschlussfrist, § 65 Abs. 2 FGO 472
- Form und Inhalt der Klage 472

Zurechnung von Wirtschaftsgütern 49
- Eigenbesitz 51
- Gesamthandsgemeinschaft 51
- Sicherungseigentum 51
- Treuhandverhältnisse 50
- wirtschaftliches Eigentum 49

Zusammengefasster Bescheid 194
Zusammenveranlagung, Abrechnungsbescheid 300
Zuständige Behörde für den Widerruf 261
Zuständigkeit
- des Betriebsfinanzamtes 11
- des Lagefinanzamtes 10
- des Tätigkeitsfinanzamtes 11
- des Verwaltungsfinanzamtes 12
- für den Erlass von Feststellungsbescheiden 219
- Sonderfälle 13
- -sstreit 19
- -svereinbarung 19
- -swechsel 18

Zuständigkeiten der Finanzbehörden 8
- Einfuhr- und Ausfuhrabgaben und Verbrauchssteuern 17
- Folgen bei Verletzung der sachlichen und örtlichen Zuständigkeit 20
- funktionelle (instanzielle) Zuständigkeit 9
- Gefahr in Verzug 19, 20
- gesonderte Feststellungen 10
- mehrfache, örtliche Zuständigkeit 18
- örtliche Zuständigkeiten 9
- Realsteuern 16, 17
- sachliche Zuständigkeit 8
- Sonderfälle 13
- Steuern vom Einkommen und Vermögen der Körperschaften, Personenvereinigungen, Vermögensmassen 14
- Umsatzsteuer 15
- verbandsmäßige Zuständigkeit 9
- Zuständigkeit des Betriebsfinanzamtes 11
- Zuständigkeit des Lagefinanzamtes 10
- Zuständigkeit des Tätigkeitsfinanzamtes 11
- Zuständigkeit des Verwaltungsfinanzamtes 12
- Zuständigkeitsstreit 20
- Zuständigkeitswechsel 18

Zuteilungsbescheid 226, 227
Zwangsgeld 48, 180, 350
- Adressat 352
- Androhung 351

- bei Ehegatten 352
- Ermessen 351
- Fälligkeit 303
- -festsetzungen 354
- Hauptanwendungsfälle 350
- Rechtsbehelfe 354
- Verfahrensablauf 352
- Voraussetzungen 350

Zwangsmittel 180, 349
- -verfahren 352

Zwangsruhe kraft Gesetzes 385
Zwangssicherungshypothek 339
Zwangsversteigerung 339
- des Grundstücks 339

Zwangsverwaltung 339
Zweckbetrieb 64
Zweistufige Ermessensentscheidung gem. § 160 AO 188
Zwischenstaatliche Rechts- und Amtshilfe 132